NOUVEAUX ROMANS NATIONAUX

HISTOIRE D'UN PAYSAN

—1789—   —1815—

LA
RÉVOLUTION FRANÇAISE
— RACONTÉE PAR UN PAYSAN —

PAR

ERCKMANN-CHATRIAN

118 COMPOSITIONS PAR THÉOPHILE SCHULER

— GRAVURES PAR PANNEMAKER —

L'OUVRAGE COMPLET, PRIX : **7** FRANCS

BIBLIOTHÈQUE POPULAIRE
D'ÉDUCATION ET DE RÉCRÉATION
J. HETZEL ET Cie, ÉDITEURS, 18, RUE JACOB
PARIS

Droits de reproduction et de traduction réservés.

HISTOIRE
D'UN PAYSAN

— 1789-1815 —

HISTOIRE DE LA REVOLUTION FRANÇAISE
RACONTÉE PAR UN PAYSAN

HISTOIRE D'UN PAYSAN

—1789-1815—

PAR

ERCKMANN-CHATRIAN

ILLUSTRÉE PAR THÉOPHILE SCHULER

— GRAVURES PAR PANNEMAKER —

— HISTOIRE DE LA RÉVOLUTION RACONTÉE PAR UN PAYSAN —

PARIS
BIBLIOTHÈQUE POPULAIRE
D'ÉDUCATION ET DE RÉCRÉATION
J. HETZEL ET CIE, 18, RUE JACOB

Tous droits de traduction et de reproduction réservés

MICHEL BASTIEN

CULTIVATEUR AU VALTIN

A SES AMIS

Mes chers amis,

Permettez-moi d'abord de vous dire que mon histoire va très-bien; que le libraire, après en avoir vendu beaucoup de volumes, veut la mettre en petits cahiers à deux sous, avec de belles images de mon ami Théophile Schuler, pour en faire jouir tout le monde à bon marché.

Naturellement, cela m'encourage, et je vais continuer d'écrire tout ce que j'ai vu, soit à la guerre, soit au pays, jusque vers le temps où je me suis retiré à la ferme du Valtin.

Beaucoup d'autres, je le sais, ont raconté l'histoire de la Révolution à leur manière. Les uns ont dit que le peuple était bien plus heureux avant 89! — Ceux-là étaient des nobles, et je suis sûr que leurs idées ne s'étendront jamais chez nous. — D'autres, de soi-disant Jacobins, ont raconté les massacres, les déportations, le changement des églises en écuries, comme les plus belles choses de la Révolution. Ça n'a pas le sens commun! Les massacres ont toujours été et seront toujours des choses épouvantables. L'égoïsme des nobles et des évêques a provoqué ces grands malheurs; ils voulaient rétablir l'ancien régime, au moyen de la guerre civile et de l'invasion étrangère : la Révolution s'est défendue, comme on se défend lorsqu'il faut vaincre ou mourir.

D'autres ont dit que le grand homme avait tout fait, tout sauvé : les lois, les armées, les conquêtes et la gloire de la France ! Que sans lui, la Révolution n'aurait rien été ; qu'elle aurait péri dans le désordre ; que c'était un génie, une Providence !... Malheureusement pour eux, tout était fait, tout était décrété avant l'arrivée de Bonaparte Quand la nation repoussait l'invasion des Prussiens et des Autrichiens ; quand l'Assemblée constituante proclamait les Droits de l'homme, rédigeait la constitution de 91, et décrétait le Code civil, Napoléon Bonaparte était encore sous-lieutenant.

Un assez grand nombre ont aussi raconté que le malheur de notre Révolution, c'est que les bourgeois ne sont pas restés seuls maîtres à la place des nobles.

Enfin, chacun a prêché pour sa paroisse !

Et quand on voit que les uns veulent tout donner aux nobles, parce qu'ils sont nobles eux-mêmes ; les autres au clergé, parce qu'ils sont du clergé ; les autres aux militaires, parce qu'ils sont militaires ; à la bourgeoisie, parce qu'ils sont bourgeois ; en voyant ces injustices, on ne peut s'empêcher de s'écrier en soi-même : Mon Dieu, quand donc les hommes seront-ils justes ? Quand auront-ils du bon sens ? Est-ce que ceux qui l'emportent contre la justice n'ont pas toujours la masse réunie contre eux, pour les écraser tôt ou tard ?

Non, tout cela n'est pas l'histoire de la Révolution ; c'est l'histoire des partis qui l'ont déchirée, et qui auraient voulu la détruire, ou la confisquer à leur profit.

Moi, je suis un homme du peuple, et j'écris pour le peuple. Je raconte ce qui s'est passé sous mes yeux.

J'ai vu l'ancien régime avec ses lettres de cachet, son gouvernement du bon plaisir, sa dîme, ses corvées, ses jurandes, ses barrières, ses douanes intérieures, ses capucins crasseux mendiant de porte en porte, ses priviléges abominables, sa noblesse et son clergé, qui possédaient à eux seuls les deux tiers du territoire de la France ! J'ai vu les États-Généraux de 1789 et l'émigration, l'invasion des Prussiens et des Autrichiens, et la patrie en danger ; la guerre civile, la Terreur, la levée en masse ! enfin toutes ces choses grandes et terribles, qui étonneront les hommes jusqu'à la fin des siècles.

C'est donc l'histoire de vos grands-pères, à vous tous, bourgeois, ouvriers, soldats et paysans, que je raconte ; l'histoire de ces patriotes courageux qui ont renversé les bastilles, détruit les priviléges, aboli la noblesse, proclamé les Droits de l'homme, fondé l'égalité des citoyens devant la loi sur des bases inébranlables, et bousculé tous les rois de l'Europe, qui voulaient nous remettre la corde au cou.

Si vous êtes quelque chose ; si vous pouvez aller et venir librement, travailler de votre état sans vexations, vous établir, avancer dans l'armée, dans l'administration et dans toutes les carrières jusqu'aux plus hauts grades, c'est à ces anciens que vous le devez ! Sans eux, vous travailleriez peut-être encore pour le moine et le seigneur.

Beaucoup d'entre vous ne le savent pas, et un certain nombre l'oublient ; voilà pourquoi j'ai entrepris de vous raconter ce que j'ai vu depuis 1778 jusqu'en 1804.

Mais une pareille histoire est terriblement difficile à faire ; plus on avance, plus de choses se rencontrent ; il faut tout expliquer clairement ; et dans la vie d'un homme, tant de souvenirs restent oubliés ou ne valent pas la peine d'être racontés ! Et puis, on n'a pas tout vu soi-même ; on est forcé de se confier à d'autres, de se rappeler leurs paroles, de retrouver leurs vieilles lettres, qui vous remettent sur le chemin.

Enfin, puisque tant de braves gens sont contents de ce que j'ai fait, j'irai jusqu'au bout. Je n'écris pas cette histoire dans l'intérêt d'un parti ou d'un autre, mais dans l'intérêt de tous ; l'intérêt de tous c'est la justice ; et quand on a la justice pour soi, ce qui veut dire tous les honnêtes gens, on est fort !

Et là-dessus, mes chers amis, je vous salue de bon cœur, et je vous dis au revoir.

MICHEL BASTIEN.

ILLUSTRATIONS DE THÉOPHILE SCHULER.

HISTOIRE D'UN PAYSAN

1789

PAR

ERCKMANN-CHATRIAN

PREMIÈRE PARTIE
LES ÉTATS GÉNÉRAUX

I

Bien des gens ont raconté l'histoire de la grande révolution du peuple et des bourgeois contre les nobles, en 1789. C'étaient des savants, des hommes d'esprit, qui regardaient les choses d'en haut. Moi, je suis un vieux paysan et je parlerai seulement de nos affaires. Le principal, c'est de bien veiller à ses propres affaires; ce qu'on a vu soi-même, on le sait bien; il faut en profiter.

Vous saurez donc qu'avant la Révolution, l'office et seigneurie de Phalsbourg avait cinq villages en dépendant : Vilschberg, Mittelbronn, Lutzelbourg, Hultenhausen et Häzelbourg; que les gens de la ville, ceux de Vilschberg et de Häzelbourg étaient de condition franche; mais que ceux des autres villages, tant hommes que femmes, étaient serfs, et ne pouvaient sortir de la seigneurie, ou autrement s'absenter, sans la permission du prévôt.

Le prévôt rendait la justice à la maison commune; il avait droit de juger les personnes et les choses; il portait l'épée et condamnait même à la potence.

C'est sous la voûte de la mairie, où se trouve maintenant le corps de garde, qu'on mettait les accusés à la question, lorsqu'ils ne voulaient pas avouer leurs crimes. Le sergent du prévôt et le bourreau leur faisaient tellement mal, qu'on les entendait crier jusque sur la place. Et puis on dressait la potence un jour de marché, sous les vieux ormes, et le bourreau les pendait, en leur appuyant ses deux pieds sur les épaules.

Il fallait avoir le cœur bien endurci, pour penser seulement à faire un mauvais coup en ce temps !

Et Phalsbourg avait un haut passage, ce qui veut dire que chaque chariot de marchandises, comme drap, laine, ou autres choses semblables, payait un florin à la barrière; chaque voiture d'échalas, planches, douves et autres bois charpentés, 6 gros de Lorraine; chaque voiture de meubles riches, comme velours, soie, drap fin, 30 gros; un cheval chargé, 2 gros; une hotte de marchandises, 1/2 gros; la charretée de poisson, 1/2 florin; la charretée de beurre, d'œufs, de fromage, 6 gros; chaque muid de sel, 6 gros; chaque rezal de seigle ou de blé, 3 gros; le rezal d'orge ou d'avoine, 2 ; le cent de fer, 2; un bœuf ou une vache, 6 pfénings; un veau, por cou brebis, 2 pfénings; etc.

Ainsi les gens de Phalsbourg ou des environs ne pouvaient manger, boire ou se vêtir, sans payer une somme ronde aux ducs de Lorraine.

Ensuite venait la gabelle, c'est-à-dire que tous les hôteliers, aubergistes et taverniers demeurant à Phalsbourg, ou dans les villages en dépendant, étaient tenus de payer à Son Altesse six pots de vin ou bière, pour chaque mesure encavée ou vendue. Ensuite se touchaient pour Son Altesse les lods et ventes, savoir : à la vente des maisons ou héritages, 5 florins pour 100.

Ensuite le mesurage des grains, ce qui signifiait que tous les grains : blé, seigle, orge, avoine, vendus à la halle, devaient un sou par rezal à Son Altesse.

Ensuite se payait l'étalage des foires. On en comptait trois par an : la première, à la Saint-Mathias; la seconde, à la Saint-Modesty; la troisième, à la Saint-Gall. Deux sergents visiteurs taxaient les places à tant, pour le bénéfice de Son Altesse.

Ensuite venaient les poids de la ville . pour le cent de laine, farine ou autres marchandises, un sou; puis les amendes, qui se plaidaient par-devant le prévôt, mais que les conseillers de Son Altesse jugeaient et taxaient à son profit; puis le droit de glandage et passon; les droits d'affouage, les droits de foulon et battant; la grosse dîme, pour les deux tiers à Son Altesse, et pour l'autre tiers à l'Église; la petite dîme, en blé, pour l'Église seule, mais dont Son Altesse finit par lui retirer la connaissance, parce qu'elle s'aimait encore mieux que l'Église.

Et maintenant, si l'on veut savoir comment tant de braves gens se trouvaient ainsi sous la coupe de Son Altesse, de ses prévôts, baillis, sénéchaux et conseillers, il faut se rappeler qu'environ deux cents ans avant cette grande misère, un nommé Georges-Jean, comte Palatin, duc de Bavière et comte de Weldentz, qui possédait dans notre pays des forêts immenses, par la grâce des empereurs d'Allemagne, mais qui ne pouvait en tirer un centime, faute de gens pour les habiter, faute de chemins pour transporter les bois, et faute de rivières entretenues pour les flotter, s'était mis à publier en Alsace, en Lorraine et dans le Palatinat : « que tous ceux qui se sentaient du courage au travail n'avaient qu'à se rendre dans ces bois; qu'il leur fournirait des terres, et qu'ils vivraient comme coqs en pâte; — que lui, Jean de Weldentz, faisait cela pour la gloire de Dieu ! Que Phalsbourg étant un grand chemin entre la France, la Lorraine, le Vestrich et l'Alsace, les artisans et commerçants, charrons, maréchaux, tonneliers, cordonniers, y trouveraient un grand débit de leurs marchandises; comme aussi les serruriers, armuriers, tapissiers, cabaretiers et autres gens industrieux; — et que l'honneur de Dieu devant commencer toute grande entreprise, ceux qui se rendraient dans sa ville de Phalsbourg seraient exempts de servitudes; qu'ils pourraient bâtir, et qu'ils auraient le bois gratis! Qu'on leur élèverait une église, pour y prêcher la pureté, la simplicité, la bonne foi; qu'on leur construirait une école, pour enseigner aux enfants la vraie religion, attendu que l'esprit de la jeunesse est un jardin excellent, où l'on sème des plantes délicieuses, dont l'odeur s'élève jusqu'à Dieu ! »

Il promit encore mille autres avantages, exceptions et satisfactions, dont la nouvelle se répandit par toute l'Allemagne, de sorte qu'une foule de gens accoururent pour jouir de ces bienfaits. Ils bâtirent, ils défrichèrent, ils cultivèrent, et mirent les bois de Georges-Jean en valeur ; ce qui ne rapportait rien valut quelque chose !

Alors ledit Georges-Jean, comte de Weldentz, vendit terres, bêtes et habitants au duc de Lorraine Charles III, pour la somme de quatre cent mille florins, en l'honneur de la bonne foi, de la justice et de la gloire de Dieu.

Le plus grand nombre des habitants étaient luthériens, Georges-Jean ayant annoncé que la foi pure, claire, simple, selon saint Paul, serait prêchée à Phalsbourg, en vertu de la confession d'Augsbourg ; mais quand il eût empoché les quatre cent mille florins, ses promesses ne l'empêchèrent pas de bien dormir ; et le successeur de Charles III, qui n'avait rien promis, envoya son cher et féal conseiller d'Estat, Didier Dattel, exhorter charitablement ses bourgeois de Phalsbourg à embrasser la foi catholique ; et, dans le cas où quelques-uns voudraient persévérer dans l'erreur, leur faire commandement de vider les lieux, à peine d'expulsion et confiscation de leurs biens.

Les uns se laissèrent convertir ; et les autres, hommes, femmes, enfants, s'en allèrent, emportant quelques vieux meubles sur leurs charrettes.

Tout étant alors en ordre, les ducs employèrent « leurs chers et bien-aimés habitants de Phalsbourg à relever et rhabiller les remparts ; à bâtir les deux portes d'Allemagne et de France en pierres de taille et roches ; à creuser les fossés, édifier la maison commune, pour y tenir les siéges de justice ; l'église, pour y catéchiser les fidèles ; et la maison du sieur curé, joignant ladite neuve église, pour veiller sur son troupeau ; enfin, la halle, pour taxer et recevoir les impositions. » Après quoi, les officiers de Son Altesse établirent les droits, charges, redevances et corvées qui leur plurent ; et les pauvres gens travaillèrent de père en fils depuis 1583 jusqu'en 1789, au profit des ducs de Lorraine et des rois de France, pour avoir écouté les promesses de Georges-Jean de Weldentz, lequel n'était qu'un véritable filou, comme on en trouve tant dans ce monde.

Les ducs établirent aussi par lettres patentes plusieurs corporations à Phalsbourg ; c'étaient des espèces d'associations entre gens du même métier, en vue d'empêcher tous autres de travailler de leur état, et conséquemment de pouvoir dépouiller le public entre eux, sans encombre.

L'apprentissage était de trois, quatre et même cinq ans ; on payait grassement le maître pour être admis au métier ; et puis, après avoir fait son chef-d'œuvre et reçu sa patente, on traitait le prochain comme on avait été traité soi-même.

Il ne faut pas se représenter la ville telle qu'on la voit aujourd'hui. Sans doute les alignements et les édifices en pierres de taille n'ont pas changé, mais pas une maison n'était peinte ; toutes étaient couleur de crépi, toutes avaient les portes et fenêtres petites et cintrées ; et sous ces petites voûtes, derrière les vitraux de plomb, on voyait le tailleur, les jambes croisées sur son établi, découper le drap ou tirer l'aiguille ; le tisserand, à son métier, lancer la navette dans l'ombre.

Les soldats de la garnison, avec leurs grands chapeaux à cornes, leurs habits blancs, râpés, tombant jusque sur les talons, étaient les plus misérables de tous : ils ne mangeaient qu'une fois par jour. Les taverniers et les gargotiers mendiaient, de porte en porte, les rogatons des ménages pour ces pauvres diables. Cela se passait encore ainsi quelques années avant la Révolution.

Les gens étaient hâves, minables ; une robe passait en héritage de la grand'mère à la petite-fille, et les souliers du grand-père au petit-fils.

Dans les rues, pas de pavés ; la nuit, pas un réverbère ; aux toits, pas de chenaux ; les petites vitres éborgnées, fermées depuis vingt ans avec un morceau de papier. Au milieu de cette grande misère, le prévôt qui passe en toque noire, et monte l'escalier de la mairie, les jeunes officiers nobles, qui se promènent en petit tricorne, habit blanc, l'épée en travers du dos ; les capucins avec leurs longues barbes sales, leurs robes de bure, sans chemise, et le nez rouge, qui s'en vont par troupes au couvent, où se trouve aujourd'hui le collége... Tout cela, je l'ai présent à l'esprit, comme si c'était hier, et je crie en moi-même : — « Quel bonheur, pour nous autres malheureux, que la Révolution soit venue, et principalement pour nous paysans ! » Car si la misère était grande en ville, celle de la campagne dépassait tout ce qu'on peut se figurer. D'abord les paysans supportaient les mêmes charges que les bourgeois ; ensuite ils en avaient une quantité d'autres. Dans chaque village de Lorraine, il existait une ferme du seigneur ou du couvent ; toutes les bonnes terres appartenaient à cette ferme ; les plus mauvaises seules restaient aux pauvres gens.

Et les malheureux paysans ne pouvaient pas même planter ce qu'ils voulaient dans leurs terres; les prés devaient rester en prés, les terres de labour, on labour. Si le paysan changeait son champ en pré, il privait le curé de sa dîme; s'il mettait son pré en champ, il diminuait les terrains de parcours; s'il semait du trèfle dans les jachères, il ne pouvait défendre au troupeau du seigneur ou du couvent d'y venir pâturer. Ses terres étaient grevées d'arbres fruitiers, qui se louaient tous les ans au profit du seigneur ou de l'abbaye; il ne pouvait pas détruire ces arbres, et même il était tenu de les remplacer dans l'année, quand ils périssaient. L'ombre de ces arbres, le dommage causé pour la récolte des fruits, l'empêchement de labourer, à cause de la souche et des racines, lui causaient une grande perte.

Et puis les seigneurs avaient le droit de chasser, de traverser les moissons, de ravager les récoltes dans toutes les saisons; et le paysan qui tuait une seule pièce de gibier, même sur son propre champ, risquait les galères.

Le seigneur et l'abbaye avaient aussi le droit de troupeau à part, ce qui signifiait que leur bétail allait à la pâture une heure avant celui du village. Le bétail du paysan n'avait donc que le reste et dépérissait.

La ferme du seigneur ou de l'abbaye avait de plus le droit de colombier; ses pigeons innombrables couvraient les champs. Il fallait semer double chanvre, double pois, double vesce pour espérer une récolte.

Après cela, chaque père de famille devait au seigneur, dans le cours de l'an, quinze bichets d'avoine, dix poulets, vingt-quatre œufs. Il lui devait pour son compte douze journées de travail, trois pour chacun de ses fils ou domestiques, et trois par cheval ou chariot. Il lui devait de faucher sa prairie autour du château, de faner son foin et de le charroyer à sa grange au premier son de la cloche, à peine de cinq gros d'amende pour chaque défaillance. Il lui devait aussi le transport des pierres et du bois nécessaires aux réparations de la ferme ou du château. Le seigneur le nourrissait d'un croustillon de pain et d'une gousse d'ail par journée de travail.

Voilà ce qu'on appelait la corvée.

Si je parlais encore du four banal, du moulin banal, du pressoir banal, où tout le village était forcé d'aller cuire, moudre ou presser, moyennant une redevance, bien entendu; si je parlais du bourreau, lequel avait droit à la peau de toute bête morte; et enfin de la dîme, ce qu'on peut se figurer de pire, puisqu'il fallait donner aux curés la onzième gerbe, alors qu'on nourrissait déjà tant de religieux, moines, chanoines, carmes, capucins et mendiants de tous les ordres; si je parlais de toutes ces charges, et de mille autres écrasant les populations des campagnes, cela ne finirait pas!

On aurait cru que les seigneurs et les couvents avaient entrepris d'exterminer les malheureux paysans, et qu'ils cherchaient tous les moyens d'y parvenir.

Eh bien, la mesure n'était pas encore pleine!

Tant que notre pays était resté sous la domination des ducs, les droits de Son Altesse, ceux des seigneurs, abbayes, prieurés, couvents d'hommes et de femmes, suffisaient déjà pour nous accabler; mais après la mort de Stanislas et la réunion de la Lorraine à la France, il fallut ajouter: la taille du roi,—c'est-à-dire que le père de famille devait douze sous par tête d'enfant, et autant par domestique; — la subvention du roi: tant pour les meubles; — le vingtième du roi, ce qui signifiait le vingtième du produit net de la terre; mais de la terre du paysan seul, car le seigneur et le clergé ne payaient pas le vingtième; — puis la ferme sur le sel, sur le tabac, dont le seigneur et les religieux étaient aussi exempts; et la gabelle du roi, ou droits réunis.

Encore si les princes, les seigneurs, les couvents d'hommes et de femmes,—qui gardaient les meilleures terres depuis des siècles, en forçant les malheureux paysans de labourer, de semer, de récolter pour eux, et de leur payer en outre des droits, redevances et impositions de toute sorte!—s'ils avaient employé leurs richesses à tracer des routes, à creuser des canaux, à dessécher les marais, à bonifier le sol par des engrais, à bâtir des écoles et des hôpitaux, ce n'aurait été que demi-mal; mais ils ne songeaient qu'à leurs plaisirs, à leur orgueil, à leur avarice. Et quand on voyait un cardinal Louis de Rohan, un prince de l'Église, comme on disait, vivre dans la débauche à Saverne, se moquer des honnêtes gens, faire battre par ses laquais les paysans sur la route, devant sa voiture; quand on voyait à Neuviller, à Bouxviller, à Hildeshausen, les seigneurs élever des faisanderies, des orangeries, des serres chaudes, faire des jardins d'une demi-lieue, pleins de vases en marbre, de statues et de jets d'eau, pour ressembler au roi de Versailles; sans parler des femmes perdues, couvertes de soie, qu'ils trimballaient à travers le peuple misérable; — quand on voyait ces files de carmes déchaussés, de cordeliers, de capucins, mendier et se goberger depuis le premier jour de l'an jusqu'à la Saint-Sylvestre, — quand on voyait les baillis, les prévôts, les sénéchaux, les garde-notes et justiciers de toute sorte, ne s'inquiéter que de leurs épices, et vivre sur les inscriptions et amendes; — quand on voyait mille choses pareilles, c'était bien triste!... d'autant plus triste, que les fils des paysans seuls soutenaient tout cela contre leurs parents, contre leurs amis et contre eux-mêmes.

Une fois dans un régiment, ces fils de paysans oubliaient les misères du village; ils oubliaient leurs mères et leurs sœurs; ils ne connaissaient plus que leurs officiers, leur colonel : des nobles qui les avaient achetés, et pour lesquels ils auraient massacré le pays, en disant que c'était l'honneur du drapeau. Pourtant, aucun d'eux ne pouvait devenir officier : — les vilains n'étaient pas dignes de porter l'épaulette ! — mais après s'être fait estropier dans une bataille, ils avaient la permission d'aller mendier! Les finauds, postés dans quelque taverne, tâchaient de racoler des conscrits et de garder les primes; les plus hardis arrêtaient sur les grandes routes. Il fallait envoyer les gendarmes, et même quelquefois une ou deux compagnies contre eux. J'en ai bien vu pendre une douzaine à Phalsbourg, presque tous de vieux soldats, licenciés après la guerre de Sept-Ans. Ils avaient perdu l'habitude du travail, ils ne recevaient pas un liard de pension, et furent tous pris à Vilschberg, en revenant d'arrêter une patache sur la côte de Saverne.

Chacun se représente maintenant l'ancien régime : — les nobles et les religieux avaient tout, le peuple n'avait rien.

II

Ces choses sont bien changées, grâce à Dieu! Les paysans ont pris leur bonne part des biens de la terre, et moi, naturellement, je ne suis pas resté le dernier. Tous ceux du pays connaissent la ferme du père Michel, ses prairies du Valtin, ses belles vaches suisses, couleur café au lait, qui se promènent au haut des sapinières de la Bonne-Fontaine, et ses douze grands bœufs de labour.

Je ne puis pas me plaindre : j'ai mon petit-fils Jacques à l'École polytechnique de Paris, dans les premiers; j'ai ma petite-fille Christine mariée avec l'inspecteur des forêts Martin, un homme rempli de bon sens; mon autre petite-fille Juliette est mariée avec le commandant du génie Forbin; et le dernier, Michel, celui que j'aime pour ainsi dire le plus, parce qu'il est le dernier, veut être médecin. Il s'est déjà fait recevoir bachelier l'année dernière, à Nancy; pourvu qu'il travaille, tout ira bien.

Tout cela, je le dois à la Révolution! Avant 89, je n'aurais rien eu; j'aurais travaillé toute ma vie, pour le seigneur et le couvent. Aussi, quand je suis dans mon vieux fauteuil, au milieu de la grande salle, et que la vieille faïence reluit au-dessus de la porte, sur l'étagère, à la lueur du foyer; quand la grand'mère et les poussins vont et viennent autour de moi, que mon vieux chien, étendu tout du long près de l'âtre, me regarde durant des heures; le museau entre les pattes; que je vois dehors, à travers les vitres, mes pommiers blancs, mon vieux rucher; et que j'entends dans la grande cour mes garçons de ferme qui chantent, qui rient avec les filles; ou bien les charrues qui partent, les voitures de foin qui rentrent, les fouets qui claquent, les chevaux qui hennissent; quand je suis là, pensif, et que je me représente la misérable baraque où vivaient mes pauvres père et mère, mes frères et sœurs, en 1780 : les quatre murs nus et décrépis, les lucarnes bouchées avec de la paille, le chaume affaissé par la pluie, la neige fondue et le vent; cette espèce de tanière noire, vermoulue, où nous étouffions dans la fumée, où le froid et la faim nous faisaient grelotter, quand je songe à ces braves gens : à ce bon père, à cette mère courageuse, travaillant sans relâche pour nous donner un peu de fèves à manger, et que je les vois couverts de guenilles, l'air désolé, minables!... je frémis en moi-même; et si je suis seul, je baisse la tête et je pleure.

Mon indignation contre ceux qui nous ont fait supporter cette existence, pour nous tirer jusqu'au dernier liard, ne s'éteindra jamais, mes quatre-vingt-cinq ans n'y font rien; au contraire, plus je vieillis, plus elle augmente. Et dire que des fils du peuple, des Gros-Jacques, des Gros-Jean, des Guillot écrivent dans leurs gazettes que la Révolution a tout perdu; que nous étions bien plus honnêtes, bien plus heureux avant 89. — Canailles! Chaque fois qu'une de ces gazettes me tombe entre les mains, j'en tremble de colère. Michel a beau me dire :

« Mais, grand-père, pourquoi donc te fâcher? Ces gens-là sont payés pour tromper le peuple, pour le ramener dans la bêtise; c'est leur état, c'est le gagne-pain de ces pauvres diables!... »

Je réponds :

« Non!.. Nous en avons fusillé par douzaines, de 92 à 99, qui valaient mille fois mieux que ceux-ci, c'étaient des nobles, des soldats de Condé, ils défendaient leur cause! Mais trahir père, mère, enfants, patrie, pour se remplir la panse, c'est trop fort! »

Si je lisais souvent de ces mauvaises gazettes, j'en attraperais un coup de sang. Heureusement ma femme les ôte, lorsqu'il en entre par hasard à la ferme. C'est comme la peste, il en entre partout, on n'a pas besoin de les demander.

J'ai donc résolu d'écrire cette histoire, — l'*Histoire d'un Paysan,* — pour détruire ce venin, et montrer aux gens ce que nous avons souffert. J'y songe depuis longtemps. Ma femme a mis de côté toutes nos anciennes lettres. Cet ouvrage va me coûter beaucoup de peine; mais on ne doit pas s'épargner la peine, quand on veut faire le bien, et puis c'est un véritable plaisir d'ennuyer ceux qui nous ennuient; rien que pour cela, je passerais des années devant mon secrétaire, mes besicles sur le nez.

Ça me distraira; ça me fera du bien de penser que nous avons chassé les gueux. Je n'aurai pas besoin de me presser, tantôt une chose me reviendra, tantôt une autre, et j'écrirai tout en ordre, car sans ordre rien ne marche.

Maintenant, je commence.

Ce n'est pas à moi que l'on peut faire croire que les paysans étaient heureux avant la Révolution, j'ai vu le *bon temps,* comme ils disent, j'ai vu nos anciens villages : j'ai vu le four banal, où l'on ne cuisait de la galette qu'une fois l'an, et le pressoir banal, où l'on n'allait qu'à la corvée, pour le seigneur ou l'abbaye ; j'ai vu les vilains : maigres, décharnés, sans sabots et sans chemises, avec une simple blouse et des pantalons de toile, été comme hiver; leurs femmes tellement hâlées, tellement sales et déguenillées, qu'on les aurait prises pour des espèces de bêtes; leurs enfants qui se traînaient tout nus devant les portes, un petit morceau de linge sur les cuisses. Ah! les seigneurs eux-mêmes n'ont pu s'empêcher d'écrire dans leurs livres : « que les pauvres animaux, courbés sur la terre, sous la pluie et le soleil, pour gagner le pain de tout le monde, méritaient pourtant d'en manger un peu! » Ils écrivaient cela dans un bon moment, et puis ils n'y pensaient plus.

Ces choses ne s'oublient jamais : voilà Mittelbronn, Hultenhausen, les Baraques, voilà tout le pays! Et les vieilles gens parlaient d'un état encore pire; ils parlaient de la grande guerre des Suédois, des Français et des Lorrains, où l'on pendait les paysans à tous les arbres, par grappes; ils parlaient de la grande peste arrivée plus tard, pour achever la ruine du monde, de sorte qu'on pouvait faire des lieues sans rencontrer une âme; ils criaient, en levant les mains : « Seigneur Dieu, préservez-nous de la peste, de la guerre et de la famine! » Mais la famine, on l'avait tous les ans. Comment avec seize chapitres, vingt-huit abbayes, trente-six prieurés, quarante-sept couvents d'hommes, dix-neuf couvents de femmes, dans un seul diocèse, et nombre de seigneuries, comment recueillir assez de fèves, de pois, de lentilles, pour l'hiver? On ne plantait pas encore de pommes de terre, et les malheureux n'avaient pas d'autres ressources que les légumes secs. Comment réunir assez de provisions?

Aucun journalier n'en venait à bout.

Après les corvées de la charrue, des semailles, du sarclage, de la fauchée, du fanage, du voiturage, — et, dans les pays vignobles, encore celles des vendanges, — enfin, après toute cette masse de corvées, où le bon temps se passait à faire les récoltes du seigneur ou de l'abbaye, que pouvait-on faire pour soi-même et ses enfants? Rien!

Aussi, la morte saison venue, les trois quarts des villages allaient mendier.

Les capucins de Phalsbourg réclamaient; ils criaient que si tout le monde se mêlait de leur état, ils quitteraient le pays, et que ce serait une grande perte pour la religion. Alors, M. le prévôt Schneider et le gouverneur de la ville, M. le marquis de Talaru défendaient de mendier; les sergents de la maréchaussée, et même des détachements des régiments de Rouergue, de Schénau, de la Fare, selon les temps, prêtaient main forte aux capucins. On risquait les galères, mais il fallait vivre : on partait tout de même, par bandes, chercher sa nourriture.

Ah! la misère, voilà ce qui rabaisse les hommes. Je dis la misère et le mauvais exemple. En rencontrant sur les quatre chemins des capucins, des cordeliers, des carmes déchaussés, — des gaillards de six pieds, bâtis comme des bœufs, et capables d'enlever des pelletées de terre à remplir une brouette, — en les voyant défiler chaque jour, avec leur grande barbe et leurs bras poilus, tendre la main sans honte et faire leur grimace pour deux liards, comment les pauvres se seraient-ils respectés?

Malheureusement il ne suffit pas de mendier, même lorsqu'on a faim, pour avoir du pain; il faut encore que les autres en aient, et qu'ils veuillent vous en donner, et c'était la mode de dire alors :

« Chacun pour soi, Dieu pour tous! »

Presque toujours, vers la fin de l'hiver, le bruit se répandait qu'une bande attaquait les voitures, soit en Alsace, soit en Lorraine. Les troupes se mettaient en route, et l'affaire finissait par une grande pendaison.

Figurez-vous maintenant, dans ce temps, un pauvre vannier avec sa femme et six enfants, sans un liard, sans un pouce de terre, sans une chèvre, sans une poule; enfin, sans autre ressource que son travail pour vivre. Et pas d'espoir ni pour lui, ni pour ses enfants, d'obtenir un meilleur sort! parce que c'était l'ordre, parce que les uns venaient au monde nobles, et devaient tout avoir, et que les autres naissaient vilains, et devaient rester misérables dans tous les siècles.

Qu'on se figure cet état : les grands jours de jeûne, les nuits d'hiver, sans feu ni couverture; la peur des collecteurs, des sergents, des gardes forestiers, des garnisaires!... Eh bien! malgré tout, au printemps, quand le soleil revenait après un long hiver, qu'il entrait dans la pauvre baraque, qu'il éclairait les toiles d'araignée entre les poutres, le petit âtre dans le coin à gauche, le pied de l'échelle à droite, l'aire battue de notre hutte, et que la chaleur, la bonne chaleur, nous réchauffait; que le grillon se remettait à chanter, les bois à reverdir; malgré tout, nous étions heureux de vivre, de nous étendre devant la porte, — nos petits pieds nus dans les mains, — de rire, de siffler, de regarder le ciel, et de nous rouler dans la poussière.

Et quand nous voyions le père sortir du bois, son grand fagot de genêts verts ou de brindilles de bouleaux sur l'épaule, le manche de la cognée dessous, les cheveux pendant sur la figure, et qu'il se mettait à sourire, en nous découvrant de loin, tous nous courions à sa rencontre. Alors il dressait le fagot une minute, pour embrasser les plus petits; sa figure, ses yeux bleus, son nez un peu fendu par le bout, ses grosses lèvres s'éclairaient; il paraissait bien heureux.

Qu'il était bon!... qu'il nous aimait!... Et la mère, donc, la pauvre femme, déjà grise et ridée à quarante ans, et pourtant toujours courageuse, toujours aux champs à piocher la terre des autres, toujours le soir à filer le chanvre et le lin des autres, pour nourrir la couvée, payer les tailles, les impositions, les redevances de toute sorte! Quel courage et quelle misère de travailler toujours, sans autre espoir que les récompenses de la vie éternelle!

Et ce n'était pas tout, les pauvres gens avaient encore une autre plaie, la pire de toutes les plaies du paysan : ils devaient!

Je me rappelle que, tout enfant, j'entendais déjà le père dire, lorsqu'il revenait de vendre quelques paniers ou quelques douzaines de balais en ville :

« Voici le sel, voici des fèves ou du riz, mais je n'ai plus un liard. Mon Dieu! mon Dieu! j'avais pourtant espéré qu'il me resterait quelques sous pour M. Robin! »

Ce Robin était le plus riche coquin de Mittelbronn, un gros homme avec une large barbe grisonnante, un bonnet en peau de loutre, lié sous le menton, le nez gros, le teint jaune, les yeux ronds, une espèce de sac sur le dos, en forme de casaquin. Il allait à pied, avec des guêtres de toile montant jusqu'aux genoux, un grand panier au bras, et un chien loup sur ses talons. Cet homme courait le pays pour toucher ses intérêts, car il prêtait à tout le monde, par trois livres, par six livres, par un ou deux louis. Il entrait dans les maisons, et si l'argent n'était pas prêt, il empochait, en attendant, ce qu'on avait : une demi-douzaine d'œufs, un quart de beurre, une fiole de kirsch ou du fromage, enfin ce qu'on avait. Cela lui faisait prendre patience. On aimait mieux se laisser dépouiller, que de recevoir la visite de l'huissier.

Combien de malheureux sont encore aujourd'hui dévorés par des brigands pareils! combien travaillent pour une misérable dette, et se consument sans jamais voir la fin de leurs peines!

Chez nous, Robin ne trouvait rien à prendre, seulement il toquait à la vitre et criait :

« Jean-Pierre? »

Aussitôt le père tremblant courait dehors et demandait, le bonnet à la main :

« Monsieur Robin?

— Ah! te voilà... J'ai deux corvées à faire sur le chemin de Hérange ou de Lixheim; tu viendras?

— Oui, monsieur Robin, oui!

— Demain, sans faute?

— Oui, monsieur Robin. »

Et l'autre partait. Mon père rentrait tout pâle; il s'asseyait au coin de l'âtre et se remettait à tresser sans rien dire, la tête basse, les lèvres serrées. Le lendemain, il ne manquait pas d'aller faire les corvées de M. Robin, et ma mère criait :

« Ah! gueuse de chèvre!... ah! gueuse de chèvre!... Nous l'avons déjà payée plus de dix fois; elle est crevée... mais elle nous fera tous périr!... Ah! quelle mauvaise idée nous avons eue d'acheter cette vieille bique! Ah! malheur!... »

Elle levait les mains et se désolait.

Le père était déjà depuis longtemps en route, la pioche sur l'épaule. Mais ce jour-là, le pauvre homme ne rapportait rien à la maison; il avait payé sa rente pour un ou deux mois. Cela ne durait jamais longtemps; quand on redevenait tranquille, un beau matin Robin toquait à la vitre!

On parle quelquefois de maladies qui vous rongent le cœur, qui vous dessèchent le sang; mais la vraie maladie des pauvres, la voilà! Ce sont ces usuriers, ces gens qui se donnent encore l'air de vous aider, et qui vivent sur

Ah! la misère. Voilà ce qui rabaisse les hommes. (Page 6.)

vous, jusqu'à ce que vous soyez sous terre. Alors ils tâchent encore de se rattraper sur la veuve et les enfants.

Ce que mes parents ont souffert à cause de ce Robin n'est pas à dire, ils ne dormaient plus, ils n'avaient plus une minute de repos, ils vieillissaient de chagrin; et leur seule consolation était de penser que si l'un de nous gagnait à la milice, ils pourraient le vendre et payer la dette.

Nous étions quatre garçons et deux filles : Nicolas, Lisbeth, moi, Claude, Mathurine et le petit Étienne, un pauvre être contrefait, pâle, chétif, que les gens des Baraques appelaient « le petit canard » parce qu'il marchait en se balançant sur ses pauvres jambes estropiées. Tous les autres se portaient bien.

La mère disait souvent en nous regardant, Nicolas, Claude et moi :

« Ne te chagrine pas tant, Jean-Pierre; sur trois, il faudra bien qu'un gagne à la milice. Alors, gare à Robin ! Aussitôt payé, je lui fends la tête avec la hachette. »

Il faut être bien malheureux, pour avoir des idées pareilles. Le père ne répondait rien, et nous autres nous trouvions tout naturel d'être vendus; nous croyions appartenir à nos père et mère, comme une espèce de bétail. La grande misère vous empêche de voir les choses comme elles sont; avant la Révolution, excepté les nobles et les bourgeois, tous les pères de famille regardaient leurs enfants comme leur bien; c'est ce qu'on trouve si beau ; c'est ce qui fait dire que le respect des père et mère était plus grand !

Cet homme courait le pays pour toucher ses intérêts. (Page 7.)

Par bonheur notre père avait trop bon cœur pour pouvoir tirer profit de nous ; et souvent le pauvre homme pleurait, lorsqu'au milieu de la grande disette, en hiver, il était forcé de nous envoyer mendier, comme tout le monde. Il ne voulait jamais laisser sortir dans la neige le petit Étienne. Moi, je n'allai pas mendier longtemps non plus ; c'est à peine si je me rappelle être sorti sur la route de Mittelbronn et des Quatre-Vents, deux ou trois fois, et bien jeune, car à huit ans, mon parrain Jean Leroux, aubergiste et forgeron à l'autre bout du village, m'avait déjà pris pour garder son bétail, et je ne retournais plus dans notre baraque que le soir, pour dormir.

Ces choses sont loin de nous, et pourtant l'auberge des Trois-Pigeons est toujours devant mes yeux, avec son enseigne au haut de la côte ; je vois Phalsbourg au bout du chemin, comme peint en gris sur le ciel ; devant l'auberge, la petite forge noire ; et derrière, le verger en pente douce, son grand chêne et sa petite source vive au milieu. L'eau de la source écumait par-dessus de grosses pierres arrangées, et se répandait dans le gazon touffu ; le chêne la couvrait de son ombre. Tout autour de ce chêne, les soldats du régiment de Boccart, en 1778, avaient fait un banc, et des tonnelles de lierre et de chèvre-feuille, par ordre du major Bachmann ; et, depuis, les officiers de tous les régiments venaient s'amuser en cet endroit, qu'on appelait le Tivoli. Les dames et les demoiselles des échevins et des syndics voulaient toutes boire de l'eau du Tivoli les dimanches, et danser sous le chêne.

C'est là que le grand chevalier d'Ozé, du régiment de Brie, au haut de la source, levait sa bouteille pleine d'eau, en parlant latin, les yeux en l'air. Les dames, assises dans l'herbe, avec leurs belles robes à grands ramages, leurs petits souliers de satin à boucles d'acier, et leurs chapeaux ronds, tout couverts de coquelicots et de marguerites, l'écoutaient et se renversaient de joie, sans rien comprendre. Et quand le quartier-maître de Vénier, avec un tout petit violon, se mettait à jouer des menuets, en se balançant, les chevaliers de Signeville, de Saint-Féral, de Contréglise, toutes ces espèces de fous, leur petit tricorne sur l'oreille, se levaient en tendant la jambe, et présentaient la main aux dames, qui se dépêchaient de rabattre leurs robes bouffantes et de se placer.

Alors on dansait gravement, noblement. Les domestiques, tous de vieux soldats, montaient à l'auberge chercher des paniers de vin, des pâtés et des confitures, qu'une bourrique avait apportés de la ville.

Les pauvres gens des Baraques, dans la rue pleine de poussière, le nez contre les palissades du verger, regardaient ce beau monde, principalement lorsque les bouchons sautaient et qu'on ouvrait les pâtés. Chacun se souhaitait d'être à leur place, seulement un petit quart d'heure.

Enfin, la nuit venue, MM. les officiers offraient le bras aux dames, et la noble compagnie retournait lentement à Phalsbourg.

Bien des régiments ont passé au Tivoli de maître Jean, jusqu'en 91 : — ceux de Castella, de Rouergue, de Schénau, de la Fare, de Royal-Auvergne. MM. les syndics, les échevins, les conseillers y venaient aussi, leurs grosses perruques bien poudrées, le large habit noir tout blanc de farine sur le dos ; ils menaient joyeuse vie !... Et maintenant, de tous ceux qui dansaient ou regardaient, je suis sans doute le seul qui reste ; si je ne parlais pas d'eux, on y penserait autant qu'aux feuilles d'automne de 1778.

Une fois chez le parrain, je n'étais plus à plaindre ; j'avais ma paire de souliers tous les ans et la nourriture. Combien d'autres auraient été heureux d'en avoir autant ! Et je le savais, je ne négligeais rien pour contenter maître Jean, Mme Catherine, sa femme, et jusqu'au compagnon Valentin, jusqu'à la servante Nicole. Je me tenais bien avec tout le monde. Je courais quand on m'appelait, soit pour tirer le soufflet à la forge, soit pour grimper au fenil, jeter le foin aux bêtes ; je n'aurais pas même voulu mécontenter le chat de la maison ; car

d'être assis au bout d'une bonne table, en face d'une bonne soupe à la farine, d'un plat de choux, garni de lard les dimanches, de manger du bon pain de seigle autant qu'on veut ; ou d'avoir le nez dans une écuelle de fèves, avec un peu de sel, que la mère épargne, et de compter ses cuillerées, cela fait une grande différence.

Quand on est bien, il faut s'y tenir. Aussi tous les matins, à quatre heures en été, à cinq en hiver, lorsque les gens de l'auberge dormaient encore, et que les bêtes ruminaient à l'écurie, j'arrivais déjà devant la porte, où je donnais deux petits coups. Aussitôt la servante s'éveillait, elle se levait et m'ouvrait dans la nuit. J'allais remuer les cendres à la cuisine, pour trouver une braise, et j'allumais la lanterne. Ensuite, pendant que Nicole s'occupait de traire les vaches, moi je courais au grenier chercher le foin et l'avoine, et je donnais leur picotin aux chevaux des rouliers et des marchands de grains, qui couchaient à l'auberge la veille des marchés. Ils descendaient, ils regardaient et trouvaient tout en ordre. Après cela, je les aidais encore à tirer les charrettes du hangar, à passer la bride, à serrer les boucles. Et puis, quand ils partaient et qu'ils se mettaient à crier : « Hue, Fox ! Hue, Reppel ! » mon petit bonnet de laine à la main, je leur souhaitais le bonjour.

Ces gros rouliers, ces marchands de farine ne me répondaient pas seulement ; mais ils étaient contents, ils ne trouvaient rien à redire au service : voilà le principal !

Et Nicole, une fois rentrée dans la cuisine, me donnait une écuelle de lait caillé, que je mangeais de bon appétit. Elle me donnait encore un gros morceau de pain pour aller au pâturage, deux ou trois bons oignons, quelquefois un œuf dur, ou bien un peu de beurre. Je fourrais tout cela dans mon sac, et je rentrais à l'écurie, la bretelle sur l'épaule, en claquant du fouet. Les bêtes défilaient l'une après l'autre, je les caressais, et nous descendions sur une seule file au vallon des Roches ; moi derrière, courant comme un bienheureux.

Les gens de Phalsbourg, qui vont se baigner au vallon de la Zorne, connaissent ces masses de rochers entassés à perte de vue, les maigres bruyères qui poussent dans leurs crevasses, et le filet d'eau plein de cresson des fontaines en bas, qui se dessèche aussitôt que les papillons blancs de juin arrivent.

C'est là que j'allais, car nous avions droit de vaine pâture sur les terres de la ville ; et seulement à la fin d'août, après la grande sève, quand les jeunes pousses avaient pris du bois, et que les bêtes ne pouvaient plus les brouter, nous entrions dans la forêt.

En attendant, il fallait vivre au grand soleil.

Le *hardier* (1) de Phalsbourg n'amenait que des pourceaux, qui, pendant les chaleurs de midi, faisaient leur trou dans le sable et se vautraient les uns contre les autres, comme des poules dans un pailler. Ils dormaient, leurs grandes oreilles roses sur les yeux ; on aurait marché dessus sans les faire bouger.

Mais nos chèvres, à nous autres des Baraques, grimpaient jusque dans les nuages ; il fallait courir, siffler, envoyer les chiens ; et ces coquines de bêtes, plus on criait, plus elles montaient.

Les garçons des autres villages venaient aussi, l'un avec sa vieille rosse aveugle, l'autre avec sa vache pelée, et presque tous avec rien, pour claquer du fouet, siffler ou courir déterrer des navets, des raves, des carottes à droite et à gauche dans les champs. Quand le *bangard* (2) les attrapait, on les promenait en ville, un collier d'orties autour du cou ; mais cela leur était bien égal. La seule chose qui leur faisait beaucoup, c'était à la seconde ou troisième fois, selon l'âge, d'être fouettés sur la place, un jour de marché. Le *rifleur* (3) leur écorchait tout le dos avec son nerf de bœuf, et s'ils recommençaient, on les envoyait en prison

Combien de fois, en écoutant des gens riches crier contre la Révolution, je me suis rappelé tout à coup que leur grand'mère ou leur grand'père avait été *riflé* au bon vieux temps ; malgré moi, j'étais forcé de rire : on trouve de drôles de choses dans ce monde !

Enfin, il faut pourtant le dire, c'est aussi ce temps que je regrette ; mais pas à cause du *rifleur*, du prévôt, des seigneurs et des capucins, non ! c'est parce que j'étais jeune. Et puis, si nos maîtres ne valaient pas grand'chose, le ciel était beau tout de même. Mon grand frère Nicolas et les autres, Claude, Lisbeth, Mathurine, arrivaient. Ils me prenaient mon sac, et je criais ; nous nous disputions. Mais, s'ils m'avaient tout pris, maître Jean aurait été les trouver le soir à la baraque, s'en doutaient, et me laissaient ma bonne part, en m'appelant : — leur chanoine !

Après cela, notre grand Nicolas me défendait. Tous les villages, dans ce temps, — Hultenhausen, Lutzelbourg, les Quatre-Vents, Mittelbronn, les Baraques d'en haut et d'en bas, — se battaient à coups de pierres et de bâtons ; et notre grand Nicolas, son morceau

1. Pâtre.
2. Garde champêtre.
3. Bourreau.

de tricorne sur la nuque, son vieil habit de soldat, tout déchiré, boutonné jusque sur les cuisses, sa grande trique et ses pieds nus, marchait à la tête des Baraquins, comme un chef de sauvages ; il criait si fort : « En avant ! » qu'on l'entendait jusque sur la côte de Dann.

Je ne pouvais pas m'empêcher de l'aimer, car à chaque instant il disait :

« Le premier qui touche à Michel, gare ! »

Seulement, il me prenait mes oignons, et cela m'ennuyait.

On avait aussi l'habitude de faire battre les bêtes ensemble ; et lorsqu'elles se poussaient cornes contre cornes, jusqu'à se déhancher, Nicolas disait en riant :

« La grande Rousse va bousculer l'autre !... Non ; maintenant, l'autre l'attaque par dessous... Hardi !... hardi !... »

Plus d'une fois elles attrapaient des entorses, ou laissaient une corne sur le champ de bataille.

Vers le soir, on s'asseyait, le dos contre un rocher, à l'ombre, on regardait la nuit venir, on écoutait l'air bourdonner, et tout au loin, dans le ruisseau, les grenouilles commencer leur chanson.

C'était le moment de rentrer. Nicolas cornait, les échos répondaient de toutes les roches, les bêtes se réunissaient et remontaient en ligne aux Baraques, dans un nuage de poussière. Je faisais rentrer les nôtres à l'étable, je garnissais les râteliers et je soupais avec maître Jean, dame Catherine et Nicole. En été, quand on travaillait à la forge, je tirais le soufflet jusque dix heures ; et puis je me retournais coucher à la baraque de mon père, tout au bout du village.

III

Les deux premières années se passèrent ainsi ; mes frères et sœurs continuaient à mendier ; moi, je me donnais mille peines pour rendre service au parrain. A dix ans, l'idée d'apprendre un état et de gagner mon pain me travaillait déjà ; maître Jean le voyait, et me retenait le plus souvent possible à la forge.

Chaque fois que j'y pense, je crois entendre la voix du parrain me crier : « Courage, Michel, courage ! »

C'était un grand et gros homme, avec de larges favoris roux, la grosse queue pendant sur le dos, et les moustaches si longues et touffues, qu'il pouvait les passer jusque derrière ses oreilles. Dans ce temps, les maréchaux ferrants des hussards avaient aussi ces favoris et la queue nouée derrière en forme de perruque; je pense que le parrain voulait leur ressembler. Il avait de gros yeux gris, le nez charnu, les joues rondes, et riait fort, lorsqu'il s'y mettait. Son tablier de cuir lui remontait en bavette jusque sous le menton, et ses gros bras étaient nus à la forge en plein hiver.

A chaque instant il disputait avec Valentin, son compagnon, un grand gaillard, maigre et voûté, qui trouvait tout bien dans ce bas monde : les nobles, les moines, les maîtrises, tout !...

« Mais, animal, lui criait le parrain, si ces choses n'existaient pas, tu serais maître forgeron comme moi depuis longtemps; tu te serais acquis du bien, tu pourrais vivre à ton aise.

— C'est égal, répondait Valentin, vous penserez ce qui vous plaira ; moi, je suis pour notre sainte religion, la noblesse et le roi. C'est l'ordre établi par Dieu ! »

Alors maître Jean levait brusquement ses épaules et disait :

« Allons, puisque tu trouves tout bien, moi, j'y consens. En route ! »

Et l'on se remettait à forger.

Je n'ai jamais rencontré de plus brave homme que Valentin, mais il avait la tête en pain de sucre, et raisonnait comme une oie. Ce n'était pas sa faute, on ne pouvait pas lui en vouloir.

La mère Catherine pensait comme son mari, et Nicole pensait comme la mère Catherine.

Tout prospérait à l'auberge; maître Jean gagnait des sommes tous les ans ; et quand on nommait les répartiteurs pour les corvées, les tailles et les autres impositions des Baraques, il était toujours sur la liste, avec le maître bûcheron Cochart, et le grand charron Létumier, qui se faisaient bien aussi trois ou quatre cents livres.

Il faut savoir qu'alors le chemin ordinaire des rouliers, des voituriers et des maraîchers d'Alsace, pour se rendre au marché de la ville, passait par les Baraques. Comme la route de Saverne à Phalsbourg montait tout droit ; comme elle était effondrée, pleine d'ornières et même de ravines, où l'on risquait de verser jusque dans la Schlittenbach; comme il fallait des cinq et six chevaux de renfort pour grimper cette côte, les gens aimaient mieux faire un détour par le vallon de la Zorne; et presque tous, en allant et venant, s'arrêtaient à l'auberge des *Trois-Pigeons*.

La forge et l'auberge allaient bien ensemble; pendant qu'on ferrait le cheval ou qu'on raccommodait la charrette, le voiturier entrait aux Trois-Pigeons; il voyait de la fenêtre ce qui se passait dehors, en cassant sa croûte de pain, et vidant sa chopine de vin blanc.

Les jours de foire la grande salle fourmillait de monde; ces gens arrivaient par bandes, avec leurs hottes, leurs paniers et leurs charrettes. En s'en retournant, ils avaient presque toujours un verre de trop dans la tête, et ne se gênaient pas de dire ce qu'ils pensaient. — C'étaient des plaintes qui ne finissaient pas; les femmes surtout n'en disaient jamais assez; elles appelaient les seigneurs, les prévôts, par leurs véritables noms; elles racontaient leurs abominations, et quand leurs maris voulaient un peu les calmer, elles les traitaient de bêtes.

Les marchands d'Alsace en voulaient surtout aux péages, qui leur enlevaient tout le bénéfice, car il fallait payer pour entrer d'Alsace en Lorraine. Les pauvres juifs, qu'on rançonnait à toutes les barrières, — tant pour le juif et tant pour l'âne ! — n'osaient pas se plaindre, mais les autres ne ménageaient personne.

Seulement, après avoir bien crié, tantôt l'un, tantôt l'autre se levait en disant :

« Oui, c'est vrai, on nous étrangle... les droits augmentent tous les jours; mais que voulez-vous? Les paysans sont des paysans, et les seigneurs des seigneurs. Tant que le monde marchera, les seigneurs seront en haut et nous en bas. Allons... à la grâce de Dieu !... Tenez, mère Catherine, payez-vous... voilà votre compte !... En route !... »

Et toute la bande partait. Une vieille se mettait à prier tout haut pour aider à la marche ; les femmes répondaient, et les hommes, la tête penchée, rêvaient derrière.

J'ai souvent pensé depuis, que cette espèce de bourdonnement par demandes et par réponses leur évitait la peine de réfléchir, et que cela les soulageait. L'idée de s'aider eux-mêmes, de se débarrasser du saunier, du collecteur, du péager, des seigneurs, des couvents, de tout ce qui les gênait, et de mettre les dîmes, les aides, les vingtièmes, toutes les impositions dans leur propre poche, comme ils l'ont fait plus tard, cette idée ne leur venait pas encore; ils se reposaient sur le bon Dieu.

Enfin tout ce mouvement, ces plaintes, ce fourmillement de juifs, de rouliers, de paysans dans la grande salle, les jours de foire; leurs disputes sur le prix du bétail, du blé, des avoines, des récoltes de toute sorte; leurs mines lorsqu'ils se tapaient dans la main, et qu'ils faisaient apporter le pot de vin pour arroser le marché, selon la coutume, tout cela m'apprenait à connaître les hommes et les choses. On ne pouvait pas souhaiter meilleure école pour un enfant, et si j'ai gagné du bien par la suite, c'est que je savais le prix des grains, des bêtes et des terres depuis longtemps. Le vieux juif Schmoûle et le grand Mathias Fischer, du Harberg me l'avaient appris, car ils disputaient assez souvent ensemble sur la valeur des denrées, Dieu merci !

Moi, tout petit, en courant chercher les gobelets et les cruches, j'ouvrais de grands yeux et je dressais les oreilles, on peut me croire.

Mais, ce que j'aimais encore beaucoup mieux que tout le reste, c'était d'entendre maître Jean lire la gazette après souper.

Aujourd'hui la moindre auberge de village a sa gazette; l'ancien *Messager boiteux*, de Silbermann, pendu derrière la croisée, ne compte plus; chacun veut connaître les affaires du pays, et lire son *Courrier du Bas-Rhin*, ou son *Impartial de la Meurthe* deux ou trois fois au moins par semaine; chacun serait honteux de vivre comme un âne, sans s'inquiéter de ce qui regarde tout le monde. Mais avant 89, les gens qui n'avaient à se mêler de rien, et qui n'étaient bons qu'à supporter les impositions, autant qu'il plaisait au roi de leur en mettre sur le dos, les gens n'aimaient pas à lire; la plupart ne connaissaient pas même la première lettre; et puis les gazettes étaient très-chères ! et maître Jean, quoique à son aise, n'aurait pas voulu pour son plaisir faire une aussi grosse dépense.

Heureusement le petit colporteur Chauvel nous en apportait un paquet, chaque fois qu'il rentrait de ses tournées en Alsace, en Lorraine ou dans le Palatinat.

Voilà bien encore une de ces figures comme on n'en voit plus depuis la Révolution : le colporteur d'almanachs, de bons paroissiens, de salutations à la Vierge, de catéchismes, de croisettes (1), etc.; celui qui roulait de Strasbourg à Metz, de Trèves à Nancy, Pont-à-Mousson, Toul, Verdun; qu'on rencontrait dans tous les sentiers, au fond des bois, devant les fermes, les couvents, les abbayes, à l'entrée des villages, avec sa carmagnole de bure, ses guêtres à bouton d'os, montant jusqu'aux genoux, de gros souliers chargés de clous luisants, les reins pliés, la bretelle de cuir en travers de l'épaule, et l'immense panier d'osier sur le dos, comme une montagne. Il vendait des livres de messe, mais combien de livres défendus passaient en contrebande : des Jean-Jacques, des Voltaire, des Raynal, des Helvétius !

Le père Chauvel était le plus fin, le plus

1. Alphabets.

hardi de tous ces contrebandiers d'Alsace et de Lorraine. C'était un petit homme brun, sec, nerveux, les lèvres serrées et le nez crochu. Son panier avait l'air de l'écraser, mais il le portait bien tout de même. En passant, ses petits yeux noirs vous entraient jusqu'au fond de l'âme; il savait d'un coup d'œil ce que vous étiez, si vous vouliez quelque chose, si vous apparteniez à la maréchaussée, s'il devait vous craindre ou vous offrir un de ses livres. Il le fallait, car d'être pris en faisant cette contrebande-là, c'était un cas de galères.

Toutes les fois qu'il arrivait de ses voyages, Chauvel entrait d'abord chez nous, à la nuit, quand l'auberge était vide et que tout se taisait au village. Alors il venait avec sa petite Marguerite, qui ne le quittait jamais, même en route; et rien que d'entendre leurs pas dans l'allée, on disait :

« Voici Chauvel ! Nous allons apprendre du nouveau. »

Nicole courait ouvrir, et Chauvel entrait, son enfant à la main, en faisant un petit signe de tête. Ce souvenir me rajeunit de soixante et quinze ans ; je le vois avec Marguerite, brune comme une myrtille, la petite robe de toile bleue en franges le long des jambes, ses cheveux noirs tombant sur les épaules.

Chauvel donnait le paquet de gazettes à Nicole; il s'asseyait derrière le poêle, sa petite entre les genoux, et maître Jean se retournait tout joyeux en criant :

« Eh bien ! Chauvel, eh bien ! ça va toujours?... ça marche?

— Oui, maître Jean, ça va bien... on achète beaucoup de livres... les gens s'instruisent... Ça va !... ça va !... » répondait le petit homme.

Marguerite, quand il parlait, le regardait d'un air d'attention extraordinaire, on voyait qu'elle comprenait tout.

C'étaient des calvinistes, de vrais calvinistes de la Rochelle, qu'on avait chassés de là-bas, ensuite de Lixheim, et qui, depuis dix à douze ans, vivaient aux Baraques. Ils ne pouvaient remplir aucune place. Leur vieille cassine était presque toujours fermée; en revenant, ils l'ouvraient et restaient cinq ou six jours à se reposer; ensuite ils repartaient faire leur commerce. On les regardait comme des hérétiques, des sauvages, mais cela n'empêchait pas le père Chauvel d'en savoir plus, à lui seul, que tous les capucins du pays !

Maître Jean aimait ce petit homme ; ils s'entendaient entre eux.

Après avoir ouvert le paquet de gazettes sur la table, et regardé quelques minutes, en disant :

« Celle-ci vient d'Utrecht... celle-ci de Clèves... celle-ci d'Amsterdam... Nous allons voir... nous allons voir... Ah! ah! c'est bon... c'est fameux! Nicole, cherche mes besicles, là, sur la fenêtre. »

Après s'être ainsi réjoui quelques instants, maître Jean se mettait à lire, et moi je ne respirais plus dans mon coin. J'oubliais tout, même le danger de retourner à notre baraque trop tard en hiver, lorsque la neige couvrait le village, et que des bandes de loups avaient passé le Rhin sur la glace.

J'aurais dû partir tout de suite après souper, mon père m'attendait; mais la curiosité d'apprendre des nouvelles du Grand-Turc, de l'Amérique et de tous les pays du monde me possédait; je restais jusque passé dix heures! et même encore aujourd'hui je crois être dans mon coin, à gauche de la vieille horloge; l'armoire de noyer et la porte du cabinet où couchait maître Jean à droite, et la grande table d'auberge en face de moi, contre les petites fenêtres sombres. Maître Jean lit; la mère Catherine, une petite femme, les joues rosées, les oreilles couvertes d'un bavolet blanc, file en écoutant; et Nicole aussi, son bonnet en coussinet sur la nuque. Cette pauvre Nicole était rousse comme une carotte, avec des taches de son par milliers et les cils blancs. Oui, tout est là! Les rouets bourdonnent, la vieille horloge marche; de temps en temps elle grince, les poids descendent, l'heure sonne, et puis le tic-tac continue. Maître Jean, dans son fauteuil, ses besicles à branches de fer sur le nez, — comme moi maintenant, — les oreilles rouges et ses gros favoris ébouriffés, ne fait attention qu'à sa gazette. Quelquefois il se retourne pour regarder sous ses lunettes, et dit :

« Ah! ah! voici des nouvelles d'Amérique. Le général Washington a battu les Anglais. Voyez-vous ça, Chauvel!

— Oui, maître Jean, répond le colporteur, ces Américains, il n'y a pas plus de trois ou quatre ans, ont commencé leur révolte; ils ne voulaient plus payer la masse de droits que les Anglais augmentaient de jour en jour, comme ça se pratique souvent ailleurs, et maintenant leurs affaires vont bien ! »

Il souriait une seconde sans desserrer les lèvres, et maître Jean se remettait à lire.

D'autres fois, il était question de Frédéric II, ce vieux renard prussien, qui voulait recommencer ses tours.

« Vieux gueux! bégayait maître Jean, sans M. de Soubise, il ne ferait pas le gros dos. C'est cette grande bête qui nous a valu Rosbach.

— Oui, répondait Chauvel, et voilà pourquoi Sa Majesté lui donné quinze cent mille livres de pension ! »

Alors ils se regardaient en silence, et maître Jean répétait :

« Quinze cent mille livres à cet imbécile! Et l'on ne trouve pas un liard pour refaire la route royale de Saverne à Phalsbourg. Il faut que des milliers de paysans se détournent d'une lieue, pour aller d'Alsace en Lorraine; le pain, le vin, la viande, tout renchérit.

— Hé! que voulez-vous? Ça, c'est de la politique, disait le calviniste. Nous ne comprenons rien à la politique, nous autres! Nous ne savons que travailler et payer. La dépense regarde le roi. »

Lorsque maître Jean s'emportait trop, la mère Catherine se levait bien vite; elle écoutait dans l'allée, et tout s'apaisait, car le parrain comprenait ce que cela voulait dire. Il fallait de la prudence, les espions rôdaient partout; s'ils avaient entendu ce que nous pensions des princes, des seigneurs et des moines, nous en aurions vu de grises.

Chauvel et sa petite fille partaient d'assez bonne heure; moi, j'attendais toujours jusqu'à la dernière minute, lorsque maître Jean repliait sa gazette. Alors seulement il me voyait et criait :

« Hé! Michel, qu'est-ce que tu fais donc là? Tu comprends donc quelque chose ? »

Et sans attendre ma réponse :

« Allons, disait-il, demain, au petit jour, nous aurons de l'ouvrage. Ce sera jour de marché; la forge chauffera de bonne heure. En route, Michel, en route ! »

Je me rappelais aussitôt que les loups descendaient au village, et je courais allumer un flambeau dans la cuisine. La petite fenêtre sur la cour, avec ses barreaux, était noire comme de l'encre. On entendait la bise pleurer dehors. Je me dépêchais en frissonnant, et Nicole m'ouvrait.

A peine dehors, dans la nuit, en voyant cette grande rue blanche monter avec ses ornières entre les vieilles cassines enterrées sous la neige; en écoutant le vent souffler, et quelquefois les loups s'appeler et se répondre dans la plaine, je me mettais à courir, mais à courir tellement, que j'en perdais la respiration. Les cheveux me dressaient sur la tête; je sautais par-dessus les tas de neige et de fumier, comme un cabri. Les vieux toits de chaume, les lucarnes au-dessous, avec leurs bouchons de paille où pendait le givre, les petites portes barricadées de traverses, tout était terrible sous la lumière blanche de mon flambeau, qui filait comme une étoile dans le silence; tout semblait mort. Mais en courant, je voyais tout de même au fond des ruelles, à droite et à gauche, quelques ombres aller et venir, et cette vue me donnait une telle épouvante, qu'en arrivant à notre baraque, je me jetais contre la porte comme un perdu.

Le pauvre père était là, près de l'âtre, dans son vieux pantalon de toile tout rapiécé, et s'écriait :

« Oh ! mon enfant, que tu viens tard ! Tous les autres dorment; tu as donc encore écouté lire la gazette ?

— Oui, mon père, tenez ! »

Je lui mettais dans la main le morceau de pain que maître Jean me donnait toujours après souper. Il le prenait et me disait :

« Eh bien, couche-toi, mon enfant; mais ne rentre plus si tard, tant de loups courent le pays ! »

Je me couchais à côté de mes frères, dans la grande caisse remplie de feuilles, une vieille couverture toute déchirée par-dessus.

Les autres dormaient, à force d'avoir couru mendier dans les villages et sur les grandes routes. Moi, je veillais encore longtemps, écoutant passer les coups de vent, et quelquefois, au loin, un bruit sourd au milieu du grand silence : les loups attaquaient une étable, ils sautaient à huit et dix pieds contre les lucarnes et retombaient dans la neige; puis tout à coup deux ou trois cris terribles s'entendaient; toute la bande descendait la rue comme le vent : ils avaient pris un chien et couraient le dévorer sous les roches.

D'autrefois je frissonnais de les entendre souffler et gratter sous notre porte. Le père alors se levait, il allumait une torche de paille sur l'âtre, et ces bêtes affamées s'en allaient plus loin.

J'ai toujours cru que les hivers en ce temps étaient plus longs que de nos jours et bien plus rigoureux. La neige montait souvent à deux et trois pieds; elle tenait jusqu'en avril, à cause des grandes forêts, qu'on a défrichées depuis, et des étangs sans nombre que les couvents et les seigneurs laissaient en eau dans les vallées, pour n'avoir pas besoin de les planter et de récolter tous les ans. C'était plus commode. Mais ces grandes masses d'eau, ces bois et ces marais entretenaient l'humidité dans le pays et refroidissaient l'air.

Maintenant que tout est partagé, labouré, ensemencé, le soleil entre partout, et le printemps fleurit plus vite; c'est ce que je pense. Mais, que ce soit pour cette raison ou pour une autre, tous les anciens vous diront que les froids arrivaient plus tôt, qu'ils finissaient plus tard, et que tous les ans des bandes de loups attaquaient les écuries, et venaient enlever les chiens de garde jusque dans la cour des fermes.

IV

Or, à la fin d'un de ces longs hivers, quinze jours ou trois semaines après Pâques, il arriva quelque chose d'extraordinaire aux Baraques. Ce jour-là, j'avais dormi tard, comme il arrive aux enfants, et je me dépêchais de courir à l'auberge des Trois-Pigeons, dans la crainte d'être grondé par Nicole. Nous devions récurer le plancher de la grande salle avec de l'eau de lessive, ce qui se faisait toujours au printemps, et puis trois ou quatre fois dans l'année.

On ne pouvait pas encore conduire les bêtes à la pâture, la neige commençait seulement à fondre derrière les haies ; mais il faisait déjà chaud, et tout le long de la rue on ouvrait les portes et les lucarnes des maisons, pour renouveler l'air; on poussait les vaches et les chèvres hors des écuries, pour sortir le fumier et laver les étables. Claude Huré remettait une cheville à sa charrue, sous le hangar; Pierre Vincent repiquait la selle de son bidet; le temps des labours approchait, chacun s'apprêtait d'avance; et les vieux, leur petit Benjamin sur le bras, respiraient aussi, devant la hutte, le bon air qui venait des montagnes.

C'était un beau jour, un des premiers de l'année.

Comme j'approchais de l'auberge, dont toutes les fenêtres en bas étaient ouvertes, je vis la bourrique du père Bénédic attachée à l'anneau de la porte, sa grande cruche de fer-blanc sur le dos, et ses deux paniers d'osier sur les hanches.

L'idée me vint que le père Bénédic prêchait chez nous, selon son habitude lorsque des étrangers remplissaient l'auberge, et qu'il espérait leur tirer quelques liards. — C'était le frère quêteur du couvent de Phalsbourg, un vieux capucin, la barbe jaune et dure comme du chiendent; le nez en forme de figue, avec de petites veines bleues, les oreilles plates, le front en arrière, les yeux tout petits, sa robe de bure si râpée, qu'on pouvait en compter tous les fils, le capuchon en pointe, jusqu'au bas du dos, les orteils crasseux hors de ses savates. Avant d'entendre sa clochette, on sentait déjà l'odeur de la soupe et du vin.

Maître Jean ne pouvait pas le souffrir, mais la mère Catherine lui conservait toujours un bon morceau de lard, et quand le parrain se fâchait, elle lui répondait :

« Je veux avoir mon banc dans le ciel, comme à l'église; tu seras bien content de

Mais, animal, si ces choses n'existaient pas, tu serais maître forgeron. (Page 12.)

l'asseoir à côté de moi, dans le royaume des cieux. »

Alors il riait et ne disait plus rien.

J'entrai donc. Et voilà que dans la grande salle, autour de la table, se trouvait une quantité de monde : des Baraquins, des rouliers d'Alsace, Nicole, la mère Catherine et le père Bénédic. Maître Jean, au milieu d'eux, leur montrait un sac rempli de grosses pelures grises, disant que ces pelures venaient du Hanovre; qu'elles produisaient des racines excellentes en si grand nombre, que les gens du pays en avaient de quoi manger toute l'année. Il les engageait à en planter, leur prédisant qu'on ne reverrait plus la famine aux Baraques, et que ce serait une véritable bénédiction pour nous tous.

Maître Jean disait ces choses simplement, la figure joyeuse; Chauvel, derrière, avec sa petite Marguerite, écoutait.

Les autres prenaient de ces pelures dans leur main, ils les regardaient, ils les sentaient, et puis ils les remettaient dans le sac, riant en dessous comme pour dire :

« A-t-on jamais vu planter des pelures? C'est contraire au bon sens. »

Quelques-uns même se donnaient de petits coups de coude par derrière, pour se moquer du parrain. Tout à coup le père Bénédic, son gros nez penché et ses petits yeux de hérisson fermés d'un air moqueur, se mit à rire en se retournant, et toute la bande éclata de rire.

Maître Jean, indigné, leur dit :

« Vous riez comme de véritables bêtes, sans

Cette contrebande-là, c'était un cas de galères. (Page 18.)

savoir pourquoi. N'êtes-vous pas honteux de rire et de faire les malins, quand je parle sérieusement?... »

Mais ils riaient plus fort, et le capucin, voyant alors Chauvel, s'écria :

« Ah! ah! c'est de la semence de contrebande; je m'en doutais!... »

C'était vrai, Chauvel nous avait apporté ces pelures du Palatinat, où beaucoup de gens en plantaient déjà depuis quelques années; il nous en avait dit le plus grand bien.

« Cela vient d'un hérétique! criait le père Bénédic, comment voulez-vous que des chrétiens en sèment et que le Seigneur y répande ses bénédictions?

— Vous serez bien content de vous mettre de temps en temps une de mes racines sous le nez, quand elles seront venues, lui cria maître Jean en colère.

— Quand elles seront venues! dit le capucin, les mains jointes d'un air de pitié, quand elles seront venues!... Hélas! croyez-moi, vous n'avez pas trop de terres pour vos choux, vos navets et vos raves... Laissez ces pelures, elles ne donneront rien... rien!... C'est moi, *pater* Bénédic, qui vous le dis.

— Vous dites bien d'autres choses auxquelles je ne crois pas, » lui répondit maître Jean, en remettant le sac dans son armoire.

Mais ensuite il se reprit, et fit signe à sa femme de donner une bonne tranche de pain au capucin; des gueux pareils entraient partout, ils pouvaient vous décrier et vous faire le plus grand tort.

Le capucin et les Baraquins sortirent alors ; moi, je restai là, tout désolé des moqueries qu'on avait faites contre le parrain. Le père Bénédic criait dans l'allée :

« J'espère bien, dame Catherine, que vous sèmerez autre chose que des pelures du Hanovre ; c'est à souhaiter ! car autrement, je risquerais de passer ici cent fois sans charger ma bourrique. Dieu du ciel ! je vais bien prier le Seigneur pour qu'il vous éclaire. »

Il nasillait et traînait exprès la voix. Les autres, dehors, riaient en remontant la rue, et maître Jean, à sa fenêtre, disait :

« Essayez donc de faire du bien aux imbéciles, voilà votre récompense ! »

Chauvel répondit :

« Ce sont de pauvres êtres qu'on entretient dans l'ignorance, pour les faire travailler au profit des seigneurs et des moines, ce n'est pas leur faute, maître Leroux, il ne faut pas leur en vouloir. Si j'avais un bout de champ, j'y planterais ces pelures ; ils verraient ma récolte, et se dépêcheraient de suivre mon exemple ; car, je vous le répète, cette plante rapporte cinq et six fois plus que n'importe quel froment ou légume. Ses racines sont grosses comme le poing, excellentes à manger, très-saines et très-nourrissantes. J'en ai goûté moi-même : c'est blanc, farineux, dans le goût des châtaignes. On peut les cuire au beurre, à l'eau, n'importe comment, et c'est toujours bon. »

— Soyez tranquille, Chauvel, s'écria maître Jean, ils n'en veulent pas, tant mieux, j'en aurai seul ! Au lieu d'ensemencer le quart de mon enclos, j'ensemencerai le clos tout entier.

— Et vous ferez bien. Toute terre est bonne pour ces racines, dit Chauvel, mais principalement la terre sablonneuse. »

Ils sortirent, causant encore de ces choses ; puis Chauvel retourna dans sa baraque, maître Jean entra travailler à la forge, et Nicole et moi nous commençâmes à renverser nos bancs et nos tables les uns sur les autres, pour laver le plancher.

Jamais cette dispute de maître Jean et du capucin ne m'est sortie de l'esprit, et vous le comprendrez facilement, quand je vous aurai dit que les grosses pelures grises apportées par Chauvel, étaient la première semence de pommes de terre qu'on ait vue chez nous ; de ces pommes de terre qui nous ont préservés de la disette depuis quatre-vingts ans.

Tous les étés, lorsque je vois de ma fenêtre l'immense plaine de Diémeringen se couvrir à perte de vue, jusqu'à la lisière des bois, de grosses troches vertes qui s'enflent, qui fleurissent, et changent en quelque sorte la poussière elle-même en nourriture pour les hommes ; quand je vois, en automne, ces milliers de sacs, debout dans les champs, les hommes, les femmes, les enfants qui chantent et se réjouissent en les chargeant sur leurs charrettes ; quand je me représente le bonheur des paysans jusqu'au fond des plus misérables chaumières, en comparaison de notre épouvante à nous autres d'avant 89, longtemps avant le mois de décembre, parce qu'on prévoyait déjà la famine ; quand je songe à la différence, ces moqueries, ces éclats de rire des imbéciles me reviennent, et je m'écrie en moi-même :

« Oh ! maître Jean, oh ! Chauvel, pourquoi ne pouvez-vous pas revivre une heure pendant la récolte et vous asseoir à la tête d'un champ, pour reconnaître le bien que vous avez fait en ce monde ; cela vaudrait la peine de revivre ! Et le père Bénédic devrait revenir aussi, pour entendre les coups de sifflet et les éclats de rire des paysans, lorsqu'ils le verraient avec sa bourrique, gueusant par les chemins. »

Et songeant à ces choses, je me figure que l'Être suprême, dans sa justice, les laisse revenir, qu'ils sont au milieu de nous et que chacun jouit de son bon sens ou de sa bêtise, dans les siècles des siècles.

Dieu veuille que ce soit vrai : ce serait la véritable vie éternelle.

Enfin, voilà comment la semence des pommes de terre fut reçue chez nous.

Maître Jean paraissait rempli de confiance, mais il n'était pas au bout de ses peines. C'est dans ce temps que la bêtise du monde parut dans tout son jour, car le bruit se répandit que Jean Leroux perdait la tête et qu'il semait des épluchures de navets, pour avoir des carottes. Les marchands de grains et tous ceux qui passaient à l'auberge le regardaient d'un air moqueur, en lui demandant des nouvelles de sa santé. Naturellement ces abominations l'indignaient ; il en parlait le soir avec amertume, et sa femme en était chagrine. Mais cela ne l'empêcha pas de retourner son enclos derrière l'auberge, de le bien fumer et d'y planter les pelures du Hanovre. Nicole l'aidait, moi je portais le sac.

Les Baraquins et les passants se penchaient sur le petit mur du verger, qui longe le chemin, et nous regardaient en clignant des yeux. Personne ne disait rien, parce qu'on pensait bien que maître Jean, à bout de patience, sortirait avec sa trique pour répondre aux malins.

Si je vous racontais tout ce qu'il nous fallut supporter de moqueries avant la récolte, vous auriez de la peine à le croire ; plus les gens sont bornés, plus ils aiment à rire de ceux qui montrent du bon sens, lorsque l'occasion s'en présente, et l'occasion paraissait très bonne aux Baraquins. Quand on parlait des racines du Hanovre, aussitôt tous les imbéciles éclataient de rire.

J'étais même forcé de me battre tous les jours à la pâture avec les garçons du village, car ils me voyaient à peine descendre au vallon, que tous se mettaient à crier :

« Hé ! voici le Hanovrien, celui qui porte le sac de maître Jean. »

Alors je tombais dessus avec mon fouet, et souvent ils se mettaient à dix contre moi, sans honte, et me cinglaient de coups en criant :

« A bas les racines du Hanovre !... à bas les racines du Hanovre !... »

Nicolas ni Claude n'étaient plus là malheureusement. Nicolas travaillait dans les coupes à ébrancher les arbres, et Claude tressait des paniers et faisait des balais avec le père, ou bien il allait chercher des brindilles de bouleau et des genêts du côté des Trois-Fontaines, avec la permission de Georges, le garde forestier du Schwirzerhof — pour Mgr le cardinal-évêque — près de Saint-Witt.

Je recevais donc seul la giboulée, mais je ne pleurais pas ; ma fureur était trop grande.

On pense d'après cela si j'aurais voulu voir pousser les racines et nos ennemis confondus ! Tous les matins, au petit jour, j'étais penché sur le mur de l'enclos, à regarder si rien ne venait, et quand je n'avais rien vu, je m'en allais tout triste, reprochant dans mon âme au père Bénédic d'avoir jeté sur notre champ un mauvais sort.

Avant la Révolution tous les paysans croyaient aux mauvais sorts, et cette croyance avait même fait brûler autrefois des milliers de malheureux. Si j'avais pu faire brûler le capucin, il n'aurait pas attendu longtemps, car mon indignation contre lui était terrible.

A force de batailler contre ceux de Lutzelbourg, des Baraques d'en haut et des Quatre-Vents, une sorte de fierté m'était venue ; je me faisais gloire de défendre nos racines, et pourtant jamais je n'eus l'idée de m'en glorifier, ni maître Jean, ni Valentin, ni la mère Catherine ne savaient rien de ces choses ; mais le père, en voyant le soir les longues raies rouges qui me cinglaient les jambes, s'étonnait :

« Comment, Michel, disait le pauvre homme, toi que je croyais si paisible, tu fais aussi comme Nicolas : tu donnes et tu reçois des coups ! Prends garde, mon enfant, un seul coup de fouet peut vous crever les yeux. Alors, que deviendrions-nous, que deviendrions-nous. »

Il hochait la tête tout pensif, et continuait à travailler.

Les jours de pleine lune en été, toute la famille travaillait devant notre porte, pour ménager l'huile de faîne. Lorsqu'on entendait au loin, bien loin, l'horloge de la ville tinter dix heures, le père se levait ; il serrait les genêts et les saules, et puis regardant un instant le ciel tout blanc d'étoiles, il s'écriait :

« Ah ! mon Dieu, mon Dieu, que vous êtes grand !... Que votre bonté repose sur vos enfants ! »

Jamais on n'a dit ces paroles avec autant d'admiration et de tendresse que mon pauvre père ; on voyait qu'il comprenait ces choses bien mieux que nos moines, qui récitaient le *Pater noster* ou le *Crois en Dieu*, comme je prends ma prise de tabac, sans y faire attention.

Ensuite nous rentrions, la journée était finie.

Cela se passait en mai et juin. Les orges, les seigles et les avoines grandissaient à vue d'œil ; dans l'enclos de maître Jean, rien ne poussait encore.

Mon père m'avait déjà parlé plusieurs fois des racines du Hanovre, et je lui racontais tout le bien que cette plante pourrait nous faire.

« Dieu le veuille, mon enfant, me disait-il, nous en avons grand besoin ; la misère augmente de jour en jour, les charges sont trop fortes, les corvées nous prennent aussi trop de journées ! »

Et la mère criait :

« Oui, surtout quand on est encore forcé de faire celles des autres ! Nous avons bien besoin d'une plante qui nous sauve, qu'elle vienne du Hanovre ou d'ailleurs. Cela ne peut pas durer. »

Elle avait raison ! Malheureusement, on ne voyait encore rien pousser dans l'enclos de maître Jean. Le parrain commençait à croire que le père Bénédic n'avait pas eu tort de rire ; il songeait à retourner sa terre pour y semer de la luzerne. C'était dur, car on pouvait bien se figurer que tous les gens du pays allaient se moquer de lui pendant des années. Il faut absolument réussir pour que les gueux se taisent, et voilà pourquoi si peu de gens osent entreprendre quelque chose de nouveau, voilà pourquoi nous restons dans l'ornière : c'est la crainte des imbéciles, de leurs moqueries et de leurs éclats de rire, qui retient les hommes entreprenants et courageux. Si nous sommes encore arriérés dans nos cultures, c'est à cela qu'il faut l'attribuer.

Nous étions donc désolés.

Si Chauvel n'avait pas fait alors sa grande

tournée en Lorraine, la mère Catherine l'aurait accablé de reproches, car elle lui mettait tout sur le dos.

Un matin, entre quatre et cinq heures, au commencement de juin, je descendais la rue comme à l'ordinaire pour éveiller Nicole, fourrager les bêtes et les conduire à la pâture. Il était tombé beaucoup de rosée pendant la nuit ; le jour se levait rouge et chaud du côté des Quatre-Vents. En passant près de l'enclos, avant de frapper à la porte, je regarde par-dessus le mur, et qu'est-ce que je vois ? A droite, à gauche, des touffes de feuilles verdâtres qui s'élèvent partout : la rosée avait amolli la terre, les germes de nos racines sortaient par milliers.

Aussitôt je saute dans le champ, je reconnais que c'est bien vrai, que ces feuilles ne ressemblent à rien du pays, et je cours derrière la maison ; je frappe aux volets de la chambre où dormaient maître Jean et sa femme ; je frappe comme un malheureux

Maître Jean crie :

« Qui est là ?

— Ouvrez, parrain ! »

Il ouvre en chemise.

« Parrain, les racines poussent ! »

Maître Jean était bien en colère d'être réveillé, mais en entendant cela, sa grosse figure fut toute réjouie.

« Elles poussent ?

— Oui, parrain, de tous côtés, en haut, en bas du champ. Dans une seule nuit elles sont venues.

— C'est bon, Michel, fit-il en se dépêchant de s'habiller, j'arrive ! — Hé ! Catherine, les racines poussent !... »

Sa femme se leva bien vite. Ils s'habillèrent, et nous descendîmes ensemble dans l'enclos. Ils virent que je ne m'étais pas trompé ; les feuilles sortaient à foison, c'était même extraordinaire. Maître Jean dit d'un air d'admiration :

« Tout ce que Chauvel nous avait raconté arrive... Le capucin et les autres vont avoir le nez long !... Ha ! ha ! ha ! quelle chance !... Mais à cette heure, il faut butter les pieds, et je le ferai moi-même. Nous suivrons de point en point ce que nous a recommandé Chauvel. Cet homme est rempli de bon sens, il a plus de connaissances que nous, il faut suivre ses conseils. »

Dame Catherine l'approuvait.

Nous rentrâmes ensuite à l'auberge. On ouvrit les fenêtres, j'allai fourrager le bétail et je partis sans rien dire à personne, étant moi-même trop étonné. Mais une fois au vallon, comme les autres garçons criaient :

« Voici le Hanovrien ! »

Au lieu de me fâcher, je leur répondis glorieusement :

« Oui, oui, je suis celui qui portait le sac de maître Jean, je suis Michel. »

Et voyant qu'ils s'étonnaient :

« Allez voir là-haut, leur dis-je en montrant l'enclos avec mon fouet, elles poussent, nos racines, et plus d'un gueux sera content d'en avoir dans sa cave ! »

J'étais tout fier. Les autres se regardaient surpris ; ils pensaient :

« C'est peut-être vrai ! »

Mais ensuite ils se mirent à siffler, à crier, et je ne leur répondis plus ; l'envie de me battre était passée ; j'avais eu raison, c'était bien assez pour moi.

Lorsque je rentrai, vers six heures, on ne disait encore rien au village ; seulement, le lendemain, le surlendemain et les jours suivants, le bruit se répandit que les racines de Jean Leroux poussaient, et que ce n'étaient ni des raves, ni des navets, mais une plante nouvelle. Du matin au soir, des gens se penchaient sur notre mur et regardaient en silence ; ils ne se moquaient plus de nous ! Le parrain nous avait aussi recommandé de ne rien leur dire, parce qu'il vaut mieux que les gens reconnaissent eux-mêmes leurs torts, sans qu'on leur fasse de reproches.

Malgré cela, maître Jean lui-même, un soir que le capucin passait avec sa bourrique, ne put s'empêcher de lui crier :

« Hé ! père Bénédic, voyez donc ! le Seigneur a béni la plante des hérétiques ; voyez comme elle vient !

— Oui, répondit le capucin en riant, j'ai vu ça, j'ai vu ça !... Que voulez-vous ? Je croyais qu'elle venait du diable, elle vient de Notre-Seigneur. Tant mieux... tant mieux ! nous en mangerons tout de même, si elle est bonne, bien entendu. »

Ainsi les capucins avaient toujours raison ; quand une chose réussissait, le Seigneur l'avait faite ; quand elle tournait mal, c'était le diable, et les autres devaient seuls supporter la perte.

Que les hommes sont bêtes, ô mon Dieu, d'écouter des êtres pareils ! Autant les enfants, les infirmes et les vieillards méritent d'être secourus, autant les fainéants méritent d'être chassés. C'est une grande consolation pour moi de ne leur avoir jamais rien donné. Tous les gueux, capucins ou non, qui se présentent à la ferme, sont reçus par mon ordre, dans la cuisine, à midi. Ils voient les domestiques et les servantes, frais et joufflus, autour de la table, en train de manger et de boire un bon soupe, comme cela doit être lorsque l'on travaille fermé et longtemps. Cette vue leur ouvre l'appétit. Mon garçon de labour, le vieux Pierre, entre deux grosses bouchées, leur demande :

« Que voulez-vous ? »

S'ils commencent à faire leurs grimaces, on leur présente le manche d'une pioche ou d'une pelle, on leur offre de l'ouvrage; presque toujours, ils s'en vont la tête basse, en pensant :

« Il paraît que ces gens-là ne veulent pas travailler pour nous.... Quelle mauvaise race!... »

Et moi, sur ma porte, je ris en leur souhaitant bon voyage.

Si l'on avait fait la même chose aux capucins et à tous les paresseux de cette espèce, ils n'auraient pas réduit les paysans à la misère, et dévoré pendant des siècles le fruit de leur travail.

Mais il faut que je vous raconte maintenant la floraison et la récolte de nos pommes de terre, et ce qui mit Jean Leroux en plus grande estime et considération encore qu'il n'était avant dans le pays.

En juillet, l'enclos de maître Jean se voyait de la côte de Mittelbronn, comme un grand bouquet vert et blanc; les tiges montaient presque au niveau du mur.

Durant ces grands jours de chaleur, quand tout semble dessécher dans les champs, c'était une joie de regarder nos belles plantes s'étendre de plus en plus; il fallait qu'un peu de rosée le matin leur entretînt dans leur fraîcheur; et l'on se figurait au-dessous les grosses racines en train de s'allonger et de prendre du corps.

Nous y rêvions pour ainsi dire toujours, et le soir, nous ne parlions plus que de cela, les gazettes elles-mêmes étaient oubliées, parce que les affaires du Grand-Turc et de l'Amérique nous intéressaient moins que les nôtres.

Nous voyions bien, au commencement de septembre, que toutes les fleurs étaient tombées et que les pieds se desséchaient de jour en jour; nous pensions :

« Il est temps de sortir les racines! »

Mais le parrain disait :

« Chauvel nous a prévenus qu'on les sort en octobre. Au 1er octobre, nous essayerons par un pied, et s'il faut encore attendre, on attendra. »

C'est ce qu'il fit le 1er octobre au matin, par un temps de brouillard. Vers dix heures, maître Jean sortit de la forge; il entra dans la cuisine, prit une pioche derrière la porte et descendit dans l'enclos.

Nous le suivions.

A la première touffe, il fit halte et donna son coup de pioche. Et quand il eut enlevé la motte et que nous vîmes ces grosses pommes de terre roses tomber autour; quand nous vîmes qu'au second, qu'au troisième coup, il en sortait autant, et que cinq ou six pieds remplissaient la moitié d'un panier; alors nous nous regardâmes bien étonnés! Nous ne pouvions en croire nos yeux.

Maître Jean ne disait rien. Il fit quelques pas, prit un autre pied au milieu du champ, et donna un nouveau coup de pioche. Ce pied avait autant de pommes de terre que les autres et de plus belles; c'est pourquoi le parrain s'écria :

« Je vois maintenant ce que nous avons, il faut que l'année prochaine mes deux arpents sur la côte soient plantés de ces racines; et le reste, nous le vendrons un bon prix; ce qu'on donne pour rien aux gens, ils le regardent aussi comme rien. »

Sa femme avait ramassé les pommes de terre dans un panier; il le prit, et nous rentrâmes à la maison.

Dans la cuisine, maître Jean me dit d'aller chercher Chauvel, rentré depuis la veille au soir, d'une longue tournée en Lorraine. Il demeurait avec sa petite Marguerite, à l'autre bout des Baraques. Je courus le prévenir, et tout de suite il arriva, pensant bien que maître Jean venait de déterrer ses racines, et souriant d'avance.

Comme il entrait dans la cuisine, le parrain, les yeux brillants de joie, lui montra le panier au bord de l'âtre, en s'écriant :

« Voilà ce qui vient de six pieds, et j'en ai déjà mis autant dans la marmite.

— Oui, c'est ça, répondit Chauvel sans paraître étonné, c'est bien ça, je vous avais prévenu.

— Vous dînez avec nous, Chauvel, dit maître Jean, nous allons les goûter; et si c'est bon, ce sera la richesse des Baraques.

— C'est très-bon, vous pouvez me croire, fit le colporteur, c'est surtout une très-bonne affaire pour vous, rien que sur la semence, vous gagnerez quelques centaines de livres.

— Il faut voir, s'écria maître Jean, qui ne se tenait plus de joie, il faut voir! »

Dame Catherine venait de casser des œufs pour faire une omelette au lard; elle avait déjà dressé la grande soupière, où fumait une bonne soupe à la crème. Nicole descendit à la cave remplir la cruche de petit vin blanc d'Alsace, et puis elle remonta mettre la table.

Le parrain et Chauvel entrèrent dans la salle. Ils comprenaient bien que ces racines allaient être une bonne affaire; mais de croire qu'elles changeraient l'état du peuple, qu'elles aboliraient la famine et qu'elles feraient plus pour le genre humain que le roi, les seigneurs et tous ceux qu'on élevait jusqu'aux nues, une idée pareille ne pouvait leur venir; surtout à maître Jean, qui voyait principalement son profit dans la chose, sans pourtant oublier tout à fait le reste.

« Pourvu qu'elles aient seulement le goût des navets, disait-il, je n'en demande pas plus.

— Elles sont bien meilleures. On peut les manger de mille façons, répondit Chauvel. Vous devez bien penser que si je n'avais pas été sûr que la plante était bonne, utile pour vous et pour tout le monde, je n'aurais pas mis ces pelures dans mon panier, — il est assez lourd sans cela! — et je ne vous aurais pas conseillé d'en planter dans votre enclos.

— Sans doute! Mais on peut pourtant dire son mot. Moi, je suis comme saint Thomas, il faut que je voie, que je tâte, » dit maître Jean.

Et le petit calviniste, riant en dessous, lui répondit :

« Vous avez raison!... Mais vous tâterez... voici que Nicole dresse la table... ce ne sera pas long. »

Tout était prêt.

En ce temps les domestiques et le maître mangeaient ensemble, mais la servante et la femme du maître servaient; elles ne s'asseyaient à table qu'après le repas.

Nous venions donc de nous asseoir, maître Jean et Chauvel contre le mur, d'un côté; la petite Marguerite et moi de l'autre; on allait manger, quand le parrain s'écria :

« Hé! voici Christophe! »

C'était M. Christophe Materne, curé de Lutzelbourg, un homme grand, roux et crépu, comme tous les Materne de la montagne. Le parrain l'avait vu passer devant nos fenêtres ; nous l'entendions déjà trépigner sur les marches dehors, pour détacher la glèbe de ses gros souliers ferrés, et presque aussitôt il entra, ses larges épaules en voûte sous la petite porte, le bréviaire sous le bras, son grand bâton de houx à la main, et le tricorne râpé sur sa grosse chevelure grisonnante.

« Ah! ah! s'écria-t-il d'une voix terriblement forte, je vous retrouve encore ensemble, parpaillots!... Vous complotez bien sûr de rétablir l'Édit de Nantes ?

— Hé! Christophe, tu arrives bien, lui répondit maître Jean tout joyeux, assieds-toi... Regarde... je levais le couvercle de la soupière.

— C'est bon, répondit le curé d'un air de bonne humeur, en accrochant son tricorne au mur et déposant son bâton près de l'horloge,

c'est bon... je te vois venir... tu veux m'apaiser; mais cela ne va pas, Jean! ce Chauvel te gâte? il faut que je les signale au prévôt.

— Et qui fournira des Jean-Jacques à MM. les curés de la montagne? fit Chauvel avec malice.

— Taisez-vous, mauvaise langue, répondit le curé, tous vos philosophes ne valent pas un verset de l'Évangile.

— Hé! l'Évangile... s'écria le petit calviniste ; nous n'avons jamais demandé que cela, nous autres !

— Oui... oui..., fit M. Materne, vous êtes de braves gens... nous le savons, Chauvel; mais nous connaissons aussi le dessous des cartes.

Puis s'adressant à Marguerite et à moi, et passant sa grande jambe entre nous deux :

« Allons, mes enfants, dit-il avec douceur, faites-moi place. »

Nous nous serrions, repoussant nos assiettes à droite et à gauche. Enfin, M. le curé s'assit; et pendant qu'il mangeait sa soupe, moi sur le bout du banc, je le regardais du coin de l'œil, sans oser lever le nez de mon assiette, tellement je lui trouvais l'air terrible, avec ses grands yeux gris, sa tête crépue et ses mains de géant !

C'était pourtant le meilleur des hommes que ce brave curé Christophe. Au lieu de vivre tranquillement du produit de la dîme et de mettre quelque chose de côté pour ses vieux jours, comme beaucoup de ses confrères, il ne pensait qu'à travailler et à se dévouer pour les autres. En hiver, il tenait lui-même l'école de son village ; et, pendant les beaux jours, quand les enfants conduisaient les bêtes à la pâture, il taillait du matin au soir, dans la pierre ou le vieux chêne, des images de saints et de saintes pour les paroisses qui n'avaient pas le moyen d'en acheter. On lui amenait le morceau de bois ou le bloc de pierre, et il vous renvoyait le saint Jean, la sainte Vierge ou le Père éternel.

Maître Jean et M. Materne étaient du même village; c'étaient deux vieux amis, ils s'aimaient bien.

« Hé! dis donc, Christophe, s'écria tout à coup le parrain, qui venait d'achever sa soupe, est-ce que tu recommenceras bientôt ton école ?

— Oui, Jean, la semaine prochaine, répondit M. le curé. C'est même pour cela que je suis en route; je vais à Phalsbourg chercher du papier et des livres. Je pensais commencer le 20 septembre, mais il a fallu finir un saint Pierre pour la paroisse d'Aberschwiller, qui rebâtit son église. J'avais promis, j'ai voulu tenir ma promesse.

— Ah ! bon !... Alors c'est pour la semaine prochaine.

— Oui, lundi prochain nous commencerons.

— Tu devrais bien prendre ce garçon-là, dit le parrain en me montrant ; c'est mon filleul, le fils de Jean-Pierre Bastien. Je suis sûr qu'il apprendrait de bon cœur. »

En entendant cela, je devins tout rouge de plaisir, car je désirais depuis longtemps d'aller à l'école.

M. Christophe s'était retourné de mon côté.

« Voyons, fit-il en posant sa grosse main sur ma tête, regarde-moi. »

Je le regardai les yeux troubles.

« Comment t'appelles-tu ?

— Michel, monsieur le curé.

— Eh bien ! Michel, tu seras le bienvenu. La porte de mon école est ouverte pour tout le monde ; plus il vient d'écoliers, plus je suis content !...

— A la bonne heure, s'écria Chauvel, voilà ce qui s'appelle parler ! »

Et maître Jean, levant son verre, porta la santé de son ami Christophe.

Ceux qui vont aujourd'hui tranquillement à l'école de leur village, et qui reçoivent en quelque sorte pour rien les leçons d'un homme instruit, honnête et très-souvent capable de remplir une meilleure place, ceux-là ne se figurent pas combien d'autres, avant la Révolution, auraient envié leur sort. Ils ne se figurent pas non plus la joie d'un pauvre garçon comme moi, lorsque M. le curé voulut bien me recevoir, et que je me dis :

« Tu sauras lire, écrire ; tu ne vivras pas dans l'ignorance, comme tes pauvres parents !... »

Non, ces choses il faut les avoir senties ; il faut avoir vécu dans un temps pareil. Aussi les malheureux qui ne profitent pas d'un si grand bienfait sont bien à plaindre ; ils sauront un jour ce que c'est de traverser la vie au dur service des autres ; ils auront le temps de se repentir. Moi, j'étais en quelque sorte ébloui de mon bonheur ; j'aurais voulu courir à la maison, prévenir mon père et ma mère de ce qui m'arrivait ; je ne tenais plus en place !

Tout ce qui me revient encore de ce jour, c'est qu'après l'omelette, la mère Catherine apporta les pommes de terre dans une corbeille. Elles étaient cuites à l'eau, blanches, les pelures crevées ; la farine en tombait, et M. Christophe demandait en se penchant :

« Qu'est-ce que c'est, Jean ? D'où cela vient-il ? »

Le parrain nous ayant dit d'en goûter, on trouva ces racines tellement bonnes, que toute la table disait :

« Nous n'avons jamais rien mangé d'aussi bon ! »

M. le curé apprenant que c'étaient là justement ces racines dont tout le pays s'était moqué, et qu'un quart d'arpent allait en donner au moins quinze sacs, ne voulait pas le croire :

« Ce serait trop beau, disait-il ; ce n'est pas possible ! »

Et comme, à force de manger et de nous extasier, cela ne glissait plus, la mère Catherine vida un grand pot de lait dans une écuelle, pour nous aider. Alors les bras ne faisaient plus qu'aller et venir ; tellement qu'à la fin M. Christophe dit, en posant sa cuillère sur la table :

« C'est assez, Jean, c'est assez ! On serait capable de se faire du mal : c'est trop bon !... »

Nous pensions tous comme lui.

Avant de partir, M. le curé voulut voir notre enclos. Il se fit expliquer la manière de cultiver les racines du Hanovre ; et quand Chauvel lui dit qu'elles venaient encore mieux dans les terrains sablonneux des montagnes, que dans les terres fortes de la plaine, il s'écria :

« Ecoutez, Chauvel, en apportant ces pelures dans votre panier, et toi, Jean, en les plantant dans la terre, malgré les moqueries des capucins et des autres imbéciles, vous avez plus fait pour notre pays, que tous les moines des Trois-Evêchés depuis des siècles. Ces racines seront le pain des pauvres ! »

Il recommanda ensuite au parrain de lui conserver de la semence, disant qu'il voulait la mettre dans son jardin, pour donner l'exemple ; et qu'il fallait que dans deux ou trois ans, la moitié du finage de sa paroisse fût plantée de ces bonnes racines. Après quoi il partit pour Phalsbourg.

C'est ainsi que les pommes de terre sont venues dans notre pays. J'ai pensé que cela ferait plaisir aux paysans de l'apprendre.

L'année suivante, le parrain en mit dans son champ carré, sur la côte, et il en récolta plus de soixante sacs ; mais le bruit s'étant répandu qu'elles donnaient la lèpre, personne ne voulut en acheter, sauf Létumier, des Baraques, et deux laboureurs de la montagne. Heureusement, l'automne d'après, la nouvelle arriva dans les gazettes qu'un brave homme, nommé Parmentier, avait planté de ces racines aux environs de Paris, qu'il les avait présentées au roi, et que Sa Majesté en avait mangé !... Alors tout le monde voulut en avoir, et maître Leroux, que la grande bêtise des gens avait fâché leur vendit sa semence très-cher.

Dieu du ciel! je vais bien prier le Seigneur pour qu'il vous éclaire. (Page 18.)

V

C'est de ce temps que je commence à vivre. Celui qui ne sait rien, et qui n'a pas le moyen de s'instruire, passe sur la terre comme un pauvre cheval de labour; il travaille pour les autres, il enrichit ses maîtres, et, quand il devient faible et vieux, on s'en débarrasse.

Tous les matins, au petit jour, le père m'éveillait. Les frères et sœurs dormaient encore. Je m'habillais sans faire de bruit, et je sortais avec mon petit sac, les pieds dans mes sabots, le gros bonnet de roulier sur les oreilles et ma bûche sous le bras. Il faisait froid à l'entrée de l'hiver. Je fermais bien la porte et je partais, soufflant dans mes doigts.

Comme tout me revient après tant d'années: le sentier qui monte et redescend, les vieux arbres dépouillés au bord du chemin, le grand silence de l'hiver dans la forêt; et puis le village de Lutzelbourg au fond du vallon, avec son clocher pointu, le coq dans les nuages gris; le petit cimetière en bas, les tombes enterrées dans la neige; les vieilles maisons, la rivière, le moulin du père Sirvin, qui clapote sur la grande fosse tournoyante... Est-il possible que les choses de l'enfance vivent toujours dans votre esprit, quand le reste est si vite oublié!...

J'arrivais presque toujours avant les autres.

Voilà comment la semence des pommes de terre fut reçue chez nous. (Page 18.)

J'entrais dans la salle encore vide. La mère de M. le curé Christophe, une toute petite femme courbée et ratatinée, la jupe de toile rouge montant derrière jusqu'au milieu du dos, à la mode alsacienne, le bonnet en forme de coussin, sur le chignon, Mme Madeleine, alerte comme une souris, venait déjà d'allumer le feu. Je posais ma bûche à côté du poêle, et mes sabots dessous, pour les sécher. Tout est encore là sous mes yeux : les poutres blanchies à la chaux ; les petits bancs à la file ; le grand tableau noir, contre le mur entre les deux fenêtres ; tout au fond, la chaire de M. Christophe, sur une petite estrade ; et au-dessus de la chaire, le grand crucifix.

Chacun devait balayer à son tour, mais je commençais en attendant les autres. Il en arrivait de Hultenhausen, des Baraques et même de Chèvrehof.

C'est là que j'ai connu tous mes vieux camarades : Louis Frossard, le fils du maire ; il est mort jeune, pendant la Révolution ; — Aloïs Clément, qui fut tué d'un coup de mitraille à Valmy ; il était déjà lieutenant en 92 ; — Dominique Clausse, qui s'est établi menuisier, plus tard, à Saverne ; — François Mayer, maître tailleur au 6e hussards ; en 1820, il s'est retiré riche, à ce que l'on dit, mais où, je n'en sais rien ! — Antoine Thomas, chef de bataillon dans la vieille garde ; combien de fois il est venu me voir à la ferme, après 1815 ! Nous causions de nos anciennes histoires ; je lui donnais toujours la chambre d'honneur, en haut ; — Jacques Messier, garde général des eaux et forêts, — Hubert Perrin, maître de la poste aux chevaux de Héming; et cinquante autres, qui ne seraient jamais rien devenus sans la Révolution.

Avant 89, le fils du cordonnier restait cordonnier, le fils du bûcheron restait bûcheron, on ne sortait pas de sa classe. Au bout de trente ou quarante ans, on vous retrouvait à la même place, faisant la même chose, un peu plus gros, un peu plus maigre, voilà tout! Mais aujourd'hui, on peut s'élever par son courage et son bon sens; il ne faut jamais désespérer de rien; le fils d'un simple paysan, pourvu qu'il ait du talent et de la conduite, peut arriver à gouverner la France.

Louons donc le Seigneur de nous avoir éclairés de ses lumières, et réjouissons-nous de ce beau changement.

Pour en revenir à mes anciens camarades d'école, maintenant ils sont tous partis. L'année dernière nous ne restions plus que deux : Joseph Broussousse, chapelier à Phalsbourg, et moi. Quand j'allais acheter un chapeau de paille, au printemps, le gros Broussousse reconnaissait ma voix; il arrivait toujours en traînant la jambe et criant :

« Hé! c'est Michel Bastien! »

Il fallait absolument passer dans l'arrière-boutique et vider ensemble une bouteille de son vieux bourgogne. Et Broussousse, à la fin, en me reconduisant, ne manquait pas de dire :

«Allons... allons... ça marche encore, Michel! Mais, attention!... Lorsque je prendrai mon passe-port, tu pourras faire viser le tien. Ha! ha! ha! »

Il riait.

Pauvre Broussousse! L'automne dernier, il a fallu le conduire derrière la bascule. Et malgré tout ce qu'il me disait, je ne veux pas faire viser mon passe-port. Non! il faut d'abord que cette histoire soit finie, et puis j'inventerai encore autre chose pour attendre. Ne nous pressons pas, il est toujours temps de lever le pied.

Enfin c'est chez M. Christophe que j'ai connu tous ces vieux amis, et bien d'autres dont les noms me reviendront peut-être plus tard. — Sur le coup de huit heures, ils arrivaient tous à la file en criant :

« Bonjour, monsieur Christophe! Bonjour, monsieur Christophe! »

Il n'était pas encore là, et l'on criait tout de même. On se serrait autour du poêle, on riait, on se poussait. Mais à peine les grands pas de M. le curé se faisaient-ils entendre dans l'allée, que tout se taisait. Chacun allait se mettre sur son banc, la croisette sur les genoux et le nez dessus, sans souffler. Car, pour dire la vérité, M. Christophe n'aimait pas le bruit ni les disputes; je me rappelle l'avoir vu plus d'une fois, pendant la classe, lorsqu'on se donnait des coups de coude, se lever tranquillement, vous tirer du banc par le collet, et vous jeter dehors comme de petits chats.

On n'avait plus envie de recommencer, et même on tremblait dans sa peau, lorsqu'il vous regardait de travers.

M. le curé arrivait donc; il regardait, debout sur la porte, si tout était en ordre. On entendait bourdonner le feu; rien ne bougeait! Puis il montait dans sa chaire, en nous criant : « Allez! » et tous ensemble nous chantions le B A, BA. Cela durait longtemps; à la fin, M. le curé nous criait : « Halte! » et l'on se taisait.

Alors il nous appelait chacun à notre tour :

« Jacques! Michel! Nicolas! arrive!... »

On s'approchait, le bonnet à la main :

« Qui vous a créés et mis au monde ?

— C'est Dieu.

— Pourquoi Dieu vous a-t-il créés et mis au monde ?

— Pour l'adorer, pour l'aimer, pour le servir, et par ce moyen obtenir la vie éternelle. »

C'était un bon moyen de nous instruire; rien que d'avoir entendu répondre les autres, je savais au bout de trois mois presque tout mon catéchisme.

Il nous faisait aussi réciter le livret par demandes et par réponses; et puis il avait l'habitude, vers onze heures, de passer derrière les bancs et de se pencher pour reconnaître si vous étudiiez; quand on épelait bas, il vous pinçait doucement l'oreille, en disant :

« C'est bien... ça marchera! »

Chaque fois qu'il me disait cela, je ne respirais plus, mes yeux se troublaient de contentement. Une fois même il me dit :

« Tu préviendras maître Jean Leroux que je suis content de toi. Tu m'entends? Je te donne cette commission. »

Ce jour-là le maire de la ville, les échevins, le gouverneur lui-même, n'auraient pas été mes cousins; et pourtant je ne dis rien à maître Jean, pour ne pas tomber dans le péché d'orgueil.

Au commencement du mois de mars, je savais lire. Malheureusement maître Jean ne pouvait pas me nourrir à ne rien faire toute l'année, et quand le printemps revint, au lieu de continuer d'aller à l'école, il fallut retourner à la pâture. Mais j'avais toujours le catéchisme dans mon sac, et pendant que mes chèvres grimpaient sur les rochers, moi, tranquillement assis dans une touffe de bruyères, à l'ombre d'un hêtre ou d'un chêne, je repassais ce que

M. le curé nous avait appris. Il arriva donc qu'au lieu d'oublier mes leçons, comme ceux de Hultenhausen, de Chèvrehof et d'ailleurs, je les savais encore mieux à la fin de l'automne, et que M. Christophe, à la rentrée d'hiver, me fit passer dans la classe des riches de Lutzelbourg, qui suivaient l'école toute l'année. J'appris tout ce qu'on apprenait en ce temps-là dans nos villages : à lire, écrire et calculer un peu ; et le 15 mars 1781, je fis ma première communion. Ce fut la fin de mes études. J'étais aussi savant que maître Jean ; le reste, avec du travail et de la bonne volonté, devait venir tout seul.

Depuis ce temps le parrain me prit tout à fait à sa forge ; il donna son bétail à garder au vieux Yéri, le *hardier* de la ville, je continuais à le soigner dans l'étable, mais j'apprenais en même temps un état ; et quelques mois après, la force m'étant venue, je battais déjà le fer en troisième.

La mère Catherine et Nicole avaient pour moi de la considération, car le soir, lorsque le feu de la forge avait fatigué les yeux de maître Jean, c'est moi qui lisais les gazettes et les petits livres de toute sorte que nous apportait Chauvel. Je lisais, mais sans comprendre, bien des choses ! Par exemple, quand la gazette parlait des droits de la couronne, des impositions des pays d'État et des pays d'élection, j'en suais sang et eau ; cela ne pouvait pas m'entrer dans la tête. Je voyais bien que c'était de l'argent qu'il fallait donner au roi, mais je ne comprenais pas la manière dont on nous le prenait.

Pour tout ce qui regardait notre pays, c'était autre chose. Quand la gazette parlait de gabelles, comme j'allais toutes les semaines en ville acheter le sel de la maison, à six sous la livre, ce qui ferait plus de douze sous aujourd'hui, je me figurais le saunier criant par son guichet à quelque pauvre diable :

« Tu n'es pas venu mardi dernier... Tu achètes de la contrebande... J'ai l'œil sur toi... Prends garde ! .. »

Car, non-seulement il fallait acheter le sel au bureau de la gabelle, beaucoup plus qu'il ne valait, mais il fallait en acheter tant par tête et par semaine.

Quand il était question de dîmes, je me figurais le paulier, avec sa perche et ses voitures, criant au loin dans les champs, pendant la moisson :

« Eh ! ohé ! gare la onzième ! »

Alors, même en temps d'orage, quand la pluie menaçait, il fallait ranger les gerbes en ligne ; et le paulier venait lentement, lentement vous accrocher les plus belles sous le nez, pour les lancer sur son tas.

C'était assez clair !

Je comprenais aussi les droits sur les boissons, ceux du treizième sur les ventes, du péage, du halage sur toutes les marchandises, les droits réunis, les droits réservés, les droits de tarif, de cloison, d'imposition, d'entrée, d'octroi, de courte-pointe, de graissage, etc. Je n'avais qu'à me représenter les barrières, les halles, la mairie, et puis les contrôleurs-jurés-visiteurs, les marqueurs, les jaugeurs, les courtiers de police sur les vins, les inspecteurs-gourmets, les essayeurs d'eau-de-vie, les essayeurs de bière, les jurés-vendeurs, priseurs et visiteurs de foin, les botteleurs, les leveurs de minot, les auneurs-jurés, les contrôleurs de porcs, les inspecteurs aux boucheries, et mille autres employés, allant, venant, tâtant, regardant, ouvrant, déballant, arrêtant, tançant et confisquant... Tout cela, je le comprenais très-bien.

Chauvel m'expliquait le reste.

« Tu veux savoir ce que c'est qu'un pays d'élection, me disait-il, tranquillement assis derrière le poêle, ce n'est pas difficile à comprendre, Michel. Un pays d'élection est une ancienne province de France, une des premières comme Paris, Soissons, Orléans, où les rois ont commencé. Dans ces pays-là, les intendants du roi sont tout et font tout ; ils mettent les impositions comme ils veulent, ils chargent le baudet tant et plus ; ils sont les maîtres, personne n'ose piper ni se plaindre. Les plaintes qu'on fait contre eux leur reviennent, et ils les jugent !

« Autrefois ces pays nommaient eux-mêmes leurs répartiteurs ; ils arrangeaient leur bât, pour le porter avec moins de peine. On appelait ces répartiteurs : les élus ! et c'est à cause de cela qu'on disait : — Ce sont des pays d'élection. — Mais depuis deux cents ans les intendants nomment les répartiteurs ; cela leur convient mieux. »

Il clignait de l'œil.

« As-tu compris, Michel ?

— Oui, maître Chauvel.

— Eh bien, pour les pays d'État, ou pays conquis, comme notre pays de Lorraine, d'Alsace, comme la Bretagne, la Bourgogne, c'est différent. Ici, les intendants ne font pas tout ; les nobles et les évêques se réunissent de temps en temps en assemblées provinciales, ils votent les impôts, d'abord pour la part de la province dans les dépenses de tout le royaume, c'est comme ils disent : — le don gratuit... l'affaire du roi ! — ensuite pour leurs propres dépenses, pour leurs chemins, leurs cours d'eau, leurs bâtisses, etc. Avant de se rendre, nos pays ont fait leurs conditions, les nobles et les évêques de nos pays s'entend ! Ils ont eu leur capitulation, ils ont gardé leurs avantages et privilèges. Quant à nous, pauvres diables, nous payons, c'est notre droit ; personne ne viendra nous l'ôter, celui-là ! Nous payons, non-seulement comme autrefois les charges de nos provinces, mais depuis la capitulation nous payons en sus l'affaire du roi ; c'est le plus clair de notre bénéfice Tu comprends, Michel?

— Oui.

— Eh bien, tâche de t'en souvenir ! »

Maître Jean s'indignait :

« Ce n'est pourtant pas juste, disait-il, son gros poing sur la table, non, ce n'est pas juste ! Sommes-nous tous Français, oui ou non? Sommes-nous du même sang, de la même nation? Pourquoi les uns votent-ils leurs impositions, et pourquoi les autres payent-ils toujours ? Est-ce que les avantages et les frais ne doivent pas être mis en commun ?

— Hé ! sans doute, répondait tranquillement Chauvel. Et les barrières, et les taxes, et les aides, et les corvées, et toutes ces charges qui pèsent sur les pauvres seuls, pendant que les nobles, les couvents et même les bourgeois en train de s'anoblir ne supportent rien ou presque rien, tout cela n'est pas juste non plus ! Mais à quoi sert d'en parler ? Nous ne changerons rien à la chose. »

Jamais il ne s'emportait. Je me rappelle l'avoir souvent entendu raconter les misères de ses anciens, avec un grand calme : comme on les avait chassés de la Rochelle, comme on leur avait pris terre, argent, maisons, comme on les avait persécutés à travers toute la France, enlevant leurs enfants de force, pour les élever dans la religion catholique, comme plus tard, à Lixheim, on leur avait envoyé des dragons pour les convertir à coups de sabre, comme le père s'était sauvé dans les bois du Graufthal, où la mère et les enfants l'avaient suivi le lendemain, renonçant à tout plutôt qu'à leur religion, comme le grand-père avait été mis aux galères de Dunkerque treize ans, la jambe attachée jour et nuit sur son banc de rameur, avec un véritable scélérat pour maître, qui les rouait de coups tellement, qu'un grand nombre de ces calvinistes en mouraient ; et quand on livrait bataille, comment ces malheureux galériens voyaient les Anglais pointer leurs grosses pièces chargées jusqu'à la gueule, — en face de leur banc, à quatre pas, sans pouvoir bouger, — et la mèche descendre sur la lumière ! et puis, une fois les balles, les clous et les biscaïens passés, comme on arrachait leurs jambes fracassées de la chaîne, comme on les jetait à la mer, en balayant le reste.

Il racontait ces choses, qui nous faisaient frémir. en se râpant une prise de tabac dans le creux de la main, et sa petite Marguerite, toute pâle, le regardait avec ses grands yeux noirs en silence.

Il finissait toujours par dire :

« Oui, voilà ce que les Chauvel doivent aux Bourbons, au grand Louis XIV, à Louis XV, le Bien-Aimé ! C'est drôle, n'est-ce pas, notre histoire? Et moi-même, encore aujourd'hui, je ne suis bon à rien, je n'ai pas d'existence civile. Notre bon roi, comme tous les autres, en montant sur son trône, au milieu de ses évêques et de ses archevêques, a juré notre extermination : — « Je jure de m'appliquer sincèrement et de tout mon pouvoir à exterminer de toutes les terres soumises à ma domination, les hérétiques nommément condamnés par l'Église ! » Vos curés, qui dressent les actes de la vie, et qui doivent être pour tous les Français, refusent de dresser nos actes de naissance, de mariage et de décès La loi nous défend d'être juges, conseillers, maîtres d'école. Nous ne pouvons que rouler dans le monde, comme des animaux ; on nous coupe d'avance toutes les racines qui font vivre les hommes ; et pourtant nous ne faisons pas de mal ; tous sont forcés de reconnaître notre honnêteté. »

Maître Jean répondait :

« C'est abominable, Chauvel, mais la charité chrétienne ?...

— La charité chrétienne !... Nous l'avons toujours eue, disait-il, heureusement pour nos bourreaux ! Si nous ne l'avions pas eue !... Mais tout se paye, avec les intérêts des intérêts !... Il faut que tout se paye !... si ce n'est pas dans un an, c'est en dix ; si ce n'est pas en dix ans, c'est en cent... en mille... Tout se payera ! »

On comprend d'après cela que Chauvel n'aurait pas voulu se contenter, comme maître Jean, d'un peu d'adoucissement, d'un soulagement dans les impôts, dans la milice. Rien qu'à voir son teint pâle, ses petits yeux vifs et noirs, son nez fin et crochu, ses lèvres minces toujours serrées, son échine sèche, courbée à force de porter la balle, et ses petits membres nerveux comme des fils de fer ; rien qu'à le regarder, on pensait :

« Ce petit homme-là veut tout ou rien ! Il a de la patience tant qu'il en faut, il risquerait les galères mille fois pour vendre des livres dans ses idées ; il n'a peur de rien, et il se méfie de tout ; si l'occasion se présente, il ne fera pas bon d'être contre lui ! Et sa petite fille lui ressemble déjà ; cela casse, mais cela ne plie jamais. »

Sans penser à tout cela, — car j'étais trop jeune, — je le sentais en moi-même ; j'avais beaucoup de respect pour le père Chauvel; je lui tirais le bonnet tout de suite, et je me disais : — Il veut le bien des paysans, nous sommes ensemble !

Nos gazettes parlaient aussi dans ce temps d'un déficit, et souvent le parrain s'écriait qu'il ne pouvait pas comprendre d'où venait ce déficit; que le peuple payait toujours ses impositions; qu'on ne lui faisait pas grâce ni crédit d'un denier; qu'on l'augmentait même de jour en jour; et que ce déficit-là montrait qu'il existait des voleurs; que notre bon roi ferait bien de rechercher ces voleurs; que ce ne pouvait pas être des gens de notre classe, puisque une fois l'argent des impositions levé, les paysans n'en voyaient plus un liard, ni de près ni de loin; il fallait donc bien croire que les voleurs étaient autour du roi.

Valentin alors levait les mains et disait :

« Oh ! maître Jean, maître Jean, à quoi pensez-vous? Mais autour de S. M. le roi ne vivent que des princes, des ducs, des barons, des évêques; des gens remplis d'honneur, qui mettent leur gloire bien au-dessus de la richesse.

— C'est bon, faisait maître Jean brusquement, pense ce qui te plaira, et laisse-moi penser ce qui me convient. Tu ne me feras pas croire que les paysans, les ouvriers, et même les bourgeois, qui ne touchent à rien que pour payer, soient la cause du déficit. Pour voler, il faut s'approcher de la caisse; donc, si ce ne sont pas les princes, ce sont leurs laquais. »

Le parrain avait raison, car, avant la Révolution, le peuple ne pouvait pas envoyer de députés pour vérifier les comptes, les seigneurs et les évêques avaient tout en main; ils étaient donc responsables de tout.

Mais, à dire la vérité, personne n'était encore sûr du déficit; les gens en parlaient, et quelquefois aussi les gazettes, d'une façon détournée, quand le roi nomma pour ministre un marchand de Genève, qui s'appelait Necker. Cet homme, à la manière des marchands qui ne veulent pas faire banqueroute, eut l'idée de dresser le compte de toute la France : d'un côté les gains, et de l'autre les dépenses.

Les gazettes appelaient cela le compte-rendu de M. Necker.

C'était la première fois, depuis des siècles, qu'on disait aux paysans où passait leur argent; parce que, de rendre des comptes à ceux qui payent, c'est une idée de marchand, et que les seigneurs, les abbés et les moines étaient trop fiers et trop saints pour avoir une idée pareille.

Quand je songe au compte-rendu de M. Necker, c'est comme un rêve ! Tous les soirs, maître Jean en parlait; la guerre d'Amérique, Washington, Rochambeau, Lafayette, les batailles sur la mer des Indes, tout était mis de côté pour ce compte rendu, qu'il épluchait en levant les mains et gémissant : « Maison du roi et de la reine, tant ! Maison des princes, tant ! Régiments suisses, tant ! Traitements des receveurs, fermiers, payeurs, régisseurs, tant ! Communautés, maisons, édifices de religion, tant ! Pensions sur la cassette, tant ! » — Et toujours par millions !

Je n'ai jamais vu d'homme plus indigné.

« Ah ! maintenant, criait-il, on voit d'où vient notre grande misère, on voit pourquoi les gens vont pieds nus; on voit pourquoi tant de milliers d'hommes périssent de froid et de faim; on voit pourquoi tant de terres restent en friche. Ah ! maintenant, on comprend tout ! Dieu du ciel ! faut-il que les misérables donnent tous les ans cinq cents millions au roi, et que ce ne soit pas assez !... qu'il reste cinquante-six millions de déficit?»

Rien que de voir sa figure, votre cœur se retournait.

« Oui, c'est bien triste, disait Chauvel, mais il faut aussi penser que c'est un grand bonheur de savoir où passe notre argent. Autrefois on pensait : — Que fait-on de cette masse d'argent? Où va-t-il ? Est-ce qu'il tombe dans la mer ? — Maintenant, en payant les mille impositions de toute sorte, on saura ce que cela devient. »

Alors maître Jean répondait en colère :

« Vous avez raison, ce sera bien agréable de penser : — Je travaille pour acheter des palais à M. de Soubise. Je me prive de tout, pour que Mgr le comte d'Artois donne des fêtes de deux cent mille livres. Je m'échine du matin au soir, pour que la reine accorde au premier mendiant noble venu, dix fois plus que je n'ai gagné dans ma vie. — Ça nous réjouira beaucoup ! »

Malgré cela, l'idée que l'on allait nous rendre des comptes lui plaisait, et la première colère une fois passée, il dit :

« Depuis Turgot, nous n'avons pas eu d'aussi bon ministre. M. Necker est un honnête homme, il suit les idées de l'autre, qui voulait aussi soulager le peuple, diminuer les impôts, abolir les jurandes et rendre des comptes. Les grands seigneurs et les évêques l'ont forcé de quitter la place. Pourvu qu'ils ne puissent pas en faire autant pour M. Necker; e que notre bon roi le soutienne ! Maintenant, ceux qui nous ruinent auront un peu de honte, ils n'oseront pas continuer leurs abominables dépenses. Quand ils passeront près d'un pauvre homme qui travaille aux champs, ils ne pourront pas

s'empêcher de rougir, en voyant que ce malheureux les regarde avec mépris; ils penseront :
— Celui-là doit avoir lu le compte de M. Necker; il sait que ces plumets, ces chevaux, cette voiture, et ces laquais me viennent de son travail, et que je les ai mendiés. »

Ce qui réjouissait encore plus maître Jean, c'est que M. Necker finissait son compte en disant que, pour payer le déficit, il fallait abolir les priviléges des couvents et des seigneurs, et leur demander les mêmes impôts qu'aux paysans.

« Voilà le plus beau, disait-il, M. Necker a de très-bonnes idées. »

Le bruit d'un grand changement courait le pays, la bonne nouvelle entrait partout. Durant plus de trois semaines, Chauvel et sa petite Marguerite ne reparurent plus au village, et pendant tout ce temps, ils ne firent que vendre des comptes-rendus de M. Necker. C'est à Pont-à-Mousson qu'ils les cherchaient pour la Lorraine, et à Kehl pour l'Alsace. Je ne sais plus combien ils vendirent de ces petits livres ; Marguerite me l'a dit autrefois, mais tant d'années se sont passées depuis !

Les jours de marché, vous n'entendiez plus parler que de l'abolition des priviléges et de l'égalité des impôts :

« Hé ! maître Jean, il paraît donc qu'à la fin des fins, nos bons seigneurs et nos abbés seront aussi forcés de payer quelque chose ?

— Mon Dieu, oui, Nicolas ! C'est ce gueux de déficit qui nous vaut ça. Les anciens impôts ne suffisent plus, le peuple n'arriverait jamais à remplir le déficit; c'est terrible, terrible... Quel malheur !... »

Et l'on riait. On s'offrait une prise de tabac, en plaignant ces pauvres moines, ces pauvres seigneurs.

Cela se passait en 81 ; mais la confiance ne dura pas longtemps. On apprit bientôt que le comte d'Artois, la reine Marie-Antoinette et le vieux ministre Maurepas ne pouvaient pas supporter ce ministre bourgeois qui voulait rendre des comptes. L'inquiétude gagnait de plus en plus, on se méfiait de quelque chose ; et le 2 juin 1781, un vendredi, maître Jean m'ayant envoyé chercher du sel au bureau de la gabelle, je trouvai toute la ville en l'air. La musique du régiment de Brie jouait sous le balcon de M. le marquis de Talaru. Les tambours battaient devant l'hôtel du prévôt, et devant la maison du major, ils allaient par détachements, comme au jour de Noël, et ces tambours recevaient aussi de bons pourboires. On aurait dit une fête ! Mais le peuple était triste ; les marchands de volaille et de légumes, assis sur leurs petits bancs à la file, ne criaient pas comme à l'ordinaire. On n'entendait que cette musique sur la place, et les tambours à droite et à gauche dans les rues.

Devant le bureau de la gabelle se pressait la foule. De jeunes officiers, des cadets comme on les appelait, leurs petits chapeaux de travers et la bouffette au bras, allaient par trois et par quatre, riant et faisant les fous. Le saunier compta mon argent, il me passa le sac par son guichet et je partis.

Au coin de la halle, quelques marchands de grains causaient entre eux :

« C'est fini, disait un de ces hommes, c'est fini, nous ne pouvons plus compter sur rien : le roi l'a mis dehors. »

Aussitôt l'idée me vint que Necker était renvoyé, car on ne parlait que de lui depuis trois mois. Je me dépêchai donc de retourner aux Baraques. Les vieux soldats de garde à la porte d'Allemagne fumaient leur pipe, et jouaient tranquillement à la drogue comme d'habitude.

Lorsque j'arrivai devant notre forge, maître Jean savait déjà tout, par des marchands qui revenaient de la ville. Ces marchands étaient encore là, racontant ce qu'ils avaient appris. Le parrain criait :

« Ça n'est pas possible !... ça n'est pas possible !... Si M. Necker s'en va, qui payera le déficit ? Les autres iront toujours leur train, ils donneront des fêtes, des chasses et des réjouissances, ils jetteront l'argent par les fenêtres ; le déficit, au lieu de diminuer, grandira. Je vous dis que ce n'est pas possible. »

Mais quand je lui racontai ce que j'avais vu : les réjouissances des cadets, la musique devant l'hôtel du gouverneur, et le reste, ses gros sourcils se froncèrent.

« Allons, dit-il, je vois que c'est vrai, le brave homme s'en va ! J'avais cependant cru que notre bon roi voulait le soutenir. »

Il aurait dit encore bien d'autres choses, mais nous ne connaissions pas tous les gens qui se trouvaient là, sur la porte, et qui nous regardaient en écoutant. Il reprit son marteau et nous cria :

« Courage !... Travaillons bien... Il faut payer la pension de Soubise ! En avant, garçons !... »

Il riait tellement haut, qu'on l'entendait en face, à l'auberge, et que la mère Catherine se penchait dehors, pour voir ce qui se passait.

Les marchands s'en allèrent, et beaucoup d'autres défilèrent encore tout ce jour, dans la tristesse. On ne dit plus rien ; seulement le soir, entre nous, la porte et les volets fermés, maître Jean vida son cœur :

« M. le comte d'Artois et notre belle reine,

dit-il, ont fini par l'emporter ! Malheur au pauvre homme qui se laisse conduire par une femme dépensière ! il peut avoir toutes les bonnes qualités du monde, il peut aimer ses peuples, il peut abolir les corvées et la question, mais les fêtes, les danses, les plaisirs de toute sorte, il ne peut pas les abolir ! sur ce chapitre, la femme dépensière n'écoute rien, elle ne veut rien entendre ; elle verrait tout périr, que les fêtes devraient toujours aller leur train : c'est pour cela qu'elle est venue au monde ! Il lui faut des compliments, des bouquets, de bonnes odeurs. Regardez ce pauvre tabellion Régoine : un homme à son aise, un homme que son père, son grand-père, tous ses parents avaient enrichi, et qui n'avait qu'à se laisser vivre tranquillement jusqu'à cent ans. Eh bien ! il a le malheur de prendre Mademoiselle Jeannette Desjardin pour sa femme ; alors il faut courir à toutes les fêtes, à toutes les noces, à tous les baptêmes ; il faut atteler la carriole matin et soir, et mettre dessus deux bottes de paille fraîche, pour arriver glorieusement à la danse. Et puis, au bout de cinq ou six ans, les huissiers arrivent, ils vident la maison, ils vendent terres et meubles ; le pauvre Régoine va se promener aux galères, et Madame Jeannette court le monde avec le chevalier de Bazin, du régiment de Rouergue. Voilà ce que fait la femme dépensière ; voilà comme tout finit avec des êtres pareils. »

Plus maître Jean parlait, plus la colère l'emportait ; il n'osait pas prédire que notre reine Marie-Antoinette nous entraînerait tous dans le malheur, mais on voyait bien à sa mine qu'il le pensait. Ses discours duraient au moins depuis une demi-heure ; il ne finissait plus de parler.

Dehors il pleuvait et le vent soufflait ; c'était un vilain jour.

Mais nous devions avoir encore une grande frayeur, et même apprendre des choses plus tristes ; car, après neuf heures, comme Nicole couvrait le feu, et que j'allais me mettre un sac sur le dos pour courir chez nous, deux grands coups retentirent aux volets.

Maître Jean venait de tant crier, que, malgré la pluie et le vent, on pouvait l'avoir entendu. Nous nous regardions sans bouger, et dame Catherine portait déjà la lampe dans la cuisine, pour faire croire que nous dormions ; l'idée des sergents, debout à la porte, nous rendait tout pâles, quand une grosse voix se mit à crier dehors :

« C'est moi, Jean... C'est Christophe... Ouvre !... »

Et l'on pense si nous reprîmes haleine.

Maître Jean sortit dans l'allée, et la mère Catherine rapporta la lampe.

« C'est toi ? disait maître Jean.
— Oui, c'est moi.
— Quelle peur tu viens de nous faire ! »

Presque aussitôt ils entrèrent ensemble ; et nous vîmes tout de suite que M. le curé Christophe n'était pas content ; car, au lieu de saluer Madame Catherine et tout le monde comme toujours, il ne fit attention à personne, et secoua son grand tricorne plein de pluie, en s'écriant :

« Je viens de Saverne... J'ai vu ce fameux cardinal de Rohan... Dieu du ciel ! Dieu du ciel ! faut-il que ce soit un cardinal, un prince de l'Église... Ah ! quand j'y pense !... »

Il avait l'air indigné. L'eau coulait de ses joues jusque dans le collet de sa soutane ; il ôta brusquement son rabat et le mit dans sa poche, en se promenant de long en large. Nous le regardions tout surpris ; lui n'avait pas l'air de nous voir et parlait à maître Jean seul.

« Oui, j'ai vu ce prince, s'écriait-il, ce grand dignitaire, qui nous doit l'exemple des bonnes mœurs et de toutes les vertus chrétiennes, je l'ai vu conduire lui-même sa voiture et passer au galop dans la grande rue de Saverne, au milieu des faïences et des poteries étalées à terre, en riant comme un vrai fou... Quel scandale !...

— Tu sais que Necker est renvoyé ? lui demanda maître Jean.

— Si je le sais ! fit-il en souriant d'un air de mépris. Est-ce que je ne viens pas de voir les supérieurs de tous les couvents d'Alsace, les picpus, les capucins, les carmes déchaussés, les barnabites, tous les mendiants, tous les va-nu-pieds défiler en grande cérémonie dans les antichambres de Son Éminence ? Ha ! ha ! ha ! »

Il arpentait la chambre. La boue le couvrait jusqu'à l'échine, la pluie le trempait jusqu'aux os, mais il ne sentait rien, sa grosse tête grise et crépue frémissait ; il se parlait en quelque sorte à lui-même :

« Oui, Christophe, oui, voilà les princes de l'Église !... Va demander la protection de monseigneur pour un pauvre père de famille ; va te plaindre à celui qui doit être le soutien du clergé ; va lui dire que les employés du fisc, sous prétexte de rechercher de la contrebande, ont pénétré jusque dans ton presbytère ; qu'il a fallu leur livrer les clefs de ta cave, de tes armoires. Dis-lui qu'il est indigne de forcer un citoyen, quel qu'il soit, d'ouvrir sa porte de jour et de nuit, à des hommes armés qui n'ont aucun uniforme, aucune marque qui puisse les distinguer d'avec les brigands ; qui sont crus sur leur serment en justice ! sans qu'il soit permis de faire aucune information sur

Le Seigneur a béni la plainte des hérétiques. (Page 20.)

leurs vie et mœurs, lorsqu'on les installe dans leurs fonctions, qu'on confie à leur périlleuse parole la fortune, l'honneur, quelquefois la vie des gens. Dis-lui qu'il appartient à sa dignité de porter ces justes réclamations au pied du trône, et de faire relâcher un malheureux traîné en prison, parce que les *gabeloux* ont trouvé chez lui quatre livres de sel... Va... va... tu seras bien reçu, Christophe!

— Mais au nom du ciel, lui dit maître Jean, que t'est-il donc arrivé? »

Alors il s'arrêta deux minutes et dit :

« J'étais allé là, pour me plaindre d'une visite générale que les employés de la gabelle ont faite hier à onze heures du soir, dans mon village, et de l'arrestation d'un de mes paroissiens, Jacob Baumgarten. C'était mon devoir.

Je pensais qu'un cardinal comprendrait cela; qu'il aurait pitié d'un malheureux père de six enfants, dont tout le crime est d'avoir acheté quelques livres de sel de contrebande, et qu'il le ferait relâcher! Eh bien, d'abord il m'a fallu rester deux heures à la porte de ce magnifique château, où les capucins entraient comme chez eux. Ils allaient complimenter monseigneur sur l'heureux changement de Necker. Et puis, on m'a permis d'entrer dans cette Babylone, où l'orgueil de la soie, de l'or et des pierres se montre partout, dans la peinture et dans le reste! Enfin on m'a laissé là depuis onze heures du matin jusqu'à cinq heures du soir, avec deux pauvres curés de la montagne. Nous entendions rire les laquais. Nous en voyions de temps en temps un grand, habillé de rouge,

Le paulier venait lentement vous accrocher les plus belles. (Page 27.)

sur la porte, qui nous regardait et criait aux autres : « La prêtraille est toujours là ! » Je patientais... Je voulais me plaindre à monseigneur, lorsqu'un de ces drôles est venu nous dire que les audiences de monseigneur étaient renvoyées à huit jours. Le gueux riait. »

En disant cela, M. le curé Christophe, qui tenait son gros bâton de houx, le cassa comme une allumette, et sa figure devint terrible.

« Le pendard aurait mérité des soufflets, dit maître Jean.

— Si nous avions été seuls, répondit le curé, je l'aurais pris aux oreilles, et je l'aurais arrangé! Mais là, j'ai fait le sacrifice de mon humiliation au Seigneur. »

Alors il se remit à marcher. Nous le plaignions tous. La mère Catherine était allée lui chercher du pain et du vin ; il resta debout pour manger, et tout à coup sa colère s'était calmée Mais il dit des choses que je n'oublierai jamais ; il dit :

« L'humiliation de la justice est partout. Le peuple fait tout, et les autres ne font rien que des insolences, ils mettent sous leurs pieds toutes les vertus, ils méprisent la religion ! C'est le fils du pauvre qui les défend ; c'est le fils du pauvre qui les nourrit ; et c'est encore le fils du pauvre, comme moi, qui prêche le respect de leurs richesses, de leurs dignités et même de leurs scandales ! Jusqu'à quand cela peut-il durer ? Je n'en sais rien, mais cela ne peut pas durer toujours : c'est contraire à la nature, c'est contraire à la volonté de Dieu ; c'est un acte de conscience que de prêcher le respect de ce qui mérite la honte ! Il faut que cela finisse, car il est écrit : « Ceux qui font mes commandements entreront dans ma demeure; mais dehors seront les impudiques, les menteurs, les idolâtres : quiconque aime la fausseté et la commet ! »

Ce même soir, M. Christophe retourna dans son village. Nous étions tristes, et maître Jean nous dit avant de nous séparer :

« Tous ces nobles ne connaissent qu'eux seuls. Lorsqu'ils sont forcés de se servir d'un de nous, que ce soit comme prêtre, comme ouvrier ou comme soldat, ils l'humilient et s'en débarrassent aussitôt que possible. Eh bien, ils ont tort ! Et maintenant que tout le monde connaît le déficit, les choses vont changer. On sait que l'argent vient du peuple, et le peuple se lassera de travailler pour des princes et des cardinaux de cette espèce. »

Je retournai dans notre baraque après dix heures, et toutes ces pensées me suivirent jusque dans le sommeil. J'avais les mêmes idées que maître Jean, Chauvel et M. le curé Christophe; mais les temps n'étaient pas encore venus; nous devions encore beaucoup souffrir avant d'arriver à notre délivrance.

VI

Au milieu de toutes ces histoires de Necker, de la reine et du comte d'Artois, ce qui me revient encore de plus triste, c'est la grande misère de mes parents, travaillant toujours et retombant toujours dans la disette, en hiver. Étienne avait grandi ; le pauvre enfant travaillait avec le père, mais, faible et souffrant, il gagnait à peine pour sa nourriture. Claude était hardier au couvent des Tiercelins, de Lixheim. Nicolas travaillait dans la forêt comme bûcheron, c'était un ouvrier; malheureusement il aimait à riboter et à batailler le dimanche dans les auberges et ne donnait presque rien à la mère. Lisbeth et notre petite sœur Mathurine servaient les officiers et les dames de la ville, au Tivoli ; mais cela n'arrivait qu'une fois par semaine, les dimanches; et le reste du temps elles mendiaient sur les routes, car il n'existait pas alors de fabriques ; on ne faisait pas tricoter de capuches, de pèlerines, de bouffantes de belle laine dans nos villages; on ne tressait pas ces milliers de chapeaux de paille, qui vont à Paris, en Allemagne, en Italie, en Amérique; souvent les enfants arrivaient à dix-huit et vingt ans, sans avoir gagné deux liards.

Mais le pire, c'est que notre dette augmentait toujours, qu'elle dépassait neuf gros écus de six livres, et que M. Robin venait frapper régulièrement à notre vitre tous les trois mois, pour dire au père qu'il avait telle et telle corvée à remplir. Voilà notre épouvante. Le reste ne nous paraissait rien auprès de ce malheur. Nous ne savions pas qu'au moyen des fermes générales, des taxes et des barrières, on nous faisait payer toutes les choses de la vie dix fois plus qu'elles ne valaient; que pour un morceau de pain nous en payions une miche; pour une livre de sel, dix livres, ainsi de suite ! et que cela nous ruinait.

Nous ne savions pas qu'à vingt-cinq lieues de chez nous, en Suisse, avec le même travail nous aurions pu vivre beaucoup mieux et mettre encore des sommes de côté. Non, les pauvres paysans n'ont jamais compris les contributions indirectes ; ce qu'on leur demande en argent, à la fin de l'année, quand ce ne serait que vingt sous, leur indigne ; mais s'ils savaient ce qu'on leur fait payer au jour le jour sur leur nécessaire, ils jetteraient d'autres cris !

Encore ce n'est plus rien aujourd'hui, les barrières sont supprimées et les employés diminués des trois quarts ; mais dans ce temps-là, quel pillage et quelle misère !

Ah ! comme j'aurais voulu pouvoir soulager mes parents, comme je m'attendrissais en pensant :

« L'année prochaine, maître Jean me donnera trois livres par mois, et nous pourrons éteindre tout doucement notre dette. »

Oui, cette idée doublait mes forces; j'y rêvais jour et nuit.

Enfin, après tant de souffrances, il nous arriva pourtant quelque chose d'heureux : Nicolas, en tirant à la milice, prit un billet blanc. Alors, au milieu de numéros, on tirait des billets, blancs ou noirs ; les billets noirs étaient seuls pris.

Quel bonheur !

Aussitôt l'idée de vendre Nicolas vint à la mère ; il avait cinq pieds six pouces, il pouvait entrer dans les grenadiers : cela devait faire plus de neuf écus !

Toute ma vie je verrai la joie de notre famille ; la mère tenait Nicolas par le bras et lui disait :

« Nous allons te vendre ! Beaucoup d'hommes mariés sont tombés à la milice ; tu pourras remplacer. »

On ne pouvait remplacer que les hommes mariés, mais il fallait faire le double de service : douze ans au lieu de six ! Nicolas le savait aussi bien que la mère, et répondait tout de même :

« Comme vous voudrez ! Moi je suis toujours content. »

Le père aurait mieux aimé le garder ; il disait qu'en travaillant au bois, comme bûcheron, et remplissant des corvées en hiver, on gagne aussi de l'argent, et qu'on paye ses dettes ; mais la mère le tirait à part et lui soufflait à l'oreille :

« Écoute, Jean-Pierre, si Nicolas reste, il va se marier ; je sais qu'il court après la petite Jeannette Lorisse. Ils se marieront, ils auront des enfants, et ce sera pire pour nous que tout. »

Le père alors, ses yeux pleins de larmes, demandait :

« Tu veux donc remplacer, Nicolas ? Tu veux partir ? »

Et lui, un ruban rouge à son vieux tricorne, criait :

« Oui, je pars ! Je dois payer la dette !... Je suis l'aîné, c'est moi qui paye la dette. »

C'était un bon garçon. La mère l'embrassait les deux bras autour du cou, et lui disait qu'elle savait bien qu'il aimait ses parents, qu'elle le savait depuis longtemps ; et puis qu'il serait grenadier, et qu'il viendrait au village avec l'habit blanc et le collet bleu de ciel, un plumet au chapeau.

« C'est bon !... c'est bon !... » répondait Nicolas.

Il voyait bien les finesses de la mère, qui ne pensait qu'à la couvée, mais il faisait semblant de ne rien voir ; et puis il aimait aussi la guerre.

Le père, près de l'âtre, la tête entre ses deux mains, pleurait. Il aurait voulu garder tout le monde autour de lui ; mais la mère se penchait sur son épaule, et, pendant que les frères et sœurs criaient sur la porte pour appeler les voisins, elle lui murmurait dans l'oreille :

« Écoute, nous aurons plus de neuf gros écus. Nicolas a six pouces, les pouces se payent à part ; ça fera douze louis ! Nous achèterons une vache ; nous aurons du lait, du beurre, du fromage ; nous pourrons aussi engraisser un cochon ! »

Lui ne répondait rien, et tout ce jour il fut triste.

Le lendemain, ils allèrent pourtant ensemble en ville ; et malgré son chagrin, en revenant, le père dit que Nicolas remplacerait le fils du boulanger Josse, qu'il servirait douze ans, et que nous aurions douze louis, — un louis pour chaque année de service ! — qu'on payerait d'abord Robin, et qu'ensuite on verrait.

Il voulait laisser un ou deux louis à Nicolas ; mais la mère criait qu'il n'avait besoin de rien, qu'il allait avoir son bon repas par jour ; qu'il serait bien habillé ; qu'il aurait même des bas dans ses souliers, comme tous les miliciens ; et que, si on lui donnait de l'argent, il le dépenserait à l'auberge et se ferait punir.

Nicolas riait et répondait :

« Bon !... bon !... Je veux bien. »

Le père seul se désolait ; mais il ne faut pas croire que la mère était contente de voir partir Nicolas, non ! elle l'aimait beaucoup ; seulement, la grande misère vous endurcit le cœur : elle songeait aux plus petits, à Mathurine, à Étienne, et douze louis en ce temps faisaient une fortune.

Les choses étaient donc entendues de la sorte ; le papier devait être signé à la mairie dans la huitaine. Tous les matins, Nicolas partait pour la ville, et naturellement, comme il devait remplacer le fils de la maison, le père Josse, qui tenait l'auberge du *Grand-Cerf*, en face de la porte d'Allemagne, lui donnait à manger des saucisses et de la choucroute ; il ne lui refusait pas non plus de boire un bon coup de vin ; Nicolas passait tout son temps à rire et à chanter avec des camarades, qui remplaçaient d'autres bourgeois.

Moi, je travaillais avec un nouveau courage ; maintenant, au moins, les neuf gros écus de Robin allaient être payés ; nous allions être débarrassés du gueux pour toujours. Je ne faisais que me réjouir en tapant sur l'enclume, et maître Jean, Valentin, tous ceux de la maison comprenaient ma joie.

Un matin que les marteaux galopaient et que les étincelles volaient à droite et à gauche, voilà que tout à coup sur la porte se dresse un gaillard de six pieds, un brigadier de Royal-Allemand, — le grand bonnet à poil sur l'oreille, l'habit bleu boutonné sur la veste en drap chamois, la culotte de peau jaune, les grandes bottes montant jusqu'aux genoux, le sabre à la ceinture, — et qu'il se met à crier :

« Hé ! bonjour, cousin Jean, bonjour ! »

Il était fier comme un colonel. Maître Jean regarda, d'abord étonné, mais ensuite il répondit :

« Ah ! c'est toi, mauvais gueux !... Tu n'es pas encore pendu ? »

L'autre, alors, se mit à rire en criant :

« Vous êtes toujours le même, cousin Jean, toujours farceur ! Vous ne payez pas une bouteille de Rikewir ?

— Quand je travaille, ce n'est pas pour arroser le gosier d'un gaillard de ton espèce, dit maître Jean en lui tournant le dos. Allons, à l'ouvrage, garçons ! »

Et comme nous recommencions à forger,

le brigadier s'en allait en riant et traînant le sabre.

C'était bien le cousin de maître Jean, son cousin Jérôme des Quatre-Vents, mais il avait fait tant de mauvais tours au pays avant de s'engager, que la famille ne le regardait plus. Ce gueux avait un congé de semestre, et si je vous raconte cela, c'est que le lendemain, en allant acheter notre sel, j'entendis crier au coin de la halle :

« Michel ! Michel ! »

Je me retourne et je vois Nicolas avec ce grand pendard, devant la taverne de l'*Ours*, à l'entrée de la ruelle du *Cœur-Rouge*. Nicolas me prend par le bras et me dit :

« Tu vas boire un coup.

— Allons plutôt chez Josse, lui dis-je.

— J'ai bien assez de choucroute !.. fit-il. Arrive !... »

Et comme je lui parlais d'argent, l'autre se mit à crier :

« Ne parlons pas de ça !... J'aime les pays, moi ; ça me regarde. »

Il fallut entrer et boire.

La vieille Ursule apportait tout ce qu'on voulait : du vin, de l'eau-de-vie, du fromage. Mais je n'avais pas de temps à perdre ; et cette espèce de trou plein de soldats et de miliciens, qui fumaient, criaient et chantaient ensemble, ne me plaisait pas. Un autre Baraquin, le petit Jean Rat, le joueur de clarinette, se trouvait avec nous ; il buvait aussi sur le compte du Royal-Allemand. Deux ou trois vieux soldats, des vétérans, la tignasse serrée sur la nuque, le grand chapeau de travers, le nez, les joues et toute la figure couverte de plaques rouges qui tombaient en poussière, se tenaient autour de la table, les coudes écartés, et le bout de pipe noir entre leurs chicots. C'était tout ce qu'on pouvait voir de plus sale, de plus râpé, de plus ivrogne. Ils tutoyaient Nicolas, qui les tutoyait aussi. Deux ou trois fois, je les vis cligner des yeux avec le Royal-Allemand, et quand Nicolas disait quelque chose, tous riaient et criaient :

« Ha ! ha ! ha !... C'est ça !... Ha ! ha ! ha ! »

Je ne savais pas ce que cela signifiait, j'étais bien étonné, d'autant plus que l'autre payait toujours.

Dehors, on battait le rappel à la caserne d'infanterie, les soldats du régiment suisse de Schœnau passaient en courant ; ils remplaçaient depuis quelques jours le régiment de Brie. Tous ces Suisses étaient en rouge, comme les soldats français en blanc ; mais les vieux, qu'on appelait vétérans soldés, n'étaient d'aucun régiment ; ils ne bougeaient pas de la taverne.

Le Royal-Allemand me demanda quel âge j'avais. Je lui répondis : Quatorze ans. Alors il ne me dit plus rien.

Nicolas s'était mis à chanter, moi, voyant qu'il entrait toujours plus de monde et qu'on étouffait, je pris mon sac sous le banc, et je me dépêchai de retourner aux Baraques.

Cela se passait la veille du jour où l'on devait signer les papiers à la mairie. Mais cette nuit-là, Nicolas ne vint pas coucher à la maison. Le père était bien inquiet, surtout quand je lui racontai le soir ce que j'avais vu. La mère disait :

« Hé ! ce n'est rien, il faut bien que les garçons s'amusent. Nicolas ne pourra pourtant plus revenir tous les jours maintenant ; autant qu'il profite encore d'un bon moment, et qu'il s'en donne, puisque les autres payent. »

Mais le père était pensif. Les frères et sœurs dormaient depuis longtemps. La mère grimpa l'échelle et nous laissa seuls près de l'âtre. Le père ne parlait pas, il songeait. Enfin, bien tard, il dit :

« Couchons-nous, Michel ; tâchons de dormir. Demain, de grand matin, j'irai voir. Il faut bien vite finir cette affaire, il faut signer, puisque nous l'avons promis. »

Il montait l'échelle, et moi je me déshabillais, quand nous entendîmes quelqu'un arriver du côté de notre baraque, par la petite ruelle des jardins. Le père alors redescendit, et dit :

« Voici Nicolas ! »

Il ouvrit, mais au lieu de mon frère, nous vîmes entrer le petit Jean Rat, tout pâle, qui nous dit :

« Écoutez, il ne faut pas vous effrayer, mais un malheur vient d'arriver pour vous.

— Qu'est-ce que c'est ? dit le père tout tremblant.

— Votre Nicolas est au violon de la ville, il a presque tué le grand Jérôme du Royal-Allemand avec une cruche. Je lui disais bien : « Prends garde ! fais comme moi, depuis trois ans je bois sur le compte des racoleurs ; ils veulent tous me piper, mais je ne signe pas ; je les laisse payer, je ne signe jamais ! »

— Ah ! mon Dieu ! mon Dieu ! cria le père, faut-il donc que tous les malheurs tombent sur nous ! »

Moi, je ne me tenais plus, j'étais assis au coin de l'âtre, la mère se levait, tout le monde se réveillait.

« Il a signé quoi ? demanda le père. Dis-nous quoi ! Mais il ne pouvait plus signer, puisque nous avions promis aux Josse ; il ne pouvait plus !

— Enfin, que voulez-vous ? dit Jean Rat, ce n'est pas sa faute, ni la mienne : nous avions trop bu! Les racoleurs lui disaient de signer; moi, je lui clignais des yeux que non, mais il ne voyait plus clair, il ne comprenait plus rien. Finalement, il faut que je sorte une minute, et quand je rentre, il avait signé; le Royal-Allemand mettait déjà le papier dans sa poche en riant. Alors je tire votre Nicolas dehors, dans la cuisine, et je lui dis : « Tu as signé? — Oui. — Mais tu n'auras pas douze louis, tu n'auras que cent livres; tu t'es laissé piper! » Aussitôt il rentre comme un furieux, et dit aux autres qu'on doit déchirer le papier. Le Royal-Allemand lui rit au nez. Que voulez-vous que je vous dise, moi? Votre Nicolas a tout bousculé de fond en comble; il tenait le Royal-Allemand et un vétéran à la cravate. Tout tremblait dans la baraque, tout tombait à terre. La vieille criait : « A la garde! » Moi, j'étais derrière la table contre le mur, je ne pouvais rien faire, je ne pouvais pas me sauver. Le Jérôme avait tiré son sabre; alors Nicolas a pris une cruche, et lui a donné sur la tête un coup tellement fort, que la cruche s'est cassée en mille morceaux, et que ce gueux de Royal-Allemand s'est allongé tout du long, à côté du fourneau renversé, des bouteilles, des gobelets et des cruches qui vous roulaient sous les pieds. La garde arrivait justement à la porte, et je n'ai eu que le temps de filer par l'écurie, derrière, sur la rue de la Synagogue. En tournant le coin, j'ai vu Nicolas au milieu de la garde, près de la voûte. La rue de la Halle était pleine de monde, on ne pouvait plus approcher. Les gens disaient que le Royal-Allemand était mort aux trois quarts! Mais il ne devait pas tirer son sabre; Nicolas ne pouvait pas non plus se laisser tuer. C'est le Jérôme qui est cause de tout; si l'on m'appelle, il est cause de tout! »

Pendant que Jean Rat nous racontait ce malheur, nous étions tous là comme accablés; nous ne disions rien, nous ne pouvions rien dire; seulement la mère levait les deux mains, et d'un seul coup tout le monde se mit à fondre en larmes. C'est ce que je me rappelle de plus triste; non-seulement nous étions ruinés, mais encore Nicolas était en prison.

Si les portes de la ville n'avaient pas été fermées, le père serait parti de suite; mais il fallut attendre jusqu'au matin dans la désolation.

Les voisins, déjà couchés, s'étaient levés l'un après l'autre à nos cris; à mesure qu'ils arrivaient, Jean Rat leur racontait les mêmes choses; et nous tous, assis sur notre vieille caisse de fougère, les mains entre les genoux, nous pleurions. — Ah! les riches ne connaissent pas le malheur! non, tout fond sur les pauvres, tout est contre eux.

La mère, dans les premiers moments, s'était mise à crier contre Nicolas; et puis à la fin elle le plaignait, elle pleurait.

Au petit jour, le père prit son bâton et voulut partir seul, mais je lui dis d'attendre, que maître Jean allait se lever, qu'il nous donnerait un bon conseil, et que peut-être il viendrait avec nous arranger l'affaire. Nous attendîmes donc, et sur les cinq heures, comme la forge s'allumait, nous descendîmes à l'auberge.

Maître Jean était déjà debout, en bras de chemise, dans la grande salle. Il fut bien étonné de nous voir, et quand je lui racontai le malheur, en le priant de nous aider, d'abord sa colère fut grande.

« Que voulez-vous qu'on fasse à cela? disait-il. Votre Nicolas est un riboteur, et l'autre, mon grand filou de cousin, est encore pire! Qu'est-ce qu'on peut arranger? Il faut que tout aille son train, que le prévôt s'en mêle. Dans tous les cas, ce qui pourrait encore arriver de mieux, ce serait de voir déjà votre mauvais sujet en route pour son régiment, puisqu'il s'est laissé bêtement racoler. »

Il avait bien raison. Mais comme le père pleurait à chaudes larmes, il mit tout à coup son grand habit des dimanches et prit son bâton, en lui disant :

« Allons, tu es un si brave homme, qu'il faut pourtant voir à t'aider, si c'est possible. Mais je n'ai pas beaucoup d'espoir. »

Il dit à sa femme que nous serions de retour vers neuf heures, et donna quelques ordres à Valentin, devant la forge. Alors nous partîmes, la tête penchée. De temps en temps, maître Jean criait :

« Que faire? — Il a mis sa croix devant témoins; c'est un homme de six pieds, solide comme du buis, est-ce qu'on relâche des imbéciles pareils, quand ils se laissent prendre? Voilà justement les meilleurs soldats : moins ils ont de cervelle, plus ils sont hardis. Et l'autre, le grand pendard, est-ce qu'il aurait eu son congé de semestre, si ce n'était pas pour racoler les garçons de notre pays? Est-ce qu'on ne le mettrait pas dedans, s'il n'en amenait pas au moins un ou deux au Royal-Allemand? Je ne vois pas ce qu'on peut faire. »

Plus il parlait, plus nous étions tristes. Pourtant, une fois en ville, maître Jean reprit courage et dit :

« Allons d'abord à l'hôpital. Je connais le vieux contrôleur Jacques Pelletier, nous aurons la permission de voir mon cousin, et s'il veut nous rendre l'engagement, tout sera gagné. Laissez-moi faire. »

Nous longions déjà les remparts, et nous arrivions devant le vieil hôpital, entre le bastion de la porte de France et celui de la Poudrière Maître Jean tira la clochette de la porte où se promène une sentinelle jour et nuit. Un infirmier vint ouvrir, et le parrain entra, en nous disant d'attendre.

La sentinelle allait et venait. Mon père et moi, contre le mur du jardin, nous regardions les vieilles fenêtres avec une tristesse qu'on ne peut se figurer.

Au bout d'un quart d'heure, maître Jean revint sur la porte, et nous fit signe de venir. La sentinelle nous laissa passer, et nous entrâmes dans le grand corridor, ensuite dans les escaliers, qui montent jusque sous le toit. Un infirmier montait devant nous. Il ouvrit en haut une chambre à part, où se trouvait Jérôme dans un petit lit, la tête tellement emmaillottée, que si l'on n'avait pas vu son nez et ses moustaches, on aurait eu de la peine à le reconnaître.

Il s'était levé sur le coude, et regardait sous son bonnet de coton, en renversant la tête.

« Hé ! bonjour, Jérôme ! lui dit maître Jean ; ce matin, j'ai appris ton accident, et ça m'a fait beaucoup de peine. »

Jérôme ne répondait pas ; il n'avait pas l'air aussi fier, aussi gai que deux jours avant.

« Oui, c'est bien malheureux, dit le parrain ; tu risquais d'avoir la tête fendue. Mais heureusement, ce ne sera rien ; le major m'a dit que ce ne sera rien. Seulement il ne faudra pas boire de vin ni d'eau-de-vie pendant une quinzaine, et tout se remettra dans l'ordre. »

Jérôme ne répondait toujours pas. A la fin, il dit en nous regardant :

« Vous avez quelque chose à me demander... qu'est-ce que c'est ?

— Voilà, cousin. Je vois avec plaisir que tu n'es pas aussi malade qu'on disait, répondit maître Jean. Ces pauvres malheureux viennent des Baraques ; c'est le père et le frère de Nicolas...

— Ah ! ah ! cria le gueux en se recouchant, je comprends : ils viennent me demander l'engagement de l'autre ! mais je me laisserais plutôt couper le cou. Ah ! bandit !... ah ! tu tapes !... tu veux étrangler les gens !... Ah ! canaille !... Pourvu que je t'aie dans ma compagnie, je t'en ferai voir de dures ! »

Il grinçait les dents, et se retourna, le drap sur l'épaule, pour ne pas nous voir.

« Écoute donc un peu, Jérôme, dit maître Jean.

— Allez au diable ! » cria le gueux.

Alors maître Jean se fâcha et dit :

« Tu ne veux pas rendre l'engagement ?

— Allez vous faire pendre ! » criait ce vaurien.

L'infirmier lui-même nous disait de partir, que la colère pourrait l'étouffer. Mais avant de sortir, maître Jean lui cria :

« Je te croyais bien mauvais, cousin ; je te regardais comme le dernier des derniers, depuis que tu as vendu la voiture et les bœufs de ton père, avant de t'engager ; mais à cette heure, je voudrais te voir debout, en bon état, pour t'allonger une paire de soufflets sur les oreilles, car tu n'en vaux pas davantage ! »

Il en aurait encore dit plus, mais l'infirmier l'entraîna et referma la porte. Nous descendîmes tout désolés ; il ne nous restait plus d'espérance.

Une fois en bas, devant l'hôpital, maître Jean nous dit :

« Eh bien ! vous voyez, c'est de la peine et du temps perdus. Votre Nicolas restera sans doute au violon jusqu'au moment de partir. Il payera tous les frais et les pots cassés sur sa prime, vous n'aurez rien. »

Et tout à coup, malgré notre tristesse, il se mit à rire en s'essuyant les yeux, et dit :

« C'est égal, il a joliment arrangé le cousin ; quelle poigne ! Il l'a marqué comme avec le gros timbre sec du syndic des drapiers. »

Il riait tellement, qu'à la fin nous riions avec lui. Le père disait :

« Oui, c'est un solide gaillard, notre Nicolas ! Celui-ci est peut-être plus gros, il a de plus gros os ; mais Nicolas a des nerfs ! »

Nous riions bien, mais ensuite notre tristesse devint encore plus grande, lorsque maître Jean sortit de la ville.

Ce même jour, nous allâmes voir Nicolas au violon. Il était sur une botte de paille ; et comme le père pleurait, il lui dit :

« Que voulez-vous, c'est un malheur ! Vous n'aurez rien, je le sais bien ; mais quand on ne peut rien changer, il faut crier : « A la grâce de Dieu ! »

Nous voyions que cela lui faisait beaucoup de peine. Au moment de partir, nous nous embrassâmes ; il était pâle et demandait à voir les frères et sœurs, mais la mère ne voulut pas.

Trois jours après, Nicolas partit pour son régiment de Royal-Allemand. Il était assis sur une voiture, avec cinq ou six autres camarades, qui venaient aussi de se battre, en ribotant et dépensant l'argent de leur prime. Des dragons de la maréchaussée à cheval marchaient sur les côtés. Je courais derrière en criant :

« Adieu, Nicolas, adieu ! »

Lui levait son chapeau ; il avait les larmes aux yeux de quitter le pays, et de ne voir ni la mère, ni le père, ni personne autre que moi. Voilà le monde ! Le père travaillait comme tous les jours, pour vivre, et la mère lui tenait rancune. Plus tard, elle disait bien : « Notre pauvre Nicolas ! j'aurais dû lui pardonner tout de suite ; c'était un si bon garçon ! » Oui, sans doute, mais cela ne servait à rien ; il était au régiment de Royal-Allemand, en garnison à Valenciennes, dans les Flandres, et longtemps nous devions rester sans avoir de ses nouvelles.

VII

La bêtise de Nicolas nous aurait tous mis dans le malheur pour des années, si maître Jean n'avait pas eu pitié de nous ; mais le soir où mon frère venait de partir, ce brave homme voyant que je me désolais dans mon coin derrière le fourneau, me dit :

« Ne te chagrine pas, Michel. Je sais que l'usurier Robin vous tient dans ses griffes ; tes parents ne pourraient jamais le payer, ils sont trop pauvres, mais c'est toi qui le payeras. Quoique ton apprentissage ne soit pas fini, tu recevras dès maintenant cinq livres par mois. Tu travailles bien, je suis content de ta conduite. »

Il parlait avec force. Dame Catherine et Nicole avaient des larmes plein les yeux ; et comme je répondais au bout d'un instant :

« Oh ! maître Jean, vous faites pour nous plus qu'un père ! »

Chauvel, qui venait d'entrer avec Marguerite, s'écria :

« Oui, c'est beau ! Je vous aimais déjà, maître Jean, mais à cette heure je vous estime. »

Il lui serra la main ; et me touchant l'épaule :

« Michel, me dit-il, ton père m'a chargé de trouver une place pour votre Lisbeth. Eh bien, on l'attend à la brasserie de l'Arbre-Vert, chez Toussaint, à Vasselonne. Elle aura le logement, la nourriture, sa paire de souliers et deux gros écus par an. Plus tard, si la fille remplit bien son service, on verra. C'est tout ce qu'il faut pour commencer. »

On peut se figurer la joie de mes parents, lorsqu'ils apprirent ces bonnes nouvelles. Lisbeth ne se tenait plus de contentement ; elle aurait voulu partir à la minute, mais il fallut faire une petite quête au village, car elle n'avait rien que les guenilles de tous les jours. Chauvel lui donna des sabots, Nicole une jupe, dame Catherine deux chemises presque neuves, la fille Létumier un casaquin, et les père et mère de bons conseils avec leur bénédiction.

Alors elle nous embrassa bien vite et prit le sentier de Saverne, qui monte à travers les jardins, en allongeant ses longues jambes, son petit paquet sous le bras, toute fière et glorieuse. Nous la regardions de notre porte, mais elle ne tourna pas la tête ; une fois au haut de la colline, elle était envolée pour toujours.

Les vieux pleuraient.

C'est l'histoire des pauvres gens ; ils élèvent des petits, et, quand les plumes sont venues, tous partent l'un après l'autre chercher leur nourriture. Les pauvres vieux restent seuls, à rêver.

Mais au moins depuis ce moment notre dette commença à s'éteindre. A la fin de chaque mois, lorsque je recevais mes cinq livres, nous allions ensemble, mon père et moi, chez M. Robin, à Mittelbronn. Nous entrions dans ce nid à rats, plein d'or et d'argent ; et le vieux gueux était là avec son gros chien-loup dans sa chambre basse, derrière ses petites fenêtres solidement grillées, le bonnet en peau de loutre crasseux sur le front, les coudes au milieu de ses registres, en train de régler ses comptes.

« Hé ! faisait-il aussitôt, c'est encore vous ! Mon Dieu ! qui est-ce qui vous presse ? Je ne vous demande pas un denier ; au contraire, voulez-vous plus ? Voulez-vous encore dix livres, quinze livres ? Vous n'avez qu'à parler.

— Non, non, monsieur Robin, lui disais-je. Voici pour l'intérêt du billet, et voici quatre livres dix sous à diminuer sur la dette. Marquez quatre livres dix sous de moins au dos de votre billet, marquez ! »

Alors, voyant que j'avais du bon sens et que nous étions las d'être plumés, il écrivait en nasillant :

« Hé ! hé ! hé ! rendez donc service ! rendez donc service ! »

Et moi, penché derrière son fauteuil, je regardais s'il écrivait bien : « Pour les intérêts, tant ! Pour le principal, tant ! » Ah ! j'ouvrais l'œil ; j'avais vu ce qu'il en coûte d'être sous les griffes d'un renard pareil !

En sortant, le père, qui restait toujours sur la porte, n'ayant rien à voir puisqu'il ne savait pas lire, le pauvre père me disait :

« Michel, tu nous sauves... Tu fais la force de notre famille !... »

Et quand nous rentrions dans la baraque, il s'écriait en se retournant vers les frères et sœurs :

« Voici notre maître à tous !... celui qui nous retire de la misère. Il sait quelque chose, lui ; nous ne savons rien ! C'est lui qu'il faudra toujours écouter. Sans lui, nous ne serions que des êtres abandonnés du ciel. »

Deux grands coups retentirent aux volets. (Page 31.)

C'était malheureusement trop vrai. Que peuvent faire des malheureux qui ne savent pas même lire? Que peuvent-ils faire, entre les dents d'un Robin? Ils sont bien forcés de se laisser dévorer tout vivants.

Il nous fallut plus d'une année pour payer les neuf gros écus et ravoir le billet. A la fin, M. Robin disait que nous lui donnions trop d'écritures, et qu'il ne voulait plus recevoir d'aussi petites sommes. Je lui répondis que c'était très-bien, que nous allions consigner l'argent chez M. le prévôt, et il s'adoucit.

Finalement, quand je rapportai le billet, la mère en sautait de joie; elle aurait voulu pouvoir le lire, et criait:

« C'est fini!... C'est bien fini!... Tu es sûr que c'est fini, Michel?

— Oui, j'en suis sûr.
— Nous n'aurons plus de corvées pour Robin?
— Non, ma mère.
— Lis voir un peu. »

Tous autour de moi se penchaient, la bouche ouverte, en écoutant, et quand à la fin je lus: « Payé! » ils se mirent à danser; on aurait cru des sauvages qui se réjouissent. La mère criait:

« La chèvre ne nous broutera plus l'herbe sur le dos! Ah! ce n'est pas malheureux!... Nous en a-t-elle fait faire, des corvées!... »

Et quelque temps après, M. Robin s'étant arrêté devant la baraque, pour demander si nous avions besoin d'argent, elle prit la fourche et courut sur lui comme une furieuse, en criant:

Mais là, j'ai fait le sacrifice de mon humiliation au Seigneur. (Page 33.)

« Ah! tu viens nous rapporter des corvées à faire; attends!... »

Elle l'aurait exterminé, s'il ne s'était mis à courir, malgré son gros ventre, jusqu'au bout du village. C'est terrible! Mais faut-il s'étonner que d'honnêtes gens, lorsqu'on les pousse à bout, en viennent à de pareilles extrémités? Les usuriers finissent toujours mal; ils devraient se rappeler que le peuple est quelquefois bien bas, mais qu'il se relève vite, et qu'alors leur tour arrive aussi de régler un vilain compte. J'ai vu cela cinq ou six fois dans ma vie : le pays n'avait plus assez de gendarmes pour défendre ces voleurs. Qu'ils y pensent!... C'est un bon conseil que je leur donne. J'écris une histoire d'abord pour les paysans, mais elle peut aussi servir aux autres. Le laboureur, le voiturier, le meunier, le boulanger, celui qui fait le pain et celui qui le mange, tous profitent du bon grain; et celui qui le sème est content de savoir que tout le monde y trouve son compte.

Pendant que ces choses se passaient, le reste allait son train ordinaire; les foires, les marchés se suivaient, les impôts se payaient, les gens criaient, les capucins faisaient leurs quêtes, les soldats allaient à l'exercice, et l'on avait même rétabli pour eux les coups de plat de sabre. Tous les vendredis, j'allais en ville acheter notre sel, et je voyais cette abomination : de vieux soldats battus par de misérables cadets! Il s'est passé du temps depuis, eh bien, j'en frémis encore!

Ce qui nous indignait aussi, c'est que les

régiments étrangers à notre solde, — les Suisses de Schœnau et tous les autres, — étaient commandés en allemand. N'était-ce pas contraire au bon sens, lorsqu'on devait se battre ensemble contre les mêmes ennemis, d'avoir deux espèces de commandements? Je me souviens qu'un ancien soldat de notre village, Martin Gros, se plaignait de cette bêtise, et disait qu'elle nous avait fait un grand tort pendant la guerre de Prusse. Mais nos anciens rois et nos seigneurs n'aimaient pas à voir le peuple et les soldats trop bien ensemble; il leur fallait des Suisses, des Chamborans, des régiments de Saxe, de Royal-Allemand, etc., pour garder les Français. Ils ne se fiaient pas à nous, et nous traitaient comme des prisonniers qu'on entoure de gens sûrs.

Enfin, nous verrons plus tard ce que ces étrangers ont fait contre la France, qui les nourrissait; nous verrons leurs régiments passer en masse à l'ennemi!

Maintenant je continue.

Le soir nous lisions les gazettes, tantôt seuls, tantôt avec Chauvel. Maître Jean ne s'était pas trompé sur le compte des seigneurs, des princes et des évêques, depuis que M. Necker avait été renvoyé, ces gens ne s'inquiétaient plus du déficit. Les gazettes ne parlaient plus que de chasses, de festins, de réjouissances, de pensions, de gratifications, et cætera, et cætera. Notre belle reine, Marie-Antoinette, M. le comte d'Artois, MM. les grands écuyers, les grands veneurs, les maîtres de la garde-robe, les premiers gentilshommes de la chambre, les panetiers, les échansons, les écuyers tranchants, enfin tout ce tas de domestiques nobles, qui vivaient à bouche que veux-tu, ne se moquaient pas mal de la banqueroute. Ils avaient trouvé tout de suite des ministres à leur idée pour continuer la noce, des Joly de Fleury et d'autres, qui ne rendaient pas de comptes.

Maître Jean, lorsqu'il lisait ces fêtes et ces galas, ne s'indignait plus, mais ses grosses joues tombaient; il toussait dans sa main et disait :

« Qu'est-ce que la chambre du roi, la chapelle-musique, la chapelle-oratoire, le garde-meuble, la grande écurie, la petite écurie, la vénerie, la louveterie, la cassette; la capitainerie des chasses de Fontainebleau, de Vincennes, de Royal-Monceau, de la gruerie du parc de Boulogne, de la Muette et dépendances; et les bailliages et les capitaineries royales des chasses de la vénerie du Louvre et fauconnerie de France? Qu'est-ce que tout ça? Qu'est-ce que ça nous fait à nous? »

Chauvel, alors, répondait en souriant :

« Ça fait rouler le commerce, maître Jean.
— Le commerce !
— Sans doute!... Le vrai commerce, c'est quand l'argent s'en va, et qu'il ne revient plus chez les paysans!... C'est le luxe qui fait rouler le commerce; nos ministres l'ont dit cent et cent fois, il faut bien le croire! — Nous autres, ici, nous travaillons et nous payons toujours; mais, là-bas, les nobles gens s'amusent et dépensent!... Ils ont des dentelles, des broderies et des diamants. Les douze valets de chambre ordinaires et ceux des antichambres, les tapissiers, les coiffeurs et les coiffeuses, les baigneurs étuvistes, les lavandières de linge de corps, les femmes d'atours et les écuyers cavalcadours, tout ça fait rouler les affaires!... tout ça ne vit pas de lentilles et de haricots; tout ça ne porte pas le sarrau de toile grise, comme nous autres.

— Non, non! je vous crois, Chauvel, répondait le parrain indigné; ni les hâteurs de rôts, que je vois là, non plus! ni les inspecteurs du département de la bouche, ni les dentistes. Oh! misère, misère, faut-il que tant de millions d'hommes travaillent pour entretenir cette espèce! Il vaut mieux lire autre chose. Dieu du ciel, est-ce possible? »

Mais en tournant la page il trouvait encore pis : des bâtisses, des invitations de toute sorte, des présentations, des promenades avec les chapeaux à galons d'or, les robes en soie; enfin des cérémonies où nous autres malheureux paysans, nous avions de la peine à nous représenter la masse d'argent que cela devait coûter.

Chauvel criait d'un air d'étonnement :

« Mais qu'est-ce que M. Necker nous disait donc? Jamais nous n'avons eu plus d'argent; nous ne savons plus qu'en faire, il nous embarrasse! »

En même temps, il nous regardait avec ses petits yeux remplis de malice, et la colère nous entrait dans l'âme; car, sans être trop regardant, on peut bien dire que dans un temps où les trois quarts et demi de la France souffraient le froid et la faim, de pareilles dépenses, pour exalter la vanité de quelques mauvais drôles, étaient une chose épouvantable!

Chauvel, avant de sortir, disait toujours :

« Allons, allons, ça va bien! Les impôts, les dépenses et le déficit, tout augmente d'année en année. Nous prospérons : — plus on s'endette, plus on s'enrichit! c'est clair.

— Oui, oui, faisait maître Jean en le reconduisant, c'est très-clair. »

Il refermait la porte et je retournais chez nous.

Plus nous lisions ces gazettes, plus notre cœur devenait gros; nous voyions bien que ces nobles nous prenaient pour des bêtes; mais que faire? La milice, la maréchaussée et les troupes tenaient avec eux! On s'écriait en soi-même :

« Sont-ils heureux, ces seigneurs, d'être au monde; et nous, sommes-nous misérables! »

L'exemple de la reine, du comte d'Artois et des autres qui se gobergeaient à la cour, s'étendait jusqu'aux petites villes : c'étaient fêtes sur fêtes, grandes revues, défilés, galas, etc. Les prévôts, les colonels, les majors, les capitaines, les lieutenants et les cadets ne faisaient que se pavaner, rosser leurs soldats, et même les paysans qui retournaient le soir à leurs villages. Demandez au vieux Laurent Duchemin, il vous dira quelle vie les jeunes officiers du régiment de Castella menaient au Panier-Fleuri; comme ils buvaient du vin de Champagne, et faisaient entrer les femmes et les filles, soi-disant pour danser; et quand les pères ou les maris ne voulaient pas, comme on vous les reconduisait à coups de canne jusqu'aux Quatre-Vents.

On doit aussi comprendre notre tristesse à nous autres ouvriers et paysans, d'entendre leur musique et de voir les filles des bourgeois, des échevins, des syndics, des commissaires-jurés, des vérificateurs de gibier, des gourmets, des commissaires à la vente et revente, enfin de tout ce qu'on connaissait de plus distingué, — de voir leurs demoiselles aller au bras de cette jeunesse et se promener avec eux au Tivoli; oui, cela vous retournait le cœur. Elles pensaient peut-être s'anoblir!

On n'avait plus d'espoir que dans le déficit. Tous les hommes de bon sens voyaient qu'il devait grossir, surtout depuis que la reine et M. le comte d'Artois avaient fait nommer M. de Calonne contrôleur général des finances. Celui-là peut encore se vanter de nous avoir fait du mauvais sang pendant quatre ans, avec ses emprunts, avec ses *virements*, comme il disait, avec ses prorogations de vingtièmes, avec ses sous additionnels et ses autres filouteries! On a vu bien des mauvais ministres depuis ce Calonne, mais aucun de pire; car ses inventions et ses mensonges pour tromper les gens ont passé de l'un à l'autre, et même les plus bêtes ont pu s'en servir et paraître malins! Il avait l'air de tout voir en beau, comme les fripons qui ne pensent jamais à payer leurs dettes, mais seulement à les augmenter; leur air de confiance en donne aux autres, et c'est tout ce qu'ils veulent.

Mais Calonne ne nous trompait pas tout de même. Maître Jean ne pouvait plus ouvrir une gazette sans se fâcher; il disait :

« Ce gueux finira par me faire attraper un coup de sang : il ment toujours! Il jette notre argent par les fenêtres, il décoiffe saint Pierre pour coiffer saint Paul, il emprunte à droite et à gauche; et quand il faudra payer à la fin, il se sauvera en Angleterre, et nous laissera dans la nasse. Je vous le prédis, ça ne peut pas tourner autrement. »

Tout le monde voyait ces choses, excepté le roi, la reine, les princes, dont Calonne avait payé les dettes, et les courtisans, sur qui pleuvaient les pensions et les gratifications de toute sorte.

Le clergé n'était pas aussi bête, il commençait à voir que tous ces beaux tours de Calonne finiraient mal. Chaque fois que Chauvel revenait de ses tournées, sa figure était comme éclairée, ses yeux brillaient; il souriait et disait en s'asseyant avec Marguerite, derrière le poêle :

« Maître Jean, tout va maintenant de mieux en mieux; nos pauvres curés de paroisse ne veulent plus lire que le *Vicaire savoyard*, de Jean-Jacques; les chanoines, les bénéficiaires de toute sorte lisent Voltaire; ils commencent à prêcher l'amour du prochain, et se désolent de la misère du peuple; ils font des quêtes pour les pauvres. Dans toute l'Alsace et la Lorraine, on n'entend parler que de bonnes œuvres : à tel couvent, monsieur le supérieur fait dessécher les étangs, pour donner de l'ouvrage aux paysans; à tel autre, on fait remise de la petite dîme cette année; à tel autre on distribue des soupes. Il vaut mieux tard que jamais! Toutes les bonnes idées leur viennent à la fois. Ces gens-là sont fins, très-fins; ils voient que le bateau coule tout doucement; ils veulent avoir des amis qui leur tendent la perche. »

Ses petits yeux clignotaient.

Nous n'osions presque pas croire ce qu'il disait, cela nous paraissait trop fort; mais durant les années 1784, 1785 et 1786, Chauvel devenait toujours plus gai, plus riant : c'était comme un de ces oiseaux qui montent très-haut à cause de leur bonne vue, et qui voient les choses de très-loin et très-clairement, par-dessus les nuages.

La petite Marguerite devenait aussi très-gentille; elle riait souvent en passant devant la forge, et se penchait dans la porte, son panier de livres sur l'épaule, en nous criant de sa petite voix claire et gaie :

« Bonjour, maître Jean! bonjour, monsieur Valentin! bonjour, Michel! »

Et chaque fois je sortais, ayant un grand

plaisir à rire avec elle. Elle était toute brune, toute hâlée, le bas de sa petite jupe de toile bleue et ses petites bottines à grosses courroies tout couverts de boue; mais elle avait les yeux si vifs, de si jolies dents, de si beaux cheveux noirs, l'air si gai et si courageux, que, sans savoir pourquoi, j'étais très-content après l'avoir vue; et même je la regardais monter jusqu'à l'allée de leur maison, en pensant :

« Si je pouvais seulement porter son panier et vendre des livres avec eux, ça me plairait bien. »

Mais je n'allais pas plus loin; et quand maître Jean me criait :

« Hé! Michel, qu'est-ce que tu fais donc là-bas ? En route ! »

Aussitôt, je courais en répondant :

« Voilà, maître Jean; nous y sommes. »

J'étais devenu compagnon forgeron ; je gagnais mes dix livres par mois; la mère était bien soulagée. Lisbeth, à Wasselonne, n'envoyait rien, que de temps en temps des compliments ; les servantes de brasserie ont besoin de beaux habits, et puis elle était glorieuse, enfin elle n'envoyait rien. Mais mon frère Claude, hardier au couvent des Tiercelins, recevait quatre livres par mois et il en envoyait trois aux parents. Etienne et Mathurine tressaient de petits paniers, des cages, et les vendaient en ville. Je les aimais bien, et eux m'aimaient bien aussi, Etienne surtout! Il venait à ma rencontre tous les soirs, en se balançant et riant de plaisir ; il me prenait par la main et me disait :

« Viens voir, Michel, mon ouvrage d'aujourd'hui. »

C'était quelquefois très-bien fait. Le père disait toujours pour l'encourager :

« Je ne serais pas capable d'en faire autant. Jamais je n'ai si bien tressé. »

L'idée d'envoyer Etienne chez M. le curé Christophe m'était venue plus d'une fois, malheureusement il ne pouvait pas faire ce chemin matin et soir, c'était trop loin. Mais comme il avait envie d'apprendre, je lui donnais des leçons en rentrant de la forge, et c'est ainsi qu'il apprit à lire et à écrire.

Enfin, personne ne mendiait plus à la maison, nous vivions tous de notre travail, les parents respiraient un peu.

Tous les dimanches après vêpres, je forçais mon père de s'asseoir à l'auberge des Trois-Pigeons et de prendre sa chopine de vin blanc; cela lui faisait du bien. La mère, qui n'avait jamais souhaité qu'une bonne chèvre, pouvait alors la conduire brouter l'herbe le long des chemins ; j'en avais acheté une pour elle du vieux juif Schmoüle, une chèvre superbe dont le pis traînait jusqu'à terre. Le plus grand bonheur de la mère était de la soigner, de la traire et de faire du fromage ; elle aimait cette chèvre comme les yeux de sa tête. Les pauvres vieux ne demandaient donc rien de plus, et moi-même j'étais très-heureux.

Après le travail, les dimanches et jours de fête j'avais le temps de lire. Maître Jean me prêtait de bons livres, et je passais des après-midi tout entières à les étudier, au lieu d'aller jouer aux quilles avec les camarades.

Nous étions alors en 1785, et c'est le temps d'un grand scandale pour toute la France, le temps où ce malheureux cardinal de Rohan, que M. le curé Christophe méprisait, voulut séduire la reine Marie-Antoinette, en lui donnant un collier de perles. C'est alors qu'on vit bien que cet homme avait perdu la tête, car il se laissa tromper par une comédienne; la comédienne se sauva d'abord avec les perles, mais on l'arrêta plus tard, et le *rifleur* lui marqua la fleur de lis sur l'épaule.

Quant au cardinal, il ne fut pas marqué, parce qu'il était prince. Il eut la permission de s'en aller à Strasbourg.

Ces choses lointaines me reviennent, et je me rappelle que maître Jean disait que si par malheur *pater* Bénédic, ou tout autre capucin, avait essayé de séduire sa femme, il n'aurait pas manqué de lui casser la tête avec son marteau. Moi j'aurais fait comme lui ; mais notre roi était trop bon, et ce fut une grande honte pour la reine, qu'un cardinal eût seulement espéré la séduire par des présents. Tout le pays en parlait. Le respect des seigneurs, des princes et des évêques se perdait; le mépris des honnêtes gens s'étendait sur eux de plus en plus. On se souvenait aussi du déficit; ce n'était pas avec les mensonges de M. de Calonne et les scandales de la cour qu'on pouvait le payer.

Enfin, cela traîna jusqu'à la fin de 1786. La veille du nouvel an, Chauvel et sa fille arrivèrent tout couverts de neige. Ils revenaient de Lorraine et nous dirent en passant, qu'ils avaient appris que le roi convoquait les notables à Versailles, pour entendre les comptes de Calonne et tâcher d'éteindre la dette.

Maître Jean était dans la joie, il criait :

« Nous sommes sauvés !... Notre bon roi prend pitié de ses peuples; il veut l'égalité des impôts ! »

Mais Chauvel, son grand panier encore sur l'épaule, devenait tout pâle de colère en l'écoutant, et finit par lui répondre :

« Si notre bon roi convoque les notables, c'est qu'il ne peut plus faire autrement, la dette est maintenant de seize cent trente millions ! Comment pouvez-vous être assez simple pour croire que les princes du sang, les principaux de la noblesse, de la magistrature et du clergé, vont la payer de leur poche ? Non, ils essayeront de nous la mettre sur le dos ! Et cette bonne reine, ce brave comte d'Artois, après avoir mené la belle vie que vous savez, après avoir foulé le peuple, commis toutes les bêtises et les scandales du monde, ces honnêtes personnes n'ont pas même le courage de la responsabilité de leurs actions, elles convoquent des notables, pour tout signer et parapher. Mais nous ! nous, malheureux qui payons toujours et ne profitons de rien, nous ne sommes pas convoqués ; on ne demande pas notre avis : c'est de la malhonnêteté, c'est de la bassesse ! »

Chauvel devenait furieux en parlant. C'était la première fois que je le voyais se mettre en colère. Il levait la main et tremblait sur ses petites jambes. Marguerite, toute mouillée et ses cheveux noirs collés sur les joues par la neige fondante, se redressait près de lui comme pour le soutenir. Maître Jean voulait répondre, mais ils ne l'écoutaient pas. La mère Catherine s'était levée de son rouet tout indignée, criant que notre bon roi faisait ce qu'il pouvait ; qu'on ne devait pas manquer de respect à la reine dans l'auberge, qu'elle ne le souffrirait pas ! et Valentin disait :

« Vous avez raison, dame Catherine, il faut respecter les représentants de Dieu sur la terre ! C'est bien... vous avez mille fois raison. »

Il étendait ses longs bras d'un air d'admiration. Alors Chauvel et Marguerite sortirent brusquement, et ne revinrent plus chez nous. Ils détournaient la tête en passant devant la forge, ce qui nous faisait beaucoup de peine. Maître Jean disait à Valentin :

« Voilà !... Qui est-ce qui te demandait de te mêler de mes affaires ? Tu es cause que mon meilleur ami ne veut plus me voir : un homme que je respecte, et qui a plus de bon sens et d'esprit dans son petit doigt que toi dans ton grand corps. Tout se serait arrangé, j'aurais fini par comprendre qu'il avait raison.

— Et moi, répondait Valentin, je soutiens qu'il avait tort. Les notables veulent le bonheur du peuple !... »

Maître Jean alors devenait tout rouge, et le regardait de travers en murmurant :

« Bourrique !... Si tu n'étais pas un si brave homme, depuis longtemps je t'aurais envoyé paître !... »

Mais il disait ces choses à part, car Valentin ne se serait pas laissé insulter, même par maître Jean ; il était plein de fierté, malgré sa bêtise, et, le même jour, j'en suis sûr, il aurait fait son paquet pour s'en aller. De cette façon, au lieu de perdre un ami, nous en aurions perdu deux ; il fallait être sur ses gardes.

Notre chagrin et notre ennui de ne plus revoir Chauvel grandissaient de jour en jour. Cela dura jusqu'à ce qu'un matin maître Jean, voyant le colporteur et sa fille allonger le pas devant notre forge, courut dehors en criant tout attendri :

« Chauvel !... Chauvel !... vous m'en voulez... moi je ne vous en veux pas ! »

Alors ils se serrèrent la main, on voyait qu'ils auraient voulu s'embrasser, et quelques jours après, Chauvel et Marguerite étant rentrés d'une de leurs tournées en Alsace, ils revinrent s'asseoir derrière le poêle ; jamais, depuis, il ne fut plus question de cela.

C'était au temps où les notables se trouvaient réunis à Versailles, et l'on commençait à reconnaître que Chauvel avait eu raison de soutenir qu'ils ne feraient rien pour le peuple ; car ces nobles s'étant mis à délibérer sur le discours de Calonne, qui déclarait lui-même « qu'on ne pourrait payer la dette par les moyens ordinaires, qu'il fallait abolir les fermes générales, établir des assemblées dans les provinces pour taxer chacun selon ses moyens, et mettre un impôt sur toutes les terres, sans distinction, » ils finirent par tout refuser.

Chauvel, en écoutant cela, souriait dans sa barbe.

« Ah ! la mauvaise race ! » criait maître Jean.

Mais lui, disait :

« Que voulez-vous ? Ces gens-là s'aiment, ils n'ont pas assez mauvais cœur pour se taxer, ni se faire du mal. Ah ! s'ils étaient réunis pour établir un nouvel impôt sur le peuple, ça ne serait pas si long, ils auraient déjà dit oui ! plutôt dix fois qu'une. Mais d'imposer ses propres terres, c'est dur, je comprends ça ! quand on se respecte soi-même, il faut se ménager. »

Ce qui faisait le plus de bon sang à Chauvel, c'était le procès-verbal en tête des réunions des notables : « Après le discours du roi, monseigneur le garde des sceaux s'est approché du trône, en faisant trois profondes inclinations : la première, avant de quitter sa place ; la deuxième, après avoir fait quelques pas ; et la troisième, lorsqu'il a été sur le premier degré du trône. Puis, il a pris à genoux les ordres de Sa Majesté. »

« Voilà le plus beau, disait-il, avec ça, nous sommes sauvés ! »

Finalement le roi renvoya Calonne et nomma monseigneur de Brienne, archevêque de Toulouse, à sa place. Les notables alors acceptèrent des réformes, on n'a jamais su pourquoi. Mais aussitôt ceux du parlement de Paris, qui n'avaient jamais pris part aux dépenses de la cour, parce que c'étaient des juges, des gens graves, économes et vivant entre eux, ces juges furent indignés de voir qu'on voulait leur faire payer les folies des autres. Ils s'opposèrent donc à l'imposition des terres, déclarant qu'il fallait des états généraux pour consentir les impôts, ce qui signifiait que tout le monde, ouvriers, paysans, bourgeois et nobles, devaient voter ensemble pour donner leur argent. Le grand mot était lâché!... Ce fut un scandale encore pire que celui de la reine et du cardinal de Rohan, car le parlement déclarait par là que, depuis les premiers temps, on avait imposé le peuple sans lui demander son consentement, et que c'était un véritable vol.

Ainsi commença la révolution.

Il était clair alors que les nobles et les moines trompaient la nation en masse depuis des siècles : les premiers juges du pays le disaient! Les autres avaient toujours vécu sur notre compte; ils nous avaient réduits à la plus affreuse misère pour se goberger ; leur noblesse ne signifiait rien; ils n'avaient pas plus de droits que nous, ils n'avaient pas plus de cœur et d'esprit que nous; notre ignorance faisait leur grandeur; ils nous avaient élevés tout exprès dans des idées contraires au bon sens, pour nous tondre sans peine.

Que chacun se figure maintenant la joie de Chauvel, lorsque le parlement fit cette déclaration.

« A cette heure tout va changer, criait-il, les grandes choses vont venir ; la fin de la misère du peuple approche ; la justice commence!...

VIII

La déclaration du parlement de Paris s'étendit comme un coup de vent jusqu'au fond des provinces. On ne parlait plus que des états généraux dans les villages, sur les foires et les marchés. A peine cinq ou six paysans suivaient-ils le même chemin depuis un quart d'heure, causant de leurs affaires, que l'un ou l'autre s'écriait tout à coup :

« Et les états généraux !... quand aurons-nous nos états généraux ? »

Alors chacun disait son mot sur l'abolition des barrières, des octrois, des vingtièmes, sur la noblesse et le tiers état. On se disputait, on entrait dans la première auberge pour s'entendre ; les femmes aussi s'en mêlaient. Au lieu de vivre comme des imbéciles qui payent toujours, sans savoir où passe leur argent, chacun voulait avoir des comptes et voter lui-même ses impôts.—Le bon sens nous venait!

Malheureusement cette année-là fut bien mauvaise, à cause de la grande sécheresse. Depuis le milieu de juin jusqu'à la fin d'août, il ne tomba pas une goutte d'eau, de sorte que les blés, les avoines et toutes les récoltes manquèrent. L'herbe ne valait pas la fauchée. On voyait déjà venir la famine, car les pommes de terre elles-mêmes n'avaient pas donné. C'était une véritable désolation. Et puis l'hiver de 1788 arriva, le plus terrible hiver que les hommes de mon âge se rappellent.

Le bruit courait que des gueux avaient acheté tout le blé de la France pour nous affamer, et même on appelait cela le *pacte de famine*. Ces brigands accaparaient les grains à la récolte, ils en envoyaient par vaisseaux en Angleterre; et quand la famine était venue, ils les faisaient rentrer et les vendaient ce qu'ils voulaient. Chauvel nous disait que cette société de bandits existait depuis longtemps, et que le roi Louis XV lui-même en avait fait partie. Nous ne voulions pas le croire, cela nous paraissait trop horrible ; mais j'ai reconnu par la suite que c'était vrai.

Le pauvre peuple de France n'a jamais tant pâti que dans cet hiver de 1788 à 1789, pas même au temps du maximum, et plus tard en 1817, à la chère année. Il arrivait partout des inspecteurs dans les granges, qui vous forçaient de battre le grain et de le charger tout de suite pour les marchés de la ville.

Si je n'avais pas eu le bonheur de gagner mes douze livres par mois, et si Claude n'avait pas envoyé tout ce qu'il pouvait, pour soutenir les pauvres vieux et les deux enfants qui restaient à leur charge, Dieu sait ce qu'ils seraient devenus. Des milliers de gens moururent de faim !... Qu'on se représente d'après cela la misère de Paris, une ville où l'on reçoit tout du dehors, et qui périrait de fond en comble si l'on n'avait pas de gros bénéfices à porter les grains, les légumes et les viandes sur ses marchés.

Eh bien, malgré tout, les gens n'oubliaient pas les états généraux ; au contraire, la misère augmentait l'indignation du monde ; on pensait : « Si vous n'aviez pas dépensé notre argent, nous ne serions pas si misérables. Mais gare, gare, cela ne peut plus durer. Nous ne voulons pas plus de Brienne que de Calonne : ce sont vos ministres, à vous ; nous voulons des ministres pour le peuple, comme Necker et Turgot. »

Et pendant ce froid épouvantable, où le vin et l'eau-de-vie elle-même gelaient dans les caves, Chauvel et sa fille ne cessèrent pas un instant de courir dans le pays, avec leurs paniers. Ils avaient des peaux de mouton autour des jambes; nous frémissions de les voir partir, avec leurs grands bâtons ferrés, à travers le givre et la glace. Ils vendaient alors des petits livres sans nombre qui venaient de Paris, et quelquefois, en rentrant de leurs tournées, ils nous en apportaient qu'on lisait autour du grand poêle, rouge comme une braise. J'en ai même gardé de ces petits livres, et si je pouvais vous les prêter, vous seriez étonnés de l'esprit et du bon sens qu'on avait avant la révolution. Tout le monde voyait clair, tout le monde était las des gueuseries, excepté les nobles et les soldats qu'ils avaient achetés. Un soir nous lisions : *Diogène aux états généraux*; — un autre soir : *Plaintes, doléances, remontrances, et vœux de nos bourgeois de Paris*; ou bien : *Causes de la disette dévoilées*, ou : *Considérations sur les intérêts du tiers état, adressées au peuple des provinces*, et d'autres petits livres pareils, qui nous montraient que les trois quarts et demi de la France pensaient comme nous sur la cour, sur les ministres et sur les évêques.

Mais en ce temps, il arriva quelque chose qui me fit de la peine, et qui montre que dans les mêmes familles on trouve des êtres de toute espèce.

Vers le milieu de décembre, pendant les grandes neiges, la vieille Hoccard, qui remplissait les commissions de la ville et des villages, moyennant quelques liards, vint nous dire que M. le maître de poste avait crié sur la place du Marché les lettres en retard, et qu'il s'en trouvait une dans le nombre pour Jean-Pierre Bastien, des Baraques du Bois-de-Chênes. Le facteur Brainstein ne courait pas alors porter les lettres de village en village, sur les quatre chemins. Le maître de poste, qui s'appelait M. Pernet, arrivait lui-même sur la place, pendant le marché, ses lettres dans un panier; il se promenait entre les bancs et demandait aux gens :

« Est-ce que vous n'êtes pas de Lutzelbourg ? Est-ce que vous n'êtes pas de Hultenhausen ou du Harberg ?

— Oui.

— Eh bien, vous donnerez cette lettre à Jean-Pierre ou Jean-Claude un tel. Je l'ai depuis cinq ou six semaines; personne ne vient la réclamer. Il est temps qu'elle arrive. »

On prenait la lettre et le maître de poste ne s'en inquiétait plus; il avait fait son service.

La vieille Hoccard aurait bien pris la nôtre, mais elle coûtait vingt-quatre sous, et la brave femme ne les avait pas; et puis elle n'était pas sûre que nous voudrions les donner.

C'était dur de donner vingt-quatre sous pour une lettre, dans un temps pareil. J'avais bien envie de la laisser au compte de la poste ; mais les père et mère, pensant que cette lettre venait de Nicolas, furent dans un grand trouble. Les pauvres vieux me dirent qu'ils aimeraient mieux jeûner quinze jours, que de ne pas avoir de nouvelles du garçon.

J'allai donc prendre cette lettre en ville. Elle était bien de mon frère Nicolas ; et je revins la lire dans notre baraque, au milieu de l'attendrissement des parents et de notre étonnement à tous. C'était écrit du 1er décembre 1788 : Brienne avait été renvoyé avec une pension de huit cent mille livres, les états généraux étaient convoqués pour le 1er mai 1789, Necker avait repris sa place, mais Nicolas ne s'inquiétait pas de ces choses ; et je copie cette vieille écriture jaune et déchirée, pour vous faire voir ce que pensaient les soldats, quand tout le reste de la France demandait justice.

Ce pauvre Nicolas n'était ni meilleur ni pire que ses camarades ; il n'avait aucune instruction, il raisonnait comme un véritable imbécile, faute d'avoir appris à lire ; mais on ne pouvait lui faire aucun reproche ; et peut-être l'autre, celui qu'il avait chargé d'écrire à sa place, ajoutait-il aussi de temps en temps quelque chose de son propre cru, pour faire le joli cœur.

Enfin, voici cette lettre :

« Au nom du Père, du Fils et du Saint-Esprit.

« *A Jean-Pierre Bastien et Catherine, son épouse, Nicolas Bastien, brigadier au 3e escadron du régiment de Royal-Allemand, en garnison à Paris.*

« Chers père et mère, frères et sœurs,

« Vous devez encore être vivants, car ce ne « serait pas naturel de mourir tous en quatre « ans et six mois, quand je me porte toujours « bien. Je ne suis pas encore aussi gros que le « syndic des bouchers, Kountz, de Phalsbourg ; « mais, sans vouloir me flatter, je suis aussi « solide que lui ; l'appétit ne me manque pas « ni le reste non plus, c'est le principal.

« Chers père et mère, si vous me voyiez « maintenant à cheval, avec mon chapeau sur « l'oreille, les pieds dans les étriers et le sabre « au port d'armes, soit pour faire le salut mili- « taire, soit autrement, ou quand je me pro- « mène agréablement en ville avec une jeune « connaissance au bras, vous seriez étonnés, « vous ne croiriez jamais que je suis votre fils !

Écoute, Nicolas a six pouces, les pouces se payent à part, nous pourrons engraisser un cochon. (Page 35).

« Et si je voulais me faire passer pour de la
« noblesse, comme plusieurs se le permettent
« au régiment, ça ne tiendrait qu'à moi, mais
« vous pensez bien que je n'en suis pas capable,
« en considération de vos cheveux blancs et du
« respect que je vous porte.
 « Vous saurez aussi que la première année,
« le maréchal des logis Jérôme Leroux m'a fait
« beaucoup de misères, à cause des marques
« de la cruche, qui lui balafrent la figure.
« Mais aujourd'hui, je suis brigadier au troi-
« sième escadron, et je ne lui dois plus rien
« que le salut, hors du service. Je passerai aussi
« maréchal des logis un jour, et nous retrou-
« verons ça! car je ne dois pas vous cacher que
« je suis maître d'armes au régiment, et que la
« première année j'avais déjà blessé deux pré-
« vôts de Noailles. Et maintenant, excepté
« Lafougère, de Lauzun, et Bouquet, le Mes-
« tre-de-camp-général, pas un autre n'oserait
« me regarder de travers. Ça vient de l'œil et
« du poignet, on en a ou on n'en a pas, c'est
« un don du Seigneur! — et même ceux des
« autres régiments viennent me défier par
« jalousie. Le 1er juillet dernier, avant de quit-
« ter Valenciennes, l'état-major du régiment
« a parié pour moi, contre ceux du régiment
« de Conti (infanterie). Le maître d'armes
« Bayard, un petit brun du Midi, disait tou-
« jours : « L'Alsacien! » Ça m'ennuyait? J'en-
« voyai deux prévôts lui demander raison
« C'était entendu d'avance, et le lendemain
« nous nous sommes alignés dans le parc. Il
« sautait comme un chat, mais à la troisième

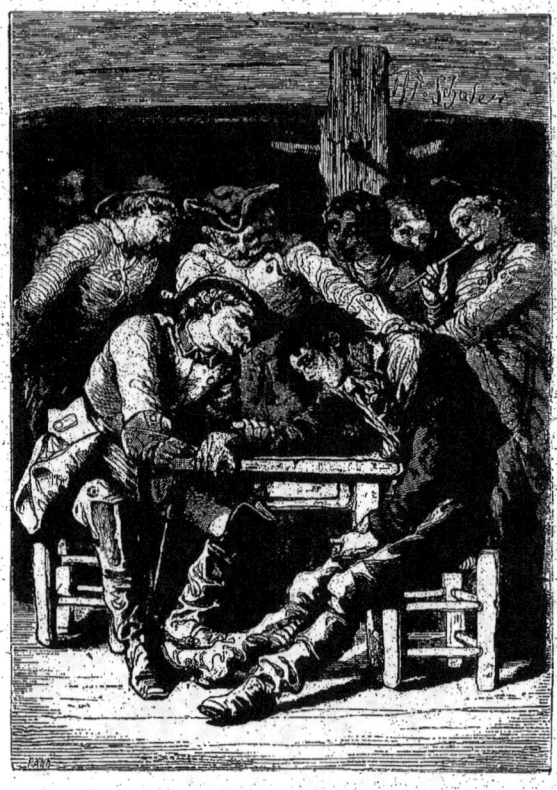

Les racoleurs lui disaient de signer. (Page 87.)

« reprise, je l'ai pincé tout de même sous le
« teton droit, un peu proprement. Il n'a pas
« seulement dit : pipe! et c'était fini. Tout le
« régiment s'est réjoui. On m'a donné qua-
« rante-huit heures de salle de police, parce
« que j'ai la main malheureuse; mais le major,
« chevalier de Mendell, a fait passer un panier
« de sa table pour Nicolas Bastien, un panier
« de vins fins et de viandes : c'était ça! Nicolas
« avait fait gagner Royal-Allemand, on pouvait
« bien le régaler. Depuis, j'ai l'estime de mes
« supérieurs. Et si vous savez ce qui se passe
« ici, comme cette canaille de bourgeois se
« remue, principalement les robins, si vous
« savez ça, vous devez comprendre que l'occa-
« sion de se distinguer ne manque pas. Pas
« plus tard que le 27 août dernier, le comman-
« dant du guet, Dubois, nous a fait charger
« la canaille, sur le Pont-Neuf ; et tout ce jour,
« jusqu'à minuit, nous n'avons fait que lui
« passer sur le ventre, à la place Dauphine, à
« la place de Grève et partout. Si vous aviez
« vu le lendemain quel massacre nous avons
« fait dans la rue Saint-Dominique et la rue
« Meslée, vous auriez dit: Ça va bien ! — J'é-
« tais le premier sur la droite de l'escadron,
« au 2º rang; tout ce qui passait à la hauteur
« était rasé. Le lieutenant-colonel de Reinach,
« après la charge, disait que les robins n'au-
« raient plus envie de piper. Je crois bien, ils
« en ont vu de dures ! Voilà ce qui montre la
« beauté de la discipline; quand l'ordre arrive,
« il faut que tout marche; vous auriez père et
« mère, frère et sœur devant vous, on passe

« dessus comme sur du fumier. Je serais déjà
« maréchal des logis, s'il ne fallait pas savoir
« écrire pour faire son rapport. Mais soyez
« tranquilles, j'ai mon petit compte à régler
« avec Jérôme Leroux ! Un jeune homme de
« bonne famille, Gilbert Gardot, du troisième
« escadron, me montre les lettres, et je lui
« donne des leçons de contre-pointe ; ça mar-
« chera, je vous en réponds. A la première
« vous recevrez de mon écriture, et sur celle-
« ci, en vous embrassant et vous souhaitant
« tout ce que vous pouvez désirer dans cette
« vie et dans l'autre, je fais ma croix,

+

« NICOLAS BASTIEN,

« Maître de pointe et de contre-pointe
« au régiment de Royal-Allemand.

« Ce 1er décembre 1788. »

Le pauvre Nicolas ne voyait rien de plus
beau que de se battre ; ses officiers nobles le
regardaient comme une espèce de boule-dogue
qu'on lance sur un autre chien, et qui nous
fait gagner des paris ; et lui trouvait cela magnifique ! Je lui pardonnais de bien bon cœur,
mais j'étais honteux de montrer sa lettre à
maître Jean et à Chauvel. Le père et la mère,
eux, pendant tout le temps que je l'avais lue,
levaient les mains d'admiration ; la mère surtout, elle riait et criait :

« Ah ! je savais bien que Nicolas ferait son
chemin ! Ah ! voyez-vous comme on avance !
C'est parce que nous restons toujours aux Baraques, que nous sommes si pauvres. Mais Nicolas deviendra noble, je vous le prédis, il deviendra noble. »

Le père était content aussi, mais il voyait du
danger à se battre, et disait en regardant à
terre :

« Oui..., oui..., c'est bien !... mais pourvu
qu'un autre ne lui pique pas aussi sous le teton droit ; ça nous crèverait le cœur ! C'est
pourtant terrible... l'autre avait peut-être
aussi ses père et mère !

— Ah ! bah ! Ah ! bah ! » criait la mère.

Et tout de suite elle prit la lettre et alla la
montrer aux voisins en disant :

« Une lettre de Nicolas !... il est brigadier...
maître de pointe et de contre-pointe... Il a
déjà tué beaucoup de monde... il ne faut pas
le regarder de travers !... »

Ainsi de suite. — Seulement, deux ou trois
jours après, elle me rendit la lettre ; et comme
maître Jean me l'avait demandée, il fallut bien
l'apporter et la lire le soir. Chauvel et Marguerite étaient là ; je n'osais plus lever les yeux.
Maître Jean dit :

« Quel malheur d'avoir dans sa famille des
gueux pareils, des gens qui ne pensent qu'à hacher père et mère, frères et sœurs, et qui trouvent encore que c'est beau, parce que cela
s'appelle discipline ! »

Chauvel répondit :

« Bah ! c'est bon à savoir ce que Nicolas raconte là : ces grandes charges dans les rues,
ces massacres, nous n'en savions rien ; les gazettes n'en parlaient pas, quoiqu'il me soit
déjà revenu dans mes tournées, que du côté de
Grenoble, de Bordeaux, de Toulouse, on a fait
marcher des masses de troupes. Tout ça c'est
bon signe, ça prouve que le courant entraîne
tout, que rien ne peut l'arrêter. Ces batailles
nous ont déjà valu le renvoi de Loménie de
Brienne, la convocation des états généraux. Ce
qu'il faut craindre, ce ne sont pas les batailles ;
qu'est-ce que cinquante ou cent régiments,
quand la masse est contre ? Pourvu que le peuple veuille bien ce qu'il veut, pourvu que le
tiers état soit bien d'accord, le reste est comme
l'écume qui s'envole, quand souffle un grand
vent. Mais je suis content d'apprendre tout ça.
Préparons-nous pour les élections, soyons
prêts, et que le bon sens, la justice de tous se
montrent. »

Chauvel alors ne serrait plus les lèvres ; il
paraissait plein de confiance. Et malgré la famine, qui se prolongea jusqu'à la fin de mars,
malgré tout, les paysans, les ouvriers, et les
bourgeois tenaient ensemble. Chauvel avait
eu raison de dire, à la déclaration du parlement, que le temps des grandes choses approchait ; chacun se sentait plus fort, plus ferme ;
c'était comme une nouvelle vie ; et le dernier
misérable, sans habits et sans pain, au lieu
de se courber comme autrefois, avait l'air de
relever la tête et de regarder le ciel.

IX

Plus la famine grandissait, plus les pauvres
gens montraient de courage ; ceux des Baraques, de Hultenhausen, des Quatre-Vents, n'a-
vaient plus que la peau et les os ; ils déter-
raient des racines sous la neige ; ils faisaient
bouillir les vieilles orties qui poussent derrière
les masures ; ils cherchaient tous les moyens
de se soutenir. La misère était affreuse, mais
le printemps arrivait tout doucement.

Les capucins de Phalsbourg n'osaient plus
mendier ; on les aurait assommés sur la route,
car le régiment de La Fère, qui venait de remplacer celui de Castella, ne voulait pas les soutenir : c'étaient de vieux soldats, las de la jeune
noblesse et des coups de plat de sabre

Et puis, quelque chose courait dans l'air ; les baillis, les sénéchaux avaient bien été forcés de publier l'édit du roi, pour la convocation des états généraux. On savait que les baillis et sénéchaux d'épée recevraient les dernières lettres de convocation pour tel jour, et qu'aussitôt ils les annonceraient à leurs audiences ; qu'ils les feraient afficher à la porte des églises et des mairies ; que les curés les liraient à leurs prônes ; et que, dans la huitaine au plus tard, après ces publications, nous tous, ouvriers, bourgeois, paysans, nous irions nous assembler à l'hôtel de ville, pour dresser un cahier de nos plaintes et doléances, et nommer des députés qui porteraient ce cahier à l'endroit qu'on nous dirait plus tard.

C'est tout ce que nous savions en gros. Dieu merci, nous avions des plaintes à mettre dans les cahiers de chaque paroisse.

On savait aussi qu'une seconde assemblée de notables était réunie à Versailles, pour arrêter les dernières mesures à prendre avant les états généraux. — Et dans ce temps de famine : en décembre 1788, janvier 1789, on ne parlait plus que du tiers état ; chacun apprit que le tiers état, c'étaient les bourgeois, les marchands, les paysans, les ouvriers et les malheureux ; — qu'on avait déjà consulté nos pauvres pères autrefois, dans des états généraux pareils, mais qu'ils avaient dû se présenter à genoux, la corde au cou, devant le roi, les nobles et les évêques, pour déposer leurs cahiers de plaintes. Ce fut une grande indignation, quand on sut que les parlements voulaient voir nos représentants dans le même état ; ce qu'ils appelaient les formes de 1614.

Alors chacun traita les parlements de canailles, et l'on vit bien que s'ils avaient demandé les premiers des états généraux, ce n'était pas pour soulager le peuple et lui faire justice, mais pour ne pas mettre sur leurs propres terres les impositions que les terres des pauvres gens supportaient depuis si longtemps

Les gazettes disaient qu'il arrivait des blés d'Amérique et de Russie ; mais aux Baraques et dans toute la montagne, bien loin de nous en donner, les inspecteurs fouillaient toutes les maisons jusque sous le chaume, pour enlever le peu qu'il nous en restait encore. Ceux des grandes villes se révoltaient, il fallait les ménager ; on dépouillait donc les gens paisibles, à cause de leur patience.

Je me souviens que vers la fin de février, au moment de la plus grande famine, le maire, les échevins et les syndics de la ville, qui visitaient les granges et les hangars des environs, vinrent un jour dîner à l'auberge de maître Jean.

Chauvel, qui nous apportait toujours en passant les dernières nouvelles d'Alsace et de Lorraine, lorsqu'il rentrait de ses tournées, se trouvait justement dans la grande salle ; il avait déposé son panier sur un banc, et ne se doutait de rien. En voyant entrer ce monde en perruques poudrées, tricornes, habits carrés, bas de laine, manchons et gants fourrés jusqu'aux coudes ; et derrière, M. le lieutenant du prévôt, Desjardins, grand, sec, jaune, le chapeau à cornes galonné et l'épée sur la hanche, il fut d'abord un peu troublé. Le lieutenant du prévôt le regardait de travers, par-dessus l'épaule. C'était lui qui, dans le temps, faisait mettre à la question. Il avait l'air mauvais ! Pendant que les autres se débarrassaient de leurs affiquets, et couraient voir à la cuisine, il dégrafa son épée et la posa dans un coin ; ensuite il alla tranquillement découvrir le panier, et regarda les livres.

Chauvel se tenait derrière, les mains dans les poches de sa culotte, sous le sarrau, comme si de rien n'était.

« Hé ! criaient les échevins, les syndics, en allant et venant, encore une corvée de faite ! »

Ils riaient.

On avait ouvert la porte de la cuisine, le feu brillait sur l'âtre, et la clarté se répandait jusque dans la salle. Le petit syndic des boulangers, Merle, levait le couvercle des marmites, et se faisait tout expliquer par la mère Catherine ; Nicole déployait une belle nappe blanche sur la table ; et le lieutenant de police ne bougeait pas de sa place. Il tirait les livres l'un après l'autre du panier, et les posait en piles sur le banc.

« C'est toi qui vends ces livres-là ? dit-il à la fin, sans même se retourner.

— Oui, Monsieur, répondit tranquillement Chauvel ; à votre service.

— Sais-tu bien, fit l'autre en traînant et parlant du nez, que ça mène à la potence ?

— Oh ! à la potence !... dit Chauvel, de si bons petits livres !... Tenez !... voyez : « *Délibérations à prendre pour les assemblées des bailliages, par Monseigneur le duc d'Orléans ;* — *Réflexions d'un patriote sur la prochaine tenue des états généraux ;* — *Doléances, souhaits et propositions des loueurs de carrosses, avec prière au public de les insérer dans ses cahiers.* » Ça n'est pas bien dangereux...

— Et le privilége du roi ? fit le lieutenant d'un ton sec.

— Le privilége ? Vous savez bien, Monsieur, que depuis Monseigneur Loménie de Brienne, les brochures passent sans privilége. »

Le lieutenant cherchait toujours, et les autres alors faisaient cercle autour d'eux.

Maître Jean et moi, plus loin contre l'armoire, nous n'étions pas à notre aise. Chauvel nous regardait de côté, comme pour raffermir notre courage; il avait bien sûr quelque chose de caché dans son panier, et le lieutenant avec son nez pointu le sentait.

« Heureusement, comme les livres étaient presque tous sur le banc, la mère Catherine arriva toute glorieuse, avec la grande soupière fumante; et le petit syndic Merle, la perruque ébouriffée, se mit à crier, en entrant derrière elle :

« A table... à table... voici la soupe à la crème!... Bon Dieu, que regardez-vous là?... Hé! j'en étais sûr, encore une visite!... N'avons-nous pas assez de visites comme cela?... Voyons, à table, à table, ou je commence tout seul! »

Il s'était déjà mis à table, la serviette au menton, et découvrait la soupière, dont la bonne odeur se répandait dans la chambre; en même temps Nicole apportait un aloyau mariné, de sorte que tous les échevins et les syndics se dépêchèrent de s'asseoir. Le lieutenant, voyant que sa compagnie commençait sans lui, dit à Chauvel d'un air de mauvaise humeur :

« Tu sais! partie remise n'est pas perdue! »

Puis il jeta le livre qu'il tenait sur les autres, et alla s'asseoir à côté de Merle.

Aussitôt Chauvel remballa ses brochures et sortit, son panier sur l'épaule, en nous regardant tout joyeux. Nous respirions! car d'entendre un lieutenant du prévôt parler de corde, malgré toutes les promesses qu'on nous faisait, cela vous coupait la respiration.

Enfin, Chauvel sortit sain et sauf, et ces messieurs dînèrent comme les nobles et les gens riches dînaient avant la Révolution. Ils avaient fait apporter leurs propres vins de la ville, de la viande fraîche et du pain blanc.

A la porte, des douzaines de mendiants priaient ensemble et regardaient aux fenêtres, demandant la charité, — quelques-uns avec des plaintes qui vous faisaient frémir, surtout les femmes, leurs enfants décharnés sur les bras. — Mais ces messieurs de la ville n'écoutaient pas; ils riaient en débouchant les bouteilles, et se versaient à boire en se racontant des choses de rien. Ils repartirent à trois heures, les uns pour la ville, en voiture, les autres à cheval, pour continuer leurs visites dans la montagne.

« Le même soir, Chauvel vint nous voir avec Marguerite. Il était à peine sur la porte que maître Jean lui criait :

« Ah! quelle peur vous nous avez faite!...

Quelle existence terrible vous menez, Chauvel! Mais ce n'est pas vivre, cela, c'est être toujours sous la potence, au bord de l'échelle! Je ne durerais pas quinze jours avec ces craintes.

— Ni moi non plus, » disait la mère Catherine.

Et nous pensions tous de même; mais lui souriait :

« Bah! tout cela n'est rien, dit-il en s'asseyant, tout cela n'est plus que de la plaisanterie. Il y a dix ans, quinze ans, à la bonne heure! C'est alors que j'étais poursuivi, c'est alors qu'il ne fallait pas se laisser prendre avec des éditions de Kehl ou d'Amsterdam : je n'aurais fait qu'un saut des Baraques aux galères; et quelques années avant, j'aurais été pendu haut et court. Oui, c'était dangereux; mais qu'on m'arrête aujourd'hui, ce ne sera pas pour longtemps; on ne me cassera pas bras et jambes, pour me faire dénoncer mes complices.

— C'est égal, dit maître Jean, vous n'étiez pas à votre aise, Chauvel; vous aviez quelque chose dans votre panier?

— Sans doute?... voici ce que j'avais, dit-il en jetant un paquet de gazettes sur la table. Voyez où nous en sommes. »

Alors, la porte et les volets fermés, nous lûmes jusque près de minuit, et je crois vous faire plaisir en copiant quelques-uns de ces vieux papiers. Rien qu'à voir comment les gens de cœur se soutenaient, on est attendri.

Partout la noblesse et les parlements de province étaient d'accord pour s'opposer aux états généraux. En Franche-Comté, le peuple de Besançon avait chassé son parlement, parce qu'il s'opposait à l'édit du roi, et qu'il déclarait que les terres nobles étaient naturellement exemptes d'impôts; que cela durait depuis mille ans, et devait durer toujours.

En Provence, la majorité de la noblesse et le parlement avaient protesté contre l'édit du roi, pour la convocation des mêmes états généraux. Alors, pour la première fois, on entendit le nom de Mirabeau, un noble dont les autres ne voulaient pas, et qui se mit avec le tiers état. Il disait que ces protestations de la noblesse et des parlements « n'étaient ni utiles, ni convenables, ni légitimes. » On n'a jamais vu d'homme parler avec autant de force, de justesse et de grandeur. Les autres ne le trouvaient pas assez noble; ils lui fermaient l'entrée de leurs délibérations; cela montre leur bon sens!

Partout on se battait : à Rennes, en Bretagne, la noblesse tuait les bourgeois qui soutenaient l'édit, et principalement les jeunes gens connus pour avoir du courage. Ces bourgeois n'étaient pas en force; ils appelaient à leur se-

cours ceux des autres villes de leur province; et voici comme la jeunesse de Nantes et d'Angers leur répondait, en arrivant à marches forcées : « Frémissant d'horreur, à la nouvelle
« des assassinats commis à Rennes ; convoqués
« par le cri général de la vengeance et de l'in-
« dignation ; reconnaissant que les dispositions
« bienfaisantes de notre auguste roi, pour af-
« franchir ses fidèles sujets du tiers état de
« l'esclavage, ne trouvent d'obstacles que chez
« ces nobles égoïstes, qui ne voient dans la
« misère et les larmes des malheureux qu'un
« tribut odieux qu'ils voudraient étendre sur
« les races futures, d'après le sentiment de
« notre propre force, et voulant rompre le der-
« nier anneau de la chaîne qui nous lie, avons
« arrêté de partir en nombre suffisant pour en
« imposer aux vils exécuteurs des aristocrates.
« Protestons d'avance contre tous arrêts qui
« pourraient nous déclarer séditieux, lorsque
« nous n'avons que des intentions pures ; ju-
« rons tous, au nom de l'honneur et de la pa-
« trie, qu'au cas qu'un tribunal injuste parvînt
« à s'emparer de nous... jurons de faire ce que
« la nature, le courage et le désespoir inspirent
« à l'homme pour sa propre conservation. —
« Arrêté à Nantes, dans la salle de l'hôtel de
« la Bourse, le 28 janvier 1789. »

C'étaient des jeunes gens du commerce qui disaient cela.

D'autres, d'Angers des étudiants, marchaient aussi ; et voici ce que les femmes de ce brave pays écrivaient : « Arrêté des mères, sœurs,
« épouses et amantes des jeunes citoyens de la
« ville d'Angers, assemblées extraordinaire-
« ment ; lecture faite des arrêtés de tous mes-
« sieurs de la jeunesse, déclarons que si les
« troubles recommençaient, — et en cas de dé-
« part, tous les ordres de citoyens se réunissant
« pour la cause commune, — nous nous join-
« drons à la nation, dont les intérêts sont les
« nôtres ; nous réservant, la force n'étant pas
« notre partage, de prendre pour nos fonctions
« et notre genre d'utilité le soin des bagages,
« provisions de bouche, préparatifs de départs,
« et tous les soins, consolations et services qui
« dépendront de nous. Protestons que notre
« intention à toutes n'est point de nous écarter
« du respect et de l'obéissance que nous devons
« au roi, mais que nous périrons plutôt que
« d'abandonner nos fils, nos époux, nos frères
« et nos amants ; préférant la gloire de parta-
« ger leurs dangers à la sécurité d'une hon-
« teuse inaction. »

En lisant cela, nous pleurions et nous disions :

« Voilà de braves femmes, d'honnêtes gens ; nous ferions aussi comme eux ! »

— Nous nous sentions forts. — Et Chauvel, levant le doigt, s'écria :

« Que les nobles, les évêques et les parlements tâchent de comprendre cela ! C'est un grand signe, quand les femmes elles-mêmes se mêlent de vouloir des droits, et quand elles soutiennent leurs frères, leurs maris et leurs amants, au lieu de vouloir les détourner de la bataille. Cela n'est pas arrivé souvent, mais quand c'est arrivé, les autres étaient perdus d'avance ! »

X

Quelques jours après, le 20 mars 1789, à la fonte des neiges, la nouvelle se répandit que de grandes affiches, avec le gros timbre noir à trois fleurs de lis, avaient été posées la veille aux portes des églises, des couvents et des mairies, pour nous convoquer tous à la maison commune de Phalsbourg.

C'était vrai ! Ces affiches appelaient la noblesse, le clergé et le tiers état aux assemblées de bailliage, où devaient se préparer nos états généraux.

Je n'ai rien de mieux à faire que de vous copier ces affiches ; vous verrez vous-mêmes la différence des états généraux de ce temps, avec ce qui se passe aujourd'hui :

« *Règlement du roi pour l'exécution des lettres de convocation du 24 janvier 1789.* — Le roi, en adressant aux diverses provinces soumises à son obéissance des lettres de convocation pour les états généraux, a voulu que ses sujets fussent tous appelés à concourir aux élections des députés qui doivent former cette grande et solennelle assemblée ; Sa Majesté a désiré que des extrémités de son royaume, et des habitations les moins connues, chacun fût assuré de faire parvenir jusqu'à elle ses vœux et ses réclamations. — Sa Majesté a donc reconnu, avec une véritable satisfaction, qu'au moyen des assemblées graduelles, ordonnées dans toute la France pour la représentation du tiers état, elle aurait ainsi une sorte de communication avec tous les habitants de son royaume, et qu'elle se rapprocherait de leurs besoins et de leurs vœux d'une manière plus sûre et plus immédiate. »

Après cela, l'affiche parlait de la noblesse et du clergé, de leur convocation, du nombre de députés que les évêques, les abbés, les chapitres et communautés ecclésiastiques rentés, réguliers et séculiers des deux sexes, et généralement tous les ecclésiastiques possédant fief, auraient aux assemblées de bailliage, et plus tard aux états généraux.

Puis elle revenait à ce qui nous regardait :

« 1° Les paroisses et communautés, les bourgs ainsi que les villes, s'assembleront à la maison commune devant le juge ou tout autre officier public. A cette assemblée auront droit d'assister tous les habitants composant le tiers état, nés Français ou naturalisés, âgés de vingt-cinq ans, domiciliés et compris au rôle des impositions, pour concourir à la rédaction des cahiers et à la nomination des députés.

« 2° Les députés choisis formeront à l'hôtel de ville, et, sous la présidence des officiers municipaux, l'assemblée du tiers état de la ville. Ils rédigeront le cahier de plaintes et doléances de ladite ville, et nommeront des députés pour le porter au bailliage principal.

« 3° Le nombre des députés qui seront choisis par les paroisses et communautés de campagne, pour porter leur cahier, sera de deux, à raison de deux cents feux et au-dessus; de trois, à raison de trois cents feux; ainsi de suite.

« 4° Dans les bailliages principaux, ou sénéchaussées principales, les députés du tiers état, dans une assemblée préparatoire, réduiront tous les cahiers en un seul, et nommeront le quart d'entre eux pour porter ledit cahier à l'assemblée générale du bailliage.

« 5° Sa Majesté ordonne que dans lesdits bailliages principaux, l'élection des députés du tiers état, pour les états généraux, sera faite immédiatement après la réunion des cahiers de toutes les villes et communautés qui s'y seront rendues. »

On voit qu'au lieu de nommer, comme aujourd'hui, des députés qu'on ne connaît ni d'Ève ni d'Adam, et qu'on vous envoie de Paris avec de bonnes recommandations, on nommait, d'après le bon sens, des gens de son village. Ceux-ci choisissaient ensuite entre eux les plus capables, les plus courageux, les plus instruits, pour soutenir nos plaintes devant le roi, les princes, les nobles et les évêques, et de cette façon on avait quelque chose de bon.

Regardez ce que nos députés de 89 ont fait et ce que font ceux d'aujourd'hui, d'après cela, vous reconnaîtrez ce qui vaut le mieux : d'avoir des paysans qu'on choisit parce qu'on les connaît, ou des hommes qu'on accepte, parce que le préfet vous les recommande. Ce n'est pas pour rabaisser nos messieurs, mais, entre les meilleures choses, il y a du choix. Il est clair que les députés doivent représenter les gens qui les nomment, et non le gouvernement qu'ils sont chargés de surveiller, ça tombe sous le bon sens. Supposez que le roi Louis XVI, au moyen de ses baillis, de ses sénéchaux, de ses prévôts, de ses gouverneurs de provinces et de sa maréchaussée, ait fait nommer lui-même les députés du tiers état. Que serait-il arrivé? Ces députés n'auraient jamais osé contredire le roi, qui les avait mis en place, ils auraient trouvé bien tout ce que désirait le gouvernement, et nous croupirions encore dans la misère.

Je n'ai pas besoin de vous peindre la satisfaction et l'enthousiasme des gens, lorsqu'ils surent que les états généraux auraient lieu, car malgré tout on avait conservé quelques doutes. A force d'être trompés, on n'osait plus croire à rien; mais cette fois, la chose ne pouvait se remettre.

Ce même jour, maître Jean et moi, vers cinq heures du soir, nous travaillions à la forge comme des bienheureux. A chaque instant, le parrain en mettant le fer au feu s'écriait, sa grosse figure toute réjouie :

« Eh bien, Michel, nous allons donc avoir nos états généraux ! »

Je lui répondais en riant :

« Oui, maître Jean, l'affaire est dans le sac ! »

Et les marteaux se remettaient à galoper sans relâche. La joie du cœur vous donne des forces extraordinaires.

Dehors, il faisait une boue qu'on ne connaît plus depuis longtemps; la neige fondait, l'eau coulait, elle entraînait les fumiers et remplissait les caves. Les femmes sortaient à chaque instant, pour la repousser à grands coups de balais. Une misère entraîne l'autre : après avoir rempli les corvées du roi, du seigneur et du couvent, l'idée de paver la rue du village ne pouvait pas vous venir, on était bien trop content de se reposer et de vivre dans la crasse.

Tout à coup, cinq ou six vieux Baraquins, des Baraques d'en haut, d'en bas et du bois de chênes, avec le vieux sarrau gris, le grand feutre en galette sur les épaules : le père Jacques Létumier, Nicolas Cochart, Claude Huré, Gauthier Courtois, enfin tous les notables du pays, s'arrêtèrent devant notre forge d'un air majestueux, et se découvrirent comme pour faire des cérémonies.

« Hé ! c'est vous, Létumier ! cria maître Jean; et vous, Huré ! Que diable faites-vous là? »

Il riait, mais les autres étaient graves, et le grand Létumier, courbant son dos sous la petite porte, dit du fond de son gosier, à la manière des marchands ambulants de poterie :

« Maître Jean Leroux, hé ! sauf votre respect, nous avons une communication à vous faire.

— A moi?

— Oui, à vous-même! relativement aux élections.

— Ah! ah! bon... entrez... vous êtes là les pieds dans la boue. »

Alors tous, l'un après l'autre, entrèrent. Nous ne pouvions presque pas tenir dans le petit carré. Les autres rêvaient à la façon de commencer le discours, quand maître Jean leur dit :

« Eh bien, quoi?... qu'est-ce que vous avez à me demander?... Ne vous gênez pas; si c'est possible... vous me connaissez.

— Voilà ce que c'est, dit le bûcheron Cochart; vous savez que les trois Baraques votent ensemble à la ville?

— Oui... eh bien?

— Eh bien, les trois Baraques ont deux cents feux; nous avons droit à deux députés.

— Sans doute. Et puis?

— Et puis, vous êtes le premier, ça va sans dire. Seulement l'autre nous embarrasse.

— Comment, vous voulez me nommer! dit maître Jean, intérieurement flatté tout de même.

— Oui, mais l'autre? »

Alors maître Jean fut tout à fait content et dit :

« Nous sommes à nous rôtir là près du feu; entrons plutôt à l'auberge, vidons une bonne cruche ensemble, ça nous ouvrira les idées. »

Naturellement ils acceptèrent. Je voulais rester à la forge, mais maître Jean, du milieu de la rue, me cria :

« Hé, Michel, arrive donc!... Un jour comme celui-ci, tout le monde doit s'entendre. »

Et nous entrâmes ensemble dans la grande salle. On s'assit autour de la table, le long des fenêtres; maître Jean fit apporter du vin, des gobelets, une miche et des couteaux. On choqua les gobelets; et puis, comme la mère Catherine regardait toute surprise, ne sachant ce que cela voulait dire, et que Létumier s'essuyait la bouche pour lui expliquer la réunion, maître Jean s'écria :

« Moi, c'est bon... ça me flatte... J'accepte, parce que chacun doit se sacrifier pour le pays. Seulement, je dois vous prévenir que si vous ne nommez pas en même temps Chauvel, je refuse.

— Chauvel, le calviniste? » s'écria Létumier en tournant la tête et ouvrant des yeux tout ronds.

Et les autres, se regardant comme épouvantés, criaient :

« Le calviniste... notre député! lui!...

— Écoutez, dit maître Jean, nous n'allons pas là pour nous réunir comme qui dirait en concile, à cette fin de délibérer sur les mystères de notre sainte religion, sur les saints sacrements et le reste. Nous allons là pour nos affaires, et principalement pour nous débarrasser des aides, des tailles, de corvées, des capitations; pour faire pièce à nos seigneurs, si c'est possible, et tirer notre épingle du jeu. Eh bien, moi, je suis un homme de bon sens, — au moins je le crois! — mais ce n'est pas assez pour gagner une aussi grosse partie. Je sais lire, écrire; je connais aussi les endroits où le bât nous blesse, et s'il ne fallait que braire comme une bourrique, je ferais ma partie aussi bien que n'importe lequel des Quatre-Vents, de Mittelbronn ou d'ailleurs. Mais il ne s'agit pas de ça. Nous allons trouver là-bas des finauds de toute sorte, des procureurs, des baillis, des sénéchaux, des gens pleins d'instruction, qui nous donneront mille raisons tirées des lois, des coutumes, des usages, de ceci, de cela; et si nous ne savons pas leur répondre clairement, ils nous remettront le licou pour toujours! Comprenez-vous? »

Létumier ouvrait la bouche jusqu'aux oreilles.

« Oui!... mais Chauvel... Chauvel?... disait-il.

— Laissez-moi finir, reprit maître Jean. Je veux bien être votre député; et si quelqu'un des nôtres parle bien pour nous, je suis capable de le soutenir, et je le soutiendrai, — mais de répondre, moi-même! non, je n'ai pas assez d'instruction ni de connaissances; et je vous dis que dans tout le pays, n'importe où, personne n'est capable de parler et de nous défendre comme Chauvel. Il sait tout : les lois, les coutumes, les ordonnances, tout! Ce petit homme-là, voyez-vous, connaît tous les livres qu'il a portés depuis vingt-cinq ans sur son dos. En route, vous croyez qu'il regarde à droite, à gauche, les champs, les arbres, les haies, les ponts et les rivières. Eh bien, non! Il a le nez dans un de ses bouquins en marchant, ou bien il rumine des raisons; ça fait qu'à moins d'être des bêtes et de vouloir conserver vos corvées, vos tailles et vos impositions, c'est lui que vous choisirez d'abord, même avant moi. Si Chauvel est là, je le soutiendrai ferme; mais s'il n'y est pas, autant ne pas me nommer du tout, car je refuse d'avance. »

Maître Jean parlait simplement et les autres se grattaient l'oreille.

« Mais, dit le bûcheron Cochart, est-ce qu'on voudra l'accepter?

— L'affiche ne fait aucune différence entre les religions, répondit maître Jean; tout le monde est appelé, pourvu qu'on soit Français, qu'on ait vingt-cinq ans et qu'on soit inscrit aux rôles des impositions. Chauvel paye comme nous tous, peut-être plus. Et l'année dernière,

Non, tout fond sur les pauvres, tout est contre eux. (Page 37.)

notre bon roi n'a-t-il pas rendu l'état civil aux luthériens, aux calvinistes et même aux juifs? Vous devriez pourtant le savoir! Nommons Chauvel et ne nous inquiétons pas du reste. Je vous réponds qu'il nous fera plus de bien et plus d'honneur que cinquante capucins; qu'il défendra nos intérêts avec un grand bon sens et un grand courage. Ce sera l'honneur des trois Baraques, croyez-moi. Hé! Catherine, encore une cruche. »

Les autres étaient encore dans le doute; mais lorsque maître Jean remplit les verres et qu'il dit :

« C'est mon dernier mot; si vous ne nommez pas Chauvel, je refuse; si vous le nommez, j'accepte. — A la santé de notre bon roi! »

Tous furent comme attendris, en répétant :

« A la santé de notre bon roi! »

Et quand ils eurent bu, Létumier, d'un air grave, dit :

« Ce sera dur à faire avaler aux femmes; mais du moment que c'est comme ça, maître Leroux, voici ma main.

— Et voici la mienne, » fit un autre en se penchant.

Ainsi de suite tout autour de la table. Après quoi on vida la cruche, et chacun se leva pour retourner à la maison.—C'étaient les notables, nous étions sûrs que tous les autres feraient comme eux.

« L'affaire est donc entendue! leur criait maître Jean, tout joyeux sur sa porte.

— C'est entendu! » disaient-ils en s'en allant, et pataugeant à travers la boue.

« Hé! hé! hé! rendez donc service! rendez donc service! » (Page 39.)

Alors nous rentrâmes dans la forge; tout cela nous avait rendus pensifs. Nous travaillâmes jusqu'à sept heures, et Nicole vint nous appeler pour souper.

La réunion devait avoir lieu le dimanche suivant. Chauvel et sa fille étaient en route depuis une quinzaine de jours; jamais ils n'avaient vendu plus de leurs petits livres; maître Jean espérait pourtant les trouver à la grande réunion de la mairie.

Enfin, ce soir-là, rien de nouveau ne se passa; la journée était bien assez pleine!

XI

Comme je descendais, le dimanche suivant, la vieille rue des Baraques avec mon père, entre six et sept heures du matin, le soleil se levait tout rouge au-dessus des bois de la Bonne-Fontaine. C'était le premier beau jour de l'année; les toits de chaume et les petites cheminées en briques noires, où se dévidait la fumée dans l'air, ressemblaient à de l'or; les petites flaques d'eau, le long des chemins, brillaient à perte de vue; les nuages tout blancs s'étendaient dans le ciel; et l'on entendait au loin, bien loin, les clarinettes des villages qui se mettaient en route, les tambours qui battaient le rappel en ville, et les premiers tintements des cloches annonçant la messe du Saint-Esprit, avant les élections.

Mon père, déjà vieux, hâlé, chétif, la barbe grise, le cou nu, marchait près de moi, son sarrau de grosse toile écrue serré sur les hanches, le pantalon aussi de toile, noué par un cordon sur les chevilles, et les souliers de cuir roux, sans talons, lacés en forme de bottines. Il était coiffé comme tous les paysans de notre temps, du vieux bonnet en bourre de laine, qu'on a mis depuis sur le drapeau de la République, et regardait tout pensif à droite et à gauche, du coin des yeux, comme si quelque chose avait dû nous surprendre. Ah! c'est qu'à force de souffrir, on se méfie de tout. A chaque instant, le pauvre homme me disait :

« Michel, prends garde! Ne disons rien!... Taisons-nous!... Ça finira mal!... »

Moi, j'avais plus de confiance; l'habitude d'entendre maître Jean et Chauvel parler des affaires du pays, et de lire moi-même ce qui se passait à Rennes, à Marseille, à Paris, me donnait déjà plus de courage. Et puis, à dix-huit ans, le travail de la forge m'avait élargi les épaules; le gros marteau de douze livres ne pesait pas trop lourd dans mes mains calleuses; j'avais à peine un poil de barbe, mais cela ne m'empêchait pas de regarder mon homme en face : soldat, bourgeois ou paysan. J'aimais aussi me bien mettre; les dimanches, je portais ma culotte de drap bleu, mes bottes montantes, ma veste de velours à la mode des forgerons; et, puisqu'il faut le dire, je regardais les jolies filles avec plaisir, je les trouvais belles; ça n'est pas défendu! Enfin, voilà!

Tout le village était debout. Comme nous arrivions près de l'auberge, maître Jean et Valentin, dans la grande salle, les fenêtres ouvertes au large, vidaient ensemble une bouteille de vin et cassaient une croûte avant de partir. Ils étaient tous les deux en grande tenue : maître Jean, avec son habit de maître, à larges pans, son gilet rouge, la culotte bouclée sur ses gros mollets, et les boucles d'argent sur ses souliers ronds; Valentin, en blouse de toile grise, le col et le devant festonnés de liserés rouges, un gros cœur d'argent fermant la chemise, le bonnet de paysan penché sur l'oreille. Ils nous virent et crièrent :

« Hé! les voici!... les voici!... »

Nous entrâmes.

« Allons, Bastien, à la santé de notre bon roi! » cria maître Jean en remplissant nos gobelets.

Et mon père, les larmes aux yeux, répondit :

« Oui, oui, Jean, à la santé de notre bon roi!... Vive notre bon roi!... »

C'était la mode alors de croire que le roi faisait tout; on le regardait comme une espèce de bon Dieu qui veille sur ses enfants. Mon père aimait donc beaucoup le roi.

Nous bûmes, et presque aussitôt les notables arrivèrent. C'étaient les mêmes que la veille, avec le grand-père Létumier, tellement vieux qu'il ne voyait plus clair, et qu'il fallait le conduire pas à pas pour l'empêcher de tomber. Malgré tout, il avait voulu voter; et pendant qu'on allait chercher du vin, qu'on remplissait les gobelets et que chacun disait son mot, criant :

« Eh bien, nous y sommes... c'est fini!... On va reconnaître les Baraquins; tous voteront ensemble, soyez tranquilles!... »

Pendant qu'on se serrait la main, qu'on riait, qu'on trinquait, le pauvre vieux disait :

« Ah! que la vie est longue! que la vie est longue!... Mais c'est égal, quand on voit un jour pareil, on ne regrette plus ses misères. »

Maître Jean lui répondit :

« Vous avez raison, père Létumier, on ne compte plus les jours de pluie, de grêle et de neige quand la moisson arrive. Voici les gerbes!... Elles nous ont coûté de la peine, c'est vrai; mais nous allons les battre, les vanner, les cribler; nous aurons du pain, et s'il plaît à Dieu, nos enfants aussi. Vive le bon roi! »

Et tous nous répétâmes :

« Vive le bon roi! »

Les gobelets se choquèrent; on aurait voulu s'embrasser. Ensuite on partit bras dessus, bras dessous, mon père et moi les derniers.

Tous ceux des Baraques, déjà réunis autour de la fontaine, en nous voyant en route, nous suivirent avec la clarinette et le tambour. Jamais on n'a rien entendu de pareil; tout le pays était plein de musique et du son des cloches; de tous les côtés on voyait sur les quatre chemins des files de gens qui dansaient, levaient leurs chapeaux, jetaient leurs bonnets en l'air et criaient :

« Vive le bon roi! vive le père du peuple! »

Les cloches se répondaient depuis la haute montagne jusqu'au fond de la plaine; cela ne finissait pas. Et plus on approchait de la ville, plus ce bourdonnement grandissait. Sur l'église, aux fenêtres des casernes, sur l'hôpital, partout flottaient les drapeaux de soie blancs, à fleurs de lis d'or. Non, jamais je n'ai rien vu d'aussi grand!

Plus tard, les victoires de la République, le canon qui grondait sur nos remparts, vous élevaient bien aussi le cœur, et l'on criait : « Vive la France!... Vive la nation!... Vive la République!... » avec fierté. Mais cette fois on ne songeait pas à tuer des hommes, on pensait tout gagner d'un seul coup en s'embrassant les uns les autres.

Ces choses ne sont pas à peindre!

Comme nous approchions de la ville, voilà que le curé Christophe à la tête de ses paroissiens, arrive à l'embranchement des deux chemins. Alors on s'arrête, on lève les chapeaux, on crie tous ensemble :

« Vive le bon roi ! »

Le curé et maître Jean s'embrassent ; et puis riant, chantant et jouant de la clarinette, faisant des roulements de tambour, les deux paroisses arrivent à l'avancée, déjà pleine de monde. Je vois encore la sentinelle du régiment de La Fère, sur la demi-lune, avec son grand habit blanc à revers gris de fer, son immense chapeau à cornes sur la perruque poudrée, le gros mousquet au bras, qui nous fait signe d'arrêter. Les ponts étaient encombrés de charrettes, de voitures ; tous les vieux se faisaient traîner à la mairie, tous voulaient voter avant de mourir ; un grand nombre pleuraient comme des enfants.

Après cela, qu'on dise que ceux de notre temps n'avaient pas un bon sens extraordinaire : depuis le premier jusqu'au dernier, ils voulaient tous avoir des droits.

Enfin, nous attendîmes là plus de vingt minutes avant de passer le pont, tant la presse était grande.

Mais c'est l'intérieur de la ville qu'il aurait fallu voir, les rues pleines de monde, les drapeaux innombrables à toutes les fenêtres. C'est là qu'il fallait entendre les cris de : « Vive le roi ! » commencer tantôt sur la place, tantôt près de l'arsenal, ou de la porte d'Allemagne, et faire le tour des remparts et des glacis, comme un roulement de tonnerre.

Une fois la vieille herse passée, vous ne pouviez plus avancer ni reculer, ni voir à quatre pas devant vous. Les cabarets, les tavernes, les brasseries, les rues Saint-Christophe, du Cœur-Rouge, des Capucins, — tout le long des deux casernes, de l'hôpital et jusque sous la halle aux grains, — ne formaient qu'une seule foule d'un bloc.

La messe du Saint-Esprit venait de commencer ; mais comment s'approcher de l'église ? Les patrouilles du régiment de La Fère, elles-mêmes, avaient beau crier : « Gare !... gare !... » elles étaient repoussées dans tous les coins, et restaient l'arme au pied sans pouvoir en sortir.

Alors maître Jean se rappela que l'auberge de son ami Jacques Renaudot était proche, et sans rien nous dire, en nous faisant seulement signe d'arriver, il nous entraîna, le curé Christophe, Valentin, mon père et moi, jusque sur les marches du *Cheval-Blanc*. Mais nous ne pûmes entrer que par la porte de derrière, dans la cuisine, car la grande salle était pleine comme un œuf ; il avait fallu tout ouvrir, les portes et les fenêtres, pour respirer.

La mère Jeannette Renaudot nous reçut bien et nous fit monter au premier dans une chambre encore vide, où l'on nous apporta du vin, de la bière et du pâté ; tout ce que nous voulions.

Les autres, en bas, regardaient de tous les côtés ; ils nous croyaient perdus dans la foule. Nous ne pouvions pourtant pas les appeler, ni les faire monter tous. Nous restâmes donc entre nous ; seulement, vers une heure de l'après-midi, quand la bonne moitié des villages avait déjà voté, et que ceux des Baraques tournaient au coin de Fouquet pour aller vers la place, nous sortîmes ; et, prenant par la rue de l'Hôpital, nous arrivâmes devant la mairie les premiers. On crut que nous étions là depuis longtemps, et chacun disait :

« Les voilà !... les voilà !... »

La vieille maison commune, avec son clocher, ses grandes fenêtres ouvertes au-dessous de l'horloge, sa voûte où s'engouffraient les villages l'un après l'autre, bourdonnait du haut en bas, comme un tambour. De loin, on aurait dit une fourmilière.

Les Baraquins devaient passer avant ceux de Lutzelbourg ; ils étaient entre l'ancienne citerne et le grand escalier qui monte à la voûte. Maître Jean, Valentin, mon père et moi, nous marchions alors en tête ; mais d'autres, ceux de Vilschberg, n'ayant pas encore fini de voter, il fallut attendre sur les marches assez longtemps. Et dans ce moment, comme le cœur de chacun battait en songeant à ce qu'il allait faire, et que derrière nous, sous les vieux ormes, après les cris de : « Vive le bon roi ! » se faisaient de grands silences, dans un de ces moments, j'entendis une voix claire, une voix que nous connaissions tous, celle de la petite Marguerite Chauvel, qui criait, à la manière des marchands d'almanachs :

« *Qu'est-ce que le tiers état ? Qu'est-ce que le tiers état ?* par M. l'abbé Sieyès. Achetez *Qu'est-ce que le tiers état ? — Assemblées des bailliages de Mgr le duc d'Orléans. Qu'est-ce qui veut les Assemblées des bailliages ?* »

Alors, me tournant vers maître Jean, je lui dis :

« Entendez-vous la petite Marguerite ?

— Oui, oui, je l'entends depuis longtemps, dit-il. Quelles braves gens que ces Chauvel !.. Ceux-là peuvent se vanter d'avoir fait du bien au pays. Tu devrais aller prévenir Marguerite d'envoyer son père. Il ne doit pas être bien loin. Ça lui ferait plaisir de s'entendre nommer. »

Aussitôt, écartant un peu les coudes, je retournai dans la foule jusqu'au haut des marches de la mairie, et j'aperçus de là Marguerite, son panier sur un des bancs de la place des Ormes, qui vendait ses livres. On ne se figure pas de petit diable pareil, arrêtant les paysans, les retenant par la manche, leur parlant en allemand et en français. Elle était dans le grand feu de la vente; et c'est là la première fois que la vivacité de ses yeux noirs m'étonna, malgré les mille autres pensées qui me passaient par la tête.

Je descendis jusqu'auprès du banc, et comme je m'approchais, Marguerite me prit aussitôt par la veste, en criant:

« Monsieur! monsieur! Qu'est-ce que le tiers état? Voyez le *Tiers état*, de M. l'abbé Sieyès, à six liards. »

Alors je lui dis:

« Tu ne me reconnais donc pas, Marguerite? »

— Tiens, c'est Michel! » dit-elle en me lâchant et riant de bon cœur.

Elle s'essuyait la sueur qui perlait sur ses joues brunes, et rejetait ses grands cheveux noirs tout défaits, derrière son cou. Nous étions comme émerveillés de nous trouver là.

« Comme tu travailles, Marguerite, quelle peine tu te donnes! lui dis-je.

— Ah! fit-elle, c'est le grand jour; il faut vendre! »

Et me montrant le bas de sa jupe et ses petits pieds de cerf tout crottés:

« Regarde comme je suis faite! Depuis hier soir à six heures nous marchons. Nous arrivons de Lunéville avec cinquante douzaines de *Tiers état*; et depuis ce matin nous en vendons, nous en vendons! Tiens, c'est tout ce qui nous reste: dix ou douze douzaines. »

Elle était toute fière, et moi je lui tenais la main tout surpris.

« Et ton père, où est-il? lui dis-je.

— Je ne sais pas... Il court la ville... Il entre dans les auberges... Oh! nous ne garderons pas un seul de ces *Tiers état*. Je suis sûre qu'il a déjà vendu tous les siens. »

Puis tout à coup, me retirant sa petite main:

« Allons, va! dit-elle, ceux des Baraques entrent dans l'hôtel de ville.

— Mais je n'ai pas mes vingt-cinq ans, Marguerite, je ne puis pas voter.

— C'est égal... nous perdons notre temps à bavarder ensemble. »

Et tout de suite elle se remit à vendre:

« Hé! messieurs, le *Tiers état*... le *Tiers état*... »

Alors je partis bien étonné. J'avais toujours vu Marguerite à côté de son père, et maintenant elle me paraissait tout autre; son courage m'étonnait, je pensais:

« Elle se tirerait mieux d'affaire que toi, Michel. »

Et même au milieu de la foule, sur le balcon, après avoir rejoint maître Jean, j'y songeais encore.

« Eh bien? me dit le parrain, au moment où j'arrivais.

— Eh bien, Marguerite est seule sur la place; son père court la ville avec des brochures. »

En ce moment nous descendions du balcon dans le grand corridor, qui menait à la salle d'audience du prévôt. Le tour des Baraquins était venu; et comme il fallait voter à haute voix, avant d'entrer dans la salle nous entendions déjà longtemps d'avance les votes:

« Maître Jean Leroux! — Mathurin Chauvel! — Jean Leroux! — Mathurin Chauvel! — Maître Jean Leroux! — Chauvel! »

Maître Jean, la figure toute rouge, me dit:

« Quel dommage que Chauvel ne soit pas là! Il aurait du bonheur. »

Et moi, me retournant, je vis derrière nous Chauvel, bien étonné de ce qu'il entendait.

« C'est vous qui avez fait cela? dit-il à maître Jean.

— Oui, répondit le parrain tout joyeux.

— De votre part, cela ne m'étonne pas, dit Chauvel en lui serrant la main; je vous connais depuis longtemps! mais ce qui me surprend, ce qui me réjouit, c'est d'entendre des catholiques nommer un calviniste. Le peuple met de côté ses vieilles superstitions: il aura la victoire! »

Nous avancions tout doucement, et nous tournions deux à deux pour entrer dans la grande salle. Une minute après nous voyions, au-dessus de la foule découverte, M. le prévôt Schneider, en manteau noir bordé de blanc, la toque en tête et l'épée au côté. C'était un homme de cinquante ans. Les échevins, les syndics en habits noirs, une écharpe aussi noire sur le cou, étaient assis plus bas d'une marche. Derrière, contre le mur, se trouvait un grand crucifix.

C'est tout ce qui me revient.

Les noms de Jean Leroux et Mathurin Chauvel se suivaient comme le battant d'une horloge. Le premier qui dit: — Nicolas Létumier et Chauvel! — ce fut maître Jean lui-même. C'est à cela qu'on le reconnut, et le prévôt sourit. Le premier qui dit: — Jean Leroux et Létumier! — ce fut Chauvel et on le reconnut aussi. Mais M. le prévôt le connaissait depuis longtemps, et il ne sourit pas. Le lieutenant Desjardins se pencha même à son oreille, pour lui parler.

Moi j'avais passé sur la droite, n'ayant pas

de vote à donner. — Chauvel, maître Jean et moi, nous sortîmes ensemble; nous eûmes mille peines à traverser de nouveau la foule; et même en bas, au lieu de remonter sur la place, où ceux de Mittelbronn venaient d'arriver, il nous fallut passer par derrière, sous la vieille halle. Là, Chauvel nous quitta tout de suite, en nous disant:

« À ce soir, aux Baraques, nous causerons. »

Il avait encore de ses petits livres à vendre.

Maître Jean et moi nous rentrâmes seuls chez nous, tout pensifs. Les gens s'en allaient; ils paraissaient bien fatigués et pourtant encore joyeux. Quelques-uns avaient bu un coup de trop, et chantaient en levant les bras le long des chemins. Mon père et Valentin ne vinrent que plus tard. Nous aurions pu les chercher longtemps, avant de les trouver.

Ce même soir, après le souper, Chauvel et sa fille arrivèrent comme à l'ordinaire. Chauvel avait un gros paquet de papier dans sa poche; c'étaient les discours prononcés le matin avant les élections, dans la grande salle de la mairie, par M. le prévôt et son lieutenant; et puis les procès-verbaux de comparution du clergé, de la noblesse et du tiers état. Les discours étaient bien beaux; et, comme maître Jean s'étonnait que des gens qui nous parlaient si bien nous eussent toujours traités si mal, Chauvel dit en souriant:

« À l'avenir, il faudra que tout soit d'accord: les actions et les paroles. Ces messieurs voient que le peuple est le plus fort, et ils lui tirent le chapeau; mais il faut aussi que le peuple connaisse sa force et qu'il en use, alors tout ira selon la justice. »

XII

Mais à cette heure, il faut que je vous raconte une chose qui m'attendrit toujours quand j'y pense: c'est le bonheur de toute ma vie.

Et d'abord vous saurez qu'en ce mois d'avril, ceux du pays qu'on avait nommés pour dresser le cahier de nos plaintes et doléances se réunirent au bailliage de Lixheim. Ils logeaient là-bas dans des auberges. Maître Jean et Chauvel partaient tous les lundis matin et ne rentraient que le samedi soir; cela dura trois semaines.

On se représente aussi le mouvement de la montagne en ce temps: les cris, les disputes sur l'abolition de la taille, de la gabelle, de la milice, sur le vote par tête ou par ordre, et mille autres choses auxquelles on n'avait jamais pensé. Des Alsaciens et des Lorrains en foule remplissaient l'auberge; ils buvaient, ils tapaient du poing sur les tables et s'emportaient comme des loups. On aurait cru qu'ils allaient s'étrangler, et pourtant ils étaient tous d'accord, comme tous les gens du peuple; ils voulaient ce que nous voulions, sans cela quelles batailles on aurait vues!

Valentin et moi nous travaillions à la forge en face; nous raccommodions les charrettes et nous ferrions les chevaux de tous ces passants. Quelquefois j'essayais aussi de me disputer avec Valentin, car lui croyait tout perdu, si les seigneurs et les évêques avaient le dessous; j'aurais voulu le convaincre, mais c'était un si brave homme, que je n'osais lui faire de la peine. Sa seule consolation était de parler d'une hutte qu'il avait au bois, derrière la Roche-Plate, pour prendre des mésanges; il avait aussi des sauterelles dans les bruyères et des collets dans les passes, avec la permission de M. l'inspecteur Claude Coudray, auquel il portait de temps en temps un chapelet de grives ou de becs-fins, en signe de reconnaissance. Voilà ce qui le touchait au milieu du grand bouleversement qu'on voyait déjà venir; il ne songeait qu'à ses appeaux, et me disait:

« La saison des nids approche, Michel; et après les nids viendra la pipée; ensuite le grand passage des grives, qui descendent en Alsace quand le raisin commence à mûrir. L'année s'annonce bien; si le beau temps continue, nous en prendrons des quantités. »

Sa longue figure s'allongeait, il souriait de sa grande bouche édentée, ses yeux devenaient ronds; il voyait déjà les grives pendues par le cou à ses lacets; et il arrachait du crin à la queue de tous les chevaux que nous ferrions, pour faire ses sauterelles.

Moi, je songeais aux grandes affaires du bailliage, et principalement à l'abolition de la milice, parce que je devais tirer en septembre et que cela m'intéressait encore plus que le reste.

Mais il arriva bien autre chose.

Depuis quelque temps, le soir, en rentrant dans notre baraque, je trouvais la mère Létumier et sa fille en train de filer avec ma mère, à côté de mon père, de Mathurine et du petit Étienne, qui tressaient des corbeilles. Elles étaient là comme chez eux et faisaient la veillée jusqu'à dix heures. Ces Létumier étaient des gens riches pour le temps, ils avaient bien douze jours de terre dans le finage; et leur fille Annette, une grande blonde un peu rousse, mais blanche et fraîche, était une bonne créature. Je la voyais souvent aller et venir devant la forge, avec un petit baquet sous le bras, — soi-disant pour aller chercher de l'eau à la fontaine, — et se retourner en regardant d'un air doux. Elle était en jupe courte et corset de toile bleue à bretelles, les bras nus jusqu'aux coudes.

Je voyais cela sans y faire attention ni me douter de rien. Le soir, en la regardant filer, je lui disais quelques paroles joyeuses, des douceurs comme les garçons en disent aux filles, par honnêteté, par jeunesse; c'est naturel, et l'on ne pense pas plus loin.

Mais voilà qu'un jour la mère me dit :

« Ecoute, Michel, tu feras bien d'aller danser dimanche au *Rondinet de la Cigogne*, et de mettre ta veste de velours, ton gilet rouge et ton cœur d'argent. »

Cela m'étonne et je lui demande pourquoi. Elle me répond en souriant et regardant le père :

« Tu verras ! »

Le père tressait tout pensif. Il me dit :

« Les Létumier sont riches ; tu devrais bien danser avec leur fille, ce serait un bon parti. »

En entendant cela, je fus troublé. Ce n'est pas que cette fille me déplût, non ! mais jamais l'idée de me marier ne m'était encore venue. Enfin, malgré tout, par curiosité, par bêtise, et aussi parce que cela faisait plaisir au père, je réponds :

« Comme vous voudrez ! Seulement, je suis trop jeune pour me marier ; je n'ai pas encore tiré à la milice.

— Enfin, dit la mère, ça ne te coûte rien d'y aller, et ça fera plaisir à ces gens ; c'est une honnêteté, voilà tout. »

Alors je répondis :

« C'est bon ! »

Et le dimanche suivant, après vêpres, je pars ; je descends la côte, rêvant à ces choses, et comme étonné de ce que je faisais.

En ce temps, la vieille Paquotte, veuve de Dieudonné Bernel, tenait l'auberge de la *Cigogne*, à Lutzelbourg, un peu sur la gauche du pont de bois ; et derrière, où se trouve aujourd'hui le jardin, au pied de la côte, on dansait sous les charmilles. Il y avait beaucoup de monde, car M. Christophe n'était pas comme tant d'autres curés ; il avait l'air de ne rien voir, ni de rien entendre, pas même la clarinette de Jean Rat. On buvait du petit vin blanc d'Alsace et l'on mangeait de la friture.

Je descends donc la rue, et je monte l'escalier au fond de la cour, en regardant les filles et les garçons tourner ensemble sur la terrasse ; à peine en haut, sous la première tonnelle, la mère Létumier me crie :

« Par ici, Michel, par ici ! »

La belle Annette était là ; en me voyant, elle devint toute rouge. Je la pris au bras et je lui demandai une valse. Elle criait :

« Oh! monsieur Michel !... Oh ! monsieur Michel !... » en levant les yeux et me suivant.

Dans tous les temps, avant comme après la Révolution, les filles ont été les mêmes ; elles avaient plus de goût pour l'un que pour l'autre.

Je dansai donc des valses avec elle, cinq, six, je ne sais plus. Et l'on riait. La mère Létumier était toute contente, Annette toute rouge, les yeux baissés. Naturellement on ne parlait pas politique ; on plaisantait, on buvait, on cassait une *brestelle*¹ ensemble. Voilà la vie !

— Je pensais :

« La mère sera contente ; on lui fera compliment sur son garçon. »

Mais le soir, vers six heures, j'en avais assez ; et, sans songer à autre chose, je descends dans la rue et je prends par la sapinière, pour couper au court entre les roches.

Il faisait une chaleur extraordinaire pour la saison ; tout verdissait et fleurissait : les violettes, les myrtilles et les fraisiers, tout s'étendait et couvrait le sentier de verdure. On aurait cru le mois de juin. Ces choses sont encore là comme hier, j'ai pourtant quelques années de plus, oh ! oui.

Enfin, au haut des rochers, sur le plateau, je rattrape le grand chemin, d'où l'on découvre les toits des Baraques ; et à deux ou trois cents pas devant moi, je vois, toute blanche de poussière, une petite fille, avec un grand panier carré en travers de l'épaule, les reins courbés, qui marchait... qui marchait !... Je me dis :

« C'est Marguerite !... Oui... c'est elle !... »

Et je presse le pas... je cours :

« Hé ! c'est toi, Marguerite ? »

Elle se retourne, avec sa figure brune, toute luisante de sueur, ses cheveux tombant le long de ses joues, et ses yeux vifs ; elle se retourne et se met à rire en disant :

« Hé ! Michel... ah ! la bonne rencontre ! »

Moi, je regardais la grosse bretelle qui lui entrait dans l'épaule ; j'étais tout étonné et troublé.

« Hé ! tu as l'air un peu las, fit-elle ; tu viens de loin ?

— Non... J'arrive de Lutzelbourg... de la danse.

— Ah ! bon, bon, dit-elle, en se remettant à marcher. Moi, je viens de Dabo ; j'ai couru tout le comté. J'en ai vendu, là-bas, des *Tiers état*!... Je suis arrivée juste au bon moment,

(1) Gâteau allemand.

les députés des paroisses venaient de se réunir. Et avant-hier matin, j'étais à Lixheim, en Lorraine.

— Tu es donc de fer? lui dis-je en marchant près d'elle.

— Oh! de fer! pas tout à fait; je suis un peu lasse tout de même. Mais le grand coup est porté, vois-tu! ça marche! »

Elle riait; mais elle devait être bien lasse, car en approchant du petit mur qui longeait l'ancien verger de Furst, elle posa son panier au bord, et dit :

« Causons un peu, Michel, et reprenons haleine. »

Alors je lui pris son panier, et je le poussai tout à fait sur le mur en disant :

« Oui, respirons! Ah! Marguerite, tu fais un plus dur métier que nous autres!

— Oui, mais aussi ça marche! dit-elle avec la même voix et le même coup d'œil que son père; aussi nous pouvons dire que nous avons fait du chemin! Nous avons déjà rattrapé nos anciens droits; et maintenant nous allons en demander d'autres. Il faut que tout soit rendu, tout! Il faut que tout soit égal... que les impôts soient les mêmes pour tous... que chacun puisse arriver par son courage et son travail. Et puis, il nous faut la liberté... Voilà ! »

Elle me regardait. J'étais dans l'admiration ; je pensais :

« Qu'est-ce que nous sommes donc, nous autres, à côté de ces gens-là? Qu'est-ce que nous avons donc fait pour le pays? Qu'est-ce que nous avons souffert? »

Et, me regardant en dessous, elle dit encore :

« Oui, c'est comme cela! Maintenant, les cahiers sont presque finis, nous allons en vendre par milliers. En attendant, moi, je cours seule. Nous n'avons que notre état pour vivre, il faut que je travaille pour deux, puisque le père aujourd'hui travaille pour tous. Je lui ai porté avant-hier douze livres, ça va sa semaine; j'en avais gagné quinze! depuis, j'en ai gagné quatre, il me reste donc sept livres. J'irai le voir après-demain. Ça marchera! Et, pendant les états généraux, nous vendrons tout ce qui se dira là-bas, au Tiers, s'entend!... Nous ne lâcherons pas... non! Il faut que l'esprit marche... il faut qu'on sache tout... que les gens s'instruisent! Tu comprends?

— Oui, oui, Marguerite, lui dis-je; tu parles comme ton père, ça me fait presque pleurer. »

Elle s'était assise sur le mur, à côté de son panier. Le soleil venait de se coucher; le ciel, au fond, du côté de Mittelbronn, était comme de l'or avec de grandes veines rouges; et la lune pâle et bleue, sans nuages, montait à gauche au-dessus des vieilles ruines du château de Lutzelbourg. Je regardais Marguerite, qui ne parlait plus et qui regardait aussi ces choses, les yeux en l'air, je la regardais!... Elle avait le coude sur son panier; et, comme je ne la quittais pas des yeux, elle le vit et me dit :

« Hé! je suis bien couverte de poussière, n'est-ce pas? »

Je lui demandai sans répondre :

« Quel âge as-tu maintenant?

— Au premier dimanche de Pâques, dans quinze jours, dit-elle, j'aurai seize ans. Et toi?

— Moi, j'en ai dix-huit passés.

— Oui, tu es fort, dit-elle en sautant du mur et repassant la bretelle sur son épaule. Aide-moi... Bon, j'y suis. »

Rien que de lever le panier, je sentis qu'il était terriblement lourd, et je dis :

« Oh! c'est trop lourd pour toi, Marguerite; tu devrais bien me le laisser porter. »

Alors, elle, marchant le dos courbé, me regarda de côté en souriant, et dit :

« Bah! quand on travaille pour ravoir ses droits, rien n'est trop lourd; et nous les aurons, nous les aurons!... »

Je n'osais plus répondre... J'avais le cœur gêné... J'étais dans l'admiration de Chauvel et de sa fille ; je les élevais dans mon esprit.

Marguerite ne paraissait plus fatiguée; elle disait de temps en temps :

« Oui, là-bas, à Lixheim, ils se sont joliment défendus, ces nobles et ces moines. Mais on leur a répondu, on leur a dit ce qu'ils méritaient d'entendre. Et tout sera dans le cahier, on n'oubliera rien. Le roi saura ce qu'on pense, et la nation aussi. Seulement, il faut voir ce que les états généraux. Le père dit qu'ils seront bons; je le crois. Nous verrons!... et nous soutiendrons nos députés; ils pourront se reposer sur nous. »

Nous arrivions alors aux Baraques. Je reconduisis Marguerite jusqu'à leur porte. Il faisait nuit. Elle sortit la grosse clef de sa poche, et me dit en entrant :

« Encore une de passée!... Allons, bonne nuit, Michel! »

Et je lui souhaitai le bonsoir.

En arrivant chez nous, le père et la mère étaient à qui m'attendaient; ils me regardèrent :

« Eh bien? me dit la mère.

— Eh bien! nous avons dansé.

— Et après?

— Après, je suis revenu.

— Seul?

— Oui.

— Tu ne les as pas attendues?

C'est de la malhonnêteté, c'est de la bassesse. (Page 45.)

— Non.
— Et tu n'as rien dit?
— Qu'est-ce que vous vouliez que je dise? »
Alors elle se fâcha, et se mit à crier.

« Tiens, tu n'es qu'une bête; et cette fille est encore plus bête que toi, de te vouloir. Qu'est-ce que nous sommes donc auprès d'eux? »

Elle était toute verte de colère. Moi, je la regardais tranquillement sans répondre. Le père dit :

« Laisse Michel tranquille; ne crie pas si fort. »

Mais elle n'écoutait plus rien, et continua :

« A-t-on jamais vu un imbécile pareil? Moi qui depuis six mois attire cette grande bique de Létumier chez nous, pour faire avoir du bien au garçon; une vieille avare, qui ne parle que de ses champs, de sa chênevière, de leurs vaches!... Je supporte tout... je patiente... Et puis quand c'est fini, quand il va tout agrafer, ce gueux-là refuse! Il se croit peut-être un seigneur; il croit qu'on va courir après lui. Ah! mon Dieu, peut-on avoir des êtres aussi bêtes dans sa famille; ça fait frémir!... »

Je voulus répondre, mais elle me dit :

« Tais-toi! Tu finiras sur un fumier, et nous avec. »

Et comme je me taisais, elle recommença :

« Oui, monsieur refuse!... Passez donc votre vie à nourrir des Nicolas, des Michel, des vauriens qui se font racoler; car bien sûr que celui-ci s'est aussi fait racoler quelque part... Les gueuses ne manquent pas dans le pays!...

Le 27 août 1788. — Lettre de Nicolas. (Page 49.)

Puisqu'il refuse, c'est qu'il en aime une autre!... »

Elle tournait avec son balai, en me regardant par-dessus l'épaule. Je n'en pouvais pas entendre plus, et je montai l'échelle, tout pâle. Depuis le départ de Claude, Étienne et moi nous couchions en haut sous le chaume. J'étais dans la désolation. La mère en bas me criait :

« Ah! tu te sauves... Je vois clair, n'est-ce pas, mauvais gueux? Tu n'oses pas rester! »

La honte m'étouffait. Je me jetai dans la grande caisse, les deux bras sur la figure, en pensant :

« Oh! mon Dieu, est-ce possible! »

Et j'entendais la mère crier de plus en plus fort :

« Oh! l'imbécile!... Oh! le gueux!... »

Le père essayait de l'apaiser. Cela dura longtemps. Les larmes me couvraient la figure. Vers une heure seulement, tout se tut dans la baraque, mais je ne dormais pas, j'étais trop misérable; je pensais :

« Voilà!... depuis dix ans tu travailles.... Les autres partent.... toi, tu restes; tu payes les dettes de la maison; tu donnes jusqu'au dernier liard pour soutenir les vieux; et parce que tu ne veux pas te marier avec cette fille, pour attraper son bien, parce que tu ne veux pas épouser la chènevière, tu n'es plus bon à rien; tu n'es plus qu'un Nicolas, une bête, un gueux! »

L'indignation me gagnait. Le petit Étienne dormait doucement près de moi. Je ne pouvais pas fermer l'œil. A force de tourner et de retourner ces choses dans ma tête, la sueur me couvrait le corps; j'étouffais dans ce grenier, j'avais besoin d'air.

Finalement, sur les quatre heures, je me lève et je descends. Le père ne dormait pas; il me demanda :

« C'est toi, Michel? Tu sors?

— Oui, mon père, je sors. »

J'aurais bien voulu lui parler; c'était le meilleur, le plus brave homme du monde, mais quoi lui dire? La mère ne dormait pas non plus; ses yeux brillaient dans l'ombre; elle ne disait rien, et je sortis.

Dehors, le brouillard montait de la vallée. Je pris le sentier des troupeaux, sous les roches. Le brouillard perçait mon sarrau, cela me rafraîchissait le sang. J'allais devant moi. Ce que je pensais, Dieu le sait aujourd'hui! Je voulais quitter les Baraques, aller à Saverne, aux Quatre-Vents; un compagnon forgeron ne manque jamais d'ouvrage. L'idée d'abandonner le père, Mathurine et le petit Étienne me crevait le cœur; mais je savais que la mère n'oublierait jamais les beaux champs des Létumier, qu'elle me les jetterait à la tête jusqu'à la fin des siècles. Tant d'idées vous traversent l'esprit, dans des moments pareils! On n'y pense plus, on ne veut plus y penser, on les oublie.

Tout ce qui me revient, c'est que vers cinq heures, après la rosée, un beau soleil se leva : le soleil du printemps. La fraîcheur m'avait fait du bien; je m'écriais en moi-même:

« Michel, tu resteras.... tu supporteras tout! Tu ne peux pas abandonner le père, non! ni ton frère Étienne, ni ta petite sœur. C'est ton devoir de les soutenir. Que la mère crie.... tu resteras! »

Et dans ces pensées, je remontais au village, à travers les petits vergers et les jardins qui bordent la côte. Je m'affermissais en moi-même. Le soleil devenait toujours plus chaud; les oiseaux chantaient, tout était rouge, la rosée tremblotait au bout des feuilles. Je voyais aussi la fumée blanche de notre forge monter lentement dans le ciel. Valentin était levé.

Je pressais le pas. Et comme j'arrivais près du village, tout à coup, de l'autre côté de la haie qui bordait le sentier, j'entendis piocher. Je regarde : Marguerite était là, derrière leur maison, qui piochait un coin de leur petit verger, pour y planter des pommes de terre. En me rappelant qu'elle était revenue la veille au soir, si fatiguée, je fus bien étonné; je m'arrêtai contre la haie à la regarder longtemps; et plus je la regardais, plus j'avais d'admiration pour elle.

Elle était là, tout affairée et courageuse, en petite jupe et gros sabots, ne songeant à rien qu'à son ouvrage. Et je vis, pour la première fois, qu'elle avait les joues brunes et rondes, le front petit, avec de beaux cheveux bruns plantés près des sourcils, et d'autres comme fin duvet autour des tempes, où s'arrêtait la sueur. Elle ressemblait à son père; ses jambes et ses bras étaient secs, ses petits reins solides; elle serrait les lèvres, et son sabot poussait la bêche en faisant craquer les racines. Le soleil qui perçait les grands pommiers en fleurs, s'étendait sur elle, avec l'ombre agitée des feuilles. La terre fumait, tout brillait; on sentait d'avance qu'il allait faire très-chaud.

Après avoir longtemps regardé Marguerite, les paroles de la mère me revinrent : « Il en aime une autre. » Et je me dis : « C'est vrai, j'en aime une autre!.... Celle-ci n'a pas de champs, pas de prés, pas de vaches; mais elle a du courage, elle sera ma femme! Nous aurons tout le reste. Mais d'abord, je veux la gagner, et je la gagnerai par mon travail! »

Et depuis ce moment, jamais mon idée n'a changé; je respectais Marguerite encore plus qu'avant; l'idée ne m'est pas venue une seule fois qu'elle pouvait être la femme d'un autre.

Ayant donc pris en moi-même cette résolution, comme des gens descendaient le sentier pour aller travailler aux champs, je partis de là tout à fait décidé, plein de courage et même de contentement. J'entrai dans la rue. Valentin, les manches de chemise retroussées sur ses longs bras maigres, la poitrine et le cou nus, m'attendait depuis un instant devant la forge.

« Quel beau temps! Michel, se mit-il à crier en me voyant venir, quel beau temps! Ah! si c'était dimanche, nous ferions un bon tour au bois.

— Oui, lui répondis-je en riant et défaisant mon sarrau; mais c'est lundi, *papa La Ramée*. Qu'est-ce que nous allons faire ce matin?

— Le vieux Rantzau est venu nous apporter hier soir deux douzaines de haches à rechausser pour le Harberg; et puis la charrette de Christophe Besme a besoin d'un moyeu.

— Bon, bon, lui dis-je, nous pouvons commencer. »

Jamais je ne m'étais senti plus de cœur au travail. Le fer était au feu. Valentin prit les pinces et le petit marteau; moi, le merlin, et nous voilà partis.

Toutes les fois que dans ma vie j'ai vu clairement ce que je voulais, et qu'au lieu de rêvasser et de suivre ma routine au jour le jour, j'ai décidé quelque chose de difficile, qui demandait de l'attention et du courage, la bonne humeur m'est revenue; j'ai chanté, j'ai sifflé, j'ai fait rouler mon marteau comme un ancien. Le plus grand ennui, c'est de n'avoir aucune idée; mais j'en avais alors une qui me plaisait extraordinairement.

Il ne faut pourtant pas croire que c'était facile de venir à bout de mon idée en 89, non! Et ce matin même, vers sept heures, au moment où Marguerite passait devant la forge avec son grand panier, pour aller vendre ses brochures, Valentin me rappela lui-même que ce n'était pas une petite affaire. Il ne se doutait de rien, et voilà pourquoi chacune de ses paroles valait son pesant d'or.

« Regarde, Michel, me dit-il, en montrant la petite, qui gagnait déjà le haut des Baraques, n'est-ce pas terrible de voir une enfant de seize ans avec des charges pareilles sur le dos? Ça va par la pluie, la neige, le soleil; c'est brave jusqu'au bout des ongles, ça ne recule jamais devant la peine; si ce n'étaient pas des hérétiques, ce seraient des martyrs. Mais le diable les pousse à vendre leurs mauvais petits livres, pour détruire notre sainte religion et l'ordre établi par le Seigneur en ce monde. Au lieu de mériter des récompenses, ça mérite la corde.

— Oh! Valentin, la corde! lui dis-je.

— Oui, la corde! fit-il en allongeant le nez et serrant les lèvres, et même le bûcher, si l'on voulait être juste. Est-ce à nous de les défendre, quand leur bon sens, leur honnêteté, leur courage tournent contre nous? C'est comme les loups et les renards, plus ils montrent de finesse, plus on doit se dépêcher de les détruire; s'ils étaient bêtes comme des moutons, ils ne seraient pas si dangereux; au contraire, on pourrait les tondre et même les conserver honnêtement à l'étable. Mais ces calvinistes n'écoutent rien, c'est une véritable peste.

— Ce sont pourtant des créatures du Seigneur comme nous, Valentin!

— Des créatures du Seigneur, s'écria-t-il en levant ses grands bras. Si c'étaient des créatures du Seigneur, les curés refuseraient-ils d'inscrire leurs actes de naissance, de mariage et de décès? Est-ce qu'on les enterrerait dans les champs, loin de la terre sainte, comme des animaux? Est-ce qu'on les empêcherait de remplir une place, comme le dit Chauvel lui-même? Est-ce que tout le monde crierait contre eux? Non, Michel! Ça me fait de la peine, car, en-dehors de leur commerce, on ne peut rien leur reprocher; mais maître Jean a tort de laisser entrer ces gens-là chez lui. Ce Chauvel finira mal; il en fait trop! Nos Baraquins sont des ânes de l'avoir nommé; une fois l'ordre rétabli, je t'en préviens, les premiers qu'on empoignera,

c'est Chauvel et sa fille, et peut-être aussi maître Jean et nous tous, pour nous purifier quelques années dans les prisons. Moi, je ne l'aurai pas mérité, mais je reconnaîtrai tout de même la justice du roi. La justice est la justice... Nous l'aurons mérité... C'est triste!... Mais la justice avant tout. »

Il courbait son grand dos, en joignant les mains d'un air de résignation, et puis il fermait les yeux tout pensif; et moi je pensais:

« Peut-on être aussi borné? Ce qu'il dit est contraire au bon sens. »

Malgré cela, je voyais bien que tout le monde serait contre moi si je demandais Marguerite en mariage, et que les Baraquins seraient capables de vouloir me lapider. Mais tout m'était égal, et je m'étonnais moi-même de mon courage.

Le soir de ce jour, au moment de retourner dans notre baraque, je partis sans crainte, et résolu à tout entendre de la mère, sans répondre un mot. Comme j'approchais de la maison, le père, tout pâle et craintif, vint à ma rencontre, en me faisant signe d'entrer dans une ruelle profonde, entre les vergers, pour ne pas être vus. Je le suivis, et le pauvre homme me dit en tremblant:

« Ta mère a bien crié hier, mon enfant.... Ah! c'est terrible!.... Maintenant, qu'est-ce que tu vas faire?.... Tu vas partir, n'est-ce pas?... »

Il me regardait, tout pâle; je voyais qu'il était dans la plus grande inquiétude, et je lui répondis:

« Non, mon père, non!... Comment pourrais-je vous abandonner, vous, le petit Étienne et Mathuriné!... Ça n'est pas possible! »

Sa figure prit un air de bonheur; on aurait dit qu'il revivait.

« Ah! c'est bon, fit-il. Je savais bien que tu resterais, Michel... Oui, je suis bien content de t'avoir parlé!... Elle n'a pas de raison... elle s'emporte trop. Ah! j'ai bien souffert aussi dans ma vie... Mais c'est bien, tu restes... c'est bien... »

Il me tenait la main et je me sentais tout remué.

« Oui, lui dis-je, je resterai, mon père; et si la mère crie... c'est ma mère, je l'écouterai sans répondre. »

Alors il fut rassuré.

« C'est bien, dit-il. Seulement, écoute, tu vas attendre ici quelques instants; je remonterai seul, car si ta mère nous voyait ensemble, elle me ferait la vie dure; tu comprends?

— Oui, mon père, allez. »

Aussitôt il sortit de la ruelle; et quelques minutes après, je le suivis tranquillement et j'entrai chez nous. La mère, au fond, près de l'âtre, filait les dents serrées. Elle pensait, sans doute, que j'allais lui dire quelque chose... annoncer mon départ! Elle me suivait de ses yeux brillants et s'apprêtait à me maudire. La petite Mathurine et Étienne, à ses pieds, tressaient une corbeille, sans oser lever les yeux; le père cassait du petit bois, en m'observant de côté; mais je n'eus l'air de rien; je dis simplement :

« Bonsoir, mon père; bonsoir, ma mère; je suis las aujourd'hui, nous avons beaucoup travaillé à la forge. »

Et je montai l'échelle. Personne ne m'avait répondu. Je me couchai content de ce que j'avais fait, et cette nuit-là je dormis bien.

XIII

Le lendemain, en allant à l'ouvrage de grand matin, je vis l'auberge des *Trois-Pigeons* déjà pleine de monde; il en arrivait tout le long de la route, les uns en charrette, les autres à pied.

Le bruit se répandait que le cahier de nos plaintes et doléances tirait à sa fin, et qu'on allait le porter à Metz, pour être fondu avec ceux des autres bailliages.

Depuis le jour des élections, un grand nombre de députés au bailliage avaient fait venir leur femme et leurs enfants à Lixheim; ces gens s'en retournaient chez eux, bien contents de rentrer dans leurs nids.

Ils criaient en passant :

« C'est fini!... Ce soir les autres arrivent... Tout est arrangé. »

Valentin et moi, nous nous réjouissions aussi de revoir bientôt maître Jean à la forge. Quand on travaille depuis dix ans ensemble, c'est un grand ennui de rester seul trois semaines, et de ne plus voir une bonne grosse figure pareille, qui vous crie de temps en temps :

« Allons, garçons, en avant! »

Ou bien :

« Halte! Respirons une minute. »

Oui, quelque chose vous manque; on est tout dérouté.

Nous accrochions donc nos vestes, en causant de la bonne nouvelle, et regardant cette foule qui s'arrêtait à l'auberge : Nicole et la mère Catherine, qui sortaient avec des chaises, pour aider les femmes à descendre de leurs charrettes; et puis les compliments, les salutations, car toutes ces femmes étaient d'anciennes connaissances; et depuis que les maris avaient été nommés députés, on se saluait bien plus, on faisait des cérémonies, on s'appelait : Madame !

Valentin en riait de bon cœur.

« Tiens, Michel, disait-il, voici la comtesse Gros-Jacques... ou la baronne Jarnique... Regarde... C'est maintenant que nous pouvons apprendre les belles manières! »

Il ne manquait pas de malice pour se moquer de ceux qui n'étaient pas nobles; au contraire, en les voyant se faire des révérences, il en avait les larmes aux yeux, et finissait toujours par dire :

« Ça leur va comme des dentelles à Finaude, la bourrique du père Bénédic!... Ah! les gueux!... Et penser que cette race ose se révolter contre Sa Majesté le roi, contre la reine et les autorités d'en haut!... Penser qu'ils réclament des droits!... Ah! je vous en donnerais, des droits, je vous en donnerais!... Je vous enverrais paître; et, si vous n'étiez pas contents, je doublerais mes Suisses et ma maréchaussée. »

Il raisonnait ainsi tout bas, en tirant le soufflet et tenant le fer au feu dans ses pinces. Je connaissais toutes ses pensées, car il avait besoin de parler pour se comprendre lui-même; cela me faisait du bon sang.

Enfin, nous avions repris notre ouvrage; l'enclume sonnait depuis trois heures, les étincelles partaient, et nous ne songions plus qu'à notre travail, quand tout à coup une ombre s'avance sur la petite porte; je me retourne : c'était Marguerite! Elle avait quelque chose dans son tablier, et nous dit :

« Je vous apporte de l'ouvrage... Ma bêche, qui s'est cassée... Est-ce que vous ne pourriez pas m'arranger ça pour ce soir ou demain matin? »

Valentin prend la bêche tout ébréchée et le col déchaussé. Moi, j'étais dans la joie; Marguerite me regardait, et je lui souriais comme pour dire :

« Sois tranquille... je vais t'arranger ça joliment... Tu verras mon travail. »

Elle finit par me sourire, voyant que j'étais heureux de lui rendre un petit service.

« Pour ce soir ou demain matin, ce n'est pas possible, dit Valentin; mais si tu revenais demain soir...

— Bah! bah! m'écriai-je, ce n'est pas une affaire! Nous avons beaucoup d'ouvrage, c'est vrai, mais la bêche de Marguerite doit passer avant tout. Laissez-moi ça, Valentin; je m'en charge.

— Hé! je ne demande pas mieux, dit-il; seulement il te faudra plus de temps que tu ne penses, et nous sommes pressés. »

Marguerite riait.

« Allons, dit-elle, je puis compter dessus, Michel?

— Oui, oui, Marguerite, tu l'auras ce soir. »

Elle repartit; et tout de suite je posai la petite enclume sur son billot; je remis le vieux fer au feu, et j'empoignai le bâton du soufflet. Valentin me regardait comme surpris; mon empressement l'étonnait; il ne disait rien, mais je sentais que mes oreilles devenaient rouges, et que cela gagnait les joues. Alors, je me mis à chanter l'air des forgerons :

« Bon forgeron, ton feu s'allume. »

Et lui, selon son habitude, me suivit en grossissant sa voix, ronflant du nez et traînant chaque mot, à la manière plaintive des anciens compagnons. Nos marteaux allaient en cadence; et en songeant que je travaillais pour Marguerite, mon cœur débordait de contentement. Je ne crois pas avoir jamais mieux travaillé de ma vie; mon marteau remontait plus vite qu'il ne tombait sur l'enclume, le fer s'allongeait comme de la pâte.

Je forgeai ma bêche d'abord à chaud, et puis à froid; je lui donnai une jolie forme carrée, un peu longue, légère, la ligne bien au milieu, le tranchant en queue d'aronde, le col tellement arrondi et bien soudé, que Valentin s'arrêtait de temps en temps pour admirer mon travail, et je l'entendais murmurer en lui-même :

« A chacun sa partie : maître Jean n'a pas son pareil pour le fer à cheval; moi, j'ai l'œil pour les jantes et les moyeux. Oui, c'est un don du ciel, personne ne dira le contraire. Lui sera pour les bêches, pour les pelles, pour les pioches, les socs de charrue; c'est son affaire, son présent du Seigneur. »

Il allait, venait, se retournait et me demandait quelquefois :

« Veux-tu que je t'aide?

—Non, non! » m'écriais-je, tout fier et tout joyeux de voir mon ouvrage avancer si bien. Et je recommençais à chanter :

« Bon forgeron... »

Chacun allait son train.

Finalement, vers cinq heures, ma bêche était finie. Elle reluisait comme un plat d'argent et sonnait comme une cloche. Valentin la prit; il la pesa longtemps, et puis, me regardant, il dit :

« Le vieux Rebstock, de Ribeaupierre, qui vend des faux, des bêches et des socs de charrue jusqu'au fond de la Suisse, le vieux Rebstock lui-même mettrait son gros R sur cette bêche et dirait : « C'est moi qui l'ai faite! » Oui, Michel, les Chauvel pourront se vanter d'avoir une belle et bonne bêche, qui durera peut-être plus longtemps qu'eux. Tiens, voilà ton premier chef-d'œuvre. »

On pense si j'étais content, car Valentin s'y connaissait; mais la gloire de ses éloges n'était rien auprès du plaisir que j'allais avoir de porter la bêche à Marguerite. Seulement, il y fallait encore un manche, et j'en voulais un de frêne, tout neuf. C'est pourquoi, sans attendre, je courus chez notre voisin, le vieux tourneur Rigaud, qui se mit à l'ouvrage, ses grosses besicles sur le nez, et me fit un manche tel que je le souhaitais : bien rond, la pomme en haut pas trop grosse, et solidement emmanché, enfin quelque chose de léger et de fort. Je le payai tout de suite, et je rentrai poser la bêche derrière notre porte, en attendant la fin de la journée.

Sur les sept heures, en me lavant les mains, la figure et le cou devant la forge, à la pompe, regardant par hasard dans la rue, je vis Marguerite assise sur le petit banc de leur maison, en train de peler des pommes de terre. Aussitôt je lui montrai la bêche de loin, et j'arrivai tout content près d'elle, en lui criant :

« La voilà!... Que penses-tu de ça, Marguerite? »

Elle prit la bêche et la regarda tout émerveillée. Je ne respirais plus.

« Ah! dit-elle en me regardant, c'est Valentin qui l'a faite. »

Et je lui répondis, tout rouge :

« Tu crois donc que je ne sais rien faire?

— Oh! non... mais c'est si beau!... Sais-tu, Michel, que tu fais un bon ouvrier? »

Elle me souriait; et je redevenais tout joyeux, quand elle me dit :

« Mais ça va me coûter gros... Qu'est-ce que je te dois? »

En entendant cela, je tombai des nues, et je lui répondis presque en colère :

« Tu veux donc me chagriner, Marguerite? Comment je travaille pour toi... Je t'apporte une bêche en cadeau... Je suis content de te faire un plaisir, et tu me demandes ce que ça coûte? »

Elle, alors, voyant ma figure désolée, s'écria :

« Mais tu n'es pas raisonnable, Michel, toute peine mérite son salaire; et puis, le charbon de maître Jean a son prix, et tu lui dois aussi ta journée. »

Elle avait raison, et je le voyais; mais cela ne m'empêchait pas de lui répondre : « Non... non... ça n'est pas cela! » et de me fâcher même, quand tout à coup le père Chauvel, en petit sarrau gris et le bâton à la main, me prit par le bras, en disant :

« Eh bien... eh bien !.. Qu'est-ce que c'est donc, Michel? Vous êtes donc à vous disputer aussi, vous autres ? »

Il revenait de Lixheim, et me regardait tout joyeux; moi, j'avais perdu la voix, j'étais dans un trouble extraordinaire.

« Hé! dit Marguerite, il a rechaussé ma bêche, et maintenant il ne veut pas recevoir d'argent.

— Ah! bah! dit Chauvel, et pourquoi ? »

Heureusement une bonne idée me passa par la tête, et je m'écriai :

« Non! vous ne me ferez pas recevoir un denier, monsieur Chauvel. Est-ce que vous ne m'avez pas prêté des livres cent fois? Est-ce que vous n'avez pas placé ma sœur Lisbeth à Vasselonne? Et maintenant encore, est-ce que vous n'aidez pas tout le pays à ravoir ses droits? Quand je travaille pour vous, c'est par amitié, par reconnaissance; je me regarderais comme un gueux de vous dire : « Ça coûte tant. » C'est contre ma nature. »

Il m'observait avec ses petits yeux vifs, et répondit :

« C'est bien... c'est bien !... Mais je n'ai pas fait tout cela non plus, moi, pour ne plus payer les gens. Si je l'avais fait dans des idées pareilles, je me regarderais aussi comme un gueux... Tu comprends, Michel? »

Alors, ne sachant plus que répondre, j'avais presque envie de pleurer, et je dis :

« Ah! monsieur Chauvel, vous me faites de la peine. »

Et lui, touché sans doute, me répondit :

« Non, Michel, non, ce n'est pas dans mes intentions, car je te regarde comme un brave, un honnête garçon; et, pour te le montrer, j'accepte ton cadeau. N'est-ce pas, Marguerite, nous acceptons tous les deux?

— Oh! oui, dit-elle, puisque ça lui fait tant de plaisir, nous ne pouvons pas refuser. »

Chauvel regarda ensuite la bêche, et loua mon ouvrage, disant que j'étais un bon ouvrier, et que plus tard il espérait me voir maître et bien dans mes affaires. J'étais redevenu content; et quand il entra dans la maison, en me serrant la main, et que Marguerite me cria :

« Bonsoir Michel, et merci! » tout était oublié. Je me réjouissais d'avoir si bien répondu, car le coup d'œil de Chauvel, lorsque je parlais, m'avait mis dans un grand trouble; et si mes raisons n'avaient pas été si bonnes, il aurait bien pu se figurer autre chose. Et même je considérais cela comme un avertissement d'être prudent et de bien cacher mes idées sur Marguerite, avant le jour où je pourrais la demander en mariage.

Je faisais ces réflexions en retournant à l'auberge. Comme j'entrais dans la grande salle, maître Jean venait d'arriver; il pendait sa grosse capote dans l'armoire et criait :

« Nicole... Nicole... qu'on m'apporte le tricot et mon bonnet de coton. Ah! la bonne chose d'être dans sa vieille veste et ses sabots!

— Hé! c'est toi, Michel! Nous voilà tous revenus... Les marteaux vont rouler... Vous devez être en retard?

— Pas trop, maître Jean, nous avons fait l'ouvrage courant. Les coins qui venaient du Dagsberg ont tous été dépêchés hier soir.

— Allons, tant mieux ! tant mieux ! »

La mère Catherine arrivait aussi toute réjouie, et demandait :

« C'est donc fini, Jean? C'est tout à fait fini... Tu n'iras plus là-bas?

— Non, Catherine, grâce à Dieu ! J'en avais assez, à la fin, de tous ces honneurs. Maintenant, notre affaire est dans le sac; le cahier part après-demain. Mais ça n'a pas été sans peine; et si nous n'avions pas eu Chauvel, Dieu sait où nous en serions encore. Quel homme! il sait tout, il parle sur tout; c'est l'honneur des Baraques d'avoir envoyé cet homme. Tous ceux des autres bailliages l'ont choisi dans les premiers pour aller porter nos plaintes et doléances à Metz et pour le soutenir contre ceux qui voudraient les attaquer. Jamais, tant que les Baraques dureront, elles ne se feront un aussi grand honneur. Maintenant Chauvel est connu partout, et l'on sait aussi que nous l'avons envoyé, qu'il demeurait au Bois-de-Chênes, et que les gens de ce pays-là ont eu assez de bon sens pour reconnaître son esprit, malgré sa religion. »

Maître Jean disait ces choses en mettant ses sabots et sa vieille casaque.

« Oui, criait-il en soufflant, sur des centaines de députés au bailliage, les tiers en a choisi quinze pour porter le cahier, et Chauvel est le quatrième! Aussi, maintenant il faut une fête, vous m'entendez : un gala pour les amis des Baraques, en l'honneur de notre député Chauvel. Tout est arrangé, Létumier et Cochart sont déjà prévenus : je les ai rencontrés à la *Pomme-d'Or*, en ville, et je les ai d'abord invités, en les chargeant d'inviter les autres. Il faut que les vieilles bouteilles de dessous les fagots sortent cette fois; il faut que la cuisine soit en feu. Nicole partira ce soir chercher six livres de bon bœuf, trois livres de côtelettes, deux beaux gigots, chez Kountz, sous la Halle; elle dira que c'est pour maître Jean Leroux, des *Trois-Pigeons*. Et les gigots seront à l'ail. Il nous faudra des saucisses aux choux, et l'on décrochera le plus gros jambon, avec une bonne salade, du fromage des noix. Tout le monde sera content. Je veux que tout le pays sache que les Baraques ont eu cette gloire d'envoyer le quatrième député du bailliage à Metz; un homme que les autres ne connaissaient pas et que nous avons connu, que nous avons choisi, et qui seul a fait plus pour soutenir les droits du peuple que cinquante autres. Mais nous recauserons de tout cela. Chauvel a fermé le bec des plus vieux procureurs, des plus fins avocats et des plus huppés richards de la province! »

Maître Jean avait sans doute bu quelques bons coups en route; il parlait tout seul, en étendant ses grosses mains et gonflant ses joues rouges, comme il faisait toujours à la fin d'un bon dîner. Nous l'écoutions dans l'étonnement et l'admiration.

Nicole mettait la nappe pour souper; cela rétablit le silence; chacun réfléchissait à ce qu'il venait d'entendre.

Au moment où j'allais partir, maître Jean me dit :

« Tu préviendras aussi ton père qu'il est invité par son vieux camarade Jean Leroux, car nous sommes de vieux camarades: nous avons tiré à la milice ensemble en cinquante-sept! Tu lui diras ça. Pour demain, à midi juste, tu entends, Michel? »

Il me tenait la main, et je lui répondis :

« Oui, maître Jean; c'est un grand honneur que vous nous faites.

— Quand on invite d'aussi braves gens que vous, dit-il, on se fait de l'honneur et du plaisir à soi-même. Et maintenant, bon soir! »

Alors je sortis. Jamais maître Jean, mon parrain, ne m'avait dit d'aussi bonnes choses sur mon père, et je l'en aimais encore plus qu'avant, si c'était possible.

XIV

En rentrant chez nous, je dis aux parents que le père et moi nous étions invités à dîner le lendemain chez maître Jean, avec les notables des Baraques. Ils comprirent quel honneur on nous faisait, et le père en fut tout attendri. Longtemps il parla de son tirage à la milice, en l'an cinquante-sept, lorsque Jean Leroux et lui s'en allaient bras dessus, bras dessous par la ville, des rubans à leurs tricornes; et puis de mon baptême, où son vieux camarade avait accepté d'être parrain. Il rappelait ces souvenirs dans les moindres détails, et s'écriait :

« Ah! le bon temps! Ah! le bon temps!... »

La mère aussi était contente; mais comme elle m'en voulait, au lieu de montrer sa joie, elle continuait de filer sans rien dire. Malgré cela, le lendemain les chemises blanches et les habits de fêtes étaient prêts sur la table; elle avait tout lavé, tout séché, tout mis en ordre de bonne heure. Et quand, vers midi, le père et moi nous descendîmes la grand'rue en nous tenant par le bras, elle nous regardait de la porte et criait aux voisins :

« Ils vont au grand dîner des notables, chez maître Jean Leroux! »

Le pauvre vieux père, appuyé sur mon bras, me disait en souriant :

« Nous sommes aussi beaux que le jour des élections. Depuis, il ne nous est pas arrivé de mal; pourvu que cela continue, Michel. Surveillons bien notre langue, on parle toujours trop dans un grand dîner. Prenons garde à nous; tu m'entends?

— Oui, mon père, soyez tranquille, je ne dirai rien. »

Il tremblait toujours comme un pauvre lièvre poursuivi depuis des années de bruyère en bruyère; et combien d'autres lui ressemblaient alors! presque tous les vieux paysans élevés sous les seigneurs et les couvents, et sachant trop bien que pour eux il n'y avait pas de justice.

Pour entreprendre quelque chose, il faut que la jeunesse commence, avec de vieux entêtés comme Chauvel, qui ne changent et ne reculent jamais. Si les paysans avaient dû faire la Révolution de 89 tout seuls, et si les bourgeois n'avaient pas commencé, nous serions encore en 88! Que voulez-vous? A force de souffrir, on perd courage; la confiance vient du bonheur, et puis l'instruction manquait.

Mais on devait voir en ce jour ce que fait le bon vin. Nous étions encore à cent pas de l'auberge, que nous entendions déjà les éclats de rire et les joyeux propos des notables arrivés avant nous. Le grand Létumier, Cochart, Claude Huré, le charron, Gauthier Courtois, l'ancien canonnier, et maître Jean causaient debout, au coin de la grande table couverte de sa nappe blanche; et quand nous entrâmes, nous fûmes en quelque sorte éblouis par les carafes, les bouteilles, les assiettes de vieille faïence peinte, les fourchettes et les cuillères fraîchement étamées, qui reluisaient d'un bout à l'autre de la salle.

« Hé! voici mon vieux camarade Jean-Pierre! » s'écria maître Jean, en venant à notre rencontre.

Il avait sa veste de forgeron à boutons de hussard, la perruque tortillée et liée par un gros flot sur la nuque, la chemise ouverte, le ventre bien arrondi dans sa large culotte, les bas de laine et les souliers à boucles d'argent. Ses grosses joues rouges tremblotaient de con-

Sais tu bien que ça mène à la potence. (Page 51.)

tentement, et, posant ses deux mains sur les épaules du père :

« Ah ! mon pauvre Jean-Pierre, que je suis content de te voir ! s'écria-t-il. Comme tout me revient quand je te regarde !

— Oui, faisait mon père, les larmes aux yeux, le bon temps de la milice, n'est-ce pas, Jean ? J'y pense aussi quelquefois ; il ne reviendra plus. »

Mais Létumier, son tricorne sur l'oreille et son grand habit couleur canelle pendant sur ses cuisses maigres, avec son gilet rouge à boutons d'acier, qui sonnaient comme des cymbales, se mit à crier :

« Il est déjà revenu, Jean-Pierre ; nous avons tous gagné à la milice avant-hier, le pays a gagné ! vive la joie ! »

Il levait son tricorne jusqu'au plafond ; et les autres riaient de voir les bouteilles rangées à la file ; leur cœur en sautait de joie ; chacun dans le cercle se retournait de temps en temps comme pour se moucher, et comptait les bouteilles du coin de l'œil.

Au fond de la salle, la porte de la cuisine était ouverte ; on voyait le feu rouge monter sur l'âtre, les deux gigots tourner lentement à la broche, la graisse tomber en sifflant dans la lèchefrite ; la mère Catherine en grand bonnet blanc, les manches de chemise retroussées, aller et venir, un plat ou bien une tarte sur son tablier ; et Nicole, avec sa grande fourchette de fer, retourner les viandes dans les marmites, ou secouer dans un coin le panier à salade. — La bonne odeur entrait partout ;

Et puis, il faut la liberté. Voilà! (Page 63.)

jamais on n'aurait cru que maître Jean traiterait aussi bien de simples notables; mais cet homme économe et laborieux, dans les grandes occasions ne regardait pas à la dépense; et quelle plus grande occasion pouvait-il avoir de s'attirer l'estime du pays, que de bien traiter ceux qui l'avaient fait nommer au bailliage avec son ami Chauvel. Tous les bons bourgeois de mon temps ont fait de même; c'était le meilleur moyen de conserver l'ordre. Ils avaient le bon sens de se mettre à la tête du peuple; et quand leurs fils, par orgueil, par avarice et par bêtise, ont voulu s'en séparer, pour devenir des espèces de faux nobles, ils ont travaillé pour d'autres plus malins qu'eux. C'est notre histoire en quatre mots!

Cependant les vieux, réunis près de la fe-nêtre, s'étaient remis à causer des affaires du bailliage, et chaque fois qu'un notable entrait, on recommençait à crier:

« Hé! Pletche!... hé! Rigaud!.. par ici... par ici!... Comment ça va-t-il? »

Valentin, derrière, riait en me regardant. Mais son enthousiasme pour le roi, la reine et les autorités d'en haut ne l'empêchait pas d'aimer le bon vin, les saucisses et le jambon. L'idée d'une fête pareille lui paraissait tout de même agréable, et son long nez se tournait avec complaisance du côté de la cuisine.

Finalement, sur le coup de midi, Nicole vint me dire d'appeler Chauvel, et je sortais, lorsqu'il arriva tranquillement avec Marguerite. Tous les autres criaient:

« Le voilà!... le voilà! »

Lui, dans sa carmagnole et sa culotte de grisette, riait en allant leur serrer la main. Ce n'était pourtant plus le même homme ; M. le lieutenant du prévôt ne serait plus venu le prendre au collet; il était choisi parmi les quinze de Metz, et cela se voyait bien à sa mine; ses petits yeux noirs brillaient encore plus qu'avant, et le col de sa chemise, bien blanc, se dressait contre ses oreilles.

Comme le grand Létumier, qui aimait les cérémonies, voulait lui faire une espèce de discours, il dit en riant :

« Maître Létumier, voici la soupe qui vient, elle sent bien bon ! »

Et c'était vrai, dame Catherine arrivait avec la grande soupière, qu'elle posa majestueusement sur la table.

Maître Jean s'écria :

« Asseyons-nous, mes amis, asseyons-nous. Létumier, vous ferez votre discours au dessert... Ventre affamé n'a pas d'oreilles. Ici, Cochart; Chauvel, là-bas, au haut de la table; Valentin !... Huré !... Jean-Pierre !... »

Enfin il nous montrait à chacun notre place, et l'on ne pensait plus qu'à se réjouir. Mon père, Valentin et moi, nous étions en face de maître Jean, qui servait : il découvrit la grande soupière ; la bonne odeur d'une croûte au pot, à la moelle, s'éleva jusqu'au plafond, en forme de nuage, et l'on se mit à se passer les assiettes.

Je n'avais jamais vu d'aussi grand dîner; j'étais dans l'admiration, et mon père encore plus.

« Chacun a sa bouteille près de lui, dit maître Jean; qu'on se verse. »

Et, naturellement, après cette bonne soupe, on tira les bouchons et on emplit les verres. Quelques-uns voulaient déjà boire à la santé des députés du bailliage, mais c'était du petit vin d'Alsace, et maître Jean s'écria :

« Attendez !... Il faut boire à nos santés avec du bon vin, et non pas avec de l'ordinaire. »

On trouva qu'il avait raison. Et le bouilli garni de persil étant arrivé, chacun en mangea sa bonne tranche.

Létumier disait que tout homme qui travaille aux champs ou de son métier devrait avoir une demi-livre de bœuf pareil, avec son setier de vin à chaque repas; le bûcheron Cochart l'approuvait; et l'on commençait à parler de politique, quand la choucroute aux petites saucisses grillées arriva; cela changea les idées d'un grand nombre.

Marguerite et Nicole couraient autour de la table remplacer les bouteilles vides, dame Catherine apportait des plats; et vers une heure, quand arrivèrent les gigots et qu'on apporta du vieux vin de Ribeaupierre, la joie venait et grandissait. On se regardait l'un l'autre d'un air de contentement. Cochart disait :

« Nous sommes des hommes !... Nous avons nos droits d'hommes !... Celui qui voudrait me soutenir le contraire au bois, je lui répondrais. »

Et l'ancien canonnier Gauthier Courtois criait :

« Si nous ne sommes pas des hommes, c'est que les autres ont toujours eu pour eux le bon vin et la bonne nourriture. Avant de livrer bataille, ils étaient pourtant contents de nous flatter et de nous promettre tout ce que nous voulions. Mais après, on ne parlait plus que de discipline, et les coups de plat de sabre pleuvaient. Je dis que c'est une honte de battre les soldats, et d'empêcher ceux qui montrent du courage de devenir officiers, parce qu'ils ne sont pas nobles. »

Létumier voyait tout en beau :

« La misère est passée, s'écriait-il ; nos cahiers sont en ordre; on verra ce que nous voulons, et le bon roi sera bien forcé de dire :

« Ces gens ont raison, mille fois raison, ils
« veulent l'égalité des impôts, et l'égalité de-
« vant la loi, c'est juste ! » Est-ce que nous ne sommes pas tous Français ? Est-ce que nous ne devons pas tous avoir les mêmes droits et supporter les mêmes impôts? Ça tombe sous le bon sens, que diable ! »

Il parlait très-bien, ouvrant sa grande bouche jusqu'aux oreilles, fermant les yeux à demi d'un air malin, la tête un peu en arrière, et levant ses grands bras comme ceux qui parlent d'abondance. Tout le monde écoutait; et le père lui-même, avec deux ou trois signes de tête, murmurait :

« Il parle bien... C'est juste !... Mais ne disons rien, Michel, c'est trop dangereux. »

Il regardait à chaque instant du côté de la porte, comme si les sergents de la maréchaussée avaient eu à venir.

Maître Jean alors, ayant rempli les verres de vieux vin, s'écria :

« Mes amis, à la santé de Chauvel, celui qui nous a le mieux soutenus au bailliage ; qu'il vive longtemps pour défendre les droits du tiers, et qu'il parle toujours aussi bien qu'il a parlé; c'est ce que je souhaite ! A sa santé ! »

Et tout le monde se penchant autour de la table, on se mit à trinquer comme des bienheureux. On riait, et chacun répétait :

« A la santé des députés du bailliage : maître Jean et Chauvel ! »

Les vitres de la grande salle en frissonnaient. Dans la rue, les gens s'arrêtaient, le nez contre les vitres, pensant:

« Ceux qui crient là-dedans se portent bien. »

Les notables s'étant rassis, on remplit encore une fois les verres, tandis que Catherine et Nicole apportaient les grandes tartes à la crème, et que Marguerite enlevait le restant des gigots, des jambons et de la salade.

Tous les yeux se tournaient du côté de Chauvel, pour voir ce qu'il allait répondre. Lui, tranquillement assis au haut de la table, le bonnet de coton au bâton de sa chaise, les joues pâles et les lèvres serrées, avait l'air de loucher, et tenait son verre tout pensif. Le vin de Ribeaupierre l'avait un peu agacé sans doute, car au lieu de répondre à la santé des autres, il dit d'une voix claire :

« Oui, le premier pas est fait! Mais ne chantons pas encore victoire; il nous reste beaucoup à faire avant de ravoir nos droits. L'abolition des priviléges, de la taille, des aides, de la gabelle, des péages, des corvées, c'est déjà beaucoup demander; les autres ne lâcheront pas facilement ce qu'ils tiennent, non! ils batailleront, ils se défendront contre la justice; il faudra les forcer! Ils appelleront à leur aide tous les employés, tous ceux qui vivent de leurs places et qui pensent s'anoblir. Et, mes amis, ce n'est encore là que le premier point, ce n'est encore là que la moindre des choses; je crois que le tiers état gagnera cette première bataille; le peuple le veut; le peuple, qui supporte ces charges iniques, soutiendra ses députés.

— Oui, oui, jusqu'à la mort! crièrent le grand Létumier, Cochart, Huré, maître Jean, en serrant les poings; nous gagnerons, nous voulons gagner!... »

Chauvel ne bougeait pas, quand ils eurent fini de crier, il continua comme si personne n'avait rien dit :

« Nous pouvons l'emporter pour toutes les injustices que le peuple ressent, et qui sont trop criantes, trop claires; mais à quoi cela nous servira-t-il, si, plus tard, les états généraux une fois dissous et les fonds de la dette votés, les nobles rétablissent leurs droits et priviléges? Ce ne serait pas la première fois, car nous en avons eu d'autres, d'états généraux, et tout ce qu'ils avaient décidé en faveur du peuple n'existe plus depuis longtemps. Ce qu'il nous faut après l'abolition des priviléges, c'est la force d'empêcher qu'on les rétablisse. Cette force est dans le peuple, elle est dans nos armées. Il ne faut pas vouloir un jour, un mois, une année, il faut vouloir toujours, il faut empêcher que les gueux, les filous ne rétablissent lentement, tout doucement et d'une manière détournée, ce que le tiers, appuyé sur la nation, aura renversé! Il faut que l'armée soit avec nous; et, pour que l'armée soit avec nous, il faut que le dernier soldat, par son courage et son esprit, puisse monter de grade en grade, jusqu'à devenir maréchal et connétable, aussi bien que les nobles, m'entendez-vous?

— A la santé de Chauvel! » s'écria Gauthier Courtois.

Mais lui, étendant la main pour empêcher les autres de répondre, continua :

« Les soldats alors ne seront plus assez bêtes pour soutenir la noblesse contre le peuple; ils seront et resteront avec nous! — Et puis, écoutez bien ceci, car c'est le principal : pour que l'armée et le peuple ne puissent plus être trompés; pour qu'on ne puisse plus les aveugler jusqu'à détruire eux-mêmes leur propre avancement et défendre ceux qui remplissent les places qu'ils devraient avoir, il faut la liberté de parler et d'écrire pour tout le monde. Si on vous fait une injustice, à qui réclamez-vous? Au supérieur. Le supérieur vous donne toujours tort; c'est tout simple : l'employé exécute ses ordres! Mais si vous pouviez réclamer devant le peuple; si le peuple nommait lui-même les supérieurs, alors on n'oserait pas vous faire d'injustice; et même il ne pourrait pas en exister, puisque vous mettriez vos employés à la raison, en leur retirant votre voix. Mais il faut que les gens s'instruisent pour comprendre ces choses, et voilà pourquoi l'instruction paraît si dangereuse aux nobles; voilà pourquoi dans les églises on vous prêche : « Heureux les pauvres d'esprit! » Voilà pourquoi nous voyons tant de lois contre les livres et les gazettes; voilà pourquoi ceux qui veulent nous éclairer sont forcés de se sauver en Suisse, en Hollande, en Angleterre. Plusieurs sont morts à la peine! mais non, de pareils hommes ne meurent jamais; ils sont toujours au milieu du peuple pour le soutenir; seulement il faut les lire, il faut les comprendre. C'est à leur santé que je bois! »

Alors Chauvel nous tendit son verre, et tous ensemble nous criâmes :

« A la santé des braves gens! »

Beaucoup ne savaient pas de qui Chauvel avait voulu parler, mais, c'est égal, ils criaient tout de même; et tellement qu'à la fin la mère Catherine arriva nous prévenir de ne plus tant crier, que la moitié du village était sous nos fenêtres, et que nous avions l'air de nous rebeller contre le roi.

Valentin sortit aussitôt, et mon père se mit à me regarder, comme pour savoir s'il était temps de nous sauver.

« Allons, c'est bon, Catherine, répondit maître Jean; nous avons dit ce que nous avions à nous dire; maintenant c'est assez. »

Tout le monde se taisait. On se passait les corbeilles de noix et de pommes. Dehors, dans la rue, on entendait nasiller une vielle.

« Eh! dit Létumier, voici Mathusalem! »

Et maître Jean cria :

« C'est bon!... qu'on le fasse entrer... Il arrive bien!... »

Marguerite sortit aussitôt, et nous amena le vieux Mathusalem, que tout le monde connaissait au pays. Son vrai nom était Dominique Saint-Fauvert, et tous les anciens vous diront qu'on n'a jamais vu d'homme aussi vieux sur ses jambes. Il devait avoir près de cent ans. Sa figure était si jaune et si ridée, qu'on aurait dit un pain d'épice, et qu'on reconnaissait à peine la forme de son nez, de son menton et la place de ses petits yeux, couverts de gros sourcils blancs comme un caniche. Il avait un grand feutre gris, plié devant et le bord relevé tout droit en visière, avec une plume de coq. Les manches de sa souquenille et le revers de sa culotte étaient fendus et liés par des cordons tout du long, en forme de maillot, et les airs qu'il jouait devaient venir au moins du temps des Suédois; rien que de les entendre, on avait envie de pleurer.

« Hé! c'est vous, Mathusalem, lui cria maître Jean, avancez! avancez!... »

Il lui tendait un grand verre de vin, que le vieux Dominique prit en saluant de trois côtés par un signe de tête. Ensuite il but tout doucement, ses petits yeux fermés. La mère Catherine, Marguerite et Nicole se tenaient derrière; nous le regardions tout attendris.

Maître Jean, — lorsqu'il rendit le verre, — lui demanda de chanter quelque chose. Mais le vieux Mathusalem lui répondit qu'il ne chantait plus depuis des années. Et comme nous étions dans l'attendrissement, il se mit à jouer un air tellement vieux et doux, que personne ne le connaissait; on se regardait l'un l'autre. Tout à coup, mon père dit :

« Ah! c'est l'air des *Paysans!*... »

Et toute la table s'écria :

« Oui!... oui!... c'est l'air des *Paysans!* Jean-Pierre, tu vas le chanter! »

Je ne savais pas que mon père chantait bien, je ne l'avais jamais entendu. Lui disait :

« J'ai tout oublié!... Je ne sais plus le premier mot!... »

Mais, comme Chauvel l'engageait, et que maître Jean soutenait qu'on n'avait jamais entendu mieux chanter autrefois que son ami Jean-Pierre, à la fin, les joues rouges et les yeux baissés, il toussa doucement et dit :

« Puisque vous le voulez absolument... eh bien! je vais essayer de me le rappeler. »

Et tout de suite il chanta l'air des *Paysans* en suivant la vielle, mais d'une voix si douce et si triste, qu'on croyait voir nos pauvres vieux, dans les anciens temps, gratter la terre en attelant leurs femmes à la charrue; et puis les soldats pillards venir leur prendre la récolte; et puis le feu monter sur leurs villages de paille, les moissons s'envoler en étincelles, les femmes et les filles entraînées dans les chemins détournés; et la famine, la maladie, la grande pendaison... toutes les misères!... cela traînait, traînait, et ne finissait plus!

Moi, malgré le bon vin, au troisième couplet j'étais déjà la figure sur la table, à sangloter, pendant que Létumier, Huré, Cochart, maître Jean et deux ou trois autres chantaient le refrain, comme on chante à l'enterrement de ses père et mère.

Marguerite aussi chantait. Sa voix montait comme une plainte de femme qu'on attèle et qu'on entraîne; c'était terrible; les cheveux vous en dressaient sur la tête.

Et regardant autour de moi, je vis que nous étions tous plus pâles que des morts. Chauvel, au bout de la table, les lèvres serrées, regardait comme un loup.

Enfin, le père se tut; la vieille grinçait encore; Chauvel dit :

« Jean-Pierre, vous avez bien chanté !..... Vous avez chanté comme un de nos anciens, parce que vous avez senti les mêmes choses; et nos pères à nous tous, nos grands-pères, et tous ceux, hommes et femmes, dont nous descendons depuis mille ans, les ont senties ! »

Et comme on se taisait, il cria :

« Mais la vieille chanson est finie... Il faut qu'une autre commence! »

Et d'un coup, tous ceux qui se trouvaient là, moi le premier, nous étions debout et nous criions :

« Oui, il faut qu'une autre chanson commence... nous avons trop souffert!

— C'est ce qu'on verra bientôt! dit Chauvel. A cette heure, dame Catherine nous a prévenus de ne pas crier; elle a raison; ici cela ne sert à rien! »

Maître Jean alors entonna seul la chanson du forgeron, avec sa grosse voix. Valentin venait de rentrer; nous l'accompagnions ensemble; et cette chanson nous rendit un peu la joie; elle était aussi triste, mais elle était forte; le refrain disait que le forgeron forge le fer!..... Cela laissait entendre bien des choses, et l'on souriait.

En ce jour, bien d'autres chansons furent chantées, et des bonnes! Mais celle du père, je ne l'oublierai jamais; et quand j'y pense je m'écrie encore :

« Oh! grande, oh! sainte révolution! Que

celui des paysans de France qui serait capable de te renier apprenne la chanson de ses anciens ; et si cette chanson ne le convertit pas, que lui, ses enfants et descendants la chantent encore une fois à la glèbe. Ils la comprendront peut-être alors, et leur ingratitude aura sa récompense.

Ce jour-là, bien tard, le père et moi nous rentrâmes à la baraque. Le lendemain, 10 avril 1789, Chauvel partit pour Metz. Les états généraux n'étaient pas loin.

XV

Après le départ de Chauvel, il ne fut plus question, durant quelques jours, que des affaires du grand bailliage, et principalement de la réunion des trois ordres en un seul, aux états généraux. C'est encore une des plus grandes disputes que j'aie vues de ma vie.

Comme l'ordonnance du roi avait déclaré que le tiers état serait doublé, c'est-à-dire que nous aurions autant de députés que les deux autres ordres réunis, nous voulions voter par tête, pour abolir les priviléges malgré tout ce que les nobles et les évêques pourraient dire, mais eux, qui tenaient à conserver leurs anciens droits, voulaient voter par ordres, parce qu'ils étaient sûrs d'être toujours ensemble contre nous, et d'avoir toujours deux voix contre une.

C'est alors qu'il aurait fallu voir l'indignation de maître Jean, de Létumier, de Cochart, et de tous les notables réunis le soir dans la cour des Trois-Pigeons, sous le grand chêne ; car depuis quelques jours on transportait les bancs et les tables dehors, à la nuit, pour respirer le grand air. Autant nous devions avoir de vent et de pluie en mai 1789, autant les chaleurs d'avril étaient grandes ; tout fleurissait et verdissait ; les oiseaux étaient déjà nichés vers le 15 ; et je me souviens que nous travaillions à la forge, Valentin et moi, en simple blouse, la culotte serrée sur les hanches et les chemises pendues derrière la porte. — Maître Jean, tout rouge et luisant de bonne santé, m'appelait à chaque instant dehors, criant :

« Michel ! hé ! Michel, arrive !... »

Et je devais lui pomper trois ou quatre bons coups sur sa tête chauve et ses épaules. C'était sa manière de se rafraîchir. Madeleine Rigaud, la femme du tourneur en face, riait de bon cœur.

Enfin, c'est pour vous dire qu'il faisait très-chaud, et qu'après huit heures, quand la lune montait, on était content d'être à la fraîcheur, en vidant sa bouteille ou son pot de cidre dans la cour, derrière le treillis.

Tout le long de la rue, les femmes et les jeunes filles filaient devant leurs portes et se donnaient du bon temps. On entendait causer et rire de près et de loin, les chiens aboyer, etc., et les voisins pouvaient aussi nous entendre disputer, mais cela nous était bien égal : on commençait à prendre confiance.

Marguerite venait quelquefois ; nous causions contre la charmille, riant entre nous, pendant que le grand Létumier tapait des deux poings sur la table en criant :

« C'est fini !... ça ne peut pas durer... Il faut déclarer que nous sommes tout ! »

Et que la mère Catherine disait :

« Au nom du ciel, maître Létumier, ne cassez pas notre table, elle ne veut pas voter par ordres ! »

Les choses allaient donc ainsi leur train, et je ne me rappelle pas avoir été plus heureux que dans ce temps où je causais avec Marguerite, sans oser même lui dire que je l'aimais ; non, jamais je n'ai eu de plus grand bonheur.

Enfin, ce soir-là, vers huit heures, nous étions dans la cour, les uns penchés derrière les autres, et la lune au-dessus de l'arbre. Le grand Létumier criait ; Cochart, son nez crochu dans sa barbe rousse, son bout de pipe entre les dents et les yeux arrondis comme un hibou, fumait, le coude allongé sur la table. On se méfiait de rien, et Cochart, pas plus que les autres, quoiqu'il eût fait un grand coup en ce jour. Le métier de bûcheron ne lui rapportait pas grand'chose, comme on pense ; mais il passait de temps en temps la ligne des barrières, et cherchait au Graufthal un bon sac de tabac, qui se vendait très-bien dans les environs : le rouge fin à quatre sous la livre, au lieu de vingt, et le noir fin à trois sous, au lieu de quinze.

Les disputes sur la politique avaient l'air de devoir continuer ainsi jusqu'à dix heures, comme à l'ordinaire, quand le treillis de la rue s'ouvrit, et qu'un homme en bourgeois et deux sergents de la maréchaussée s'avancèrent lentement dans la cour, en nous inspectant. C'était le gros Mathurin Poulet, le cellerier de la porte d'Allemagne, avec son petit tricorne renversé sur la nuque, sa tignasse jaune tordue en boudin au-dessous, son gros nez rouge en l'air, ses yeux de bœuf reluisant à la lune, le double menton dans son jabot, et sa panse sur les cuisses ; enfin un mangeur terrible ! Il lui fallait six cervelas, découpés dans un grand saladier de haricots verts à l'huile, une petite miche de trois livres et deux pots de bière pour son déjeuner; et pour son dîner autant, avec quelques bonnes tranches de jambon ou de gigot en plus, et deux fromages blancs à la ciboulette. Qu'on se figure, d'après cela, si les bénéfices d'un cellerier lui suffisaient pour vivre! Aussi, Poulet ne connaissait ni père, ni mère, ni frère, ni sœur, ni cousins, ni cousines, quand il s'agissait de remplir le saladier. Il aurait dénoncé le bon Dieu, pour avoir la prime; et, malgré son air bête, il était fin comme un renard, pour dénicher les fraudeurs et poursuivre les contrebandiers. Il y rêvait nuit et jour, et vivait de ses dénonciations, comme les autres de leur travail. Voilà ce que c'est d'avoir un ventre pareil à nourrir; le cœur vous descend en quelque sorte dans l'estomac, et l'on ne pense plus qu'à boire et à manger.

Les deux sergents le suivaient, habillés comme tous les sergents visiteurs, de l'habit blanc à revers jaunes, qui les faisait appeler « bandes de lard, » le chapeau en travers des épaules, et le sabre battant leurs gros mollets. C'étaient des hommes de six pieds, mais tous les deux fortement gravés de petite vérole. Avant la Révolution, presque tout le monde était marqué; les belles filles risquaient toujours de perdre leur beauté, et les beaux hommes aussi; les borgnes et les aveugles ne manquaient pas, à cause de cette terrible maladie; et Dieu sait pourtant ce qu'il a fallu de peines pour faire accepter la vaccine, et même encore plus que pour les pommes de terre. Le peuple commence toujours par repousser ce qui lui fait du bien.... Quel malheur!

Ces gens arrivaient donc, et le gros Poulet, à quatre pas de la table, voyant Cochart, dit d'un air de satisfaction:

« Le voilà! nous le tenons!... »

Ce fut une indignation générale dans la cour, car depuis longtemps Cochart portait à Poulet du tabac pour rien. Mais Poulet ne s'inquiétait pas de si peu de chose, et dit aux sergents:

« Empoignez-le! C'est lui! »

Les deux autres empoignèrent Cochart, qui se mit à crier, en laissant tomber sa pipe:

« Qu'est-ce que vous me voulez? Qu'est-ce que j'ai fait? »

Les étincelles volaient sous nos pieds; on se regardait l'un l'autre dans l'épouvante; et Poulet lui répondit en riant:

« Nous venons pour les deux sacs de contrebande que tu as apportés hier du Graufthal; tu sais, les deux sacs de tabac qui sont à droite en entrant dans ton grenier, derrière la cheminée, sous les bardeaux? »

On comprit alors que le pauvre Cochart avait été dénoncé par quelque voisin envieux, et chacun frémit: c'était un cas de galères!

On n'osait pas bouger, car de résister au fisc en ce temps, c'était encore plus terrible qu'aujourd'hui; non-seulement on vous prenait terres, argent, maison, mais s'il manquait des rameurs quelque part, du côté de Marseille ou de Dunkerque, on vous envoyait là-bas, et personne n'entendait plus parler de vous. C'était arrivé plusieurs fois dans la montagne, et même aux Baraques, pour le fils de la vieille Geneviève Paquotte; sur la dénonciation de Poulet, il avait été convaincu de faire la contrebande du sel, et depuis, les gens disaient que François était au pays où poussent le poivre et la canelle. Geneviève avait perdu tout son bien pour les frais; elle était devenue infirme et mendiante.

Qu'on se représente maintenant l'épouvante des gens.

« Allons, criait Poulet, en route! »

Et Cochart, se cramponnant à la table, répondait en soufflant:

« Je n'irai pas! »

Le grand Létumier n'avait plus envie de crier; il se taisait comme une carpe au fond de son baquet. Tous ces grands braillards, lorsqu'ils voient les sergents ou les gendarmes, deviennent prudents; et souvent ceux auxquels on pense le moins montrent un autre courage.

A force de le tirer et de lui donner des secousses, les deux sergents avaient presque fini par arracher Cochart de son banc. Poulet disait:

« Encore un petit coup!... ça marchera!... »

Quand Marguerite, assise près de moi contre le treillis, élevant la voix, dit au milieu du silence:

« Mais, monsieur Poulet, prenez garde! vous n'avez pas le droit d'arrêter cet homme! »

Et tous ces gens, autour de la table, sur le pas de la porte: maître Leroux, Létumier, la mère Catherine, Nicole, pâles de crainte et de pitié, se retournèrent dans l'épouvante. Ils avaient bien reconnu la voix de Marguerite, mais ils ne pouvaient croire à son courage; ils en frémissaient. Le gros Poulet, le nez en l'air comme les autres, regardait et s'étonnait; jamais chose pareille n'était arrivée. Il criait:

« Qui vient de parler? Qui se permet de réclamer contre la régie? »

Marguerite répondit tranquillement de sa place:

« C'est moi, monsieur Poulet: Marguerite Chauvel, la fille de Chauvel, député du tiers au grand bailliage de Metz. Ce que vous faites est très-mal; c'est grave, monsieur le cellerier, d'arrêter un homme, un notable, sans un ordre exprès de M. le prévôt. »

Et, se levant, elle s'approcha du cellerier et des deux sergents, qui se retournaient, la regardant de travers sous le bord de leurs grands chapeaux à cornes, sans lâcher Cochart.

« Vous ne connaissez donc pas l'ordonnance du roi? leur dit-elle. Vous arrêtez les gens, pour vos affaires du fisc, après six heures du soir, quand l'ordonnance vous le défend; et vous voulez les forcer de vous ouvrir leur porte pendant la nuit! Songez donc que tous les malfaiteurs pourraient dire : « Nous sommes les employés du fisc, ouvrez! » Ils pilleraient les villages à leur aise, si l'ordonnance ne vous défendait pas ce que vous faites, et si l'édit ne vous ordonnait pas d'être assistés de deux échevins et d'arriver en plein jour. »

Elle parlait clairement et sans gêne, comme le vieux Chauvel, et Poulet semblait confondu de voir qu'on osait lui parler en face ; l'indignation faisait trembler ses joues. Tout le monde reprenait courage. Dehors, dans la rue, s'entendait une grande rumeur pendant que Marguerite parlait, et, comme elle finissait, une voix plaintive et lamentable s'éleva, la voix de la vieille Geneviève Paquotte, criant :

« Ah! le brigand!... ah! le malheureux!... il arrive encore!... il lui faut les enfants et les pères de famille! »

Cette pauvre vieille élevait sa béquille au-dessus de la haie, et ses cris partaient comme des sanglots; elle disait :

« C'est toi qui m'as pris mon garçon... mon pauvre François?... C'est toi qui m'as mise dans la misère!... Ah! le bon Dieu t'attend!... il t'attend, va!... Ce n'est pas fini... les malheureux seront là!... »

Rien que de l'entendre, on avait la chair de poule, on devenait tout pâle, et lui, Poulet, regardait, en écoutant la rumeur du côté de la rue. Les sergents aussi se tournaient.

Dans ce moment, maître Jean, se levant, dit :

« Monsieur le cellerier, écoutez cette malheureuse!... C'est pourtant terrible, cela!... personne ici ne voudrait avoir pareille chose sur la conscience, ça vous déchire le cœur. »

Geneviève Paquotte ne criait plus, mais elle sanglotait, et l'on entendait ses béquilles qui s'en allaient lentement, remontant la rue.

« Oui, dit maître Jean, c'est épouvantable! Réfléchissez bien à ce que vous faites; nous vivons dans un moment difficile pour tous, mais principalement pour les employés du fisc. Le vase est plein, prenez garde de le faire déborder. Voici déjà cinq fois que vous venez à la nuit close cette année, et vous avez aussi fait des visites à Lutzelbourg, l'hiver dernier, après minuit, pour trouver de la contrebande. Si les gens se lassent, s'ils finissent par vous résister, que devrons-nous faire, nous, bons bourgeois? Est-ce que nous devrons vous prêter main-forte contre l'ordonnance du roi, que vous violez? Est-ce que nous devrons soutenir ceux qui mettent l'édit et l'ordonnance sous leurs pieds, ou ceux qui défendent leurs droits? Réfléchissez, au nom du ciel! je ne vous dis que cela, monsieur Poulet. »

Alors il se rassit. Les rumeurs de la rue augmentaient; une quantité de gens se penchaient sur la haie pour voir et entendre. — Cochart criait :

« Je ne marcherai pas!... on me tuera plutôt!... Je suis avec l'ordonnance! »

Poulet, voyant que les deux sergents eux-mêmes commençaient à réfléchir et regardaient autour d'eux sans oser suivre ses ordres, se rappela tout à coup Marguerite et se retourna furieux, en lui criant :

« C'est toi qui nous vaut ça... calviniste!... Tout aurait marché comme à l'ordinaire, sans cette mauvaise race! »

Il s'avançait tout rouge et le cou plein de sang, comme un de ces gros dindons qui courent après les enfants! Il arrivait pour la pousser, quand il me vit derrière elle, dans l'ombre. J'étais là sans savoir comment, en bras de chemise. Je le regardais, et je riais en moi-même, pensant :

« Malheureux! si tu la touches, je te plains!... »

Je sentais déjà son gros cou rouge entre mes deux mains, comme dans un étau. Lui vit cela, et tout à coup il devint pâle.

« Allons, dit-il, c'est bon... c'est bon... Nous reviendrons demain! »

Les deux sergents, qui voyaient cette foule penchée sur la haie et tous ces yeux reluisant dans l'ombre, parurent bien contents de s'en aller. Ils lâchèrent Cochart, qui se redressa, le sarrau déchiré, les joues et le front couverts de sueur.

Moi, je ne bougeais pas de ma place. Marguerite, alors, se retournant, me vit. Beaucoup d'autres me regardaient aussi. J'étais pour ainsi dire fâché de voir le gros cellerier s'en aller avec les sergents; ce soir-là, j'aurais aimé la bataille! Que les hommes sont étonnants, et que les idées changent avec l'âge! mais on n'a pas toujours des bras et des épaules de dix-huit ans et des mains de forgeron, et l'on ne pense plus à montrer sa force et son courage à celle que l'on aime!... Enfin ils s'en allaient. Marguerite me dit en riant:

« Ils s'en vont, Michel... »

Et je lui répondis:

« C'est la meilleure idée qui puisse leur venir. »

Et son sabot poussait la bêche, en faisant craquer les racines. (Page 66.)

Mais à peine étaient-ils au dehors, que les coups de sifflets et les éclats de rire s'élevèrent d'un bout des Baraques à l'autre. Cochart, encore tout défait, vida sa cruche d'un trait, et Marguerite lui dit :

« Dépêchez-vous de porter votre contrebande au bois, dépêchez-vous ! »

Ah ! qu'elle paraissait heureuse, et ce pauvre Cochart, qu'il était content ! Je suis sûr qu'il aurait voulu la remercier, mais l'épouvante le tenait encore; il partit en remontant la rue, sans dire bonjour ni bonsoir.

Tout le monde criait et chantait victoire dans la cour. Poulet et ses deux sergents, qui traversaient alors les champs, devaient nous entendre au loin, jusque dans la petite allée du cimetière, près de la ville; ils devaient être bien ennuyés d'avoir manqué leur coup, les gueux !

Maître Jean fit apporter du cidre, et longtemps autour de la table on parla de ce qui venait de se passer. Chacun voulait avoir dit son mot, ceux qui n'avaient pas soufflé, comme les autres, mais tous reconnaissaient le courage et le bon sens de Marguerite.

Maître Jean disait :

« C'est l'esprit du vieux qui se trouve en elle. Il va joliment rire, en apprenant la manière dont elle a parlé devant les fiscaux, et comme elle les a forcés de relâcher Cochart; il se fera du bon sang.

Moi, j'écoutais en silence, près de Marguerite; j'étais le plus heureux garçon du pays !

Mais tu n'es pas raisonnable, Michel, toute peine mérite salaire. (Page 69.)

Et bien tard, après dix heures, comme les uns et les autres partaient, et que maître Jean refermait sa porte en criant : « Bonsoir, les amis, bonsoir. Ah ! la belle journée !... » et que les gens s'en allaient par trois, par quatre, à droite et à gauche, Marguerite et moi, les derniers, nous sortîmes de la cour en repoussant le treillis, et nous remontâmes lentement la rue du village.

Nous étions tout pensifs en regardant cette belle nuit blanche, les arbres allongeant leurs ombres dans le chemin, et les étoiles innombrables au dessus. Le grand silence revenait; pas une feuille ne remuait dans l'air. Au loin, les portes et les volets se refermaient. Quelques vieilles se souhaitaient le bonsoir; et devant la maison de Chauvel, sous la haie de leur petit verger en pente, la source, sortant de la côte par son vieux tuyau, bruissait dans la petite auge presque à ras de terre.

Je vois l'eau qui coule par-dessus l'auge; le cresson de fontaine et les glaïeuls qui pendent autour et qui couvrent le vieux tuyau pourri; l'ombre d'un grand pommier, au coin de la maison; et dans l'auge, la lune qui tremble comme au fond d'un miroir. Tout se tait ! Marguerite est là qui regarde un instant et qui dit :

« Comme tout est tranquille, Michel ! »

Et puis elle se penche, sa petite main sur le tuyau, la bouche au dessous, ses beaux cheveux noirs tombant le long de ses joues et sur son joli cou brun : elle boit. Moi, je la regarde dans le ravissement. Tout à coup elle se relève et s'essuie le menton avec son tablier, en me disant :

« C'est égal, Michel, tu es tout de même plus courageux que les autres garçons du village; je t'ai bien vu derrière moi... Tu n'avais pas une bonne figure, non!.. Aussi Poulet s'est dépêché de partir, après t'avoir regardé! »

Elle se met à rire; et, pendant que je me réjouis de l'entendre dans cette rue tranquille, elle me demande :

« Mais, dis donc, à quoi pensais-tu, Michel, pour avoir cette figure? »

Et je lui réponds :

« Je pensais que s'il avait le malheur de te toucher, ou seulement de te dire un mot malhonnête, c'était un homme perdu. »

Alors elle me regarde, et ses joues deviennent rouges :

« Mais tu aurais été aux galères!
— Qu'est-ce que ça m'aurait fait? Avant, je l'aurais tué! »

Comme tout me revient après tant d'années! J'entends la voix de Marguerite; chaque mot est dans mon oreille; et ce petit murmure de la source, tout, tout revit. Oh! l'amour, quelle bonne chose!... Marguerite avait alors seize ans, elle n'a jamais vieilli pour moi.

Nous restâmes encore là quelques instants à rêver, et puis Marguerite s'en alla du côté de leur porte. Mais comme elle venait d'ouvrir, le pied déjà dans leur allée, elle se retourna d'un coup, me tendit sa petite main de bien loin, en me disant, les yeux brillants :

« Allons! bonne nuit, Michel, dors bien, et merci! »

Et je sentis qu'elle me serrait la main. J'en fus grandement troublé.

Et la porte s'étant refermée, je restai deux minutes à ma place, écoutant Marguerite trotter dans leur baraque, monter l'escalier; et puis, regardant la lampe s'allumer, à travers les fentes du volet :

« Elle se couche! » me dis-je.

Et je partis, m'écriant dans mon âme :

« Maintenant elle sait que tu l'aimes! »

Jamais je n'ai senti depuis de trouble et d'enthousiasme pareils.

XVI

J'avais donc décidé que Marguerite serait ma femme; tout était arrangé dans ma tête; je me disais :

« Elle est encore trop jeune, mais dans quinze mois, quand elle aura dix-huit ans et qu'elle comprendra que c'est son bonheur d'être mariée, comme toutes les filles, et que je lui dirai que je l'aime, nous serons bientôt d'accord et nous livrerons la grande bataille. La mère va terriblement crier; elle ne voudra pas d'une calviniste; et le curé, tous les gens du village seront avec elle; mais c'est égal, le père sera toujours avec moi, car je lui montrerai que c'est mon bonheur de toute ma vie, et que je ne puis exister sans Marguerite. Alors il aura du courage et, malgré tout, il faudra que l'affaire marche. Après cela, nous louerons une petite forge, soit sur la route des Quatre-Vents, à la Roulette, soit sur la route de Mittelbronn, aux Maisons-Rouges, et nous travaillerons pour notre compte. Les rouliers, les voituriers ne manqueront pas. Nous pourrons même tenir une petite auberge comme maître Jean. Nous serons les plus heureux du monde; et si nous avons le bonheur d'avoir un enfant, au bout de quinze jours ou trois semaines je le prendrai sur mon bras, j'irai tranquillement aux Baraques et je dirai à la mère : « Tenez, le voilà!... maudissez-le!... ». Et elle pleurera, elle criera, elle s'apaisera, et finalement elle viendra chez nous; tout sera raccommodé! »

Voilà ce que je me figurais, les larmes aux yeux; et je pensais aussi que le père Chauvel serait content de m'avoir pour gendre. Qu'est-ce qu'il pouvait espérer de mieux qu'un bon ouvrier, laborieux, économe, et capable par son travail d'amasser du bien, un homme simple et naturel comme moi? J'étais pour ainsi dire sûr qu'il consentirait; rien ne me troublait, tout me paraissait dans le bon sens, et j'étais attendri de mes bonnes idées.

Malheureusement il arrive des choses en ce monde auxquelles on ne s'attend pas.

Un matin, cinq ou six jours après la visite des fiscaux, nous étions à ferrer le roussin du vieux juif Schmoûle devant la forge, lorsque arriva la femme Stéphen, des Baraques d'en haut. Elle revenait de vendre ses œufs et ses légumes au marché de la ville, et dit à maître Jean :

« Voici quelque chose pour vous! »

C'était une lettre de Metz, et maître Jean s'écria tout joyeux :

« Je parie qu'elle vient de Chauvel! Lis-nous ça, Michel; je n'ai pas le temps de chercher mes besicles.

J'ouvris donc la lettre, mais j'en lisais à peine les premières lignes, que mes genoux tremblaient et que je me sentais froid par tout le corps : Chauvel annonçait à maître Jean qu'il venait d'être nommé député du tiers aux états généraux, et lui disait d'envoyer tout de suite Marguerite à l'auberge du *Plat-d'Étain*, rue des Vieilles-Boucheries, à Metz, parce qu'ils allaient partir ensemble pour Versailles.

C'est tout ce que je me rappelle de cette lettre assez longue. Après cela, je lisais sans comprendre, et, finalement, je m'assis sur l'enclume comme un être accablé. Maître Jean traversait la rue en criant :

« Catherine, Chauvel est nommé député du tiers aux états généraux ! »

Valentin, les mains jointes, bégayait :

« Chauvel à la cour, parmi les seigneurs et les évêques !... O mon Dieu !... »

Et le vieux juif Schmoule lui répondait :

« Pourquoi pas? C'est un homme de bon sens, un véritable homme de commerce; il mérite cette place autant qu'un autre ! »

Mais, moi, j'avais les yeux troubles, et je m'écriais en moi-même :

« Maintenant, tout est fini, tout est perdu !... Marguerite part et je reste seul !... »

J'avais envie de sangloter; la honte seule m'en empêchait. Je pensais :

« Si l'on savait que tu l'aimes, tout le pays se moquerait de toi !... Qu'est-ce qu'un garçon forgeron auprès de la fille d'un député du tiers état? Rien du tout !... Marguerite est au ciel, et toi sur la terre ! »

Et mon cœur se déchirait.

La rue se remplissait déjà de monde : dame Catherine, Nicole, maître Jean, les voisins et les voisines, criant:

« Chauvel est député du tiers aux états généraux ! »

C'était un grand mouvement. Maître Jean, rentrant dans la forge, s'écria :

« Nous sommes tous comme fous à cause de la gloire du pays; nous ne pensons plus à rien; Michel, cours donc prévenir Marguerite ! »

Alors je me levai. Je m'épouvantais de voir Marguerite; j'avais peur de pleurer devant elle, de montrer malgré moi que je l'aimais, et de lui faire honte. Et même dans leur allée, je m'arrêtai pour raffermir mon cœur, et puis j'entrai.

Marguerite était dans la petite salle, à repasser du linge.

« Hé ! c'est Michel, » dit-elle, tout étonnée de me voir en bras de chemise, car je n'avais pas même eu l'idée de mettre ma veste et de me laver les mains.

Je lui répondis :

« Oui... c'est moi... Je t'apporte une bonne nouvelle...

— Qu'est-ce que c'est?

— Ton père est nommé député du tiers aux états généraux. »

Comme je parlais, elle devint toute pâle, et je m'écriai :

« Marguerite, qu'est-ce que tu as? »

Mais elle ne pouvait me répondre; c'était la joie, la fierté, qui faisait cela; et tout à coup, fondant en larmes, elle se jeta dans mes bras en criant :

« Oh! Michel, quel bonheur pour mon père ! »

Je la tenais serrée, elle, ses bras autour de mon cou; je sentais les sanglots par tout son petit corps; ses larmes me coulaient sur les joues ! Ah! que je l'aimais, et comme j'aurais voulu la garder! Comme je m'écriais dans mon âme : « Qu'on vienne me la prendre ! » Et pourtant il fallait la laisser partir; son père était le maître!

Longtemps Marguerite pleura; puis me lâchant et courant s'essuyer la figure à la serviette, elle se mit à rire et me dit :

« Que je suis folle ! n'est-ce pas, Michel? Peut-on pleurer pour de pareilles choses? »

Moi, je ne disais rien; je la regardais avec un amour qu'on ne peut se figurer ; elle n'y faisait pas attention !

« Allons, dit-elle en me prenant le bras, arrive ! »

Et nous sortîmes.

La grande salle des *Trois-Pigeons* était pleine de monde. Mais je n'ai pas envie de vous peindre les embrassades de maître Jean, de dame Catherine, de Nicole; ni les compliments des notables, du grand Létumier, du vieux Rigaud, de Huré. Ce jour-là l'auberge ne désemplit plus de Baraquins jusqu'à neuf heures du soir; hommes, femmes, enfants, entraient et sortaient, levant leurs chapeaux, leurs bonnets, trébuchant et criant à se faire entendre jusqu'au petit Saint-Jean. Les verres, les bouteilles, les canettes tintaient; la grosse voix de maître Jean s'élevait au-dessus du tumulte, avec des éclats de rire qui ne finissaient pas. C'était une fête incroyable.

Moi, voyant cela, je me disais :

« Tu n'es pourtant qu'un gueux ! Tout le village se réjouit du bonheur de Marguerite et de Chauvel, tout le monde est content, et toi, te voilà triste jusqu'à la mort... C'est abominable ! »

Valentin seul était avec moi, disant :

« C'est le bouleversement de tout; la racaille va maintenant à la cour... les seigneurs sont confondus parmi les va-nu-pieds,... on ne respecte plus rien,... on nomme des calvanistes au lieu de chrétiens... La fin du monde approche. »

Et, dans ma grande tristesse, je lui donnais raison. Mon courage s'en allait. Je ne pouvais rester là, dans cette foule ; Marguerite ellemême était forcée de reculer jusque dans la cuisine, où les notables entraient lui faire leurs salutations. Je pris mon bonnet et je sortis. J'allai, Dieu sait où! devant moi, du côté de la grande route je pense, à travers champs.

Il faisait beau comme depuis quinze jours; les avoines commençaient à verdir, les blés poussaient. Le long des haies les fauvettes gazouillaient, et dans l'air, les alouettes se balançaient avec leur joie et leur musique éternelles. Le soleil et la lune ne s'arrêtaient pas à cause de moi. Ma désolation était terrible.

Je m'assis trois ou quatre fois au bord du chemin, à l'ombre d'une haie, la tête entre mes mains et je rêvais! mais plus je rêvais, plus ma tristesse devenait grande; je ne voyais plus rien, ni devant, ni derrière, comme on raconte des malheureux perdus sur la mer, qui ne voient que le ciel et l'eau, et qui crient :

« C'est fini!... Maintenant, il faut mourir!...»

Voilà ce que je pensais. Le reste ne m'était plus rien.

Enfin à la nuit, sans savoir comment, je retournai au village et j'arrivai derrière notre baraque. Au loin, à l'autre bout de la rue, les cris et les chansons continuaient. J'écoutais en me disant :

« Criez... chantez... vous avez bien raison!... la vie est une misère!...»

Et j'entrai. Le père et la mère, sur leurs petites escabelles, filaient et tressaient. Je leur dis bonsoir. Le père, me regardant, s'écria :

« Comme tu es pâle, Michel, tu es malade, mon enfant. »

Je ne savais quoi répondre, lorsque la mère dit en souriant :

« Hé! tu vois bien qu'il a riboté avec les autres!... Il en a pris son compte, en l'honneur de Chauvel. »

Je répondis, dans l'amertume de mon âme :

« Oui, vous avez raison, ma mère, je suis malade... J'ai trop bu... Vous avez raison!... Il faut bien un peu profiter des bonnes occasions. »

Et le père, avec douceur, dit alors :

« Eh bien, mon enfant, va dormir, cela se passera. Bonne nuit, Michel! »

Je montai l'escalier avec la petite lampe de fer-blanc, je montai tout accablé, la main sur le genou pour m'aider. Et là-haut, posant la lampe sur le plancher, je regardai quelques instants mon petit frère Étienne, qui dormait si bien, sa tête blonde renversée sur l'oreiller en grosse toile, sa petite bouche ouverte, et ses grands cheveux autour de son cou; je le regardai, pensant :

« Comme il ressemble au père!... Comme il lui ressemble, mon Dieu! »

Et je l'embrassai, pleurant tout bas et me disant :

« Eh bien, c'est pour toi maintenant que je travaillerai! Puisque tout s'en va, puisqu'il ne me reste rien, c'est pour toi que je me donnerai de la peine; et peut-être, toi, tu seras plus heureux : celle que tu aimeras ne s'en ira pas, et nous vivrons tous ensemble! »

Alors je me déshabillai, je me couchai près de lui, et toute la nuit je ne fis que rêver à mon malheur, en me répétant qu'il fallait du courage; que personne ne devait rien savoir de mon amour pour Marguerite; que ce serait une honte; qu'un homme devait être un homme; ainsi de suite! Et le lendemain de bonne heure je retournai tranquillement à la forge, résolu à rester ferme. Cela me faisait du bien.

Or, en ce jour les compliments continuèrent, et ce n'étaient plus seulement les Baraquins, c'étaient tous les notables de la ville : MM. les officiers de mairie, MM. les échevins, assesseurs et syndics, MM. les secrétaires, greffiers, trésoriers, receveurs et contrôleurs, MM. les notaires et gardes-marteaux de la maîtrise des eaux et forêts... Qu'est-ce que je sais encore, moi ?

Toute cette masse de gens, qu'on ne connaissait ni d'Ève ni d'Adam, arrivaient à la file, avec leurs tricornes, leurs grosses perruques poudrées, leurs hautes cannes à pomme d'ivoire, leurs habits de ratine, leurs bas de soie, leurs jabots et leurs dentelles; ils arrivaient comme les hirondelles autour du clocher, en automne; ils venaient saluer Mlle Marguerite Chauvel, la demoiselle de notre député du bailliage aux états généraux. Ils avaient l'air joyeux, comme si nos élections les avaient regardés. Quelle abomination! Toute l'auberge et les environs étaient pleins de leurs bonnes odeurs de musc et de vanille. J'ai pensé souvent depuis que c'étaient là les vrais coucous, qui viennent se mettre dans un nid quand il est fait, mais qui n'apportent jamais un brin de paille pour le bâtir. Leur grande affaire, c'est de profiter de tout sans peine et de gagner les bonnes places à coups de chapeaux. Avant les élections, ils ne nous auraient dit ni bonjour ni bonsoir; mais à cette heure ils venaient nous offrir leurs services, pensant bien que Chauvel, à Versailles, serait capable de leur rendre le double et le triple. Ah! les gueux! rien que de les voir, mon sang tournait.

Valentin et moi, de la forge en face, pendant que maître Jean, Marguerite et la mère Catherine recevaient ce beau monde, nous voyions toutes leurs simagrées par les fenêtres ouvertes; et Valentin, jaune d'indignation, me disait :

« Regarde, voici M. le syndic un tel, ou bien

M. le garde-marteau un tel qui salue… Regarde sa figure; ça, c'est la belle manière de saluer. Et maintenant il prend sa petite prise de macouba sur le pouce; il fait tomber le tabac du jabot avec le bout des ongles; c'est chez Mgr le cardinal qu'il a appris ça; mais ça sert aussi chez un cabaretier; ça flatte la demoiselle de M. le député Chauvel. A cette heure, il tourne sur le talon et va saluer le reste de la compagnie. »

Valentin riait, mais moi je tapais sur l'enclume sans regarder; j'étouffais de colère. C'est alors que je voyais encore mieux la distance entre Marguerite et moi; les Baraquins avaient bien pu se tromper sur la grandeur d'un député du tiers aux états généraux; mais ceux-là devaient s'y connaître, ils ne devaient pas faire leurs salutations et leurs compliments pour rien. Marguerite n'avait qu'à choisir! Je trouvais même, en y pensant, qu'elle aurait tort de prendre un garçon forgeron, au lieu d'un fils de conseiller ou de syndic; oui, ça me paraissait naturel et me désolait d'autant plus.

Enfin, il fallut voir ce spectacle jusqu'à cinq heures du soir.

Marguerite devait partir dans la nuit, avec le courrier de Paris. Maître Jean lui prêtait sa malle; c'était une grande malle couverte en peau de vache, qu'il avait héritée de son beau-père Didier Ramel; elle roulait sur le grenier depuis trente ans, et c'était moi qu'il avait chargé d'y mettre des coins en tôle, pour la renforcer. Pendant toute cette journée, l'idée m'était venue vingt fois de l'enfoncer d'un coup de marteau; mais songeant que je travaillais pour Marguerite, et que c'était sans doute le dernier service que je pourrais lui rendre, de grosses larmes me remplissaient les yeux, et je continuais l'ouvrage avec un amour qu'on n'a plus après vingt ans; ce n'était jamais fini, j'avais toujours un coup de lime à donner, une charnière à mieux ajuster. Pourtant, quelques minutes avant cinq heures, je n'y voyais plus rien à faire : la serrure jouait bien, la patte du cadenas se fermait toute seule, tout était solide.

Marguerite venait de sortir, je l'avais vue entrer dans leur maison. Je dis à Valentin que j'étais fatigué, et qu'il me ferait plaisir de porter la malle chez Chauvel. Il la prit sur son épaule et partit aussitôt. Moi, tout affaissé, je n'aurais pas eu le courage d'aller là, de me trouver encore une fois seul avec Marguerite ; je sentais que ma désolation éclaterait. Je remis donc ma veste, et j'entrai dans l'auberge. Tous les autres étaient partis, grâce à Dieu. Maître Jean, les joues rouges et les yeux brillants, célébrait la gloire des *Trois-Pigeons*; il disait, en soufflant dans ses joues, que jamais aucune autre auberge n'avait reçu d'honneur pareil, et la mère Catherine pensait comme lui.

Nicole dressait la table.

Maître Jean, me voyant, dit alors que Marguerite avait déjà soupé, et qu'elle se dépêchait maintenant de préparer ses effets, et de choisir les livres de son père qu'il fallait emporter. Il me demanda des nouvelles de la malle; je lui dis qu'elle était finie et que Valentin l'avait portée dans la maison de Chauvel.

Au même instant Valentin entrait; on s'assit et l'on soupa.

J'avais l'idée de m'en aller avant huit heures, sans rien dire à personne. A quoi servait-il de faire tant de compliments, puisque tout était fini, puisqu'il ne restait plus aucune ressource? Je pensais :

« Eh bien, quand elle sera partie, maître Jean écrira que j'étais malade au père Chauvel, s'il s'inquiète de cela; et s'il ne s'en inquiète pas, tant mieux! »

Voilà donc mon idée; aussitôt le souper fini, je me levai tranquillement et je sortis. Il faisait nuit; dans la chambre en haut de la maison de Chauvel brillait une lampe. Je m'arrêtai deux minutes à la regarder; et puis tout d'un coup, voyant Marguerite s'approcher de la fenêtre, je partis en courant; mais dans le moment où je tournais au coin de leur verger, j'entendis sa voix me crier :

« Michel! Michel! »

Et je m'arrêtai, comme si la cheminée m'était tombée sur la tête.

« Qu'est-ce que tu veux, Marguerite? lui dis-je, sentant mon cœur battre à défoncer ma poitrine.

— Hé! monte donc, répondit-elle, j'allais te chercher; il faut que je te parle! »

Alors, je montai tout pâle, et je la trouvai dans la chambre en haut, l'armoire ouverte; elle venait de remplir la malle, et me dit en souriant :

« Eh bien, tu vois que je me suis dépêchée; les livres sont au fond, le linge dessus, et tout en haut mes deux robes. Il ne me reste rien à mettre… Je cherche… »

Et comme je ne répondais pas, étant tout troublé :

« Écoute, dit-elle, maintenant, il faut que je te montre la maison, car c'est toi qui vas la garder; arrive! »

Elle me prit la main, et nous entrâmes dans la petite chambre au fond, au-dessus de la cuisine; c'était leur fruitier, mais il n'y avait plus de fruits, et seulement des rayons pour en mettre.

« Voilà, me dit-elle; ici tu mettras les pommes et les poires du verger. Nous n'en avons pas beaucoup; raison de plus pour les conserver. Tu m'entends?

— Oui, Marguerite, » lui répondis-je, en la regardant attendri.

Ensuite nous descendîmes l'escalier. Elle me montra la chambre en bas, où couchait son père, leur petite cave et la cuisine ouvrant sur le verger; et puis elle me recommanda ses rosiers, disant que c'était le principal article, et qu'elle m'en voudrait beaucoup si je ne les soignais pas bien. Je pensais : « Ils seront bien soignés, mais à quoi cela servira-t-il, puisque tu pars? » Et pourtant je sentais dans mon cœur comme une bonne espérance qui revient doucement; mes yeux étaient troubles, et de me voir là, seul, à causer avec elle, je m'écriais en moi-même :

« Mon Dieu, mon Dieu, est-ce possible que tout soit fini? »

Comme nous rentrions dans la chambre en bas, Marguerite me montra les livres de son père, rangés en bon ordre sur leurs rayons, entre les deux petites fenêtres, et me dit :

« Pendant que nous serons là-bas, tu viendras ici souvent chercher des livres, Michel, et tu t'instruiras; sans instruction on n'est rien. »

Elle me parlait, et je ne répondais pas, étant touché de voir qu'elle pensait à mon instruction, une des choses que je regardais aussi comme parmi les premières. Je me disais :

« Elle m'aime pourtant?... Oui, elle m'aime!... Oh! que nous aurions été heureux! »

Après avoir posé la lampe sur la table, elle me donna la clef de leur maison, en me recommandant d'ouvrir de temps en temps, à cause de l'humidité.

« Quand nous reviendrons, j'espère, Michel, que tout sera bien en ordre, » me dit-elle au moment de sortir.

Et moi, l'entendant dire qu'ils reviendraient, je m'écriai :

« Vous reviendrez donc, Marguerite; vous ne partez pas pour toujours? »

Ma voix tremblait, j'étais bouleversé.

« Comment, si nous reviendrons? dit-elle en me regardant tout étonnée; mais que veux-tu donc que nous fassions, grosse bête? Est-ce que tu crois que nous allons faire fortune là-bas? »

Elle riait :

« Mais oui, nous reviendrons, et plus pauvres que nous ne partons, va! Nous reviendrons faire notre commerce, quand les droits du peuple seront votés. Nous reviendrons peut-être cette année, ou l'année prochaine au plus tard.

— Ah! lui dis-je, je croyais que tu ne reviendrais pas! »

Et, sans pouvoir me retenir, je me mis à sangloter, mais à sangloter comme un enfant. Je m'étais assis sur la malle, la tête penchée entre les genoux, remerciant Dieu et pourtant honteux d'avoir parlé. Marguerite ne disait rien. Cela dura plusieurs minutes, car je ne pouvais m'arrêter. Tout à coup je sentis sa main me toucher l'épaule. Je me levai. Elle était pâle, et ses beaux yeux noirs brillaient.

« Travaille bien, Michel, me dit-elle avec douceur, en me montrant de nouveau la petite bibliothèque, mon père t'aimera! »

Puis elle prit la lampe et sortit. Je chargeai la malle sur mon épaule comme une plume, et je la suivis dans l'allée. J'aurais bien voulu parler, mais je ne savais quoi dire.

Une fois dehors, je refermai la porte et je mis la clef dans ma poche. La lune brillait au milieu des étoiles. Alors je criai, relevant la tête :

« Ah! la belle nuit, Marguerite! Je remercie Dieu de te donner une si belle nuit pour partir. Il va faire bon voyage. »

J'étais redevenu content; elle paraissait plus grave, et me dit en entrant :

« N'oublie rien de ce que tu m'as promis! »

Le courrier devait passer vers dix heures, il restait juste le temps de se mettre en route. Toute la maison embrassa Marguerite, excepté maître Jean et moi, qui devions la reconduire en ville; et, quelques instants après, nous partîmes par ce beau clair de lune. La mère Catherine et Nicole, sur la porte, criaient :

« Bon voyage, Marguerite!... Revenez bientôt... »

Elle répondait :

« Oui!... Et que nous vous retrouvions tous en bonne santé! »

J'avais repris la malle, et nous suivions le grand chemin bordé de peupliers, qui mène aux glacis. Marguerite marchait près de moi. Deux ou trois fois elle me dit :

« La malle est lourde, n'est-ce pas, Michel? »

Et je lui répondais :

« Non... Ce n'est rien, Marguerite! »

Il fallait se dépêcher; nous pressions le pas. Arrivés au pied du glacis, maître Jean s'écria :

« Nous y serons bientôt! »

La demie sonnait pour dix heures; quelques minutes après, nous passions la porte de France. Au bout de la rue où demeure aujourd'hui Lutz, s'arrêtait la patache. Nous courions presque; et, au quart de la rue, nous entendions déjà le roulement de la voiture, qui traversait la place d'Armes.

« Nous arrivons juste à temps, » dit maître Jean.

Comme nous débouchions au coin de Fouquet, la lanterne du courrier arrivait sur nous, par la rue de l'Église. Alors nous entrâmes sous la voûte, où, par le plus grand hasard, se trouvait le vieux juif Schmoule, qui partait pour Metz.

Presque aussitôt la voiture faisait halte. Plusieurs places étaient vides. Maître Jean embrassa Marguerite; moi, j'avais déposé la malle, et je n'osais avancer.

« Viens donc ici, » me dit-elle en me tendant la joue.

Et je l'embrassai, pendant qu'elle me soufflait à l'oreille :

« Travaille bien, Michel, travaille ! »

Schmoule avait déjà pris sa place dans le coin; maître Jean, levant Marguerite dans la voiture, lui dit :

« Vous aurez soin d'elle, Schmoule; je vous la recommande.

— Soyez tranquille, répondit le vieux juif, la fille de notre député sera bien soignée; fiez-vous à moi. »

J'étais content de voir que Marguerite serait avec une vieille connaissance. Elle était penchée par la fenêtre et me donnait la main. Le conducteur venait d'entrer voir au bureau si les places étaient payées; il remonta sur son siège en disant :

« Allez ! »

Et les chevaux partirent, comme nous criions tous ensemble.

« Adieu... adieu... Marguerite !... — Adieu, Michel !... — Adieu, maître Jean ! »

La voiture courait devant nous; elle passa sous la porte de France; nous la suivions tout pensifs. Une fois dehors, dans l'avancée, nous n'entendions déjà plus que les grelots des chevaux galopant au loin sur la route de Sarrebourg.

Maître Jean dit :

« Demain, à huit heures, ils arriveront à Metz; Chauvel sera là pour recevoir Marguerite, et dans cinq ou six jours ils seront à Versailles. »

Moi, je ne disais rien.

Nous rentrâmes au village, et j'allai tout de suite à notre baraque, où tout le monde dormait dans la paix du Seigneur. Je grimpai l'échelle, et cette nuit là je ne fis plus de mauvais rêves, comme la veille.

XVII

Après le départ de Marguerite, tout redevint calme durant quelques jours. Le temps s'était mis à la pluie. Nous travaillions beaucoup, et le soir, je profitais des dernières heures pour m'instruire dans la bibliothèque de Chauvel. Elle était pleine de bons livres : Montesquieu, Voltaire, Buffon, Jean-Jacques Rousseau; tous ces grands écrivains dont j'entendais parler depuis dix ans avaient là leurs ouvrages : les gros en ligne sur le plancher, et les autres au-dessus, dans les rayons. Ah ! comme j'ouvrais les yeux lorsqu'il m'arrivait de tomber sur une page dans mes idées ! et quel bonheur j'eus en ouvrant pour la première fois un des grands volumes d'en bas : le *Dictionnaire encyclopédique* de MM. d'Alembert et Diderot, et de comprendre ce bel ordre alphabétique, où chacun trouve ce qu'il lui plaît de chercher, selon ses besoins ou son état !

Voilà ce qui me parut admirable; et tout de suite je cherchai l'article de la forge, où se trouve racontée l'histoire des forgerons, depuis le Tubalcaïn de la Bible jusqu'à nos jours, et la manière de tirer le fer des mines, de le fondre, de le tremper, de le battre, de le travailler, dans les moindres détails. Je n'en revenais pas; et quand j'en dis quelques mots le lendemain à maître Jean, lui-même fut dans l'étonnement et l'admiration. Il s'écriait que nous autres jeunes gens nous avions bien des facilités pour apprendre, mais que de son temps il n'existait pas de livres pareils, ou qu'ils étaient trop chers; et Valentin aussi paraissait me prendre en plus haute considération.

Au commencement du mois de mai, le 9 ou le 10, je pense, nous reçûmes une lettre de Chauvel, qui nous annonçait leur arrivée à Versailles, disant qu'ils logeaient chez un maître bottier rue Saint-François, à quinze livres par mois. Les états généraux venaient de s'ouvrir, il n'avait pas le temps de nous en écrire plus long, et mettait seulement à la fin : « J'espère que Michel ne se gênera pas d'emporter mes livres à leur maison. Qu'il s'en serve et qu'il en ait soin, car il faut toujours respecter ses amis, et ceux-là sont les meilleurs. » Je voudrais bien ravoir cette lettre, la première de toutes, mais Dieu sait ce qu'elle est devenue ! Maître Jean avait la mauvaise habitude de montrer ses lettres et de les prêter à tout le monde, de sorte que les trois quarts se perdaient.

Ce que disait Chauvel m'apprit que Marguerite avait parlé de notre entretien à son père, et qu'il l'approuvait. J'en fus dans une joie rem-

Il chanta l'air des Paysans. (Page 76.)

plie de tendresse et de courage ; et depuis ce jour j'emportais chaque soir chez nous un volume de l'*Encyclopédie*, que je lisais article par article, jusqu'à une et deux heures du matin. La mère me reprochait aigrement une si grande dépense d'huile, je la laissais crier ; et, quand nous étions seuls, le père me disait :

« Instruis-toi, mon enfant ; tâche de devenir un homme, car celui qui ne sait rien est trop misérable ; il travaille toujours pour les autres. C'est bien !... N'écoute pas ta mère. »

Et je ne l'écoutais pas non plus, sachant qu'elle serait la première à profiter de ce que j'aurais appris.

Dans ce même temps M. le curé Christophe et quantité de gens à Lutzelbourg étaient malades. Le desséchement des marais de la Steinbach avait répandu des fièvres dans toute la vallée ; on ne voyait que des malheureux traîner la jambe et claquer des dents.

Maître Jean et moi, nous allions voir le curé tous les dimanches. Cet homme si fort n'avait plus que la peau et les os, et nous ne pensions jamais qu'il pourrait en revenir.

Heureusement on appela le vieux Freydinger, de Diemeringen, qui connaissait le vrai remède contre les fièvres de marais : — la semence de persil bouillie dans de l'eau ; — par ce moyen, il sauva la moitié du village, et M. le curé Christophe finit aussi par se remettre tout doucement.

Durant le mois de mai, je me souviens qu'on ne parlait au pays que de bandes de brigands qui ravageaient Paris. Tous les Baraquins et

Prenez garde, vous n'avez pas le droit d'arrêter cet homme. (Page 78.)

ceux de la montagne voulaient déjà prendre leurs fourches et leurs faux pour courir au-devant de ces gueux, qui devaient soi-disant se répandre dans les champs et brûler les moissons. Mais on apprit bientôt que les brigands avaient été massacrés au faubourg Saint-Antoine, chez un marchand de papiers peints qui s'appelait Réveillon, et l'épouvante se calma pour un temps. Plus tard, la peur des brigands revint beaucoup plus forte, et chacun tâcha de trouver de la poudre et des fusils, pour se défendre contre eux lorsqu'ils viendraient. Naturellement ces bruits m'inquiétaient d'autant plus que, pendant près de deux mois, nous n'eûmes plus d'autres nouvelles que celles des gazettes. A la fin pourtant, grâce à Dieu, nous reçûmes une deuxième lettre de Chauvel, et celle-là je l'ai gardée, ayant eu soin de la copier moi-même, parce que l'autre courait le pays et qu'on ne pouvait plus la ravoir. Un paquet de gazettes, anciennes et nouvelles, arrivait avec la lettre.

Ce même jour, M. le curé Christophe et son frère, le grand Materne,—celui qui s'est battu en 1814 contre les alliés, avec Hullin, — vinrent nous voir.

Le curé n'avait plus les fièvres ; il se sentait à peu près remis et dîna chez nous, ainsi que son frère. C'est devant eux que je lus la lettre; dame Catherine, Nicole et deux ou trois notables se trouvaient là aussi, bien étonnés de ce que Chauvel, connu pour son bon sens et sa prudence, se permît d'écrire aussi vertement.

Enfin, voici sa lettre ; chacun y verra ce qui

« A Jean Leroux, maître forgeron aux Baraques-du-Bois-de-Chênes, près de Phalsbourg.

Ce 1er juillet 1789.

Vous avez dû recevoir une lettre du 6 mai dernier, où je vous annonçais notre arrivée à Versailles. Je vous disais que nous avions trouvé, moyennant quinze livres par mois, un logement convenable chez Antoine Pichot, maître bottier, rue Saint-François, dans le quartier Saint-Louis, vieille ville. Nous demeurons toujours au même endroit, et si vous avez quelque chose à nous écrire, le principal est de bien mettre l'adresse.

Je voudrais savoir ce que vous espérez des récoltes cette année. Que maître Jean et Michel m'écrivent à ce sujet. Ici, nous avons toujours eu des temps d'orages, de grandes averses; par-ci par-là, quelques rayons de soleil. On craint une mauvaise année; qu'en pensez-vous? — Marguerite désire avoir des nouvelles de notre petit verger et surtout de ses fleurs; notez cela.

Nous vivons dans cette ville comme des étrangers. Deux de mes confrères, le curé Jacques, de Maisoncelle, près de Nemours, et Pierre Gérard, syndic de Vic, bailliage de Toul, sont dans la même maison que nous; eux au dessous et nous tout en haut, avec un petit balcon sur la ruelle. Marguerite fait le marché pour nous et la cuisine aussi. Tout va bien. Le soir, dans la chambre de M. le curé Jacques, nous réglons nos idées; je prends ma prise, Gérard fume sa pipe et nous finissons toujours par nous entendre plus ou moins.

Voilà pour nos affaires. Passons à la nation.

C'est mon devoir de vous tenir au courant de ce qui se passe; mais depuis notre arrivée nous avons eu tant de contrariétés, tant d'ennuis, tant de traverses; les deux premiers ordres, et principalement celui de la noblesse, nous ont montré tant de mauvaise volonté, que je ne savais pas moi-même où nous pourrions aboutir. Du jour au lendemain les idées changeaient; on avait confiance, et puis on désespérait. Il nous a fallu bien de la patience et du calme, pour forcer ces gens à se montrer raisonnables; ils ont eu trois fois le marché en main; et c'est en voyant que nous allions nous passer d'eux et faire la constitution tout seuls qu'ils se sont enfin décidés à venir prendre part à l'assemblée et délibérer avec nous.

Je ne pouvais donc rien vous donner de certain, mais aujourd'hui la partie est gagnée, et nous allons tout reprendre en détail depuis le commencement.

Vous lirez cette lettre aux notables, car ce n'est pas pour moi seul que je suis ici, c'est pour tout le monde; et je serais un gueux de ne pas rendre compte de leurs propres affaires à ceux qui m'ont envoyé. Comme j'ai pris mes notes jour par jour, je n'oublierai rien.

En arrivant à Versailles, le 30 avril, avec trois autres députés de notre bailliage, nous sommes descendus à l'hôtel des Souverains, encombré de monde. Je ne vous raconterai pas ce que l'on paye un bouillon, une tasse de café, cela fait frémir. Tous ces gens-là, les domestiques et les hôteliers, sont valets de père en fils; cela vit de la noblesse, qui vit du peuple, sans s'inquiéter de ses misères. Un bouillon de deux liards chez nous coûte ici la journée de travail d'un ouvrier aux Baraques; et c'est tellement reçu, que celui qui fait la moindre réclamation passe pour un va-nu-pieds; les autres le regardent d'un œil de mépris : c'est la mode de se laisser voler et dépouiller par cette espèce de gens.

Vous pensez bien que cela ne pouvait pas me convenir; quand on a gagné son pain honnêtement et laborieusement depuis trente-cinq ans, on sait le prix des choses, et je ne me suis pas gêné pour faire venir le gros maître d'hôtel en habit noir, et lui dire ma façon de penser sur son compte. C'était la première fois qu'il recevait de pareils compliments. Le drôle voulait avoir l'air de me mépriser, mais je lui ai rendu son mépris avec usure. Si je n'avais pas été député du tiers état, on m'aurait mis à la porte; heureusement cette qualité fait respecter son homme. Je me suis laissé dire le lendemain, par mon confrère Gérard, que j'avais scandalisé toute la valetaille de l'hôtel, j'en ai ri de bon cœur. Il faut que le salut et la grimace d'un laquais ne soient pas au même taux que le travail d'un honnête homme.

Je tenais à vous raconter cela d'abord, pour vous montrer à quelle race nous avons affaire.

Enfin, le lendemain de notre arrivée, après avoir couru la ville, je retins mon logement, et j'y fis transporter mes effets. C'était une bonne trouvaille; les deux confrères que je vous ai nommés me suivirent aussitôt. Nous sommes là entre nous, et nous vivons au meilleur marché possible.

C'est le 3 mai jour de la présentation au roi, qu'il aurait fallu voir Versailles; la moitié de Paris encombrait les rues; et le lendemain, à la messe du Saint-Esprit, ce fut encore plus extraordinaire : on voyait du monde jusque sur les toits.

Mais, avant tout, il faut que je vous parle de la présentation.

Le roi et la cour demeurent dans le château de Versailles, sur une sorte de coteau, comme celui de Mittelbronn, entre la ville et les jardins. En avant du château s'étend une cour en pente douce; des deux côtés de la cour, à droite et à gauche s'élèvent de grands bâtiments, où logent les ministres; dans le fond est le palais. Ces choses se voient d'une lieue, en arrivant par l'avenue de Paris, large quatre à cinq fois comme nos grand'routes et bordée de beaux arbres. La cour est fermée devant par une grille d'au moins soixante toises. Derrière le château s'étendent les jardins, remplis de jets d'eau, de statues et d'autres agréments pareils. Combien de milliers d'hommes ont dû mourir à la peine dans nos champs, et payer les tailles, les gabelles, les vingtièmes, etc., pour élever ce palais! Après cela, les nobles et les laquais y vivent bien. Il faut du luxe, à ce que l'on dit, pour que le commerce roule; et pour avoir du luxe à Versailles, les trois quarts de la France tirent la langue depuis cent ans!...

Nous étions avertis de la présentation par des affiches et de petits livres qui se vendent en quantité dans ce pays, les gens vous arrêtent au collet pour vous en faire prendre.

Plusieurs députés du tiers trouvaient mauvais qu'on nous eût avertis par des affiches, tandis que les membres des deux premiers ordres avaient reçu des avis directs. Moi, je n'y regardais pas de si près, et je me mis en route vers midi, avec mes deux confrères, pour la salle des Menus. C'est dans cette salle des Menus que se tiennent les états généraux; elle est construite en-dehors du château, dans la grande avenue de Paris, sur la place d'anciens ateliers dépendant du magasin des Menus-Plaisirs de S. M. le roi. Ce que sont les grands et menus plaisirs du roi, je n'en sais rien; mais la salle est très-belle. Deux autres l'avoisinent et sont disposées, l'une pour les délibérations du clergé, l'autre pour celles de la noblesse.

Nous partîmes de la salle des Menus en cortége, entourés du peuple qui criait : « Vive le tiers état! » On voyait que ces braves gens comprenaient que nous les représentions, surtout la masse des Parisiens arrivés de la veille.

La grille, en avant du palais, était gardée par des Suisses, ils éloignèrent la foule et nous laissèrent passer. Nous arrivâmes donc dans la cour et puis dans le palais, où nous montâmes un escalier, les marches couvertes de tapis, et les voûtes semées de fleurs de lis d'or. Le long des deux rampes se tenaient de superbes laquais, tout chamarrés de broderies. J'estime qu'ils étaient bien dix de chaque côté jusqu'en haut.

Une fois au premier, nous entrâmes dans une salle plus belle, plus grande et plus riche que tout ce qu'on peut dire; je prenais cela pour la salle du trône : c'était l'antichambre.

Enfin, au bout d'environ un quart d'heure, s'ouvrit une porte en face, et celle-là, maître Jean, nous conduisit dans la vraie salle de réception, voûtée magnifiquement avec de grosses moulures, et peinte comme on ne peut pas se représenter de peintures. Nous étions en quelque sorte perdus là-dedans; mais autour se tenaient debout des gardes du roi, l'épée nue; et tout à coup sur la gauche, dans le silence, nous entendîmes crier :

« Le roi!... Le roi... »

Cela se rapprochait toujours; et le maître des cérémonies, arrivant le premier, répéta lui-même :

« Messieurs, le roi! »

Vous me direz, maître Jean, que tout cela n'est que de la comédie; sans doute! Mais il faut reconnaître qu'elle est très-bien entendue, pour exalter l'orgueil de ceux qu'on appelle grands, et pour frapper de respect ceux qu'on regarde comme petits. Le grand maître des cérémonies, M. le marquis de Brezé, en costume de cour, auprès de nous, pauvres députés du tiers, en habits et culottes de drap noir, semblait d'une espèce supérieure; et son air faisait assez voir qu'il le pensait lui-même. Il s'approcha de notre doyen en saluant, et presque aussitôt le roi s'avança seul, à travers le salon. On avait mis un fauteuil pour lui, dans le milieu, mais il resta debout, le chapeau sous le bras; et M. le marquis ayant fait signe à notre doyen de s'avancer, il le présenta; puis un autre; ainsi de suite, par bailliage. On lui disait le nom du bailliage, il le répétait, et le roi ne disait rien.

A la fin pourtant, il nous dit que c'était son bonheur de voir les députés du tiers état. Il parle lentement et bien. — C'est un très-gros homme, la figure ronde, le nez, les lèvres et le menton gros, le front en arrière. — Ensuite il sortit, et nous repartîmes par une autre porte. Voilà ce qu'on appelle une présentation.

En rentrant chez nous, j'ôtai mon habit noir et ma culotte, mes souliers à boucles, et mon chapeau. Le père Gérard monta, puis le curé. Notre journée était perdue; mais Marguerite avait préparé pour nous un gigot à l'ail, dont nous mangeâmes la moitié de bon appétit, en vidant un cruchon de cidre et causant de nos affaires. Gérard et nombre d'autres députés du tiers se plaignaient de cette présentation, disant qu'elle aurait dû se faire les trois ordres réunis. Ils pensaient que, d'après cela, nous pouvions juger à l'avance que la cour voulait la séparation des ordres. Quelques-uns rejetaient cette présentation sur le maître des cérémonies. Moi je pensais : nous verrons ! si la cour est contre le vote par tête, on avisera; nous sommes avertis !

Le lendemain, de grand matin, toutes les cloches sonnaient, et dans la rue s'élevaient des cris de joie, des rumeurs sans fin : c'était le jour de la messe du Saint-Esprit, pour appeler sur les états généraux les bénédictions du Seigneur.

Les trois ordres se réunirent dans l'église Notre-Dame, où l'on chanta le *Veni Creator*. Après cette cérémonie, très-agréable à cause des belles voix et de la bonne musique, on se rendit en procession à l'église Saint-Louis. Nous étions en tête, la noblesse venait ensuite; puis, le clergé, précédant le Saint-Sacrement. Les rues étaient tendues de tapisseries de la couronne et la foule criait:

« Vive le tiers état ! »

C'est la première fois que le peuple ne se soit pas déclaré pour les beaux habits, car nous étions comme des corbeaux, à côté de ces paons, le petit chapeau à plumes retroussé, les habits dorés sur toutes les coutures, les mollets ronds, le coude en l'air et l'épée au côté. Le roi, la reine, au milieu de leur cour, fermaient la marche. Quelques cris de : « Vive le roi ! vive le duc d'Orléans ! » s'élevèrent ensemble. Les cloches sonnaient à pleines volées.

Ce peuple a du bon sens; pas un imbécile, dans tant de mille âmes, ne criait : — « Vive le comte d'Artois, la reine ou les évêques ! » — Ils étaient pourtant bien beaux !

A l'église Saint-Louis, la messe commença; puis l'évêque de Nancy, M. de la Fare, fit un long sermon contre le luxe de la cour, le même que tous les évêques font depuis des siècles, sans retrancher un seul galon de leurs mitres, de leurs chasubles ou de leurs dais.

Cette cérémonie dura jusqu'à quatre heures après midi. Chacun pensait que c'était bien assez, et que nous allions avoir la satisfaction de causer ensemble de nos affaires ; mais nous n'en étions pas encore là, car, le lendemain 5 mai, l'ouverture des états généraux fut encore une cérémonie. Ces gens ne vivent que de cérémonies, ou, pour parler net, de comédies.

Le lendemain donc, tous les états generaux se réunirent dans notre salle, qu'on appelle salle des Trois-Ordres. Elle est éclairée en haut, par une ouverture ronde garnie de satin blanc, et elle a des colonnes sur les deux côtés. Au fond s'élevait un trône, sous un dais magnifique parsemé de fleurs de lis d'or.

Le marquis de Brezé et ses maîtres de cérémonies placèrent les députés. Leur ouvrage commença vers neuf heures et finit à midi et demi : on vous appelait, on vous conduisait, on vous faisait asseoir. Dans ce même temps, les conseillers d'État, les ministres et secrétaires d'État, les gouverneurs et lieutenants généraux de provinces se plaçaient aussi. Une longue table, à tapis vert, au bas de l'estrade, était destinée aux secrétaires d'État; à l'un des bouts se trouvait Necker, à l'autre M. de Saint-Priest. S'il fallait vous raconter tout en détail, je n'en finirais jamais.

Le clergé s'assit à droite du trône, la noblesse à gauche et nous en face. Les représentants du clergé étaient 291, ceux de la noblesse 270 et nous 578. Il en manquait encore quelques-uns des nôtres, parce que les élections de Paris ne se terminèrent que le 19; mais cela ne se voyait pas.

Enfin, vers une heure, on alla prévenir le roi et la reine; presque aussitôt ils parurent, précédés et suivis des princes et princesses de la famille royale et de leur cortège de cour. Le roi se plaça sur le trône; la reine à côté de lui, sur un grand fauteuil hors du dais; la famille royale autour du trône; les princes, les ministres, les pairs du royaume un peu plus bas; et le surplus de l'escorte sur les degrés de l'estrade. Les dames de la cour, en grande parure, occupèrent les galeries de la salle, du côté de l'estrade; quant aux simples spectateurs, ils se mirent dans les autres galeries, entre les colonnes.

Le roi portait un chapeau rond, la gance enrichie de perles, et surmonté d'un gros diamant connu sous le nom de Pitt. Chacun était assis sur un fauteuil, une chaise, un banc, un tabouret, selon son rang ou sa dignité ; car ces choses sont de très-grande importance ; c'est de cela que dépend la grandeur d'une nation ! Je ne l'aurais jamais cru, si je ne l'avais pas vu : tout est réglé pour ces cérémonies. Plût à Dieu que nos affaires, à nous, fussent en aussi bon ordre ! Mais les questions d'étiquette passent d'abord, et ce n'est qu'à la suite des siècles qu'on a le temps de s'inquiéter des misères du peuple.

Je voudrais bien que Valentin eut été trois ou quatre heures à ma place, il vous expliquerait la différence d'un bonnet avec un autre bonnet, d'une robe avec une autre robe! Moi, ce qui m'intéressa le plus, ce fut le moment où M. le grand maître des cérémonies nous fit signe d'être attentifs, et que le roi se mit à lire son discours. Tout ce qui m'en est resté, c'est qu'il était content de nous voir; qu'il nous engageait à bien nous entendre, pour empêcher les innovations et payer le déficit, que, dans cette confiance, il nous avait assemblés ; qu'on allait nous mettre sous les yeux la dette, et qu'il était assuré d'avance que nous trouverions un bon moyen de l'éteindre, et d'affermir ainsi le crédit ; que c'était le plus ardent de ses vœux et qu'il aimait beaucoup ses peuples.

Alors il s'assit, en nous disant que son garde des sceaux allait encore mieux nous faire comprendre ses intentions. Toute la salle criait : « Vive le roi ! »

Le garde des sceaux, M. de Barentin, s'étant donc levé, nous dit que le premier besoin de Sa Majesté était de répandre des bienfaits, et que les vertus des souverains sont la première ressource des nations, dans les temps difficiles; que notre souverain avait donc résolu de consommer la félicité publique ; qu'il nous avait convoqués pour l'aider, et que la troisième race de nos rois avait surtout des droits à la reconnaissance de tout bon Français ; qu'elle avait affermi l'ordre de la succession à la couronne, et qu'elle avait aboli toute distinction humiliante, « *entre les fiers successeurs des conquérants et l'humble postérité des vaincus!* » mais que malgré cela elle tenait à la noblesse, car l'amour de l'ordre a mis des rangs entre les uns et les autres, et qu'il fallait les maintenir dans une monarchie; enfin, que la volonté du roi était de nous voir assemblés le lendemain, pour vérifier promptement nos pouvoirs et nous occuper des objets importants qu'il nous avait indiqués, à savoir l'argent !

Après cela, M. le garde des sceaux s'assit, et M. Necker nous lut un très-long discours touchant la dette, qui s'élève à seize cents millions, et qui produit un déficit annuel de 56,150,000 livres. Il nous engageait à payer ce déficit; mais il ne nous dit pas un mot de la constitution, que nos électeurs nous ont chargés d'établir.

Le même soir, en nous en allant bien étonnés, nous apprîmes que deux régiments nouveaux, Royal-Cravate et Bourgogne-Cavalerie, avec un bataillon suisse, venaient d'arriver à Paris, et que plusieurs autres régiments étaient en marche. Cette nouvelle nous donnait terriblement à réfléchir, d'autant plus que la reine, Mgr le comte d'Artois, M. le prince de Condé, M. le duc de Polignac, M. le duc d'Enghien et M. le prince de Conti n'avaient pas approuvé la convocation des états généraux, et qu'ils doutaient de nous voir payer la dette, si l'on ne nous aidait pas un peu. Pour tous autres que pour des princes, cela se serait appelé un guet-apens! Mais les noms des actions changent avec les dignités de ceux qui les commettent : pour des princes, c'était donc tout simplement un coup d'État qu'ils préparaient. Heureusement j'avais déjà vu les Parisiens, et je pensais que ces braves gens ne nous laisseraient pas tout seuls.

Enfin, ce soir-là, mes deux confrères et moi nous tombâmes d'accord, après souper, qu'il fallait compter sur nous plutôt que sur les autres, et que l'arrivée de tous ces régiments n'annonçait rien de bon pour le tiers.

C'est le 6 mai que les affaires commencèrent à prendre une tournure ; avant cette séance, toutes les cérémonies dont je vous ai parlé, et les discours qu'on nous avait faits, n'aboutissaient à rien; mais à cette heure, vous allez voir réellement du nouveau.

Le lendemain à neuf heures, Gérard, M. le curé Jacques et moi, nous arrivâmes dans la salle des états généraux. On avait enlevé les tentures des baldaquins et les tapis du trône. La salle était presque vide; mais les députés du tiers arrivaient, les bancs se garnissaient; on causait à droite et à gauche, on faisait connaissance avec ses voisins, comme des gens qui doivent s'entendre sur des affaires sérieuses. Vingt minutes après, presque tous les députés du tiers état se trouvaient réunis. On attendait ceux de la noblesse et du clergé ; pas un seul ne se montrait.

Tout à coup un des nôtres, arrivant, dit que les deux autres ordres se trouvaient réunis chacun dans sa salle et qu'ils délibéraient. Naturellement, cela produisit autant de surprise que d'indignation. On décida de nommer tout de suite président du tiers état notre doyen d'âge, un vieillard tout chauve, et qui s'appelle Leroux comme vous, maître Jean. Il accepta et choisit six autres membres de l'assemblée pour l'aider.

Il fallut du temps pour rétablir le silence, car des milliers d'idées vous venaient en ce moment. Chacun avait à dire ce qu'il prévoyait, ce qu'il craignait, et les moyens qu'il croyait utile d'employer dans un cas si grave. Enfin le calme se rétablit, et M. Malouet, un ancien employé de l'administration de la marine, à ce qu'on m'a dit, proposa d'envoyer aux ordres privilégiés une députation, pour les inviter à se réunir avec nous, dans le lieu des assemblées générales. Un jeune député, M. Mounier, lui répondit que cette démarche compromettrait la dignité des communes; que rien ne pressait, qu'on serait bientôt instruit de ce que les privilégiés auraient décidé ; et qu'alors on prendrait ses mesures en conséquence. Je pensais comme lui. Notre doyen ajouta que nous ne pouvions encore nous regarder comme membres des états généraux, puisque ces états n'étaient pas formés ni nos pouvoirs vérifiés;

et pour cette raison, il refusa d'ouvrir les lettres adressées à l'assemblée : c'était agir avec bon sens.

On prononça ce même jour bien d'autres paroles, qui revenaient toutes au même.

Vers deux heures et demie, un député du Dauphiné nous apporta la nouvelle que les deux autres ordres venaient de décider qu'ils vérifieraient leurs pouvoirs séparément. Alors la séance fut levée dans le tumulte, et l'on s'ajourna au lendemain, à neuf heures.

Tout devenait clair : on voyait que le roi, la reine, les princes, les nobles et les évêques nous trouvaient très-bons pour payer leurs dettes, mais qu'ils ne se souciaient pas de faire une constitution, où le peuple aurait voix au chapitre. Ils aimaient mieux faire les dettes tout seuls, sans opposition ni contrôle, et nous réunir tous les deux cents ans une fois, pour les accepter au nom du peuple et consentir des impôts à perpétuité.

Vous concevez nos réflexions, après cette découverte, et notre colère !

Nous restâmes jusqu'à minuit à crier et à nous indigner contre l'égoïsme et l'abominable injustice de la cour. Mais, après cela, je dis à mes confrères que le meilleur pour nous était de rester calmes en public, de mettre le bon droit de notre côté, d'agir par la persuasion s'il était possible, et de laisser le peuple faire ses réflexions. C'est ce que nous résolûmes; et le lendemain, en arrivant dans notre salle, nous vîmes que les autres députés des communes avaient sans doute pris les mêmes résolutions que nous; car, au lieu du grand tumulte de la veille, tout était grave. Le doyen à sa place et ses aides à l'estrade écrivaient, recevaient les lettres et les déposaient sur le bureau.

On nous remit, en formes de cahiers, les discussions de la noblesse et du clergé; je les ajoute ici pour vous montrer ce que ces gens pensaient et voulaient. Le clergé avait décidé la vérification de ses pouvoirs dans l'ordre, à la majorité de 133 voix contre 114, et la noblesse aussi, par 188 voix contre 47, malgré les gens de cœur et de bon sens de leur parti : le vicomte de Castellane, le duc de Liancourt, le marquis de Lafayette, les députés du Dauphiné et ceux de la sénéchaussée d'Aix en Provence, qui combattaient leur injustice. Ils avaient déjà nommé douze commissions pour vérifier leurs pouvoirs entre eux.

Ce jour-là, Malouet renouvela sa proposition d'envoyer une députation aux deux ordres privilégiés, pour les engager à se réunir aux députés des communes, et là-dessus le comte de Mirabeau se leva. J'aurai souvent à vous parler de cet homme. Quoique noble, il est député du tiers, parce que la noblesse de son pays refusa de l'admettre, sous prétexte qu'il n'était propriétaire d'aucun fief. Il se fit aussitôt marchand, et la ville d'Aix nous l'envoya. C'est un Provençal, large, trapu, le front osseux, les yeux gros, la figure jaune, laide et grêlée. Il a la voix criarde et commence toujours par bredouiller; mais une fois lancé, tout change, tout devient clair, on croit voir ce qu'il dit ; on croit avoir toujours pensé comme lui; et de temps en temps sa voix criarde descend, lorsqu'il va dire quelque chose de grand ou de fort; cela gronde d'avance et part comme un coup de tonnerre. Je ne puis vous donner une idée du changement de figure d'un homme pareil : tout marche ensemble, la voix, les yeux, le geste, les idées. On s'oublie soi-même en l'écoutant; il vous tient et l'on ne peut plus se lâcher. En regardant ses voisins, on les voit tout pâles. Tant qu'il sera pour nous, tout ira très-bien, mais il faut être sur ses gardes. Moi je ne m'y fie point. D'abord c'est un noble ! et puis c'est un homme sans argent, avec des appétits terribles et des dettes. Rien qu'à voir son gros nez charnu, ses mâchoires énormes et son large ventre, couvert de dentelles fripées et pourtant magnifiques, on pense : — Il te faudrait à toi l'Alsace et la Lorraine à manger, avec la Franche-Comté et quelques petits environs encore ! — Je bénis pourtant la noblesse de n'avoir pas voulu l'inscrire sur ses registres; nous avions besoin de son secours dans les premiers temps; vous verrez cela plus loin.

Ce jour-là, 7 mai, Mirabeau ne dit pas grand'chose ; il nous représenta seulement que pour envoyer une députation, il fallait être constitués en ordre ; or, nous n'étions pas encore constitués, et même nous ne voulions pas nous constituer sans les autres. Le meilleur était donc d'attendre.

L'avocat Mounier dit alors qu'il fallait au moins permettre à ceux des députés du tiers qui voudraient s'en charger, d'aller individuellement et sans mission, engager les nobles et les évêques à se réunir avec nous, selon le vœu du roi. Comme cela ne compromettait rien, on adopta cet avis. Douze membres du tiers allèrent aux informations; ils nous annoncèrent bientôt qu'ils n'avaient trouvé dans la salle de la noblesse que des commissions en train de vérifier les pouvoirs de ces messieurs; et que dans celle du clergé l'ordre étant assemblé, le président leur avait répondu qu'on allait délibérer sur notre proposition. Une heure après, MM. les évêques de Montpellier et d'Orange, avec quatre autres ecclésiastiques, entrèrent dans notre salle, et nous dirent que leur ordre avait décidé de nommer des commissaires, qui se réuniraient avec les nôtres et ceux de la noblesse, pour examiner si les pouvoirs devaient être vérifiés en commun.

Cette réponse nous fit ajourner notre réunion du 7 au 12 mai, et je profitai de ces quatre jours de vacances pour aller voir Paris avec mes deux confrères et Marguerite. Nous n'avions pas eu le temps de nous arrêter en passant, le 30 avril, deux jours après le pillage de la maison Réveillon, au faubourg Saint-Antoine. L'agitation alors était grande, les gardes de la prévôté faisaient des visites; on parlait de l'arrivée d'une foule de bandits. J'étais curieux de savoir ce qui se passait là-bas, si le calme revenait et ce qu'on pensait de nos premières séances. Les Parisiens, qui ne font qu'aller et venir, m'en avaient bien donné quelque idée, mais il vaut mieux voir les choses par soi-même.

Nous partîmes donc de bon matin, et notre patache, au bout de trois heures, entrait dans cette ville immense qu'on ne peut se représenter, non-seulement à cause de la hauteur des maisons, de la quantité des rues et des ruelles qui s'enlacent, de la vieillerie des bâtisses, du nombre des carrefours, des impasses, des cafés, des boutiques et étalages de toute sorte, qui se touchent et se suivent à perte de vue, et des enseignes qui grimpent d'étage en étage jusque sur les toits, mais encore à cause des cris innombrables des marchands de fritures, de fruitiers, de fripiers et de mille autres espèces de gens traînant des charrettes, portant de l'eau, des légumes, et d'autres denrées. On croirait entrer dans une ménagerie, où des oiseaux d'Amérique poussent chacun leur cri, qu'on n'a jamais entendu. Et puis, le roulement des voitures, la mauvaise odeur des tas d'ordures, l'air minable des gens, qui veulent tous être habillés à la dernière mode, avec de la friperie, qui dansent, qui chantent, qui rient et se montrent pleins de complaisance pour les étrangers, pleins de bon sens et de gaieté dans leur misère, et qui voient tout en beau, pourvu qu'ils puissent se promener, dire leur façon de voir dans les cafés et lire le journal!... Tout cela, maître Jean, fait de cette ville quelque chose d'unique dans le monde; cela ne ressemble à rien de chez nous : Nancy est un palais à côté de Paris, mais un palais vide et mort; ici tout est vivant.

Les malheureux Parisiens se sentent encore de la disette du dernier hiver; un grand nombre n'ont réellement que la peau et les os; eh bien! malgré tout, ils plaisantent : à toutes les vitres, on voit des farces affichées.

Moi, voyant cela, j'étais dans le ravissement; je me trouvai dans mon véritable pays. Au lieu de porter ma balle de village en village durant des heures, j'aurais trouvé des acheteurs ici, pour ainsi dire à chaque pas; et puis, c'est aussi le pays des vrais patriotes. Ces gens-là, tout pauvres, tout minables qu'ils sont, tiennent à leurs droits avant tout; le reste vient après.

Notre confrère Jacques a une de ses sœurs fruitière, rue du Bouloi, près du Palais-Royal; c'est là que nous descendîmes. Tout le long de la route, depuis notre entrée dans le faubourg, nous n'entendions chanter qu'une chanson :

Vive le tiers état de France!
Il aura la prépondérance
Sur le prince, sur le prélat.
Ah! povera nobilità!
Le plébéien, puits de science,
En lumières, en expérience,
Surpasse et prêtre et magistrat.
Ah! povera nobilità!

Si l'on avait su que nous étions du tiers, on aurait été capable de nous porter en triomphe. Aussi, pour abandonner un peuple pareil, il faudrait être bien lâche! Et je vous réponds que si nous n'avions pas été décidés, rien que de voir ce courage, cette gaieté, toutes ces vertus, dans la plus grande misère, nous aurions pris du cœur nous-mêmes, et juré de remplir notre mandat, et de réclamer nos droits jusqu'à la mort.

Nous avons passé quatre jours chez la veuve Lefranc. Marguerite, avec mon confrère le curé Jacques, a vu tout Paris : le Jardin des Plantes, Notre-Dame, le Palais-Royal, et même les théâtres. Moi, je n'avais de plaisir qu'à me promener dans les rues, à courir ici, là, sur les places, le long de la Seine, où l'on vend des bouquins, sur les ponts garnis de friperies, de marchands de fritures; à causer devant les boutiques avec le premier venu; à m'arrêter pour entendre chanter un aveugle, ou voir jouer la comédie en plein air. Les chiens savants ne manquent pas, ni les arracheurs de dents, avec la grosse caisse et le fifre; mais la comédie au bout du Pont-Neuf est le plus beau; c'est toujours des princes et des nobles qu'on rit; ce sont toujours eux qui disent des bêtises. Deux ou trois fois j'en avais les larmes aux yeux, à force de me faire du bon sang.

J'ai visité la commune de Paris, où l'on discutait encore les cahiers. Cette commune vient de prendre une résolution très-sage : elle a laissé une commission en permanence, pour observer ses députés, pour leur donner des avis et même des avertissements, s'ils ne remplissaient pas bien leur mandat. Voilà une

Comme tout est tranquille, Michel! (Page 81.)

fameuse idée, maître Jean! et qu'on a malheureusement négligée dans d'autres endroits. Qu'est-ce qu'un député qui n'est surveillé par personne, et qui peut vendre sa voix impunément, en se moquant encore de ceux qui l'ont envoyé? car il est devenu riche et les autres sont restés pauvres ; il est défendu par le pouvoir qui l'achète, et ses commettants restent avec leur bon droit, sans appui ni recours! Le parti que vient de prendre la commune de Paris devra nous profiter; c'est un des articles à mettre en tête de la constitution : il faut que les électeurs puissent casser, poursuivre et faire condamner tout député qui trahit son mandat, comme on condamne celui qui abuse d'une procuration! Jusque-là, tout est au petit bonheur.

Enfin, cette décision m'a fait plaisir; et maintenant, je continue.

Outre ma joie de voir ce grand mouvement, j'avais encore la satisfaction de reconnaître que les gens ici savent très-bien ce qu'ils veulent et ce qu'ils font. J'allais, le soir, après souper, au Palais-Royal, que le duc d'Orléans laisse ouvert à tout le monde. Ce duc est un débauché; mais au moins, ce n'est pas un hypocrite; après avoir passé la nuit au cabaret ou bien ailleurs, il ne va pas entendre la messe et se faire donner l'absolution, pour recommencer le lendemain. On le dit ami de Sieyès et de Mirabeau. Quelques-uns lui reprochent d'avoir attiré dans Paris des quantités de gueux, chargés de piller et de saccager la ville; c'est difficile à croire, parce que les gueux arrivent tout

Michel, tu t'instruiras; sans instruction on n'est rien. (Page 86.)

seuls, après un hiver aussi terrible; qu'ils cherchent leur nourriture; et qu'on n'a pas besoin de faire signe aux sauterelles de tomber sur les moissons.

Enfin, la reine et la cour détestent ce duc, et cela lui fait beaucoup d'amis. Son Palais-Royal est toujours ouvert, et dans l'intérieur se trouvent des lignes d'arbres où chacun peut se promener. Quatre rangées d'arcades entourent le jardin, et là-dessous sont les plus belles boutiques et les plus élégants cabarets de Paris. C'est la réunion de la jeunesse et des gazetiers, qui parlent haut pour ou contre, sans se gêner de personne. Quant à ce qu'ils disent, ce n'est pas toujours fameux, et, la plupart du temps, cela vous passe par la tête, comme dans un crible, le bon grain qui reste n'est pas lourd; ils vendent plus de paille que de froment. Deux ou trois fois, j'ai bien écouté, et puis, en sortant, je me demandais, tout embarrassé : — Qu'est-ce qu'ils ont dit? — Mais, c'est égal, le fond est toujours bon, et quelques-uns ont tout de même beaucoup d'esprit.

Nous avons pris là, sous les arbres, une bouteille de mauvaise piquette très-chère. Les loyers sont chers aussi; je me suis laissé dire que la moindre de ces boutiques se loue deux et trois mille livres par an : il faut bien se rattraper sur la pratique. Ce Palais-Royal est réellement une grande foire, et la nuit, quand les lanternes s'allument, on ne peut rien voir de plus beau.

Le 11, vers deux heures de l'après-midi, nous sommes repartis bien contents de notre voyage, et bien sûrs que la masse des Parisiens était pour le tiers état. Voilà le principal.

Le 12, à neuf heures, nous étions à notre poste; et comme nos commissaires n'avaient pu s'entendre avec ceux de la noblesse et du clergé, nous vîmes qu'on voulait seulement nous faire perdre du temps. C'est pourquoi, dans cette séance, on prit des mesures pour aller en avant. Le doyen et les anciens furent chargés de dresser la liste des députés, et l'on décida que tous les huit jours une commission, composée d'un député de chaque province, serait nommée pour maintenir l'ordre dans les conférences, recueillir et compter les voix, connaître la majorité des opinions sur chaque question, etc.

Nous reçûmes le lendemain une députation de la noblesse, pour nous signifier que leur ordre était constitué, qu'ils avaient nommé leur président, leurs secrétaires, ouvert des registres, et pris divers arrêtés, entre autres celui de procéder seuls à la vérification de leurs pouvoirs. Ils étaient bien décidés à se passer de nous.

Le même jour, le clergé nous fit dire qu'il avait nommé des commissaires, pour conférer avec ceux de la noblesse et du tiers état, sur la vérification des pouvoirs en commun et la réunion des trois ordres.

Une grande discussion s'éleva; les uns voulaient nommer des commissaires, d'autres proposaient de déclarer que nous ne reconnaîtrions pour représentants légaux, que ceux dont les pouvoirs auraient été examinés dans l'assemblée générale; et que nous invitions les députés de l'église et de la noblesse à se réunir dans la salle des états, où nous les attendions depuis huit jours.

Comme la discussion s'échauffait, et que plusieurs membres voulaient encore parler, les débats furent continués le lendemain. Rabaud de Saint-Étienne, un ministre protestant, Viguier, député de Toulouse; Thouret, avocat au parlement de Rouen; Barnave, député du Dauphiné; Boissy-d'Anglas, député du Languedoc, tous des hommes de grand talent et des orateurs admirables, surtout Barnave, soutinrent, les uns qu'il fallait marcher, les autres, qu'il fallait encore attendre, et donner le temps à la noblesse et au clergé de réfléchir; comme si toutes leurs réflexions n'avaient pas été faites. Enfin, Rabaud de Saint-Étienne l'emporta, et l'on choisit seize membres qui devaient conférer avec les commissaires des nobles et des évêques.

Dans notre séance du 23, on proposa de nommer un comité de rédaction, chargé de rédiger tout ce qui s'était passé depuis l'ouverture des états généraux. Cette proposition fut rejetée, parce que ce simple exposé pouvait augmenter l'agitation du pays, en démontrant les intrigues de la noblesse et du clergé, pour paralyser le tiers état.

Le 22 et le 23, le bruit courait déjà que Sa Majesté voulait nous présenter le projet d'un emprunt. Au moyen de cet emprunt, on aurait pu se passer de nous, puisque le déficit aurait été comblé; seulement, nos enfants et descendants auraient payé les rentes à perpétuité. — Les troupes arrivaient en même temps par masses autour de Paris et de Versailles.

Le 26, on compléta le règlement de discipline et de bon ordre; et nos commissaires vinrent nous annoncer qu'ils n'avaient pu s'entendre avec ceux de la noblesse.

Le lendemain 27, Mirabeau résuma tout ce qui s'était passé jusqu'alors, en disant : « La noblesse ne veut pas se réunir à nous, pour juger des pouvoirs en commun. Nous voulons vérifier les pouvoirs en commun. Le clergé persévère à vouloir nous concilier. Je propose de décréter une députation vers le clergé, très-solennelle et très-nombreuse, pour l'adjurer au nom du Dieu de paix, de se ranger du côté de la raison, de la justice et de la vérité, et de se réunir à ses codéputés, dans la salle commune. »

Tout cela se passait au milieu du peuple. La foule nous entourait et ne se gênait pas pour applaudir ceux qui lui plaisaient.

Le lendemain, 28, on ordonna d'établir une barrière pour séparer l'assemblée du public, et l'on fit une députation au clergé, dans le sens indiqué par Mirabeau.

Ce même jour, nous reçûmes une lettre du roi : « Sa Majesté avait été informée que les difficultés entre les trois ordres, relativement à la vérification des pouvoirs, subsistaient encore. Elle voyait avec peine, et même avec inquiétude, l'assemblée qu'elle avait convoquée pour s'occuper de la régénération du royaume, livrée à une inaction funeste. Dans ces circonstances, elle invitait les commissaires nommés par les trois ordres à reprendre leurs conférences, en présence du garde des sceaux et des commissaires que Sa Majesté nommerait elle-même, afin d'être informée particulièrement des ouvertures de conciliation qui seraient faites, et de pouvoir contribuer directement à une harmonie si désirable. »

Il paraît que c'était nous, — les députés des communes, — qui étions cause de l'inaction des états généraux depuis trois semaines; c'était nous qui voulions faire bande à part, et qui défendions de vieux priviléges contraires aux droits de la nation !

Sa Majesté nous prenait pour des enfants.

Plusieurs députés parlèrent contre cette lettre, entre autres Camus. Ils dirent que de nouvelles conférences étaient inutiles, que la noblesse ne voudrait pas entendre raison; que d'ailleurs les communes ne devaient pas accepter la surveillance du garde des sceaux, — lequel tiendrait naturellement avec les nobles, — que nos commissaires seraient là, devant ceux du roi, comme des plaideurs devant des juges décidés d'avance à les condamner; et qu'il arriverait ce qui était déjà arrivé en 1589 : à cette époque, le roi avait aussi proposé de pacifier les esprits, et il les avait effectivement pacifiés par un arrêt du conseil.

Beaucoup de députés pensaient les mêmes choses; ils regardaient cette lettre comme un véritable piège.

Malgré cela, le lendemain 29, « afin d'épuiser tous les moyens de conciliation, » on fit au roi une très-humble adresse, pour le remercier de ses bontés, et pour lui dire que les commissaires du tiers étaient prêts à reprendre leurs séances avec ceux du clergé et de la noblesse. Mais le lundi suivant, 1ᵉʳ juin, Rabaud de Saint-Etienne, un de nos commissaires, étant venu nous dire que le ministre Necker leur proposait d'accepter la vérification des pouvoirs par ordre, et de s'en remettre, pour tous les cas douteux, à la décision du conseil, il fallut bien reconnaître que Camus avait raison : — le roi lui-même était contre la vérification des pouvoirs en commun; il voulait trois chambres séparées, au lieu d'une seule; il tenait avec le clergé et la noblesse, contre le tiers état! — Nous ne pouvions plus compter que sur nous-mêmes.

Tout ce que je vous ai raconté jusqu'ici, maître Jean, est exact, et cela vous montre que ces grands mots, ces grandes phrases, ces fleurs, comme on dit, sont inutiles. Le dernier Baraquin, pourvu qu'il ait du bon sens, voit clairement les choses, et toutes ces inventions de style sont inutiles, et même nuisibles à la clarté. Tout peut être expliqué simplement : — Vous voulez ceci? — Moi, je veux ça! — Vous nous entourez de soldats! — Les Parisiens sont avec nous! — Vous avez de la poudre, des fusils, des canons, des mercenaires suisses, etc. — Nous n'avons rien que nos mandats! Mais nous sommes las d'être dépouillés, grugés et volés. — Vous croyez être les plus forts? — Nous verrons!

C'est le fond de l'histoire; toutes les inventions de mots et de discours, quand le droit et la justice sont évidents, ne servent plus à rien : — On nous a bernés... Arrivons au fond des choses... Nous payons, nous voulons savoir ce que notre argent devient. Et d'abord nous voulons payer le moins possible. Nos enfants sont soldats, nous voulons savoir qui les commande, pourquoi ces gens les commandent et ce qui nous en revient. Vous avez des ordres de la noblesse et du tiers; pourquoi ces distinctions? Comment les enfants de l'un sont-ils supérieurs aux enfants de l'autre? Est-ce qu'ils sont d'une autre espèce ! Est-ce qu'ils viennent des dieux et les nôtres des animaux? — Voilà! c'est cela qu'il faut rendre clair.

Maintenant, continuons.

La noblesse comptait sur les troupes, elle voulait tout emporter par la force et rejeta nos propositions. Nous étant donc réunis, le 10 juin, après la lecture des conférences de nos commissaires avec ceux de la noblesse, Mirabeau dit que les députés des communes ne pouvaient attendre davantage; que nous avions des devoirs à remplir, et qu'il était temps de commencer; qu'un membre de la députation de Paris avait à proposer une motion de la plus haute importance, et qu'il invitait l'assemblée à vouloir bien l'entendre.

Ce membre était l'abbé Sieyès, un homme du Midi, de quarante à quarante-cinq ans environ. Il parle mal et d'une voix faible, mais ses idées sont très-bonnes. J'ai vendu beaucoup de ses brochures, vous le savez; elles ont produit le plus grand bien.

Voici ce qu'il dit au milieu du silence :

« Depuis l'ouverture des états généraux, les députés des communes ont tenu une conduite franche et calme; ils ont eu tous les égards compatibles avec leur caractère, pour la noblesse et le clergé; tandis que ces deux ordres privilégiés ne les ont payés que d'hypocrisie et de subterfuges. L'assemblée ne peut rester plus longtemps dans l'inaction, sans trahir ses devoirs et les intérêts de ses commettants; il faut donc vérifier les pouvoirs. La noblesse s'y refuse; de ce qu'un ordre refuse de marcher, peut-il condamner les autres à l'immobilité? Non! Donc l'assemblée n'a plus autre chose à faire, que d'inviter une dernière fois les membres des deux chambres privilégiées à se rendre dans la salle des états généraux, pour assister, concourir et se soumettre à la vérification commune des pouvoirs. Et puis, en cas de refus, de passer outre. »

Mirabeau dit ensuite qu'il fallait prendre défaut contre la noblesse et le clergé.

Une seconde séance eut lieu le même jour, de cinq à huit heures; la motion de l'abbé Sieyès fut adoptée, et l'on décida en même temps d'envoyer une adresse au roi, pour lui expliquer les motifs de l'arrêté du tiers.

Le vendredi, 12 juin, il fallut signifier aux deux autres ordres ce que nous avions décidé, et rédiger l'adresse au roi. M. Malouet proposa un projet écrit d'un style mâle et vigoureux mais rempli de compliments. Volney, qu'on raconte avoir couru l'Egypte et la terre sainte lui répondit : « Méfions-nous de tous ces éloges, dictés par la bassesse et la flatterie, et enfantés par l'intérêt. Nous sommes ici dans le séjour des menées et de l'intrigue; l'air qu'on y respire porte la corruption dans les cœurs! Des représentants de la nation, hélas! semblent déjà en être vivement atteints... » Il continua de cette manière, et Malouet ne dit plus rien.

Finalement, après de grandes batailles, on décida de porter en députation au roi, l'adresse rédigée par M. Barnave, renfermant l'exposition de tout ce qui s'était passé depuis l'ouverture des états généraux, et ce que le tiers avait décidé. Notre députation rentrait sans avoir vu le roi, attendu qu'il était à la chasse, lorsqu'une autre députation de la noblesse arriva nous annoncer que son ordre délibérait sur nos propositions. M. Bailly, député du tiers parisien, répondit : « Messieurs, les communes attendent depuis longtemps messieurs de la noblesse! » Et sans se laisser arrêter par cette nouvelle cérémonie, qui n'avait comme toutes les autres, que le but de nous traîner de jour en jour et de semaine en semaine, on commença l'appel des bailliages, après avoir nommé M. Bailly, président provisoire et l'avoir chargé de nommer deux membres, en qualité de secrétaires, pour dresser procès-verbal de l'appel qu'on allait faire et des autres opérations de l'assemblée.

L'appel commença vers sept heures et finit à dix. Alors nous fûmes constitués, non pas en tiers état, comme l'auraient voulu les autres, mais en états généraux; les deux ordres privilégiés n'étaient que des assemblées particulières; nous étions l'assemblée de la nation.

Nous avions perdu cinq semaines par la mauvaise volonté des nobles et des évêques, et vous allez voir ce qu'ils firent encore pour nous empêcher d'avancer.

Je ne vous parlerai pas des questions de mots qui s'élevèrent ensuite et qui nous prirent trois grandes séances, pour savoir s'il fallait s'appeler : — représentants du peuple français, comme le voulait Mirabeau; — assemblée légitime des représentants de la majeure partie de la nation, agissant en l'absence de la mineure partie — comme le voulait Mounier, — ou : représentants connus et vérifiés de la nation française — comme le demandait Sieyès. Moi, j'aurais pris tranquillement le vieux nom d'états généraux. Les nobles et les évêques refusaient d'y paraître, cela les regardait; mais nous n'en étions pas moins les états généraux de 1789; nous n'en représentions pas moins les *quatre-vingt-seize centièmes* de la France.

Enfin, sur une nouvelle proposition de Sieyès, on adopta le titre d'*Assemblée nationale*.

Mais le meilleur, c'est qu'à partir de notre déclaration du 12, chaque jour quelques bons curés se détachaient de l'assemblée des évêques et venaient faire vérifier leurs pouvoirs chez nous. Le 13, il en vint trois du Poitou, le 14, six autres; le 15, deux; le 16, six; et ainsi de suite! Figurez-vous notre joie, nos cris d'enthousiasme, nos embrassades. Notre président passait la moitié des séances à complimenter ces braves curés, les larmes aux yeux. Dans le nombre des premiers se trouvait M. l'abbé Grégoire, d'Emberménil, auquel j'ai vendu plus d'un de mes petits livres. En le voyant arriver, je courus à sa rencontre pour l'embrasser, et je lui dis à l'oreille :

« A la bonne heure! vous suivez l'exemple du Christ, qui n'allait pas chez les princes, ni chez le grand prêtre, mais chez le peuple. »

Il riait. Et moi je me figurais la mine des évêques, dans leur salle à côté; quelle débâcle! Dans le fond les curés auraient été bien simples de tenir avec ceux qui les humilient depuis tant de siècles! Est-ce que le cœur du peuple n'est pas le même sous la soutane du prêtre, ou sous le sarrau du paysan?

Le 17, en présence de quatre à cinq mille spectateurs qui nous entouraient, l'Assemblée se déclara constituée, et chacun des membres prêta ce serment : « Nous jurons et promettons de remplir avec zèle et fidélité les fonctions dont nous sommes chargés. » On confirma Bailly comme président de l'Assemblée nationale, et l'on déclara tout de suite à l'unanimité des suffrages, « que l'Assemblée consentait provisoirement, pour la nation, à la perception des impôts existants, — quoique illégalement établis et perçus, — mais seulement jusqu'à la première séparation de l'Assemblée, *de quelque cause qu'elle pût provenir!* Passé lequel jour toute levée d'impôts cesserait dans toutes les provinces du royaume, par le seul fait de la dissolution. »

Réfléchissez à cela, maître Jean, et faites-le bien comprendre aux notables du pays. Notre misère pendant tant de siècles est venue de ce que nous étions assez bornés, assez timides pour payer des impôts qui n'avaient pas été votés par nos représentants. L'argent est le nerf de la guerre, et nous avons toujours donné notre argent à ceux qui nous mettaient la corde au cou. Enfin, celui qui payerait les impôts après la dissolution de l'Assemblée nationale, serait le dernier des misérables; il trahirait père, mère, femme, enfants, et lui-même, la patrie ; et ceux qui voudraient les percevoir ne devraient pas être considérés comme des Français, mais comme des brigands ! C'est le premier principe proclamé par l'Assemblée nationale de 1789.

La séance fut levée à cinq heures et remise au même soir de ce 17 juin.

Vous pensez comme le roi, la reine, les princes, la cour et les évêques ouvrirent l'œil en apprenant cette déclaration du tiers état. Durant la séance, M. Bailly avait été prié de se rendre à la chancellerie, pour y recevoir une lettre du roi ; l'Assemblée ne lui avait pas permis de s'absenter. — A la séance du soir, M. Bailly nous lut cette lettre du roi, qui désapprouvait le mot d'*ordres privilégiés*, que plusieurs députés du tiers avaient employé pour désigner la noblesse et le clergé. Le mot ne lui plaisait pas. C'était contraire, disait-il, à la concorde qui devait exister entre nous, mais la chose ne lui paraissait pas contraire à la concorde : la chose doit rester !

Voilà, maître Jean, ce que je vous disais plus haut : l'injustice n'existe pas à la cour, quand on l'appelle justice, ni la bassesse quand on l'appelle grandeur. Que répondre à cela ? Tout le monde se tut.

Le lendemain, nous assistâmes en corps à la procession du saint sacrement dans les rues de Versailles. Le vendredi 19, on organisa des comités, on en forma quatre : le premier, pour veiller aux subsistances ; le deuxième, pour les vérifications ; le troisième, pour la correspondance et les impressions ; le quatrième, pour le règlement. Tout était en bonne voie, nous allions marcher vite ; mais cela ne faisait pas le compte de la cour ; d'autant plus que le même soir, vers six heures, on apprit que cent quarante-neuf députés du clergé s'étaient déclarés pour la vérification des pouvoirs en commun.

Nous avions tout supporté pour remplir notre mandat ; nous avions été calmes, nous avions résisté à l'indignation, à la colère que vous inspirent l'insolence et l'hypocrisie ! En voyant que tous les moyens détournés pour nous exaspérer et nous faire commettre des fautes ne suffisaient pas, on résolut d'en employer d'autres, de plus grossiers, de plus humiliants.

C'est le 20 juin que cela commença.

Ce jour, de grand matin, on entendit publier dans les rues, par des hérauts d'armes : « que le roi ayant arrêté de tenir une séance royale aux états généraux, lundi 22 juin, les préparatifs à faire dans les trois salles exigeaient la suspension des assemblées jusqu'à ladite séance, et que Sa Majesté ferait connaître, par une nouvelle proclamation, l'heure à laquelle elle se rendrait lundi à l'Assemblée des états. »

On apprit en même temps qu'un détachement de gardes-françaises s'était emparé de la salle des Menus.

Tout le monde comprit aussitôt que le moment dangereux était venu. Je vis avec plaisir mes deux confrères, Gérard et le curé Jacques, monter chez nous, à sept heures. La séance du jour était indiquée pour huit heures. En déjeunant, nous prîmes la résolution de nous tenir fermes autour du président, qui représentait notre union et par conséquent notre force. A vous dire vrai, nous regardions ceux qui voulaient arrêter la marche du pays, comme de véritables polissons, des gens qui n'avaient jamais vécu que du travail des autres, des êtres sans expérience, sans capacités, sans délicatesse, sans génie, et dont toute la force venait de l'ignorance et de l'abrutissement du peuple, qui se laisse toujours prendre à la magnificence des laquais, sans penser que tous ces galons d'or, ces habits brodés et ces chapeaux à plumes, tous ces carrosses et ces chevaux viennent de son propre travail et de l'impudence des drôles qui lui soutirent son argent.

Quant à la mesure de nous fermer les portes de l'assemblée, c'était tellement plat, que nous en haussions les épaules de pitié.

Naturellement notre bon roi ne se doutait pas de ces choses ; son esprit calme et doux ne descendait pas à ces misères, nous le bénissions de sa bonté, de sa simplicité, sans le charger de la bêtise et de l'insolence de la cour.

A sept heures trois quarts nous partîmes de notre maison. En approchant de la salle des Menus, vous vîmes une centaine de députés du tiers réunis sur l'esplanade, Bailly, notre président, au milieu d'eux. Il faut que je vous peigne ce brave homme. Jusqu'alors, au milieu d'une foule d'autres, il ne s'était pas encore montré ; nous l'avions choisi parce qu'il avait la réputation d'être très-savant et très-honnête. C'est un homme de cinquante à cinquante-cinq ans, la figure longue, l'air digne et ferme. Il ne précipite rien ; il écoute et regarde longtemps avant de prendre un parti ; mais une fois résolu, il ne recule pas.

D'autres députés du tiers arrivaient aussi par différentes allées. A neuf heures sonnant, on s'approcha de la salle des états, M. Bailly et les deux secrétaires en tête. Quelques gardes françaises se promenaient devant la porte. Aussitôt qu'ils nous virent approcher, un officier commandant parut et s'avança ; M. Bailly eut une vive discussion avec lui. Je n'étais pas assez proche pour l'entendre, mais aussitôt on se dit que la porte nous était fermée. L'officier[1], un homme très-poli, s'excusait sur ses ordres. L'indignation nous possédait. Au bout de vingt minutes, l'assemblée était à peu près complète; et comme l'officier de garde, malgré sa politesse, ne voulait pas nous laisser le passage libre, plusieurs députés protestèrent avec force, et puis on remonta l'avenue jusque près de la grille, au milieu du plus grand tumulte. Les uns criaient qu'il fallait se rendre à Marly, pour tenir l'assemblée sous les fenêtres du château; les autres que le roi voulait plonger la nation dans les horreurs de la guerre civile, affamer le pays et qu'on avait jamais rien vu de semblable sous les plus grands despotes, Louis XI, Richelieu et Mazarin.

La moitié de Versailles prenait part à notre indignation; le peuple, hommes et femmes, nous entourait et nous écoutait.

M. Bailly s'était éloigné vers dix heures; on ne savait ce qu'il était devenu, lorsque trois députés vinrent nous avertir qu'après avoir enlevé nos papiers de l'hôtel des états, avec l'aide des commissaires qui l'accompagnaient, il s'était transporté dans une grande salle où l'on jouait ordinairement au jeu de paume, rue Saint-François, — presque en face de mon logement, — et que cette salle pourrait contenir l'assemblée.

Nous partîmes donc, escortés par le peuple, pour nous rendre au jeu de paume, en descendant la rue qui longe, par derrière, la partie du château qu'on appelle les grands communs, et nous entrâmes dans la vieille bâtisse vers midi. L'affront que nous venions de recevoir montrait assez que la noblesse et les évêques étaient las d'avoir des ménagements pour nous, qu'il fallait nous attendre à d'autres indignités, et que nous devions prendre des mesures, non-seulement en vue d'assurer l'exécution de notre mandat, mais encore de sauvegarder notre existence. Ces malheureux, habitués à n'employer que la force, ne connaissent pas d'autre loi; heureusement, nous étions près de Paris, cela contrarierait leurs projets.

Enfin, poursuivons.

La salle du jeu de paume est une construction carrée, haute d'environ trente-cinq pieds, pavée de grandes dalles, sans piliers, sans poutres de traverses, et le plafond en larges madriers; le jour vient de quelques fenêtres bien au-dessus du sol, ce qui donne à l'intérieur un aspect sombre. Tout autour sont d'étroites galeries en planches; il faut les traverser pour arriver dans cette espèce de halle aux blés ou de marché couvert, qui doit exister depuis longtemps. Dans tous les cas, on ne bâtit pas

1. Le comte de Vertan.

en pierre de tailles pour un jeu d'enfants. Tout y manquait, les chaises et les tables; il fallut en chercher dans les maisons du voisinage. Le maître de l'établissement, un petit homme chauve, paraissait content de l'honneur qu'on lui faisait. On établit une table au milieu de la halle et quelques chaises autour. L'assemblée était debout. La foule remplissait les galeries.

Alors Bailly, montant sur une chaise, commença par nous rappeler ce qui venait de se passer; puis il nous lut les deux lettres de M. le marquis de Brézé, maître des cérémonies, dans lesquelles ce seigneur lui communiquait l'ordre de suspendre nos réunions jusqu'à la séance royale. Ces deux lettres avaient le même objet, la seconde ajoutait seulement que l'ordre était positif. — Ensuite, M. Bailly nous proposa de mettre en délibération le parti qu'il fallait prendre.

Il est inutile, je crois, maître Jean, de vous faire comprendre notre émotion : quand on représente un grand peuple, et qu'on voit ce peuple outragé dans sa propre personne; quand on se rappelle ce que nos pères ont souffert de la part d'une classe d'étrangers qui, depuis des centaines d'années, vivent à nos dépens, et s'efforcent de nous retenir dans la servitude; quand on vient encore de vous rappeler avec insolence, quelques jours avant, que c'est par grâce qu'on oublie un instant la supériorité « des descendants de nos fiers conquérants, sur l'humble postérité des vaincus! » et qu'on s'aperçoit enfin qu'au moyen de la ruse et de l'insolence, on veut continuer sur nous et nos descendants le même système, alors, à moins de mériter ce traitement abominable, on est prêt à tout sacrifier pour maintenir ses droits, et rabattre l'orgueil de ceux qui nous humilient.

Mounier, plein de calme au milieu de son indignation, eut alors une idée véritablement grande. Après nous avoir représenté combien il était étrange de voir la salle des états généraux occupée par des hommes armés, et nous, l'*Assemblée nationale*, à la porte, exposés au rire insultant de la noblesse et de ses laquais; forcés de nous réfugier au jeu de paume pour ne pas interrompre nos travaux; il s'écria que l'intention de nous blesser dans notre dignité se montrait ouvertement; qu'elle nous avertissait de toute la vivacité de l'intrigue et de l'acharnement avec lequel on cherchait à pousser notre bon roi à des mesures désastreuses; et que, dans cette situation, les représentants de la nation n'avaient qu'une chose à faire : c'était de se lier au salut public et aux intérêts de la patrie par un serment solennel.

Cette proposition, vous le pensez bien, excita un enthousiasme extraordinaire; chacun comprenait que l'union des braves gens fait la terreur des gueux, et l'on prit aussitôt l'arrêté suivant :

« L'Assemblée nationale, considérant qu'appelée à fixer la constitution du royaume, « opérer la régénération de l'ordre public, et « maintenir les vrais principes de la monarchie, rien ne peut empêcher qu'elle ne continue ses délibérations dans quelque lieu « qu'elle soit forcée de s'établir, et qu'enfin « partout où ses membres sont réunis, là est « l'Assemblée nationale :

« Arrête que tous les membres de cette assemblée prêteront à l'instant serment solennel de ne jamais se séparer, et de se rassembler partout où les circonstances l'exigeront, « jusqu'à ce que la constitution du royaume « soit établie et affermie sur des fondements « solides ; et que, ledit serment étant prêté, « tous les membres, et chacun d'eux en particulier, confirmeront par leur signature cette « résolution inébranlable. »

Quel bonheur vous auriez eu, maître Jean, de voir alors cette grande salle sombre, nous au milieu, le peuple autour ; d'entendre ce grand bourdonnement de l'étonnement, du contentement, de l'enthousiasme ; puis le président Bailly, debout sur une chaise, nous lire la formule du serment, au milieu d'un silence religieux ; et tout à coup nos centaines de voix éclater comme un coup de tonnerre dans la vieille bâtisse :

« Nous le jurons !... nous le jurons !... »

Ah ! nos anciens qu'on a tant fait souffrir, devaient se remuer sous terre ! Je ne suis pas un homme tendre, mais je n'avais plus une goutte de sang dans les veines. Jamais de la vie je n'aurais cru qu'un bonheur pareil pouvait m'arriver. Près de moi, le curé Jacques pleurait ; Gérard, de Vic, était tout pâle ; finalement nous tombâmes dans les bras les uns des autres.

Dehors, des acclamations immenses s'étendaient sur la vieille ville ; et c'est là que je me suis rappelé ce verset de l'Évangile, lorsque l'âme du Christ est remontée aux cieux : « La terre en trembla, le voile du temple fut déchiré. »

Quand le calme se rétablit, chacun à son tour s'approchant de la table répéta le même serment, que les secrétaires inscrivaient et lui faisaient signer. Je n'ai jamais écrit mon nom avec tant de plaisir ; je riais en signant, et en même temps j'aurais voulu pleurer. Ah ! le beau jour !...

Un seul député, Martin d'Auch, de Castelnaudary, signa : « Opposant. » Valentin sera content d'apprendre qu'il n'est pas seul de son espèce en France, et qu'un autre enfant du peuple aime plus les nobles que sa propre race : ils sont deux !

On écrivit l'opposition de Martin d'Auch sur le registre. Et, comme quelques-uns proposaient d'envoyer une députation à Sa Majesté, pour lui représenter notre douleur profonde, etc., l'assemblée s'ajourna purement et simplement au lundi 22, heure ordinaire ; arrêtant, en outre, que si la séance royale avait lieu dans la salle des Menus, tous les membres du tiers état y demeureraient après la séance, pour s'occuper de leurs propres affaires, qui sont celles de la nation.

On se sépara sur les six heures.

En apprenant ce qui venait de se passer, M. le comte d'Artois, surpris de voir qu'on pouvait aussi délibérer au jeu de paume, se dépêcha de le faire retenir, pour s'y amuser le 22. Cette fois il était bien sûr, le pauvre prince, que nous ne saurions plus où donner de la tête.

Le lendemain, le roi nous envoya prévenir que la séance n'aurait pas lieu le 22, mais le 23 ; c'était prolonger nos angoisses. Mais, hélas ! ces profonds génies n'avaient pas songé qu'il existe encore à Versailles d'autres endroits que le jeu de paume et la salle des Menus. De sorte que le 22, trouvant ces deux salles fermées, l'assemblée se rendit d'abord à la chapelle des Récollets, qui n'était pas assez grande, puis à l'église Saint-Louis, où chacun fut à son aise.

Le plan magnifique de M. le comte d'Artois, des princes de Condé et de Conti, fut ainsi déjoué. On ne peut songer à tout, mon Dieu ! Qui jamais aurait cru qu'on irait à l'église Saint-Louis, et que le clergé lui-même viendrait nous y rejoindre ? — Ce sont pourtant ces grands hommes-là, maître Jean, qui nous ont tenus dans l'abaissement pendant des siècles ! Il est facile maintenant de voir que notre ignorance seule en était cause, et qu'on ne peut pas leur en faire de reproches. L'innocente Jeannette Paramel, des Baraques, avec sa grosse gorge, a plus de malice qu'eux.

Vers midi, M. Bailly nous annonça qu'il était prévenu que la majorité du clergé devait se rendre à l'assemblée, pour vérifier les pouvoirs en commun. La cour le savait depuis le 19 ; c'était pour empêcher à tout prix cette réunion, qu'on nous avait fermé la salle des Menus, et qu'on préparait une séance royale.

Le clergé se rassembla d'abord dans le chœur de l'église ; puis il s'unit à nous dans la nef, et ce fut encore une scène attendris-

Nous le jurons!... nous le jurons!... (Page 103.)

sante; les curés avaient entraîné leurs évêques, et les évêques eux-même étaient presque tous revenus au bon sens.

Un seul ecclésiastique, l'abbé Maury, le fils d'un cordonnier du Comtat-Venaissin, se sentait blessé dans sa dignité, d'être confondu parmi les députés du tiers. On voit pourtant des choses singulières en ce monde!

Malgré cet abbé, le plus opposé de son ordre à la réunion, on se communiqua les pièces, on prononça quelques discours pour se féliciter les uns et les autres; après quoi la séance fut levée, pour être continuée le lendemain mardi, à neuf heures, au lieu ordinaire des assemblées, c'est-à-dire dans la salle des Menus.

Nous arrivons donc au 23, jour de la séance royale.

Le matin, en me levant et poussant les volets, je vis qu'il allait faire un temps abominable; il ne pleuvait pas encore, mais tout était gris au ciel. Cela n'empêchait pas la rue de fourmiller de monde. Quelques instants après, le père Gérard monta pour déjeuner, puis M. le curé Jacques. Nous étions en costume de cérémonie, comme le jour de notre première réunion. Qu'est-ce que cette séance royale signifiait? Qu'est-ce qu'on avait à nous dire? Depuis la veille, on savait déjà que les Suisses et les gardes-françaises étaient sous les armes. Le bruit avait aussi couru que six régiments s'avançaient sur Versailles. En déjeunant, nous entendions les patrouilles monter et descendre la rue Saint-François. Gérard pensait qu'on allait faire un mauvais coup, un

Mirabeau. (Page 108.)

coup d'État, comme on dit, pour nous forcer de voter l'argent, et puis nous renvoyer chez nous.

Le curé Jacques disait que ce serait, en quelque sorte, nous demander la bourse ou la vie, et que le roi n'était pas capable, malgré sa complaisance pour la reine et le comte d'Artois, de faire un trait pareil; qu'il n'y consentirait jamais. Je pensais comme lui. Mais quand à savoir dans quel but allait avoir lieu la séance royale, je n'étais pas plus avancé que les autres. L'idée me venait seulement qu'on voulait nous faire peur. Enfin, nous allions bientôt savoir à quoi nous en tenir.

A neuf heures, nous partîmes. Toutes les rues aboutissant à l'hôtel des états s'encombraient déjà de peuple; les patrouilles allaient et venaient; les gens de toute sorte, bourgeois, ouvriers et soldats, avaient l'air inquiet; chacun se méfiait de quelque chose.

Dans le moment où nous approchions de la salle, il commençait à pleuvoir; l'averse ne pouvait pas tarder à venir. J'étais en avant et je me dépêchais. Une centaine de députés du tiers stationnaient devant la porte, sur la grande avenue; on les empêchait d'entrer, tandis que la noblesse et le clergé passaient sans observations; et, comme j'arrivais, une espèce de laquais vint prévenir messieurs du tiers état d'entrer par la rue du Chantier, pour éviter tout encombrement et confusion.

M. le marquis de Brézé, ayant eu de la peine à placer tout le monde avec ordre, le jour de la première réunion des états généraux, avait pris cette mesure de son propre chef, je suppose.

La colère nous gagnait; malgré cela, comme la pluie commençait à tomber ferme, on se dépêcha d'arriver à la porte du Chantier, pensant qu'elle était ouverte. Mais M. le marquis n'avait pas encore placé selon ses idées les deux premiers ordres, la porte de derrière était donc aussi fermée. Il fallut courir sous une espèce de hangar, à gauche, pendant que les nobles et les évêques entraient carrément et majestueusement par la grande avenue de Paris. M. le grand maître des cérémonies n'avait pas à se gêner avec nous; il trouvait tout naturel de nous faire attendre; nous n'étions là que pour la forme, en définitive. Qu'est-ce que les représentants du peuple? Qu'est-ce que le tiers état? De la canaille! Ainsi pensait sans doute M. le marquis; et si des paysans, des bourgeois comme moi digéraient avec peine ces affronts, renouvelés chaque jour par une espèce de premier domestique, qu'on se figure la fureur d'un noble comme Mirabeau; les cheveux lui en dressaient sur la tête, ses joues charnues tremblaient de colère. La pluie était battante. Deux fois, notre président avait été renvoyé, M. le marquis ayant encore de grands personnages à placer. Mirabeau voyant cela, dit à Bailly d'une voix terrible, en montrant les députés du tiers :

« Monsieur le président, conduisez la nation au-devant du roi ! »

Enfin, pour la troisième fois, Bailly s'approcha de la porte en y frappant, et M. le marquis daigna paraître, après avoir sans doute fini sa noble besogne. Celui-là, maître Jean, peut se vanter d'avoir bien servi la cour ! Notre président lui déclara que si la porte ne s'ouvrait pas, le tiers état allait se retirer. Alors elle s'ouvrit toute grande; nous vîmes la salle décorée comme le premier jour, les bancs de la noblesse et du clergé garnis des magnifiques députés de ces deux ordres, et nous entrâmes trempés de pluie. Messieurs de la noblesse et quelques évêques riaient en nous voyant prendre place; ils paraissaient tout à fait réjouis de notre humiliation.

Ces choses-là coûtent cher!

On s'assit donc, et presque aussitôt le roi entrait par l'autre bout de la salle, environné des princes du sang, des ducs et pairs, des capitaines de ses gardes et de quelques gardes du corps. Pas un seul cri de : « Vive le roi ! » ne s'éleva de notre côté. Le silence s'établit à l'instant, et le roi dit « qu'il croyait avoir tout fait pour le bien de ses peuples, et qu'il semblait que nous n'avions plus qu'à finir son ouvrage; mais que depuis deux mois nous n'avions pu nous entendre sur les préliminaires de nos opérations, et qu'il se devait à lui-même de faire cesser ces funestes divisions. En conséquence, il allait nous déclarer ce qu'il voulait. »

Après ce discours, le roi s'assit et un secrétaire d'État nous lut ses volontés.

« Art. 1er. — Le roi veut que l'ancienne distinction des trois ordres de l'État soit conservée en entier, et qu'ils forment trois chambres séparées. Il déclare nulles les délibérations prises par les députés du tiers état, le 17 de ce mois.

Art. 2. — Sa Majesté déclare les pouvoirs valables, vérifiés ou non vérifiés, dans chaque chambre, et ordonne qu'il en soit donné communication aux autres ordres, sans plus d'embarras.

« Art. 3. — Le roi casse et annule les restrictions qu'on a mises aux pouvoirs des députés. »

De sorte que chacun de nous pouvait faire ce qui lui plaisait : accorder des subsides, voter des impôts, aliéner les droits de la nation, etc., etc., sans s'inquiéter des vœux de ceux qui l'avaient envoyé.

« Art. 4 et 5. — Si des députés avaient fait le serment téméraire de rester fidèles à leur mandat, le roi leur permettait d'écrire à leurs bailliages, pour s'en faire relever ; mais ils allaient rester en attendant à leur poste, pour donner du poids aux décisions des états généraux.

« Art. 6. — Sa Majesté déclare que dans les tenues des états généraux à l'avenir, elle ne permettra plus les mandats impératifs. »

Sans doute parce que les filous qui trafiquent de leurs voix, se reconnaîtraient trop bien au milieu des honnêtes gens qui remplissent leur mandat!

Ensuite Sa Majesté nous signifia de quelle manière elle entendait que nous procédions. D'abord elle nous défendait de traiter à l'avenir des affaires qui regardent les droits antiques des trois ordres ; de la forme d'une constitution à donner aux prochains états généraux ; des propriétés seigneuriales et féodales ; des droits et prérogatives honorifiques des deux premiers ordres. Elle déclarait que le consentement particulier du clergé serait nécessaire pour tout ce qui intéresse la religion, la discipline ecclésiastique, le régime des ordres réguliers et séculiers.

Enfin, maître Jean, nous n'étions appelés là que pour payer le déficit et voter que le peuple donnerait l'argent ; le reste ne nous regardait pas; tout était bien, très-bien; tout devait rester debout, quand nous aurions financé !

Après cette lecture, le roi se releva pour nous dire que jamais monarque n'en avait fait autant que lui, dans l'intérêt de ses peuples, et que ceux qui retarderaient encore ses intentions paternelles seraient indignes d'être regardés comme Français.

Puis il se rassit, et on nous lut ses intentions sur les impôts, sur les emprunts et les autres affaires des finances.

Le roi voulait changer le nom des impôts; vous entendez bien, maître Jean, le nom ! Ainsi, la taille réunie au vingtième, ou remplacée de quelque autre manière, allait devenir plus coulante : au lieu de payer une livre, on donnera vingt sous; au lieu de payer au collecteur, on payera au percepteur, et le peuple sera soulagé !

« Jamais aucun roi n'en a tant fait pour ses peuples ! »

Il voulait abolir les lettres de cachet, mais en les conservant pour ménager l'honneur des familles; c'est clair !

Il voulait aussi la liberté de la presse, mais en ayant bien soin d'empêcher les *mauvaises gazettes* et les *mauvais livres* de se publier.

Il voulait le consentement des états généraux pour faire des emprunts; seulement, en cas de guerre, il déclarait pouvoir emprunter jusqu'à concurrence de cent millions, pour commencer. « Car l'intention formelle du roi est de ne mettre jamais le salut de son empire dans la dépendance de personne. »

Il voulait aussi nous consulter sur les emplois et charges, qui conserveraient à l'avenir le privilége de donner ou de transmettre la noblesse.

Enfin on nous lut un grand pot-pourri sur toutes sortes de choses, où l'on voulait nous consulter. Mais le roi se réservait toujours de faire ce qu'il voudrait; notre affaire, à nous, c'était de payer; pour cela, nous avions toujours la préférence.

Sa Majesté se remit encore une fois à parler et nous dit :

« Réfléchissez, messieurs, qu'aucun de vos projets, aucune de vos dispositions ne peuvent avoir force de loi, sans mon approbation spéciale; je suis le garant naturel de vos droits. C'est moi qui fais tout le bonheur de mes peuples; et il est rare peut-être que l'ambition d'un souverain soit d'obtenir de ses sujets, qu'ils s'entendent pour accepter ses bienfaits.

« Je vous ordonne, messieurs, de vous séparer tout de suite, et de vous rendre demain matin chacun dans la chambre affectée à votre ordre, pour y reprendre vos séances. »

Enfin nous étions remis à notre place ! On nous avait fait venir pour voter les fonds, voilà tout. Sans la déclaration du parlement, que tous les impôts avaient été perçus illégalement jusqu'alors, jamais l'idée de convoquer les états généraux ne serait venue à notre bon roi. Mais, à cette heure, les états généraux étaient plus embarrassants que le parlement, et l'on nous donnait des ordres comme à de la valetaille : « Je vous ordonne de vous séparer tout de suite ! »

Les évêques, les marquis, les comtes et les barons jouissaient de notre confusion et nous regardaient de leur hauteur; mais croyez-moi, maître Jean, nous ne baissions pas les yeux, nous sentions en nous un frémissement terrible.

Le roi, sans rien ajouter, se leva et sortit comme il était venu. Presque tous les évêques, quelques curés et la plus grande partie des députés de la noblesse se retirèrent par la grande porte de l'avenue.

Nous autres, nous devions sortir par la petite porte du Chantier, mais nous restâmes provisoirement à notre place. Chacun réfléchissait, chacun amassait de la force et de la colère.

Cela durait depuis un quart d'heure, quand Mirabeau se leva, sa grosse tête en arrière et les yeux étincelants. Le silence était terrible. On le regardait. Tout à coup de sa voix claire, il dit :

« Messieurs, j'avoue que ce que vous venez d'entendre pourrait être le salut de la patrie, si les présents du despotisme n'étaient toujours dangereux. Quelle est cette insultante dictature ? L'appareil des armes, la violation du temple national, pour vous commander d'être heureux ! »

Tout le monde frissonnait; on comprenait que Mirabeau jouait sa tête ! Il le savait aussi bien que nous, mais l'indignation l'emportait; et la figure toute changée, — belle, maître Jean, car celui qui risque sa vie pour attaquer l'injustice est beau, c'est même ce qu'il y a de plus beau dans le monde ! — il continua :

« Qui vous fait ce commandement ? Votre mandataire ! Qui vous donne des lois impérieuses ? Votre mandataire ! Lui qui doit les recevoir de nous, messieurs, qui sommes revêtus d'un sacerdoce politique et inviolable; de nous enfin, de qui seuls vingt-cinq millions d'hommes attendent un bonheur certain, parce qu'il doit être consenti, donné et reçu par tous. »

Chaque mot entrait comme un boulet dans le vieux trône de l'absolutisme.

« Mais la liberté de vos délibérations est enchaînée, reprit-il avec un geste qui nous fit frémir ; une force militaire environne les états ! Où sont les ennemis de la patrie ? Catilina est-il à nos portes ? Je demande qu'en vous couvrant de votre dignité, de votre puissance législative, vous vous renfermiez dans la religion de votre serment ; il ne vous permet de vous séparer qu'après avoir fait la constitution. »

Pendant ce discours, le maître des cérémonies, qui avait suivi le roi, était rentré dans la salle, et il s'avançait son chapeau à plumes à la main, du côté des bancs vides de la noblesse. A peine Mirabeau finissait-il de parler, qu'il prononça quelques mots ; mais comme on ne l'entendait pas, plusieurs se mirent à crier d'un ton de mauvaise humeur :

« Plus haut !... plus haut !... »

Et lui, alors, élevant la voix, dit au milieu du silence :

« Messieurs, vous avez entendu les ordres du roi ! »

Mirabeau était resté debout, je voyais la colère et le mépris serrer ses grosses mâchoires.

« Oui, Monsieur, dit-il lentement, — d'un ton de grand seigneur qui parle de haut, — nous avons entendu les intentions qu'on a suggérées au roi ; et vous, qui ne sauriez être son organe auprès des états généraux, vous qui n'avez ici ni place ni droit de parler, vous n'êtes pas fait pour nous rappeler son discours ! »

Puis, se redressant et toisant le maître des cérémonies :

« Cependant, reprit-il, pour éviter toute équivoque et tout délai, je déclare que, si l'on vous a chargé de nous faire sortir d'ici, vous devez demander des ordres pour employer la force, car nous ne quitterons nos places que par la puissance des baïonnettes ! »

Toute l'assemblée se leva comme un homme, criant « Oui ! oui ! »

C'était un tumulte extraordinaire.

Au bout de deux ou trois minutes, le calme s'étant un peu rétabli, notre président dit au maître des cérémonies :

« L'assemblée a décidé hier qu'elle resterait séance tenante, après la séance royale. Je ne puis séparer l'assemblée avant qu'elle en ait délibéré elle-même, et délibéré librement.

— Puis-je, Monsieur, porter cette réponse au roi ? demanda le marquis.

— Oui, Monsieur, » répondit le président.

Alors le maître des cérémonies sortit, et la séance continua.

Pour vous dire la vérité, maître Jean, nous nous attendions à un grand coup ! Mais sur les deux heures, au lieu de baïonnettes, nous vîmes arriver une quantité de charpentiers, qu'on envoyait pour démolir l'estrade de la séance royale, et qui se mirent tout de suite à l'ouvrage. C'était encore une invention de la reine et du comte d'Artois : n'osant pas employer la force, ils employaient le bruit ! Or n'a jamais rien vu de plus misérable.

Vous pensez bien que cette nouvelle avanie ne nous empêcha pas de faire notre devoir ; la discussion continua au milieu du roulement des marteaux ; et les ouvriers eux-mêmes, étonnés de notre calme, finirent par abandonner leurs outils, et par descendre sur les marches de l'estrade, pour écouter ce qui ce disait. Si M. le comte d'Artois avait pu les voir, jusqu'à la fin de la séance, plus attentifs que dans une église, et couvrant de leurs applaudissements les orateurs qui disaient des choses fortes et justes, il aurait compris que le peuple n'est pas aussi bête qu'on veut bien le croire.

Camus, Barnave, Sieyès parlèrent. Sieyès dit, en descendant de la tribune :

« Vous êtes aujourd'hui ce que vous étiez hier ! »

On prit les voix par assis et levé, et l'*Assemblée nationale déclara unanimement persister dans ses précédents arrêtés*. Et finalement Mirabeau, dont la colère avait eu le temps de se refroidir, et qui voyait clairement que sa tête était en jeu, dit :

« C'est aujourd'hui que je bénis la liberté, de ce qu'elle mûrit de si beaux fruits dans l'Assemblée nationale. Assurons notre ouvrage, en déclarant inviolable la personne des députés aux états généraux. Ce n'est pas manifester une crainte, c'est agir avec prudence ; c'est un frein contre les conseils violents qui assiégent le trône. »

Chacun vit bien la finesse, et la motion fut adoptée à la majorité de 493 voix contre 34.

L'assemblée se sépara vers six heures, après avoir pris l'arrêté suivant :

« L'Assemblée nationale déclare que la personne de chaque député est inviolable ; que tous particuliers, toutes corporations, tribunal, cour ou commission qui oseraient, pendant ou après la présente session, poursuivre, rechercher, arrêter ou faire arrêter, détenir ou faire détenir un député, pour raison d'aucune proposition, avis, opinion ou discours aux états généraux, de même que toutes personnes qui prêteraient leur ministère à aucun desdits attentats, de quelque part qu'ils fussent ordonnés, sont infâmes et traîtres envers la nation, et coupables de crimes capitaux. L'Assemblée nationale arrête que, dans les cas susdits, elle prendra toutes les mesures pour rechercher, poursuivre et punir ceux qui en seront les auteurs, instigateurs et exécuteurs. »

Mirabeau n'avait plus rien a craindre, ni nous non plus. Si les rois sont sacrés, c'est qu'ils ont eu soin de l'écrire comme nous dans les lois. Ça fait toujours du bien d'être sacré! Si l'on touchait seulement à l'un de nos cheveux maintenant, toute la France crierait et s'indignerait terriblement. Nous aurions même dû commencer par là, mais les bonnes idées ne viennent pas toutes ensemble.

Je crois, du reste, que la cour a bien fait de ne pas pousser les choses plus loin, car, pendant toute cette séance du 23, le peuple remplissait les avenues de Versailles, et les entrants et sortants ne faisaient que lui porter des nouvelles; il savait tout ce qui se passait dans l'assemblée, de quart d'heure en quart d'heure; si l'on nous avait attaqués, nous aurions eu toute la nation pour nous.

En même temps, le bruit courait du renvoi de Necker, remplacé par le comte d'Artois; de sorte qu'aussitôt notre séance levée, le peuple se précipita vers le palais. Les gardes-françaises avaient reçu l'ordre de tirer, pas un ne bougea. La foule entra jusque dans les appartements de Necker, et c'est en apprenant de la bouche du ministre lui-même qu'il restait, qu'elle consentit à se retirer.

A Paris, l'exaspération était encore plus grande. Je me suis laissé dire que là, quand la nouvelle se répandit que le roi avait tout cassé, on sentait le feu couver sous les pavés, et qu'il ne fallait qu'un signe pour allumer la guerre civile.

Il faut bien que ce soit vrai, car, malgré les conseils des princes; malgré les régiments de mercenaires allemands et suisses qu'on avait fait venir des quatre coins de la France; malgré les canons qu'on avait logés dans les écuries de la reine, vis-à-vis la salle des états, et dont on voyait les gueules de nos fenêtres; malgré ce qu'il nous avait signifié lui-même, le roi écrivit aux députés de la noblesse, d'aller rejoindre les députés du tiers dans la salle commune; et le 30 juin, qui était donc hier, nous avons vu les « *fiers descendants des conquérants* » venir s'asseoir à côté de « *l'humble postérité des vaincus.* » Ils ne riaient pas comme le matin du 23, en nous voyant entrer dans la salle, trempés de pluie!

Voilà, maître Jean, où nous en sommes : la première partie est gagnée! Et maintenant nous allons faire la constitution. C'est un travail difficile, mais nous y mettrons le temps; d'ailleurs, nos cahiers sont là pour nous guider, nous n'aurons, pour ainsi dire, qu'à les suivre.

Toutes les plaintes, tous les vœux du peuple doivent entrer dans cette constitution : « Abolition des droits féodaux, des corvées, de la gabelle et des douanes intérieures. Égalité devant l'impôt et devant la loi. Sûreté personnelle. Admission de tous les citoyens aux emplois civils et militaires. Inviolabilité du secret des lettres. Pouvoir législatif réservé aux représentants de la nation. Responsabilité des agents du pouvoir. Unité de législation, d'administration, de poids et de mesures. Instruction et justice gratuites. Partage égal des biens entre les enfants. Liberté du commerce, de l'industrie et du travail. » — Enfin, tout! Il faut que tout y soit, très-clair, et rangé dans un bel ordre par chapitres, afin que chacun comprenne, et que le dernier paysan puisse connaître ses droits et ses devoirs.

Soyez tranquilles, mes amis, les hommes parleront longtemps de 1789.

C'est tout ce que j'avais à vous dire aujourd'hui. Tâchez de me donner de vos nouvelles le plus tôt possible. Nous désirons savoir ce qui se passe en province; mes confrères sont mieux informés que moi. Dites à Michel de me consacrer une heure par jour, après le travail, qu'il me raconte ce qui se passe aux Baraques et dans les environs, et qu'il m'envoie le paquet à la fin de chaque mois. De cette façon, nous serons toujours les uns avec les autres comme autrefois, et nous aurons l'air de causer ensemble, au coin de notre feu.

Je finis en vous embrassant tous. Marguerite me charge de vous dire de ne pas l'oublier, et qu'elle ne vous oublie pas non plus. Allons, encore une fois, nous vous embrassons.

Votre ami,
CHAUVEL.

Pendant que je lisais cette lettre, maître Jean, le grand Materne et M. le curé Christophe se regardaient en silence. Quelques mois avant, celui qui se serait permis de parler ainsi du roi, de la reine, de la cour et des évêques, n'aurait pas manqué d'aller aux galères jusqu'à la fin de ses jours. Mais les choses changent vite en ce monde, quand les temps sont venus, et ce qu'on trouvait abominable devient naturel.

Lorsque j'eus fini, ceux qui se trouvaient là continuaient de se taire, et seulement au bout d'une ou deux minutes maître Jean s'écria :

« Eh bien, que penses-tu de cela, Christophe? qu'en dis-tu? Il ne se gêne pas!

— Non, dit le curé, rien ne le gêne plus! et pour qu'un homme aussi prudent, aussi fin que Chauvel écrive de cette encre, il faut que le tiers ait déjà la force en main. — Ce qu'il dit du clergé, comme nous appellent nosseigneurs les évêques, est vrai : nous sommes du peuple, et nous tenons avec le peuple. Jésus-

Christ, notre divin maître, a voulu naître dans une étable ; il a vécu pour les pauvres, au milieu des pauvres, et il est mort pour eux.

Voilà notre modèle ! — Nos cahiers demandent, comme ceux du tiers, une constitution monarchique, où le pouvoir législatif appartienne aux états ; où l'égalité de tous devant la loi et la liberté soient établies ; où les abus de pouvoir, même dans l'Église, soient sévèrement réprimés ; où l'instruction primaire soit rendue universelle et gratuite ; et l'unité de législation établie dans tout le royaume. — La noblesse, elle, demande pour les femmes nobles le droit de porter des rubans qui les distinguent des femmes du commun ! Elle ne s'occupe que de questions d'étiquette ; elle ne dit pas un mot du peuple, elle ne lui reconnaît aucun droit et ne lui fait aucune concession, si ce n'est pour quelques inégalités dans les impôts, chose assez misérable. Nos évêques, presque tous nobles, tiennent avec la noblesse ; et nous, enfants du peuple, nous sommes avec le peuple ; il n'existe donc aujourd'hui que deux partis : les privilégiés et les non privilégiés, l'aristocratie et le peuple.

Pour tout cela, Chauvel a raison. Mais il parle trop librement du roi, des princes et de la cour. La royauté est un principe. On reconnaît le vieux calviniste, qui se figure déjà tenir au pied du mur les descendants de ceux qui ont martyrisé ses ancêtres. Ne crois pas, Jean, que Charles IX, Louis XIV et même Louis XV se soient acharnés contre les réformés à cause de leur religion ; ils l'ont fait croire au peuple, car le peuple ne s'intéresse qu'à la religion, à la patrie, aux choses du cœur ; il ne se moque pas mal des dynasties, et de se faire casser les os pour les intérêts de Pierre, Paul ou Jacques ! Les rois ont donc fait croire qu'ils défendaient la religion, parce que ces calvinistes, sous prétexte de religion, voulaient fonder une république comme en Suisse ; et que de la Rochelle, leur nid, ils répandaient des idées d'égalité et de liberté dans le midi de la France. Le peuple croyait se battre pour la religion ; il se battait contre l'égalité, pour le despotisme. Comprends-tu maintenant ? Il a fallu dénicher ces calvinistes et les détruire ; sans cela ils auraient établi la république. Chauvel le sait bien ! Je suis sûr qu'au fond c'est aussi son idée, et voilà justement où nous ne sommes plus d'accord.

— Mais, s'écria maître Jean, c'est pourtant abominable de traiter les députés du tiers comme font les princes et les nobles !

— Hé ! que veux-tu, répondit le curé, l'orgueil a déjà précipité Satan dans les abîmes ! L'orgueil commence par aveugler ceux qu'il possède ; il les pousse à toutes les choses injustes et insensées. Pour le bon sens, on peut dire maintenant que les premiers sont les derniers, et les derniers les premiers. Dieu sait comment tout cela finira ! Quant à nous, mes amis, remplissons toujours nos devoirs de chrétiens : c'est le meilleur. »

Les autres écoutaient.

Le curé Christophe et son frère repartirent tout pensifs.

FIN DE LA PREMIÈRE PARTIE

DÉCLARATION

DES DROITS DE L'HOMME ET DU CITOYEN

Décrétée par l'Assemblée nationale constituante de 1789.

Les Représentants du peuple français, constitués en Assemblée nationale, considérant que l'ignorance, l'oubli ou le mépris des droits de l'homme sont les seules causes des malheurs publics et de la corruption des gouvernements, ont résolu d'exposer dans une déclaration solennelle les droits naturels, inaliénables et sacrés de l'homme, afin que cette déclaration, constamment présente à tous les membres du corps social, leur rappelle sans cesse leurs droits et leurs devoirs; afin que les actes du pouvoir législatif et ceux du pouvoir exécutif, pouvant être à chaque instant comparés avec le but de toute institution politique, en soient plus respectés; afin que les réclamations des citoyens, fondées désormais sur des principes simples et incontestables, tournent toujours au maintien de la Constitution et au bonheur de tous.

En conséquence, l'Assemblée nationale reconnaît et déclare, en présence et sous les auspices de l'Être suprême, les droits suivants de l'homme et du citoyen:

I. Les hommes naissent et demeurent libres et égaux en droits. Les distinctions sociales ne peuvent être fondées que sur l'utilité commune.

II. Le but de toute association politique est la conservation des droits naturels et imprescriptibles de l'homme. Ces droits sont la liberté, la propriété, la sûreté, et la résistance à l'oppression.

III. Le principe de toute souveraineté réside essentiellement dans la nation. Nul corps, nul individu ne peut exercer d'autorité qui n'en émane expressément.

IV. La liberté consiste à pouvoir faire tout ce qui ne nuit pas à autrui. Ainsi l'exercice des droits naturels de chaque homme, n'a de bornes que celles qui assurent, aux autres membres de la société, la jouissance de ces mêmes droits. Ces bornes ne peuvent être déterminées que par la loi.

V. La loi n'a le droit de défendre que les actions nuisibles à la société. Tout ce qui n'est pas défendu par la loi ne peut être empêché, et nul ne peut être contraint à faire ce qu'elle n'ordonne pas.

VI. La loi est l'expression de la volonté générale. Tous les citoyens ont droit de concourir personnellement ou par leurs représentants à sa formation. Elle doit être la même pour tous, soit qu'elle protège, soit qu'elle punisse. Tous les citoyens, étant égaux à ses yeux, sont également admissibles à toutes dignités, places et emplois publics, selon leur capacité, et sans autre distinction que celle de leurs vertus ou de leurs talents.

VII. Nul homme ne peut être accusé, arrêté, ni détenu que dans les cas déterminés par la loi, et selon les formes qu'elle a prescrites. Ceux qui sollicitent, expédient, exécutent, ou font exécuter des ordres arbitraires, doivent être punis; mais tout citoyen appelé ou saisi en vertu de la loi doit obéir à l'instant; il se rend coupable par la résistance.

VIII. La loi ne doit établir que des peines strictement et évidemment nécessaires, et nul ne peut être puni qu'en vertu d'une loi établie et promulguée antérieurement au délit, et légalement appliquée.

IX. Tout homme étant présumé innocent jusqu'à ce qu'il ait été déclaré coupable, s'il est jugé indispensable de l'arrêter, toute rigueur qui ne serait pas nécessaire pour s'assurer de sa personne doit être sévèrement réprimée par la loi.

X. Nul ne doit être inquiété pour ses opinions, même religieuses, pourvu que leur manifestation ne trouble pas l'ordre public établi par la loi.

XI. La libre communication de la pensée et des opinions est un des droits les plus précieux de l'homme: tout citoyen peut donc parler, écrire, imprimer librement, sauf à répondre de l'abus de cette liberté dans les cas déterminés par la loi.

XII. La garantie des droits de l'homme et du citoyen nécessite une force publique: cette force est donc instituée pour l'avantage de tous et non pour l'utilité particulière de ceux auxquels elle est confiée.

XIII. Pour l'entretien de la force publique et pour les dépenses d'administration, une contribution commune est indispensable; elle doit être également répartie entre tous les citoyens, en raison de leurs facultés.

XIV. Tous les citoyens ont le droit de constater par eux-mêmes ou par leurs représentants la nécessité de la contribution publique, de la consentir librement, d'en suivre l'emploi et d'en déterminer la quotité, l'assiette, le recouvrement et la durée.

XV. La société a le droit de demander compte à tout agent public de son administration.

Soyez tranquilles, mes amis, les hommes parleront longtemps de 1789. (Page 109.)

XVI. Toute société dans laquelle la garantie des droits n'est pas assurée, ni la séparation des pouvoirs déterminée, n'a point de constitution.

XVII. La propriété étant un droit inviolable et sacré, nul ne peut en être privé, si ce n'est lorsque la nécessité publique, légalement constatée, l'exige évidemment, et sous la condition d'une juste et préalable indemnité.

L'Assemblée nationale, voulant établir la Constitution française sur les principes qu'elle vient de reconnaître et de déclarer, abolit irrévocablement les institutions qui blessaient la liberté et l'égalité des droits.

Il n'y a plus ni noblesse, ni pairie, ni distinctions héréditaires, ni distinctions d'ordre, ni régime féodal, ni justice patrimoniales, ni aucun des titres, dénominations et prérogatives qui en dérivaient, ni aucun ordre de chevalerie, ni aucune des corporations ou décorations pour lesquelles on exigeait des preuves de noblesse, ou qui supposaient des distinctions de naissance, ni aucune autre supériorité que celle des fonctionnaires publics dans l'exercice de leurs fonctions.

Il n'y a plus ni vénalité ni hérédité d'aucun office public.

Il n'y a plus pour aucune partie de la nation ni pour aucun individu, aucun privilège ni exception au droit commun de tous les Français.

Il n'y a plus ni jurandes, ni corporations de professions, arts et métiers.

La loi ne reconnaît plus ni vœux religieux ni aucun autre engagement qui serait contraire aux droits naturels ou à la Constitution.

Paris. — Imprimerie GAUTHIER-VILLARS, 55, quai des Grands-Augustins.

ILLUSTRATIONS DE THÉOPHILE SCHULER.

HISTOIRE D'UN PAYSAN
1792
PAR
ERCKMANN-CHATRIAN

DEUXIÈME PARTIE
LA PATRIE EN DANGER

I

Je vous ai raconté les misères du peuple avant 1789 : la masse d'impôts qu'on nous faisait supporter ; le compte rendu de Necker, où l'on apprit qu'il existait un gros déficit tous les ans ; la déclaration du parlement de Paris, que les états généraux avaient seuls le droit de voter les impôts; les tours de Calonne et de Brienne pour avoir de l'argent; les deux réunions de notables, qui refusèrent d'imposer leurs propres biens; et finalement, quand il fallut payer ou faire banqueroute, la convocation des états généraux à Versailles, après cent soixante-quinze ans d'interruption.

Je vous ai dit que nos députés avaient l'ordre écrit d'abolir les barrières intérieures, qui gênaient le commerce; les maîtrises et jurandes, qui gênaient l'industrie, les dîmes et droits féodaux, qui gênaient l'agriculture; la vénalité des charges et offices, contraire à la justice; les tortures et autres barbaries, contraires à l'humanité; et les vœux des moines, contraires aux familles, aux bonnes mœurs et au bon sens.

Voilà ce que demandaient tous les cahiers du tiers état.

Mais le roi n'avait convoqué les députés du tiers que pour accepter les dépenses de la cour, des seigneurs et des évêques, pour régler le déficit et tout mettre sur le dos des bourgeois, des ouvriers et des paysans. C'est pourquoi la noblesse et le clergé, voyant qu'ils voulaient avant tout abolir les priviléges, refusèrent de se réunir à eux et les accablèrent de tant d'humiliations, qu'ils se redressèrent d'un coup, jurèrent de ne se séparer qu'après avoir fait la constitution, et se proclamèrent Assemblée nationale.

C'est ce que nous avait écrit Chauvel; vous avez vu sa lettre.

Lorsque ces nouvelles arrivèrent au pays, la disette était encore si grande, que les pauvres vivaient de l'herbe des champs, en la faisant bouillir avec un peu de sel. Par bonheur le bois ne manquait pas; l'orage montait: les gardes de monseigneur le cardinal-évêque restaient tranquillement chez eux, pour ne pas rencontrer les délinquants. Oui, c'était terrible!... terrible pour tout le monde, mais principalement pour les employés du fisc, pour les justiciers et tous ceux qui vivaient de l'argent du roi. Ces gens graves, prévôts, conseillers, syndics, tabellions, procureurs, de père en fils, se trouvaient comme logés dans une de ces vieilles maisons de Saverne, toutes vermoulues et décrépites, de véritables nids à rats, qui durent depuis des siècles et qui tomberont aux premiers coups de pioche. Ils le savaient, ils sentaient que cela menaçait ruine, et vous regardaient du coin de l'œil, d'un air inquiet; ils oubliaient de poudrer leurs perruques et ne venaient plus danser leurs menuets au Tivoli.

Les nouvelles de Versailles se répandaient jusque dans les derniers villages. On attendait encore quelque chose, personne n'aurait pu dire quoi! Le bruit courait que nos députés étaient entourés de soldats; qu'on voulait leur faire peur, ou peut-être les massacrer. Ceux qui passaient à l'auberge des Trois-Pigeons ne parlaient plus que de cela. Maître Jean s'écriait:

« A quoi pensez-vous? Est-ce que notre bon roi est capable de commettre des abominations? Est-ce qu'il n'a pas convoqué lui-même des députés de son peuple, pour connaître nos besoins et faire à tous notre bonheur? Otez-vous donc ces idées de la tête! »

Les autres, du Harberg ou de Dagsbourg, le poing sur la table, ne répondaient pas; ils s'en allaient pensifs, et maître Jean disait:

« Dieu veuille que la reine et le comte d'Artois n'essayent pas de faire un mauvais coup, car ceux qui n'ont plus rien à perdre ont tout à gagner; et si la bataille commence, personne de nous n'en verra la fin. »

Il avait bien raison; pas un de ceux qui vivaient alors, nobles, bourgeois ou paysans, n'a vu la fin de la révolution; elle dure encore, et ne finira que si l'esprit de douceur, de justice et de bon sens arrive une fois chez nous.

Les choses traînèrent ainsi plusieurs semaines; le temps des petites récoltes était venu, la famine diminuait dans nos villages, et l'on commençait à se calmer, quand le 18 juillet, la nouvelle se répandit que Paris était en feu, qu'on avait voulu cerner l'Assemblée nationale pour la dissoudre, que la municipalité s'était soulevée contre le roi, qu'elle avait armé les bourgeois, que le peuple se battait dans les rues contre les régiments étrangers, et que les gardes françaises tenaient avec la ville.

Aussitôt la lettre de Nicolas nous revint à l'esprit et cela nous parut naturel.

Tous les gens qui revenaient de Phalsbourg répétaient les mêmes choses; le régiment de La Fère était consigné dans les casernes, et d'heure en heure des courriers s'arrêtaient à l'hôtel du gouverneur, puis filaient ventre à terre en Alsace.

Qu'on se représente l'étonnement du monde! On n'avait pas encore l'habitude des révolutions comme de nos jours; l'idée d'en faire ne vous venait jamais. Ce fut une grande épouvante.

Ce jour-là rien ne bougea, les nouvelles étaient arrêtées; mais le lendemain on apprit l'enlèvement de la Bastille; on sut que les Parisiens étaient maîtres de tout; qu'ils avaient des fusils, de la poudre, des canons, et cela produisit un si grand effet, que les montagnards descendirent avec leurs haches, leurs fourches et leurs faux en Alsace et en Lorraine; ils passaient par bandes, en criant:

« A Marmoutier! »

— A Saverne!
— A Neuviller!
— A Lixheim! »

Ils se répandaient comme des fourmilières, et démolissaient jusqu'aux baraques des hardiers, jusqu'aux maisons des gardes forestiers du prince-évêque, sans parler des bureaux d'octroi et des barrières sur les grandes routes.

Létumier, Huré, Cochard et les autres du village vinrent aussi prendre maître Jean, pour ne pas rester en arrière de Mittelbronn, des Quatre-Vents et de Lutzelbourg. Lui criait :

« Laissez-moi tranquille!.. Faites ce qui vous plaira!... Je ne me mêle de rien. »

Mais comme presque tous les villages d'Alsace avaient déjà brûlé les papiers des couvents et des seigneurs, et que les Baraquins voulaient aussi brûler ceux de la commune, au couvent des Tiercelins à Lixheim, il mit son habit, pour tâcher de sauver nos titres. Nous partîmes ensemble, Cochard, Létumier, Huré, maître Jean, moi, tout le village.

Il fallait entendre les cris des montagnards dans la plaine, il fallait voir les bûcherons, les schlitteurs, les ségares, tout débraillés, les haches, les pioches, les faux et les fourches en l'air par milliers. Les cris montaient et descendaient comme le roulement de l'eau sur l'écluse des Trois-Étangs; et les femmes aussi s'en mêlaient, leurs tignasses pendantes et la hachette à la main.

A Mittelbronn, chez Forbin, il ne restait plus pierre sur pierre; tous les papiers étaient brûlés, le toit était enfoncé dans la cave. A Lixheim, on marchait dans les plumes et la paille des paillasses jusqu'au ventre; on vidait tout par les fenêtres des malheureux juifs; on hachait leurs meubles. Quand les gens sont lâchés, ils ne se connaissent plus; ils confondent la religion, l'amour de l'argent, la vengeance, tout!

J'ai vu les pauvres juifs se sauver du côté de la ville : leurs femmes et leurs filles, les petits enfants sur les bras, criant comme des folles, et les vieux trébuchant derrière, en sanglotant. Et pourtant quels autres avaient plus souffert que ces malheureux, sous nos rois? Lesquels avaient eu plus à se plaindre? — Mais on ne songeait plus à rien.

Le couvent des Tiercelins était au vieux Lixheim; les cinq prêtres qui vivaient là gardaient les papiers de Brouviller, de Hérange, de Fleisheim, de Pickeholtz, ceux des Baraques et même de Phalsbourg.

Toutes les communes, réunies avec la foule des montagnards, remplissaient les vieilles rues autour de la mairie; elles voulaient leurs papiers, mais les Tiercelins pensaient :

« Si nous donnons les titres, ces gens nous massacreront ensuite. »

Ils ne savaient que faire, car la foule s'étendait autour du couvent et gardait tous les passages.

Quand maître Jean arriva, les maires des villages, en tricorne et gilet rouge, délibéraient près de la fontaine : les uns voulaient tout brûler, d'autres voulaient enfoncer les portes; quelques-uns plus raisonnables, soutenaient que l'on devait réclamer les titres d'abord, et que l'on verrait après; ils finirent par avoir le dessus. Et comme Jean Leroux avait été député au bailliage, on le choisit avec deux autres d'entre les maires, pour aller redemander les papiers. Ils partirent ensemble; les pères Tiercelins, voyant qu'ils n'étaient que trois, leur ouvrirent, ils entrèrent, et la grosse porte se referma.

Ce qui se passa dans le couvent, maître Jean nous l'a raconté depuis : les pauvres vieux tremblaient comme des lièvres; leur supérieur, qui s'appelait père Marcel, criait que les titres étaient sous sa garde, qu'il ne pouvait les lâcher, et qu'il faudrait le tuer pour les avoir!

Mais alors maître Jean l'ayant conduit près d'une fenêtre, en lui montrant les faux qui reluisaient à perte de vue, il ne dit plus rien et monta leur ouvrir une grande armoire garnie d'un treillage en fil de fer, où les registres étaient empilés jusqu'au plafond.

Il fallut tout choisir et mettre en ordre. Comme cela durait depuis une bonne heure, les communes, croyant à la fin qu'on retenait leurs maires prisonniers, s'approchaient pour enfoncer les portes en poussant des cris terribles, lorsque maître Jean s'avança sur le balcon, avec une grosse poignée de papiers qu'il montrait d'un air joyeux, et les cris de contentement et de satisfaction s'étendirent jusqu'à l'autre bout de Lixheim. Partout on se disait en riant :

« Nous les avons!... Nous allons avoir nos papiers! »

Maître Jean et les deux autres sortirent bientôt, traînant une charrette de registres. Ils traversèrent la foule, en criant qu'il ne fallait pas maltraiter les révérends pères Tiercelins, puisqu'ils rendaient à chacun son bien. On ne demandait pas mieux!

Chaque village reçut ses papiers à la maison commune; plusieurs en firent un feu de joie sur la place, brûlant leurs propres titres avec ceux du couvent. Mais Jean Leroux avait les nôtres dans sa poche, c'est pourquoi les Baraques conservent leurs droits de pâture et de glandée au bois de chênes, tandis que beaucoup d'autres n'ont plus rien, ayant en quelque sorte brûlé leurs propres forêts et pâturages à perpétuité.

J'aurais encore bien des choses à vous raconter sur cela, car un grand nombre, au lieu de rendre les titres qu'ils avaient sauvés, les ont gardés et vendus plus tard aux anciens seigneurs et même à l'État, ils sont devenus riches aux dépens de leurs communes. Mais à quoi bon ? Les gueux sont morts, ils ont rendu leurs comptes depuis longtemps.

On peut dire que, dans ces quinze jours, la France a été changée de fond en comble : tous les titres des couvents et des châteaux s'en allèrent en fumée ! Le tocsin bourdonnait jour et nuit, le ciel était rouge le long des Vosges : les abbayes, les vieux nids d'éperviers brûlaient comme des cierges parmi les étoiles ; et cela continua jusqu'au 4 août suivant, jour où les évêques et les seigneurs de l'Assemblée nationale renoncèrent à leurs droits féodaux et priviléges. Quelques-uns soutiennent qu'ils n'avaient plus besoin de renoncer, puisque tout était détruit à l'avance ; sans doute, mais cela vaut pourtant mieux, de cette manière leurs descendants n'ont rien à réclamer.

Enfin, voilà comment le peuple se débarrassa des anciens droits de la *noble race des conquérants*. On l'avait mis sous le joug par la force, et c'est aussi par la force qu'il s'est rendu libre.

Depuis ce jour, l'Assemblée nationale put commencer notre constitution ; le roi vint même la complimenter et lui dire :

« Vous avez tort de vous méfier de moi ! Tous ces régiments que j'ai fait venir, ces dix mille hommes réunis au Champ de Mars, et ces canons qui vous entourent sont pour vous garder. Mais puisque vous n'en voulez pas, je vais les renvoyer. »

Nos représentants eurent l'air de croire ce qu'il leur racontait ; mais si la Bastille n'avait pas été prise ; si la nation ne s'était pas soulevée ; si les régiments étrangers avaient eu le dessus ; si les gardes françaises avaient marché contre la ville, qu'est-ce qui serait arrivé ? Il ne fallait pas être bien malin pour le deviner, notre bon roi Louis XVI aurait parlé tout autrement, et les représentants du tiers en auraient vu de dures ! Heureusement les choses avaient bien tourné pour nous : la commune de Paris venait de former sa garde nationale, et toutes les communes de France suivirent cet exemple ; elles s'armèrent contre ceux qui voulaient nous remettre sous le joug. Chaque fois que l'Assemblée nationale décrétait quelque chose, les paysans prenaient leurs fourches ou leurs fusils, en disant :

« Exécutons ça tout de suite !... Ce sera plus tôt fait... Nous éviterons de la peine à nos bons seigneurs ! »

Et l'on remplissait la loi.

Je me rappelle toujours avec plaisir la formation de notre milice citoyenne, comme on appela d'abord les gardes nationales, en août 1789. L'enthousiasme était presque aussi grand qu'à la nomination des députés du tiers état.

Maître Jean fut nommé lieutenant de la compagnie des Baraques, Létumier sous-lieutenant, Gauthier Courtois sergent-major, et puis d'autres sergents, caporaux. Nous n'avions pas de capitaine, parce que les Baraques ne fournissaient pas une compagnie entière.

Qu'on se représente la joie de ce jour, les cris de : Vive la nation ! pendant qu'on arrosait les épaulettes, et la mine de maître Jean, qui pouvait enfin porter ses grosses moustaches et ses favoris pour de bon. Cela lui coûta bien deux mesures de son vin rouge de Lorraine Létumier aussi, depuis ce moment, laissa pousser ses moustaches, de longues moustaches rousses, qui lui donnaient un air de vieux renard. Jean Rat fut notre tambour ; il faisait tous les rigodons et battait toutes les marches comme un vieux tambour-maître. Je ne sais pas où Jean Rat avait appris tant de choses ; c'était peut-être en jouant de la clarinette.

Nous avions reçu des fusils de l'arsenal, de vieilles patraques garnies de baïonnettes longues d'une aune. On les maniait bien tout de même ; seulement il fallut d'abord nous donner des instructeurs du régiment de La Fère, quelques sergents qui nous apprirent l'exercice au Champ de Mars, les dimanches après midi.

Avant la fin de la semaine, maître Jean avait déjà commandé son uniforme chez le tailleur du régiment, Kountz, et, le deuxième dimanche, il arrivait à l'exercice en grande tenue, le ventre bien arrondi dans son habit bleu à revers rouges, les yeux luisants, les épaulettes pendantes, le chapeau à cornes penché sur la nuque, le grand sabre à coquille traînant derrière sur ses talons. Il allait et venait devant les rangs, et criait à Valentin :

« Citoyen Valentin, effacez donc vos épaules, mille tonnerres ! »

On n'a jamais vu de plus bel homme ; dame Catherine en le voyant rentrer avait peine à croire que c'était son mari ; les idées de Valentin se confondaient en le regardant ; il le prenait pour de la noblesse, et sa longue figure jaune s'allongeait encore d'admiration.

Mais à l'exercice maître Jean n'était pas aussi ferré que beaucoup d'autres ; le grand Létumier lui rivait son clou. C'est là qu'on riait et qu'on se faisait du bon temps. Tous les villages des environs : Vilschberg, Mittelbronn, Quatre-Vents, Dann, Lutzelbourg, Saint-Jeandes-Choux, marchaient au pas comme des anciens; et les enfants de la ville autour poussait des cris de : Vive la nation ! qui montaient jusqu'au ciel. Annette Minot, fruitière à la halle, était notre cantinière; elle avait sa petite table de sapin, sa chaise et sa cruche d'eau-de-vie au milieu du Champ de Mars, avec des gobelets, et son grand parapluie tricolore déployé contre le soleil. Cela ne l'empêchait pas de rôtir dessous; nous, vers les trois heures, nous n'étions pas trop à l'aise non plus, en avalant la poussière. Comme toutes ces choses me reviennent, mon Dieu ! — Et notre sergent Quéru, un gros court, les moustaches grises, les oreilles dans la perruque, ses petits yeux noirs remplis de malice, et le grand chapeau à cornes par là-dessus ! Il marchait à reculons, devant nous, le fusil en travers des cuisses, et criait : « Une ! deusse ! Une ! deusse ! Halte ! A droite, alignement ! Fixe ! En place, repos. » Et, nous voyant suer comme des malheureux, il se mettait à rire de bon cœur, et finissait par crier :

« Rompez les rangs ! »

Alors on courait à la table d'Annette Minot; chacun se faisait un honneur d'offrir le petit verre au sergent, qui ne refusait jamais, et disait avec son accent du Midi :

« Ça marchera, citoyens; ça promet ! »

Il aimait les petits verres, mais qu'est-ce que cela nous faisait? C'était un bon instructeur, un brave homme, un bon patriote. Lui, le petit Trinquet, de la troisième ; Baziaux, la plus belle voix du régiment; Duchêne, un grand Lorrain de six pieds, rude comme du pain d'orge; enfin tous ces vieux sergents fraternisaient avec les bourgeois; et souvent, le soir, avant la retraite, nous les voyions au club se glisser dans l'ombre des piliers de la halle, en écoutant les disputes d'un air attentif, avant d'aller à l'appel. Ces gens avaient passé des quinze et vingt ans à moisir dans les grades inférieurs, en remplissant le service des officiers nobles, et plus tard nous les avons vus capitaines, colonels, généraux; ils sentaient cela d'avance et tenaient pour la révolution.

Le soir, maître Jean, après avoir pendu son bel uniforme dans l'armoire, serré ses épaulettes et son chapeau dans leur étui de carton, et mis sa grosse veste en tricot, étudiait la théorie; quelquefois, en travaillant à la forge, quand on y pensait le moins, il se mettait à crier :

« Garde à vous !... Par file à droite... droite !... En avant, pas accéléré, marche !... » pour essayer sa voix et savoir s'il avait un bon creux. Presque toujours, après souper, le grand Létumier venait s'asseoir chez nous, son genou pointu entre les deux mains, et lui posait des questions en se balançant d'un air malin sur sa chaise. Maître Jean ne voyait dans la théorie que des carrés et des attaques en masse par colonnes, parce que le sergent Quéru nous avait dit que c'était le principal à la guerre. Il devenait tout rouge et criait :

« Michel, l'ardoise ! »

Et, tous penchés sur l'ardoise, les uns derrière les autres, nous regardions les carrés sur trois et quatre hommes de profondeur, et puis les colonnes d'attaque avec des canons, qu'il nous expliquait dans les détails. Mais Létumier clignait des yeux et hochait la tête, en disant :

« Vous n'y êtes pas ! Vous n'y êtes pas, maître Jean ! »

Alors on se fâchait; le parrain tapait avec la craie sur l'ardoise, en criant :

« C'est ça !... Je vous dis que c'est ça ! »

Tout le monde s'en mêlait, jusqu'à dame Catherine. On criait si haut, pour empêcher Létumier de répondre, qu'à la fin on ne s'entendait plus, et qu'on arrivait à dix heures sans avoir rien éclairci. Létumier partait en répétant dans l'allée :

« Vous n'y êtes pas !... Vous n'y êtes pas !... »

Et nous courions après lui jusque sur la porte, en lui répondant :

« C'est vous qui n'y êtes pas !... C'est vous ! »

Si nous avions osé, nous serions tombés dessus.

Maître Jean disait :

« Oh ! l'animal, peut-on être si bête ?... Il ne comprend rien. »

Mais, à l'exercice Létumier se rattrapait; il commandait bien, et faisait défiler ses hommes, en leur montrant la direction avec son sabre, tantôt à droite, tantôt à gauche, sans hésitation. Il fallait lui rendre cette justice; il aurait mérité d'être lieutenant aussi bien que maître Jean, tous les Baraquins le pensaient; mais la position de Jean Leroux, comme aubergiste et forgeron, l'élevait en grade, et puis c'était le plus bel homme du village.

Une chose qui montre bien la simplicité des nobles et des évêques de ce temps, c'est qu'aussitôt après la prise de la Bastille, au lieu de rester à l'Assemblée nationale pour soutenir leurs droits, s'ils en avaient, ces gens firent leur paquet et s'en allèrent mendier le secours de nos ennemis contre nous. Ils partaient à la file, seigneurs, évêques, domestiques abbés, capucins, grandes dames, suivant les routes : ceux de Lorraine du côté de Trèves; ceux d'Alsace du côté de Coblentz, ou de Bâle, en répétant d'un air de menace :

« Attendez !... attendez ! Nous reviendrons !... nous reviendrons ! »

Ils étaient comme fous ; on leur riait au nez. C'est ce qu'on appelle l'émigration. Cela commença par le comte d'Artois, le prince de Condé, le prince de Bourbon, Polignac, et le maréchal de Broglie, le même qui commandait l'armée autour de Paris et qui devait enlever l'Assemblée nationale. Ils avaient poussé le roi dans leurs folies, et maintenant qu'ils en reconnaissaient le danger, ces bons royalistes le laissaient seul dans la peine.

En voyant cette débâcle, maître Jean s'écriait :

« Qu'ils partent !... qu'ils partent !... Quel débarras pour nous et notre bon roi !... Maintenant il sera seul, il n'aura plus monseigneur le comte d'Artois pour lui souffler ses idées. »

Tout le monde se réjouissait. Ah ! s'ils étaient tous partis, on ne parlerait plus d'eux ; nous en aurions fait cadeau de bon cœur aux Allemands, aux Anglais et aux Russes ; mais un grand nombre restèrent à la tête de nos régiments, et ceux-là ne pensaient qu'à soulever les soldats contre la nation. Quelle chose abominable ! Vous verrez ce que ces gens essayèrent contre leur patrie, tout cela viendra par la suite, nous n'avons pas besoin de nous presser.

Les Parisiens en ce temps aimaient encore tellement le roi, qu'ils voulurent l'avoir au milieu d'eux. Ils envoyèrent leurs femmes à Versailles, pour le prier de venir avec la reine Marie-Antoinette, le jeune dauphin et toute la famille royale. Louis XVI ne put faire autrement que d'accepter, et ce pauvre peuple dans la disette criait :

« Nous ne mourrons plus de faim... voici le boulanger, la boulangère et le petit mitron. »

Lafayette, qui marchait en avant, sur son cheval blanc, fut nommé commandant de la garde nationale, et Bailly maire de Paris. On voit bien ici le bon cœur des malheureux, qui ne gardent jamais rancune du mal qu'on leur a fait.

Chauvel nous écrivit alors ces choses attendrissantes. Il nous dit aussi que l'Assemblée nationale avait suivi le roi et qu'elle délibérait dans un grand manège, derrière le château des Tuileries. Tous les cinq ou six semaines nous recevions une de ses lettres, avec un paquet de gazettes : *le Journal des révolutions de Paris*, les *Révolutions de France et du Brabant*, les *Annales patriotiques*, le *Publiciste parisien*, et beaucoup d'autres dont les noms ne me reviennent pas maintenant.

C'était plein de force et d'esprit, surtout les articles de Loustalot et de Camille Desmoulins.

Tout ce qui se faisait, tout ce qui se disait en France était rapporté dans ces journaux, et si bien, que chaque paysan pouvait se faire une idée de notre position. Nous les lisions à la halle de Phalsbourg, où le grand Élof Collin avait établi notre premier club, sur le modèle des Jacobins et des Cordeliers de Paris. C'est là qu'on se réunissait le soir, entre le magasin des pompes à feu et les vieilles boucheries, et que Létumier criait les nouvelles d'une voix tellement forte et claire, qu'on le comprenait jusque sur la place d'Armes. On arrivait de tout le pays pour l'entendre, et l'apothicaire Tribolin, Raphaël Mang, le préposé des étapes, Didier Hortzou, le chapelier, homme plein de bon sens, Henri Dominique, l'aubergiste, Fixari, Baruch Aron, Pernett, enfin tous les notables de la ville prononçaient des discours touchant les droits de l'homme, le veto, la division de la France en départements, la loi sur les citoyens actifs et passifs, l'admission des protestants et des juifs aux emplois publics, l'institution du jury, l'abolition des couvents et des ordres religieux, la reprise des biens du clergé par la nation, la création des assignats, enfin sur tout ce qui se présentait, à mesure que ces questions se débattaient dans l'Assemblée constituante. Quelle vie et quel changement !

Autrefois les seigneurs et les évêques auraient tout dit, tout fait, tout arrangé dans leur intérêt, à Versailles, sans s'inquiéter de nous ; ils auraient continué de nous tondre régulièrement, leurs intendants, leurs collecteurs, leurs lieutenants de police, seraient venus avec la maréchaussée nous appliquer tranquillement leurs volontés, qui faisaient la loi ; notre bon roi, le meilleur des hommes, aurait eu la bouche pleine de l'amour des malheureux ; les bals, les fêtes, les parties de chasse, les salutations et génuflexions auraient rempli les journaux de la cour ; et, en attendant, le froid, la faim, les misères de toute sorte auraient continué leur tournées dans le peuple. Ah ! oui, c'est un bonheur d'entendre parler de ses propres affaires et d'avoir sa voix au chapitre ; comme on soutient ceux qui sont dans nos intérêts, comme on crie, comme on trépigne contre ceux qui nous déplaisent !

Voilà ce qui s'appelle vivre ! Encore aujourd'hui la vieille halle, avec sa lanterne à la maîtresse poutre ; les bancs du marché, pleins de monde ; les enfants assis sur la baraque du vieux savetier Damien ; le grand Collin debout sur la table, avec le journal ; le vent qui souffle sous le toit; la lumière qui tourne autour de cette masse de gens; et de loin la sentinelle du corps de garde; — avec son vieux chapeau, son habit blanc râpé, l'arme au bras, — qui s'arrête pour entendre, tout est sous mes yeux !

Et ces anciens, endormis derrière la bascule, et dont la pierre est mangée par la mousse depuis cinquante ans, je les vois aussi: notre gros maire Boileau, avec son écharpe tricolore, messieurs les échevins ; Jean Beaucaire, huissier, sergent royal au siége de la prévôté, remplacé depuis par Joseph Basaille, maréchal des logis de la gendarmerie nationale ; et le prévôt lui-même avec sa longue perruque, sa figure jaune et son nez pincé : tous ces gens qui se promènent le long des piliers, sans rien dire, au lieu de nous faire entourer, jeter dehors, et même pendre, comme ils l'auraient ordonné deux ou trois ans avant, tout me revient !

Ah ! ceux qui n'ont pas vu de changements pareils ne connaissent pas leur bonheur, et tout ce que je peux leur dire, c'est de tâcher, par leur courage et leur bon sens, de ne jamais se laisser remettre dans l'état où nous étions avant 89. Qu'ils y pensent !... Les gueux ne manquent jamais qui ne demandent qu'à vivre dans l'orgueil, la paresse et toutes les jouissances de la vie, au dépens du peuple.

Mais, au milieu de ce grand bouleversement du pays, de ces descentes de montagnards dans la plaine, de ces incendies de châteaux, de couvents et de barrières, quand les seigneurs, les moines et les évêques s'en allaient à pied, à cheval, en voiture, et que les anciens gabelous sans place pensaient à se faire nommer officiers dans la garde citoyenne, et les procureurs fiscaux, présidents de leurs districts; au milieu de cette débâcle, ce que je me représente encore le mieux, c'est mon pauvre père qui tremble de ne plus vendre ses balais, la mère qui dit : « La fin du monde est proche, nous sommes tous perdus... tâchons de sauver nos âmes ! » et puis mon frère Claude qui rentre un soir, son bâton à la main, en s'écriant tout désolé : « Les révérends pères Tiercelins partent ; ils m'ont donné mon compte Qu'est-ce que je vais faire maintenant qu'il ne me reste plus de vaches à garder ? »

J'avais alors vingt ans, j'étais dans toute ma force, et les craintes de mes parents m'indignaient Je leur disais : « Hé ! mon Dieu ! n'ayez donc pas si peur ! Nous avons supporté bien d'autres misères; nous avons bien pu vivre avec les dîmes, les corvées, la gabelle et les autres droits, en nourrissant les moines et les seigneurs de notre travail; et maintenant que nous en sommes délivrés, maintenant que nous allons garder l'argent qu'ils nous coûtaient, qu'avons-nous donc à gémir ? Tous les bœufs et les moutons ne sont pas morts, et s'il faut à Claude un troupeau de bétail à garder, eh bien, qu'il attende un peu, peut-être qu'un jour je le prendrai pour mon hardier ! »

C'était bien insolent de ma part, mais que voulez-vous ? mes idées sur la soumission changeaient de jour en jour; je pensais déjà que les paysans valaient les nobles; que les uns ne paraissaient si grands, que parce que les autres se faisaient petits, et qu'il était temps de se débarrasser du respect des privilèges.

Ma mère, elle, alors, le coude allongé sur la table et le poing derrière son oreille, me regardait avec ses yeux gris, les lèvres serrées, et me disait en dessous:

« Toi, Michel, c'est l'orgueil qui te mine ! Tu crois déjà, comme Joseph, que les gerbes de tes frères se penchent autour de la tienne, et que leurs étoiles dansent pour te glorifier. Mais, je t'en préviens, tu ne seras pas ministre du roi d'Égypte; tu seras pendu, et les corbeaux du ciel mangeront dans ton panier. »

En partant de notre baraque, après huit heures, je courais au club, en ville, batailler contre nos anciens échevins et syndics, qu'on appelait aristocrates ; ma voix passait par-dessus toutes les autres; mes yeux, quand on me contredisait, reluisaient de colère; et sur la fin de l'hiver je faisais déjà des motions, comme par exemple de crier tous ensemble : « Vivent les amis de la constitution ! » ou bien : « A bas les faux patriotes ! » Cela me donnait de la considération aux Baraques. Vers dix heures, en rentrant chez nous au clair de lune, nous chantions: « Ça ira ! » Je chantais comme un merle, et maître Jean la main sur mon épaule, disait en riant : « Michel est un des bons; nous serons toujours ensemble. »

Voilà l'exaltation de la jeunesse ! L'idée de Marguerite et de Chauvel redoublait mon patriotisme : l'amour remplissait mon cœur.

Cette année passa vite ; l'hiver était doux, la neige fondait en tombant; à la fin de février on n'en voyait plus dans la plaine.

Pendant les mois de mars, d'avril et de mai 1790, les gardes citoyennes commencèrent à se fédérer; on se réunissait de village à village, on fraternisait, au lieu de se battre à coups de pierre et de bâton, comme autrefois; les anciens prononçaient des discours, et l'on s'embrassait les uns les autres, en criant :

« Vivre libres ou mourir ! »

Les femmes et les filles venaient aussi voir ces fêtes, seulement elles ne s'en mêlaient pas ; la mode des grâces et des déesses n'était pas encore venue.

C'est le canon... la bataille est commencée... En avant !!! (Page 18.)

Une chose qui fit plus de plaisir que tout le reste aux paysans, c'est le commencement de la vente des biens du clergé.

On pense bien que dans une révolution pareille, quand on abolissait tous les vieux impôts, le déficit allait en augmentant ; et l'Assemblée nationale, qui représentait une nation comme la France, ne pouvait pas suivre l'exemple de nos anciens rois, qui faisaient banqueroute ; elle ne pouvait pas nous déshonorer ! Mais comment payer les dettes de la monarchie ? Où trouver de l'argent ? Par bonheur, l'évêque d'Autun, monseigneur Talleyrand de Périgord, dit que l'Eglise avait pour quatre milliards de biens, indivis entre deux cent mille religieux de toute sorte ; qu'en faisant de bonnes pensions à ces religieux, on pouvait prendre les biens qu'ils avaient en dépôt ; et qu'étant mieux cultivées, ces terres rapporteraient de quoi payer les pensions et même davantage.

C'était une véritable idée du ciel ; aussi, malgré tout ce que les autres évêques purent répondre, l'Assemblée nationale décréta que les biens de l'Eglise seraient vendus et qu'on ferait des pensions aux prêtres.

Cela sauva le pays de la banqueroute ; et l'on commença par vendre pour quatre cents millions de ces biens, en cette année 1790.

Ah ! beaucoup d'anciens, qui n'avaient pas encore donné dans la révolution, devinrent alors très-chauds ; leurs yeux pétillaient, ils prenaient leur vieux sac, où le pauvre argent

Les sabres montaient et descendaient. (Page 18.)

était entré sou par sou, liard par liard, et s'en allaient à la municipalité.

C'est à la municipalité qu'on vendait au plus offrant et dernier enchérisseur. On achetait des masses de terre à terme, par lots de cinq, dix, vingt hectares et plus. Chaque municipalité répondait de ses ventes; elle envoyait des bons à l'Etat, et ces bons payaient le déficit des seigneurs et des évêques, qui seuls avaient fait la dette, puisque nous n'avions jamais été consultés. Un peu plus tard, ces bons s'appelèrent assignats; les assignats représentaient tant de terre, et personne ne pouvait les refuser, puisque la terre c'est de l'argent.

Mon Dieu! que j'aurais fait de bons marchés en ce temps, si j'avais eu de quoi payer! Le grand étang de Lixheim m'avait donné dans l'œil, et la prairie autour du couvent des Tiercelins aussi; mais quand on n'a rien pour répondre, c'est difficile! Combien de fois, sous la voûte de la mairie, j'écoutai crier ces beaux champs, ces bois taillis ou de haute futaie, ces gras pâturages! Le cœur me crevait de ne pouvoir pas miser un liard, faute de caution. Quand quelque vieux paysan tout gris, en blouse, s'en allait emportant un bon lot, je le regardais avec envie, et je criais dans mon âme:

« Michel, tâche de travailler et d'économiser, tu auras aussi de la joie dans tes vieux jours! »

Je n'ai jamais oublié cela. Malheureusement les plus belles occasions sont passées; il ne reste plus à vendre que les forêts de l'État, et nous attendons toujours un nouveau déficit!

Mais avec l'ordre et l'économie qu'on a maintenant, c'est bien long à venir. Et puis tout se fait par emprunt; ce sont nos enfants et nos petits-enfants qui payeront nos dettes! Enfin, il faut nous contenter de ce que nous avons, jusqu'à nouvel ordre c'est assez beau.

Je n'ai pas besoin de vous peindre la mine des moines et des autres prêtres irréguliers pendant qu'on vendait leurs terres; ils criaient, ils s'indignaient et damnaient tous les acquéreurs de biens nationaux; mais pour de si beaux biens on pouvait risquer le purgatoire, et maître Jean n'avait pas peur de sentir le roussi; ça rentrait même dans son état de forgeron. Il acheta donc quelques bons lots : le breuil des révérends pères, et cent cinquante arpents à Pickeholtz; c'étaient de bonnes terres fortes, dans une belle exposition. Il eut tout cela pour douze mille livres, et vous pensez s'il clignait des yeux, s'il soufflait dans ses grosses joues, de contentement et de ravissement, en revenant de la vente. Dame Catherine lui faisait bien quelques petits reproches, elle parlait bien du repos de son âme, mais lui, ce jour-là, riait et se promenait de long en large dans la salle, les mains croisées sur le dos, criant :

« Bah! bah! nous brûlerons deux livres de cierges en l'honneur de la sainte Vierge; ne t'inquiète pas, Catherine, je prends tout sur mon compte. »

Il tirait son gilet sur son ventre, en arrondissant ses gros mollets, et sifflant tout bas un petit air joyeux.

Ah! j'aurais bien voulu prendre son marché, malgré les cris des vieilles dévotes qui le maudissaient au village. Ma mère surtout n'a jamais pu lui pardonner. Mais le parrain ne s'en portait pas plus mal, au contraire, il se disait sans doute en lui-même :

« A cette heure, je suis un homme riche. Je n'ai plus besoin de travailler à la forge, si cela m'ennuie. J'entre dans les idées de monseigneur Talleyrand de Périgord, et je puis me croiser les bras, en méprisant les envieux qui voudraient bien être à ma place. »

Ces pensées agréables faisaient en quelque sorte refleurir encore sa bonne santé, de sorte qu'il est devenu vieux, et qu'il a conservé ses grosses joues rouges et sa bonne humeur jusqu'à soixante-seize ans.

Le plus indigné contre maître Jean, c'était le père Bénédic, qui courait tout le pays pour damner les acquéreurs de biens de l'Église. Cet homme plein d'effronterie osait maudire la révolution, et depuis, jamais il ne voulut rien recevoir de dame Catherine; il criait :

« C'est du bien volé! » et passait devant l'auberge en se signant.

Maître Jean en riait.

Il faut pourtant que je le dise, Valentin était devenu très-amer contre le maître en ses propos; il avait même l'idée de quitter notre forge; c'est moi seul qui le retenais, en écoutant ses plaintes durant des heures sans l'interrompre.

Tous les biens du clergé se vendirent de la sorte, et cette vente éleva d'un coup les paysans au-dessus des ouvriers de la ville, d'autant plus que leurs terres furent dégrevées en même temps des charges féodales. Aussi la culture se mit à prospérer; sous les moines, tout était en bois, en eaux, en pâturages, et la moitié des champs en jachères, à quoi bon se donner de la peine? les couvents en avaient toujours assez! Pendant que les pauvres curés de campagne avaient à peine de quoi vivre de leur petite dîme, les moines et les capucins nageaient dans l'abondance. Les testaments, les donations, les fondations pieuses, — par crainte de l'enfer, — les redevances de toutes sortes, arrondissaient sans cesse le couvent; et comme rien ne se partageait à la mort des religieux, tout restait en commun. Ces gens n'avaient donc qu'à se laisser vivre, à cultiver les âmes; cela leur rapportait bien plus que de labourer la terre.

Mais pour nous ce fut autre chose; quand on a femme et enfants il faut se remuer; tout fut défriché, retourné, planté; les étangs furent vidés, les jachères abandonnées pour les assolements, les engrais recueillis, et les vieilles routines souvent remplacées par des idées meilleures. Et ce n'est pas fini, tout marche encore : le drainage, le soufrage des vignes, les assurances contre la grêle, les grands travaux de desséchement et d'irrigation, les essais d'acclimatation des bonnes espèces, les nouvelles machines agricoles, montrent que la révolution étend de plus en plus ses bénédictions dans le monde, par le travail et la bonne conduite.

Seulement, et c'est bien triste à reconnaître, rien de bon ne se fait sans résistance; la masse des imbéciles se met en travers de tous les progrès. En cette année 1790, le Midi se souleva contre les nouvelles lois; les moines passaient là-bas pour des saints, le pauvre peuple ignorant voulait rester dans la crasse et la misère. A Montauban, Nîmes, Montpellier, Toulouse, les évêques disaient dans leurs mandements « que les prêtres ne devaient pas être soldés par des brigands! » Les protestants étaient massacrés. Quel malheur! pendant que les émigrés cherchaient à soulever l'Europe contre nous, au lieu de rester unis comme des frères, la division commençait. Tout le monde en voyait le danger ; on comprenait que le clergé, en soulevant le peuple au nom de la religion, allait donner aux aristocrates la force qui leur manquait pour commencer la guerre civile, d'autant plus que les officiers nobles restaient à la tête de nos régiments. Souvent maître Jean disait le soir, en lisant les gazettes que nous envoyait Chauvel :

« A quoi servent toutes ces bonnes lois? A quoi sert d'avoir renvoyé les troupes de Paris, si nous les voyons à vingt, trente ou quarante lieues autour en bon ordre, sous le commandement des marquis, des comtes, des ducs et de tous ceux qui nous en veulent? Est-ce qu'ils ne peuvent pas s'entendre et marcher du jour au lendemain ensemble, pour cerner l'Assemblée nationale, la dissoudre, rappeler les émigrés, nous reprendre les biens que nous avons achetés et nous remettre la corde au cou? C'est tout à fait contraire au bon sens de laisser ces gens en place ; les nobles sont nos plus grands ennemis ; j'aimerais autant voir des Autrichiens à la tête de nos armées. »

On ne peut pas se figurer aujourd'hui la masse d'abominations qu'on trouvait alors contre le tiers, dans les écrits des nobles et des évêques ; dans leur *Salvum fac*, dans leur *Passion de Louis XVI, roi des Juifs et des Français*, dans leur *Apocalypse*, où les choses saintes, les versets de l'Évangile étaient mêlés avec les injures des poissardes. Ils écrivaient aussi la *Gazette de Blondinet Lafayette, général des bleuts*; *Duchêne, le véritable père*, la *Prise des annonciades*, enfin un tas de choses qui n'avaient pas le sens commun et qui faisaient lever les épaules aux honnêtes gens.

Des plaintes arrivaient de tous côtés, par ces misérables journaux, à l'Assemblée nationale, contre l'insubordination des troupes et le relâchement de la discipline. Pour contenter les officiers nobles, l'Assemblée aurait dû faire fusiller les soldats, parce que les soldats refusaient de bousculer l'Assemblée ! On n'a jamais rien vu de pareil ; c'était comme les mouches en automne, qui deviennent d'autant plus insupportables que leur fin approche.

Et, malgré tout, la révolution marchait ; le peuple avait confiance. L'abolition des droits du roi, des seigneurs et des couvents réjouissait tout le monde ; le dimanche, les paysans sortaient battre les champs, les haies et les bruyères ; c'était un plaisir d'entendre les coups de fusil partir à droite et à gauche, et de voir un lièvre tourner à la broche dans la hutte du plus pauvre diable, qui se moquait des gardes et disait en riant à ses enfants :

« Nous mangeons les gueux qui vivaient sur notre compte, nous sommes maintenant nos propres seigneurs. »

Vous pensez bien que les officiers de la garnison ne venaient plus au Tivoli ; le temps des menuets et des jetés-battus était passé. On ne voyait plus dans notre cour, sous le grand chêne, que des sergents, avec leurs vieux habits blancs et leurs larges feutres râpés, en train de vider des petits verres et de causer entre eux d'un compte à régler. Nous ne savions pas ce que ce compte voulait dire ; mais rien qu'à voir leurs mines, lorsqu'ils se disputaient à voix basse, en se penchant par-dessus les tables pour être plus près, nous pensions que ce devait être une affaire grave.

M. le comte Boyer, colonel de La Fère, M. le chevalier Boiran du Chef-du-Bos, M. le comte de Divonne, et même les cadets gentilshommes de Clairambault, de Lagarde, de Danglemont, de Kménenau, d'Anzers, dont nous entendions parler toujours, se réunissaient au café de la Régence, sur la place d'Armes. Ils avaient sans doute aussi à régler des comptes ! La formation de la milice citoyenne, en nous mêlant avec les troupes, n'avait pas l'air de leur plaire beaucoup. Ils allaient et venaient sous les ormes, et reconnaissaient de loin les soldats qui s'arrêtaient à causer avec des bourgeois.

Les choses traînèrent ainsi jusqu'au mois d'août. J'écrivais jour par jour ce qui se passait au pays, et, vers la fin de chaque mois, j'avais une lettre de six pages, que j'envoyais à Paris, rue du Bouloi, n° 11, où demeurait alors Chauvel. Il nous répondait régulièrement en nous envoyant les journaux ; et Marguerite ajoutait chaque fois un bonjour pour Michel au bas de la lettre, ce qui me remplissait de joie et même d'attendrissement. Le soir, dans leur bibliothèque, je restais des heures à relire les quatre lignes qu'elle avait écrites, et j'y trouvais toujours quelque chose de nouveau.

C'était mon bonheur de lui donner des nouvelles de son petit jardin, où les fleurs poussaient à foison jusque sur le mur de la ruelle, et de ses arbres, qui se penchaient avec leurs bouquets de cerises innombrables. Ah ! que j'aurais voulu pouvoir lui porter un panier de ces bonnes cerises croquantes, avec une grosse poignée de ses roses joufflues, toutes pleines de rosée le matin !... Quelle joie elle aurait eue de les voir et de les sentir ! En y pensant, je me désolais d'être seul dans ce petit coin rempli de fraîcheur et de bonnes odeurs, à l'ombre des arbres et de la vieille baraque.

Voilà ce qui faisait ma vie, au milieu de ce grand mouvement du monde, de ces disputes et de ces dangers qui grandissaient à vue d'œil.

Une fois, le bruit courut que les Autrichiens entraient en France par Stenay, et que le général Bouillé, commandant dans les Ardennes, avait retiré ses troupes de Charleville pour leur livrer passage.

Ce fut une affaire terrible ! plus de trente mille gardes nationaux prirent les armes ; ceux de la montagne, qui n'avaient pas encore de fusils, venaient faire redresser chez nous leurs vieilles faux en forme de lances. Le tambour battait, on criait aux armes ! et nous allions partir avec ceux de Phalsbourg, quand on apprit par des courriers que notre bon roi permettait aux Autrichiens d'aller à travers les Ardennes écraser la révolution de Belgique.

Il fallait un décret de l'Assemblée nationale pour accorder ce passage à des étrangers. On vit bien alors ce qui serait arrivé si les citoyens ne s'étaient pas levés en masse, et maître Jean lui-même n'eut plus tant l'amour de notre bon roi. Cette permission de passer, donnée aux Autrichiens pour aller détruire une révolution sortie de la nôtre, lui paraissait louche comme à tout le monde. Les ministres déclarèrent que c'était par un traité diplomatique secret ; et l'Assemblée nationale ne voulut pas ordonner d'enquête sur cette affaire, de peur d'en trop apprendre.

Nous étions alors au commencement du mois d'août 1790, et tout allait de mal en pis pour les nobles ; car la plus grande honte qu'on ait peut-être jamais vue en France, c'est que les soldats arrêtaient leurs officiers comme voleurs. Les régiments de Poitou, de Forez, de Beauce, de Normandie et quantité d'autres mettaient des sentinelles à la porte des officiers, en réclamant des comptes.

Quelle misère et quelle abomination !... de pauvres malheureux, dépouillés par cette noblesse si fière, si riche, et jouissant de tous les grades, de tous les honneurs, de toutes les pensions, de tous les privilèges ! Ah ! qui pouvait s'imaginer de pareilles indignités !... C'était pourtant la triste vérité ; les restitutions commençaient : Beauce réclamait 240,727 livres ; Normandie et les marins de Brest, jusqu'à deux millions ! et les chefs capitulaient, ils comptaient ! A Strasbourg, sept régiments étaient en l'air ; à Bitche, les soldats jetaient leurs officiers à la porte ; l'Assemblée nationale suppliait le roi « de nommer des inspecteurs extraordinaires parmi les généraux, pour, en présence des commandants de chaque corps, du deuxième capitaine, du premier lieutenant, du premier sous-lieutenant, du premier et dernier sergent-major, ou maréchal des logis, du premier et dernier caporal, ou brigadier, et de quatre soldats, procéder à la vérification des comptes de chaque régiment, depuis six ans, et faire droit à toutes les plaintes. » Et voilà que par l'enquête, les états-majors étaient forcés de rendre des deux et trois cent mille livres volées sur la soupe et les légumes des pauvres soldats. C'est alors que cette affaire parut dégoûtante et qu'on s'écriait :

« Il était temps que la révolution arrive. »

La rage des officiers contre les pauvres diables qui réclamaient leur bien n'était pas à peindre. C'est le temps de l'émigration d'une foule d'états-majors ; ils passaient aux Autrichiens avec armes et bagages. Tous ne partirent pas, il existait aussi d'honnêtes gens indignés parmi ces nobles ! mais je pourrais vous en nommer pas mal d'autres, car mes gazettes sont encore là, remplies de leurs désertions ; toute l'Alsace et la Lorraine en parlaient avec horreur. Et nous devions bientôt voir la cruauté de ces gens pris la main dans le sac, de ces gens qui, loin de reconnaître leur faute et d'en demander pardon à genoux, ne songeaient qu'à se venger.

Vers le 15 août, un roulant du côté de Lunéville, qui changeait de la poterie neuve contre du vieux linge, de la cendre et du verre cassé, le père Soudeur, passa par les Baraques avec sa charrette et sa haridelle. Il s'arrêta chez maître Jean, pour voir si dame Catherine n'avait rien à changer, et pour vider une chopine de vin, selon son habitude. C'était un vieux, tout gris, marqué de la petite vérole ; il aimait à répandre les nouvelles, comme tous ces ambulants. On l'appelait, dans le pays, « le batteur de grenouilles, » parce que les gens de son village étaient forcés de battre l'étang de Lindre pendant la nuit, pour empêcher les grenouilles de déranger le sommeil de leur seigneur.

Maître Jean lui demanda s'il ne savait rien de neuf, et lui, qui n'attendait que cela pour commencer, nous raconta qu'un grand trouble régnait aux environs de Nancy ; que les trois régiments de la garnison : Mestre-de-Camp, cavalerie, le régiment du Roi et Château-Vieux, suisse, ne s'entendaient plus avec leurs officiers ; et que la division était surtout entre les officiers et les soldats de Château-Vieux.

Le père Soudeur clignait de l'œil en nous racontant ces choses. Quelques instants après, Nicole, qui filait près du poêle, étant sortie, il nous dit que la colère des officiers venait de ce que les soldats réclamaient leur compte ; qu'il avait déjà fallu rendre à ceux du régiment du Roi 150,000 livres, écus sonnants ; à ceux de Mestre-de-Camp 47,962 livres ; et que ceux de Château-Vieux en réclamaient maintenant 229,208 ; — qu'on avait fait passer des soldats députés à la place, par les courroies, vu qu'il est plus commode d'assommer les gens que de leur donner des comptes ; mais que ce moyen mettait le trouble en ville ; que les gardes nationaux tenaient avec la troupe ; que des maîtres d'armes, excités par les officiers, provoquaient les bourgeois pour les tuer en duel, et que l'affaire prenait une vilaine tournure.

Il riait, mais nous n'avions pas envie de rire, car nous autres, à dix lieues de la frontière, avec la masse de congés et de cartouches jaunes qu'on donnait aux soldats patriotes pour s'en débarrasser, nous risquions d'être envahis du jour au lendemain, d'autant plus que Frédéric-Guillaume, le roi de Prusse, et Léopold, l'empereur d'Autriche, venaient de faire leur paix, en déclarant que les révolutionnaires de France étaient leurs véritables ennemis.

Enfin, après avoir bien causé, changé sa poterie et payé son compte, le père Soudeur sortit, et continua de remonter le village, en criant :

« Poterie et vieux linge à changer ! »

Mais à cette heure arriva une chose autrement grave, qui nous surprit tous, en nous montrant que non-seulement Louis XVI et les émigrés, les nobles et les évêques, les officiers et les moines étaient d'accord, mais qu'un grand nombre de nos propres députés s'entendaient avec eux, comme larrons en foire, pour arrêter la révolution et nous réduire encore une fois en servitude.

Nous apprîmes cela par une lettre de Chauvel, que je suis désolé de ne plus avoir, car elle éclairait tout ce temps; maître Jean, comme toujours, l'ayant prêtée, elle courut le pays et puis on ne sut jamais ce qu'elle était devenue. Je me souviens que dans cette lettre, Chauvel nous disait que Mirabeau et plusieurs députés du tiers s'étaient vendus à la cour ; que ces malheureux avaient trouvé la révolution trop grande ; qu'ils s'étaient effrayés de la voir s'étendre partout; que l'un voulait devenir premier ministre ; que les autres trouvaient agréable d'avoir des châteaux, des forêts, des voitures, des domestiques ; enfin que Lafayette lui-même et Bailly commençaient à nous tourner le dos; qu'ils trouvaient le roi trop malheureux d'avoir été forcé de rendre ses droits au peuple, et de se contenter d'environ quarante millions par an, au lieu de pouvoir dire : « Tout est à moi, la terre, les gens et les bêtes. » Ils avaient en quelque sorte pitié de sa position.

Je me rappelle aussi que Chauvel nous parlait d'hommes nouveaux, qui s'élevaient dans les clubs et qui grandissaient chaque jour : Danton, Robespierre, Marat, Pétion, Brissot, Loustalot, Desmoulins. Mais tous ces gens sont morts pauvres, misérables, ou bien ils se sont guillotinés les uns les autres, après avoir servi le peuple, qui les a tous abandonnés ; au lieu que les serviteurs de la noblesse et du clergé ont vécu noblement; ils ont rempli des grades élevés et sont morts dans de bons lits, entourés de leurs domestiques, avec l'absolution de ce qu'ils avaient fait. Si l'Être suprême n'existait pas, de pareils exemples seraient pourtant bien décourageants, et ceux qui se sacrifient pour le peuple, qui les laisse traîner dans la boue, même après leur mort, et traiter de brigands par ses ennemis, devraient être regardés comme de fameuses bêtes !

La lettre de Chauvel nous surprit beaucoup; maître Jean n'en paraissait pas content, il disait qu'on ne doit jamais en demander trop d'un coup ; moi, j'avais d'autres idées, je ne trouvais pas que Chauvel en demandait trop. Je comprenais bien que maître Jean et tous les bourgeois, après avoir happé leur morceau, voulaient reprendre haleine; mais nous autres hommes du peuple, nous n'avions encore rien, et nous voulions aussi notre part dans la révolution.

Nous étions encore à nous disputer sur cette lettre, et Létumier l'avait prise pour la lire au club, lorsqu'en arrivant à la halle, le jeudi 29 au soir, après sept heures, nous vîmes trois grandes affiches posées sur le pilier du milieu. Les quatre ou cinq vieux Phalsbourgeois qui restent encore de mon temps doivent se rappeler que, entre ce pilier massif qui portait les grosses poutres du toit, et l'ancienne baraque du bureau de la gabelle, se trouvait pendue une grosse lanterne, où les chauves-souris allaient et venaient tout le temps du club, en été. Les gens de la ville avaient décroché cette lanterne, et se penchaient les uns sur les autres pour lire les affiches. Ceux des Baraques, arrivant en dernier, ne pouvaient approcher ; mais Létumier, avec ses coudes pointus, qui vous entraient dans les côtes, arriva tout de même, et se mit à lire les affiches, en criant si fort qu'on l'entendait jusque sous la voûte du corps de garde :

« *Lettre de M. de Lafayette aux gardes nationales des départements de la Meurthe et de la Moselle.*

« Paris, le 17 août 1790.

« Messieurs,

« L'Assemblée nationale ayant appris la coupable conduite de la garnison de Nancy, et sentant les funestes conséquences de pareils excès, a pris, pour les réprimer, les mesures contenues dans le décret que j'ai l'honneur de vous envoyer, pour vous mettre à portée de prévoir les ordres que vous pourrez recevoir.

« Permettez, messieurs, à celui de vos frères d'armes que vous avez chargé d'exprimer ici votre dévouement pour la constitution et l'ordre public, de présenter à votre zèle et à votre fermeté cette occasion, comme une des plus importantes, pour consolider la liberté qui se fonde sur le respect des lois, et pour amener la tranquillité générale.

« Lafayette »

C'était terrible d'entendre cela. Quelques jours avant nous aurions tous marché ; mais après la lettre de Chauvel, qui nous représentait Lafayette comme un être plein de faiblesse et de vanité, cet homme, en nous appelant à la guerre contre les soldats patriotes, nous remplit d'indignation. Tous ceux des Baraques criaient :

« C'est une abomination, les soldats ont raison de réclamer leur compte ; les soldats sont nos frères, nos amis et nos enfants ; nous tenons avec eux contre les officiers nobles, qui veulent les dépouiller. »

Cela gagnait partout ; les honnêtes gens n'approuvaient pas cette manière de payer ses dettes. Létumier, levant son chapeau par-dessus la foule, criait :

« Mais écoutez donc le reste... Silence !... Écoutez le décret de l'Assemblée nationale. »

Et malgré la colère qui grandissait, on fit pourtant silence pour entendre lire ce décret, « ordonnant le rassemblement d'une force militaire tirée des garnisons et des gardes nationales du département de la Meurthe et des départements voisins, pour agir aux ordres de tel officier général qu'il plairait à Sa Majesté de commettre, à l'effet de réprimer les auteurs de la rébellion, » et puis cette dernière affiche du directoire de la Meurthe, à Nancy : « Vu la réquisition en date du jour d'hier, adressée au directoire du département de la Meurthe, par M. de Bouillé, officier général commandant pour Sa Majesté les troupes de la ci-devant province des Trois-Évêchés, et par elle employé pour l'exécution du décret de l'Assemblée nationale du 16 de ce mois, les officiers municipaux de tous les lieux du département de la Meurthe où se trouvent des gardes nationales armées, requerront les commandants desdites gardes nationales de réunir le plus grand nombre de volontaires possible, et d'en dresser un état, qui sera remis sur-le-champ aux officiers municipaux.

« D'après cet état, les officiers municipaux remettront aux commandants desdits volontaires une somme propre à assurer leur subsistance pendant huit jours, à raison de vingt-quatre sols, cours du royaume, par homme. Chaque homme sera muni de vingt cartouches au moins ; ceux qui ne pourront pas s'en procurer en trouveront à Nancy. Il n'y aura par district qu'un seul drapeau. Les gardes nationaux seront logés sur leur route, ainsi qu'il est d'usage pour les troupes réglées ; à l'effet de quoi aucun citoyen ne pourra se refuser audit logement. La marche sera la plus rapide possible, etc., etc. »

Toute la masse des citoyens écoutait en silence.

Létumier finissait à peine de lire la dernière affiche, que l'administrateur du district, Matheis, de Sarrebourg, un gros homme bourgeonné, l'écharpe tricolore autour des reins, grimpa dans l'étal de l'ancienne gabelle, d'où l'on parlait au peuple, pour engager les patriotes à se montrer. Il répétait mot à mot la lettre de Lafayette, qu'il appelait « l'ami de Washington et le sauveur de la liberté. » Plusieurs criaient déjà : « Vive le roi ! vive Lafayette ! » et le gros Matheis riait d'avance, quand Élof Collin, du milieu de la halle, se mit à lui répondre que les gardes nationales n'étaient pas faites pour combattre nos soldats, mais au contraire pour les soutenir contre nos ennemis ; qu'au lieu d'attaquer Mestre-de-Camp et Château-Vieux, on ferait bien mieux de leur payer ce qu'ils réclamaient avec justice ; qu'on apaiserait ainsi la révolte, et que tout rentrerait dans l'ordre ; mais qu'on voulait mettre la guerre entre l'armée et les citoyens, pour redevenir nos maîtres ; et que lui, Collin, engageait tous les hommes de bon sens à ne pas se mêler de cela ; que les officiers nobles pouvaient arranger eux-mêmes leurs affaires véreuses, qui ne regardaient pas la nation !

Alors des cris innombrables s'élevèrent pour et contre. Tous les acquéreurs de biens nationaux, maître Jean Leroux, Nicolas Roche, aubergiste à l'Aigle ; Melchior Léonard, ancien garde-marteau de la maîtrise ; Louis Masson, directeur de la poste aux chevaux ; Raphaël Mang, préposé aux étapes, qui venait d'entreprendre la fourniture des fourrages de Royal-Guyenne ; le commandant de la garde citoyenne, Gérard ; enfin tous les notables, bourgeois de Phalsbourg et des environs tenaient pour Lafayette ; ils avaient aussi la plus grande influence, à cause des gens de tous les métiers qu'ils employaient dans leurs entreprises.

Leur conseil municipal venait déjà de décider que la ville avancerait 1,000 francs pour assurer la subsistance des volontaires; cela s'était passé le matin, avant le club; et, malgré tout ce qu'Élof Collin put encore dire, on vota qu'un détachement de la garde nationale partirait le lendemain, sans faute: que tel village fournirait tant d'hommes, tel autre village tant, etc. Les Baraques en étaient pour quinze volontaires, et naturellement Jean Leroux, Létumier et moi, nous devions être dans le nombre, comme les meilleurs patriotes.

Maître Jean trouvait cela juste! Je crois aussi qu'il n'était pas fâché de jouer un peu au soldat, et de montrer son bel uniforme à Nancy, car son bon sens et son bon cœur ne l'empêchaient pas d'être très-vaniteux. Létumier, Jean Rat et moi, nous continuâmes à nous disputer sur ces choses jusqu'au village.

Enfin chacun alla se coucher, après avoir arrêté qu'on partirait au petit jour et qu'on se réunirait devant l'auberge des Trois-Pigeons.

II

A six heures nous étions réunis sur la place d'Armes, avec les volontaires de la ville et des environs, en tout cent cinquante hommes. Nous avions pris un verre de vin chez maître Jean avant de partir; chacun avait mangé un bon morceau de pain, et mis le reste dans son sac pour la route. Les autres villages en avaient fait autant, et le roulement pour appeler ceux qui pouvaient être en retard commençait. Cinq ou six arrivèrent encore, et puis le commandant de place vint nous passer en revue; il fit distribuer des gibernes à ceux qui n'en avaient pas et vingt-cinq cartouches par homme.

Alors le commandant de la garde citoyenne, Gérard, monta sur son cheval; il nous parla des devoirs du soldat-citoyen, et levant son sabre, le roulement recommença. Aucun autre volontaire ne s'étant présenté, nous sortîmes par la porte de France, au milieu des cris de: Vive le roi! vive la nation! qui partaient de toutes les fenêtres. Beaucoup d'enfants nous suivirent jusque sur la côte de Mittelbronn et même jusqu'au Petit-Saint-Jean, mais ensuite nous continuâmes seuls notre chemin au milieu de la poussière.

Ce 30 août 1790 et le lendemain 31 sont peut-être les plus chaudes journées que j'aie vues; le soleil rouge, qu'on avait sur la nuque, vous abasourdissait, et la poussière vous étouffait. Et puis c'était la première marche militaire que nous faisions, quand les hommes vont en troupes, c'est tout autre chose que d'aller seul; tantôt il faut ralentir le pas et tantôt se dépêcher, ce qui fatigue beaucoup, et cette grande poussière qu'on avale vous dessèche la bouche.

Malgré cela nous étions à Sarrebourg vers onze heures. Pas un bourgeois n'était parti; les gens s'étonnaient de nous voir. On fit halte pour se rafraîchir, et puis on redoubla l'étape jusqu'à Blamont, où nous n'arrivâmes que sur les sept heures du soir.

Pendant cette route, maître Jean se repentit plus d'une fois d'avoir mis son bel uniforme au lieu d'une blouse, et le pauvre Jean Rat, sa caisse sur l'épaule et le nez presque à terre, tirait la langue comme s'il avait traîné la charrette du père Soudeur. Moi j'allais bien; la sueur me coulait dans la raie du dos, c'est vrai, et j'avais même ôté mes guêtres pour sentir un peu d'air autour de mes jambes, mais je supportais cela facilement et les autres garçons du village aussi.

Les jeunes gens de la ville furent bien contents, eux, de rencontrer des voitures qui s'en allaient à Blamont, et de grimper dessus moyennant quelques sous; et Jean Rat se réjouit de pendre sa caisse au timon de derrière.

Enfin nous arrivâmes tout de même à Blamont, où le commandant Gérard et le capitaine Laffrenez furent logés chez le maire, qui s'appelait M. Voinon; maître Jean et Létumier chez un officier municipal; et Jean Rat, Jacques Grillot et moi, chez un marchand de vin, un bon patriote, qui nous fit souper à sa table et nous raconta que leur commandant, M. Fromental, était parti deux jours avant, avec les volontaires de Blamont et d'Herbéviller; qu'ils manquaient presque tous de fusils, mais qu'on leur en avait promis pour là-bas.

Nous bûmes chez lui de bon vin de Toul, et, comme il fallait se lever le lendemain avant le jour pour profiter de la fraîcheur, après souper il nous conduisit dans une chambre à deux lits; Jean Rat et Grillot prirent le plus grand; moi je couchai seul dans l'autre, où je dormis tellement bien, qu'il fallut me secouer pour me réveiller. Jean Rat battait déjà le rappel dans la rue noire. Il pouvait être trois heures; à quatre nous étions en route, et fort heureusement, car lorsque le soleil se leva derrière nous, rien qu'à voir la couleur du ciel, on comprenait que nous allions être comme dans un four jusqu'à Lunéville.

Nous en approchions vers neuf heures. Il fallut se mettre en rang, l'arme au bras et le tambour en tête, pour entrer.

Là, tout le monde était content de nous voir; les cris de: Vive la nation! recommencèrent.

Est-il possible qu'un pareil animal soit ton frère. (Page 22.)

Les enfants couraient derrière nous en troupes, et les femmes nous regardaient en souriant de leurs fenêtres Ces gens de Lunéville ont toujours été de bons patriotes; cela vient de la garnison.

Je me rappelle que nous fîmes halte sur une petite place carrée, garnie d'arbres touffus, et qu'après avoir mis les armes en faisceaux, maître Jean, Létumier et moi, nous entrâmes dans une belle auberge, au coin de cette place. Nous avions une heure de repos, cela nous réjouissait.

« Eh bien ! criait maître Jean, nous avançons ! »

— Oui, mais il va falloir donner un fameux coup de collier jusqu'à Nancy, répondait Létumier.

— Bah ! le plus rude est fait maintenant, disait maître Jean. Le principal, c'est d'arriver pour dire son mot. »

La place et les rues aux environs fourmillaient de monde; des bourgeois, des soldats et des gens de toute sorte, hommes et femmes, allaient et venaient; quelques-uns s'arrêtaient pour nous regarder. Je n'avais jamais vu de presse pareille; dans l'auberge aussi la foule se pressait; de grands carabiniers rouges fumaient et buvaient, leurs longues jambes allongées sous les tables; on riait, et dans ce moment nous entendions dire autour de nous que la paix était faite; que Mestre-de-Camp, Château-Vieux et le régiment du roi mettaient les pouces; que tout allait se raccommoder et que les meneurs seuls auraient leur compte.

« Mon bon Michel. » (Page 29.)

il paraît que de bonnes nouvelles venaient d'arriver, car on criait dehors : « Vive le roi ! » Les carabiniers, des géants alsaciens, riaient dans leurs moustaches, en avalant des cruchons de bière, et disaient :

« Ce n'est pas malheureux qu'on soit tombé d'accord ! »

La joie de tout le monde montrait combien la guerre entre nous aurait fait de peine aux gens; et naturellement nous autres, en cassant notre croûte et vidant une bouteille de vin, nous étions contents de ne pas être forcés d'en venir aux coups.

Le commandant Gérard était allé voir le maire de la ville, M. Drouin; et comme les nouvelles de paix se répandaient de plus en plus, au lieu de nous presser, nous restâmes là jusqu'à onze heures. Alors le maire et la municipalité vinrent nous voir sur la place, pendant qu'on battait le rappel et qu'on reformait les rangs. Le commandant remonta sur son cheval en saluant ces messieurs, et nous repartîmes, tout joyeux de savoir que nous arriverions à Nancy comme pour une fédération, au lieu de la bataille.

Vers quatre heures, nous commencions à découvrir au bord du ciel deux hautes tours grises et quelques vieilles bâtisses. Je pensais : « Est-ce que ce serait déjà Nancy ? » mais je ne pouvais le croire. C'était Saint-Nicolas. Nous continuions à nous en approcher lentement, au milieu de la poussière, quand deux coups sourds retentirent au loin, sur notre droite, dans la plaine; toute notre troupe étonnée s'arrêta, regardant et prêtant l'oreille. Il se fit un grand silence. Quelques secondes après, un troisième, puis un quatrième coup retentirent, et notre commandant, debout sur ses étriers, cria :

« C'est le canon !... La bataille est commencée... En avant ! »

Alors, malgré la fatigue et la tristesse de penser que les bonnes nouvelles de Lunéville étaient fausses, on reprit le pas accéléré ; mais, à mesure que nous avancions, notre ligne s'étendait ; les trois quarts ne pouvaient plus suivre ; et quand, arrivés aux premières maisons de Saint-Nicolas, regardant en arrière, nous vîmes au loin les traînards tout le long de la route, il fallut bien s'arrêter pour attendre les plus proches.

Voilà ce que c'est de commencer par des marches forcées ; j'ai vu cela bien des fois depuis, en Allemagne : tous les conscrits restent en route ; bienheureux encore quand la cavalerie ne vient pas les récolter.

Enfin, les tambours étant arrivés, nous entrâmes dans cette vieille ville de Saint-Nicolas, pleine d'enseignes de tisserands, de drapiers, de bonnetiers, pendues dehors comme à la foire. C'est bien changé depuis ; mais dans ce temps le bras d'or de saint Nicolas attirait des quantités de pèlerins, et cela dura jusqu'au jour où la république envoya fondre le bras à la monnaie de Metz, avec les ciboires et les cloches.

Nous étions abîmés !

Comme nous remontions la grande rue, elle fourmillait de monde ; les gens de boutiques et de métiers descendaient leurs escaliers en dehors, tout effarés ; des femmes couraient, traînant leurs enfants à la main. Sur la place de la vieille cathédrale, on nous fit mettre crosse à terre, au milieu d'une foule de paysans, d'ouvriers et de gardes nationaux débandés, que la municipalité de Nancy venait de renvoyer avant l'attaque, parce que ces gens tenaient avec la troupe. On n'a jamais vu de confusion pareille. Ces hommes indignés racontaient qu'à peine sortis de la ville, pour retourner chez eux, croyant que tout était fini, l'attaque des Allemands à la porte Neuve avait commencé. Un de leurs capitaines, un vieux sec, le nez camard et la figure toute grêlée, vint saluer notre commandant, et lui cria, la main sur le col de son cheval :

« Commandant, vous allez à Nancy ? N'y allez pas ! L'autorité militaire et la municipalité se méfient de la garde citoyenne ; c'est de la canaille !..... Vous tomberez dans un guet-apens ! »

Il écumait de colère.

« Capitaine, lui répondit le commandant, mes hommes et moi nous ne connaissons que le devoir.

— C'est bon, dit ce vieux. Allez, je vous ai prévenu, faites ce qu'il vous plaira. »

Mais comme la moitié de nos gens restait encore en arrière, le commandant fit rompre les rangs pour les attendre. Chacun eut le temps de boire un verre de vin, sous les toits de toile grise en avant des cabarets.

Beaucoup de curieux remplissaient les clochers avec des lunettes d'approche, et ceux qui descendaient criaient en passant :

« L'affaire est au faubourg Saint-Pierre ! » ou bien : « La fumée monte sur la porte Stainville. »

Ainsi de suite.

Au bout d'une demi-heure, tous les traînards étant arrivés, nous repartîmes pour Nancy, et bientôt nous entendîmes la fusillade ; sur les six heures elle devint terrible. Le bruit du canon avait cessé. Nous commencions à voir la ville, et dans le même moment les premières bandes qui se sauvaient passaient à côté de nous. On peut dire des misérables ! car ces gens étaient presque tous en blouse, sans chemise et nu-pieds, sans casquette ni chapeau ; enfin la misère, la grande misère des villes en ce temps ! Des lignes entières de ces malheureux gagnaient les champs ; trois ou quatre que nous rencontrâmes plus loin, assis au revers de la route, pâles comme des morts, étaient blessés ; ils avaient, les uns la poitrine, les autres les jambes pleines de sang, et nous regardaient avec de grands yeux clairs, sans rien nous dire. Je crois qu'ils ne nous voyaient plus, ou qu'ils nous prenaient pour des ennemis.

Dans le moment où nous rencontrions ces malheureux, les coups de fusil, que nous avions entendus d'abord sur notre droite, s'étendaient par toute la ville ; et c'est alors, comme nous l'apprîmes plus tard, que les soldats de Château-Vieux et le peuple se débandaient ; c'est alors que le massacre commençait !

En entrant dans une longue rue bordée de hautes maisons fermées du haut en bas, nous vîmes une masse de gens rouler de notre côté, devant cinq ou six hussards qui les hachaient sans miséricorde. Les chevaux se cabraient, les sabres montaient et descendaient, et des cris partaient, mais des cris qui vous donnaient froid, des cris horribles.

Ces gens n'auraient eu qu'à se retourner et tomber sur les brigands qui les poursuivaient ; ils n'auraient eu qu'à les prendre par la botte et les précipiter à terre, en les écrasant comme des chats! eh bien, ils se laissaient massacrer! Oh! que la peur rend bête!

Le commandant nous ordonna d'obliquer à gauche, contre les maisons, pour laisser passer ce monde, et de faire halte. Maître Jean, Létumier et les autres officiers tirèrent le sabre, en nous criant de charger; chacun déchira sa première cartouche.

La foule arrivait; elle passa devant notre ligne, comme un troupeau poursuivi par une bande de loups; et les hussards alors, voyant reluire nos baïonnettes, tournèrent bride. Ils s'attendaient sans doute à recevoir notre décharge dans les reins, car, à la première ruelle, ils disparurent.

Au bout d'un instant la grande rue était vide, tous les fuyards s'étaient cachés; quelques-uns seulement restaient étendus la face contre terre. Nous entendions de nouveau le grand bourdonnement de la ville, la fusillade, et le tocsin d'une petite cloche qui tintait au milieu de ces massacres.

Mon Dieu! que de pensées tristes vous viennent en se rappelant ces misères, et qu'on plaint les pauvres malheureux, toujours exterminés, même lorsqu'ils ne demandent que la justice!

Aussitôt après le tumulte, notre commandant nous ordonna de repartir; le grand carré gris de la porte Saint-Nicolas s'avançait lentement dans le ciel, et tout à coup le cri de : *Ver dà!* nous avertit que les Allemands étaient maîtres de Nancy.

M. de Bouillé n'avait pour ainsi dire amené que de ces gens-là; des Français se seraient arrêtés trop tôt, il lui fallait un exemple terrible.

Alors les vieilles moustaches grises du commandant frémirent; il s'avança seul et répondit :

« France!... garde citoyenne de Phalsbourg! »

Quelques instants après, un piquet de ces Allemands, en habit bleu, comme les invalides d'aujourd'hui, s'avança de notre côté, avec un de leurs officiers, pour nous reconnaître. Il paraît qu'on se méfiait de nous, car il fallut attendre là très-longtemps, l'arme au pied, pour recevoir l'ordre de la place. La fatigue nous accablait après ces deux marches forcées, et ce n'est que vers neuf heures qu'un lieutenant vint nous prévenir d'avancer et de relever les Allemands à leur poste.

Ils étaient environ une quinzaine dans le corps de garde. Les gueux furent bien contents de nous céder la place, pour aller piller comme les camarades.

C'est sous la porte Saint-Nicolas que nous passâmes la nuit, étendus à terre, la tête sur le sac, le long des murs. Nous dormions tous l'un à côté de l'autre; deux pièces de canon et des fourgons barraient la porte, on avait aussi levé des pavés. Les sentinelles, qu'on changeait d'heure en heure, allaient vers la ville et le faubourg. C'est tout ce que je me rappelle, car je n'en pouvais plus, et par bonheur mon tour d'être en faction n'arriva que le matin.

Deux ou trois fois pourtant, je fus éveillé par des cris et des disputes : c'étaient nos patrouilles qui amenaient leurs prisonniers; on les poussait dans le corps de garde, en refermant la porte, malgré les cris des misérables qui ne respiraient plus là dedans; — cela me revient comme un rêve!

Que voulez-vous, une fois que le sommeil prend l'homme, il n'entend et ne voit plus rien. Je sais que cette nuit-là, des centaines de malheureux furent encore massacrés, et que la barbarie de la noblesse se montra dans toute sa fureur contre le peuple, mais je ne puis rien vous en dire, ne l'ayant pas vu moi-même.

Seulement, le lendemain 1er septembre 1790, ce fut autre chose.

J'étais debout de grand matin, et ce que je vis en ce jour, malgré les années, reste comme peint devant mes yeux.

A quatre heures le roulement du tambour nous éveilla. En me levant sur le coude, encore tout endormi, j'aperçus dans le petit jour, à dix pas de moi, devant la voûte, un officier allemand avec le commandant Gérard; ils causaient ensemble; derrière eux se tenait un officier municipal, l'écharpe autour des reins et la main dans le grand gilet blanc. Ils regardaient sous la porte sombre, où nous nous levions l'un après l'autre, secouant la poussière de nos effets, ramassant nos fusils et bouclant notre sac.

Après le roulement, on fit l'appel; plusieurs de nos camarades étaient encore arrivés pendant la nuit, de sorte que nous pouvions être de cent vingt à cent trente, sans compter ceux de faction et de patrouille aux environs.

L'appel fini, le commandant nous dit :

« Camarades, vous allez escorter les prisonniers aux prisons de la ville. »

En même temps trois charrettes s'approchèrent, des charrettes à échelles, avec de la paille, et l'on commença par tirer du corps de garde les malheureux qu'on avait poussés dedans depuis la veille. Il en sortait,... il en sortait!... ce n'était pas à croire : des femmes, des soldats, des gens du peuple, des bourgeois, tellement que la rue en était encombrée! et si pâles, si défaits, que cela vous retournait le cœur. Un assez grand nombre, couverts de sang, ne pouvaient pas marcher, il fallait les porter sous les bras. En reprenant l'air, ils se débattaient, ouvraient la bouche comme des gens près d'étouffer, et demandaient de l'eau, qu'on leur donnait à boire dans un bidon. On les portait ensuite sur les voitures.

Cela dura bien vingt minutes, et puis tout se mit en marche: les voitures de blessés devant; les autres prisonniers derrière, deux à deux, entre nous.

J'en ai vu depuis de ces convois, oui, j'en ai vu, mon Dieu! et même de plus grands, des trente et quarante charrettes à la file. Mais celui-ci c'était le premier, il me fit une horreur en quelque sorte éternelle; il faut être couché sous terre, pour oublier des spectacles si terribles. Plus tard, c'étaient des blessés qu'on conduisait aux ambulances, le soir de nos grandes batailles, ou des aristocrates qu'on menait à la guillotine; cette fois c'étaient des gens du peuple et des soldats qu'on menait à la potence; car, non content d'avoir exterminé trois mille pauvres misérables, dont quatre cents femmes et enfants, ce même jour Bouillé fit pendre vingt-huit soldats de Château-Vieux, condamnés par jugement du conseil de guerre; un fut roué vif, malgré l'abolition des tortures décrétée par l'Assemblée nationale, et quarante et un furent envoyés aux galères du roi.

Nous étions encore en route pour retourner à Phalsbourg, que la nouvelle de ces abominations se répandait déjà partout.

On a bien crié contre les massacres de septembre et les convois de 93, et l'on a eu raison : c'était contre nature. Mais les nobles avaient commencé. C'est un grand malheur! Quand on demande de la pitié pour les siens et pour soi-même, il faudrait d'abord en avoir eu pour les autres et ne pas avoir été cruels dans la victoire.

Enfin la ligne des prisonniers s'avançait entre nos deux files de baïonnettes. Nous marchions au milieu d'un grand silence, car toutes les maisons étaient fermées comme des prisons, excepté celles qu'on avait pillées, et dont les portes et les volets pendaient dehors en morceaux. Maître Jean nous commandait ; deux ou trois fois en passant il me regarda, et je vis dans ses yeux quelle horreur et quelle pitié il avait; mais quoi faire? Bouillé était le maître, il fallait obéir.

Les malheureux que nous escortions, les uns sans veste, les autres sans chemise, le bras en écharpe ou la tête bandée, regardaient devant eux, les yeux troubles, et nous les entendions quelquefois pousser un de ces soupirs que donne l'épouvante d'être pris, de savoir qu'on n'a plus de ressource, et qu'on laisse ou bien une vieille mère, ou bien une femme et de jeunes enfants qui périront abandonnés. Voilà ce qui fait soupirer de cette manière, lentement et par secousses, en frémissant tout bas. Et ceux qui vous entendent vous comprennent ; s'ils pouvaient vous lâcher, ils le feraient de bon cœur.

Chacun doit comprendre que dans ce moment je ne faisais pas attention aux rues, d'autant moins que nous rencontrions souvent des soldats, et d'autres misérables, hommes et femmes, étendus en travers de larges mares de sang. Il fallait marcher par-dessus... Nous en frémissions tous!... Quelques-uns de nos prisonniers, les plus braves, tournaient la tête en passant, les yeux à demi fermés, pour reconnaître et saluer le cadavre d'un camarade.

Sur une petite place nous vîmes des chevaux débridés qui mangeaient du foin à terre, et des hussards de Lauzun endormis autour sur des tas de paille. C'est tout ce qui me revient de la route, excepté pourtant la grande mairie, — dont le jour blanchissait les vitres pleines de lumières, — les officiers qui montaient et descendaient sous une porte magnifique, et quelques estafettes en bas, attendant les ordres. Deux bataillons de Liégeois bivouaquaient sur la place. Le ciel était clair, des étoiles y brillaient encore.

Au moment où nous passions sous une sorte d'arc de triomphe, on nous cria :

« Ver dà ! »

C'était un cavalier en sentinelle devant les prisons entourées de fossés. Le major, qui nous suivait avec l'officier municipal, s'avança tout de suite ; il nous fit reconnaître et nous arrivâmes sur une autre place, à trois rangées d'arbres. Les voitures s'arrêtèrent devant une sorte d'hôpital, avec des barreaux en forme de hotte aux fenêtres ; et pendant qu'on les faisait avancer sous la voûte, je reconnus que cette prison était gardée par un poste de Royal-Allemand.

Qu'on se figure mon trouble de savoir que Nicolas était à Nancy ! Je me rappelai sa lettre, et l'idée me vint que le malheureux avait tout haché par amour de la discipline, comme à Paris ; je souhaitai de ne pas le rencontrer. — Mais comme on déchargeait les blessés, songeant qu'il pouvait aussi avoir reçu un mauvais coup, cela m'attendrit; nous étions pourtant des frères ; il m'avait toujours soutenu dans le temps ; et puis, lorsque les père et mère allaient apprendre que nous avions été si proche l'un de l'autre, sans nous embrasser ni même nous dire bonjour, ils ne pouvaient manquer d'en avoir un grand chagrin.

Alors j'oubliai tout le reste, et je m'approchai du premier factionnaire, pour lui demander s'il ne connaissait pas Nicolas Bastien, brigadier au 3e escadron de Royal-Allemand. Cet homme, en apprenant que j'étais son frère, me dit qu'il le connaissait très-bien; que je n'avais qu'à descendre les petites rues en face, jusqu'à la porte Neuve, où Royal-Allemand avait donné la veille, et que tous ceux de l'escadron me conduiraient près de lui.

Maître Jean ne fut pas content d'entendre que je voulais aller voir Nicolas.

« Quel malheur pour nous d'être venus nous mêler avec des brigands pareils! dit-il. On va croire maintenant que la garde citoyenne a soutenu les Allemands contre les patriotes; ils vont le crier dans toutes leurs gazettes... Quel malheur! »

Il ne m'empêcha pourtant pas d'aller voir mon frère, et m'avertit seulement de me dépêcher, parce que nous ne resterions plus longtemps à Nancy; que tout le monde en avait bien assez!

Je partis aussitôt, le fusil sur l'épaule, en allongeant le pas du côté de la porte Neuve. Et maintenant si je vous racontais l'horreur du massacre dans ce quartier, vous auriez de la peine à me croire. Non, ce n'étaient pas des hommes!... Des bêtes sauvages pouvaient seules avoir commis tous ces dégâts et ces cruautés! Le peuple et les Suisses devaient aussi s'être défendus terriblement dans ces recoins, car tout était arraché, cassé, criblé: les portes, les chenaux, les fenêtres, tout!...

Des tas de briques et de tuiles remplissaient la rue, comme après un incendie; des paillasses qu'on avait jetées dehors pour les blessés étaient piétinées et pleines de sang; quelques chevaux restaient encore étendus et se débattaient avec la fièvre. Deux ou trois fois, en passant devant des maisons à moitié démolies, j'entendis des cris terribles: c'étaient de pauvres Suisses qui s'étaient cachés après la bataille, et qu'on massacrait sans pitié, car Bouillé avait donné l'ordre à ses Allemands de tuer les soldats de Château-Vieux jusqu'au dernier!

Oh! les scélérats! capables de commettre de tels crimes, qu'ils soient maudits!.. Oui, qu'ils soient maudits!... et que Dieu venge les malheureuses victimes!

Je songeais à ces choses; l'indignation me possédait.

Tout à coup, dans une rue plus large, je vis une montagne de pavés, et derrière ces pavés, la porte Neuve criblée de balles, avec une longue file de charrettes où les morts étaient entassés comme des guenilles: hommes, femmes et, il faut bien que je le dise puisque c'est la vérité, de pauvres petits enfants!

Des gens du peuple débarrassaient les pavés, pour ouvrir un passage à ces morts qu'on allait enterrer. Des hussards surveillaient l'ouvrage, et des femmes autour poussaient des cris qui ne finissaient pas; elles voulaient encore voir leurs parents; mais il faisait si chaud depuis deux jours, qu'on ne pouvait pas attendre. Le long de la rue, des Royal-Allemand, logés chez les bourgeois, regardaient aux fenêtres; d'autres en bas se tenaient autour des voitures, pour prêter main-forte aux hussards si le peuple s'en mêlait, car la foule était grande.

Une vieille, que des voisins emmenaient par force, criait:

« Je veux qu'on me tue aussi!... Que ces brigands me tuent, puisqu'ils ont tué mon garçon!... Laissez-moi... Vous êtes tous des brigands! »

Cela me retournait le cœur, je me repentais d'être venu. J'allais même repartir, quand, dans le nombre de ceux qui se tenaient autour des voitures, je vis le grand Jérôme, des Quatre-Vents, avec sa balafre. Il était toujours maréchal des logis, et riait en fumant sa pipe. Celui-là je le connaissais, et je ne lui dis pas un mot; mais d'autres Royal-Allemand, des soldats, auxquels je demandai le logement du brigadier Bastien, me montrèrent tout de suite les fenêtres de l'auberge en face, où je reconnus Nicolas, malgré son uniforme. Il fumait aussi sa pipe en regardant ce terrible spectacle; et je traversai la rue, content tout de même de revoir mon frère. C'est plus fort que soi, c'est naturel! Je savais pourtant bien que nous ne pourrions jamais nous entendre.

Enfin, comme j'arrivais en bas, sous sa fenêtre, et que j'appelais: « Nicolas! » il descendit d'un trait, et se mit à crier:

« C'est toi!... Vous êtes donc aussi venus de Phalsbourg?... A la bonne heure... ça me fait plaisir!... »

Il me regardait, et je voyais sa joie intérieure. Nous montions l'escalier, bras dessus, bras dessous; quand nous fûmes en haut, poussant la porte d'une grande salle, où cinq ou six Royal-Allemand étaient en train de boire autour d'une table, et trois ou quatre autres de regarder aux fenêtres, il cria tout joyeux:

« Hé! hé! vous autres, regardez-moi ce gaillard-là!... c'est mon frère... Quelles épaules!... »

Il essayait de m'ébranler de ses deux mains en me secouant, et les autres riaient. Moi, naturellement, j'étais heureux. Tous ces Royal-Allemand, leurs sabres et leurs bonnets à poil accrochés aux murs, paraissaient de bons garçons. Ils me firent boire un coup. Nicolas ne finissait pas de dire :

« Ah! si vous étiez venus hier !... C'est hier qu'il fallait venir, sur les cinq heures, pour voir la danse... Nous en avons sabré !... Nous en avons sabré !... »

Il me dit aussi à l'oreille que le maréchal des logis de sa compagnie avait été tué, et que le capitaine Mendel n'en voulait pas d'autre que le brigadier Bastien pour le remplacer, à cause de sa belle conduite.

On pense si cela me dégoûtait, après les abominations que je venais de voir, mais, devant les autres je ne pouvais rien répondre, j'avais l'air content.

Quelques instants après, la trompette sonna le pansage, et tous se levèrent; ils remirent leurs sabres et leurs bonnets pour sortir. Nicolas voulait aussi descendre, mais un de ses camarades lui dit de rester, qu'il préviendrait l'officier et remplirait son service. Il se rassit donc; et seulement alors, quand les autres furent partis, il se rappela les parents et s'écria :

« Et les vieux vont toujours bien ? »

Je lui répondis que tout le monde était en bonne santé dans notre baraque, les père et mère, Mathurine, Claude et le petit Etienne; que je gagnais maintenant trente livres par mois, et que je ne les laissais manquer de rien. Il était réjoui de m'entendre et me serrait la main en disant :

« Michel, tu es un bon garçon ! Il ne faut les laisser manquer de rien, ces pauvres vieux! J'aurais déjà été les voir... Oui, j'aurais été les voir... mais, en pensant aux fèves, aux lentilles, à ce nid de vermine où nous avons souffert toutes les misères, j'ai changé d'idée chaque fois. Un Royal-Allemand doit garder son rang. Tu gagnes plus que moi, c'est vrai, mais d'avoir un sabre à son côté et de servir le roi, ça fait une différence... On doit se respecter !... Et des vieux pareils, avec leurs robes et leurs culottes déchirées... tu comprends, Michel, ça ne convient pas pour un brigadier.

— Oui, oui, lui dis-je, je comprends. Mais à cette heure ils ne sont plus aussi déchirés. J'ai payé la dette de Robin, le père n'a plus de corvées à faire ; la mère a deux chèvres, qui donnent du lait et du beurre, et des poules qui ont des œufs; Mathurine travaille en journée chez maître Jean ; elle est économe; et le petit Etienne sait lire, je l'ai moi-même instruit le soir. La baraque est aussi bien mieux; j'ai fait mettre du chaume sur le toit, pour remplir les trous, et j'ai remplacé l'échelle par un escalier en bois. Le plancher en haut est neuf; nous avons deux lits, avec quatre paires de draps, au lieu de nos caisses remplies de fougères. Le vitrier Régal, de Phalsbourg, est venu remplacer les carreaux qui manquaient aux fenêtres depuis vingt ans, et le maçon Kromer a mis deux marches devant la porte.

— Ah! dit-il, puisque tout est en bon état et qu'il y a quelque chose à manger, je peux venir... et je viendrai voir ces pauvres vieux! Je veux demander un congé de huit jours, tu peux leur dire ça, Michel. »

Il avait un bon cœur, mais pas l'ombre de bon sens; il n'admirait que les épaulettes, les coups de sabre et les coups de canon. Aujourd'hui on ne rencontre plus guère d'êtres aussi bornés, l'instruction s'étend de plus en plus dans le peuple; malheureusement alors ils n'étaient pas rares, à cause de l'ignorance où les seigneurs et les moines nous avaient entretenus, pour nous faire travailler et nous tondre à leur aise.

Comme je lui parlais ensuite du massacre, et qu'il m'écoutait en fumant sa pipe, le coude sur la table, tout à coup il cria, en lançant de grosses bouffées de tabac en l'air :

« Bah ! bah! tout ça c'est de la politique... Vous ne comprenez rien à la politique, vous autres des Baraques.

— De la politique? lui dis-je. Mais ces pauvres Suisses réclamaient leur argent.

— Leur argent! fit-il en levant les épaules, allons donc! Est-ce que Mestre-de-Camp n'a pas reçu son compte?... Est-ce que la commune n'a pas donné trois louis par homme au régiment du Roi, pour le faire rentrer dans sa caserne avant la bataille?... Ces Suisses étaient des gueux ; ils tenaient avec les patriotes !... Nous les avons massacrés, parce qu'ils avaient mis la crosse en l'air, au lieu de tirer sur la canaille à l'attaque de la Bastille... Comprends-tu, Michel? »

Et comme je restais là tout surpris de ces choses, au bout d'un instant il ajouta :

« Et ce n'est que le commencement... Il faut que le roi rentre dans ses droits... Il faut que les bavards de l'Assemblée nationale y passent !... Sois tranquille, le général Bouillé fait son plan... un de ces quatre matins nous marcherons sur Paris, et alors gare !... gare ! »

Il riait, en montrant ses dents sous ses moustaches; le courage et la joie des bêtes qui vont attaquer un bon morceau, et qui croient déjà le tenir, étaient peints sur sa figure.

J'en étais dégoûté. Je me disais en moi-même : « Est-il possible qu'un pareil animal soit ton frère ! » Mais de lui parler raison, de vouloir lui faire entrer une idée de bon sens dans la tête, à quoi bon? Il n'aurait rien compris et se serait peut-être fâché contre moi. C'est pourquoi je pensai qu'il était temps de m'en aller.

« Allons, Nicolas, lui dis-je en me levant, j'ai beaucoup de plaisir avec toi ; mais à huit heures et demie le détachement retourne à Phalsbourg.

— Tu pars?

— Oui, Nicolas ; embrassons-nous.

— Mais je croyais que tu déjeunerais avec nous... Les camarades vont revenir... J'ai de l'argent... le général Bouillé nous a fait donner douze livres de gratification par homme. »

Il tapait sur sa poche.

« Ce n'est pas possible... Avant tout le service ; si je ne répondais pas à l'appel, ce serait grave. »

Cette raison lui parut meilleure que toutes les autres. J'avais repris mon fusil ; nous descendîmes ensemble dans la rue.

« Eh bien, dit-il, embrassons-nous, Michel, et bonne route ! »

Nous nous embrassâmes attendris.

« Tu n'oublieras pas de dire aux vieux que je vais passer maréchal des logis un de ces jours.

— Non.

— Et que j'irai les voir avec mes galons.

— C'est bon... ils sauront tout ! »

Je partis, en m'écriant dans mon âme : « Le pauvre diable n'est pourtant pas méchant ; seulement il vous hacherait par amour de la discipline ! »

Au moment où j'arrivais à la porte Saint-Nicolas, on battait le rappel :

« Eh bien ! me dit maître Jean, tu l'as vu ?

— Oui, maître Jean. »

Il comprit à ma figure ce que je pensais, et depuis il ne fut plus question de Nicolas entre nous.

J'eus à peine le temps d'entrer chez un boulanger, en face, et de m'acheter une petite miche de trois livres, avec deux cervelas, car je n'avais fait que boire à la porte Neuve ; ensuite notre détachement repartit pour Phalsbourg.

Cette route augmenta beaucoup notre tristesse, par le spectacle des lâches qui se mettent toujours du côté de la force, en criant victoire, en prenant des figures réjouies pour saluer le maître, en arrangeant des discours où l'on parle de l'ordre, de la justice, du dévouement aux défenseurs de l'autorité, de sévérité pour le maintien des lois, etc., etc. Ce qui revient à dire : « Nous sommes avec vous, parce que vous êtes les plus forts, et nous aurions été les premiers à vous écraser, si vous aviez été les plus faibles ! »

Sur toute notre route, nous vîmes cette espèce de gens, avec leurs grosses faces de lâches, leurs gros ventres entourés d'écharpes ; des gaillards qui criaient : « Vive le roi ! vive le général Bouillé ! vive Royal-Allemand ! » jusqu'à se faire de grosses gorges et se donner des hernies.

On voulut aussi nous faire des compliments dans un village, le maire en tête, mais le commandant Gérard, qui les voyait venir de loin, leur cria :

« Faites place, mille tonnerres ! faites place ! »

Et nous passâmes, pendant qu'ils nous saluaient, et que nous les regardions avec mépris, par-dessus l'épaule. Quel malheur qu'on ne traite pas toujours ainsi les gueux de cette espèce ! Ils apprendraient peut-être l'estime qu'on a pour leurs discours, et s'ils ne se respectaient pas eux-mêmes, ils respecteraient au moins le deuil des honnêtes gens.

A Lunéville l'autorité municipale avait été très-ferme, mais cela n'empêchait pas l'inquiétude d'être partout, lorsque nous arrivâmes vers deux heures. Comme la garde citoyenne de la ville n'était pas encore revenue, on nous arrêtait à toutes les portes pour avoir des nouvelles, surtout les femmes, dont les fils ou les maris se trouvaient là-bas ; nous avions de la peine à continuer notre chemin. Sur la place, la foule nous entourait, et nous ne savions que répondre à tout ce monde, quand tout à coup quelqu'un se mit à crier :

« Tiens, c'est maître Jean et Michel Bastien ; ha ! ha ! ha ! les Baraques se distinguent. »

C'était Georges Mouton, — le fils de notre ancien échevin, l'aubergiste du *Mouton d'or*, sur la place de Phalsbourg, — un grand garçon de vingt ans, solide, carré, tout riant, et qui depuis a fait son chemin. Nous prenions notre pain blanc chez son père, car il était aussi boulanger ; et plus d'une fois maître Jean, dans les bonnes années, avait fait route avec lui pour l'Alsace ; ils achetaient ensemble leur vin à Barr, et l'obtenaient à meilleur marché, par cinquante et soixante mesures. Nous étions donc en pays de connaissance, et bien contents de voir le fils Mouton, qui finit par nous emmener en criant :

« Arrivez !..., nous allons dîner à l'auberge des *Deux Carpes*.

— Hé ! qu'est-ce que tu fais donc à Lunéville, Georges? lui demanda maître Jean, qui le tutoyait.

— Moi ? maître Jean, je suis garçon épicier, dit-il en riant. Je vends du sucre et de la cannelle pour le compte d'un autre, en attendant que j'aie le fonds de boutique.

— C'est un fameux état, dit maître Jean, ton

Tiens, Marguerite, voilà comme le roi connaît les paysans; c'est là qu'il les a vus. (Page 35.)

père fait bien de te pousser dans l'épicerie; c'est un article qui ne reste jamais, il faut toujours du poivre, de la chandelle, de l'huile, et pourvu qu'on achète bien, on est sûr de revendre. »

Mouton marchait devant nous, et nous entrions alors dans une de ces petites auberges où l'on prend du vin, de l'eau-de-vie et de la bière sur le comptoir; les gens entraient et sortaient; quelques étrangers seuls, à leur table, cassaient une croûte de pain, en mangeant de la friture. Mouton voulut se lâcher jusqu'à nous payer une omelette au lard, avec du vin de Toul, ce que maître Jean, en homme d'âge, ne pouvait pas permettre; c'est lui qui paya tout et qui fit même encore à la fin apporter le café.

Naturellement on parlait des affaires de Nancy; Mouton s'écriait :

« Quel malheur que je n'aie pas vu ça! Le patron est sergent-major dans sa compagnie; c'est un être rempli d'ambition, qui m'a laissé sa boutique sur le dos, pour aller faire le brave là-bas. Encore s'il s'était fait casser une patte, cela me consolerait un peu; mais je le connais, il aura crié : « En avant! » à l'abri des autres.

— Hé! disait maître Jean, tu n'aurais vu que la gueuserie des nobles.

— Raison de plus, j'ai toujours détesté cette espèce de cadets, qui nous barrent l'avancement dans l'armée, et nous forcent d'entrer dans l'épicerie pour espérer un avenir; je les aurais pris encore plus en grippe, ça m'aurait fait du bien! »

La lecture de la lettre de Michel au club Breton. (Page 36.)

Et comme maître Jean craignait les suites du massacre, pour la liberté :

« Bah ! tout ça, voyez-vous, dit-il, c'est la fin de la comédie ! Si les aristocrates avaient marché lentement, ils auraient pu faire durer leurs pensions sur la cassette encore dix, quinze et même vingt ans ; mais à cette heure l'affaire est lancée, elle est entre les officiers et les soldats ; il faut qu'on s'empoigne, et que les uns ou les autres y sautent ; les gentilshommes y sauteront ! Et, ma foi ! maître Leroux, pourvu que ce soit bientôt ! car je ne vous cache pas qu'un fusil sur l'épaule me conviendrait mieux que ce tablier sur les cuisses. »

Maître Jean riait et disait :

« Avec des idées pareilles tu n'auras pas ton fonds de boutique. Mais à la guerre comme à la guerre ; je pense comme toi que les occasions de faire son chemin ne vont pas manquer à la jeunesse. Bouillé, qui vient de réussir son premier coup, voudra bien sûr conduire ses Allemands à Paris.

— Tant mieux ! cria Mouton, c'est le plus grand service qu'il puisse nous rendre. »

Le rappel s'étant mis à battre sur la place, il fallut sortir. Mouton nous reconduisit jusque sous les arbres, et nous serra la main, en nous chargeant de compliments pour ses amis et connaissances de Phalsbourg. Après cela, nous repartîmes, et il rentra dans sa boutique. Nous ne pensions pas avoir vu celui qui remplacerait un jour Lafayette, à la tête des gardes nationales de Paris !

Quelle drôle de chose que le monde, surtout

en révolution! Celui qui, dans des temps ordinaires serait devenu marchand de vin, épicier, sergent, devient maréchal de France, roi de Suède, empereur des Français! Et les autres, qu'on croyait des aigles par droit de naissance, lui tirent le chapeau pour avoir de bonnes places.

Le même soir nous arrivâmes à Blamont, et le lendemain, chez nous, sans rien de nouveau.

Les mauvaises nouvelles avaient marché plus vite que notre détachement; tout le pays était dans un grand trouble, tout le monde pensait que bientôt les Autrichiens allaient entrer en Lorraine comme chez eux. Le pire, c'est qu'on n'osait pas le dire; notre bon roi représentait l'ordre, et les vendus de l'Assemblée nationale, dont nous avait parlé Chauvel, faisaient voter des remerciments au général Bouillé! Mais, grâce à Dieu! le comte d'Artois et ses amis n'en étaient pas encore où l'on croyait; il devait se passer du temps avant de les revoir à Paris, avec leur droit d'aînesse, leur loi sur le sacrilége et toutes leurs bêtises; la révolution devait enfoncer d'autres racines dans la terre de France, des racines que tous les aristocrates et tous les capucins du monde n'arracheront pas, et qui feront la force et l'honneur éternel de notre pays.

III

Après notre retour aux Baraques, l'agitation et l'inquiétude augmentèrent de jour en jour; maître Jean, Létumier, Claude Huré, tous les acquéreurs de biens du clergé commençaient à craindre qu'on ne voulût les traiter comme les soldats de Château-Vieux, et garder leur argent, en reprenant les terres. Ces hommes prudents devinrent alors les plus terribles soutiens de la révolution. On les appelait citoyens actifs, parce qu'ils payaient en contributions foncières, mobilières ou patentes, la valeur de trois journées de travail. C'étaient presque tous des pères de famille, et seuls ils avaient le droit de voter aux élections des députés, des officiers municipaux, des juges, des curés et même des évêques.

Nous autres, qui n'avions que nos bras et notre sang à donner pour le service de la patrie, on nous appelait citoyens passifs, et nous n'avions aucune voix aux élections. L'assemblée nationale, au lieu de réunir les citoyens par la justice et l'égalité, venait de faire comme nos anciens rois, qui les divisaient en classes, pour les opposer les uns aux autres et les tenir ainsi tous ensemble sous le joug. Tous nos malheurs durant soixante ans sont venus de là; mais on ne voyait pas encore le mal que devait produire un pareil décret, et nous tenions tous, riches ou pauvres, à la révolution, parce que ceux qui ne possédaient rien avaient l'espoir de posséder un jour, par le courage, le travail et l'économie.

C'est alors qu'il fallut voir la bonne mine que les citoyens actifs faisaient aux citoyens passifs; comme maître Jean me tapait sur l'épaule, en m'appelant un solide défenseur de la liberté; comme les plus pauvres diables du village étaient salués par les acquéreurs de biens de l'Eglise, et comme on leur serrait la main, en disant:

« Nous sommes tous ensemble, nous devons nous soutenir les uns les autres. Ces gueux de nobles et d'évêques veulent nous dépouiller, rétablir les anciens droits... mais gare! tous les citoyens se feront hacher pour la patrie! »

Ainsi de suite.

Tous les soirs, à l'auberge, on n'entendait que cela. Maître Jean se rendait familier avec tout le monde; il faisait crédit aux plus grands ivrognes, et leur marquait sur son ardoise des cinq et six bouteilles de vin, sans espérer d'en recevoir un liard. Voilà ce qu'un mauvais décret forçait d'honnêtes gens à faire, pour s'attirer des amis. Combien de batailles sont gagnées par les soldats, malgré les fautes des chefs; et que de bon sens il faut avoir en masse, pour réparer des fautes pareilles!

Quand maître Leroux parlait de défense, bien des gens ne se gênaient pas pour lui répondre:

« C'est bon, maître Jean, c'est bon! nous n'avons rien à garder, nous autres; nous ne sommes rien, nous ne votons sur rien, pas même sur ce qui nous regarde. Les bourgeois font tout, ils ont tout pris pour eux... Que chacun se soutienne en proportion de ce qu'il a! »

D'autres alors prenaient sa défense et criaient:

« Maître Jean a raison, nous sommes tous frères; nous soutiendrons nos droits... Allons, dame Catherine, encore une bouteille!... A la santé des bons patriotes! »

Et l'on n'osait pas refuser, dans un moment où Lafayette faisait voter des remerciments à son cousin Bouillé, pour les massacres de Nancy; quand les amis du trône annonçaient que Sa Majesté Louis XVI allait faire un tour au pays, pour rétablir l'ordre dans ses provinces. Naturellement les moines et les capucins relevaient la tête; ils couraient et prêchaient, ils excommuniaient et damnaient; on les voyait à la porte de toutes les baraques, en train d'exhorter les femmes à soutenir le bon Dieu contre leurs maris; et le bon Dieu, c'étaient leurs couvents, leurs abbayes, leurs étangs, leurs forêts, qu'ils auraient voulu ravoir en mettant le trouble parmi nous, jusque dans l'intérieur des familles.

Je n'avais pas dit à la maison que j'étais allé voir Nicolas; il aurait fallu raconter en détail sa conduite dans le massacre, ses idées sur la noblesse, sur la discipline, et le reste; le père en aurait eu du chagrin, et je savais que la mère lui donnerait raison; elle ne pouvait plus me voir sans crier:

« Toi, tu te feras casser les os pour maître Jean; tu recevras les coups, et lui gardera les biens volés, à moins qu'on ne te pende avec dame Catherine et leur ami Chauvel. Tu renieras ta religion, tu seras damné pour le compte des bandits!

— Allons, allons, lui disait le père avec douceur, ne crie pas si fort! »

Mais elle redoublait; et l'on voyait que c'était mot à mot la leçon du père Bénédic.

Encore si j'avais eu du repos à la forge, mais Valentin, qui n'osait pas se réjouir ouvertement devant maître Jean, ne cessait de me répéter:

« Nos seigneurs ont eu maintenant leur revanche de la Bastille; cela devait arriver tôt ou tard, car le droit est le droit! Et ceux qui descendent de nos seigneurs ne doivent pas être confondus avec des misérables de notre espèce. Bientôt, je t'en préviens, Michel, l'Assemblée nationale sera mise à la porte; Sa Majesté le roi cassera tout, et chacun sera châtié selon ses crimes. Quant à maître Jean, il a beau faire crédit à Christophe Magloire et à Pierre Tournachon, quand les armées de Sa Majesté viendront, tout sera nettoyé; les biens seront rendus à notre sainte Église; et le mal sera réparé sur la personne et les biens des coupables. Plaise à Dieu seulement qu'on nous laisse continuer notre métier, car nos fautes sont grandes, et nous avons mis le comble à nos iniquités! Plaise à Dieu qu'on ferme les yeux sur le passé, car nous avons tous mérité la corde, par nos votes et nos élections! »

Ainsi raisonnait cet animal. S'il n'avait pas été si bête, nous nous serions empoignés plus d'une fois; mais je l'écoutais comme on écoute braire un âne, sans lui répondre.

Cela se passait ainsi dans toutes les maisons, dans tous les villages; si Bouillé avait pu faire son coup à Paris, la révolution était peut-être perdue, tant les gens avaient peur, tant les moines se remuaient.

Mais vous allez voir que si le découragement était au milieu de nous, les patriotes là-bas ne se laissaient pas facilement abattre, et qu'ils avaient du courage, non-seulement pour résister à la cour, mais encore aux vendus de l'Assemblée nationale.

Maître Jean m'avait dit d'écrire à Chauvel tout ce qui s'était passé sous nos yeux à Nancy; comme j'avais toujours une lettre en train, cela m'était facile. Le soir, après le travail, j'entrais dans la bibliothèque où Marguerite m'avait conduit, et là, tout seul avec ma petite lampe, j'écrivais chaque chose en ordre. Quand il me restait du temps, je me mettais à lire encore une heure ou deux; et puis je m'en allais rêvant à travers le village, regardant les Baraques au milieu du silence et me faisant mille idées de toutes choses: de la vie et des hommes, du grand savoir des uns et de l'ignorance des autres.

Mon bonheur était toujours de lire l'*Encyclopédie*; je ne passais rien, tout me paraissait admirable, et les articles de M. Diderot plus encore que tout le reste. Au lieu d'être aveugle comme autrefois, tout m'étonnait et m'attendrissait, depuis le plus petit brin d'herbe jusqu'aux étoiles. J'aurais aussi voulu savoir calculer, mais c'était hors de mes moyens; je n'avais pas de maître pour m'apprendre les commencements.

Enfin, en allant ainsi, l'idée de Marguerite me venait et celle de mon père, tantôt avec tristesse, tantôt avec satisfaction. Je songeais aussi aux grandes batailles, que les vrais représentants de la nation livraient pour les droits du peuple. Cela m'élevait le cœur, et je ne rentrais souvent que fort tard, après minuit, sans m'être ennuyé seulement une minute.

Voilà ma vie! Les dimanches, au lieu de commencer à lire le soir, j'étais dans la bibliothèque de Chauvel dès sept heures du matin. Cette vie me paraissait la plus belle, surtout après avoir tant souffert dans mon enfance, tant souhaité d'apprendre, sans avoir un instant pour m'instruire, puisque tout mon temps était au maître: je m'estimais très-heureux.

Quand maître Jean me dit d'écrire les malheurs de Nancy, dans les premiers jours de septembre, ma lettre tirait à sa fin, et je remplis les dernières pages de cette triste histoire. Or, cette nuit-là, quand ce fut fini, sur les onze heures, étant content d'avoir tout raconté, selon ce que nous savions au juste, j'ouvris une fenêtre pour rêver à mon aise. La nuit était douce et blanche. En regardant le petit jardin rempli d'ombre, où descendait la lune, je vis que les grosses pommes de reinette étaient mûres; et, songeant au plaisir que Marguerite et son père auraient eu de voir et de goûter ces beaux fruits juteux, tout à coup je me dis en moi-même :

« Pourquoi n'en goûteraient-ils pas ? Je n'aurais qu'à cueillir les plus beaux, et les mettre dans des feuilles, au fond d'un panier solide, les uns sur les autres, par couches, et puis à les envoyer à Paris par le roulier Jean Maire ; il reste quinze jours en route, mais les pommes se conservent plus de quinze jours. »

Cette idée me parut tellement agréable, que j'y pensai toute la nuit dans notre baraque, et que le lendemain, en allant lire ma lettre à maître Jean, je lui parlai de cela.

« Ma foi ! Michel, dit-il, ton idée est très-bonne. Rien ne fait plus de plaisir que de recevoir quelque chose de la maison, quand on est loin du pays. Pendant mon tour de France, en 1760, du côté de Mézières, un compagnon qui s'appelait Christian Weber arriva d'Alsace ; il avait des saucisses fumées et des andouilles dans son sac ; jamais je ne me suis mieux régalé que cette fois-là ; l'odeur du sapin m'entrait dans le nez ; je voyais en quelque sorte la montagne ; et, sans les camarades qui riaient et chantaient en se gobergeant, j'aurais été capable d'en pleurer d'attendrissement. C'est pourquoi, demain dimanche, tu cueilleras les plus belles pommes du verger de Chauvel, en montant sur les arbres avec un sac autour des reins, car les fruits tombés ne se conservent pas longtemps ; et non-seulement tu en empliras un panier choisi parmi les plus grands et les plus solides de ton père, mais nous y mettrons encore une bajoue fumée, que l'on peut considérer comme le morceau le plus délicat du cochon, avec cinq ou six bonnes saucisses, deux bouteilles de vin blanc d'Alsace et deux bouteilles de vin rouge de Lorraine, ce que j'ai de meilleur dans ma cave. Et surtout il ne faudra pas oublier quelques douzaines de mes grosses noix vertes, car Chauvel, tu dois te le rappeler, aime beaucoup les noix ; nous l'entendions toujours croquer derrière le fourneau celles qu'il apportait dans sa poche. Tout y sera, seulement il faut un grand et fort panier. »

Ainsi parla maître Jean, qui se complaisait dans mon idée et s'écriait :

« C'est le plus grand plaisir que nous puissions leur faire ! »

Je pensais comme lui, de sorte qu'en le voyant m'approuver, ma joie en fut encore plus grande.

Je ne me rappelle pas de jour plus heureux que ce dimanche où, de bon matin, après avoir choisi notre panier en forme de hotte parmi ceux de mon père, qui l'empilait comme des chapeaux derrière l'escalier, je l'emportai sur mon épaule aux Trois-Pigeons ; et puis quand, debout dans les branches, je cueillis les plus belles pommes en les glissant dans mon sac. Non, je n'ai jamais eu de moment plus agréable, à cause de la beauté de ces fruits, et du bonheur de me représenter Marguerite mordre dedans avec ses petites dents blanches.

Après cela, j'allai derrière l'auberge abattre des noix sous le grand noyer, et quand mon rondin les faisait rouler par douzaines, je me disais en moi-même :

« Le père Chauvel va-t-il être content ! va-t-il s'en donner ! »

Il me semblait le voir en train de les croquer et de penser :

« Michel est pourtant un bon garçon ! »

Ce qui m'attendrissait et me faisait crier en moi-même :

« Oui, père Chauvel, oui, c'est un bon garçon et qui vous aime. Croyez-moi, il donnerait sa vie pour vous ! Marguerite ne trouvera jamais quelqu'un capable de l'aimer autant et de la rendre plus heureuse ; ce n'est pas possible ! »

Voilà les idées que je me faisais, les yeux pleins de larmes. Et je n'ai pas besoin de vous parler maintenant de la manière dont nous arrangeâmes tout cela dans notre panier, car tout se fit comme maître Jean l'avait dit : la bajoue et les andouilles furent au fond ; les pommes dans du foin, au milieu ; par-dessus les noix, sans avoir été épluchées, pour conserver leur fraîcheur ; tout en haut les bouteilles ; puis encore de la paille ; et enfin la toile d'emballage solidement cousue avec de la grosse ficelle, et, sur une carte retournée :
A Monsieur Chauvel, député à l'Assemblée nationale, rue du Bouloi, n. 11, à Paris.

Cela se fit dans la grande salle, maître Jean, dame Catherine, Nicole et moi réunis.

Beaucoup d'autres patriotes, ayant appris que nous envoyions des provisions à Chauvel, vinrent nous prier de mettre aussi quelque chose pour eux dans notre panier : du lard fumé, du miel en rayon, quelques-uns de beaux fruits ou du kirschenwasser ; malheureusement ce n'était pas possible, et nous les remerciâmes tous ; le panier était bien assez lourd, il pesait peut-être cent cinquante livres ; mais c'est égal, le gros roulier, Jean Maire, qui chargeait des milliers sur sa grande voiture à six chevaux, le prit tout de même ; il passa la bâche par-dessus et partit le lundi soir.

Depuis ce jour nous attendions des nouvelles de Paris, mais elles n'arrivèrent qu'à la fin de septembre, et, pendant ce temps, combien de disputes nous eûmes encore aux Trois-Pigeons !

C'est en ce temps que le livre rouge, imprimé par ordre de l'Assemblée nationale, arriva pour la première fois aux Baraques. Le vieux Rigaud, étant allé recueillir un petit héritage à Toul, le rapporta de là-bas, et tous les soirs nous étions en train de l'éplucher, de crier et de nous indigner. Alors nous sûmes que non-seulement les officiers nobles dépouillaient leurs soldats, mais que nous étions tous grugés depuis longtemps par des seigneurs de la cour qu'on appelait courtisans, et qui rapinaient de leurs dix doigts d'une façon abominable. Voici comment les principaux vols se faisaient : chaque fois que le déficit forçait les ministres du roi de faire un nouvel emprunt, leurs amis, ceux du comte d'Artois, de la reine et des princes, jusqu'aux valets, étaient comptés comme prêteurs d'une somme au trésor ; ils recevaient quittance de cette somme, — ce qu'on appelait un coupon, — chacun en proportion de sa bassesse, et sans verser un liard. Après cela, nous autres malheureux, nous étions forcés, par de nouveaux impôts, de payer la rente perpétuelle des sommes que ces gueux n'avaient pas prêtées à la nation. Que d'argent on nous avait volé par ce moyen ! Ce n'est pas à calculer.

Camille Desmoulins disait, dans sa gazette, que ces courtisans méritaient d'être vingt-quatre millions de fois pendus, parce qu'ils avaient volé vingt-quatre millions de malheureux, comme dans leur poche; et plus honteusement encore, puisqu'on les croyait honnêtes, puisqu'ils se disaient nobles, qu'on leur confiait tout, et qu'ils ne risquaient pas d'être arrêtés.

J'ai le livre rouge et je voudrais bien vous en donner le détail, mais ce serait trop long; une fois sur ce chapitre, on ne finirait plus.

Valentin criait que Chauvel et ses amis avaient inventé le livre rouge pour déshonorer nos seigneurs. Que voulez-vous? Quand un homme est naturellement aveugle, on lui mettrait le soleil sous le nez, qu'il ne le verrait pas; toutes les explications du monde ne lui serviraient à rien pour voir clair.

C'est aussi dans ce mois de septembre 1790 que Louis XVI renvoya Necker; après la victoire de M. de Bouillé, le roi pensait ne plus avoir besoin de lui. Les uns traitaient Necker de gueux, parce qu'il avait aussi fait des pensions à ses amis, et qu'il avait longtemps refusé de livrer le livre rouge; les autres, comme maître Jean, disaient qu'il faut toujours mettre le bien et le mal dans la balance; que Necker ne s'était pas enrichi lui-même, comme monseigneur le cardinal de Brienne; que sans le compte-rendu de Necker en 1778, la révolution ne serait pas venue de sitôt, et que les honnêtes gens devaient s'en souvenir.

Je crois qu'il avait raison, mais dans tous les cas, depuis le renvoi de Necker, Louis XVI n'écouta plus que les ennemis de la révolution ; ils le poussèrent sur la pente tellement vite, qu'au bout de deux ans c'était le bord du fossé.

Mais tout cela se trouvera plus tard ; je n'ai pas besoin d'en parler maintenant.

J'en reviens à ce mois de septembre 1790, où nous reçûmes enfin, avec un gros paquet de journaux, la réponse de Marguerite. La voici, je vais la copier mot à mot, car, outre le bonheur que j'aurai de me rappeler le bon temps de ma jeunesse, chacun verra bien mieux ce qui passait alors à Paris ; comme on vivait là-bas, et ce qu'on pensait du roi, de Bouillé, des émigrés, des clubs et de l'Assemblée nationale. Moi-même je ne pourrais pas en dire autant.

« Mon bon Michel,

« Nous avons reçu ta lettre et ton panier de bons fruits, de bonnes saucisses et de bons vins. Tout nous a fait plaisir, malgré la tristesse de ce que tu nous racontes. Il ne faut pas vous décourager, au contraire ; plus les aristocrates en feront, plus vite nous serons débarrassés d'eux. La nation ouvre les yeux de jour en jour, et, quand elle le voudra bien, ses misères seront finies.

« Mon père a tant d'ouvrage à l'Assemblée et aux Jacobins, qu'il me charge de vous remercier, toi, maître Jean, dame Catherine, et tous ceux qui voulaient mettre quelque chose dans le panier. J'en suis bien contente, car depuis longtemps j'avais l'idée de vous écrire ; lui, dans ses grandes lettres de six pages, ne vous parle jamais que des affaires de l'Assemblée nationale et du pays; pour maître Jean, Létumier et tous les patriotes de là-bas, c'est bien le meilleur, je ne dis pas le contraire ; mais dame Catherine, Nicole, et même toi, j'en suis sûre, vous ne seriez pas fâchés non plus de savoir aussi comme nous vivons, dans quel endroit nous logeons, ce que je fais le matin et le soir; ce que coûtent le beurre et les œufs au marché; si on se lève de bonne heure ; si l'on se réunit à la veillée ; enfin, comme on vit.

« Eh bien ! voilà justement ce qui me trotte dans la tête, et maintenant je vais tout vous raconter, pour que vous soyez en quelque sorte avec nous, et que vous voyiez la différence des Baraques et de Paris. Cela va me coûter du temps, car j'en ai vu depuis quinze mois, et je m'en suis fait des idées sur ce bas-monde !

Mais c'est égal, tu m'écouteras, mon bon Michel, et je vais me figurer que nous sommes à causer ensemble, derrière le grand fourneau des Trois-Pigeons.

« Et d'abord, vous saurez que nous logeons au cinquième d'une maison aussi haute que la grande tour du Haut-Bar ; et que même au-dessus de nous loge encore une famille de cordonniers, avec les fenêtres dans le toit, en forme de tabatière ; ils ne font que rouler, aller, venir et trébucher, avec leurs trois enfants. Tous les étages sont garnis de la même manière : l'un tisse, l'autre coud, l'autre racle de la musique, l'autre arrange les affaires des particuliers ; il a sur sa porte un écriteau : Maître Jacques Pichaud, huissier au Châtelet. Un escalier descend en vrille du haut en bas, tout glissant et sombre ; et tous ces gens vivent ensemble sans se connaître, sans s'inquiéter les uns des autres, ni même se regarder, ou se dire bonjour en passant. Toutes les maisons de Paris sont comme cela ! En bas, dans la rue, les boutiques, les ateliers, les magasins se suivent avec leurs enseignes à perte de vue : cordonniers, épiciers, ferblantiers, fruitiers, etc.

« Les rues sont grises, pleines de boue noire ; et les voitures : coucous, soufflets, landaus, berlines, carrosses, charrettes, les unes rondes, les autres carrées, ou longues, avec des tas d'ordures dessus, ou de grands laquais debout derrière, roulent du matin au soir comme un torrent, au milieu des cris d'une foule d'ambulants, qui regardent en l'air pour voir si la pratique ne leur fait pas signe de monter : ce sont des marchands d'eau, de vieux habits, de légumes, avec de petites charrettes à bras qu'ils poussent ; des vendeurs de jouets d'enfant et de tout ce qu'il est possible d'inventer pour tirer votre argent. Ici tout se vend et tout se crie ; des gazetiers, avec leurs paquets sous le bras, montent dans les maisons, entrent dans les cafés, et vous arrêtent au coin des rues, — couverts d'affiches de toutes les couleurs, — en vous mettant leur journal sous le nez.

« Vous entendez cela comme un grand bruit qui bourdonne sur toute la ville, depuis le petit jour et même avant, jusqu'à minuit, une et deux heures du matin, à trois cela recommence. Entre deux et trois heures, en écoutant bien dans la nuit, vous avez un instant de silence, à moins que la voiture d'un médecin ne passe, ou que la patrouille ne ramasse un ivrogne dans votre rue. Oui, vous avez un peu de silence, mais il ne faut pas croire que ce soit le coq qui vous réveille, ou le chien du voisin Rigaud, comme aux Baraques ; ce sont les charrettes des paysans qui vont au marché voisin, quelquefois le cri de leur âne qui se met à braire, ou les clochettes de leurs chevaux. Tous ces gens arrivent de deux ou trois lieues autour de Paris, les hommes avec leur voiture et les femmes assises sur leur bourrique, au milieu des paniers de légumes, d'œufs, de beurre et d'autres provisions. Il fait encore sombre, et vous les entendez déjà ; les fouets claquent ; les hommes enroués crient : « Hue ! » et cela ne fait qu'augmenter, jusqu'au grand bruit qui dure toute la journée.

« Et maintenant, vous n'avez encore qu'une petite idée de ce grand mouvement de Paris ! Il faut penser que dans cette ville, où vivent plus de sept cent mille gens de toute espèce, depuis les plus riches jusqu'aux plus misérables, il en vient encore par jour près de cent mille de toute la France et des environs, pour remplir leurs halles, leurs marchés, leurs boutiques et leurs caves. Voilà pourquoi les famines sont terribles ici, lorsque cela se ralentit seulement quelques jours : ceux qui n'avaient que leur pain, un peu de bois, un peu d'huile et de vin, n'ont plus rien du tout ; et la misère alors est tellement grande, que, même dans les plus rudes hivers de chez nous, on ne peut pas se la figurer ; les gens au-dessus de votre tête, sans que vous le sachiez seulement, hommes, femmes et enfants, sont en train de grelotter et de mourir. Ils ne se plaignent pas, car dans cette grande ville on ne se connaît pas, et les plus pauvres sont quelquefois les plus fiers.

« Mais j'aime mieux ne pas te parler de cela, mon bon Michel ; nous savons aussi ce que c'est d'être pauvre, de souffrir et de travailler ; et quand on ne peut pas venir en aide aux malheureux, cela vous fait trop de peine.

« Tu vois maintenant le gros d'une ville comme Paris. Vous pouvez marcher des heures à droite et à gauche, de tous les côtés, et c'est toujours la même chose : toujours les mêmes maisons grises, les mêmes rues sales, un peu plus larges, un peu plus étroites, voilà tout ; les mêmes files de boutiques ; les mêmes voitures et les mêmes ambulants qui crient. Vous rencontrez seulement de loin en loin une place plus large, avec une fontaine où les femmes et les marchands d'eau fourmillent ; ou bien une grande bâtisse comme celle du cardinal de Rohan, à Saverne ; ou bien un pont, un marché, un théâtre, et tout a l'air misérable. Les jours d'hiver on est dans la boue jusqu'aux chevilles ; la neige fond d'une minute à l'autre, le brouillard couvre tout, la tristesse vous gagne jusqu'au coin du feu. Ce n'est pas comme chez nous, la belle neige sur les haies et les bois.

la grande lumière blanche qui vous éblouit, et le froid vif qui vous donne la force de courir, de vous secouer, et de vous réchauffer en marchant sur la terre dure. Tout est brouillard : il coule sur les vitres, il vous entre jusque sous la peau, et la lumière est si grise qu'on se croirait à l'entrée de la nuit, en plein midi. L'été, on étouffe de poussière et de mauvaises odeurs.

« Ce que je vous dis est la pure vérité. Sans le courage qu'il faut avoir pour défendre et soutenir ses droits, on ne pourrait pas vivre dans une ville pareille, au moins moi! Le père, lui, ne fait attention qu'aux décrets de l'Assemblée, aux motions, aux discours des clubs et aux articles des gazettes. Il se soucie d'une maison autant que d'une autre, de la neige que de la pluie ou du soleil, et trouve tout bien, pourvu que les affaires marchent à la Constituante et aux Jacobins. Aussi, depuis que nous sommes à Paris, c'est moi qui fais tout à la maison, qui paye tout, qui touche l'argent, qui vais au marché, qui raccommode, qui donne à laver, qui compte; et, quand je lui parle de cela, il me dit :

« C'est bon!... c'est bon!... Je n'ai pas le temps « de penser à tout... Tu me diras cela plus tard... « Ce soir nous avons réunion; il faut que je « voie les gazettes, que je pense à l'institution « du jury, ou bien à la création des assignats— « monnaie; laisse-moi, Marguerite. » Et je vois à sa figure qu'il ne faut plus rien lui dire, car lorsque les choses ne vont pas à ses idées dans l'Assemblée, il se fâche et pourrait se rendre malade de colère.

« Mais les jours où tout va bien, il me conduit au théâtre, ou bien au club des Jacobins, à l'Assemblée nationale, dans les tribunes. Je suis forcée de bien me mettre, avec ma petite cornette à barbe de mousseline, et la cocarde nationale sur l'oreille; il me mène à son bras et me présente aux patriotes en disant : « Voi« ci ma fille. » Je connais tous les patriotes : M. Danton, M. Camille Desmoulins, M. Fréron, M. Robespierre, M. Antoine (de Metz), tous!... mais ces choses viendront plus tard. J'en reviens à mon ménage ; pour dame Catherine et Nicole, c'est le premier chapitre, et je ne veux rien oublier, puisque nous y sommes.

« D'abord pour le logement, nous avons deux petites chambres, une petite salle à manger et une cuisine grande de trois pas. La salle à manger et la chambre à coucher de mon père donnent sur la rue; la cuisine et ma chambre à moi sont derrière, sur une cour où je n'ose presque pas regarder, même à travers les vitres, parce que je crois toujours y tomber la tête en avant, et qu'elle est grise, pleine de fenêtres au-dessous, et profonde comme un puits. Eh bien! savez-vous combien cela nous coûte? Soixante livres par mois; dix fois plus que nous ne pourrions louer notre maison aux Baraques. Je sais bien que dame Catherine et Nicole vont lever les deux mains en criant : « Est-ce possible? » Mais c'est comme cela. Si mon père n'était pas député, nous pourrions avoir un plus petit logement sous le toit, pour vingt ou trente francs; mais un député du tiers reçoit la visite d'une foule de monde, il doit être bien logé; ce ne serait pas bien de faire des économies sur ce qu'on reçoit de la nation pour la représenter; ce n'est pas une place qu'on a, c'est un devoir que les électeurs vous donnent, et qui ne doit pas vous enrichir.

« Mais voilà toujours soixante livres pour commencer. Maintenant vous allez voir le reste.

« Le matin je me lève à six heures, parce que le père est forcé de partir à huit heures et demie au plus tard, pour aller à l'Assemblée nationale, et que le déjeuner doit être prêt avant. Je m'habille, je prends mon panier sous le bras, et je vais au marché des Innocents, au bout de notre rue. C'est un ancien cimetière encombré de vieilles baraques moisies, avec une haute fontaine très-jolie au milieu, et quelques tombes autour, derrière des palissades. Lorsque les ménagères arrivent, entre huit et neuf heures, on ne s'entend plus, car alors les paysans finissent de vendre ce qu'ils ont apporté; les revendeuses, qu'on appelle les dames de la halle, viennent reprendre leurs baraques louées; il faut que les autres détalent vite, qu'ils cèdent à bas prix ce qui leur reste; on se bouscule, et ce sont des cris bien autres que sur la grande foire de Saverne.

« Moi, j'achète toujours d'une vieille grand'mère en capuchon piqué, le menton garni d'une petite barbe grise, une bien bonne femme, qui m'appelle « la petite patriote, » et qui me garde une tête de chou, quelques carottes et un navet pour mon pot-au-feu. Tu penses bien, Michel, qu'il me faut souvent autre chose, un poisson, une volaille, des œufs, du beurre; et puis il faut encore passer à la boucherie. Ah! que cela coûte, et qu'on a besoin d'être sur ses gardes, pour ne pas acheter trop cher! Par exemple, le beurre de Chartres est à seize sous, celui de Longjumeau à vingt-cinq sous, celui de Gournay à trente et quatre deniers, celui d'Isigny à trente-deux sous, et tous se ressemblent; si l'on allait prendre l'un pour l'autre, on serait bien trompé pourtant! Mais tout de suite, dans les premiers jours, je me suis mise au courant, et je pourrais vous dire le prix de tout : du fromage qui se vend

Votre Talleyrand-Périgord est un lâche Judas. (Page 45.)

ici à la douzaine, des œufs, qui sont aussi de différentes qualités, lorsqu'ils viennent de Mortagne ou de Picardie; des huiles, du lard, du savon, enfin de tout.

« La viande est bon marché cette année, le bœuf à quinze sous cinq deniers; le mouton à seize sous neuf deniers; le veau à seize sous cinq deniers; le porc à quinze sous deux deniers.

« Ces choses intéresseront dame Catherine; la différence est grande avec les prix des Baraques, j'en suis sûre.

« Pour vous donner une idée de ce que la vie coûte, je n'aurais qu'à vous dire que le bois, que le charbon de bois et le charbon de terre se vendent à la livre. Ce sont des Auvergnats qui font ce commerce; ces gens laborieux vous vendent tout, jusqu'à l'eau, qu'ils vous apportent sur leurs épaules, au cinquième et sixième étage, à deux liards le baquet; et, rien que pour allumer le feu, on a de petits fagots qui s'appellent cottrets et qui se vendent dix-neuf livres six sous huit deniers les deux cent huit. Mais comme deux cent huit de ces fagots vous rempliraient la cuisine, il faut les payer deux sous la pièce. Encore les cottrets de quartier et ceux de taillis sont-ils bien différents; si l'on n'y regardait pas, ces Auvergnats, qu'on appelle les plus honnêtes gens du monde, vous donneraient souvent des uns pour des autres.

« Et ce n'est pas tout, sans parler du lait, qu'on appelle ici de la crème, et du petit bouillon qu'on appelle des consommés; une fois la cuisine faite, il faut songer à la chandelle, au

Ces arbres, Michel, ploieront sous le poids des patriotes pendus après. (Page 48.)

sucre, au poivre, au sel; après le marché et la boucherie, il faut compter avec l'épicier, et puis avec la blanchisseuse, le cordonnier, le tailleur, cela ne finit pas; il faut acheter, acheter! Les trois quarts de l'indemnité qu'on nous donne y passent, et le reste, le père le dépense jusqu'au dernier liard en achats de livres, de gazettes, et en souscriptions pour les patriotes malheureux.

« Enfin tout marche, c'est le principal. Malgré les députés de l'Assemblée nationale qui se sont vendus à la cour, le peuple aura ses droits; et nous pouvons dire qu'il les aura bien gagnés. Seulement, si les vrais représentants de la nation, les honnêtes gens de l'Assemblée et les patriotes avaient laissé faire ces vendus, ils nous auraient déjà remis la bricole; nous pourrions travailler, peiner et souffrir pour eux, comme avant la convocation des états généraux. Heureusement les clubs se sont mis en travers; le premier de tous, c'est le club Breton, séant ici près de nous, au cloître des Jacobins. Le père y va tous les soirs. Là se réunissent les meilleurs patriotes, dans une vieille bibliothèque vide, depuis que les Jacobins ont émigré. C'est avec le club des Cordeliers, à la cour du Commerce, de l'autre côté de l'eau, le meilleur de Paris.

« Dans les premiers temps, les représentants seuls y allaient; mais depuis quelques mois beaucoup de patriotes, qui ne sont pas de l'Assemblée nationale, y vont, et tous les jours on en parle de plus en plus. MM. Danton, Legendre, Fréron, Pétion, Brissot, Camille Desmoulins sont là comme chez eux. Quand les nobles font trop leurs embarras ; quand ils crient à l'Assemblée, en s'appelant les uns les autres : « Hé ! vicomte un tel, allons-nous-en ! « N'êtes-vous pas ennuyé d'entendre ce gali- « matias ? » ou bien : « Ah çà ! vous tairez- « vous, braillards ? Il faut tomber à coups de « sabre sur cette canaille ! » comme ils ont l'habitude de le faire, ceux des Jacobins et des Cordeliers se réunissent le lendemain. On sonne le tocsin partout ; les patriotes, les gens des marchés, hommes et femmes, s'en vont ensemble à l'Assemblée nationale, avec des chaudrons, des casseroles, tout ce qui peut faire du bruit, en criant : « A la lanterne ! à la lan- « terne, les aristocrates ! ça ira ! » Et les autres tremblent, ils se cachent. C'est maître Jean et Létumier qui riraient de voir cette débâcle !... On appelle ça une manifestation. Les aristocrates disent que c'est une insurrection. M. Lafayette monte sur son cheval blanc ; il réunit les gardes nationales, il fait des discours, il se démène avec M. Bailly, le maire de la ville. Mais le lendemain tout le monde rit, et l'on dit : « Les aristocrates ont eu peur ! Ils vont « avoir du bon sens pour quinze jours ; après « ça ils recommenceront, et nous recommen- « cerons. »

« Lafayette est toujours là, qui fait battre le tambour, qui salue le roi, la reine, et qui parle à la nation ; mais de temps en temps il essaye aussi d'arrêter les patriotes, et, sans les femmes qui tiennent pour la révolution et qui défendent à leurs maris de lui obéir, depuis longtemps il aurait fait de mauvais coups.

« Je vous raconte cela, mon bon Michel, parce qu'aux Baraques vous ne pourriez pas comprendre tous ces mouvements. Chez nous, on ne connaît que la milice et les impôts ; mais si les Parisiens ne tenaient pas tête à tous ces comtes, ces marquis et ces évêques, la révolution serait arrêtée et la France grugée par quelques nobles. L'ami du peuple, Marat, est le plus fort pour découvrir leurs complots ; il dénonce tout le monde : le roi, la reine, les princes, le clergé, la noblesse, les anciens parlements, la municipalité, le châtelet, les districts, l'état-major de la garde soldée, et M. Mottié, son général, comme il dit ; les procureurs, les financiers, les agioteurs, les déprédateurs, les sangsues de l'État, et l'innombrable armée des ennemis du bien public.

« Quelquefois il va même un peu loin, et mon père dit que c'est pourtant trop fort ; qu'on doit penser qu'il existe d'honnêtes gens parmi nos ennemis : des êtres mal élevés qui se trompent, parce qu'on leur a fait croire dès l'enfance qu'ils valaient plus que les autres hommes, qu'ils étaient d'une autre race, et que, par ce moyen, la bêtise leur est venue tout doucement, et qu'ils se figurent des choses contre nature, en quelque sorte de bonne foi. Il dit qu'une quantité d'ambitieux parmi nous, de faux patriotes, ne demanderaient qu'à faire les grands, à renier leur père, à se couvrir de décorations du haut en bas, à toucher des pensions sans les avoir gagnées, à traiter leurs semblables comme des valets, et même à se vendre au premier venu, s'ils valaient la peine d'être achetés ! qu'on a tort de flagorner le peuple, en lui disant qu'il a toutes les vertus, parce que ce n'est pas vrai ; qu'il existe dans le peuple et les bourgeois beaucoup de filous, et qu'on verra peut-être par la suite, après la victoire du peuple, de misérables va-nu-pieds devenir aussi fiers et plus insolents que les anciens nobles ; et que ce sera d'autant plus triste qu'ils seront avares, ignorants et grossiers, et qu'on se rappellera qu'ils ont renié leur propre sang pour grimper à la place des autres, et faire oublier par leur arrogance que leur mère était vachère et leur père garçon d'écurie ! Pourvu que nous ne voyions pas de pareilles abominations, mon bon Michel, car ce serait la honte et la désolation du genre humain !

« Mon père a souvent de ces moment de colère, l'exemple des Maury l'indigne ; mais il se calme vite, et finit toujours par dire : « Tout « cela ne signifie rien ; la grande affaire est « d'établir de bonnes lois pour empêcher les fi- « lous, qu'ils soient du peuple, de la bourgeoisie « ou de la noblesse, de s'élever au-dessus des « honnêtes gens, de les maîtriser et de leur te- « nir le pied sur la gorge, afin de vivre à leurs « dépens. Le principal aujourd'hui, c'est d'a- « voir des hommes comme Danton, Robes- « pierre, Grégoire, Desmoulins, etc., pour « éclairer la nation et lui faire voir que notre « salut est dans l'union. Ces hommes sauve- « ront la France ; ils bousculeront tous ces ven- « dus aux premières élections, et d'ici quelques « mois on ne parlera plus que d'eux. Les au- « tres emploieront la calomnie et l'injure pour « les détruire, mais la vérité finit toujours par « l'emporter ; et quand le peuple souffre, il re- « connaît ses fautes et met les gueux à leur « place. »

« Tu penses bien, Michel, que tout le temps où nous demeurions avec le curé Jacques, les patriotes du club des Jacobins ne venaient jamais chez nous ; mon père n'aurait pas osé les inviter, car sur beaucoup de questions on se serait pris aux cheveux ; mais depuis ils viennent quelquefois s'entendre avec mon père sur les mesures à prendre dans leurs réunions, et tu ne pourrais pas croire combien ces gens sont simples et naturels; autant les intrigants jouent la comédie et se redressent pour se donner de l'importance, autant ils se montrent ouverts et vous mettent de suite à votre aise.

« Aux fêtes de la Fédération, le mercredi 14 juillet, M. Danton, qui marchait en garde national avec sa section, m'a fait avoir une bonne place près de l'autel de la patrie; il est venu me prendre lui-même au cortège, et m'a conduit auprès de sa jeune femme, en nous disant : « Asseyez-vous, causez, vous serez bien « ensemble. » C'est une belle personne. Nous causions comme d'anciennes amies; elle paraissait bien heureuse, malgré la pluie qui tombait à verse; et quand M. Danton revint la prendre et l'emmener dans une voiture, elle me fit promettre d'aller la voir, en me donnant la main. M. Camille Desmoulins, qui venait de rencontrer mon père au champ de Mars, monta dans notre voiture; il criait contre le roi, qui avait profité de la pluie pour se cacher dans son pavillon, au lieu de prêter serment sur l'autel de la patrie, comme c'était son devoir. Mais en entendant les cris de : Vive la nation ! s'élever jusqu'au ciel, il riait et disait : « C'est égal, Chauvel, le peuple est avec « nous. Tous les cœurs battent ensemble pour « la patrie, la justice et la liberté ! » Ses yeux brillaient; moi j'aurais voulu pleurer d'attendrissement. Chaque bande qui passait poussait de nouveaux cris, agitait des branches de peuplier, levait les chapeaux et les bonnets garnis de cocardes; cela ne finissait pas, et les mille cloches de la ville sonnaient ensemble.

« Le soleil était revenu.

« Nous étions descendus vers cinq heures devant les Tuileries, où demeure le roi. M. Camille Desmoulins me prit à son bras pour aller nous rafraîchir au café Hollot, en bas de la terrasse des Feuillants. Beaucoup de patriotes et de gardes nationaux, avec leurs femmes et leurs enfants, étaient là qui riaient et se réjouissaient. M. Desmoulins, avant d'aller faire son journal, vint encore nous saluer et nous remercier. Tu vois, Michel, comme ces gens-là sont bons et peu fiers. Chez nous, le dernier bangard vous regarde du haut de sa grandeur, et croirait s'abaisser en se montrant poli. C'est bien pitoyable, mais tous ceux qui ne sont rien par eux-mêmes et qui n'ont un peu de valeur que par leur place tiennent la même conduite; à Paris, jusque dans les derniers villages, on les reconnaît à leur air de majesté qui vous fait rire.

« Il est vrai que nous connaissons M. Camille Desmoulins depuis notre arrivée ici; mon père, qui le regarde comme un des meilleurs patriotes, avait placé son journal dans tous les coins de l'Assemblée, et lui nous avait envoyé tout de suite des billets pour aller au théâtre de la Nation, à celui de Mlle Montansier, dans le Palais-Royal, et aux Comédiens de Beaujolais. C'était mon bonheur d'entendre le *Siége de Calais* ou bien le *Chêne Patriotique*. Ces grands cris des acteurs, qui s'en allaient et venaient en levant les mains et gémissant, me touchaient le cœur; et j'avais aussi du plaisir à voir jouer *Ésope à la foire*, ou les *Deux fermiers*, au Palais-Royal. Ces paysans habillés en soie et ces bergères en petits souliers rouges me réjouissaient la vue. Mais j'ai bien changé depuis, car mon père, qui s'ennuyait de perdre son temps, et qui bâillait à chaque instant dans sa main en voyant ces choses, me dit un soir:

« Tiens Marguerite, voilà comme Sa Majesté « le roi connaît les paysans; c'est là qu'il les a « vus! ils sont tous gros et gras, bien portants, « bien habillés, bien nourris; et les soldats aiment « tous mieux la gloire du roi que leur baraque. « Ça doit l'étonner quand on parle de famine; « et les Parisiens doivent aussi s'indigner d'en-« tendre dire que nous ne sommes pas contents, « car nous avons de tout en abondance : nos « greniers sont remplis de blé, d'orge, d'avoine; « nos crèmeries sont pleines de lait et de fro-« mage, et nos caves de bons vins. Nous allons « danser régulièrement tous les jours dans « l'herbe, au bord de l'eau, avec nos bergères; « et de temps en temps un jeune seigneur, un « prince, nous enlève une fille qu'il finit par « épouser. Je n'aurais jamais cru que nous « étions si heureux ! Et si l'on juge maintenant « de leurs rois, de leurs seigneurs, de tout leur « grand monde, d'après leurs paysans, ce que « ces gens-là leur font dire doit être aussi vrai « que ce que chante cette gardeuse d'oies qui « pense à devenir reine, et qui le sera pour sûr « à la fin de la pièce. Les soldats du siége de « Calais, qui plaisantent au milieu de la boue, « sans recevoir leur ration, sont aussi vrais « que le reste; et la conférence du Parnasse « aussi, où nous voyons les dieux, avec des « couronnes en carton doré, raisonner comme « des imbéciles. Je mets tout cela dans le même « panier; ces gens parlent de tout comme ils « parlent de nos villages; ils en savent autant « sur le chapitre des rois ou d'Apollon, que « sur notre chapitre. C'est agréable de regar-« der des spectacles pareils et de s'instruire de « cette manière. »

« Alors je reconnus qu'il avait raison, et depuis j'aime beaucoup mieux rester dans notre chambre, à repasser mon linge ou raccommoder mes bas, que d'aller voir des choses contraires au bon sens.

« Mais à cette heure, mon bon Michel, je vois que le papier tire à sa fin, et je ne voudrais pourtant pas oublier une chose qui te fera plaisir, ainsi qu'à tous les patriotes des Baraques. Quand ta dernière lettre nous est arrivée, on parlait des affaires de Nancy, et l'on ne savait pas ce qu'il fallait croire de tous les éloges que M. Lafayette donnait à son cousin Bouillé : l'Assemblée nationale l'élevait jusqu'aux nues, et le roi demandait aux gardes citoyennes de lui voter des remercîments. Mon père, en lisant ta lettre, fut rempli d'une grande joie : « Voilà la vérité ! dit-il, Michel est un brave
« garçon, qui nous raconte clairement ce qu'il
« a vu ; ce n'est pas de la comédie cela, ce
« n'est pas l'*Esope à la foire* ; c'est le bon sens
« qui parle. Michel fait des progrès tous les
« jours ; il lit Diderot, il en profite, tant
« mieux ! »

« Pense si j'étais contente de l'entendre ! Ensuite il replia la lettre et la mit dans sa poche en disant : « Le député Régnault, de Lu né-
« ville, a parlé hier au club ; il s'est plaint de
« ce qu'on ne remerciait pas les gardes natio-
« nales de la Meurthe de leur dévouement, et
« de ce que l'on voulait faire une enquête
« avant de se décider. Eh bien, je vais leur
« lire cela, moi ; nous verrons ce que Régnault répondra. »

« J'étais allée déjà plusieurs fois au club sans m'y amuser beaucoup ; mais quand le père dit qu'il allait lire ta lettre aux patriotes, tout de suite je lui demandai de l'accompagner.

« — C'est bien, dépêche-toi de t'habiller,
« fit-il, car nous ne voulons pas arriver en re-
« tard. »

« Nous venions de souper ; je n'eus que le temps de laver mes assiettes, de passer ma belle robe d'indienne à petits bouquets, et de mettre ma cornette. Après cela, comme il me criait de la chambre : « En route, Marguerite,
« en route ! » j'arrivai prendre son bras, et nous sortîmes sur les sept heures et demie.

« Le club breton n'est pas loin de chez nous, à deux minutes au plus. La porte du vieux cloître, avec son grand drapeau tricolore qui pend au dessus et ses deux peupliers à l'intérieur de la cour, donne sur la rue Saint-Honoré. La bâtisse du club est à droite, en entrant dans cette cour ; sa porte reste toujours ouverte, excepté quand il pleut ; et ceux qui sont en retard écoutent du dehors, au milieu du roulement des voitures.

« En arrivant, nous vîmes que les bancs étaient déjà presque tous remplis. M. Robespierre, le président, un jeune homme pâle et maigre, en frac bleu de ciel à grands revers, la veste et la cravate blanches, sonnait pour avertir que la séance était commencée. J'entrai tout de suite sous les arcades, où les femmes sont assises, au-dessus de la salle, et je vis MM. Prieur et Danton, qui nous suivaient, donner une poignée de main à mon père avant de s'asseoir. Le vieux greffier Lafontaine lisait le procès-verbal de la veille ; comme il finissait, mon père se leva dans son banc, et dit :

« J'aurais à répondre aux plaintes du député
« Régnault, de Lunéville, qui réclame des re-
« mercîments pour M. Bouillé, et pour les
« gardes nationales de la Meurthe qui mar-
« chaient sous ses ordres. Je demande à vous
« lire la lettre d'un garde national de mon
« bailliage, qui m'écrit à ce sujet ; c'est un
« homme dont je réponds comme de moi-mê-
« me, et qui s'est trouvé dans l'action.

« Vous avez la parole, » dit le président.

« Cela se fait toujours ainsi à Paris ; par ce moyen, au lieu de parler à deux ou trois ensemble, en criant toujours plus haut pour forcer les autres de se taire, chacun parle à son tour, et tout le monde est content.

« Le père se mit donc à lire ta lettre, au milieu du plus grand silence, et je n'ai pas besoin de te dire si mon cœur battait. Il commença dans l'endroit où vous avez entendu le premier coup de canon, sur la route, en arrière de Saint-Nicolas, jusqu'à votre rencontre des hussards qui massacraient les malheureux. Sa voix claire allait dans tous les coins. Jamais vous ne pourrez vous figurer l'indignation de cette masse de monde, en apprenant que les gardes nationales patriotes avaient été renvoyées avant l'attaque, pour laisser les Allemands piller et massacrer à leur aise ; non ! c'est quelque chose qu'on ne peut pas se représenter : de tous les côtés on se dressait à la fois dans les tribunes, dans les bancs, et l'on n'entendait plus qu'un grand bourdonnement, pendant que M. Robespierre agitait sa sonnette de toutes ses forces ; cela dura plus de dix minutes. A la fin pourtant les gens se rassirent, et mon père continua de lire ta lettre ; mais il ne put aller jusqu'au bout, car, au moment où tu racontes les abominations que vous avez vues à la porte Neuve, l'indignation éclata de nouveau tellement, qu'il s'interrompit lui-même, en criant, pâle comme un mort :

« — Est-ce que j'ai besoin de continuer ?
« Vous connaissez maintenant les affaires de
« Nancy ; maintenant vous voyez si les gardes
« nationales de Lorraine réclam' quelque
« chose de la gloire de Bouillé, vous voyez si
« les patriotes de chez nous veulent avoir
« trempé la main dans le sang de leurs frères !
« Je le savais, j'en étais sûr, tous répandent

« des larmes sur ces malheurs. Ah! qu'on nous
« retire cette coupe des lèvres; que les Alle-
« mands de Bouillé la vident tout seuls ; elle
« nous soulève le cœur! »

« Alors il s'assit au milieu d'une tempête de cris, où la grande voix de M. Danton put seule se faire entendre : il remerciait mon père d'avoir éclairé le club sur cet épouvantable massacre ; il disait que les provinces patriotiques de l'Est sont incapables de prêter la main aux manœuvres de l'étranger, et que la calomnie ne peut les atteindre.

« Et tu sauras, Michel, que malgré l'approbation de l'Assemblée nationale, trompée par les vendus ; malgré les intrigues de Bailly et de Lafayette ; malgré tous les journaux royalistes, vingt-huit bataillons de la garde citoyenne ont refusé de voter les remercîments que le roi demandait pour M. Bouillé; et que celui du Val-de-Grâce a protesté contre, en disant : « que loin d'être un héros animé par
« le patriotisme, Bouillé peut n'être qu'un
« homme avide de sang et de carnage, et que
« la victoire peut lui mériter, après un examen
« impartial, plutôt des supplices que des lau-
« riers ! »

« Vous serez contents d'apprendre ces bonnes nouvelles. Ah! nous ne sommes pas seuls pour la justice et la liberté, les braves Parisiens tiennent avec nous, et l'on peut dire que tous les honnêtes gens se donnent la main.

« Mais j'arrive au bout de mon papier, et j'aurais encore tant d'autres choses à vous dire sur la mort de ce bon Loustalot, sur les éloges qu'on fait de son courage et de son dévouement. Vous auriez été bien touchés ; mais je n'ai plus de place, il faut donc finir ! Bientôt... l'année prochaine j'espère, nous causerons de tout cela, tranquillement assis au coin du feu de maître Jean. Alors la constitution sera finie, et les droits de l'homme seront gagnés! Ah! que nous serons heureux ; mais il faut encore de la patience. En attendant, tu vas toujours bien soigner notre petit jardin, Michel. Rien que d'y penser, je crois sentir la bonne odeur du fruitier dans la chambre en haut, en automne ; je sens toutes ces bonnes poires et ces belles reinettes, et je les vois sur le plancher. Quel bon pays, mon Dieu! Ma seule consolation est de penser que tu montes tous les soirs, et que tu y mènes aussi le petit Étienne. Vous vous en donnez... tant mieux! j'en suis bien contente.

« Et maintenant c'est fini. Adieu, tous, adieu... Je vous embrasse. Dites aux bons amis des Baraques qui voulaient mettre quelque chose dans le panier, que c'est comme si nous avions reçu leurs présents, et que nous les en remercions mille et mille fois. Adieu, maître Jean, dame Catherine, Nicole Michel, adieu!

MARGUERITE CHAUVEL.

« Paris, le 24 septembre 1790. »

IV

Cette lettre de Marguerite fit le plus grand bien au pays. Je me rappelle l'avoir lue peut-être plus de cent fois ; car non-seulement ceux des Baraques, mais encore les rouliers, les marchands de grains, enfin tous les étrangers qui s'arrêtaient aux Trois-Pigeons, après nous avoir souhaité le bonjour, et demandé leur chopine de vin, se mettaient à crier :

« Ah çà! maître Jean, vous avez reçu des nouvelles de Paris, à ce qu'on raconte. Nous ne serions pas fâchés non plus de savoir ce qui se passe là-bas. »

Et tout de suite maître Jean me disait :

« Michel, va chercher la lettre. »

Je prenais la lettre dans l'armoire, je la lisais d'un bout à l'autre, au milieu d'un cercle de gens qui m'écoutaient, la hotte au dos ou le fouet sur l'épaule. On s'étonnait, on se faisait expliquer les choses difficiles à comprendre. Maître Jean s'étendait en long et en large sur chaque chapitre, touchant les clubs, les marchés, et même les théâtres, qu'il n'avait jamais vus, mais qu'il se figurait d'après son bon sens naturel.

Finalement, après s'être bien étonné, chacun s'en retournait à ses affaires, en s'écriant :

« Allons! pourvu que les patriotes tiennent ferme à Paris et qu'ils aient toujours le dessus, c'est le principal. »

Le monde avait bien besoin d'être encouragé, car c'est en ce temps que les nobles, les anciens justiciers, les évêques, qui ne pouvaient plus soutenir leurs injustices à l'Assemblée nationale, parce que les députés du tiers leur prouvaient clairement qu'ils avaient tort de vouloir toujours vivre aux dépens de la nation, songèrent à redevenir nos maîtres par la force. Mais ils ne voulaient pas se battre eux-mêmes, c'était trop dangereux ; ils voulaient nous faire battre les uns contre les autres, et si cela ne suffisait pas, appeler les Allemands à leur secours. Les nobles venaient déjà de frapper le premier coup à Nancy, en opposant la garde nationale à la troupe ; maintenant les évêques allaient en frapper un deuxième, bien autrement dangereux, en opposant les gens religieux, amateurs de la vie éternelle, aux patriotes, amateurs des biens de la terre. Après avoir regagné les biens de la terre, les gens religieux devaient les rendre aux évêques et se contenter de leur bénédiction.

Voilà le fond de l'histoire, vous allez reconnaître cela vous-mêmes.

Sur la fin du mois de novembre 1790, quelques jours avant les neiges, on fut bien étonné de revoir au pays des personnes que l'on croyait émigrées : le P. Gaspard, de Phalsbourg, le grand écolâtre Rôos, et bien d'autres qu'on disait à Trèves depuis six mois. En même temps les curés nommés par les seigneurs et les évêques allaient et venaient sur toutes les routes; ils avaient des réunions à Neuviller, à Henridorff, à Saverne, etc. Qu'est-ce que cela voulait dire? Quelque chose se passait, on ne savait pas quoi; mais les patriotes, et principalement les acquéreurs de biens du clergé, s'en inquiétaient beaucoup; on se disait :

« Ces gens-là reviennent de l'émigration, c'est dangereux! »

Et tout à coup la nouvelle se répandit par les gazettes, qu'après de grandes batailles à l'Assemblée nationale, nos députés venaient de décréter que les prêtres prêteraient serment à la constitution.

Voici comment ces choses étaient arrivées : Les évêques, qui n'osaient plus réclamer contre la vente des biens ecclésiastiques, parce qu'on aurait vu clairement qu'ils ne songeaient qu'aux richesses de ce monde, avaient changé de batteries, en demandant que l'Assemblée reconnût la religion catholique, apostolique et romaine comme la religion de la France. Cela revenait à dire que nous avions deux rois : celui des corps à Paris, celui des âmes à Rome. Mais l'Assemblée avait refusé, disant que les âmes n'ont pas d'autre roi que Dieu, qui voit tout, qui sait tout, et qui n'a pas besoin de quelqu'un pour gouverner les âmes à sa place.

Alors ces malheureux avaient commis de si grandes insolences, que, pour les mettre à la raison, nos députés avaient décrété qu'à l'avenir les évêques et les curés seraient nommés par la nation, comme dans les temps des premiers apôtres.

Naturellement, les évêques s'étaient de plus en plus indignés. Le cardinal de Rohan, l'archevêque de Trèves et quantités d'autres dignitaires de l'Église avaient protesté contre le décret, en continuant de nommer leurs curés; et c'est alors que le père gardien Gaspard, de Phalsbourg; le père Barnabé, de Haguenau; le père Janvier, de Molsheim; le père Tibère, de Schlestadt; le grand écolâtre Rôos, l'archiprêtre Holzer, d'Andelau; Meuret, le recteur de Benfeld; enfin des centaines de moines étaient revenus de Trèves, de Coblentz, de Constance, et que l'inondation des petits livres avait recommencé tellement, qu'on aurait cru que les *Apocalypse*, les *Lanterne magique nationale*, les *Passions de Louis XVI*, les *Réflexions de monsieur Burke sur la révolution française*, tombaient des arbres comme les feuilles mortes en automne! Tous ces mauvais petits livres disaient qu'il fallait refuser les impôts; que nous étions gouvernés par des juifs et des protestants; qu'il valait mieux obéir à un roi borné, qu'à douze cents brigands; que les droits de l'homme étaient une véritable farce; que les assignats allaient descendre à deux liards; enfin tout ce qu'il était possible d'inventer pour désoler le pays.

En même temps les massacres recommençaient dans le midi; de sorte que l'Assemblée nationale, voyant que la France risquait d'être bouleversée de fond en comble, si l'on ne prenait pas de nouvelles mesures, avaient décrété que les curés et les évêques prêteraient serment à la constitution, pensant les forcer ainsi de remplir enfin leurs devoirs, au lieu d'allumer la guerre civile chez nous.

Mais c'est alors qu'il fallut entendre crier les femmes; c'est alors qu'il fallut reconnaître combien les gens étaient arriérés dans nos villages! Je vois encore le père Bénédic arriver le matin aux Baraques, avec son âne, en gémissant comme si tout avait été perdu, et criant :

« Oui, maintenant on voit dans quel abîme nous sommes tombés! On nous a tout pris, on nous a pillé nos biens, — les biens des pauvres, déposés depuis le commencement des siècles entre les mains de notre sainte Église!.. Nous avons tout souffert... nous n'avons pas réclamé; nous nous sommes seulement signés; mais, à cette heure, c'est notre âme qu'on veut nous prendre, notre âme! »

Et il sanglotait en répétant :

« Notre âme! »

Dame Catherine, la mère Létumier, toutes les voisines accouraient, levaient les mains et gémissaient avec lui pour le consoler.

Ce même jour, le grand écolâtre, le père Janvier et d'autres capucins passèrent aux Baraques, en faisant les mêmes simagrées. Valentin en était dans la désolation; il criait que le roi n'approuverait jamais ce serment, et qu'une légion d'anges descendrait du ciel pour empêcher les mauvais prêtres de le prêter. Tous les villages aux environs, Mittelbronn, Quatre-Vents, Biechelberg, pensaient comme lui, sans savoir pourquoi, mais parce que les capucins l'avaient dit!

Maître Jean lui-même paraissait abattu, ses

grosses joues pendaient; et comme, après dîner, dame Catherine venait de sortir, le tablier sur les yeux, il me regarda tout pâle, en me demandant :

« Et toi, Michel, qu'est-ce que tu penses de tout ça? »

Alors je lui répondis :

« Tout cela, maître Jean, c'est pour faire peur aux acquéreurs de biens du clergé. Ces moines ne sont pas les véritables prêtres ! Pendant que nos pauvres curés de village remplissaient tous les devoirs de la religion ; qu'ils couraient la montagne été comme hiver, dans la pluie et sous le soleil, pour consoler les misérables abandonnés et sacrifiés, volés et dépouillés par l'avarice des seigneurs, et qu'ils n'avaient que la petite dîme sur les blés, qui ne rapportait presque rien dans nos pays de seigle, ces fainéants de moines vivaient grassement; ils donnaient le spectacle honteux de leur ivrognerie, de leur paresse et de leurs mauvaises mœurs; ils nageaient dans tous les biens de la terre!... Et maintenant que par la vente de ces biens, le plus pauvre vicaire a sept cents livres, et le moindre curé douze cents, ils seraient bien bêtes de se sacrifier pour ces moines, qui les regardaient de travers, ou pour ces évêques qui les traitaient avec mépris, en les appelant « de la prêtraille ! » et qui, lorsqu'un d'eux devenait par hasard évêque, disaient que « c'était d'un évêché de laquais ! » Je suis sûr que les curés de bon sens et de courage prêteront le serment ; et que si plusieurs le refusent, ce sera par la peur de ces êtres orgueilleux qui ne pardonnent rien, et non par conscience, et parce qu'ils croiront devoir moins à leur pays qu'à ces hommes égoïstes. »

Maître Jean m'écoutait avec plaisir, et me posant la main sur l'épaule, il s'écria :

« Michel, ce que tu dis est vrai. Malheureusement le peuple, et surtout les femmes, sont élevés dans l'ignorance ; tout ce que nous pouvons faire, c'est de nous réunir aux patriotes et d'attendre que les moines attaquent la constitution, pour la défendre. »

Dans le même moment dame Catherine rentrait, aussitôt il lui dit :

« Écoute, Catherine, si tu m'ennuies en faisant cette figure désolée, j'irai rendre aux Tiercelins mes terres de Pickeholtz, que j'ai payées en beaux deniers comptants. Alors nous serons ruinés; le père Bénédic et tous les gueux riront; et tu verras si les Tiercelins, les évêques, les seigneurs ou le roi nous rendront mon argent, qui vient de servir à payer les dettes qu'ils avaient faites sans nous et malgré nous. »

Il était en colère, et sa femme se dépêcha de rentrer dans la cuisine, parce qu'elle n'avait rien de bon à lui répondre.

Ce qui se passait aux Trois-Pigeons se passait dans chaque ménage, le trouble était partout; et même avant de retourner le soir à notre baraque, je savais d'avance que ma mère allait m'entreprendre sur le serment, comme si cela m'avait regardé. Je ne me trompais pas ! Elle tenait avec ceux qui nous avaient réduits à la misère; elle me prédit ce même soir la damnation éternelle, parce que je ne voulais pas reconnaître que l'Assemblée nationale était un tas de juifs et d'hérétiques, réunis pour renverser la religion de Notre-Seigneur. Elle m'accabla de reproches, mais je ne lui répondis pas; depuis longtemps je me soumettais à ma mère, même quand elle se fâchait injustement. Le père, lui, n'osait pas élever la voix, et je le plaignais de tout mon cœur.

Ces choses traînèrent ainsi trois ou quatre jours ; l'Assemblée nationale avait décrété : « que le serment des évêques, des ci-devant archevêques et des curés d'être fidèles à la nation, à la loi et au roi, de veiller avec soin sur les fidèles de leurs districts ou de leurs paroisses, et de maintenir de tout leur pouvoir la constitution, serait prêté dans la huitaine de la publication du décret, un jour de dimanche, après la messe. Savoir : par les évêques, les ci-devants archevêques, les vicaires, les supérieurs et directeurs des séminaires, dans l'église épiscopale; et par les curés, leurs vicaires et tous autres ecclésiastiques, dans l'église de leur paroisse, en présence du conseil général de la commune et des fidèles; qu'ils déclareraient deux jours à l'avance à la municipalité de leur district leur intention de prêter ce serment; et que ceux qui ne l'auraient pas prêté dans les délais déterminés seraient réputés avoir renoncé à leur office, et qu'on les remplacerait par les élections, selon la nouvelle constitution décrétée le 12 juillet.

On attendait donc le dimanche, pour voir ceux des curés qui prêteraient le serment; et jusque-là les moines cabalaient, tous les ordres et congrégations abolis reparaissaient, la confusion grandissait! Mais en même temps, comme on comprenait très-bien que les évêques et les nobles jouaient leur plus grosse partie, et qu'en la gagnant ils rattraperaient tous leurs biens et privilèges, les bourgeois, les ouvriers, les soldats et les paysans tenaient ensemble, j'entends ceux qui se faisaient honneur et gloire d'obéir aux lois de leur pays, et qui mettaient la France au-dessus de tout, en même temps que la justice et la liberté.

Maître Jean m'avait dit que nous irions ensemble voir, à Lutzelbourg, son ami Christo-

Mauvais cœur! tu n'as pas une parole pour ton enfant. (Page 52.)

phe, qui jusqu'alors avait été du même avis que nous sur les moines fainéants. Comme le bruit courait que pas un curé du pays ne lèverait la main, nous avions du doute sur ce qu'il ferait; mais cet homme de grand bon sens et de bon cœur voyait les choses simplement, son devoir ne l'embarrassait jamais; et le jeudi soir, 3 janvier 1791, pendant que nous étions en train de forger, et qu'il tombait beaucoup de neige, tout à coup M. le curé Christophe, avec son grand parapluie, son tricorne et sa vieille soutane, se pencha dans notre petite porte, en s'écriant.

« Hé! bonjour, Jean. Quel temps de neige! Si cela continue, nous en aurons deux pieds demain.

— Hé! c'est Christophe, dit maître Jean en déposant le marteau. Entre donc à l'auberge.

— Non, la nuit arrive! Je viens de faire ma déclaration en ville, et je n'ai pas voulu passer, sans te prévenir que le serment sera pour dimanche, après la messe. Si vous pouvez venir, Michel et toi, ça me fera plaisir.

— Alors, tu prêtes serment?

— Oui, dimanche prochain. Mais la vieille Steffen est là qui m'attend; nous recauserons de ça. »

Maître Jean et lui sortirent alors, et je me retournai du côté de Valentin, dont la figure s'était allongée d'un coup, et qui rêvait les yeux tout ronds, et la bouche ouverte, comme un être abasourdi. Moi j'étais content : je regardais tout réjoui monsieur le curé, la vieille Steffen et maître Jean dehors, en train de cau-

Sergent Ravette, le régiment d'Auvergne vous reconnaît pour son colonel. (Page 54.)

ser tranquillement au milieu des gros flocons de neige qui tombaient. Ils se serrèrent la main. — M. Christophe, avant de continuer sa route dans la grande rue blanche, avec la vieille Stephen sous son parapluie, me cria de loin :

« Tu viendras, Michel, je compte sur toi ! »

« Ensuite il partit, et maître Jean rentra tout joyeux.

« Qui donc faisait courir le bruit que les curés refuseraient le serment? s'écria-t-il. J'étais bien sûr, moi, que les hommes de bon sens, qui ne manquent pas encore en France, Dieu merci! seraient d'accord avec nous, et non pas avec les imbéciles obstinés dans leurs vieilles idées de couvents, d'abbayes, de droits du seigneur, de grandeur des nobles, et de bassesse du peuple, comme si nous ne descendions pas tous du père Adam, et comme si nous n'étions pas tous nobles, ha! ha! ha! »

» Maître Jean, quand il était joyeux, ne ménageait plus rien ; il allait jusqu'à traiter ceux qui n'avaient pas les mêmes idées que lui de mauvais gueux et de canailles. Cela me faisait beaucoup de peine pour notre vieux compagnon, qui ne répondait pas et devenait sombre des journées entières. Je sentais que cela ne pouvait pas durer; que maître Jean se mettait dans son tort, et que Valentin, qui ne manquait pas de courage, pourrait un jour perdre patience et lui répondre solidement.

» Par bonheur, ce jour-là Nicole vint à temps nous appeler pour souper; chacun remit sa veste, et l'on se sépara comme à l'ordinaire, sans accident. Le lendemain, on sut déjà que M. le curé Ott, de Phalsbourg, et son vicaire, M. Himmel, n'avaient pas fait leur déclaration à la municipalité; mais l'aumônier du régiment de La Fère, M. Joseph-Hector, avait fait la sienne. On parlait beaucoup de cela; c'était la grande affaire en ce temps; et, le dimanche venu, maître Jean, moi, Létumier, Cochard, sans parler d'un assez grand nombre d'autres patriotes de la ville et des Baraques, nous descendîmes à Lutzelbourg.

La neige avait cessé de tomber, la petite église blanche était pleine de gens arrivés de la montagne, pour assister à la cérémonie. On croyait que plusieurs avaient de mauvaises intentions; mais il fallait bien d'autres excitations pour soulever le peuple contre M. le curé Christophe, que tout le pays aimait et respectait; et puis son frère Materne et quelques autres géants roux de sa famille étaient descendus du Dagsbourg; ils remplissaient le chœur; et rien qu'à voir leurs longues échines maigres, leurs épaules comme des brancards et leurs longs nez crochus, pendant qu'ils chantaient au lutrin, l'envie vous serait passée de faire du scandale, car avec leurs grosses mains de schlitteurs et de bûcherons, ils vous auraient jeté de l'un à l'autre par-dessus la foule, sans dérangement, jusqu'à la porte, où les coups ne vous auraient pas manqué.

Tout se passa donc avec calme. M. le curé dit sa messe, et seulement après l'office il s'avança jusque sur les marches du chœur, en face de l'assistance, et, d'une voix forte, que chacun pût entendre au loin, il dit en levant la main :

« Je jure de veiller avec soin aux fidèles dont la direction m'est confiée. Je jure d'être fidèle à la nation, à la loi et au roi. Je jure de maintenir de tout mon pouvoir la constitution française, et notamment le décret relatif à la constitution civile du clergé. »

Quelques instants après la foule sortit. M. le curé Christophe était encore dans sa sacristie; maître Jean et moi, le grand Materne et ses parents nous restions seuls à l'attendre dans l'église.

Dehors, tout était calme; les gens s'en allaient.

M. le curé vint enfin, et nous emmena tous au presbytère. Pendant la route, maître Jean lui dit en riant :

« Eh bien, tout s'est passé dans l'ordre, les cris des capucins ne servent pas à grand' chose! »

M. Christophe était pensif.

« Le danger viendra peut-être, dit-il; mais pourvu que nous remplissions notre devoir, le reste ne nous regarde pas. »

Une fois dans sa petite chambre, où la table ronde était mise, il dit le *benedicite*; on s'assit et l'on mangea en silence une bonne soupe et un grand plat de choux d'hiver, garni de lard, avec quelques noix et du fromage pour dessert.

La mère de M. le curé avait les yeux rouges, elle servait sans rien dire; cela nous rendait tristes. Vers la fin du dîner elle sortit, et M. Christophe nous dit :

« Voyez! voilà le trouble qui commence, voilà la désolation; voilà ce qui se passera bientôt dans toutes les maisons! La pauvre femme pleure... Les capucins ont plus d'autorité sur elle que moi-même... Elle me croit damné! Et quoi lui dire? que faire? »

— Bah! répondit maître Jean attendri, ma femme se désole aussi, mais tout cela changera; les gueux seront mis à la porte, et le bon sens prendra le dessus partout. »

Mais alors le curé Christophe prononça des paroles qui ne me sont jamais sorties de la mémoire :

« Ce n'est pas aussi facile que tu crois, Jean, dit-il, car nos seigneurs les évêques nobles aimeraient mieux voir tout périr que de perdre leurs biens et leurs priviléges; et c'est pour cela qu'ils nous défendent de prêter serment à cette constitution, qui leur enlève ce qu'ils mettaient au-dessus de la religion. Est-ce que la constitution est contraire à nos saints Évangiles? Non... Ils le savent bien. Elle est d'accord avec notre foi. Depuis dix-sept cents ans, les droits de l'homme étaient prédits par Notre-Seigneur. Il avait dit : « Aimez-vous les « uns les autres, car vous êtes frères. » Il avait dit : « Vendez tous vos biens pour me suivre, « et donnez l'argent aux pauvres. » Mais eux, bien loin de vendre leurs biens, en amassaient toujours de nouveaux; eux, bien loin de vouloir l'égalité des hommes, ne songeaient qu'à s'attirer de nouveaux honneurs, de nouveaux priviléges et de nouvelles distinctions; eux, bien loin de vouloir que la volonté de Dieu soit faite sur la terre comme au ciel, se complaisaient dans leur orgueil, dans leur avarice et dans l'abaissement de leurs semblables! Cette constitution d'accord avec l'Evangile les indigne. Comment pourraient-ils souffrir que les curés et les évêques soient nommés par le peuple, qui ne connaît que les vertus et mettrait les derniers pasteurs, les plus humbles, au-dessus d'eux, comme cela se faisait du temps des saints martyrs? Ils aiment bien mieux être nommés par des Pompadour, des Dubarry et d'autres drôlesses pareilles, qui ne demandent que de belles manières, des salutations, des génuflexions, de grands noms et des paroles agréables, qu'un pauvre curé de campagne ne peut jamais avoir. C'est de là que nous sont venus les de Rohan, les Dubois et tous ces êtres qui seront l'opprobre éternel de notre religion. Est-ce que le peuple les aurait choisis? Non ! il les aurait jetés dehors comme du fumier, car tout honnête homme, en les voyant, se voilait la face. Eh bien ! quand la constitution déclare que ces impudiques ne seront plus rien à l'avenir dans les grâces, que le pauvre peuple fera tout selon ses besoins, ils sentent que leur règne est fini, que leur temps est passé, si cette bonne loi s'affermit. Et si les pauvres curés qu'ils méprisaient tant restent à la tête de leurs troupeaux, s'ils prêchent la paix, l'ordre, la soumission aux lois faites par les députés de la nation, comme c'est leur devoir, cette bonne constitution s'affermira. Les curés seront forts, honorés et respectés ; ils feront régner l'Evangile. Si des gueux se présentent pour troubler le pays, ils seront là les premiers à se dévouer, à donner l'exemple du courage contre l'esprit du mal ; et la révolution glorieuse, annoncée par le Sauveur, s'accomplira paisiblement et pour toujours. Voilà ce qu'ils ne veulent pas !... Ils veulent le trouble, ils veulent exciter la guerre entre nous ; et pendant que les frères seront à se battre contre les frères, pendant que tout sera désuni, bouleversé.... alors ceux de Coblentz, de Worms et d'ailleurs arriveront à la tête des Prussiens, des Autrichiens et des Russes, nous remettre sous le joug et rétablir leurs priviléges, sur les ruines de l'Evangile et les droits de l'homme ! C'est tout ce qu'ils veulent ; ils appellent cela de la politique. Mais est-ce que Notre-Seigneur Jésus-Christ avait de la politique? Est-ce que, s'il avait eu de la politique, il se serait fait crucifier pour le salut des malheureux ? Est-ce que lui, le descendant de David, ne se serait pas mis avec les rois contre les peuples ? Est-ce qu'il n'aurait pas écouté le démon de l'orgueil, au haut de la montagne, lorsqu'il lui disait : « Regarde ce pays, ces villages, ces fleuves et « ces montagnes, tout est à toi si tu t'inclines « devant ma face ! » Croyez-vous que de Rohan et les autres à sa place ne se seraient pas prosternés bien vite la face contre terre ? Mais Notre-Seigneur n'avait pas de politique ; et moi, pauvre curé de village, c'est lui que j'écoute, c'est lui que je prends pour modèle, et non ces évêques orgueilleux qui vivaient comme des païens ! Oui, j'obéirai toujours à l'Evangile, et je ne pactiserai jamais avec l'étranger ! »

Il se tut un instant, tout pâle ; son frère, le grand Materne, de la Houpe, lui tendit la main en disant :

« Tu as bien raison, Christophe, nous serons toujours avec Notre-Seigneur Jésus-Christ, contre ce cardinal de Rohan. Je l'ai vu... nous l'avons vu avec sa femme, la femme d'un autre. Quelle abomination ! »

Et tous les montagards se signèrent, pendant que je frémissais en moi-même et que maître Jean s'écriait :

— « Oui, nous en avons vu des scandales !... Si le peuple est encore religieux, ce n'est pas la faute de ces malheureux. Et s'ils pensent qu'après tout cela leurs commandements seront pour nous des paroles d'Evangile, ils se trompent.

— Sans doute, dit le curé Christophe, ils ont perdu notre respect ; mais, je vous en préviens, bientôt ils calomnieront les pauvres curés qui se seront soumis aux lois de leur pays en prêtant le serment ; ils les représenteront comme des rénégats. Nous aurons beaucoup à souffrir ; mais quand tout m'abandonnerait, père, mère, frères et sœurs, et mes amis, et tout le monde, pourvu que ma conscience soit tranquille et que je marche avec mon Dieu, le reste m'est égal !... Tout ce que je souhaite, c'est que, avec leur politique de trouble et de guerre civile, ces hommes ne causent pas la perte de notre roi, de notre malheureuse reine et de ceux qui les entourent. Une fois le peuple lâché, le débordement dépasse tout ce qu'on peut se figurer d'avance ; et si beaucoup de sang est répandu, ce sera leur faute, car en défendant aux curés de prêter serment, ils les rendent suspects à la nation, ils les éloignent de leur troupeau, ils habituent les âmes honnêtes à considérer la religion comme l'ennemie la plus redoutable de la liberté, de l'égalité, de la fraternité, de tous les grands principes chrétiens proclamés par la nouvelle constitution... Dieu sait ce qui peut arriver dans le trouble ! »

Ainsi parla ce brave homme. Et, deux ans après, en 93, lorsque je voyais passer les charrettes de la guillotine, pleines de femmes, de vieillards, de prêtres, de bourgeois, d'ouvriers, de paysans, combien de fois je me suis écrié en moi-même :

« Voilà la politique des évêques et des émigrés qui passe ! »

Le cardinal de Rohan, le comte d'Artois et leurs amis étaient alors de l'autre côté du Rhin, et nos seigneurs les évêques expliquaient l'Apocalypse à Constance ; ils regardaient de loin et ne venaient jamais en Vendée et dans le Midi, où les prêtres réfractaires marchaient courageusement à la tête des paysans révoltés ! Ils devaient penser : « Que ces hommes sont bêtes de se faire massacrer pour des gaillards de notre espèce ! » Et c'était vrai, les malheureux paysans de l'Ouest auraient pu mettre sur leurs drapeaux : « Servitude, ignorance et misère! » car c'était pour défendre ces choses qu'ils se battaient.

Deux ou trois fois le comte d'Artois fit annoncer qu'il arrivait se mettre à la tête des Vendéens; il s'approchait sur un vaisseau anglais; mais quand les paysans s'étaient soulevés, que tout brûlait, et qu'il entendait gronder le canon républicain, ce brave s'en allait bien vite, et laissait les pauvres diables se battre tout seuls pour son droit divin. Vous verrez cela plus tard; on n'a jamais rien vu d'aussi lâche au monde !

Tout ce qui me reste à vous dire de ce jour, c'est que l'on causa du serment et des affaires de la nation, chez M. Christophe, jusque vers deux heures; qu'alors ceux de la Houpe, ayant une longue course à faire, reprirent leurs bâtons pour arriver chez eux avant la nuit; qu'on se serra les mains, et que chacun s'en retourna de son côté, pendant que M. Christophe allait dire les vêpres.

Il faisait un froid de loup sur la côte. Maître Jean, tout joyeux, me disait en allongeant le pas :

« Tout a bien marché, les capucins ont manqué leur coup; mes terres de Pickeholtz ont monté de prix depuis avant-hier. »

Moi, je songeais au discours de M. Christophe; ce qu'il nous avait dit de la politique des évêques nobles et des émigrés me faisait réfléchir : je ne voyais pas l'avenir en beau.

V

Vers ce temps, de grands changements arrivèrent à la forge, et je dois vous les raconter en détail, parce qu'ils furent cause du bonheur de toute ma vie, malgré le chagrin que j'en eus les premiers jours.

Vous saurez donc que Valentin prenait ses repas chez nos voisins Rigaud. Il se plaisait avec ces vieilles gens, qui le traitaient de M. Valentin par-ci, M. Valentin par-là. Son idée sur la différence des rangs lui rendait ces égards très-agréables. Tous les soirs il était assis dans le fauteuil de la maison, en face d'une bonne omelette au lard ou d'un plat de viande, sa chopine de vin à droite, sa carafe d'eau à gauche, et les pieds dans ses savates, pendant que les deux vieux, à l'autre bout de la table, pelaient leurs pommes de terre et mangeaient du lait caillé. Valentin trouvait cela tout simple; il était premier compagnon forgeron et se disait sans doute :

« Je suis d'un autre rang que ces Rigaud; c'est pourquoi je mange de bons morceaux et qu'ils n'en ont que l'odeur. »

Chaque fois qu'on cuisait le pain chez les Rigaud, tous les quinze jours ou trois semaines, il faisait mettre au four deux bonnes *Kisches*[1], et m'invitait à venir m'en régaler avec lui. Il débouchait alors une bouteille de petit vin gris de Lorraine, qu'il avait à part dans la cave. Jamais l'idée ne lui serait venue d'en offrir un verre au père Rigaud ! Cela m'ennuyait d'autant plus que le vieux et la vieille nous regardaient d'un œil d'envie; mais je n'osais en parler à Valentin; il se serait indigné de voir que j'étais capable de manquer à notre rang, et ne m'aurait peut-être plus invité.

Quelquefois il me disait aussi d'amener mon frère Étienne, dont le petit nez luisant remuait d'avance à l'odeur des *kisches*, et qui nous faisait rire à cause de son bon appétit. Valentin l'aimait beaucoup et lui montrait, les dimanches après vêpres, tous ses secrets pour élever, nourrir et prendre les oiseaux; car il avait l'amour des oiseaux, soit pour les manger, comme les grives et les mésanges, soit pour les entendre chanter, comme les fauvettes et les rossignols : c'était son bonheur. Vers la fin de juillet, son logement, au premier étage des Rigaud, était plein d'oiseaux qu'il avait pris au bois, et les vitres de ses fenêtres étaient toutes crottées. Il en avait par centaines de toutes les espèces. Ceux qui chantent et se nourrissent de vers et de mouches comme les rossignols et les linots, il les relâchait avant l'hiver, et les autres qui vivent de graines, il les gardait. On avait de la peine à traverser la petite allée de sa chambre en haut, tant elle était remplie de pavots desséchés, de chanvre et d'épis de millet pendus en l'air sur des traverses, et qu'il cultivait lui-même dans un petit coin de terre, derrière la baraque, pour leur nourriture.

Voilà sa vie! Pendant l'hiver, en temps de neige, il préparait ses sauterelles, ses trébuchets et ses lacets, en ne faisant que parler de la passe des grives, de l'arrivée des mésanges et de la quantité qu'il espérait en prendre dans l'année.

Avant la révolution, il ne m'avait jamais parlé d'autre chose, et toujours avec joie; mais depuis les états généraux la mauvaise humeur était venue et l'aigreur aussi. Chaque fois que nous étions ensemble à causer le soir, tout en taillant ses baguettes pour la pipée, il ne faisait que se plaindre de l'orgueil et de la bêtise de maître Jean, et s'écriait en levant les épaules :

1. Galettes parsemées de petits morceaux de beurre fondant, et qu'on mange très-chaudes.

« Cet homme ne dit plus que des sottises; il ne voit plus que des sabotiers colonels, des bûcherons princes, des maîtres Jean députés ! Rien n'est trop grand pour un patriote de son espèce; il croit déjà tenir les forêts de monseigneur le cardinal-évêque, et les payer en assignats. Ni les excommunications, ni les armées innombrables du roi, ni les secours de la chrétienté ne l'inquiètent ! »

Il riait avec amertume, et même à la forge, au lieu de se taire, il lançait quelquefois des mots pointus très-méchants contre l'Assemblée nationale, la garde citoyenne et tous ceux qui tenaient avec la nation. C'était un grand ennui pour maître Jean d'être forcé de l'entendre, et d'avoir un compagnon qui l'empêchait de crier contre les nobles et les évêques à son aise. Il se retenait autant que possible; mais les jours de mauvaises nouvelles, après avoir bien soufflé dans ses joues, bien retourné sa langue, et rêvassé, il criait :

« Ah ! les gueux !... ah ! la canaille !... » sans dire qui.

Valentin comprenait bien qu'il pensait aux seigneurs, ou bien aux évêques, et lui répondait aussi sans dire qui :

« Vous avez bien raison, les gueux de toute sorte et la canaille ne manquent pas dans ce monde ! »

Alors maître Jean, le regardant de travers, disait :

« Ni les imbéciles non plus ! »

Et Valentin répondait :

« Ah ! je crois bien ; surtout ceux qui se figurent être des malins, ce sont les pires ! »

Et cela continuait de la sorte. Je voyais souvent maître Jean devenir tout rouge et Valentin, tout pâle de colère, et je me disais : « Ils vont s'empoigner ! »

Mais jusqu'au serment de M. le curé Christophe, toutes ces petites disputes s'étaient apaisées, quand, durant le mois de janvier 1791, il arriva chaque jour du mauvais : tantôt on apprenait que le curé de tel village avait prêté serment, tantôt celui de tel autre; et puis que M. le curé Dusable, de Mittelbronn, venait remplacer M. Ott à Phalsbourg; que tous les curés de l'Assemblée nationale, M. l'abbé Grégoire en tête, avaient renouvelé le serment, etc.

Maître Jean riait et s'enthousiasmait; il se rengorgeait et chantait : « Ça ira !... ça ira ! » pendant que Valentin devenait plus sombre. Je commençais même à croire qu'il avait peur de maître Jean et qu'il n'osait pas se fâcher, lorsqu'un matin arriva la nouvelle que M. l'évêque d'Autun, Talleyrand-Périgord, allait sacrer les évêques assermentés, malgré la défense du pape.

Maître Jean en eut une joie si grande, qu'il se mit à crier que monseigneur Talleyrand-Périgord était un véritable apôtre du Christ; qu'il avait déjà proposé la vente des biens du clergé; qu'il avait célébré la messe au champ de Mars, sur l'autel de la patrie, le jour de la fédération; qu'il allait élever sa gloire jusqu'aux nues en sacrant les évêques; que cet homme de bon sens méritait l'estime de tous les honnêtes gens, et que les évêques réfractaires étaient des ânes auprès de lui.

Mais tout à coup Valentin, qui l'écoutait d'un air tranquille, en continuant de forger, se redressa nez à nez contre lui, criant :

« C'est pour moi que vous dites ça, c'est pour moi que vous dites ça, n'est-ce pas ? Eh bien, écoutez : votre Talleyrand-Périgord est le plus lâche Judas ! Vous entendez, un Judas ! Et ceux qui le glorifient sont aussi des Judas ! »

Et comme maître Jean avait reculé d'étonnement, il lui dit encore :

« Des ânes !... nos évêques des ânes !... C'est vous qui êtes un âne !... un être vaniteux, rempli d'orgueil et de bêtise. »

En entendant cela, maître Jean étendit les deux mains pour l'étrangler, mais Valentin, levant son marteau, cria :

« Ne me touchez pas ! »

Sa figure était terrible, et, si je ne m'étais pas précipité comme un éclair entre eux, le plus grand malheur serait arrivé.

« Au nom du ciel ! maître Jean, Valentin, leur dis-je, songez à ce que vous faites ! »

Alors tous les deux devinrent pâles. Maître Jean voulut parler, il ne pouvait pas, l'indignation l'étouffait; et Valentin, jetant son marteau dans un coin, dit :

« Maintenant c'est fini ! J'en ai bien assez supporté depuis deux ans... Vous n'avez qu'à vous chercher un autre compagnon.

— Oui, dit maître Jean en bégayant de colère, j'en ai bien assez aussi d'un aristocrate de votre espèce ! »

Mais Valentin, sur cela, lui répondit :

« Vous allez me faire mon compte ! Et vous me donnerez un certificat pour les quinze ans que j'ai travaillé chez vous; vous m'entendez? Un certificat bon ou mauvais ! Je veux voir ce qu'un patriote comme vous peut dire contre un aristocrate comme moi. »

En même temps il sortit, emportant sa veste, dont il passa les manches dehors, en entrant chez les Rigaud.

Maître Jean était bouleversé.

« Mauvais gueux, » dit-il.

Et quelques instants après il me demanda :

« Qu'est-ce que tu penses d'un animal pareil?

— Eh! sans doute, c'est un fou, lui dis-je ; mais c'est tout de même un brave homme, un honnête compagnon et un bon ouvrier. Vous avez eu tort, maître Jean, de l'ennuyer depuis si longtemps.

— Comment, j'ai eu tort? s'écria-t-il.

— Oui, lui répondis-je, vous perdez un bon compagnon, un homme qui vous aimait, vous le perdez par votre faute, il ne fallait pas le pousser à bout. »

Il parut tout surpris, et finit par me dire :

« J'étais le maître !... Si je n'avais pas été le maître, il en aurait vu de dures!... C'est égal, Michel, tu me dis ce que tu penses, et c'est bien. Je suis fâché de ce qui vient d'arriver... oui, j'en suis fâché... mais c'est fait. Est-ce que je pouvais croire qu'il existait un être aussi bête? »

Voyant qu'il se repentait, sans rien dire de plus je mis ma veste et je courus chez les Rigaud, pour tâcher de tout raccommoder ; car j'aimais Valentin, il me semblait que nous ne pouvions pas vivre les uns sans les autres. Maître Jean comprit bien ce que je voulais faire, et me laissa partir, il entra dans son auberge.

Comme j'ouvrais la porte des Rigaud, Valentin était là, racontant aux deux vieux ce qui venait de se passer; ils l'écoutaient dans la consternation. Je l'interrompis en criant :

« Valentin, vous ne pouvez pas nous quitter, ce n'est pas possible, il faut oublier tout cela !... maître Jean ne demande pas mieux..... Ne croyez pas qu'il vous en veuille ; au contraire, il vous estime et vous aime, j'en suis sûr.

— Oui, dit le vieux Rigaud, il me l'a raconté cent fois.

— Qu'est-ce que cela me fait? répondit Valentin. Avant les états-généraux, j'aimais aussi cet homme ; mais depuis qu'il a profité des malheurs du temps pour s'attirer les biens de l'Eglise, je le regarde comme un bandit. Et puis, s'écria-t-il en s'asseyant et frappant du poing sur la table, c'est cet orgueil de croire que les hommes sont égaux, c'est cet orgueil qui m'indigne. Son esprit de rapine le perdra, je vous en préviens, et ce sera bien fait. Toi, Michel, tu n'es coupable de rien; le malheur a voulu que tu tombes dans la société d'un maître Jean et d'un Chauvel; ça n'est pas ta faute! Si les choses étaient restées dans l'ordre, d'ici quatre ou cinq ans tu pouvais acheter une maîtrise ; je t'aurais aidé, j'ai seize cents livres d'économies chez maître Boileau à Phalsbourg. Tu te serais marié chrétiennement; nous aurions travaillé ensemble, et le vieux compagnon aurait toujours eu le respect des petits enfants et de la famille ! »

En parlant, il s'attendrissait, et moi je lui répétais :

« Valentin, non, vous ne partirez pas, ça n'est pas possible. »

Mais aussitôt il se passa la main sur les yeux, et dit d'une voix ferme, en se levant :

« Nous sommes au jeudi ; après-demain, samedi, de grand matin, je pars, il faut qu'un homme remplisse ses devoirs ; de rester dans une caverne où l'on risque de perdre son âme, c'est coupable, c'est même criminel. J'ai déjà couru trop de risques; depuis longtemps j'aurais dû partir, mais la faiblesse de l'accoutumance m'a retenu. Maintenant tout est fini, et j'en suis bien content. Tu diras à maître Jean Leroux que tout soit en règle demain soir, tu m'entends? Je ne veux plus lui parler; il se figurerait encore pouvoir me convertir. »

Alors il entra dans l'allée et grimpa l'escalier de meunier, au fond, qui montait à sa chambre. Moi je traversai la rue pleine de neige, et j'entrai fort triste dans la grande salle des Trois-Pigeons, où Nicole était en train de dresser la table pour dîner. Dame Catherine l'aidait, toute pensive; maître Jean venait de lui raconter sans doute sa dispute avec Valentin; il se promenait de long en large, les mains croisées sur le dos et la tête penchée.

« Eh bien ! fit-il.

— Eh bien, maître Jean, il part après-demain samedi, de bon matin; il m'a dit de vous prévenir que tout soit en règle.

— Bon, les soixante livres du mois sont là ; le certificat sera bientôt dressé, puisqu'il veut s'en aller. Mais va le prévenir que je n'ai pas de rancune contre lui ; dis-lui que je l'invite à dîner, et qu'on ne parlera ni de seigneurs, ni de capucins, ni de patriotes ; va lui dire ça de ma part ! Et dis-lui bien que deux vieux compagnons comme nous peuvent se serrer la main et boire une bonne bouteille ensemble avant de se quitter, sans être d'accord sur la politique. »

Je voyais qu'il avait le cœur gros ; je n'osais lui dire que son compagnon ne voulait plus même lui parler !

Dans ce moment Valentin passait justement devant nos fenêtres, un bâton à la main, en allongeant le pas du côté de la ville. Il allait sans doute retirer son argent de chez le notaire; maître Jean, ouvrant une fenêtre, lui cria :

« Valentin!... Hé! Valentin ! »

Mais il ne tourna pas la tête et continua son chemin. Alors l'indignation reprit maître Jean :

« Le gueux ne veut pas m'entendre, dit-il en refermant la fenêtre; c'est un être plein de rancune. J'avais des torts... Je me repentais d'avoir été trop vif ; eh bien, à cette heure, je suis content. Ah! mauvais aristocrate, tu ne veux pas seulement m'écouter! »

En même temps il ouvrit son petit secrétaire au coin de la salle et me dit :

« Assieds-toi là, Michel, que je te dicte son certificat. »

Je croyais qu'il allait lui donner un mauvais certificat, et je me permis de lui dire qu'après dîner il serait plus tranquille et que cela vaudrait mieux.

« Non, non, fit-il brusquement, j'aime mieux en finir tout de suite, et puis après cela n'y plus penser. »

Je m'assis donc, et maître Jean, malgré sa colère, me dicta pour Valentin le plus beau certificat qu'il soit possible de se figurer, disant que c'était un excellent ouvrier, un brave homme, fidèle, probe et dévoué ; qu'il le regrettait beaucoup, mais que des affaires particulières le privaient de ce vieux compagnon, et qu'il le recommandait à tous les maîtres forgerons comme un modèle. Après quoi, m'ayant fait relire sa dictée :

« C'est bien, dit-il en signant ; tu lui porteras cela ce soir, ou demain. Prends aussi l'argent ; qu'il voie si c'est juste, et te donne une quittance. S'il te demande de lui faire la conduite, comme c'est naturel entre compagnons, je t'accorde toute la journée de samedi. Et maintenant asseyons-nous et dînons. »

La soupière était sur la table, et l'on s'assit. Toute cette journée, il ne se passa rien de nouveau ; Valentin ne reparut pas aux Baraques, et le lendemain seulement j'allai le voir dans sa chambre ; il était en train de mettre de l'ordre dans ses cages, ses sauterelles et ses lacets. Je lui donnai le certificat, qu'il lut et mit dans sa poche, sans rien dire, et puis il compta l'argent et me donna quittance.

« Tout est en règle maintenant, dit-il. Seulement je te donne à toi et à ton petit frère Étienne tous mes oiseaux, toutes mes cages et toutes mes graines. Vous en ferez tout ce qu'il vous plaira. »

Je le remerciai, les larmes aux yeux, pour Étienne et pour moi. Ensuite il me dit encore :

« Tu m'accompagneras demain à huit heures jusque sur la côte de Saverne. C'est là que nous nous embrasserons ; maître Jean ne peut pas te refuser cela.

— Non, lui dis-je, il m'a même donné toute la journée.

— C'est l'habitude entre compagnons, répondit-il. Ainsi nous partirons à huit heures, sans faute. »

Alors je le quittai, et, le lendemain samedi, nous partîmes ensemble comme il avait été convenu. Je portais son sac ; lui marchait derrière, dans mes traces, appuyé sur son bâton de compagnon, car s'il était très-fort des bras, ses jambes se fatiguaient vite.

Je n'oublierai jamais ce jour, non-seulement à cause des masses de neige qu'il nous fallut traverser, et de l'Alsace que nous vîmes du haut de la côte, toute blanche à plus de vingt lieues jusqu'au Rhin, avec ses petits villages, ses lignes d'arbres et ses forêts, mais encore à cause de ce que Valentin me dit au bouchon de l'*Arbre-Vert*, où nous arrivâmes sur les neuf heures.

Les rouliers s'arrêtaient là dans les temps ordinaires, mais aucun n'aurait osé se mettre en route dans ce chemin au mois de janvier.

La petite auberge, au milieu des sapins, sur le bord du talus, était comme enterrée dans la neige ; on ne voyait que le sentier, où deux ou trois personnes avaient marché depuis la veille, et les petites fenêtres, déblayées devant par quelques coups de balai. Sans la fumée qui montait du toit, on aurait cru que tout était mort aux environs.

En entrant, nous vîmes une vieille femme qui dormait près de l'âtre, le pied à son rouet ; il fallut l'éveiller, et seulement alors le *Spitz* à longs poils blancs, la queue en panache, le nez pointu et les oreilles droites, se mit à japper sous la table. Il avait eu peur de nous entendre approcher dehors, et s'était caché là.

La vieille ne parlait qu'allemand ; elle avait de grands rubans noirs sur la tête ; son mari venait de partir pour chercher des provisions à Saverne. Elle nous apporta du vin, une miche de pain bis et du fromage.

Valentin posa son sac sur le banc et s'assit auprès, le dos à la petite fenêtre, le bâton entre les genoux et les mains croisées dessus ; moi je m'assis en face, et la vieille se rendormit, en ayant l'air de vouloir filer.

« Nous allons nous quitter ici, dit Valentin, à ta santé, Michel !

— A la vôtre ! lui répondis-je tristement.

— Oui, fit-il après avoir bu d'un air grave, maintenant je suis content, ma conscience est tranquille ; j'ai jeté par-dessus mes épaules la terre du scandale, j'ai pris le bâton de voyage et je suis sur la route de mon salut. Depuis longtemps j'aurais dû partir ; je suis coupable d'être si longtemps resté dans les liens de cette Babylone ; je suis coupable, et je m'en accuse : c'est ma faute... c'est ma très-grande faute!... Les habitudes de la faiblesse en sont cause! »

Il continua quelques instants de la sorte, et

C'est alors que j'eus ma première colère contre cet homme. (Page 56.)

je croyais entendre ma mère lorsqu'elle revenait de la messe des prêtres réfractaires, dans la montagne : c'était le capucin Éléonore qui parlait par sa bouche ! Finalement levant les yeux, il étendit ses grands bras en disant :

« L'heure de la miséricorde est venue... A tout péché miséricorde !.. J'arrive dans les derniers, mais il n'est jamais trop tard. Ta miséricorde, ô mon Dieu ! est infinie.

— Mais, Valentin, où donc allez-vous ? » lui dis-je.

« Toi, fit-il, en me regardant comme pour voir s'il devait me répondre, je puis te dire où je vais ; — ton cœur est avec nous, sans le savoir ; ton égarement vient des autres ; — tu n'en dira rien à personne ! Et quand même tu le dirais, qu'est-ce que cela pourrait faire ? Ce qui est écrit est écrit, la ruine de Babylone a sonné ; avant que cette neige soit fondue, chacun sera récompensé selon ses œuvres... Toi, tu seras épargné... oui, tu seras épargné ! Mais ces arbres, regarde ces arbres, Michel, ils ploieront sous le poids des patriotes pendus après, et leurs branches casseront à force d'être chargées. »

Toutes ces vieilleries me rendaient triste.

« Sans doute, Valentin, lui dis-je, je vous crois, c'est bien possible ; mais, en attendant, vous allez quelque part ?

— Je vais à Mayence, dit-il, en regardant la vieille qui dormait ; je vais rejoindre nos bons princes, et d'abord l'homme selon Dieu, Mgr le comte d'Artois. C'est en lui que repose notre

C'est à peine si j'osai la recevoir dans ma grosse main de forgeron. (Page 61.)

confiance. Et de Mayence nous irons à Lyon, qui deviendra la capitale du royaume, car l'autre est souillée, il n'en restera pas pierre sur pierre. Le général Bender a déjà mis les patriotes des Pays-Bas à la raison ; maintenant c'est le tour des patriotes de la France profanée. Tu verras ça, Michel, tu le verras! La cavalerie, l'infanterie, les canons, les uhlans et les pandours, tout va marcher ensemble! Il en entrera par la Savoie; il en entrera par le pays de Liége; il en entrera par la Suisse et du côté des Espagnes; et nos seigneurs marcheront devant nous, à la délivrance du pauvre martyr qui souffre pour nos péchés. Alors, paix aux hommes de bonne volonté! paix aux soumis!... paix aux humbles!... paix aux sujets fidèles !... mais guerre aux orgueilleux qui dressent la tête, aux antechrists, aux acquéreurs de biens volés! pas de pitié pour eux, pas de pitié pour les Jean Leroux, les Létumier, les Élof Collin!... leur cravate de chanvre est déjà prête. Toi, tu n'auras rien à craindre; tu es un bon fils qui nourrit ses père et mère, c'est bien!... La raison te reviendra. Seulement, quand nos princes seront en Alsace ou du côté de Metz, il ne faudra pas courir à leur rencontre avec les autres, pour soutenir la révolte. Pas un seul n'en réchappera, je te le dis; monseigneur le comte d'Artois a tout arrangé! Ne bouge pas, laisse aller Létumier, Cochart, maître Jean. Les soldats tourneront contre eux, ils sont tous pour nos princes. On ira d'abord exterminer la Babylone d'iniquité, les gueux de Parisiens!

En regardant la tête en pain de sucre de Valentin, je pensais :

« Quel malheur !... te voilà devenu fou, mon pauvre vieux ! »

Et je lui répondis tranquillement :

« Vous allez à Mayence, c'est bon ! Mais qu'est-ce que vous allez faire là-bas ? Vous n'êtes pas un soldat, vous. Et puis, à votre âge !

— Ah ! s'écria-t-il, l'ouvrage ne manquera pas ; ma place est marquée d'avance, j'entrerai comme forgeron dans un régiment de cavalerie, et je travaillerai pour faire mon salut. »

Alors je ne dis plus rien ; et, comme nous avions vidé la bouteille, je toquai pour en demander une autre ; mais il ne voulut pas, et s'écria :

« Non, Michel, non, c'est assez ! Un verre de vin fait du bien, deux ce serait trop. »

Il boucla son sac, paya la bouteille, et nous sortîmes au milieu des japements du spitz, qui reprenait courage.

Dehors Valentin étendit ses longs bras, et nous nous embrassâmes. Après cela, le pauvre diable descendit du côté de Saint-Jean-des-Choux, pour gagner Wissembourg. Je le regardai quelques instants ; il enfonçait dans la neige et se redressait avec fierté, comme un homme de vingt ans.

Moi, je repris le chemin des Baraques. Tout ce que Valentin venait de me dire me paraissait de la folie ; je ne savais pas encore en ce temps que les nobles et les rois de l'Europe formaient une sorte de franc-maçonnerie entre eux ; qu'ils n'étaient ni Français, ni Allemands, ni Russes, mais nobles avant tout, et qu'ils se prêtaient aide, secours et assistance, pour tenir les peuples sous le joug.

Cette idée me paraissait trop horrible, je ne pouvais pas y croire.

Il était près de midi quand je rentrai aux Trois-Pigeons.

« Ah ! te voilà ? me dit le parrain, tu reviens à temps pour dîner. L'autre est parti ?

— Oui, maître Jean.

— De quel côté ? »

J'étais embarrassé de lui répondre, mais il n'avait pas besoin de cela.

« C'est bon, fit-il en clignant des yeux, il va rejoindre les émigrés à Coblentz ; je m'en doutais ! »

Et, s'asseyant, il s'écria :

« Mangeons et ne pensons plus à cet imbécile ! »

Pendant le dîner, il paraissait tout joyeux.

« Nous voilà seuls, Michel, disait-il ; nous allons pouvoir chanter à notre aise. Mais, avant ça, le temps est venu de prendre d'autres mesures, je suis content de toi, tu m'as toujours donné de la satisfaction ; tu ne vaux pas encore Valentin comme ouvrier, car, il faut être juste, c'est un fameux ouvrier ; mais, pour le bon sens, tu vaux mille fois mieux que lui ; le reste viendra. Nous serons toujours d'accord. »

Et, le dîner fini, comme j'allais me lever, il me posa sa main sur le bras, en disant :

« Reste, nous avons à causer. Catherine, va tirer une bouteille. Il faut qu'aujourd'hui tout soit mis au clair. »

Dame Catherine sortit. J'étais étonné de la bonne humeur de maître Jean ; je sentais qu'il voulait me dire quelque chose d'agréable. Sa femme, ayant apporté la bouteille, rentra dans la cuisine pour aider Nicole à laver la vaisselle, et nous restâmes seuls dans la grande salle.

« Nous ne serons pas dérangés, dit le parrain en remplissant nos verres ; par ce temps de neige, personne ne vient à l'auberge. »

Puis, après avoir bu, il reprit d'un air pensif :

« Tu sauras, Michel, que mes terres de Pickeholtz sont les meilleures du ban de Lixheim ; j'ai vu ça la dernière fois en me promenant autour, de tous les côtés. C'est une terre forte, entremêlée de chaux et de sable. Il devrait pousser de tout là-dessus en abondance ; mais ces fainéants de Tiercelins ont tout laissé dépérir ; la rivière déborde en bas, les prairies sont un véritable marais, les flèches d'eau et les autres herbes tranchantes y viennent à foison ; le bétail n'en veut pas. Rien n'aurait été plus facile que de donner une pente à l'eau, en la débarrassant des saules tombés dedans depuis des siècles ; mais les gueux ne s'en souciaient pas, ils avaient assez de provisions dans leur sac, en rentrant matin et soir au couvent ; les jambons pourrissaient sur leurs greniers. Quelle race !... Sur les terres élevées, tout restait en friche, tout desséchait, les vieux noyers et les vieux poiriers étendaient leurs branches au hasard et couvraient tout de leur ombre. La charrue aura de l'ouvrage pour retourner tout cela, et la hache aussi ; les fagots et le bois ne manqueront pas, j'en ferai pour trois ou quatre ans. Ce n'est pas une petite affaire de mettre cent cinquante arpents de terre en bon état, de fumer, de labourer et d'ensemencer ce qui n'a pas reçu deux liards d'engrais depuis des centaines d'années. Ces cent cinquante arpents auraient dû me rapporter deux mille quatre cents livres cette année, et je n'en ai pas retiré seulement six cents. Voilà ce que font la paresse et la lâcheté des gueux ; ça ruine un pays ! Enfin nous allons changer tout cela. J'ai déjà fait relever le toit de la petite ferme, qui tombait en décombres ; j'ai fait remplacer les poutres vermoulues de la grange et paver l'écurie. Maintenant tout est à peu près bien! mais il va me falloir du fumier en masse, et, pour avoir du fumier, il faut du bétail. J'en aurai. Le bien de Catherine, à Fleisheim, n'a pas cessé de fructifier; notre auberge n'a pas mal rapporté non plus; nous viendrons à bout de tout. Seulement je ne pourrai pas toujours vivre ici; la première chose d'un paysan, c'est d'être sur sa terre, de voir si chacun fait son ouvrage, si le bétail est bien soigné, la terre bien retournée, etc., etc. Il faut être là. Je passerai tout le printemps et l'automne là-bas; je ne viendrai qu'une ou deux fois par semaine aux Baraques. Catherine n'a pas besoin de moi pour conduire l'auberge; mais il me faut un homme à la tête de la forge, et c'est toi que j'ai choisi. Tu seras maître forgeron à ma place. Tu te chercheras un compagnon, car la responsabilité sera sur toi seul, et le compagnon doit convenir au maître. Dès aujourd'hui je te donne cinquante livres par mois au lieu de trente. Et ce n'est pas tout; avec le travail et la bonne conduite, tout s'embellira. Je t'aime, tu es un brave garçon; je t'ai pour ainsi dire élevé; je suis ton parrain; je n'ai pas d'enfants... tu comprends! »

Il s'attendrissait à la fin; moi, j'étais tellement heureux que je lui disais:

« Oh! maître Jean, vous faites de moi un homme, et je sens que je le mérite; oui, par l'amitié que je vous porte, je le mérite.

— Et par ta bonne conduite, aussi, fit-il en me serrant la main, par ton travail et ton attachement à ta famille. Si j'avais un fils, je le voudrais comme toi. Enfin c'est entendu, jusqu'au printemps nous allons encore travailler ensemble; je t'apprendrai ce qui te reste à savoir; tu te chercheras, en attendant, un compagnon, et puis tout sera comme c'est maintenant arrêté entre nous. »

Il me donna la main. Ah! on peut dire que s'il y a de grandes misères dans la vie, il se rencontre aussi de beaux jours! Quand maître Jean m'eut fait passer maître, je sentis cette fierté d'être quelque chose par soi-même et de ne pas toujours attendre un ordre pour obéir. L'idée du bonheur de Marguerite, lorsqu'elle apprendrait cette grande nouvelle, me remplit de joie. Mais ce qui me causait le plus de satisfaction, c'était de voir qu'avec mes cinquante livres par mois, j'allais pouvoir payer la pension de mon frère Etienne à Lutzelbourg, et le faire instruire par M. le curé Christophe, jusqu'à le rendre capable de devenir maître d'école. Ce bonheur dépassait tous les autres, à cause de la crainte que j'avais eue de laisser mon frère infirme à la charge du village, s'il m'arrivait un malheur; et tout de suite, en me représentant la joie du père, je demandai la permission à maître Jean de courir à la maison.

« Va! dit-il, et soyez tous heureux! »

Il ne me fallut pas une minute pour arriver chez nous; le père, Etienne et Mathurine tressaient des paniers; ils furent bien étonnés de me voir à cette heure, où je travaillais toujours à la forge. La mère, près de l'âtre, finissait son ménage; elle tourna la tête, et puis continua.

« Qu'est-ce qui s'est donc passé, Michel? » me dit le père.

Et moi, dans mon bonheur, je criai:

« Maître Jean me donne cinquante livres par mois. Valentin est parti; maintenant je le remplace et j'ai cinquante livres! Maître Jean m'a dit qu'à la fin de l'hiver il irait à Pickeholtz pour soigner ses terres, et qu'alors je resterais maître à sa place, que je ferais tout et que je pouvais déjà me choisir un compagnon moi-même. »

Alors le père, levant les deux mains s'écria:

« Ah! mon Dieu! est-ce possible? Ah! maintenant, mon enfant, on peut dire que tu reçois la récompense de ta bonne conduite envers nous! »

Il s'était levé. Je courus dans ses bras et je lui dis en le serrant:

« Oui, c'est aussi bien heureux pour Etienne! Depuis longtemps je pensais à l'envoyer s'instruire chez M. le curé Christophe, pour devenir maître d'école; l'argent manquait... »

Mais la mère ne me laissa pas finir et me cria:

« Il n'ira pas!... Je ne veux pas qu'il devienne un païen! »

Comme elle disait cela, le père s'était retourné d'un coup; il la regardait tout pâle et lui répondit avec une voix de colère et d'indignation que nous n'avions jamais entendue:

« Et moi je dis qu'il ira! Qui donc est le maître ici? Tu ne veux pas, toi? Eh bien, moi, je veux... entends-tu? je veux! Ah! quand ton fils, le meilleur! vient sauver son pauvre frère de la misère, tu ne trouves que ça pour le remercier! Ce sont les autres, les Nicolas, les Lisbeth, que tu aimes, n'est-ce pas? Des êtres qui nous abandonnent, qui nous laisseraient périr de faim, toi, moi, les enfants, tout le monde!... Tu les aimes ceux-là! »

Sa colère était tellement épouvantable, que nous en frémissions tous. La mère, derrière l'âtre, le regardait avec des yeux étonnés sans pouvoir lui répondre. Il s'approcha d'elle tout doucement, et quand il fut à deux pas il lui dit d'une voix sourde, en la regardant du haut en bas:

« Mauvais cœur ! tu n'as pas une parole pour ton enfant, pour celui qui te donne du pain tous les jours ! »

Alors, elle, à la fin des fins, se jeta dans mes bras en criant :

« Oui, c'est un bon garçon... un bon fils ! »

Et je sentis qu'elle m'aimait tout de même, ce qui m'attendrit beaucoup. Les enfants aussi pleuraient ; mais le père un instant ne put s'apaiser, il restait là, pâle et les yeux terribles, à nous regarder ; puis il vint me prendre par la main et dit :

« Arrive ! que je t'embrasse encore. C'est bon d'avoir un fils comme toi ; oui, c'est bon ! »

En même temps il sanglottait tout haut, et la mère gémissait ; de sorte que ce qui devait faire notre joie nous rendit comme désolés.

Pourtant à la fin tout le monde se calma. Le père s'essuya la figure ; il mit sa camisole, son bonnet des dimanches, et me dit en me prenant par le bras :

« Aujourd'hui je ne travaille plus ! Sortons, Michel, il faut que j'aille remercier mon ami Jean, notre bienfaiteur. Ah ! quelle bonne idée j'aie eue de le choisir pour être ton parrain ! Cette idée-là m'est venue du ciel ! »

Deux secondes après nous remontions la rue pleine de neige. Le père était appuyé sur mon bras ; la joie brillait dans ses yeux ; il m'expliquait que j'étais baptisé Jean-Michel ; cela lui paraissait un grand bonheur ! Et comme nous entrions dans la salle des Trois-Pigeons, il cria :

« Jean, je viens te remercier ! »

Maître Jean fut bien content de le voir. On s'assit derrière le poêle jusqu'à la nuit, à causer joyeusement de moi, des projets de maître Jean et de toutes les choses de la famille. Ensuite, l'heure du souper étant venue, le père se mit à table avec nous ; et seulement bien tard, vers neuf heures et demie, nous rentrâmes dans notre baraque, où tout le monde était déjà couché.

VI

Ainsi commença l'année 1791. Je mis mon frère Etienne en pension à Lutzelbourg, chez une vieille cardeuse de matelas, Gertrude Arnold, moyennant douze francs par mois. Il put suivre alors l'école de M. Christophe, et cet enfant n'a jamais cessé depuis de nous donner la plus grande satisfaction.

Maître Jean, durant ce mois de janvier, m'expliqua ce qu'il voulait ; je ne devais pas seulement surveiller la forge, mais encore inscrire dans son livre tout ce qui s'achetait et se vendait à l'auberge, parce que sa femme ne savait pas écrire. Je devais régler ses comptes, de sorte qu'en rentrant de la ferme, il n'eût qu'à jeter un coup d'œil au bas de la page, pour reconnaître l'état de ses affaires.

Ma mère, bien étonnée de ce qu'on avait osé lui résister dans notre baraque, semblait toute pensive ; et de temps en temps le père s'écriait :

« Ah ! maintenant je suis content... Tout va bien ! Pourvu que Mathurine trouve à se placer quelque part, chez d'honnêtes gens, nous n'aurons plus rien à souhaiter. »

J'y songeais aussi, mais en ce temps de troubles, les gens riches n'aimaient pas à se charger de nouveaux domestiques ; et puis je me sentais plus fier qu'autrefois, je n'aurais pas été content de voir ma sœur servante chez des gens de la ville. Ces choses sont naturelles, chacun les comprendra.

Nous étions donc heureux !

Malheureusement l'orage grandissait de jour en jour ; ces deux mois de janvier et de février sont le temps de la plus grande émigration. Alors le livre rouge courait toute la France ; on y voyait les pensions et gratifications scandaleuses qu'avaient reçues de nobles familles, et qui s'élevaient jusqu'à cinquante millions par an, lorsque les malheureux, accablés d'impôts, mouraient de faim. Le mépris de la nation forçait ces nobles à partir en foule ; toutes les routes étaient couvertes de leurs voitures, ils ne trouvaient pas assez de chevaux aux relais ; on entendait jour et nuit le flic-flac de leurs postillons. Quand les portes de la place étaient fermées après onze heures, ils faisaient le tour des remparts sans vouloir attendre l'arrivée du portier-consigne, le père Lebrun, pour leur ouvrir. Cela devenait même si fort que les patriotes commençaient à s'en inquiéter.

L'Assemblée nationale débattait la loi sur les passe-ports. Mirabeau criait que c'était une abomination de vouloir empêcher les gens d'aller et de venir ; mais les gardes citoyennes remplissaient tout de même leur service ; on interrogeait les émigrants, on leur demandait ce qu'ils allaient faire à Coblentz, à Constance, à Turin. Quand ils ne voulaient pas répondre, on parlait de conduire les dames au violon de la ville, en attendant les ordres du département. C'est alors qu'il fallait voir la mine hautaine de ces monseigneurs changer ; c'est alors qu'il fallait les voir devenir doux, serrer la main des patriotes, en les appelant « amis ! » et boire du petit vin au bouchon voisin, à la santé de la nation. On riait de ces comédies, et le garde national lâchait la bride des chevaux, en criant :

« Bon voyage, messieurs ! »

Que voulez-vous, les Français ont toujours aimé la plaisanterie, c'est dans le fond de leur nature.

Cependant les troubles à propos du serment civique s'étendaient : douze à quinze cents rebelles, en Alsace, s'étaient associés sous le nom de citoyens catholiques, apostoliques et romains, pour s'opposer à l'exécution du décret. Ils se réunissaient en criant :

« Vive le comte d'Artois ! »

L'Assemblée nationale envoya des commissaires pour s'informer de ce que ces gens voulaient ; mais ils n'en devinrent que plus insolents et se mirent à crier :

« Les commissaires à la lanterne ! »

Des chevaliers de Saint-Louis, et même d'anciens conseillers au parlement, étaient à leur tête. Quant on vit cela, les patriotes de Colmar et de Strasbourg prirent de bons gourdins et dispersèrent les citoyens apostoliques.

Toutes les gazettes royalistes nous annonçaient l'invasion. A Phalsbourg, les hussards de Saxe ayant traversé la ville pour se rendre à Sarreguemines, comme on se doutait déjà qu'ils passeraient bientôt à l'ennemi, les soldats du régiment de la Fère en prirent quelques-uns par la bride et voulurent leur faire crier : « Vive la nation ! » mais alors tous en masse tirèrent le sabre et leur passèrent sur le ventre, en filant par la porte de France. L'hôpital était rempli de soldats blessés. C'était une infamie, car ceux de la Fère avaient été surpris sans armes. Cela n'empêcha pas Louis XVI d'approuver les hussards de Saxe, qui devaient quelque temps après aller à sa rencontre, et protéger son passage aux Autrichiens. Le régiment de la Fère fut blâmé sévèrement ; on nous envoya pour le remplacer Royal-Liégeois, qui s'était distingué six mois avant sous les ordres de M. de Bouillé.

Qu'on se figure l'indignation des patriotes ! Tout le temps que Royal-Liégeois resta dans le pays, pas un honnête homme, en ville et dans les environs, ne répondit au salut de ses officiers. Il fallut alors perdre notre bon sergent Quéru et tous nos instructeurs de la garde citoyenne. On les reconduisit en corps jusqu'à Sarrebourg, où l'on fraternisa avant de se séparer.

C'est au milieu de ces agitations qu'on apprit que les tantes du roi venaient de s'échapper, avec douze millions en or dans leurs voitures, et trois millions de dettes qu'elles laissaient sans honte à notre charge ; ensuite qu'elle étaient arrêtées à Arnay-le-Duc, en Bourgogne, et que dans leur épouvante elles avaient écrit à l'Assemblée nationale :

« Nous ne voulons être et nous ne sommes d'après la loi que des citoyennes. Nous sommes, avec respect, vos très-humbles et très-obéissantes servantes. »

Cette lettre, qui vous excitait à rire, montrait pourtant de leur part un grand bon sens, car elles ne disaient que la simple vérité.

C'est pourquoi l'Assemblée nationale leur donna la permission de s'en aller où bon leur semblerait. Malgré la colère de maître Jean, qui disait qu'on aurait dû les ramener en triomphe à Paris, j'ai toujours pensé que l'assemblée nationale avait bien fait, et qu'on aurait même dû laisser les portes de la France ouvertes tout au large, pour engager les autres nobles à sortir, en les prévenant seulement qu'ils ne rentreraient plus jamais.

Enfin, à chacun son idée ; je suis sûr que si Louis XVI avait gagné l'Allemagne ou l'Angleterre, il aurait produit autant d'effet là-bas que le comte d'Artois, son frère, ni plus ni moins ; je suis sûr que nos souverains, qui plus tard sont partis, n'auraient pas mieux demandé que de rester chez nous, s'étant aperçus qu'il est plus difficile pour eux de rentrer que de sortir.

Mais j'en reviens à mesdames les tantes du roi. Elles s'en allèrent à Rome, et l'on n'entendit plus parler d'elles.

Les troubles étaient surtout terribles à Paris. Nous voyions cela dans les gazettes que nous envoyait Chauvel. Le peuple, plein de méfiance, s'attendait à quelque mauvais coup des nobles et des évêques. Camille Desmoulins, Brissot, Fréron, tous ces hommes hardis et fins, nous criaient sans cesse :

« Soyez sur vos gardes ! ne vous laissez pas surprendre ! Vos députés du tiers, en grand nombre, se sont vendus !... Léopold et Guillaume ont fait leur paix pour nous envahir... Attention !... Soyez prêts... Ne vous endormez pas ! »

Une fois, ceux du faubourg Saint-Antoine de Paris voulurent démolir le château de Vincennes, comme ils avaient fait de la Bastille. Lafayette eut mille peines à les en détourner. Ce même jour, cinq cents nobles, avec des poignards, se glissèrent dans le palais du roi, par une porte de derrière qui traversait le corps de garde des Suisses. Lorsqu'on les eut découverts, ils dirent que la véritable garde du roi c'étaient eux ! On les mit dehors avec des bourrades, et Louis XVI déclara qu'il ne voulait pas d'autre garde que la garde citoyenne ; mais cela n'empêcha pas le peuple d'avoir toujours l'œil sur lui par la suite. Le bruit courait qu'il était malade et que son médecin l'engageait à faire un tour du côté de Saint-Cloud. Alors les dames de la halle le prièrent de rester, ce qui montre bien la simplicité des gens élevés dans l'ignorance ; ces pauvres êtres croyaient que ce serait une grande perte pour la France de laisser partir Louis XVI ; comme si les peuples n'étaient pas toujours plus sûrs de trouver des rois, que les rois de trouver des peuples ! Enfin le bon sens ne peut pas nous venir d'un coup.

Vers la fin de mars, maître Jean alla surveiller le travail de sa ferme, et je restai seul à la forge avec mon nouveau compagnon, Simon Benerotte, un solide gaillard, la barbe rude et les reins massifs. Il pleuvait presque tous les jours, comme il arrive au printemps ; peu de voitures passaient aux Baraques, mais nous avions une bonne commande pour l'église de Phalsbourg ; c'était la grille qu'on voit encore maintenant dans le chœur. Maître Jean en partant m'avait laissé le soin de la poser, et j'allais chaque matin travailler en ville, pendant que Benerotte restait à la forge.

Le régiment de Royal-Liégeois, que personne ne pouvait supporter, reçut en ce temps l'ordre de retourner à Metz. On disait que le général Bouillé voulait avoir sous sa main tous les régiments dévoués à Louis XVI ; on a su plus tard pourquoi ! Ce régiment partit donc en mars, et celui d'Auvergne, un vrai régiment de patriotes, vint le remplacer. Il s'était distingué dans la guerre d'Amérique et n'avait pas voulu marcher contre Nancy, Elof Collin en fit un grand éloge au club ; il rappela ses batailles, et l'on fraternisa le premier jour avec les sous-officiers et les soldats, comme avec ceux de La Fère.

Mais le régiment d'Auvergne avait aussi de vieux comptes à régler : ses officiers nobles continuaient à battre vieux hommes, et bientôt on vit chez nous une chose extraordinaire, bien capable de faire réfléchir les aristocrates.

Ce jour-là, dans le commencement d'avril, j'étais en train de poser ma grille, avec deux journaliers, quand tout à coup, vers une heure, le tambour bat du côté de l'hôtel de ville. Je sors étonné, pour voir ce qui se passe, et comme j'arrivais à la porte de l'église, voilà que le régiment d'Auvergne, conduit par ses sous-officiers, débouche sur la place d'armes et se range en carré sous les vieux ormes. Les officiers nobles étaient au café de la Régence, où se trouve aujourd'hui la distillerie de Hoffmann, au coin de la rue de l'Ancienne-Citerne. Ils prenaient tranquillement leur café et jouaient aux cartes. En entendant le tambour, ils sortent pêle-mêle, sans prendre le temps de mettre leurs tricornes. Le colonel, marquis de Courbon, s'approche en criant et demandant tout indigné ce que cela veut dire ; mais les tambours continuent leurs roulements, sans se donner la peine de lui répondre ; et trois vieux sous-officiers sortent des rangs, le fusil sur l'épaule, et se réunissent au milieu du carré.

C'étaient de grands gaillards à moustaches grises, le tricorne de travers, la queue pendant au milieu du dos, et qui n'avaient pas l'air tendre. Les gens de la ville étaient aux fenêtres, ou sur la place, à regarder, ne sachant ce que cela voulait dire.

Tout à coup les tambours cessent de battre, et l'un de ces vieux, tirant un papier de sa poche, crie :

« Sergent Ravette, sortez des rangs ! »

L'autre s'avance l'arme au bras.

« Sergent Ravette, le régiment d'Auvergne vous reconnaît pour son colonel ! »

Aussitôt le nouveau colonel pose son fusil contre un arbre, et tire son sabre, pendant que les tambours battent, que le drapeau se penche, et que tout le régiment présente les armes.

Je n'ai jamais rien vu de plus terrible ; on comprenait que si les officiers nobles faisaient mine de lever la canne, le régiment allait tomber sur eux à coups de crosse et de baïonnette ; j'en étais tout saisi. Par bonheur ils avaient bien vite reconnu que l'affaire était dangereuse et retournèrent dans leur café, pendant que la proclamation continuait.

Après le colonel, on nomma le lieutenant-colonel, le major, les capitaines, les lieutenants, enfin tous les officiers, et même beaucoup de sous-officiers. Vers trois heures, tout était fini. Le carré se déployait, lorsque les officiers nobles sortirent brusquement pour protester ; mais le nouveau colonel, un petit brun, leur dit d'un ton sec :

« Messieurs, vous avez six heures pour évacuer la place. »

Puis il commanda :

« Par file à gauche, gauche ! En avant, pas accéléré, marche ! »

Et les soldats rentrèrent dans leurs casernes.

Le lendemain, plus un seul des anciens officiers n'était en ville. Voilà ce que j'ai vu !

Trois semaines plus tard, le 24 avril, l'Assemblée nationale reçut une lettre du ministre de la guerre, lui annonçant la révolte d'Auvergne, « lequel avait chassé ses officiers, s'était constitué en société particulière et ne reconnaissait plus d'autre autorité que la sienne. » J'ai lu cela dans les gazettes du temps, avec beaucoup d'autres mensonges. La vérité c'est que les soldats d'Auvergne tenaient avec la nation ; qu'ils étaient las de l'insolence des officiers nobles, et qu'ils ne voulaient plus être commandés par des hommes capables de les trahir sur le champ de bataille. Du reste, malgré la lettre du ministre, beaucoup d'autres régiments firent la même chose; et si toute notre armée avait suivi l'exemple d'Auvergne, on n'aurait pas vu plus tard des généraux en chef essayer d'entraîner leurs soldats contre l'assemblée des représentants du peuple, et des états-majors tout entiers passer à l'ennemi.

Quelques jours après, un dimanche, maître Jean revint; il vit tout en ordre et fut content. Il apportait un paquet de gazettes de l'hôtel du Grand-Cerf, à Lixheim, et nous apprîmes alors que Mirabeau venait de mourir; que le roi, la reine, la cour et tout le monde le regrettait; qu'on le glorifiait, et que l'Assemblée nationale avait rendu ce décret : « Le nouvel édifice de Sainte-Geneviève sera destiné à recevoir les cendres des grands hommes. Le Corps législatif décidera seul à quels hommes cet honneur sera décerné. Honoré Riquetti Mirabeau est jugé digne de cet honneur. » D'après ce que Chauvel nous avait écrit sur Mirabeau, ce décret nous étonna.

Les mêmes gazettes racontaient que Louis XVI voulait à toute force prendre l'air dans son château de Saint-Cloud ; que la garde citoyenne et le peuple s'opposaient à son départ, et qu'il était allé se plaindre à l'Assemblée nationale de ce qu'on n'avait pas confiance en lui. Il avait bien raison! car en voyant son palais toujours plein de nobles et de prêtres réfractaires, sans un seul patriote; en lisant ses journaux, toujours à crier contre l'indiscipline des troupes, contre les décrets de l'Assemblée nationale, contre le peuple et les bourgeois; en voyant la masse des mauvais petits livres que ces journaux célébraient, et qu'on allait jusqu'à mettre sous le nom de Camille Desmoulins, de Marat et du père Duchêne, pour les répandre plus vite et décrier les honnêtes gens; en voyant ces bassesses et ces lâchetés, ces mensonges et ces calomnies, est-ce qu'il n'aurait pas fallu manquer de bon sens, et même de cœur, pour lui donner sa confiance?

Est-ce que les discours de Valentin, des capucins et des citoyens catholiques, apostoliques et romains, comme ils s'appelaient eux-mêmes, ne suffisaient pas pour ouvrir les yeux des plus aveugles et faire découvrir la trahison qui se préparait? Non! personne n'avait confiance en lui ; mais ce n'était pas notre faute, c'était la sienne. Pour obtenir la confiance du peuple, il faut agir franchement, loyalement ; il ne faut pas mettre en avant des filous qui vous représentent; une fois que la tromperie a paru, le mépris arrive au lieu de la confiance, et c'est juste.

Maître Jean, ayant trouvé que tout marchait bien aux Baraques, s'en retourna le lendemain à sa ferme, et quelques jours après, le pape Pie VI lança son excommunication contre les prêtres et les évêques assermentés. Cela ne leur fit ni chaud ni froid, mais les autres en devinrent plus insolents. Ils soulevèrent l'île de Corse ; ils attaquèrent les patriotes dans l'Avignonnais ; ils cassèrent les vitres des clubs à Paris. On leur répondit en brûlant la bulle du pape au Palais-Royal, en transportant les cendres de Voltaire à Sainte-Geneviève, en décrétant la fonte des cloches pour faire de la monnaie, en sommant le prince de Condé de rentrer en France, sous peine de perdre tous ses droits de Français, etc., etc.

Mais, bien loin de se calmer, les citoyens catholiques redoublèrent leurs excès; à Brie-Comte-Robert, leurs hussards de Hainault arrachaient les patriotes, même les femmes, du lit, pour les garrotter et les insulter honteusement. La fureur grandissait; l'idée d'être forcés d'en venir aux mains vous indignait d'autant plus que l'année s'annonçait bien; au mois de mai tout fleurissait aux Baraques, les arbres, les haies et les bois; le grand poirier de Marguerite montait derrière leur maison comme une boule de neige. On se disait :

« Quel bonheur, si nous pouvions être tranquilles maintenant! Est-ce que ce n'est pas assez malheureux pour les pauvres de souffrir le froid et la faim dans les mauvaises années? Faut-il encore être menacé, dans les bonnes années, de voir les Autrichiens et les Prussiens venir ravager nos moissons ; et les traîtres s'entendre avec eux pour nous livrer? »

Malgré cela le travail reprenait, quand un beau matin la nouvelle arriva que Sa Majesté venait de lever le pied, et que toutes les gardes nationales de la Champagne et du pays Messin couvraient les routes, pour tâcher de l'arrêter; que le tocsin sonnait, que les tambours battaient, que les courriers se suivaient à la file, et que celui qui parviendrait à mettre la main dessus aurait sa fortune faite.

La nouvelle arriva chez nous par trois grands Alsaciens et leurs femmes, qui revenaient de Sarrebourg, en voiture; les femmes criaient :

« Jésus ! Marie ! Joseph !.... nous sommes tous perdus ! »

Les hommes assis devant, avec leurs grands tricornes et leurs gilets rouges, tapaient à tour de bras sur leurs chevaux. Je leur criai :

« Qu'est-ce qui se passe ? »

C'est dans mon grenier que je lisais le soir. (Page 68.)

Et celui qui tenait les rênes me répondit en tournant la tête :

« Le diable est déchaîné ! »

Il riait, ayant trop bu; mais une femme me cria toute désolée :

« Le roi s'est sauvé ! »

Quelques instants après, plus de cinquante personnes qui revenaient du marché de la ville, et s'en retournaient en courant dans leurs villages pour annoncer la grande nouvelle, répétèrent la même chose. Trois ou quatre, qui s'arrêtèrent à l'auberge, dirent encore que la reine et le dauphin étaient avec le roi.

C'est alors que j'eus ma première colère contre cet homme; parce que, malgré tout, j'avais eu confiance dans son serment, à cause de sa grande piété. Simon Bernerotte en fut bien étonné, car je frémissais des pieds à la tête, et je lançai mon marteau contre le mur, comme un boulet, en criant :

« Ah! le lâche, il nous a trompés ! »

Mais ensuite le calme me revint; et comme un grand nombre d'hommes et de femmes se trouvaient devant les Trois-Pigeons à se disputer sur cela, je leur criai que si le roi s'en allait, c'était pour rejoindre nos ennemis à Coblentz, et que les Allemands n'attendaient que lui pour nous envahir; que Guillaume et Léopold n'avaient pas osé nous attaquer avant son arrivée, de peur d'un accident aux Tuileries, mais qu'à cette heure ils n'allaient plus se gêner.

Si maître Jean avait été aux Baraques, il aurait bien sûr fait battre le rappel; mais lui,

Oh! que ta voix est belle et forte, Michel! que tu chantes bien! (Page 47.)

Létumier et tous les sous-officiers de la compagnie se trouvaient alors aux champs. Je m'en désolai; aujourd'hui j'en ris : car bien des milliers d'autres patriotes gardaient la route de Paris à Strasbourg, et ce n'est pas celle-là que Louis XVI devait prendre ; celle de Belgique ou celle de Metz était bien plus courte. Voilà des idées de jeunesse!

Dans tous les cas, les gens étaient d'accord que le roi allait rejoindre nos ennemis et que nous ne pouvions plus tarder d'être envahis. C'était tellement dans l'esprit de la nation, que l'Assemblée nationale elle-même n'avait pas le moindre doute sur ce point, et que le lendemain matin, 25 juin, ce décret se voyait affiché partout, à la porte des églises et des mairies, et même à l'intérieur des auberges, contre un mur, pour que tous les patriotes fussent prêts au rappel. C'est maître Jean lui-même qui vint de Pickeholtz l'afficher dans la grande salle des Trois-Pigeons, en criant contre le roi d'une manière terrible et le traitant de cafard.

« 21 juin 1792.

« L'Assemblée nationale décrète :

« Art. 1er. La garde nationale de tout le royaume sera mise en activité.

« Art. 2. Les départements du Nord, du Pas-de-Calais, du Jura, du Haut et du Bas-Rhin et tous les départements situés sur les frontières d'Allemagne, fourniront un nombre d'hommes aussi considérable que leur situation le permettra.

« Art. 3. Les autres départements fourniront chacun de deux à trois mille hommes.

« Art. 4. En conséquence, tout citoyen qui voudra porter les armes, se fera inscrire dans sa municipalité.

« Art. 5. Les gardes nationaux enregistrés se formeront en bataillons de dix compagnies chacun; chaque compagnie sera de cinquante hommes.

« Art. 6. Les compagnies seront commandées par un sous-lieutenant, un lieutenant et un capitaine.

« Art. 7. Les bataillons seront commandés par deux lieutenants-colonels et un colonel.

« Art. 8. Les compagnies nommeront leurs officiers et les bataillons leur état-major.

« Art. 9. Chaque garde national recevra quinze sous par jour. Le tambour aura une solde et demie, le fourrier deux soldes, le sous-lieutenant trois, le lieutenant quatre, le capitaine cinq, le lieutenant-colonel six, le colonel sept.

« Art. 10. Les gardes nationaux, à l'instant où leurs services ne seront plus nécessaires, ne recevront plus de solde et rentreront sans distinction dans leurs anciennes compagnies.

« Art. 11. Il sera fait incessamment un règlement pour ces troupes. »

Je vous ai copié ce décret parce que c'est le premier modèle des levées en masse; c'est de ce décret que sont sortis tous les grands généraux de la république; tous ceux qui, pendant des années, ont battu les généraux de Frédéric, de François, de Paul, de Guillaume, d'Alexandre, non pas dix fois, non pas vingt fois, mais un nombre de fois extraordinaire; et pourtant c'étaient des fils de paysans! Les autres étaient de la race noble, « les descendants de nos fiers conquérants, » et nos républicains étaient de l'humble postérité des vaincus. Comme tout change en ce monde !

Ce décret montre aussi quelle confiance l'Assemblée nationale avait dans notre roi, puisque ce n'est pas contre les ennemis qu'elle faisait lever la nation; c'est contre Louis XVI, qui courait se mettre avec eux! Il se croyait bien sûr alors de nous ravoir bientôt dans ses filets; mais, grâce à Dieu, les choses devaient tourner autrement qu'il ne pensait, et c'est ici qu'on voit bien que l'Être suprême était avec le peuple et les prêtres constitutionnels, et non avec la cour et les évêques; c'est ici qu'il faut admirer la Providence, puisque, malgré toutes les ruses, toutes les précautions, malgré la trahison de Bouillé et de tant d'autres malheureux qui passèrent à l'ennemi quand leur coup fut manqué, le fils d'un maître de poste, le patriote Drouet, suffit pour renverser ces projets abominables, et forcer le roi de retourner à Paris. Il fut arrêté par le conseil municipal de Varennes, un petit village à neuf lieues de la frontière; et les hussards que Bouillé avait envoyés à sa rencontre pour escorter sa voiture, furent empêchés par une simple charrette de meubles, que Drouet et ses amis venaient de renverser sur un petit pont.

Oui, la volonté de Dieu se montre dans ces choses, que j'ai lues avec attendrissement dans les gazettes de ce temps-là. Maître Jean m'avait fait monter sur une table dans la grande salle, tellement pleine de monde qu'on ne pouvait plus respirer : les fenêtres étaient ouvertes, l'allée et la rue en face jusqu'à la forge étaient remplies de têtes penchées les unes sur autres; et je lisais ces nouvelles, au milieu des trépignements, des étonnements et des cris de : « Vive la nation ! » qui se prolongeaient dans tout le village.

Mais ce qui surtout excitait l'indignation, c'était la lettre que le général Bouillé avait eu l'insolence d'écrire à l'Assemblée nationale, au moment où le roi venait de rentrer à Paris sans aucun mal, et dans laquelle ce malheureux essayait de nous faire peur, en nous menaçant de l'invasion. Ecoutez ! Je ne veux pas la copier tout entière; mais seulement les endroits où la trahison se montre dans tout son jour :

« Luxembourg, 26 juin 1791. — Le roi vient de faire un effort pour briser ses fers; une destinée aveugle, à laquelle les empires sont soumis, en a décidé autrement. »

Voilà comme il commence ! Qu'est-ce que cela veut dire : « Une destinée aveugle, à laquelle les empires sont soumis ? » Cela signifie qu'il n'y a pas de Dieu; cela montre que ces nobles n'étaient que des païens, et qu'ils nous traitaient, nous chrétiens, comme des esclaves, parce qu'ils ne croyaient pas aux paroles du Sauveur : « Vous êtes frères, vous êtes égaux !... Aimez-vous les uns les autres ! »

Mais je ne veux pas m'arrêter sur cela; j'arrive à ses menaces. Après avoir dit que le roi n'était parti que d'après ses conseils, pour aller à Montmédy, au milieu de ses fidèles Allemands, déclarer l'Assemblée nationale dissoute et en faire nommer une autre dans son goût, pour rétablir les priviléges de la noblesse, il finit de cette manière :

« Croyez-moi, tous les princes de l'univers reconnaissent qu'ils sont menacés du monstre que vous avez enfanté, et bientôt ils fondront sur notre malheureuse patrie. Je connais nos forces, toute espèce d'espoir est chimérique, et bientôt votre châtiment servira d'exemple mémorable à la postérité; c'est ainsi que doit vous parler un homme auquel vous avez d'abord inspiré de la pitié. *Vous répondez des jours du roi et de la reine à tous les rois de l'univers; si on leur ôte un cheveu de la tête, il ne* restera pas pierre sur pierre à Paris. Je connais les chemins ; je guiderai les armées étrangères... Cette lettre n'est que l'avant-coureur du manifeste des souverains de l'Europe ; ils vous avertiront d'une manière plus prononcée, de la guerre que vous avez à craindre. Adieu, messieurs. »

C'était clair, cela; nous répondions des jours du roi et de la reine aux rois de l'univers, et lui, Bouillé, connaissait nos forces, il devait conduire l'ennemi chez nous, *dans sa patrie*, et détruire Paris de fond en comble!

Quand je lus cette lettre à mon père, le soir, il joignit les mains au-dessus de sa tête, en s'écriant :

« O mon Dieu, mon Dieu!... Est-ce possible qu'il existe de pareils malheureux dans le monde? Si Nicolas, qui connaît aussi les chemins du pays, était capable de conduire les ennemis aux Baraques, j'en mourrais de chagrin. »

Et je lui répondis :

« Oui, mon père, oui... mais vous n'êtes pas un noble, vous!... vous n'êtes pas un descendant des conquérants... vous n'êtes pas un général nommé par le roi ; vous n'avez pas reçu de grosses pensions, des honneurs et du pouvoir!... Vous êtes un pauvre paysan... vous avez toujours souffert. La patrie ne vous a rien donné, pas un liard... Vous ne lui devez que la lumière du jour, et cela suffit pour vous faire l'aimer; l'idée seule de la trahir vous fait frémir! Mais, pour ces nobles-là, il n'existe pas de patrie sans pensions et sans honneurs ; la vraie patrie pour eux, c'est où l'on a des serfs qui travaillent et des rois qui vous comblent de richesses. S'ils étaient forcés comme nous de piocher la terre, de forger, de travailler du matin au soir, pour entretenir leur roi dans l'opulence, ils ne seraient bientôt plus royalistes. »

Et ce que je disais à mon père, on le vit aussitôt que Louis XVI fut rentré dans les Tuileries; il n'était plus le maître; il ne pouvait plus combler ces gens de grâces : des quantités d'officiers désertèrent. On apprit que tous ceux du régiment de Colonel-Général, en garnison à Dunkerque, avaient passé dans une nuit aux Autrichiens ; que ceux de Lille avaient essayé de livrer la place aux ennemis, et qu'ils auraient réussi sans le patriotisme des soldats et des habitants. C'était une véritable désolation; on craignait de s'éveiller chaque matin avec Condé, Léopold, Guillaume et cent mille gueux à sa porte. Toute la France trouvait Louis XVI indigne de régner; tous disaient qu'il avait trahi son serment et conspiré contre la patrie; qu'il était notre plus dangereux ennemi, puisque les forces qu'il recevait de nous pour nous défendre devaient lui servir à nous livrer. On ne pouvait pas vivre avec cette plaie horrible, tous les hommes de bon sens le voyaient.

Les journaux de Paris nous avertissaient que les patriotes là-bas pensaient comme nous. Mais qui mettra à la place? Les uns soutenaient qu'il fallait le destituer et nommer le dauphin au trône, avec un régent, d'après la constitution ; les autres, qu'il fallait charger quelqu'un de l'exécution des lois; d'autres voulaient la république. Mais au club des Jacobins, Robespierre s'indignait contre cette idée de république : il disait que le nom ne faisait rien à la chose, qu'on pouvait être heureux et libre avec un monarque, esclave et malheureux avec certaines républiques. Danton voulait seulement la destitution de Louis XVI, assisté d'un conseil d'interdiction, comme les imbéciles. Pétion pensait comme Robespierre ; mais Brissot, Condorcet et le duc d'Orléans penchaient pour la république. Je crois pourtant que si, dans ce temps, quelqu'un avait eu le moyen de faire nommer le duc d'Orléans à la place du roi, malgré ses idées de république, il se serait sacrifié pour la patrie. Seulement il aurait fallu lui montrer qu'il serait le plus fort : car un homme aussi prudent voyait bien le danger de remplir cette place avec des Marat, des Camille Desmoulins et des Fréron sur le dos. Personne n'y pensa; l'expérience des révolutions manquait encore aux gens, et l'on croyait que c'était grand'chose de faire des rois, des républiques ou des empires; depuis on a vu que le plus difficile est de les conserver.

Ces disputes durèrent environ trois semaines, l'Assemblée nationale ne décidait rien. Un grand nombre de ses membres, les évêques et les nobles, qu'on appelait le côté droit, avaient protesté contre les outrages faits au monarque et à son auguste famille, en déclarant qu'ils continueraient d'assister aux séances de l'Assemblée, mais sans prendre aucune part à ses délibérations ni reconnaître la légalité de ses décrets. Les autres membres, à ce qu'il paraît, eurent peur. Barnave, Lameth et Duport, qu'on appelait les « Feuillants, » et qui rendaient visite à Leurs Majestés en secret, parlaient toujours sans rien proposer de clair; cela traînait... traînait. A la fin le peuple perdit patience, il envoya des pétitions pour demander la déchéance du roi ; l'Assemblée nationale les mit de côté. Le peuple, indigné, courut au Champ de Mars en signer une autre plus forte, sur l'autel de la patrie ; mais le maire de Paris, M. Bailly, fit retarder en chemin ceux qui devaient la porter à l'Assemblée nationale; de sorte qu'ils arrivèrent au moment où l'Assemblée venait de décider que le roi ne pouvait être jugé, parce que sa personne était sacrée; *ce qui revenait à dire qu'il pouvait appeler les Prussiens et les Autrichiens en France, et nous livrer à son aise sans courir aucun risque.*

Le peuple reconnut alors que l'Assemblée nationale presque tout entière, excepté quelques hommes comme l'abbé Grégoire, Chauvel, Robespierre, etc., était gâtée; sa fureur grandit; les clubs tonnèrent; Danton dit aux Cordeliers qu'il fallait un supplément à la révolution; et les patriotes se donnèrent rendez-vous au Champ de Mars, pour dresser une nouvelle pétition, qui serait signée par des milliers de Français.

L'Assemblée nationale ne voulait pas de cela; elle comprit qu'une telle pétition lui forcerait la main : Lafayette et Bailly reçurent l'ordre d'appliquer la loi martiale, cette loi terrible qui permet de tirer sur le peuple après trois sommations de se disperser; et ils rassemblèrent tout de suite des masses de troupes.

Le lendemain, de bonne heure, le peuple, qui commençait à se réunir, découvrit sous l'autel de la patrie deux espions cachés là pour dénoncer à la cour ce qui s'était passé. On leur coupa la tête, et l'on promena ces têtes au bout de deux grandes perches, dans tout Paris. Alors Lafayette et Bailly, vers deux heures, arrivèrent au Champ de Mars : ils appliquèrent la loi martiale; les uns disent après avoir crié, les autres sans avoir crié, mais cela revient au même. Beaucoup de malheureux sans armes, des femmes, des vieillards, des enfants furent tués; la noblesse, les évêques, la cour et les émigrés durent être contents !

C'est par l'ordre de l'Assemblée nationale qu'on venait de tirer sur le peuple pour la première fois : la guerre entre les bourgeois et le peuple, quel malheur! Il ne pouvait pas en arriver de plus grand, puisque cette guerre dure encore, et que nous lui devons le gouvernement militaire et le despotisme.

Camille Desmoulins, Danton, Fréron étaient poursuivis par ordre de Bailly et de Lafayette; ils s'échappèrent. Mais ils revinrent; et Marat aussi revint; et les parents de ceux qu'on avait tués revinrent!... Ah! la guerre civile, la guerre entre les hommes de la même famille, voilà ce que nous avait d'abord attiré la fuite de Louis XVI ; le reste devait venir plus tard.

Cette Assemblée nationale, après avoir fait de si grandes choses, rendu des lois si justes, proclamé les droits de l'homme et du citoyen, et conservé sa grandeur au milieu des plus terribles épreuves, en arrivait là pour une idée misérable : l'idée du droit divin! contraire au bon sens, à la justice, à toute la constitution qu'elle venait de faire.

Quand on songe à de pareilles choses, il faut reconnaître l'infirmité de l'esprit des hommes et *surtout le danger des grosses listes civiles!!!* Heureusement cette assemblée gâtée, fatiguée et vendue, ne devait plus durer longtemps; la constitution était presque finie, les nouvelles élections approchaient.

VII

C'est au pays qu'il aurait fallu voir la joie des anciens justiciers, du prévôt, du lieutenant de police et des échevins destitués, lorsqu'ils apprirent le malheur du Champ de Mars. La satisfaction de ces gens était comme peinte sur leurs figures; ils ne pouvaient la cacher. Le père Raphaël Manque, un respectable bourgeois de Phalsbourg, président de notre club, prononça sur ces choses un discours désolé, disant que Marat, Fréron, Desmoulins et d'autres gazetiers abominables, en dénonçant tout le monde, en représentant Lafayette, l'ami de Washington, comme un traître, et Bailly, le président des états généraux au Jeu de paume, comme un imbécile, étaient cause de tout; qu'à force de vous exciter et de vous agacer, ces gens vous faisaient perdre la tête, et qu'il ne fallait qu'un instant de colère pour causer les plus grands malheurs.

Voilà comment il expliquait l'affaire. Mais la joie de nos ennemis nous montrait que c'était bien autrement grave et que cela partait de plus haut.

En même temps commençaient les assemblées primaires pour nommer les députés de la législative; la liste des citoyens actifs était affichée à la mairie; et nous autres citoyens passifs, qui ne payions pas la valeur de trois journées de travail en *contributions directes*, nous n'avions pas le droit de voter comme en 89 ! pourtant nous payions vingt fois plus en *contributions indirectes*, sur le vin, l'eau-de-vie, la bière, le tabac, etc.; nous étions des citoyens plus actifs par notre travail et notre dépense que les avares qui mettent toutes leurs économies en biens-fonds. Pourquoi donc cette différence ? Maître Jean lui-même disait alors :

« Ça va mal ! nos députés font des fautes... Beaucoup de patriotes, et des meilleurs, réclameront l'égalité par la suite. »

Les élections eurent lieu tout de même; on nomma des gens riches, qui payaient au moins cent cinquante livres de contributions directes; l'argent faisait tout maintenant; l'instruction, le bon sens, le courage, l'honnêteté, ne venaient plus qu'en seconde ligne, et l'on pouvait même s'en passer.

Quelque temps après, pendant les récoltes, Chauvel nous écrivit que la constitution était finie, que le roi venait de l'accepter, et qu'ils allaient revenir à Phalsbourg, par le coche de la rue Coq-Héron. Huit jours après, maître Jean et moi, nous les attendions dans la cour du Bœuf-Rouge, de bon matin; sur les huit heures, le coche tout blanc de poussière arriva; nous embrassâmes Chauvel et Marguerite, avec quels cris de joie, je n'ai pas besoin de vous le dire; chacun doit se le figurer. Mon Dieu, que Marguerite était devenue grande!.. C'était maintenant une femme, une belle brune, les yeux vifs et l'air malin. Ah! c'était bien la fille du père Chauvel; et quand elle sauta de la voiture en criant : « Michel! » c'est à peine si j'osai la recevoir dans mes grosses mains de forgeron, et l'embrasser sur les deux joues, tant j'étais confondu d'admiration. Chauvel, lui, n'avait pas l'air changé du tout ; on aurait dit qu'il venait de faire un tour en Alsace ou en Lorraine, pour vendre ses petits livres; il riait et disait :

« Eh bien! maître Jean, nous voilà de retour, tout a marché. — Je suis content de toi, Michel, tes lettres m'ont fait bien plaisir. »

Quelle joie de les revoir! quel bonheur de retourner aux Baraques, en portant le panier de Marguerite et marchant à côté d'elle! Et là-bas, dans la grande salle des Trois-Pigeons, de l'aider à déballer les cadeaux qu'elle nous apportait de Paris : un grand bonnet à cocarde pour dame Catherine, des aiguilles en acier avec un bel étui pour Nicole, au lieu des anciennes aiguilles en bois; et, pour la montre de Michel, de belles breloques rouges à la dernière mode, que je conserve dans mon secrétaire comme des louis d'or. Elles sont là dans une boîte... C'est vieux, c'est devenu jaune, et ça n'a pas même dû coûter cher en son temps ; Marguerite avait bien trop d'esprit pour me rapporter une chose de valeur; elle savait que le moindre objet d'elle aurait du prix pour moi. Eh bien! toutes fanées, toutes usées que sont aujourd'hui ces pauvres vieilles breloques, il faudrait encore un homme solide pour me les prendre; je les défendrais comme un vieux sauvage : — c'est le premier cadeau de Marguerite! — Elle avait alors dix-huit ans, j'en avais vingt-un; nous nous aimions... Qu'est-ce que je pourrais vous dire de plus?

Mais une chose que je dois vous raconter en détail, c'est le discours que prononça Chauvel, le lendemain soir, à notre club. Il était bien fatigué, il venait de passer six jours dans le coche; maître Jean s'écriait :

« Mais, Chauvel, vous n'y pensez pas !... vous n'en pouvez plus... Il sera toujours temps demain, après-demain. »

Malgré tout, cet honnête homme ne voulut pas attendre; il voulut rendre compte de son mandat tout de suite. Une quantité de gens vinrent des villages des environs, et voici ce que dit Chauvel; j'ai conservé son discours : car je comprenais qu'il en valait la peine et que je serais content de le retrouver plus tard :

« Messieurs, la constitution que vous nous avez chargés d'établir est finie. Le roi l'accepte, il jure de l'observer. Cette constitution va donc nous gouverner tous : c'est la première loi de notre pays. J'ai fait mon possible pour la rendre bonne ; j'ai soutenu vos intérêts de toutes mes forces, et maintenant je viens vous rendre compte de mes votes à l'Assemblée nationale, comme c'est mon devoir ; car je n'ai jamais oublié que j'étais responsable envers vous du mandat que vous m'avez confié.

« Sans responsabilité, rien d'honnête ne peut s'accomplir. Quiconque nous charge de ses affaires a droit de nous demander des comptes. Je viens donc vous rendre les miens. Si vous, vous êtes satisfaits, vous m'accorderez votre estime ; si je vous ai trompés, vous ne me devez que votre mépris »

Alors plusieurs se mirent à crier : « Vive notre député Chauvel; vive notre représentant! » Mais lui parut contrarié; ses lèvres se serrèrent, il étendit la main, comme pour dire : « Assez!... assez.. » et quand on se tut il s'écria :

« Mes amis, méfiez-vous de cet enthousiasme sans réflexion, qui vous empêcherait de faire la différence d'un honnête homme avec un coquin. Si vous applaudissez tout le monde sans réfléchir, à quoi me sert d'avoir rempli mon devoir? Vous feriez de même pour le premier intrigant venu. »

Mais, au lieu de l'écouter, les applaudissements redoublèrent, et lui, levant les épaules, dut en attendre la fin.

« Allons, fit-il, vous êtes satisfaits; vous avez approuvé ma conduite sans la connaître. Qu'est-ce que vous direz ensuite, si vous n'êtes pas contents? »

Il continua :

« Quand je vous quittai, le 10 avril 1789, la France était divisée en trois ordres : la noblesse, le clergé et le peuple, ou tiers état. Les deux premiers ordres avaient tous les biens, tous les bénéfices et tous les honneurs; et vous, le dernier ordre, cent fois plus nombreux que les deux ensemble, vous aviez toutes les charges et toutes les misères.

« Chacun de vous se souvient de ce qu'il souffrait en ce temps ; des masses d'impôts qui l'accablaient, des avanies qu'il était forcé de supporter, et des horribles famines qui venaient le désoler tous les deux ou trois ans. C'était la honte, la ruine du pays ; vous le savez, il est inutile d'en parler.

« Eh bien ! nous allons voir ce que l'Assemblée nationale a mis à la place ; les avantages que nous avons remportés, et les quelques défauts qu'il a fallu laisser subsister dans cette constitution, bien malgré nous.

« Je ne puis pas vous parler en détail des deux mille cinq cents lois ou décrets que nous avons votés en vingt-huit mois ; mais je puis vous en donner les points principaux. Et d'abord les ordres sont abolis ; c'est le premier article de la constitution : « Art. Iᵉʳ. Les hommes
« naissent et demeurent libres et égaux en
« droits. L'Assemblée nationale, voulant éta-
« blir la constitution française sur les droits
« de l'homme, abolit irrévocablement les ins-
« titutions qui blessent l'égalité des droits. Il
« n'y a plus ni noblesse, ni distinctions héré-
« ditaires, ni distinction d'ordres, ni régime
« féodal, ni justices patrimoniales, ni aucun
« titre, ni aucun des ordres de chevalerie,
« corporations ou décorations, pour lesquels
« on exigeait des titres de noblesse, ni aucune
« supériorité que celle des fonctionnaires pu-
« blics dans l'exercice de leurs fonctions. Il
« n'y a plus ni vénalité ni hérédité d'aucun
« office public. Il n'y a plus ni jurandes ni
« corporations de professions, arts et métiers.

« La loi ne reconnaît plus de vœux religieux,
« ni aucun autre engagement qui serait con-
« traire au droit naturel. Elle déclare que tous
« les citoyens sont admissibles aux places et
« emplois publics, sans autre distinction que
« celle des vertus et des talents ; que toutes les
« contributions seront réparties entre tous les
« citoyens également, en proportion de leurs
« facultés ; que les mêmes délits seront punis
« des mêmes peines, sans aucune distinction
« de personnes. »

« Tout cela, je l'ai voté : car à mes yeux l'égalité et la justice sont une seule et même chose. C'est le premier point ; et vous voyez que sous ce rapport vous n'avez plus rien à désirer.

« Le deuxième point, c'est la liberté. Tous les droits se tiennent ; ils s'appuient les uns sur les autres : si les citoyens n'avaient pas la liberté de parler, d'écrire, d'imprimer et de répandre leurs idées, à quoi leur servirait d'avoir des droits, puisqu'ils ne pourraient se plaindre, réclamer et forcer par la justice de leurs réclamations, entendues de la nation entière, les violateurs de leurs droits, de les respecter et même de réparer le tort commis à leur égard ? Toutes les lois seraient des lettres mortes ; le plus fort aurait toujours raison ; en vous mettant la main sur la bouche, il pourrait vous voler et vous égorger impunément dans un coin. Aussi la constitution garantit-elle à chacun, comme droits naturels et civils, la liberté de parler, d'écrire, d'imprimer ses pensées et de les répandre par tous les moyens.

« Après cela viennent les autres libertés : celle d'aller, de venir, de rester, de partir, sans pouvoir être arrêté, accusé, ni détenu, que dans les cas déterminés par la loi et selon les formes qu'elle prescrit ; celle d'exercer le culte religieux qui nous convient ; la liberté d'adresser aux autorités constituées des pétitions signées individuellement ; la liberté de se réunir pour discuter les affaires de la nation ; enfin, la liberté de faire tout ce qui ne peut pas nuire au droit d'autrui ni à la sécurité publique.

« J'ai voté tout cela sans aucune exception : car si l'égalité est la justice même, la liberté est la garantie de la justice ; l'une n'existe pas sans l'autre.

« Le troisième point, c'est la fraternité. La constitution déclare qu'il sera créé et organisé un établissement général de secours publics, pour le soulagement des pauvres infirmes et des pauvres valides manquant de travail. Ce n'est plus à l'aumône qu'elle s'en rapporte ; la mendicité dégrade l'homme, elle lui fait perdre le sentiment de sa dignité ; elle l'abaisse, en le forçant de se courber devant son semblable : cela dégénère en bassesse ; la constitution ne veut plus de cela, c'est nuisible à la grandeur de la nation. Elle déclare donc que la bienfaisance n'est plus seulement une vertu individuelle, mais un devoir social.

« Mais, au point de vue de la charité, ou, pour mieux dire, de la solidarité des hommes réunis en société, il est un bienfait plus grand que tous les autres : l'instruction publique ; car, a dit le Christ, notre modèle à tous, « l'homme ne vit pas seulement de pain, il vit « d'esprit ! » La constitution, comprenant cette belle parole, déclare qu'il sera créé et organisé une instruction publique commune à tous les citoyens ; gratuite à l'égard des parties d'enseignement indispensables à tous, telles que la lecture, l'écriture et les éléments de calcul, et dont les établissements seront distribués dans un rapport combiné avec la division du royaume.

« Ainsi, messieurs, vous voyez que cette première partie de la constitution se résume en trois mots : Égalité, liberté, fraternité. C'est là le droit des personnes. Il restait à compléter les droits de notre pays pour les choses. Vous n'avez pas oublié qu'avant 89, de même qu'il existait des ordres de gens, il existait aussi des ordres de biens, des propriétés de toutes sortes : apanages, prairies, grands fiefs, fiefs simples, arrière-fiefs ou bénéfices communaux, censives, etc. Plus on était pauvre et misérable, plus votre morceau de terre était surchargé d'impôts ; plus vous étiez puissant, moins vos terres en étaient grevées. La constitution abolit toutes ces distinctions ; les impôts seront répartis également, et toutes les propriétés seront inviolables au même titre.

« De plus, la constitution attribue les biens ci-devant destinés à des services publics, tels que les glacis des places fortes, les rues, les promenades publiques et les monuments, à la nation et non plus au roi. Elle met à la disposition de la nation, pour les vendre et payer ses dettes, ceux qui étaient affectés aux dépenses du culte commun, savoir : les prieurés, les abbayes, couvents et biens de toute sorte qui en dépendent. Donc, maintenant tout est en ordre ; et l'un de nos derniers décrets porte qu'il sera formé un code civil de lois, pour régler les rapports des personnes et des biens dans tout le royaume. Ce code civil complétera notre œuvre, en effaçant les dernières traces du droit romain et du droit coutumier, qui varient encore d'une province à l'autre et jettent la confusion au milieu de nous.

« Je ne vous parlerai pas aujourd'hui de notre droit public, de la nouvelle division du royaume, de la tenue des assemblées primaires et électorales, de la réunion des représentants en assemblée législative, de la royauté, de la régence et des ministres ; des relations du Corps législatif avec le roi, de l'exercice du pouvoir exécutif ; des relations extérieures de la France : toutes ces parties sont réglées en détail par la constitution. Mais ce qui nous regarde particulièrement, nous autres, ce qui nous intéresse ; non pas une fois tous les deux ans, mais toutes les heures de notre vie, c'est l'argent ! Aussi, pendant toute la durée de l'Assemblée nationale, je me suis toujours inquiété de votre argent et du mien, pour savoir ce qu'il deviendrait, qui le demanderait, qui le toucherait, qui l'aurait dans sa caisse, et comment on le dépenserait. J'étais de toutes les commissions pour examiner ce chapitre, et je savais aussi que cela vous ferait plaisir, parce qu'on n'aime pas travailler pour des fainéants ; on n'aime pas que des pique-assiettes mangent ce que vous avez gagné ; cela vous révolte et vous dégoûte. »

Alors, malgré les recommandations de Chauvel, toute la vieille halle éclata d'applaudissements, et lui-même ne put s'empêcher de sourire : car il avait touché la vraie corde, la corde sensible des paysans.

Maître Jean riait comme un bienheureux, et disait.

« Ah ! qu'il a raison, et qu'il nous connaît bien tous ! »

Enfin, le tumulte s'étant apaisé, Chauvel continua :

« Autrefois, le pays entier était sous la mouvance du roi, notre seigneur et maître suprême, chef irresponsable de l'État ; nos terres et nos personnes étaient à lui ; ce qu'il voulait d'argent, les assemblées provinciales le votaient, quelquefois en faisant la grimace, mais elles le votaient ; les intendants et les collecteurs faisaient la répartition ; les conseils de paroisse, avec le sieur syndic, estimaient la part de chaque héritage roturier ; le pauvre peuple payait, et Sa Majesté n'avait pas de comptes à nous rendre. Eh bien, la constitution établit aujourd'hui que les contributions publiques seront délibérées et fixées chaque année par le Corps législatif, et qu'elles ne pourront subsister au delà du dernier jour de la session suivante. Vous voyez donc que c'est vous-mêmes qui fixerez à l'avenir les contributions que vous voudrez bien payer, puisque vous nommez les gens chargés de les consentir pour vous. Si vous envoyez des paysans, soyez sûrs qu'ils ne consentiront pas facilement à s'imposer eux-mêmes, avec vous, au profit des courtisans ; si vous en envoyez d'autres, ça vous regarde. Il existe d'honnêtes gens dans tous les états, mais il faut bien les connaître avant de les envoyer.

« Le Corps législatif devant être renouvelé tous les deux ans, les impôts ne peuvent subsister après ce terme, et, s'ils n'ont pas été votés de nouveau, personne n'a le droit de vous demander un liard. — Voilà ce qui fait la force de notre constitution ; du moment que le Corps législatif refuse les impôts, tout s'arrête, il faut que le roi cède.

« En outre, pour que vous autres, contribuables, vous puissiez bien voir si vos députés sont fidèles, s'ils ne sont pas trop coulants à donner votre argent, les comptes détaillés de la dépense devront être rendus publics, par la voie de l'impression, au commencement de chaque législature. Il en sera de même des états de recettes des diverses contributions et de tous les revenus publics. Ainsi, tout citoyen qui voudra s'inquiéter de ses propres affaires n'aura qu'à lire la gazette une fois par an ; il verra si son député défend bien les intérêts des contribuables, s'il vote les yeux fermés, ou s'il

Écoutez ! c'est la France qui parle! (Page 70.)

ne se soucie pas assez de ce chapitre... Alors, à moins d'être un imbécile, le citoyen saura ce qu'il doit faire.

« Je crois qu'il était impossible d'organiser un meilleur contrôle. Reste à savoir si vous devez être contents des dépenses : car la constitution porte que, sous aucun prétexte, les fonds nécessaires à l'acquittement de la dette nationale et au payement de la liste civile ne pourront être refusés ou suspendus. Pour la dette nationale, rien de plus juste, et j'ai voté *oui*; une grande nation comme la France ne peut se laisser mettre en faillite, et ceux qui lui prêtent doivent savoir qu'il n'existe pas de meilleur placement dans le monde; chacun de nous en répond jusqu'à son dernier liard, et nous serions indignés si nos représentants voulaient faire banqueroute pour nous, c'est clair!

« Mais, quant à la liste civile, pourquoi doit-elle passer avant tous les services de l'État? Est-ce que nos juges, nos magistrats, nos administrations, nos soldats, ne doivent pas être aussi sûrs de leur payement que le roi? Pourquoi le roi doit-il recevoir ses appointements avant ceux qui font l'existence de la nation? Je n'en vois pas la raison. J'ai voté contre, et je regarde cela comme un défaut de notre constitution; mais ne nous arrêtons pas là-dessus, c'est un petit défaut. Et d'ailleurs la constitution réserve à l'Assemblée législative le droit de fixer, à la fin de chaque règne, le montant de la liste civile pour le règne suivant. C'est un grand remède, et nous ne devons pas

C'est l'ouvrage de votre brave Nicolas qui vient de déserter. (Page 81.)

douter que nos représentants n'en fassent usage, lorsque par la suite les vieilles habitudes d'entretenir une foule de laquais, de valets et de courtisans, sera passée de mode à la cour, et que l'on comprendra combien il est triste d'appauvrir celui qui travaille, pour entretenir l'orgueil et la fainéantise des gens qui ne sont bons à rien, qu'à déshonorer l'espèce humaine.

« Oui, cela viendra avec le progrès du bon sens et de la justice; mais, en attendant, je crois qu'après avoir traversé tant de misères, le peuple aurait tort de se plaindre. Nos conquêtes sont immenses; nous avons enfin ce que nos malheureux pères ont demandé les mains au ciel pendant des siècles : nous avons des droits solidement établis et des armes pour les défendre; au lieu d'être de pauvres animaux courbés sur la terre, nous sommes devenus des hommes.

« Et maintenant que nous avons pris le dessus, malgré les cris, malgré les injures et les calomnies de la race qui vivait à nos dépens, malgré ses ruses pour nous opposer les uns aux autres; maintenant que ces honnêtes gens partent par milliers et qu'ils vont soulever le ciel et la terre contre nous, en Allemagne, en Angleterre, en Russie; pendant que les autres, restés en France, abusent de la protection des lois et d'une religion de charité et de fraternité, pour soulever les populations ignorantes du Midi et de l'Ouest contre la constitution; maintenant que ces bons Français préparent à la fois la guerre civile et l'invasion, pour rattraper leurs priviléges coûte que coûte! mes amis, je vous en conjure, tenons ferme ensemble; mettons de côté nos divisions; qu'il ne soit jamais question entre nous de citoyens actifs et de citoyens passifs; c'est la seule loi tout à fait mauvaise que nos ennemis aient fait passer à l'Assemblée nationale, le seul grand défaut de notre constitution; mais elle disparaîtra: les bourgeois comprendront bientôt que, seuls, ils seraient écrasés par le clergé et l'aristocratie; et que, pour recueillir et surtout pour conserver les fruits de la victoire commune, il faut absolument qu'ils s'allient avec le peuple, et qu'ils effacent de leurs propres mains ces distinctions injustes de citoyens actifs et de citoyens passifs.

« Un dernier mot.

« Nous avons gagné, tâchons de conserver notre gain; et pour cela, messieurs, que chacun se mette bien dans la tête qu'il est souverain, entendez-vous, *souverain!* que tous les fonctionnaires, depuis le premier jusqu'au dernier, depuis le roi jusqu'au garde champêtre, sont établis, non pour leurs intérêts particuliers ou pour l'intérêt d'une dynastie, mais pour le nôtre, à nous qui les avons nommés et qui travaillons pour les payer. *Celui que je paye est mon serviteur.* Voilà ce qu'il faut bien comprendre, voilà ce qu'il faut mettre dans l'esprit de nos enfants, voilà ce qui fera la force et la grandeur de notre pays. Et puis, disons aussi que chacun soit pour tous et que tous soient pour chacun. Ne laissons jamais violer les droits d'un de nos concitoyens; s'il crie, s'il réclame, courons à sa défense comme on court au feu; et si quelque fonctionnaire aristocrate veut violer notre droit à nous, protestons, réclamons, appelons nos concitoyens à notre secours.

« Je vous le déclare franchement, celui qui laisse violer la loi dans sa personne est un lâche; il mérite d'être foulé aux pieds et rattaché à la glèbe; et celui qui ne vient pas au secours d'un citoyen qu'on opprime est un traître à la nation. Nous avons assez souffert de l'injustice et du bon plaisir pendant des siècles; il est temps d'établir entre nous une grande assurance, de prendre la constitution pour base, et de regarder quiconque la viole comme notre plus dangereux ennemi. De cette façon nous serons heureux; et quand toute l'Europe marcherait pour nous détruire, nous pourrons la regarder en face avec calme: un grand peuple qui défend ses droits fondés sur la justice et le bon sens est invincible, il peut défier l'univers. »

Après ce discours de Chauvel, dont tous les anciens de notre pays ont gardé le souvenir, on peut se figurer l'enthousiasme des patriotes. Le président Raphaël lui fit des remercîments publics; on le reçut par acclamation membre du club; et puis nous repartîmes pour les Baraques, vers dix heures, au moment où l'on sonnait le couvre-feu aux deux casernes.

VIII

C'est dans ce mois d'octobre 1791, au commencement de l'Assemblée législative, que Chauvel montra quel homme de commerce il était. En moins de trois semaines il avait vendu sa maison des Baraques au grand Létumier, qui mariait sa fille Christine avec un garçon de Mittelbronn. Il avait loué le rez-de-chaussée du vieux Baruch Aron, en face de la halle, à Phalsbourg; il avait arrangé des rayons à l'intérieur pour ses gazettes, ses livres et ses brochures; il recevait de gros ballots, que Marguerite défaisait et rangeait en bon ordre dans leur boutique; ses deux colporteurs, Toubac et Marc Divès, couraient l'Alsace et la Lorraine, la balle aux dos; enfin tout allait en diligence, jamais on n'avait vu de commerce pareil au pays.

C'est même par Chauvel qu'arriva la mode des petits fichus tricolores où se trouvaient imprimés les droits de l'homme et du citoyen; toutes les femmes patriotes en portèrent. Alors les autres en eurent avec des versets de l'Apocalypse et cette inscription sur la bordure: « Que si les acheteurs n'étaient pas contents, on leur rendrait leur argent, quand la nation rembourserait ses assignats. »

Chauvel vendait de tout: autant de petits livres des capucins que de catéchismes politiques; autant de gazettes d'émigrés que de numéros de *l'Ami du peuple,* de lettres *bougrement patriotiques du père Duchêne;* et maître Jean s'étant permis un jour de lui dire qu'il avait tort, il lui répondit avec malice:

« Laissez faire, maître Jean, nos princes, nos seigneurs et nos évêques, nos petits abbés et nos dévotes nous rendent un fameux service d'imprimer leurs idées; ils éclairent le peuple; ils font notre ouvrage mieux que nous-mêmes. »

Mais en même temps, pour donner aux patriotes le moyen de connaître à bon marché les dernières nouvelles, il établit à côté de sa boutique, sur la rue du Cœur-Rouge, une sorte de maison d'école avec une grande table et des bancs: la table était couverte de gazettes arrivées le matin, et chacun entrait là, s'asseyait et lisait à son aise, pour un sou, tant qu'il voulait.

Quelle belle invention! Depuis longtemps elle existait à Paris, mais il fallait un homme de bon sens comme Chauvel, pour en faire profiter notre petite ville et ses environs.

Tout cela ne l'empêchait pas de mener rondement notre club: car il avait été nommé président à la place de Raphaël Manque, et trois fois par semaine, après sept heures, la halle se remplissait de monde.

Chauvel arrivait; il montait à l'étal, s'asseyait dans le fauteuil, posait sa tabatière et son mouchoir à droite, après avoir pris une bonne prise, et s'écriait:

« Messieurs! la séance est ouverte. »

Aussitôt il déployait le *Moniteur* et se mettait à lire les discussions de l'Assemblée législative et quelquefois aussi celles des Jacobins, dans le *Journal des Débats*. Il expliquait ce qu'un grand nombre n'aurait pas pu comprendre, et puis, les nouvelles finies, il disait:

« Voilà, messieurs, où nous en sommes! Quelqu'un veut-il parler? »

Tantôt l'un, tantôt l'autre avait quelque chose à dire. On écoutait... on répondait. Non-seulement les ouvriers, les bourgeois et les officiers municipaux de la ville venaient là; mais encore le colonel Bazelaire envoyé par l'Assemblée nationale pour remplacer le sergent Ravette, qui ne connaissait pas assez les grandes manœuvres. Chacun disait son mot, et, sur le coup de dix heures, pendant que le couvre-feu sonnait encore à la mairie, Chauvel se levait en s'écriant d'un air de bonne humeur:

« Les affaires publiques sont expédiées; à lundi, mercredi ou samedi prochain! »

Si je vous raconte ces choses, c'est parce qu'il faut que vous les sachiez; mais vous pensez bien qu'alors d'autres idées me passaient par la tête. C'est le temps où j'allais faire ma cour à Marguerite tous les dimanches, avec mon chapeau à cornes, mes bottes cirées au blanc d'œuf, et mes grosses breloques rouges pendues majestueusement sur l'estomac. Ah! je n'étais plus ce bon Michel Bastien, qui se croyait propre en se faisant la barbe une fois par mois.

Depuis l'arrivée de Marguerite, j'avais vu que cela ne pouvait plus aller; que bien d'autres la trouvaient jolie et regardaient ses grands yeux bruns et ses beaux cheveux noirs avec plaisir, et que je n'étais pas le seul non plus à penser qu'elle avait de l'esprit et du bon sens. Non! beaucoup d'autres avaient mes idées; et ce n'étaient pas seulement des ouvriers ou des paysans, c'étaient des mirliflores, de jeunes officiers d'Auvergne, des ci-devant, en perruques poudrées, qui remplissaient la boutique de leurs bonnes odeurs, achetaient des gazettes, riaient et roucoulaient pour s'attirer seulement un sourire. J'avais vu cela bien vite. Aussi, comme je me lavais, comme je me rasais! Dieu du ciel! il fallait me voir le dimanche matin devant mon petit miroir pendu à la lucarne, en train de me faire la barbe deux ou trois fois de suite. Mes joues en reluisaient comme une hache neuve; et je ne me trouvais pas encore assez beau, je me passais dix fois la main autour du menton, pour voir si rien n'y manquait. Et puis, après neuf heures, quand la mère venait de partir dans la neige pour aller entendre la messe du prêtre réfractaire à Henridorff, le vieux père arrivait tout doucement; il grimpait l'escalier et regardait par la soupente au niveau du plancher, en me disant tout bas:

« Michel, elle est partie!... Est-ce que tu veux que je te fasse la queue? »

Car c'est lui qui m'arrangeait la queue, une queue noire, grosse comme le bras, et que j'étais forcé pendant la semaine d'enfoncer sous ma chemise, parce qu'elle me battait les épaules en forgeant et me gênait pour le travail. C'est lui, l'excellent homme, qui me la tressait lentement, avec soin. Je me vois encore à cheval sur la chaise, et ce bon père, qui me peigne, tout heureux. Il était fier de mes épaules et de mes reins, et disait:

« Ah! ce n'est pas parce que je suis ton père, mais dans tout le pays il n'y a pas d'aussi fort homme que toi! »

Je m'attendrissais et j'aurais voulu lui parler de mon amour, mais je n'osais pas; je respectais trop mon père. Et puis il savait bien que j'aimais Marguerite; il en était sûr. La mère aussi s'en doutait; elle s'apprêtait pour la bataille; et, le père et moi, sans nous rien dire, nous nous apprêtions de notre côté. Cela devait être terrible, mais nous pensions l'emporter tout de même.

Enfin, dans ce petit grenier, sous le chaume, nous rêvions à de beaux jours. Lorsque j'étais bien rasé, bien habillé, et que le bon père m'avait encore donné un coup de brosse, il disait:

« C'est bon!... va maintenant, tu peux partir!... Amuse-toi bien, mon enfant... »

Il ne s'était pas beaucoup amusé, lui, dans sa longue vie de travail, il n'avait pas eu beaucoup de bons moments; et maintenant encore que la mère abandonnait là baraque pour courir au loin entendre la messe d'un prêtre qui violait les lois de son pays, le pauvre homme était forcé de peler les pommes de terre et de préparer lui-même le dîner. Voilà ce que c'est d'être trop bon!...

Alors je l'embrassais, et je partais le cœur content; il me regardait en souriant de sa porte, et toutes les vieilles restées aux Baraques se penchaient dans leurs lucarnes pleines de givre, pour me voir passer. J'entrais à l'auberge des Trois-Pigeons, où je dînais au galop, et je me sauvais ensuite à travers le petit jardin derrière, dans la crainte d'être retenu : car souvent dans cette saison des premières gelées, des voituriers de passage avaient leurs chevaux à ferrer, et naturellement il aurait fallu ôter son bel habit et retrousser ses manches.

Au bout d'un quart d'heure j'arrive en ville, au coin de l'apothicaire Tribolin, mort depuis soixante ans; il me fait un signe de tête, pour me souhaiter le bonjour, mais je ne le regarde pas... Je vois plus loin la boutique de Chauvel, avec sa porte ronde, le petit toit en planches au-dessus, et les paquets de brochures en étalage sur les supports des fenêtres. Des gens entrent et sortent avec leur journal : des patriotes, des traîneurs de sabre, des ci-devant; et puis je suis sur la porte; Marguerite, en petit bonnet blanc, vive, alerte, est là, derrière le comptoir; elle parle, elle donne à chacun ce qu'il demande.

« Voici, monsieur, les *Révolutions de Paris*, c'est six liards.—Monsieur demande le *Journal de la cour et de la ville?* les derniers numéros sont partis. »

Elle est dans le feu de la vente; mais aussitôt qu'elle me voit, sa figure change, et d'un air tout joyeux elle me crie :

« Entre à la bibliothèque, Michel, mon père est là ; je vais venir. »

Je lui serre la main en passant; elle rit et me dit :

« Va ! va ! je n'ai pas le temps de causer. »

Et j'entre dans la bibliothèque, où le père Chauvel, assis à son bureau, écrit dans son registre; il se retourne :

« Ah! ah! c'est toi, Michel? Bon... assieds-toi... Laisse-moi finir ces quatre lignes. »

Tout en écrivant, il me demande des nouvelles de maître Jean, de dame Catherine, de la forge et de tout en détail. Ses quatre lignes continuent. A la fin je me lève en disant :

« Il faut que j'aille voir les nouvelles.

— Oui, va... va..., je suis en train de régler un compte. »

Alors je passe à gauche, dans la grande salle, où les patriotes lisaient les gazettes arrivées le matin. Le grand Thévenot, membre du conseil général de la commune; le gros Didier Hortzou, chapelier de la place d'Armes, auquel Broussousse a succédé plus tard; le jeune médecin Steinbrenner, que nous avons eu pendant vingt ans pour maire; le cabaretier Rottenbourg, le petit tapissier Laffrenez, l'apothicaire en chef de l'hôpital militaire Dapréaux, sont là penchés d'un air grave. Quelques-uns écrivent leurs lettres, et moi je fais semblant de lire, en regardant par la porte vitrée Marguerite, qui va et vient dans la boutique, et qui regarde aussi dans les petites vitres en souriant. Quelquefois elle entre comme un éclair et me donne un journal en me disant à l'oreille :

« Lis ça, Michel, ça te fera plaisir. »

Je passais là des heures entières, mais quant à vous dire ce que je lisais, j'en serais bien embarrassé. Je prenais du bonheur pour toute la semaine en regardant Marguerite, et je n'aurais pas changé cette vie contre cent mille autres.

Le père Chauvel, me voyant si bien rasé, la queue si bien faite, et les habits tirés, comme on dit, à quatre épingles, se mettait à rire avec malice en m'appelant muscadin. J'en devenais tout rouge. Souvent aussi il me tendait sa grosse tabatière en s'écriant :

« Allons, une prise, citoyen Michel! »

Mais d'aller me barbouiller le nez sans raison, qu'est-ce que Marguerite en aurait pensé? Je disais au père Chauvel que le tabac me faisait mal à la tête, et lui riait, en me traitant d'aristocrate qui ne veut pas salir son jabot. C'était un moqueur, mais dans le fond il m'aimait bien; il savait aussi que je ne restais pas là tous les dimanches depuis une heure jusqu'à six et sept heures du soir, à faire semblant de lire et de politiquer pour lui seul. Il avait l'œil trop malin pour ne pas voir les choses clairement, et s'il me laissait sourire à Marguerite, c'est qu'il me trouvait un honnête garçon; sans cela je suis sûr qu'il m'aurait mis dehors, et sans gêne. Il me voyait donc avec satisfaction, et mes idées lui convenaient aussi; seulement, chaque fois que l'occasion s'en présentait, il me recommandait toujours de lire de bons livres. Il me prêtait tous ceux que je voulais de sa bibliothèque, et il n'en avait que de sérieux.

Comme je ne pouvais plus entrer dans la maison qu'il avait vendue, c'est dans mon grenier que je lisais le soir, et la dépense d'huile que cela coûtait pour ma lampe indignait ma mère. C'était une cause de dispute à la baraque; si je n'avais pas eu soin d'enfermer les livres dans mon coffre, chaque fois que je sortais, je suis sûr qu'elle aurait été capable de les brûler; depuis des années, les capucins avaient prêché que les livres étaient la perdition des âmes, qu'ils étaient comme l'arbre de la science du bien et du mal, où le serpent avait cueilli la pomme d'Adam pour nous faire chasser du paradis, et d'autres sottises pareilles. Les livres qu'ils défendaient le plus, c'étaient la Bible et les Evangiles, parce que le peuple aurait reconnu que les gueux faisaient le contraire de ce que le Sauveur avait ordonné. On peut se figurer, d'après cela, dans quelle ignorance profonde le monde vivait avant 89. Au club, Chauvel ne cessait pas d'engager les gens à s'instruire; il avait bien raison : car si la misère est une plaie horrible, l'aveuglement de la bêtise en est une plus grande.

Encore notre pays d'Alsace et de Lorraine n'était-il pas le plus arriéré de France, et je me rappelle que tout le club fut indigné, lorsque Chauvel nous lut le rapport que Gensonné, commissaire civil envoyé dans les départements de la Vendée et des Deux-Sèvres, venait de faire à l'Assemblée législative, touchant les troubles religieux. Alors nous reconnûmes que l'ignorance était plus extraordinaire là-bas que chez nous, et qu'elle pouvait même devenir très-dangereuse pour la nation.

Dans ce rapport, il était dit que les paysans poursuivaient les prêtres constitutionnels, à coups de bâton le jour et à coups de fusil la nuit; que les prêtres réfractaires continuaient leurs fonctions; qu'ils disaient la messe, confessaient et faisaient l'eau bénite dans leurs maisons; que la difficulté des chemins et la simplicité des pauvres êtres élevés dans le culte des images rendaient leur conversion aux droits de l'homme très-difficile et même presque impossible; d'autant plus qu'une lettre circulaire du grand vicaire Beauregard prescrivait aux curés de la Vendée de ne pas dire la messe dans les églises paroissiales, de crainte que les fidèles ne fussent gâtés par les prêtres schismatiques, mais de réunir leurs paroissiens dans des lieux écartés, sous une roche, au fond d'une grange, avec un simple autel portatif, une chasuble en indienne ou de quelque autre étoffe grossière, des vases d'étain, etc.; les assurant que cette pauvreté pour la célébration des saints mystères ferait plus d'impression sur le peuple que des vases d'or, et leur rappelant les persécutions de la première Église chrétienne, où l'on avait vu tant de martyrs.

Oui, nous comprîmes alors combien c'était dangereux; et ce même jour, Chauvel, en finissant de lire ce rapport, nous expliqua que les prêtres réfractaires devaient avoir reçu l'ordre de mettre la guerre civile en France, pendant que les émigrés, à la tête des Allemands, essayeraient de nous envahir. Il nous dit que c'était sûrement le plan de nos ennemis, et qu'il fallait nous tenir de plus en plus ensemble, si nous voulions leur résister.

Tous les voyageurs de commerce qui revenaient de l'autre côté du Rhin nous apprenaient qu'à Worms, à Mayence, à Coblentz, plus de quinze mille gentilshommes étaient prêts à guider les armées de Léopold et de Frédéric-Guillaume, lorsque le moment d'entrer en Lorraine serait venu. Il fallait donc absolument prendre des mesures : l'Assemblée nationale décréta le 9 novembre 1791 que les Français rassemblés sur la rive droite du Rhin étaient suspects de conjuration; que, s'ils restaient en état de rassemblement jusqu'au 1er janvier, ils seraient poursuivis comme coupables et punis de mort, et que leurs revenus seraient confisqués au profit de la nation.

Le roi mit son *veto* sur ce décret.

Aussitôt les agitations redoublèrent en Bretagne, dans le Poitou et le Gévaudan; les moines envoyés en mission élevaient des calvaires à l'embranchement de tous les chemins; ils distribuaient aux passants des chapelets, des médailles et des indulgences; ils déclaraient nuls les mariages célébrés par les prêtres constitutionnels et tous leurs sacrements abominables; ils excommuniaient les officiers municipaux qui les avaient installés à l'église et donnaient l'ordre aux fidèles de n'avoir aucune communication avec les intrus.

On vit alors des femmes se séparer de leurs maris, des enfants abandonner leur père, et la plupart des paysans de ces provinces renoncer au service de la garde nationale. C'est le temps où Jean Chouan se mit en route dans le bas Maine, comme Schinderhannes et sa bande dans nos pays; ils commencèrent petitement par piller les écuries et les granges; mais, au bout de deux ou trois ans, ils devinrent célèbres, surtout Jean Chouan, que la noblesse et le clergé reconnaissaient comme un ferme soutien du trône et de l'autel, et qui donna son nom aux armées de la Vendée.

L'Assemblée législative, voulant arrêter ces débordements, décréta le 29 novembre que les prêtres non assermentés seraient privés de leur pension; qu'ils ne pourraient plus dire la messe, même dans des maisons particulières, et que s'il s'élevait des troubles dans leur commune, à propos de religion, le département les forcerait d'aller demeurer ailleurs.

Eh bien ! le roi mit encore le *veto* sur ce décret. Il approuvait donc tout ce qui pouvait nous nuire, et rejetait tout ce qui pouvait nous sauver. On a trouvé plus tard des lettres qu'il écrivait dans ce même temps au roi de Prusse, *pour le supplier de se presser !* on a vu qu'il s'entendait avec nos ennemis et qu'il ne s'inquiétait que de lui-même et de ses ordres privilégiés. S'il est arrivé de grands malheurs, peut-on nous les reprocher? Fallait-il nous laisser piller par des gens qui n'avaient fait que cela de père en fils, depuis des siècles, et qui nous appelaient la race des vaincus?

L'Assemblée législative, où Brissot, Vergniaud, Guadet, Mathieu Dumas, Bazire, Merlin (de Thionville), etc., ne pouvaient s'entendre sur rien, s'accordait au moins sur cela que Sa Majesté Louis XVI ne méritait pas notre confiance, et la reine Marie-Antoinette encore moins. La nation entière pensait comme eux. On était dans la plus grande inquiétude, et durant cet hiver de 91 à 92, qui fut très-rude au pied de nos montagnes, les gens assis autour de leur âtre, tout pensifs, se disaient:

« Nous ne récolterons pas nos semailles ; la guerre arrivera pour sûr au printemps. Cela ne peut pas durer; il vaut encore mieux se massacrer que de supporter une existence pareille ; le plus tôt vaudra le mieux ! »

Ah! le roi, la reine, les belles dames de la cour, les grands seigneurs et les évêques réfractaires, qu'on n'a pas cessé de plaindre depuis soixante et dix ans et de représenter comme des martyrs, auraient bien dû venir chez nous, dans les baraques de nos bûcherons, de nos schlitteurs, pour se trouver très-heureux d'avoir des millions à dépenser par an, tandis que tant d'honnêtes gens laborieux n'avaient pas seulement des pommes de terre en suffisance. Ils auraient dû penser qu'en cherchant à tout ravoir, comme autrefois, injustement et sans raison, en écrivant à nos ennemis, en excitant la guerre civile dans le royaume, en s'opposant aux décrets qui pouvaient rétablir l'ordre, en trompant et mentant tous les jours, en calomniant les patriotes, en regardant leurs semblables comme des animaux et s'efforçant de les tenir sous leurs pieds, au nom de celui-là même qui s'était sacrifié pour les sauver! ces gens auraient dû penser qu'ils n'étaient pas des modèles de vertu et que Dieu lui-même les punirait d'une façon terrible.

Quelquefois, lorsque les mauvaises nouvelles se répandaient, soit au marché, soit autour des casernes, ou dans nos villages, on sentait comme un frémissement de colère dans la foule; les patriotes se regardaient et devenaient pâles une seconde, et puis tout avait l'air de se calmer; c'était une goutte de plus dans ce vase de douleurs, qui se remplissait lentement et qui devait déborder un jour.

Une chose plus agréable, et qui me revient toujours avec plaisir, c'est le mariage de Christine Létumier et de Claude Bonhomme, le fils du charron de Mittelbronn, en janvier 1792. C'était le premier mariage constitutionnel des Baraques. Létumier, qu'on appelait le riche depuis sa bonne affaire sur les biens nationaux, avait invité plusieurs de ses parents du pays Messin. Ils ne vinrent pas tous; mais son cousin Maurice Brunet, président du club de Courcelles, et sa cousine Suzanne Chassin, fille d'un armurier du même endroit, arrivèrent.

Cette pauvre Christine, sans rancune de ce que j'en aimais une autre, m'avait choisi pour être le Valentin de Marguerite. Ah! la bonne créature, et que j'aurais voulu pouvoir l'aimer à cause de ça! Lorsqu'elle vint me prendre par la main et qu'elle me dit: « Voici votre Valentine ! » mes yeux se remplirent de larmes; je la regardais le cœur tout gros; elle me souriait d'un air un peu triste et me demanda:

« Êtes-vous content, Michel?

— Oh! oui, bien content, lui répondis-je. Soyez aussi heureuse, Christine; ayez tous les bonheurs de ce monde. »

Chauvel, maître Jean en uniforme de lieutenant de la garde citoyenne, Cochard, Huré, Raphaël Manque, notre ancien président, et bien d'autres, étaient de la noce. La mairie fourmillait de patriotes; et quand Joseph Boileau, son écharpe autour du ventre et l'air majestueux, prononça les paroles de la constitution: « La loi vous unit, » un cri de « Vive la nation ! » fit grelotter toutes les vitres de la haute salle et s'étendit jusque sur la place d'Armes.

C'était autre chose qu'une simple inscription à la maison de cure, où les feuilles qui se perdaient souvent, de sorte qu'on ne savait plus le jour de sa naissance ou de son mariage. J'en ai connu plusieurs qui se sont trouvés dans ce cas; et, lorsqu'il fallut mettre en ordre les vieux papiers de la cure, pour les inscrire au registre de l'état civil, notre secrétaire de la commune, Freylig, eut de l'ouvrage.

Enfin cette nouvelle cérémonie fit plaisir à tout le monde. Après cela, Jean Rat, son tricorne garni de rubans tricolores, nous reconduisit aux Baraques en jouant de la clarinette. Une fois dehors, en plein champ, malgré le froid qu'il faisait, on riait, on courait pour se réchauffer. Marguerite, à mon bras, trottait; Christine, devant nous, paraissait toute consolée avec Claude Bonhomme, et les vieux, derrière, bavardaient en se dépêchant. Chauvel lui-même était gai comme un pinson; le grand Létumier, une main sur son chapeau pour l'empêcher d'être emporté par le vent, criait:

« On se rappellera qui nous étions le 3 janvier 1792, et qu'il ne faisait pas chaud ! »

Pour dire la vérité, nous pleurions tous de froid en arrivant aux Trois-Pigeons. Aussi, quel plaisir d'entrer dans la grande salle bien chauffée, où la table était déjà mise! car c'était aux Trois-Pigeons que se faisait la noce, la mère Létumier n'ayant jamais fait chez elle que son pot-au-feu les dimanches. Quelle fête! et comme je vous peindrais ces grands plats de choux garnis de saucisses, ces magnifiques jambons, ce buffet couvert de tartes, de fruits, de bouteilles; et l'attendrissement de la mère Létumier; et le bon appétit des gens; le discours de Chauvel touchant les nouvelles cérémonies patriotiques, qui devaient remplacer bientôt les coutumes des sauvages de la Gaule; les propos de toute sorte, les santés à la mariée, les éclats de rire et les grosses plaisanteries des anciens, que la jeunesse avait le bon sens de ne pas comprendre. Quel temps! Et comme tout s'en va, comme tout passe!

Rien que d'y penser, Marguerite est assise à côté de moi, son petit bonnet blanc noué sous le menton rose, et la petite cocarde sur l'oreille; nous rions, nous causons, je regarde ses yeux bruns, et je lui demande:

« Veux-tu de ceci? veux-tu de ça, Marguerite? Encore un peu de vin...? encore un morceau de tarte? »

Quel bonheur de lui parler sans gêne, de la servir, de l'appeler ma Valentine, de voir qu'elle me regarde avec complaisance et qu'elle ne fait attention qu'à moi! Voilà des choses qu'on ne peut raconter.

Et puis quand, vers le soir, la maison se remplit de garçons et de filles des Baraques, qui viennent danser (car de mon temps, sans la danse on ne connaissait pas de belles noces), quelle joie d'entendre la clarinette de Jean Rat commencer la valse d'Esterhazi-Houzard, dans la grande salle derrière, sur le jardin; de prendre le bras de Marguerite et de lui dire:

« Allons, ma Valentine, c'est la clarinette de Jean Rat! »

Marguerite était toute surprise; elle me demandait:

« Où donc allons-nous, Michel?
—Eh! nous allons à la danse!
—Mais je ne sais pas danser...
—Bah! bah! toutes les filles savent danser!»

Beaucoup d'autres dansaient déjà comme des bienheureux, et je voulus enlever Marguerite dans le tourbillon, mon cœur en sautait de joie; mais figurez-vous mon étonnement, elle ne savait pas danser, elle ne savait pas du tout! ses petits pieds s'embarrassaient; je ne pouvais pas le croire.

«Allons, essayons encore, lui disais-je, un peu de courage; tiens, regarde, ce n'est pas difficile!»

Et je lui montrais la marche dans un coin. Nous essayions, elle ne pouvait pas!... Quel malheur! j'en étais dans la désolation. On avait fini par nous entourer, les gens riaient; Marguerite en était ennuyée, et tout à coup elle me dit un peu fâchée:

« Je ne peux pas... c'est fini... tu vois bien que je ne peux pas! Danse, toi, moi je vais aider dame Catherine. »

Et malgré mon chagrin, elle partit. Plus d'une jolie fille regardait Michel, comme pour lui dire:

«Nous savons danser, nous, Michel, arrive!»

Mais d'aller en prendre une autre, j'aurais mieux aimé me casser le cou. Je sortis donc aussi dans la petite allée. Marguerite entrait alors dans la cuisine, où toutes les femmes, la mère Létumier, Nicole, dame Catherine, la cousine Suzanne Chassin étaient en train de s'indigner, criant:

« C'est une abomination!... chanter des chansons pareilles... des chansons contre la reine...! Les hommes n'ont pas de bon sens... les meilleurs ne valent rien!... »

Ainsi de suite.

Et dans la grande salle à côté, j'entendais en même temps les patriotes qui riaient comme de véritables fous, qui trépignaient et qui chantaient une chanson sur *Madame Veto*. C'était le cousin Maurice qui chantait, les autres faisaient le refrain.

Naturellement, j'allai voir; comme j'ouvrais la porte, je vis un spectacle extraordinaire: le cousin Maurice, avec son habit bleu de ciel à larges rebords, ses deux montres à breloques sur sa culotte jaune, sa chemise à jabot, sa grosse cravate tricolore et son grand chapeau en forme de faucille en travers de la tête, dansait une danse du diable, le pied en l'air, le genou près du menton; il se balançait, il sautait, et faisait des mines, des grimaces de corps qu'on ne peut pas se figurer; en même temps il chantait la chanson de *Madame Veto*, une chanson pleine d'horreurs contre la reine; et tous les patriotes autour de la table, le nez rouge, les yeux ronds de plaisir, riaient quelquefois tellement, qu'ils en tombaient en arrière sur le dos de leur chaise, les bras pendants, la bouche ouverte jusqu'aux oreilles; les murs en tremblaient! et le cousin Maurice allait toujours son train, baissant la tête, jetant ses jambes en l'air et chantant:

Madame Veto a fait ceci!
Madame Veto a fait cela!

Cette chanson commençait depuis l'affaire du cardinal; elle avait des couplets par douzaines, tous pires les uns que les autres; moi-même j'en étais en quelque sorte honteux. Mais tous ceux qui se trouvaient là, et qui de-

En avant!... ça ira!... ça ira!... (Page 80.)

puis si longtemps avaient souffert des dépenses de la cour, s'en donnaient à leur contentement et ne trouvaient rien trop fort.

Le grand Létumier lui-même, à la fin, fut entraîné par cette danse enragée, jusqu'à vouloir suivre le cousin, et puis maître Jean, et puis l'ancien président Raphaël.

Comme pourtant les choses changent en ce monde! Cette auberge des Trois-Pigeons, où les officiers de Rouergue, de Schœnau, de La Fère, tous d'anciens nobles, des comtes, des ducs, des marquis, étaient venus danser avec les dames de la ville, noblement, gravement, en se penchant et s'enlaçant comme des guirlandes des fleurs, avec leurs petits violons, leur vin qui rafraîchissait dans la source, et les pâtés dans des paniers sur le dos d'un vieux soldat, cette auberge maintenant voyait une danse nouvelle, la danse des patriotes. Ce sont ces nobles qui auraient ouvert les yeux et les oreilles de voir cette danse où l'on sautait, où l'on se démenait comme des possédés de Saint-Guy, où l'on se moquait de tous les vieux menuets ensemble; et d'entendre cette chanson qui continuait toujours :

> Madame Veto a fait ceci!
> Madame Veto a fait cela!

Non, jamais on n'a vu de scandale pareil. Les femmes qui criaient dehors avaient bien raison; mais ça n'empêchait pas les patriotes de rire comme des fous.

Chauvel, lui, ne dansait pas. Assis au bout de la table, il regardait en clignant de l'œil,

A mort! le renégat. (Page 87.)

tout pâle de satisfaction. Il marquait la mesure, en tapant sur la table avec le manche de son couteau, et criant de temps en temps d'un air ironique :

« Courage, Létumier!... Vous y êtes... c'est ça!... Maître Jean, en avant! hardi!... A la bonne heure! Président Raphaël, vous faites des progrès! »

C'est là qu'on voyait sa malice ; c'était bien celui qui nous écrivait qu'il aurait dû venir au monde à Paris.

Et maintenant, si vous voulez savoir quelle était cette danse et cette chanson apportées chez nous pour la première fois par le cousin Maurice Brunet, je vous dirai que c'était la fameuse *Carmagnole*, dont tout le monde doit avoir entendu parler depuis ; cette danse que les Parisiens dansèrent plus tard sur la place de la Révolution et même en marchant sur les canons des ennemis.

> Dansons la carmagnole,
> Vive le son, vive le son,
> Dansons la carmagnole,
> Vive le son du canon.

Toute la révolution était dans cette carmagnole ; on y ajoutait un couplet chaque fois qu'il arrivait quelque chose de nouveau; les anciens couplets s'oubliaient et les derniers faisaient rire le monde.

Enfin, ce jour-là, je crois qu'il devait bien être dix heures lorsque Chauvel, voyant que les patriotes n'en pouvaient plus, et qu'ils venaient de se rasseoir pour se rafraîchir avec du vin chaud, s'écria :

« Citoyens, vous avez bien dansé, nous nous sommes tous bien réjouis; mais je crois qu'il serait temps d'aller dormir, pour être à nos affaires demain matin.

— Bah! s'écria maître Jean, nous avons le temps jusqu'à minuit.

— Non! c'est assez comme cela, » répondit Chauvel en se levant et décrochant son carrick.

Presque tous les patriotes de la ville suivirent son exemple.

« Vous prendrez bien encore un verre de vin chaud? disait maître Jean.

— Non, merci; les meilleures choses doivent avoir un terme, répondit Chauvel, qui serrait déjà la main de Létumier. Allons, bonne nuit, citoyen Maurice! »

Moi je passais son casaquin à capuche sur les épaules de Marguerite, en lui disant:

« Couvre-toi bien, il fait un froid terrible. »

Elle était devenue toute pensive; mais le père Chauvel, lui, paraissait content et criait déjà dans l'allée:

« En route!.... Marguerite, en route! »

On pense bien que je ne voulais pas quitter ma Valentine si tôt. Elle me donnait le bras. J'avais enfoncé mon gros bonnet de loutre sur les oreilles, et, une fois dehors, nous marchions en tête de la société, remontant le petit sentier tout blanc de neige. Il faisait une de ces belles nuits de janvier, où l'on voit les collines blanches et bleues se suivre à perte de vue, et de loin en loin les petits clochers des villages, les toits des vieilles fermes, les longues allées de peupliers courbés sous le givre. Ces nuits-là sont les plus froides de l'année, et sous vos pieds la glace crie comme du verre.

Mais que le ciel est beau avec ses étoiles qui tremblotent, en bleu, en rouge, et les milliers d'autres toutes blanches, qu'on découvre plus loin, et toujours plus loin, comme de la poussière, tellement que votre âme s'élève, et qu'on s'attendrit de pouvoir comprendre cette grandeur sans bornes et véritablement infinie. Et quand la main chaude de celle qu'on aime repose sur votre bras, quand on sent battre son cœur près du vôtre, et que les mêmes pensées d'admiration et d'amour vous viennent ensemble, oh! qu'est-ce que vous fait le froid, alors? On n'y pense plus; on est mille fois heureux, et l'on voudrait chanter un cantique, comme les anciens... Oui, l'église, le temple de Dieu, c'est une de ces belles nuits d'hiver.

Derrière, Chauvel, Raphaël, Collin, tous les autres patriotes de la ville bavardaient; et tout à coup, en approchant des glacis, comme malgré moi, je me mis à chanter une vieille chanson de paysan, qui me revenait de mon enfance; ma voix s'étendait dans la nuit; elle s'étendait dans le grand silence de l'hiver. Je ne sais plus ce que c'était, c'était de l'amour. La main de Marguerite se reposait avec plus de tendresse sur mon bras; elle me disait tout bas:

« Oh! que ta voix est belle et forte, Michel, que tu chantes bien! »

Les autres derrière s'étaient tus, tous m'écoutaient. Quand nous arrivâmes aux glacis, Marguerite me dit:

« Il faut les attendre. »

Et nous nous retournâmes.

Le père Chauvel me dit en arrivant:

« Je ne savais pas que tu chantais si bien, Michel; je ne t'avais jamais entendu. C'est la voix de ton père, mais plus forte et plus mâle, la vraie voix du paysan. Quand la chanson des *Droits de l'homme* sera faite, c'est toi qui la chanteras dans notre club.

— Hé! dit le président Raphaël, je voudrais bien l'entendre chanter la *Carmagnole*.

— Bah! repondit Chauvel, redevenu grave, la *Carmagnole* est une plaisanterie. C'est bon pour rire entre patriotes, après avoir vidé bouteille, mais il nous faut autre chose.... quelque chose de grand et de fort comme le peuple. »

Alors on se souhaita le bonsoir, et puis ils remontèrent à la file le petit sentier des glacis pour couper au court. Moi j'étais resté à ma place; je regardais Marguerite s'éloigner, et mon cœur se serrait. Elle marchait la dernière. Quand ils furent à l'endroit où le sentier entre dans l'avancée, elle se retourna.

Voilà cette journée et cette belle nuit; elles sont restées dans mon cœur, et je vous les ai racontées fidèlement.

IX

Dans ce temps, les idées de guerre reprirent le dessus: car la hardiesse de nos ennemis grandissait chaque jour; non-seulement les prêtres réfractaires soulevaient la Vendée, mais les archevêques de Trèves et de Mayence, et le ci-devant évêque de Strasbourg, cet honnête cardinal de Rohan, cause de tant d'autres scandales, faisaient recruter tous les vagabonds de la frontière, pour nous envahir. Les recruteurs, d'anciens gabelous, des percepteurs aux barrières et d'autres employés de la régie, des aides, supprimés, distribuaient de l'argent pour racoler les gueux de notre pays contre la révolution. Cela se passait ouvertement; mais alors l'indignation éclata. Chauvel d'abord, ensuite Lallemand, de Lixheim, et tous les chefs des clubs affiliés aux Jacobins, dénoncèrent ce trafic abominable; et malgré le silence des ministres du roi, qui fermaient les yeux sur les manœuvres des émigrés, Camille Desmoulins, Fréron, Brissot, crièrent si fort, qu'il fallut bien envoyer des ordres pour arrêter le débordement.

A Lixheim, un des recruteurs logeait à l'auberge du Grand-Cerf; tout le monde savait qu'il racolait des soldats pour le compte de l'émigration; car les nobles voulaient tous commander, pas un n'aurait eu l'idée de prendre un fusil; il leur fallait des paysans, même pour défendre leur propre cause; eux, ils naissaient lieutenants, capitaines ou colonels par la grâce de Dieu.

Et comme un matin le racoleur était en train d'embaucher des garçons que lui envoyaient les prêtres réfractaires du pays, tout à coup les gendarmes nationaux frappent à la porte. Il regarde à la fenêtre et voit dehors les grands chapeaux à cornes; aussitôt le gueux se sauve par derrière, dans un grenier à foin. Mais on l'avait vu monter; le brigadier grimpe derrière lui; et ne trouvant rien là-haut, il enfonçait lentement son sabre dans les tas de foin, en disant :

« Où donc est le gueux? Il n'est pas ici.... non, il n'est pas ici ! »

Mais à la fin un grand cri montra qu'il était là tout de même, et le brigadier, en retirant son sabre tout rouge, dit :

« Ah ! je me suis trompé... Je crois qu'il est sous la paille. »

Alors on sortit ce misérable, qui s'appelait Passavent et qui était borgne; le sabre l'avait traversé par les reins, de sorte qu'il en mourut le même soir, et bien heureusement encore : car on avait trouvé dans sa chambre des lettres de nobles qui lui fournissaient des sommes pour exciter la guerre civile, et d'autres lettres de prêtres réfractaires d'Alsace et de Lorraine, qui lui envoyaient des garçons à racoler; il aurait été pendu sans miséricorde.

On l'enterra donc, et, durant tout ce mois, on fit des arrestations en nombre; c'étaient des recruteurs, des prêtres réfractaires et des vagabonds de toute sorte. Le père Éléonore disparut pour un temps; ma mère s'en désolait, ne sachant plus où remplir ses devoirs religieux. Ces malheureux ne pensaient qu'à mettre le trouble chez nous, et beaucoup de ceux qu'on a massacrés plus tard à la prison de l'Abbaye étaient de cette espèce, sans foi ni loi, capables de vendre la patrie à l'étranger pour de l'argent et des priviléges.

On savait qu'il existait trois rassemblements sur le Rhin : celui de Mirabeau-Tonneau, près d'Ettenheim; celui de Condé, près de Worms; et le plus grand à Coblentz, où se trouvaient nos seigneurs le comte d'Artois et le comte de Provence.

Un seul prince du sang, le duc d'Orléans, qui s'est appelé depuis Philippe-Égalité, restait en France; son fils, colonel des dragons de Chartres, servait dans l'armée du Nord.

Qu'on se représente maintenant d'après cela l'inquiétude de notre pays; tout ce tas d'émigrés pouvait arriver chez nous à marche forcée en une seule nuit. Il ne faut pourtant pas croire qu'ils nous faisaient peur; s'ils avaient été seuls, on se serait moqué d'eux; mais le roi de Prusse et l'empereur d'Autriche les soutenaient; et puis ils avaient désorganisé nos armées en abandonnant leurs drapeaux. On savait du moins alors que toute leur force venait de nos ennemis; on voyait de plus en plus combien nous avions été bêtes de leur donner notre argent pendant tant de siècles, puisqu'ils ne pouvaient rien entreprendre contre nous par eux-mêmes.

Je me souviens que le 6 décembre, jour de la Saint-Nicolas, notre club se fit du bon sang à propos de ces émigrés. Joseph Gossard, un marchand de vins des environs de Toul, grand, sec, la figure rouge et la tête frisée, un vrai Lorrain, joyeux comme un merle, nous racontait la tournée qu'il venait de faire à Coblentz, avec des échantillons dans sa malle.

Je crois encore le voir, penché sur l'étal, nous peindre la confusion de tous ces nobles, de tous ces moines, de ces supérieurs de couvent, de ces chanoines, de ces chanoinesses, de ces grands seigneurs, de ces grandes dames et de cette quantité de servantes et de domestiques qui les suivaient pour les peigner, pour les laver, pour les brosser, pour leur faire la barbe, pour leur couper les ongles, pour les habiller et les déshabiller comme des enfants, et qui ne pouvaient plus vivre à leurs dépens, puisqu'ils n'avaient plus le sou.

Jamais on n'a rien entendu de pareil ! Gossard contrefaisait leurs grimaces au milieu des pauvres Allemands, qui ne comprenaient pas un mot de ce qu'ils disaient. Il représentait une vieille marquise avec ses falbalas, sa grande canne et ses affiquets dans une auberge de

Worms. Cette vieille avait encore de l'argent, elle commandait, elle voulait ci, elle voulait ça, et les servantes la regardaient en se demandant :

« Wass? Wass¹ ?
— Wass? Wass? criait la vieille. Je vous dis de bassiner mon lit, grosses buses! »

Tout notre club en mourait de rire.

Et puis il imitait les vieux seigneurs qui faisaient des rigodons, pour se donner l'air d'être dissipés et sans soucis comme à Versailles ; les jeunes dames qui couraient après leurs maris perdus ; les capucins qui montaient la garde sur la place de Trèves, avec d'autres prêtres engagés dans les compagnies rouges ; l'étonnement de ceux qui couraient à la poste, croyant recevoir des billets sur Amsterdam ou Francfort, et qui recevaient des lettres vides, où l'intendant leur apprenait que le château, les bois et les terres de monseigneur étaient sous le séquestre de la nation.

Gossard arrondissait ses yeux, ses joues s'allongeaient : on voyait ces gens, habitués à vivre aux dépens des autres, que le *kellner*² tourmentait depuis six semaines pour être payé. Et puis, à l'hôtel du Rhin, il représentait le terrible général Bender, — qui devait nous mettre à la raison, — racontant sa dernière campagne de Belgique ; il avait fait pendre et fusiller les patriotes, de sorte que le pays jouissait maintenant de la plus grande tranquillité. Mais le plus fort c'était la désolation de l'électeur, apprenant que les émigrés avaient logé nos princes dans son palais, sans s'inquiéter de sa permission, comme s'ils avaient été maîtres chez lui ; maître Jean s'en tenait les côtes, et Chauvel lui-même disait qu'il n'avait jamais eu de plus grand plaisir.

Joseph Gossard répétait le même spectacle dans tous les clubs sur sa route ; on le recevait partout avec des cris de joie, et, pour dire la vérité, cet homme aurait gagné de l'argent en masse par la représentation de son voyage à Coblentz ; on aurait volontiers payé pour le voir jouer cette espèce de comédie ; mais il faisait tout cela par patriotisme, se contentant de réjouir les patriotes et de leur vendre du vin.

Je vous raconte cette histoire, pour vous faire voir quelle espèce de gens la France nourrissait de son travail avant 89 ; et ce qui montre encore mieux leur peu de bon sens, c'est la réponse de *Monsieur*, devenu plus tard Louis XVIII, à l'Assemblée nationale législative, qui l'invitait à rentrer s'il voulait conserver ses droits éventuels à la régence.

1. Quoi? quoi?
2. Garçon.

Voici ce qu'il répondit :

« Gens de l'Assemblée française se disant nationale, la saine raison, en vertu du titre Ier, chapitre 1er, article 1er des lois imprescriptibles du sens commun, vous prescrit de rentrer en vous-mêmes dans le délai de deux mois à compter de ce jour, faute de quoi, et après l'expiration dudit délai, vous serez censés avoir abdiqué votre droit à la qualité d'êtres raisonnables, et ne serez plus considérés que comme des fous dignes des petites-maisons. »

Voilà ce qu'un prince royal répondait à la nation qui l'appelait à la régence, dans le cas où son frère viendrait à mourir ! C'était bien la peine d'écraser un grand peuple d'impôts terribles et de lui laisser encore des milliards de dettes, pour élever des êtres si bornés ! Le dernier garçon de notre village aurait mieux profité de l'argent qu'on aurait sacrifié pour l'instruire.

Tous ces émigrés ensemble n'auraient pas fait une bouchée pour la nation ; mais les souverains de l'Europe, effrayés de voir s'élever un peuple de bon sens, qui pouvait donner l'exemple du courage aux autres, nous menaçaient toujours. On ne parlait plus que de guerre, et c'est au club des Jacobins, entre Brissot et Robespierre, que la dispute commença. Brissot voulait la guerre tout de suite contre les émigrés, le roi de Prusse et l'empereur d'Autriche. Robespierre disait que le véritable danger pour nous était à l'intérieur, qu'il fallait d'abord combattre les traîtres prêts à livrer la patrie pour ravoir leurs priviléges. Voilà le fond de ces discours, dont Chauvel vendit par milliers : bourgeois, soldats et paysans, tout le monde en demandait ; la boutique ne désemplissait jamais ; Marguerite avait à peine le temps de les servir.

Cette bataille s'aigrit ; le club se divisa : Danton, Desmoulins, Carra, Billaud de Varennes, tenaient pour Robespierre, ils disaient que le roi, la reine, la cour, les émigrés, avaient besoin de la guerre pour se relever, qu'ils nous y poussaient, que c'était la dernière ressource du despotisme vaincu ; qu'il fallait donc être sur ses gardes et ne pas exposer ce que nous avions gagné. Brissot persistait ; il était de l'Assemblée législative qui, dans ce temps, se partagea, comme le club des Jacobins, en deux partis : les girondins et les montagnards. Les montagnards voulaient tout finir à l'intérieur d'abord, les girondins voulaient commencer par le dehors.

Louis XVI penchait pour les girondins ; il n'avait rien à perdre de ce côté : si nous étions vainqueurs, la victoire lui donnait une grande force pour arrêter la révolution, car les armées tiennent toujours avec un roi qui gagne des batailles et qui donne les grades ! Si nous étions battus, le roi de Prusse et l'empereur d'Autriche devaient tout rétablir chez nous, comme avant les états généraux. C'est ce que la reine Marie-Antoinette espérait ; elle voulait devoir son trône à nos ennemis.

Les girondins Brissot, Vergniaud, Guadet, Gensonné, etc., faisaient donc les affaires de la cour, et les jacobins Robespierre, Danton, Couthon, Billaud de Varennes, Desmoulins, Merlin (de Thionville), faisaient les affaires de la nation. C'est tout ce que je puis vous dire sur cela.

Plus la guerre approchait, plus l'exaltation devenait terrible, plus on se méfiait du roi, de la reine, de leurs ministres, de leurs généraux. On voyait bien que l'intérêt de ces gens n'était pas le nôtre ; et ce qui fit le plus grand tort aux girondins dans l'esprit du peuple, c'est que Louis XVI finit par choisir ses ministres parmi eux.

Mais ces choses sont connues, et je ne veux vous parler que de notre pays, de ce que j'ai vu moi-même.

Les idées d'invasion depuis le 1er janvier 1792 jusqu'en mars ne firent que grandir. On armait Phalsbourg, on montait les canons sur les remparts ; on faisait des embrasures dans le gazon et du clayonnage le long des rampes ; le ministre de la guerre, Narbonne, visitait les places fortes de la frontière, pour les mettre en état de défense ; enfin tous les hommes de bon sens voyaient que le danger était proche.

En même temps nos ennemis à l'intérieur redoublaient d'audace ; la société des citoyens catholiques, apostoliques et romains s'était renforcée ; on assassinait les prêtres constitutionnels au détour des chemins, on pillait leurs maisons, on ravageait leurs jardins. Un député de Strasbourg se plaignit hautement aux Jacobins de ce que le directoire du Bas-Rhin ne prenait aucune mesure pour arrêter ces crimes ; déjà plus de cinquante prêtres patriotes avaient été assommés ; et les citoyens qui réclamaient étaient arrêtés par ceux-là mêmes qui devaient les soutenir et les défendre. Le maire Dietrich était accusé dans toute la basse Alsace de manquer à ses devoirs ; les assignats, à la suite de ces troubles, perdaient déjà soixante et dix pour cent : c'était ce que voulaient les aristocrates.

Qu'on juge de la désolation du peuple et de la fureur qui le prenait ! Si plus tard le vicaire général de l'évêché de Strasbourg, Schneider, pour venger les prêtres constitutionnels massacrés lâchement, a fait guillotiner des réfractaires par douzaines, faut-il s'en étonner ? C'est terrible de faire le métier de bourreau, mais on ne peut pas non plus toujours tendre la gorge comme des moutons. Ce serait trop commode pour les êtres féroces de n'avoir rien à craindre ; ceux qui tuent doivent s'attendre au même sort.

Pendant que l'on assassinait les patriotes sur tous les chemins, des espions étrangers couraient le pays, répandant de mauvaises nouvelles et de faux assignats, que les émigrés fabriquaient à Francfort. On ne se fiait plus aux étrangers, on ne se donnait plus les nouvelles, et même au club on était sur ses gardes ; ceux qui voulaient en être devaient se faire inscrire à l'avance.

Le travail continuait pourtant à la forge. Maître Jean espérait toujours reprendre sa culture de Pickeholtz ; il n'avait plus que deux mois à patienter : car les petites semailles commencent chez nous au mois de mars ; mais en pensant qu'alors la guerre pourrait éclater, que les émigrés avec leurs amis les Prussiens et les Autrichiens pourraient venir brûler la grange qu'il avait bâtie et le beau toit neuf qu'il avait fait mettre sur sa ferme, dévaster ses champs et même essayer de le pendre à quelque branche de son verger ! cette idée l'indignait tellement que tous les soirs, la figure rouge et son gros poing sur la table, il ne finissait pas de maudire les aristocrates, et de s'écrier qu'au lieu d'attendre leur arrivée, il vaudrait beaucoup mieux aller sur le Rhin disperser leurs rassemblements et mettre le feu dans les fermes, les granges et les moissons de l'Électorat, que de voir la mauvaise race allumer les nôtres, piller nos grains, boire notre vin et se réjouir à nos dépens ! Il tenait avec les girondins et soutenait que les patriotes volontaires ne manqueraient pas pour une telle expédition, déclarant que lui-même, en cas de besoin, marcherait à la tête de sa compagnie et descendrait la vallée de la Sarre, en bousculant tout ce qui ferait résistance.

Les paysans alsaciens et lorrains qui se trouvaient de passage aux Trois-Pigeons l'écoutaient crier avec plaisir ; leurs figures s'éclairaient de satisfaction ; ils tapaient sur les tables, se faisaient apporter des bouteilles et chantaient en chœur : « Ça ira !... ça ira !... »

Ainsi tout s'envenimait de jour en jour.

Le temps s'était mis à la pluie en février. Plusieurs disaient que les semailles pourrissaient dans la terre, que l'année serait mauvaise. Des bruits de disette couraient ; tout était rare ; et, dans le Midi, la peur de la famine, jointe aux prédications des prêtres réfractaires annonçant la fin du monde, jetait partout le désespoir et préparait ces orages épouvantables que nous avons vu depuis.

Le mot d'ordre au club était : « Pas de guerre ! » Chauvel n'en voulait pas ; il soutenait que ce serait notre plus grand malheur ; qu'il fallait laisser aux bonnes idées le temps de prendre racine, et surtout profiter du temps qui nous restait, pour arracher la mauvaise herbe qui nuisait au bon grain en l'étouffant et en lui prenant sa nourriture. Il nous prêchait sans cesse la concorde et l'union, que les ennemis du genre humain essayaient de nous ravir en nous divisant le plus possible, et se tenant toujours eux-mêmes bien ensemble pour avoir bon marché de nous.

« C'est le seul moyen, s'écriait-il, ne l'oubliez pas ! Tant que les patriotes, ouvriers, bourgeois et paysans, se donneront la main, ils n'auront rien à craindre ; aussitôt divisés, ils seraient perdus ; les vieux priviléges reviendraient ; les uns auraient toutes les jouissances de la vie et les autres toutes les misères ! »

Il nous disait de grandes vérités, et l'on a vu plus tard que nous en avions profité ; car tous les patriotes sont restés unis ; ils ont fait de grandes choses non-seulement dans l'intérêt de la France, mais de tous les peuples.

On ne parlait plus de Lafayette ni de ses amis Bailly, Duport, les frères Lameth, qu'on appelait autrefois les feuillants et qu'on disait vendus à la cour. Lafayette, après l'acceptation de la constitution par le roi, avait donné sa démission de général de la garde nationale ; ensuite il avait voulu se faire nommer maire de Paris, mais les électeurs ayant choisi Pétion, il était parti pour l'Auvergne.

Le *Courrier*, l'*Orateur du Peuple*, les *Débats des Jacobins* et les autres gazettes, que recevait Chauvel, ne s'en inquiétaient plus, lorsque l'Assemblée nationale législative ayant sommé les électeurs de Trèves et de Mayence de dissiper chez eux les rassemblements d'émigrés, ces électeurs s'y refusèrent et demandèrent le rétablissement des princes allemands possessionnés en Alsace. L'empereur Léopold d'Autriche déclara même que, si ces électeurs étaient attaqués, il viendrait à leur secours. Alors le roi répondit que si les rassemblements n'étaient pas dispersés le 15 janvier, il emploierait la force des armes, et l'Assemblée décréta d'accusation les frères du roi, le prince de Condé et Mirabeau le jeune, pour crime de conjuration. On forma trois armées de cinquante mille hommes chacune, sous le commandement de Luckner, de Lafayette et de Rochambeau : de Dunkerque à Philippeville, de Philippeville à Lauterbourg, de Lauterbourg à Bâle.

Tout le monde croyait que la guerre allait éclater ; mais cela traîna jusqu'en mars, et pendant ce temps la fureur des royalistes se déchaînait contre le club des Jacobins ; leurs gazettes criaient que c'était une caverne de brigands. Celles des feuillants, écrites par Barnave, André Chénier et quelques autres, répétaient les mêmes injures. Mais les jacobins ne leur répondaient plus : ils n'en valaient plus la peine. La vraie bataille était entre les montagnards et les girondins. C'est dans ce mois de février 1792 qu'elle commença, et l'on sait qu'elle ne pouvait finir que par la mort des uns ou des autres.

Depuis que le monde existe, on n'a peut-être jamais lu tant de beaux discours sur la guerre ; chaque homme de cœur était forcé de prendre parti pour ou contre, parce qu'il s'agissait de ses propres droits, de sa vie, de son sang, de sa famille et de son pays. Mais tout est encore là, chacun peut voir si j'en dis trop sur le génie de ces hommes.

Notre exaltation était devenue si grande, le peuple de Paris et des provinces voulait tellement se débarrasser de ce qui le gênait, de ce qui l'ennuyait et le menaçait ; il était si résolu à garder ses biens et ses droits, et détestait tellement ceux qui, par l'adresse, la ruse ou la force, essayaient de lui reprendre ce qu'il avait gagné, qu'on aurait fini par tomber sur eux en masse, comme des loups, lorsque Léopold, l'empereur d'Autriche, qui venait d'envoyer quarante mille hommes dans les Pays-Bas et vingt mille sur le Rhin, mourut de ses débauches. Il avait avalé des poisons pour soutenir ses forces, et la gangrène s'était mise dans son corps.

Alors quelques braves gens crurent que son fils François, roi de Bohême et de Hongrie, en attendant d'être couronné empereur d'Allemagne, serait plus raisonnable et qu'il retirerait ses troupes de nos frontières, puisque nos démêlés ne le regardaient pas. Mais au contraire, à peine sur le trône, ce jeune prince, conseillé par les aristocrates et les prêtres de son pays, somma l'Assemblée nationale, non-seulement de rendre leurs seigneuries d'Alsace aux princes allemands, mais encore de rétablir les trois ordres dans toute la France et de restituer tous ses biens au clergé.

C'était trop fort ! Il avait l'air de nous traiter comme des valets, auxquels on n'a qu'à parler de haut pour se faire obéir. Pas un seul patriote, en apprenant cela, ne resta calme, notre sang bouillonnait, et, le 23 avril, malgré la résistance de Chauvel, qui nous répétait sans cesse que la guerre est toujours dans l'intérêt des princes et jamais dans celui des peuples, tout le monde voulait se battre. Maître Jean devait faire une motion au club pour demander la guerre à l'Assemblée nationale ; il voulait combattre Chauvel lui-même et lui reprocher de ne pas assez tenir à l'honneur du pays, le premier de tous les biens.

Moi, tantôt la colère me faisait pencher pour maître Jean, et tantôt le bon sens pour Chauvel.

Tout ce jour, un lundi, il ne fit que pleuvoir ; la tristesse et l'indignation nous rendaient sombres ; à chaque instant on s'arrêtait de travailler, pour maudire les misérables qui nous attiraient ces insultes. Enfin, après souper, vers sept heures et demie, à la nuit on se mit en route à travers la boue : maître Jean avec son grand parapluie rouge, la tête penchée ; Létumier, avec son vieux carrick, et le reste des patriotes derrière à la file.

En arrivant à Phalsbourg, nous reconnûmes que l'agitation était partout ; les gens couraient d'une maison à l'autre, comme dans les moments extraordinaires ; on les voyait se parler vivement dans les petites allées sombres ; nous pensions que c'était à cause des motions qu'on allait faire au club ; mais une fois sur la petite place, nous vîmes bien autre chose : la boutique de Chauvel ouverte au large, et tellement pleine de monde que la foule débordait comme un essaim jusque dans la rue ; et, dans la boutique, au milieu de cette masse de gens penchés les uns sur les autres, Marguerite debout sur une chaise, un journal à la main.

Tant que je vivrai, j'aurai Marguerite devant mes yeux, telle que je la vis ce soir-là : sa petite tête brune sous la lampe, près du plafond, les yeux brillants, la figure animée et lisant avec enthousiasme.

Elle venait de finir un passage, comme les Baraquins arrivaient en courant dans la boue, et qu'ils cherchaient à se faire place dans la foule avec les coudes, naturellement il s'éleva du tumulte ; alors, se retournant, elle s'écria de sa petite voix claire et ferme :

« Écoutez ! Voici maintenant le décret de l'Assemblée nationale ; c'est la France qui parle ! »

Puis elle se remit à lire :

« Décret de l'Assemblée nationale législative. — L'Assemblée nationale, délibérant sur la proposition formelle du roi ; considérant que la cour de Vienne, au mépris des traités, n'a cessé d'accorder sa protection ouverte aux Français rebelles ; qu'elle a formé un concert avec plusieurs princes de l'Europe contre l'indépendance et la sûreté de la nation française ; que François Ier, roi de Hongrie et de Bohême, après ses notes du 18 mars et du 7 avril dernier, a refusé de renoncer à ce concert ; que, malgré la proposition qui lui en a été faite par la note du 11 mars 1792, de réduire de part et d'autre à l'état de paix les troupes sur les frontières, il a continué et augmenté ses préparatifs hostiles ; qu'il a formellement attenté à la souveraineté de la nation française, en déclarant vouloir soutenir les prétentions des princes allemands possessionnés en France, auxquels la nation française n'a cessé d'offrir des indemnités ; qu'il a cherché à diviser les citoyens français et à les armer les uns contre les autres, en offrant aux mécontents un appui dans le concert des puissances ; considérant enfin que le refus de répondre aux dernières dépêches du roi des Français ne lui laisse plus l'espoir d'obtenir par la voie d'une négociation amicale le redressement de ces différents griefs et équivaut à une déclaration de guerre ;

« Décrète qu'il y a urgence. »

Dans ce moment l'enthousiasme me prit d'un coup, et, le chapeau en l'air, je criai :

« Vive la nation ! »

Tous les autres derrière moi répétèrent ce cri, qui s'étendit sur la petite place. Marguerite, se retournant, me regarda toute joyeuse, et puis elle dit en levant la main :

« Écoutez !... ce n'est pas fini ! »

Et le silence étant rétabli dans la foule, elle continua :

« L'Assemblée nationale déclare que la nation française, fidèle aux principes consacrés par sa constitution, de n'entreprendre aucune guerre de conquête et de n'employer jamais sa force contre la liberté d'aucun peuple, ne prend les armes que pour la défense de sa liberté et de son indépendance ; que la guerre qu'elle est obligée de soutenir n'est point une guerre de nation à nation, mais la juste défense d'un peuple libre contre l'agression d'un roi ; que les Français ne confondront jamais leurs frères avec leurs véritables ennemis ; qu'ils ne négligeront rien pour adoucir le fléau de la guerre, pour ménager et conserver les propriétés et pour faire retomber sur ceux-là seuls qui se ligueront contre la liberté, tous les malheurs inséparables de la guerre ; qu'elle adopte d'avance tous les étrangers qui, abjurant la cause de ses ennemis, viendront se ranger sous ses drapeaux et consacrer leurs efforts à la défense de la liberté ; qu'elle favorisera même par tous les moyens qui sont en son pouvoir leur établissement en France ;

« Délibérant sur la proposition formelle du roi, et après avoir décrété l'urgence, décrète la guerre contre le roi de Hongrie et de Bohême. »

Alors des centaines de cris : « Vive la nation ! »

Le 20 juin 1792. (Page 92.)

partirent de tous les côtés, ils gagnèrent jusqu'aux casernes, et les soldats du régiment de Poitou, qui venait de remplacer celui d'Auvergne, parurent aux fenêtres, agitant leurs grands chapeaux en l'air. Les chandelles couraient de chambrée en chambrée; les sentinelles, en bas, levaient aussi leurs chapeaux à la pointe des baïonnettes ; on s'arrêtait, on se serrait la main en criant :

« C'est fini, la guerre est déclarée. »

Tout le monde avait la fièvre, malgré la pluie fine qui remplissait l'air comme un brouillard.

Marguerite était descendue de sa chaise ; je m'avançai vers elle à travers la foule ; elle me tendit la main et me dit, la figure encore tout animée :

« Eh bien, Michel, nous allons nous battre ? »
Et je lui répondis :

« Oui, Marguerite. Je pensais comme ton père ; mais puisque les autres nous attaquent, nous défendrons nos droits jusqu'à la mort. »

Je tenais sa main serrée, et je la regardais dans l'admiration : car elle me paraissait encore plus belle avec ses joues un peu rouges et ses grands yeux noirs pleins de courage, quand Chauvel, la tête nue et ses cheveux plats collés sur le front par la pluie, arriva du dehors avec cinq ou six autres des meilleurs patriotes, qu'il était allé prévenir.

« Ah! c'est vous, dit-il, en nous voyant dans la boutique, la pluie ne vous a pas retenus... Bon... je suis content... nous allons être réunis.

Vive la nation! (Page 94).

— Hé! lui cria maître Jean, nous avons donc la guerre, cette fois, et malgré nous!
— Oui, dit-il brusquement. Je n'en voulais pas; mais nous la ferons bien, puisque les autres la veulent. Arrivez.

Et nous allâmes au club, en face. Un grand bourdonnement remplissait la vieille bâtisse; tous les coins dans l'ombre fourmillaient de monde. Chauvel monta dans l'étal, et, sans s'asseoir, d'une voix frémissante et claire qu'on entendait jusque sur la petite place, il se mit à parler, et nous dit qu'il avait voulu la paix, le plus grand bien des hommes après la liberté; mais que, à cette heure, la guerre étant déclarée, celui qui voudrait autre chose que la victoire de son pays, qui ne sacrifierait pas sa fortune et son sang pour défendre l'indépendance de la nation, devrait être regardé comme le plus grand des lâches et le dernier des misérables.

Il nous dit que ce ne serait pas une guerre ordinaire; que cette guerre signifiait la liberté de l'homme ou son esclavage, l'injustice éternelle, ou le droit pour chacun, la grandeur de la France ou son abaissement. Il nous dit de ne pas croire que tout finirait en un jour mais de recueillir nos forces et notre résolution pour des années; que les despotes allaient jeter sur nous tous leurs pauvres soldats élevés dans l'ignorance et le respect des priviléges; qu'au lieu de s'embrasser, il faudrait verser des torrents de sang et combattre jusqu'à la mort.

« Mais, dit-il, celui qui défend son droit par

la force est juste; celui qui veut s'élever au-dessus du droit des autres est criminel; la justice est donc pour nous. »

Ensuite il nous dit encore que cette guerre, de notre côté, ne serait pas une guerre de soldats, mais une guerre de citoyens ; que nous n'irions pas seulement chez nos ennemis avec des canons et des baïonnettes, mais avec la raison, le bon sens et le bon cœur ; que nous leur offririons toujours le bien en même temps que le mal, et que, si bornés qu'on pût les supposer, ces peuples finiraient pourtant par comprendre qu'ils défendaient leurs chaînes et leurs carcans contre nous qui venions les briser; qu'alors ils nous béniraient et s'uniraient à nous ; que le droit de tous serait fondé sur les bases de l'éternelle justice. Il appelait cela « guerre de propagande », où les bons livres, les bons discours, les offres de paix, d'alliances, de traités avantageux, marchaient à l'avant-garde, avec les Droits de l'homme.

Mais à la fin, parlant de tous les misérables qui cherchaient à nous prendre par derrière, il pâlit, et s'écria que ce serait là le côté terrible de la guerre si ces gens continuaient leurs manœuvres, parce que les patriotes seraient forcés, pour sauver la patrie, d'appliquer aux traîtres les lois de sang qu'ils voulaient nous faire !

Alors cet homme si ferme, qui ne donnait jamais que de solides raisons, s'attendrit, et tout notre club frémit en l'entendant crier d'une voix étouffée :

« Ils le veulent, les malheureux, ils le veulent! Nous leur avons offert cent fois la paix ; nous leur tendons encore la main, nous leur disons : « Soyons égaux... oublions vos injus-
« tices... n'y pensons plus... mais n'en com-
« mettez pas de nouvelles ; renoncez à vos
« priviléges contre nature ! » Eux nous répondent : « Non ! vous êtes nos esclaves révol-
« tés ! c'est Dieu qui vous a faits pour ramper
« devant nous et nous entretenir de votre tra-
« vail, de père en fils. Et nous ne reculerons
« ni devant l'alliance des ennemis de la patrie,
« ni devant les soulèvements de l'intérieur, ni
« devant la trahison ouverte, ni devant rien,
« pour vous remettre sous le joug ! » — Eh bien, si nous ne reculons devant rien non plus pour rester libres, que pourront-ils nous reprocher ? Je finis, citoyens ; que chacun fasse son devoir ; que chacun soit prêt à marcher quand la France l'appellera. Restons unis, et que notre cri de ralliement soit toujours : « Vivre libres
« ou mourir ! »

Il s'assit, et l'enthousiasme éclata comme un roulement de tonnerre. Ceux qui n'ont pas vu des scènes pareilles ne peuvent pas s'en faire l'idée; on s'embrassait avec ses voisins ; ouvriers, bourgeois, paysans, devenaient frères ; on ne voyait plus que des patriotes et des aristocrates, pour les aimer ou les haïr. C'était un attendrissement et en même temps une indignation terribles.

D'autres encore prononcèrent des discours : Boileau, notre maire; Pernett, l'entrepreneur des fortifications; Collin, etc.; mais aucun ne produisit autant d'impression que Chauvel.

Nous rentrâmes ce soir-là bien tard; il pleuvait toujours, et, sur le chemin des Baraques, au milieu de la nuit sombre, chacun faisait ses réflexions en silence. Maître Jean, seul, de temps en temps élevait la voix ; il disait que la première chose maintenant c'était d'avoir des généraux patriotes, et rien que cette idée vous donnait à réfléchir : car nous pouvions en avoir d'autres, puisque le roi les choisissait. Après l'enthousiasme revenait la méfiance; et l'on pensait malgré soi que Chauvel avait eu raison de dire que notre plus grand danger était de nous livrer à des traîtres. Enfin les mille idées qui vous traversent l'esprit dans un pareil moment ne sont pas à peindre. Tout ce que je puis dire, c'est qu'alors déjà je voyais que ma vie allait changer; qu'il faudrait partir sans doute, et que l'amour de la patrie devait remplacer pour moi, comme pour des milliers d'autres, l'amour du village, de la vieille baraque, du père, de la forge, de Marguerite !

Au milieu de ces réflexions, je rentrai dans mon grenier. Tout cela me paraissait grave ; mais pourtant, malgré ce que Chauvel nous avait dit sur la provision de patience qu'il nous fallait faire, ni maître Jean, ni Létumier, ni moi, nous ne pensions alors que nous en avions pour vingt-trois ans de guerre, et que tous les peuples de l'Europe, à commencer par les Allemands, viendraient avec leurs rois, leurs princes et leurs seigneurs pour nous écraser, parce que nous voulions faire leur bien en même temps que le nôtre, en proclamant les Droits de l'homme ; non, une pareille stupidité est contre nature, et l'on a de la peine à la comprendre, même après l'avoir vue.

X.

Il faut savoir que depuis quelques mois beaucoup de jeunes gardes nationaux étaient partis comme volontaires : des clercs de notaire, des fils d'employés ou de marchands, tous de solides gaillards, instruits et courageux : Rottembourg, Newingre, Duplan, Soye, étaient du nombre. Les uns sont morts pour la patrie, les autres sont devenus capitaines, colonels, généraux. On les inscrivait à la commune, ils recevaient la prime de quatre-vingts livres et rejoignaient Rochambeau à Maubeuge, Lafayette à Metz, ou Luckner dans son camp, près de chez nous, entre Bitche et Belfort. On pensait, en les voyant partir :

« Voilà les plus fermes soutiens de la liberté. Si les Autrichiens bousculent ceux-là, nous aurons de la peine à les remplacer. »

Eh bien, maintenant, qu'on se fasse une idée de notre étonnement quand, le 29 avril, la nouvelle se répandit que nos volontaires nationaux s'étaient sauvés devant les Autrichiens, sans même croiser la baïonnette, et que nos vieux soldats de la ligne avaient suivi leur exemple. Cela paraissait tellement contre nature, que personne ne pouvait y croire et qu'on disait :

« Les prêtres réfractaires font courir ces bruits. Il serait temps d'aller une bonne fois les traquer dans la montagne. »

Malheureusement, le soir du même jour, le courrier de Paris confirma la nouvelle : nos gardes nationaux soldés et d'autres troupes étaient partis de Valenciennes sur trois colonnes, pour surprendre Fleurus, Tournay et Mons, où les habitants patriotes nous attendaient. Mais Rochambeau, qui venait d'être nommé maréchal par le roi, Rochambeau, comme il le déclare dans son journal du 20 avril, avait prévenu le général autrichien Beaulieu, par une lettre cachetée, qu'il allait l'attaquer ; de sorte que nos colonnes, en s'avançant pleines de confiance, avaient trouvé le double et le triple de forces en position sur leur route, avec des canons, de la cavalerie et tout ce qu'il fallait pour les écraser.

C'est Rochambeau qui raconte lui-même la chose au roi. Si plus tard Bonaparte, Hoche, Masséna, Kléber et les autres généraux de la république avaient prévenu nos ennemis des mouvements qu'ils allaient faire, je ne pense pas qu'ils auraient remporté beaucoup de victoires.

Les mêmes gazettes nous annonçaient aussi que les volontaires nationaux, en se débandant, avaient crié :

« Nous sommes trahis ! »

Bien des hommes de bon sens trouvaient qu'ils n'avaient pas eu tort, et soutenaient que les officiers nobles restés à l'armée avaient voulu les livrer. Tout le monde criait à la trahison. Et ce n'est pas seulement à notre club que se tenaient ces discours ; voici ce que raconte le *Moniteur* du 3 mai 1792.

« Une députation des Cordeliers se présente à la barre de l'Assemblée nationale ; l'orateur de la députation dit : « Trois cents de nos « frères ont péri, ils ont eu le sort des Spar« tiates aux Thermopyles. La voix publique « fait croire qu'ils ont été victimes d'une tra« hison. »

« Cent voix crient :

« Chassez ces coquins ! chassez ! »

« Les cris redoublent ; la députation est forcée de se retirer. Quelques montagnards demandent la parole. *L'Assemblée passe à l'ordre du jour.* »

La majorité de cette Assemblée législative, nommée par les citoyens actifs seuls, ne voulait pas de l'égalité ; M. le marquis de Lafayette était son dieu, et Lafayette, lui, voulait deux chambres comme en Angleterre : la chambre haute des nobles et des évêques, et la chambre basse des communes. La chambre haute aurait eu le *veto* du roi, pour s'opposer à tout ce que la chambre des communes aurait pu décider contre l'intérêt des privilégiés ; c'était rétablir les trois ordres abolis par la Constituante. Heureusement Louis XVI et la reine Marie-Antoinette se méfiaient du marquis, et le duc d'Orléans pariait pour les Jacobins, qui grandissaient chaque jour.

La trahison s'étendait alors en Vendée, en Bretagne, au Midi, dans le Centre, le long des frontières et jusque dans l'Assemblée nationale législative. Mais ce qui mit le comble à tout, c'est que, dans cette même quinzaine où Rochambeau se faisait battre par le général Beaulieu, où tous les gueux se réjouissaient de notre défaite, où les prêtres réfractaires annonçaient le châtiment du ciel aux patriotes, où les émigrés traitaient nos gardes nationales soldées d'armée de savetiers, c'est que le 10 mai, je m'en souviendrai toujours, la nouvelle arriva que la veille, à onze heures du soir ; *Saxe*, ce brave régiment de *houzards*, qui dans le temps avait sabré les soldats patriotes de La Fère, et que le roi avait approuvé, venait de passer tout entier aux ennemis, et que chaque homme avait reçu six livres le jour de la désertion ; en outre, que ce même jour, 9 mai, à cinq heures du matin, Royal-Allemand avait quitté Saint-Avold, sous prétexte d'une promenade militaire, et qu'il avait passé le pont de Sarrebruck avec chevaux, armes et bagages.

C'était donc le plan de ces honnêtes gens : au nord, la trahison des chefs ; à l'est, la désertion en masse ; derrière nous, le soulèvement des provinces.

Depuis longtemps je m'attendais à quelque chose de pareil ; oui, depuis ma rencontre avec Nicolas, après le massacre de Nancy, j'avais pensé qu'un vaurien sans bon sens, sans instruction, et qui n'avait à la bouche que « Mon colonel, mon capitaine, ma reine, mon ioi! » comme un valet dit : « Mon maître ! » était capable de faire des lâchetés et de tourner son sabre contre la nation qui le nourrissait. Je n'avais pas voulu parler de cela à mon pauvre père; mais comment lui porter maintenant la terrible nouvelle? Le bruit de ces désertions courait déjà dans tout le village; les gens sortaient, criaient, s'indignaient; d'une minute à l'autre un mauvais voisin pouvait entrer dans la baraque et tout dire à ces vieilles gens, méchamment, comme il arrive trop souvent en ce monde.

Je partis en bras de chemise, dans le plus grand trouble, pensant qu'il valait mieux leur raconter le malheur moi-même, doucement, avec des ménagements; c'était mon idée. Mais en apercevant de loin le père, qui travaillait sur la porte de notre baraque et qui me regardait venir en souriant, comme toujours, mon trouble augmenta tellement que je ne savais plus ce que je faisais; toutes mes idées de bon sens me sortirent de la tête, et, le voyant s'avancer à ma rencontre sous le petit hangar, je lui criai :

« Oh! quel malheur! quel malheur!... Nicolas vient de passer à l'ennemi ! »

Mais à peine avais-je parlé que je frémis de ma bêtise; toute ma vie j'entendrai le cri de ce pauvre vieux, qui tomba la face contre terre, comme assommé d'un coup de pioche. Je suis bien vieux aussi maintenant, et je crois encore entendre ce cri; c'était quelque chose d'épouvantable, qui me fait pâlir quand j'y pense.

Moi je ne me tenais plus, je m'appuyais contre le mur; si des voisins n'étaient pas venus me soutenir, je tombais à côté de lui.

La mère, en même temps, sortait de la baraque en criant :

« Qu'est-ce que c'est? qu'est-ce qu'il y a ? »

Et le grand bûcheron Rougereau, emportant mon père dans ses bras, lui répondit :

« C'est l'ouvrage de votre brave Nicolas, qui vient de déserter. »

Alors elle se sauva, et j'entrai dans la baraque comme Rougereau déposait mon père sur le lit. Je m'assis à côté, la tête sur les genoux; la sueur me coulait comme de l'eau froide sur tout le corps; j'aurais voulu crier, et je ne pouvais pas.

Au milieu de ces grandes misères, c'est pourtant une grande consolation de voir combien un honnête homme a d'amis qu'on ne connaissait même pas avant son malheur; je ne l'aurais jamais cru. Tout le village, hommes, femmes, enfants, les larmes aux yeux, venaient voir le bon père Bastien; la pauvre baraque vermoulue était pleine de gens qui marchaient doucement, qui se penchaient dans les vieux rideaux de toile en disant :

« Oh! pauvre père Bastien!... quel malheur! Ce gueux de Nicolas lui a donné le coup de la mort. »

Voyant cela, je comprenais que les autres auraient eu plus de bon sens que moi, et je me faisais de grands reproches; mais quand j'entendis la voix de maître Jean crier : « Oh! mon pauvre vieux ami!... Oh! pauvre brave homme! » mon cœur creva, et je gémis tout haut, me reprochant la mort de mon père !

Si je vous parle de ces choses en détail, c'est qu'on est heureux d'être le fils d'un brave homme, que tout le monde estimait malgré sa pauvreté. Combien ne sont estimés que pour leur argent! Mais avec nous il n'y avait rien à gagner, et les trois quarts de ceux qui venaient nous plaindre étaient plus riches que nous; voilà ce qui me rend fier; oui, je suis fier d'être le fils d'un si brave homme, qu'on aimait tant dans notre pauvre village.

Enfin qu'est-ce que j'ai besoin de vous dire encore? Mon père, cette fois, ne mourut pas. M. le docteur Steinbrenner, que Marguerite avait envoyé à la première nouvelle du malheur, le soigna bien, et il en revint, seulement avec un mal dans le côté; on aurait cru qu'il étouffait. Les gens venaient toujours le voir, et il leur souriait en disant :

« Ce n'était rien! »

Ma mère, elle, ne pouvait pas chasser ce monde. Je voyais à sa mine que cela l'ennuyait beaucoup : car c'était la condamnation de Nicolas, et Nicolas était celui qu'elle aimait.

Une seule chose lui fit de l'effet, c'est quand Jean Pierre Miralle, notre voisin, lui dit que Nicolas ne pourrait plus jamais revenir en France sans être arrêté, jugé par un conseil de guerre et fusillé. Miralle avait servi comme grenadier dans le temps, il connaissait la loi militaire; malgré cela, elle ne voulait pas le croire; mais ensuite maître Jean lui ayant dit que c'était vrai, et qu'on ne recevait les traîtres en France qu'à coups de fusil, en pensant qu'elle ne reverrait plus Nicolas, elle se mit le tablier sur les yeux et sortit pleurer dans les champs.

Quelque temps après ces malheurs, un jour que nous étions seuls, le père et moi, et qu'il se tenait la main sur le côté pour reprendre haleine en travaillant, comme je lui demandais :

« Est-ce que vous vous sentez mal là, mon père ? »

Il me répondit, après avoir bien regardé si la mère était sortie :

» Oui, mon enfant... Je crois que quelqu'un m'a piqué sous le téton gauche. »

Il se rappelait la lettre de Nicolas, maître de pointe et de contre-pointe au régiment de Royal-Allemand, et faisait semblant de sourire. Mais presque aussitôt il se mit à fondre en larmes; et levant les deux mains au-dessus de sa tête, il disait :

« O mon Dieu ! pardonnez-lui, pardonnez-lui ! Le pauvre malheureux n'en sait pas plus ; il ne sait pas ce qu'il fait ! »

C'est tout ce qu'il me dit ; mais il conservait toujours son mal, et quelquefois le soir, pendant que tout dormait dans la baraque et qu'il me croyait endormi comme les autres, je l'entendais gémir dans son lit.

Moi je prenais une bonne figure ; tous les jours, en entrant, je m'asseyais près du père, je lui parlais des progrès d'Étienne, qui marchait très-bien, et chaque dimanche je faisais venir mon petit frère pour embrasser les parents. Ce jour-là tout était bien, la figure du pauvre homme changeait, ses yeux s'attendrissaient ; il ne pensait plus à Nicolas, et disait :

« Nous sommes les plus heureuses gens du monde. Tout va bien ! »

Mais durant la semaine, dans ces longues journées qui commencent à cinq heures du matin et ne finissent qu'à neuf heures du soir, et pendant lesquelles un vannier est courbé sur son ouvrage, il n'avait de joie qu'à la nuit de m'entendre rentrer en chantant et sifflant : car j'avais pris cette habitude pour cacher mon chagrin. Chaque fois il se levait et venait sur la porte, en me disant :

« C'est toi, Michel ! Je t'ai bien entendu... Comment a marché le travail aujourd'hui ?

— Bien, très-bien, mon père.

— Allons, tant mieux, faisait-il. Tiens, assieds-toi là, que je finisse cette corbeille. »

La mère, elle, ne bougeait plus de son coin, dans l'ombre, près de l'âtre, les mains croisées sur les genoux, ses lèvres serrées ; elle ne disait plus rien : elle pensait à Nicolas !

Quand j'allais en ville, Marguerite me donnait un paquet de gazettes, et tous les soirs j'en lisais une à mon père, qui ne trouvait rien de plus beau que les discours de M. Vergniaud et des autres girondins. Il s'étonnait de leur courage et comprenait de mieux en mieux que le peuple devait être souverain. Ces nouvelles idées n'entraient pas facilement dans l'esprit du pauvre vieux, soumis pendant tant d'années aux droits du seigneur et de l'abbaye. Il se rappelait toujours les anciens temps, et ne pouvait croire que les hommes sont égaux, qu'il n'existe entre eux d'autres différences que celles des vertus et des talents. Les vieilles habitudes de l'esprit sont difficiles à déraciner ; malgré cela un homme de bon cœur finit tout de même par se ranger à la justice, et voilà pourquoi mon père comprenait ces choses.

On pense bien qu'après la trahison des hussards de Saxe et de Royal-Allemand, le maréchal Rochambeau, que tous les patriotes attaquaient, ne pouvait plus rester en place. Il donna de lui-même sa démission, et nos trois armées sur la frontière n'en firent plus que deux : celle du Nord (de Dunkerque à la Moselle), sous Lafayette ; et celle de l'Est (de la Moselle au Jura), sous Luckner, un vieux *houzard* allemand qui savait à peine parler français.

Les Autrichiens, au lieu d'avancer, attendirent longtemps le roi de Prusse, Frédéric-Guillaume, qui ne se pressait pas de venir, malgré les cris des émigrés. Ce fut un grand bonheur pour la nation : car on avait vu le danger ; on avait reconnu que les fusils manquaient presque partout, et que si les autres avaient profité de notre étonnement pour nous envahir, nous aurions eu de la peine à nous défendre. Aussi tous les patriotes voulurent avoir des fusils, mais l'arsenal était vide ; il avait fallu d'abord armer les volontaires avec de vieilles pataraques du temps de Louis XV, dont les batteries ne jouaient pas. Tout le reste était à l'avenant ; les vieux canons, mangés par le vert-de-gris, dormaient sur leurs traverses ; les boulets, trop petits ou trop grands, roulaient dedans ou ne pouvaient pas entrer. La poudre seule était toujours bonne et sèche, parce que les poudrières de Phalsbourg, taillées dans le roc vif, sont peut-être les meilleures de France.

Voilà ce qui se disait et se voyait ; et c'est pourquoi l'idée d'avoir des piques se répandit dans la montagne. Tout ce mois de mai 1792 fut pour nous un temps de travail extraordinaire. Le modèle des piques arriva de Paris. La hampe, en bois de charme, avait sept pieds et demi, le fer quinze pouces ; il était en forme de serpe, tranchant des deux côtés, avec un crampon dans le bas pour accrocher les cavaliers.

Combien de fois, en forgeant ce crampon, je me suis écrié dans mon âme :

« Pourvu que celui-ci tire de son cheval le gueux qui fait pleurer mon père ! Pourvu qu'il l'accroche par le cou ! »

Je me figurais ces choses..... mon marteau roulait..... je forgeais avec une véritable rage. Quelles pensées pour un frère ! Voilà cette guerre civile terrible, cette guerre qui divise non-seulement les hommes de la même patrie, mais jusqu'aux enfants de la même mère.

Nous avons bien forgé de mille à quinze

cents piques en deux mois ; j'avais été forcé de prendre deux nouveaux compagnons ; et maître Jean lui-même, pour m'aider, n'allait plus qu'une fois par semaine à sa ferme de Pickeholtz.

Il fallait nous voir, les manches retroussées jusqu'aux épaules, la chemise ouverte, les reins serrés dans nos ceintures, et notre bonnet rouge à cocarde sur l'oreille, battre le fer dans la rue, au milieu de cinquante à soixante montagnards arrêtés chaque matin devant l'auberge des Trois-Pigeons, avec leurs grands sarraus de toile écrue et leurs larges feutres à chenilles tricolores. La forge était trop petite pour un si grand travail ; le four seul restait à l'intérieur et chauffait du matin au soir. Un compagnon ne faisait qu'entrer et sortir pour prendre le fer, le présenter à l'enclume et le remettre au feu.

Maître Jean était là dans son élément ; il avait aussi un grand bonnet rouge qui lui couvrait à moitié ses gros favoris ; et quand la sueur nous coulait dans la raie du dos, quand on ne pouvait presque plus souffler, il criait d'une voix terrible :

« En avant !... ça ira !... ça ira !... »

Et les marteaux continuaient de rouler comme une diligence sur le pavé de la ville.

Ah ! nous en avons abattu de l'ouvrage en ce temps. Les chaleurs étaient alors revenues, la verdure couvrait le village, c'était un temps superbe ; mais le soir, maître Jean, les compagnons et moi, nous étions si fatigués que nous aimions encore mieux nous étendre après souper que d'aller au club, excepté le samedi soir, quand nous étions sûrs de faire la grasse matinée et de nous rattraper le lendemain dimanche.

Il m'est arrivé deux ou trois fois dans ma vie, en courant la montagne, de retrouver une de ces vieilles piques chez les bûcherons ou les schlitteurs, derrière le vieux baldaquin ou contre la boîte de l'horloge ; les gens ne savaient plus ce que c'était ! Moi je prenais la pique rouillée, je la regardais, je la retournais, et tout ce bon temps de patriotisme me revenait d'un coup ; je m'écriais en moi-même :

« Toi, tu t'es promenée en Alsace, en Lorraine, en Champagne. Tu as paré les coups de sabre d'un uhlan de Wurmser, et le roulement du canon de Brunswick ne t'a pas fait trembler dans les mains qui te tenaient. »

Je revoyais ces histoires déjà lointaines ; j'entendais les cris de : « Vive la nation !... Vive la liberté !... Vaincre ou mourir ! » Que les temps sont changés, mon Dieu, et les hommes aussi !

Enfin, pendant que cela se passait chez nous, tout allait son train ailleurs ; les feuillants traitaient les patriotes de factieux ; les girondins appelaient les montagnards des anarchistes ; les montagnards reprochaient aux girondins d'avoir fait déclarer une guerre qui commençait si mal ; ils les accusaient de glorifier Lafayette, l'homme du Champ de Mars, celui qui demandait à l'Assemblée nationale des éloges pour Bouillé, après les massacres de Nancy ; ils leur disaient : « Faites donc destituer Lafayette, puisque les ministres sont des vôtres. Lafayette est général, malgré l'article de la constitution qui défend aux membres de l'Assemblée d'accepter aucune place du roi, dans les quatre années qui suivent sa dissolution. Faites-le destituer, c'est votre devoir. »

Marat criait aux soldats de fusiller les généraux qui les trahissaient ; Royou répétait dans sa *Gazette* que la dernière heure de la révolution allait sonner ; en Vendée, un marquis de la Rouarie levait des impôts et faisait des magasins d'armes et de munitions au nom du roi ; les nobles qui voulaient passer à l'ennemi s'engageaient sous de faux noms dans les volontaires, pour gagner la Suisse ou les Pays-Bas. Mais le pire, c'étaient toujours les prédications des prêtres réfractaires représentant les patriotes comme des brigands et le roi comme un martyr ; excitant la jeunesse à s'engager parmi les citoyens catholiques, apostoliques et romains ; leur distribuant des cœurs de Jésus brodés par de nobles dames, et des rubans blancs ornés de sentences, pour mettre autour de leurs chapeaux.

La fureur de ces gens ne connaissait plus de bornes, surtout depuis le dimanche des Rameaux, en avril. Avant la Révolution, tous les paysans, hommes et femmes, arrivaient en ville, le jour de cette fête, avec des branches de sapin pour les faire bénir ; on faisait des processions dans les rues, et les habitants, catholiques, protestants ou juifs, étaient forcés de tendre leurs maisons de tapisseries, de fleurs et de feuilles. C'est à peine si on permettait aux luthériens et aux juifs de fermer leurs volets pendant les chants autour des reposoirs. Mais comme beaucoup de patriotes, Chauvel en tête, s'étaient plaints de cette cérémonie, le corps municipal, sur la réquisition du procureur de la commune, avait arrêté, d'après la nouvelle constitution qui garantissait à tout homme l'exercice libre de sa religion, qu'à l'avenir personne ne serait plus forcé de tendre ni tapisseries, ni feuilles devant sa maison ; que la garde nationale ne pourrait pas être requise d'assister aux cérémonies d'un culte quelconque, et que les citoyens ne pourraient plus être forcés de fermer leurs boutiques sur le passage des processions.

On pense bien qu'en ce jour la garde citoyenne avait été sous les armes, et que des centaines de Valentin, de père Bénédic, et d'autres malheureux pareils, étaient arrivés pour se révolter contre la loi. Mais le commandant ayant fait charger les fusils sur la place, en leur présence, et le prêtre constitutionnel ayant eu le bon sens de faire sa procession dans l'église, tous ces gens s'en étaient allés furieux, sans avoir osé rien entreprendre.

Malheureusement, les choses s'étaient passées autrement dans le Midi et dans l'Ouest. Les gazettes nous apprenaient que, même à Paris, des citoyens paisibles avaient été horriblement maltraités, pour n'avoir pas voulu se découvrir devant les processions. On était allé jusqu'à les traîner dans la boue ! et depuis, les fanatiques commettaient des dégâts de toute sorte, surtout dans le Haut-Rhin ; à chaque instant on apprenait que tel curé constitutionnel venait d'avoir sa maison brûlée, ses arbres fruitiers coupés, ou d'être assommé lui-même.

Dans nos environs, la mauvaise race n'osait pas trop s'avancer, elle se méfiait des gendarmes nationaux et de la garde citoyenne ; mais à mesure que les troubles grandissaient, que les nouvelles devenaient mauvaises, elle prenait plus d'audace. Vers la fin du mois de mai, un matin que nous forgions des piques, comme je vous l'ai dit, nous vîmes arriver de loin, dans la rue, le curé Christophe ; devant lui marchaient deux espèces de mendiants, en sarraus déchirés, la tête nue, les cheveux pendants sur la figure et les mains liées sur le dos. Ils étaient attachés l'un à l'autre, et regardaient à terre, tandis que M. le curé, son grand bâton de houx à la main, et trois de ses paroissiens, leurs fourches sur l'épaule, les conduisaient en ville. Tous les montagnards réunis devant la forge s'étaient retournés et maître Jean, regardant le curé venir, lui cria :

« Hé ! qu'est-ce que c'est donc, Christophe ? tu m'as l'air d'avoir fait des prisonniers.

— Oui, dit le curé, ces deux mauvais drôles, avec trois autres de la même espèce, sont venus m'attaquer hier soir entre Spartzprod et Lutzelbourg, comme je revenais de voir mon frère Jérôme ; ils ont déboulé sur moi des deux côtés avec des hachettes et des couteaux, en criant : « A mort le renégat ! » Mais je les ai bien reçus avec mon bâton ! Les trois autres se sont échappés et ces deux-ci sont restés sur place ; je les ai relevés moi-même et je les ai conduits à la maison commune, où mes paroissiens les ont gardés à vue toute la nuit. Nous allons voir ce que ces gens-là me veulent, ce que je leur ai fait ! Si c'était la première fois, je me serais contenté de les corriger ; mais c'est la troisième fois qu'on m'attaque. Les premiers n'avaient que des triques, ceux-ci avaient des hachettes et des couteaux ; regarde, Jean, les coups qu'ils m'ont portés ! »

Alors, ouvrant sa soutane, M. Christophe nous montra sa poitrine entourée d'un bandeau de linge plein de sang.

« J'ai trois coups, dit-il : un sur l'épaule et deux dans les côtes. »

En voyant cela, notre indignation fut telle que, si le curé n'avait pas poussé les deux misérables dans le coin où se trouvait la pompe, nous leur aurions cassé la tête à coups de marteau. Mais il étendait les bras devant eux, et criait :

« Halte ! halte ! je n'aurais pas eu besoin de vous si j'avais voulu les tuer. Il faut que la loi parle ; il faut que l'on sache d'où cela vient. »

Et comme la foule accablait ces brigands de reproches, il fit signe à ses paroissiens de les emmener, et les suivit lui-même en nous disant :

« Ce soir, je repasserai ; vous aurez de mes nouvelles ! »

Toute la journée on ne fit que parler de cela ; maître Jean à chaque instant s'écriait :

« C'est pourtant agréable d'être fort ! Un autre que Christophe aurait été massacré pour sûr ; mais son frère Jérôme, du Hengst, et lui sont les deux plus forts du pays. Ces grands hommes roux, avec de petites taches jaunes sur la peau, sont tous très-forts. C'est la vieille race des hommes de la montagne. »

Et tout à coup il se mettait à rire, en se tenant le ventre et criant :

« Quelle surprise pour les autres qui croyaient le surprendre ! Ah ! ah ! ah ! quelle mine ils ont dû faire en recevant cette averse ! »

Il riait tellement que cela gagnait tout le monde, et qu'on disait en s'essuyant les yeux :

« Oui, ça devait les étonner tout de même ; ils ne s'attendaient pas à cette débâcle ! »

Mais ensuite, en songeant aux coups de hachette et de couteau qu'ils avaient donnés à M. le curé Christophe, l'indignation vous revenait, et l'on pensait que ce serait avec ces gueux-là qu'on ferait l'épreuve, à Phalsbourg, de la nouvelle machine dont toutes les gazettes parlaient et qui devait remplacer la potence. On l'avait essayée à Paris depuis une quinzaine, et l'on appelait cette terrible invention un progrès de l'humanité. Sans doute c'était un progrès,

Quel bonheur de pouvoir embrasser celle qu'on aime devant tout le monde. (Page 98.)

mais de pareilles inventions sont toujours un mauvais signe, et les capucins qui criaient que les temps étaient proches, n'avaient pas tort; ils ont dû reconnaître eux-mêmes, par la suite, que leur prédiction était encore plus vraie qu'ils ne pensaient.

Le curé Christophe, en repassant le soir aux Baraques pour retourner à Lutzelbourg, vint prendre un verre de vin à l'auberge, comme il l'avait promis à maître Jean, et nous dit que les deux prisonniers étaient au cachot de la ville; que le juge de paix, M. Fix, après les avoir interrogés longuement et avoir dressé son procès-verbal, allait les envoyer à Nancy, où leur affaire marcherait rondement.

Voilà comme cette espèce de guerre religieuse s'envenimait dans notre pays; les prédications des prêtres réfractaires en étaient cause; et ce devait être encore bien pis dans le Midi et en Vendée; il devait arriver de là bien d'autres accusations à l'Assemblée nationale, puisque deux jours après le passage du curé Christophe aux Baraques, on vit ce décret affiché partout : à la porte des églises, devant les mairies et les maisons d'école :

« L'Assemblée nationale, après avoir entendu le rapport de son comité des douze; considérant que les troubles excités dans le royaume par les ecclésiastiques non sermentés exigent qu'elle s'occupe sans délai des moyens de les réprimer, décrète qu'il y a urgence.

« L'Assemblée nationale, considérant que les efforts auxquels se livrent constamment les ecclésiastiques non sermentés, pour renverser la

Nous le jurons! (Page 102.)

constitution, ne permettent pas de supposer à ces ecclésiastiques la volonté de s'unir au pacte social, et que ce serait compromettre le salut public que de regarder plus longtemps comme membres de la société des hommes qui cherchent à la dissoudre; — considérant que les lois pénales sont sans force contre ces hommes qui, agissant sur les consciences pour les égarer, dérobent presque toujours leurs manœuvres criminelles aux regards de ceux qui pourraient les faire réprimer et punir; — après avoir décrété l'urgence, décrète ce qui suit :

« Art. Ier. La déportation des ecclésiastiques insermentés aura lieu comme mesure de sûreté publique et de police générale, dans les cas et suivant les formes ci-après. »

Alors, dans une dizaine d'articles, on voyait les cas où les prêtres insermentés devaient être déportés, et le principal de ces articles revenait à celui-ci : « Lorsque vingt citoyens actifs du même canton se réuniront pour demander la déportation d'un ecclésiastique non sermenté, le directoire du département sera tenu de prononcer la déportation, si l'avis du directoire du district est conforme à la pétition. »

C'était un décret terrible; mais il fallait ou périr ou se défendre! Quand on a prévenu les gens; quand on les a priés et suppliés d'être justes et raisonnables; quand on leur a cent fois offert la paix et qu'ils la refusent en nous attaquant toujours avec une fureur nouvelle; quand ils excitent la guerre civile et qu'ils appellent l'étranger à leur secours, alors, à moins d'être des lâches ou des dupes, il ne reste plus qu'un moyen de s'en débarrasser : c'est de leur prouver qu'on est le plus fort et de les traiter, non plus en hommes de paix, mais comme des soldats révoltés contre la patrie. Si la nation avait été vaincue, quel aurait été le sort des patriotes? Brunswick, l'ami des nobles et des prêtres réfractaires, va bientôt vous le dire dans sa proclamation.

Ce décret était donc nécessaire. Eh bien ! Louis XVI y mit son *veto*.

Le bruit courait aussi que les émigrés, par milliers, retournaient à Paris ; qu'ils y tenaient des réunions secrètes, et qu'on allait apprendre de grands malheurs.

L'Assemblée nationale, voulant empêcher ces gens de troubler l'ordre, décréta qu'un camp de 20,000 hommes serait formé dans les environs tous de la capitale. Mais Louis XVI mit encore son *veto* sur ce décret. En même temps il envoyait Mallet-Dupan aux Prussiens, *pour leur dire de se dépêcher*, et d'annoncer, en nous envahissant, qu'ils n'en voulaient pas à la nation mais aux factieux, et qu'ils venaient seulement rétablir chez nous le gouvernement légitime contre les anarchistes.

Voilà l'honnête homme, le bon roi, d'accord avec les ennemis de son peuple. Qu'on le plaigne : il voulait nous remettre la corde au cou ; s'il avait réussi, vous et moi nous travaillerions tous pour les couvents, les abbayes et les seigneurs ; nous supporterions tous les impôts ; nos enfants ne pourraient obtenir aucun grade dans les armées, ni remplir aucune fonction excepté celles de capucin, de laquais, de palefrenier, de domestique ; nous serions les derniers des misérables ; mais les courtisans, les fainéants, les moines prospéreraient et chanteraient les louanges de Sa Majesté. Le pauvre homme n'a pas réussi ; les patriotes ont vaincu les rois de l'Europe, pour établir et maintenir chez nous la justice... Quel malheur !... il est bien à plaindre !... et la reine aussi, cette bonne Marie-Antoinette, qui disait tous les jours que les Prussiens et son neveu le roi de Hongrie, empereur d'Allemagne, allaient venir la délivrer sur les corps de deux cent mille Français !

Les girondins, reconnaissant enfin qu'ils étaient joués par la cour, résolurent de forcer le roi de s'expliquer, et le ministre Roland lui écrivit une lettre, pour lui demander d'avoir au moins la franchise de se déclarer ouvertement pour ou contre la nation ; que, s'il était pour, il devait sanctionner les deux décrets ; que, s'il était contre, il devait maintenir son *veto*, et qu'alors le peuple saurait que Louis XVI tenait avec les ennemis de la France.

C'était honnête ! Il lui disait :

« Votre Majesté jouissait de grandes prérogatives, qu'elle croyait appartenir à la royauté. Elevée dans l'idée de les conserver, elle n'a pu se les voir enlever avec plaisir ; le désir de se les faire rendre était aussi naturel que le regret de les voir anéantir. Ces sentiments ont dû entrer dans les calculs des ennemis de la révolution ; ils ont compté sur une faveur secrète, jusqu'à ce que les circonstances permissent une protection déclarée. Ces dispositions ne pouvaient échapper à la nation elle-même, et elles ont dû la tenir en défiance. Votre Majesté a donc été constamment dans l'alternative de céder à ses affections particulières, ou de faire des sacrifices exigés par la nécessité, par conséquent d'enhardir les rebelles en inquiétant la nation, ou d'apaiser celle-ci en vous unissant à elle. Tout a son terme, et celui de l'incertitude est arrivé.

« La déclaration des droits est devenue un évangile politique, et la constitution française une religion pour laquelle le peuple est prêt à périr... Tous les sentiments ont pris l'accent de la passion. La fermentation est extrême ; elle éclatera d'une manière terrible, à moins qu'une confiance raisonnée dans les intentions de Votre Majesté ne puisse enfin la calmer ; mais cette confiance ne s'établira pas sur des protestations, elle ne saurait plus avoir pour base que des faits... Il n'est plus temps de reculer ; il n'y a même plus moyen de temporiser : la révolution est faite dans les esprits ; elle s'achèvera au prix du sang et sera cimentée par lui, si la sagesse ne prévient pas les malheurs qu'il est encore possible d'éviter... Encore quelque délai, et le peuple contristé croira apercevoir dans son roi l'ami et le complice des conspirateurs. »

Pour toute réponse, le roi destitua les ministres girondins ; mais l'Assemblée nationale décréta que ces ministres emportaient les regrets de la patrie, et que la lettre de Roland serait envoyée aux 83 départements.

Le roi nomma ensuite Dumouriez ministre de la guerre. Ce général était un homme très-fin ; lorsqu'il vit que, malgré ses conseils, Louis XVI ne voulait pas sanctionner les deux décrets, il aima mieux se démettre lui-même et prendre un petit commandement à l'armée ; de sorte que le roi, ne trouvant plus un homme de bon sens pour courir le danger de ses deux *veto*, fut très-découragé. La reine lui rendait confiance, en disant :

« Les Prussiens viendront bientôt. Encore un peu de patience !... Il ne faut pas se laisser abattre ; les prêtres nous soutiennent aussi ; tout marche bien en Vendée, etc. »

Ces choses ont été racontées plus tard par

une femme de Marie-Antoinette, et je crois que c'est vrai ; cela devait se passer comme dans notre baraque, lorsque mon père perdait confiance et que ma mère lui disait :

« Sois tranquille ! le temps de la milice approche ; nous vendrons Nicolas, Claude ou Michel ; sur trois il faudra bien qu'un gagne ! Alors nous aurons du repos ; nous payerons l'usurier et nous achèterons avec le reste une vache ou bien deux chèvres. »

C'est toujours la même histoire ; seulement au lieu de vendre Nicolas, Claude ou moi, la reine aurait peut-être cédé l'Alsace. Toute la France s'en méfiait ; cette idée vous pesait sur le cœur, et c'était lourd ; car le dernier Baraquin aimait mieux son pays que ces gens-là, j'en suis sûr ! Le vrai patriotisme est dans le peuple ; il aime la terre, lui, qu'il retourne et qu'il ensème ; les autres aiment les places où l'on attrape de bonnes pensions sans rien faire. Au moins dans le temps c'était comme cela.

Tous les soirs, au club, on faisait des motions de tout exterminer, et Chauvel répétait sans cesse :

« Du calme ! du calme !... La colère ne sert à rien ; elle trouble tout !... Ces deux *veto* nous font du bien, l'ennemi se découvre ; il vaut mieux le voir en face. Jusqu'à présent nous avions eu du doute, à cette heure nous n'en avons plus ; on veut l'agitation, le trouble, la division entre nous !... C'est le plan de nos ennemis ; raison de plus pour être unis et de sang-froid. On ne veut pas de patriotes fédérés aux environs de Paris, raison de plus pour en envoyer de bons ! Que chacun s'apprête à marcher ; que ceux qui resteront se cotisent pour faire la solde des autres. Que chacun agisse selon ses moyens... Attention !... Restons unis et pas de trouble ! »

C'est ainsi qu'il parlait ! Et puis on lisait les discours des Jacobins, de Bazire, de Chabot, de Robespierre, de Danton, et l'on voyait que ces hommes n'avaient pas peur, qu'ils ne voulaient plus reculer ; au contraire. Tous regardaient la destitution des ministres girondins comme un malheur public, parce qu'au moins ceux-là ne s'entendaient pas avec l'étranger, et que, s'ils voulaient la guerre, c'était pour faire avancer plus vite la révolution et non pour nous livrer aux ennemis.

Parmi les clubs du pays, le nôtre, à cause du bon sens de Chauvel et de sa fermeté dans l'ordre, était peut-être le meilleur. On envoyait nos motions aux Jacobins, et quelquefois il en était fait mention dans le rapport des séances.

Mais alors Lafayette, qu'on avait toujours représenté comme un bon patriote, que maître Jean aimait tant et que les girondins avaient soutenu contre les montagnards, tout à coup ce Lafayette découvrit ses batteries, et l'on reconnut qu'elles étaient pointées sur nous ; qu'il tenait avec la cour et le roi et qu'il se moquait du peuple. Ce qu'il avait fait jusqu'à ce jour était en grande partie par vanité ; maintenant il rentrait dans sa vieille nature : c'était un marquis !.. et même un marquis dangereux, puisqu'il avait une armée et qu'il pouvait essayer de l'entraîner contre l'Assemblée nationale.

C'est la première fois qu'on vit un pareil danger ; depuis, d'autres généraux ont eu la même idée ! Heureusement Lafayette n'avait pas remporté de grandes victoires ; il disait bien, après un petit combat en avant de Maubeuge, où les Autrichiens avaient été battus : « Mon armée me suivra ! » mais il n'en était pas sûr, et se contenta d'écrire à l'Assemblée une lettre très-insolente, déclarant que les jacobins étaient cause de tout le désordre, traitant les girondins d'intrigants, et donnant en quelque sorte l'ordre à l'Assemblée nationale de dissoudre tous les clubs, et de retirer ses deux décrets sur les prêtres réfractaires et sur le camp au nord de Paris.

Allez donc vous fier à des marquis amis de Washington !.... Un soldat sans victoires qui veut donner des ordres aux représentants du pays !.... Aussi, depuis ce temps-là, M. le marquis de Lafayette, tantôt l'ami de Washington, tantôt le défenseur de la cour, était connu. Le roi n'en voulait pas plus que les patriotes ; il était trop républicain pour lui et trop marquis pour nous.

Voilà les gens qui veulent porter l'eau sur les deux épaules, et se figurent avoir plus d'esprit que tout le monde. La garde nationale, depuis son départ de Paris, s'était réunie avec le peuple ; les bourgeois et les ouvriers tenaient ensemble, comme en 89 ; le maire Pétion, avec son bon sens, les avait réconciliés ; et quand on vit l'insolence de ce marquis, on s'accorda pour célébrer l'anniversaire du serment du Jeu de paume, qui tombait au 20 juin. Chauvel nous en parlait déjà huit jours à l'avance, dans son arrière-boutique.

« C'est la plus grande fête nationale, disait-il, le coude au coin de son bureau et la tête penchée d'un air joyeux ; oui, le serment du Jeu de paume vaut, dans son genre, la prise de la Bastille ; ce devraient être là les deux grandes fêtes inscrites au calendrier, comme chez les Juifs le passage de la mer Rouge et l'arrivée au mont Sinaï ! »

Il prenait une prise tout doucement, en clignant de l'œil; et, la veille du 20 juin, même avant de connaître la lettre de Lafayette, qui n'arriva chez nous que le 24, Chauvel nous dit :

« Nous ne pouvons pas célébrer le serment du Jeu de paume à Phalsbourg; dans une place forte il faudrait avoir la permission du ministre et je n'ai pas voulu la demander; mais c'est égal, je vous engage tout de même à prendre demain, après dîner, un bon verre de vin en l'honneur de ce jour; nous ne serons pas les seuls en France ! »

Et nous comprimes alors qu'il se passerait quelque chose le lendemain, qu'il le savait, mais que sa grande prudence l'empêchait de nous le dire.

Tout le monde sait aujourd'hui que le 20 juin 1792 le peuple de Paris se leva de bon matin, et que, sous la conduite du brasseur Santerre, du boucher Legendre, de l'orfèvre Rossignol et de quelques autres bons patriotes, une foule innombrable d'hommes, de femmes et d'enfants, avec des canons et des piques, des drapeaux tricolores et des culottes pendues au bout de longues perches, se rendirent à l'Assemblée nationale en criant : « À bas le *veto* ! Vivent les ministres girondins ! » et chantant le « *Ça ira !* »

L'Assemblée nationale leur ouvrit ses portes; ils défilèrent à vingt-cinq ou trente mille pendant trois heures, et puis ils allèrent aussi visiter le roi, la reine et leurs ministres au château des Tuileries.

La garde nationale, qui n'était plus commandée par Lafayette, au lieu de tirer dessus, se mit à fraterniser avec eux; et tous ensemble, pêle-mêle, montèrent dans le palais.

Alors ces pauvres gens, qui n'avaient jamais vu que la misère, virent ce château plein de dorures et d'objets d'art de tous les états: peintures, instruments de musique, armoires pleines de verreries et de porcelaines; ils en furent émerveillés. Ils virent aussi le roi, que ses domestiques entouraient dans l'embrasure d'une fenêtre. Le boucher Legendre lui dit qu'il fallait sanctionner les décrets, que le peuple était las d'être pris pour une bête, qu'il voyait clair et ne se laisserait plus tromper.

C'étaient les propos d'un homme simple.

Le roi lui promit d'observer la constitution. Ensuite il monta sur une table, mit un bonnet rouge et but un verre de vin à la santé de la Nation.

Le tumulte était grand dans cette salle; mais le maire Pétion, étant arrivé, dit à cette quantité de patriotes qui se complaisaient à regarder le château que, s'ils restaient plus longtemps, les ennemis du bien public envenimeraient leurs intentions; qu'ils avaient agi avec la dignité d'hommes libres, et que le roi verrait dans le calme ce qu'il aurait à décider. Ils comprirent que le maire avait raison, et défilèrent jusqu'au soir, en saluant la reine et les princesses, assises dans une de ces grandes chambres, avec le petit dauphin.

Voilà ce que bien des gens ont représenté comme un crime du peuple contre le roi. Moi, plus j'y pense, plus je trouve cela simple et naturel. Sans doute on n'aime pas voir une grande foule dans sa maison; mais un roi doit être comme un père pour son peuple. Louis XVI avait dit cent fois :

« Je suis le père de mes sujets ! »

Eh bien ! si c'était vrai, s'il le pensait, cela ne devait pas l'étonner; rien n'est plus naturel que d'aller voir son père, et de lui demander ce qu'on désire. Mais, pour dire la vérité, je crois qu'il disait cela comme autre chose, et que cette visite de ses enfants lui parut un spectacle terrible, parce qu'ils étaient trop sans gêne. Et comme les Valentins ne manquaient pas en ce temps, ils poussèrent des lamentations qui n'en finissaient plus.

D'un autre côté les patriotes avaient espéré que Louis XVI, en voyant cette masse de gens, ferait des réflexions et qu'il sanctionnerait les décrets. C'était la pensée de Chauvel. Mais le roi s'obstina dans son *veto*, de sorte qu'on reconnut que c'était une affaire manquée et que nos ennemis allaient en tirer avantage.

On pouvait y compter. Tout le parti des feuillants et des soi-disant constitutionnels, Barnave, Mounier, Lally-Tollendal, Duport, les frères Lameth, ceux qui parlaient toujours du respect de la constitution au peuple et qui donnaient des conseils à la cour pour la détruire, ces gens, la moitié de la garde nationale et soixante-seize directoires de département levèrent les mains au ciel en criant que tout était perdu, qu'on ne respectait plus le roi; qu'il fallait mettre en accusation Santerre, Rossignol et Legendre, tous les chefs de la manifestation du 20 juin, et le maire de Paris, Pétion, pour n'avoir pas fait mitrailler le peuple, comme Bailly au Champ de Mars. Enfin Lafayette lui-même, au lieu de rester à son poste et d'observer les quatre-vingt mille Autrichiens et Prussiens réunis à Coblentz pour nous envahir, Lafayette quitta tout et vint à Paris, demander au nom de l'armée le châtiment des insurgés du 20 juin.

À l'Assemblée on lui fit beaucoup d'honneurs,

ce qui n'empêcha pas le girondin Guadet de dire :

« En apprenant que M. Lafayette était à Paris, j'ai pensé tout de suite: Nous n'avons plus d'ennemis extérieurs, les Autrichiens sont vaincus. Cette illusion n'a pas duré longtemps; nos ennemis sont toujours les mêmes, notre situation extérieure n'a pas changé, et cependant M. Lafayette est à Paris ! Quels puissants motifs l'amènent ? Nos troubles intérieurs ? Il craint donc que l'Assemblée nationale n'ait pas assez de puissance pour les réprimer ? Il se constitue l'organe de son armée et des honnêtes gens... Ces honnêtes gens, où sont-ils? Cette armée, comment a-t-elle pu délibérer ? Je crois que M. Lafayette prend le vœu de son état-major pour celui de l'armée tout entière ; et je dis que s'il a quitté son poste sans congé du ministre, il viole la constitution. »

C'était clair !

Lafayette est le premier exemple de ces généraux qui, par la suite, ont planté là leurs armées pour venir s'emparer du pouvoir, sous prétexte de sauver le pays.

On aurait dû l'arrêter et le faire juger par un conseil de guerre ; s'il avait eu dix ans de boulet, comme un simple soldat, les autres ne se seraient pas tant pressés de venir à Paris sans ordre.

Enfin, après avoir dénoncé les jacobins à l'Assemblée nationale, il courut offrir à Leurs Majestés de les conduire à Compiègne, où le roi pourrait ordonner la révision de la constitution, rétablir la monarchie dans ses prérogatives et la noblesse dans ses privilèges civils; lui, Lafayette, se chargeait d'exécuter les volontés du roi, et, si Paris résistait, de le traiter en ville rebelle. C'est ce qu'on a su plus tard, par des lettres de Coblentz. Mais la reine et le roi lui firent mauvaise mine.

La reine voulait être délivrée par les Prussiens, et non par M. Lafayette, qui l'avait trimballée de Versailles à Paris, au milieu de la multitude en guenilles, criant : « Voici le boulanger, la boulangère et le petit mitron ! » Elle ne pouvait oublier cela, ni s'habituer à l'idée d'une constitution quelconque, et bien moins encore à voir dans M. Lafayette le sauveur de la monarchie. Le gouvernement absolu des Prussiens et celui de François, son neveu, roi de Bohême et de Hongrie, empereur d'Allemagne, valait bien mieux.

Lafayette, reconnaissant alors que le temps du cheval blanc était passé, essaya tout de même d'assembler la garde nationale, pour exterminer le club des Jacobins; mais le maire Pétion défendit de battre le rappel ; personne ne vint, et M. le marquis désolé retourna tranquillement à son armée, près de Sedan.

Les patriotes avaient bien vu la trahison; de tous les côtés l'Assemblée nationale recevait des pétitions, pour lui demander la punition des traîtres, et surtout de Lafayette.

C'est alors, au commencement de juillet 1792, pendant les plus grandes chaleurs de l'année, que des milliers de fédérés, sans s'inquiéter du *veto*, se mirent en route pour former le camp de vingt mille hommes. Ils partaient par petites bandes de cinq ou six, en blouse, en carmagnole, le bonnet rouge sur la nuque, avec la chemise, la culotte, les souliers de rechange dans le mouchoir au bout du bâton, et criaient :

« A Paris !... A Paris ! »

Les plus raisonnables, les vieux, qu'on arrêtait pour leur offrir une chope ou bien un petit verre sur le pouce, vous disaient :

« Nous allons là-bas défendre la liberté, secouer l'oppression et punir les traîtres. »

Ils étaient tout blancs de poussière ; mon cœur sautait en les regardant s'en aller et se retourner, le bonnet ou le chapeau en l'air, pour nous crier :

« Adieu !... vous aurez bientôt de nos nouvelles ! »

J'aurais voulu les suivre ; mais l'idée des père et mère, de Mathurine et d'Etienne, qui ne pouvaient se passer de moi, me retenait. Quel crève-cœur d'être forcé de rester !

Le ministre du roi, Terrier, écrivit alors aux directoires de tous les départements, d'arrêter et de disperser par tous les moyens ces rassemblements ; de rappeler aux districts et aux municipalités que les magistrats devaient, sous leur responsabilité, donner l'ordre aux officiers de police, à la gendarmerie nationale, à toutes les forces publiques, d'empêcher les gens de quitter leur pays, sous prétexte de se rendre à la capitale. Mais sa lettre ne produisit aucun effet ; au contraire, tous les clubs se mirent à crier contre, et Chauvel déclara que c'était une véritable trahison ; qu'on avait permis aux Prussiens et aux Autrichiens de se réunir ; qu'on leur avait en quelque sorte déblayé le chemin de la patrie ; et que maintenant on se servait encore du *veto*, de menaces de loi martiale et d'autres moyens abominables, pour empêcher les citoyens de faire leur devoir.

On savait aussi que les domestiques du roi, habillés en gardes nationaux, allaient partout crier contre les fédérés, qu'ils traitaient de « sans-culottes », comme si c'était un crime d'être pauvre ! et comme si très-souvent cela ne prouvait pas qu'on a plus de cœur et plus de respect de soi-même que des gueux pareils; car de se faire valet, ce n'est pas difficile, et on y gagne plus d'argent qu'en travaillant de son métier du matin au soir.

Tout le monde pensait qu'il était temps de mettre cette mauvaise race à la raison, et l'Assemblée nationale décréta que les citoyens gardes nationaux, que l'amour de la constitution amenait à Paris, soit pour rejoindre l'armée de réserve à Soissons, soit pour aller aux frontières, se feraient inscrire à la municipalité ; qu'ils assisteraient aux fêtes de la fédération du 14 juillet ; qu'ils recevraient des billets de logement militaire pour trois jours, et qu'ensuite la municipalité leur délivrerait un ordre de route par étapes jusqu'à leur destination, où leurs bataillons seraient organisés et soldés sur le pied de guerre.

C'est ce décret qui fit du bien. Il fut envoyé par courrier extraordinaire aux quatre-vingt-trois départements ; et le roi, la reine, les courtisans et les ministres durent reconnaître alors que le *veto* n'était pas tout ; que malgré la retraite de Luckner devant les Autrichiens, dans les Pays-Bas, par ordre du gouvernement ; malgré la réunion de quatre-vingt-quinze mille Prussiens et Autrichiens à Coblentz, avec vingt mille émigrés prêts à nous envahir ; malgré le beau plan de Bouillé, qui tenait sa promesse de montrer le chemin de la France à l'étranger, et que Frédéric-Guillaume, François II et Brunswick avaient convoqué à leur conseil ; malgré son beau plan d'attaquer Longwy, Sedan, Verdun, qui seraient à peine défendus, et puis de marcher sur Paris, par Rethel et Reims, à travers les belles plaines de la Champagne, où l'on trouverait les greniers et les granges de nos paysans pour nourrir l'invasion ; malgré les prédications des prêtres réfractaires, qui détachaient de plus en plus la Vendée et la Bretagne de notre révolution, et le soulèvement des paysans du bas Languedoc par M. le comte du Saillant, lieutenant général des princes ; enfin, que malgré toutes les trahisons de la noblesse, de la cour et des évêques, réunis contre nous pour rétablir le bon plaisir du roi, la partie n'était pas belle pour eux. Oui, s'il leur restait l'ombre du sens commun, ces gens-là devaient voir que les armées des savetiers et des avocats, comme ils nous appelaient, n'avaient pas peur des fameux grenadiers de Frédéric, ni des uhlans du roi de Bohême et de Hongrie, ni des illustres descendants de la race des fiers conquérants.

Et d'abord, quand on se bat pour soi, c'est autre chose que de se faire casser les os pour un prince qui vous mettra de côté comme une vieille béquille hors de service. Cette idée aurait dû leur venir, et je crois aussi que Louis XVI l'avait : car on a trouvé plus tard dans l'armoire de fer des lettres désolées, dans lesquelles il racontait le trouble et les inquiétudes que lui causait la réunion de l'armée des savetiers et des avocats, qu'il aurait bien voulu voir en guerre les uns contre les autres.

Moi je n'oublierai jamais ce passage des fédérés, et surtout le cri terrible de la France, lorsque, au commencement de juillet, pendant ce grand mouvement de patriotes, le fameux discours du girondin Vergniaud fut répandu dans le pays, et que chacun reconnut que notre pensée sur la trahison de Louis XVI était celle de l'Assemblée nationale. C'est Chauvel lui-même qui lut ce discours à notre club ; on pâlissait rien que de l'entendre. Vergniaud disait :

« C'est au nom du roi, pour venger la dignité du roi, pour défendre le roi, pour venir au secours du roi, que les princes français ont soulevé les cours de l'Europe ; que s'est conclu le traité de Pilnitz ; que l'Autriche et la Prusse ont pris les armes... Tous les maux qu'on s'efforce d'accumuler sur nos têtes, tous ceux que nous avons à redouter, c'est le nom seul du roi qui en est le prétexte ou la cause. »

Et puis, parlant de la constitution, qui chargeait le roi seul de défendre la patrie, il s'écriait :

« O roi, qui n'avez feint d'aimer les lois que pour conserver la puissance qui vous servirait à les braver ; la constitution, que pour qu'elle ne vous précipitât pas du trône où vous aviez besoin de rester pour la détruire ; la nation, que pour assurer le succès de vos perfidies, en lui inspirant de la confiance ; pensez-vous nous abuser avec d'hypocrites protestations ? Était-ce nous défendre que d'opposer aux soldats étrangers des forces dont l'infériorité ne laissait même pas d'incertitude sur leur défaite ? Était-ce nous défendre que d'écarter les projets tendant à fortifier l'intérieur du royaume, ou de faire des préparatifs de résistance pour l'époque où nous serions déjà devenus la proie des tyrans ? Était-ce nous défendre que de ne pas réprimer un général qui violait la constitution, et d'enchaîner le courage de ceux qui la servaient ? Non, non, vous n'avez pas rempli le vœu de la constitution ! Elle est peut-être renversée, mais vous ne recueillerez pas le fruit de vos parjures ! Vous ne vous êtes pas opposé par un acte formel aux victoires qui se remportaient en votre nom sur la liberté ; mais vous ne recueillerez pas le fruit de vos indignes triomphes. Vous n'êtes plus rien pour cette constitution que vous avez si indignement violée, pour ce peuple que vous avez si lâchement trahi ! »

Quel cri d'indignation et de colère s'éleva dans le club et sur la petite place où la voix de Chauvel s'étendait! Tout cela n'était que la vérité, chacun l'avait pensé d'avance ; avec un roi pareil, dont les intérêts étaient contraires à ceux de la nation, il fallait périr ; aussi tout le monde disait :

« Il faut le jeter à bas ; il faut que cela finisse, et que le peuple lui-même songe à se défendre ! »

Mais ce qui montre encore mieux l'indigne trahison de Louis XVI, c'est que, le jour suivant, ses propres ministres vinrent déclarer à l'Assemblée nationale que notre trésor, nos armées et notre marine était en si mauvais état, qu'ils donnaient leur démission en masse. Et puis, après avoir dit cela, ces braves gens se sauvèrent de la salle, sans écouter seulement ce qu'on avait à leur répondre, comme ces banqueroutiers qui, n'ayant rien de bon à dire, s'échappent soit en Angleterre, soit ailleurs, en laissant les honnêtes gens dans la misère. Cela signifiait : « Vous avez eu confiance en nous. Au lieu de mettre la France en état de résister à l'invasion, nous n'avons rien fait du tout. Maintenant nos amis les Prussiens et les Autrichiens sont prêts ; ils s'avancent..... Voyons comment vous sortirez de là ! »

XI.

Nous en sommes sortis tout de même !

Le lendemain, 11 juillet 1792, l'Assemblée nationale déclara « la patrie en danger, » et toute la France fut debout.

Ces mots de « patrie en danger » voulaient dire :

« Vos champs, vos prés, vos maisons, vos père et mère, vos villages, tous les droits et toutes les libertés que vous venez de gagner contre les nobles et les évêques, sont en danger. Les émigrés viennent, avec des masses de Prussiens et d'Autrichiens, pour vous voler et vous piller, vous massacrer, brûler vos granges et vos baraques ; vous faire payer la dîme, la gabelle, le champart, etc., etc., de père en fils !... Défendez-vous et tenez bien ensemble ; ou bien remettez-vous à travailler comme des bœufs, pour le couvent et le seigneur. »

Voilà ce que cela voulait dire ! Et c'est à cause de cela que nous avons marché comme un seul homme ; c'est à cause de cela que nos coups ont été terribles : nous étions tous dans les idées de la révolution ; nous défendions tous nos biens, nos droits et notre liberté.

Ce décret fut proclamé dans toutes les communes de France. Le canon tirait toutes les heures ; le tocsin sonnait dans tous les villages ; et quand les gens apprenaient que leur champ risquait d'être envahi, vous pensez bien qu'ils laissaient la faucille dans le sillon et couraient empoigner le fusil ; car le champ portera des moissons encore l'année prochaine et dans dix et cent ans ; la moisson, on peut la brûler, on peut la faire pâturer aux chevaux des Prussiens ; le principal, c'est de garder le champ, qui portera du blé, de l'orge, de l'avoine et des pommes de terre, pour les enfants et les petits-enfants.

Chez nous, quand le grand Elof Collin, sur une estrade au milieu de la place, nous lut le décret, en criant comme un vieil épervier sur son rocher : « Citoyens, la patrie est en danger ! Citoyens, venez au secours de la patrie !... » l'enthousiasme commença d'abord parmi les fils d'acquéreurs de biens nationaux, qui savaient que si les émigrés revenaient, leurs pères seraient pendus. C'est pourquoi tous, par cinq, six, dix à la file, montaient sur l'estrade et se faisaient inscrire.

Moi je n'avais encore rien, mais j'espérais avoir ; je ne voulais pas toujours travailler pour les autres, et puis j'étais dans les idées de Chauvel sur la liberté ; je me serais fait massacrer pour la liberté ! et même encore à l'âge où je suis, mon vieux sang bouillonne, rien que de penser qu'un gueux pourrait vouloir attenter sur ma personne ou sur mes biens.

Je n'attendis donc pas longtemps ; je vis tout de suite ce qu'il fallait faire : aussitôt la proclamation finie, je montai m'enrôler dans les volontaires. Le premier en tête de la liste, c'est Xaintrailles ; le deuxième, Latour-Foissac, et le troisième, c'est Michel Bastien, des Baraques-du-Bois-des-Chênes.

Ah ! de vous dire que ça ne me coûtait rien, j'aurais tort. Je savais que mon pauvre vieux père allait être dans la misère pendant trois ans, et que maître Jean serait dans un grand embarras pour sa forge ; mais je savais aussi qu'il fallait nous défendre, et qu'on ne pouvait pas envoyer des nobles à notre place ; qu'il fallait nous en mêler nous-mêmes, ou traîner la brouette dans tous les siècles.

Et comme je descendais, le billet d'enrôlement dans le ruban de mon chapeau, mon père était là qui me tendait les bras. Nous nous embrassâmes sur la première marche de l'estrade, aux cris de : Vive la nation ! Son menton tremblait, des larmes coulaient sur ses joues ; il me serrait en sanglotant et disait :

« C'est bien, mon enfant ! Maintenant je suis

Défends toi bien! (Page 102.)

content... Le coup de Nicolas est guéri... Je ne sens plus mon mal! »

Il disait cela, parce que c'était un honnête homme, et que rien au monde ne pouvait lui faire plus de peine que la trahison d'un de ses fils contre son propre sang et son propre pays; mais alors il fut soulagé.

Maître Jean aussi m'embrassa: car il pensait bien que j'allais joliment défendre sa ferme de Pickeoltz, et que si les autres revenaient, ça ne serait pas de ma faute. Il avait raison; avant de lui toucher un cheveu, il aurait fallu me hacher en mille morceaux.

Enfin, voilà, je ne dis ni plus ni moins que la vérité; l'enthousiasme qui dure vient de la justice, du bon droit et du bon sens.

Je n'ai pas besoin de vous peindre les cris, les embrassades, les poignées de main et les jurements de vaincre ou mourir; chacun sait que c'est toujours la même chose, et que depuis, en trompant le peuple avec leurs mauvaises gazettes, des êtres remplis d'orgueil et de bêtise sont parvenus à exciter le même enthousiasme, pour des guerres qui ne regardaient pas la France et qui lui ont fait le plus grand tort. Seulement cette fois c'était sérieux; la nation avait de l'enthousiasme pour son propre compte; elle se battait pour défendre ses biens et sa liberté; cela vaut mieux que de se faire massacrer pour la gloire d'un roi ou d'un empereur.

Aussi je me rappelle toujours avec attendrissement ces hommes et ces femmes, ces vieux et ces vieilles, tout courbés et pliés, les bras

En route, camarades, en route! (Page 103.)

pendants sur les épaules de leurs garçons qu'ils venaient d'enrôler; de pauvres gens, on peut le dire, des malheureux du Dagsberg, qui n'avaient rien à garder et qui vivaient dans leurs huttes de bûcheron ou de charbonnier, sans aucun intérêt à cette guerre; mais ils avaient pourtant l'amour de la liberté, de la justice et de la patrie! Et les dons patriotiques pour les parents des volontaires, pour les blessés, pour l'équipement des troupes; les offrandes de toutes sortes des malheureux infirmes, qui suppliaient nos officiers municipaux de recevoir aussi leurs pauvres deux liards; les enfants qui pleuraient, parce qu'ils n'avaient pas l'âge d'entrer dans les tambours ou les trompettes! toutes ces choses étaient naturelles, chacun faisait ce qu'il pouvait.

Mais ce qui me revient encore mieux, ce qui me réveille et me fait revivre comme à vingt ans, c'est de me rappeler que sur le midi, pendant que maître Jean, Létumier, mon père et moi, nous étions à table dans la bibliothèque de Chauvel, les volets fermés à cause de la grande chaleur du jour, et que de temps en temps la sonnette allait; que Marguerite sortait servir la pratique, et puis rentrait sans oser me regarder; et que moi, malgré le bon vin, la bonne chère, je ne pouvais pourtant pas rire comme les autres, ni paraître bien content d'aller tout de suite au camp de Wissembourg, tout à coup Chauvel prit une vieille bouteille, et dit, en la débouchant entre ses genoux:

« Celle-ci, mes amis, nous allons la boire à la santé de Michel; videz vos verres! »

Et que posant la bouteille sur la table, il me regarda d'un air grave, en me disant :

« Écoute, Michel, tu sais que je t'aime depuis longtemps ; ta conduite d'aujourd'hui augmente encore mon estime pour toi ; elle me montre que tu es un homme. Tu n'as pas attendu pour faire ton devoir de patriote, malgré tout ce qui peut te retenir ici... c'est bien !... Maintenant tu vas partir ; tu vas défendre les droits de l'homme ; si nous n'avions pas d'autres devoirs, tu ne partirais pas seul, nous serions dans les rangs ensemble. Mais à cette heure parle franchement : est-ce que tu ne regrettes rien ici ? Est-ce que tu pars le cœur content ? Est-ce que tu n'aurais rien à nous demander ? un de ces cadeaux patriotiques, qu'on ne fait qu'aux hommes qu'on estime et qu'on aime ! »

Il me regardait, et je sentis que je devenais tout rouge ; mes yeux se tournaient malgré moi du côté de Marguerite, pâle et les yeux baissés, mais pourtant ferme. Je n'osais parler, le silence était grand. Et regardant mon père, Chauvel dit :

« Hé ! père Bastien, dites donc, je crois que ces enfants s'aiment.

— Ah ! je crois bien que oui, répondit mon père, et depuis longtemps !

— Si nous les fiancions ensemble, qu'en pensez-vous, père Bastien ?

— Ah ! M. Chauvel, ce serait le bonheur de ma vie ! »

Comme ils parlaient ainsi d'un air gai, Marguerite et moi nous nous étions levés, sans oser nous approcher ; alors Chauvel s'écria :

« Hé ! mes enfants embrassez-vous donc, embrassez-vous ! »

Et tout de suite nous étions dans les bras l'un de l'autre. Marguerite cachait sa figure sur mon épaule ; elle était à moi. Quel bonheur de pouvoir embrasser ainsi celle qu'on aime, devant tout le monde, devant ses parents, devant ses amis !... Ah ! qu'on est fier de la tenir, et quelle force il faudrait pour vous l'ôter !

Maître Jean riait de son bon gros rire de brave homme ; et Chauvel, retourné de notre côté, sur sa chaise, dit :

« Je vous fiance l'un à l'autre ! Tu vas partir, Michel, et dans trois ans, quand tu reviendras, elle sera ta femme. Tu l'attendras, n'est-ce pas, Marguerite ?

— Toujours ! » dit-elle.

Et je sentis ses bras me serrer. Alors je ne pus m'empêcher de pleurer, et je dis :

« Je n'ai jamais aimé que toi... je n'en aimerai jamais d'autre... Je suis content d'aller me battre pour vous tous, car vous êtes ceux que j'aime ! »

Et je me rassis. Marguerite sortit aussitôt. Chauvel remplit nos verres et s'écria :

« Voici une belle journée !... A la santé de mon fils Michel ! »

Mon père répondit :

« A la santé de ma fille Marguerite ! »

Et tous ensemble nous dîmes :

« A la patrie !... A la liberté ! »

Cent soixante-trois volontaires nationaux s'engagèrent ce jour-là à Phalsbourg. Tout le pays était dans l'enthousiasme et voulait défendre ce que nous avions ; pas une âme ne restait aux champs. Dehors, sur la place et dans les rues, on n'entendait que les cris de « Vive la nation ! Ça ira !... ça ira !... » Et puis le tintement des cloches et, d'heure en heure, le canon de l'arsenal, qui faisait grelotter nos vitres. Nous, dans le fond de la boutique, nous continuions à fraterniser ; de temps en temps un patriote criait dans la porte :

« Tant de volontaires ! »

On le faisait entrer et vider un verre de vin, en l'honneur de la patrie. Chauvel prenait de bonnes prises et s'écriait en clignant de l'œil :

« Ça marche !... tout ira bien ! »

Il parlait aussi de grands coups qui se préparaient à Paris, sans dire pourtant ce que c'était.

Maître Jean avait déjà comme premier garçon à sa ferme de Pickeholtz mon frère Claude, un véritable homme du bon Dieu, très-bon laboureur, et qui faisait tout ce qu'on lui disait ; mais aucune idée ne lui serait venue de lui-même, et maître Jean aimait mieux ça, parce qu'il avait du plaisir à commander. Alors il dit que Mathurine partirait aussi pour sa ferme ; car de trouver une meilleure ménagère, plus soigneuse, plus économe et même un peu avare, comme il convient à ceux qui vivent de leur travail, il ne fallait pas l'espérer dans notre pays. Maître Jean, voulant se remettre à la tête de sa forge jusqu'à mon retour, avait arrangé tout de suite les choses de cette manière ; et mon père, qui gagnait encore de huit à dix sous par jour, qui n'avait plus de dettes et possédait deux chèvres, se regardait comme très-heureux, d'autant plus que Chauvel disait qu'on trouverait une petite place en ville pour mon frère Etienne.

Sur les cinq heures, le secrétaire de la mairie, Freylig, vint nous dire que les volontaires de la ville partiraient le lendemain matin, à huit heures, pour le camp de Wissembourg, et qu'ils attendraient ceux des autres villages du canton au Graufthal, où était fixé le rendez-vous général. Cela nous rendit un peu plus graves ; mais la bonne humeur continua tout de même; on but encore quelques bons coups, et comme la nuit était venue, il fallut enfin retourner aux Baraques. Chauvel ferma sa boutique, Marguerite, en cheveux, prit mon bras jusqu'à la porte de France. C'était la première fois qu'on nous voyait ensemble dehors; les gens regardaient en nous criant : « Vive la nation ! »

Chauvel, maître Jean et mon père nous suivaient. Sur le pont, en face du corps de garde, on s'embrassa tendrement; Chauvel et Marguerite retournèrent chez eux, et nous continuâmes notre chemin en chantant et riant comme des gens heureux, et, mon Dieu! pourquoi ne pas le dire? un peu gris, à cause du bon vin et de la bonne journée. Tous ceux que nous rencontrions étaient dans le même état ; il fallait s'embrasser et crier « vive la nation ! » ensemble.

Vers neuf heures, à la nuit close, nous quittâmes maître Jean et Létumier devant l'auberge des Trois-Pigeons, en leur souhaitant le bonsoir; mais s'ils devaient se coucher et dormir tranquillement, autre chose nous attendait, mon pauvre père et moi. Je vous raconte cela pour vous faire comprendre le reste de mon histoire, et puis, en ce monde, le bon et le mauvais marchent ensemble ; et ceci vous montrera que si les patriotes ont fini par remporter la victoire, ce n'est pas sans peine, puisque chacun avait en quelque sorte la Vendée dans sa propre famille.

Mon père et moi nous continuions donc de descendre la vieille rue pleine d'ornières et de fumiers; il faisait un beau clair de lune. Nous chantions d'un air joyeux, et pourtant tout cela n'était plus que pour nous raffermir en nous-mêmes ; nous pensions à la mère, qui n'allait pas être contente d'apprendre que je partais comme volontaire, et encore bien moins que j'étais fiancé avec une hérétique : nous chantions pour reprendre confiance ! Mais à cent pas de notre baraque nous n'eûmes plus envie de chanter, et nous nous arrêtâmes: car la mère était là, dans sa jupe de toile grise, le gros bonnet lié derrière, ses cheveux pendants, et ses bras secs hors des manches de sa chemise jusqu'aux coudes. Elle était assise sur les marches de notre vieille baraque, les mains autour de ses genoux et le menton dessus; elle nous regardait de loin; ses yeux brillaient, et nous comprîmes qu'elle savait déjà ce qui se passait.

Je n'ai jamais rien senti de pareil. J'aurais voulu m'en retourner; mais mon père me dit :

« Avançons, Michel ! »

Et je vis qu'il n'avait pas peur cette fois.

Nous approchions donc ; et comme nous n'étions plus qu'à vingt pas, la mère courut sur moi, en poussant un cri terrible, un cri, Dieu me pardonne de le dire, un véritable cri de sauvage. Elle m'enfonça ses deux mains dans le cou et m'aurait presque arraché à terre, si je ne l'avais saisie par les bras, pour l'empêcher de m'étrangler. Mais alors elle me donna des coups de pied dans les jambes, en criant :

« Va tuer Nicolas ! va tuer ton frère !... Va, va, mauvais calviniste ! »

En même temps elle essayait de me mordre. On l'entendait dans tout le village ; les gens sortaient de leurs maisons, c'était un grand scandale.

Le père l'avait prise au casaquin, derrière, et la tirait des deux mains pour la forcer de me lâcher; mais elle, voyant cela, se jeta tout à coup sur lui comme une furieuse, en le traitant de jacobin ; et sans le grand charbonnier Hanovre et cinq ou six voisins, je crois qu'elle lui aurait arraché les yeux.

Enfin ces gens l'entraînèrent du côté de notre baraque ; elle se débattait entre leurs mains comme un être des bois et me criait d'un air de mépris :

« Ah ! le bon fils, qui abandonne ses père et mère pour avoir une calviniste ! mais tu ne l'auras pas, mauvais renégat... Non !... Nicolas te hachera ! Je ferai dire des messes pour qu'il te hache !... Va, va, je te maudis ! »

On l'avait déjà poussée dans notre maison, que ses cris remplissaient encore le village.

Le père et moi, nous étions restés là, tout pâles, au milieu de la rue. Quand la porte de la baraque se fut refermée, il me dit :

« Elle est folle !... Allons-nous-en, Michel. Si nous rentrions, elle serait capable de faire un mauvais coup !... Mon Dieu, mon Dieu, que je suis malheureux ! qu'est-ce que j'ai donc fait pour être si malheureux ? »

Et nous reprîmes le chemin des Trois-Pigeons. Une lampe brillait encore dans l'auberge. Maître Jean était tranquillement assis dans son fauteuil; il racontait à sa femme et à Nicole la bonne journée, et, quand il nous vit entrer, — moi le cou plein de sang, et mon père sa veste toute déchirée, quand il apprit ce qui venait de se passer, — il s'écria :

« Mon pauvre Jean-Pierre, est-ce possible ? Ah ! si ce n'était pas ta femme, nous la ferions mettre en prison tout de suite !... C'est le prêtre réfractaire de Henridorff qui nous attire tout cela... Il est temps d'en finir avec ces hommes... oui, il est grand temps !... »

Il dit aussi qu'à l'avenir il fallait laisser la

mère toute seule, et que le père viendrait travailler dans son hangar, qu'il coucherait à l'auberge ; mais les choses ne pouvaient s'arranger ainsi ; le père voulait vivre dans sa propre baraque avec ma mère ; la longue habitude et l'honnêteté l'empêchaient de vivre séparé de sa femme ; car, malgré les plus grands malheurs, il vaut mieux vivre ensemble ; ceux qui vivent séparés sont mal vus des honnêtes gens, et leurs enfants en souffrent.

Cette nuit-là nous couchâmes à l'auberge, et le lendemain, de bon matin, mon père retourna dans notre baraque chercher ma caisse ; il mit tout dedans ; il apporta aussi mon fusil et mon sac de garde national, la giberne et le reste ; mais la mère ne voulut pas me voir, malgré tout ce que ce brave homme put lui dire.

Je partis donc sans avoir vu ma mère, avec sa malédiction et le souhait de ma mort. Je ne l'avais pas mérité, et pourtant cela me fit beaucoup de peine.

Maître Jean m'a dit plus tard que ma mère ne m'aimait pas, parce que je ressemblais à sa belle-mère, Ursule Bastien, qu'elle avait toujours détestée de son vivant, et que les brus et les belles-mères se détestent toujours ; c'est possible, mais c'est bien malheureux d'être détesté par ceux qu'on aime, et auxquels on a toujours fait tous les plaisirs qu'on pouvait ; oui, c'est un grand malheur.

XII.

Maintenant, mes amis, il va falloir quitter le pays, les vieilles Baraques-du-Bois-des-Chênes et tous les braves gens que nous connaissons.

Le lendemain, vers dix heures, nous étions déjà dans la vallée du Graufthal, de l'autre côté de la montagne, sous les rochers. C'est là que tous les volontaires du canton devaient se réunir avant d'aller à Bitche, et puis à Wissembourg, et puis plus loin ; les premiers villages arrivés devaient attendre les autres.

Nous étions partis de bonne heure, à cause de la chaleur qu'on sentait déjà venir au petit jour. Marguerite, Chauvel, maître Jean, mon père et toute la ville, hommes, femmes, enfants, nous avaient suivis jusqu'à cette première halte. Nous campions au revers du chemin sablonneux, dans l'ombre des hêtres, nos fusils en faisceaux, et la grande vallée devant nous à perte de vue, avec sa rivière bordée de saules et ses forêts parsemées de rochers, dans les airs.

Combien de fois depuis cinquante ans je me suis arrêté dans ce chemin, à regarder et à rêver aux anciens temps ! Je revoyais tout, et je me disais :

« C'est ici qu'on s'est embrassé pour la dernière fois ! C'est-là que ce pauvre Jacques, ou ce malheureux Jean-Claude, le fusil sur l'épaule, s'est retourné pour serrer la main de son père, en criant : « A l'année prochaine ! »

C'est par ce sentier que sont arrivés ceux de Saint-Jean-des-Choux, et par cet autre ceux de Mittelbronn ; leur tambour bourdonnait depuis longtemps sous bois, et tout à coup ils sortirent de ce bouquet de sapins, les grands chapeaux au bout de leurs baïonnettes. Alors les cris de « vive la Nation ! » remplirent la vallée.

Ah ! que ces temps sont loin de nous ! et pourtant les arbres, les rochers, les broussailles, vivent encore, le lierre grimpe toujours aux rochers ; mais où sont ceux qui criaient, qui s'embrassaient et promettaient de revenir, où sont-ils ? Quand on songe à tous les camarades restés couchés le long de la Moselle, de la Meuse, du Rhin et dans les broussailles de l'Argonne, il faut reconnaître que le Seigneur a veillé sur nous.

Enfin si je vous dis cela, c'est pour vous peindre ces rassemblements du mois de juillet 1792 ; partout ailleurs on faisait les mêmes choses, partout les volontaires s'attendaient avant de partir.

Marguerite, assise près de moi dans les bruyères sur le bord du chemin, découvrait un petit panier de pain, de viande et de vin qu'elle avait apporté ; car on ne pouvait rien avoir au Graufthal, l'auberge du vieux Becker n'existait pas encore, et toutes les femmes de la ville, sachant qu'il fallait attendre, avaient apporté leurs provisions.

Chauvel, mon père, maître Jean et trois ou quatre officiers municipaux stationnaient dans le chemin au-dessous, à l'ombre des chênes, et nous regardaient de loin ; ils avaient compris que nous avions beaucoup de choses à nous dire et que nous serions contents d'être seuls. Marguerite me recommandait d'écrire chaque fois que je pourrais ; elle me regardait avec amour ; elle ne pleurait pas, comme beaucoup d'autres ; elle était ferme et savait bien que, dans des moments pareils, il ne faut pas décourager ceux qui partent.

« Pendant que tu seras loin, disait-elle avec douceur, je penserai toujours à toi !... et tu n'auras pas besoin de t'inquiéter de ton père... c'est aussi le mien... je l'aime... rien ne lui manquera. »

Moi, debout devant elle, je l'écoutais dans

l'admiration et je prenais courage. Jamais l'espérance de revenir ne m'a quitté, même au milieu des plus grands périls; quand beaucoup d'autres se laissaient abattre par la pluie, la neige, le froid, la faim, la misère, je me cramponnais, je voulais revoir Marguerite; son amour m'a soutenu.

A côté de nous, contre une roche, était assise la famille du père Gouin, l'entrepreneur des fourrages; ce vieux, la mère et les sœurs se lamentaient; le père disait que ses deux fils aurait dû lui demander son consentement; qu'ils n'avaient pas besoin de partir tous les deux; qu'à son âge il ne pouvait pas continuer ses affaires tout seul. Enfin c'était triste, et ces garçons devaient perdre confiance.

Heureusement, ailleurs des vieux tenaient d'autres discours à la jeunesse; ils ne parlaient que de patrie et de liberté.

Mais c'est à l'arrivée de M. le curé Christophe que les cris de « vive la nation ! » roulèrent dans les échos de Fallberg et de la Bande-Noire! On aurait cru que les vieilles montagnes se mettaient à vivre et qu'elles criaient avec nous d'une cime à l'autre, en levant leurs grands bras de chênes et de sapins; tout en frémissait.

M. le curé Christophe nous amenait les volontaires de Lutzelbourg; il venait aussi bénir nos drapeaux. Je le vis de bien loin, et je le reconnus sous les roches de Bichelberg, comme il descendait le chemin tournant avec mon frère Etienne, qu'il tenait par la main. Je n'avais pas eu le temps d'aller embrasser ce pauvre enfant; il venait donc et trottait en boitant, comme il pouvait.

Alors, pendant le roulement des cris, je descendis jusque sur le pont de la Zinsell. Il pouvait être onze heures; la chaleur était si grande dans cette vallée et l'air si lourd, que toute la rivière brillait de petits poissons à la chasse des mouches qui tombaient par milliers de la rive, et les truites filaient dans l'ombre des oseraies comme des éclairs. Sur le pont en dos d'âne, M. le curé Christophe, la figure couverte de sueur, me tendit ses grosses mains en disant:

« Je suis content de toi, Michel. Je sais ton bonheur et je sais aussi que tu le mérites. »

Et puis Etienne me sauta dans les bras, et nous remontâmes ensemble du côté de la maison forestière, où se réunissait le conseil général de la commune. Etienne courut embrasser Marguerite et mon père; Chauvel et maître Jean avec les maires des villages vinrent serrer la main de M. le curé.

Tous les volontaires des environs se trouvaient alors réunis à cinq ou six cents; il ne manquait plus que ceux de la haute montagne, et l'on venait à peine de se rassembler, que leur tambour résonnait au loin et qu'on criait:

« Les voilà ! »

Ceux-là venaient les derniers; ils avaient eu cinq lieues à faire de plus que nous; c'étaient tous des bûcherons, des charbonniers, des schlitteurs, des flotteurs, des gaillards trapus, qui s'étaient déjà choisi pour chef le sabotier Claude Hullin, le même qui s'est si terriblement défendu en 1814 contre les alliés. Le colporteur Marc Divès, avec son grand feutre, ses pantalons de toile, ses pieds nus, son bâton de houx et sa petite blouse serrée aux reins avec sa cravate, était parmi eux; et d'une demi-lieue on l'entendait déjà parler, crier, appeler les traînards, imiter le chant du coucou et du pivert; on le voyait faire tourbillonner sa longue trique, et, pour couper au court dans la grande prairie, traverser la rivière avec de l'eau jusqu'aux cuisses. Les autres le suivirent; c'était le meilleur rafraîchissement qu'on pouvait prendre.

Enfin, après l'arrivée de Hullin et de ses compagnons, Jean Rat et les deux fils Léger, engagés dans les tambours, commencèrent le roulement et l'on vit que le grand moment approchait.

Ceux qui vont de Phalsbourg à la Petite-Pierre connaissent ce gros bloc de roche, à gauche du chemin, au milieu de la prairie. On ne comprend pas comment il peut être là dans les prés. Cette masse a bien sûr roulé d'en haut, mais quand? Personne ne peut le savoir; c'était peut-être avant les hommes. Et bien c'est sur cette roche, entouré de tous les volontaires et des autres gens accourus en foule de la ville et des villages, au milieu d'un grand silence, que M. le curé Christophe, après nous avoir rappelé nos devoirs de soldats chrétiens, bénit nos drapeaux; chaque village avait le sien; on les réunit en faisceaux, et lui, les bras étendus, les bénit tous: il les bénit en latin, à la manière de l'Eglise.

Mais aussitôt après Chauvel monta sur cette même roche, comme officier municipal et président du club; il fit avancer le drapeau du bataillon, un grand drapeau tricolore, avec le bonnet de paysan en laine rouge au bout, et, les mains étendues, il le bénit à la manière constitutionnelle, en disant:

« Vieux bonnet du paysan de France, si longtemps penché vers la terre; bonnet que nos malheureux pères ont trempé de leurs sueurs; bonnet du serf, sur lequel le seigneur et les évêques ont posé le pied pendant mille ans, redresse-toi! marche au milieu des batailles!... Que les enfants et les petits enfants de ceux qui t'ont porté dans la servitude, te portent à travers les baïonnettes de nos ennemis !... Qu'ils te tiennent haut ; qu'ils ne te laissent jamais pencher, et que tu deviennes l'épouvante de ceux qui veulent rattacher le peuple à la glèbe ; que ta vue les fasse frémir, et que les siècles apprennent que de l'abaissement le plus grand, par la fermeté, le courage, les vertus de tes défenseurs, tu es arrivé à la plus haute gloire ! »

Après cela, Chauvel tout pâle, se tournant vers ceux qui l'écoutaient en frémissant, s'écria :

« Volontaires, enfants du peuple, vous jurez de défendre ce drapeau jusqu'à la mort ?... ce drapeau qui vous représente la patrie et la liberté ; ce drapeau qui vous rappelle les souffrances de vos anciens ; vous le jurez ?... Répondez-moi !... »

Et tous ensemble nous répondîmes comme le tonnerre ;

« Nous le jurons !

— C'est bien, dit-il alors, au nom de la patrie j'accepte votre serment ; elle se repose sur vous et vous bénit tous ! »

Il dit ces choses avec force, mais simplement ; sa voix s'étendait au loin et chacun pouvait l'entendre.

Après cela Chauvel descendit de la roche ; et presque aussitôt un grand nombre de gens qui n'étaient pas les proches parents des volontaires, se mirent en route pour leurs villages : car un gros nuage gris s'avançait de la Petite-Pierre, et, par la chaleur qu'il faisait, on pensait qu'une averse allait venir.

Chauvel fit battre le rappel, et comme nous étions formés en cercle autour de lui, de maître Jean et des maires, il nous dit que les élections de nos officiers et sous-officiers, décrétées par l'Assemblée législative, se feraient par nous-mêmes à notre arrivée au camp ; mais qu'en attendant il était bon de nous nommer un chef pour maintenir l'ordre dans la marche, la distribution des logements, l'heure des départs et le reste. Il nous conseillait donc d'en choisir un, et cela se fit tout de suite. Les montagnards avaient choisi le sabotier Hullin ; ils criaient :

« Hullin ! »

Tout le monde répéta le même nom, et Hullin fut notre chef jusqu'au camp de Rixheim. Il n'avait pas grand'chose à faire que de nous presser, et, quand nous arrivions quelque part, d'aller à la mairie demander les logements et les vivres.

Mais à cette heure il est temps que je vous parle de la séparation. Vers midi, comme le ciel devenait toujours plus sombre, et qu'on entendait ce grand frémissement des bois où toutes les feuilles tremblent sans le moindre coup de vent, lorsqu'un orage s'approche, Hullin, qui se trouvait parmi les maires, descendit dans le chemin et fit battre le rappel. En ce moment chacun comprit que c'était le départ ; les maires, Chauvel, M. le curé Christophe, mon père, tout le monde descendait dans le chemin au pied de la côte. Moi, je regardai Marguerite un instant, comme pour la conserver dans mon cœur durant ces trois ans où je ne la verrais plus. Elle me regardait aussi, les yeux troubles. Je lui tenais la main et je sentais qu'elle voulait me retenir.

« Allons, lui dis-je, embrassons-nous. »

Et je l'embrassai ; elle était toute pâle et ne disait rien. Je pris mon sac dans les bruyères et je le bouclai ; Chauvel, mon père, Étienne et maître Jean étaient arrivés. Nous nous embrassâmes. J'avais donné mes quatre-vingts livres de prime au père, pour payer la pension d'Étienne à Lutzelbourg, et, comme j'embrassais maître Jean, je sentis qu'il glissait quelque chose dans la poche de ma veste ; c'étaient deux louis, qui m'ont rendu service plus tard.

Il était temps de partir, sans cela le courage m'aurait manqué. Je pris mon fusil en disant :

« Adieu !.., adieu tous !... adieu ! »

Mais au même instant Marguerite me cria : « Michel ! » d'une voix qui me traversa le cœur. Je revins, et, comme elle pleurait, je lui dis :

« Allons, Marguerite, du courage, c'est la patrie qui veut ça ! »

Je n'avais plus une goutte de sang ; tout autour de nous des gens pleuraient ; les femmes sont terribles !

Marguerite alors se raffermit ; elle me dit en me serrant :

« Défends-toi bien ! »

Et je descendis vite, sans plus rien dire aux autres ; je ne regardai même plus de leur côté.

Presque tous les volontaires étaient en bas dans le chemin ; ceux qui restaient encore arrivèrent, et l'on partit par trois, par quatre, comme on était.

De grosses gouttes d'eau tombaient déjà ; on sentait cette bonne odeur de la pluie dans la poussière chaude, et comme nous tournions le coude du chemin qui monte à la Petite-Pierre, l'averse commença par un éclair ; mais le plus fort de l'orage avait passé la montagne, il était à Saverne, en Alsace, et cette grande pluie nous fit du bien.

Le même jour, à trois heures du soir, nous passâmes à la Petite-Pierre sans nous arrêter. Ce n'est qu'à trois ou quatre lieues plus loin qu'on fit halte, près de grandes verreries, au milieu des bois.

J'avais rêvé pendant toute la route; je n'avais pas même regardé mes compagnons; tant d'autres idées me passaient par la tête! Mais alors, sous une sorte de grande halle ouverte, où l'on nous avait allumé du feu, pendant que les gens nous apportaient du pain et de la bière, Marc Divès, assis près de moi, me posa la main sur l'épaule en me disant :

« C'est dur, Michel de quitter le pays! »

Et je le regardai, je fus content de le reconnaître; malgré cela je ne lui répondis rien. Personne n'avait envie de causer; et tout de suite après avoir cassé sa croûte de pain et vidé sa cruche, on s'étendit à droite et à gauche, l'oreille sur le sac, entre les pilliers de ce grand hangar.

C'est un bonheur de la jeunesse de pouvoir dormir, de pouvoir oublier un instant ses misères; cela n'arrive plus aux vieillards.

Mais le lendemain de grand matin, Hullin criait déjà.

« En route, camarades, en route! »

Et tout le monde se levait; on bouclait son sac. Dehors il tombait une forte rosée, les grosses gouttes clapotaient sur les tuiles, on regardait ce temps, et quelques anciens soldats qui se trouvaient parmi nous, avant de se passer la bretelle du fusil sur l'épaule, serraient leur mouchoir autour de la batterie.

Nous allions partir, lorsque sur notre droite déboucha tout à coup une longue file de volontaires à cheval du Bas-Rhin. C'étaient des dragons nationaux, comme on les appelait dans ce temps : des fils de bons paysans, de brasseurs, de maîtres de poste, de bouchers, de fermiers, enfin des gens à leur aise, qui montaient leurs propres chevaux ; et, sauf trois ou quatre anciens soldats, qui portaient leurs vieux uniformes, ces Alsaciens avaient encore, l'un son large tricorne et ses grosses bottes à clous luisants, l'autre son petit gilet rouge, sa veste courte, son bonnet à queue de renard et ses hautes guêtres de toile à boutons d'os. La seule chose qui les faisait reconnaître comme dragons, c'était le grand sabre à fourreau de cuir, grosse coquille et patin large de trois doigts, qui ballottait à leur ceinture et sonnait contre leur étrier.

On ne pouvait voir de plus beaux hommes ni de meilleurs cavaliers, ils avaient tous l'air joyeux et décidé.

En nous apercevant sous le hangar, leur commandant fit tirer le sabre, et tous ensemble se mirent alors à chanter une chanson que personne de nous ne connaissait encore, mais que nous devions entendre bientôt sur les champs de bataille :

Allons, enfants de la patrie,
Le jour de gloire est arrivé!

Quel chant dans un moment pareil! Il nous rendit presque fous!... Les cris de : « Vive la nation! » ne finissaient plus. Et comme ces Alsaciens défilaient devant les verreries, le maître en sortit avec sa femme et ses filles, pour les prier de s'arrêter. Nous étions pressés autour d'eux; nous les tenions par la bride, par la main, et nous criions :

« Il faut fraterniser, braves Alsaciens, il faut fraterniser; descendez..... Vive la nation! »

Mais leur chef, un grand gaillard de six pieds, dit qu'ils avaient l'ordre d'arriver à Sarrebruck le soir même, et ils repartirent en chantant.

Jamais on ne se figurera notre enthousiasme après avoir entendu cette chanson; c'était comme le cri de la patrie en danger. Quand nous repartîmes de là, je puis le dire, chacun de nous avait un nouveau courage. Moi, je m'écriais dans mon âme :

« Maintenant tout ira bien, nous avons la chanson que Chauvel demandait pour remplacer la *Carmagnole*; quelque chose de grand et de fort comme le peuple. »

Ce qui me revient encore, c'est le grand mouvement des hameaux et des villages au milieu de ces montagnes ; le tocsin bourdonnait de tous les côtés; à chaque embranchement de notre chemin, des files de volontaires, leur petit paquet d'habits dans un mouchoir au bout du bâton, passaient en nous criant tout joyeux: « Vaincre ou mourir! »

Nous leur répondions ensemble ; et d'autres bandes plus loin, dans les chemins de traverse, s'en mêlaient aussitôt; cela s'étendait quelquefois à une demi-lieue. Tout le pays était sur pied ; quand il s'agit de défendre les véritables intérêts du peuple, il sortirait, je crois, des hommes de la poussière.

En arrivant à la petite ville de Bitche, nous trouvâmes ses rues, ses places et ses auberges tellement encombrées de monde, qu'il fallut camper dehors, au milieu des jardins et des prés, avec une foule d'autres villages. Hullin entra seul faire sa déclaration à la municipalité et demander des vivres.

Alors je regardai cette vieille ville à moitié française et à moitié allemande, qui ressemble beaucoup à Saverne, et son fort, au-dessus, où l'on monte par des sentiers et des poternes, qui s'enfilent jusqu'à six cents pieds dans le ciel. Là-haut les canons vous regardent à deux et trois lieues dans la plaine. Je connaissais sur les remparts l'uniforme rouge des pauvres

Allons, enfants de la patrie ! (Page 102.)

soldats de Châteaux-Vieux ; ils avaient juré de mourir jusqu'au dernier, plutôt que de rendre la citadelle ; et ces braves gens ont tenu parole, pendant que leur bourreau, M. le marquis de Bouillé, montrait le chemin de la France aux Prussiens.

On nous fit à Bitche notre première distribution, et nous repartîmes de là jusqu'au camp de Rixheim, entre Wissembourg et Landau.

Il fallut marcher tout ce jour sans relâche au soleil ; car nous avions dépassé les bois, et seulement de loin en loin on trouvait un peu d'ombre le long des vergers. Bien d'autres détachements à pied et à cheval, à droite et à gauche, devant et derrière, suivaient la même direction.

Les files de voitures qui conduisaient des vins et des munitions ne manquaient pas non plus, on ne voyait que cela ; mais quelle poussière, et qu'on aurait été content de recevoir une bonne averse comme la veille !

Nous arrivâmes à Rixheim sur les neuf heures du soir, et nous trouvâmes le cantonnement dans la joie : un premier engagement de cavalerie venait d'avoir lieu le matin ; nos dragons nationaux avaient culbuté les Ebenhussards et les dragons de Lubgowitz, conduits par des officiers émigrés, et qui voulaient couper un convoi de vivres en route pour Landau. Cette affaire avait été chaude. Custine commandait la charge.

Mais dans le village de Rixheim, les gens parlaient surtout avec attendrissement d'un

Le pauvre enfant n'avait pas cessé de battre de la main gauche. (Page 105.)

pauvre petit tambour du bataillon de chasseurs volontaires de Strasbourg, qui le premier avait découvert les Ebenhussards au loin sur la route, et s'était mis à battre la générale. Un ebenhussard lui avait abattu la main droite en passant, et le pauvre enfant n'avait pas cessé de battre de la main gauche ; il avait fallu l'écraser sous les pieds des chevaux !

Voilà comment la guerre entrait chez nous ! Mais à cette heure j'ai besoin de reprendre haleine. Il faut aussi que j'aille voir deux anciens camarades, qui vivent encore dans la montagne, et qui me rafraîchiront la mémoire. C'est pourquoi, mes amis, nous allons en rester là quelque temps. Cette première guerre de la république vaut bien la peine qu'on y pense avant de la raconter ; et puis tant d'autres grandes choses se sont passées dans le même temps, qu'il faut mettre de l'ordre dans tout, ramasser ses vieux papiers et ne rien écrire qui ne soit reconnu juste et vrai par les honnêtes gens.

Enfin, si Dieu me conserve la santé, cela viendra bientôt.

FIN DE LA DEUXIÈME PARTIE.

CONSTITUTION
DE 1793

MISE EN DISCUSSION LE 11 JUIN 1793, ACHEVÉE LE 24 DU MÊME MOIS.

DECLARATION
DES DROITS DE L'HOMME ET DU CITOYEN.

Le peuple français, convaincu que l'oubli, le mépris des droits naturels de l'homme, sont les seules causes des malheurs du monde, a résolu d'exposer dans une déclaration solennelle ces droits sacrés et inaliénables, afin que tous les citoyens, pouvant comparer sans cesse les actes du gouvernement avec le but de toute institution sociale, ne se laissent jamais opprimer et avilir par la tyrannie; afin que le peuple ait toujours devant les yeux les bases de sa liberté et de son bonheur; le magistrat, la règle de ses devoirs; le législateur, l'objet de sa mission.

En conséquence, il proclame, en présence de l'Être Suprême, la déclaration suivante des droits de l'homme et du citoyen:

Art. 1er. Le but de la société est le bonheur commun.

Le gouvernement est institué pour garantir à l'homme la jouissance de ses droits naturels et imprescriptibles.

2. Ces droits sont l'égalité, la liberté, la sûreté, la propriété.

3. Tous les hommes sont égaux par la nature et devant la loi.

4. La loi est l'expression libre et solennelle de la volonté générale; elle est la même pour tous, soit qu'elle protége, soit qu'elle punisse; elle ne peut ordonner que ce qui est juste et utile à la société: elle ne peut défendre que ce qui lui est nuisible.

5. Tous les citoyens sont également admissibles aux emplois publics. Les peuples libres ne connaissent d'autres motifs de préférence dans leurs élections que les vertus et les talents.

6. La liberté est le pouvoir qui appartient à l'homme de faire tout ce qui ne nuit pas aux droits d'autrui: elle a pour principe la nature, pour règle la justice, pour sauvegarde la loi; sa limite morale est dans cette maxime:

Ne fais pas à un autre ce que tu ne veux pas qu'il te soit fait.

7. Le droit de manifester sa pensée et ses opinions, soit par la voie de la presse, soit de toute autre manière, le droit de s'assembler paisiblement, le libre exercice des cultes, ne peuvent être interdits.

La nécessité d'énoncer ces droits suppose ou la présence ou le souvenir récent du despotisme.

8. La sûreté consiste dans la protection accordée par la société à chacun de ses membres pour la conservation de sa personne, de ses droits et de ses propriétés.

9. La loi doit protéger la liberté publique et individuelle contre l'oppression de ceux qui gouvernent.

10. Nul ne doit être accusé, arrêté ni détenu que dans les cas déterminés par la loi et selon les formes qu'elle a prescrites ; tout citoyen appelé ou saisi par l'autorité de la loi doit obéir à l'instant; il se rend coupable par la résistance.

11. Tout acte exercé contre un homme hors des cas et sans les formes que la loi détermine est arbitraire et tyrannique ; celui contre lequel on voudrait l'exécuter par la violence a le droit de le repousser par la force.

12. Ceux qui solliciteraient, expédieraient, signeraient, exécuteraient ou feraient exécuter des actes arbitraires sont coupables et doivent être punis.

13. Tout homme étant présumé innocent jusqu'à ce qu'il ait été déclaré coupable, s'il est jugé indispensable de l'arrêter, toute rigueur qui ne serait pas nécessaire pour s'assurer de sa personne doit être sévèrement réprimée par la loi.

14. Nul ne doit être jugé et puni qu'après avoir été entendu ou légalement appelé, et qu'en vertu d'une loi promulguée antérieurement au délit ; la loi qui punirait des délits commis avant qu'elle existât serait une tyrannie : l'effet rétroactif donné à la loi serait un crime.

15. La loi ne doit décerner que des peines strictement et évidemment nécessaires ; les peines doivent être proportionnées au délit et utiles à la société.

16. Le droit de propriété est celui qui appartient à tout citoyen de jouir et de disposer à son gré de ses biens, de ses revenus, du fruit de son travail et de son industrie.

17. Nul genre de travail, de culture, de commerce, ne peut être interdit à l'industrie des citoyens.

18. Tout homme peut engager ses services, son temps ; mais il ne peut se vendre ni être vendu. Sa personne n'est pas une propriété aliénable. La loi ne reconnaît point de domesticité ; il ne peut exister qu'un engagement de soins et de reconnaissance entre l'homme qui travaille et celui qui l'emploie.

19. Nul ne peut être privé de la moindre portion de sa propriété sans son consentement, si ce n'est lorsque la nécessité publique légalement constatée l'exige, et sous la condition d'une juste et préalable indemnité.

20. Nulle contribution ne peut être établie que pour l'utilité générale. Tous les citoyens ont droit de concourir à l'établissement des contributions, d'en surveiller l'emploi et de s'en faire rendre compte.

21. Les secours publics sont une dette sacrée. La société doit la subsistance aux citoyens malheureux, soit en leur procurant du travail, soit en assurant les moyens d'exister à ceux qui sont hors d'état de travailler.

22. L'instruction est le besoin de tous. La société doit favoriser de tout son pouvoir les progrès de la raison publique, et mettre l'instruction à la portée de tous les citoyens.

23. La garantie sociale consiste dans l'action de tous pour assurer à chacun la jouissance et la conservation de ses droits ; cette garantie repose sur la souveraineté nationale.

24. Elle ne peut exister si les limites des fonctions publiques ne sont pas clairement déterminées par la loi, et si la responsabilité de tous les fonctionnaires n'est pas assurée.

25. La souveraineté réside dans le peuple. Elle est une et indivisible, imprescriptible et inaliénable.

26. Aucune portion du peuple ne peut exercer la puissance du peuple entier ; mais chaque section du souverain assemblée doit jouir du droit d'exprimer sa volonté avec une entière liberté.

27. Que tout individu qui usurperait la souveraineté soit à l'instant mis à mort par les hommes libres.

28. Un peuple a toujours le droit de revoir, de réformer et de changer sa constitution. Une génération ne peut assujettir à ses lois les générations futures.

29. Chaque citoyen a un droit égal de concourir à la formation de la loi et à la nomination de ses mandataires ou de ses agents.

30. Les fonctions publiques sont essentiellement temporaires ; elles ne peuvent être considérées comme des distinctions ni comme des récompenses, mais comme des devoirs.

31. Les délits des mandataires du peuple et de ses agents ne doivent jamais être impunis. Nul n'a le droit de se prétendre plus inviolable que les autres citoyens.

32. Le droit de présenter des pétitions aux dépositaires de l'autorité publique ne peut en aucun cas être interdit, suspendu ni limité.

33. La résistance à l'oppression est la conséquence des autres droits de l'homme.

34. Il y a oppression contre le corps social, lorsqu'un seul de ses membres est opprimé. Il y a oppression contre chaque membre, lorsque le corps social est opprimé.

35. Quand le gouvernement viole les droits du peuple, l'insurrection est pour le peuple et pour chaque portion du peuple le plus sacré des droits et le plus indispensable des devoirs.

ACTE CONSTITUTIONNEL.

De la République.

Art. 1ᵉʳ. La République française est une et indivisible.

De la distribution du peuple.

2. Le peuple français est distribué, pour l'exercice de sa souveraineté, en assemblées primaires de cantons.
3. Il est distribué, pour l'administration et pour la justice, en départements, districts, municipalités.

De l'état des citoyens.

4. Tout homme né et domicilié en France, âgé de vingt-un ans accomplis;
Tout étranger âgé de vingt-un ans accomplis qui, domicilié en France depuis une année,
Y vit de son travail;
Ou acquiert une propriété;
Ou épouse une Française;
Ou adopte un enfant;
Ou nourrit un vieillard;
Tout étranger, enfin, qui sera jugé par le corps législatif avoir bien mérité de l'humanité,
Est admis à l'exercice des droits de citoyen français.
5. L'exercice des droits de citoyen se perd :
Par la naturalisation en pays étranger;
Par l'acceptation de fonctions ou faveurs émanées d'un gouvernement non populaire;
Par la condamnation à des peines infamantes ou afflictives, jusqu'à réhabilitation.
6. L'exercice des droits de citoyen est suspendu :
Par l'état d'accusation;
Par un jugement de contumace, tant que le jugement n'est pas anéanti.

De la souveraineté du peuple.

7. Le peuple souverain est l'universalité des citoyens français.
8. Il nomme immédiatement ses députés.
9. Il délègue à des électeurs le choix des administrateurs, des arbitres publics, des juges criminels et de cassation.
10. Il délibère sur les lois.

Des assemblées primaires.

11. Les assemblées primaires se composent des citoyens domiciliés depuis six mois dans chaque canton.
12. Elles sont composées de 200 citoyens au moins, de 600 au plus, appelés à voter.
13. Elles sont constituées par la nomination d'un président, de secrétaires, de scrutateurs.
14. Leur police leur appartient.
15. Nul n'y peut paraître en armes.
16. Les élections se font au scrutin ou à haute voix, au choix de chaque votant.
17. Une assemblée primaire ne peut, en aucun cas, prescrire un mode uniforme de voter.
18. Les scrutateurs constatent le vote des citoyens qui, ne sachant point écrire, préfèrent de voter au scrutin.
19. Les suffrages sur les lois sont donnés par *oui* et par *non*.
20. Le vœu de l'assemblée primaire est proclamé ainsi : *Les citoyens réunis en assemblée primaire de... au nombre de... votants, votent pour* ou *votent contre, à la majorité de...*

De la représentation nationale.

21. La population est la seule base de la représentation nationale.
22. Il y a un député en raison de 40,000 individus.
23. Chaque réunion d'assemblées primaires, résultant d'une population de 39,000 à 41,000 âmes, nomme immédiatement un député.
24. La nomination se fait à la majorité absolue des suffrages.
25. Chaque assemblée fait le dépouillement des suffrages, et envoie un commissaire pour le recensement général, au lieu désigné comme le plus central.
26. Si le premier recensement ne donne point de majorité absolue, il est procédé à un second appel, et on vote entre les deux citoyens qui ont réuni le plus de voix.
27. En cas d'égalité de voix, le plus âgé a la préférence, soit pour être ballotté, soit pour être élu. En cas d'égalité d'âge, le sort décide.
28. Tout Français exerçant les droits de citoyen est éligible dans l'étendue de la République.
29. Chaque député appartient à la nation entière.
30. En cas de non-acceptation, démission, déchéance, ou mort d'un député, il est pourvu à son remplacement par les assemblées primaires qui l'ont nommé.
31. Un député qui a donné sa démission ne peut quitter son poste qu'après l'admission de son successeur.
32. Le peuple français s'assemble tous les ans, le 1ᵉʳ mai, pour les élections.

33. Il y procède, quel que soit le nombre des citoyens ayant droit d'y voter.

34. Les assemblées primaires se forment extraordinairement, sur la demande du cinquième des citoyens qui ont droit d'y voter.

35. La convocation se fait, en ce cas, par la municipalité du lieu ordinaire du rassemblement.

36. Ces assemblées extraordinaires ne délibèrent qu'autant que la moitié plus un des citoyens qui ont droit d'y voter sont présents.

Des assemblées électorales.

37. Les citoyens réunis en assemblées primaires nomment un électeur à raison de 200 citoyens, présents ou non; deux depuis 201 jusqu'à 400; trois depuis 401 jusqu'à 600.

38. La tenue des assemblées électorales et le mode des élections sont les mêmes que dans les assemblées primaires.

Du Corps législatif.

39. Le corps législatif est un, indivisible et permanent.

40. Sa session est d'un an.

41. Il se réunit le 1er juillet.

42. L'Assemblée nationale ne peut se constituer si elle n'est composée au moins de la moitié des députés, plus un.

43. Les députés ne peuvent être recherchés, accusés ni jugés en aucun temps, pour les opinions qu'ils ont énoncées dans le sein du corps législatif.

44. Ils peuvent, pour fait criminel, être saisis en flagrant délit; mais le mandat d'arrêt ni le mandat d'amener ne peuvent être décernés contre eux qu'avec l'autorisation du corps législatif.

Tenue des séances du Corps législatif.

45. Les séances de l'assemblée nationale sont publiques.

46. Les procès-verbaux de ses séances sont imprimés.

47. Elle ne peut délibérer si elle n'est composée de 200 membres, au moins.

48. Elle ne peut refuser la parole à ses membres, dans l'ordre où ils l'ont réclamée.

49. Elle délibère à la majorité des présents.

50. Cinquante membres ont le droit d'exiger l'appel nominal.

51. Elle a le droit de censure sur la conduite de ses membres dans son sein.

52. La police lui appartient dans le lieu de ses séances, et dans l'enceinte extérieure qu'elle a déterminée.

Des fonctions du Corps législatif.

53. Le corps législatif propose des lois, et rend des décrets.

54. Sont compris sous le nom général de *lois* les actes du corps législatif concernant:
La législation civile et criminelle;
L'administration générale des revenus et des dépenses ordinaires de la République;
Les domaines nationaux;
Le titre, le poids, l'empreinte et la dénomination des monnaies;
La nature, le montant et la perception des contributions;
La déclaration de guerre;
Toute nouvelle distribution générale du territoire français;
L'instruction publique;
Les honneurs publics à la mémoire des grands hommes.

55. Sont désignés sous le nom particulier de *décrets*, les actes du corps législatif concernant:
L'établissement annuel des forces de terre et de mer;
La permission ou la défense du passage des troupes étrangères sur le territoire français;
L'introduction des forces navales étrangères dans les ports de la République;
Les mesures de sûreté et de tranquillité générale;
La distribution annuelle et momentanée des secours et travaux publics;
Les ordres pour la fabrication des monnaies de toute espèce;
Les dépenses imprévues et extraordinaires;
Les mesures locales et particulières à une administration, à une commune, à un genre de travaux publics;
La défense du territoire;
La ratification des traités;
La nomination et la destitution des commandants en chef des armées;
La poursuite de la responsabilité des membres du conseil, des fonctionnaires publics;
L'accusation des prévenus de complots contre la sûreté générale de la République;
Tout changement dans la distribution partielle du territoire français;
Les récompenses nationales.

De la formation de la loi.

56. Les projets de loi sont précédés d'un rapport.

57. La discussion ne peut s'ouvrir, et la loi ne peut être provisoirement arrêtée que quinze jours après le rapport.

58. Le projet est imprimé et envoyé à toutes les communes de la République, sous ce titre:

Loi proposée.

59. Quarante jours après l'envoi de la loi proposée, si dans la moitié des départements, plus un, le dixième des assemblées primaires de chacun d'eux, régulièrement formées, n'a pas réclamé, le projet est accepté et devient loi.

60. S'il y a réclamation, le corps législatif convoque les assemblées primaires.

De l'intitulé des lois et des décrets.

61. Les lois, les décrets, les jugements et tous les actes publics sont intitulés: *Au nom du peuple français, l'an.... de la République française.*

Du conseil exécutif.

62. Il y a un conseil exécutif composé de vingt-quatre membres.

63. L'assemblée électorale de chaque département nomme un candidat. Le corps législatif choisit sur la liste générale les membres du conseil.

64. Il est renouvelé par moitié à chaque législature, dans les derniers mois de la session.

65. Le conseil est chargé de la direction et de la surveillance de l'administration générale. Il ne peut agir qu'en exécution des lois et des décrets du corps législatif.

66. Il nomme, hors de son sein, les agents en chef de l'administration générale de la République.

67. Le corps législatif détermine le nombre et les fonctions de ces agents.

68. Ces agents ne forment point un conseil. Ils sont séparés, sans rapports immédiats entre eux; ils n'exercent aucune autorité personnelle.

69. Le conseil nomme, hors de son sein, les agents extérieurs de la République.

70. Il négocie les traités.

71. Les membres du conseil, en cas de prévarication, sont accusés par le corps législatif.

72. Le conseil est responsable de l'inexécution des lois et des décrets, et des abus qu'il ne dénonce pas.

73. Il révoque et remplace les agents à sa nomination.

74. Il est tenu de les dénoncer, s'il y a lieu, devant les autorités judiciaires.

Des relations du conseil exécutif avec le Corps législatif.

75. Le conseil exécutif réside auprès du corps législatif. Il a l'entrée et une place séparée dans le lieu de ses séances.

76. Il est entendu toutes les fois qu'il a un compte à rendre.

77. Le corps législatif l'appelle dans son sein, en tout ou en partie, lorsqu'il le juge convenable.

Des corps administratifs et municipaux.

78. Il y a dans chaque commune de la République une administration municipale;

Dans chaque district une administration intermédiaire;

Dans chaque département une administration centrale.

79. Les officiers municipaux sont élus par les assemblées de Commune.

80. Les administrateurs sont nommés par les assemblées électorales de département et de district.

81. Les municipalités et les administrations sont renouvelées tous les ans par moitié.

82. Les administrateurs et officiers municipaux n'ont aucun caractère de représentation.

Ils ne peuvent, en aucun cas, modifier les actes du corps législatif, ni en suspendre l'exécution.

83. Le corps législatif détermine les fonctions des officiers municipaux et des administrateurs, les règles de leur subordination, et les peines qu'ils pourront encourir.

84. Les séances des municipalités et des administrations sont publiques.

De la justice civile.

85. Le code des lois civiles et criminelles est uniforme pour toute la République.

86. Il ne peut être porté aucune atteinte au droit qu'ont les citoyens de faire prononcer sur leurs différends par des arbitres de leur choix.

87. La décision de ces arbitres est définitive, si les citoyens ne se sont pas réservé le droit de réclamer.

88. Il y a des juges de paix élus par les citoyens des arrondissemens déterminés par la loi.

89. Ils concilient et jugent sans frais.

90. Leur nombre et leur compétence sont réglés par le corps législatif.

91. Il y a des arbitres publics élus par les assemblées électorales.

92. Leur nombre et leurs arrondissements sont fixés par le corps législatif.

93. Ils connaissent des contestations qui n'ont pas été terminées définitivement par les arbitres privés ou par les juges de paix.

94. Ils délibèrent en public.

Ils opinent à haute voix.

Ils statuent en dernier ressort, sur défenses verbales, ou sur simple mémoire, sans procédures et sans frais.

Ils motivent leurs décisions.

95. Les juges de paix et les arbitres publics sont élus tous les ans.

De la justice criminelle.

96. En matière criminelle, nul citoyen ne peut être jugé que sur une accusation reçue par les jurés ou décrétée par le corps législatif.

Les accusés ont des conseils choisis par eux, ou nommés d'office.

L'instruction est publique.

Le fait et l'intention sont déclarés par un juré de jugement.

La peine est appliquée par un tribunal criminel.

97. Les juges criminels sont élus tous les ans par les assemblées électorales.

Du tribunal de cassation.

98. Il y a pour toute la République un tribunal de cassation.

99. Ce tribunal ne connaît point du fond des affaires.

Il prononce sur la violation des formes, et sur les contraventions expresses à la loi.

100. Les membres de ce tribunal sont nommés tous les ans par les assemblées électorales.

Des contributions publiques.

101. Nul citoyen n'est dispensé de l'honorable obligation de contribuer aux charges publiques.

De la trésorerie nationale.

102. La trésorerie nationale est le point central des recettes et dépenses de la République.

103. Elle est administrée par des agents comptables nommés par le pouvoir exécutif.

104. Ces agents sont surveillés par des commissaires nommés par le corps législatif, pris hors de son sein, et responsables des abus qu'ils ne dénoncent pas.

De la Comptabilité.

105. Les comptes des agents de la trésorerie nationale et des administrateurs des deniers publics sont rendus annuellement à des commissaires responsables nommés par le conseil exécutif.

106. Ces vérificateurs sont surveillés par des commissaires à la nomination du corps législatif, pris hors de son sein et responsables des abus et des erreurs qu'ils ne dénoncent pas.

Le corps législatif arrête les comptes.

Des forces de la République.

107. La force générale de la République est composée du peuple entier.

108. La République entretient à sa solde, même en temps de paix, une force armée de terre et de mer.

109. Tous les Français sont soldats; ils sont tous exercés au maniement des armes.

110. Il n'y a point de généralissime.

111. La différence des grades, leurs marques distinctives et la subordination ne subsistent que relativement au service et pendant sa durée.

112. La force publique employée pour maintenir l'ordre et la paix dans l'intérieur n'agit que sur la réquisition par écrit des autorités constituées.

113. La force publique employée contre les ennemis du dehors agit sous les ordres du conseil exécutif.

114. Nul corps armé ne peut délibérer.

Des conventions nationales.

115. Si dans la moitié des départements plus un, le dixième des assemblées primaires de chacun d'eux, régulièrement formées, demande la révision de l'acte constitutionnel, ou le changement de quelques-uns de ses articles, le corps législatif est tenu de convoquer toutes les assemblées primaires de la République, pour savoir s'il y a lieu à une Convention nationale.

116. La Convention nationale est formée de la même manière que les législatures, et en réunit les pouvoirs.

117. Elle ne s'occupe, relativement à la Constitution, que des objets qui ont motivé sa convocation.

Des rapports de la République française avec les nations étrangères.

118. Le peuple français est l'ami et l'allié naturel des peuples libres.

119. Il ne s'immisce point dans le gouvernement des autres nations. Il ne souffre pas que les autres nations s'immiscent dans le sien.

120. Il donne asile aux étrangers bannis de leur patrie pour la cause de la liberté.

Il le refuse aux tyrans.

121. Il ne fait point la paix avec un ennemi qui occupe son territoire.

De la garantie des droits.

122. La Constitution garantit à tous les Français l'égalité, la liberté, la sûreté, la propriété, la dette publique, le libre exercice des cultes, une instruction commune, des secours publics, la liberté indéfinie de la presse, le droit de pétition, le droit de se réunir en sociétés populaires, la jouissance de tous les droits de l'homme.

123. La république française honore la loyauté, le courage, la vieillesse, la piété filiale, le malheur. Elle remet le dépôt de la Constitution sous la garde de toutes les vertus.

124. La déclaration des droits et l'acte constitutionnel sont gravés sur des tables, au sein du corps législatif, et dans les places publiques.

Signé :
COLLOT-D'HERBOIS, *président;* DURAND-MAILLANE, DUCOS, MÉAULLE, CH. DELACROIX, GOSSUIN, P. A. LALOY, *secrétaires.*

Paris. — Imp. Gauthier-Villars, 55, quai des Grands-Augustins.

ILLUSTRATIONS DE THÉOPHILE SCHULER.

HISTOIRE D'UN PAYSAN
1793
PAR
ERCKMANN-CHATRIAN

TROISIÈME PARTIE
L'AN I DE LA RÉPUBLIQUE
I

Nous voilà maintenant loin du pays; je ne vous parlerai plus de la petite forge du Bois-de-Chênes, de l'auberge des Trois-Pigeons et de la baraque du vieux père Bastien; les marches, les contre-marches, les rencontres, les attaques et les batailles vont commencer.

Les volontaires nationaux du district de Sarrebourg restèrent cantonnés à Rülzheim jusqu'à la fin de juillet; c'est là que ceux de la haute montagne, venus avec leurs faux et leurs bâtons, reçurent des fusils, des gibernes et des cartouches. Il en arrivait encore tous les jours par bandes; on leur apprenait l'exercice; et, dans ce coin de l'Alsace, entre Wissembourg et Landau, vous n'entendiez que le tambour des fantassins qu'on habituait à marcher au pas, et la trompette des cavaliers qu'on faisait galoper en rond.

Derrière nous s'étendait une grande ligne de redoutes, entre le camp de Kellermann et celui de Biron; elle pouvait bien avoir quatre à cinq lieues de long, et suivait le cours de la Lauter, c'est ce qu'on a nommé depuis « les lignes de Wissembourg. »

Le service du train n'existait pas encore; comme il fallait mettre les paysans en réquisition avec leurs chevaux et leurs charrettes, pour nous amener des vivres, souvent la distribution manquait.

Je demeurais, avec Marc Divès et Jean Rat, chez une veuve qui pleurait du matin au soir. La pauvre femme nous donnait ses légumes, ses pommes de terre, son pain de seigle. Divès et moi nous étions toujours contents, mais Jean Rat trouvait que ce n'était pas encore assez : il aurait voulu de la viande!

Tous les camarades logés aux environs prenaient ce qu'ils trouvaient; on couchait dans les granges, sur les greniers à foin, sous les hangars. On ne pouvait pas se laisser mourir de faim! C'était pour les pauvres habitants une véritable désolation.

Tout se payait avec des assignats qui ne valaient plus grand'chose. Nos cantonnements fourmillaient de petites gazettes allemandes, où l'on racontait la misère de l'armée des savetiers, l'ignorance de leurs chefs et leurs sottises. Les émigrés nous représentaient comme des gueux en train de grelotter et de se sauver; les Allemands, eux, nous suivaient, la figure terrible, les moustaches retroussées, et le sabre en l'air. Pauvres diables! ils en ont vu de dures pendant vingt ans, malgré leurs grandes moustaches.

Voilà comme les écrivassiers des rois vous excitent les uns contre les autres, pour vivre grassement aux dépens des peuples, qui se massacrent. Ils ne parlaient que de notre misère et de la magnificence des troupes alliées, de leur belle tenue, du grand nombre de leurs canons, du bon approvisionnement de leurs magasins, répandus le long du Rhin, chez l'électeur de Bavière, le duc de Deux-Ponts et les autres princes de l'empire. On pense bien que cela nous donnait l'envie d'aller voir ces magasins, à Spire, à Worms, à Mayence; nous y songions toujours et notre enthousiasme augmentait.

Malheureusement nous n'étions alors que vingt et un mille hommes d'infanterie à l'armée du Rhin, dix-sept mille volontaires nationaux, six mille hommes de troupes à cheval et dix-sept cents artilleurs, en tout quarante-six mille hommes, dont vingt-quatre mille employés à la garde des redoutes, et vingt-deux mille seulement pour tenir la campagne.

Les Prussiens et les Autrichiens ensemble montaient à plus de deux cent mille hommes. Nos émigrés leur criaient : « Avancez!... avancez!... » car Bouillé savait bien que les ministres de Louis XVI, en disant à l'Assemblée nationale que nos effets de campement suffisaient; que le zèle indiscret de ceux qui fournissaient des armes aux volontaires nationaux, ralentissait seul les livraisons régulières; que l'état des arsenaux était admirable, enfin que nos armées nageaient en quelque sorte dans l'abondance; il savait bien que ces ministres mentaient; que nous n'avions plus d'officiers supérieurs, d'ingénieurs et de mineurs, à cause des désertions; que nous étions forcés de mettre en réquisition les voitures, les chevaux de selle et de trait, et même les outils pour remuer la terre; que la plupart d'entre nous n'avaient que leur veste, leur pantalon de toile et leurs sabots, avec une vieille patraque qui faisait long feu six fois sur dix; qu'on nous avait même donné l'ordre de trouver où nous pourrions, un sac de peau pour mettre nos misérables effets, et un sac de toile pour nos munitions; il savait tout, puisque ces ministres, Louis XVI, la cour et les émigrés s'entendaient ensemble.

Custine, qui nous commandait sous les ordres du général Biron, venait de se porter à Landau, notre première place en avant de Thionville et de Metz; il était entré dans la ville, à cheval, par une brèche; ses hussards l'avaient suivi. Qu'on se figure d'après cela l'état de nos fortifications. Combien de fois j'ai crié :

« Ah! misérables, dans quelle position vous nous avez réduits! Si l'ennemi s'avance en masse, qu'est-ce que nous pourrons faire contre deux cent mille hommes? Nous serons écrasés, nous mourrons tous!... Mais vous aurez vendu la patrie, pour conserver vos priviléges et nous tenir en servitude. Vous êtes des traîtres, et votre ministre Narbonne, qui disait à l'Assemblée, en revenant d'inspecter nos forteresses, que nous étions prêts pour la guerre, est le dernier des scélérats. »

Par bonheur les Prussiens et les Autrichiens

n'avançaient pas; ils avaient de grands généraux, remplis de prudence et de sagesse; des princes, des rois, des génies natifs, qui faisaient des plans à l'avance et se partageaient notre pays. Si ces gens avaient eu pour les commander, un enfant du peuple comme Hoche ou Kléber, nous étions perdus. Enfin ils restèrent à ruminer pendant trois semaines, sans rien faire, et tout à coup notre bataillon, qu'on appelait le 1er bataillon de la montagne, reçut l'ordre de nommer ses officiers et puis d'aller à Landau.

Ce même jour, le dernier de juillet 1792, les compagnies, formées par village, nommèrent leurs sergents, leurs lieutenants, sous-lieutenants et capitaines; ensuite toutes les compagnies réunies nommèrent commandant Jean-Baptiste Meunier, un jeune architecte que j'avais vu cent fois chez nous avec sa toise et son niveau, sur les glacis, en train de niveler les chemins couverts; il travaillait pour l'entrepreneur des fortifications Pirmetz, et prit alors notre commandement. Jean Rat venait de passer tambour-maître d'emblée; le gueux avait enfin attrapé une bonne place, avec sa double solde il allait pouvoir vivre comme un sergent.

Le lendemain nous étions en route pour Landau, les uns en blouse, les autres en veste, les baudriers en croix et le fusil sur l'épaule. Il faisait assez beau temps. Le 2e bataillon des volontaires de la Charente-Inférieure, cantonné aux environs, suivait le même chemin que nous. Beaucoup allaient nu-pieds, et nous chantions ensemble la *Marseillaise*, que tous les patriotes commençaient à connaître le long du Rhin.

Ceux de la Charente-Inférieure s'arrêtèrent à Impflingen, et nous arrivâmes à Landau sur les trois heures de l'après-midi. Le poste de garde à l'avancée était du régiment de Bretagne, encore en habits blancs; et comme la sentinelle nous criait : « Qui vive ! » le commandant Meunier répondit : « Premier bataillon de la montagne ! » au milieu des cris de « Vive la nation ! » Chacun mettait son bonnet au bout de la baïonnette; nous étions tous montagnards et fiers d'avoir un si beau nom.

On vint nous reconnaître et le bataillon entra sous les vieilles portes sombres, les trois fleurs de lis au-dessus, en chantant : « Allons, enfants de la patrie ! » comme un roulement de tonnerre.

Landau ressemble beaucoup à Phalsbourg, mais c'est une vieille ville allemande avec des ponts-levis, des portes, des remparts et des demi-lunes à la française. La Queich coule autour des remparts; elle ne fait qu'un marais plein de joncs, de saules et de hautes herbes, où les grenouilles et les crapauds chantent matin et soir. La moitié des remparts tombait dans les fossés; la garnison, répandue partout avec des pioches, des pelles, des échelles et des brouettes, se dépêchait de les relever.

C'était la gloire de Louis XVI d'avoir des places pareilles, fortifiées par Vauban, et si bien entretenues ! L'argent du pays se dépensait en fêtes, en chasses, en pensions sur le livre rouge. Quelle honte et quelle misère, mon Dieu !...

La garnison venait d'être portée à sept mille six cents hommes.

Aussitôt casernés, on nous fit travailler comme les autres. Notre commandant Meunier, sa toise à la main, s'entendait à cet ouvrage; il ne quittait pas les remparts, et c'est notre bataillon qui releva le bastion du côté d'Albertsweiler. Chacun travaillait de son état : les maçons aux murs, les terrassiers aux glacis, etc. Cinq ou six forgerons, volontaires comme moi, réparaient sous mes ordres les outils cassés; nous avions de l'ouvrage.

Mais ce que je n'oublierai jamais, c'est la colère et l'indignation de la garnison, quand le manifeste du duc de Brunswick aux habitants de la France arriva chez nous. Au lieu de le cacher, on le lut par ordre supérieur, à l'appel du matin.

C'était une espèce de proclamation, dans laquelle ce feld-maréchal prussien nous prévenait que les souverains venaient rétablir les droits et possessions des princes allemands en Alsace et en Lorraine; qu'ils ne voulaient rien nous prendre, mais seulement procurer à Sa Majesté Très-Chrétienne, notre roi, les secours nécessaires pour assurer le bonheur de ses sujets; que les armées combinées protégeraient les bourgs, villes et villages qui s'empresseraient d'ouvrir leurs portes aux Prussiens et aux Autrichiens; mais que les habitants des localités qui oseraient se défendre contre les troupes de Leurs Majestés et tirer sur elles, soit en rase campagne, soit par les portes, fenêtres ou autres ouvertures de leurs maisons, seraient exécutés militairement, d'après les rigueurs de la guerre; que les troupes de ligne françaises étaient sommées de se soumettre et de revenir à leur ancienne fidélité; que les gardes nationales étaient aussi sommées de veiller provisoirement sur les campagnes, jusqu'à l'arrivée des alliés, qui les relèveraient de leur garde; que les Parisiens sans distinction étaient également tenus de se soumettre, *sur-le-champ et sans délai*, aux Autrichiens et aux Prussiens, et que, s'ils insultaient Louis XVI, Marie-Antoinette ou leur auguste famille, les alliés détruiraient leur ville de fond en comble ! mais que, s'ils se dépêchaient d'obéir, le roi de Prusse et l'empereur d'Autriche promettaient de prier Sa Majesté de leur pardonner les crimes qu'ils avaient commis.

A peine avait-on lu cela, que toutes les compagnies, cavalerie, infanterie de ligne, volontaires, sortirent de leurs casernes, en criant ensemble :

« A l'ennemi ! »

Les gardes nationaux de la ville sortirent aussi des maisons, et sur la place d'Armes les cris « A l'ennemi !... Vaincre ou mourir !... Vive la nation ! » les chants de la *Marseillaise* et du *Ça ira!* devinrent si terribles, que le général Custine, à cheval au milieu de son état-major, descendit la rue des Postes ventre à terre, croyant que c'était une révolte. Je vois encore cet homme, grand, roux, carré, avec ses gros yeux luisants, son gros nez rouge, ses moustaches et ses favoris de hussard, qui lève la main ; et le colonel du 2e chasseurs à cheval, Joseph de Broglie, un officier superbe, l'air hardi comme les anciens nobles ; le chef d'escadron Houchard, de Forbach, la figure grêlée et balafrée, je les vois tous piaffer, caracoler, crier, donner des ordres, mais on ne pouvait pas les entendre.

Naturellement j'étais aussi furieux que les autres ; l'affront qu'un mauvais duc prussien osait faire à la nation m'entrait jusqu'au bout des ongles ; j'en frémissais !...

Tout à coup la générale se mit à battre sur les remparts. Depuis huit jours les avant-postes de l'ennemi se rapprochaient de la place ; on crut qu'ils nous attaquaient ; chacun courut à son poste sur les bastions, et l'on vit que le pays autour de nous restait tranquille. Le général avait envoyé donner cet ordre ; c'était une finesse de guerre, pour nous séparer et nous rappeler à la consigne.

Tout le monde reprit son travail ; mais depuis ce moment l'indignation contre Louis XVI, Brunswick, le roi de Prusse et l'empereur d'Autriche augmentait de jour en jour. Les soldats, les volontaires et les gardes nationaux de la ville se réunissaient dans les brasseries et les cabarets ; ils dressaient des pétitions à l'Assemblée nationale contre les traîtres et demandaient la destitution du roi.

Ces choses traînèrent ainsi quelque temps. On avait relevé les remparts et planté les palissades aux avancées ; on mettait des pièces en batterie ; on plantait des fascines. De forts détachements autrichiens commençaient à se répandre dans nos lignes, entre Wissembourg et Landau ; des convois de farine et de munitions arrivaient sous la conduite des commissaires de district, pour approvisionner la place ; le 2e chasseurs à cheval et des dragons nationaux les escortaient, car l'ennemi venait les attaquer jusqu'aux avant-postes d'Impflingen et d'Offenbach : on s'attendait à nous voir bientôt bloqués.

Mais avant l'arrivée des Autrichiens, nous devions encore apprendre l'effet que le terrible manifeste de Brunswick avait produit à Paris : la prise des Tuileries par le peuple, le massacre des Suisses du roi, l'emprisonnement de Louis XVI, de Marie-Antoinette et de leur famille, d'abord au Luxembourg, ensuite au Temple.

Lorsqu'arriva ce courrier, le 15 août, l'enthousiasme des troupes fut si grand, que les patrouilles ennemies durent nous entendre crier et chanter à plus d'une demi-lieue autour de la ville. On s'embrassait les uns les autres, en criant :

« Nous sommes débarrassés des traîtres ! »

Et l'on avait des larmes d'attendrissement dans les yeux ; on riait, on était content, comme si chacun avait eu sa fortune faite.

Voici comment ces choses s'étaient passées ; je ne les ai pas vues, mais des gazettes patriotiques nous arrivaient alors par centaines ; on les lisait partout ; le premier venu se dressait sur une table et se mettait à lire la lettre qu'il venait de recevoir d'un cousin ou d'un ami ; d'autres lisaient le dernier bulletin de l'Assemblée nationale ou du club des Jacobins ; enfin tout s'apprenait.

Je vous ai déjà dit que depuis le 20 juin on se méfiait du roi, qui ne voulait pas retirer son veto, du décret de l'Assemblée nationale contre les prêtres réfractaires. Ses ministres, depuis, n'avaient rien fait pour nous sauver de l'invasion : ils avaient laissé nos magasins vides, nos places fortes sans défense ; ils avaient retardé d'envoyer leurs brevets aux nouveaux officiers nommés à l'élection, et soutenaient toujours effrontément à l'Assemblée que tout était prêt, jusqu'au moment où les Prussiens et les Autrichiens s'étaient mis en marche. Alors ces ministres avaient donné leur démission en masse, et l'Assemblée avait été forcée de déclarer la patrie en danger.

Vous savez cela !

Eh bien, malgré tout, beaucoup de gens paisibles ne pouvaient pas encore croire à la trahison d'un si bon roi, quand le manifeste de Brunswick, *qui déclarait que les Prussiens et les Autrichiens nous envahissaient pour le rétablir lui, Louis XVI, sa noblesse et ses évêques dans leurs anciens priviléges, et nous dans notre ancienne servitude*, ce manifeste honteux, abominable, insolent, montra que toute cette race s'accordait contre les peuples, comme des larrons en foire, et naturellement les plus honnêtes gens en furent indignés; des centaines de pétitions arrivèrent à l'Assemblée nationale, demandant la destitution du roi; mais les meilleurs députés se trouvaient dans les départements, pour encourager l'enrôlement des volontaires; ce qui restait à l'Assemblée ne voulait pas écouter les justes plaintes du peuple; et dans ce moment même, comme on le sut plus tard, les chefs des girondins s'entendaient sous main avec le roi, qui leur promettait des places de ministres.

Les sections de Paris, voyant que nos députés ne faisaient rien pour sauver la patrie, déclarèrent : « Qu'elles attendraient encore avec patience jusqu'au jeudi 9 août, onze heures du soir, que l'Assemblée eût prononcé sur la déchéance, mais que si justice n'était pas faite au peuple par le Corps législatif, ce même jour, à minuit, le tocsin sonnerait, la générale battrait et tout se lèverait à la fois! » C'était franc et brave !

Pour toute réponse, l'Assemblée donna l'ordre au ministre de la guerre d'envoyer sur-le-champ au camp de Soissons tous les fédérés des départements, qui se trouvaient à Paris; et le même jour, 406 voix contre 224 rejetèrent la proposition de mettre en accusation le général Lafayette.

Aussitôt Danton, Camille Desmoulins, Barbaroux, le chef des fédérés marseillais, Panis, Sergent, Bazire, Merlin de Thionville, Santerre, Westerman, etc., etc., tous les patriotes qui voulaient sauver la liberté ou mourir avec elle, soulevèrent le peuple. Les sections, réunies dans la nuit du 9 au 10 août, nommèrent chacune trois commissaires, « avec pleins pouvoirs pour sauver la chose publique, » et Danton fit sonner le tocsin.

Le château des Tuileries était plein de Suisses, de gentilshommes et d'autres gardes prêts à le défendre. Mais Louis XVI, qui se doutait bien que si le peuple l'emportait, il vengerait la mort de ses frères, au lieu d'attendre l'attaque, commença par se mettre au sec, avec la reine et le dauphin, en allant à l'Assemblée nationale et disant qu'il voulait épargner un grand crime aux insurgés.

Il paraît que ce roi ne pensait pas comme le dernier hardier de village, qu'il est honteux de laisser défendre son bien par les autres, et de sacrifier leur vie, en se retirant soi-même du danger.

Enfin, Leurs Majestés parties, le peuple, commandé par Westermann, était arrivé sous le feu roulant des Suisses qui garnissaient toutes les fenêtres. Les patriotes avaient d'abord reculé, mais ensuite ils étaient revenus furieux à la baïonnette, ils avaient mis le feu à la caserne des Suisses et s'étaient précipités dans les bâtisses, en massacrant domestiques, valetaille, gentilshommes, tout ce qui se rencontrait. On précipitait les malheureux Suisses par les fenêtres, on les fusillait dans les cours, dans les rues, dans les jardins; déjà deux cents fédérés marseillais, cent fédérés bretons, cinq cents Suisses, mille gardes nationaux et citoyens des faubourgs, mille nobles et domestiques couvraient de leurs corps les pavés, les escaliers, les planchers du château, ou brûlaient sous les décombres de la caserne, et Sa Majesté Louis XVI, au lieu d'aller soutenir ses défenseurs, restait dans sa cachette à l'Assemblée nationale. Les gazettes de ce temps-là disaient qu'il y mangeait de bon appétit; mais ce n'est pas croyable, ce serait trop dégoûtant de penser qu'une nation courageuse comme la France avait des maîtres pareils.

Pendant le massacre, les patriotes continuaient d'arriver à l'Assemblée pour demander la destitution du roi, mais nos députés, avant de répondre, voulaient savoir qui du peuple ou des Suisses aurait le dessus : c'était plus sûr.

Finalement, sur les deux heures de l'après-midi, le peuple ayant tout détruit au château, s'avançait sur l'Assemblée; alors elle obéit aux ordres de la nouvelle Commune, et le girondin Vergniaud, qui la présidait, proclama la *suspension provisoire de Louis XVI*, et la convocation d'une Convention nationale. Elle rendit ensuite un décret, invitant tous les Français à se réunir dans les assemblées primaires, le 26 août, pour nommer les électeurs, et ceux-ci, dès qu'ils seraient nommés, à procéder le 2 septembre aux élections des députés, qui devaient arriver à Paris le 20 de ce même mois.

Il n'était plus question de citoyens actifs et passifs; je vis que Chauvel, président de notre club, connu de tout le pays aux environs de Phalsbourg, pourrait être nommé représentant du peuple à la Convention; cela me fit plaisir. Mais du 10 août au 20 septembre il y a quarante jours, et dans ces quarante jours, avec tous les ennemis qui nous entouraient, depuis Anvers jusqu'à Nice en Italie, la Commune révolutionnaire de Paris, composée de tous les commissaires nommés par les sections dans la nuit du 9 au 10 août, restait seule maîtresse. Tout le monde comprit que ce serait un terrible moment à passer.

Heureusement Chauvel et Marguerite, dans leurs lettres lorsqu'ils étaient à Paris, nous avaient souvent parlé de Robespierre, de Bazire, de Merlin, de Sergent, de Santerre, comme de solides patriotes, et quand je reconnus leurs noms dans les gazettes, avec ceux de beaucoup d'autres, qui formaient la nouvelle Commune, je me dis que ces hommes ne laisseraient pas périr la patrie ni la liberté; qu'il faudrait les exterminer tous, et qu'alors nous-mêmes nous ne serions plus de ce monde.

II

Après l'affaire du 10 août, on apprit que l'Assemblée législative, poussée par la nounouvelle commune, avait décrété l'abolition des costumes religieux, le divorce, la réorganisation de la garde nationale, où tous les citoyens devaient être admis; la vente à rente et par petites portions des biens de l'église et de l'émigration, pour donner aux pauvres gens le moyen d'en acheter sans être forcé de payer tout de suite; et enfin l'ordre aux ecclésiastiques qui n'avaient pas voulu prêter le serment, de sortir du royaume dans la quinzaine, sous peine d'être transportés à la Guyane. Elle avait aussi décrété que les pères et mères des émigrés seraient retenus comme otages jusqu'à la paix, et qu'un tribunal criminel jugerait ceux qui avaient fait tirer sur le peuple.

Naturellement ces lois réjouissaient les patriotes; on pensait : « La révolution marche... les gueux sont abattus. »

Mais en même temps le bruit courait que Lafayette, général en chef de l'armée des Ardennes, refusait de reconnaître la révolution du 10 août; que les ennemis avaient commencé leur invasion dans le Nord; et que la Vendée, travaillée par les nobles et les prêtres, n'attendait que l'entrée des Prussiens en Champagne, pour se soulever contre la nation. Toutes ces mauvaises nouvelles répandaient une grande inquiétude dans le pays.

L'automne s'approchait; les brouillards du Rhin couvraient le Palatinat; les marais de la Queich fumaient comme une cuve. Tous les jours des détachements partaient à la découverte, principalement de la cavalerie; les paysans racontaient au marché, que les Prussiens et les Autrichiens filaient en masse du côté de Thionville, et qu'une forte colonne tournait autour de la ville, pour gagner la Lorraine. On apprenait aussi que des commissaires de l'Assemblée nationale avaient inspecté les lignes de Wissembourg, et que l'un d'eux, le citoyen Carnot, commandant du génie, faisait élever de nouvelles redoutes.

Alors les postes étaient doublés, les pièces sur les remparts étaient approvisionnées; les sentinelles dans leurs guérites, à la pointe des demi-lunes, observaient le pays à travers le brouillard. Quelques patrouilles ennemies, uhlans et pandours, couraient la plaine en tiraillant, comme pour dire :

« Nous voilà!.., nous arrivons!... »

On attendait.

Vers ce temps, un matin, j'étais de garde à la porte d'Albertsweiler; les dernières sorties avaient ramené le bétail des environs, les ponts restaient levés et les barrières fermées. Nos hommes se tenaient au corps de garde. Nous avions reçu deux jours avant le long habit bleu à revers rouges des volontaires, le pantalon des sans-culottes et le chapeau à cornes. Chaque fois que l'un ou l'autre montait faction, il prenait aussi le grand manteau de laine grise, mais tout cela n'empêchait pas la brume de vous refroidir jusqu'à la moelle des os. Les camarades, assis autour du poêle, le dos penché et l'air rêveur, fumaient leur pipe; les plus dégourdis se promenaient entre les deux ponts, battant de la semelle, et sifflant un petit air pour chasser les idées tristes. C'était la vie de garnison, la plus ennuyeuse de toutes; mais elle ne devait pas durer longtemps pour nous et je m'en réjouis encore, car, au bout de cinq ou six ans d'une existence pareille, les plus malins deviennent bêtes.

Enfin il pouvait être neuf heures du matin, et l'on devait nous relever à midi, quand le canon se mit à tonner du côté d'Impflingen; il tirait lentement, coup sur coup; les petites vitres du corps de garde en tremblaient. Tout le poste sortit étonné; nous écoutions, pensant que c'était une attaque par surprise; mais mon camarade de lit, un vieux volontaire tout gris, sec et maigre comme un hareng saur, nous dit que ces coups de canon sans fusillade auxquels personne ne répond, ne signifiaient rien; qu'on les tirait pour les maréchaux de France ou les princes du sang. Et ce vieux, qui s'appelait Jean-Baptiste Sôme, ne se trompait pas; seulement la mode des maréchaux de France et des princes du sang était passée pour longtemps : le portier-consigne, en arrivant de la place, nous apprit que les commissaires de l'Assemblée nationale entraient par l'autre porte, du côté de Wissembourg, et que le général Custine leur faisait honneur.

Nous rentrâmes donc dans le poste, et vers midi la garde montante nous ayant relevés, nous reprîmes le chemin de la ville, bien curieux de voir les commissaires, dont chacun se faisait une idée à sa manière. Ils étaient alors à la mairie, tout l'état-major de la place allait les voir en grande tenue.

Comme nous arrivions à la caserne, on savait déjà par les dépêches que les mauvaises nouvelles étaient vraies : que Lafayette avait voulu marcher sur Paris, pour exterminer les jacobins et rétablir le roi; que l'Assemblée nationale, entraînée par les montagnards, l'avait déclaré traître à la patrie, et qu'il venait de se sauver dans les Pays-Bas. Dumouriez le remplaçait à l'armée du Nord; Kellermann allait prendre le commandement de l'armée du centre, à Metz, et Luckner celui de la réserve, à Châlons. On savait que l'ennemi nous envahissait; qu'il avait fusillé les patriotes à Sierck, et qu'il bombardait Longwy; que les Vendéens se soulevaient, enfin que tout marchait ensemble, comme on devait s'y attendre : l'invasion, la trahison et la guerre civile!

On se figure combien d'idées vous passaient par la tête en apprenant ces choses désolantes : le plan de Bouillé, du comte d'Artois, des évêques et des nobles se montrait.

Il fallait vaincre ou mourir!

Aussi quelle satisfaction, quand on sut que les commissaires de l'Assemblée nationale, de simples citoyens élevés par nous-mêmes, après avoir demandé le nouveau serment aux officiers supérieurs, venaient de casser comme des allumettes, messieurs Joseph Broglie, colonel du 2ᵉ régiment de chasseurs à cheval, et Villantroy, second colonel, qui le refusaient, et de nommer à leur place les commandants Houchard et Coustard, connus dans leur régiment pour de vrais patriotes et de braves soldats! Voilà des choses qu'on n'avait pas encore vues et qui vous donnaient le respect de la nation. Rien qu'à regarder la figure des lieutenants et des capitaines, on reconnaissait que cela changeait leurs idées sur la force du peuple, et qu'ils allaient prêter serment avec enthousiasme.

Je n'ai pas besoin de vous parler des sous-officiers et des soldats; ils étaient dans la joie, cela va sans dire.

Quand on battit le rappel à deux heures, pour la revue des commissaires, c'est alors qu'il aurait fallu voir avec quel ordre et quelle précision on défilait, et comme on criait : « Vive la nation! Vivent les commissaires! Vivent la commune de Paris et l'Assemblée nationale! »

Je me représente encore ce grand carré de sabres et de baïonnettes autour de la place d'Armes; les compagnies qui suivent les compagnies; les escadrons qui piaffent derrière les escadrons; les pièces de campagne dans les intervalles; et au milieu du carré les trois commissaires : Carnot et Prieur, en uniforme d'officiers du génie, Ritter, le grand sabre accroché au baudrier noir, sous le bras, l'écharpe tricolore en ceinture, le grand chapeau rond à larges bords, avec ses trois plumes bleu, blanc et rouge; des élus du peuple que les colonels et les généraux accablaient de cérémonies!

Eux, ils n'y faisaient pas même attention. Ce qu'ils voulaient connaître, c'étaient les besoins du soldat; ils écoutaient toutes les réclamations; ils les inscrivaient.

Le plus beau de cette revue, ce qui me donna la plus grande idée du peuple souverain, c'est quand les représentants, d'une voix forte, en passant devant les bataillons, nous criaient :

« Vous jurez de maintenir la liberté, l'égalité, ou de mourir à votre poste! »

Et que nous, l'arme au bras, la main droite en l'air, nous répondions ensemble : « Je le jure! » les uns tout pâles, les autres des larmes dans les yeux.

Ah! nous savions alors ce que nous jurions; nous savions que c'était notre bonheur à tous, depuis le premier jusqu'au dernier; celui de nos parents, de nos familles, en même temps que l'honneur de la patrie.

Mais il faut maintenant que je vous raconte une chose qui me regarde en particulier, et qui vous montrera encore bien mieux la fraternité des représentants pour le peuple.

Vers huit heures, la revue était finie; nous avions défilé en criant : « Vive la liberté! A bas les aristocrates et les officiers de cour! A bas les intrigants! Vive la justice! » Toute la ville bourdonnait de cris et de chansons. Nous autres, à la chambrée, après avoir mangé la soupe, nous nous moquions des cartouches jaunes que les officiers nobles venaient de recevoir : à chacun son tour! Et comme nous étions là, le sergent de garde entra, disant que les commissaires de l'Assemblée nationale demandaient à voir Michel Bastien. Naturellement je crus que c'était une farce, et les camarades le crurent aussi; nous riions tous; mais le sergent ayant dit que c'était sérieux et qu'un hussard m'attendait sur la porte, je décrochai mon chapeau et je repassai le baudrier sur mon épaule.

J'avais l'idée qu'on faisait erreur, que les commissaires demandaient un autre Bastien; il n'en manque pas au pays. Mais en bas, l'estafette, à cheval sous la lanterne, me montra l'ordre écrit, et je lus : « Michel Bastien, volontaire au premier bataillon de la montagne. » Je me mis donc à marcher près du hussard, un vieux à grosse queue grise, des balles de mousquet pendues à ses cadenettes et l'air méfiant; il me regardait de côté du haut de son cheval, se figurant sans doute que j'avais fait un mauvais coup et que j'allais essayer de me sauver.

Custine était entré dans la ville. (Page 2.)

Moi je n'en revenais pas; et lorsque nous arrivâmes devant la cour du grand hôtel des postes, les fenêtres éclairées de haut en bas et la cour encombrée de hussards, je ne savais plus que penser.

L'officier de garde lut mon ordre et me fit conduire au premier, dans un grand corridor, où les domestiques de l'hôtel allaient et venaient en courant, avec des plats de viande et des paniers de vin. Notre général Custine, le meilleur vivant de son armée, traitait les commissaires et l'état-major de la place; c'était un ancien noble, il s'y connaissait.

L'un des serviteurs, surpris de me voir là, me demanda ce que je voulais; je lui dis que les commissaires m'avaient fait demander, et tout de suite il m'ouvrit une grande chambre, à gauche du corridor, en me disant : « Entrez ! »

J'entrai donc dans cette chambre, où se trouvait une lampe allumée sur une table ronde. A droite, dans la salle voisine, j'entendais parler et rire, des verres et des assiettes tinter comme pendant un festin. Et comme j'étais là depuis une minute, bien étonné de ne voir personne, tout à coup la porte s'ouvrit, et le citoyen Carnot entra, son écharpe autour des reins, en me demandant d'un air de brave homme qu'il était :

« Vous êtes Michel Bastien, le futur gendre de Chauvel?

— Oui, commandant, lui répondis-je tout troublé.

— Ne vous étonnez pas, dit-il en me tendant

On attendait. (Page 6.)

la main, Chauvel et moi nous sommes amis; bien des fois j'ai dîné chez lui, dans son petit logement de la rue du Bouloi; votre fiancée est une bonne patriote; voici ce qu'elle m'a chargé de vous remettre. »

Il sortit une lettre qu'il avait dans sa poche et me la donna. J'étais tellement heureux, que je ne savais quoi lui dire pour le remercier; lui me regardait avec ses yeux vifs.

« Vous n'êtes donc que simple volontaire? me dit-il au bout d'un instant. Chauvel m'avait assuré que vous ne manquez pas d'instruction; comment n'avez-vous pas été nommé sergent ou officier? »

Alors je devins tout rouge :

« Si j'avais voulu, lui dis-je, ceux de mon village m'auraient nommé sergent, mais les anciens doivent passer avant nous; ils connaissent la guerre et nous conduiront mieux au feu; voilà mon idée, commandant.

— Ah! ah! fit-il, vous avez refusé?

— Oui. Je ne veux pas rester soldat, ce n'est pas mon métier. Je suis parti pour défendre la liberté, et quand la liberté sera sauvée, eh bien, je retournerai tranquillement au pays, reprendre mon état de forgeron et tâcher de devenir un bon père de famille. Je ne demande pas autre chose. »

En m'écoutant il se mit à sourire et dit:

« A la bonne heure !... Chauvel vous estime, je vois qu'il a raison. Nous allons repasser à Phalsbourg; je lui raconterai notre petite entrevue. Allons, mon ami, vous devez être impatient de lire la lettre de votre fiancée; au revoir! »

Il me donna la main et je m'en allai plein d'enthousiasme, en criant dans mon âme :

« Ah ! si le bonheur voulait que je pusse rendre service à Carnot ; si, par exemple, il était fait prisonnier, comme j'enfoncerais tout pour le ravoir ; il faudrait me hacher en mille morceaux avant de me faire reculer ! »

Et, songeant à de pareilles folies, comme il vous en passe par la tête quand on est jeune, je montai l'escalier de notre caserne, et puis j'entrai dans notre chambrée, où les camarades dormaient déjà deux à deux. Malgré la défense d'allumer la chandelle au quartier après la retraite, je battis le briquet et je me mis à lire la lettre de Marguerite, sous la cheminée ; on ne pouvait rien voir du dehors ; le caporal dormait comme les autres.

Il s'est passé bien des années depuis que je reçus cette lettre, à la fin d'août 1792 ; j'étais jeune et je suis devenu vieux ; j'étais plein de force et d'amour, je pleurais comme un enfant, quand Marguerite me parlait de son chagrin d'être loin l'un de l'autre. Aujourd'hui, malgré ma grande amitié pour la bonne et brave femme, tout cela n'est plus qu'un rêve ! Eh bien, je pourrais encore vous réciter cette lettre mot à mot. Que de fois je l'ai lue et relue au bivac, à Mayence, partout ! A la fin, elle était tellement usée, pliée, coupée, qu'elle tombait ensemble, et je la relisais toujours ; j'y trouvais toujours quelque chose de nouveau, qui m'attendrissait.

Mais les paroles d'amour sont pour nous seuls ; vieux ou jeunes, on les garde comme son meilleur bien ; tout ce que je peux vous dire, c'est que Marguerite me parlait beaucoup de mon père, qui venait dîner avec eux tous les dimanches, et de mon frère Étienne, qui maintenant allait entrer au magasin de livres, car les assemblées primaires étaient commencées, on voyait d'avance que le père Chauvel serait envoyé à la Convention ; tout le pays le voulait ; il était déjà sorti le premier avec un grand nombre de voix, pour être éligible : c'était donc sûr ! Marguerite, cette fois, ne devait pas le suivre à Paris ; elle devait continuer le commerce, répandre les bons livres dans notre pays ; leur magasin faisait trop de bien pour l'abandonner. Le petit Étienne resterait avec elle ; elle l'aimait beaucoup, c'était aussi un brave enfant, qui ne manquait pas d'esprit et qui ne demandait qu'à s'instruire.

Outre cela, Marguerite me racontait la belle réception de nos commissaires à Phalsbourg ; ils avaient passé la revue des troupes, et puis ils étaient allés voir le club des Amis de la liberté et de l'égalité. Toute la ville était dans l'enthousiasme des affaires du 10 août ; les municipaux avaient envoyé d'abord douze cents francs pour les frais de la guerre, et plus tard encore mille soixante et deux livres à l'Assemblée nationale, pour le même objet. Les commissaires avaient remercié publiquement Chauvel de la bonne direction qu'il donnait non-seulement au club, mais encore au pays tout entier.

Voilà ce que me racontait Marguerite. Le père Chauvel, au bas de la lettre, m'encourageait à faire solidement mon devoir, disant que cette guerre ne durerait pas plus de six mois ; que nous allions les bousculer tous et porter de grands coups décisifs. Il ne pensait plus à ce qu'il nous avait dit au club, que la guerre serait longue, et m'écrivait cela pour me remonter le cœur ; mais je n'en avais pas besoin ; je savais qu'une guerre qu'on commence, n'a pas d'autre raison pour finir que l'extermination des uns ou des autres.

Enfin les commissaires partirent le lendemain sous bonne escorte ; ils allaient à Belfort, en Alsace.

Tout le pays fourmillait alors de patrouilles ennemies, des espèces de bandits à manteau rouge, qui pillaient les villages et détroussaient les gens. Quelquefois ces gueux s'avançaient jusque sur les glacis, le bonnet en peau de mouton sur les yeux, le nez en l'air et leurs sales moustaches pendant au-dessous ; ils lâchaient un coup de pistolet contre les remparts, et s'en allaient en criant, la bouche ouverte jusqu'aux oreilles ; c'étaient des paysans sauvages du fond de l'Autriche, qu'on appelait pandours ; des êtres pleins de crasse et de vermine ; et leurs petits chevaux à tous crins étaient aussi sauvages qu'eux.

Cette race nous gardait ; elle avait des postes dans tous les environs de la ville, mais hors de portée du canon. D'heure en heure, on entendait un coup de fusil de rempart, et puis tout se taisait ; voilà ce qu'on appelait le blocus.

Les ennemis passaient toujours au loin, bien loin : cavalerie, infanterie, convois de poudre et de boulets, tout filait dans le brouillard, du côté de la Lorraine.

En voyant cette armée innombrable, combien d'idées on se faisait sur l'invasion, et comme on aurait voulu se trouver là-bas, au milieu des grandes batailles !

Le temps restait toujours triste et couvert ; il pleuvait souvent ; notre seule consolation était de penser que les Prussiens et les Autrichiens recevaient cela sur le dos jour et nuit. Deux ou trois fois ces Allemands nous avaient envoyé des parlementaires, un officier avec un trompette. On allait à leur rencontre, on bandait les yeux de l'officier, on le conduisait au gouvernement. Qu'est-ce que ces gens venaient dire ou demander? Personne, excepté le conseil de la place, ne le savait.

Un jour, en septembre, le bruit se répandit qu'un pandour avait crié de loin aux avant-postes d'Albertsweiler :

« Longwy est pris!... Verdun s'est rendu!...»

Toute la garnison parlait de cela.

Custine, avec une escorte de hussards, sortit de la place pour rejoindre les lignes de Wissembourg; l'escorte rentra bientôt; les hussards disaient que le 8e et le 10e de chasseurs, le 1er de dragons, le 4e et le 19e de cavalerie, le 1er et le 2e de grenadiers, un bataillon de Saône-et-Loire et plusieurs du Bas-Rhin venaient de partir à marches forcées pour Metz. C'est peut-être le plus grand serrement de cœur que nous ayons eu ; tout le monde pensait que nous venions de perdre une grande bataille, puisqu'on dégarnissait les lignes pour envoyer des secours. Malgré cela, les bourgeois patriotes soutenaient que l'Alsace n'avait rien à craindre, qu'il restait assez de troupes pour garder le passage de Lauterbourg; que les Allemands ne pouvaient passer que par les vallées de Fischbach et de Dahn, ou s'engager dans les bois de Bienwald, où les volontaires nationaux les extermineraient jusqu'au dernier; et que s'ils suivaient le chemin d'Altstadt, nos redoutes les arrêteraient, quand ils seraient cinquante mille.

Voilà ce qui se disait dans les brasseries de Landau; les bourgeois et les soldats s'entendaient comme des frères. Mais si les alliés s'étaient ouvert un chemin sur Paris, à quoi nous servait d'avoir gardé notre petit coin d'Alsace? Ah! quelle tristesse on eut dans ces quinze jours, et quelles inquiétudes !

Le vieux Sôme, seul à la chambrée, ne perdait pas confiance; une fois, il dit à ceux qui s'inquiétaient le plus :

« Laissez faire... qu'ils entrent tous, ce sera tant mieux... nous leur tomberons sur le dos; il n'en sortira pas un seul. »

Enfin on conservait tout de même le courage; on ne demandait qu'à sortir pour se battre, quand un matin cette longue queue d'ennemis qui défilaient depuis trois semaines eut une fin : les cent quatre-vingt mille alliés étaient en France. Nous avions beau regarder du haut des remparts, il n'en restait plus; les pandours eux-mêmes avaient suivi la dernière colonne. Ce jour-là, des paysans, hommes et femmes, en grand nombre, leurs paniers sur la tête ou la hotte aux épaules, se rapprochèrent de la ville jusqu'aux avant-postes; l'ordre arriva de les faire entrer par une poterne, et ces gens alors racontèrent que le prince de Hohenlohe-Kirschberg avait logé chez le maire de Neustadt; que maintenant son armée entourait Thionville; que là-bas on bombardait tout; que la garnison faisait des sorties; que les Autrichiens et les Bavarois avaient forcé nos paysans de conduire leurs munitions et leurs bagages jusqu'aux environs de la place, et que c'est d'eux qu'ils avaient appris ces choses. Mais de plus loin ils n'avaient aucune nouvelle.

Il fallut encore attendre.

On avait baissé le pont d'Impflingen, et l'on s'ennuyait terriblement de rester les bras croisés, lorsque, vers le 25 septembre, les courriers de Strasbourg et de Nancy arrivèrent, et toute la ville fut remplie dans une heure de lettres et de gazettes; on sut tout ce qui s'était passé depuis trois semaines : la prise de Longwy, que les habitants avaient livré sans défense, malgré les volontaires des Ardennes et de la Côte-d'Or; la capitulation de Verdun, aussi forcée par les habitants, dont les femmes et les filles s'étaient portées à la rencontre du roi de Prusse avec des fleurs; la mort du brave commandant Beaurepaire, qui n'avait pas voulu signer sa honte; la défense des défilés de l'Argonne par Dumouriez; le départ de Kellermann avec l'armée du centre, pour le rejoindre et livrer bataille en avant de Châlons; le soulèvement de Paris, en apprenant que les traîtres livraient nos places fortes et que Brunswick arrivait exterminer les patriotes; le massacre des nobles et des prêtres réfractaires dans les prisons; la bataille de Valmy; la défaite des Prussiens, et la première séance de la Convention, qui avait proclamé la république à l'unanimité, le 21 septembre.

Que de choses terribles et grandioses s'étaient passées dans ces vingt jours! Et nous autres nous n'avions rien fait; nous étions restés cloués là, par un misérable petit prince qui ne voulait pas même nous attaquer. En pensant à cela, nous étions indignés et nous criions :

« Est-ce qu'on va nous laisser moisir ici jusqu'à la fin de la guerre? Puisque les Prusssiens sont battus, coupons-leur la retraite! »

D'autres pensaient qu'il valait mieux tomber sur leurs grands magasins, le long du Rhin, à dix ou douze heures de nous; que ce serait plus vite fait et que la république y trouverait aussi son compte.

Enfin ces idées fermentaient dans tous les régiments, et l'on disait déjà que nos généraux trahissaient, puisqu'ils ne profitaient pas d'une si belle occasion; on commençait à se révolter, quand par bonheur, le 29 septembre au soir, Custine revint avec son état-major. Il pleuvait à verse, mais cela n'empêcha pas le général de faire battre le rappel, d'ordonner à la cavalerie de monter à cheval, à l'infanterie de boucler le sac et de partir tout de suite, les uns par le chemin de Germersheim, les autres par celui de Weingarten. Nous avions alors ce que nous voulions, nous devions être contents. Chacun comprenait que pour une surprise c'était bien le meilleur ; que les espions, s'il en existait à Landau, n'auraient pas le temps d'aller prévenir l'ennemi d'évacuer ses magasins ; que nous arriverions aussi vite qu'eux.

Oui, c'était bien vu ; mais après la distribution des cartouches, quand chaque bataillon se mit à défiler l'un après l'autre dans la nuit, sous les vieilles portes garnies de herses ; qu'on entendit les pas rouler sur les deux ponts, au milieu du vent et de la pluie ; et qu'une fois hors des avancées, il fallut s'habituer à voir clair dans cette obscurité, sans presque reconnaître les chemins, avec l'eau qui vous coulait du chapeau comme une gouttière ; et ce bruit de pas qui vont, qui vont toujours sans s'arrêter durant des heures ; le hennissement des chevaux derrière, attelés aux canons ; et pas une étoile au ciel, pas un rayon de lune dans les nuages sombres qui s'étendent ; alors le plaisir d'aller surprendre les magasins n'était plus si grand !

Tout ce que je me rappelle de cette route, où l'on ne se voyait pas l'un l'autre, où l'on ne pouvait pas s'allumer une pipe de tabac, à cause de la pluie et du vent, c'est que d'heure en heure des cavaliers filaient près de notre colonne en nous criant :

« Allons... allons... pressons le pas ; il faut arriver au petit jour. »

Un camarade disait :

« Il est minuit... une heure... deux heures... »

Et la pluie ne finissait pas ; elle faisait un grand murmure dans ces champs.

Lorsqu'on traversait un village, les chiens d'abord aboyaient, mais, en voyant tant de monde, ils se cachaient, et nous défilions sans voir âme. Une fois seulement je me souviens avoir passé près d'une maison où l'on cuisait du pain ; les petites fenêtres étaient éclairées ; la bonne odeur du pain frais faisait dire à chacun de nous en tournant la tête :

« Ça sent bon, ici ! »

Et longtemps après avoir traversé ce village, je pensais encore au four de maître Jean, me représentant la cuisine des *Trois-Pigeons*, la bonne chaleur, le feu rouge qui reluisait sur les casseroles, la galette au lard et le reste !... Je me disais en moi-même que sans l'amour de la liberté, j'aurais mieux aimé me trouver là-bas, les pieds dans mes sabots, derrière le poêle, que sur la route, les cuisses et le dos mouillés comme dans une rivière. Combien de fois ces pensées me sont revenues depuis et je suis sûr que tous les camarades en pensaient autant. C'est plus fort que soi : en marche la nuit, l'idée du village et des bonnes gens vous revient toujours.

Enfin nous avions déjà fait plus de sept lieues depuis notre départ de Landau, lorsque le petit jour pâle, au loin comme une raie blanche sur la terre sombre, nous prévint qu'il pouvait être quatre heures du matin. La vue du jour nous réjouit, et le père Jean-Baptiste, qui marchait à côté de moi comme un jeune homme, malgré ses cheveux gris et son gros sac en peau de vache, me dit d'un air de bonne humeur :

« Eh bien, Michel, nous approchons.... Pourvu que ces gueux de kaiserlicks n'aient pas évacué leurs magasins ! »

A mesure que le jour montait, nous voyions au bout de la grande plaine des endroits où la lumière brillait : c'était le Rhin débordé. Et regardant les camarades crottés jusqu'à la nuque ; les officiers à cheval sur la route grasse et luisante ; derrière nous les canons et les caissons, avec leurs ornières brillantes à perte de vue ; les dragons avec leurs grands manteaux blancs serrés sur les jambes, leurs chapeaux affaissés ; devant, les hussards, les chasseurs mouchetés de boue ; tous en marche et pourtant comme arrêtés dans cette grande plaine, en voyant ces choses, on ne pouvait pas s'empêcher de penser :

« Nous voilà bien cinq à six mille, et nous n'avons pourtant l'air de rien. »

A sept heures nous arrivâmes près d'un grand village où l'on s'arrêta pour faire la soupe ; tout le corps d'armée, cavalerie et infanterie, bivaquait dans les environs ; les canons et les bagages seuls restèrent sur la route.

A peine nos fusils en faisceaux, je fus de corvée avec Jean-Baptiste Sôme. C'est dans ce village que j'ai vu pour la première fois réquisitionner le bois, le pain, la viande, etc. ; c'est là que j'ai vu des malheureux lever les mains au ciel, pendant que leurs bœufs et leurs vaches sortaient des écuries, qu'on les abattait dans la rue, qu'on les dépouillait et qu'on les partageait en quartiers, par compagnie. Chaque escouade recevait sa part, le caporal en tête, et l'on partait aussitôt. Custine, que la moitié du village entourait en criant, en gémissant, disait :

« Hé ! mes amis, c'est la guerre. Vos ducs, vos rois et vos empereurs l'ont voulue ; allez vous plaindre auprès d'eux ! »

Comme nous retournions au bivac, le père Jean-Baptiste et moi, notre grand quartier de viande pendu au milieu d'une perche sur nos épaules, des centaines de feux brillaient déjà dans la prairie, le long de la Spire; des tourbillons de fumée couvraient la plaine; on riait, on regardait bouillir la marmite. Au bout d'une heure et demie tout était cuit et mangé. Nous repartîmes de là sans nous inquiéter du reste; les paysans nous avaient vu passer : ils étaient ruinés pour vingt ans.

Je me rappelle qu'à partir de ce village, une longue chaîne de montagnes boisées défilait sur notre gauche; un vieux château s'élevait sur ces montagnes à mi-côte, et Marc Divès qui avait fait la contrebande avec son père entre Forbach et Mayence, disait que c'était Neustadt.

Nous ne suivions pas la grande route, mais des chemins de traverse très-difficiles, surtout pour les canons et les convois; il fallait pousser aux roues; quelquefois six et sept chevaux avaient de la peine à tirer nos petites pièces des ornières.

Vers onze heures nous vîmes à droite, près du Rhin, une longue file de troupes, principalement de la cavalerie, qui suivait la même direction que nous; d'abord on crut que c'était l'ennemi; mais on apprit bientôt que deux autres colonnes de patriotes arrivaient, l'une par Weingarten et l'autre le long du Rhin, par Germersheim. Les deux chemins s'embranchaient plus loin.

Nous venions à peine de voir cette colonne, que plusieurs camarades découvraient les clochers d'une ville dans un des tournants du Rhin; ils les montraient, on s'arrêtait et l'on criait :

« Voici les magasins! Les voilà... nous les tenons! »

Et, malgré la fatigue d'une si longue marche, on levait les chapeaux, tout joyeux. Moi, j'étais dans la compagnie des grenadiers et je vois encore mon grand plumet rouge en forme de poire se balancer au bout de mon bras. Notre satisfaction était extraordinaire. Toute la file des canons, des caissons, des bagages se resserra; les chevaux eux-mêmes avaient l'air de comprendre qu'on approchait des magasins, peut-être parce que leurs conducteurs tapaient dessus avec plus de courage.

L'autre colonne était commandée par Neuwinger, un ancien officier rengagé six mois avant comme volontaire, et que la république venait de nommer maréchal de camp. Nous arrivâmes presque ensemble sur la grande route de Worms à Spire, qui descend droit vers le Rhin. Alors les clochers, et même les maisons de Spire, avec les vieux remparts décrépits, et plus loin, derrière, le fleuve couvert de bateaux, se voyaient à mille ou douze cents pas sur notre droite.

En voyant cela, les deux colonnes arrêtées se mirent à chanter la *Marseillaise*. Neuwinger, Houchard, Custine, tous des enfants du pays, allaient nous conduire au feu. Neuwinger, natif de Phalsbourg, vint aussitôt serrer la main du commandant Meunier; il passa devant nous à cheval, en criant :

« Eh bien, ceux du district de Sarrebourg vont se montrer aujourd'hui, j'espère! »

Il riait; nous lui répondîmes par un cri de « Vive la république! Vive la liberté! »

Au même instant nous recevions l'ordre de descendre de la route et de marcher sur Spire, en bataille. Nous ne voyions pas encore l'ennemi quand, en regardant à droite de la ville, nous découvrîmes derrière des haies et de petits murs de jardins qui s'étendaient jusqu'aux remparts, une grande ligne d'habits blancs. J'avais alors mes yeux de vingt ans, et, malgré la distance, je reconnus que ces Autrichiens mettaient des canons en batterie, derrière des tas de terre fraîchement remuée. Sur le devant de la ville, entre deux vieilles tours, au bout de notre route, je découvris aussi une foule de monde, hommes et femmes, des bourgeois sans doute, venus là pour observer ce qui se passait. Mais cette foule ne resta pas longtemps dehors; à mesure que nous approchions, elle rentrait par la vieille porte en courant.

Il pouvait être deux heures; le temps s'était éclairci, nous avancions en ligne de bataille à travers les champs; chaque bataillon avait deux petites pièces de huit et seize canonniers pour les servir; on allait au pas accéléré, des tas de boue aux talons et le fusil sur l'épaule. La cavalerie, dragons, chasseurs et hussards, se déployait sur les côtés; le Rhin débordé, avec les haies, les arbres et les petites hauteurs dans l'eau, se déroulait autour de nous. On n'entendait que le pas des escadrons et des bataillons. Et comme nous avancions ainsi, le nez en l'air, regardant les Autrichiens, voilà qu'une grande ligne de fumée blanche s'élève tout à coup sur la côte; en même temps des boulets passent au-dessus de nous avec des ronflements terribles, et deux secondes après le bruit de la décharge retentit comme un coup de tonnerre. Je n'avais jamais rien entendu de pareil.

Tous nos officiers parcouraient le front des troupes, en criant:

« Halte!... Halte!... En bataille!... »

Le 2ᵉ chasseurs et le 17ᵉ dragons, à droite, partirent pour tourner la colline; mais dans cette direction le Rhin s'étendait comme un miroir à perte de vue; ils avaient du chemin à faire.

Les Autrichiens continuaient leur feu. Moi, j'étais plein de curiosité; je regardais de tous les côtés; dans ce moment je vis Custine au milieu de son état-major sur la route ; il donnait des ordres ; les officiers partaient comme le vent, ils arrivaient vers nous, et bientôt nous les entendîmes crier :

« Faites avancer les pièces ! »

Les chasseurs et les dragons étaient déjà loin, on ne les voyait presque plus au bord de l'eau.

Nos petites pièces de huit, et quatre obusiers, en ligne derrière une petite élévation qui leur servait d'épaulement, commencèrent tout de suite la canonnade; leurs obus et leurs boulets montèrent sur la colline; mais les autres avaient aussi des obusiers en batterie, et c'est alors que j'entendis pour la première fois ce bruit des obus, qui sifflent comme des oiseaux, tout doucement; personne de nous ne savait encore ce que cela voulait dire ; nous avions les oreilles pleines du bruit de nos petits canons, et, quand en avant de notre front la terre sautait en entonnoir, nous pensions que c'était miné.

Ce bruit continuait depuis environ vingt minutes, lorsque le cri « En avant ! En avant ! » se prolongea sur toute notre ligne. En même temps les tambours se mirent à battre la charge, et la *Marseillaise* s'éleva jusqu'au ciel. Tout marchait ensemble ; mais ce n'était pas la peine, car les ennemis, au lieu de nous attendre, défilaient déjà vers la place. Nous les voyions courir entre les haies et les petits murs qui bordaient cette colline ; et quand nous arrivâmes sur les hauteurs, nous aperçûmes le 17ᵉ dragons, qui montait derrière avec quatre cents prisonniers autrichiens.

Tous les autres, à trois ou quatre mille, étaient rentrés dans Spire, et recommençaient le feu sur nous, du haut des remparts.

Jusqu'à ce moment tout avait bien été ; la grande canonnade de l'ennemi n'avait tué que peu de monde, mais alors le vrai combat allait commencer.

Les trois bataillons de Bretons de la colonne et le nôtre se déployaient près des remparts, qui sont de vieux murs comme ceux de Wissembourg. En face de nous se trouvait une porte, et devant la porte un pont-levis sur les fossés. Les Autrichiens voulaient lever le pont, à deux ou trois cents pas, mais il était tellement lourd et rouillé, que tout le poste avait beau se pendre aux chaînes, cela ne marchait pas. Nous tirions sur les hommes de ce poste ; ceux des remparts nous répondaient; déjà plusieurs d'entre nous étaient couchés dans les rangs, lorsque Neuwinger arriva, criant comme un furieux : « En avant, les montagnards ! en avant !... » Et nous commençâmes à courir. Le pont était presque debout; il retomba sur ses piliers avec un fracas terrible, et toute notre compagnie de grenadiers, le commandant Meunier en tête, s'engouffra sous la voûte comme un troupeau. Malheureusement cette voûte était fermée au fond par une porte de gros madriers, garnis de barres de fer en croix et de boulons larges comme la tête. Du haut des tours, à droite et à gauche, les Autrichiens balayaient le pont derrière nous. Les Bretons, qui recevaient cette fusillade sans pouvoir y répondre, nous poussaient en criant comme des loups : « En avant ! » Ils se pressaient contre nous, en masse, pour se mettre à l'abri sous la voûte, et là je crus que c'était fini de nous tous ; d'autant plus que les Autrichiens avaient aussi des trous dans la porte, et qu'ils nous fusillaient à bout portant; leur feu nous touchait. Plusieurs camarades en ont conservé des grains de poudre dans la figure toute leur vie.

Figurez-vous ce fracas sous cette vieille voûte : les coups de fusil qui se répondent à quatre pas; les tas de blessés qu'on écrase; la fumée où passe la flamme, comme des éclairs rouges dans l'ombre; les malédictions et les cris furieux : « Des canons ! amenez des ca- « nons ! » Et puis, tout à coup les Bretons qui reculent, en laissant leurs morts et leurs blessés sur le pont !

Comment nous tirer de là? comment battre en retraite sous la fusillade des remparts?

Je me disais : « Nous sommes perdus! » quand les Bretons revinrent, Neuwinger à cheval, nageant en quelque sorte sur eux; ils le portaient en criant :

« Place!... place !... »

Et le fracas de la fusillade recommença bien pire qu'avant.

Cette fois les Bretons avaient des haches, et c'est alors qu'il fallut entendre le roulement des coups de hache sur la porte. On ne se voyait plus au milieu de la fumée; les coups de fusil partaient, les copeaux de chêne volaient, les blessés criaient, la grosse porte frémissait sourdement. J'avais aussi ramassé une hache pleine de sang, et je hachais, je hachais, en criant comme les autres :

« Vaincre ou mourir !... »

La sueur me couvrait la figure; à chaque coup de feu je voyais les camarades tout pâles de colère autour de moi. La vieille porte aurait dû tomber depuis longtemps, mais son tas de ferraille la tenait ensemble; elle grinçait sans tomber. Enfin la petite porte du milieu s'ouvrit par bonheur, et cinq ou six de nos grenadiers passèrent aussitôt dessous, en se baissant. Les Autrichiens s'étaient retirés; toute notre compagnie passa; les Bretons nous suivirent.

Nous croyions avoir partie gagnée en tirant les verrous et poussant la grande porte; mais voyez la misère de ce monde! à cent pas plus loin, de l'autre côté d'un fossé traversé par un pont, se trouvait une seconde porte aussi solide que la première; nous n'étions maîtres que de l'avancée, il fallait maintenant emporter le corps de la place. C'est ce que je me rappelle de plus terrible, car aussitôt le feu roulant commença sur nous des remparts, et nous serions restés là jusqu'au dernier, si Custine n'était arrivé au galop avec deux obusiers, qu'il fit mettre en batterie sous la voûte.

Cinq minutes après la seconde porte tombait en morceaux, et notre bataillon débouchait dans la grande rue de Spire, au milieu d'une fusillade épouvantable. Les Autrichiens s'étaient barricadés dans les maisons; toutes les fenêtres étaient pleines de fumée, où leurs fusils ne faisaient que se lever et s'abaisser. Meunier nous cria de les déloger, pour laisser défiler la colonne; et pendant qu'on exécutait cet ordre, qu'on enfonçait les portes, qu'on livrait bataille aux kaiserlicks dans les corridors, dans les escaliers, dans les chambres, dans tous les recoins, à coups de crosse et de baïonnette; pendant qu'on poursuivait ces pauvres diables jusque dans les greniers, et qu'ils criaient : « *Pardône, Françôse!* » toute notre colonne entrait en ville au pas de charge, ses canons en tête, pour mitrailler ce qui voudrait lui barrer le passage. Au bout d'un quart d'heure la place était pleine de nos troupes : cavalerie, artillerie, infanterie; et trois mille cinq cents Autrichiens, avec leur commandant Winckelmann, mettaient bas les armes. Quatre cents autres périrent en essayant de traverser le Rhin à la nage. Nous étions aussi maîtres des magasins, car, sauf sa caisse, l'ennemi n'avait eu le temps de rien évacuer de l'autre côté du Rhin.

Et maintenant est-ce que j'ai besoin de vous raconter l'enthousiasme de cette première victoire, le plaisir de se tâter en pensant : « J'ai conservé mes quatre membres; tout est encore en bon état! » Et la joie d'annoncer la bonne nouvelle à Chauvel, à Marguerite, à mon père! Oui, c'était une grande satisfaction d'en être réchappé.

Je me rappelle que sur la grande place, Custine, au milieu de tous les bataillons, escadrons et régiments formés en carré, nous prononça des paroles de contentement et d'éloges.

Il avait la voix forte; mais au milieu de tous les cris de cette foule, on ne pouvait pourtant pas le comprendre. Seulement les capitaines de chaque compagnie, après le général, nous glorifièrent de n'avoir rien pris ni pillé, comme ç'aurait été naturel, puisque la ville était enlevée de vive force. C'est ce qu'ils nous dirent; et cela fit plus de mal que de bien, car personne n'y aurait pensé, et alors beaucoup d'entre nous se firent d'autres idées sur la guerre, et se repentirent de n'avoir pas profité de l'occasion.

Enfin voilà le combat de Spire, — notre première affaire, — où le bataillon perdit quarante-deux hommes. Maintenant vous allez voir autre chose.

Les commissaires ordonnateurs frappaient des contributions sur l'évêque et les chanoines, au profit de la nation; le peuple et les bourgeois fraternisaient avec nous, et l'on parlait déjà d'aller visiter les magasins de Worms, qu'on disait encore plus grands et mieux approvisionnés que ceux de Spire, quand il arriva du nouveau.

Le deuxième jour, vers six heures du matin, comme je me promenais en ville, tout à coup j'entends battre la générale. Aussitôt l'idée me vient qu'on nous attaque; je cours à la caserne, notre bataillon venait de partir. Je monte prendre mon fusil, ma giberne, et je descends quatre à quatre. Tout le long de mon chemin, je voyais des grenadiers et des volontaires, sortir en courant des églises et des boutiques avec des paquets; des bourgeois sortaient aussi de leurs maisons, en criant : « Au voleur! » enfin le pillage commençait.

La générale continuait sur la place d'Armes. Je me dépêchais lorsque, en passant dans une petite rue où se trouvait un magasin de vivres, je vis une charrette de cantinière stationner à la porte, une charrette à deux roues, attelée d'un petit cheval à longue crinière et couverte de toile grise. Sur le devant de cette carriole, une grande femme maigre, en bras de chemise et petite jupe rouge, les cheveux blonds tortillés sur la nuque, recevait les barils de vivres, et les caisses de toute sorte qu'un volontaire lui tendait par la fenêtre. Elle fourrait tout cela sous la toile de sa voiture, en se dépêchant comme quelqu'un qui fait un mauvais coup. Il y avait une guérite à côté de la porte du magasin, mais elle était vide; la sentinelle travaillait bien sûr avec les camarades dans les églises ou dans les boutiques du voisinage.

En voyant qu'on pillait les magasins que nous avions eu tant de peine à gagner deux jours avant, je m'arrête indigné; je m'approche de cette femme et qu'est-ce que je reconnais?...

Les représentants de l'assemblée nationale. (Page 7.)

Lisbeth!... ma sœur Lisbeth, que je n'avais pas vue depuis son départ pour Wasselonne, en 1783. Je lui crie :

« Que fais-tu là? »

Elle se retourne, les joues rouges, les yeux luisants à force d'enthousiasme pour le pillage, et me dit :

« Tiens! c'est toi, Michel! Tu es volontaire? »

— Oui. Mais qu'est-ce que tu fais là, malheureuse?

— Ah! dit-elle, ça n'est rien. »

En même temps le volontaire sortit et referma la porte du magasin.

Je vis qu'il avait peur de moi, car tout de suite il dit :

« Nous allons mener ça au quartier général; ça sera toujours autant de sauvé du pillage. »

C'était un homme du midi, brun, carré, la moustache et les favoris noirs. Alors Lisbeth se mit à rire, en lui criant :

« C'est mon frère!... c'est mon frère!... »

Et tout de suite il me dit :

« Vous êtes le frère de ma femme? Touchez-là, beau-frère! »

Tous deux riaient, en emmenant leur voiture aussi vite que possible, et regardant si personne ne nous suivait.

Lisbeth tapait sur son petit cheval à tour de bras et son mari allongeait le pas à côté, en murmurant :

« Le général réquisitionne!... pourquoi donc est-ce qu'on ne réquisitionnerait pas aussi?

— Hue!... hue!... »

J'étais indigné de cette rapine abominable,

Que de fois je l'ai relue... partout. (Page 10.)

mais en regardant le mari de Lisbeth, je vis que tout ce que je pourrais lui dire sur ce chapitre, ou rien, ce serait la même chose : ils s'entendaient trop bien ensemble. C'est pourquoi je me tus; et comme ils prenaient une petite rue qui menait sur le quai, en se pressant comme des voleurs, je continuai mon chemin du côté de la place, pendant que Lisbeth me criait :

« Viens nous voir à la caserne du 3ᵉ bataillon des fédérés de Paris. »

Qu'on se représente tout ce que je pensais, surtout en arrivant sur la place et voyant le général au milieu de ses officiers, dans une colère terrible. Le régiment de Bretagne venait d'arrêter par ses ordres un capitaine et deux sergents de volontaires, avec une douzaine d'hommes.

Ils étaient là dans le carré, les paulettes arrachées, les habits déchirés, enfin dégradés; et dans un coin de la place, près de l'église, un conseil de guerre, formé de leur propre bataillon, délibérait pendant que le général criait et s'indignait.

Au bout de dix minutes le conseil vint rendre la sentence. Un fort piquet entoura les pillards, et tous ensemble partirent du côté des remparts. Nous les regardions s'en aller, et tout le monde frémissait; ils venaient d'être condamnés à mort! Quelques minutes après nous entendîmes la décharge.

Le général alors dit que l'honneur de l'armée était sauf. Les régiments et les bataillons rentrèrent dans leurs casernes et le pillage fut arrêté.

Moi j'avais un grand poids sur le cœur ; oui, j'étais triste, et pourtant aussi content de savoir que ma sœur était à Spire, mariée avec un gueux, c'est vrai, mais qu'est-ce que je pouvais y faire? Enfin ce même soir, j'allai à la cantine du 3ᵉ bataillon des fédérés de Paris. Il y avait huit ans que Lisbeth avait grimpé la côte des Baraques, son petit paquet à la main, pour aller chez Toussaint, à Wasselonne : c'était maintenant une grande et forte femme, les yeux vifs et la figure hardie comme notre mère.

III.

Le troisième bataillon des sections armées de Paris logeait sur le port. Je vis, en approchant du Rhin, de grands hangars qui servaient à mettre les marchandises en dépôt, avant de les embarquer sur le fleuve : c'était la caserne des fédérés. Ils avaient sous ces hangars, fermés aux deux bouts par de grosses bâches, des bancs, des chaises et de la paille en quantité, pour se reposer à leur aise. Ils chantaient, ils buvaient, ils jouaient aux cartes, tous jeunes et vieux, en bonnets rouges ou chapeaux à cornes; et c'est là que je reconnus la vérité de ce que Chauvel nous avait raconté du peuple parisien, qui vit partout comme dans ses vieilles rues, sans s'inquiéter du reste. C'est une race de gens petite, sèche, maigre, pâle, hardie et sans gêne; des êtres qui ne seront jamais bons soldats, parce qu'ils raisonnent toujours et qu'ils se moquent de tout, et particulièrement de leurs supérieurs. Ce n'est pas avec les fédérés de Paris qu'il aurait fallu vouloir faire le grand; tout de suite ils vous auraient remis à votre place. Ces gens, de tous les états, se tutoyaient depuis le commandant jusqu'au simple volontaire.

Comme j'entrais dans la halle, un petit maigre, tout pâle, qui n'avait qu'un souffle, se mit à faire le coq pour se moquer de moi; mais je n'eus l'air de rien comprendre et je m'approchai de sa table, en demandant la citoyenne Lisbeth, cantinière au 3ᵉ bataillon de Paris. Un vieux, en bonnet rouge et gros favoris, qui jouait et fumait, me demanda sans tourner la tête :

« Qu'est-ce que tu lui veux, à la citoyenne?
— C'est ma sœur, » lui dis-je.

Alors tous ceux de la table se retournèrent pour me regarder, et le petit maigre, me montrant la toile du fond, dit :

« Tu n'as qu'à toquer à la porte. »

C'était une vieille bâche tendue contre le vent du Rhin; dans le moment où je m'en approchais, la lumière d'un grand feu brillait par ses ouvertures. L'ayant donc écartée, je vis une autre halle, plus petite que la première, où ces Parisiens avaient établi leur cantine. Vingt ou trente d'entre eux, réunis là, faisaient la cuisine du bataillon; les uns écumaient le pot-au-feu, d'autres secouaient de la salade, d'autres épluchaient des légumes ou plumaient des poules. Dans un coin, à gauche, ma sœur Lisbeth, en bras de chemise, un mouchoir de soie rouge autour de la tête, remplissait des bouteilles au robinet d'une grosse tonne; elle paraissait toute joyeuse, et son mari, le sergent Marescot, assis sur un coffre, le genou en l'air et son coude dessus, fumait tranquillement sa pipe en regardant travailler les autres; il était là comme le maître de la maison.

Lisbeth, m'ayant vu de loin, se mit à crier :

« Hé! c'est toi, Michel? Tu arrives bien... Quelle noce nous allons faire! »

Je comprenais bien d'où tout cela venait, mais comme elle arriva tout de suite m'entourer le cou de ses grands bras, en me demandant des nouvelles du père et de la mère, des frères et sœurs, je fus pourtant attendri. Elle me débarrassa de mon sabre et de mon chapeau, qu'elle posa sur une caisse, et son mari vint me donner une poignée de main, en clignant de l'œil et riant en dessous. Il avait la mine d'un vrai renard.

« Ça va toujours bien, beau-frère? me disait-il. Je suis content de te voir. »

Les autres me regardaient, me tapaient sur l'épaule et m'appelaient citoyen beau-frère, cousin Michel, patriote de la montagne, comme s'ils m'avaient connu depuis dix ans.

De grandes marmites bouillaient sur le feu, la bonne odeur des viandes se répandait partout; et quand, au bout d'une heure, on s'assit autour de la table pour dîner, c'était un véritable festin d'aristocrates que nous allions faire. Jamais je n'ai mangé de meilleures choses en tous genres, particulièrement en jambons et saucisses, — nous étions au pays de Mayence! — ni bu de meilleur vin : c'était bien sûr du vin d'évêques ou de chanoines; et malgré l'idée que tout cela venait du pillage, la satisfaction et le contentement des fédérés finirent par me gagner; je me disais :

« Bah! le vin est tiré!... Il serait bu tout de même!... Autant qu'il me fasse du bien qu'aux autres! »

Cette nuit-là j'ai connu la malice des Parisiens; c'est là que je les ai entendus rire, se moquer des rois, des princes, des évêques, et puis chanter des chansons qu'on n'oserait jamais répéter; ça leur venait naturellement. Il y en avait même un grand borgne, qui se mit à chanter des airs de tendresse et d'amour, en s'accompagnant sur un violon. Sa voix était toute fêlée et cassée; mais il chantait si bien, en levant la tête vers le ciel d'un air désolé, que le froid m'entrait jusque dans les cheveux de l'entendre. Et comme il parlait de patrie d'amante, de vieux père, je me levai tout pâle, et je sortis pour cacher mon trouble, parce que je pensais à Marguerite. Deux minutes après, lorsque je rentrai dans la halle, tout était changé; ce grand borgne dansait sur une jambe, faisait des farces et voulait jouer de la clarinette avec son nez. — Voilà les Parisiens!

Lisbeth, au milieu de ces fédérés, jouissait d'une véritable considération; quand elle parlait, en disant des bêtises, ils riaient ensemble et criaient :

« Ha! ha! ha! bravo la citoyenne!... Hé! hé! hé! »

Tout ce que je peux dire, c'est que c'était une belle femme, grande, hardie et sans gêne, une vraie cantinière, qui n'aurait pas eu peur de prendre un fusil à l'occasion; enfin la ressemblance de notre mère, mais plus grande et plus forte. Malgré cela je pensais, en voyant l'admiration des fédérés :

« Si vous l'aviez rencontrée dans le temps, pieds nus sur la route, au milieu de la neige ou de la poussière, suivant les voitures et criant : « Un liard, messeigneurs, pour l'a-« mour de Dieu ! » vous seriez bien étonnés de savoir que c'est la même. »

Après tout, elle en valait bien d'autres, qu'on voit rouler en carrosse avec de grands flandrins derrière; il ne faut pas toujours songer aux commencements.

Ces Parisiens trinquaient à *l'Ami du peuple*; le citoyen Marat passait chez eux pour un Dieu! Danton, Robespierre, Desmoulins, Collot-d'Herbois, Couthon, Legendre, ne venaient qu'en seconde ligne. Le grand borgne disait que celui-ci manquait de nerf, celui-là de courage, un autre d'idées; qu'ils n'avaient pas le coup d'œil de l'homme d'État, etc.; mais le citoyen Marat avait tout, à les entendre. Tous disaient:

« Tant que nous aurons Marat, la révolution ira bien; s'il meurt, les autres se débanderont; ils perdront la tête, ils se laisseront gagner par les girondins! »

Ces fédérés s'indignaient contre Custine, qui venait de faire fusiller les pillards; ils le traitaient de ci-devant. Le grand borgne, avec son chapeau de trois pieds et sa cocarde comme une roue de charrue, parlait d'écrire à *l'Ami du peuple* et de lui dénoncer cette abomination; les autres l'approuvaient, ils voulaient motionner contre les généraux aristocrates.

Finalement tous se mirent à danser; et pendant qu'ils faisaient leurs folies, Marescot, assis en face de moi, au bout d'une table, me raconta son mariage avec Lisbeth, qu'il avait connue servante chez le comte de Dannbach, major au régiment d'Alsace, où lui, Marescot, était trompette. Il me dit qu'il l'avait aimée tout de suite, à cause de sa vivacité, de sa propreté, de son économie, et de ses talents extraordinaires pour la cuisine, et qu'ayant eu son congé l'année d'après à Paris, il l'avait épousée pour prendre une petite gargotte rue Dauphine; mais que le commerce n'allant plus depuis la guerre, à cause des troubles continuels, il avait vendu son fonds et s'était engagé comme cantinier dans le 3ᵉ bataillon des fédérés, où leurs affaires prospéraient, grâce à Dieu.

Comme je lui demandais s'il était encore à Paris au moment des massacres de septembre, il me répondit qu'il avait vu ces massacres, et me les raconta en détail, disant qu'ils avaient commencé le dimanche 2 septembre, vers trois heures de l'après-midi, dans la rue Dauphine, où le peuple avait massacré des prisonniers qu'on conduisait à l'Abbaye, parce qu'un de ces prisonniers s'était permis de frapper un homme de l'escorte; qu'après cela le peuple s'était partagé en deux bandes : l'une, composée en grande partie des fédérés du Midi, avait couru aux Carmes du Luxembourg, où se trouvaient enfermés des prêtres et des évêques réfractaires accusés de conspiration, pendant que l'autre bande, beaucoup plus nombreuse, enfonçait les portes de la prison de l'Abbaye, et tuait tout ce qui lui tombait sous la main.

Mais que, vers cinq heures, le conseil général de la Commune ayant envoyé des commissaires pour inviter le peuple à former un tribunal, qui jugerait les prisonniers avant de les mettre à mort, le carnage avait cessé. Que le peuple avait choisi douze juges, parmi les bourgeois du quartier connus par leur civisme, et le citoyen Maillard comme président; qu'il avait aussi nommé quarante et un tueurs, chargés d'exécuter les jugements. Qu'après cela les juges s'étant assis autour d'une table dans le guichet de la prison, le registre d'écrou devant le président et les tueurs attentifs dehors, dans la cour sombre, éclairée par des torches, les exécutions avaient commencé vers dix heures du soir. Le président lisait le nom d'un prisonnier, et les causes de son arrestation sur le registre; des fédérés allaient le chercher; on l'interrogeait; il se défendait; s'il était acquitté, trois fédérés le menaient dehors, en criant : « Chapeau bas, c'est un innocent ! » Le peuple l'embrassait et on lui donnait une escorte jusqu'à sa maison; s'il était condamné, le président disait : « A la Force! » pour faire croire au malheureux qu'on allait seulement le conduire à la prison de la Force ; des fédérés le poussaient dans la cour, en répétant : « A la Force! » et les tueurs tombaient dessus à coups de sabre, de pique et de baïonnette.

Quelques-uns voulaient se défendre ; d'autres demandaient grâce ; d'autres, la tête penchée et les coudes en l'air, essayaient de parer les coups, et se sauvaient tout couverts de sang, en appelant au secours ; il fallait les poursuivre et les finir dans un coin. Quand ils ne remuaient plus, les tueurs criaient tous ensemble : « Vive la nation! » et venaient se remettre devant la porte du guichet, en attendant la sortie d'un nouveau prisonnier. De temps en temps ces hommes buvaient un verre de vin ; et, lorsque la femme de l'un d'eux lui apportait sa soupe, un camarade prenait son sabre et le remplaçait.

Les choses s'étaient passées à peu près de même dans toutes les prisons, excepté pour les femmes de mauvaise vie et les officiers suisses, qu'on avait tués sans jugement. Les prêtres enfermés aux Carmes du Luxembourg n'avaient pas été jugés non plus ; les fédérés du Midi les avaient massacrés, en leur criant : « Souviens-toi de la Saint-Barthélemy! » A Bicêtre, les prisonniers s'étaient barricadés dans la prison; il avait fallu amener du canon et leur livrer bataille.

Marescot me racontait ces abominations en fumant tranquillement sa pipe ; il trouvait cela naturel, et me dit qu'elles avaient duré trois jours de suite. Moi, malgré le bon vin que j'avais bu, je me sentais froid par tout le corps, mon cœur se serrait ; à la fin je ne pus m'empêcher de m'écrier :

« Mais, beau-frère, c'est abominable ce que vous me racontez là! Comment! cette boucherie a duré trois jours, et personne n'a rien fait pour l'arrêter ; car, vous avez beau dire, des gens qu'on juge sans témoins, sans avocats pour les défendre, sans autres preuves qu'une note sur un registre de prison, c'est horrible!... Qu'est-ce que faisaient donc la Commune, la garde nationale, les ministres et l'Assemblée législative ? »

En entendant cela, Marescot parut tout surpris et me regarda quelques secondes de ses petits yeux noirs.

« Eh! dit-il ensuite en levant les épaules, ils ne faisaient rien, ils laissaient faire! Tout le monde s'attendait à cela ; Marat l'avait prédit dans son journal, et personne ne pouvait l'empêcher. — A la prison de la Force, Hébert présidait le tribunal ; à l'Abbaye, Billaud-Varennes, substitut du procureur de la Commune, remerciait les tueurs au nom de la patrie. La Commune avait fait relâcher d'avance tous les prisonniers qui n'étaient pas accusés de choses politiques ; elle a payé les tueurs : ils ont reçu chacun six livres par jour. Quant à la garde nationale, elle n'a pas bougé ; j'ai vu des gardes nationaux en faction aux portes des prisons où l'on tuait. L'Assemblée nationale n'a rien fait non plus ; elle a envoyé trois commissaires à l'Abbaye, le 2 au soir, pour engager le peuple à se reposer sur la justice. On les a laissés dire ; ils sont repartis, les massacres ont continué, et personne n'a plus entendu parler d'eux, ni de l'Assemblée nationale législative. Sans Danton, tous ces braves de l'Assemblée, qui crient maintenant si fort, se seraient sauvés derrière la Loire, leur ministre Rolland en tête, abandonnant Paris à Brunswick! — La trahison était partout ; après avoir fait semblant d'accepter la révolution du 10 août, la majorité de la Législative employait tous les moyens pour la détruire ; le tribunal établi pour juger les conspirateurs acquittait les plus grands scélérats ; les émigrés, les Prussiens et les Autrichiens remplissaient la Champagne ; ils payaient leurs réquisitions avec des bons au nom du roi de France ; ils fusillaient les patriotes qui voulaient se défendre ; le traître Lavergne venait de leur livrer Longwy ; d'autres traîtres se préparaient à leur livrer Verdun ; cette ville prise, il ne restait plus rien entre eux et Paris ; les aristocrates enfermés dans les prisons le savaient ; ils buvaient et se réjouissaient ; ils criaient : « Patience... nous allons « avoir notre tour... Brunswick arrive!... » Tous les jours, des bandits payés pour épouvanter la population couraient dans les rues en criant : « Fermez vos boutiques, les Prus« siens et les Autrichiens sont à la barrière! » Ou bien : « Les Bretons arrivent! » C'étaient des alertes continuelles ; la générale battait, le tocsin sonnait. Il fallait en finir avec tous ces traîtres ; il fallait leur montrer que, puisqu'ils ne reculaient devant rien pour trahir la patrie, on ne reculerait devant rien pour la défendre ; il fallait les épouvanter! Mon Dieu! je ne dis pas que des innocents n'ont pas péri dans le nombre ; c'est possible. Mais si les Prussiens avaient gagné la bataille de Valmy, au lieu de la perdre ; s'ils étaient entrés à Paris avec les émigrés, crois-tu qu'ils se seraient donné la peine de juger les patriotes? Non! ils les auraient fusillés en masse, comme Brunswick l'avait annoncé dans sa proclamation ; on aurait vu d'autres massacres que ceux de septembre. Eh bien, ce que les Prussiens et les émigrés voulaient faire contre la nation, pour rétablir l'ancien régime et les priviléges de toute sorte, le peuple l'a fait contre mille ou douze cents conspirateurs, pour sauver la révolution et les droits de l'homme! Si tu ne comprends pas cela, c'est que tu n'es pas un bon sans-culotte! »

Marescot avait raison, je n'étais pas un bon sans-culotte; malgré toutes les explications qu'il venait de me donner, ces massacres me dégoûtaient ; j'en étais honteux pour notre république. Les bourreaux sont des bourreaux; qu'ils aient une couronne, un bonnet d'évêque ou une casquette sur la tête, je les mets tous dans le même panier.

Enfin, ce qu'on peut dire de plus raisonnable sur ce chapitre, c'est que les royalistes ont aussi de grands reproches à se faire; ils ne devaient pas appeler l'étranger à leur secours ; tout devait se vider entre nous; alors Longwy et Verdun n'auraient pas été vendus, et les massacres n'auraient pas eu lieu. La première faute est aux traîtres et à leur ami Brunswick, qui menaçait de brûler Paris et de fusiller tous les patriotes. Voilà la vérité.

Ce soir-là je rentrai bien tard à la caserne.

Le lendemain, pendant que j'étais de garde à la porte de Manheim, nous vîmes défiler, vers trois heures de l'après-midi, quatre bataillons de grenadiers, un de volontaires nationaux un régiment de chasseurs à cheval et de l'artillerie en proportion. Le bruit s'était répandu que le général autrichien, — celui qui n'avait laissé que quatre mille hommes pour garder les magasins de Spire, — venait à marches forcées au secours de Worms et de Mayence, avec un corps de douze mille hommes. Mais, le jour suivant, nous savions déjà qu'il arriverait trop tard. Nos troupes étaient entrées à Worms sans résistance ; les habitants les avaient reçues en criant : « Vive la nation ! » et les autorités portaient la cocarde tricolore.

Tout cela n'empêcha pas notre commissaire ordonnateur en chef, le citoyen Pierre Blanchard, de frapper une contribution de douze cent mille livres en écus, moitié sur la ville, qui dans le temps, avait reçu les émigrés, avec la cocarde blanche, en criant : « Vive le roi ! » moitié sur l'évêque et les chanoines, qui souhaitaient de nous voir en enfer. Nous avions déjà frappé quatre cent cinquante mille livres sur le chapitre de Spire ; et sur le clergé particulier cent trente mille livres, à cause de la fabrication des faux assignats, que ces gens se permettaient chez eux depuis deux ans. En outre, des convois de farine, de seigle, d'avoine et de foin, d'effets de campement et d'habillement, souliers, chemises et pantalons, en caisses, ballots, et tonneaux, filaient jour et nuit sur Landau ; on n'avait que la peine de réquisitionner les chevaux et les voitures du pays, et de les faire escorter par de petits détachements; enfin, les gazettes des Allemands et des émigrés n'avaient rien dit de trop sur le bon approvisionnement de leurs magasins ; Il faut toujours reconnaître la vérité.

C'est à Spire que l'habillement, l'équipement et l'armement de l'armée du Rhin furent complétés. Les commissaires des guerres surveillaient tout ; ils fournirent à chacun de nos bataillons une tente par seize hommes; le bureau du quartier-maître, le petit état-major, les ouvriers, les gardes de police et du camp, les capitaines, les vivandiers, reçurent chacun leur tente en bonne toile, garnie de mâts, de traverses et de piquets ; les lieutenants logeaient deux à deux dans une tente. Chaque tente de seize hommes eut deux marmites, deux gamelles, deux grands bidons, deux pioches, deux pelles, deux haches, deux serpes pour aller au bois. C'est avec cela que nous avons fait trois campagnes terribles.

La cavalerie avait une tente pour huit hommes, et tout ce qui convient aux cavaliers, cordes et piquets, troussières pour aller au forrage, enfin tout. Et naturellement cela nous fît d'autant plus de plaisir, que nous avions gagné ces choses nous-mêmes et qu'elles ne coûtaient pas un denier à la république.

Mais si l'on avait laissé piller et voler les magasins, quelques gueux se seraient enrichis, et les défenseurs de la liberté auraient péri de misère. C'est un grand malheur que les généraux venus plus tard n'aient pas suivi l'exemple de Custine ; les soldats et les volontaires auraient moins souffert, et l'on n'aurait pas vu tant de brigands nager dans l'abondance, eux, leurs enfants et descendants, chose abominable quand on savait d'où venaient ces biens. Enfin, dans les plus beaux temps il reste toujours à reprendre ; pendant que les uns se dévouent à la patrie, d'autres ne pensent qu'à happer et s'enrichir aux dépens de ceux qu'ils regardent comme des bêtes, parce qu'ils ont du cœur et de la probité.

IV

Les magasins de Spire et de Worms nous mirent donc sur un nouveau pied ; nous étions habillés, armés, équipés comme des soldats; nous pouvions faire campagne. Combien d'autres auraient souhaité d'être à notre place ! Je ne parle pas seulement des Prussiens, en pleine retraite dans les boues de la Champagne: les misérables avaient tous la dyssenterie, à force d'avoir mangé du raisin; ils abandonnaient canons, caissons, bagages; ils traversaient Verdun, Longwy, sans même se retourner une seule fois pour combattre; c'était la déroute du despotisme!

Nos paysans exterminaient ces malheureux par douzaines, derrière les haies, sur les chemins, le long des bois; les puits de nos villages en étaient pleins; tout le monde s'en mêlait, même les femmes! Et Marat trouvait que ce n'était pas encore assez; il reprochait à Dumouriez de leur laisser une porte ouverte; il aurait voulu tenir Brunswick et Frédéric-Guillaume, pour les pendre, et les faire servir d'exemple aux rois qui par la suite oseraient nous envahir. Il avait bien raison, car on a reconnu depuis que notre gouvernement avait fait une convention secrète avec le roi de Prusse.

Enfin cette campagne de six semaines était assez belle: les Prussiens se sauvaient; les Autrichiens et les émigrés, restés en arrière pour bombarder Lille, en Flandre, venaient de lever le siége; le général Anselme envahissait dans le Midi le comté de Nice; les Vendéens avaient été mis à la raison pour quelque temps; tout allait bien, et nous apprenions ces bonnes nouvelles jour par jour, à la distribution du bulletin de la Convention. Carnot et Prieur avaient établi chez nous cette bonne habitude; quelques mois plus tard, en juin 1793, elle fut étendue à toutes les armées de la république.

Chaque soldat connaissait donc les raisons de la guerre; il savait ce qui se disait et se faisait à Paris, et c'est pour cela qu'au lieu de m'être battu comme une bête, je puis vous raconter maintenant mon histoire. On devrait bien encore appliquer ce décret de la Convention sur la distribution des bulletins de l'Assemblée, comme tant d'autres que l'on avait oubliés, et qu'on déterre seulement selon les occasions: celui-ci rendrait service tous les jours à des milliers de nos enfants; ils sauraient au moins pourquoi on les envoie mourir aux quatre coins du monde.

Quelques jours après la prise de Spire, le 17 octobre 1792, nous reçûmes l'ordre, un matin, de lever le pied, et tout de suite on boucla le sac, on boutonna ses guêtres, et l'on sortit par la porte de Manheim, du côté de Worms, sans dire ni bonjour ni bonsoir. Tout le corps d'armée encore à Spire ou dans les environs nous suivait. Il ne pleuvait pas, mais le temps était humide; les brouillards du Rhin continuaient à couvrir le pays.

Au sortir de la ville, on nous fit prendre une chaussée à gauche, à travers des bois et des bruyères, et, durant six heures, hêtres, chênes, sapins, bouleaux ne firent que s'étendre devant nous, au milieu du brouillard.

Nous rencontrions quelquefois de vieux pans de murs, d'anciens châteaux noircis par la fumée, sans toit, sans portes, et sans fenêtres, enfin des ruines; le père Sôme disait:

« Turenne a passé par ici voilà cent ans; il a brûlé dans une nuit quatre cents villes, villages, censes, bourgades et châteaux, par ordre de Louis XIV. Voilà comment les Bourbons faisaient la guerre! »

Ce qu'il y a de sûr, c'est qu'après les forêts en avant de Spire, le long de la chaussée qui passe à Dürckheim, Grunstadt, Oberflersheim et plus loin, outre ces vieilles démolitions, nous rencontrâmes aussi des maladreries toutes délabrées, pour mettre les pauvres gens en train de mourir, et des potences comme chez nous avant la révolution. Et si les Allemands veulent être justes, ils reconnaîtront dans tous les siècles que nous les avons débarrassés de leurs seigneurs, de leurs maladreries et de leurs potences. Sans nous ils auraient encore ces vieilles misères, car ils y tenaient tellement, par habitude, que nous avons été forcés de les battre cent fois, pour les ramener au bon sens. Ils étaient comme ces mendiants qui se figurent qu'on ne peut pas vivre sans vermine, et qui sont tout étonnés qu'on leur donne une chemise neuve et des habits propres.

Mais allons toujours en avant.

Après les grandes forêts, nous arrivâmes dans un pays de vignes, les plus belles du monde; elles couvraient des coteaux innombrables. Les Allemands sont si laborieux, si grands amateurs de bon vin, que, pour en avoir, ils portent leur fumier à dos d'homme, jusqu'à quatre et cinq cents pieds sur ces pentes rapides; ils ont de petits escaliers à la file, qui montent d'étage en étage le long des côtes. En voyant cela, j'étais dans l'admiration. Nous avons bu de leur vin, il est très-bon; le blanc et le rose ont un fin bouquet, mais il ne faut pas trop en boire, deux bouteilles suffisent pour vous mettre sous la table.

Malgré la guerre, ces braves gens finissaient leurs vendanges, et, la hotte au dos, ils montaient et descendaient leurs escaliers, s'arrêtant quelquefois au haut des grandes roches luisantes, couleur de fer, pour nous regarder. Nous leur criions: « Vive la république! » Et tous, hommes et femmes, nous répondaient joyeusement, la main ou le chapeau en l'air. Ah! si les peuples pouvaient s'entendre; s'ils pouvaient se débarrasser des gueux qui les divisent, nous aurions le paradis sur la terre!

Notre colonne fit halte vers deux heures, dans un gros village, pour manger la soupe.

A trois heures nous quittions déjà cette bourgade, et vers neuf heures, à la nuit close, nous entrions dans la petite ville d'Alzey, non loin de Mayence. Nous avions fait seize lieues depuis le matin; un grand nombre d'entre nous n'en pouvaient plus.

Je n'oublierai jamais Alzey. Nous étions arrivés une demi-heure après l'avant-garde, et la petite ville fourmillait déjà de troupes: chasseurs à cheval, hussards, gendarmes, volontaires allaient et venaient dans les rues; les ordres, les coups de trompette pour ramener les hommes à leurs escadrons, les appels, les roulements de tambour remplissaient la vallée.

Par bonheur, Jean-Baptiste Sôme, Jean Rat, Marc Divès, moi et deux ou trois autres camarades, nous logions chez un maître de poste, à l'entrée du faubourg. Nous avions même des chambres en haut, donnant sur une vieille cour pleine de voitures, et le maître nous avait invités à souper avec lui.

La grande cuisine, en bas, flamboyait; c'était bien autre chose que celle de maître Jean, aux Baraques, car ce bourgeois avait des domestiques, des servantes, des postillons, des courriers; c'était un homme riche. Et quand les dragons nationaux arrivèrent, on n'entendit plus que piaffer, hennir, crier dans la cour; chacun voulait avoir son cheval à l'écurie. Nous autres, bien tranquilles, nous changions de souliers et de guêtres, et puis nous descendîmes nous sécher autour de l'âtre.

Dans tous les coins de la cuisine, les servantes et même les demoiselles de la maison venaient nous regarder de loin, avec nos grands chapeaux, nos longs habits fumants, nos baudriers en croix; elles étaient curieuses de voir des républicains; et dès que l'un de nous tournait la tête pour voir si elles étaient jolies, elles se sauvaient en riant et se poussant dans la grande allée noire.

Le maître arriva bientôt lui-même. C'était un homme sec, brun, le nez un peu crochu et les yeux noirs; il avait de hautes bottes à revers jaunes, garnies d'éperons, et une culotte de peau.

« Citoyens volontaires, nous dit-il en bon français, donnez-vous la peine de me suivre. »

Alors, dans une salle haute, nous vîmes la table mise, avec une belle lampe au-dessus, pendue au plafond; mais la femme et les filles du bourgeois s'étaient retirées.

On s'assit et le maître de la maison, au milieu de nous, l'air grave, nous servit lui-même comme un père de famille.

A chaque instant, un domestique, un postillon, un courrier entrait lui rapporter ce qui se passait dehors; lui, sans se déranger, leur donnait ses ordres; il découpait les viandes, nous versait à boire, et ne nous laissait manquer de rien. On causait de notre campagne, de celle des Prussiens dans l'Argone, de la révolution, etc.; cet homme de bon sens nous parlait de tout dans un vieux français qui me faisait plaisir d'entendre.

Plusieurs de nos camarades étant très fatigués allèrent se coucher; le vieux Jean-Baptiste Sôme, Divès et moi, nous restâmes seuls à table. Il pouvait être onze heures; sauf les cris de « Qui vive! » au loin sur les collines, tous les autres bruits de la ville et des environs s'étaient apaisés. Sôme alluma sa pipe et se mit à fumer tranquillement, et comme le bourgeois remplissait encore nos verres, je me hasardai de lui dire:

« Mais, citoyen, vous parlez en français comme nous; est-ce que vous ne seriez pas de la nation?

— Oui, dit-il, je descends d'un vieux Français, un de ceux qu'on a chassés à la révocation de l'édit de Nantes. »

Il paraissait tout pensif; et moi, songeant que cet homme était de la même religion que Marguerite, Français comme nous, je fus attendri. Je lui racontai que Chauvel, l'ancien constituant, aujourd'hui membre de la Convention, m'avait choisi pour gendre; que sa fille m'aimait, et qu'ils étaient aussi calvinistes.

« Vous êtes heureux, jeune homme, dit-il alors, d'appartenir à d'honnêtes gens! »

Et, prenant plus de confiance, il se mit à nous raconter d'un air tranquille, mais avec force, que son grand-père, Jacques Merlin, vivait au pays Messin, près de Servigny, dans le temps des dragonnades; qu'il avait là sa maison, ses écuries et ses terres, pratiquant sa religion sans faire de tort à personne, quand le grand roi Louis XIV, un être vicieux, après avoir entretenu des femmes de mauvaises mœurs, du vivant même de la reine, et donné l'exemple de tous les scandales, crut, comme tous les mauvais sujets dont la cervelle se dessèche, qu'en appelant des prêtres pour lui donner l'absolution de ses ordures, il serait encore assis à la droite du Seigneur, dans les siècles des siècles.

Mais que les prêtres profitant de sa bêtise, no

Vaincre ou mourir ! (Page 14.)

voulurent lui donner l'absolution, que s'il exterminait les ennemis de l'Église romaine. Et qu'alors ce libertin sans bon sens et sans cœur, pour obtenir la rémission de ses débauches, donna l'ordre de convertir les protestants de toute la France par tous les moyens, séparant les mères de leurs enfants, envoyant les pères de famille aux galères, confisquant leurs biens, ravageant, incendiant, massacrant ses propres sujets, les faisant périr sur la roue et les réduisant au dernier désespoir.

Il nous dit que ces honnêtes gens avaient mieux aimé tout supporter, que d'être de la religion d'un scélérat pareil; que des centaines de mille Français, emmenant leurs vieillards, leurs femmes et leurs enfants, avaient fui chez l'étranger malgré les cordons de gendarmes établis sur les frontières, pour les arrêter; que ces chefs de famille étant les plus honnêtes, les plus intelligents et les plus laborieux ouvriers et commerçants de leurs provinces, avaient porté le commerce et l'industrie de la France ailleurs; que l'Allemagne, l'Angleterre, la Hollande et même l'Amérique avaient pris alors le dessus pour la fabrication des étoffes, des cuirs et tentures, des faïences, des verreries, des impressions et d'une quantité d'autres articles qui font la richesse d'une nation; que le débauché continuant de faire la guerre et de jeter l'argent par les fenêtres, sans avoir le travail et les économies de tant de milliers d'hommes industrieux, pour couvrir ses dépenses, avait ruiné le pays de fond en comble; et que ce grand Louis XIV, dans ses vieux

Que fais-tu là ? (p. 16).

jours, lorsqu'il ne pouvait plus rien retenir et qu'il laissait tout aller sous lui, criait dans son infection :

« Mon Dieu ! comme vous me traitez, après tout ce que j'ai fait pour vous ! »

Ce qui montre bien la stupidité d'un être pareil, qui se figurait que l'Éternel créateur, dont la volonté seule a tiré les mondes de l'abîme, avait besoin d'un vaurien de son espèce pour lui rendre des services ! Qu'il était enfin mort dans la crasse, laissant un déficit énorme, qui, faute d'industrie et d'économie, n'avait fait que grandir sous Louis XV et le régent, et finalement avait forcé Louis XVI de réunir les notables et puis les états généraux, d'où venaient notre révolution, la déclaration des droits de l'homme, l'abolition des priviléges et tous les bienfaits dont allait jouir le peuple, en même temps que l'abaissement des fainéants et des débauchés, réduits à vivre, comme tout le monde, de leur travail.

Voilà ce que nous dit ce vieux Français.

Mais ce qui me toucha le plus, c'est quand, tout attendri lui-même, il nous raconta l'arrivée des dragons du roi un soir, chez son grand-père, apportant à la famille l'ordre de se convertir sur-le-champ ; s'établissant dans la vieille ferme ; se couchant avec leurs bottes et leurs éperons dans le lit de l'homme et de la femme ; les dépouillant de tout ; les traitant à coups de cravache ; empêchant même la mère de donner le sein à son enfant, pour la forcer de renoncer à son Dieu ; enfin les réduisant à ce désespoir terrible de se sauver tous ensemble la nuit à travers les bois, en abandonnant la vieille maison bâtie par les anciens, les champs achetés avec tant de peine et arrosés de leurs sueurs, et poursuivis par des gendarmes, comme une bande de loups.

Oui, ces choses me touchèrent. Et puis l'abandon des pauvres malheureux sur la terre étrangère, sans pain, sans argent, sans secours, sans amis ; le travail mercenaire de gens habitués à l'aisance ; la femme et les jeunes filles forcées de s'humilier au service des autres ; le vieillard courbé sous le travail, si pénible quand on a déjà tant travaillé dans sa vie et qu'on voudrait se reposer un peu. Quelle histoire ! et tout cela par la volonté d'un vieux mauvais sujet, qui se figurait faire ainsi son salut.

Finalement le maître de poste nous dit qu'après avoir beaucoup souffert, après avoir traîné la misère longtemps, — tous leurs biens en France étant vendus, ou donnés à la mauvaise race, en récompense de ses dénonciations, — son grand-père et sa grand'mère avaient pourtant fini par amasser quelque chose avant de mourir ; et que leurs enfants et petits-enfants ayant l'exemple du travail, de l'économie et de la probité devant les yeux, étaient redevenus aisés et même riches, jouissant de la considération de tout le pays.

Et comme je lui demandais :

« Mais vous n'avez jamais regretté votre nom de Français ? Est-ce qu'il ne vous reste rien là pour la vieille patrie ? Nous ne vous avons jamais fait de mal, nous ; c'est le roi seul, conseillé par les évêques, qui vous a bannis ; et dans ce temps l'ignorance du peuple était si grande, qu'il faut plutôt le plaindre que le haïr. »

Il me répondit :

« Tant que les Bourbons ont régné sur la terre de France, personne de nous n'a regretté la patrie ; mais depuis que le peuple s'est levé, depuis qu'il a proclamé les droits de l'homme et qu'il a pris les armes pour le défendre contre tous les despotes, notre vieux sang s'est réveillé, et chacun de nous s'est dit avec fierté : « Je suis aussi Français ! »

En parlant, tout à coup il était devenu pâle ; il se leva pour ne pas laisser voir son trouble et se promena lentement autour de la salle, les mains sur le dos et la tête penchée.

Alors Jean-Baptiste Sôme, qui avait écouté tout pensif, le coude allongé sur la table, vida les cendres de sa pipe et dit :

« Oui, oui, c'est encore plus terrible que les massacres de septembre !... Et pourtant la patrie n'était pas en danger : les traîtres ne livraient pas nos places fortes ; les Prussiens n'envahissaient pas la Champagne ; ces pauvres protestants ne conspiraient pas contre le pays ; ils se tenaient bien tranquilles et ne demandaient qu'à prier le bon Dieu à leur manière. Mais voici minuit, il est temps d'aller nous coucher ; la colonne se mettra en marche demain de grand matin. »

Nous nous levâmes tous, et le maître de poste, allumant une petite lampe, nous conduisit dans le vestibule, au pied de l'escalier, en nous souhaitant le bonsoir.

Ces choses me sont restées !... Je crois même les avoir écrites dans le temps à Marguerite. La lettre s'est perdue ; mais je ne pense pas m'être trompé de beaucoup, en vous racontant les paroles du maître de poste d'Alzey. Si ses petits-enfants vivent encore, ils pourront lire ce que pensait leur grand-père, du roi Louis XIV, et je souhaite que cela leur fasse plaisir.

V.

Le lendemain nous étions en route de bonne heure pour gagner Mayence par Albig, Werstadt Ober-Ulm, etc. Toute cette masse de brouillards qui s'étendait sur le Palatinat depuis quinze jours commençait à tomber, et vers midi nous allions dans la boue, par une pluie battante, qui dura jusqu'au soir. Nos chapeaux avaient un avantage sur les shakos d'aujourd'hui, on pouvait les pencher en gouttières, l'eau ne vous coulait pas dans le cou ; mais au bout d'une ou deux heures, ils s'aplatissaient en galette sur vos épaules.

Une bonne nouvelle nous arriva pendant la route : l'autre corps d'armée, parti la veille de Worms, en filant sur la chaussée qui longe le Rhin, avait enlevé le pont d'Oppenheim ; et quand nous arrivâmes vers trois heures du soir, en avant du bois de Wintersheim, Neuwinger campait déjà sur les hauteurs de Sinden, appuyant sa droite au Rhin, qui forme un grand coude autour des forêts du Mombach. Mayence était là devant nous, à deux portées de canon ; mais comme cette ville est en pente vers le fleuve, nous ne voyions que le coin d'un de ses bastions, la corne d'une demi-lune, quelques vignes et de petits jardins aux environs. Les bois de Wintersheim et de Mombach entourent la ville, entre ces forêts et les remparts s'étendent des vallons où coulent de petites rivières.

C'est derrière un de ces vallons, le dos au bois et Mayence en face, que nous reçûmes l'ordre de faire halte ; bataillons, escadrons et troupes de ligne déployèrent leurs tentes sur la lisière des forêts; il pouvait être quatre heures du soir; les bagages, les canons, les caissons continuèrent d'arriver toute la nuit.

On posa donc les avant-postes et on bivaqua.

Notre bataillon campait à cinq ou six cents pas d'un grand moulin, dont les gens sortirent tout étonnés de nous voir. L'eau de la petite rivière, grossie par la pluie, bouillonnait sur les deux roues, et dans le lointain, au bout de la vallée, nous voyions passer le Rhin avec ses grandes lignes d'écume. Les hommes de corvée allèrent aux vivres; on tâcha d'allumer du feu, chose difficile avec du bois vert.

Par bonheur pour le meunier, Custine et son état-major vinrent s'établir au moulin; une heure après il n'aurait plus eu ni foin, ni paille, ni farine : c'est l'histoire de la guerre; les bonnes et les mauvaises raisons ne servent à rien, quand l'ennemi campe autour de nous.

Un détachement de hussards entoura le moulin, et ces braves gens ne se doutèrent pas du bonheur qu'ils avaient de goberger un général, au lieu d'un corps d'armée.

Enfin les feux s'allumèrent tout de même; les escouades de corvée revinrent de la distribution, et les marmites se mirent à bouillir. Il faisait nuit noire; l'averse avait cessé depuis longtemps, seulement l'eau dégouttait encore des arbres, et brillait au feu des bivacs, comme une pluie d'étincelles : un beau spectacle, mais quand on est fatigué, cela ne vous amuse pas beaucoup. Je couchai cette nuit sur la terre, côte à côte avec mes camarades, et malgré l'humidité je dormis bien.

Le lendemain, 19 octobre 1792, nous devions attaquer une ou deux portes de Mayence, comme nous avions fait à Spire. On comprenait que ce serait plus dangereux, à cause des avancées et des demi-lunes, qui ne pouvaient pas manquer de nous balayer sur les ponts, à droite et à gauche, devant et derrière. Malgré cela, quand on a eu de la chance, chacun se figure qu'il en aura toujours, et puis les généraux font principalement donner ceux qui n'ont pas encore vu le danger; une fois engagés, il faut bien tenir, car on s'expose encore plus en reculant.

Grâce à Dieu, le gouverneur de Mayence n'avait pas les mêmes idées que celui de Spire; c'était un officier de cour, un de ces généraux que les princes font avec des courtisans; selon que le maître veut, ils portent une clef dans le dos, ou prennent le commandement d'une armée. Custine, ayant appris par des Allemands amis de la république, que le baron de Gimnich était de cet acabit, pensa qu'il pourrait bien nous ouvrir les portes lui-même, en lui montrant le danger qu'il courait de se défendre; c'est une des plus grandes farces que j'aie vues de ma vie; toute notre armée, en ce temps-là, s'en est fait du bon sang.

Vous saurez d'abord que la garnison de Mayence, tant en troupes des cercles qu'en Autrichiens, chasseurs et valets de nobles, gardes bourgeoises et volontaires d'université, s'élevait à plus de six mille hommes. Les Autrichiens, à Spire, montaient tout au plus à la moitié de ce nombre, et les fortifications de Spire, [pour la force, l'étendue et la solidité, ne pouvaient pas même se comparer à celles de Mayence.

Enfin, le 19 octobre au matin, Custine alla lui-même reconnaître de près les ponts, les portes, les avancées et les retranchements de la forteresse. Nous le vîmes de notre bivac filer avec deux ou trois officiers du génie, qu'on appelait alors mineurs. On tira dessus; nos petits canons répondirent au feu de la place, qui fit une décharge générale de tous ses remparts; des hussards sortirent aussi de la porte du Rhin, mais le général, n'étant pas en force, revint au galop. Il avait vu que ce ne serait pas facile d'attaquer Mayence comme Spire, et qu'il faudrait ouvrir la tranchée.

Malheureusement les Prussiens, que Dumouriez avait laissés sortir tranquillement de la Champagne, au lieu de les écraser comme il le pouvait après la bataille de Valmy, ces Prussiens arrivaient derrière nous, ils avaient dépassé Sierck, et nous risquions d'être pris entre deux feux; il fallait entrer de vive force ou battre en retraite, d'autant plus que nous n'étions en tout que vingt mille hommes.

On s'attendait donc à donner l'assaut.

Toute cette journée se passa en allées et venues. Le colonel Houchard partit en parlementaire le lendemain; il resta longtemps, puis il revint vers une heure de l'après-midi. On se disait : « Le grand moment approche!... les colonnes d'attaque vont se former!... » On regardait; mais d'autres parlementaires se mirent en route. A six heures du soir, Custine, à cheval au milieu de son état-major, passa devant tous les bivacs; le bruit courait que les grenadiers de la Charente-Inférieure avaient crié : « L'as-« saut! » et qu'il leur avait répondu : « C'est bien, camarades!... soyez prêts... l'assaut ne peut plus tarder, vous marcherez en tête! »

Les cris de « Vive la république! » commençaient, quand un parlementaire sortit encore de Mayence. Custine, se portant à sa rencontre, le ramena lui-même au quartier général, sans lui bander les yeux. Sur toute la ligne, les cris : « A l'assaut! A l'assaut! » ne finissaient plus.

La nuit était venue; on pensa que l'attaque

aurait lieu vers le jour. Nous n'avions pas une seule pièce de siège; il fallait bien en venir là.

La matinée du 21 octobre ayant encore commencé sans rien de nouveau, l'indignation gagnait tout le monde, lorsque, vers neuf heures, les grenadiers de la Charente-Inférieure reçurent l'ordre d'aller occuper la porte du Rhin. Ils partirent aussitôt, l'arme à volonté; on s'attendait à les voir mitrailler, mais ils arrivèrent près des glacis sans recevoir une seule décharge; leurs baïonnettes défilèrent dans les avancées en zigzag, et tout à coup la nouvelle se répandit que Mayence venait de capituler, et que nos grenadiers allaient tranquillement monter la garde à cette porte, pour laisser au gouverneur le temps d'évacuer sa caisse.

Qu'on se représente notre satisfaction, car, malgré les cris : « A l'assaut ! » chacun voyait bien la file de grosses pièces qui nous regardaient par leurs embrasures, les redoutes et les lignes de palissades; chacun savait que s'il fallait enlever tout cela, nous y resterions les trois quarts; aussi notre joie était extraordinaire.

C'est le lendemain que l'armée fit son entrée à Mayence. Toute la ville vint à notre rencontre.

Ces gens de Mayence nous aiment! Bataillons, escadrons, régiments de ligne, avec des troupes d'étudiants et de bourgeois dans les intervalles, marchaient au pas, les drapeaux déployés et les tambours en tête; ils défilèrent sous les vieilles herses de la ville, en chantant la *Marseillaise*. Et quand, sur la place d'Armes, après avoir relevé les postes autrichiens et hessois, on nous donna des billets de logement, tous les bourgeois nous emmenaient bras dessus, bras dessous chez eux, pour nous régaler et nous faire raconter la révolution au milieu de leurs familles.

Une autre chose qui me réjouit toujours quand j'y pense, c'est qu'aussitôt casernés on se répandit dans les brasseries de la vieille ville, et que jusqu'à dix heures du soir on vida des chopes à la santé de tous les patriotes du monde. Une quantité de chanteurs, en petite veste, culotte à boutons d'os et grand tricorne, de simples ouvriers ou même des paysans, se levaient et chantaient des farces, qu'ils inventaient à mesure. Je me souviens surtout d'un petit vieux tout ratatiné, les yeux plissés et le nez rouge, qui se mit à représenter l'arrivée du colonel Houchard en parlementaire; l'épouvante de monsieur le baron, menacé d'un assaut, ses cris, son indignation, les sommations du colonel, les réponses du gouverneur qui levait les mains au ciel, bégayant qu'il avait ses ordres et qu'il se ferait hacher.

C'était tellement naturel, que les Mayençais se tenaient le ventre à force de rire, et que les larmes leur en coulaient sur les joues.

Mais ce que j'ai de mieux à faire, c'est de vous copier les deux dernières lettres de Custine et de Gimnich ; elles vous donneront une idée de cette comédie et vous réjouiront. Les voici mot à mot :

« *Le général Custine au gouverneur de Mayence.*

« Au quartier général à Marienborn, le 20 octobre 1792, l'an Ier de la République française.

« Monsieur le gouverneur,

« Mon désir de ménager le sang est tel, que je céderais avec transport au vœu que vous témoignez d'obtenir délai jusqu'à demain pour me donner votre réponse. Mais, monsieur le gouverneur, l'ardeur de mes grenadiers est telle que je ne peux plus les retenir; ils ne voient que la gloire de combattre les ennemis de la liberté et la riche proie qui doit être le prix de leur valeur, car, je vous en préviens, c'est une attaque de vive force à laquelle il faut vous attendre. Non-seulement elle est possible, mais même elle est sans danger; aussi bien que vous je connais votre place et l'espèce de troupes qui la défendent. Épargnez le sang de tant de victimes innocentes, de tant de milliers d'hommes. Notre vie sans doute n'est rien; accoutumés à la prodiguer dans les combats, nous savons la perdre tranquillement. Je dois à la gloire de ma république, qui jouit de l'impuissance des despotes qui voulaient l'opprimer et qui les voit fuir devant les enseignes de la liberté, de ne pas enchaîner l'ardeur de mes braves soldats, et je le voudrais en vain. *Réponse, réponse!* monsieur le gouverneur.

« Le citoyen français, général d'armée,

« Custine. »

« *Proposition de capitulation faite par le général commandant la place de Mayence, au général Custine.*

« A Mayence, le 20 octobre 1792.

« Monsieur le général,

« Si j'avais l'honneur d'être connu de vous davantage, je suis bien convaincu, mon général, que vous n'eussiez point pris le moyen des menaces, pour m'engager à vous livrer la place que je commande ; je suis militaire, mon général, vous connaissez ce mot-là aussi, et je ne crains point de mourir en remplissant mon devoir. L'intérêt que je prends à mes concitoyens, le désir que j'ai de leur épargner l'horreur d'un bombardement, peut seul m'engager, vu le plein pouvoir de mon souverain, de vous céder la ville et forteresse de Mayence, sous les conditions suivantes :

« 1° La garnison de Mayence, avec toutes les troupes auxiliaires sans exception, aura la sortie libre avec les honneurs de la guerre et pourra se retirer où bon lui semble, et en même temps on laissera à son choix les moyens nécessaires pour transporter sa caisse de guerre, son artillerie, effets et bagages.

« 2° Le ministre et toutes les personnes attachées au service de Son Altesse électorale, tout le haut et bas clergé, auront la faculté de s'expatrier avec leurs effets. Tout habitant de Mayence, absent ou présent, jouira du même privilége, et on conservera à chaque citoyen ses propriétés.

« 3° Quoique mon maître n'ait pas été en guerre avec la France, il est prêt à n'y prendre aucune part, espérant que ses propriétés et ses possessions seront ménagées.

« 4° A la signature de ceci toute hostilité cessera, et l'on nommera de part et d'autre des commissaires pour régler la marche, le transport et tout ce qui peut y être relatif.

« J'ai l'honneur d'être, monsieur le général, votre très-humble et très-obéissant serviteur.

« Baron de GIMNICH,
« Gouverneur de Mayence. »

« Le citoyen français, général d'armée, réserve que les troupes qui occupent Mayence ne serviront pas d'une année contre la république française, ni ses alliés. Le général français réserve en outre à sa république de prononcer par les traités sur les droits souverains. Quant aux propriétés individuelles, sans doute elles seront respectées, ce qui est si conforme aux principes de la république française, que c'est pour le maintien de ce respect qu'ont été jetées les bases de la Constitution. Demain, à neuf heures du matin, seront livrés à deux compagnies de grenadiers français la porte du Rhin et le contour ; à ces conditions et sous ces réserves expresses, toutes les hostilités cesseront, etc., etc. »

« Voilà comment, dans environ quinze jours, nous avions pris tous les magasins dont nous parlaient sans cesse les petites gazettes des émigrés, trois grandes villes et l'une des principales forteresses de l'Allemagne. Ces choses étonnèrent et réjouirent toute la France ; la république avait le dessus partout, et l'on commençait à voir que, lorsqu'un peuple se lève pour défendre la justice, les despotes et ceux qui les soutiennent sont bien malades.

VI

Une fois à Mayence, nous pensions nous reposer quelques jours et fraterniser avec les bourgeois. On s'était logé dans les casernes, dans les églises et les magasins de cette ville patriote, pour être à son aise ; quelques régiments d'infanterie et de cavalerie restaient seuls campés aux environs sur les deux rives ; nos commissaires des guerres visitaient aussi les greniers, et prenaient connaissance de toutes les provisions qui pouvaient servir en cas de besoin.

Mais, comme on s'arrangeait de la sorte, la nouvelle arriva que les Prussiens, en descendant le cours de la Moselle, s'étaient arrêtés à Coblentz et qu'ils occupaient déjà cette place, à vingt-deux lieues sur notre gauche. Ce fut une indignation générale dans l'armée ; Custine reprochait à Kellermann, chargé par Dumouriez de poursuivre les Prussiens, de n'avoir pas suivi leur retraite de Verdun à Coblentz ; il ne se gênait pas de le dire, et dénonça même Kellermann à la Convention, déclarant que tout chef en faute devait passer devant une cour martiale.

Je ne sais pas s'il avait raison, mais je sais qu'à l'arrivée de cette mauvaise nouvelle, au lieu de nous reposer il fallut reprendre la pelle et la pioche pour travailler aux fortifications, élever des redoutes, en face de Weissenau, Dalheim, Marienborn, et même de l'autre côté du Rhin, autour de la petite ville de Cassel ; car, avant nous, Mayence n'avait qu'une tête de pont sur la rive droite du fleuve ; c'est nous qui l'avons fortifiée de ce côté, avec de grosses pierres qu'on amenait par eau d'un vieux village en ruines appelé Gustavenbourg. Dans cet endroit, le fleuve a plus de mille pas ; il fait un bruit terrible en avant du pont de bateaux, en se brisant contre des poutres plantées contre le courant. Des milliers de brouettes allaient et venaient sur le pont ; et comme le temps était aussi mauvais pour les Prussiens que pour nous, chacun se consolait de ses misères.

Mais les fédérés parisiens s'indignaient contre le général Custine, disant qu'ils s'étaient engagés pour combattre, et non pour remuer la terre. La vérité, c'est que tous ces malheureux, tous pleins de courage, n'avaient aucune force et qu'ils périssaient à la peine, comme des mouches; des trois bataillons de fédérés, formant ensemble dix-huit cents hommes, il en restait deux cent cinquante un an après; cela venait sans doute du mauvais air, de la mauvaise nourriture et de toutes les souffrances du peuple, dans une ville où l'on ne s'inquiétait que des plaisirs de la cour. Qu'est-ce qu'on peut savoir?

Je me rappelle que ma sœur Lisbeth, qui demeurait avec son bataillon dans la vieille église de Saint-Ignace, donnait raison à ces Parisiens, et que je manquai de me fâcher, parce qu'elle avait l'air de leur faire croire que nous n'avions jamais eu de travail semblable aux Baraques, et que nous étions des gens d'une condition élevée. Alors je la regardai de travers et je lui dis devant eux:

« Je me souviens pourtant, citoyenne Lisbeth, que dans un temps les corvées ne manquaient pas, et que nous aurions été bien heureux d'avoir d'aussi bonnes pioches pour travailler à la terre. »

J'allais lui parler de la mendicité, quand elle me cria furieuse:

« Tais-toi!... va-t'en!... »

Et son mari, le sergent Marescot, me coupa la parole, approuvant les hommes libres qui ne voulaient pas se rabaisser comme des galériens à traîner la brouette. Voilà pourtant d'où viennent les pires aristocrates: d'anciens mendiants qui sont honteux de travailler! Mais je ne veux rien dire de plus sur tout cela; chaque homme de bon sens pensera le reste.

Ce même soir, je revenais de Cassel avec mon bataillon; nous défilions sur le pont, tout couverts de boue, et je ne songeais plus à la dispute du matin, quand, en approchant de la jetée, nous vîmes une grande quantité de troupes qui remontaient vers Oppenheim. C'étaient deux ou trois bataillons des Vosges, les ci-devant Durfort-dragons, devenus le 4e de chasseurs, quelques pièces de campagne, et derrière, les fédérés de la section des Quatre-Nations. Ils longeaient le Rhin.

Et comme nous débouchions sur le quai, la voiture de ma sœur arrivait au milieu des fédérés, qui riaient et criaient:

« En route!... En route!... »

Lisbeth, me voyant passer tout couvert de boue, la pioche et la pelle sur l'épaule, me dit alors d'un air moqueur:

« Eh bien! grosse bête, tu vois qu'à force de crier, on a tout de même ce qu'on veut. Pendant que vous piocherez, nous irons réquisitionner sur la rive droite, avec Neuwinger. »

J'allais lui répondre, quand Marescot, s'approchant sans me regarder, lui dit:

« Cette voiture est trop chargée, il faut jeter toutes les caisses vides dehors, sur la route. Nous n'avons pas trop de place, on mettra tout dans la paille. »

Je compris aussitôt que le gueux n'avait que l'idée de piller. Lisbeth, tirant le cheval par la bride et lui donnant un coup de fouet, continua son chemin; et moi je rentrai dans notre caserne de la Caputzinerstrasse me sécher et me reposer.

Ce soir-là, 23 octobre 1792, Houchard, avec ses Montmorency-dragons, passa le fleuve à Cassel et remonta la rive droite du Mein jusqu'à Hochheim, pendant que Neuwinger avec quinze cents hommes gagnait le pont d'Oppenheim, pour remonter ensuite le Mein à gauche. De cette façon ils allaient surprendre Francfort sur les deux rives à la fois; Neuwinger ayant un détour à faire, Houchard arriva le premier. C'est ce que nous apprîmes le lendemain 24.

Je n'ai jamais pu savoir pourquoi nous allions là, si ce n'était pas pour frapper des contributions, car nous n'avions rien à faire sur la rive droite du Rhin. Nous n'étions pas en guerre avec l'empire germanique, mais seulement avec la Prusse, l'Autriche et leurs alliés; c'était donc contraire à la justice d'aller rançonner des gens qui ne nous avaient fait aucun mal; c'était aussi très imprudent, puisque cette attaque pouvait forcer la diète à se déclarer contre nous et nous mettre toute l'Allemagne sur le dos; mais rien n'arrête les pillards; l'idée de happer le bien des autres leur trouble la cervelle.

Nous apprîmes donc que Houchard ayant paru le premier devant la porte de Bœkenheim, les magistrats étonnés avait député vers lui, pour savoir ce que les Français désiraient, et qu'il avait répondu: « Des rafraîchissements! » Mais Neuwinger, arrivant ensuite sur l'autre rive, avait fait braquer ses canons sur la porte de Sachsenhausen, en sommant la place de se rendre, et les riches banquiers dont cette ville est remplie s'étaient dépêchés de lui faire ouvrir, pour éviter de plus grands malheurs. Nous étions entrés en triomphe, et tout de suite Neuwinger et Houchard avaient occupé l'hôtel de ville, pour frapper, au nom du général Custine, une contribution forcée de deux millions de florins sur les habitants de Francfort, et particulièrement sur les riches.

En apprenant cela, chacun de nous comprit que ce n'était plus la guerre d'un peuple libre qui réclame et défend les droits de l'homme, mais une guerre de despotes pour dépouiller les peuples et les réduire sous notre domination; toute la nation le comprit. Depuis ce temps, Custine, malgré ses victoires, était noté par le comité de surveillance générale à Paris; on disait qu'il avait soulevé la haine de l'Allemagne contre nous; qu'il nous avait fait passer pour des voleurs, et on avait raison. Quand un général fait fusiller les pillards, il ne doit pas leur donner le mauvais exemple. Custine a reconnu cela plus tard à ses dépens.

Les Prussiens et les Hessois passèrent alors le Rhin à Coblentz, et s'étendirent le long de la Lahn, à dix ou douze lieues de Francfort sur la gauche; ils prirent de bonnes positions à Nassau, Dietz et Limbourg; leur plan était de descendre d'un coup sur le Mein, entre Francfort et Mayence, et de couper notre corps d'armée en plusieurs tronçons. Tout le monde voyait cela, car les cartes du pays ne manquaient pas; tous les officiers et même les soldats se disaient:

« Voilà ce qu'ils veulent faire!... »

Custine avait nommé le major van Helden, un Hollandais, commandant de Francfort. Houchard et Neuwinger étaient revenus en laissant là-bas une garnison de dix-huits cents hommes; mais ils n'avaient pas rapporté l'argent des contributions forcées, parce que les marchands de Francfort avaient député des notables vers la Convention nationale, pour réclamer contre le pillage de leur ville.

Ces notables devaient représenter que la république n'était pas en guerre avec l'empire germanique, mais seulement avec le roi de Bohême et de Hongrie, le roi de Prusse et l'électeur de Hesse; que Francfort, ville libre impériale, n'avait rien à démêler dans nos affaires, et que nous avions assez d'ennemis, sans nous mettre encore la diète germanique sur les bras, pour une misérable somme d'argent réclamée contre toute justice.

Cela tombait sous le bon sens. Malheureusement, bien peu de Français alors savaient ces choses; on nous avait élevés dans l'ignorance et nous ne connaissions pas même l'état de nos voisins; tous les Allemands: Prussiens, Autrichiens, Hessois, Bavarois, Saxons, Tyroliens et même les Hongrois ne faisaient qu'un seul peuple pour nous! La seule différence que nous voyions entre les Allemands, c'étaient les habits bleus et les habits blancs, le drapeau jaune avec l'aigle à deux têtes, et le drapeau avec l'aigle noire, les chapeaux pointus et les petits bonnets bleu de ciel. Quand on songe à ces misères, cela fait frémir.

Vers le milieu du mois de novembre 1792, Houchard et Meunier partirent un soir avec de la cavalerie et quelques bataillons de volontaires, par le pont de Cassel. Ils allaient attaquer les Prussiens à Limbourg. L'ennemi fut surpris et bousculé; les hussards de la liberté se firent honneur dans ce combat; ils ramenèrent des prisonniers et des canons.

Brunswick recula jusqu'à Montabour. Meunier se fortifia dans Kœnigstein avec quatre cents hommes, pour observer l'ennemi de plus près, mais l'affaire n'eut pas d'autres suites; le froid venait, les gelées blanches couvraient tout le pays; les Prussiens et les Hessois eux-mêmes venaient de se cantonner dans les villages autour d'Ems, Kirberg et plus loin; on pensait que ce serait la dernière rencontre de l'année.

Nous étions pourtant bien loin de notre compte, car c'est en ce temps que nous apprîmes l'invasion de la Belgique par Dumouriez, la grande victoire de Jemmapes, la prise de Mons, de Tournay, de Bruxelles, de Gand et d'Anvers, enfin la conquête des Pays-Bas jusqu'à la Meuse.

Notre bataillon logeait alors dans une grande bâtisse toute décrépite et vermoulue, qu'on appelait le couvent des capucins; elle avait une cour où l'on faisait l'appel, de petites chambres carrées autour, toutes pareilles, deux grands dortoirs, une salle à manger, une cuisine magnifique, des corridors vitrés et un petit clocher couvert d'ardoises. C'était vieux comme les rues de Mayence; nous logions à trois ou quatre dans chaque petite chambre, et nous restâmes là jusqu'au grand bombardement, où le vieux nid se mit à brûler comme un torchon de paille. Quand le tambour résonnait dans les vieux corridors, on aurait dit que tout allait tomber ensemble; et même aujourd'hui j'ai du plaisir à me représenter nos grands chapeaux à cornes, nos uniformes bleus à revers rouges allant et venant dans ces vieilles galeries, et de me rappeler la *Marseillaise*, le *Ça ira*, qui faisaient grelotter les vitres.

Le soir, en rentrant de travailler aux redoutes, on se réunissait dans la cuisine; le bois ne manquait pas, on jetait des bûches entières au feu; la flamme montait dans la grande cheminée noire et tourbillonnait autour du cercle, où l'on riait, où l'on rêvait, où chacun racontait ce qu'il avait appris.

C'est là que nous arrivaient les nouvelles et qu'on lisait le bulletin de la Convention nationale. Un camarade, le premier venu, montait sur un banc et criait:

« Écoutez! »

Il se mettait alors à lire, disant ceci ou cela sur chaque article; les uns approuvaient, les autres contredisaient; finalement tous criaient:

Les tueurs à 6 livres par jour (p. 20).

« Écoutez donc!... Écoutez donc, que diable! Que chacun pense ce qu'il voudra!... »

Il faut savoir que la Convention, après avoir proclamé la république, s'était tout de suite divisée en trois partis: celui des montagnards, celui des girondins et celui du Marais.

Les montagnards voulaient la république une et indivisible, l'égalité des droits pour tous et la destruction de tout ce qui restait du vieux régime. Ils voulaient d'abord l'égalité et s'appuyaient naturellement sur le peuple, qui tenait à cela bien plus encore qu'à la liberté, parce qu'il avait cruellement souffert durant des siècles de toutes les inégalités qu'on voyait en France avant 89, et qu'enfin l'égalité c'est la justice.

Les girondins, eux — j'entends les républicains de la Gironde, car dans ce parti se trouvaient beaucoup de royalistes qui n'avaient fait que changer leur cocarde, en attendant l'occasion de trahir la république, — les vrais girondins mettaient la liberté par-dessus tout. Ils représentaient la grosse bourgeoisie, le grand commerce de mer, les grandes fabrications, enfin les richesses de toutes sortes, et voulaient une république où les bourgeois mèneraient tout. — Et comme le peuple de Paris les gênait, comme il avait poussé la Constituante et la Législative en avant, chaque fois que ces assemblées avaient essayé de reculer, ils pensaient à transporter la Convention en province, soit à Bourges, soit ailleurs, pour se débarrasser du peuple qui soutenait les montagnards, et faire voter à leur majorité le gouvernement qui leur convenait.

Oui, oui, c'est encore plus terrible que les massacres de Septembre. (Page 26.)

Ceux qu'on appelait gens du Marais, à trois ou quatre cents, remplissaient le milieu de l'assemblée; c'étaient presque tous de bons républicains, mais les gazettes innombrables de la Gironde qui ne cessaient d'exciter la jalousie des départements contre Paris, leur avaient représenté les Parisiens comme des brigands et les montagnards comme des chefs de bandits. Il faut dire aussi que les massacres de septembre les avaient épouvantés; c'était bien naturel! Ces gens avaient donc peur; et, tout en se méfiant des girondins, parce qu'ils en reconnaissaient un bon nombre pour être d'anciens royalistes, ils votaient pourtant avec eux dans la crainte des montagnards.

On pense bien qu'avec des idées pareilles la Montagne et la Gironde ne pouvaient pas s'entendre; d'autant plus qu'en ce temps ces choses n'étaient pas claires comme je vous les raconte; les plus malins eux-mêmes s'y trompaient; à force d'avoir été trahis, on ne voyait partout que des traîtres. Aussi les disputes recommençaient chaque jour, tantôt sur un chapitre, tantôt sur un autre. Les girondins accusaient les montagnards d'avoir fait les massacres de septembre, de viser à la dictature et de pousser la révolution dans les excès, pour en dégoûter la nation et mettre Philippe-Égalité sur le trône; les montagnards accusaient les girondins de vouloir diviser la France en une masse de petites républiques, de préparer la guerre civile en excitant la province contre Paris, et de conspirer avec les royalistes pour rétablir la vieille monarchie! Enfin comme il arrive toujours lorsque la défiance et la colère vous emportent, on allait beaucoup trop loin des deux côtés.

Les trois quarts de ces accusations n'avaient pas le sens commun, nous le savons maintenant, mais alors on y croyait; et quand les gazettes les répandaient dans le pays, cela faisait des disputes terribles jusque dans les moindres villages.

Nous autres, dans notre capucinière, nous criions quelquefois tellement pour ou contre, tous ensemble, que la vieille baraque en tremblait.

Une chose qui me revient aussi, c'est notre étonnement à tous, volontaires et soldats de ligne, lorsque arrivèrent les nouvelles de la Belgique.

Jusqu'alors nous avions été les premiers conquérants de la république; nous avions enlevé Spire, Worms, Mayence, Francfort, et quand les gazettes parlaient de nous avec enthousiasme, quand on nous appelait « l'armée conquérante de Mayence, » nous trouvions cela tout simple; rien n'était trop beau pour nous. Mais quand ces mêmes gazettes commencèrent à ne plus parler que de Dumouriez, de Beurnonville, de Valence, de Philippe-Egalité, de la fameuse bataille de Jemmapes, des coups d'éclat de Chamboran, de Berchigny, etc., des canons, des drapeaux enlevés, des villes qui se rendaient, alors cela nous agaçait jusqu'au bout des ongles; nous aurions voulu tomber sur les Prussiens sans retard, pour rattrapper notre rang. Tous les anciens du bataillon disaient qu'on nous laissait moisir; plusieurs soutenaient même que Dumouriez nous avait jeté les Prussiens et les Hessois sur le dos, pour faire son coup de Belgique et s'attirer l'honneur d'être le premier général de la nation, que c'était un aristocrate, un véritable intrigant.

Pour ma part, ce que je puis dire, c'est que cette masse de Prussiens qu'on avait laissés s'échapper, au lieu de les exterminer en Champagne, campait alors à quelques lieues de nous, et qu'ils étaient plus de cinquante mille dans nos environs, le long du Rhin. Dumouriez avait fait comme tous les généraux qui se débarrassent d'une partie des ennemis pour venir à bout de l'autre; il nous avait laissé la plus lourde charge. De sorte que dans le moment où les vainqueurs des Autrichiens en Belgique commençaient à se reposer et à jouir de leur gloire, notre campagne devenait plus dangereuse, et que nous risquions non-seulement de perdre Francfort, mais d'être bloqués dans Mayence.

Dans la dernière quinzaine de novembre on nous fit sortir presque tous de Mayence et passer le Rhin à Cassel; il ne resta que trois ou quatre mille hommes pour le service de la place, et tout le reste de l'armée se répandit le long du Rhin. Nous campions autour de Costheim, de Weilbach, d'Heidersheim, de Hœchst, de Sassenheim; notre principale force était à Hœchst. Le bataillon de la montagne avec les 2e et 3e bataillons des Vosges bivaquaient en avant-garde sur le plateau de Bockenheim, derrière une grande forêt.

Nous voyions Francfort à deux lieues au-dessous de nous, sur notre droite, avec ses jardins, ses grandes allées de peupliers, ses maisonnettes vertes et rouges répandues au loin, ses fossés remplis d'eau, ses églises, ses grandes rues, le Mein tout couvert de bateaux; et de l'autre côté de la rivière, la même répétition de jardins magnifiques, de fontaines et de gloriettes. Quelles richesses renferme une ville pareille! comme tout va, vient, court et se remue pour gagner de l'argent, quelle vie!... Et quand on pense qu'une poignée de soldats, conduits par un pillard, peut troubler le travail de tant de gens laborieux! C'est comme ces frelons qui entrent de force dans une ruche pour en manger le miel et tout ravager; mais Custine ne voyait pas plus loin : c'était un général.

Nous autres, au milieu de ce pays vignoble, nous bivaquions dans la montagne et je me rappelle que Jean Rat disait que nous ferions mieux de descendre à Francfort et de prendre ce qui nous conviendrait dans cette ville.

Le bruit courait aussi que les Prussiens allaient nous attaquer, et c'est en ce temps que j'ai vu faire les plus grands abatis d'arbres pour couvrir notre ligne. Les bataillons d'avant-garde n'avaient pas besoin de prendre la pioche ou la hache; nous étions en sentinelle pour avertir l'armée s'il se présentait quelque chose, et nous défendre en attendant le renfort; mais derrière nous, sur une ligne de trois à quatre lieues, entre Hœchst, Sassenheim et Soulzbach, nous voyions les haches et les pioches de milliers d'hommes reluire, les forêts, les vergers s'abattre, les tas de terre jaune s'élever et s'étendre d'une hauteur à l'autre, à travers les ravins et les vallons; nous voyions les voitures et les brouettes monter et descendre le long des talus; les officiers à cheval encourager leurs soldats, les petites pièces, attelées de cinq ou six chevaux, grimper sur les retranchements à travers la boue épaisse, et puis se placer dans leurs petits carrés de terre; et malgré la distance nous entendions cette grande rumeur de milliers d'hommes qui travaillent; c'était un bruit lointain, confus, qui ne finissait pas.

Cela dura neuf jours.

Nous ne suivions pas l'exemple des Prussiens qui s'étaient cantonnés à Limbourg et que Houchard avait surpris dans leurs villages, nous campions sous nos tentes. Lorsqu'on est en guerre, il faut ouvrir l'œil; ceux qui prennent trop leurs aises s'endorment. Il vaut mieux avoir froid et rester toujours bien éveillé.

Donc les choses étaient ainsi, quand, le 29 novembre au matin, pendant que nous faisions la soupe, tout à coup au fond du ciel, sur notre droite, de grandes lignes bleues se montrèrent suivant tous les chemins et tous les sentiers qui descendaient à Francfort. Ces lignes étaient bien encore à trois lieues de nous; mais, dans notre bataillon, tous les vieux soldats rengagés comme volontaires et qui connaissaient la signification des choses disaient :

« C'est l'ennemi ! »

Plusieurs même allaient jusqu'à reconnaître la cavalerie; et la main étendue, ils nous expliquaient ces lignes qui n'avaient pas l'air de bouger, mais qui s'avançaient tout de même lentement. Vers deux heures nous les voyions déjà qui s'étendaient de Hombourg à Oberwesel, sur l'autre versant des montagnes; le fourmillement des baïonnettes et les éclairs des casques nous apprenaient en même temps qu'ils étaient bien quarante à cinquante mille hommes, mais personne ne pensait pourtant que le roi Frédéric-Guillaume et Brunswick, échappés de l'Argonne par la grâce de Dumouriez, se trouvaient là pour tâcher de prendre leur revanche : nous l'avons su plus tard!

Custine en ce moment était à Mayence; Houchard, aux environs de Hœchst, près du Mein, commandait le camp; notre commandant Meunier était à Kœnigstein; le premier capitaine Jordy d'Abreschwiller envoya tout de suite prévenir Houchard de ce qui se passait. Je le vois encore accourir avec le colonel du génie Guy-Vernon et deux ou trois jeunes officiers d'état-major; ils longèrent le village au galop et s'avancèrent jusqu'au bord du plateau en face de Bergen; là se trouvaient tous les vieux du 1ᵉʳ bataillon de la montagne et de ceux des Vosges, avec la moitié des paysans de Bockenheim, en train de regarder ce mouvement de l'ennemi. Houchard, le colonel du génie et les autres regardèrent en silence. Un des jeunes officiers dit :

« Ils se concentrent à Bergen. »

Et Houchard lui répondit :

« Oui, ce sont des habits blancs, l'affaire sera pour demain. »

En même temps il se retourna vers Jordy et lui dit :

« Vous ferez observer tous ces mouvements, capitaine, et vous m'en préviendrez d'heure en heure. »

Ensuite il repartit ventre à terre, les autres à sa suite; et tout ce jour du 29 nous ne vîmes rien de nouveau; l'ennemi continua de marcher dans la même direction; les habits blancs et les habits bleus se réunissaient sur une longue montagne au-dessus de Francfort.

Cette nuit-là, des milliers de feux de bivac autour de Bergen éclairèrent le ciel sombre; rien ne bougeait, les Prussiens se reposaient; mais des lumières innombrables couraient dans la ville, à travers les jardins et le long du Mein. Vers trois heures après minuit, comme j'étais en sentinelle, voyant cette agitation dans Francfort, au milieu du silence je pensai qu'on ne pouvait pas se fier aux Allemands; qu'ils tenaient tous ensemble contre nous et qu'il se préparait quelque chose. Nous étions maîtres de la ville, c'est vrai; nous avions deux mille hommes de garnison dans la place et naturellement les postes étaient doublés; malgré cela, deux mille hommes ne pouvaient pas défendre une aussi grande étendue de vieux remparts, surtout si les bourgeois et le peuple tenaient avec l'ennemi. Notre petite armée de quinze à vingt mille hommes ne pouvait pas non plus livrer bataille à cinquante mille; il nous fallait du renfort. Ces idées et beaucoup d'autres me passèrent alors par la tête.

Pourtant rien ne bougea dans la nuit, et seulement le lendemain, entre neuf et dix heures, le tocsin de Francfort se mit à sonner; des coups de fusil partirent à droite et à gauche dans la rue; bientôt ce fut une véritable fusillade; tout était en révolution. Les Prussiens n'attendaient que cela; pendant que le peuple et la garnison se battaient, eux, ils descendirent se faire ouvrir les portes. Nous aurions bien voulu courir au secours de nos camarades, mais nous ne pouvions pas dégarnir les postes, sans risquer d'être coupés. Le feu roulant continuait dans la place; les ouvriers : tisserands, chaudronniers, menuisiers, cordonniers, tailleurs, tous les corps de métiers poussés par les bourgeois qui restaient tranquillement chez eux, et des tas de paysans du Nassau, presque tous vignerons, livraient bataille à nos volontaires.

A midi, plusieurs coups de canon nous avertirent que les Prussiens, arrivés au bas des glacis, étaient sous le feu de la place et que le commandant van Helden se défendait solidement. Mais quoi faire quand un peuple ne veut plus de vous et qu'il se soulève en masse?

Et puis comment défendre tous ces jardins parsemés de baraques et de maisonnettes, de palissades et de haies, qui s'étendaient jusque près des fossés et qui permettaient à l'ennemi de s'approcher sans être découvert? Qu'est-ce que deux mille hommes peuvent entreprendre contre cent mille?

Plus tard on aurait mis le feu dans la place pour faire réfléchir les bourgeois, mais ce n'était pas encore la mode en ce temps-là, on avait encore de l'humanité; toute la France avait crié contre Jarry qui s'était permis de brûler un village de Belgique.

Enfin, comme nous regardions de loin ce triste spectacle sans savoir au juste ce qui se passait, écoutant la fusillade, les coups de canon, le tocsin, et frémissant de colère d'être cloués dans notre position, voilà que sur les deux heures une colonne de sept à huit mille Prussiens descendent de Bergen, le fusil sur l'épaule, en allongeant le pas de notre côté. Ils marchaient en colonne d'attaque par demi-bataillons.

Le capitaine Jordy et les commandants des 2e et 3e bataillons des Vosges nous firent aussitôt former sur trois rangs, un peu en arrière de la pente pour nous couvrir et nos six petites pièces dans les intervalles. Nous attendîmes ainsi, l'arme au pied, après avoir chargé. Les autres avançaient en bon ordre, leurs drapeaux avec l'aigle noire au milieu de chaque ligne; et comme ils arrivaient au fond du vallon, un officier d'état-major accourt au galop apporter l'ordre d'évacuer la position.

Chacun doit comprendre notre indignation de tourner le dos aux Prussiens, mais l'ordre était clair, et sans perdre de temps, on descendit par files du côté de Hœchst, emmenant nos pauvres pièces qui n'avaient pas même tiré un coup de canon.

Enfin nous étions en route, et déjà hors du village, voyant une colonne prussienne se glisser entre notre position et Francfort pour couper la retraite à la garnison, sur la grande chaussée de Griesheim, qui longe le Mein, lorsqu'un autre officier d'état-major nous arrête à mi-côte, donnant l'ordre de reprendre Bockenheim où les Prussiens venaient d'arriver et s'apprêtaient à nous fusiller par derrière. Malgré tout, l'ordre de remonter nous fit plaisir, d'autant plus que deux bataillons de grenadiers venaient soutenir notre attaque.

Nous remontâmes donc, et les Prussiens furent tellement étonnés de nous voir revenir sur eux à la baïonnette, criant comme des loups « Vive la république! » qu'ils se laissèrent culbuter jusqu'au bas de la côte, et que nous en massacrâmes trois ou quatre cents dans le village. En même temps les grenadiers arrivèrent avec deux pièces de canon, que l'on mit en batterie au bord du plateau, nous derrière pour les soutenir, et la colonne prussienne qui filait entre Bockenheim et Francfort, croyant qu'elle n'avait plus rien à craindre de notre côté, puisque le village était évacué, cette colonne fut mitraillée d'une façon si terrible qu'elle se débanda dans les jardins, laissant des quantités de morts et de blessés le long de sa route.

Neuwinger arrivait en ce moment avec neuf mille hommes au secours de la garnison; il se déployait en avant des glacis, et les Prussiens furent pris entre deux feux. Cela montre bien que la guerre n'est qu'un pur hasard : le premier ordre que nous avions reçu d'évacuer le village venait de Houchard, et Custine, arrivant au galop de Mayence, nous avait aussitôt ordonné de le reprendre. Si nous étions restés en place, les Prussiens ne se seraient pas risqués entre notre position et Francfort, en nous laissant derrière eux pour les mitrailler; cela tombe sous le bon sens; ils perdirent là douze à quinze cents hommes par une mauvaise chance.

Malheureusement Neuwinger arrivait aussi trop tard pour sauver la garnison; le peuple de Francfort avait livré les portes à l'ennemi; deux bataillons, entourés par les ouvriers, les paysans, les Prussiens et les Autrichiens, avaient mis bas les armes; deux autres seulement avaient pu se faire jour, le major van Helden en tête, jusque sur les glacis. Ces deux bataillons, ayant rejoint Neuwinger, battirent en retraite le long du Mein, et tous les postes des hauteurs voisines se replièrent à mesure.

Houchard lui-même, avec un escadron de ses chasseurs, vint nous ramener. C'était un brave soldat, mais qui ne savait pas toujours ce qu'il faisait; il avait besoin, pour donner des ordres, de voir les choses sous ses yeux; ce qu'il ne voyait pas il n'y pensait plus, ou bien il y pensait trop tard, c'est la cause de ses malheurs.

Une fois en retraite et les Prussiens à Francfort, nos abatis, nos tranchées et tous nos travaux le long du Mein se trouvaient tournés; il fallut donc se dépêcher de les abandonner.

Vers cinq heures du soir, on reprit position entre Sassenheim et Soulzbach. Les Prussiens nous suivaient; l'arrière-garde tiraillait. On mit huit pièces en avant du village de Rœdelheim, et l'ennemi, qui se figurait nous pousser jusqu'à Mayence, en arrivant là fut reçu par quelques décharges à mitraille, qui le dégoûtèrent de nous serrer d'aussi près.

Nous restâmes en position toute cette nuit,

pour attendre la bataille. Custine, Biron, Beauharnais, Houchard, se trouvaient réunis; ils délibérèrent jusqu'au matin, dans une grande tente tricolore où l'on avait allumé du feu. Mais le lendemain les Prussiens ne s'étant pas présentés, nous retournâmes à Mayence.

Dans les deux bataillons qui s'étaient échappés de Francfort se trouvaient Marescot et ma sœur Lisbeth; ils avaient perdu leur cheval, leur charrette et tout leur butin, encore bien heureux d'avoir retiré leur peau de la débâcle.

Custine, qui se donnait toute la gloire des affaires quand elles allaient bien, et qui mettait sur le dos des autres toutes les fautes, lorsqu'elles tournaient mal, fit juger le commandant van Helden par une cour martiale, et ce brave homme, qui s'était défendu comme un lion, fut cassé!

Voilà comment finit notre conquête de Francfort; et maintenant d'autres choses vont venir.

VII

Le jour de notre rentrée à Mayence, il tombait de la neige; les deux rives du fleuve, le grand pont de bateaux, les remparts et les toits de la vieille ville sombre étaient blancs à perte de vue; les bataillons, les escadrons, l'artillerie, les bagages défilaient en silence et regagnaient leurs quartiers. Quelques régiments restèrent pourtant sur l'autre rive, à Costheim et dans les environs. Meunier et ses quatre cents hommes, à cinq ou six lieues de nous, étaient bloqués par les Prussiens à Kœnigstein. Cette année 1792 finissait mal pour nous.

Alors il fallut se remettre à travailler aux fortifications par un froid terrible. Ah! si les nobles avaient été forcés de faire notre ouvrage, ils auraient tous péri, mais nous étions des paysans, des mariniers, des ouvriers, des bûcherons, des gens endurcis par le travail, et qui n'avaient pas peur d'attraper des écailles dans le creux des mains, ni des engelures aux pieds.

C'est au commencement de janvier que la Convention envoya les représentants Rewbel, Haussmann et Merlin de Thionville, pour nous encourager; ils étaient toujours au milieu de nous sur les tas de terre, avec leurs grands chapeaux retroussés, leurs écharpes, et leurs sabres traînants, à nous crier :

« Courage, citoyens, ça marche! »

Et malgré les larmes qui nous coulaient sur les joues, à cause du froid, nous répondions :

« Vive la république! »

Les Allemands ont toujours aimé leurs aises; je me rappelle qu'un jour nos trois représentants profitèrent de la grande neige pour leur rendre visite, à Hochheim, avec huit bataillons de volontaires. Vers le soir, le canon gronda sur la côte; les Prussiens avaient été surpris dans leurs cantonnements; des files de prisonniers arrivèrent dans la nuit. Mais le lendemain, le temps étant toujours aussi mauvais, les Prussiens, en masse, entourèrent Hochheim, et nos représentants avec les huit bataillons manquèrent d'être pris.

Il fallut se faire jour coûte que coûte, et nous perdîmes là plusieurs canons et quelques centaines d'hommes.

Ainsi se passaient les semaines d'hiver. On se séchait le soir, en lisant le bulletin de la Convention; on parlait des batailles de la Montagne contre la Gironde qui ne finissaient pas. Et c'est vers ce temps qu'il fut question d'une cachette remplie de papiers, qu'on venait de trouver dans les Tuileries; les journaux appelaient cela « l'armoire de fer. » Un serrurier, nommé Gamin, avait aidé Louis XVI à faire cette armoire, — car le roi dans ses moments perdus travaillait comme serrurier. — Cet homme, étant tombé malade, pensa que le roi l'avait empoisonné pour l'empêcher de trahir sa cachette, et se dépêcha de la dénoncer au ministre Roland, par esprit de vengeance, avant de mourir. Cela fit beaucoup de bruit en ce temps.

J'allais aussi voir souvent ma sœur et Marescot à l'église Saint-Ignace, et c'est là, dans cette vieille bâtisse, que l'exaltation des Parisiens m'étonnait, car ces êtres curieux et pleins de violence ne se connaissaient plus à l'arrivée des bulletins; ils grimpaient sur les tables et prononçaient des discours trois et quatre ensemble, faisant des motions et se réunissant pour pétitionner contre Roland; ils accusaient ce ministre d'avoir brûlé tous les papiers de l'armoire de fer qui pouvaient compromettre les girondins. Quelquefois, quand les nouvelles leur plaisaient, ils se mettaient à danser la carmagnole. Souvent aussi toute la ville, ouvriers, bourgeois, volontaires, étaient dans le même état.

Ce qui me revient encore comme une chose vraiment extraordinaire, c'est l'exaltation du monde quand on apprit que le ci-devant roi Louis XVI allait être enfin jugé. Depuis longtemps on pétitionnait de tous les côtés pour lui faire son procès, mais alors on aurait cru qu'il n'avait jamais été question de mettre cet homme en jugement. J'ai vu bien d'autres procès dans la suite des temps : des procès de bandits, d'empoisonneurs; celui de Schindrhans, celui de

Fualdès, celui du docteur Castaing; la curiosité des gens est surprenante pour de pareilles abominations; on veut tout savoir: la figure des gueux, leur vie, les demandes et les réponses; on ne peut pas attendre la gazette, et jamais l'existence d'un honnête homme, ses bonnes paroles et sa bonne mine ne pourraient produire le quart autant d'effet.

Eh bien, toute cette curiosité n'était rien auprès de celle que les gens montrèrent au procès du ci-devant roi de France, qu'on appelait Louis Capet. Dans les brasseries, dans les cabarets, au corps de garde, à la caserne, partout on ne parlait que de cela. Les uns disaient qu'il fallait le fusiller sans jugement, comme ennemi de la république et du genre humain; les autres qu'il fallait seulement le bannir lui et sa famille; d'autres qu'il méritait d'être guillotiné, pour avoir trahi la patrie, et naturellement cela produisait des disputes; dans toute la France et dans toute l'armée on trouvait des girondins, des montagnards et des hommes du Marais, avec tout cela des parents d'émigrés et des prêtres réfractaires; les Chauvel n'avaient pas encore pris le dessus; qu'on se figure un pareil mélange.

Mais c'est à la Convention que la bataille était le plus terrible. Après avoir tout fait pour étouffer ce procès, les girondins, voyant qu'ils ne pouvaient plus l'empêcher, inventaient chaque jour quelque chose de nouveau pour le retarder et l'arrêter. Un jour ils disaient que le roi était inviolable par la constitution de 91. On leur répondait qu'il avait violé cette constitution. Le lendemain ils criaient que c'était abominable, que la Convention n'était pas un tribunal; et puis, comme ils étaient encore battus sur ce chapitre, ils demandaient l'appel au peuple; ils essayaient de faire peur à la nation, en disant que la mort de Louis serait le signal d'une coalition de tous les monarques contre la France, etc. Qu'est-ce que je sais encore? Cela ne finissait pas. Quelquefois ils descendaient par centaines de leurs bancs comme des furieux, pour tomber sur les montagnards, et sans les hommes plus calmes du Marais, l'affaire aurait fini par un massacre.

Ce roi avait pourtant trahi la nation, les pièces trouvées dans l'armoire de fer le prouvaient clairement: il avait dépensé la moitié de sa liste civile à corrompre des députés, à payer les émigrés de Coblentz; il avait appelé les Prussiens et les Autrichiens en France, pour le rétablir, lui, sa noblesse et son clergé dans leurs anciens privilèges, et nous dans notre ancienne servitude. S'il s'était agi d'un pauvre diable ayant commis le quart des mêmes crimes, son procès n'aurait pas duré dix minutes; mais c'était un roi! et, pour le défendre, les girondins, qui se disaient républicains, risquaient d'allumer la guerre civile en France, puisqu'ils proposaient de soumettre le jugement de Louis XVI aux assemblées primaires, c'est-à-dire de soulever les même colères et de faire le même scandale dans tout le pays qu'ils faisaient à la Convention.

Et pendant ce temps la disette grandissait, le prix du pain augmentait de jour en jour; les ouvriers étaient payés avec des assignats qui n'avaient plus le quart de leur valeur; les marchands refusaient ces assignats en paiement de leurs marchandises; il fallait attendre des heures à la porte des boulangers pour obtenir une livre de pain; enfin le peuple, — dont les pères, les frères, les enfants combattaient en Allemagne et en Belgique, parce que les girondins avaient fait déclarer la guerre,— le peuple mourait de faim! il criait à la Convention de le sauver, de fixer le prix des objets de première nécessité, mais les girondins n'entendaient pas les cris de ce pauvre peuple misérable; ils n'avaient de pitié que pour Louis XVI.

Ces choses se passaient à la fin de décembre et au commencement de janvier.

Quinze jours avant, le bruit avait couru que Beurnonville, qui remplaçait Kellermann à l'armée de la Moselle, allait nous rejoindre pour écraser l'ennemi ensemble; mais il n'avait pu dépasser Sarrebruck, parce que les Prussiens s'étaient portés tout de suite en force sur Pellugen et Bibeltausen, pour défendre les défilés; le 4ᵉ bataillon de la Meurthe et la compagnie franche de Saint-Maurice s'étaient distingués dans ce combat; on parlait aussi de la belle conduite du bataillon de Popincourt et du 96ᵉ régiment d'infanterie. Depuis ce combat, les dragons de Toscane et les Grèvemakers autrichiens restaient maîtres entre la Sarre et le Rhin; les Prussiens avaient jeté des ponts à Baccarach et dans plusieurs autres endroits, et nos hussards de la liberté faisaient souvent le coup de sabre avec leurs partisans, en escortant les convois qui venaient de Landau, de Wissembourg et d'ailleurs.

J'avais écrit à Marguerite, pour lui raconter la vie que nous menions dans la pluie, la boue et la neige; et, comme aucune réponse ne m'arrivait, je pensais que sans doute le paquet de lettres était tombé dans quelque embuscade, car on apprenait à chaque instant de pareilles surprises, et ceux qui ne pensaient qu'au procès du ci-devant Louis XVI ne recevaient plus régulièrement leurs gazettes. C'était donc mon idée, lorsqu'un matin, en rentrant de monter ma garde, je vois dans l'escalier de la caserne un homme en blouse, et j'entends le vieux Sôme me crier d'en haut :

« Hé! Michel, voilà quelqu'un qui te demande ! »

Je regarde, c'était Quentin Murot, le courrier de Phalsbourg à Sarreguemines, qui demeurait en ce temps près la porte d'Allemagne. On ne se figurera jamais la joie de revoir quelqu'un du pays dans un moment pareil ; j'aurais voulu l'embrasser à force de satisfaction, et je criai :

« C'est vous, père Murot? Mon Dieu! est-ce que vous viendriez de chez nous?

— Si j'en viens, dit-il en riant, parbleu! puisque j'apporte quelque chose pour toi. Mais c'est encore à l'auberge du Soleil; j'ai mis là ma voiture. Je ne pouvais pas trimballer le panier avec moi, sans savoir où je te trouverais.

— Vous avez vu Marguerite? lui dis-je.

— Oui, voilà juste huit jours que je l'ai vue dans sa boutique, avec ton petit frère Étienne ; elle m'a tant prié, que je n'ai pu faire autrement que de charger le panier. Attends, dit-il en passant la main sous sa blouse, j'ai aussi une lettre. »

Et de son gros portefeuille de roulier il tira la lettre, que je reconnus tout de suite à l'écriture pour être de Marguerite. Alors mon cœur nageait dans la joie. Tous les camarades autour de nous me regardaient. Je voulais lire la lettre tout seul, c'est pourquoi, malgré mon impatience, je la mis dans ma poche, en criant :

« C'est bon, c'est bon, père Murot!... allons voir le panier ! »

Nous sortîmes ensemble, et sur toute notre route je ne fis que lui demander des nouvelles de Marguerite, de maître Jean, de mon père, de celui-ci, de celui-là, revenant toujours à savoir si Marguerite se portait bien, si elle avait bonne mine, si elle était toujours gaie, et le père, s'il jouissait d'une bonne santé. Murot avait à peine le temps de me répondre; nous traversions des tas de monde dans les petites ruelles, et je ne voyais que lui. A chaque fois qu'il me répondait : « Mais oui, ils sont tous en bonne santé; Marguerite est fraîche et réjouie, et maître Jean aussi, il a toujours son gros ventre et ses moustaches de hussard, » je criais : « Ah! ah!... c'est bon! » Je croyais sentir comme une bonne odeur de là-bas; et, regardant le vieux Quentin Murot avec attendrissement, malgré sa grosse verrue à côté du nez et ses petits yeux plissés, couverts de cils jaunes, je le trouvais beau.

Mais en arrivant dans une vieille rue où l'on dit que l'inventeur de l'imprimerie est venu au monde, je fus tout de même étonné de voir une quantité de gens en blouse et bonnet de coton, en tricorne et gilet rouge, aller et venir au milieu d'un encombrement de charrettes; ils criaient, s'appelant par des noms du pays, des noms de Sarrebourg, de Saverne, des Quatre-Vents, de Mittelbronn, des environs de chez nous.

« Hé! dis-je à Murot, vous n'êtes pas venu seul à Mayence?

— Non, dit-il, nous sommes arrivés plus de cent cinquante; on nous a mis en réquisition pour amener de la poudre, des canons et des boulets. Baptiste, mon garçon, fait maintenant le service du courrier ; j'ai pris sa place. Il paraît qu'on va vous enfermer ici.

— Et l'on ne vous a pas attaqués? » lui dis-je.

Alors il se mit à rire et me répondit :

« La garde nationale de Phalsbourg nous a fait la conduite jusqu'à Rohrbach, et là deux cents dragons nationaux sont venus de Saint-Avold pour nous escorter. Tout a bien été les trois premiers jours, mais, entre Landau et Frankental, nous avons eu dans l'après-midi du quatrième jour une grande alerte. Nous avancions à la file, sans nous méfier de rien, nos dragons à droite et à gauche de la route, quand une dizaine d'entre eux, qui marchaient en avant, revinrent dire que des manteaux rouges en nombre arrivaient nous attaquer; et comme on criait « Halte! halte ! » les voilà qui descendent déjà la côte en face, avec leurs grandes lances et leurs bonnets à poil.

— Et vous n'avez pas eu peur, père Murot?

— Peur? allons donc! fit-il; tu veux rire, Michel? Nos dragons ont été à leur rencontre, et c'est là, dans un fond, qu'ils se sont livré bataille entre eux. Nous les regardions de la route. Mais tout à coup une dizaine de ces gueux arrivent en faisant le tour du vallon, pendant que les autres se battaient; ils arrivent ventre à terre, en nous criant, dans leur mauvais allemand, de renverser les charrettes. J'étais le cinq ou sixième sur la ligne ; les premiers s'étaient sauvés, et l'un des manteaux rouges, un grand brun, court sur moi, furieux, et me met un long pistolet sous le nez, en me donnant l'ordre de dételer.

Mais alors moi, je détourne son bras, et je lui donne avec le gros bout de mon fouet un si bon coup sur l'oreille, que la moitié de ses favoris en sont restés après le manche, et toutes ses grosses dents du côté gauche lui ont sauté de la bouche; il ne voyait plus clair et ballottait sur son cheval, la bride lâchée et les

Mayence était là devant nous. (Page 26.)

pieds hors des étriers. Seulement deux autres ayant vu cela de loin, venaient déjà m'enfiler avec leurs perches, et je n'eus que le temps de me glisser entre les voitures, de l'autre côté. Le grand Mâcri, des Trois-Maisons, a payé pour moi, car un de ces manteaux rouges lui a poussé sa lance entre les côtes, tellement qu'il l'a mis par terre; et Nicolas Finck, qui venait à son secours, a reçu deux grosses balafres en travers du nez et de la joue. Moi je n'ai rien eu, parce que les dragons revenaient et que les bandits se sauvaient, en laissant une quinzaine d'entre eux dans le vallon. Nous avons même eu des chevaux de renfort pour continuer notre route. »

Le vieux Murot riait de bon cœur en me racontant cette histoire.

« Et le procès de Louis XVI, lui dis-je, est-ce qu'on en parle aussi là-bas?

— Le procès de Capet? Oui, fit-il, les femmes en parlent beaucoup; la mienne a voulu brûler des cierges à son intention, mais je l'ai joliment arrangée! Le réfractaire de Henridorff prêche qu'une légion d'anges va descendre du ciel pour le soutenir; et chaque fois que nos gendarmes arrivent pour empoigner ce gueux, un homme en faction dans le clocher l'avertit d'avance et il se sauve; il faudra mettre le feu dans sa baraque. J'ai vu ta mère dimanche dernier sur le chemin de Henridorff; elle est devenue toute blanche à force de colère et de chagrin pour Marie-Antoinette, qui se moque pas mal d'elle et des autres.

Voilà d'où viennent les pires aristocrates (p. 30).

« Tout ça, Michel, vois-tu, c'est de la farce. Nous autres paysans, dans les environs de la ville, nous ne pensons qu'au citoyen Cambon, qui fait mettre les terres des émigrés en petits morceaux, pour que chacun puisse en acheter sa part, et qui nous les vend à crédit! A la bonne heure! celui-là, je le respecte. Que les aristocrates viennent nous réclamer nos terres quand nous les aurons payées; qu'ils essayent seulement de les reprendre, tous les paysans de France tomberont dessus par mille et centaines de milliasses; il n'en restera pas seulement un seul de ces fainéants! Ah! Dieu du ciel! si j'avais su ça d'avance, combien de bouteilles et de chopines j'aurais épargnées dans tous les bouchons et les cabarets depuis trente-sept ans, et que j'aurais mis en prés, en bois, en bonnes terres. Enfin c'est fait, n'y pensons plus, mais que ça serve d'exemple à nos enfants; ce qu'on boit et qu'on avale est perdu pour toujours.

« Quant à Capet, qu'on lui coupe le cou, ou qu'on le mène dehors entre deux gendarmes, ça m'est égal, pourvu que ma femme ne me vole pas l'argent que je gagne, à cette fin de lui faire dire des messes! Mais j'ouvre l'œil, sois tranquille, et les autres aussi. Depuis des centaines d'années, les aristocrates avaient pris toutes les terres, et nous autres malheureux paysans nous étions forcés de nous contenter du royaume des cieux; chacun son tour! »

Nous entrions alors sous une grande porte d'auberge, et le brave homme me dit :

« Nous y voilà, Michel, attends que j'entre sous la bâche, ton panier est au fond. »

Il grimpa dans sa grande voiture, et deux minutes après il me tendait un panier en disant :

« Voici ton affaire. »

C'était un panier tressé par mon père, tout pareil à celui que j'avais envoyé deux ans avant à Paris, rue du Bouloi, n° 11, mais plus petit. En le tenant dans mes mains et me rappelant ce bon temps déjà loin, j'en étais comme suffoqué.

« Qu'est-ce que ça coûte, père Murot? dis-je tout bas.

— Bah! bah! fit-il, ça n'est rien; une bouteille de vin, si tu veux, Michel. »

Nous entrâmes dans l'auberge, et je fis apporter une bouteille de vin. La salle fourmillait de monde. Je vis le grand Nicolas Fink près du fourneau, un gros bandeau plein de sang sur la figure, et le feutre par-dessus; il avait l'air de s'ennuyer et même de dormir.

Je m'assis dans un coin, près de la porte, en face de Murot, et je me mis à lire la lettre de Marguerite.

Ah! tous les hommes ont eu le bonheur d'être aimés une fois dans leur vie; mais d'être aimé par une personne de bon sens, qui ne pense pas seulement à vous répéter qu'elle vous aime, et qui s'inquiète de vos besoins, qui vous encourage, qui vous donne de bons conseils et n'oublie rien de ce qui peut vous faire plaisir, voilà des choses qu'on se rappelle jusqu'à quatre-vingt-dix ans, et qui vous rendent en quelque sorte fier d'avoir gagné cet amour; car c'est encore plus rare que le gros lot à la loterie.

Marguerite m'envoyait dans son panier deux bonnes chemises neuves, des bas de laine pour me tenir les pieds chauds; elle avait même cousu dessous des semelles en feutre, qui vous préservent de l'humidité. Elle m'envoyait encore une chemise en laine, des souliers solides garnis de gros clous; enfin tout ce qu'un homme peut souhaiter, quand il est obligé de vivre dans la boue et content de se réchauffer vite après l'ouvrage. — Quel esprit et quel bon sens il faut avoir pour songer à tout! — Le reste n'y manquait pas non plus, comme un bon jambonneau, un quartier de lard fumé, une bouteille de kirsch. J'en étais dans l'admiration, et je me promettais naturellement de me conserver pour une femme aussi remplie d'esprit et de cœur; oui, je prenais cette ferme résolution, sans manquer à mes devoirs envers la patrie et la liberté, bien entendu. Mais cela suffit, chacun doit me comprendre.

La lettre de Marguerite en renfermait une de Chauvel, que je regrette d'avoir perdue, car elle expliquait bien des choses et montrait clairement ce qui nous est arrivé plus tard. Elle était adressée à maître Jean, des Baraques du Bois-de-Chênes, et portait, si je ne me trompe, la date du 1ᵉʳ décembre 1792.

Chauvel, dans cette lettre, donnait de grands détails sur les chefs de la Montagne, et particulièrement sur Danton, qu'il mettait au-dessus de tous les autres, pour le courage, l'éloquence naturelle, le bon sens et le bon cœur. Il disait que ce brave homme, après chaque bataille de la Convention, était toujours le premier à tendre la main aux girondins, à les conjurer, au nom de la patrie, d'oublier leurs haines et de se joindre à la Montagne dans l'intérêt de la république; mais que le parti de la Gironde, où se trouvaient de très-grands orateurs, se laissait conduire par Mme Roland, une femme ambitieuse qui ne pouvait souffrir Danton.

Il disait que si les girondins s'obstinaient à se mettre en travers de toutes les mesures nécessaires au salut de la patrie, il faudrait en venir aux coups tôt ou tard; que cette bataille amènerait de grands malheurs: qu'un certain nombre des départements du Midi soutiendraient leurs députés; que les réfractaires et les nobles de la Vendée profiteraient bien sûr de l'occasion, pour commencer la guerre civile; et que le danger de la république nous forcerait de recourir à des moyens terribles.

Ces choses attristaient Chauvel, et, tout en se montrant prêt à marcher jusqu'au bout, il s'indignait de voir des hommes comme Vergniaud conduits par une espèce de Marie-Antoinette de la Gironde. Il finissait en disant qu'on allait mettre sur le tapis le jugement du roi, pour forcer les girondins de se découvrir et peut-être même de se diviser; qu'on verrait alors, suivant qu'ils approuveraient ou combattraient le jugement, si ces messieurs étaient royalistes ou républicains.

Il avait bien raison; depuis le premier jour du procès de Louis XVI, on voyait clairement le fonds de leurs idées; les hommes de bon sens ne pouvaient plus s'y tromper.

Enfin ces deux lettres me firent le plus grand plaisir. Après avoir payé la bouteille de vin et bien recommandé à Murot d'embrasser Marguerite pour moi sur les deux joues, ainsi que mon père et le petit Étienne, je retournai tout joyeux à notre caserne de la Capuzinerstrasse, mon grand panier sur l'épaule.

Le lendemain 22 janvier on apprit par des courriers extraordinaires la condamnation du roi, et deux ou trois jours après son exécution, malgré les girondins, qui jusqu'à la dernière heure avaient demandé le sursis. Ils avaient pourtant presque tous voté la mort.

Cette nouvelle excita dans l'armée le plus grand enthousiasme.

On se réjouissait de voir qu'à la fin des fins la justice devenait égale pour tout le monde, et qu'un roi ne devait plus violer son serment et trahir la patrie sans courir de risque. Mais en même temps on comprenait que les rois de l'Europe allaient nous en vouloir terriblement du mauvais exemple que nous donnions à leurs peuples; que ces gens, habitués à regarder les hommes comme des bêtes et à se considérer eux-mêmes comme des dieux, ne nous pardonneraient jamais d'avoir montré qu'on pouvait leur couper la tête, comme aux autres bandits; on comprenait que c'était une guerre à mort entre eux et la république, et qu'il faudrait les bousculer.

Malgré cela toute la France était dans la joie, et, pendant les quinze jours qui suivirent, des masses d'adresses, avec des millions de signatures, arrivèrent à la Convention, pour la remercier de ce qu'elle avait fait.

VIII.

Pendant le mois de février, les convois de grain, de paille, et surtout de canons, de poudre et de boulets, continuèrent d'arriver sans relâche; les moulins bâtis sur pilotis au milieu du fleuve ne cessaient pas de moudre; la farine s'entassait dans les magasins, et tout cela montrait que nous allions être bloqués.

C'est le premier de ce mois, que le girondin Brissot vint proposer à la Convention de déclarer la guerre à l'Angleterre et à la Hollande, disant que le peuple anglais n'attendait que notre déclaration, pour bousculer sa noblesse et proclamer la république; que cette bonne nouvelle lui venait de Londres et qu'il en répondait.

La vérité, c'est que le ministre Pitt avait fait écrire ces fausses nouvelles à Brissot, par de soi-disant républicains. Pitt avait besoin de la guerre avec la France, pour étouffer les idées de notre révolution, qui se répandaient de plus en plus en Angleterre, et rétablir l'aristocratie dans toute sa force. Il nous aurait attaqués depuis longtemps, sans la crainte de soulever le peuple contre sa politique; mais en trompant Brissot et trouvant ainsi le moyen de se faire déclarer la guerre, il se donnait le beau rôle, puisque les Anglais étaient bien forcés de se défendre.

Quand je pense à ce Brissot, la colère m'empoigne! A force de crier à l'Assemblée législative contre Robespierre, qui soutenait la paix; à force de cabaler, lui et ses amis, et d'exciter les gens au moyen de leurs mauvaises gazettes, ils nous avaient fait déclarer la guerre à l'Allemagne, quand rien n'était prêt pour l'entreprendre. Cette guerre avait amené l'invasion de la Champagne et les massacres de septembre. Il est vrai que depuis nous avions gagné. Mais il avait fallu déclarer la patrie en danger, lever, armer, équiper des centaines de mille hommes, dépenser des quantités de millions. Quand on se bat, tout s'envole en fumée; le commerce, l'industrie, la culture dépérissent faute de bras et d'argent. Nous le voyions bien alors. Les gens ne gagnaient plus rien; ils ne pouvaient plus acheter de terres d'émigrés; les assignats qui représentaient la valeur de ces terres baissaient en proportion; il fallait en faire par masses et plus on en faisait moins ils valaient, enfin la misère augmentait de jour en jour.

Toutes ces choses auraient dû faire réfléchir nos représentants, avant de nous mettre un nouvel ennemi sur le dos.

Mais la Convention, trompée par Brissot, et, peut-être aussi excitée par nos victoires en Allemagne et en Belgique, déclara la guerre à l'Angleterre et à la Hollande. Seulement, comme elle savait que Pitt allait employer le vert et le sec, pour nous rendre tout le mal que nous avions fait à l'Angleterre pendant la guerre d'Amérique, elle décréta presque aussitôt une levée de trois cent mille hommes, et la division de toutes nos forces en huit armées, dont trois dans le nord, une sur les Alpes, une dans le Var, une pour garder les Pyrénées, une sur les côtes de la Manche, et la huitième, dite de réserve, à Châlons.

La Convention décréta aussi la réorganisation de l'armée, d'après le rapport de Dubois-Crancé. Ce décret, qu'on mit à l'ordre du bataillon, disait qu'à l'avenir il n'y aurait plus aucune différence ni distinction entre les corps d'infanterie appelés de ligne et les volontaires nationaux; que l'infanterie à la solde de la république serait formée en demi-brigades, composées chacune d'un bataillon des ci-devant régiments de ligne et de deux bataillons de volontaires; que chaque demi-brigade serait donc de trois bataillons, et chaque bataillon de neuf compagnies, dont une de grenadiers et huit de fusiliers; que la compagnie de grenadiers aurait soixante-deux hommes, y compris les officiers, sous-officiers, caporaux et tambours, et la compagnie de fusiliers soixante-sept hommes; que l'uniforme serait le même pour toute l'infanterie; qu'il serait aux couleurs nationales, et que ce changement se ferait au fur et à mesure que le ministère de la guerre serait obligé de renouveler l'habillement; que chaque demi-brigade se distinguerait par un numéro sur le bouton et sur le drapeau, et qu'elle aurait six pièces du calibre quatre, avec une compagnie de canonniers pour le service de ces pièces; que dans tous les grades, excepté celui de chef de brigade et celui de caporal, l'avancement aurait lieu de deux manières, savoir : le tiers par ancienneté de service, à grade égal, roulant sur toute la demi-brigade, et les deux tiers au choix, sur la présentation de trois candidats nommés par les soldats, pour chaque place vacante. Les emplois de généraux de brigade, de généraux de division, devaient être donnés : le tiers à l'ancienneté et les deux tiers au choix du ministre de la guerre, avec approbation du Corps Législatif.

Si je vous raconte ce décret en détail, c'est que les fameuses demi-brigades de la république, toutes formées sur le même modèle, dans les années 1793 et 1794, sont celles qui nous ont gagné tant de bonnes provinces, que les régiments de l'empire ont malheureusement perdues. C'est pourquoi j'estime, d'après mon simple bon sens, que, si nous voulons encore gagner des provinces au lieu d'en perdre, on fera bien de revenir aux immortelles demi-brigades, dont les derniers soldats sont devenus plus tard des maréchaux de l'empire, et les cantinières des princesses.

Enfin ce décret fit beaucoup de bien; on ne vit presque plus de duels entre les vieux soldats de ligne et les volontaires; les uns avaient l'enthousiasme de la liberté, les autres l'habitude de la discipline; les armées de la république en devinrent plus solides et plus hardies.

Vers le commencement de mars, notre brave commandant Meunier et ses deux cent cinquante grenadiers revinrent de Kœnigstein, un de ces vieux nids d'épervier comme il s'en trouve par vingtaines au haut des rochers qui bordent le Rhin. Je les vois encore traverser le pont, maigres, décharnés, les yeux luisants comme des rats, leur drapeau tout déchiré et huit petites pièces qu'ils ramenaient de là-bas. Ils avaient obtenu les honneurs de la guerre, après trois mois de siège. On criait :

« Vive le commandant Meunier! Vivent les grenadiers de Kœnigstein! »

Eux, ils riaient, montrant leurs grandes dents sous leurs moustaches, et donnant des poignées de main aux camarades.

Meunier reçut quinze jours après son brevet de général, et la Convention décréta que les défenseurs de Kœnigstein avaient bien mérité de la patrie.

Notre armée occupait alors tout le pays entre la Nahe et le Rhin, depuis Bingen jusqu'à Spire; ses magasins étaient à Frankental, un peu au-dessus de Worms; nous étions de quarante à quarante-cinq mille hommes.

Les ennemis, eux, depuis notre retraite de Francfort, s'étaient partagés en trois bandes : la première, composée en grande partie de Saxons, bloquait Cassel; la deuxième, forte d'environ cinquante mille Prussiens et Hessois, avait passé le Rhin à Rheinfelz, à quelques lieues au-dessous de Bingen; elle tenait le pays entre la Nahe et la Moselle, sur notre gauche; et la troisième, de vingt-cinq mille Autrichiens commandés par le général Wurmser, après avoir remonté le Rhin jusqu'à Mannheim, menaçait notre droite.

L'idée de ces Autrichiens était de passer le fleuve sur nos derrières, pendant que les Prussiens nous attaqueraient à gauche, et de couper la route de Landau; de cette façon toute notre armée aurait été forcée de s'enfermer dans Mayence; mais le général Meunier, posté à Spire avec douze mille hommes, observait leurs mouvements.

Les choses en étaient là lorsque, un matin, le bruit se répandit à Mayence que les Prussiens attaquaient notre aile gauche et que nous allions sortir pour les bousculer. Aussitôt les cris de « Vive la république! » recommencent, et puis notre bataillon, les quatre de fédérés parisiens, les chasseurs du Languedoc, les hussards de la liberté, l'artillerie, tout sort de la place; les anciens régiments de ligne, encore en habits blancs, et les bataillons de volontaires, bleus et rouges, s'étendent le long des haies à perte de vue, suivant les routes qui descendent le Rhin. Chaque homme avait sa giberne remplie de cartouches, et notre nouveau commandant, Nicolas Jordy d'Abreschwiller, un solide gaillard brun et trapu, parti quelques mois avant avec les volontaires de son village, se retournait à chaque instant sur sa grande bique, et nous criait comme Neuwinger à Spire :

« Eh! hé!ceux de la montagne, c'est aujourd'hui qu'il faut se montrer! »

On riait, on était content. Sur les deux heures le canon se mit à gronder au loin; le temps était clair, et l'on voyait à peine monter la fumée; malgré cela, toute la division courait depuis une heure, quand des officiers d'ordonnance arrivèrent au galop, criant de retourner à Mayence. Houchard et Neuwinger avaient attaqué l'ennemi près de Stromberg; mais ayant appris qu'un corps de dix mille Prussiens arrivaient de Trèves, sur leurs derrières, après avoir surpris le passage de la Nahe, ils avaient ordonné la retraite.

Nous rentrâmes à la nuit, tout couverts de boue et bien ennuyés d'avoir tant couru pour rien.

Le lendemain, des files de charrettes ramenèrent nos blessés.

Houchard et Neuwinger restèrent pourtant à Bingen, mais le 28 mars des masses d'ennemis étant venus les attaquer, ils furent obligés de se replier; et Neuwinger, qui voulait tenir malgré les ordres de Custine, fut pris.

C'est la première débâcle que j'aie vue, car le bataillon reçut l'ordre de sortir et d'occuper une côte, où se dressait la potence du pays, pour arrêter la poursuite de l'ennemi dans cette direction. Le 96ᵉ de ligne et deux autres bataillons avec le nôtre, nous restâmes dans cet endroit depuis le matin jusqu'au soir, et je croyais n'avoir jamais entendu siffler les balles et ronfler les boulets, tant il en pleuvait ce jour-là.

Le chef d'escadron Clarke, depuis duc de Feltre, soutenait la retraite avec ses dragons d'Orléans; des milliers de partisans hessois l'entouraient; il se fit jour, après avoir laissé défiler la masse de traînards et de blessés au pied de la côte que nous gardions.

C'est la dernière affaire du bataillon avant le siège.

Deux jours plus tard, le 30 mars, Custine essaya d'arrêter la poursuite des Prussiens à Ober-Flersheim, entre Alzey et Worms; mais craignant d'être coupé par les Autrichiens, qui venaient de passer le Rhin à Spire, il perdit la tête et se dépêcha de battre en retraite derrière les lignes de Wissembourg, après avoir brûlé les magasins de Frankenthal, et notre corps d'armée fut bien obligé de s'enfermer dans Mayence.

J'ai vu dans la suite bien des entassements de monde, mais jamais comme à Mayence après la retraite de Bingen; les grandes maisons autour de la place d'Armes étaient changées en casernes; les églises, la synagogue, le temple des luthériens, la halle, le séminaire, le château étaient changés en greniers à foin, en écuries, en logements de troupes, et le plus grand magasin était à la cathédrale. Oui, cet entassement de gens à pied, à cheval, d'anciens régiments, de compagnies franches, de bourgeois, de boutiquiers, d'ouvriers, de femmes, d'enfants, tous pêle-mêle dans les petites rues, sur les places, le long des remparts et sous les portes de la ville, ce spectacle extraordinaire est encore devant mes yeux.

D'autres commissaires venaient d'entrer en ville : Pflieger, Ritter, Louis; on les appelait clubistes; ils aidaient le docteur Hoffmann de Mayence, à démocratiser le peuple; seulement, il fallait toujours un piquet pour les garder, car chaque jour la mauvaise race relevait la tête.

On voulut encore une fois foncer dehors, du côté des Worms, et se débarrasser d'une partie de la garnison; malheureusement les Prussiens gardaient les routes, ils repoussèrent le détachement dans la place. Nous n'avions donc plus à tenir la campagne, mais à nous défendre chez nous.

Notre commandant de place était le général Doyré. Le général du génie Meuynier, venu tout exprès de Paris pour fortifier Cassel, défendait ce poste avec quinze cents hommes. Aubert-Dubayet, l'adjudant-major Kléber, et le représentant Merlin veillaient principalement au service.

Au lieu de nous considérer comme des volontaires, on nous appliqua le règlement des troupes de ligne. L'adjudant-major Kléber, dans ce temps, avait la réputation d'être très-sévère sur la discipline; on disait qu'il avait pris l'habitude de faire donner la schlague chez les Autrichiens, et qu'il regrettait de ne plus pouvoir s'en servir.

On établit un conseil de guerre en permanence à l'hôtel de ville, et je me rappelle qu'on fusillait presque tous les matins, derrière le bastion Saint-Jean, deux ou trois maraudeurs, soi-disant pour le bon exemple; je veux bien croire que c'étaient des pillards ou de mauvais gueux ayant insulté ou volé d'honnêtes gens, mais sur la plainte d'un simple bourgeois, vous étiez arrêté. Tout le pays, depuis notre retraite de Francfort, s'était soulevé contre nous; maintenant il fallait tout payer comptant, et nous ne recevions plus de solde; la ration devait nous suffire.

Les mauvaises nouvelles de l'armée du Nord, la déroute du corps de Valence à Aix-la-Chapelle; l'insurrection de la Vendée, où tout se levait ensemble, prêtres, nobles et paysans; la défaite de Dumouriez à Nerwinden; les intrigues du ministre Pitt, qui mettait toute l'Europe contre nous; le massacre des Français à Rome; les grands cris de Danton appelant les citoyens au secours de la république, demandant la création d'un tribunal révolutionnaire pour juger les traîtres, et l'établissement d'une taxe sur les riches; les discours des girondins, toujours les premiers à déclarer la guerre, à nous envoyer, nous les enfants du peuple, au-devant de la mort par centaines de mille, et qui devenaient furieux lorsqu'il s'agissait d'un roi traître à la patrie, de la vie des conspirateurs et de l'argent des riches, toutes ces choses vous agaçaient et vous entretenaient dans une colère d'autant plus grande, que les Allemands étaient cinq contre un, et qu'on ne pouvait pas se venger.

C'est le 6 avril que les Autrichiens, les Prussiens et les Hessois se montrèrent aux environs de la place. Bien des gens du pays étaient venus au marché de légumes, et, quand ils apprirent qu'on allait fermer les portes, ces pauvres paysans se mirent à courir avec leurs hottes et leurs paniers, en poussant de grands cris. J'étais de garde au Gothor; et, les voyant passer ainsi, je les trouvais bien plus heureux que nous de pouvoir sortir et vivre dans leurs villages, en plein air; le blocus de Landau me revenait : quel ennui d'être enfermé durant des semaines et des mois!

L'ennemi n'était pas encore en force pour commencer le siège; il nous tenait seulement étroitement bloqués. On tirait sur ses patrouilles à pleine volée; elles répondaient, les balles perdues sifflaient dans les rues, cassant des fenêtres par-ci par-là, blessant un passant, que les bourgeois emportaient avec des gémissements extraordinaires; les femmes parlaient du malheur les mains au ciel, et se figuraient que c'était la guerre; elles devaient en voir bien d'autres.

La garnison faisait des sorties tous les jours, à Weissenau, Marienborn, Bretzenheim, et dans tous les villages des environs, pour ramener du bétail, car le général Custine n'avait pas approvisionné la place comme c'était son devoir. Nous avions bien des canons, de la poudre, du vin, de la bière, de l'eau-de-vie, du foin et du blé en quantité, mais le bétail manquait. — Ces petites expéditions cessèrent bientôt, parce que les paysans avaient tout évacué dans les bois, et qu'on ne ramenait plus rien.

Des bandes de soldats sortaient pourtant encore à la maraude, et Marc Divès était toujours dans le nombre; cela ne dura pas longtemps non plus, car l'ordre arriva de tirer sur tous ceux qui voudraient s'échapper; les fossés de Mayence sont pleins d'eau, on ne pouvait suivre les petites chaussées qui menaient aux redoutes, sans être vu des sentinelles, personne n'osa plus se risquer.

Tout resta dans cet état jusque vers la fin d'avril.

Hors du service, on ne savait plus que penser; les bulletins de la Convention n'arrivaient plus, mais de faux *Moniteurs*, imprimés par les Prussiens à Francfort, représentant la France comme bouleversée de fond en comble, des guillotinades avec les noms d'une quantité de patriotes reconnus, le soulèvement de l'armée du Nord contre Paris, les victoires des réfractaires en Vendée, la régence de Marie-Antoinette pour son fils Louis XVII, etc., etc. Nos officiers avaient beau dire que tout était faux, que l'ennemi imprimait lui-même ces fausses gazettes et les faisait jeter dans nos avant-postes, l'inquiétude vous gagnait toujours un peu plus, et beaucoup parlaient de sortir en masse, de bousculer l'ennemi, et de rejoindre l'armée à Wissembourg; le commandant Doyré fut même obligé, pour arrêter la révolte, de mettre à l'ordre du jour que Mayence était la première barrière de la république contre l'Europe; que l'ennemi ne pouvait plus nous envahir sans l'avoir reprise sur nous, et que les gueux capables de vouloir l'abandonner seraient fusillés sur-le-champ comme traîtres à la patrie.

Les Autrichiens avaient essayé d'établir deux batteries, l'une sur la route de Worms, et l'autre au-dessus du moulin contre le bois, où nous avions bivaqué en arrivant de Spire; nos grandes pièces de quarante-huit les avaient démontées, et le bruit courait qu'ils avaient maintenant l'idée de nous affamer, mais que Custine nous dégagerait; on s'étonnait même de voir qu'il tardait si longtemps à venir.

Au commencement du mois de mai, les sorties recommencèrent, tantôt d'un côté, tantôt de l'autre, pour bousculer les travaux de l'ennemi; cela continua jusqu'à la fin du siège.

Je me rappelle qu'on en fit une très-forte, dans la nuit du 30 au 31, contre le village de Marienbourg, où se trouvait le quartier général. On pensait surprendre et peut-être bien enlever le roi de Prusse. Cinq ou six mille hommes sortirent de la place entre minuit et une heure, et tombèrent sur les avant-postes ennemis, qui furent bousculés; ils s'avancèrent même jusqu'au quartier de Frédéric-Guillaume, où des centaines de chevaux de la garde royale furent tués au piquet. Mais l'alarme ayant été donnée, des masses de troupes, infanterie et cavalerie, tombèrent sur la colonne et la ramenèrent, l'épée dans les reins, jusque sous les murs de la place. Nous perdîmes beaucoup de monde dans cette attaque, parce qu'un régiment de volontaires avait pris le régiment de Saintonge, qui portait encore l'habit blanc, pour un régiment autrichien et avait fait feu dessus.

Le lendemain, Frédéric-Guillaume fit canonner et bombarder la ville d'une façon terrible. Il devait avoir eu joliment peur la veille.

Vers le milieu de ce mois, pendant une nuit très-noire, tous nos ouvrages furent attaqués du côté de Weissenau et de Marienborn ; comme on voulait justement faire une sortie cette nuit là, on avait retiré presque toutes les troupes des redoutes, il n'y restait que de faibles détachements, qui furent écrasés dans un moment. Alors le rappel se mit à battre sur la place du Marché et dans toutes les rues. Le canon des remparts tonnait, en éclairant de sa flamme rouge le bastion Saint-Philippe et la citadelle à gauche près du Rhin. Nos fortifications de Cassel se mirent aussi de la partie; on se forma sur la place, au milieu d'une foule de peuple accouru dans l'épouvante et qu'on repoussait. On ne prit pas même le temps de faire les appels, et les premiers bataillons réunis partirent tout de suite dans la nuit au secours des redoutes. On venait de baisser le pont de la porte Neuve; aussitôt dehors, sur les glacis, nous vîmes de quel côté courir, car on se fusillait dans les redoutes à bout portant.

Le commandant Jordy nous criait : « En avant, camarades!... à la baïonnette!... » et nous courions. La mitraille des deux bastions passait au dessus de nous avec un ronflement épouvantable. Comme nous approchions de la première redoute, celle de Saint-Charles, elle était balayée, mais des tas de Prussiens fourmillaient autour, et l'on s'attaqua dans ce coin avec une fureur que je n'avais vue que sous la porte de Spire. Toute ma vie j'entendrai les jurements allemands et français, quand le bataillon croisa la baïonnette avec ces Prussiens et qu'on se vit dans le blanc des yeux, à la lueur des coups de fusil. C'était une véritable boucherie ! Le premier coup lâché, on ne rechargeait pas, on se précipitait, on sentait quelque chose de mou devant soi où la baïonnette entrait; et d'instant en instant, quand un coup de fusil partait encore, on voyait le carnage, les morts et les blessés par tas, et la rage de ceux qui se battaient.

Mais cela ne dura pas longtemps.

Tout à coup deux ou trois obus ayant roulé sur l'épaulement de la redoute, comme ils éclataient plus loin, nous vîmes les Prussiens en retraite. En même temps un de nos régiments de ligne arrivait au pas de course, et prenait position à notre droite, derrière les tas de terre et les gabions bousculés. On ne se voyait pas. Le combat continuait en face du bastion Saint-Philippe, le pétillement de la fusillade montait et descendait avec les cris, les commandements allemands et français et la canonnade. On entendait aussi des chevaux galoper dans cette nuit noire.

Au bout d'environ vingt minutes, tout se tut. Le bataillon s'était ramassé, les baïonnettes en l'air, et chacun demandait à son voisin :

« C'est toi, un tel ?... c'est toi ? »

Beaucoup ne répondaient pas!

J'avais aussi crié :

« Hé! père Sôme?... Marc Divès?... Jean Rat?... »

Et le vieux Sôme m'avait répondu :

« Me voici, Michel. Ça va bien? »

— Oui et vous?

— Moi, j'ai une égratignure, ce n'est rien!»

En même temps j'entendais Marc Divès parler au milieu d'une foule d'autres et dire :

« Tas de gueux ! ils ne mettront pas celle-là dans leurs gazettes. »

Chacun écoutait; rien ne bougeait plus aux environs; quelques blessés seulement se plaignaient et voulaient être emportés.

Le bataillon attendit là jusqu'au petit jour l'ordre de rentrer. Nous avions perdu beaucoup de monde; mais les Prussiens encore plus, à cause de la mitraille. Ceux des nôtres qui défendaient les redoutes, ayant été surpris, avaient été hachés jusqu'au dernier.

Depuis ce jour le bombardement recommença plus terrible qu'auparavant; les obus, les bombes, les boulets rouges, tout pleuvait ensemble; le feu prenait à quatre et cinq endroits à la fois; à peine avait-on éteint d'un côté, qu'il fallait courir de l'autre.

Les sorties continuaient aussi avec acharnement des deux côtés du Rhin, et c'est dans une de celles que l'on fit pour se rendre maître de l'île de Mars, où les Prussiens avaient établi une forte batterie, que le général Meuynier, commandant la place de Cassel, fut blessé d'un éclat d'obus, dont il mourut quelques jours après.

Toute la garnison sentit ce coup. Meuynier était un brave soldat, un bon patriote et un ingénieur de grand mérite. Plus d'un, en apprenant ce malheur, en eut des larmes dans les yeux. Le gouverneur obtint un armistice pour l'enterrer dans un petit fort, qu'il avait fait construire lui-même quatre ou cinq mois avant, et les Prussiens, nous voyant défiler les fusils renversés et la mort dans l'âme, ne purent s'empêcher de rendre à ce républicain, qui les avait si bien combattus, les derniers honneurs; ils le saluèrent de toutes leurs batteries. Frédéric-Guillaume, s'il n'avait pas beaucoup de cœur, montra du moins cette fois qu'il avait le respect du courage et du talent.

Cela se passait le 13 juin.

Deux ou trois jours après les ennemis ouvrirent leur première tranchée, à gauche de Mayence, derrière le village de Weissenau. Les sorties redoublèrent pour bousculer leurs ouvrages et défendre nos redoutes. Quelque-

Les dragons nationaux (p. 39).

fois nous avions l'air de les abandonner, mais, aussitôt que les autres étaient dedans, le feu des bastions les balayait, et nous sortions reprendre nos positions.

C'est alors que les combats devenaient terribles, car ces Allemands se battaient sous les yeux de leurs princes, qui les regardaient de loin avec des lunettes, et chacun sait que cela donne aux soldats un grand courage, de se battre sous les yeux des princes! Mais nous les culbutions tout de même; derrière toutes les haies, dans tous les fossés, le long des murs de jardins et parmi les tombes du cimetière des nonnes, en face de la citadelle, on voyait des habits blancs et bleus par tas, à la file; les nôtres ne manquaient pas non plus, en guenilles, car, depuis les magasins de Worms, la pluie, la neige et le soleil avaient tout usé. Des espèces d'oiseaux qui fréquentent le Rhin, et dont les ailes noires et blanches sont très-longues, venaient se percher sur ces morts et se nourrir d'eux. Il faisait chaud, c'était un temps d'orages, et, quand le vent venait de là-bas, on descendait vite des remparts. De pareils spectacles vous donnent trop à penser, surtout quand on se dit :

« Nous avons sortie ce soir, et demain je pourrai bien être avec les autres. »

A moins d'être une bête, malgré l'habitude de se battre, le mépris des balles et des boulets, des coups de sabre et de baïonnette, ces idées vous viennent toujours plus ou moins, et l'on aime mieux en avoir de plus gaies.

Le coup de fouet du père Murot. (Page 39.)

Toutes les nuits, vers neuf heures, quand le feu des Prussiens et des Autrichiens commençait, et que les bombes, après avoir trembloté parmi les étoiles roulaient sur le pavé des rues, ou descendaient dans les vieilles maisons par le toit, en enfonçant les plafonds l'un sur l'autre jusqu'à la cave, et puis éclataient dans les magasins de suif, d'eau-de-vie, de résine, dans les boutiques de chandeliers, d'épiciers, de droguistes, etc., et faisaient sauter les fenêtres; quand ensuite le feu se déclarait au milieu des gémissements et des pleurs, c'était un spectacle auquel je n'ai jamais pu m'habituer, quoiqu'on dise que l'habitude fait tout.

Et pendant que les cris « Au feu! au feu! » s'entendaient; que les gens couraient; que plus la flamme montait, plus les boulets et les obus arrivaient pour écraser les travailleurs; dehors le pétillement de la fusillade, les coups de canon qui tonnent, le chant de la *Marseillaise* qui monte; et puis le matin, au petit jour, les blessés qu'on rapporte dans les rues noires, où les poutres fument encore, où les toits s'affaisent avec des craquements épouvantables; les pignons qui se penchent, et ici, là, dans tous les coins, de pauvres femmes ramassées en paquets, les pieds dans les mains pour se réchauffer; des vieillards, la tête penchée, assis sur le pas de la vieille porte en ruines; d'autres marchant dans les rues par bandes, leur paquet sous le bras, comme de pauvres êtres abandonnés; des gens autrefois à leur aise, aujourd'hui plus misérables que des mendiants mourant de faim... Ah! tout cela, les jeunes gens n'y font pas attention, mais dans la vieillesse tout vous revient comme un mauvais rêve; on se demande:

« Est-ce que c'est vrai? Ai-je vu ces horreurs? »

Et l'on se répond :

« Oui, j'ai vu mille fois pire! »

C'est ainsi que les princes allemands bombardaient leurs propres sujets. Eux dehors, sous de belles tentes rayées de mille couleurs, avec de beaux chevaux, au milieu de la verdure des bois, à l'ombre des vergers, ils donnaient des fêtes où les paysans dansaient par ordre, en jouant de la clarinette; ils causaient agréablement entre eux et buvaient du vin de Champagne. De belles dames et des faiseurs de chansons venaient même les égayer et regarder de loin ce joli spectacle; leurs voitures roulaient au galop sur les routes blanches; malheureusement elles étaient hors de portée du canon, car de balayer des égoïstes pareils, ça doit être un véritable plaisir.

Mais ce qui vous donnait encore plus d'inquiétude que le reste, c'est qu'après deux mois de blocus et quinze jours de siège, plusieurs magasins de farine ayant été brûlés, les vivres devenaient rares. Toute cette foule d'incendiés qui n'avaient plus un morceau de pain à manger, et qui périssaient de misère, stationnaient devant l'hôtel du gouverneur, pleurant et gémissant d'une façon lamentable, et priant de les laisser sortir pour l'amour de Dieu. Tout le long de la rue on ne voyait que cela, les sentinelles n'en venaient plus à bout, car les hommes se précipitaient jusque dans le corridor, demandant au moins une permission pour leurs femmes et leurs enfants.

Le gouverneur qui ne voulait pas apprendre à l'ennemi, par ces gens, l'état de la place, résista jusqu'au 24 juin; mais alors les plaintes et les lamentations devinrent telles, qu'il leur fit ouvrir la porte du Rhin pour s'en aller. Ils se précipitèrent par centaines sous cette porte, et beaucoup de bourgeois voulant profiter de l'occasion, se dépêchèrent aussi d'emmener leurs familles. La sortie dura de neuf heures du matin à midi. Mayence est séparé du Rhin par de vieux remparts couverts de mousse. Comme les malheureux s'en allaient à la file et gagnaient le pont de Cassel, on referma les barrières et tout à coup les Allemands se mirent à les mitrailler. J'étais de faction à l'arsenal, sur une des tours du vieux rempart, derrière la place de la parade où se trouve une pièce d'eau, et j'entends encore les cris horribles des femmes qui criaient, marchant sur leurs guenilles, trébuchant, s'arrachant les cheveux et traînant leurs enfants; on aurait dit des chevaux pris du mors aux dents, car elles devenaient folles; et les hommes se retournaient, regardant venir la mort qui les fauchait. Une longue procession de ces misérables traversait déjà le pont où les boulets les hachaient et les précipitaient dans le fleuve; les roues des moulins à cinq cents pas au-dessous furent arrêtées par ces cadavres qu'il fallut repousser avec des perches... Et maintenant que les Allemands nous parlent encore de leurs bons princes, pères de leurs sujets! je leur dis, moi, que ces bons princes de Hesse-Darmstadt, de Weimar, ce bon roi de Prusse, amateur de jolies femmes et de vin de Champagne, et tous en masse n'étaient que de la dernière canaille; oui, de la canaille! bien pire que les massacreurs de septembre, car eux ils n'avaient pas souffert comme le peuple; ce n'étaient pas des hommes accusés de conspiration contre la patrie, des traîtres, des voleurs, des espions qu'ils tuaient, c'étaient de pauvres Allemands mourant de faim.

Et je dis que ceux qui supportent des êtres pareils, en déclarant que Dieu les envoie pour nous enseigner la vertu, méritent d'en avoir toujours de semblables, qui les traitent à coups de cravache et leur tiennent le talon sur la nuque.

Les Allemands peuvent nous demander :

« Mais qu'est-ce que nos princes devaient faire? Est-ce qu'ils devaient vous laisser Mayence? »

Je leur réponds :

« Ils devaient rester chez eux et ne pas se mêler de nos affaires. Nous avions de bonnes raisons pour nous débarrasser des nobles et des moines qui nous dévoraient depuis des centaines d'années. Nous ne leur demandions rien. C'est donc pour nous remettre en servitude, que vous et vos princes avez envahi notre pays; des esclaves non-seulement veulent être esclaves, mais ils ne peuvent supporter de voir que d'autres plus fiers et plus courageux brisent leurs fers et se déclarent libres! »

Cela suffit, je continue.

Nos soldats malgré la consigne très-sévère de ne laisser rentrer aucun de ces malheureux, en les voyant aller et venir dans le désespoir, entre le feu de la place et celui de l'ennemi, ne purent résister longtemps à ce spectacle; ils ramassaient les enfants blessés; ils ouvraient en secret les barrières aux pauvres êtres mourant de faim; ils pleuraient; oui de vieux soldats pleuraient et partageaient avec ces malheureux le dernier morceau de pain et la dernière goutte d'eau-de-vie. Nos officiers fermaient les yeux, ils savaient que pour des choses qui tiennent au cœur, des Français ne se laissent pas commander; et puis la pitié de bus était la même, le commandant Doyré fut forcé de leur rouvrir les portes.

Quinze cents habitants de Mayence périrent de la sorte, ce qui n'empêcha pas la famine de grandir. Une maladie s'était déclarée dans le bétail qui ne recevait plus de nourriture et, pour profiter autant que possible des bestiaux qu'on était forcé d'abattre, on augmenta les rations de viande en diminuant celles de pain. Malheureusement la maladie gagnait les hommes, et bientôt, vers la fin de juin, les rations de viande cessèrent; on n'avait plus qu'une espèce d'huile de poisson pour faire la soupe, un grand nombre au bataillon ne purent jamais s'habituer à cette soupe; ils dépérissaient à vue d'œil! Mais quand on n'a pas été dorloté dans sa jeunesse, on est accoutumé à tout, et moi, grâce à Dieu, je trouvais cette soupe aussi bonne que la soupe aux fèves de ma mère.

On pense bien qu'au milieu de ces grandes misères, j'allais toujours voir ma sœur à l'église Saint-Ignace, déjà toute criblée de boulets, mais qui tenait pourtant encore ensemble. Il y pleuvait par le toit comme dans la rue; les tentes et les baraques des fédérés encombraient les chapelles et les allées; ils avaient arrangé un théâtre au fond du chœur, et dans la sacristie à gauche était leur cantine; la grande marmite bouillait, la fumée tournoyait à la voûte.

En entrant dans cette espèce de foire, où le *Ça ira! la Carmagnole*, le jeu de cartes et les disputes sur la politique allaient leur train, on sentait d'abord une bonne odeur de viande, car les sans-culottes en avaient toujours, quand on n'en trouvait plus nulle part; ils hapaient tout, les chiens, les chats et les rats avec des lacets, des boîtes faites exprès et mille inventions extraordinaires; la gaieté et la bonne humeur ne les abandonnaient jamais.

Tous les soirs, quand leur bataillon n'était pas de garde ou de sortie, ils jouaient des farces sur leur théâtre, retournant leurs guenilles et s'habillant même en femmes. Tantôt l'un faisait des grimaces, qu'ils appelaient pantomimes; tantôt l'autre prononçait des allocutions qui n'avaient pas de bon sens, mais qui vous réjouissaient tellement malgré la famine et la tristesse, qu'on était forcé de se tenir les côtes. — Voilà le plus beau présent du ciel pour des soldats : les occasions d'être joyeux à la guerre sont si rares, que si l'on ne s'aidait pas soi-même un peu, on passerait des années sans rire.

Je me rappelle qu'ils jouaient aussi *Zémire et Azor, la Gouvernante*, et d'autres farces où l'on voyait le général Custine qui s'apprêtait à venir délivrer Mayence; mais, au moment de se mettre en route il lui manquait toujours quelque chose, tantôt de la poudre et des canons, d'autres fois c'était son grand sabre de cavalerie qu'il avait oublié de faire aiguiser!

Ma sœur avait la première place à ces représentations, elle se fâchait pour ou contre ceux qui jouaient; elle criait, elle disait à chacun ses vérités; les acteurs s'arrêtaient pour lui répondre, et cela réjouissait les Parisiens plus que toutes leurs comédies.

Comme on voyait que la citoyenne Lisbeth allait bientôt donner un défenseur à la patrie, on baptisait l'enfant d'avance : les uns Brutus, les autres Cassius, ou Cornélie; elle s'en moquait pas mal et ne songeait qu'à sa marmite. Naturellement, elle me disait chaque fois de m'asseoir à leur gamelle et j'acceptais toujours avec plaisir, sans demander d'où venait la viande, si c'était du cheval, du chien ou du chat.

Marescot avait repris courage; il était même dans l'enthousiasme, car ces gens du Midi tiennent à leur sang d'une façon étonnante; il ne parlait plus que du baptême républicain de Cassius, mais avant cela il devait arriver autre chose dont je me souviendrai longtemps.

Nous étions au 28 juin. Ce soir-là, vers huit heures, le bombardement avait commencé sur la cathédrale; les boulets rouges et les obus éclairaient le clocher du haut en bas, et les coups de tonnerre à l'intérieur, lorsque les obus éclataient, faisaient briller les hautes fenêtres peintes, avec leurs petites vitres, comme des éclairs. Nous voyions cela du chemin de ronde près des remparts, le bataillon était rangé l'arme au pied pour une sortie; et dans le moment où nous défilions sous la porte neuve, la cathédrale brûlait.

Nous pensions arriver sur l'ennemi sans être vus, car avec tous ces éblouissements que chacun regarde de loin, on ne voit pas ce qui s'approche dans la nuit autour de soi. C'était au bout du vallon en face de la citadelle, derrière de vieilles carrières et le cimetière des nonnes, que se trouvait la tranchée. Par malheur, le guide, un gueux de paysan qui nous avait bien conduits deux fois se trompa de chemin et nous arrivâmes dans un village où logeait l'état-major de quelque prince; une quantité de cavalerie et d'infanterie campait aux environs; de sorte qu'après les premiers coups de fusil et l'éveil, nous fûmes tellement entourés de dragons et de hussards, que nous ne savions plus de quel côté nous retourner. Le commandant Jordy fut bousculé; notre capitaine, qui voulait nous rallier, reçut un coup de pistolet qui l'étendit à terre. Sans le feu de la cathédrale qui nous montrait la direction, nous étions tous pris. On se rallia pourtant pour battre en retraite, et il fallut redescendre entre les carrières.

Dans l'acharnement j'avais reçu deux coups de sabre sans les sentir et, seulement en arrivant dans les chemins couverts, la chaleur du sang qui me coulait le long des reins, sous le bras gauche, m'apprit que j'étais blessé; c'était un coup de pointe, l'autre coup de sabre m'avait fendu le chapeau derrière, et ma grosse queue m'avait seule empêché d'être rasé près des épaules.

D'abord je ne dis rien; mais aussitôt rentré dans la place, je remis mon fusil à Jean-Baptiste Sôme en le prévenant que j'étais blessé et que j'allais à l'hôpital. Le bombardement continuait tellement que tout le ciel en était rouge; la cathédrale tombait en cendres et les maisons voisines brûlaient aussi; dans toute la ville on n'entendait qu'un grand bourdonnement. Il pouvait être deux heures du matin; comme je partais, voilà qu'on crie :

« Les fédérés brûlent! »

Je regarde à droite et je vois l'église Saint-Ignace par-dessus les toits sombres, tout en flammes. Alors, songeant à ma sœur, au lieu de continuer mon chemin vers l'hôpital je descendis la rue du séminaire aussi vite que je pouvais, et, dans le moment où je débouchais sur la petite place devant l'église, cinq ou six maisons du voisinage étaient déjà en feu. Les fédérés dehors, au milieu de cette lumière blanche qui brillait sur les façades des vieux pignons et les vitres, regardaient tranquillement parmi les meubles, les tentes, les caisses entassées pêle-mêle, l'un tenait les chevaux des officiers, l'autre fumait sa pipe, un grand nombre dormaient sur des paillasses, à terre; les sentinelles allaient et venaient, l'arme au bras et le nez en l'air, le long des fusils en faisceaux; on laissait tout brûler! chacun se levait, se couchait, se peignait, se faisait la queue, raccommodait son uniforme ou ses savates, riait et chantait comme en plein jour, sans s'inquiéter du reste. Les gens sortaient de leurs maisons à mesure que le feu gagnait, et s'éloignaient avec leurs effets : père, mère, frères, sœurs, enfants; les vieillards suivaient tout courbés et désolés.

Moi dans cet encombrement, je ne pensais qu'à Lisbeth, et, voyant de loin sa charrette dans un coin de la place écarté de l'incendie, la grosse bâche de toile grise sur les cercles et la vieille bique devant, en train de mâcher une poignée de foin à terre, je repris haleine. Marescot, près de la voiture, dansait la carmagnole avec des camarades, comme de véritables fous. Je ne pus m'empêcher de lui crier, en m'approchant :

« Hé! qu'est-ce qui se passe? Est-ce que vous perdez la tête? »

Alors se retournant, il se mit à rire et me répondit :

« Nous avons un fils, beau-frère, un solide gaillard! monte sur le timon. »

Il me poussait et me levait en continuant ses entrechats avec les autres. On n'a jamais vu d'êtres insouciants comme ces Parisiens; le ciel et la terre se confondaient ensemble, sans les empêcher de faire leurs folies.

Une fois sur le brancard, je regardai sous la bâche et je vis ma sœur couchée dans un bon lit, la tête relevée derrière par un gros oreiller, et le petit enfant à côté d'elle.

« Hé! c'est toi! me dit-elle toute réjouie; tiens regarde, est-il beau? »

Je pris l'enfant, gros et gras malgré toutes les misères du temps, et je l'embrassai de bon cœur. Il ne se doutait pas du bombardement, lui, ni du danger, ni de la famine; les étincelles et la cendre qui remplissaient l'air ne lui faisaient rien, ni le bruit des bombes qui sautaient, ni le grand tumulte; il dormait à la grâce de Dieu, ses petites mains fermées et l'air pensif.

Comme je le rendais à Lisbeth, elle vit du sang à ma main et me demanda tout effrayée :

« Qu'est-ce que c'est, Michel?

— Bah! lui dis-je, pas grand'chose; nous rentrons de sortie... un hussard m'a donné un coup dans le bras. »

Mais alors elle se mit à crier :

« Marescot, Marescot, vite cours chercher le major, mon frère est blessé! »

Et je reconnus qu'elle m'aimait. Les fédéraux qui m'entouraient criaient tous ensemble :

« Que diable ne disais-tu rien, citoyen Michel? »

Plusieurs me soutenaient comme si j'avais été faible; d'autres m'ôtaient mon habit. Le major Bompart, un gros, le nez large, les sourcils blancs, le grand chapeau couvert de toile cirée et le manteau roulé en bandoulière, arriva tout de suite : il regarda le coup de sabre qui me traversait l'épaule et me dit que j'avais de la chance, qu'une ligne plus haut ou plus bas le gueux de hussard m'aurait coupé la grosse veine. Il me lava la blessure et me lia solidement le bras avec des bandes de toile, qu'il avait en rouleau dans une sorte de giberne. Tous les camarades regardaient sans rien dire. Je me sentis ensuite si bien que j'aurais voulu rester, mais le major me dit d'aller à l'hôpital, ce qui m'ennuyait.

Marescot, Lisbeth, du fond de sa voiture, et les autres me répétaient : « Va tout de suite à l'hôpital! » On voulait même me conduire, mais je dis que j'irais bien tout seul et un peu loin je pris la route de notre caserne car on parlait toujours de la pourriture d'hôpital qui s'étendait aux blessés, et puis je n'ai jamais eu grande confiance dans les médecins de la République, qu'on avait choisis en grande partie parmi les barbiers et les arracheurs de dents qui s'étaient présentés d'abord.

J'allai donc me coucher près de Jean-Baptiste Sôme; la moitié des lits étaient vides. Je m'endormis à la grâce de Dieu, et comme le lendemain on devait baptiser devant le vaguemestre l'enfant de Marescot, sans parler de rien, après l'appel je retournai tranquillement sur la place où les fédérés bivaquaient sous leurs tentes. Je sentais le feu dans mon épaule, et pourtant plutôt que d'aller à l'hôpital, j'aurais mieux aimé périr sur place.

Lisbeth fut bien contente et en même temps bien étonnée de me voir; mais pour m'épargner l'ennui de m'entendre prêcher, je lui dis que je ne sentais rien.

Et l'enfant étant inscrit par le vaguemestre sur les registres du 3ᵉ bataillon de Paris, sous le nom de Cassius, né le 28 juin 1793, de François-Bernard Marescot, cantinier, et de son épouse légitime Lisbeth Bastien, on fit le banquet en plein air : une espèce de repas patriotique, où le cheval, le chat et le rat ne manquaient pas, ni le vin et l'eau-de-vie; seulement le pain n'était pas en abondance, car les Prussiens ayant lâché de grosses bûches sur le fleuve, les roues des moulins avaient été cassées ; il fallait moudre avec des moulins à bras, et ce qui montre qu'il existait des traîtres à Mayence, c'est que presque de jour en jour on changeait la position de nos magasins et de nos moulins, et que malgré cela le bombardement allait régulièrement à l'endroit où l'on venait de les transporter.

Enfin, n'importe! cette fête patriotique fut aussi belle que possible dans notre position, et j'emportai même un bon morceau de cheval pour Jean-Baptiste Sôme, ce qui lui fit grand plaisir.

Une dangereuse maladie s'était déclarée en ville, non-seulement à cause de la famine, mais encore et surtout parce qu'on avait repêché dans le Rhin des chevaux morts, pour les manger. Ceux que la maladie attaquait n'en revenaient pas; rien ne pouvait les sauver. Nos hôpitaux en étaient encombrés; les civières ne faisaient qu'aller et venir. C'est pourquoi tant de blessés se promenaient dans les rues. On aimait mieux tâcher de guérir seul, que de s'exposer à prendre le mal.

Moi, je ne quittais pas le bataillon; j'allais même aux avant-postes avec mon bras en écharpe, et j'étais prêt, dans un cas de besoin, à croiser la baïonnette comme les camarades.

Les Allemands avaient tant remué la terre autour de nous, que leurs tranchées touchaient presque nos redoutes, et qu'on aurait dit, du haut des remparts, une grande taupinière a perte de vue. La moitié des troupes restait dehors jour et nuit, près des pièces, les mèches allumées. On ne pouvait plus fermer l'œil, les *Ver-dà?* les *Qui vive?* les *Garde à vous!* et puis les coups de fusil se croisaient à cinquante pas. Les Prussiens étaient chez nous et nous chez eux.

Une chose vraiment extraordinaire, c'est l'attaque des petits forts que nous avions dans les îles du Rhin. Une compagnie de Hollandais, au service du roi de Prusse, travaillait depuis quelque temps à construire des batteries flottantes, dans un village à côté de Cassel, et tous les jours le bruit courait que ces batteries allaient venir. Au bout de cinq ou six semaines on n'y croyait plus, quand elles arrivèrent un beau matin et descendirent doucement sur les îles, par le courant. J'étais dans la redoute Charles; il faisait un temps magnifique. Figurez-vous sur ce grand miroir du Rhin, où brillait le soleil, des espèces de grandes charpentes carrées, hautes de cinq ou six pieds au-dessus de l'eau, avec des embrasures pour les canons, et couvertes comme des casemates.

Nous étions trop loin de ces batteries flottantes pour tirer dessus ; mais comme elles s'approchaient des îles, le feu commença des deux côtés. Chaque boulet, en tombant dans l'eau, la faisait sauter en l'air de dix et quinze pieds, puis de huit, de six, ainsi de suite jusqu'au bout de sa ligne ; on le voyait pour ainsi dire en route. Le Rhin, si tranquille quelques minutes avant, écumait sous les balles et la mitraille; la fumée se déroulait, les échos tonnaient et les batteries flottantes s'avançaient toujours lentement. Elles finirent par se poster dans un endroit couvert d'arbres, en face des îles; leurs boulets prenaient nos batteries de revers, et comme les bombes et les obus de nos redoutes n'allaient pas jusque-là, chacun comprit aussitôt que, si cela continuait seulement vingt-quatre heures, il faudrait abandonner les îles.

Ce jour-là, tout le monde, depuis le gouverneur jusqu'au dernier soldat, fut terriblement ennuyé; il était clair que si les Prussiens se rendaient maîtres des îles, leurs canons démoliraient nos moulins et les vieux murs qui longent le fleuve, et qu'alors ils nous attaqueraient de tous les côtés à la fois.

Voilà les idées qu'on se faisait.

Le soir, en rentrant dans la place, nous apprîmes que l'attaque des batteries flottantes était déjà décidée; que des hommes de bonne volonté venaient de partir pour Cassel, et qu'on décrocherait les flottes, coûte que coûte. Le bataillon avait fourni douze hommes; le vieux Sôme et le grand Laflèche, de Héming, étaient du nombre. Sans savoir comment les supérieurs allaient s'y prendre, l'idée de remonter le Rhin sur de petits bateaux pour attaquer des machines pareilles vous donnait à réfléchir. Heureusement nous étions au dernier quartier de la lune, et, malgré les étoiles, il faisait très-sombre dehors.

Jusque vers deux heures de la nuit, tout resta tranquille; on aurait cru que l'ennemi voulait aussi nous endormir, car le bombardement ordinaire n'avait pas eu lieu. Mais, à deux heures, les coups de canon au loin, qui se suivaient, et le pétillement de la fusillade au milieu du silence, nous avertirent que l'attaque était commencée. Je souffrais beaucoup de ma blessure, et je m'assis sur mon lit en pensant :

« Pauvre père Sôme!... Ce coup que j'entends est peut-être pour toi! »

Tous ces lits vides, d'un bout de la salle à l'autre, entre les fenêtres où regardaient les étoiles, me serraient le cœur. Cette nuit-là est peut-être la plus mauvaise que je me rappelle de toutes mes campagnes; j'avais chaud et froid, mon épaule brûlait; j'étais comme fou. Après avoir vidé ma cruche d'eau et m'être promené en écoutant, vers le matin, je finis par m'endormir, et déjà depuis longtemps il faisait jour, quand je fus éveillé par des cris de joie : le *Ça ira!* et la *Marseillaise*. Nos hommes avaient décroché l'une des batteries flottantes, en coupant le câble qui la retenait, et cette batterie, tournoyant sur le Rhin sans pouvoir s'arrêter, avait fini par échouer, du côté de Cassel, sous le feu du fort; tous ceux qui la montaient s'étaient rendus.

En voyant arriver Jean-Baptiste Sôme, qui riait, je l'embrassai de bon cœur. Le pauvre vieux était trempé comme une soupe; il avait sauté l'un des premiers dans l'eau, au milieu des coups de fusil et des coups de gaffe, pour hacher une grosse corde qui retenait la flotte.

Le 1ᵉʳ juillet, l'ennemi écrasa notre batterie qu'on appelait le Bouc; le lendemain il bombarda la citadelle et la redoute de Karl; ensuite il brûla le quartier Saint-Sébastien, et puis il balaya la redoute des clubistes, et nous força d'évacuer le village de Costheim. Alors ses boulets arrivaient sur nos moulins, qui furent démolis. Le 13 juillet, il finit d'écraser le quartier de l'Hôtel-de-Ville. Le 14 il y eut armistice : les Allemands venaient d'apprendre la prise de Condé, ils tiraient des coups de canon en réjouissance; et nous autres nous célébrions la prise de la Bastille et la grande fédération de Paris, par une représentation patriotique sur la place d'Armes. On aurait bien voulu mettre des branches d'arbre et de la verdure sur l'autel de la patrie; malheureusement il n'en restait plus un brin à l'intérieur, tout était saccagé.

Je commençais à me guérir, et cette fête, où Merlin de Thionville parla de ce que nous avions fait pour la patrie, les chants et la promenade de la déesse de la Liberté, tout cela me remplit le cœur d'enthousiasme.

Le lendemain, c'était notre tour d'être brûlés. Après avoir détruit les quartiers qui longent le Rhin, les Allemands pensèrent qu'il était temps d'écraser les autres. Aux premiers boulets rouges qui tombèrent dans notre vieux couvent vermoulu, sur les deux heures, chacun sut ce que cela signifiait; on se dépêcha de serrer ses misérables effets dans le sac, de jeter sa paillasse par la fenêtre, de prendre son fusil, de passer la giberne et de sortir.

Comme je descendais, une dizaine d'obus éclataient dans la cour, sur les greniers et dans les petites chambres des moines. La rue en bas était très-étroite.

Ce qui restait du bataillon, sans perdre une minute, après avoir battu le rappel, alla bivaquer sur la place du Marché, près de la cathédrale, parmi les décombres, et nous demeurâmes là jusqu'au 23 juillet.

Vers les derniers temps, la famine était si grande que pendant les sorties on ne songeait plus qu'à se procurer des vivres. Lorsque, dans les rangs de l'ennemi, nous voyions quelque soldat qui avait son pain bouclé sur le sac, ce malheureux était perdu d'avance; les plus hardis, à cinq ou six, couraient sur lui comme s'il avait porté le drapeau, et, malgré les coups de fusil et de baïonnette, ils le tuaient, ils débouclaient sa miche, et celui qui l'avait emportée l'enfilait tout de suite dans sa baïonnette. Les Allemands n'ont peut-être jamais compris pourquoi certains d'entre eux excitaient notre fureur; eh bien, ce n'était pas leur mauvaise mine ni leur mauvaise chance, c'était leur miche de pain.

Une chose qui nous faisait toujours plaisir, c'était de voir le représentant Merlin de Thionville, à la tête des hussards de la liberté, foncer sur l'ennemi. La redoute en face de Bretzenheim portait son nom, et, quand elle fut balayé comme toutes les autres, Merlin sortit encore une fois la reprendre avec cinquante hommes. On le regardait comme perdu, mais il rentra tout de même, son grand sabre rouge au poing et l'air farouche comme un barbare. Celui-là, chacun le respectait et l'aimait; on l'aurait choisi pour général; mais l'autre représentant du peuple, Rewbel, qui ne s'inquiétait que des registres et des comptes à régler, n'avait pas l'admiration des soldats. Il en faut pourtant de toute espèce dans une république, et le premier article, comme disait Chauvel avec tant de bon sens, c'est la vérification des comptes.

Au milieu de notre plus grande misère, nous entendîmes un soir une canonnade terrible dans la direction d'Oppenheim: le ciel était en feu de ce côté. On criait: « C'est Custine! Il arrive à notre secours! » et l'on s'embrassait. Toute la garnison passa la nuit sous les armes, attendant le jour, avec quelle impatience, je n'ai pas besoin de vous le dire, et prête à se jeter sur l'ennemi comme une bande de loups. Mais, quand le soleil se leva, les officiers, postés dans le clocher avec des lunettes, ne virent tout au loin, sur les routes blanches, que les patrouilles ennemies allant de village en village... Ce que nous avions pris pour le canon de Custine n'était que le roulement du tonnerre.

Finalement, à force d'attendre sans même recevoir la moindre nouvelle, nous ne comptions plus sur rien; notre seule espérance était de voir les Allemands donner l'assaut général, afin de les exterminer encore par milliers avant de mourir! Et comme nous étions dans ces idées, tout à coup le bruit se répandit que notre conseil de guerre venait de capituler. D'abord personne ne voulut le croire, mais nos officiers eux-mêmes le déclarèrent à l'appel du matin, et la fureur s'étendit partout.

C'était le 23 juillet 1793.

Le lendemain, nous eûmes suspension d'armes, la garnison fut réunie sur la place de la parade; les plus indignés, au nombre desquels se trouvait Sôme, avaient chargé leurs fusils sans dire ce qu'ils voulaient faire. On forma le carré, et sur les dix heures, arrivèrent à la grande rue tous les officiers de l'état-major à cheval, en grande tenue: le commandant Doyré, Aubert-Dubayet, gouverneur; Guy-Vernon, Donoy, Laribossure, Kléber, les représentants Rewbel et Merlin. Les cris: « A mort! à mort les traîtres! » commencèrent; mais eux, tranquilles au milieu du carré, attendirent la fin de ces cris, et puis nos officiers, devant leurs troupes, lurent les articles de la capitulation.

« Articles de la capitulation proposée par le général de brigade Doyré, commandant en chef à Mayence, Cassel et places qui en dépendent, et arrêtés entre les deux généraux.

« Article 1er. L'armée française livrera à Sa Majesté le roi de Prusse les villes de Mayence et de Cassel, ainsi que leurs fortifications et tous les postes qui en dépendent, dans leur état actuel, avec les bouches à feu tant françaises qu'étrangères, munitions de guerre et de bouche, à la réserve des objets mentionnés suivants.

« Article 2. La garnison sortira avec tous les honneurs de la guerre, emportant les armes, les bagages et autres effets appartenant en propre aux individus de la garnison, et des vivres pour la route. Elle s'engage à ne point servir durant un an contre les armées des puissances alliées.

« Article 3. Les officiers généraux et particuliers, commissaires des guerres, chefs et employés des différentes administrations de l'armée, et généralement tous les individus français, emmèneront leurs chevaux, voitures et effets. »

Ainsi de suite jusqu'à l'article 14, pour l'échange des monnaies de siège, le transport des malades et des blessés par eau, à Metz et Thionville, pour les étapes de Mayence à nos frontières, l'occupation des forts à mesure du départ de chaque détachement, la livraison des armes, munitions et places, la nomination de commissaires pour la remise des magasins; enfin tout dans les moindres détails.

Cela dura bien une demi-heure; et quand on vit que tout était réglé; que nous avions les honneurs de la guerre et le droit d'emporter nos drapeaux, nos armes et nos effets, le plaisir de retourner au pays calma tout le monde. C'était une chose qu'on n'espérait plus depuis longtemps; chacun se disait avec satisfaction.

« Eh bien! c'est fini. Les chefs sont contents, nous n'avons pas besoin d'être plus difficiles qu'eux. Nous n'avions rien en arrivant, nous n'avons rien en partant. Les pauvres habitants doivent être plus ennuyés que nous, avec leurs églises, leurs magasins et leurs maisons ruinées. Nous allons revoir la France, entendre parler des Français, savoir des nouvelles de la république; qu'est-ce que nous pouvons demander de plus? »

Ainsi chacun se raisonnait en lui-même, et malgré cela, quand, deux jours après, il fallut quitter ces vieux murs brûlés où l'on avait tant souffert, où tant de nos camarades restaient enterrés sous les décombres, ce fut une véritable désolation. Oui, le 25 juillet 1793,

Le panier de Marguerite. (Page 42.)

vers midi, quand le roulement finit sur la place d'Armes, et que les colonels et les commandants crièrent :

« Bataillons, par file à droite, en avant, pas accéléré, marche ! »

Et qu'on se mit à défiler à travers ces vieilles rues et ces milliers de gens misérables qui nous regardaient sur leurs portes, les filles qui pleuraient, les hommes qui dans le fond de leur âme nous maudissaient, les clubistes du docteur Hoffmann qui frémissaient d'être abandonnés, et qui bientôt allaient régler leur compte, ce fut un spectacle terrible.

Un escadron de dragons prussiens marchait devant nous, et nous autres, volontaires nationaux, fédérés de toutes les provinces, avec nos barbes de six mois, nos grands chapeaux usés, nos casques de cuir bouilli, nos guenilles pendantes, le fusil fièrement sur l'épaule, nous venions ensuite.

On n'avait pas encore eu le temps de nous amalgamer en demi-brigades, mais pour les guenilles, la maigreur et le courage, nous étions uniformes. Derrière nous arrivaient l'ancien régiment de Saintonge, encore en habit blanc, et puis les chasseurs à cheval du Languedoc, et puis d'autres.

En traversant le camp prussien, tout à coup la musique des chasseurs se mit à jouer la *Marseillaise*. Alors, d'un bout de la ligne à l'autre ce chant s'éleva ; et les milliers de gens accourus pour voir notre humiliation et qui bordaient la route : des bourgeois et des paysans furieux contre la révolution, des prêtres, des

On voyait les habits blancs et bleus par tas à la file. (Page 48.)

émigrés français la cocarde prussienne au chapeau, des seigneurs en voiture découverte avec leurs dames, des princes à cheval, enfin tous les aristocrates venus au siége de Mayence comme à la comédie, tous, en écoutant notre chant et voyant notre mine, pâlirent. Ils devaient penser :

« Nous avons bien fait d'accepter leurs articles, car il aurait fallu les exterminer jusqu'au dernier. »

Voilà notre sortie de Mayence. Ce n'était pas une sortie de gens battus, forcés de s'humilier, mais d'hommes hardis ayant capitulé parce que c'était plus avantageux, parce qu'ils espéraient prendre leur revanche. Dans un marché, tout homme de bon sens considère ses intérêts ; il accepte ou refuse les articles, nous avions accepté parce que les autres nous avaient donné des avantages.

Plus loin, après avoir passé les redoutes, les tranchées, les villages bouleversés, en revoyant la verdure des champs, les vignes, les forêts, la grande route blanche bordée d'arbres, les maisonnettes avec leurs toits rouges, dans un instant toutes les misères furent oubliées, on respirait un autre air, et les officiers criaient joyeusement :

« Arme à volonté ! »

Quel changement ! Toute ma vie je me rappellerai le bonheur de marcher le sac au dos et le fusil sur l'épaule, du côté de son pays. Qu'est-ce que nous faisait maintenant le reste ? On n'y pensait plus ; et quelquefois, en regardant les vieux camarades à côté de soi, les pieds sortant des savates, le teint brun, le nez long comme des corbeaux après l'hiver, la vieille queue râpée et les yeux luisants, on s'écriait en soi-même :

« Quelle chance nous avons d'en revenir !.. Vont-ils être étonnés, les autres, de nous revoir en cet état !.. Ils sont capables de vouloir nous porter en triomphe !.. »

C'était l'idée que nous avions tous ; nous croyions que les municipalités allaient venir au-devant de nous, qu'on se disputerait en quelque sorte l'honneur de nous goberger dans les villages, et qu'on allait crier :

« Vivent les défenseurs de Mayence ! »

Aussi nous doublions les étapes pour arriver plus vite ; la vue des dragons prussiens qui nous escortaient comme des prisonniers nous indignait, et, dans moins de quatre jours, la division entière du général Dubayet arriva par Alzey, Kaiserslautern et Hombourg en vue de Sarrebrück.

Naturellement, tous ces gens que nous avions ruinés ne nous faisaient pas bonne mine ; la livre de beurre coûtait un florin ; la livre de viande trente-six kreutzers, et le reste en proportion ; nous leur avions tout mangé, ces Allemands ne pouvaient donc pas nous aimer ; mais nous pensions que ce serait autre chose en France.

Partout, sur cette route, à chacune de nos haltes, on entendait, à droite, à gauche, les propos des paysans et des bourgeois. Bien des paroles nous étonnaient ? Notre plus grand désir était de savoir ce qui se passait au pays. A Küzel, un mot en l'air du bourgmestre, venu pour veiller à la distribution des vivres, m'apprit que la Vendée était en pleine révolte ; plus loin, j'appris que Marat venait d'être assassiné par une femme ; une chose qui me surprit bien plus, ce fut d'entendre un bourgeois de Hombourg, chez lequel nous passions la nuit, parler de la fuite des girondins comme d'une affaire très-sûre. Ces propos couraient de rang en rang ; ce que l'un apprenait, il le disait aux autres, la trahison de Dumouriez, arrivée trois mois avant, nous paraissait quelque chose d'impossible

A mesure que nous approchions de Sarrebrück, l'idée de passer si près de Phalsbourg sans voir ceux que j'aimais me crevait le cœur. Beaucoup d'autres avaient la même idée ; mais, moi j'étais connu particulièrement du commandant Jordy, qui savait que Chauvel, représentant du peuple à la Convention, m'avait choisi pour son gendre ; et le quatrième jour, à la grande halte, je me hasardai de lui demander une permission de quarante-huit heures. Lui, tout droit sur son cheval, le grand chapeau à plumet rouge sur la nuque et sa grosse queue noire pendant au-dessous, m'observait de côté ; il avait au moins autant d'envie que moi d'aller là-bas ; avant de répondre il serrait ses grosses mâchoires, et je tremblais qu'il ne me dît :

« Ça n'est pas possible !... »

Finalement, il se mit à sourire et me demanda :

« Tu voudrais embrasser Marguerite, n'est-ce pas ?

— Oui, commandant, et mon père.

— C'est naturel, fit-il en regardant si personne autre ne l'entendait. Eh bien, écoute : aussitôt à Sarrebrück, tu viendras dans ma chambre et je te donnerai une permission de quarante-huit heures, par écrit. Seulement tu n'en diras rien à tes camarades, et tu partiras cette nuit, car, si les autres le savaient, le restant du bataillon filerait par les bois. Tu m'entends ? Maintenant rentre dans les rangs et silence ! »

Il n'avait pas besoin de me recommander le silence ; je savais bien que les trois cent vingt-cinq qui restaient du bataillon n'auraient plus rien écouté, s'ils avaient su que les uns n'étaient pas traités comme les autres. C'était une injustice, et, pour dire la vérité, je m'en moquais pas mal.

Tout se passa comme le commandant Nicolas me l'avait promis. A l'auberge du *Grand-Cerf*, il me donna une permission de quarante-huit heures ; plus de cent cinquante étaient venus mais il leur avait dit que personne n'en aurait. Sarrebrück était la dernière ville allemande ; je n'avais qu'à traverser le pont pour être en France ; et ce même soir, à neuf heures, je partis après avoir seulement prévenu Jean-Baptiste Sôme.

Je partis donc après la retraite, en laissant mon fusil et ma giberne aux bagages. Les sept lieues que nous avions déjà faites depuis le matin ne m'empêchèrent pas de pousser cette nuit-là jusqu'à Fénétrange. Oh ! la jeunesse ! quel courage cela vous donne d'avoir vingt ans et d'être amoureux ! Comme on court, comme la vie vous est légère, et quelle masse d'idées vous passent par l'esprit, des attendrissements, des envies de rire et de pleurer ! Chaque fois que j'y pense, je crois encore arpenter cette grande route blanche qui suit la Sarre, mon sabre bouclé sur le sac, mon vieux chapeau républicain en travers des épaules, les guêtres serrées aux jambes. Et je galope, je vois Marguerite qui m'attend, le vieux père, maître Jean, etc. J'ai des ailes. Dieu du ciel, c'est pourtant vrai, voilà comme j'étais en 93.

On n'a jamais vu de nuit plus belle, une nuit

de juillet, aussi blanche que le jour; les haies, les vignes, les bouquets de bois et les champs, tout était plein de bonnes odeurs. Et dans ce grand pays de plaine je n'entendais rien que le bruit de mes pas sur la route, de temps en temps un fruit trop mûr tomber de l'arbre, et, dans le lointain, la Sarre courir entre les roseaux.

A une lieue environ de Fénétrange, vers quatre heures du matin, comme le soleil rouge montait sur les coteaux couverts de vignes et que j'entendais au loin des faucheurs aiguiser leur faux, l'idée me vint d'aller me baigner. J'étais tout blanc de poussière. Depuis deux mois, pas un homme n'avait changé de chemise ni de pantalon; qu'on se figure d'après cela notre état. Enfin je descendis un petit sentier, entre les avoines, jusqu'au bord de la rivière. Je jetai mon sac et mon chapeau dans l'herbe et je défis mes souliers. Ah! la bonne idée que j'avais eue de me laver! Dieu me préserve de vous dépeindre cette crasse. C'est au milieu du courant, en allongeant mes bras et mes jambes dans l'eau fraîche et vive, sous l'ombre des vieux saules où tremblotait la lumière du matin, c'est alors que je me sentis revivre et que je m'écriai dans mon âme :

« Michel, la vie est une bonne chose! »

Pendant plus d'une demi-heure, je ne fis que monter et descendre sous le pont de Rilchengen. Quelques paysans passaient, leur faux ou leur fourche sur l'épaule, sans regarder. Moi, je m'allongeais, je me retournais, laissant traîner mes grands cheveux défaits sur mon cou brun, et me roulant dans l'eau comme un bienheureux.

Lorsque je sortis pour m'habiller, le soleil chauffait déjà le sable, les alouettes montaient sur les blés, et dans le lointain, au bout de la plaine, je reconnaissais nos montagnes, nos belles montagnes des Vosges, toutes bleues, le Donon, le Schnéeberg. — Ah, la bonne vue!

Alors je claquais des dents et je ne pensais plus qu'à me faire beau pour les yeux de Marguerite, à me peigner avec mon vieux peigne à trois dents. Mais ce sont les chemises et les autres effets qu'il aurait fallu voir; je n'osais pas brosser l'habit ni la culotte de peur d'en emporter des pièces; ils avaient bien assez des trous! Enfin, à la guerre comme à la guerre!

Je choisis la dernière chemise qui me restait un peu propre, et mes meilleurs souliers, raccommodés avec de la ficelle. Que voulez-vous? quand il ne vous reste que des guenilles, on n'a pas l'embarras du choix; c'est clair. Je n'étais plus le beau Michel, avec sa grosse cravate tricolore des dimanches, son grand gilet à mille fleurs, sa belle queue bien tressée et bien peignée par le bon père Bastien; mais j'espérais que Marguerite me reconnaîtrait tout de même et qu'elle m'embrasserait de bon cœur; c'était le principal. Et quand l'autre chemise fut bien lavée, bien tordue et presque séchée sur la broussaille voisine, le sac fermé, le sabre bouclé dessus; après m'être coupé dans la haie une bonne trique, je repartis de là, frais, hardi, content et plein de confiance.

Malgré cela, je voyais en traversant les villages que la misère était grande, et lorsque les gens sortaient, leur air misérable, leurs pauvres corps inclinés, m'avertissaient que bien des soutiens de famille enlevés par la guerre, avaient laissé de grands besoins derrière eux. Ces pauvres vieux, en me voyant approcher, tournaient la tête; ils pensaient peut-être :

« C'est notre Jean! c'est notre Jacques. »

Ensuite, quand je leur criais en passant : « Salut et fraternité! » eux, d'une voix triste, me répondaient :

« Que le ciel te conduise! »

C'est à Fénétrange, sur les sept heures du matin, que j'entendis crier pour la première fois contre les Mayençais, ce qui m'indigna naturellement et m'aurait fâché si le gueux en avait valu la peine. Je m'étais arrêté dans une petite auberge de rouliers, comme celle de maître Jean, aux Baraques, et pendant que je mangeais de bon appétit un morceau de bœuf froid et que je vidais ma bouteille de petit vin blanc du pays, le barbier entra, sa serviette et son plat à barbe sous le bras. L'aubergiste, un vieil homme, s'assit sur une chaise de bois, au milieu de la salle, et l'autre se mit à le raser, en parlant de tout comme une pie borgne; disant que les traîtres de Mayence s'étaient entendus avec les Prussiens pour leur livrer la place; qu'ils méritaient tous d'être jugés par le Comité de salut public, et guillotinés dans les vingt-quatre heures.

Je regardai cet imbécile de côté; il ne faisait pas attention à moi : c'était un véritable nain, le nez retroussé, les yeux à fleur de tête et la perruque en queue de rat; un être qui n'avait que le souffle. Je m'apaisai tout de suite en le regardant.

Le vieux aubergiste s'étant levé pour s'essuyer le menton, je vidai mon verre et je jetai sur la table le second louis que m'avait donné maître Jean. L'aubergiste parut bien étonné; ce louis était peut être le premier qu'il voyait depuis un an, et, quand il l'eut bien tourné, retourné, près de la fenêtre, cet homme tira d'une armoire un corbillon plein de gros sous et d'assignats; il me compta septante-huit livres dix sous en assignats et dit que ma dépense était de trente sous. Je compris alors que nos assignats ne valaient plus que vingt-cinq du cent. Cela m'ouvrit les yeux, et je pensai que la misère du pays devait être épouvantable. Si les paysans et les bourgeois n'avaient pas eu les terres des nobles et des couvents pour hypothèque, et si les assignats n'avaient pas pu servir à les acheter, la révolution était perdue.

A partir de Fénétrange, je remarquai partout sur ma route une agitation extraordinaire, la nouvelle de la capitulation de Mayence s'était répandue dans le pays; toute l'Alsace et la Lorraine en frémissaient. On était dans la désolation, car plusieurs pères de famille, partis comme représentants de districts pour démocratiser les Allemands, n'avaient pas écrit, et l'on ne pouvait savoir ce qu'ils étaient devenus. Je traversai tout cela sans tourner la tête. A force de voir des batailles, des combats, des massacres, ces choses ne me produisaient plus d'effet.

En descendant la côte de Wéchem, je vis devant la maison du maire une foule de monde; au milieu de cette foule stationnait une brigade de gendarmes nationaux : c'était un appel de volontaires! Dans le moment où je passais le pont, un des gendarmes, le brigadier, vint à ma rencontre et me demanda ma permission, que je lui remis aussitôt; il en prit connaissance. La foule nous regardait de loin; lui semblait grave; après l'avoir lue, il me la rendit, et, se penchant sur son cheval :

« Camarade, me dit-il, tu n'es pas gras ; vous en avez vu de dures là-bas! mais c'est égal, ne te vante pas de revenir du siège de Mayence, on pourrait te faire un mauvais parti. »

Alors il retourna tranquillement à son poste, et moi j'allongeai le pas en remontant la côte et serrant ma trique. Je n'étais pas en colère, mais indigné contre ce tas d'imbéciles qui vivaient depuis un an dans leurs villages, au milieu de leurs amis et connaissances, mangeant bien, buvant bien et s'achetant des terres à bon marché, pendant que nous autres nous risquions notre vie tous les jours, nous souffrions le froid, la faim, toutes les misères, pour les préserver des Autrichiens et des Prussiens, et qui se figuraient encore que nous les trahissions ! Cette bêtise du peuple me soulevait le cœur. J'ai souvent pensé depuis que les gueux de toute espèce, aussi bien ceux du peuple que de la noblesse et du clergé, par ces abominables mensonges, risquaient de soulever alors l'armée de Mayence contre la nation; c'était peut-être ce qu'ils voulaient.

Enfin, une fois sur la côte, malgré la joie que j'avais de revoir les remparts, les demi-lunes les clochers et les maisons du vieux nid au bout de la grande route blanche, malgré l'espérance de revoir bientôt Marguerite, mon père et tous les amis en bonne santé, cette idée de la bêtise du peuple me suivit jusque sur les glacis et dans les avancées de Phalsbourg.

Alors seulement le plaisir d'être si près de ceux que j'aimais me rendit content. Il était midi, j'entendais battre le rappel à la caserne d'infanterie pour aller à la soupe. Comme je passais le pont-levis, voilà que sous le petit hangar de l'octroi, en face du corps de garde, s'avance le gros Poulet, l'ancien employé de la gabelle, devenu surveillant des octrois; il mordait dans une énorme tartine de fromage blanc, et sur son chapeau de paille entouré d'un grand crêpe, il avait une cocarde tricolore aussi large que ma main.

A force de dénoncer les gens, sous la république comme du temps de Louis XVI, et d'attraper des primes de cinquante livres en faisant le malheur d'une foule de monde, le gueux avait un ventre qui lui tombait du menton jusque sur les cuisses ; sa chemise était ouverte à cause de la grande chaleur ; ses bajoues et ses oreilles étaient cramoisies. Et pendant que je m'approchais tout maigre et déguenillé, lui, me regardant une seconde, se mit à crier aux hommes de garde, en face :

« Hé ! vous autres, portez les armes ! qu'on batte aux champs! Voici Michel Bastien, un de ces fameux défenseurs de Mayence qui viennent d'ouvrir la place aux Prussiens; un héros! ha ! ha ! ha! Présentez armes ! »

Il criait de toutes ses forces en se moquant, les soldats, assis à la file, les jambes pendantes sur la balustrade du pont, me regardaient. J'étais devenu tout pâle de colère, et, sans me déranger de mon chemin, en passant, j'allongeai par la figure du citoyen Poulet un revers de main qui le culbuta, les jambes par-dessus la tête, sous la balustrade de l'octroi, et sa tartine de fromage blanc par-dessus le nez. Il poussait des cris terribles :

« A l'assassin ! On assassine un patriote ! Au secours ! »

Moi je continuai tranquillement ma route sans me presser ; le vieux sergent du poste, qui se trouvait là, se mit à rire en disant :

« Bien touché, camarade, bien touché. »

Les soldats me regardaient dans l'étonnement, et le sergent me demanda :

« Tu viens de Mayence?
— Oui, sergent.
— Vous n'avez pas l'air d'avoir fait la noce?
— Pas trop.

— Ma foi, dit-il à ses hommes en riant, si les généraux ont trahi, les camarades n'ont pas été payés cher. »

Poulet, qui s'était relevé, criait de loin :

« Arrêtez-le, c'est un aristocrate. Au nom de la loi, qu'on l'arrête! »

— Va-t'en, camarade, me dit le sergent, et bon voyage! »

J'entrai donc dans la ville. Ce bon soufflet m'avait soulagé la conscience ; je ne pensais plus qu'à la joie de revoir Marguerite et les amis. Plus d'un, en me voyant remonter la rue, se retournait et disait :

« Hé! c'est Michel Bastien... Bonjour, Michel! »

Mais, dans mon attendrissement, je ne leur répondais que par un signe de tête.

Au coin de Fouquet, voyant la boutique de Chauvel, ses fenêtres, et sa devanture garnies d'almanachs, de livres et de journaux, je fus comme suffoqué de bonheur en même temps que d'inquiétude ; car tout était-il encore dans le même état? tout le monde se portait-il bien ? J'arrivai sous le petit toit de la porte. On avait fermé les volets contre la chaleur du jour. Je traversai la boutique, et je me courbai, regardant, par la petite porte vitrée du fond, Marguerite et mon frère à table, en train de dîner. Ils regardaient aussi tout étonnés ; avec ma barbe, mon vieux chapeau râpé, mes habits déchirés, on ne pouvait me reconnaître. Mais quand j'ouvris la porte, en disant :

« Me voilà! »

C'est alors qu'il aurait fallu voir ce spectacle : Marguerite dans mes bras, Étienne à mon cou, sanglotant et criant :

« C'est Michel! nous n'espérions pas te revoir sitôt!... Mon Dieu, mon Dieu, quel bonheur! »

Et l'on riait, on pleurait! Étienne disait :

« Que le pauvre père sera content! »

L'un me prenait le sac, l'autre m'ôtait le chapeau; et puis on recommençait à s'embrasser. Moi, je regardais Marguerite, je la serrais comme ce qu'on aime et qu'on élève le plus au monde; je la trouvais bien pâle, ses yeux brillaient, ses beaux cheveux noirs sortaient en grosses touffes de son bonnet du matin, et ses bonnes joues brunes s'étaient allongées. Je lui dis :

« Tu as été malade, Marguerite?

— Non, fit-elle, non, je suis pleine de force et de santé, seulement l'inquiétude de ne plus recevoir de nouvelles, et puis les malheurs de la patrie... Mais assieds-toi. »

La petite table était mise près de la fenêtre ; ils avaient un plat de choux, un peu de lard, une carafe d'eau fraîche.

« Étienne, prends dix sous au comptoir, dit Marguerite, cours chez Tony chercher du jambon ; moi, je descends à la cave tirer du vin. Ah! Michel, nous buvons de l'eau ; les temps sont durs, il faut économiser. »

Elle riait, et je la regardais avec des yeux amoureux, des yeux de vingt ans ; je la retenais par la main, elle m'échappa et courut chercher du vin. Alors, une minute je regardai cette petite chambre entourée de livres, et je m'écriai en moi-même :

« Te voilà donc encore une fois ici! »

Des larmes me remplissaient les yeux, car ce ne devait pas être pour longtemps! et quand Étienne revint avec son assiette de jambon, quand Marguerite mit sa bouteille de vin sur la table et que nous fûmes là tout heureux à nous regarder, en leur apprenant que je n'avais qu'une permission de quarante-huit heures et qu'il faudrait repartir le lendemain, leur joie en fut beaucoup diminuée. Mais, comme disait Marguerite :

« Le devoir avant tout. Avant tout la république et les droits de l'homme! »

En disant cela, elle ressemblait au vieux Chauvel d'une façon étonnante ; c'était le même air hardi, la même voix claire et nette. Malgré moi je pensais :

« Lorsque vous serez mariés, elle voudra toujours avoir raison; elle dira toujours : Fais ceci, fais cela, c'est le devoir! Je serai bien forcé de reconnaître son bon sens et de marcher. Enfin si c'était seulement déjà maintenant, nous serions bien heureux. »

Ces idées me venaient sans trouble; et de la voir, de l'entendre, de sentir sa petite main sur mon bras, c'était un bonheur qui n'est pas à dire. De temps en temps la boutique s'ouvrait, la sonnette allait; Étienne sortait servir le monde, des soldats, des bourgeois, des paysans. Nous continuions de manger en causant des affaires de la nation, de maître Jean, du père, de tous. Marguerite, comme Chauvel, s'inquiétait d'abord de la république; c'était en quelque sorte dans le sang. Quand elle sut que, durant quatre mois, à Mayence, nous n'avions pas reçu de bulletins, ni de lettres du dehors; que j'arrivais d'une traite de Sarrebrück, dans l'ignorance de ce qui s'était passé depuis le 6 avril, elle voulut tout me raconter et j'en appris plus ce jour-là que durant tout mon service de volontaire, soit en garnison, soit en campagne.

Je savais pourtant déjà que Dumouriez, après sa défaite de Nerwinden avait suivi l'exemple de La Fayette, en essayant d'entraîner son armée contre Paris, pour bousculer la Convention et rétablir des rois en France. J'avais entendu dire qu'il était d'accord avec Cobourg, le général autrichien; qu'il devait lui livrer Condé et puis faire son coup; mais que la Convention l'ayant cité à sa barre, se voyant découvert et toute l'armée s'étant soulevée contre lui, le traître, après avoir livré les représentants du peuple à nos ennemis, s'était sauvé chez les Autrichiens avec une partie de son état-major et les fils du ci-devant prince d'Orléans. Je savais aussi qu'on avait arrêté Philippe-Égalité, que les girondins avaient accusé Danton d'être d'accord avec Dumouriez et les fils d'Orléans, et qu'il leur avait répondu plein d'indignation :

« Que les lâches capables de ménager un Louis XVI pouvaient seuls être soupçonnés de vouloir rétablir le trône et de s'entendre avec les traîtres! »

Mais ce que je ne savais pas et ce que Marguerite m'apprit alors, c'étaient les mesures terribles qu'il avait fallu prendre pour arrêter enfin toutes ces trahisons : la création d'un comité de salut public et d'un comité de sûreté générale, auxquels tous les districts de France et les représentants du peuple à l'armée devaient rendre compte chaque semaine, la création d'un tribunal extraordinaire composé de cinq juges, dix jurés et un accusateur public, avec pleins pouvoirs de poursuivre, arrêter et traduire en jugement tous les conspirateurs; l'établissement d'un tribunal dans beaucoup d'autres villes, la mise hors la loi des contre-révolutionnaires; les visites domiciliaires pour le désarmement des suspects; l'inscription sur les portes du nom de chaque habitant des maisons; les cartes de civisme que l'on devait avoir en tous lieux; la peine de mort décrétée contre les déportés qu'on retrouvait en France, etc.

Ensuite l'opposition des girondins à toutes ces mesures devenues nécessaires, eux qui n'avaient pitié ni des processions de misérables arrêtés du matin au soir devant les portes des boulangers, ni des malheureux ouvriers qu'on payait avec des assignats que les marchands ne voulaient pas recevoir, ni des milliers de travailleurs partis à la frontière par leur faute, puisqu'ils avaient fait déclarer la guerre malgré la Montagne. Elle m'apprit l'indignation du peuple contre ces gens qui n'avaient d'entrailles que pour le roi, sa famille, les nobles et les riches, les pétitions innombrables qui demandaient de les mettre hors de la Convention; leurs accusations contre Marat, sa comparution devant le tribunal extraordinaire et son acquittement à la satisfaction générale des patriotes.

Tout cela je n'en savais rien.

Et c'est aussi Marguerite qui m'apprit nos malheurs dans le Nord, où trente-cinq mille Anglais et Hollandais, commandés par le duc d'Yorck, avaient renforcé Cobourg, de sorte que nos ennemis s'étaient trouvés cent mille hommes contre quarante, et qu'il avait fallu reculer jusqu'à Valenciennes en livrant des combats tous les jours. C'est elle qui m'apprit la ligue des nobles, des prêtres et des paysans en Vendée pour soutenir Louis XVII, leur soulèvement épouvantable sous la conduite de Cathelineau, de Stofflet, de Six-Sous, de Souchu et d'autres gens qui n'étaient pas de l'antique race des conquérants, mais des voituriers, des gardes forestiers, des boulangers, des gens de charrue et de métiers, ce qui ne les empêchait pas d'être très-bornés, puisqu'ils se battaient contre eux-mêmes, et féroces comme des loups, puisqu'ils fusillaient leurs prisonniers et que leurs femmes massacraient les blessés, au nom de Jésus-Christ, notre sauveur.

Elle me raconta le redoublement de fureur des girondins et des montagnards qui se reprochaient ces malheurs; la création du maximum pour les grains et l'emprunt forcé d'un milliard sur les riches, malgré les girondins égoïstes. Chauvel, dans une lettre que Marguerite me montra, disait que ce jour-là, les montagnards et les girondins avaient été sur le point de se déchirer, et que sans les hommes les plus calmes de la Plaine, ils seraient tombés les uns sur les autres. Les girondins voulaient faire destituer toutes les autorités de Paris et transporter la Convention à Bourges. Là les montagnards entre les mains de leurs ennemis, étaient perdus. Ces girondins, royalistes en dessous pour la plupart, mais qui n'avaient pas le cœur de le dire, ni de combattre franchement, loyalement la république, ces malheureux qui voulaient arrêter la révolution et la faire tourner à leur profit, réussirent, d'après ce que me dit Marguerite, et ce que je lus dans une lettre de Chauvel, à faire nommer une commission de douze d'entre eux; et cette commission n'eut rien de plus pressé que de casser les comités révolutionnaires, de menacer la Commune et d'annoncer la suppression du tribunal extraordinaire.

Ils voulaient rassurer les milliers d'égoïstes qui tremblaient; le sort de ces êtres impitoyables pendant la famine les touchait plus que celui du peuple plein de courage et de dévouement. Alors la France, entourée d'ennemis, serait restée sans force; les émigrés, les moines et les évêques seraient rentrés derrière les armées étrangères; ils auraient rétabli leurs priviléges dans le sang de la nation, mille fois mieux qu'avant et pour des siècles. Seulement les Anglais auraient pris Dunkerque, les Autrichiens Valenciennes et Condé, les Prussiens Mayence et Landau, les petits princes allemands la Lorraine et l'Alsace.

Nous aurions eu un petit royaume de France avec beaucoup de grands seigneurs et la masse des misérables pour les entretenir de leur travail comme avant 89.

C'était trop! Le peuple de Paris, sous la conduite de Danton, sauva pour la seconde fois notre patrie, en se soulevant d'un coup et mettant la main sur les traîtres.

Ces choses s'étaient passées deux mois avant, le 31 mai 1793.

Un de ces girondins avait osé dire que si l'on touchait à l'un d'eux, Paris serait détruit de fond en comble par les départements et qu'on ne retrouverait plus sa place aux bords de la Seine. Mais cela n'empêcha pas les montagnards de les faire arrêter. Marat avait dressé la liste des plus dangereux. Une partie se trouvait alors en prison; d'autres, Pétion, Guadet, Buzot, Barbaroux, etc., s'étaient échappés; ils levaient des armées en province, enlevaient les caisses publiques, cassaient les municipalités, créaient des tribunaux pour juger les patriotes; leur général c'était Wimpfen, un noble, un royaliste! On a souvent parlé de traîtres, mais je crois que jamais il ne s'en est vu de pareils, car si des généraux français ont quelquefois marché contre nous avec les ennemis, au moins ils ne cherchaient pas à tourner la nation contre elle-même, en lui parlant de ses droits et prenant le nom de républicains.

« Voilà donc où nous en sommes, dit Marguerite. Cinquante départements sont en pleine insurrection. Lyon, la seconde ville de France, s'est soulevée contre la Convention; les royalistes ont enlevé d'assaut l'Hôtel-de-Ville; ils ont arrêté, fait juger et guillotiner les principaux patriotes; Marseille et Bordeaux sont aussi soulevés; Valenciennes sera demain au pouvoir de l'ennemi; les girondins lèvent des troupes en Normandie pour marcher sur Paris; la Vendée et la Bretagne sont en feu, les Anglais arrêtent les blés qui nous viennent du dehors; leur ministre Pitt déclare tous nos ports bloqués; il paye la Prusse, l'Autriche, la Sardaigne et l'Espagne, il a même pris à sa solde les Badois, les Bavarois et les Hessois, tous ces gens qui n'attendaient plus que la prise de Mayence pour nous envahir. Nous seuls, Lorrains, Alsaciens, Francs-Comtois, Champenois, Picards et Parisiens nous marchons encore avec la révolution; car pour comble de malheur, des milliers de paysans ont levé le drapeau blanc dans les Cévennes; ils avancent par l'Auvergne au secours des Vendéens et coupent de Paris nos armées des Pyrénées et des Alpes, la Corse veut se livrer aux Anglais... Enfin tout est contre nous... tout nous écrase à la fois.

« Mais alors, Marguerite, m'écriai-je, nous sommes donc perdus?

— Perdus! fit-elle, les lèvres serrées et ses petits poings fermés sur la table, oui, si les girondins étaient restés à la Convention pour arrêter et empêcher toutes les mesures de salut public, nous serions perdus. Mais le temps des beaux discours est passé. Danton, Robespierre, Billaut-Varenne, Collot-d'Herbois, Carnot, Prieur, Lindet, Saint-Just, Couthon, Treilhard, Jean Bon-Saint-André, Guyton-Morveau, Cambon, tous les amis de mon père sont là; ils ont déjà fait en huit jours cette constitution que les girondins traînaient depuis huit mois sans pouvoir la finir. Elle est simple, claire, ferme, juste; c'est la vraie constitution républicaine dont les autres ne voulaient pas. Maintenant les grandes choses vont venir, car il faut avant tout sauver la France. On nous a fait trembler, il faut que les autres tremblent à leur tour. Et d'abord les généraux royalistes viennent d'être mis de côté, les Bouillé ne montreront plus aux Prussiens le chemin de la France; les Rochambeau ne préviendront plus les Autrichiens de nos mouvements; les La Fayette ne conspireront plus avec la cour; les gouverneurs nobles ne livreront plus nos places; les Dumouriez n'essayeront plus avec leur armée pour rétablir des rois! Nous aurons des fils du peuple à notre tête, des hommes de notre race, de notre sang, mon père dans sa dernière lettre nous en parle. Le Comité de salut public étend déjà la main pour empoigner Custine qui vous a laissé périr de faim à Mayence, sans vous secourir ni vous approvisionner; le tribunal extraordinaire dresse son acte d'accusation. Tu verras comme tout va marcher. S'il faut que nous périssions, beaucoup périront avant nous, et si les autres rétablissent chez nous les droits du couvent et du seigneur, ce ne sera pas sans peine! »

En l'entendant, je reprenais confiance et je me disais :

« Cette fois, Michel, il faudra vaincre ou mourir! Car si les autres avaient le dessus, Chauvel, Marguerite et toi, vous en avez déjà trop dit et trop fait pour reculer, vous seriez guillotinés, puisque les royalistes guillotinent à Lyon. Eh bien! malheur à ceux que tu rencontreras; ils n'ont pas de miséricorde, nous n'en aurons pas non plus. »

Et, regardant de temps en temps par la porte vitrée les gens de tous états que mon frère servait, je voyais que toutes ces figures étaient

Les boulets les hachaient. (Page 50.)

sombres; je voyais que les mêmes idées travaillaient tout le monde; qu'on pensait : le grand moment est venu de savoir si nous y passerons ou si les autres y passeront. En considérant ces figures d'ouvriers, de paysans, de soldats; considérant aussi que ces pauvres gens donnaient leur dernier liard, en temps de famine, pour savoir les nouvelles, l'idée me vint qu'un peuple qui veut rester libre peut défier l'univers; qu'un grand nombre d'entre nous périraient, mais que finalement nous serions vainqueurs.

Malgré cela c'était dur; et tant d'ennemis de toutes sortes qu'il fallait exterminer allaient nous donner un grand travail. C'est comme à la moisson, quand on sort à deux heures du matin, après avoir emmanché sa faux et serré ses reins, il en tombe des épis jusqu'au soir! Quelle tristesse de penser que les hommes, par intérêt, par injustice, n'ont pas plus pitié les uns des autres que de l'herbe des champs!

Enfin, je crois vous avoir raconté tout ce que me dit alors Marguerite touchant les affaires de la nation. Il fut aussi question de maître Jean, qui venait d'être député par le district, à Paris, pour assister aux fêtes du 10 août, et puis de l'adoption de la nouvelle constitution par les assemblées primaires.

Alors la nuit était proche, et comme je tenais beaucoup à voir mon père ce jour même, je me rendis aux Baraques vers sept heures du soir.

Quant à vous peindre la joie que j'eus de revoir la vieille rue pleine de fumier, la petite

Il dormait à la grâce de Dieu. (Page 52.)

forge où travaillait Benerotte, l'auberge des Trois-Pigeons et dame Catherine en passant, et puis de serrer sur mon cœur le pauvre vieux père tout blanc et tout courbé, qui pleurait, qui ne pouvait pas me lâcher, et dont les lèvres tremblaient sur les miennes, ce sont des choses que tout homme de bon sens se représente de lui-même; il faudrait être en quelque sorte dur comme du bois pour ne pas les comprendre.

Mais il faut que je vous dise, malgré moi, comment ma mère me reçut, car sans cela bien des gens auraient de la peine à se le figurer. Eh bien! lorsqu'après avoir embrassé le père, je m'avançais vers elle, près de l'âtre, les bras étendus, en criant: « Ma mère! » elle se leva, me tourna le dos, et grimpa l'échelle en me regardant de haut en bas avec des yeux sauvages; et, sans me dire un seul mot, sans me répondre, elle entra dans la soupente du grenier, dont elle ne descendit plus jusqu'après mon départ. J'en étais bouleversé, mais le bon père me consola comme il put, et nous restâmes toute cette nuit assis, l'un à côté de l'autre près du petit âtre, à cuire des pommes de terre sous la cendre pour notre souper, à fumer des pipes, à nous regarder, à causer de notre bonheur et de notre satisfaction.

Le bon père n'avait jamais été plus heureux; il dînait tous les dimanches avec Marguerite et Étienne, et me parlait d'eux d'un air d'adoration, n'ayant jamais été si bien traité, si considéré et vénéré de sa vie. Il estimait mon bonheur d'avoir obtenu l'amour de Marguerite autant que moi-même; et, pour ce qui regardait Étienne, c'était sa plus grande joie de voir qu'il gagnait sa vie sans un rude travail par l'instruction qu'il avait reçue, sa bonne conduite et ses connaissances dans le commerce, qui s'étendaient tous les jours. La condition de Mathurine et de Claude, à la ferme de Pickeholz, chez maître Jean, le satisfaisait également ; il les trouvait dans une position bien meilleure et plus relevée que la sienne ; que pouvait-il souhaiter de plus ? Ce que je lui dis de Lisbeth, de Marescot, de la naissance de leur petit Cassius, lui fit aussi le plus grand plaisir ; il ne se lassait pas de m'entendre parler, et s'attendrissait pour ainsi dire à chaque mot.

Nous restâmes donc là jusqu'au matin. Alors le père mit son bel habit des dimanches et me reconduisit en ville. On nous arrêtait à chaque porte des Baraques ; les commères et les amis étaient tous contents de me revoir et de me souhaiter bonne chance. A Phalsbourg aussi, malgré les mauvais bruits qui couraient sur les Mayençais, en me voyant, les patriotes comprenaient bien que, si nous avions rendu la place, ce n'était pas de notre faute.

Je comptais repartir sur les dix heures, mais Marguerite avait arrangé les choses d'une autre façon ; elle avait retenu une place au courrier pour cinq heures du soir, et je devais arriver plus vite à Nancy, sans trop de fatigue. Pendant toute la nuit elle n'avait fait que raccommoder mes effets, et ce n'était pas fini, car elle continua toute cette journée à mettre des pièces, à rattacher des boutons, à laver et repasser ; et, pendant ce temps, les patriotes venaient me voir : Eloff Collin, Raphaël Menque, Genti, enfin tous. Il fallait leur raconter notre défense, nos misères, le nombre d'hommes que nous avions perdus, les incendies, la famine ; et tous, après m'avoir entendu, disaient que les généraux avaient trahi, mais que l'armée ne méritait pas de reproches.

Poulet m'avait dénoncé comme déserteur au comité de surveillance ; mais cette fois, au lieu d'attraper la prime de cinquante livres, le gueux reçut une fameuse semonce de l'accusateur public Raphaël, car ma permission était en règle.

Tout se passa donc selon l'ordinaire, et, les cinq heures du soir venues, on soupa de meilleure heure, bien tristes de se quitter encore, mais pourtant contents de s'être revus. Marguerite avait remonté mon sac d'une paire de souliers neufs et de deux chemises en bonne toile solide du père Chauvel ; le reste, fil, aiguilles, boutons de rechange, pièces de toile et de drap pour le raccommodage, tout s'y trouvait. Et quand le moment de se séparer arriva, quand l'on entendit au loin les clochettes du courrier traverser la place, tout le monde m'accompagna jusque sous la voûte du Bœuf-Rouge. C'est là qu'eurent lieu les embrassades, les bons souhaits, les serrements de mains, les recommandations d'être prudent chaque fois qu'on le pourrait, enfin c'est là qu'on se sépara.

Voilà la vie ! Il était cinq heures et demie ; la voiture roulait du côté de Mittelbronn ; après le pavé des rues arriva le pont, et puis la grande route blanche qui ne finit pas. Quelle tristesse de se quitter sans savoir si l'on se reverra ! Dans un temps pareil, c'était une chance contre dix, et malgré mon courage je le savais bien.

Je pensais, en entrant dans la patache de Baptiste, pouvoir dormir d'un trait jusqu'à Nancy ; j'en avais grand besoin après ma course de Sarrebrück à Phalsbourg et la nuit que je venais de passer avec mon père sans fermer l'œil. Mais j'étais loin de mon compte : cinq ou six agioteurs, comme on disait alors, une vieille femme et moi nous remplissions la voiture. Les agioteurs allaient à Nancy, soi-disant pour acheter du tabac, et ne faisaient que se disputer sur le change, sur la valeur des assignats, la quantité de ce papier à l'effigie de Louis XVI qu'on allait brûler, les propositions de Danton et les réponses de Bazire. Ces gens ne s'inquiétaient pas de moi, pensant que je ne comprenais pas un mot à leurs disputes. Je comprenais pourtant bien que leur tabac de Saint-Vincent était du blé qu'ils allaient accaparer ; mais cela ne me regardait pas, et j'aurais mieux aimé dormir que de les entendre. La vieille ne disait rien ; elle avait un de ces gros manteaux piqués, à capuchon, que les paysannes de chez nous portent en hiver ; elle regardait dans un coin, et ses lèvres remuaient ; je crois qu'elle récitait son chapelet.

Les autres ne finissaient pas de crier, et puis, dans tous les villages où nous passions, le monde était en l'air ; des gendarmes nationaux venaient nous demander nos passeports : on arrêtait les suspects par tout le pays. Je voyais en passant des familles entières gardées dans les granges par des gardes nationaux, un factionnaire à la porte, et quelquefois l'officier municipal en train de les interroger. Quel mouvement dans ces temps pareils ! La misère, la famine, les dangers n'empêchent rien ; au contraire, plus le peuple souffre, plus il se remue ; des trente, des quarante femmes en guenilles, leurs petits enfants sur les bras, accouraient à chaque relais autour de la voiture en criant : « La charité, citoyens ! Pour l'amour de la république, de la liberté, du pain ! du pain !... »

Et puis on entendait chanter le *Ça ira !* dans

les bouchons; quelquefois des piquets de gendarmes passaient au trot, escortant une voiture remplie d'aristocrates.

Je me rappelle aussi qu'aux environs de Héming, dans un grand carré de bois nouvellement défriché, des ouvriers élevaient une espèce de pigeonnier, et que l'un des agioteurs dit aux autres :

« Voici le télégraphe. »

Tous se penchaient dans les petites fenêtres et je regardais naturellement aussi cette baraque, en me demandant ce que cela pouvait être. Alors les marchands se mirent à causer entre eux de l'invention du télégraphe par un nommé Chappe, pour se faire des signes d'un bout de la France à l'autre, et remplacer ainsi des centaines et des milliers de courriers. Le plus vieux d'entre eux disait que celui qui, deux ou trois ans à l'avance, aurait connu cette invention serait devenu l'homme le plus riche du monde.

Trois ou quatre de ces marchands descendirent par bonheur à Lunéville, et nous ne restâmes plus que le vieux, la vieille femme et moi.

Comme en ce temps les mécaniques n'existaient pas encore, à chaque descente Baptiste s'arrêtait pour mettre le sabot, et puis il s'arrêtait encore pour l'ôter à la montée, de sorte qu'il fallait quatorze heures au courrier de Phalsbourg à Nancy.

J'avais pourtant fini par m'endormir, lorsqu'en passant dans un village, les lumières du dehors et les cris des mendiants m'éveillèrent de nouveau; il pouvait être deux heures du matin; le vieux marchand, son bonnet de coton sur les oreilles et son chapeau à cornes sur les genoux, ronflait comme un sourd, et dans le même instant j'entendis la vieille qui pleurait tout bas; elle sanglotait, et, de temps en temps, elle se baissait pour se moucher sous son manteau sans faire de bruit. Longtemps je l'écoutai; quelquefois elle disait :

« Mon Dieu!... mon Dieu!... ayez pitié de moi!... »

Mon cœur en était tout serré, je pensais :

« Qu'est-ce que ce pauvre être peut avoir pour tant pleurer et prier? »

A la fin je lui dis en allemand, car elle parlait allemand :

« Écoutez, ma bonne grand'mère, pourquoi donc pleurez-vous? Êtes-vous malade? »

Alors elle parut effrayée et ne me répondit pas d'abord; mais je lui dis :

« Ne craignez rien; je laisse aussi des gens que j'aime derrière moi : un vieux père, une fiancée que je ne reverrai peut être plus... Racontez-moi tranquillement ce que vous avez. Je ne suis qu'un simple soldat; mais, s'il est possible de vous secourir, comptez sur moi selon mes moyens. »

Il paraît que mes paroles et ma voix lui donnèrent confiance, car elle se mit à me raconter qu'elle allait à Paris, au Comité de surveillance générale, sans même savoir ce que c'était, ni s'en faire aucune idée, mais parce qu'un voisin l'avait assurée qu'elle aurait la grâce de son fils, boulanger à Strasbourg, enfermé depuis quinze jours dans les prisons du Pont-Couvert pour avoir refusé des assignats. Elle me dit que l'ancien vicaire Schneider, accusateur public au tribunal criminel, était cause du malheur de son fils; que ce vicaire, après avoir confessé les gens durant des années, faisait arrêter maintenant tous ceux qui possédaient un peu de bien.

Elle continuait de pleurer amèrement, et moi, songeant que ce grand vicaire devait être une espèce de Poulet, vivant de dénonciations et de mensonges, l'indignation me possédait. Mais ce qui m'attendrit le plus, ce fut d'apprendre que cette pauvre vieille ne connaissait pas une âme à Paris, et qu'elle n'avait que le mot de « comité de surveillance » sur un morceau de papier. Faut-il qu'une mère aime son enfant pour aller ainsi dans le monde, au hasard, à soixante-dix ans, sans connaître un mot de français, et pour ainsi dire à la grâce de Dieu.

Le jour approchait lentement; à notre droite montait le clocher de Saint-Nicolas au bout du ciel, et le souvenir de notre course au bruit du canon me revenait. Deux ans à peine s'étaient passés et quels changements depuis! Le traître Bouillé, Lafayette, Louis XVI, la reine, le comte d'Artois, les feuillants, les girondins, que d'idées ces noms me rappelaient! Et puis notre entrée à Nancy; le grand convoi de prisonniers que nous menions à la potence; les petites rues pleines de sang; les malheureux Suisses de Châteauvieux qu'on égorgeait dans les masures; les charrettes de la porte Neuve pleines de morts : bourgeois, soldats, hommes du peuple, femmes, enfants, tous pêle-mêle; la bêtise affreuse de mon frère Nicolas au milieu de ces massacres! Ah, les temps étaient bien changés! le peuple avait son tour et les trahisons du dehors ne le faisaient pas trembler ni reculer.

Toutes ces choses d'hier me passaient devant les yeux comme une histoire ancienne; mais la pauvre vieille s'était remise à prier.

Sur les sept heures du matin, les premières maisons de Nancy, les gloriettes, les petits jardins, les pièces de vignes, et puis les grandes bâtisses à six rangées de fenêtres, d'anciens couvents sans doute, le palais des anciens ducs, les places entourées de vieux arbres, les grands jardins derrière des grilles dorées, tout cela se mit à défiler devant les petites vitres de la patache. Le long des grandes rues, plus d'une maison portait encore la trace des balles et des boulets de M. le marquis de Bouillé. Je regardais en rêvant, quand la voiture entra sous la porte cochère d'une grande auberge ; la cour, au fond, était encombrée de sacs, de ballots et de tonnes ; par-dessus s'étendait le toit d'un grand hangar.

La patache s'arrêta dans cette cour. Nous descendîmes ; je pris mon sac à la bretelle et je dis à la grand'mère de me suivre, ce qu'elle fit en prenant son panier. Nous entrâmes dans la salle d'auberge, pleine de monde : voituriers, marchands, bourgeois, allant et venant, buvant et mangeant, causant de leurs affaires. Le courrier s'arrêtait à Nancy plus d'une heure. Je fis apporter du pain, du vin, du fromage, une feuille de papier ; je dis à la vieille de s'asseoir, de reprendre confiance ; et, pendant qu'elle buvait et mangeait au coin de la table, j'écrivis une lettre à Chauvel pour lui raconter le siège et la capitulation de Mayence, mon passage à Phalsbourg et la joie que j'avais eue d'embrasser Marguerite, mon père et les amis. Je finis par l'histoire de la bonne femme, en le priant de bien recevoir ce pauvre être abandonné, de lui donner un bon conseil et de la secourir selon ses moyens.

Ayant ensuite plié la lettre et mis l'adresse : « rue du Bouloi, nº 11 », je recommandai bien à la pauvre vieille de ne pas perdre une minute et de la porter tout de suite en arrivant à Paris. Je la prévins qu'elle serait reçue par un brave homme, qui parlait français et allemand, et qui ferait son possible pour tirer son fils des prisons du Pont-Couvert. Elle pleurait et me remerciait, comme on pense.

Alors, le cœur plus léger, je payai le vin et le reste, et je partis rejoindre mon bataillon à la caserne Neuve, où se trouvait le 2ᵉ bataillon des Lombards et le 4ᵉ des Gravilliers de Paris ; toute la ville était pleine de cavalerie et d'infanterie : chasseurs du Languedoc, hussards de la Liberté, fédérés parisiens et bataillons de volontaires. La plupart logeaient chez les bourgeois ; mais, pour dire la vérité, les gens ne nous faisaient pas bonne mine. Les représentants en mission à l'armée de la Moselle avaient dénoncés nos généraux à la Convention ; Aubert-Dubayet et le général Doyré venaient d'être arrêtés ; les gazettes ne parlaient que de l'abominable capitulation des Mayençais ; on devait nous ôter nos chefs et nous envoyer en Vendée combattre les paysans.

C'est ce que j'appris en arrivant à la caserne.

La désolation était peinte sur toutes les figures. Quel plus grand malheur pouvait nous arriver, que d'êtres regardés comme des traîtres et des lâches ?... Jean-Baptiste Sôme, Marc Divès, et même Jean Rat en grinçaient des dents, et si Maribon-Montaut et Soubrany s'étaient trouvés chez nous au lieu d'être à Metz ; je suis sûr qu'ils auraient été criblés de balles.

Enfin voilà comme le peuple, à force de voir des trahisons, finit par soupçonner ses défenseurs.

Les fédérés casernés avec nous ne parlaient que de l'assassinat de Marat et adressaient des pétitions pour faire guillotiner les girondins ; ils disaient que Charlotte Corday avait été députée par eux pour assassiner Danton, Robespierre et l'ami du peuple. Ma sœur Lisbeth et Marescot ne connaissaient plus que la vengeance ; officiers et soldats s'exaltaient de plus en plus, et c'est au milieu de ces confusions que le brave Merlin (de Thionville) arriva de Paris, nous annoncer qu'il avait défendu nos généraux, qu'ils étaient relâchés, et que la Convention avait même décrété des remercîments à l'armée de Mayence. Aussitôt tout fut oublié ; les cris de « Vive la nation ! » recommencèrent, les citoyens nous reçurent mieux et se faisaient en quelque sorte un honneur de nous avoir à leur table.

Les fêtes du 10 août arrivèrent : c'était l'une des grandes cérémonies de la république ; l'autel de la patrie couvert de feuilles, d'armes et de trophées militaires, des canons autour et la déesse Raison dessus, est une des plus belles choses que je me rappelle. Et les discours patriotiques, les musiques de tous les régiments et bataillons jouant ensemble la *Marseillaise*, les processions de jeunes citoyens, les banquets offerts aux braves Mayençais, le long des grandes rues et des places magnifiques de cette ville, de pareils spectacles vous restent devant les yeux et dans le cœur, quand on vivrait cent ans.

C'était en quelque sorte la représentation vivante du bon sens des hommes, de leur amour de la justice et de leur fraternité. Malgré tout ce qu'on a dit, les moines et les évêques n'ont jamais rien inventé d'aussi beau, de si simple et de si naturel. Tout le monde comprenait ce que cela signifiait. Les représentations de Voltaire et de Jean-Jacques étaient aussi sur l'autel, et je soutiens que ces saints-là valent bien les autres, et que saint Crépin et saint Magloire ne peuvent pas même être mis en comparaison.

Enfin à chacun sa liberté ; ceux qui pensent autrement que moi, je ne leur en veux pas, mais je les plains de tout mon cœur et je voudrais les convertir à mes idées qui me paraissent les meilleures. Ils peuvent en dire autant de moi, de sorte que nous sommes quittes et que cela ne doit pas nous empêcher de fraterniser ensemble. Le principal c'est de ne faire tort et violence à personne.

Ces fêtes durèrent trois jours, et quand, vers le milieu du mois, nous partîmes pour Orléans, hommes et femmes nous embrassaient; la fraternité régnait entre nous, et les enfants couraient derrière le bataillon; plusieurs, les plus forts, portèrent nos fusils jusqu'aux environs de Toul.

Un décret disait que nous irions en poste dans la Vendée, mais cela signifiait que nous irions en charrettes. Nos officiers seuls avaient des voitures bourgeoises, qu'on appelait des landaus. Les paysans du pays, mis en réquisitions avec leurs chevaux pour transporter nos bagages, allaient à dix ou douze lieues, et puis d'autres arrivaient et les premiers retournaient tranquillement chez eux. Nous autres nous suivions les voitures à pied.

Il faisait beau temps; et ce qui me revient de cette longue route, c'est qu'on arrêtait partout des Anglais, à cause des gueuseries de Pitt, qu'on faisait des visites domiciliaires dans tout les villages, et que le spectacle de la misère augmentait d'étape en étape. Les blés étaient si rares que, dans le temps de moisson, à mesure que les gerbes rentraient, on les battait tout de suite. On ne pouvait plus attendre, et sur tout notre chemin nous entendions battre en grange depuis quatre heures du matin jusqu'à minuit.

Plus nous gagnions l'intérieur de la France, plus les gens nous voyaient de mauvais œil; une fois hors de la Lorraine, le patriotisme diminuait à chaque pas, et c'était à chaque halte une véritable histoire pour obtenir des vivres et pour coucher, même sous les hangars et dans les écuries; les municipalités disputaient sur tout: le pain, le bois, la viande et la paille! Et comme nous n'étions pas soldés, comme nous n'avions plus que des guenilles sur le corps et que nos souliers s'en allaient par morceaux, plus d'une fois, sans notre ancien commandant Jordy, devenu chef de brigade, et qui nous donnait de bonnes paroles en criant: « Vive la nation! Vive la république!... Courage, camarades! tout cela changera... La liberté repose sur vous!... » ainsi de suite, sans ce brave homme, qui nous calmait, je le dis, toute la colonne se serait révoltée, car lorsqu'on se dévoue, l'égoïsme de la mauvaise race soulève le cœur. C'était pour eux que nous allions nous battre; et cette espèce de gens, si l'on s'était laissé faire, vous auraient logés dans leurs réduits à porcs et nourris de son.

Aussi ce fut quelque chose de nouveau pour nous, et même d'attendrissant, lorsqu'en arrivant à Orléans nous vîmes le maire, les adjoints et toute la municipalité venir à notre rencontre et nous recevoir avec enthousiasme. Nous avions cru qu'il n'existait plus de Français en France, et nous en trouvions des meilleurs, des vrais patriotes enfin, des républicains. A peine formés en bataille sur la place de l'Hôtel-de-Ville, nous étions entourés d'une foule innombrable, et comme Jordy disait: « Présentez les armes! haut les armes! rompez vos rangs! » déjà deux, trois citoyens nous tenaient par les bras et nous emmenaient dans leur famille, non pas comme des étrangers, mais comme des frères; et les citoyennes, de belles jeunes femmes, nous apportaient des couronnes. Jordy, qui parlait bien, leur dit sur la place:

« Grâces vous soient rendues, Orléanais! c'est vous, les premiers, qui nous traitez en enfants de la patrie, en amis, en compatriotes! »

Il dit encore beaucoup de choses attendrissantes; nous en avions les larmes aux yeux, et les cris de « Vivent les Orléanais! Vive la brave garnison de Mayence! » ne finissaient plus. Jordy en disait trop, car les patriotes de Nancy, après le retour de Merlin, nous avaient aussi bien traités; mais dans des moments pareils, l'enthousiasme vous emporte, et l'on crie tout ce qu'on trouve de plus beau, de plus fort et de plus agréable pour ceux qui nous entourent.

Enfin la vérité c'est que les Orléanais nous reçurent bien, et que dans cette belle et bonne ville on commença par nous former en demi-brigades, d'après le décret du 21 février 1793, qu'on n'avait pas encore pu nous appliquer, parce que nous étions en campagne.

Notre bataillon, le 2ᵉ des Lombards de Paris et le 2ᵉ des Gravilliers, où se trouvait Marescot, formèrent alors la demi-brigade de *Paris et Vosges*. J'étais depuis longtemps caporal; et je déposai mes galons pour entrer dans la compagnie des canonniers avec Marc Divès et Jean-Baptiste Sôme. A force d'avoir été dans les redoutes à Mayence, nous connaissions tous le service des pièces, et nos petits canons n'étaient rien auprès des grosses caronades de quarante-huit que nous avions souvent manœuvrées là-bas. Ainsi nous restions tous ensemble, et ma plus grande satisfaction était encore de penser que je verrais tous les jours le petit Cassius, que je l'embrasserais et le ferais sauter dans mes mains. Il riait toujours en me voyant entrer dans la cantine; tout le bataillon l'avait en quelque sorte adopté; chacun l'embrassait, on aurait dit qu'il était à tout le monde. Lisbeth fut aussi bien contente de me savoir au bataillon.

Cela se passait en août.

Nous apprîmes avant de quitter Orléans bien des choses qui méritent d'être retenues : d'abord la condamnation à mort de notre ancien général Custine, pour avoir entretenu des rapports secrets avec Wimpfen et les girondins; pour n'avoir pas approvisionné ni secouru Mayence, et avoir laissé prendre Valenciennes par les coalisés, malgré l'ordre qu'il avait reçu de marcher; ensuite son remplacement à l'armée du Nord et des Ardennes par notre ancien adjudant-général Houchard.

Ces nouvelles frappèrent particulièrement nos officiers; ils comprirent enfin que le Comité de salut public ne se gênait pas avec les généraux, et qu'il fallait être attentif à remplir ses devoirs. Nous apprîmes aussi que Toulon venait de se livrer aux Anglais, avec son arsenal et sa flotte; que le ministre Cambon venait de faire décréter la création d'un grand livre pour inscrire les dettes de la république; et que la Convention, au milieu des plus grands périls, discutait avec calme un code civil, afin de régler les intérêts et les droits des Français entre eux, soit pour les personnes, soit pour les biens. Naturellement chacun pensait que ce code s'appellerait « Code de la République française une et indivisible » et que ce serait une des grandes gloires de la Convention d'avoir eu l'idée de cette œuvre utile.

Quelques jours après, la seconde colonne étant arrivée, nous repartîmes d'Orléans, sous la conduite de Kléber; nous passâmes par Blois et Tours, ayant toujours la Loire à notre gauche. Ce grand fleuve, calme et paisible, s'étend dans un pays uni; de petits bois, des plantations de vignes, des vergers, et principalement des prairies, des champs de blé, d'orge et d'avoine, bordent ses rives à perte de vue; peu de chanvre, mais des arbres fruitiers en abondance, voilà ce pays. De petits îlots de sable s'élèvent à peine sur le fleuve; de vieilles tours, de grandes et belles cathédrales couvertes de sculptures, d'anciens châteaux vous regardent de loin par-dessus les haies et les broussailles.

Malgré l'abolition des cloches, nous entendions bourdonner les églises sur ces grandes eaux paisibles, du matin au soir, et souvent, après avoir fait des lieues, la place de ces cathédrales n'avait pas l'air d'être beaucoup changée, tant la plaine est unie. Dans la Loire, de petites barques allaient et venaient, leur grand filet au bout de la perche et l'homme au fond avec son chapeau de paille; aux environs des villes, des bateaux pleins de grains et de marchandises descendaient ou remontaient le fleuve.

Nous, dans la poussière des chemins, nous regardions, le fusil sur l'épaule, les habits et les pantalons déchirés, un grand nombre pieds nus, et Kléber au milieu de nous, à cheval, son habit bleu boutonné jusqu'au menton, malgré la chaleur, et son grand chapeau à plumet tricolore tout blanc de poussière. Il tenait à la discipline; mais pour soigner ses hommes en route, pour leur faire délivrer les vivres et veiller à ses malades, personne n'était meilleur que lui. Quand les maires, les municipaux voulaient marchander et disputer, la grosse voix de Kléber et son air de lion, car il avait tout à fait la figure d'un lion joyeux, son air d'indignation et de mépris leur fermaient la bouche; il n'avait qu'à les regarder par-dessus l'épaule avec ses yeux gris plissés, et tout arrivait de bonne volonté; les billets de logement ne se faisaient pas non plus attendre. Cinq ou six jeunes officiers le suivaient toujours, en galopant aux environs pour recevoir et porter ses ordres. Chaque fois que nous arrivions quelque part, toute la nuit on ne faisait que rire et chanter dans son quartier; mais durant le service il devenait tout autre et ne plaisantait plus. Rien qu'à le voir, même de loin, on comprenait que celui-là c'était un général, et qui n'écoutait pas les paroles inutiles, surtout dans les moments où l'ennemi s'approche et que chacun se demande : « Comment l'affaire va-t-elle s'engager ? »

Je vous dis ces choses d'avance, mais quand nous y serons vous les verrez bien mieux.

Nous arrivâmes à Saumur, où se trouvait le quartier général. Et là les disputes commencèrent pour savoir qui nous aurait sous ses ordres et ce qu'on ferait de nous; car cinq ou six représentants du peuple, Ruelle, Phélippeaux, Gillet, se trouvaient réunis dans cet endroit, sans parler de Merlin, qui marchait avec notre colonne, et d'une quantité d'officiers et de généraux venus de Paris avec les sans-culottes.

Je ne méprise pas les sans-culottes, mais Paris avait déjà fourni dans ce temps des quantités de bataillons aux armées du Nord, du Rhin, de la Moselle, des Alpes, des Pyrénées, et ceux qui vinrent alors nous rejoindre étaient les héros à cinq cents livres, des êtres qu'il avait fallu payer pour remplir leur devoir. Ces malheureux nous ont fait plus de tort que de bien, car ils ne trouvaient aucun républicain assez avancé; ils rabaissaient tout le monde, ce qui ne les empêchait pas de se débander au premier coup de canon, en criant :

« Nous sommes trahis ! »

Autant les premiers bataillons de fédérés, les volontaires, ouvriers, pères de famille, employés de toutes sortes, enfin les travailleurs étaient solides au feu, calmes et décidés ; autant cette abominable race de criards, de braillards et de fainéants tremblait pour sa peau. Si les Lombards et les Gravilliers avaient eu de la poudre à perdre, ils auraient tiré dessus, à cause de la honte que ces gueux faisaient à leur ville.

Saumur est une place forte. Les anciens hussards de la liberté, qui s'appelaient alors 9e de hussards, et d'autres troupes de cavalerie logeaient dans les casernes. Nous autres nous reçûmes des billets de logement. Le bruit courait qu'on allait nous ôter nos chefs, et l'indignation grandissait. On ne savait pas non plus si nous irions à l'armée des côtes de Brest, ou bien à l'armée des côtes de La Rochelle ; si nous aurions pour général Canclaux, celui qui cinq mois avant avait repoussé les Vendéens de Nantes, ou Rossignol, un horloger de Paris qu'on avait fait général. C'étaient des généraux en chef, et les nôtres, comme Aubert-Dubayet et Kléber, n'étaient que des généraux divisionnaires qui ne pouvaient commander que des colonnes. Mais on parlait de nous mettre sous les ordres de Santerre, un brasseur de Paris, simple général de division comme les nôtres, et voilà ce qui nous indignait le plus.

Enfin, au bout de quelques jours, on décida que les Mayençais iraient à l'armée des côtes de Brest, commandée par Canclaux.

On nous laissa Kléber comme général de division et nous reçûmes l'ordre de partir pour Nantes. Ce fut une joie extraordinaire dans l'armée, car au moins Canclaux avait la réputation d'un vrai général, et non pas d'un horloger ou d'un brasseur. Seulement ce général était un ci-devant comte de Canclaux ; je ne veux pas dire qu'il nous a trahis, non ! mais il conservait l'habitude des vieux généraux de Louis XVI, une espèce de routine dont ces gens-là ne pouvaient pas sortir, et bientôt nous allions apprendre ce que cette routine de diviser ses forces au lieu de combattre en masse devait nous coûter. Mais ne nous pressons pas, les bêtises et les misères arrivent toujours assez vite.

On pense bien que tout ce spectacle d'égoïsme et de vanité que nous avions eu sous les yeux depuis notre départ de Mayence ; cette quantité de mauvaises nouvelles qui nous étaient arrivées : les trahisons, les défections, les massacres ; la marche de l'ennemi qui nous menaçait de tous les côtés à la fois ; on peut bien se figurer que tout cela nous donnait à réfléchir, et que même plusieurs en étaient découragés. Mais sur notre route de Saumur à Nantes quelque chose devait nous remonter le cœur ; nous devions apprendre que nos braves représentants de la Montagne ne tremblaient pas ; qu'ils étaient comme des rochers, que tout le bruit et la fureur de la mer ne peuvent pas ébranler.

En passant par Angers, nous devions lire ce fameux décret de la Convention ordonnant la grande levée en masse et même le soulèvement de toute la France, pour écraser nos ennemis. Il faut que je vous conte cela, car alors vous comprendrez mieux notre enthousiasme ; et puis aucune nation du monde ne peut rien montrer d'aussi fort, d'aussi beau et d'aussi grand dans son histoire. C'est ici que vous allez voir la différence de parler au nom de la justice éternelle, ou de l'orgueil d'un homme. La république seule pouvait élever ainsi la voix et demander à la nation de pareils sacrifices. C'est sur la place d'Angers, devant la vieille cathédrale sombre, au milieu d'une foule immense venue de tout le pays, c'est là que le commandant Flavigny nous lut ce décret et que les cris de « Vive la république ! Vaincre ou mourir !... À l'ennemi ! Qu'on nous mène à l'ennemi !... » recommencèrent comme le premier jour où l'on avait proclamé la patrie en danger ; les sabres, les fusils en frémissaient, les drapeaux se balançaient ; et les paysans de ce pays, étonnés, se mêlaient avec nous dans nos rangs ; les gardes nationales arrivaient, le tocsin sonnait, tout se levait et marchait pour le salut de la république.

Je commence :

« Jusqu'au moment où les ennemis auront été chassés du territoire de la république, tous les Français sont en réquisition permanente pour le service des armées. Les jeunes gens iront au combat ; les hommes mariés forgeront les armes et transporteront les subsistances ; les femmes feront des tentes, des habits, et serviront dans les hôpitaux ; les enfants mettront le vieux linge en charpie ; les vieillards se feront porter sur les places publiques, pour exciter le courage des guerriers, la haine des rois et le dévouement à la république. Les maisons nationales seront converties en casernes, les places publiques en ateliers d'armes ; le sol des caves sera lessivé pour en extraire le salpêtre.

« Les armes de calibre seront exclusivement confiées à ceux qui marcheront à l'ennemi ; le service de l'intérieur se fera avec les fusils de chasse et les armes blanches. Les chevaux de selle seront requis pour compléter les corps de

Charlotte Corday. (Page 58.)

cavalerie; les chevaux de trait, autres que ceux employés à l'agriculture, conduiront l'artillerie et les vivres. Le Comité de salut public est chargé de prendre toutes les mesures, pour établir sans délai une fabrication d'armes de tout genre qui réponde à l'état d'énergie du peuple français; il est autorisé en conséquence à former tous les établissements, manufactures, ateliers et fabriques qui seront jugés nécessaires à l'exécution des travaux, ainsi qu'à requérir pour cet objet, dans toute la république les artistes et ouvriers qui peuvent concourir à leur succès; il sera mis à cet effet une somme de 30 millions à la disposition du ministre de la guerre, à prendre sur les 498 millions d'assignats qui sont en réserve dans la caisse à trois clefs.

« L'établissement central de cette fabrication extraordinaire sera fait à Paris. Les représentants du peuple envoyés pour l'exécution de la présente loi, auront la même faculté dans leurs arrondissements, en se concertant avec le Comité de salut public; ils sont investis des pouvoirs illimités attribués aux représentants du peuple près les armées. Nul ne pourra se faire remplacer dans le service pour lequel il sera requis; les fonctionnaires publics resteront à leur poste. La levée sera générale; les citoyens non mariés, ou veufs sans enfants, de dix-huit à vingt-cinq ans, marcheront les premiers; ils se rendront sans délai au chef-lieu de leur district, où ils s'exerceront tous les jours au maniement des armes, en attendant l'ordre du départ.

Je reconnaissais nos montagnes (p. 59).

« Les représentants du peuple régleront les appels et les marches, de manière à ne faire arriver les citoyens armés aux points de rassemblement, qu'à mesure que les subsistances, les munitions et tout ce qui compose l'armée matérielle se trouvera exister en proportion suffisante. Les points de rassemblement seront déterminés par les circonstances, et désignés par les représentants du peuple envoyés pour l'exécution de la présente loi, sur l'avis des généraux, de concert avec le Comité de salut public et le conseil exécutif provisoire. Le bataillon qui sera organisé dans chaque district se réunira sous une bannière portant cette inscription : « *Le peuple français debout contre les tyrans.* »

Aussitôt après cette proclamation, nous repartîmes d'Angers pour Nantes, où nos trois colonnes arrivèrent l'une après l'autre les 6, 7 et 8 septembre 1793. Cette ville, qui s'étend à droite de la Loire, est bordée d'une quantité de barques, de vaisseaux et d'autres bâtiments qui dorment sur l'eau, qui vont et viennent. Moi, qui n'avais jamais rien vu de pareil dans nos pays de montagnes, et pas même sur le Rhin, j'en étais véritablement étonné.

Je comprenais pour la première fois la grandeur et la richesse d'une ville de commerce, où les marchandises de toutes les parties du monde arrivent d'elles-mêmes, sans autre peine que de dresser les mâts et d'étendre les voiles quand le vent souffle.

Des quantités d'autres troupes, qui faisaient partie de l'armée des côtes de Brest, remplissaient déjà la ville, où nous fûmes reçus magnifiquement par les autorités; on nous donna des festins patriotiques. Tous les richards de cet endroit étaient contents de voir que les Vendéens ne pourraient plus leur rendre visite sans nous rencontrer. Ils admiraient en quelque sorte nos guenilles, et, comme le magasin général des vivres et munitions pour l'approvisionnement de Brest, Lorient et Rochefort se trouvait là, nous reçûmes chacun une paire de souliers neufs après la fête. Mais le lendemain, 9 septembre, il fallut se mettre en campagne, et c'est alors que nous allions apprendre du nouveau.

En suivant la route depuis Saumur, nous avions déjà bien remarqué, sur l'autre rive du fleuve, un pays qui changeait à vue d'œil : de petits bois, de hautes fougères; des hameaux enterrés dans la verdure, des vergers innombrables entourés de haies touffues, et, par dessus ces broussailles, des houx, des chênes rabougris, des châtaigniers; tout cela déjeté, sans aucun soin de culture, sans le moindre signe de la main des hommes, enfin un véritable pays de sauvages, où les gens laissaient tout aller à la grâce de Dieu, sans s'inquiéter du reste.

C'était la Vendée que nous voyions, et qui devenait toujours plus épaisse à mesure qu'on descendait le fleuve; c'est là dedans que nous allions entrer pour débusquer les êtres qui s'y trouvaient par milliers; un peuple de braconniers, de contrebandiers, de petits nobles chasseurs entourés de gardes forestiers et de réfractaires enracinés dans leur ignorance; des métayers, de petits marchands; des paysans qui s'appelaient eux-mêmes *gens du seigneur*. Qu'est-ce que je peux vous expliquer? Ils tenaient tous ensemble, comme leurs broussailles, sans avoir été taillés ni redressés depuis des centaines d'années.

Et pas une grande route en travers, pas un chemin où deux bœufs pouvaient passer de front. Oui, cette vue vous donnait à penser, le moindre soldat comprenait qu'on aurait de la peine à se mettre en ligne, et qu'on ne découvrirait pas l'ennemi de loin; qu'il faudrait tout brûler pour y voir clair. Et puis le bruit de toutes les débâcles que les patriotes avaient éprouvées dans ce misérable pays, et la scélératesse des femmes qui tuaient les blessés, vous rendaient très durs; on se disait en soi-même :

« Tant pis; s'ils nous fusillent, nous les fusillerons; s'ils n'ont pas de pitié, nous n'en aurons pas non plus. La république passe avant tout. »

Ce que nous avions ainsi découvert depuis la route d'Ancenis et d'Angers était le commencement de la Vendée, mais elle s'étendait beaucoup plus loin. Entre le Bocage et la mer se trouve le *Marais*, où d'autres gens de la même espèce passaient leur existence à chasser les oiseaux qui se plaisent dans les joncs et les roseaux; ceux-là tenaient à leur servitude autant que les autres, et nous allions aussi les rencontrer.

Notre demi-brigade, les chasseurs francs de la montagne et un escadron de chasseurs à cheval, nous traversâmes donc le pont de Nantes le 9 septembre, à midi juste, sous le commandement de Kléber. On savait que six à sept mille Vendéens, postés près de l'étang de Grand-Lieu, occupaient le village de Port-Saint-Père avec du canon et tout ce qu'il fallait pour nous recevoir. La Loire est déjà large en cet endroit, et de l'autre côté se jette la Sèvre, où passe aussi le pont. Le général Beysser, un Alsacien de Ribeauvillé, devait nous suivre avec cinq à six mille hommes pour soutenir notre attaque. Il faisait très-beau temps.

Merlin de Thionville, son chapeau de représentant sur la tête, son grand sabre à la ceinture et son écharpe tricolore autour des reins, marchait à côté de Kléber; ils étaient tous les deux à cheval au milieu du bataillon; nos six petites pièces de quatre suivaient avec deux petits obusiers de montagne; les chasseurs à cheval étaient en éclaireurs. Tout le monde regardait; on ne voyait rien d'extraordinaire; les Vendéens ne se montraient pas encore. Mais, une fois de l'autre côté, dans les petits chemins bordés de pommiers et de poiriers tout couverts de fruits, on ne pouvait plus s'avancer en colonnes; il fallut marcher par le flanc; seulement avant de s'engager bien loin, Kléber, qui malgré son air de lion, était fin comme un renard, ordonna de déployer à droite et à gauche du chemin deux compagnies en tirailleurs, et ce mouvement s'exécutait à peine, que la fusillade pétillait dans toutes les directions.

On reconnut alors que nous étions entourés d'une foule de gueux cachés dans toutes les broussailles, qui nous auraient coupés si nous n'avions pas d'abord fouillé les environs. Les chasseurs firent une grande charge en avant pour mieux éclairer le pays; mais la queue de l'escadron avait à peine tourné le coin du bois, qu'un pétillement terrible nous avertit de la masse des Vendéens. Les chasseurs revinrent au galop, laissant quelques hommes derrière eux; plus d'un cheval avait aussi sur les flancs de ces grands rubans rouges qui montrent où la balle est entrée. Les pauvres animaux! ils ne tombent pas d'un coup; ils vont toujours, mais cela ne dure plus longtemps.

C'est là que nous vîmes les mauvais côtés de cette guerre; on ne savait jamais au juste ce qu'on avait devant soi. Kléber fit déployer le double de tirailleurs; c'était assez; les autres reculèrent, et la colonne continua son chemin en se tenant toujours à la hauteur de la fusillade.

Nous autres, avec nos canons et nos munitions, bien gardés à droite et à gauche, nous n'avions à craindre que les balles perdues; mais notre tour devait bientôt arriver d'être en ligne, et nous ne demandions pas mieux.

Cela dura plus d'une heure; alors seulement nous arrivâmes aux environs de l'étang et nous vîmes ce pays à découvert: de misérables villages, les murs couleur de boue, et, par-ci par-là dans le lointain, de petites églises avec leur chapeau d'ardoises. Mais sur notre droite, à deux portées de canon, était le rassemblement des Vendéens. Ils fourmillaient là-bas, au bord de l'étang et dans le village de Port-Saint-Père, où se trouvait leur quartier général. Les gueux ne manquaient pas de canons, car aussitôt en vue ils nous tirèrent trois ou quatre coups, pour essayer la portée de leurs pièces ou nous défier d'avancer.

Entre nous et Port-Saint-Père se trouvait un bras de l'étang, d'où sort une rivière assez profonde; ce bras pouvait avoir trois cents pas de large; de hautes herbes, des joncs et des prêles s'étendaient sur ses bords. Les tirailleurs vendéens, en se repliant devant les nôtres avaient emmené les barques sur l'autre rive: il était difficile d'attaquer.

Malgré cela, Kléber, après avoir inspecté la position avec ses officiers supérieurs et Merlin de Thionville, ordonna de former deux colonnes d'attaque; il fit avancer nos pièces sur les hauteurs de Saint-Léger, en face du village; les balles pleuvaient autour de nous, et les boulets ronflaient bien au-dessus de nos têtes; ils étaient tous pointés trop haut.

Enfin nous reçûmes aussi l'ordre de faire feu; nos boulets enfilèrent la grande rue de Port-Saint-Père, en coupant bras et jambes, renversant les piliers des hangars et labourant les fumiers, que les bandits avaient eu le soin de répandre sur le pavé. Naturellement de grands cris s'élevaient au loin, comme un bourdonnement; des files de femmes et d'enfants se sauvaient; et quand nos premiers obus allumèrent les granges et que la flamme se mit à danser sur les toits des vieilles baraques, alors, les vieillards obstinés sortirent aussi, emportant leur paillasse. Ces choses se voyaient de loin, dans la rue sale. En même temps, nos deux colonnes descendaient au pas de course sur la rivière, officiers, généraux,

représentants, les drapeaux, les plumets, les baïonnettes tout pêle-mêle, en criant:

« Vive la nation! »

De l'autre côté les Vendéens se pressaient et criaient:

« Vive le roi! »

Nos boulets passaient par-dessus nos colonnes et hachaient les autres. C'est là que j'ai vu de loin, à travers la fumée, un véritable carnage; la rivière empêchait de s'aborder à la baïonnette, mais on se fusillait à bout portant, beaucoup des nôtres s'étaient jetés à l'eau pour amener des barques, et les Vendéens les assommaient ou les piquaient avec de longues gaffes. Cette eau était rouge de sang; des centaines de blessés, entraînés par le courant, se débattaient et s'accrochaient les uns aux autres.

Finalement nous eûmes pourtant quelques barques, qu'on se dépêcha de mettre bout à bout et qui servirent de pont. Alors toute la masse s'engouffra dessus; Merlin, son grand chapeau de représentant en l'air au bout du sabre, était dans les premiers; il poussait des cris: « En avant! en avant! Vive la république! » qu'on entendait par-dessus des milliers d'autres.

Nous avions tiré deux ou trois coups de mitraille, mais elle n'avait pas la portée et tombait dans l'étang. Tout à coup un officier d'état-major vint nous crier d'avancer; aussitôt nous retournâmes nos pièces et nous descendîmes ventre à terre. En bas nous ne pouvions pas passer, mais autour du village, dans les vergers où les Vendéens par bandes défilaient avec leurs grands feutres, leurs mouchoirs rouges qu'on appelait des *cholets* et qui leur servaient de gibernes, leurs souquenilles grises, nous commençâmes à les mitrailler coup sur coup; les fougères en étaient pleines; quelques-uns se traînaient jusque dans les hautes herbes, pour boire ou se cacher.

Malheureusement, d'autres, en embuscade derrière le mur d'un cimetière, ne cessaient pas leur feu sur nous; ils nous visaient lentement, et, pas plus d'un quart d'heure après notre arrivée au bord de l'étang, ils avaient déjà démonté deux de nos pièces; les conducteurs de munitions, arrivés de Nantes par réquisition, forcée se sauvaient avec leurs chevaux; trois d'entre eux étaient déjà couchés sur le flanc. Toute notre compagnie de canonniers aurait été fusillée là, si les grenadiers, après avoir passé la rivière, n'avaient pas marché sur le cimetière à la baïonnette. Alors les chasseurs à cheval passèrent aussi, tenant leurs chevaux qui nageaient, par la bride; et, vers les quatre heures, les Vendéens, ayant sans duote appris qu'une autre colonne arrivait les tourner, évacuèrent le village et se mirent en retraite.

Nous les avions bousculés ; Port-Saint-Père était en cendres! J'ai su par la suite qu'on avait trouvé dans les décombres sept pièces de douze, dont deux couleuvrines anglaises. Tout était fini ; nous venions d'ouvrir le chemin de la Vendée entre Nantes et la Rochelle, et notre colonne allait s'avancer jusqu'au bas Poitou pour en tirer des vivres ; mais cette fois je ne devais pas la suivre si loin, car, au moment où l'ordre arrivait de faire cesser le feu, et comme je passais l'écouvillon dans notre pièce, étant premier servant de droite, tout à coup je tombai les deux genoux à terre et je m'étendis de mon long à côté de trois ou quatre autres camarades, sans savoir ce que j'avais. C'est ce que je me rappelle. Un moment après, un grand froid me saisit, la sueur me coulait de la figure comme de l'eau ; et puis, à la grâce de Dieu ! je perdis tout à fait connaissance, et seulement quelques heures après je m'éveillai dans une charrette avec une dixaine de blessés qui s'en allaient de Nantes à Angers ; d'autres charrettes semblables suivaient à la file. Les hôpitaux de Nantes étaient encombrés de malades ; on nous emmenait plus loin.

Ce que j'avais, moi, c'était une balle à la poitrine ; elle n'était pas entrée, parce qu'elle arrivait de loin et qu'elle m'avait touché sur le baudrier du sabre et de la giberne en croix ; mais au-dessous je sentais quelque chose qui m'écrasait et m'empêchait de respirer, c'était la force du coup. Je crachais aussi le sang. On m'avait déjà saigné. En me réveillant là, sur la route, et sentant ce poids terrible, la première idée qui me vint c'est que j'étais perdu. Les camarades, eux, ne me paraissaient pas dans un bien meilleur état ; l'un avait la tête bandée, l'autre le bras, l'autre la jambe ; le sang les couvrait. Ils me regardaient, tristes et pâles, le chemin qui défilait lentement ; plusieurs radotaient comme en rêve ; aucun n'avait envie de parler. Les voituriers qui nous menaient allaient leur train, sans nous regarder ni s'inquiéter de nous, chantant, sifflant, battant le briquet pour allumer leur pipe ; deux ou trois quelquefois réunis parlaient entre eux de leur village, de telle auberge, au Lion d'or, à la Grappe rouge où l'on était bien ou mal. Enfin, voilà.

Nous étions déjà, le surlendemain du combat, vers trois heures de l'après-midi, entre Ancenis et Angers, où nous arrivâmes à la nuit tombante. Je ne me rappelais rien et j'avais de la peine à rassembler mes idées : la vie, Marguerite, Chauvel, la république, tout m'é- tait égal ; seulement l'idée qu'il me restait une balle ou un morceau de mitraille dans le corps m'inquiétait ; et comme mon bras où l'on m'avait saigné à Nantes était lié, je me figurais avoir aussi le bras cassé. Une fois qu'on a perdu beaucoup de sang, les idées s'embrouillent, et ceux qui soutiennent que le sang c'est la vie n'ont peut-être pas tout à fait tort.

IX

Angers, avec ses hautes maisons couvertes d'ardoises, sa cathédrale et ses fortifications décrépites, ressemblait à toutes les vieilles villes que j'avais vues depuis Worms et Mayence ; on aurait dit que c'était bâti sur le même modèle. Je n'ai jamais rien trouvé de beau dans ces nids à rats, que les gens se donnent l'air d'admirer par désœuvrement ; j'ai toujours mieux aimé le neuf, et mon grand âge ne me fera pas changer d'idée : je voudrais bien avoir vingt ans au lieu de quatre-vingt-quinze. C'est pour vous faire comprendre que cette ville ne m'intéressait pas beaucoup ; notre hôpital, une ancienne bâtisse, avec cour et jardin, grands escaliers, corridors en haut et en bas, se trouvait près de la porte Saint-André. Heureusement, lorsque nous arrivâmes, plusieurs lits étaient vides, et l'on put tout de suite nous y transporter.

Tous les matins, un vieux médecin et cinq ou six jeunes gens venaient nous voir, ma poitrine était noire comme de l'encre ; moi-même cela m'effrayait. Je me rappelle que le vieux donnait à ses élèves des explications sur mon compte, et qu'un de ces jeunes gens vint plusieurs fois me saigner. A chaque instant il me disait de respirer pour voir si je pouvais reprendre haleine, et de jour en jour j'allais mieux, surtout quand on me donna des demi-rations de pain, de viande et de vin. Alors je vis encore une fois l'existence en beau, mes idées s'éclaircirent sur les affaires de la république, et je ne souhaitai plus que de rejoindre mon bataillon.

A côté de moi se trouvait un vieil officier de la 7ᵉ demi-brigade légère, qui se plaisait à causer ; il avait un coup de fusil dans le bras, et, quand j'eus la force de marcher, tous les jours, de neuf heures à midi, nous étions ensemble à nous promener dans le jardin, en capote de laine et bonnet de coton. Cet homme, malgré ses moustaches grises, était vif comme la poudre. C'est de lui que j'appris les premières abominations des Vendéens, car sa légion s'était trouvée mêlée dans cette révolte depuis le commencement. Il me dit que des milliers d'an-

ciens gabelous, sauniers, faux-sauniers, douaniers, contrebandiers, gardes-chasse et braconniers, réduits à travailler comme tout le monde, par l'abolition des priviléges et des droits innombrables du fisc, couraient le pays en 1791 et 92 tâchant de soulever le peuple; mais que les paysans, malgré leur ignorance, ne bougeaient pas; que chacun se disait sans doute :
« Toi, tu cries parce que le métier de loup et de renard te convient mieux que celui de mouton; la contrebande, les dénonciations ou le braconnage te rapportaient plus que celui de piocher la terre ou de battre en grange. »

Et toutes les prédications des réfractaires n'avaient produit d'effet que sur les femmes, qui gémissaient et se désolaient, chose plus facile que d'aller se faire casser les os en l'honneur du trône et de l'autel. Enfin le bon sens avait encore le dessus. Les nobles conspiraient bien avec les évêques, et pendant que les Prussiens envahissaient la Champagne, si nous avions été battus, ces bons Français se seraient décidés tout de suite à nous tomber sur le dos; mais, à la nouvelle de Valmy, tout était resté dans l'ordre, les prédications mêmes s'étaient calmées. Il fallait tous les malheurs de la patrie, pour donner à ces gens le courage de nous attaquer.

C'est à la levée de trois cent mille hommes, en mars 1793, quand l'existence même de la nation était menacée, que l'occasion leur avait enfin paru bonne. Alors aussi les jeunes gens, les *gars*, appelés à marcher comme tous les Français au secours de la patrie, avaient trouvé plus agréable de rester chez eux, à manger des châtaignes et boire du petit vin avec le bon curé, la grand'mère et les amoureuses; l'arrivée des gendarmes nationaux, pour les forcer de remplir leur devoir, les avait tellement indignés, que du jour au lendemain les ci-devant gabelous, gardes-chasse et contrebandiers avaient eu des milliers d'hommes à leurs ordres. Ce n'était ni le bon Dieu, ni Louis XVII qui les soulevait, c'était l'indignation de quitter leur Bocage. En même temps les réfractaires leur criaient qu'ils soutenaient notre sainte religion, et naturellement cela flattait leur orgueil; ils se figuraient que c'était vrai; plusieurs même croyaient ressusciter le troisième jour, et les femmes gardaient leurs corps en attendant.

Voilà ce que me dit le lieutenant Deteytermos, en me racontant les épouvantables massacres de Machecoul, une petite ville sans défense où le président du district, Joubert, avait eu les poignets sciés et la tête écrasée à coups de fourche, où le curé constitutionnel avait été lentement déchiré par les femmes, où le juge de paix Pognat avait été haché, et trois cents patriotes, des bourgeois paisibles, traînés au bord de la fosse et fusillés sans miséricorde. C'était le 10 mars, le commencement de la guerre.

Le tocsin sonnait dans cinq cents communes, et, trois jours après, Cathelineau le voiturier, Stofflet le garde-forestier, Six-Sous le ci-devant mendiant, — enfin toute la race! — surprenaient de petits détachements, qu'ils massacraient; ils pillaient les caisses, enlevaient les fusils, la poudre, les canons, que personne ne gardait parce qu'on ne pouvait s'attendre à rien de semblable, ni penser que des Français viendraient nous assassiner par derrière, lorsque nous faisions face à l'Europe.

Toutes les horreurs commises par ces brigands à Chemillé, ensuite à Cholet, que ce vieux soldat me raconta simplement, ne sont pas à peindre; les abominations des femmes envers les pauvres blessés ne pourraient pas même se dire devant des personnes honnêtes. Il me raconta tout.

Après cela, quand les gabelous et les gardes-chasse avaient eu mis les choses en train, s'était levée la « noble race des conquérants : » Delbée dans l'Anjou, Bonchamp dans Saint-Florent, de la Roche-Saint-André dans Pornic, Charette dans le Marais, La Rochejaquelein et Lescure ailleurs. Ceux-là, du moins, défendaient leurs intérêts; en parlant du trône et de l'autel, ils s'entendaient eux-mêmes, cela signifiait : « Nous voulons ravoir nos priviléges et nous goberger de père en fils, aux dépens de ces malheureux qui se battent pour nous. » Mais les autres, mon Dieu! mon Dieu! est-il possible d'être aussi bornés! Quelle triste chose que l'ignorance!

Le pire, c'est que ces défenseurs du bon Dieu, quand ils allaient massacrer les gens de la ville, avaient derrière eux leurs femmes, avec des sacs pour mettre le butin. Lorsqu'ils avaient attaqué Nantes, trois mois avant, plus de quinze cents femmes ne pensaient qu'à la rue des Orfèvres. C'est ce que me dit le citoyen Deteytermos en levant les épaules.

Aujourd'hui, ces choses ne sont plus croyables, je le sais bien; mais voilà pourtant la vérité, voilà l'esprit de religion qu'on avait dans cette sainte Vendée, cette terre de sacrifices.

La Convention, surprise de pareilles horreurs, avait tardé jusqu'à la dernière minute d'en tirer vengeance, elle croyait que cela ne pouvait pas durer. Mais à la fin, il avait fallu donner l'ordre de répondre au mal par le mal; nous étions malheureusement forcés de massacrer et d'incendier aussi, pour montrer a ces gens que ce n'était déjà pas si difficile de devenir des saints de leur espèce, et qu'il ne fallait pour cela qu'une chose, c'était d'oublier qu'on est des hommes,—je ne dis pas des chrétiens,—le Christ n'a rien de commun avec les bêtes féroces.

Pendant que tout cela se passait, nous autres nous étions bloqués à Mayence; l'armée du Nord perdait la bataille de Nerwinden; Dumouriez passait aux Autrichiens; Cobourg assiégeait Valenciennes; eux, les Vendéens, ils n'avaient qu'une idée, c'était de prendre un bon port, où les Anglais pourraient débarquer facilement et les aider à rétablir chez nous la dîme, la gabelle, le champart, les corvées, la haute et basse justice, la roue, les tortures et le reste.

Le lieutenant ne me cachait pas que nous avions aussi commis de grandes fautes : au lieu de combattre en masse, nous avions formé quatre armées, avec quatre généraux en chef, qui ne s'entendaient pas ensemble et se faisaient battre en détail. Depuis l'arrivée des Mayençais, il n'en restait plus que deux : Rossignol et Canclaux, mais c'était encore trop; car à la guerre, tout doit marcher d'après un seul plan, et le plan peut changer tous les jours, suivant les besoins; il ne faut donc qu'une seule tête, qui profite de tous les conseils, mais décide toujours par sa propre volonté; c'est de là que vient la force d'une armée : l'ordre d'un seul et l'obéissance de tous.

Les hommes de bon sens le savaient bien, et l'horloger Rossignol avait plus de bon sens que Canclaux, puisqu'il lui disait quinze jours avant, à Saumur, de prendre le commandement des deux armées, mais de suivre son plan à lui, qu'on a reconnu, par la suite, être le meilleur : c'était de s'avancer ensemble et de pousser les Vendéens dans un coin, entre la Loire et la mer, et là, de ne plus les lâcher, de livrer une bataille décisive, et de tout finir d'un coup. Malheureusement Canclaux, qui tenait à sa routine, avait fait décider en conseil de guerre qu'il valait mieux entrer en Vendée de deux côtés à la fois : l'armée de la Rochelle par Saumur, et l'armée des côtes de Brest par Nantes. Vous allez voir quelle terrible débâcle cela devait nous causer.

D'abord tout avait l'air de bien marcher, la colonne de Kléber, celle de Dubayet et de Beysser, à distance d'étape, descendaient de Nantes dans la basse Vendée, et chaque jour nous apprenions l'exécution des ordres de la Convention. A Pornic, Bourganeuf, Machecoul, Aigrefeuille, etc., partout des combats, partout les Vendéens en déroute, leurs villages brûlés, leurs bandes dispersées ou passées au fil de la baïonnette. Comme ils avaient déclaré que notre capitulation avec les Prussiens devait leur profiter, et que chacun de nous ayant promis de ne pas servir pendant un an contre les *coalisés*, violait la capitulation et serait fusillé s'il tombait entre leurs mains, nous n'avions non plus rien à ménager, et l'armée de Mayence traitait les gueux avec rigueur. Tout marchait donc bien de ce côté.

L'armée de Rossignol allait aussi partir. Sa principale colonne, commandée par Santerre, s'apprêtait à marcher sur Cholet, le quartier général des brigands, afin de les prendre entre deux feux; restait à savoir s'ils seraient assez bêtes pour attendre la réunion des deux armées, au lieu de les écraser l'une après l'autre, comme ils avaient toujours fait. Nous allions voir bientôt, et l'on pense si cela nous intéressait.

Je sortis en ce temps de l'hôpital, et je demandai tout de suite à rejoindre mon bataillon; mais les Vendéens ayant l'habitude de massacrer tous les soldats qu'ils rencontraient isolés, l'adjudant-général Flavigny, commandant la place d'Angers, me défendit de partir seul, et me mit en subsistance dans une compagnie de canonniers d'Eure-et-Loir, sur le point d'aller rejoindre la colonne de Santerre à Doué. Nous passâmes ce jour même la Loire avec d'autres détachements, et nous entrâmes en Vendée par les buttes d'Erigné.

L'armée de Santerre bivaquait aux environs de Doué, sur la route de Saumur à Cholet; elle pouvait compter de dix-huit à vingt mille hommes, comprenant d'abord les bataillons de la formation d'Orléans, les héros à cinq cents livres de la formation de Paris, et la gendarmerie à cheval, qui ne jouissaient ni les uns ni les autres d'une grande réputation de bravoure; ensuite les bataillons de la Sarthe et de la Dordogne, l'artillerie, les gendarmes à pied et le 9ᵉ de hussards, anciens hussards de la Liberté, dont la réputation, au contraire, était très-bonne; enfin des levées en masse de tous les départements voisins : ouvriers, employés, paysans, la plupart sans armes, un grand nombre en sabots, le bâton sur l'épaule et la miche de pain au bout du bâton. Les approvisionnements devenaient toujours plus difficiles dans ces pays sauvages remplis de landes, de broussailles et de fougères, parce que les gens se retiraient au loin avec leur bétail.

Notre détachement suivait le chemin de Brissac, les Alleuds et Ambillou; il arriva le soir sur les hauteurs de Louresse, d'où nous vîmes la plaine couverte de feux qui pétillaient dans les landes, les files de chevaux au piquet, et la petite ville de Doué éclairée comme pour une fête. Il faisait très-beau temps ; nous rejoignîmes le lendemain, 17 septembre, l'armée en marche pour Cholet.

Mon Dieu ! qu'est-ce que je peux vous dire? Moi, simple soldat, rien qu'à voir l'ordre de marche, j'avais compris tout de suite que notre général était un brasseur, qui s'entendait beaucoup mieux à la qualité des bières qu'à la conduite d'une armée. J'en frémis d'avance, car j'avais déjà vu que si les Vendéens étaient des gueux, ils n'étaient pas des ânes, et qu'ils savaient se battre. Figurez-vous que ce terrible Santerre, envoyé par la Convention pour tout bousculer et conquérir, faisait marcher son armée, non pas en colonnes, non pas par divisions ni même par pelotons, mais par le flanc, sans tirailleurs et sans éclaireurs, l'artillerie devant, les pièces, les fourgons et les caissons à la file, ensuite la cavalerie et puis l'infanterie en ruban, par trois, à perte de vue; de sorte que pour nous défendre si nous étions attaqués, l'infanterie devait nous tirer dans le dos ! Et tout cela s'avançait lentement dans des chemins creux, étroits, couverts de haies, de hautes fougères, d'arbres fruitiers, de chênes rabougris et de châtaigniers touffus, où nous risquions à chaque pas d'être coupés, sans pouvoir nous déployer. En voyant cela, je me dis :

« Michel, tu ne reverras plus Marguerite. Tous ceux qui se trouvent ici, s'ils ont du bien, auraient dû faire leur testament. »

Et je m'en voulais à moi-même d'être entré dans les canonniers, puisqu'on nous faisait marcher en tête, sans fusils ni cartouches. Les autres, voituriers et paysans, en réquisition pour la conduite des pièces et des caissons, des poudres et des boulets, n'étaient pas non plus trop à leur aise; je les voyais à côté de nous, toujours le nez en l'air, et les yeux inquiets, qui frémissaient chaque fois que dans les haies quelque chose remuait.

Mais Santerre, lui, sur un grand cheval, tout débraillé, le chapeau de travers, son long nez en avant, galopait le long de la colonne ; on comprenait qu'il était fier d'un si bel ordre de marche : une colonne de trois lieues et demie, c'était magnifique ! et peut-être que depuis le commencement du monde, aucun général n'avait eu l'idée d'aller trouver l'ennemi avec un arrangement pareil de ses troupes.

Je sais bien que Santerre était un bon patriote, et qu'il s'était montré dans toutes les affaires de Paris, mais quel malheur de l'avoir pour général! Quand le peuple aime un homme, il le croit bon à tout, et celui qui n'aurait fait que récurer des chaudrons toute sa vie, il le nommerait premier ministre ou général en chef d'emblée. C'est encore une misère de l'ignorance.

Enfin nous avancions ainsi pour attaquer Cholet, et notre colonne s'allongeait toujours à mesure que les soldats et les chevaux se fatiguaient dans ces chemins difficiles. Le temps continuait d'être beau ; rien ne nous troublait; cela durait depuis environ cinq heures, et nous avions déjà traversé plusieurs pauvres villages sans rencontrer personne, lorsque, en arrivant sur les hauteurs de Coron, lorsque tout à coup un grand cri s'étendit dans les fougères ; rien que de l'entendre, les cheveux nous en dressaient sur la tête; en même temps un roulement de fusillade commença sur nous de tous les côtés à la fois, comme lorsque l'écluse d'une rivière est enlevée et que l'eau galope au fond des ravins. Et dans le même instant les Vendéens tombèrent sur nous comme de véritables loups ! Ils criaient : « Rendez-vous ! » en sautant à la bride de nos chevaux. C'est principalement aux canons qu'ils en voulaient. Je n'ai jamais vu de confusion et d'acharnement pareils. L'infanterie, qui se trouvait à plus d'une demi-lieue, aurait dû courir à notre secours, mais la levée en masse marchait au centre, les bonnes troupes venaient plus loin. La cavalerie ne pouvait pas manœuvrer dans ce pays de haies; les gendarmes à cheval filaient déjà, soi-disant pour ramener les fuyards, et d'un bout de la route à l'autre, depuis Coron jusqu'à Vihiers, vous n'entendiez que les décharges se suivre, et le tumulte épouvantable de la déroute augmenter.

Un officier d'état-major vint nous crier de monter nos canons sur les collines à droite et à gauche ; malheureusement les Vendéens étaient mêlés avec nous; on s'assassinait à coup de crosse et de refouloir. Un vieux que je verrai toute ma vie, sec, maigre, sans dents, mais avec une poigne de fer, me tenait à la gorge, et me criait en vendéen je ne sais pas quoi; deux autres arrivaient en haut du chemin, pieds nus, la culotte pendante, un mauvais chapeau sur la tignasse, et lâchaient leur coup dans le tas. Les chevaux blessés se dressaient, les chaînes sonnaient, les fourgons se heurtaient. Le vieux m'avait couché sur la pièce ; je lui enfonçai mon sabre jusqu'à la garde, et d'un revers, en me relevant, je fendis la figure d'un gueux de charretier en train de couper les traits pour se sauver.

Alors je ne pensai plus qu'à faire mon devoir : j'empoignai solidement le cheval de devant par la bride, en le piquant dans les flancs, ce qui le rendit furieux ; la pièce se mit à sauter le tas de morts et de blessés. Je ne voyais plus clair.

Seulement l'inquiétude de ne plus recevoir de vos nouvelles (p. 61).

Les camarades encore vivants poussaient derrière aux roues; la pièce grimpait au talus. Là-haut les Vendéens nous entourèrent une seconde fois, et la bataille recommença plus acharnée. Nous aurions été massacrés si les hussards de la Liberté, le brave 9e, n'étaient pas arrivés à hacher ces bandits. Ils passèrent comme un coup de vent.

Trois camarades venaient encore de tomber; il aurait fallu dételer pour charger la pièce; nos munitions étaient en bas dans le chemin, les refouloirs, les écouvillons et les leviers étaient cassés. Et voyant cela, voyant la race sauvage revenir, je sautai sur le cheval et je partis au galop. Les coups de fusil, les cris, rien ne me faisait plus. Les pièces en bas étaient perdues; je ne pouvais sauver que la mienne.

Un peu plus loin, deux bataillons de la Sarthe, de fameux soldats, en carré, soutenaient la retraite. Je courus de leur côté ventre à terre; j'entendais déjà les volées de mitraille passer en rabotant la pierraille et soulevant la poussière. Les Vendéens avaient retourné nos pièces. Quel malheur d'être balayé par ses propres munitions.

Le chef de brigade, en me voyant arriver avec ma pièce, couvert de sang depuis la poitrine jusqu'aux cuisses, sortit des rangs à plus de vingt pas.

« Ton nom, canonnier? » me dit-il en me donnant la main.

Je lui répondis:

« Michel Bastien, en subsistance à la compagnie d'Eure-et-Loir. »

Kléber. (Page 70.)

Et ma pièce entra dans le carré. Par malheur, les munitions manquaient, on ne pouvait pas s'en servir. Aussitôt je mis pied à terre, bien étonné de me trouver sain et sauf, derrière des feux de file; je ramassai un fusil, une giberne, et je m'avançai pour remplir une place vide. Avec quel bonheur je déchirai ma première cartouche! Ah! ceux qui n'ont pas senti les fureurs de la guerre, quand on vient de voir massacrer des camarades, ne se feront jamais une idée du plaisir d'épauler, d'ajuster et de remettre la main à la giberne. Comme on rit et comme on cligne de l'œil!

Nous reculions tout de même, car la mitraille nous fauchait; il fallait serrer les rangs. Au premier village en arrière nous trouvâmes une compagnie de gendarmes à pied et des fusiliers de la Dordogne embusqués dans les baraques, parmi les décombres; le village commençait à brûler; les bourres ont bientôt mis le feu dans un toit de chaume. Nous défilâmes à gauche et nous reprîmes position plus loin, au pied de petites buttes couvertes d'arbres, où montait le clocher d'un autre village. Il fallut tenir là jusqu'à six heures du soir, pour laisser le temps aux levées en masse de se rallier en arrière. Les Vendéens ne pouvaient pas amener les pièces dans ces broussailles pas plus que nous, mais ils continuaient de nous attaquer avec une fureur incroyable.

A la nuit, tout à coup ils disparurent; nous ne savions pas pourquoi. Durant plus d'une heure encore, nous attendîmes l'arme au pied, tout surpris de ne plus les voir. Alors, comme les petits villages sonnaient huit heures, les deux bataillons se mirent tout à fait en retraite, en gagnant la route à droite. Elle était couverte de morts, de blessés, de chevaux abattus, de fourgons, de charrettes dételées et fracassés. De loin en loin quelques bataillons stationnaient encore dans la plaine; tout ce qui restait de bonnes troupes s'était porté sans ordre à la rencontre des fuyards; les levées en masse avec leurs bâtons et leurs miches arrivaient de toutes les routes et sentiers; il en sortait aussi des carrières, qui ne manquent pas dans ce pays; et cette nuit-là, le lendemain et le surlendemain, notre cavalerie allait partout à leur recherche.

Nous autres nous rentrâmes à Doué. Le bataillon de la Sarthe, avec lequel j'ai combattu, fut caserné dans le château de Foulon, que les Parisiens avaient mis à la lanterne au commencement de la Révolution. Une quinzaine de canonniers de la compagnie d'Eure-et-Loir revinrent; on ramena beaucoup de blessés; mais Dieu sait ce que les Vendéens en avaient fusillé ce 17 septembre, où nous perdîmes 18 canons, toutes nos munitions et des milliers de bons patriotes. C'est la débâcle de Coron. Je vous l'ai racontée comme je l'ai vue; et, je le répète, il n'y a rien de pire au monde que les gens qui se croient capables de tout, et qui se mettent hardiment à la tête des plus difficiles affaires, que des hommes mille fois plus instruits et plus courageux n'oseraient pas entreprendre par modestie. C'est toujours l'orgueil, la vanité, la bêtise, qui précipitent des milliers d'honnêtes gens dans le malheur.

Encore nous ne savions pas tout, car nous apprîmes deux jours après pourquoi les Vendéens, au lieu de nous poursuivre, avaient disparu le soir : c'était pour se réunir en masse et tomber sur une autre colonne, celle du général Duhoux, qui descendait d'Angers sur Cholet, comme la nôtre, afin d'entourer les brigands, d'après le plan de Canclaux. Ils l'avaient surprise dans un endroit qu'on appelait le Pont-Barré, et tellement écrasée sous le nombre, qu'il était resté quatre mille républicains sur la place; que l'artillerie, les bagages et tout le matériel de la colonne étaient tombés entre leurs mains; et que cinq cents pères de famille d'Angers et des environs ayant été coupés au pont, ils avaient trouvé l'occasion d'accomplir leurs menaces en les fusillant tous jusqu'au dernier.

A la suite de cette mauvaise nouvelle, comme les Vendéens avaient toujours l'habitude, après leurs massacres, de se porter sur une grande ville de la Loire pour la piller et se fortifier, une partie de nos troupes retourna vite à Saumur, et j'étais du nombre.

Les brigands avaient détruit notre colonne le 17 à Coron et celle du général Duhoux le 19 à Beaulieu. Nous repartîmes le 20, bien indignés de nous voir battus par des paysans qui ne connaissaient aucune manœuvre, et qui nous tuaient trois fois plus de monde que nous ne pouvions leur en tuer.

Moi, je mettais tout sur le compte de nos généraux; aussi quelle ne fut pas ma surprise, en arrivant à Saumur, d'apprendre que la colonne de Mayence venait aussi d'être défaite et qu'elle battait en retraite sur Nantes! Comme nous entrions en ville, on ne parlait que de cela. Outre la désolation des familles qui venaient de perdre leurs soutiens, l'inquiétude était terrible; car maintenant les gueux avaient le dessus; on ne voyait plus comment les arrêter. J'ai toujours eu de la peine à croire aux mauvaises nouvelles, et de penser que nos vieux généraux Kléber et Dubayet avaient été mis en déroute par de la race pareille; cela me paraissait impossible.

X

A Saumur nous trouvâmes tout dans la confusion; on ne savait où se loger; les églises Saint-Jean, Notre-Dame-de-Nantilly et Saint-Pierre servaient d'hôpitaux pour les blessés. On se dépêchait de mettre la ville en état de défense; les généraux et les représentants du peuple se rejetaient de l'un à l'autre la faute de notre défaite. Phélippeaux accusait Rossignol de trahir la république; Rossignol accusait Canclaux et Phélippeaux de s'entendre avec les Anglais. L'indignation des soldats contre les héros à deux cents livres n'est pas à dire; on s'allongeait des coups de sabre tous les jours par douzaines.

En même temps, nous apprenions que les mauvaises nouvelles venues d'ailleurs étaient vraies; que la colonne de Kléber, après avoir bousculé tous les gueux et ravagé leurs nids le long de la Sèvre, était arrivée près de Cholet, espérant finir une bonne fois la guerre civile; mais que les autres, s'étant réunis à plus de quarante mille, avaient entouré les Mayençais à Torfou, entre Clisson et Mortagne, où s'était livré le plus terrible combat de cette campagne; que Kléber, blessé d'un coup de feu dès le commencement, avait commandé jusqu'à la fin avec calme; que ses soldats le portaient sur leurs fusils en brancard, mais qu'un bataillon de la Nièvre, chargé de défendre l'artillerie, s'étant laissé tourner, toutes nos pièces étaient tombées au pouvoir de la race ; qu'il avait alors fallu battre en retraite, au milieu de cette quantité d'êtres sauvages ; et que la retraite s'était faite en bon ordre, malgré l'acharnement des royalistes, qui n'avaient pu, durant six lieues, entamer un seul de nos bataillons. Les Mayençais avaient fait halte à Clisson, et pris une bonne position derrière la Sèvre, où les Vendéens n'avaient plus osé les attaquer. C'était donc une retraite honorable devant des forces bien supérieures, mais enfin c'était une retraite ; les Vendéens avaient gardé le champ de bataille ; ils pouvaient dire :

« Nous sommes restés maîtres chez nous, malgré vous ! »

Et nous n'avions rien à leur répondre.

Voilà ce que nous apprîmes.

L'idée que Lisbeth, Marescot et le petit Cassius s'étaient trouvés dans cette bagarre ne m'embellissait pas la chose ; je connaissais trop bien maintenant ces bons chrétiens de la Vendée, pour ne pas savoir que, si la voiture de ma sœur s'était embourbée quelque part, toute la couvée avait été hachée sans miséricorde. Cette idée me pesait sur le cœur.

Je recevais toujours ma ration au bataillon de la Sarthe, comme les camarades ; il en manquait plus d'un à l'appel, qui ne réclamait plus la sienne, mais cela ne pouvait pas durer longtemps ; l'ordre s'étant un peu rétabli dans la place, je reçus enfin ma feuille de route, que j'avais réclamée vingt fois ; elle était pour Angers, où la compagnie de canonniers Paris-et-Vosges, était venue se reformer à la fin de septembre. Je ne comptais plus guère revoir Jean-Baptiste Sôme, Marc Divès et les autres amis de Landau, Worms, Spire et Mayence. C'est bien du soldat qu'on peut dire qu'il vit comme l'oiseau sur la branche ; — aujourd'hui, camarade, je te serre la main, nous mangeons, nous buvons, nous couchons ensemble, nous sommes de bons et vieux amis ; et demain, s'il passe un coup de mitraille, je ne saurai plus même où repose ton corps ; s'il est dans une fosse avec dix ou quinze autres, ou si les renards l'ont mangé ! — Oui, c'est bien triste !

Enfin, une fois hors de Saumur, je me coupai un bâton dans la haie voisine, et je pris le chemin d'Angers. Il faisait toujours beau temps, mais l'automne venait, les feuilles tombaient. De loin en loin, des gardes nationaux gardaient les ponts sur le fleuve ; les villages étaient inquiets, on ne se fiait plus aux levées en masse, et l'on avait raison ; il aurait au moins fallu leur donner des fusils au lieu de piques ; les Vendéens en avaient bien, eux.

Sur la route, dans un petit village, je vis pourtant quelque chose qui me fit plaisir ; c'étaient plusieurs affiches à la porte fermée d'une église : d'abord le décret de la Convention ordonnant que l'armée serait commandée à l'avenir par un seul général ; ensuite sa proclamation à l'armée :

« Soldats de la liberté ! il faut que les brigands de la Vendée soient exterminés avant la fin d'octobre. Le salut de la patrie l'exige, l'impatience du peuple français le commande, votre courage doit l'accomplir ! »

Et le dernier avertissement des représentants du peuple réunis à Saumur, aux révoltés :

« Des nobles et des prêtres, au nom d'un Dieu de paix et de bonté, vous excitent au meurtre et au pillage. — Que veulent ceux qui vous dirigent ? La royauté, l'esclavage, tous les anciens abus qui naguère pesaient sur nos têtes. Ils veulent la dîme, les aides, les gabelles, la banalité, la chasse, la corvée ; ils veulent vous attacher de nouveau à la terre, comme le bœuf qui trace vos sillons. — Nous, au contraire, que voulons-nous ? Nous voulons que tous les hommes soient égaux, qu'ils soient aussi libres que l'air qu'ils respirent, etc., etc. »

Tout cela faisait du bien, mais surtout l'ordre donné par la Convention d'exterminer la Vendée avant la fin du mois. Les trois quarts des hommes n'ont pas de confiance en eux-mêmes dans les moments difficiles, il faut absolument leur en donner, si l'on veut que les choses marchent.

Le 3 octobre, de bon matin, je rentrais dans la vieille ville d'Angers ; elle était encombrée de troupes prêtes à rejoindre la division de Fontenay, qui s'avançait de Bressuire dans le cœur de la Vendée. Il me fallut plus d'une heure pour retrouver ma compagnie, casernée dans une vieille bâtisse. Je voyais bien le drapeau de la 13e pendu sur la porte, mais les figures ne me revenaient pas, et j'allais ressortir du long corridor, pensant m'être trompé, quand le lieutenant René Belaton, qui passait, s'écria :

« Hé ! c'est toi, Bastien ! d'où diable sors-tu ? On te disait de l'autre monde. »

Je lui répondis que j'arrivais de Saumur, et que j'avais été en subsistance à la compagnie de canonniers d'Eure-et-Loir. Un grand nombre d'autres nous entouraient ; tout à coup j'en reconnus cinq ou six d'anciens qui riaient et disaient :

« C'est Bastien !... Tu n'es donc pas mort ? »

Ils me donnaient la main, et presque aussitôt je vis le vieux Sôme qui venait, le nez en avant et regardant de loin ; le bruit s'était déjà répandu que Michel Bastien était en bas. En me revoyant il me tendit les bras, sans rien me dire, et je vis qu'il m'aimait bien.

« Ah! fit-il en me serrant, je suis content de te retrouver, Michel! »

Nous étions véritablement attendris; tous ces autres nous gênaient; c'est pourquoi je dis à Sôme:

« Allons en face, au cabaret de maître Adam. »

Et tout de suite nous partîmes, pour causer seuls à notre aise. Beaucoup de soldats et de bourgeois fréquentaient ce cabaret; et là, les coudes sur la table, en face l'une de l'autre, en buvant du petit vin rouge de ce pays, qui est très-bon, et cassant une croûte de pain, la première chose que je lui demandai fut si ma sœur, Marescot et le petit Cassius vivaient encore; s'ils étaient réchappés de Torfou?

« Sois tranquille, Michel, me dit-il, je les ai vus dans leur charrette, au milieu de la colonne de Dubayet, en retraite sur Nantes; ils étaient tous sains et saufs; j'ai même causé deux minutes avec Lisbeth en marchant près de la voiture; elle avait un fusil, un sabre, près d'elle dans la paille, et tout ce qu'il lui fallait pour se défendre. J'aurais autant de confiance en elle dans les rangs qu'en Marescot; c'est une gaillarde qui ne craindrait pas deux Vendéennes. »

Il riait, moi j'étais content d'apprendre ces bonnes nouvelles; cela me donnait patience pour le reste.

Sôme me raconta que le bataillon de la Nièvre était cause de tout le malheur, parce qu'au commencement de l'action nous avions eu le dessus, et que, la colonne pressant l'ennemi, ce bataillon, au lieu de rester à son poste pour soutenir les pièces, avait suivi le corps de bataille; qu'alors les royalistes étaient tombés sur les canonniers en arrière et les avaient exterminés; que Marc Divès, le grand Mathis des Quatre-Vents, Jean Rat et cinq ou six autres de notre connaissance se trouvaient dans le nombre, et que depuis la compagnie n'en avait eu ni vent ni nouvelles; qu'il avait lui-même reçu deux coups de baïonnette, mais que, par bonheur, voyant nos dragons accourir, les Vendéens s'étaient dépêchés d'emmener les canons, sans achever les blessés comme à l'ordinaire, et qu'ainsi plusieurs autres de la compagnie avaient eu la chance d'en réchapper; que son premier coup de baïonnette était dans la main droite, et le second dans le bras; qu'il n'avait pourtant pas voulu se porter malade, et que maintenant tout allait bien.

Sa main était encore bandée; cela ne l'empêchait pas de tenir le verre et de rire en me regardant.

Nous restâmes là jusqu'à l'appel du soir, et puis nous rentrâmes nous coucher ensemble. La compagnie n'était encore que de trente-cinq hommes, mais il n'en faut que six pour manœuvrer une petite pièce; on pensait nous compléter à Bressuire, et l'ordre de partir étant venu, on se mit en route le surlendemain 5 octobre 1793.

Nous avions de la cavalerie et de l'infanterie avec nous, et des charretiers aussi, qu'il fallait bien surveiller, malgré leurs bonnets rouges à grosses cocardes, car l'envie leur prenait toujours de dételer et de s'en aller à la nuit. Nous étions chargés de cela, n'ayant provisoirement aucun service à faire.

Je connaissais déjà les endroits où nous passions. La colonne du général Duhoux avait été défaite aux environs, et tous les soirs, aussitôt le soleil couché, nous entendions dans ces grandes plaines couvertes de landes, les loups et les renards, à droite et à gauche au fond des fourrés, traîner et se disputer les morts. Les grandes lignes rouges du ciel, les hautes broussailles sombres, les cris des bêtes sauvages et les petites cloches qui se répondaient d'un village à l'autre dans le silence, nous remplissaient de tristesse. Combien de fois alors je me suis rappelé le pays, et les prédications des réfractaires excitant les hommes à se battre, au lieu de les apaiser; et les avertissements de Chauvel, à notre club, de nous méfier de la guerre; et la bêtise affreuse de Valentin, qui voulait pendre tous les patriotes en l'honneur du comte d'Artois, l'homme selon Dieu! et toutes les abominations qui nous avaient conduits là. Les hommes sont-ils donc faits pour se donner à manger aux fouines? Est-ce que c'est la religion chrétienne? Et le Christ, qu'aurait-il dit de ces barbaries terribles, causées par l'orgueil et l'avarice des prêtres et des nobles soi-disant établis par sa religion? était-ce pour cela qu'il était venu sur la terre?

Quelquefois aussi, le soir, des villages entiers désertaient à notre approche: hommes, femmes, vieillards, enfants, tout décampait avec les bœufs, les vaches et les chèvres bêlant et mugissant. Nous les voyions de loin qui s'éloignaient derrière les hautes fougères et les ronces, aux derniers rayons du soleil; et presque toujours nous trouvions les puits comblés de morts, des pierres par-dessus. C'était un lieu de massacre. Naturellement on mettait le feu dans ces misérables bicoques. La colonne continuait son chemin, et toute la nuit nous voyions les flammes balayer le ciel, qui se remplissait de fumée à plus d'une lieue, surtout quand le feu prenait dans les herbes desséchées et les arbres du voisinage.

Au petit jour on s'arrêtait, on faisait la soupe; des sentinelles se tenaient en faction au haut des collines. Il fallait toujours être sur ses gardes, car les plus dangereux ennemis veillaient autour de nous et nous suivaient pas à pas. Ils n'eurent pourtant pas occasion de nous attaquer en route. Après Doué, Montreuil, Thouars, nous arrivâmes à Bressuire, le 9 octobre, au moment où les colonnes de Saumur et de Fontenay, qui venaient de faire leur jonction là veille, partaient ensemble pour Châtillon.

Le général de division Chalbos commandait en chef; Westermann était à la tête des chasseurs bourguignons, dits de la Côte-d'Or, et d'un escadron des hussards de l'Égalité. Ce Westermann, natif de Molsheim, près de chez nous, avait une grande réputation de bravoure et même de férocité; pas un autre général ne connaissait la Vendée comme lui; il avait brûlé quelques mois avant, dans ces mêmes cantons, les châteaux de Lescure et de La Rochejaquelein, et des villages, des églises, des couvents sans nombre; on rencontrait partout des ruines.

Comme notre compagnie arrivait au moment du départ, toute fatiguée de la route, et qu'elle n'était pas au complet, on nous chargea de surveiller l'envoi des munitions qui devaient suivre la colonne. Il paraît que l'ennemi n'était pas loin, car, l'armée s'étant mise en marche vers neuf heures du matin, les derniers détachements défilaient encore en ville, le fusil sur l'épaule, en allongeant le pas, que le canon commençait à gronder. Nous autres, au parc d'artillerie, chargions boulets, obus, boîtes à mitraille sur des charrettes pleines de paille, que des ci-devant chasseurs de Rosenthal escortaient, pressant les voituriers et fouettant les chevaux.

Et comme vers midi le roulement de la canonnade tonnait coup sur coup, nous maudissions de tout notre cœur ce service qui nous tenait là cloués dans un parc, pendant que les camarades se battaient. Le père Sôme en grinçait des dents; je le voyais aller et venir, tout pâle d'indignation; au lieu de vous passer les boulets, il aurait voulu vous les jeter à la tête. Le lieutenant de la compagnie, un tout jeune homme, nous tournait le dos sur la porte, entre les palissades, en sifflant; chaque fois qu'une voiture partait, il allongeait un coup de cravache aux chevaux, qui les faisait galoper à cent pas, malgré la charge.

C'était véritablement dégoûtant pour des volontaires de faire un pareil métier; et ceux de mon temps, quand ils voient passer aujourd'hui ce beau service du train, ces bonnes voitures solides comme du fer, ces magnifiques chevaux, la croupe ronde et luisante, ces braves soldats carrés, trapus, le fond de la culotte en cuir, l'habit veste en bon drap, le shako bien planté, et le bel ordre des munitions dans les caissons, les fusées de chaque obus ou bombe bien coiffées contre la pluie avant de s'en servir; enfin en voyant tout cela, les vieux comme moi sont forcés de reconnaître que c'est tout autre chose qu'en notre temps, et que si les contributions n'étaient pas trop augmentées, il faudrait avouer que nos petits enfants ont profité de notre expérience dans la guerre et fait de véritables progrès. Mais la question des contributions gâte tout, et si je n'étais pas forcé de continuer cette histoire, j'aimerais à m'étendre sur cela. Continuons d'abord, nous verrons plus tard les contributions.

Pendant que les boulets nous passaient ainsi de main en main, tout le peuple et les bourgeois de Bressuire couraient hors de la ville et gagnaient les hauteurs, pour voir de loin la bataille. Nous les entendions revenir en disant:

« L'affaire est au bois du Moulin-des-Chèvres. »

D'autres disaient:

« Elle est aux Aubiers. »

Quelquefois, de grandes rumeurs s'élevaient; on croyait entendre autre chose que le canon; mais les bois du Moulin-des-Chèvres étant à plus de deux lieues, c'était un rêve, comme il en arrive dans ces occasions pareilles.

Sur les quatre heures, nos premières charrettes, parties avec des munitions, revenaient déjà pleines de blessés: grenadiers, chasseurs, hussards, canonniers, pêle-mêle, la tête bandée, le bras en écharpe, les jambes fracassées, la paille pleine de sang; et l'on déchargeait... on déchargeait tout le long de la grande rue, en plein air. Les médecins, les chirurgiens, les apothicaires en tablier blanc, leurs boîtes de couteaux ou leurs paquets de linge sous le bras, arrivaient et s'agenouillaient là, dans la foule qui regardait et frémissait. On entendait des cris, et puis des files de gens se sauvaient! Des femmes courageuses venaient aider; c'étaient des allées, des venues; les brancards passaient; toutes les maisons étaient ouvertes; on allait à la plus proche, et puis à l'autre plus loin, ainsi de suite; chacun prêtait son lit, son linge, tout ce qu'il avait.

Quand on voit que les gens sont si bons pour les blessés, l'idée vous vient naturellement qu'ils n'auraient pas besoin d'être si bons, s'ils avaient le bon sens de s'entendre entre eux et de s'opposer à la guerre de toutes leurs forces. Malheureusement avec les Vendéens ce n'était pas possible; ces pauvres êtres ne savaient pas même qu'ils se battaient au profit de traîtres qui voulaient livrer le pays aux Anglais, et qui s'entendaient avec les Prussiens, dont ils réclamaient la capitulation contre nous. Ils ne savaient rien! et soutenaient la servitude contre les lois sages et justes votées par les représentants de la nation. Il fallait donc nous laisser exterminer, ou détruire cette race de fond en comble, mais cela ne m'empêchera pas de reconnaître qu'elle avait du courage, et que toute notre force n'était pas de trop pour en venir à bout.

A cinq heures, le général de brigade Chabot, seul sur un brancard porté par deux grenadiers, arriva, déjà mort. Je l'ai vu passer, il avait une balle derrière l'oreille; on disait qu'il avait crié « Vive la république! » Mais, en voyant ce trou noir, large comme la main, c'était difficile à croire, et je pense que des amis avaient crié pour lui, sachant que c'était le dernier cri d'un vrai patriote.

Vers six heures le bruit du canon avait cessé; les charrettes, les fourgons, les caissons vides encombraient la route et les rues; il commençait à faire nuit, les bourgeois éclairaient le devant de leurs maisons avec des torches, et les médecins continuaient à tirer des balles, à couper des bras et des jambes, sans se laisser distraire par les cris, par les paroles ou le passage de la foule. Je me rappelle qu'à la nuit clause, un hussard, un vieux à longues moustaches grises, arriva sur son cheval; il n'avait pas l'air d'être blessé. Comme l'encombrement l'empêchait d'avancer, il s'arrêta devant le parc, et notre lieutenant lui demanda si le combat était fini.

« Oui, dit-il, les brigands sont en déroute depuis deux heures; une colonne les poursuit du côté de Neuillé, à droite; le village est en feu; Westermann les poursuit à gauche, sur la route de Châtillon; il doit être arrivé maintenant. »

Cet homme parlait tranquillement; mais ayant voulu mettre pied à terre, nous vîmes qu'il avait un coup dans le ventre; il s'affaissa contre les palissades, et s'étendit tout de son long, les yeux fermés. Le lieutenant cria de chercher un médecin, seulement comme le hussard se roidissait et rouvrait les yeux, il reconnut que ce brave venait de rendre son âme, et rappela le canonnier qui partait.

Presque en même temps nous entendions au loin s'élever le chant de la *Marseillaise*; les représentants Chaudieu et Bellegarde revenaient, escortés par un escadron de chasseurs du ci-devant Rosenthal. Les cris de « Vive la république! » éclatèrent alors dans toute la ville; les représentants allèrent à la mairie faire leur proclamation avec les officiers municipaux du district; mais je n'eus pas le temps de l'entendre lire, parce que le lendemain 10 octobre, au petit jour, nous reçûmes l'ordre de rejoindre la colonne. On avait enlevé les canons aux Vendéens, et nous allions enfin pouvoir reprendre notre vrai service.

Par malheur, en arrivant au village de Beaulieu, on nous mit encore en réquisition, et cette fois pour relever les blessés et enterrer les morts. Tous les gens du pays s'étaient sauvés, leurs villages brûlaient; on ne pouvait passer en laissant là dans les broussailles des malheureux qui respiraient encore. Il fallut donc se mettre à cet ouvrage, que je ne veux pas vous peindre, car c'est trop horrible; et puis on n'en finirait jamais, si l'on racontait en détail ce qui se rencontre dans une pareille campagne.

Toute cette journée du 10, nous ne fîmes que creuser de grandes fosses de six à sept pieds, où l'on rangeait les morts par tas, l'un à côté de l'autre.

Les blessés, on les mettait dans les charrettes, qui repartaient pour Bressuire. D'autres détachements nous aidaient; de tous les côtés on battait la côte; mais comment tout voir dans ces landes et ces hautes fougères? il aurait fallu chercher longtemps, peut-être huit jours, et nous tenions à rejoindre.

Enfin nous étions là quand, à la nuit, une grande rumeur du côté de Châtillon nous rendit attentifs; c'était un bruit sourd, confus. Nous regardions sur la route, et voilà que toute notre armée arrivait en courant; personne ne la poursuivait, mais tous les régiments à pied et à cheval s'avançaient à travers champs, confondus ensemble comme un véritable troupeau. Qu'on se figure notre étonnement! Les chefs avaient beau s'indigner et crier, on ne les écoutait plus. Cette masse de gens envahirent non-seulement le village, mais encore la côte autour; et parmi leurs cris nous comprenions que les Vendéens étaient venus les surprendre à Châtillon, pendant que la plupart d'entre eux couraient le pays chercher du foin, de la paille, des vivres, et qu'ils s'étaient tous sauvés, abandonnant canons, munitions et bagages.

Heureusement, nous autres nous avions déjà fait et mangé la soupe, car, après l'arrivée de cette colonne, il ne resta plus rien aux environs. Les fuyards voulaient aller jusqu'à Bressuire, mais Westermann couvrait la retraite avec ses hussards et le bataillon des grenadiers de la Convention; des chefs, répandus partout, finirent par faire comprendre que ce serait une indignité de se sauver plus loin, en abandonnant l'arrière-garde; qu'il fallait tâcher de se démêler et se mettre en devoir de tenir, si l'on était attaqué. Les appels commencèrent; les compagnies, les bataillons et les escadrons se reformèrent et l'on attendit sous les armes. Cela prit bien deux heures de temps.

Ce qui nous étonnait le plus, c'était de ne pas voir revenir l'arrière-garde. On regardait, on écoutait; les sentinelles avaient la consigne de donner l'alerte au premier mouvement. Les officiers délibéraient autour d'un feu de bivac, en avant du village. Rien ne bougeait, quand tout à coup, vers une heure du matin, des feux de file et de peloton se suivirent comme un roulement du côté de Châtillon. Cela ne finissait plus. Bientôt le ciel devint tout rouge et l'on comprit que Châtillon brûlait. Aussitôt les plus enragés fuyards se mirent à crier : « En avant! en avant! »

Mais les chefs n'étaient pas trop pressés de les ramener au feu; des chasseurs partirent en éclaireurs; et seulement au petit jour nous apprîmes l'épouvantable massacre des Vendéens à Châtillon : Westermann, honteux d'être ramené si vite à Bressuire par un tas de paysans, avait pensé que les royalistes ne le serraient pas de près c'est qu'ils étaient en train de se goberger et de vider les caves, selon leur habitude. Alors il avait pris cent grenadiers volontaires en croupe de ses hussards, ci-devant de Chartres, en leur recommandant bien de ne se servir que du sabre et de la baïonnette. Il était rentré dans Châtillon vers minuit, et jusqu'à quatre heures du matin ses hussards, ses grenadiers et lui n'avaient fait que tuer, hacher, massacrer et brûler ces ivrognes, hommes et femmes, répandus dans les rues et les maisons parmi les cruches et les tonneaux défoncés, sans force, sans courage, enfin des êtres ivres morts. Ceux auxquels il restait encore une lueur de raison s'étant figurés qu'une autre colonne de républicains, venue de Nantes, de Luçon ou d'ailleurs, les attaquait, s'étaient mis à se fusiller les uns les autres, de toutes les fenêtres et sous les portes, sans regarder, sans écouter, comme des insensés; de sorte que le vin, le sang et l'eau-de-vie coulaient ensemble dans les rigoles, pendant que les maisons brûlaient et que les décombres leur croulaient sur la tête.

Voilà ce que font l'ivrognerie et la bêtise réunies ensemble.

C'est vers neuf heures que nous vîmes ce spectacle, et je ne l'oublierai jamais.

La colonne tout entière avait retrouvé ses canons et ses munitions à la même place; les gueux n'avaient pillé que les bagages. Un fort convoi de poudre s'étendait sur la route de Châtillon à Bressuire, et comme les charretiers s'étaient sauvés, c'est encore nous qui fûmes chargés de le conduire. Nous ne pouvions passer dans la grande rue pleine de cendres, de poutres brûlantes et d'étincelles qui partaient des toits au moindre coup de vent; nous fîmes donc le tour de ces ruines, pour gagner la route de Châtillon. Alors, de loin, en marchant, je me retournai deux ou trois fois et je vis cette rue noire comme un tuyau de cheminée, avec des tas de gens vivants ou morts, à terre, parmi les décombres, femmes, hommes, je ne sais pas au juste; mais cela m'avait l'air de remuer encore, en répandant une odeur de roussi qui vous soulevait le cœur.

Quelle épouvantable chose que la guerre civile! de pareils souvenirs vous feraient prendre en horreur le genre humain; on s'indignerait d'être un homme, si l'on ne savait pas que l'intérêt de quelques monstres, heureusement bien rares et qui diminuent tous les jours, amène seul ces désastres, et que la grande masse, avec un peu d'instruction, est bonne, charitable, prête à se secourir plutôt qu'à se déchirer.

Westermann et ses hussards restèrent aux environs de Châtillon pour se reposer du massacre; tout le reste de la colonne poursuivit sa route dans la direction de Cholet. Nous marchions avec le bataillon des grenadiers de la Convention, tous de vieux soldats, anciens gendarmes ou gardes françaises; notre chef de brigade était le général Bard; le représentant du peuple Fayau vint aussi nous rejoindre. On ne pouvait avancer vite dans ce pays très-couvert; on savait que Stofflet, Durivault et Beauvalier, trois principaux chefs vendéens, nous attendaient à chaque passage dangereux; il fallait se tenir bien ensemble pour n'avoir pas la même débâcle que Santerre à Coron.

Le second jour, nous entendîmes du matin au soir une forte canonnade sur notre gauche; le vent nous venait de ce côté, c'était comme un bourdonnement sourd au loin; les officiers s'arrêtaient et disaient en montrant les fougères sans fin :

« La colonne de Luçon et celle de Montaigu ont fait leur jonction; on se bat là-bas. »

Nous aurions bien marché de ce côté, si l'on avait pu se mettre en détachements et traîner les pièces dans les sentiers, mais on se méfiait trop des embuscades. Seulement, le lendemain, comme nous avions dépassé la petite ville de Maulévrier, le bruit se répandit tout à coup que le nouveau général en chef, le sans-culotte Léchelle, était arrivé depuis quelque temps;

La fusillade pétillait dans toutes les directions. (Page 74.)

qu'il avait déjà remporté deux victoires et mis les brigands en déroute; et comme nous n'étions plus qu'à trois lieues de Cholet, où le canon tonnait, on fit partir toutes les troupes légères : le bataillon des grenadiers de la Convention, les chasseurs du ci-devant Rosenthal, enfin tout ce qui pouvait courir; et nous autres, avec notre long convoi de poudre et les bagages, on nous laissa derrière arriver comme nous pourrions.

Il pouvait être onze heures ou midi. L'indignation nous possédait, mais l'indignation ne sert à rien dans des chemins défoncés, et tous les coups de fouet, tous les jurements du monde ne vous font pas avancer plus vite. Outre qu'on nous laissait en arrière, nous risquions encore d'être coupés; c'est même un véritable bonheur que dans ces trois lieues les espions, qui fourmillaient en ce pays, n'aient pas répandu la nouvelle qu'un convoi républicain passait avec deux pauvres compagnies de fusiliers pour le défendre. Ils étaient probablement ailleurs; tous les gueux se prêtaient main-forte, et quand on se battait quelque part, l'on pouvait faire des lieues sans rencontrer personne.

Enfin, vers six heures, en arrivant sur une petite hauteur, nous aperçûmes à notre gauche la ville de Cholet, qui suit la route pendant une demi-lieue, car c'est à proprement parler un grand bourg de commerçants, de négociants et de fabricants, et déjà, dans ce temps, Cholet passait pour l'une des bonnes villes commerçantes et patriotiques de la Vendée. Plus loin

Les Vendéens. (Page 79.)

nous vîmes notre armée, les pièces en position sur la colline; elles ne tiraient plus; de la cavalerie filait ventre à terre par la grande plaine; les brigands étaient en déroute.

Notre seule consolation fut de voir à trois cents pas de nous, dans les landes, un bataillon de Mayençais, l'arme au pied, et deux ou trois autres plus loin en réserve. Ils avaient le même uniforme que tous les bataillons de volontaires, mais nous les reconnaissions comme on reconnaît ceux de sa famille, à la manière de se tenir, de regarder, de se pencher, et puis aux grandes barbes, aux vieilles guenilles, au drapeau déchiré. Je sentis mon cœur battre et le père Sôme, qui n'avait pas desserré les dents, dit :

« Voici les nôtres; on ne nous mettra plus à la queue, maintenant. »

Le plaisir de retrouver de vieux compagnons d'armes, et la pensée que ma sœur Lisbeth, Cassius et Marescot n'étaient pas loin, m'avaient troublé la vue. J'entendais chanter la *Marseillaise*, hennir les chevaux, et, quoique le combat fût terminé, de temps en temps un coup de canon tonnait encore. Le ciel était rayé de grandes lignes rouges et or; le soleil avait déjà disparu; mais les officiers généraux, à cheval, par trois, six, dix, avec leurs grands chapeaux à cornes, les hussards avec les shakos pointus, rouges, jaunes ou noirs; les petites charrettes couvertes de toile, que je prenais toutes pour la nôtre; les lignes de baïonnettes, enfin le grand champ de bataille; et sur notre gauche la ville avec ses cheminées innombrables et ses pignons pointus, tout cela se voyait encore sous le ciel, où passait la fumée.

C'est une chose qui m'attendrit toujours quand j'y pense; les souvenirs de la jeunesse embellissent tout, et l'on croit toujours y être.

Nous avancions lentement derrière cette grande armée. Toutes nos divisions se trouvaient enfin réunies; cela venait donc de réussir une fois! Et comme nous approchions ainsi, un officier à cheval vint au galop nous dire de faire halte. C'était notre ancien commandant Jordy, devenu chef de brigade; en le reconnaissant, les six ou sept du bataillon de la montagne se mirent à crier :

« Salut, commandant !... Salut et fraternité! »

Lui aussi nous reconnut et s'écria :

« Ah! ah! vous êtes des anciens! Comment diable arrivez-vous par là ?

— Nous sommes en détachement, lui dis-je, nous revenons des ambulances et nous voulons rentrer au bataillon, si c'est possible.

— Bien, bien, nous verrons ça, dit-il. Vous êtes de la 13e légère ?

— Oui, général, Paris-et-Vosges. »

Il repartit alors, et notre seule peur était de rester à la garde de ce convoi; mais presque aussitôt des hommes vinrent nous relever. Comme nous n'avions pas d'ordre, le lieutenant Rochette nous faisait déjà mettre en rangs, pour aller rejoindre notre bataillon, lorsque le général revint au galop et nous ordonna de le suivre. Nous descendîmes la petite côte, et quelques cents pas plus loin, en avant de Cholet, nous trouvâmes six pièces de quatre et deux de huit, près d'un petit pont; une trentaine d'artilleurs de la légion allemande les gardaient; leur compagnie avait perdu beaucoup de monde à Tiffauges, la nôtre la compléta, passant sous les ordres du général Marceau, qui manquait de canonniers; lui-même vint nous reconnaître, et c'est là que je l'ai vu pour la première fois, avec son uniforme de hussard, sa belle figure pâle et brune, son large menton, tout rond et gras comme celui d'une jeune fille; il portait à ses cadenettes des brimborions de plomb à la mode des anciens, et quand il sut que nous étions des Mayençais, il dit en nous regardant de bonne humeur :

« Allons! allons! nous ne tirerons pas notre poudre aux moineaux. »

Voilà des choses qui flattent le soldat. Cela signifiait que nous avions de fameux pointeurs, et c'était vrai, le père Sôme, Jacob Haag et moi, nous pouvions nous flatter d'en être. Ce n'est pas grand'chose de savoir pointer une pièce, mais je me souviendrai toujours de ces paroles ; chacun aime qu'on lui rende justice selon ses talents et son mérite.

Ce même soir, j'allai voir ma sœur à la 13e demi-brigade légère; elle campait près d'un pont en bois, à deux portées de fusil de notre bivac. Aussitôt après la soupe, sans rien dire à personne, je partis en courant; je n'avais pas même prévenu le père Sôme, qui me suivait; et, quand j'arrivai à la cantine, sous la vieille tente de toile pendue en triangle aux branches d'un châtaignier; quand je vis Lisbeth, son petit Cassius sur le bras, les Parisiens autour du feu, en train de fumer leur pipe et de se raconter les nouvelles politiques; alors je crus revoir mon ancienne famille et j'eus à peine la force de crier :

« Me voilà! Vive la république! »

J'étais comme fou; j'avais envie de rire et de pleurer. Les Parisiens criaient :

« Ah! Michel! Il est revenu, Michel! Embrasse-le, citoyenne, c'est lui! »

Ma sœur, le petit sur l'épaule, un bras autour de mon cou, pleurait à chaudes larmes. Je reconnaissais qu'elle m'aimait bien; c'était une bonne sœur et je me disais :

« Nous avons pourtant été élevés ensemble! Si j'étais tué, elle n'aurait plus personne du village.

— Ah! disait-elle, avant de t'avoir cru mort, je ne savais pas que nous étions si proches parents. »

Le beau-frère vint aussi m'embrasser; et Sôme étant arrivé, les mêmes cris recommencèrent. Il n'y a que les vieux camarades pour bien fraterniser ensemble, ceux qu'on a vus dans la misère et les dangers auprès de soi ; les nouveaux ne valent rien.

Nous aurions voulu rester là toute la nuit, mais la retraite sonnait; on se sépara, bien contents de s'être revus, en se promettant de revenir le lendemain manger la soupe ensemble. Personne ne croyait que le lendemain serait un jour de bataille. Les Vendéens en déroute se réunissaient à Beaupréau; nous les tenions entre nous et la Loire; ils ne pouvaient plus nous échapper; nous n'avions pas besoin de les attaquer tout de suite. Nous pensions donc avoir au moins vingt-quatre heures de repos. Je n'ai jamais mieux dormi que cette nuit-là sur la terre, la vieille capote pour couverture, le sac pour oreiller, le contentement dans l'âme et rêvant à la bonne soupe de Lisbeth, qui mijotait de quatre heures du matin à neuf heures, de sorte que la cuiller y tenait debout, et puis au bidon du beau-frère, qui passait à la ronde, et qu'on levait en s'essuyant la moustache et disant :

« Faites excuse! »

Ah! les beaux rêves en campagne!

Les choses devaient pourtant se passer tout

autrement que je ne pensais. Toute cette nuit les reconnaissances rapportèrent au quartier général que les brigands se fortifiaient à Beaupréau et qu'ils voulaient nous attendre dans cette position. Le général Léchelle le croyait, mais Kléber pensait bien que ces gens n'étaient pas trop contents d'avoir la Loire derrière eux; qu'ils comprenaient le danger de leur position en cas de défaite, et qu'ils essayeraient de nous passer sur le ventre à tout prix, pour retourner dans le Bocage recommencer la guerre de surprises et d'embuscades. Cela tombait sous le bon sens; il ne faut pas supposer les autres plus bêtes que nous; aussi, dès le matin, après la réunion du conseil de guerre, les bataillons et les escadrons commencèrent à se croiser et à prendre sur la lande une position de bataille, en avant de Cholet.

Je ne dois pas oublier une chose véritablement grande, qui se passa dans ce moment. Comme on battait le rappel, des hussards traversèrent les bivacs ventre à terre, jetant à chaque compagnie, à chaque détachement, le dernier bulletin de la Convention et criant :

« Adresse à l'armée de l'Ouest ! »

Le premier venu, officier ou soldat, ramassait le bulletin et se mettait à le lire aux camarades en cercle autour de lui.

« Républicains,

« Lyon rebelle est subjuguée; l'armée de la république vient d'y entrer en triomphe. A cet instant, elle taille en pièces tous les traîtres. Il n'échappera pas un seul de ces vils et cruels satellites du despotisme. Et vous aussi, braves soldats, vous remporterez une victoire. Il y a assez longtemps que la Vendée fatigue la république; marchez, frappez, finissez! Tous nos ennemis doivent tomber à la fois; chaque armée va vaincre. Seriez-vous les derniers à moissonner des palmes? Méritez la gloire d'avoir exterminé les rebelles et sauvé la patrie. La trahison n'a pas le temps d'agir, devant l'impétuosité du courage. Précipitez-vous sur ces hordes insensées et féroces, écrasez-les; que chacun se dise : « Aujourd'hui, j'anéantis « la Vendée ! », et la Vendée sera vaincue. »

Représentez-vous l'enthousiasme de l'armée après cela; les cris de « Vive la république ! » qui s'étendent sur cette grande plaine, où vont et viennent des milliers de baïonnettes, de plumets, de canons emportés au galop; les serrements de main, les vieux chapeaux au bout du fusil, qui se lèvent, enfin la folie de l'enthousiasme. Oui, les chevaux eux-mêmes dans ces occasions deviennent aussi comme fous; ils se redressent, ils hennissent, ils demandent à combattre. C'est étonnant, l'enthousiasme de la guerre est partout, même chez les animaux! Quand on y pense cela fait frémir. Dieu veuille seulement que dans l'avenir notre cause soit toujours aussi juste, aussi sacrée que celle de la république contre les despotes, et l'on ne pourra jamais nous faire de reproches.

Enfin, après ce grand mouvement, qui dura plus d'une heure, le calme s'établit. On venait d'apprendre que les Vendéens s'avançaient en trois colonnes; ils voulaient donc cette fois nous attaquer en règle, et c'est tout ce que nous demandions.

Léchelle, qui n'était pas un fameux général, avait pourtant quelquefois l'esprit d'obéir, en se donnant les airs de commander; alors il remportait des victoires; mais quand, par amour-propre, il voulait commander lui-même, tout était perdu d'avance. Cette fois, d'après le plan de Kléber, l'aile droite, où je me trouvais, s'appuyait aux collines; l'aile gauche à un petit bois, et le centre à la ville, mais bien en avant. Les Mayençais étaient en réserve, l'artillerie dans les rangs était masquée par la première ligne.

Westermann n'était pas encore venu de Châtillon avec ses hussards; il n'arriva que vers quatre heures, ayant marché sur le bruit du canon.

C'est ainsi que nous attendîmes ce qui pouvait arriver.

De temps en temps les cris de « Vive la république ! » recommençaient tantôt d'un côté, tantôt de l'autre, et s'étendaient de proche en proche : c'étaient les brigades qui saluaient leurs généraux passant au galop sur le front de bataille avec leurs états-majors; et puis le calme revenait; on regardait au loin sur la grande route blanche; le temps se passait, l'impatience vous gagnait. On aurait voulu marcher, quand tout à coup, vers midi, la première colonne de Vendéens parut.

De la place où nous étions se découvraient tout au bout de la lande, à gauche de la route, de autre côté d'un bois, la pointe d'un petit clocher, et, dans les environs, des masses noires qui tourbillonnaient, se resserraient et se développaient comme un essaim.

Des prisonniers retrouvés le lendemain sur notre route nous ont raconté que les Vendéens faisaient alors leurs prières à l'église de Saint-Léger, avant de venir nous livrer bataille. Là-bas tout fourmillait, les marches de la chapelle étaient couvertes de gens à genoux, les cloches sonnaient, le prêtre réfractaire Bernier, devenu plus tard un des bons amis de l'empereur, promettait la victoire à ces malheureux et le royaume du ciel à ceux qui mourraient pour Louis XVII. Il les exaltait et tous le croyaient sur parole. Et puis ils étaient plus de quarante mille, sans compter les femmes, les vieillards et les enfants, ce qui devait encore augmenter leur confiance.

Enfin tout ce que je puis dire, c'est qu'au moment où l'immense foule se mit à marcher vers nous, lentement, sur trois épaisses colonnes, le silence s'étendit sur notre armée, et que l'on aurait cru que de notre côté pas une âme n'existait. Chacun relevait la tête, les officiers à cheval, debout sur leurs étriers, regardaient aussi. Le temps était clair, et cette marche dura longtemps. La colonne des royalistes qui marchait sur notre division, arrivant derrière un petit bois, disparut un instant; mais les deux premières, beaucoup plus fortes, continuèrent d'avancer, en allongeant le pas, sur notre aile gauche. Nous autres, à près d'une demi-lieue de là, nous entendions la grande rumeur de ces gens qui priaient comme à la procession, et quelques cris de « Vive le roi! vive le roi!... » au milieu du tumulte. L'exaltation de ces êtres superstitieux vous donnait froid. Et puis le canon tonna: la fusillade et l'attaque à la baïonnette, les cris et le roulement des feux de file, tout éclata d'un coup.

Notre division de gauche, forte d'environ deux mille cinq cents hommes, en avait alors de quinze à vingt mille sur les bras. Elle pliait; les Vendéens se précipitaient; les coups de faux de la mitraille passaient au milieu d'eux, en les couchant à terre par centaines; mais ils revenaient toujours à la charge, et les grands cris de « Vive le roi! vive le roi! » recommençaient avec une nouvelle fureur.

J'ai souvent entendu raconter cette bataille depuis cinquante ans; les uns disaient: « Les Vendéens ont bien fait d'attaquer en colonnes; c'était plus militaire que de se répandre en tirailleurs; leur général Bonchamp montrait qu'il avait du génie, en leur apprenant la grande manœuvre. » Les autres répondaient: « C'est la plus grande bêtise qu'ils aient pu faire; en essayant de manœuvrer, ils ont causé leur perte. Ces grosses colonnes massives ne peuvent pas reculer; elles sont forcées d'avancer toujours, à mesure que la mitraille les hache; les Vendéens l'ont bien vu! »

Tout cela n'a pas le sens commun. Qu'est-ce que les Vendéens voulaient? Ils voulaient rentrer dans leur Bocage; ils voulaient se faire un trou dans nos rangs, par où leurs femmes, leurs vieillards et leurs enfants auraient passé; voilà toute leur grande manœuvre. Pour faire une trouée, je ne connais pas d'autre moyen que de se mettre en colonne serrée, car de s'éparpiller devant une armée en bataille dans une plaine, de *s'égailler*, comme ils disaient, on serait bientôt ramassé par la cavalerie. Ils voulaient donc enfoncer notre ligne, et c'est par la gauche qu'ils essayèrent d'abord. Notre aile pliait devant la fureur terrible et la masse de ces gens, qui voulaient passer à tout prix. Mais alors la première division des Mayençais, l'arme au bras, s'avança se mettre en ligne.

De notre côté pas un coup de fusil n'avait encore été tiré; l'orage s'était porté d'un seul côté, les feux roulants et la canonnade couvraient de fumée les bruyères à perte de vue. Mais tout à coup la masse des brigands, ne pouvant forcer notre gauche, se précipita sur le centre avec les mêmes cris, et le centre, où commandait Chalbos, manqua d'être enfoncé; la seconde division des Mayençais n'eut que le temps d'aller le soutenir.

Au même instant, la troisième colonne, qui venait de tourner le bois, parut de notre côté, à demi-portée de canon, aussi forte que l'autre; et voilà ce que je me rappelle de plus épouvantable dans toute ma vie! Des paysans, des jeunes gens solides, avec leurs longs cheveux, des pères de famille, des vieillards tout blancs; les chapeaux ronds à larges bords, les chapelets pendus au cou, les gilets rouges couverts de médailles, les cœurs de Jésus brodés sur la veste, et par-dessus la foule, deux ou trois chefs à cheval, en chapeau à plumes blanches; tout ce ramassis qu'on appelait une colonne, sur dix, vingt, trente hommes de front, et des centaines de profondeur, pêle-mêle, criant: « Vive le roi! » quelques-uns priant en latin, peut-être des sacristains ou des curés, je n'en sais rien; les fleurs de lis au bout d'une ou deux grandes perches; enfin tout cela, qu'on l'appelle comme on voudra, se mit à rouler de notre côté.

Au même moment, Marceau et dix autres officiers supérieurs passaient derrière les rangs, criant:

« Laissez-les approcher! Laissez-les approcher! Attention! Attention au commandement! »

Nous, déjà les pièces chargées, la mèche secouée; moi et les autres pointeurs la vis de pointage à la main, l'œil à la hauteur du point de mire, nous attendions.

« Vive le roi!... vive le roi!... — *Pater noster, Ave Maria!* — Priez pour nous. — En avant!... En avant!... »

Voilà les épouvantables cris qui s'entendaient de vingt mille voix avec le roulement des sabots.

Les premiers feux de bataillon tonnaient sur toute notre ligne; mais, à travers l'épaisse fumée, les autres avançaient toujours, de sorte que dans un instant les rangs qui nous couvraient s'ouvrirent. Les Vendéens étaient à trois cents pas; le cri de nos officiers : « Feu! feu! » partit, et nos huit pièces chargées à mitraille ouvrirent une rue devant nous.

Dieu sait ce qu'il tomba de ces malheureux Vendéens les uns sur les autres en tas, tout massacrés et brisés; leur colonne massive en fut arrêtée une seconde; l'étonnement de l'horreur avait saisi ces pauvres diables, qui ne connaissaient encore que *l'égaillement*; ils virent que la marche en colonne était autre chose, et cela les troubla. Nous n'eûmes pourtant pas le temps de recharger, car ces hommes étaient des Français; ils se remirent tout de suite et passèrent en courant sur leurs morts. Notre ligne restait ouverte; et voyant à deux cent pas ce tas de paysans furieux arriver à la baïonnette, je crus que cette fois c'était bien fini, car de se défendre avec nos leviers et nos écouvillons contre une foule pareille, il ne fallait pas y penser.

Heureusement un escadron du 7e chasseurs arriva les prendre en flanc, et nous eûmes là devant nous une véritable boucherie pour nous couvrir. Vous pensez si chacun de nous se dépêchait d'écouvillonner, de charger, de refouler et d'amorcer; cela se fit dans un clin d'œil; et comme les chasseurs se retiraient pour nous démasquer, la seconde volée de mitraille mit les autres tellement en déroute, que leur colonne se dispersa comme de la paille. — Un de leurs chefs galopait, criait, se mettait en travers de la déroute; il aurait fallu dans ce moment pousser une charge à fond; si Westermann avait été là, c'était une affaire décidée, mais il ne se trouvait pas encore en ligne, et tout ce que nous pûmes faire ce fut encore de recharger, pendant que ce chef, un grand sec, arrêtait son monde et le reformait au milieu des landes et des broussailles.

Alors toute la masse des royalistes se portait de notre côté; l'artillerie des Mayençais à l'aile gauche nous avait encore plus maltraités que la nôtre; tous les fuyards des deux autres colonnes se ralliaient à celle que nous avions en face, amenant leur artillerie. Bientôt les boulets et la mitraille se croisèrent sur nous, c'était un sifflement horrible; tous comprenaient que nous allions supporter le plus grand effort des Vendéens, et Kléber, devinant de loin leur mouvement, arriva ventre à terre se placer au milieu de notre division.

Je le vois encore accourir, les plumes de son chapeau renversées par le vent, les grands revers de l'uniforme républicain rabattus sur sa large poitrine, et sa grosse figure charnue tremblotant d'enthousiasme; je l'entends nous crier de sa grande voix joyeuse, pendant que son cheval se cabre : « Ça va bien, mes amis! Les brigands ne passeront pas, nous les jetterons dans la Loire; ils ne reverront plus leur Bocage. Vive la république! » Et mille cris de « Vive la république » lui répondent. Il riait; les jeunes officiers derrière lui riaient aussi, mais comme on rit quand tout siffle et ronfle dans l'air, et qu'à chaque seconde à droite et à gauche quelqu'un s'affaisse dans les rangs; on rit tout de même, mais on aimerait mieux s'avancer en battant la charge, que de rester en place. Lui, Kléber, paraissait de bonne humeur, comme un véritable Alsacien qui revient de la noce. Marceau, la veille, était allé le voir dans sa tente; il lui rendait sa visite dans une plus belle salle entourée de baïonnettes. En les voyant de loin se tendre la main et se faire des compliments d'un air de bonne humeur au milieu des autres officiers à cheval, on se disait :

« Ça va bien; nous sommes les plus forts, nous n'avons rien à craindre. »

Un vrai général sait bien ce qu'il fait; chaque soldat le regarde même d'une demi-lieue; il prend ou perd confiance sur sa mine, comme un malade sur celle du médecin. Les vrais généraux sont rares!

Dans ce même moment les Vendéens se remettaient en marche; et je me souviens que cette forte colonne qui réunissait toute la masse qui restait des trois autres, et que tous les principaux chefs, Delbée, Bonchamp, La Rochejaquelein, Stofflet, encourageaient, qu'une forte artillerie soutenait, je me souviens qu'elle s'avançait en silence; les malheureux ne criaient plus, ils ne priaient plus; ils marchaient sur tant de morts et de blessés !... le désespoir les avait pris. En recevant notre mitraille, ils en furent ébranlés, et s'arrêtèrent beaucoup plus loin que la première fois, commençant la canonnade et la fusillade, mais sans oser s'avancer. Cela dura depuis cinq heures jusqu'à six, et le chef qui les encourageait depuis le commencement de l'action ayant disparu, tout se mit en déroute.

On le vit, parce qu'ils ne répondaient plus à notre feu depuis un instant. Aussitôt nous partîmes au pas de charge, tambour battant et chantant la *Marseillaise* :

> Allons, enfants de la patrie,
> Le jour de gloire est arrivé!

C'était un enthousiasme, une joie qu'on ne peut pas dire. Westermann venait aussi d'arriver, furieux de n'avoir pas été de la bataille; c'est lui qui balaya le reste de ces misérables, en les poursuivant avec ses hussards comme un loup. La nuit était tout à fait venue ; on croyait tout fini, mais un peu plus loin le combat recommença, le combat des plus désespérés et des plus braves, qui venaient chercher leurs chefs, blessés ou morts, abandonnés dans le premier moment de la déroute ! Ce fut un véritable carnage ; ils étaient trois ou quatre cents au plus, et s'avancèrent jusqu'au milieu de nous ; mais ils ne pouvaient tenir et se retirèrent, emportant ceux qu'ils avaient cherchés.

Quel malheur de voir des gens d'un pareil courage, et l'on doit aussi le dire, de tant de cœur, écouter un Bernier, qui se tire d'embarras en envoyant tant d'êtres crédules à la boucherie, et qui n'a pas honte plus tard de mendier une place de cardinal à celui qui remplace ses anciens maîtres ! Allez donc vous fier à la religion de gueux pareils et vous faire exterminer dans leur intérêt.

Alors, la défaite des Vendéens étant complète, on fit halte de tous les côtés, et l'on bivaqua sur ce champ de bataille, où les royalistes laissaient dix mille hommes, deux fois plus que l'armée de Mayence n'en avait perdu dans cinq mois de siège, et c'étaient des pères de famille en plus grand nombre. Bernier devait être content, et les autres prêtres réfractaires aussi. Leur puissance était grande sur les ignorants ; cette puissance existe toujours, je le sais bien, mais cela ne m'empêchera pas de dire que le dieu du bon sens, de la justice et de la patrie eut alors la victoire sur le dieu de la bêtise et de la trahison, car personne n'osera soutenir que des gens qui se battent pour avoir la corde au cou ne sont pas très-bêtes, et que ceux qui appellent les Prussiens et les Anglais en France ne sont pas des traîtres.

C'est clair. Je n'ai jamais compris que depuis soixante ans tant de Français, des fils du peuple, aient célébré la gloire des Vendéens, en nous représentant, nous, soldats de la république, comme des barbares, et nos officiers, presque tous jeunes, comme de vieilles croûtes sans bon sens ni raison. Ceux-là, j'en suis sûr, s'ils n'étaient pas nobles, étaient domestiques dans une maison ou dans les cuisines de ces nobles ; mais tous leurs mensonges n'empêcheront pas les paysans de s'instruire.

Je vous ai raconté notre victoire de Cholet ; c'était une grande victoire, malheureusement elle ne finit pas la guerre. Le général sans-culotte Léchelle, qui n'avait paru nulle part dans la bataille, se donna lui-même toute la gloire de la chose ; il écrivit à la Convention une longue lettre où Léchelle avait tout fait. Alors le mépris commença dans l'armée pour cet imbécile et ce lâche qui s'était caché durant l'action, mais cela n'empêcha pas Léchelle de rester à notre tête, parce qu'il s'appelait lui-même « sans-culotte, » et que cela le relevait dans l'esprit d'un grand nombre de braillards dépourvus de bon sens. Il fallait un Léchelle pour nous faire supporter encore une défaite ! Mais tout arrivera dans son temps. Maintenant, je continue.

Les royalistes ont écrit dans leurs livres que nous avions brûlé Cholet. C'est un mensonge. La veille de la bataille, les premiers détachements républicains, arrivant de Montaigu, de Luçon, de Tiffauges, après avoir chassé les Vendéens de la ville, avaient planté l'arbre de la liberté sur la place, ce qui se faisait toujours ; ils avaient pris le drapeau blanc entouré de cierges à l'église, et les bourgeois patriotes s'étaient mêlés avec eux en fraternisant. Plus tard, Stofflet revint se venger des patriotes ; il brûla leurs maisons, et, selon l'habitude des royalistes, ils mirent sur notre compte leurs propres abominations. Tout cela ne nous regarde pas ; les républicains n'ont jamais été féroces comme ces défenseurs du bon Dieu ; s'ils ont fusillé, s'ils ont brûlé, c'est que les autres ne cessaient pas de brûler et de fusiller ; il fallait bien leur montrer que ces barbaries retombaient sur eux, sans cela, jamais la guerre civile n'aurait fini.

Cette même nuit, Westermann, appuyé par les divisions des généraux Beaupuy et Haxo, continua de poursuivre les Vendéens en déroute, et les surprit à Beaupréau. Leurs chefs, abîmés de fatigue, dormaient ; on égorgea les avant-postes ; on entra de force dans le château. Tout fut bousculé ; les chefs se sauvèrent, et le lendemain, 18 octobre 1793, nous apprîmes qu'on avait trouvé dans ce nid de bandits dix pièces de canon, un moulin à poudre, trente barriques de salpêtre, plusieurs tonnes de soufre, des boîtes à mitraille en quantité, du blé, de la farine, trente mille rations de pain, enfin tout ce qu'il fallait pour soutenir un siège. Nos affaires allaient donc de mieux en mieux ; malheureusement Westermann, ses hussards et nous tous, après tant de marches forcées, nous étions fatigués.

Nous fîmes halte durant un jour à Beaupréau, et cela donna le temps aux Vendéens de passer la Loire à plus de quatre-vingt mille hommes : femmes, vieillards, enfants, toute la race passa de l'autre côté sur des bateaux, un grand nombre à la nage avec le bétail, en se tenant à la queue des chevaux et des bœufs, comme il arrive dans les moments de grande presse. Ils s'étaient d'abord rendus maîtres d'une assez forte position sur l'autre rive, Varade, en face de Saint-Florent. Le capitaine républicain qui commandait ce poste avait été surpris la nuit et massacré; les canons enlevés servirent à protéger le passage de cette masse de monde. Si nous étions arrivés vingt-quatre heures plus tôt, nous les aurions tous exterminés, et la guerre impie était finie. Cela montre qu'après une bataille gagnée il ne faut jamais se reposer si l'on veut profiter des avantages que l'on remporte; l'occasion perdue ne se retrouve jamais. Faute d'avoir suivi la déroute, nous allions encore en avoir pour deux mois de marches, de contre-marches, d'incendies et de massacres.

A Saint-Florent nous trouvâmes encore des canons, des caissons, des quantités de blé, de farines et de munitions. Mais ce qui nous fit bien plus de plaisir, ce fut de rencontrer en route une foule de prisonniers relâchés par les Vendéens; trois mille vieux camarades de toutes les armes et de toutes les divisions, qui venaient à notre rencontre par bandes. Bien avant d'arriver au vieux bourg, nous les voyions accourir à travers champs; ils étaient nus aux trois quarts, avec de vieux morceaux d'uniforme, des restants de chemise, des morceaux de cravate, et des barbes, des cheveux à faire frémir. Ces malheureux, qui depuis quatre, cinq, six mois recevaient à peine de quoi se soutenir, n'avaient plus que la peau et les os. Aussi quel attendrissement quand, au milieu de cette foule maigre, on entendait pousser un cri: « Michel! Jacques! Nicolas! c'est moi! Tu ne me reconnais donc plus? » Et l'on avait beau regarder, on ne reconnaissait pas celui qui vous parlait, tant il était changé.

C'est ce qui m'arriva; les cheveux m'en dressèrent sur la tête, car, en regardant ce troupeau de misérables et pensant en moi-même: « Voilà pourtant comme tu serais si les gueux t'avaient fait prisonnier à Coron, et s'ils ne t'avaient pas tué sur place, » tout à coup j'en vis un qui me tendait les bras, un grand de six pieds, qui me criait: « Michel! Michel! »

Et seulement au bout d'un instant je reconnus Marc Divès, maigre comme Lazare. Alors, malgré la vermine qu'il devait avoir en cet état, je l'embrassai de bon cœur. Il pleurait.

Oui, ce grand et dur Marc Divès pleurait comme un enfant. En arrivant à Saint-Florent, devant la vieille église, je le conduisis à la cantine de la 13ᵉ légère, qui venait aussi d'arriver. Je dis aux Parisiens, à Lisbeth, à Marescot, en entrant sous la tente:

« Tenez, regardez, c'est le grand Marc!... »

Et tous arrondissaient les yeux; les Parisiens n'avaient pas envie de rire; Lisbeth, les mains croisées, disait:

« Seigneur Dieu! est-ce possible? »

Tout ce qui se trouvait dans la marmite, les vieux restants de légumes qu'on emporte toujours en campagne, Marc Divès les avala sans même vouloir attendre qu'on les eût réchauffés; tout lui paraissait bon, fameux. Et puis avec quel air de bonheur il leva le coude, lorsque Marescot lui tendit le bidon! C'est une des choses les plus attendrissantes que j'aie vues. Enfin, après avoir bien bu, bien mangé, au milieu des camarades qui le regardaient émerveillés, il s'écria:

« Maintenant ça va mieux! Ah! gueux de pays! canaille de gens! Nous en ont-ils fait supporter depuis Torfou!... Six onces de pain... oui, six onces par jour pour un homme de ma taille. Quant aux coups de bâton, aux coups de pied, aux affronts de toutes sortes, c'était autre chose, ils ne vous les ménageaient pas, et, à la moindre observation: « Ça ne te convient pas, » paf! vous étiez sur le flanc. Aussi, malgré mon indignation, je ne disais rien, j'aimais mieux tout supporter. J'en avais tant vu fusiller pour avoir perdu patience une seconde! Le pire, c'est que les bandits voulaient nous faire changer d'idées sur la politique; leur curé Bernier venait nous endoctriner avec des paniers de pain et de vin. Plus d'un se laissait prendre à la tentation et criait « Vive le roi! » Moi, j'aurais mieux aimé me laisser couper le cou que de me battre contre la république; et, sans un déserteur de la légion germanique qui se trouvait avec eux, un traître qui m'appelait imbécile, mais qui ne manquait pas de bon cœur tout de même, sans lui j'aurais été fusillé plus de dix fois. »

C'est ainsi que nous parlait le pauvre Divès, d'un air mélancolique et pourtant heureux d'en être réchappé. L'un lui donnait du tabac, l'autre lui prêtait sa pipe. Les sacs, les vieux souliers, les gibernes et les uniformes vides ne manquaient pas depuis trois jours; il en arrivait des charrettes pleines derrière nous, et les trois mille hommes que nous retrouvâmes en cet endroit furent rhabillés tout de suite un peu mieux qu'ils n'étaient. Toute cette journée, ils allaient par files à la fontaine du village, se laver, se brosser le dos et se tondre les uns les autres comme des caniches; ils se faisaient aussi la queue. Après cela chacun recevait ses armes et ses habits.

Les royalistes ont encore raconté de belles histoires sur ces prisonniers, en se donnant l'honneur de les avoir relâchés par humanité. D'abord ils ne pouvaient pas les emmener avec eux de l'autre côté de la Loire; et puis je me

On s'assassinait à coups de crosse et de refouloir. (Page 79.)

rappelle que Marc Divès nous dit qu'ils avaient déjà braqué deux canons pour les mitrailler dans l'église de Saint-Florent, quand les chefs avaient fait comprendre à ces sauvages que nous tenions à Nantes beaucoup de leurs parents, amis et connaissances, qui seraient fusillés par représailles, et que, vu l'état de leurs affaires, nous aurions mille occasions de leur rendre autant et plus de mal qu'ils pouvaient nous en faire. Enfin, je suis bien content qu'il se soit trouvé parmi ces nobles quelques hommes prudents, capables d'arrêter ceux qui voulaient massacrer trois mille pauvres diables sans défense; tous nos généraux, depuis le premier jusqu'au dernier, auraient fait la même chose.

XI

Les Vendéens, postés à Varade, en face de nous, pouvaient se porter sur Nantes ou sur Angers sans obstacles. Léchelle proposa de les poursuivre en traversant le fleuve à la nage, car nous n'avions pas de bateaux ; il soutenait son plan contre les représentants Carrier, Bourbotte, Merlin de Thionville et contre tous les généraux. Mais lorsque Merlin lui dit qu'il devrait donner le bon exemple, en nageant à la tête de la 1re division, cela le radoucit, et cet homme terrible se laissa persuader de former trois colonnes, dont une irait au secours de Nantes, l'autre au secours d'Angers, et dont

On rencontrait partout des ruines. (Page 85.)

la troisième passerait la Loire à Saint-Florent, lorsque les deux autres auraient tourné la position des Vendéens.

Je partis avec celle de Marceau pour Angers.

C'est vers ce temps que nous apprîmes la grande victoire de l'armée du Nord à Wattignies, sur les Autrichiens. C'était la première fois qu'on entendait parler chez nous de Jean-Baptiste Jourdan, un ancien épicier de Limoges, parti comme volontaire avec le 2e bataillon de la Haute-Vienne, et qui maintenant venait de sauver la France, en écrasant le prince de Cobourg devant Maubeuge. Cela seul montrait que les temps étaient bien changés, puisque les ci-devant épiciers devenaient généraux en deux ans, et battaient la noble race des conquérants.

Nous apprîmes aussi que Marie-Antoinette venait d'être guillotinée et que les girondins étaient mis en jugement. Mais ces nouvelles, auprès de la grande victoire dont tout le monde parlait, ne produisirent en quelque sorte aucun effet; les listes d'aristocrates affichées derrière les gazettes vous avaient rendu ces choses familières, et la cruauté de nos ennemis, lorsqu'ils avaient le dessus, vous ôtait toute pitié pour leurs amis.

Nous ne fîmes que traverser Angers, parce que les Vendéens avaient déjà levé le pied de Varade, et qu'ils marchaient sur Laval. L'épouvante était en ville, car les brigands sur leur chemin répandaient le sang en masse; partout le tocsin sonnait; des reconnaissances avaient été poussées jusqu'aux environs de la place, et l'adjudant général Savary refoulé de poste en poste avec perte. On savait que le général des royalistes, Bonchamp, venait de mourir, et qu'un jeune homme, La Rochejaquelein, après s'être rendu maître de Château-Gontier, avait laissé fusiller par des soldats ivres, un échevin patriote et le juge de paix de la ville. Qu'on se figure l'inquiétude des honnêtes gens, en apprenant de pareilles barbaries commises sans nécessité. Ceux qui, depuis soixante et dix ans, nous reprochent les guillotinades, devraient bien se rappeler qu'ils n'ont jamais eu de ménagements pour le genre humain quand ils étaient les plus forts.

Partis de là, les Vendéens avaient bousculé six mille hommes en avant de Laval et fusillé tous les patriotes sans miséricorde; des quantités de nobles bretons venaient les rejoindre. Voilà ce que nous apprîmes en passant à Angers; et, sans perdre une minute, il fallut se remettre en route pour rallier les deux autres colonnes aux environs de Château-Gontier, sur la Mayence.

Il faisait un temps abominable; tout ce jour, avec nos pieds nus, nos pantalons de toile, nos habits usés et déchirés, en marchant dans la boue, la pluie sur le dos, nous sentîmes que la fin des beaux jours était arrivée, et que nous allions bientôt voir l'hiver. Quelle triste chose de tirer les chevaux par la bride, de pousser aux roues dans le brouillard, de crier cent fois: « Hue! » le ventre creux, et le vent soufflant dans toutes les loques de votre vieil uniforme! Ah! malgré soi, l'idée vous vient souvent qu'il vaudrait mieux être mort.

Les deux autres colonnes, arrivées de la veille, bivaquaient autour de Château-Gontier, une vieille petite ville alors dans la désolation. Il faisait nuit lorsque nous arrivâmes. Depuis environ deux heures, l'avant-garde, conduite par Westermann, était aux prises avec l'ennemi. Dans les rues, on écoutait les bourgeois se demander des nouvelles d'un air d'épouvante; on ne savait rien, l'avant-garde avait six lieues d'avance; elle était de quinze cents à deux mille hommes. Sur les dix heures du soir, au moment où nous venions de prendre notre ordre de campement, elle revint en déroute, infanterie, cavalerie pêle-mêle. Westermann, le plus brave général de cavalerie, mais aussi le plus imprudent, s'était laissé prendre dans une embuscade, à deux lieues de Laval; il avait perdu beaucoup de monde, et, sans la nuit, nous aurions peut-être vu les Vendéens arriver à ses trousses.

Cela commençait mal sur la rive droite de la Loire. Et les ordres, les contre-ordres, les allées et les venues autour du quartier général, la mauvaise humeur des officiers en sortant de la tente où Léchelle réglait son plan et se disputait contre les autres généraux, toute cette confusion que le moindre soldat voyait et dont chacun parlait sans gêne autour des feux de bivac, tout cela n'augmentait pas beaucoup notre confiance; on n'avait pas envie de dormir, et quand les hommes ne dorment pas, quand ils s'inquiètent les uns les autres, c'est mauvais signe.

Personne, pas même les Parisiens, n'avait confiance en Léchelle, mais lui tenait à se relever dans la bonne opinion de l'armée; il n'écoutait plus les conseils; il était le maître, et les représentants, excepté Merlin de Thionville, le soutenaient tous. Ces représentants avaient la consigne de se méfier des généraux, et quand on songe à Lafayette, à Dumouriez, à tous ceux qui depuis trois ans avaient essayé de trahir le pays, il faut dire que ce n'était pas étonnant.

L'armée se mit en mouvement après avoir fait la soupe comme on pouvait. J'aurais bien voulu voir ma sœur avant de partir, mais elle était avec la division Beaupuy, qui marchait en tête, et quand nous arrivâmes sur le vieux pont de Château-Gontier, elle avait défilé depuis longtemps. Les Vendéens venaient hardiment à notre rencontre pour livrer bataille, ils se dépêchaient de gagner les hauteurs en avant du gros bourg d'Entrames.

Westermann, qui s'était remis de sa déroute, et le général Danican arrivèrent avant eux et ne manquèrent pas d'occuper ces positions, chose qui tombait sous le bon sens du premier venu; malheureusement, Léchelle, qui les suivait avec les bataillons de la formation d'Orléans, leur envoya l'ordre d'évacuer les hauteurs et de venir se former en colonne serrée. On pense si cela leur fit de la peine d'être forcés d'obéir à cet animal; mais comme ils auraient risqué leur tête en lui résistant, ils descendirent tout de suite. Les Vendéens durent bien rire, car aussitôt après ils arrivèrent, et nous les vîmes de loin s'allonger sur ces collines en y menant leurs pièces.

Naturellement les divisions de Kléber et de Beaupuy, qui marchaient en première ligne, se déployèrent à droite et à gauche pour les tourner. Alors eux se précipitèrent en masse sur les bataillons de la formation d'Orléans, qui se trouvaient au centre. L'affaire devint générale, et, comme il n'y avait pas de plan arrêté, chaque division se battit pour son propre compte. Mais les Vendéens, cette fois, occupaient les bonnes positions; leur mitraille se mit à nous faucher d'une manière épouvantable, sans parler des milliers de tirailleurs qui nous entouraient et nous ajustaient à coup sûr.

Pour comble de malheur, les bataillons de la formation d'Orléans, à la deuxième ou troisième décharge, se débandèrent en criant : « Sauve qui peut ! » Léchelle, au lieu de les rallier, partit ventre à terre, en défilant devant nous avec son tas de lâches. Les Vendéens couraient derrière eux, la baïonnette dans les reins ; en arrivant devant nous ils s'arrêtèrent pour nous attaquer en colonne. Alors tout était en feu ; vous dire de quel côté les balles et la mitraille nous venaient, j'en serais bien embarrassé ; au milieu d'une si terrible attaque, on ne pense qu'à charger ; à voir un peu dans l'épaisse fumée, le feu de l'ennemi et à tirer. Quand l'un ou l'autre des camarades tombe, on se dépêche de relever l'écouvillon et de faire son service ; c'est tout simple, chacun défend sa propre peau.

Nous restâmes là durant cinq heures, depuis midi jusqu'à la nuit. Marceau était à pied depuis longtemps, son cheval ayant eu la tête emportée. Les rangs s'éclaircissaient de minute en minute. Je voyais toujours le père Sôme près de moi, tout pâle, les dents serrées et son grand nez crochu courbé sur la lèvre ; il pointait ; moi, premier servant de gauche, je me balançais avec le camarade en face, comme une horloge ; on n'avait pas besoin de commander : « A vos postes ! En action ! Ecouvillonnez ! Chargez ! Refoulez ! » cela marchait tout seul.

A l'approche de la nuit, la moitié de nos pièces étant démontées, celle où nous étions ayant perdu une roue, et nos caissons étant vides, on se dépêcha d'enclouer les canons qu'on ne pouvait emmener, d'atteler les chevaux aux autres et de se mettre en retraite. Les divisions de Kléber et de Beaupuy, l'une devant nous, l'autre derrière, à droite, tenaient encore. Les Vendéens nous suivaient avec un acharnement extraordinaire. Nous reculions, sans nous sauver comme des lâches ; on chargeait son fusil en marchant et l'on se retournait pour tirer ; et quand on entendait les autres courir, on se resserrait pour les attendre à la baïonnette.

Mais ici je vais vous raconter quelque chose de terrible. Nous marchions en arrière depuis environ une heure ; tout était sombre, et l'on ne se voyait plus qu'à la lueur des feux de file, lorsque, dans ce grand fracas de la bataille, parmi les roulements de la fusillade, les coups de canon qui tonnent, le bruit de la mitraille qui casse tout et les cris de ceux qui tombent, j'entendis des cris bien autrement épouvantables. Nous approchions d'un petit village où la division Beaupuy tenait contre des milliers de Vendéens ; les gueux nous avaient tournés, et ces cris terribles, c'était ma sœur Lisbeth qui les poussait d'une voix qu'on entendait par-dessus le tumulte de la déroute, car alors les deux divisions, en se rapprochant, tout éclaircies par le combat, se mêlaient l'une dans l'autre. Lisbeth criait :

« Lâches !... lâches !... Vive la république !... Vaincre ou mourir ! »

Alors, dans le mouvement de la retraite, je me trouvais hors des rangs sur la droite du bataillon. Je courus du côté des cris, et tout à coup qu'est-ce que je vis ? Au coin d'une vieille baraque de ce village, la charrette de ma sœur arrêtée, une dizaine de Vendéens autour, et Lisbeth debout sur le timon, qui se défendait comme une furieuse, repoussant à coups de baïonnette ceux qui essayaient de monter dans la voiture et les traitant de lâches. La baraque brûlait ; les Mayençais, tout au fond de la petite rue noire, avaient une chemise pleine de sang au bout d'une perche pour drapeau ; la chemise de Beaupuy, qu'il leur avait donnée comme signe de ralliement et de vengeance. Ils tenaient ferme ! La ruelle était pleine de morts entassés ; les Vendéens arrivaient de tous côtés, criant : « Vive le roi ! » Mais dans tout cela, je ne voyais que ma sœur, et j'arrivai près de la charrette comme un loup, renversant, bousculant tout devant moi. Je criais :

« C'est moi, Lisbeth !... courage !... »

En moins d'un instant, j'avais mis quatre ou cinq de ces Vendéens à terre, sans recevoir une égratignure ; les autres se dispersèrent, croyant peut-être que des camarades me suivaient. Il fallait profiter du temps ; mais voyez ce qu'on peut appeler le cœur d'une mère ; en me reconnaissant, Lisbeth ne pensait plus qu'à sauver son petit, elle me criait :

« Sauve-le, Michel !... Tiens, prends-le ! va-t'en ! Ils reviennent !... Ils vont revenir !... »

Mais je ne voulus pas l'écouter ; j'empoignai le cheval par la bride et je le traînai par-dessus les tas de morts et de blessés, dans la rue en feu. Ces animaux ne veulent pas marcher sur les morts il faut les traîner. Les Mayençais, un peu plus loin, nous laissèrent entrer dans les rangs, et c'est là que Lisbeth, voyant qu'elle était sauvée et son enfant aussi, criait, les deux mains en l'air :

« Vive la république !... A mort les tyrans !... »

Elle ne s'inquiétait pas de Marescot, et serrait son petit Cassius comme une bienheureuse.

Quelques instants après, le bataillon s'étant

mis en retraite, Marescot, qui se battait à l'autre bout du village, arriva. Ce pauvre diable croyait sa femme et son enfant perdus; il était blessé d'un coup de feu et marchait la main cramponnée à l'échelle de la voiture, regardant les êtres qu'il aimait, et me serrant aussi la main pour me remercier.

Quant à savoir ce que nous allions devenir, si nous allions à Château-Gontier, ou bien ailleurs, personne n'aurait pu le dire. On repartit en abandonnant canons, munitions, bagages. Les Vendéens reconnaissant qu'ils ne pouvaient enlever ce village assez vite, s'étaient portés plus loin, pendant que tout le reste de leur armée, à près d'une demi-lieue en arrière, vers le pont d'Entrames, s'acharnait sur la division Kléber, qui soutenait seule cette retraite horrible.

J'avais repris le cheval par la bride. Nos compagnies étaient réduites à vingt, trente hommes; un grand nombre blessés. Il pleuvait; nous marchions serrés, en nous éloignant le plus vite possible du village et du feu de notre arrière-garde, qui brillait en zigzag sur la plaine sombre. L'idée que Kléber était là nous rendait à tous confiance. Au milieu du bataillon flottait la chemise rouge du brave général Beaupuy. Tout le restant de cette nuit se passa sans être attaqués de nouveau. Les Vendéens en avaient assez. Malgré cela, je dois le dire, nous étions en déroute, et pour la première fois les Mayençais fuyaient devant des paysans, par la faute d'un misérable général, qui lui-même avait donné le signal de la déroute, en se sauvant à toute bride.

Nous arrivâmes à Château-Gontier, le matin au petit jour; là, je vis avec un véritable attendrissement nos deux pièces sauvées de la débâcle, et le vieux Sôme auprès, qui les nettoyait d'un air de satisfaction. Il m'avait aussi cru dans les morts et me cria :

« C'est toi !... Les brigands ne t'ont pas enlevé la perruque ? »

Les cinq ou six canonniers, derniers restants de notre ancienne compagnie Paris-et-Vosges, vinrent regarder dans la voiture le petit Cassius qui riait, gros et joufflu, sans se douter de quelle abominable boucherie nous venions de sortir. Si celui-là n'est pas devenu sourd, c'est bien étonnant, car il peut se vanter d'en avoir entendu du bruit, dans son enfance. Les plus grands princes, auxquels on tire cent un coup de canon pour leur ouvrir les idées en venant au monde, n'ont entendu que de la pauvre musique auprès de lui.

Marceau venait de rallier quinze à dix-huit cents hommes devant Château-Gonthier; il avait fait mettre nos deux pièces en batterie sur le pont, et Kléber étant arrivé le dernier avec les débris de sa colonne, les Vendéens qui le poursuivaient furent arrêtés court. Mais on apprit bientôt qu'ils avaient passé la Mayenne au-dessus de la ville, ce qui nous força de continuer notre retraite jusqu'au Lion-d'Angers.

Pour vous peindre notre état, je n'ai qu'à vous rapporter les paroles de Kléber, indigné de ce que Léchelle et ses héros à cinq cents livres étaient allés s'abriter derrière les murs d'Angers. « Figurez-vous, dit-il, un tas de malheureux mouillés jusqu'aux os, sans tentes, sans paille, sans souliers, sans culotte, quelques-uns sans habits, grelottant de froid, et n'ayant pas un seul ustensile pour faire leur soupe. Figurez-vous des drapeaux entourés de vingt, trente ou cinquante hommes au plus, criant à l'envi : « Les lâches sont à l'abri, et « nous périssons ici dans la misère ! »

C'était la triste vérité ; Léchelle n'avait aucun droit d'être général en chef ; il n'était arrivé là qu'en flagornant la canaille et se donnant lui-même le titre de général des sans-culottes. J'appelle canaille cette quantité de fainéants, d'ivrognes, de braillards, d'ambitieux sans talent, de dénonciateurs, toute cette race de gens qui vivent aux dépens des autres et que les plus grands ennemis du peuple appellent des républicains, pour faire croire que les paysans, les ouvriers courageux, les travailleurs économes, sont de la même espèce. Ces gens-là, malheureusement, avaient une grande influence par leurs cris et leurs dénonciations dans les clubs. Tant qu'ils braillaient on les croyait terribles, mais quand on les avait vus comme nous sur le champ de bataille, ils vous produisaient autant d'effet que ces vieux chapeaux sur un torchon de paille qu'on plante dans les blés pour effrayer les moineaux. Les Vendéens auraient bien voulu n'en avoir à combattre que de pareils.

Arrivés à la petite ville de Lion-d'Angers, nous prîmes position de l'autre côté de la rivière, à droite et à gauche du pont-levis; Marceau fit garnir le redan de tirailleurs, et les Vendéens s'étant présentés, deux volées de mitraille les tinrent à distance ; ce furent les dernières de cette bataille sanglante.

Les royalistes avaient pris leur revanche de Cholet ; cela montre la différence d'être commandé par un général ou par un âne.

Après cette victoire d'Entrames, les Vendéens crurent avoir tout gagné ; leur général La Rochejaquelein avait la réputation chez eux d'être le plus grand général du monde; et c'est alors qu'on vit clairement l'idée de ces gens, car aussitôt ils se portèrent en Normandie pour donner la main à Pitt. Mais ce Pitt, que les Anglais regardent comme un de leurs plus grands ministres, ne faisait rien pour rien ; il considérait l'avantage de sa nation avant tout ; il mettait la main sur nos colonies, il étendait le commerce des Anglais sur toutes les mers. Quand donc aurons-nous un ministre dans ce genre ? Pitt voulait donc des gages ; il demandait d'abord aux Vendéens de lui livrer un bon port sur la Manche ; et tout de suite ces braves et honnêtes Français allèrent assiéger Granville, pour le livrer à nos ennemis.

Les gens de Granville, tous marins, pêcheurs de baleine et de morue, de père en fils, ne tenaient pas à se voir livrer aux Anglais ; ils se défendirent ; une bonne garnison et de solides représentants du peuple les soutenaient. Les Vendéens appelaient un Bourbon ; ils attendaient monseigneur le comte d'Artois, l'homme selon Dieu de Valentin. Mais le saint homme craignait les accidents pour lui ; les centaines de mille pauvres malheureux, qui se faisaient massacrer et brûler en l'honneur du droit divin, ne pouvaient le décider à venir exposer sa personne sacrée ; les Vendéens avaient beau regarder la mer, rien ne venait, ni drapeau blanc, ni secours, rien !

Ils perdirent là beaucoup de monde en grimpant aux murs, et finirent par lever le siège.

Ces choses, que je n'ai pas vues moi-même, je les sais pourtant, car alors en Bretagne il n'était question que du siège de Granville, et l'indignation gagnait non-seulement les patriotes, mais tous les honnêtes gens. On ne savait lequel était plus honteux, de vouloir livrer son pays à l'étranger, ou d'abandonner lâchement, comme ces Bourbons, ceux qui se sacrifiaient pour le droit divin.

Tandis que cela se passait sur la côte, la colère des Mayençais et de toute l'armée éclatait de plus en plus contre Léchelle. Nous redemandions notre ancien général, le brave Aubert Dubayet, ou bien Kléber. Ces cris déplurent aux représentants du peuple : rien n'effrayait plus en ce temps que l'attachement des troupes pour leurs généraux. Les représentants firent leur rapport à la Convention, qui donna l'ordre de fondre l'armée de Mayence dans les autres corps.

Ainsi finit cette belle armée, cette armée de vrais patriotes, après avoir rendu tant de services à la nation. On ne pouvait lui reprocher que d'aimer trop ceux qu'elle avait toujours vus fermes et hardis à sa tête, au milieu des plus grands périls, et de mépriser les lâches.

Dans ce même temps, une nouvelle trahison venait d'augmenter la méfiance du pays contre les officiers supérieurs : le nommé Viland, commandant à l'île de Noirmoutier, avait livré sa place et son épée à Charette, le seul chef vendéen resté sur la rive gauche de la Loire. Toutes ces trahisons infâmes rendaient les hommes cruels ; ils n'osaient plus se fier à personne, et les guillotinades augmentaient.

Nous partîmes pour Angers, où l'armée devait se réorganiser ; on fondit les divisions, les brigades, les bataillons, et je passai caporal dans notre compagnie d'artillerie. Mais après tant de privations et de souffrances, sans habits, sans solde et souvent sans pain, je tombai malade ; je m'étais remis à cracher le sang, et trois ou quatre jours après ma nomination, un matin, je me réveillai à l'hôpital, où les lits étaient serrés d'un bout de la salle à l'autre. C'était encore la suite du coup que j'avais reçu au port Saint-Père. On se remit à me saigner, et je devins si maigre que je n'osais plus me regarder les bras ni les jambes ; je me criais en moi-même :

« Pauvre Michel ! pauvre Michel !... si tu revois le pays, tu pourras bien, comme dans le temps, brûler un cierge et mettre un *ex-voto* à la chapelle de la Bonne-Fontaine. »

Mon nouveau bataillon était parti pour Rennes.

Nous étions alors en novembre : le temps des pluies froides dans ces pays de plaine, où les vents de mer amènent sans cesse le brouillard. Aussi, malgré l'entassement des blessés à l'hôpital, malgré l'ennui de voir aller et venir les civières, d'entendre rêvasser les voisins qui battent la chamade et de penser : « Ce sera peut-être bientôt mon tour, » malgré tout, en regardant ces grandes pluies fouetter les vitres et se figurant les camarades dehors, n'ayant de sec sur eux que l'intérieur de la giberne, cela vous faisait prendre patience. Et puis on se consolait par la représentation des quarante à cinquante mille Vendéens, hommes, femmes, enfants, repoussés de Granville, forcés d'aller au hasard attraper des vivres, et de manger les vieilles pommes à moitié pourries le long des chemins. C'était une triste consolation sans doute, mais que voulez-vous ? quand des gens ne pensent qu'à vous faire du mal, on ne peut pas leur souhaiter de bien.

Plusieurs des nôtres, arrivés de Granville avec le général Danican, disaient que ces misérables avaient une dyssenterie affreuse, et qu'on pouvait suivre leurs traces aux morts qu'ils laissaient en route ; ils racontaient aussi que leurs principaux chefs avaient fait venir une barque sur la côte, pour se sauver en Angleterre, mais que Stofflet, l'ayant appris, était allé les arrêter, en les menaçant d'employer d'autres moyens, s'ils essayaient encore une fois d'abandonner ceux qu'ils avaient mis dans le malheur. C'était vrai, nous l'avons su par la suite ; un simple garde forestier de chez nous, car Stofflet était natif de Lunéville en Lorraine, avait été forcé d'apprendre leur devoir à ces princes de Talmont, à ces d'Autichamp, à tous ces descendants de la noble race : sans Stofflet ils seraient partis ! Enfin, un peu plus tôt, un peu plus tard, cela devait arriver.

Les deux armées de l'Ouest et des côtes de Brest se réunissaient à Rennes sous les ordres de Rossignol. Les départements de la Sarthe, de la Manche, du Calvados, du Maine, envoyaient encore des milliers de patriotes pour cerner les rebelles, et tout le monde croyait qu'ils ne dureraient plus longtemps, lorsqu'on apprit la grande débâcle d'Antrain.

Les Vendéens, repoussés de Granville, revenaient sur Dol, espérant atteindre et repasser la Loire ; Rossignol, aussi bon général que Léchelle, avait voulu leur barrer le passage ; mais, dans la position terrible où se trouvaient ces gens, il leur fallait vaincre ou mourir, et Rossignol avait été complétement battu et rejeté sur Rennes. Le bruit courait que les brigands redescendaient la Mayenne à marches forcées ; que leur avant-garde avait déjà dépassé Fougères ; qu'ils seraient sans doute le soir à Laval, et que nous les reverrions le lendemain devant Angers.

Qu'on se fasse une idée de notre surprise ! Le brave général Beaupuy, encore tout faible et malade de sa blessure, fit battre la générale ; cette ville d'Angers, une véritable ville de cloches et de sonneries, bourdonnait à plus d'une lieue. Le tocsin se répandait tout le long de la Loire sur les deux rives. Nous autres, à moitié guéris, nous sortîmes de l'hôpital, redemandant des fusils et des cartouches ; les représentants du peuple Turreau, Bourbotte, Francastel, ordonnaient les mesures de salut public ; une fois maîtres d'Angers, les brigands auraient eu le passage libre par les ponts de Cé ; il auraient pu nous envahir ou battre en retraite à volonté dans leur Bocage.

Quel changement ! et toujours par la même défiance des généraux éprouvés à la guerre, et la confiance dans des ignorants qui se figuraient tout savoir, sans avoir rien appris. Ah ! combien de fois nous avons été sur la pente de notre ruine, et qu'il a fallu de sacrifices pour sauver la Révolution !

C'était le 5 décembre, il neigeait, tous les gens des faubourgs se sauvaient en ville ; leurs charrettes de meubles, car ils amenaient avec eux armoires, tables, portes, fenêtres, sachant que les Vendéens avaient l'habitude de tout saccager et brûler, ces charrettes à la file encombraient les rues ; le rappel battait sur la place du Gouvernement, où les gardes nationaux se réunissaient en foule. Nous autres, on nous avait distribués tout de suite sur les vieux remparts, depuis la porte Saint-Aubin jusqu'à la Haute-Chaîne ; nous creusions les embrasures des pièces dans le gazon, aussi vite que possible, en les flanquant de fascines et de sacs à terre.

Et c'est là qu'on pouvait reconnaître l'épouvante qu'inspiraient les chouans : tous les bourgeois nous aidaient ; les femmes, les vieux, les jeunes, sans distinction, tous poussaient aux roues des fourgons, des caissons et des pièces, apportant les bombes par leurs oreillons, deux à deux, et formant la chaîne pour se passer les boulets ; chacun s'employait selon ses forces, et les ménagères nous apportaient même la soupe pour nous réchauffer, car il faisait très-froid : la plaine était blanche de neige et la rivière charriait des glaçons.

Vers dix heures, rien ne se découvrait encore aux environs, et si des estafettes n'étaient pas venues, d'instant en instant, prévenir la place que l'ennemi s'approchait et que l'armée de Rennes s'avançait à notre secours, on n'aurait pu croire que nous étions menacés. Mais, vers midi, les brigands parurent enfin du côté d'Avrillé, en avant d'un petit bois ; ils fourmillaient le long d'un ruisseau qui descend de ce côté vers la Maine, et bientôt ils envahirent comme un troupeau le faubourg ; la canonnade s'engagea de part et d'autre depuis une heure jusqu'à la nuit. Les gardes nationaux firent une sortie et furent ramenés ; c'est Beaupuy qui la conduisait ; il fut encore blessé. Les Vendéens s'engagèrent alors dans la grande rue du faubourg, mais vous pensez bien que nous n'avions pas oublié notre métier de Mayence, et que les batteries de l'ennemi ne tirèrent pas longtemps contre les nôtres.

Je vous ai déjà tant raconté de siéges et de sorties, que cette entreprise des Vendéens, sans ressources, sans discipline, ni commandement sérieux, ne vous paraîtrait pas grand'chose auprès des autres. Nos obus allumèrent deux ou trois baraques à droite de la porte Saint-Aubin, et les royalistes s'étant avancés jusque sur le pont, ils furent balayés de tous côtés et rejetés dans le faubourg. Un officier municipal fut tué. C'est tout ce que je me rappelle, car après cette nuit où l'on parlait d'un grand assaut, le lendemain ils essayèrent encore d'élever une ou deux batteries qui furent démontées, et, le soir, toute leur armée se mit en retraite. On n'en savait rien ; on veillait, la mèche allumée, quand au matin les qui-vive! des avant-postes, les cris de « Vive la république! » et l'air de la *Marseillaise*, nous apprirent que les nôtres étaient arrivés ; et comme on n'entendait ni canonnade ni mousqueterie, on sut aussi que les royalistes avaient pris une autre direction.

Les hussards de Westermann, le 2ᵉ bataillon de la Somme et d'autres troupes, après avoir été reconnus par les avant-postes, entrèrent en ville, et l'on fraternisa. Les Vendéens, informés de l'approche d'une forte avant-garde à Châteaubriant, craignant d'être pris entre deux feux, s'étaient dépêchés de lever le siège. On lança de suite quelques hussards à la découverte, et vers onze heures la nouvelle se répandit que les brigands marchaient sur la Flèche ou Saumur, en laissant derrière eux des quantités de blessés, de femmes, de vieillards, qui jetaient leurs armes et s'appuyaient sur des bâtons, pensant se faire passer pour de simples mendiants et regagner ainsi le Bocage. C'était la misère de la misère, le commencement de la fin.

Cette alerte m'avait tout à fait remis, d'autant plus que, sur les ordres du représentant Francastel, tous les défenseurs des remparts avaient reçu la veille des souliers neufs, avec une grosse capote de bonne flanelle grise à larges manches, qui nous descendait jusqu'aux mollets. Jamais nous n'avions eu si chaud ; ceux qui venaient du dehors nous regardaient d'un œil d'envie.

Mais ce qui me fit encore plus de plaisir et me remonta bien autrement le cœur, ce fut une lettre de Marguerite. Comme je rentrais à l'hôpital chercher mes effets, car la colonne de Marceau devait suivre l'avant-garde, et je voulais reprendre tout de suite mon poste à la batterie, le portier, qui remplissait les fonctions de vaguemestre, avec sa boîte et son registre sous le bras, criait justement dans la grande salle : « Un tel !... Un tel !... » Les trois quarts ne répondaient pas, mais au nom de Michel Bastien, je dis :

« Le voilà ! »

— Bon ! fais ta croix, ou signe. Voici ton affaire. »

Dieu du ciel ! après trois mois d'une existence où l'on pense chaque jour : « Tu vas y passer comme tant d'autres... C'est pour l'attaque de ce soir... Ce sera pour demain. Personne ne s'inquiète de toi : père et mère, frères et sœurs, et Marguerite et les autres, tout le monde t'oublie ; on ne saura pas seulement où vont rester tes os ; » après des idées semblables, voir qu'on songe encore à vous ! Mes yeux en étaient pleins de larmes, et je courais au hasard, la main sur ma lettre au fond de ma poche,

cherchant un endroit écarté pour être seul. C'est dans l'ancien bouchon de maître Adam, où j'allais autrefois avec le père Sôme, que je m'assis enfin près de la fenêtre du coin, en face de la cathédrale, et que je me mis à regarder les cachets l'un après l'autre, me disant : « Ça vient de Phalsbourg... c'est Marguerite qui l'écrit... » et retournant la lettre toute mâchurée de timbres, d'un air d'attendrissement.

Enfin, je l'ouvris.

Ah ! je pourrais vous la raconter dans les moindres détails ; mais si je vous disais les paroles de tendresse et d'amour que m'écrivait Marguerite, plus d'un serait capable d'en rire et penserait :

« Ce vieux muscadin fait le joli cœur et nous rapporte les compliments qu'il a reçus voilà bientôt quatre-vingts ans. »

Marguerite elle-même se moquerait de ma folie.

Laissons donc là ces vanités de la jeunesse. Mais voici des choses capables d'intéresser tout le monde, et que je ne dois pas oublier : Marguerite, dans cette lettre, datée de novembre 1793, me racontait que tout notre pays était en marche ; — que maître Jean, Létumier, Cochard, Raphaël Mangue, enfin tous les patriotes de la ville, du Bois-de-Chêne et de la montagne, sous le commandement d'Élof Collin, venaient de partir la giberne au dos et le fusil sur l'épaule ; qu'on ne trouvait plus dans nos villages que des femmes, des vieillards et des enfants, et que grand soulèvement arrivait à la suite d'un combat entre Pirmasens où nous avions perdu beaucoup de monde, ce qui nous avait forcés d'évacuer le camp de Hornbach et même les lignes de Wissembourg.

Elle me disait que l'armée du Rhin avait même reculé jusqu'à Saverne, et l'armée de la Moselle jusqu'à Sarreguemines, sur la route de Metz à Phalsbourg, de sorte que notre pays n'était plus qu'un seul camp, et que, si la grande bataille se livrait, on allait entendre gronder le canon dans nos baraques ; que tout ce qui restait à la maison faisait de la charpie, préparait des bandages et prêtait au moins un lit pour recevoir les blessés ; qu'on avait organisé des ambulances à Metting, Quatre-Vents, Saint-Jean-des-Choux, et frappé des réquisitions sur tous les chevaux, les charrettes, pour le transport des vivres ou des blessés en cas de besoin. Elle me disait que les généraux avaient été cassés et qu'il venait d'en arriver deux autres, des enfants du peuple, Charles Pichegru et Lazare Hoche ; qu'ils s'étaient vus en ville, au milieu du plus grand enthousiasme ; qu'on leur avait fait les honneurs du club de l'Égalité ; qu'ils avaient visité les casernes et les remparts,

Quelle épouvantable chose que la guerre civile! (Page 87.)

et puis que l'un était allé prendre son commandement en Alsace et l'autre en Lorraine.

Ce qui m'intéressa beaucoup aussi dans cette lettre, ce fut d'apprendre que Chauvel était venu quelque temps avant au pays, avec Saint-Just et Lebas, pour faire empoigner les autorités civiles et militaires de Strasbourg, en train de livrer la place aux Allemands. Il paraît que la république ne convenait pas à ces aristocrates fédéralistes, qu'ils aimaient mieux être valets de princes et laquais de grands seigneurs, que des hommes libres; on avait découvert chez eux des cocardes blanches, et dans les guérites des remparts de petits drapeaux avec la couronne et les fleurs de lis. Les postes étaient abandonnés, les blessés pourrissaient dans les hôpitaux; enfin la trahison devenait chaque jour plus claire. En attendant le jugement, le maire Dietrich et les officiers municipaux avaient été transportés, les uns à Paris, les autres à Metz, à Châlons, à Besançon. Voilà ce que me racontait Marguerite, ajoutant que le pays fourmillait encore une fois de moines, de capucins, de refractaires, rentrés en Alsace avec les Prussiens et les autrichiens; qu'on allait jeter le filet sur tout cela d'un seul coup, et que le règne de la vertu ne pouvait plus tarder de s'établir.

Malgré la joie d'apprendre des nouvelles de Marguerite, de mon père qui se portait toujours bien, et de mon petit frère Étienne, qui n'avait qu'un seul chagrin, celui de ne pouvoir s'engager dans les volontaires comme tambour, on pense bien que l'inquiétude de savoir cent

Marceau. (Page 90.)

mille Autrichiens et Prussiens à dix lieues de chez nous, et de me dire que sans doute Phalsbourg allait être bombardé, la baraque de mon vieux père brûlée, les champs de maître Jean ravagés, et tous ceux que j'aimais réduits à la misère, on comprend que cela n'augmentait pas ma satisfaction et que j'aurais bien mieux aimé me battre là-bas, pour la défense de nos foyers, que d'exterminer en Vendée de misérables paysans, auxquels on ne pouvait reprocher que leur ignorance, dont ils n'étaient pas même cause.

Oui, cette idée me serra le cœur ; mais ce qui m'indigna le plus, ce fut d'apprendre que notre imbécile de Valentin, engagé comme maréchal ferrant dans un régiment de Condé, avait eu l'insolence d'écrire à maître Jean de se tenir prêt, que la corde était tressée et le nœud coulant arrangé pour l'accrocher quelque part. Jusqu'alors je n'avais regardé Valentin qu'avec une grande pitié, sans le rendre responsable de sa bêtise naturelle, mais je vis d'après ce trait qu'il était devenu méchant, et cela me fit de la peine. Enfin, que dire en pareille circonstance ? La colère de maître Jean avait été terrible ; tout ce qu'il demandait maintenant, c'était de rencontrer son vieux compagnon, pour lui faire passer le goût du pain.

Cette lettre de Marguerite, qui m'avait fait d'abord tant de plaisir, redoubla mon indignation contre les traîtres ; je vis bien que nos ennemis ne comptaient plus que sur ces misérables, et qu'il faudrait en venir à l'extermination générale.

Ce même jour, Rossignol arriva dans l'après-midi. C'était un ancien horloger, devenu colonel de gendarmerie après l'enlèvement de la Bastille, un homme sec, le nez large, les yeux petits et clignotants ; il portait la grosse écharpe tricolore et le chapeau sans galons des généraux en chef. Westermann poursuivait déjà les Vendéens avec ses hussards ; Rossignol donna l'ordre d'appuyer sa poursuite du côté de Beaugé.

Quinze à dix-huit cents patriotes sortirent par la porte Saint-Aubin, à pied et à cheval ; il faisait un temps abominable, et l'on apprit le lendemain que nos gardes nationales étaient arrivées trop tard ; les royalistes, arrêtés cinq heures en avant de la Flèche par le 4ᵉ bataillon de la Sarthe et deux pièces en batterie sur le pont, avaient passé la rivière plus haut et s'étaient rendus maîtres de la place ; mais on sut en même temps qu'ils venaient de l'abandonner et qu'ils marchaient sur le Mans. Westermann toujours à leurs trousses. Cette armée innombrable de paysans, de femmes, d'enfants, de vieillards, de prêtres, de chanoinesses, etc., ne pouvait subsister longtemps au même endroit ; cela buvait, mangeait et dévorait tout en quelques heures ; bientôt les greniers étaient vides et les caves à sec, il fallait aller voir ailleurs.

Rossignol retourna tout de suite à Châteaubriant et puis à Rennes. Un fort détachement partit alors d'Angers pour rejoindre la division de Marceau sur la route du Mans ; j'en étais ; encore faible, mais bien content de me retrouver en campagne, car rien ne m'a jamais plus ennuyé que de vivre entre les murs d'une caserne ou d'un hôpital. Il tombait de la pluie mêlée de neige ; le même soir, nous trouvâmes la division campée autour d'un bourg appelé la Fontaine-Saint-Martin. L'état-major était au village. On parlait de la nomination de Marceau, par intérim, comme général en chef ; il avait quitté le camp deux ou trois heures avant et poussait au loin une reconnaissance.

Toute cette nuit, nous entendîmes sur notre droite le roulement du canon ; d'autres divisions venaient de faire leur jonction aux environs du Mans : celle de Muller arrivée de Tours, celle de Tilly arrivée de Cherbourg, et le détachement de Westermann, qui suivait les Vendéens pas à pas depuis la Flèche. Les Mayençais, réduits presque à rien, arrivaient de Châteaubriant, derrière nous, sous les ordres de Kléber. La pluie, le vent, la neige nous ennuyaient beaucoup, mais chacun prévoyait une grande affaire et se disait : « Encore un peu de patience, toutes nos misères vont finir ! » Marc Divès et Sôme auraient bien souhaité d'avoir ma grosse capote neuve sur le dos, mais elle me faisait trop de bien, je ne l'aurais pas prêtée pour tout l'or du monde.

Enfin, au petit jour, les qui-vive, les reconnaissances d'avant-postes et le passage de la cavalerie, nous apprirent que Marceau venait de rentrer. On fit la soupe, après la soupe on replia les tentes et l'on se mit en marche pour le Mans.

Cette nuit-là, deux ou trois petits combats s'étaient livrés entre Westermann et les Vendéens. Les Vendéens avaient eu le dessus.

Ce que je n'ai jamais pu comprendre, c'est que les généraux, toujours en route, toujours à cheval, toujours à recevoir des nouvelles, à confesser les espions, les prisonniers, les déserteurs, les maires de villages, les maîtres de poste ; à faire éplucher les lettres ; à courir en avant pour tout observer, prendre les positions, et puis se consulter entre eux, soit en conseil de guerre, soit autrement ; après toutes ces fatigues, et bien d'autres sans doute que je ne connais pas, aient encore le courage et la force de passer des nuits sans dormir et de recommencer le lendemain. Oui, cela me paraît merveilleux, et voilà pourtant comme étaient tous les vrais généraux que j'ai connus : Aubert Dubayet, Kléber, Marceau, Beaupuy ; c'est étonnant !

Nous avions bien cinq à six lieues encore à faire avant d'arriver au Mans. A Foulletourte, nous trouvâmes la division Muller et les représentants du peuple Bourbotte et Prieur. Il était question d'une défaite de Westermann devant Pontlieue, les représentants semblaient indignés. On fit halte, et dans la maison du maire les généraux se réunirent en conseil, et puis on continua son chemin. Westermann avait sabré des centaines de royalistes dans cette direction ; nous en trouvions partout, étendus le long des fossés, sur les fumiers des villages, en plein champ ; quelques-uns des nôtres aussi, la face contre terre. Il ne pleuvait plus, mais le temps était humide et très-froid ; les chemins étaient mauvais, surtout pour les canons et les munitions.

Nous n'arrivâmes devant Pontlieue que vers six heures du soir, et tout de suite Westermann, qui nous attendait avec ses hussards et quatre ou cinq cents hommes d'infanterie, après avoir vu Marceau deux minutes, commença l'attaque du pont, car le bourg est bâti de l'autre côté d'une petite rivière qui se jette dans la Sarthe. Plus loin, tout au bout d'une longue rue, pleine de fabriques, se trouve le Mans, sur une côte en pente rapide.

Les Vendéens s'étaient barricadés dans Pontlieue ; ils avaient même élevé des espèces de redoutes; mais le temps était si couvert, que nous ne voyions absolument rien de ces choses.

Tout le monde pensait qu'on allait bivaquer en attendant la division Kléber. Les représentants du peuple avaient même mis pied à terre, et tous les bataillons s'arrêtaient, cherchant leur campement, à droite et à gauche de la route, lorsque deux coups de canon, suivis d'une fusillade terrible et de cris : « En avant ! en avant !... Vive la république ! » nous avertirent que ce gueux de Westermann, qui n'avait ni cesse ni repos, faisait encore un de ses coups, et qu'au lieu de nous reposer, il faudrait sans doute le soutenir et se battre toute la nuit. Cela ne pouvait pas manquer. Aussitôt l'affaire engagée, de tous les côtés on cria : « En avant ! en avant !... » Et nous voilà partis dans cette obscurité, fouettant les chevaux, criant, poussant aux roues par dessus les pavés, jurant et nous indignant.

Les Vendéens avaient entassé de la terre sur le vieux pont; des deux côtés ils avaient planté des palissades, et, pendant que nous débarrassions tout cela, les balles sifflaient; nous entendions bien loin, du côté de la ville, le ronflement du canon : Westermann et les grenadiers du ci-devant régiment d'Armagnac, non contents d'avoir passé le pont et le faubourg, s'enfonçaient déjà dans le Mans; naturellement les Vendéens, qui s'attendaient à quelque chose de semblable, les recevaient à coups de mitraille.

Une fois le pont débarrassé, tout marcha : canons, caissons, infanterie, cavalerie. La division de Cherbourg, qui nous rejoignit en courant, avait l'air encore plus enragée et plus enthousiaste que nous. Elle ne connaissait peut-être pas aussi bien les trous que font les boulets dans un bataillon; elle allait l'apprendre.

Tout passa.

Si l'ennemi avait eu la force de nous repousser, nous aurions été dans une vilaine position, l'Huisne derrière nous, la Sarthe à gauche, grossie par les pluies, et les royalistes en face; mais on n'y songeait pas.

Les Vendéens étaient encore à plus de cinquante mille dans le Mans; trente mille combattants, et le reste en femmes, en filles nobles, en blessés, en prêtres.

Bien des années se sont passées depuis ce combat, et souvent encore la nuit, en rêvant à ces choses lointaines, il me semble entendre cette grande rumeur de la ville, ces cris sans fin, ces coups de canon qui se suivent en faisant trembler les vieilles rues désertes, et lançant leurs éclairs rouges jusqu'au-dessus des pignons et des hautes tours sombres. Je vois les reflets du feu courir en zigzags sur la rivière; les centaines de fenêtres, hautes, basses, éclairées par la fusillade; les chapeaux ronds, à l'intérieur, se passer les fusils de main en main; au-dessous, dans la grande rue en pente, nos grenadiers qui courent, et la mitraille qui les refoule; Westermann en tête, qui galope; le 6ᵉ de hussards avec ses shakos pointus, ses dolmans et ses sabretaches en l'air, qui file; enfin tout ce fourmillement de monde, au milieu de la nuit noire, à travers les lueurs et le fracas des décharges !

Quand nous arrivâmes au coin de cette rue, on aurait dit que le feu coulait de toutes les lucarnes comme de la bouche d'un four; un coup de fusil n'attendait pas l'autre, et déjà, le long des murs, les blessés se recoquillaient, retirant leurs jambes et se serrant pour ne pas être écrasés. Nous, avec nos chevaux, nos canons, nos fourgons au galop, nous étions l'épouvante de ces malheureux, car dans ces moments pareils on passe ; il faut passer coûte que coûte, et sous les roues pesantes les hommes se tordent comme des vers. « En avant ! en avant ! » Vous n'entendez que ce cri des officiers. Un camarade tombe, vous ne tournez pas seulement la tête.

C'est vers le milieu de la rue, en face d'un entassement de voitures, de charrettes mêlées l'une dans l'autre comme des chevaux de frise, et bordées des deux côtés de tirailleurs vendéens, qu'on nous fit arrêter et tourner nos pièces. Un bataillon de grenadiers de l'Aube nous soutenait; mais tout descendait sur nous : les tuiles, les cheminées, les balles ! Quand on se rappelle ces terribles moments et qu'on se dit : « J'en suis réchappé malgré tout ! » on est forcé de crier : « C'est Dieu qui m'a sauvé ! »

Nos premiers coups balayèrent les voitures comme de la paille, elles volaient en mille pièces; et comme les grenadiers enfonçaient en même temps les portes à coups de hache et de pavés, pour débusquer les royalistes ; comme le carnage commençait à l'intérieur des maisons, et que des cris innombrables de « Vive le roi !...—Vive la république !...» partaient de toutes les fenêtres, à tous les étages; comme on entendait tomber et rouler sur les planchers ceux qui se massacraient ; nos coups de canon seuls tonnaient plus haut que le tumulte, et durant une seconde couvraient les plaintes, les gémissements et les cris du combat.

Encore la grande rue où nous grimpions n'était-elle pas le plus dangereux passage; toutes les ruelles qui descendent dans cette rue sont tellement étroites et roides, que plusieurs ont des escaliers pour y monter, et c'est de là, de toutes ces vieilles baraques vermoulues et penchées, — garnies de petits balcons en forme de hotte et de tourelles, — et qui se touchent presque par le haut, c'est de là que les balles pleuvaient. Ceux qui reçurent l'ordre de dénicher l'ennemi de ces abominables recoins eurent encore bien d'autres périls à courir; on leur jetait sur la tête meubles, fourneaux, pots de fleurs, armoires; on les écrasait comme dans des mortiers. Aussi la rage, au bout d'une heure, devint tellement épouvantable, qu'on ne faisait plus grâce à personne, et que les femmes, les vieux, les enfants, étaient hachés sans miséricorde.

Les royalistes du côté de la place, derrière leurs canons, tenaient comme des palissades; ils nous répondaient coup sur coup dans toutes les directions; les volets, les enseignes, tout pendait en l'air, à moitié détaché par les boulets. Deux fois nous reçûmes l'ordre d'avancer, de nous approcher encore de cette place; nous avions perdu beaucoup des nôtres, des grenadiers de l'Aube les remplaçaient et faisaient avec nous le service des pièces. C'est Westermann lui-même qui vint la seconde fois nous crier : « En avant! mille tonnerres! » Il était pâle comme un mort, ayant reçu deux blessures et perdu beaucoup de sang ; ses yeux reluisaient. Il avait l'air de ne rien sentir; seulement, comme il nous criait cela furieux, il tomba d'un coup en faiblesse. On le coucha derrière un rang de pavés ; tous le croyaient mort; mais, une minute après, il se redressa de lui-même, prit son cheval à la crinière et monta dessus, en partant au galop vers la place. Nous étions aussi en route de ce côté.

Plus je pense à ces choses, plus je me figure que la fureur du carnage rend les hommes fous, et qu'ils ne sentent plus ni les coups, ni les membres cassés, ni la perte du sang, ni la faim, ni les privations de toute sorte. Dans des temps ordinaires, la centième partie de ces maux vous ferait mourir, mais pendant la bataille il faut être tué roide comme un chat, pour s'étendre, et c'est peut-être à cause de cela que tant d'hommes meurent en rentrant de campagne; la guerre les soutenait, aussitôt l'extermination finie, la force les abandonne.

L'épouvantable boucherie, les décharges, les attaques, les reculades durèrent six heures sans relâche; la grande affaire était de resserrer les Vendéens sur la place, et de les tenir là jusqu'à l'arrivée de Kléber. Marceau fit occuper toutes les rues voisines, mais à chaque maison c'était un nouveau combat. Il avait fallu renouveler trois fois nos caissons.

Vers minuit l'ordre arriva de cesser le feu; toutes les principales positions étaient elevées; les royalistes n'avaient plus que cette place, où s'élevaient d'anciennes halles entourées de piliers.

C'est dans cette vieille bâtisse que se tenaient les femmes, les prêtres, les marquises, les comtesses, au milieu des chevaux et de tout ce qui restait de leur grande débâcle.

Nous eûmes environ deux heures de repos; tout le monde frémissait de recommencer. Nos pièces étaient enterrées dans les pavés et les morts. Malgré la fatigue on n'avait pas envie de dormir; mais, comme on ne nous avait pas donné le temps de faire la soupe, chacun avait faim et sortait ses provisions, car la distribution avait eu lieu sept heures avant, à Fouilletourte, et l'on était bien content de trouver sa miche de pain bouclée sur le sac. Au bas de la rue, plusieurs camarades avaient aussi trouvé sur les Vendéens des gourdes pleines d'eau-de-vie et dans leurs sacs de toile des oignons et du sel.

Chacun veillait à son poste, regardant de loin les allées et les venues de l'ennemi; de gros nuages couvraient le ciel, mais de temps en temps la lune donnait et nous découvrait les masses sombres de ces êtres entassés là-bas, et se penchant aux fenêtres cassées tout autour de la place. Plus un seul coup de fusil ne se tirait. Parmi les « Qui vive? » et le passage de nos patrouilles, une grande rumeur s'élevait d'instant en instant au loin, sur notre droite, au fond de la ville haute; on aurait dit de grands coups de vent, mais nous avons su le lendemain que c'était le départ de tout ce qui pouvait encore se sauver, sur la route de Laval.

Comme nous n'étions pas maîtres de la Sarthe, Marceau n'avait pu faire occuper cette route.

Entre trois et quatre heures du matin, le bruit courut que Kléber était arrivé. On s'attendait à recommencer l'attaque, mais elle n'eut lieu qu'au petit jour ; on déblaya d'abord en silence toutes les rues dernière nous, pour le passage de la cavalerie. Moi je crois que les autres en avaient assez, et qu'à partir de minuit, au moment où l'on s'était arrêté de lassitude des deux côtés, un grand nombre, abandonnant les femmes et les prêtres, avaient pris la route de Laval sans en prévenir leurs chefs. Je le crois, parce que, sur les cinq heures, comme le jour commençait à blanchir le haut des toits, tout à coup le grand cri : « En avant! en avant! » étant parti, la résistance épouvantable à laquelle on s'attendait ne dura pas seulement un quart d'heure. Westermann, à la tête des chasseurs francs de Cassel, passa d'un bout de la rue à l'autre au pas de charge. Les fenêtres se mirent bien encore à tirer;

quelques coups de mitraille enlevèrent encore des rangs entiers; mais nous arrivâmes sur la place en moins de dix minutes.

Nous autres, nous avions l'ordre de suivre la colonne au galop et de prendre position en face des halles; mais les halles étaient abandonnées, il ne restait plus là que des pièces démontées, des fourgons vides, des chevaux blessés, et des misérables sans défense, que l'on passa tout de suite par les armes. Toute la place était encombrée de morts, et Westermann, sans s'arrêter, partit avec le 6ᵉ hussards sur la route de Laval, à la poursuite des fuyards.

Si je disais que nous n'avons pas massacré ceux qui restaient embusqués dans les maisons; que nous les avons laissés s'échapper, pour nous fusiller encore plus tard, et que beaucoup de ces femmes furieuses, qui portaient des sacs pour mettre le butin et n'avaient pas honte d'achever les blessés, furent épargnées, si je vous disais cela, je mentirais! Nous autres canonniers, chargés de veiller à nos pièces et de rester en position en cas d'attaque, nous ne fûmes pas mêlés à tout cela; mais les camarades de Cherbourg et d'ailleurs, après avoir vu leurs frères hachés et fusillés par centaines, se vengèrent; des cris partaient de tous les côtés, des cris horribles!... Que voulez-vous? la guerre, c'est la guerre : le sang, les larmes, l'incendie, le pillage!... Malheur à ceux qui la commencent, et principalement contre leur patrie! toute cette horreur retombe sur eux! ils en répondent seuls devant le genre humain et devant l'Être suprême.

Les généraux firent battre la générale. Kléber et Marceau, les représentants Prieur, Turreau, Bourbotte, tous ensemble essayèrent d'arrêter l'extermination : ils parlèrent de loi, de justice, pour apaiser l'indignation des soldats.—Écoutez! nous avions perdu plus de cent mille hommes dans cette misérable guerre de Vendée; nous avions souffert toutes les misères depuis près d'un an, pendant que les Prussiens, les Autrichiens, les Allemands, les Italiens, les Espagnols, les Anglais, les Hollandais, enfin toute l'Europe attaquait notre pays, nous étions forcés de combattre sans quartier des gens qui auraient dû nous soutenir contre l'étranger, et qui fusillaient la France par derrière!... Qu'on songe à tout cela, et que ceux qui reprochent aux républicains des cruautés se taisent; dans le fond de leur cœur ils sont forcés de reconnaître que le droit était avec nous, et que nous avons bien fait de remplir notre devoir envers la patrie et nous-mêmes.

XII.

Après cette terrible défaite des Vendéens, l'armée se reposa deux jours au Mans; mais Westermann, un des plus grands généraux de cavalerie que nous ayons eu, ne lâcha pas l'ennemi, qui pouvait se rallier en avant de Laval; malgré le froid de décembre, et malgré ses blessures, il le poursuivit dans tous les villages; ses hussards en massacrèrent des quantités prodigieuses. A Laval, les femmes des patriotes se précipitaient sur les fuyards et les arrêtaient; le sang de leurs maris et de leurs enfants, versé par les royalistes après Entrames, criait vengeance; les paysans bretons s'en mêlaient aussi; ces pauvres gens avaient vu les horreurs de la guerre civile, l'insolence des Vendéens, leur ivrognerie, et leurs autres vices; c'est à coups de fourche et de faux qu'ils les recevaient.

« Va te faire pendre ailleurs, brigand! va tirer des coups de fusil dans le dos des chrétiens, en récitant ton chapelet!... va, misérable! »

Les marquises, les comtesses, les chefs habillés en femmes; les prêtres déguisés avaient beau supplier, on leur montrait la grande route. Et là-dessus les hussards arrivaient avec le sabre rouge :

« Les voilà! les voilà! »

Seigneur Dieu, que cela serve d'exemple à tous les êtres assez abandonnés du ciel pour se soulever contre leur propre patrie! qu'ils apprennent que la prospérité des criminels ne peut durer longtemps, et que dans l'adversité tout les accable.

En arrivant cinq jours après aux environs d'Ancenis, où le restant de ces malheureux voulait passer la Loire et réunissaient planches, douves, tonneaux, poutres et jusqu'aux planchers des maisons, qu'ils démolissaient pour faire des radeaux, nous trouvâmes les hussards de Westermann sur les hauteurs de la Cornouaille, de l'autre côté de Candé. Tous avaient des bagues, des boucles d'oreilles, des bracelets, des bannières, des croix d'or, les uns aux doigts, les autres à la garde du sabre, dans les poches; leurs petites gibernes en étaient pleines, et les gueux ne se mouchaient plus que dans des mouchoirs entourés de dentelles. D'après cela qu'on se figure ce que les marquises et les duchesses étaient devenues; cela fait frémir quand on y pense.

Les représentants Bourbotte et Turreau rachetèrent beaucoup de ces objets précieux et les envoyèrent à la Convention; la plupart des cavaliers en firent même don à la république, car elle était pauvre, elle avait besoin d'argent, étant attaquée de tous les côtés par les despotes.

Mais c'est à cette heure que vous allez voir ce qu'il faut penser de ces fameux chefs royalistes, de ce Henri de La Rochejaquelein, de ces de Sapinaud, de La Ville-Beaugé, de Langerie et autres défenseurs du trône et de l'autel. Certainement la grande masse des paysans vendéens, et surtout les chouans venus les rejoindre à Laval, étaient coupables envers la France; ils étaient aussi coupables envers leurs femmes et leurs enfants, de risquer leur existence en combattant la nation, c'est clair! ils n'agissaient pas en honnêtes gens, en bons Français; mais l'ignorance, la bêtise dans laquelle on les avait entretenus de père en fils depuis des siècles, en étaient cause; ces pauvres malheureux ne savaient pas ce qu'ils faisaient, ils méritaient le pardon. Les autres, au contraire, ceux qui les avaient entraînés au delà de la Loire, ne méritaient pas de pitié; ces nobles, ces prêtres, qui, pour défendre leurs privilèges, avaient aveuglé tant de milliers d'hommes, qui leur avaient prêché l'extermination de leurs frères et leur avaient promis la vie éternelle en récompense de leurs crimes, voilà les vrais coupables; voilà ceux qui devaient porter la responsabilité de cette rébellion; voilà les gens qui devaient se dévouer jusqu'au dernier, pour obtenir la grâce des femmes, des enfants, des vieillards; voilà les hommes qui, dans cette grande extrémité, reconnaissant qu'il ne restait plus de ressources, que la Loire était débordée par la pluie et la neige, qu'on ne pouvait construire de pont et sauver tout le monde... c'étaient ces nobles-là, qui devaient se dévouer et se rendre directement devant les représentants du peuple pour leur dire:

« Nous sommes un tel et un tel. Nous sommes de la noble race des conquérants, et nous n'avons pas voulu nous soumettre à votre république; nous avons entraîné tout ce troupeau de malheureux contre vous; nous les avons trompés!... Maintenant vous êtes les plus forts!... Eh bien, soyez généreux, épargnez-les; ce sont des hommes du peuple comme vous. Prenez nos têtes et que tout soit fini! Que la France jouisse de ses nouvelles lois, et qu'elle conserve un certain respect pour les hommes de cœur qui ont défendu les privilèges de leur race contre tous, et qui sont morts fièrement et courageusement en sauvant leur armée! »

N'est-ce pas cela que vous auriez fait? Je vous parle à vous, le premier venu: à toi, soldat, à toi, ouvrier, à toi, paysan, à vous tous qui n'êtes pas de la noble race, qui ne demandez pour tous que l'égalité devant la loi... N'est-ce pas que cette idée vous serait venue? Oui, j'en suis sûr; la mort est si peu de chose quand on remplit son devoir; il n'est pas nécessaire d'être noble pour la mépriser. Me voilà, moi, bien vieux, et je lève la main devant l'Éternel, que je n'aurais pas attendu une minute; mon sacrifice aurait été fait d'avance.

Eh bien, écoutez! Comme nous allions de la Cornouaille à Maumusson, un gros bourg près duquel se trouvaient des verreries dans le genre de Meisenthal, notre avant garde engageait la fusillade devant Ancenis; et, au même moment, une barque traversait la Loire; dans cette barque, la seule que les Vendéens avaient pu trouver dans le pays, — car, à leur approche, on avait envoyé toutes les embarcations sur la rive gauche, afin de les empêcher de rentrer dans leur Bocage, — dans cette barque, le généralissime Henri de La Rochejaquelein, Stofflet, Sapinaud, La Ville-Beaugé, Vaugiraud, de Langerie et quelques autres chefs passaient l'eau, soi-disant pour chercher deux gros bateaux chargés de foin amarrés en face de la ville, et sauver ainsi tout le monde. Ce sont les royalistes qui racontent cela dans leurs livres: des généraux qui vont eux-mêmes chercher des barques, au lieu d'envoyer un officier de confiance avec quelques soldats! Mais une pareille histoire fait rire de pitié; d'autant plus qu'arrivés à l'autre bord, ces braves gens gagnèrent un petit bois à portée de fusil et disparurent sans tourner la tête, et que depuis les malheureux qu'ils abandonnaient n'en reçurent plus de nouvelles.

De la position où nous étions, au bord d'un ruisseau, entre deux collines, nous ne pouvions voir ce triste spectacle, et j'en suis bien content: j'en aurais conservé un dégoût pour le restant de mes jours.

Enfin, voilà l'histoire!... Les malheureux Vendéens, hommes, femmes, enfants, vieillards réunis, sur le bord de la Loire, comprenaient maintenant leur sort; une chaloupe canonnière, venue de Nantes, ouvrait déjà le feu sur leurs radeaux, tout s'engloutissait; ils voyaient leur Bocage sur l'autre rive, sans pouvoir espérer d'y rentrer; ils tombaient dans les bras l'un de l'autre en gémissant et criant:

« C'est fini!... Nous sommes perdus!... »

Quel déchirement et quelle horreur!

Nous n'avions plus besoin de nous presser; à mesure que les divisions allaient venir, elles devaient prendre tranquillement position autour de la place. C'était encore un combat de rues qu'il fallait livrer. Ce 17 décembre au soir, Westermann fit monter deux pièces sur une colline, et lança quelques boulets à toute volée. Aussitôt toutes les cloches sonnèrent ; le tocsin n'en finissait plus, à minuit il tintait encore. Une bande de Vendéens voulut se sauver du côté de Varades ; c'est ce que Westermann attendait. Il les suivit avec ses hussards, les tailla en pièces, et revint au petit jour, dans le moment où la dernière colonne des royalistes sortait d'Ancenis, sur notre droite ; elle était bien encore de quinze mille hommes, femmes et enfants. On ne bougea pas, pour les laisser filer, mais, aussitôt après leur sortie, les hussards descendirent en ville et sabrèrent une centaine de traînards ; ils récoltèrent du bétail, des bagages, et six pièces de seize devant la mairie ; les pauvres misérables abandonnaient tout maintenant ; sans chefs, sans ressources, ils perdaient aussi le courage.

Notre division se mit à leur poursuite. Westermann les serrait toujours de près ; il en exterminait partout, aux Touches, à Nort, à Blain. Ils s'arrêtèrent le 20 décembre à Blain. Marceau pensait les tenir enfin et les écraser d'un coup ; notre marche redoubla par le vent et la neige ; mais lorsque nous arrivâmes à Blain, où Westermann nous attendait, les royalistes avaient déjà pris la route de Savenay, en coupant derrière eux le pont d'une assez forte rivière. On se dépêcha de le réparer.

C'est à Blain que le prince de Talmont se sauva avec Donissant, Desessart, Pérault, Piron, Rostang et cent cinquante officiers et grandes dames nobles, qui n'avaient pu monter dans la barque de La Rochejacquelein. Talmont fut arrêté quelques jours plus tard à Laval et guillotiné devant son château. Les paysans, eux, aimèrent mieux mourir en soldats, les armes à la main.

Le pont réparé, nous continuâmes notre poursuite. Depuis onze jours nous marchions nu-pieds sur la glace, en pantalon de toile et les habits en loques ; aussi la fureur d'atteindre l'ennemi et de l'exterminer nous possédait.

Kléber vint nous rejoindre avec quelques troupes fraîches, à huit ou neuf lieues au-dessus de Nantes. Nous voyions les brigands s'éloigner toujours ; mais les marais approchaient, ils ne pouvaient plus se sauver bien loin. Le 22 décembre, vers cinq heures du soir, nous arrivâmes presque en même temps qu'eux devant Savenay, une petite ville remplie de vieilles maisons en torchis, et servant de marché dans ces cantons pour le gibier, les bestiaux, la volaille ; elle est sur une éminence, où poussaient des genêts et des landes alors toutes blanches de givre. Les Vendéens s'étaient emparés d'un petit bois en avant de cet endroit ; le général ordonna de les en déloger tout de suite.

Nos pièces furent mises en batteries à droite de la route qui descend à Nantes, et les Vendéens, après une résistance assez vigoureuse se retirèrent en ville.

Toute cette nuit se passa donc à tirailler, car l'ennemi s'était retranché solidement dans les ruelles et les jardins. Il faisait un froid sec qui vous entrait sous les ongles. J'avais entouré mes pieds de paille, à l'exemple de plusieurs camarades. Les feux de bivac brillaient comme des étoiles ; on rôtissait devant et l'on gelait derrière ; personne ne dormait.

Sur le minuit, Kléber, avec ses jeunes gens de l'état-major, passa près de nous ; il avait un grand manteau vert garni de peau de renard à l'intérieur, et ses gros favoris brun-roux brillaient comme du vif-argent. Il nous cria :

« Combien de gargousses ?

— Dix-huit par pièce, répondit le lieutenant ; les coffrets sont pleins, général, mais c'est tout.

— Il faudra les ménager, dit Kléber. C'est à coups de crosse et de baïonnette qu'il faut en finir. »

Et, nous regardant sans descendre de cheval avec ses gros yeux gris clair, il reconnut les vieux de Mayence ; cela se voyait :

« Eh bien ! dit-il d'un air de bonne humeur, voilà le même temps que l'hiver dernier à Mayence.

— Oui, général, lui répondit le père Sôme ; il ne faisait pas chaud non plus pour travailler aux fortifications de Cassel et pousser la brouette sur le pont du Rhin. »

Alors Kléber sortit un des grands gants de cuir qui lui montaient jusqu'aux coudes, et tendit la main à Sôme en disant :

« Camarades, les droits de l'homme vont avoir le dessus ; nous les aurons bien gagnés ! »

Il était tout réjoui, et nous tous ensemble nous criâmes : « Vive la république ! »

Aussitôt il repartit et courut de poste en poste visiter les lignes, comme c'était son habitude la veille d'une bataille.

On fit la soupe avant le jour, et dès que le pâle soleil de décembre se leva du côté de la Loire, l'action s'engagea par les tirailleurs aux avant-postes. Cela durait depuis vingt minutes, lorsque Westermann, à la tête de ses hussards et d'un escadron de chasseurs, chargea les brigands, qui se replièrent sur des re-

Ils passèrent en courant sur leurs morts. (Page 93.)

tranchements qu'ils avaient élevés pendant la nuit. Ces retranchements étaient garnis de canons; il fallait les enlever. On nous fit avancer sur la route de Nantes, pour tâcher de les enfiler de côté, pendant qu'on les attaquerait en face. Nous étions soutenus par un bataillon de grenadiers. Mais les autres virent dans l'instant ce que nous voulions faire, et dirigèrent tous leurs feux sur nous.

Alors, au bas de la route il fallut prendre position pour répondre à leur canonnade; et ces gens désespérés coururent sur nous, malgré la mitraille que nous leur envoyions et le feu roulant du bataillon de grenadiers qui nous couvrait par la droite. L'engagement à la baïonnette devint terrible. Westermann accourut ventre à terre attaquer les royalistes en flanc; mais peut-être que tout cela ne les aurait pas arrêtés tout de même, car ils combattaient avec une rage incroyable et seraient arrivés jusqu'à nous, si Marceau, qui venait de former deux bataillons en colonne, n'avait marché tout droit sur leurs retranchements. Aussitôt ceux qui nous attaquaient se portèrent à leur défense, et ces retranchements-là furent attaqués depuis le matin jusque vers midi; une colonne à peine repoussée, une autre arrivait, ainsi de suite.

Nous autres, nous avancions toujours; nous les fauchions; mais la fureur de ces gens était si grande, qu'au lieu de nous répondre comme les canonniers font toujours, parce que c'est en quelque sorte plus fort que soi de se venger d'abord, eh bien, eux, ils aimaient mieux se

Allons, enfants de la patrie. (Page 93.)

laisser mitrailler et tirer dans les colonnes d'attaque. Finalement pourtant une de ces colonnes entra dans leurs retranchements ; la cavalerie de Westermann arriva derrière, et nous de côté pour les prendre en écharpe ; le massacre commença dans les retranchements, dans les jardins, dans la ville, dans les champs, dans les maisons, à l'église, enfin partout.

Nous avions encore perdu là quelques centaines d'hommes ; aussi les coups de fusil, les coups de crosse, les coups de sabre et de baïonnette, tout allait son train. « Pas de quartier ! » c'était le mot d'ordre des deux côtés. Partout sur la grande plaine couverte de neige on ne voyait que des plaques rouges, des tas de morts, et point de blessés. Au loin les hussards, les chasseurs filaient comme le vent à la poursuite des derniers malheureux, qui se sauvaient du côté d'un marais à perte de vue. Je me suis laissé dire qu'il s'en est échappé deux à trois mille a travers ces marais ; c'est possible, car nous étions las d'exterminer, et la cavalerie ne peut s'enfoncer dans la vase ; quelques-uns de ces malheureux ont donc pu se sauver ; ils étaient les seuls restes de cet immense troupeau de cent mille Vendéens, qui deux mois avant avaient passé la Loire. Ceux-là pouvaient dire à leurs enfants et petits-enfants :

« Nous avons vu la grande guerre ; nous avons vu père et mère, frères et sœurs, femmes, enfants, amis, périr de faim, de froid, de fatigue, de toutes les misères, sur les grandes routes ; nous les avons vu massacrer sans pitié, parce qu'ils ne voulaient pas de pitié des républicains, et qu'ils n'en avaient pas non plus; nous avons vu les plus grandes horreurs du monde; mais ce qui nous a fait encore plus de peine que tout cela, ce qui nous a déchiré le cœur, ce qui nous a brisés, ce qui nous a réduits au désespoir de la honte et de la mort, c'est, au moment du grand danger, la désertion des nobles qui nous avaient soulevés contre la France, et plus tard la bassesse d'un Bernier, pliant l'échine devant l'ancien jacobin Bonaparte, pour obtenir un bonnet d'évêque.

Enfin ici finit la grande guerre de Vendée.

Deux jours après, nous entrâmes à Nantes. On venait d'y apprendre presque en même temps notre victoire de Savenay et la prise de Toulon, que les Anglais avaient évacué en y mettant le feu et emmenant tous nos vaisseaux.

Ai-je besoin de vous peindre l'enthousiasme des patriotes et de toutes les autorités, en nous voyant entrer, Kléber, Marceau, Westermann en tête, avec nos pieds nus, nos pantalons de toile, nos chapeaux usés par la pluie et les vents, nos grandes barbes, nos balafres et nos blessures innombrables; les roulements de tambour, les cris de « Vive la république! » le drapeau tricolore à toutes les fenêtres, les femmes, les jeunes filles qui se penchent et nons saluent des balcons, la foule qui nous embrasse, et puis le défilé des canons et des étendards enlevés aux royalistes; les discours du président Gracchus et de Scévola Biron, au club du port Maillard; les invitations des bourgeois, qui nous entraînaient bras dessus, bras dessous dans leurs maisons, les banquets patriotiques, etc., etc.? Non, toutes ces fêtes se ressemblent; quand vous en avez vu deux ou trois, vous les avez toutes vues; seulement les patriotes de Nantes, après avoir risqué d'être envahis, massacrés et brûlés vingt fois depuis un an, étaient en quelque sorte plus contents de notre victoire que nous-mêmes; et la commission militaire, le comité révolutionnaire où Goulin, Pinard, Grandmaison, Carrier et plusieurs autres jugeaient tour à tour, ne laissaient pas refroidir l'enthousiasme des modérés. Nous fûmes donc remontés et rhabillés de fond en comble, et logés en ville chez le bourgeois.

Moi, je demeurais dans une petite rue qui descend aux prairies de Mauves, chez un ferblantier qui chantait du matin au soir : « Ça ira! ça ira! » C'était un vieil homme, avec de grosses besicles, et très-bon ouvrier de son état; mais il chantait par crainte, et sa fille, une grande brune toute pâle, priait toujours. Le vieux fréquentait le club des jacobins et tremblait comme un lièvre au moindre bruit du dehors. La compagnie de Marat faisait des visites domiciliaires; il arrivait des suspects de Savenay, de Montaigu, de Tiffauges; cela faisait des files d'une demi-lieue, et l'on apprenait en même temps que Charette soulevait le Marais; qu'il recommençait la guerre d'embuscade du côté de Machecoul; mais ce n'était qu'une véritable misère auprès de ce que nous avions vu; le nerf des royalistes était coupé. Le plus simple pour eux aurait été de se tenir tranquilles, car nous n'avions plus à les craindre.

Dans ce temps l'armée fut dispersée selon les besoins de la république. Le bataillon de Saône-et-Loire, avec le premier et le deuxième de la légion des Allobroges, furent détachés contre Charette; la 32ᵉ demi-brigade, ci-devant régiment de Bassigny, la 57ᵉ de Beauvoisis, la 72ᵉ du Vexin, partirent pour l'armée des Pyrénées-Orientales. Nous avions fait campagne avec la 72ᵉ depuis Mayence, et l'on fraternisa les larmes aux yeux avant de se séparer. La 13ᵉ tint garnison à Nantes. Je fus bien content de rentrer comme sergent dans mon vieux bataillon de Paris-et-Vosges.

Il n'y restait plus beaucoup d'anciens camarades de la section des Lombards et des Gravilliers; mais ceux qui restaient avaient toujours la même bonne humeur, et c'étaient les favoris de Lisbeth, qui les appelait : « Mes Parisiens! » Je la voyais tous les jours, avec Marescot et le petit Cassius. Marescot venait d'être proposé par sa compagnie pour le grade de lieutenant; son courage et sa belle conduite à l'affaire d'Entrames lui donnaient des droits. Il n'avait pas l'idée d'accepter, ayant plus de bénéfices dans son commerce; mais Lisbeth ne lui laissait plus une minute de repos; elle voulait être dame d'officier, et je finis par dire au beau-frère :

« Écoute, fais ce que ta femme veut. Je la connais elle te tiendrait la vie dure; c'est une femme glorieuse, comme toutes les filles des Baraques du Bois-de-Chênes. »

Il riait; et, sa nomination étant arrivée, il fut tout de même content de monter en grade. Lisbeth, depuis ce moment, me demandait tous les jours si j'avais écrit au pays qu'elle était femme d'officier; voilà ce qui l'inquiétait. Elle ne tenait plus à son commerce, car pendant cette année, au moyen de quelques verres d'eau-de-vie, elle s'était attiré tout le butin du bataillon: bagues, boucles d'oreilles, bracelets, étendards brodés en or, elle avait de tout dans son sac, et me montrant un jour le magot, elle me dit d'un air de malice extraordinaire, pour une fille élevée sur les grandes routes à courir derrière les voitures et tendre la main:

« Tiens, Michel, si les duchesses revenaient, je pourrais aussi être duchesse. Je l'aurais encore mieux gagné que les anciennes, puisque j'ai fait la guerre et accroché tout ce que j'ai pu moi-même. Les autres avaient tout trouvé en venant au monde, moi, j'avance par mon courage et ma chance. Tout sera pour Cassius. Nous voilà déjà dans les grades ; ça marchera. »

La vanité des femmes est terrible ; Lisbeth aurait trouvé tout naturel que la république eût sacrifié six cent mille hommes pour la faire passer duchesse. Si je n'avais pas connu son ignorance et sa bêtise, j'aurais frémi d'indignation ; mais comment en vouloir à des êtres si bornés ? Tout ce qu'on peut faire, c'est de lever les épaules en les écoutant.

Une autre chose qui me serrait le cœur, c'était de voir passer matin et soir les condamnés qu'on menait de la tour du Bouffay aux prairies de Mauves. Il neigeait toujours, et ces files de charrettes où les malheureux grelottaient demi-nus, les mains liées sur le dos, vous donnaient froid. Comme la neige était haute, on n'entendait aucun bruit dans la rue, excepté de temps en temps le hennissement d'un cheval, le cliquetis d'un sabre des hommes de l'escorte ; tout passait en silence ; on aurait dit des ombres. Le vieux ferblantier, sa fille et moi, derrière les petites vitres rondes, nous ne bougions pas ; la fille priait et le vieux poussait un gros soupir. Ah ! j'en ai vu passer ainsi de toutes sortes, des hommes et des femmes, des vieux et des jeunes, des nobles et des prêtres ! Et toujours cela me rappelait les charrettes que nous avions escortées de la porte Saint-Nicolas aux prisons de Nancy, quand le général Bouillé avait fait fusiller, pendre et rouer vifs tant de malheureux sans défense, qui réclamaient leur paye avec justice.

Carrier exécutait les ordres de la Convention, et M. de Bouillé exécutait ceux de l'ancienne cour. Les royalistes depuis soixante-quinze ans maudissent Carrier, il ne faut pourtant pas tant crier, quand on a donné soi-même l'exemple de toutes les barbaries. Les commissions militaires qui jugent en bloc sont aussi bonnes pour les républicains que pour les royalistes ; seulement les républicains, en 93, s'en servaient pour la première fois, les autres, qui depuis des centaines d'années s'en étaient toujours servis contre le peuple, trouvaient alors que cela faisait mal. Il faut aussi dire que M. de Bouillé, qui violait la loi, puisque le supplice de la roue était aboli, fut approuvé par Louis XVI et Marie-Antoinette, qu'il obtint toute leur confiance ; et que Carrier, l'inventeur des noyades, porta sa tête sur l'échafaud, comme ayant dépassé ses ordres ; et puis il faut encore se figurer que, si nous avions été vaincus à force de trahisons, les potences, — qu'on appelait « justices » sous l'ancien régime, — auraient été chargées de patriotes d'un bout du royaume à l'autre : Brunswick nous en avait prévenus !

Tout cela revient à dire que les hommes sont égaux, et qu'il faut toujours s'attendre à ce que les autres nous fassent ce que nous leur avons fait.

Au milieu de ce terrible spectacle, je n'oubliais pas notre pays, et comme j'avais écrit notre victoire de Savenay à Marguerite, comme je lui demandais des nouvelles et qu'il n'en arrivait pas, mon inquiétude augmentait chaque jour ; je me représentais l'Alsace et la Lorraine envahies par les Autrichiens et les Prussiens, et je m'écriais en moi-même :

« Phalsbourg est bien sûr assiégé ; sans cela, Marguerite m'aurait répondu ! »

Je voyais l'exécution des menaces de Valentin : les Baraques en feu, maître Jean, Létumier, mon père et tous les amis forcés de se cacher dans les bois. Ma désolation était grande, malgré le dernier bulletin de la Convention, annonçant que Hoche et Pichegru avaient repris l'offensive, lorsque je reçus enfin cette lettre de Chauvel, qui m'apprit bien des choses heureuses et me remit du baume dans le sang. Je viens de la relire avec attendrissement ; elle me rappelle un temps glorieux, et finira bien la troisième partie de mon histoire.

A Michel Bastien, sergent à la compagnie d'artilleurs du 1ᵉʳ bataillon, Paris-et-Vosges, de la 31ᵉ demi-brigade légère.

Landau, 6ᵉ jour de la 3ᵉ décade du 4ᵉ mois, an II de la république française une et indivisible

« Mon cher Michel,

« Nous venons de traverser une rude campagne ; l'an I de la république comptera dans l'histoire des peuples.

« J'ai lu toutes tes lettres à Marguerite avec plaisir, et cent fois l'idée m'est venue d'y répondre, mais nous avions tant d'ennemis à combattre ; nous étions menacés de si grands dangers à l'intérieur et au dehors, que j'ai toujours craint de te montrer trop de confiance en l'avenir, ou de te décourager. Aujourd'hui, les affaires de la république prennent une meilleure tournure ; nos ennemis sont repoussés. Ils reviendront ; n'importe ! nous avons le temps de respirer et de nous préparer à les recevoir.

« Tu sais que je te regarde comme mon fils,

et, quoi qu'il arrive, je tiens à ce que tes enfants, qui seront aussi les miens, sachent ce que leur grand-père a fait dans ces circonstances difficiles; le plus bel héritage que nous puissions laisser à nos enfants, c'est l'exemple de notre patriotisme et de notre courage. Ils n'en auront pas d'autre de moi, j'espère qu'il leur suffira.

« Marguerite t'a dit dans sa dernière lettre que Saint-Just, Lebas, Renki, Berger et moi, nous avions passé par Phalsbourg en vendémiaire. Nous arrivions de Metz, dont nous avions visité les arsenaux, et nous allions à Strasbourg. C'était un moment bien critique, et nos périls dataient de loin. Après la prise de Mayence et de Valenciennes, la révolte de Lyon, la trahison de Toulon, nos revers en Vendée, les manœuvres de Pitt pour accaparer les denrées, la baisse toujours croissante des assignats, la famine des campagnes, faute de bras nécessaires à la culture, après tout cela, la Convention avait été forcée de prendre déjà des mesures énergiques, que j'ai toutes votées parce qu'elles étaient justes et commandées par la situation. Elle avait renouvelé le Comité de salut public, devenu trop mou dans les circonstances; elle avait renvoyé Marie-Antoinette et les girondins devant le tribunal révolutionnaire; elle avait décrété la suspension de notre constitution et l'état révolutionnaire jusqu'à la paix; la réquisition permanente de tous les citoyens de 18 à 45 ans pour les armées, celle des chevaux pour la cavalerie; le payement des contributions en nature pour la subsistance des troupes; l'établissement d'un comité révolutionnaire dans chaque commune, pour rendre compte au Comité de surveillance générale des intrigues réactionnaires; elle avait décrété le maximum pour les marchandises de première nécessité, pour les journées de travail et les mains-d'œuvre, le cours forcé des assignats, l'envoi de représentants du peuple dans les départements, pour accélérer la levée des hommes et le recensement des armes; et leur mission aux armées, pour surveiller les généraux et donner l'exemple du dévouement à la patrie... Eh bien, tout cela n'avait pas suffi !

« Sans doute il en était résulté beaucoup de bien; la république avait été sauvée : la victoire de Wattignies, celle de Cholet, la reprise de Lyon montraient que nous étions sur le bon chemin. Toutes nos pertes étaient venues de la trahison ou de l'incapacité des généraux de la monarchie, que nous avions eu le tort de conserver; toutes les révoltes à l'intérieur venaient de la résistance des ci-devant députés à la constituante et à la législative, que le peuple ignorant avait choisis parmi ses ennemis, — grâce aux manœuvres du ministre girondin Roland ! et des anciens fonctionnaires attachés aux grosses pensions de la cassette et du livre rouge. — Il fallait donc remplacer ces généraux par de plus jeunes sortis du peuple, et réduire à l'impuissance les royalistes déguisés en républicains fédéralistes.

« C'est ce que nous allions faire en Alsace.

« De ce côté, le danger était pressant. Aussitôt après votre départ de Mayence pour la Vendée, nos petites armées du Rhin et de la Moselle avaient eu cent mille Autrichiens et Prussiens sur les bras; elles avaient été forcées de se replier : celle du Rhin sur les lignes de Wissembourg, celle de la Moselle sur la Sarre; l'ennemi se trouvait entre les deux; il pouvait envahir la Lorraine. On fit un effort pour se réunir; malheureusement, les forces opposées étaient trop grandes; l'ennemi nous battit à Pirmasens; il nous força d'évacuer le camp de Hornbach et se rendit maître des lignes de Wissembourg.

« Quand nous arrivâmes, en vendémiaire, l'armée du Rhin avait reculé jusqu'à Saverne, celle de la Moselle jusqu'à Sarreguemines; les Prussiens étaient en Lorraine, les Autrichiens en Alsace; Haguenau venait de leur ouvrir ses portes, Fort-Vauban était pris, Landau bloqué depuis trois mois. Tout le pays était inondé de capucins, de prêtres réfractaires, d'émigrés, qui prêchaient ouvertement la guerre civile, espérant faire de notre pays une Vendée; les autorités de Strasbourg conspiraient avec l'ennemi pour lui livrer la place.

« Tu vois, Michel, que la position n'était pas belle.

« Le Comité de salut public venait de nommer Hoche général en chef de l'armée de la Moselle, et Pichegru, de l'armée du Rhin; on ne savait pas encore ce que ces généraux étaient capables de faire. Des détachements prussiens s'avançaient jusque sur les hauteurs de Dosenheim, de Saint-Jean-des-Choux; la Petite-Pierre et Bitche étaient investis et nos troupes découragées : il fallait changer tout cela.

« Saint-Just, Lebas et moi nous comprîmes tout de suite qu'il faudrait employer les grands moyens. Mes deux compagnons sont les meilleurs amis de Robespierre, des hommes jeunes, très-instruits, très-calmes et même froids, qui voient clairement les choses et ne reculent pas devant les grands remèdes. Moi-même je suis tendre auprès d'eux; l'idée me vient souvent que les hommes méritent plus de pitié que de colère.

« En descendant la côte de Saverne, nous

fûmes indignés de voir le délabrement et la misère profonde dans lesquels on laissait croupir les défenseurs de la patrie. Le Donon et le Schnéeberg se couvraient déjà de neige, il soufflait un vent humide dans la plaine, et nous avions sous nos yeux nos bataillons campés dans la boue, sans tentes, sans souliers, sans manteaux. Nous eûmes une entrevue avec Pichegru, une grosse tête de paysan rusé sur un uniforme de général en chef ; il nous donna toutes les explications relatives à son armée. Nous repartîmes de là sous escorte, car l'ennemi étendait ses reconnaissances jusqu'à Marmoutier, jusqu'à Wasselonne et plus loin ; et partout nous voyions le même spectacle de dénûment, la même misère : des chevaux de cavalerie exposés sous des hangars, sans paille, sans foin, sans couverture, des soldats vagabondant à travers les champs pour déterrer des racines, d'autres parcourant les villages abandonnés, au risque de se faire surprendre.

« Cela nous étonnait d'autant plus que les représentants Milhaud et Guyardin, envoyés avant nous, avaient organisé dans l'Alsace la légion révolutionnaire, comme elle existe sur tous les autres points menacés, pour assurer la subsistance des troupes ; et que cette légion devait être suivie d'un tribunal ambulant, chargé de juger les difficultés entre citoyens et réquisitionnaires. Ces gens-là remplissaient bien mal leur devoir ! et, dès notre arrivée à Strasbourg, la magnifique réception des sociétés populaires, et l'assurance des autorités que tout allait très-bien, ne nous empêchèrent pas de voir le peuple misérable, le soldat sans vêtements, sans discipline et sans chef, le luxe insolent des aristocrates, les postes mal gardés, les portes ouvertes jusqu'à minuit, etc. ; ni de reconnaître la connivence des autorités civiles et militaires avec l'ennemi.

« Le neveu du général autrichien Wurmser fut arrêté dans la place, et dirigé sur Paris, comme espion. Le colonel, un capitaine et l'adjudant du 12e régiment de cavalerie, chez lesquels on surprit des cocardes blanches, furent immédiatement fusillés à la tête de leur régiment. Après la vérification des comptes, l'inspection des services, et particulièrement de celui des hôpitaux, où les malheureux blessés pourrissaient par centaines ; après nous être assurés que les réquisitions de grains et de bois de chauffage n'avaient pas été livrées ; qu'on avait passé des marchés de chandelles à 7 francs la livre, et qu'il était impossible de se procurer le moindre témoignage d'aucun acte de surveillance et d'énergie patriotique de la part des autorités, nous frappâmes neuf millions de contributions sur les richards de Strasbourg, car, d'après un décret de la Convention, les riches sont chargés de l'entretien des garnisons qui les défendent :

« Lorsque le peuple verse son sang par torrents pour la patrie, les riches peuvent bien donner leur or ! »

« C'est le mot de Danton et je pense comme lui.

« Ces gens poussèrent des cris épouvantables, mais comme la guillotine était en permanence sur la place, ils payèrent le jour dit, jusqu'au dernier centime. Nous appliquâmes cinq cent mille livres au soulagement des pauvres vieillards qui mouraient de faim parce que leurs fils étaient à l'armée, et le reste à l'exécution des réquisitions en retard.

« Ce n'était pas assez.

« Nous arrêtâmes que la municipalité de Strasbourg tiendrait deux mille lits prêts dans les vingt-quatre heures pour les soldats malades ou blessés, lesquels seraient soignés sur place avec tous les égards et le respect dus à la vertu. En outre, qu'il serait fourni aux chirurgiens des chevaux pour faire leurs visites ; en outre, que dix mille paires de souliers et deux mille manteaux seraient expédiés sans retard à Saverne, pour chausser convenablement et préserver du froid les défenseurs du pays ; en outre, et parce que ces mesures justes, nécessaires et patriotiques, au lieu d'exciter l'émulation des autorités, avaient l'air de les révolter, nous arrêtâmes que ces autorités suspectes étaient cassées ; qu'elles allaient être transportées à Metz, à Châlons, à Besançon, et renouvelées par l'élection.

« Les Autrichiens alors durent comprendre que leur plan était manqué ; qu'ils n'auraient pas encore l'Alsace, malgré les promesses de la ci-devant Marie-Antoinette qui leur avait donné ce morceau de la France pour décider l'empereur à nous envahir. Mais il était temps ; encore quelques jours et l'on aurait appris que le drapeau jaune avait remplacé le bonnet de paysan sur la cathédrale.

« Restait à régler le compte du tribunal révolutionnaire ambulant, qui n'avait pas rempli son devoir, et qui s'était même permis, sous la direction d'un ci-devant grand vicaire appelé Schneider, de juger ce qui ne le regardait pas, de frapper des amendes exorbitantes, d'imposer des contributions, et même de condamner à mort. Schneider rentrait justement d'une tournée aux environs de Bar ; il rentrait en triomphe avec six chevaux à sa voiture. Voici l'arrêté que nous prîmes à son sujet ; il te fera plaisir, en te montrant que ta juste réclamation pour la vieille grand'mère Becker n'a pas manqué son effet. Schneider avait commis bien d'autres crimes; il reçut alors sa récompense, à la satisfaction de tous les bons patriotes de l'Alsace :

« Les représentants du peuple, envoyés extraordinaires aux armées du Rhin et de la Moselle, informés que Schneider, accusateur près le tribunal révolutionnaire, ci-devant prêtre et né sujet de l'empire, s'est présenté aujourd'hui à Strasbourg avec un faste insolent, traîné par six chevaux et environné de gardes le sabre nu, arrêtent que ledit Schneider sera exposé demain, depuis dix heures du matin jusqu'à deux heures après midi, sur l'échafaud de la guillotine, à la vue du peuple, pour expier l'insulte faite aux mœurs de la république naissante, et sera ensuite conduit de brigade en brigade, au Comité de salut public de la Convention nationale. Le commandant de la place est chargé de l'exécution du présent arrêté, et en rendra compte demain, à trois heures après midi, etc. »

« Voilà notre manière de traiter les gueux ; c'est de là que viennent tous nos succès. Si nous hésitions, on nous aurait bientôt vendus et livrés ; car ces rois, ces nobles, ces moines et tout ce tas de despotes d'en haut et d'en bas s'entendent comme larrons en foire pour gruger les peuples. Notre façon de trancher les questions a l'air de les ennuyer beaucoup ; tant mieux, cela nous prouve qu'elle est bonne.

« Après avoir mis ordre à ces petites difficultés, il était temps de songer aux affaires plus sérieuses.

« Depuis notre défaite de Pirmasens et l'occupation des lignes de Wissembourg par l'ennemi, les Prussiens s'étaient fortifiés sur la Sarre, et les Autrichiens à Niederbronn, Frœschwiller et Reischoffen, dans les Vosges allemandes. Le nouveau général de l'armée de la Moselle, Hoche, choisi par Carnot, avait d'abord rétabli la discipline dans ses troupes, et puis il avait fait partir de Sarreguemines une de ses divisions pour déloger les Prussiens de Bliescastel, et les avait mis en déroute. A la suite de cette affaire, nous avions occupé les hauteurs de Deux-Ponts et Mimbach.

« De son côté, Pichegru, général de l'armée du Rhin, avait attaqué les Autrichiens à Bergheim; mais l'ennemi, soutenu vigoureusement par le prince de Condé, nous avait repoussés. Les Autrichiens et les émigrés se trouvaient donc encore en Alsace, à Haguenau, le plus horrible nid de réactionnaires que nous ayons en France. Hoche, maître de Deux-Ponts, avait fait un second effort pour se rapprocher de Landau, par les hauteurs de Kaiserslautern, mais cette fois il n'avait pas réussi, faute d'ensemble dans ses mouvements; les Prussiens tenaient ferme, ce sont de bons soldats. Alors ce jeune homme montra qu'il avait réellement du génie, car, au lieu de s'obstiner à vouloir les forcer, après le combat de Frœschwiller, où nous avions eu le dessus, il laissa devant eux une division en observation; il traversa les Vosges couvertes de neige, avec le reste de son armée, et se réunit à Pichegru pour agir ensemble, prendre les Autrichiens à revers sur la Moder, dégager les lignes de Wissembourg et débloquer Landau.

« C'était une grosse entreprise.

« Lacoste et Baudot venaient d'arriver avec de nouveaux pouvoirs. Pichegru ne paraissait pas content de partager le commandement ; il voulait agir seul. La Lorraine n'était plus couverte que par une seule division ; heureusement les Prussiens n'en savaient rien. Il fallait agir vite ; Lacoste et Baudot prirent tout sur eux ; ils donnèrent le commandement en chef à Hoche.

« L'enthousiasme était immense. Le tocsin sonnait dans tout le pays ; des bataillons de gardes nationaux arrivaient du fond de la Lorraine; on était las des étrangers.

« C'est alors que m'étant rendu dans le camp, une de mes plus grandes joies fut de trouver maître Jean, Létumier, Collin et cinquante autres bons patriotes, à la tête des gardes nationales du Bois-de-Chêne, de Phalsbourg, de Metting, de Lixheim, de Sarrebourg, de Lorquin et de tous nos environs. Je leur fis une harangue dont ils n'avaient pas besoin : le cri terrible de « Landau ou la mort ! » s'étendait sur toute notre ligne, à plus de six lieues.

« Nous avancions par colonnes à travers l'Alsace ; les Autrichiens reculaient et prenaient position en avant de la Lauter. Hoche, son état-major et nous tous à cheval, nous suivions ce grand mouvement ; nous sentions d'avance que la victoire ne pouvait nous échapper. Hoche a l'air moins campagnard que Pichegru, mais plus franc, plus ouvert; c'est un grand et beau jeune homme de vingt-cinq ans, les yeux vifs, la figure énergique. Pourtant je lui fais un reproche : il promet quelquefois de l'argent à ses soldats pour les drapeaux et les canons qu'ils enlèveront à l'ennemi ! C'est bien peu compter sur l'amour de la patrie, et c'est trop connaître à cet âge les mauvais côtés du cœur humain. J'aime mieux votre Kléber, à Torfou, lorsqu'il dit au capitaine Chouardin : « Tu vas te faire tuer ici avec tes hommes, et tu sauveras l'armée ; » et l'autre qui lui répond : « Oui, mon général ! » Enfin, jusqu'à présent Hoche a justifié la confiance de la république ; je le tiens pour excellent républicain, homme de cœur et de dévouement.

« Le jeudi 6 nivôse, de bon matin, nous fûmes en présence de l'ennemi. Il était retranché sur une hauteur, en avant du vieux château de Geisberg; derrière et sur les côtés s'étendaient les plaines et les petits coteaux de Wissembourg. La hauteur était défendue par des lignes de palissades, des abatis, des fossés, et flanquée de redoutes formidables.

« Hoche réunit trente-cinq mille hommes au centre pour l'attaque principale; trois divisions se déployèrent à droite, deux divisions à gauche. Comme on n'attendait plus que l'ordre de marcher, des courriers arrivèrent nous annoncer la prise de Toulon. Aussitôt cette nouvelle courut dans l'armée, et les cris « En avant! » retentirent au loin comme un roulement de tonnerre. Tout partit ensemble et la bataille s'engagea.

« Tu connais, Michel, le bruit du canon, de la fusillade, des tambours qui battent la charge, des trompettes qui sonnent, et les mille cris d'un combat acharné; mais je ne crois pas que jamais on ait rien entendu de semblable; les grands cris « Landau ou la mort! » montaient au ciel à travers ces déchirements et ces sifflements bizarres que font les obus en roulant, avant d'éclater. Au bout de quelques minutes nous ne voyions nous n'entendions plus rien. Mes confrères et moi nous galopions derrière nos braves soldats, que le mouvement de la fumée nous permettait de voir quelquefois à mi-côte, et qu'elle nous cachait aussitôt.

« Tout à coup je roulai par terre, l'épaule et la joue dans la boue épaisse : un boulet venait de tuer mon cheval, et je dois te dire qu'en revenant à moi je n'en fus pas fâché, car j'avais eu de la peine à me tenir dessus, ayant toujours été plus à mon aise sur mes pieds. Je me relevai bien étonné; les autres avaient passé sans même s'apercevoir de mon accident. Alors je tirai mon sabre, et je courus comme un véritable furieux, mêlé dans un bataillon qui montait le fusil sur l'épaule. A chaque seconde je sentais des coups de vent qui passaient; et plus nous montions, plus le bruit devenait fort.

« Nous marchions sur une batterie. Ce n'est qu'à vingt pas d'un gros carré de terre tout éboulé, que j'entendis crier « A la baïonnette! » et que je reconnus que nous étions arrivés. Nos deux premières compagnies étaient déjà dans la redoute; les autres suivaient en grimpant par-dessus les fascines et les sacs de terre. Je suivis le mouvement, et là-haut, après une mêlée de quelques minutes, j'eus le spectacle de la déroute des Autrichiens; ils étaient bousculés partout et cherchaient à reprendre position en arrière; mais on les poussait la baïonnette dans les reins. Je courais aussi, tout hors de moi d'indignation, pour balayer ce tas d'esclaves. Leurs grandes lignes blanches, allongées sur les collines, se défaisaient de seconde en seconde, comme des pans de mur qui tombent; et nos têtes de colonnes, les grands chapeaux à cornes en avant et les drapeaux déployés, passaient à travers.

« Mais huit bataillons autrichiens, que je crois être des Hongrois, une forte réserve prussienne commandée par Brunswick, et la cavalerie de Condé tinrent longtemps et se défendirent en désespérés. Vers le soir seulement nous les vîmes tous en retraite, les Autrichiens sur Frankenthal et les Prussiens sur Bergzabern.

« A Wissembourg, tous leurs bagages tombèrent entre nos mains. La joie de ces braves Alsaciens d'être délivrés nous faisait répandre des larmes; on s'embrassait comme des frères. Et le lendemain 7 nivôse, étant partis de bonne heure, nous entrâmes à Landau, débloqué depuis la veille. L'enthousiasme recommença; de tous les côtés les vivres arrivaient, Hoche avait tout commandé d'avance : après la famine c'était l'abondance.

« Quel beau jour, Michel, et que de choses attendrissantes on voit dans ces occasions : des amis, des parents qui se retrouvent; des malheureux que l'on croyait perdus, des êtres affamés, réduits à la dernière extrémité, qui ressuscitent; et l'humanité des soldats après avoir fait leur devoir! On pourrait en raconter jusqu'à la fin de ses jours.

« C'est de Landau que je t'écris cette lettre, du grand hôtel de la Pomme-d'Or, rue de la Poste, que tu dois connaître, puisque vous avez été bloqués à Landau six semaines. Maître Jean, Collin, Létumier et d'autres patriotes du pays ont promis de venir dîner avec moi; je les attends. Hier nous étions dans la boue et la neige jusqu'au ventre, aujourd'hui un bon feu de cheminée éclaire ma chambre, et nous allons chanter la *Marseillaise* ensemble; nous allons boire quelques bons coups à la santé de notre république. Elle se porte bien, elle aura la vie dure; toute la noble race commence à comprendre que le règne de la liberté, de l'égalité et du bon sens va remplacer le règne des Charles, des Louis, des Christophe qui n'avaient pas le sens commun; les peuples s'éclairent, ils demandent des comptes; il s'agit de s'entendre avec eux et de faire ensemble nos affaires.

« Au commencement de cette année le sol de la république était inondé d'ennemis; nous

En avant! mille tonnerres.. (Page 108.)

les avons balayés, nous sommes restés maîtres chez nous; mais ce n'a pas été sans peine. Quand je vous disais en 92, à notre club de Phalsbourg, que la guerre d'un seul peuple contre l'envie, l'égoïsme et l'ignorance de tous les autres serait terrible, j'avais raison. N'importe! nous en sommes sortis vainqueurs; et cette campagne contre l'Europe, où nous avons livré plus de cent combats et plus de vingt batailles rangées, ne nous a pas empêchés d'asseoir les bases solides de l'avenir.

« Tu n'as pas eu le temps, au milieu de cet orage, de lire ce qui se passait à la Convention, mais sache qu'elle a fait aussi son devoir, et qu'elle n'a jamais perdu de vue sa mission, de fonder sur de bonnes institution le bonheur de la nation en temps de paix. Je ne te parlerai pas de notre grande réforme militaire pour rétablir la discipline dans les camps, inspirer de la confiance aux jeunes recrues, par la suppression des vieilles manœuvres inutiles, donner de l'ensemble à nos mouvements, par les attaques en masse, et renouveler sans cesse nos ressources pendant l'invasion et la guerre civile. Cet immense travail sera la gloire de Dubois-Crancé, de Carnot, de Prieur (de la Côte-d'Or) et de quelques autres membres de notre comité militaire.

« Mais ce qui nous revient particulièrement à nous, c'est l'établissement en France de l'unité des poids et mesures, pour faire cesser la fraude qui depuis des siècles existait de province à province, et portait le plus grand préjudice au commerce. C'est ensuite d'avoir

Les malheureux qu'ils abandonnaient. (Page 110.)

décrété que les lois civiles seraient codifiées, et voté les premiers titres de ce code, relatifs à l'état des personnes. C'est d'avoir établi toutes les grandes lignes du télégraphe, pour faciliter les services publics; d'avoir fondé chez nous la propriété littéraire et artistique, car jusqu'à présent les écrivains, les artistes mouraient de faim, à moins de se mettre aux gages de quelque grand seigneur, parce que des voleurs habiles s'emparaient de leurs œuvres et s'en attribuaient le profit. Nous avons donc décrété que les compositeurs de musique, les peintres, les écrivains jouiraient du droit exclusif de vendre leurs ouvrages dans toute l'étendue de la république, et d'en conférer la propriété, comme bon leur semblerait; et que leurs héritiers ou cessionnaires jouiraient même de ce droit exclusif dix ans après leur mort.

« C'est aussi d'avoir décrété : — la nouvelle constitution républicaine ; l'unité et l'indivisibilité de la république, chose indispensable pour la grandeur et la force de la nation ; la création du grand-livre de la dette publique ; la vente à crédit et par petites portions des terres des émigrés ; le partage des biens communaux ; l'indemnité aux communes qui souffriraient de l'invasion des ennemis; les secours proportionnels et à domicile aux familles chargées d'enfants en bas âge ; et la charge communale d'entretenir les vieillards pauvres incapables de se procurer un travail en rapport avec leurs forces. Une de nos plus belles institutions, et surtout des plus difficiles, c'est l'établissement d'une nouvelle mesure du temps. L'ancien calendrier avait pris naissance chez un peuple barbare et crédule ; pendant dix-huit cents ans il avait marqué les progrès du fanatisme, l'avilissement des nations, le triomphe scandaleux de l'orgueil, du vice et de la sottise, les persécutions et les dégoûts de la vertu, du talent et de la philosophie, sous des despotes cruels ou stupides.

« Devait-on graver sur les mêmes tables les crimes honorés des rois, les fourberies des évêques et les progrès de l'humanité, la proclamation des droits de l'homme, son affranchissement de l'ignorance et de la servitude ? Nous ne l'avons pas souffert; le temps ouvrait un nouveau livre à l'histoire, et nous avons décrété que l'ère française daterait du 22 septembre 1792, jour où le soleil arrive à l'équinoxe vrai d'automne, en entrant dans le signe de la Balance, à neuf heures dix-huit minutes du matin, pour l'Observatoire de Paris ; nous avons décrété la réforme complète du calendrier d'après ces mesures exactes ; et plus tard, Michel, tu verras cette œuvre admirable, qui donne à notre république le pas sur toutes les monarchies, obstinées dans les vieilles erreurs si favorables à leur domination.

« Nous ne reconnaissons que la justice et la raison, cela fait notre force, indestructible comme la nature elle-même.

« Mais ce que je place encore au-dessus de tout cela, c'est notre décret sur l'instruction publique ; car il ne suffit pas d'avoir du bon grain, il faut le répandre. Que les despotes mettent des entraves à la parole, à la pensée, aux écrits, c'est tout simple ; qu'ils empêchent ou retardent le progrès des lumières, rien de plus facile à concevoir : si la vérité se répand, ils sont perdus ! La république, au contraire, n'a pas de meilleure alliée : c'est par l'instruction qu'elle surmontera tout ; et, quels que soient la résistance des autres, leurs mensonges, leurs fourberies et leurs chicanes, la digue est rompue ; ce n'est plus qu'une question de temps ; la lumière éclairera les aveugles même.

« Nous avons donc décrété l'obligation imposée aux pères, mères, tuteurs et curateurs d'envoyer leurs enfants et pupilles aux écoles du premier degré. Ce décret est du 29 frimaire dernier. Ce n'est que le commencement d'une quantité d'autres mesures que nous allons prendre, et qui sont déjà préparées, pour avoir de bons instituteurs dans les sciences, les arts, l'agriculture, le commerce, la navigation, et même la guerre. Un peuple libre doit savoir se défendre : nous aurons des ingénieurs militaires, des mines, des ponts et chaussées ; des géographes, des ingénieurs de marine. Tout ce que le grand roi et tous les rois du monde depuis quinze cents ans n'ont pu faire, nous le ferons en huit ou dix ans au plus.

« Après cela, que la valetaille crie et nous calomnie ; qu'elle mette ses anciens maîtres au-dessus de nous ; qu'elle nous appelle comme aujourd'hui « des buveurs de sang, » parce que nous ne reculons devant rien pour sauver la patrie et les droits de l'homme, en détruisant l'aristocratie, la misère et l'ignorance ; qu'elle dise tout ce qui lui plaira, Michel ; même en cas de malheur, et si nous devions succomber, les conventionnels, depuis le premier jusqu'au dernier, ne s'en moquent pas mal : la postérité leur rendra justice !

« Dieu veuille seulement que nous restions unis, comme nous l'avons été depuis la chute de ces malheureux girondins qui nous énervaient et compromettaient tout. S'ils étaient restés les maîtres, la république n'existerait plus ; les rois, coalisés contre les droits de l'homme, auraient fait une Saint-Barthélemy de patriotes ; l'ancien régime serait rétabli dans toute sa force, avec sa noblesse, son clergé, ses priviléges abominables ; le pauvre peuple travaillerait encore une fois, comme avant 89, pour entretenir deux à trois cent mille individus dans l'orgueil et la paresse ; et l'Autrichien, le Prussien, l'Anglais, l'Espagnol, le Piémontais, auraient pris chacun un morceau de la France, pour se payer des frais de la guerre.

« Notre union a fait notre force ; elle nous a donné la victoire, et nous avons encore besoin de force pour accomplir notre œuvre.

« Deux hommes s'élèvent dans la Convention au-dessus des autres, par leurs talents et leurs services : Robespierre veut tout organiser, c'est un grand organisateur ; il donne tout à l'Etat, il veut que tout dépende de l'Etat. Danton, lui, veut tout laisser libre ; il veut tout laisser au concours ; l'Etat doit réglementer le moins possible ; tout doit être, d'après lui, au choix du peuple : juges, représentants, administrateurs, fonctionnaires, etc. Ce sont des idées bien différentes, bien difficiles à concilier. Nous verrons ce que décidera l'avenir, et mon plus grand désir pour le salut de la patrie, c'est que ces deux hommes puissent s'aimer et s'entendre ; qu'ils mettent toujours l'intérêt de la république au-dessus de tout... Mais voici maître Jean, Létumier et tous les amis qui arrivent ; je les entends rire dans l'escalier. Mon cher Michel, je t'embrasse. Maître Jean et les autres me chargent tous de leurs poignées de main et de leurs embrassades pour toi. Ils me disent qu'avec toi la fête serait plus complète; c'est bien vrai, mon bon Michel, et nous serions tous heureux de te serrer sur notre cœur.

« Ton père,

« CHAUVEL. »

Au bas de cette bonne lettre, maître Jean, de sa grosse écriture, avait mis :

« Salut et fraternité, mon vieux Michel. Ah ! que je serais content de te voir avec nous à table avec Marguerite. Cela viendra. Nous forgerons encore ensemble. Ce gueux de Valentin voulait me pendre, il était dans les soldats de Condé ; nous les avons joliment arrangés ; ils courent comme des lièvres !... Enfin nous t'embrassons tous mille fois.

« Vive la république ! »

Au-dessous plus de vingt patriotes avaient signé.

Et voilà mon troisième volume fini.

Le printemps revient, je n'en suis pas fâché. Tout cet hiver, j'ai fatigué mes yeux à relire les vieux papiers ; nous allons remettre les lunettes dans l'étui pour quelque temps, et puis nous finirons cette longue histoire.

Au revoir, les amis, et portons-nous bien tous, c'est le principal.

MICHEL BASTIEN.

A la ferme du Valtin.

28 février 1869.

FIN DE LA TROISIEME PARTIE

CONVENTION NATIONALE

SÉANCE DU 4 FRUCTIDOR AN II

(Jeudi 21 août 1793)

RAPPORT DE CAMBACÉRÈS

SUR LE CODE CIVIL

Citoyens, elle est enfin arrivée cette époque si désirée, qui doit fixer pour jamais l'empire de la liberté et les destinées de la France.

La Constitution, demandée partout avec transport, a été reçue par tous les citoyens avec le sentiment de l'admiration et de la reconnaissance ; et, comme une éclatante aurore est l'annonce d'un beau jour, avec la constitution doivent commencer le bonheur du peuple et la prospérité de la République.

Vous avez rempli, en grande partie, la tâche honorable qui vous avait été imposée ; mais vos obligations ne sont point entièrement remplies ; vos travaux ne sont point encore finis.

Après avoir longtemps marché sur des ruines, il faut élever le grand édifice de la législation civile, édifice simple dans sa structure, mais majestueux par ses proportions ; grand par sa simplicité même, et d'autant plus solide que, n'étant point bâti sur le sable mouvant des systèmes, il s'élèvera sur la terre ferme des lois de la nature et sur le sol vierge de la République.

Ici nous ne devons employer qu'une élocution facile, dont la précision et la clarté fassent tout le mérite : cette éloquence est la seule qui convienne aux législateurs pour se faire écouter, et aux lois pour se faire entendre.

Les lois d'une république naissante sont comme les ouvrages de la nature, que trop de parure dégrade, et qui ne doivent briller que de leur seule beauté.

Ce serait se livrer à un espoir chimérique, que de concevoir le projet d'un Code qui préviendrait tous les cas. Beaucoup de lois, a dit un historien célèbre, font une mauvaise république ; leur multiplicité est un fardeau, et le peuple qui en est accablé, souffre presque autant de ses lois que de ses vices.

Peu de lois suffisent à des hommes honnêtes ; il n'en est jamais assez pour les méchants ; et lorsque la science des lois devient un dédale où le plus habile se perd, le méchant triomphe avec les armes même de la justice.

Une autre difficulté se présente : si la multitude des lois offre des dangers, leur trop petit nombre peut nuire à l'harmonie sociale.

Le législateur ne doit pas aspirer à tout dire, mais après avoir posé des principes féconds, qui écartent d'avance beaucoup de doutes, il doit saisir des développements qui laissent subsister peu de questions.

Quel est donc le principal but auquel nous devons aspirer ? c'est l'honneur de donner les premiers ce grand exemple aux peuples, d'épurer et d'abréger leur législation.

La vérité est une et indivisible.

Portons dans le corps de nos lois le même esprit que dans notre corps politique, et comme l'égalité, l'unité, l'indivisibilité ont présidé à la formation de la République, que l'unité et l'égalité président à l'établissement de notre Code civil ; que ce soit, en un mot, par le petit nombre des textes que nous arrivions à cette unité harmonique qui fait la force du corps social, qui en dirige tous les mouvements dans un accord merveilleux, à peu près comme les lois simples de la création président à la marche et à l'harmonie de l'univers.

Je viens d'énoncer, citoyens, les vues qui ont guidé votre comité de législation dans le grand ouvrage que vous l'avez chargé d'entreprendre. En mesurant l'étendue de ses obligations, le comité n'a point tardé à reconnaître qu'un bon Code devait embrasser les principes généraux et les éléments indicatifs de ces principes. Le législateur travaille pour le peuple ; il doit surtout parler au peuple ; il a rempli sa tâche lorsqu'il en est entendu.

L'esquisse que nous vous offrons, contient des articles dont l'application sera facile aux cas qui se reproduisent avec fréquence dans le cours de la vie civile ; elle contient aussi des précautions destinées à prévenir des procès qui naissent presque toujours de l'obscurité des textes ou de leur contradiction.

Si notre travail peut obtenir votre suffrage, nous le compléterons par un livre particulier, contenant des règles simples pour l'exercice des actions civiles, et par de nouvelles vues sur les lois pénales et sur la justice criminelle.

Il serait superflu de vous présenter l'analyse complète de nos articles ; mais nous vous devons quelques éclaircissemets sur les points principaux de notre projet.

Les personnes et les propriétés ont été successivement le sujet de nos méditations.

La Constitution a fixé les droits politiques des Français ; c'est à la législation qu'il appartient de régler leurs droits civils.

Ces droits sont acquis à l'enfant dès le moment où il respire ; la seule majorité lui en assure le plein exercice ; elle est fixée à vingt et un ans.

Les rapports établis entre les individus qui composent la société constituent l'état des personnes.

La législation doit donc régler les dispositions et les formes des naissances, des mariages, des divorces et des décès. L'homme naît et meurt à la patrie ; la société doit le suivre dans les principales époques de sa vie.

Le pacte matrimonial doit son origine au droit naturel ; il a été perfectionné et fortifié par les institutions sociales ; la volonté des époux en fait la substance ; le changement de cette volonté en opère la dissolution ; de là, le principe du divorce, établissement salutaire longtemps repoussé de nos mœurs par l'effet d'une influence religieuse, et qui deviendra plus utile, par l'attention que nous avons eue de simplifier la procédure qu'il nécessite, et d'abréger les délais qu'il prescrit.

Les conventions matrimoniales subsistent par la volonté des parties ou par l'autorité de la loi. La volonté des contractants est la règle la plus absolue ; elle ne connaît d'autres bornes que celles qui sont placées par l'intérêt général. Ainsi les époux ne peuvent, dans le pacte matrimonial, ni éluder les mesures arrêtées pour opérer la division des fortunes, ni contrevenir au principe qui a consacré l'égalité dans les partages.

La loi fixera des règles simples dérivant de la nature même du mariage ; elle consacrera la communauté des biens, comme le mode le plus conforme à cette union intime, à cette unité d'intérêts, fondement inaltérable du bonheur des familles.

Les mêmes motifs nous ont fait adopter l'usage de l'administration commune. Cette innovation éprouvera peut-être des critiques ; elles auront leur réponse dans ce principe d'égalité qui doit régler tous les actes de notre organisation sociale, et dans notre intention d'empêcher ces engagements indiscrets qui ruinaient souvent la fortune des deux époux, amenaient la division intestine, les chagrins et la misère.

Après avoir considéré le mariage sous l'aspect des rapports qu'il établit entre les époux, il nous restait à le considérer comme la tige des liens qui doivent unir les enfants et les auteurs de leur existence.

La voix impérieuse de la raison s'est fait entendre ; elle a dit : il n'y a plus de puissance paternelle ; c'est tromper la nature que d'établir ses droits par la contrainte.

Surveillance et protection ; voilà les droits des parents ; nourrir, élever, établir leurs enfants, voilà leurs devoirs.

Quant à l'éducation, la Convention en décrétera le mode et les principes.

La nourriture ne se prescrit pas ; mais rien n'est indifférent dans l'art de former les hommes.

Chiron fut chargé de l'éducation d'Achille ; il le nourrissait de moelle de lion.

Les enfants seront dotés en apprenant, dès leur tendre enfance, un métier d'agriculture ou d'art mécanique. Avec cette ressource, également à l'abri et des coups du sort et des tourments de l'ambition, nos jeunes républicains renouvelleront le rare spectacle d'un peuple agriculteur, riche sans opulence, content sans fortune, grand par son travail ; et lorsque l'orgueil dédaigneux leur demandera où sont leurs richesses, tels que ce fameux Romain, accusé de magie à cause de la fertilité de ses terres, et qui, forcé de se défendre, se contenta d'apporter avec sa charrue tous les instruments de ses travaux champêtres, et les jetant aux pieds de ses juges : « Voilà, leur « dit-il, mes enchantements et mes sortiléges ; » ainsi les enfants de la patrie montreront leurs moissons, leurs cultures, leurs arts, leurs travaux, et ils diront à l'envie étonnée : « Voilà « nos trésors. »

Si la loi place tous les enfants sous la bienfaisante tutelle de ceux qui leur ont donné l'être, elle a dû porter ses regards sur une classe d'infortunés depuis longtemps victimes du préjugé le plus atroce.

La bâtardise doit son origine aux erreurs religieuses et aux invasions féodales ; il faut donc la bannir d'une législation conforme à la nature. Tous les hommes sont égaux devant elle. Pourquoi laisseriez-vous subsister une différence entre ceux dont la condition devrait être la même ?

Nous avons mis au même rang tous les enfants qui seront reconnus par leur père ; mais, en faisant un acte que la justice réclamait, nous avons dû prévenir les fraudes et les vexations. Ces motifs nous ont déterminés à exiger que la déclaration du père fût toujours soutenue de l'aveu de la mère, comme le témoin le plus incontestable de la paternité. Nous avons résolu aussi d'écarter ces formes inquisitoriales longtemps pratiquées dans l'ancienne jurisprudence; et nous refusons toute action qui aurait pour objet de forcer un individu à reconnaître un enfant qu'il ne croit pas lui appartenir.

Quant aux enfants nés avant la promulgation de la loi, la possession d'état leur suffira pour recueillir les successions de leurs père et mère, ouvertes depuis le 14 juillet 1789. Et qu'on ne nous dise point que c'est donner à la loi un effet rétroactif; ce principe ne s'applique point lorsqu'il s'agit d'un droit primitif, d'un droit qu'on tient de la nature; d'ailleurs, les enfants naturels ont été appelés aux droits de successibilité par le décret du 4 juin dernier.

Vous aviez déjà mis l'adoption au nombre de nos lois; il ne nous restait qu'à en régler l'exercice.

L'adoption est tout à la fois une institution de bienfaisance et la vivante image de la nature. Le respect dû à cette double qualité a déterminé le mode que nous venons vous soumettre.

L'adoption donne plus d'étendue à la paternité, plus d'activité à l'amour filial; elle vivifie la famille par l'émulation; elle la répare par de nouveaux choix, et corrigeant ainsi les erreurs de la nature, elle en acquitte la dette en agrandissant son empire. — C'est le rameau étranger enté sur un tronc antique; il en ranime la sève; il embellit sa tige de nouveaux rejetons; — et, par cette insertion heureuse, elle couronne l'arbre d'une nouvelle moisson de fleurs et de fruits. Admirable institution, que vous avez eu la gloire de renouveler, et qui se lie si naturellement à la constitution de la république, puisqu'elle amène sans crise la division des grandes fortunes! Enfin nous n'avons point terminé la partie du Code qui appartient à l'état des personnes, sans avoir arrêté des dispositions relatives aux tutelles, aux interdits, aux absents.

Des règles simples, faciles à saisir, plus faciles à exécuter; voilà quel est le résultat de nos veilles et le fruit de nos méditations.

Nous avons considéré les biens relativement à leur essence et relativement à ceux qui en sont les propriétaires. Cette distinction nous a paru tenir à la nature des choses. Toute autre différence, quant à leur origine ou à leur transmission, a dû être proscrite.

Il n'était pas de notre sujet de résoudre ce problème qui a si longtemps agité les publicistes, et de décider si la propriété existe par les lois de la nature, ou si c'est un bienfait de la société; nous avons dû seulement préciser les droits qui lui sont inhérents, et en régler l'usage. Ainsi, après avoir fixé les moyens d'acquérir et conserver, après avoir réduit la prescription aux seuls effets qu'elle doit produire, nous avons arrêté notre attention sur les articles intéressants qui doivent régler désormais la disposition des biens.

Tous les enfants sont appelés à partager également le patrimoine de leur famille; tel est l'ordre de la nature, tel est le vœu de la raison; mais cette règle sera-t-elle si absolue, que les chefs de famille n'aient jamais la faculté de disposer d'une partie de leur héritage? Le comité ne le pense point ainsi; il a cru qu'une telle obligation blesserait trop nos habitudes, sans aucun avantage pour la société, sans aucun profit pour la morale; mais il a estimé que la réserve devait être modique, et qu'elle ne devait jamais être l'occasion d'une injuste préférence pour aucun des enfants.

En consacrant cette règle pour les successions directes, nous avons dû, avec plus de raison, l'étendre aux successions collatérales; c'est la loi civile qui les régit, et leur disposition doit être faite suivant la volonté de l'homme, plutôt que selon l'ordre de la parenté.

Après avoir établi ces deux bases, après nous être assurés que les propriétés seraient toujours divisées, nous avons abrogé toutes les formes testamentaires, pour leur substituer deux actes simples, la donation entre-vifs et la donation héréditaire.

La première est irrévocable; la bienfaisance est son principe; il répugne à l'idée de bienfaisance que l'on puisse donner à un riche; il répugne à la nature que l'on puisse faire de pareils dons, lorsqu'on a sous les yeux l'image de la misère et du malheur; ces considérations attendrissantes nous ont déterminés à arrêter un point fixe, une sorte de *maximum*, qui ne permet pas de donner à ceux qui l'ont atteint.

A l'égard des donations héréditaires, elles ne peuvent jamais comprendre que la quotité des biens dont chaque citoyen pourra disposer; enfin, nous vous proposons d'autoriser ceux qui sont appelés à une succession à user de la faculté d'y renoncer; et nous assujettissons au rapport ceux qui voudraient se soustraire à l'égalité établie au moyen de ces donations dont l'usage a été si fréquent jusqu'à ce jour.

La partie des contrats ne nous a pas offert d'aussi grands changements que les autres: les simples relations commerciales, celles qui n'appartenaient pas exclusivement à une classe d'individus, avaient assez approché de la justice, attendu que, dans cette promiscuité d'intérêts, les choses avaient naturellement pris leur niveau.

Le fond du tableau a donc souffert peu d'altérations; il a fallu seulement imprimer un grand caractère aux conventions, et ne pas permettre que leur stabilité fût légèrement compromise; ainsi, nous avons rejeté la faculté de rachat des immeubles, qui avait le double inconvénient d'être une source intarissable de contestations, et de nuire aux progrès de l'agriculture et à l'embellissement des cités, par l'incertitude qu'elle laissait sur les propriétés. Nous vous proposons pareillement d'anéantir les plaintes en lésion, à la faveur desquelles le contrat formé devenait nul, au moyen d'une estimation arbitraire.

La libération étant de droit naturel, nous l'avons admise dans tous les cas, et nous avons estimé que les débiteurs des rentes viagères devaient avoir la faculté de les rembourser, comme les débiteurs des rentes constituées.

Enfin, nous avons pensé que la morale et la raison demandaient l'abolition du serment, créé pour servir de supplément aux conventions, mais qui, au lieu d'étayer le bon droit, ne fut presque toujours qu'une occasion de parjure.

Longtemps nos tribunaux ont retenti de ces mots : *Présomption et commencement de preuves par écrit*. Nous ne craignons pas de le dire : il n'y a pas plus de présomption et de commencement de preuves, qu'il n'y a de demi-vérité; sans preuve complète, le juge ne peut prononcer que la libération.

Jusqu'ici notre législation avait été très-imparfaite sur l'importante matière des hypothèques; pour la compléter, nous avons réuni à notre travail les principales dispositions d'un projet qui, étant examiné sous tous les rapports, paraît présenter un grand intérêt, puisqu'il offre des moyens d'accroître la puissance nationale, en augmentant la richesse particulière de chaque citoyen.

Nous vous proposons d'abolir l'hypothèque tacite, comme affectant les biens d'une manière invisible, et entraînant avec elle les plus graves inconvénients.

A l'avenir, l'hypothèque résultera d'un acte authentique ou d'une condamnation judiciaire; et au moyen d'une inscription sur des registres publics, les droits des créanciers seront à l'abri de toute atteinte.

Tels sont, citoyens, les principaux éléments de l'ouvrage que nous vous proposons de consacrer à la prospérité de la France et au bonheur de tous les peuples. Puissent-ils ne recevoir aucune atteinte, ni des outrages du temps, ni des passions des hommes. Les lois sont les ancres qui servent à fixer le vaisseau de l'État; mais trop souvent ces ancres le laissent flotter sur lui-même, par l'agitation et les vicissitudes des choses humaines. Vous ne déciderez point, dans une matière si grave, sans une discussion approfondie. Les lois une fois rédigées, il faut craindre de toucher à ce dépôt sacré. Ce n'est que des eaux corrompues qu'on rétablit la transparence en les agitant; mais ces eaux salubres, ces eaux bienfaisantes, éternel remède à nos maux, si elles ne perdent jamais leur salubrité, c'est à l'inviolabilité de leur profonde retraite qu'elles doivent ce précieux avantage.

En rédigeant le nouveau Code que nous venons vous offrir, loin de nous la présomption d'avoir inventé une théorie ou un système !... Nous n'en avons point; persuadés que toutes les sciences ont leur chimère, la nature est le seul oracle que nous ayons interrogé. Heureux, cent fois heureux le retour filial vers cette commune mère ! Quelle exemption de peines ! quelle moisson abondante de douceurs et de consolations ne nous procurerait-il pas ! Malheureusement les objets sont plus accessibles que les esprits sont maniables; et dans l'art difficile de faire goûter des lois, il ne faut compter que sur les effets de cette raison publique à qui rien ne résiste.

Quelle entreprise ! dira la malveillance accablée : quelle entreprise de tout changer à la fois dans les écoles, dans les mœurs, dans les coutumes, dans les esprits, dans les lois d'un grand peuple ! L'immortel Bacon répondait aux malveillants de son siècle, qui lui témoignaient la même surprise : « Si l'on s'étonne de mon audace, je m'étonnerai bien plus de notre faiblesse, et qu'il ne se trouve pas une âme assez vigoureuse pour rendre la raison à la vérité, et l'homme à la nature. »

Peut-être, dira-t-on : il ne suffisait pas d'avoir voulu tout régénérer, il fallait encore tout prévoir, tout ordonner... En détruisant les lois et les coutumes existantes, il fallait leur substituer une législation parfaite, qui ne laissât plus de doutes à résoudre, ni de difficultés à craindre. Nous répondrons à ces observateurs iniques, que c'est à la nation qu'il appartient de perfectionner et de raffermir notre ouvrage; que si les précautions pouvaient nous manquer pour arriver de la spéculation à la pratique, du moins le courage qui fait abattre les préjugés, surmonter les obstacles, braver les dangers, ne manquera jamais à la Convention nationale.

Hoche. (Page 118.)

O vous, enfants de la patrie! vous, qu'elle a chargés de porter dans cette enceinte l'expression de sa volonté souveraine, soyez témoins du zèle constant des fidèles représentants du peuple pour le salut de la République. Voyez le Code des lois civiles que la Convention prépare pour la grande famille de la nation, comme le fruit de la liberté. La nation le recevra comme le garant de son bonheur; elle l'offrira un jour à tous les peuples, qui s'empresseront de l'adopter, lorsque les préventions seront dissipées, lorsque les haines seront éteintes.

Citoyens, vous allez célébrer l'anniversaire de ce jour à jamais mémorable, où la liberté s'est assise sur les ruines du trône; vous allez célébrer la fête éternelle de la constitution française; rien ne peut troubler cette auguste cérémonie; et bientôt, de retour dans vos foyers, vous irez dans les villes et dans les campagnes, porter nos nouvelles lois et notre Code nouveau, comme le *palladium* de la République.

Paris. — Imp. Gauthier-Villars, 55, quai des Grands-Augustins.

ILLUSTRATIONS DE THÉOPHILE SCHULER.

HISTOIRE D'UN PAYSAN
1794 à 1795
PAR
ERCKMANN-CHATRIAN

QUATRIÈME PARTIE
LE CITOYEN BONAPARTE

I

Je vous ai raconté notre campagne de Vendée, ce que les Vendéens eux-mêmes appellent la grande guerre. Nous avions exterminé la mauvaise race sur les deux rives de la Loire, mais les trois quarts d'entre nous avaient laissé leurs os en route. Tout ce qu'on a vu depuis n'est rien auprès d'un acharnement pareil.

Le restant des Vendéens, après l'affaire de Savenay, s'était sauvé dans les marais le long de la côte, où le dernier de leurs chefs, le fameux Charette, tenait encore. Cette espèce de finaud ne voulait pas livrer de batailles rangées; il pillait, autour de ses marais, les fermes et les villages, emmenant bœufs, vaches, foin, paille, tout ce qu'il pouvait happer; les malheureux paysans, réduits à n'avoir ni feu, ni lieu, finissaient toujours par le rejoindre, et la guerre civile continuait.

La 18e demi-brigade et les autres troupes cantonnées aux environs de Nantes, d'Ancenis et d'Angers, fournissaient de forts détachements, pour tâcher d'entourer et de prendre ce chef de bandes; mais à l'approche de nos colonnes il se retirait précipitamment, et d'aller le suivre à travers les saules, les joncs, les aunes et autres plantations touffues, où les Vendéens nous attendaient en embuscade, on pense bien que nous n'étions pas si bêtes : ils nous auraient tous détruits en détail.

Voilà notre existence aux mois de janvier et février 1794. Et maintenant je vais marcher plus vite; je me fais vieux, j'ai encore plusieurs années à vous raconter jusqu'à la fin de notre république, et je ne veux rien oublier, surtout de ce que j'ai vu moi-même.

C'est dans une de nos expéditions contre Charette que je retombai malade. Il pleuvait tous les jours; nous couchions dans l'eau; les Vendéens coupaient souvent nos convois, nous manquions de tout; mes crachements de sang, par la souffrance, les privations, les marches forcées, recommencèrent plus fort; il fallut m'envoyer à Nantes, avec un convoi de blessés.

A Nantes, le médecin en chef ne me donna pas seulement quinze jours à vivre; les blessés du combat de Colombin encombraient les salles, les escaliers, les corridors; je demandai à retourner au pays :

« Tu veux revoir ton pays, mon garçon? me dit le major en riant; c'est bon, ton congé va bientôt venir! »

Et huit ou dix jours après il m'apportait déjà mon congé définitif, comme hors de service; un autre avait de la place dans mon lit.

Il s'est passé depuis des années et des années, le major qui m'avait condamné n'a plus mal aux dents, j'en suis sûr, et moi je suis toujours là! Que cela serve de leçon aux malades et aux vieillards que les médecins condamnent; ils vivront peut-être plus longtemps qu'eux; je ne suis pas le seul qui puisse leur servir d'exemple.

Enfin, ayant mon congé dans ma poche, et cent livres en assignats, que Marguerite m'avait envoyés bien vite, en apprenant par mes lettres que j'étais malade à l'hôpital de Nantes, je ramassai mon courage et je pris le chemin du pays. C'était en mars, au temps de la plus grande terreur et de la plus effrayante famine. Il ne faut pas croire que le temps était mauvais; au contraire, l'année se présentait bien, tout verdissait et fleurissait, les poiriers, les pruniers, les abricotiers étaient déjà blancs et roses avant la fin d'avril. On aurait béni l'Éternel, s'il avait été possible de rentrer la moitié des récoltes qu'on voyait en herbe; mais elles étaient encore sous terre, il fallait attendre des semaines et des mois pour les avoir.

Je pourrais vous peindre tout le long de la Loire les villages abandonnés, les églises fermées, les files de prisonniers qu'on emmenait; l'épouvante des gens qui n'osaient vous regarder; les commissaires civils, avec leur écharpe et leurs hommes, le dénonciateur derrière, en train de faire la visite; les gendarmes et même les citoyens qui vous demandaient votre feuille de route à chaque pas.

Les hébertistes, qui voulaient abolir l'Être suprême, venaient d'être guillotinés; on cherchait de tous les côtés leurs complices, et naturellement plus d'un frémissait, car on ne voulait plus d'ivrognes, plus de débauchés, plus d'êtres éhontés qui renient la justice et l'humanité; on ne parlait plus que de Robespierre et du règne de la vertu.

Moi je me traînais d'étape en étape, tout pâle et maigre, comme un malheureux qui n'a plus que le souffle. Quelquefois les paysans que je rencontrais, tournant la tête, avaient l'air de se dire en eux-mêmes :

« Celui-là n'a pas besoin de s'inquiéter, il ne fera pas de vieux os! »

Dans les environs d'Orléans, l'idée me vint d'aller voir Chauvel à Paris; c'était une idée de malade qui se raccroche à toutes les branches. Je me figurais que les médecins de Paris en savaient plus que les barbiers, les vétérinaires et les arracheurs de dents qu'on avait envoyés dans nos bataillons en 92; et puis Paris c'était tout : c'est de là que partaient les décrets, les ordres aux armées, les gazettes et les grandes nouvelles; je voulais voir Paris avant de mourir, et vers le commencement d'avril j'arrivai dans ses environs.

Quant à vous peindre comme Marguerite et Chauvel cette grande ville, ce mouvement au loin, ces faubourgs, ces barrières, ces courriers qui vont et viennent, ces grandes rues encombrées de monde, ces files de misérables en guenilles, enfin ce bourdonnement de cris, de voitures, qui monte et descend comme un orage, vous devez bien comprendre que je n'en suis pas capable ; d'autant plus que j'ai passé là dans un temps extraordinaire, seul, malade, sans savoir, au milieu de cette confusion, ce qu'il fallait regarder, ni même de quel côté je venais d'entrer et de quel côté j'allais sortir.

Tout ce qui me revient, c'est que je descendais une grande rue qui n'en finissait pas, et que cela dura plus d'une heure ; ceux auxquels je demandais la rue du Bouloi me répondaient tous :

« Toujours devant vous ! »

Je croyais perdre la tête.

Il pouvait être cinq heures et la nuit venait, lorsque, à la fin des fins, au bout de cette rue, en face d'un vieux pont couvert de grosses guérites en pierres de taille, je vis la Seine, de vieilles maisons à perte de vue penchées au bord, une grande église noire sans clocher par-dessus, et d'autres bâtisses innombrables. Le soleil se couchait justement, tous ces vieux toits étaient rouges. Comme je regardais cela, me demandant de quel côté tourner, quelque chose d'épouvantable passa devant moi, quelque chose d'horrible et qui fait encore bouillonner mon vieux sang après tant d'années.

J'avais déjà passé le pont ; et voilà qu'au milieu d'une foule de canailles, — qui criaient, dansaient, roulaient les uns sur les autres, en levant leurs sales casquettes et leurs bâtons, — voilà qu'entre deux forts piquets de gendarmes à cheval, s'avancent lentement trois voitures pleines de condamnés. Dans la première de ces voitures, à longues échelles peintes en rouge, deux hommes se tenaient debout, en bras de chemise, la poitrine et le cou nus, les mains liées sur le dos. Tous les autres condamnés étaient assis sur des bancs à l'intérieur et regardaient devant eux d'un air d'abattement et les joues longues ; mais de ces deux-là, l'un fort, large des épaules, la tête grosse, les yeux enfoncés et comme remplis de sang, riait en serrant ses lèvres, on aurait dit un lion entouré de misérables chiens qui gueulent et s'excitent pour tomber dessus ; il les regardait d'un air de mépris, ses grosses joues pendantes tremblaient de dégoût. L'autre plus grand, sec et pâle, voulait parler ; il bégayait en écumant, l'indignation le possédait.

Ces choses sont peintes devant moi ; je les verrai jusqu'à ma dernière heure.

Et pendant que les chevaux, les sabres, les échelles rouges et la race abominable s'éloignaient, piaffant, grinçant et criant : « A mort les corrompus !... A mort les traîtres !... Ça ira !... Dansons la carmagnole !... A toi, Camille !... A toi, Danton !... Ha! ha! ha!... Vive le règne de la vertu! Vive Robespierre ! » pendant que cette espèce de mauvais rêve s'en allait à travers la foule innombrable, penchée aux fenêtres, aux balcons, rangée le long de la rivière, voilà que la deuxième voiture arrive, aussi pleine que la première, et plus loin la troisième. Je me souvins en même temps que Chauvel était l'ami de Danton, et je frémis en moi-même ; s'il avait été là, malgré tout j'aurais tiré mon sabre pour tomber sur la canaille et me faire tuer, mais je ne le vis pas ; je reconnus seulement notre général Westermann dans le nombre : le vainqueur de Châtillon, du Mans, de Savenay. Il s'y trouvait, lui, les mains attachées sur le dos, tout sombre et la tête penchée.

La même abomination de cris, de chants et d'éclats de rire suivait ces deux dernières voitures.

Ce n'est pas l'idée de la mort qui peut faire trembler de pareils hommes, mais la colère de voir l'ingratitude du peuple, qui les laisse insulter et traîner à la guillotine par des mouchards. Ces mouchards ont sali notre révolution ; ils se disaient sans-culottes et vivaient à leur aise dans la police, pendant que le peuple, ouvriers et paysans, souffrait toutes les misères ; ils restaient à Paris pour souffleter les victimes, pendant que nous autres, par centaines de mille, nous défendions la patrie et versions notre sang à la frontière.

Enfin je partis de là dans l'épouvante. Je voyais déjà notre république perdue, cette manière de se guillotiner les uns les autres ne pouvait pas durer longtemps ; ce n'est pas en coupant le cou aux gens qu'on prouve au peuple qu'ils avaient tort.

A quelques cents pas plus loin, je finis par trouver la maison où demeurait Chauvel. Il faisait nuit. J'entrai dans la petite allée sombre ; en bas, à gauche, demeurait un tailleur, au fond d'une niche que sa table remplissait tout entière. C'était un vieux, le nez rouge jusqu'aux oreilles. Je lui demandai le représentant du peuple Chauvel. Aussitôt cet homme, avec de grosses besicles, me regarda des pieds à la tête ; ensuite il décroisa ses jambes cagneuses et me dit :

« Attends, citoyen, je vais le chercher. »

Il sortit, et cinq ou six minutes après, il revenait, amenant un gros homme court, le chapeau retroussé, une grosse cocarde devant, et l'écharpe tricolore autour du ventre. Deux ou trois sans-culottes le suivaient.

« Tenez, le voilà, dit le tailleur, c'est lui qui demande Chauvel. »

L'autre, un commissaire civil sans doute, commença par me demander qui j'étais, d'où je venais. Je lui répondis que Chauvel le saurait bien.

« Au nom de la loi, me cria cet homme, je te demande tes papiers!... Vas-tu te dépêcher, oui ou non ? »

Les sans-culottes alors entrèrent dans la niche. Je ne pouvais plus me remuer; de tous les côtés dans la petite allée, j'entendais des gens marcher, descendre des escaliers, et je voyais cette espèce me regarder dans l'ombre avec des yeux de rats; c'est pourquoi tout pâle de colère, je jetai ma feuille de route et mon congé sur la table. Le commissaire les prit et les mit dans sa poche en me disant :

« Arrive! — Et vous autres, attention, qu'on ouvre l'œil! »

Le tailleur paraissait content; il croyait déjà tenir la prime de cinquante livres : j'aurais voulu l'étrangler.

Il fallut sortir. Cinquante pas plus loin, dans une grande salle carrée où des citoyens montaient la garde, on examina mes papiers.

Quant à vous dire toutes les questions que me fit le commissaire sur mon engagement, sur ma route, sur mon changement de direction et la manière dont j'avais connu Chauvel, c'est impossible depuis le temps. Cela dura plus d'une demi-heure. A la fin il reconnut pourtant que mes papiers étaient en règle et me dit, en posant dessus son cachet, que Chauvel était en mission à l'armée des Alpes. Alors la colère me prit; je lui criai :

« Ne pouviez-vous pas me dire cela tout de suite? tas de... »

Mais je retins ma langue; et le commissaire, me regardant d'un air de mépris, s'écria :

« Tout de suite! Il fallait te dire cela tout de suite! Ah çà! dis donc, imbécile, est-ce que tu crois que la république raconte ses secrets au premier venu? Est-ce que tu ne pouvais pas être un espion de Cobourg ou de Pitt? Est-ce que tu portes ton certificat de civisme peint sur ta figure? »

Cet homme paraissait furieux; s'il avait fait un signe aux sectionnaires, attentifs autour de nous, avec leurs piques, j'étais arrêté. J'eus assez de bon sens pour garder le silence; et lui, vexé de n'avoir pas fait une bonne prise, me montra la porte en disant :

« Tu es libre; mais tâche de ne pas être toujours aussi bête, ça te jouerait un mauvais tour. »

Je sortis bien vite et je remontai la rue. Tous ces sans-culottes me regardaient encore de travers.

Durant les deux jours que je restai à Paris, le même spectacle me suivit : partout les gens ne voyaient que des suspects, le premier venu pouvait vous arrêter; on passait sans oser se regarder les uns les autres. Et ce n'était pas sans cause : les trahisons avaient donné le branle ; la disette poussait les misérables à chercher de quoi vivre, ils dénonçaient les gens, pour avoir la prime! Un mal avait amené l'autre; nous étions en pleine terreur, et cette terreur épouvantable venait des Lafayette, des Dumouriez, de tous ceux qui, dans le temps, avaient livré nos places, essayé d'entraîner leurs armées contre la nation et porté les paysans à détruire la république. Les grands maux font les grands remèdes, il ne faut pas s'en étonner.

Une fois hors des griffes du commissaire, en remontant la vieille rue sombre, je finis par trouver une de ces auberges où les mendiants et les pauvres diables de mon espèce logeaient à quelques sous la nuit. C'est ce qu'il me fallait; car avec mon vieux sac, mon vieux chapeau, mes pauvres habits de Vendée, tout usés, déchirés et rapiécés, on n'aurait pas voulu me recevoir ailleurs. J'entrai donc dans ce cabaret borgne, et la vieille qui se trouvait derrière le comptoir, au milieu d'un tas de sans-culottes qui buvaient, fumaient et jouaient aux cartes, cette vieille comprit tout de suite ce que je voulais. Elle me conduisit en haut de sa baraque, moyennant une corde qui servait de rampe; il fallut payer d'avance, et puis m'étendre sur une paillasse, d'où les puces, les punaises et autres vermines me chassèrent bientôt. Je m'étendis alors sur le plancher, la tête sur mon sac, comme en plein champ; et, malgré les mauvaises odeurs, les cris d'ivrognes, le passage des rondes en bas dans la rue; malgré le manque d'air dans ce recoin, sous les tuiles, et les jurements abominables de ceux qui trébuchaient dans l'escalier, je dormis jusqu'au matin.

L'idée que Danton, Camille Desmoulins, Westermann et les meilleurs patriotes étaient morts; que leurs têtes coupées reposaient l'une sur l'autre avec leurs corps, dans le sang, me réveilla bien deux ou trois fois; mon cœur se serrait; je bénissais le ciel de savoir Chauvel en mission à l'armée, et je me rendormais à force de fatigue.

Le lendemain d'assez bonne heure je descendis; j'aurais pu m'en aller tout de suite, ma dépense était payée, mais autant rester là, puisqu'on y mangeait à bon marché. Je m'assis donc tout seul, et je déjeunai tranquillement avec un morceau de pain, du fromage, un demi-litre de vin. Cela me coûta deux livres dix sous en assignats; il me restait soixante-quinze livres.

Je voulais voir la Convention nationale avant de retourner au pays. Depuis trois mois que nous avions couru le Bocage et le Marais, nous ne connaissions plus les nouvelles ; les fédérés parisiens avaient presque tous péri ; eux seuls s'inquiétaient des grandes batailles de la Convention, des Jacobins et des Cordeliers ; après eux on n'avait plus songé qu'au service. La mort de Danton, de Camille Desmoulins et de tous ces patriotes qui les premiers avaient soutenu la république, me paraissait quelque chose de terrible ; il fallait donc que les royalistes eussent pris le dessus ! voilà les idées qui me passaient par la tête ; et sur les huit heures, ayant payé ce que je devais à la vieille, je laissai chez elle mon sac, en la prévenant que je reviendrais le prendre.

Tout ce que Marguerite m'avait écrit autrefois sur Paris, sur les cris des marchands, les files de malheureux à la porte des boulangeries, les disputes au marché pour s'arracher ce que les campagnards apportaient, je le vis alors, et c'était devenu pire. On chantait de nouvelles chansons ; on criait partout les journaux qui parlaient de la mort des corrompus.

Je me souviens avoir traversé d'abord une grande cour plantée de vieux arbres, — le palais du ci-devant duc d'Orléans, — et d'avoir vu beaucoup de gens assis dehors, en train de boire et de lire les gazettes ; ils riaient, ils se saluaient comme si rien ne s'était passé. Plus loin, sur l'enseigne d'une salle en plein air, qui me rappela celle que Chauvel avait établie chez nous pour la commodité des patriotes, ayant lu : « Cabinet de lecture, » j'entrai hardiment et je m'assis parmi des quantités de citoyens, qui ne tournèrent pas même la tête ; là je lus le *Moniteur* tout entier, et d'autres gazettes racontant le procès des dantonites, ce qui ne me coûta que deux sous

Le Comité de salut public avait fait arrêter les dantonistes, soi-disant pour avoir conspiré contre le peuple français, en voulant rétablir la monarchie, détruire la représentation nationale et le gouvernement républicain. On les avait empêchés de parler ; on avait refusé de faire venir les témoins qu'ils demandaient ; et comme ils s'indignaient ; comme Danton parlait au peuple et que le peuple s'indignait avec lui, Saint-Just et Billaud-Varennes, représentant le Comité de salut public devant le tribunal révolutionnaire, avaient couru dire à la Convention que les accusés se révoltaient, qu'ils insultaient la justice, et que si la révolte gagnait le dehors, tout était perdu.

Ces malheureux ne parlaient pas des justes réclamations de Danton, de la liste des témoins qu'il demandait et qu'il fallait entendre, selon la loi !

Saint-Just dit qu'un décret seul pouvait arrêter la révolte. Et cette grande Convention nationale, tremblant alors devant le Comité de salut public, dont Robespierre, Saint-Just et Couthon s'étaient rendus maîtres, cette Convention, qui tenait tête à toute l'Europe, avait décrété que le président du tribunal révolutionnaire devait employer tous les moyens pour forcer les accusés de respecter la tranquillité publique, et même, s'il le fallait, aller jusqu'à les mettre hors la loi !

C'est tout ce que Robespierre voulait.

Le lendemain, sans entendre les témoins, ni l'accusateur public, ni les défenseurs, ni le président, les jurés assassins décidèrent qu'ils en savaient assez ; ils déclarèrent Danton et ses amis coupables d'avoir voulu renverser la république, et les juges leur appliquèrent la peine de mort.

Je n'ai pas besoin de vous rappeler les paroles de Danton, de Camille Desmoulins et des autres dantonistes ; elles sont dans tous les livres qui parlent de la république. Danton avait dit : « Mon nom est inscrit au panthéon de l'histoire ! » Il avait raison ; ce nom est inscrit tout en haut et celui de ses assassins en bas ; Danton les écrase ! C'est le premier, le plus grand et le plus fort des hommes de la Révolution ; il avait du cœur et du bon sens, ses ennemis n'en avaient pas ; ils ont perdu la république, et lui l'avait sauvée. Tant qu'un honnête homme vivra parmi nous, Camille Desmoulins aura des amis qui plaindront son sort ; tant qu'il restera chez nous des braves, le nom de Westermann sera respecté. Mais je dis là des choses que tout le monde sait ; il vaut mieux continuer tranquillement et ne pas s'emporter.

Après avoir lu cela, les yeux troubles, je me rendis à la Convention ; je n'eus qu'à demander au premier venu, il me dit :

« C'est là-bas. »

Autant que je me rappelle, c'était une grande bâtisse, donnant sur un jardin, l'escalier sous une voûte et la lumière venant d'en haut. Chacun pouvait y monter, mais il fallait arriver de bonne heure, pour avoir de la place dans les balcons à l'intérieur, garnis de drapeaux tricolores et de couronnes en peinture. Je trouvai tout de suite une place sur le devant de ces balcons. On était assis comme aux orgues d'une église, les bras sur la balustrade. Je voyais tous les bancs en bas, en demi-cercle, les uns au-dessus des autres, jusque près du mur, la tribune en face. On montait à la tribune par des escaliers sur les côtés. Tout était en bois de chêne et bien travaillé Les représentants arrivaient à la file se mettre dans leurs bancs, les uns à gauche, les autres à droite, en haut, en bas, dans le milieu, ce qui prit bien une heure. Nos balcons aussi se remplissaient de gens du peuple en bonnet rouge à petite cocarde, quelques-uns avaient des piques. On parlait, cela faisait un grand bourdonnement sous cette voûte.

A mesure que les représentents arrivaient, les gens autour de moi disaient :

« Ça, c'est un tel !

— Ce gros homme, c'est Legendre.

— Celui-ci, que les serviteurs officieux apportent sur sa chaise, c'est Couthon.

— Voici Billaud, Robert Lindet, Grégoire, Barrère, Saint-Just. »

Ainsi de suite.

Lorsqu'on parla de Saint-Just, je me penchai pour le voir ; il était petit et blond, très-beau de figure et bien habillé, mais raide et orgueilleux. En pensant à ce qu'il venait de faire, j'aurais souhaité lui parler dans un coin.

On appelait ces gens « les vertueux ! » mais nous autres, nous étions bien aussi vertueux qu'eux, je pense, dans les tranchées de Mayence, sur les redoutes et dans les boues de la Vendée, sans pain, sans souliers, sans habits. Je trouve, moi, que le peuple est bien bête de donner d'aussi beaux noms à des orgueilleux pareils, et puis de les adorer comme des êtres extraordinaires. L'esprit de bassesse fait toute cette admiration ; et d'appeler « vertueux » des scélérats qui se débarrassent des plus grands citoyens, parce qu'ils gênent leur ambition et leur despotisme, c'est trop fort.

Presque aussitôt après Robespierre entra; de tous les côtés, dans les balcons, on disait :

« C'est lui !... c'est le vertueux Robespierre... l'incorruptible, etc., etc. »

Je regardai cet homme ; il traversait la grande salle, et montait le petit escalier en face, un rouleau de papier dans la main, des lunettes vertes sur le nez. Auprès des autres représentants, presque tous en habit noir, vous auriez dit un mirliflore : il était frisé, peigné ; il avait une cravate blanche, un gilet blanc, un jabot, des manchettes ; on voyait que cet homme se soignait et se regardait au miroir comme une jeune fille. J'en étais étonné. Mais quand il se retourna et s'assit en déroulant ses papiers, sans avoir l'air de rien entendre, et que je le vis espionner en dessous et derrière ses lunettes ceux de la salle, de tous les côtés, alors l'idée me vint qu'il ressemblait aux renards, les plus fins et les plus propres des animaux, qui se peignent, qui se lèchent et s'arrangent jusqu'au bout des ongles. Je me dis en moi-même :

« Toi, tu n'aurais jamais ma confiance, quand tu serais encore mille fois plus vertueux. »

Il était à peine assis, que le président Tallien, un beau jeune homme, la figure ronde, cria :

« Citoyens représentants, la séance est ouverte ! »

Je me souviens maintenant que tous ces gens étaient pâles ; ils parlaient fort, ils criaient, ils disaient de grands mots ; mais aussitôt après leurs joues pendaient, tout devenait triste. Chacun pensait sans doute à ce qui s'était passé la veille, et peut-être encore plus à ce qui pourrait se passer le lendemain.

Une chose qui les mit tous en fureur, ce fut de voir arriver au commencement de la séance un pétitionnaire, un boucher ou peut-être un marchand de bétail, trapu, carré, que les serviteurs officieux firent avancer jusqu'auprès des bancs, et qui déclara qu'il venait offrir à la nation quinze cents livres, pour entretenir et bien graisser la guillotine. Il voulait encore parler, mais on ne le laissa pas finir ; tous criaient :

« Videz la barre ! Videz la barre ! »

Et les serviteurs officieux le mirent dehors.

Pendant ce spectacle, Robespierre avait l'air d'écrire et de ne rien entendre ; mais comme le pétitionnaire s'en allait, il cria de sa place :

« Le Comité de surveillance aura l'œil sur cet homme, il importe d'examiner sa conduite. »

C'est tout ce qu'il dit jusqu'au soir. Sa voix était claire ; on l'entendait par-dessus tous les cris et les bourdonnements de la salle.

Aussitôt après, plus de vingt jeunes gens, des enfants de quinze à seize ans, arrivèrent en uniforme ; c'étaient les élèves de l'école de musique. Ils s'avancèrent sans gêne, et le plus grand d'entre eux se mit à lire une pétition, pour faire empoigner, juger et guillotiner leurs professeurs, menaçant que si la Convention ne leur accordait pas la liberté de faire ce qu'ils voudraient après les classes, tous quitteraient leur école.

L'indignation recommença contre ces mauvais sujets. Le président Tallien leur dit avec force qu'ils étaient indignes d'être les élèves de la patrie, étant beaucoup trop bornés pour comprendre les devoirs de républicains ; et puis il leur ordonna de sortir.

Cela causa d'abord une dispute entre deux représentants : l'un demandait de faire inscrire au bulletin les paroles insolentes de ces polissons, l'autre disait que ces jeunes citoyens étaient encore des enfants, incapables d'écrire une pétition semblable, et qu'il fallait seulement rechercher les auteurs du scandale.

On adopta ce qu'il demandait.

Ensuite on lut les propositions du Comité des

finances et celles du Comité de la guerre ; la Convention, sur ces propositions, rendit deux décrets, l'un pour fixer le prix des transports par eau sur la Saône et le Rhône, en changeant le tarif des messageries de 1790 ; l'autre pour embrigader et compléter les bataillons de la formation d'Orléans, tirés des armées du Nord et des Ardennes, et les faire considérer comme d'ancienne formation.

Toutes ces choses m'intéressaient, je voyais la manière de voter nos lois, et je reconnaissais que cela se faisait avec ordre.

On vota d'autres lois encore en ce jour, sur le remboursement des offices de la maison de Louis XVI, car avant 89, toutes les places se vendaient et s'achetaient ; la république ayant aboli ces places, voulait rendre l'argent qu'elles avaient coûté ; c'était juste.

Par ce même décret, elle accorda des secours et pensions à tous les anciens serviteurs à gages du ci-devant roi, qui par vieillesse ne pouvaient plus vivre de leur travail. Ainsi la république s'est montrée plus juste et plus probe que les autres gouvernements.

Mais ce qui me rendit bien autrement attentif, c'est quand le citoyen Couthon se mit à parler au nom du Comité de salut public. Vous auriez cru de loin une vieille femme, avec ses fanfreluches et sa perruque poudrée. Il parlait de sa place, étant cul-de-jatte, et ne pouvant monter l'escalier de la tribune. Voici ce qu'il dit ; cela donnait à penser en ce temps de terreur horrible. Il dit qu'un décret avait été rendu la veille par la Convention, pour forcer chacun de ses membres à faire connaître la profession qu'il exerçait avant la Révolution, la fortune qu'il avait, et les moyens par lesquels cette fortune avait pu s'augmenter. Plus d'un, je crois, serait embarrassé de rendre un pareil compte aujourd'hui. Il dit que ce décret ayant été renvoyé pour les détails au Comité de salut public, le Comité s'en était occupé tout de suite ; mais qu'il avait pensé que cet objet était le commencement de bien d'autres mesures générales sur l'épurement de la morale publique, et que, pour cette raison, il n'avait encore rien arrêté ; que cela viendrait ; que le Comité ferait un rapport sur l'influence morale du gouvernement révolutionnaire, ensuite un autre rapport sur le but de la guerre aux tyrans de l'Europe ; un autre encore sur les fonctions des représentants en mission, soit aux armées, soit dans les départements, en vue de les mieux tenir sous la main du gouvernement ; enfin, un rapport ou projet de fête à l'Être suprême tous les dix ans.

La salle était pleine d'enthousiasme en l'écoutant, et de temps en temps Robespierre, qui ne finissait pas d'écrire, baissait la tête, comme pour dire :

« C'est ça !... c'est bien ça ! »

Après ce discours, on lut à l'Assemblée la liste des prises faites par notre marine sur les Anglais et les Hollandais, ce qui dura jusqu'à huit heures du soir.

Le pauvre Legendre, qui seul entre tous avait osé défendre son ami Danton à la Convention, voyant que l'épuration n'était pas encore finie, vint dire d'un air de satisfaction, que le conseil général de la commune de Havre-Marat avait envoyé plusieurs adresses à la Convention, pour la remercier de son énergie contre les conspirateurs ; qu'on avait oublié d'en parler, mais que lui se faisait un devoir de la féliciter d'un si beau sentiment. Il regardait Robespierre de côté ; mais cet homme vertueux, penché sur son pupitre, n'avait pas l'air de l'entendre ; il ne baissa pas la tête une seule fois. Pauvre Legendre ! il dut passer une bien mauvaise nuit.

Alors la séance fut levée. Tous les gens des balcons sortirent par les escaliers, les représentants par la grande porte en bas, et moi je suivis la foule, rêvant à toutes ces choses.

Ah ! quel bonheur de retourner à la maison, et que j'étais las de ces vertus extraordinaires de gens qui veulent avoir tout sous la main : représentants, généraux, soldats, comités et clubs ! qui vous arrangent tout, mettent de l'ordre en tout, et font guillotiner sans pitié les hommes de cœur qui veulent un peu de miséricorde et de liberté. Je voyais bien où ces mesures devaient aboutir ! Robespierre était le maître, restait à savoir si cela durerait, car la guillotine luisait pour tout le monde.

II

Le lendemain 7 avril 1794, je quittai Paris ; j'en avais assez vu.

Quand un homme seul fait trembler tous les autres ; quand, sur ses rapports, on est regardé comme coupable, que les preuves, les témoins, les défenseurs ne sont plus que des formalités ; que les juges et les jurés sont choisis pour envoyer ceux qui le gênent à la guillotine, cela dit tout !

Je m'en allai bien triste et bien malade, tout blanc de poussière, car il faisait chaud.

Tout le long de la route des postes vous arrêtaient, visitaient vos papiers, mettaient leur visa dessus. Robespierre n'avait confiance que dans la police ; presque tous les juges de district, les administrateurs, les représentants en mission, les maires, et jusqu'aux gardes cham-

Danton et Camille Desmoulins. (Page 3.)

pêtres, étaient de sa police ; cela faisait en quelque sorte une nation de mouchards, qui se payait et vivait sur les paysans, les ouvriers, les travailleurs de toute sorte. On comprend combien de pareilles avanies, qui se renouvelaient à chaque bourgade, indignaient les voyageurs.

Le huit ou neuvième jour, après avoir passé Châlons, je me traînais un soir sur la route de Vitry-le-Français ; la sueur me tombait goutte à goutte du front, et je m'écriais en moi-même : « Faut-il donc tant souffrir en ce monde, avant d'arriver au cimetière ! Faut-il que tantôt une espèce de gueux et tantôt une autre roule en voiture et se goberge comme des princes, pendant que les honnêtes gens périssent lentement de fatigue et de misère ! »

J'avais fini par m'asseoir sur un tas de pierres, regardant au loin, bien loin, un petit village au bout de la route ; le soleil descendait ; j'avais faim et soif, et je me demandais si j'aurais encore le courage d'aller jusque-là. Comme j'étais ainsi découragé, tout à coup le roulement d'une voiture sur la route me fit tourner al tête, et je vis s'approcher au trot une de ces charrettes de la campagne, — tressées d'osier, — en forme de grande corbeille, un vieux bonhomme en large chapeau de paille et carmagnole de drap gris assis devant. A mesure qu'il s'approchait, je reconnaissais qu'il avait une bonne figure, de gros yeux bleu clair, de bonnes lèvres, la perruque à la cadogan dans son sac, qu'on appelait crapaud ; il me regardait aussi, et me cria le premier :

Robespierre. (Page 6.)

« Tu es las, citoyen! Monte donc à côté de moi, ça te reposera de la route. »

J'étais étonné et même attendri.

« J'allais te demander ce service, citoyen, lui dis-je en me levant, pendant qu'il s'arrêtait et me tendait la main. Je n'en peux plus !

— Ça se voit, fit-il. Tu viens de loin?

— J'arrive de la Vendée. Je suis malade et hors de service; la marche me fatigue, je crache le sang. Pourvu que j'arrive au pays pour mourir, c'est tout ce que je demande. »

La charrette s'était remise à trotter; lui, me regardant alors, s'écria comme touché :

« Bah! bah! jeune homme, qu'est-ce que cela signifie? Tu n'as donc pas de courage? Quand on est jeune, il ne faut jamais se désespérer. Je te dis, moi, qu'il ne te faut que du repos, une bonne nourriture, du bon vin, et tout se remettra. Crois-moi! Hue, Grisette ! »

Je ne répondis rien; quelques instants après il me demanda :

« Tu as passé par Paris, citoyen ?

— Oui, lui dis-je, et cela m'a rendu plus malade; j'ai vu là des choses qui m'ont arraché le cœur, j'en suis abattu.

— Quoi donc? fit-il en me regardant.

— J'ai vu guillotiner les meilleurs patriotes: Danton, Camille Desmoulins, mon général Westermann, et tous les braves gens qui nous avaient sauvés. Si je n'étais pas tellement malade, et si je valais la peine d'être guillotiné, je n'oserais pas parler comme je le fais; mais qu'on vienne m'empoigner, je m'en moque, les scélérats ne me tiendront pas longtemps : c'est de l'abominable canaille ! »

En parlant, la colère et la fatigue me faisaient cracher le sang à pleine bouche. Je pensais :

« Tout est perdu !... Tant pis !... Si c'est un robespierriste, qu'il me dénonce ! »

Lui, voyant cela, se tut un instant; il était devenu tout pâle, et ses gros yeux étaient comme enflés de larmes; mais il ne me dit pourtant rien, m'engageant seulement à me contenir. Alors je lui racontai ce que j'avais vu, dans les détails; les tas de soi-disant sans-culottes qui couraient derrière les voitures, criant : « A bas les corrompus ! » et le reste.

Nous approchions du village, un pauvre village : les maisons plates, affaissées sous les lourdes tuiles creuses, les fumiers et les hangars dans un état de misère. Il en existait pourtant une assez belle et mieux bâtie, avec de petits jardins sur les côtés, devant laquelle la voiture s'arrêta.

Je descendis en remerciant ce brave homme, et je prenais mon sac à la courroie, lorsqu'il me dit :

« Bah ! tu vas rester ici, citoyen, tu ne trouverais pas de bouchon au village. »

En même temps une grande femme sèche sortit de la maison, avec un de ces anciens chapeaux de paille en forme de cornet; le vieux, encore sur la charrette, lui cria :

« Ce jeune homme est de la maison pour ce soir ; c'est un brave garçon, nous allons vider bouteille ensemble ; et pour le reste, comme on dit, à la fortune du pot ! »

Je voulais refuser, mais lui, me prenant par l'épaule et me poussant doucement dans la salle, disait :

« Bah ! bah ! c'est entendu... tu me feras plaisir, et à ma femme, à ma fille, à ma sœur. Henriette, prends le sac du citoyen ; qu'on lui prépare un bon lit ; le temps de dételer, de mettre le cheval à l'écurie et j'arrive. »

Il fallut bien faire ce qu'il voulait; pour dire vrai, je n'en étais pas fâché, car cette maison me paraissait la meilleure de l'endroit; et la grande salle en bas, la table ronde au milieu, avec un rouleau de paille pour nappe, les assiettes, les gobelets, la bouteille autour, me rappelaient le bon temps des Trois-Pigeons.

La femme, elle, m'ayant regardé d'un air d'étonnement, me conduisit dans une petite chambre derrière, la fenêtre sur un verger, et me dit :

« Mettez-vous à votre aise, monsieur. »

Depuis longtemps je n'avais plus entendu les gens se parler poliment; j'en fus un peu surpris. Elle s'était retirée. Je sortis de mon misérable sac ce qui me restait de mieux, je me lavai avec du savon dans une grande écuelle, je changeai de souliers, enfin je fis ce que je pus, et je rentrai bientôt dans la salle. La soupière était déjà sur la table. Une autre femme et une jeune fille de seize à dix-sept ans, très-jolie, se trouvaient là, causant avec le maître de la maison.

« Allons, assieds-toi, me dit le citoyen. Je sors pousser les volets. »

Je m'assis avec les dames; il revint et me servit le premier une bonne assiette de soupe aux légumes, comme je n'en avais pas senti de pareille depuis deux ans ; ensuite nous eûmes un bon morceau de veau rôti, de la salade, une corbeille de noix, avec du pain et du vin excellent. Cette famille devait être la plus riche du pays. Tout en mangeant, le citoyen Lami, — voilà que son nom me revient. Oui, c'est Lami qu'il s'appelait; cela remonte à 94. Que de choses se sont passées depuis ! — Ce citoyen donc raconta ce que j'avais vu et l'indignation que ce spectacle m'avait causée. C'était vers la fin du souper. Tout à coup, l'une des dames se leva, le tablier sur les yeux, et sortit en sanglotant, et quelques instants après les deux autres la suivirent. Alors il me dit :

« Citoyen, ma sœur est mariée à Arcis-sur-Aube ; c'est une amie de la famille Danton. Elle est revenue de là depuis trois jours ; et nous tous nous connaissons cette famille, nous lui sommes attachés; j'ai moi-même eu bien des rapports avec Georges Danton ; vous pensez si cela nous touche. »

Il ne me tutoyait plus, et je vis qu'il était prêt à fondre en larmes.

« Ah ! quel malheur, fit-il, quel horrible malheur ! »

Et tout à coup il sortit aussi. Je restai seul plus d'un grand quart d'heure, le cœur gros. Je n'entendais rien; et puis ils revinrent ensemble, les yeux rouges; on voyait qu'ils avaient pleuré. Le citoyen, en rapportant une bouteille de vieux vin ; il me dit en la débouchant :

« Nous allons boire au salut de la république !... A la punition des traîtres !... »

En même temps il remplit mon verre et le sien et nous bûmes. Les femmes ayant repris leur place, la sœur du citoyen Lami, qu'on appelait Manon, raconta qu'un mois avant, Danton était encore chez sa mère, à Arcis-sur-Aube; qu'il se promenait dans une grande salle donnant sur la place, les portes et les fenêtres ouvertes; que chacun pouvait aller le voir, lui serrer la main, lui demander un conseil; ouvriers, bourgeois, paysans, il recevait tout le monde, disant au premier venu ce qu'il pensait, sans méfiance; qu'il avait souvent amené des amis : Camille Desmoulins et sa jeune femme, la sienne et ses deux enfants, quelquefois son beau-père et sa belle-mère Charpentier; ils descendaient tous chez la mère de Danton, mariée en secondes noces avec le citoyen Recordain, marchand à Arcis-sur-Aube. On ne connaissait pas de plus honnêtes gens et de plus aimés dans tout le pays.

Je voyais, d'après ce que cette pauvre femme me racontait, que Danton s'était perdu lui-même par sa trop grande confiance; car on peut bien penser qu'un homme de police comme Robespierre, qui dans le Comité de salut public ne s'inquiétait que de la police, des espionnages, des dénonciations et des conspirations, — qu'il inventait souvent lui-même, — on peut bien penser qu'un pareil être avait toujours trois ou quatre de ses mouchards autour de Danton, pour lui rapporter ses paroles, ses indignations et ses menaces.

J'avais lu dans les gazettes que Danton s'était engraissé pendant sa mission en Belgique, et je demandai naturellement à cette personne, si Danton était riche. Elle me répondit que la famille Danton était aisée avant comme après la Révolution; qu'on ne l'avait pas vue depuis dans un état meilleur ou pire. C'est ce que je savais d'avance; un homme comme Chauvel avait l'œil beaucoup trop fin, il méprisait lui-même beaucoup trop l'argent pour s'associer avec des filous.

Voilà tout ce qui me revient de ces choses; et depuis j'ai toujours été convaincu que Robespierre, Saint-Just, Couthon et toute cette race d'ambitieux sans cœur, avaient couvert de boue la tombe de ce grand homme; qu'ils l'avaient calomnié bassement, chose du reste assez facile à voir, puisque, s'ils avaient eu des preuves après la mort des dantonistes, les gens de police qui couvraient la France les auraient affichées partout. Et je suis sûr aussi le seul crime de Westermann, à leurs yeux, était d'avoir été reconnu par Danton, à l'armée du Nord, comme un véritable homme de guerre, et tout de suite élevé par lui du grade de simple commandant à celui de général, en Vendée. Westermann, un des premiers citoyens à l'attaque du château des Tuileries, le 10 août, pouvait soulever le peuple en faveur de la justice et venger ses amis. Le plus simple était de s'en débarrasser, malgré ses services et son patriotisme : c'est ce que ces êtres vertueux avaient fait.

Enfin j'ai dit ce que je pense sur tout cela. Les honnêtes gens chez qui j'étais me retinrent jusqu'au lendemain à midi; je déjeunai, je dînai chez eux, et puis le citoyen attela sa charrette et me conduisit lui-même jusqu'à Vitry-le-Français. Jamais je n'ai trouvé d'homme pareil; aussi je m'en souviens et je dis à mes enfants de s'en souvenir. Il s'appelait Lami, — Jean-Pierre-Lami. C'était un vrai patriote, et qui me rendit courage, en m'assurant que ma fin n'arriverait pas encore; que j'en reviendrais pour sûr. Il me dit cela d'un air tellement simple et naturel, que je repris confiance. Du reste, il ne voulut pas recevoir un sou, et même il fallut encore, à l'entrée de Vitry-le-Français, vider ensemble une bouteille de vin, que ce brave homme paya de sa poche. Après cela il m'embrassa comme une vieille connaissance et me souhaita un bon voyage.

Étant donc parti de là plus courageux, je suivis le conseil du citoyen Lami, de prendre à chaque repas une chopine de bon vin, même s'il était cher, en calculant sur ma bourse, bien entendu, parce qu'il me restait encore huit ou dix jours de route, dans l'état où je me trouvais. L'idée de la mort m'avait quitté; je songeais à Marguerite, à mon père, à maître Jean, et je me disais :

« Courage, Michel, ils t'attendent! »

Je revoyais le pays, j'entendais les cris des amis :

« Le voilà!... c'est lui!... »

Au lieu de me laisser abattre, de m'appuyer sur mon bâton, le dos courbé, je me redressais, j'allongeais le pas. Et la vue du pays désolé, les plaintes des paysans taxés au maximum, la publication de ces taxes dans chaque district, l'enlèvement des grains, les disputes à la porte des boutiques, l'arrivée des commissaires de subsistances, des gendarmes nationaux, toutes ces choses que je rencontrais à chaque bourgade, et la demande qu'on me faisait de mes papiers, les interrogatoires en règle des aubergistes chaque soir avant de vous donner un lit, ces mille ennuis de la route ne me faisaient plus rien.

J'avais aussi le bonheur de rencontrer quelquefois la carriole d'un paysan et de monter dessus pour deux ou trois sous; les petites villes et les villages défilaient après Vitry-le-Français : Bar-le-Duc, Commercy, Toul, Nancy, Lunéville... Ah! c'est encore la vue des montagnes qui me remua le cœur, ces vieilles montagnes bleues qui seront encore là quand nous n'y serons plus depuis des siècles, que nos enfants et nos petits enfants verront après nous, et salueront comme nous les avons saluées en revenant de la terre étrangère : les hauteurs du Dagsbourg, où l'on a bâti depuis une petite chapelle blanche, et plus loin à droite, le Donon, qui seul conservait sa grande traînée de neige au-dessus des bois. Enfin j'approchais de chez nous; il faisait un temps superbe.

Ce jour-là, j'étais parti de Sarrebourg à quatre heures du matin, et vers neuf heures je descendais la côte de Mittelbronn; je revoyais les Maisons-Rouges, les Baraques d'en haut et du Bois-de-Chênes, et la ligne des remparts. Vingt minutes après je passais la porte de France. Ai-je besoin de vous peindre nos embrassades, notre attendrissement; les larmes de Marguerite en me voyant si faible et pensant que j'avais traversé toute la France dans cet état, pour la retrouver; la désolation d'Étienne et celle du vieux père, qui vint aussitôt, car le brave homme avait apporté des paniers à vendre sur le marché. Ces choses, quand j'y songe, me touchent encore.

A peine assis dans la bibliothèque, après avoir tant souffert et tant eu de force pendant la route, je me sentis comme épuisé. Je serrais mon père dans mes bras, lorsque les crachements de sang me reprirent d'une façon terrible, et, pour la première fois depuis le combat de Port-Saint-Père, je tombai sans connaissance. On me crut mort. C'est dans le lit de Chauvel, vers le soir que je m'éveillai, si faible qu'il ne me restait plus que le souffle. Marguerite était penchée sur moi, et pleurait à chaudes larmes. Je lui pris la tête dans mes mains et je l'embrassai en criant :

« J'ai bien fait, n'est-ce pas, de me dépêcher pour te voir encore ?

Le père, lui, n'avait pu rester, étant trop désolé. Pourtant M. le docteur Steinbrenner, alors un jeune homme, mais déjà plein de bon sens, avait dit que je n'étais pas en danger de mort, qu'il ne fallait que du repos et de la tranquillité. Il avait seulement recommandé de ne laisser entrer aucun patriote, parce qu'ils n'auraient pas manqué de me demander des nouvelles.

C'est dans ce temps que je reconnus tout l'amour de Marguerite, et que je compris combien j'étais heureux. Jamais personne n'a reçu les mêmes soins que moi ; jour et nuit Marguerite me veillait et me soignait; elle ne s'inquiétait plus de leur commerce,

Je me remis lentement. Au bout de trois semaines Steinbrenner déclara que j'étais sauvé, mais qu'il avait eu peur bien des fois de me voir passer d'une minute à l'autre. Que voulez-vous ? on trompe les malades pour leur bien, et je trouve qu'on n'a pas tort ; les trois quarts perdraient courage s'ils connaissaient leur état. Enfin j'étais hors de danger, et seulement alors Steinbrenner permit de me donner un peu de nourriture. Tous les matins Nicole venait de l'auberge des Trois-Pigeons,

avec un petit panier au bras, demander de mes nouvelles; c'est maître Jean qui l'envoyait. En cette année 94, le sucre se vendait trente-deux sous un denier la livre, et la viande, on ne pouvait en avoir, même avec de l'argent. Ah ! brave maître Jean, vous m'avez traité comme votre propre fils; dans tous les malheurs de la vie, vous m'avez tendu la main ; vous étiez l'honnêteté, la bonté même; que les hommes comme vous sont rares, et quel long souvenir ils laissent dans le cœur de ceux qui les ont connus ! Nicole passait par la cuisine et je ne manquais de rien. Marguerite, en voyant mon bon appétit, me souriait. Maître Jean et les patriotes Elof Collin, Létumier, Raphaël Manque venaient aussi me serrer la main.

C'est principalement après les grandes maladies qu'on se réjouit de vivre, et qu'on revoit les choses en beau; moi, tout m'attendrissait et me faisait pleurer comme un enfant; rien que la lumière du jour à travers les rideaux me donnait des éblouissements; et que Marguerite me paraissait belle alors, avec ses cheveux noirs, son teint pâle, ses dents blanches! Ô Dieu! quand j'y pense, je rattrape mes vingt ans !

Au bout d'un mois, j'avais repris mes forces; j'aurais pu facilement m'en aller aux Baraques, mais l'idée de voir ma mère ne me plaisait pas trop, je savais d'avance comment elle me recevrait ! Toute la ville parlait déjà de mon mariage avec Marguerite; ma mère avait commencé de terribles disputes avec mon père sur ce chapitre; elle criait :

« Je ne veux pas d'une hérétique ! »

Et mon père, indigné, lui répondait :

« Et moi j'en veux ! La loi ne demande que mon consentement, et je le donne avec ma bénédiction. Crie, fais des esclandres, le maître, c'est moi ! »

Ces choses, je ne les ai sues que par la suite; mon bon père nous les cachait.

Mais à cette heure je vais vous raconter notre mariage, ce qui vous fera plus de plaisir, j'en suis sûr, que le siège de Mayence ou la débâcle de Coron, car on aime mieux voir les gens heureux que misérables.

Vous saurez donc que, vers la fin du mois de mai, comme j'étais sur pied, bien remis et rhabillé par Marguerite, parce que je n'avais pas le sou, je ne vous le cache pas, j'en suis même fier; elle pouvait dire : « Michel est à moi depuis le cordon de sa perruque jusqu'à la semelle de ses souliers ! » en ce temps donc, Marguerite et moi nous écrivîmes tous les deux au père Chauvel, à l'armée des Alpes, pour lui raconter ce qui s'était passé et lui demander son consentement. Il nous l'envoya tout de suite, disant que son seul regret était de ne pas être à Phalsbourg, mais qu'il approuvait tout et chargeait son ami Jean Leroux de le remplacer comme père au mariage.

Il fit aussi d'autres invitations à la noce, car cet homme de bon sens, même au milieu des plus grandes affaires, voyait ce qui se passait au loin et n'oubliait rien dans des occasions pareilles. Notre mariage fut arrêté pour le 3 messidor an II de la république, ou, si vous aimez mieux, pour le 21 juin 1794. C'était au temps de la plus grande disette. Tout le monde sait que, dans les temps ordinaires, le mois de juin est difficile à passer; la récolte des grains se fait en juillet et en août. Qu'on se figure l'état du pays après 93; tout était consommé depuis longtemps, et l'on ne pouvait encore rien récolter. Il n'arrivait plus rien au marché, les pauvres gens allaient, comme avant la révolution, faucher les orties, et s'en nourrissaient, en les cuisant avec un peu de sel.

Mon Dieu! qu'est-ce que je puis encore vous dire? Malgré la rigueur du temps, malgré le ravage du pays par les Allemands et la cherté des vivres; malgré les listes d'anciens constituants, d'anciens présidents, d'anciens juges, d'anciens fermiers généraux, — les complices de Louis Capet, de Lafayette et de Dumouriez, — qu'on menait à guillotine, malgré tout, la noce fut joyeuse. Le festin dura jusqu'à neuf heures du soir; on battait la retraite lorsque les amis partirent, riant et chantant, se souhaitant bonne nuit; on n'aurait pas cru que nous étions en pleine terreur. Mon père, maître Jean, dame Catherine, reprirent le chemin des Baraques; mon frère Étienne ferma la boutique et monta se coucher; Marguerite et moi nous restâmes seuls ensemble, les plus heureux du monde.

Ainsi se passa mon mariage, et naturellement ce fut le plus beau jour de ma vie.

Maître Jean m'avait prévenu que l'ouvrage ne manquerait pas aux Baraques, et que je pourrais reprendre mon vieux marteau quand cela me conviendrait; il m'avait aussi fait entendre que j'aurais bientôt sa forge, et qu'il irait surveiller lui-même sa ferme de Pickeholz.

J'étais donc débarrassé de toute inquiétude sur l'avenir, sachant que mes trois livres m'attendaient tous les jours. Les choses prirent pourtant une autre tournure que je ne pensais. Le lendemain matin, comme Étienne, Marguerite et moi, nous déjeunions dans notre petite bibliothèque, avec un restant de lard, des noix et un verre de vin, — nos trois almanachs pendus aux vitres sur la rue des Capucins

un paquet de gazettes à droite, la grosse cruche d'encre à gauche, enfin au milieu de notre fond de boutique, tout heureux de vivre pour la première fois en famille, — au moment de remettre ma grosse veste de forgeron, je racontai les belles promesses que m'avait faites le parrain, pensant réjouir tout le monde. Marguerite, en petite camisole blanche du matin, m'écoutait d'un air tranquille, et, tout à coup, élevant sa voix claire, elle me répondit :

« C'est très-bien, Michel. Que maître Jean aille soigner sa ferme de Pickeholz et quitte sa forge, ça le regarde; mais nous autres, nous devons songer à nos propres affaires.

— Hé! ma bonne Marguerite, lui dis-je, qu'est-ce que je pourrais faire ici, les bras croisés? N'est-ce pas assez que tu m'aies rhabillé de fond en comble, veux-tu donc encore me nourrir?

— Non, non, ce n'est pas ce que je veux, dit-elle. Étienne, j'entends aller la sonnette, va voir ce que les gens demandent; il faut que je cause avec ton frère. »

Étienne sortit, et Marguerite, assise auprès de moi, devant le petit bureau de son père, m'expliqua que nous allions étendre notre commerce, vendre des épiceries : poivre, sel, café, etc.; que nous achèterions tout de première main, chez les Simonis de Strasbourg, et que cela nous rapporterait bien plus que les livres et les gazettes, parce que le monde, avant de s'instruire, songe d'abord à manger.

« Sans doute, sans doute, lui dis-je, c'est une fameuse idée; seulement il faudrait avoir de l'argent.

— Nous en avons un peu, dit-elle; à force d'économie, j'ai pu mettre quatre cent cinquante livres de côté; mais c'est encore la moindre des choses : le nom de Chauvel est connu de toute l'Alsace et la Lorraine, partout on le respecte; si nous voulons avoir des marchandises à crédit, nous en aurons. »

Quand j'entendis parler de crédit, les cheveux m'en dressèrent sur la tête; je revis devant moi le vieil usurier Robin qui toquait à la vitre; mon pauvre père en route pour la corvée, et la mère qui criait : « Ah! gueuse de chèvre! gueuse de chèvre!... elle nous fera tous périr! » J'en eus froid dans le dos et je ne pus m'empêcher de le dire à Marguerite. Elle alors voulut me faire comprendre que c'était bien différent, que nous allions acheter pour revendre, que nous aurions cinquante jours et même trois mois d'avance. Rien de tout cela n'entrait dans ma tête; le seul mot de crédit m'épouvantait. Elle le vit bien et finit par me dire en souriant :

« Bon, c'est bon, Michel; tu ne veux pas de

crédit, nous n'en demanderons pas; seulement nous pouvons acheter de la marchandise avec l'argent que j'ai, n'est-ce pas ?

— Ah! pour ça, oui, c'est autre chose; quand tu voudras Marguerite.

— Eh bien, fit-elle en se levant, partons tout de suite; j'ai l'argent là tout prêt. Notre commerce de gazettes ne va plus, la misère est trop grande, on n'a plus un liard de trop pour savoir les nouvelles. Ne perdons pas de temps. »

Elle était vive et toute décidée. Moi, bien content de savoir que nous ne prendrions rien à crédit, je ne demandais pas mieux que d'aller avec Marguerite à Strasbourg. Il fallut retenir tout de suite nos places au coche de Baptiste; il partait à midi juste. J'avais le sac d'argent dans ma veste boutonnée. Nous étions derrière, serrés les uns contre les autres, avec des Alsaciens qui rentraient chez eux. Il faisait une poussière extraordinaire en ce mois de juin, d'autant plus que les routes, mal entretenues, avaient des ornières d'un pied, et que les talus roulaient en poussière jusqu'au milieu des champs. On ne respirait pas. C'est tout ce qui me revient de notre voyage. Marguerite et moi nous nous regardions comme des êtres bien heureux. On fit halte à la montée de Wasselonne; les Alsaciens descendirent enfin, grâce à Dieu, et nous finîmes par arriver nous-mêmes à la nuit. Marguerite connaissait Strasbourg; elle me conduisit à l'auberge de la Cave-Profonde, que tenait alors le grand-père Diemer. Nous eûmes une chambre. Quel bonheur de se laver avec de l'eau fraîche, après une route pareille ! Les gens d'aujourd'hui ne peuvent plus même s'en faire l'idée, c'est impossible; il faut avoir passé par là.

Une chose qui me revient encore, c'est que sur les huit heures une servante monta nous demander si nous souperions à la grande ou bien à la petite table; j'allais répondre que nous souperions à la petite table, pensant que c'était celle des domestiques et que cela nous coûterait moins; par bonheur Marguerite répondit aussitôt que nous souperions à la grande; et, la servante étant partie, elle m'expliqua qu'on ne payait à la grande table que vingt-cinq sous, parce que tout le monde, rouliers, gens du marché, paysans, y mangeaient et ne tenaient pas à payer cher; au lieu qu'à la petite table des richards, dans une chambre à part, on payait trois livres. Je frémis en moi-même du danger que nous venions de courir d'avaler six francs de marchandises en un seul repas. Enfin je ne veux pas vous peindre ce souper, cela ne finirait jamais. Vous saurez seulement que le lendemain, vers sept heures,

Marguerite et moi, bras dessus, bras dessous, nous allâmes voir les Simonis, rue des Minotiers, sur l'ancienne place du Marché aux légumes, où l'on a mis depuis la statue de Gutenberg. Les Simonis étaient des gens connus de toute l'Alsace; moi-même j'en avais entendu parler comme des plus riches commerçants de la province. Je me les figurais donc, en proportion de leur réputation, avec des habits magnifiques, des chapeaux fins et des breloques; aussi quel ne fut pas mon étonnement quand, au détour de la rue, je vis un petit homme de trente-cinq à quarante ans, en carmagnole, les cheveux noués par un simple ruban, qui roulait des tonnes et rangeait des caisses contre le mur de sa boutique, en attendant de les mettre en magasin, et que Marguerite me dit :

« Voici M. Simonis. »

Cela changea toutes mes idées sur les riches commerçants; je reconnus alors que l'habit ne fait pas le moine, et depuis je ne me suis plus trompé sur ce chapitre.

Comme nous traversions toutes ces caisses et ces tonnes, ces sacs entassés à droite et à gauche, et les voitures qui venaient se décharger, M. Simonis comprit d'un coup d'œil que nous étions des acheteurs; il laissa l'ouvrage à ses garçons et rentra derrière nous, dans sa grande boutique ouverte au large sur deux rues, le comptoir de côté, l'arrière-boutique au fond, comme la nôtre à Phalsbourg, mais trois ou quatre fois plus grande.

Dieu du ciel! quel spectacle pour de petits marchands commençant, que ces tas de sacs empilés, ces caisses rangées du haut en bas, ces pains de sucre par centaines, ces paniers de raisins secs et de figues ouverts pour échantillons, et cette odeur de mille choses qui content cher, et qu'on trouve en pareille abondance! L'idée que cela vient de tous les pays du monde; que ce poivre, cette cannelle, ce café, ces richesses de toute sorte sont arrivées sur des vaisseaux, cette idée-là ne vous touche pas d'abord; on ne pense naturellement qu'à s'attirer une petite part de ces biens; et, par la suite des temps, lorsqu'on est assis tranquillement derrière un bon poêle, à lire sa gazette, après avoir réussi dans ses affaires, on réfléchit seulement que des mille et des centaines de mille hommes, blancs ou noirs, de toutes les couleurs et de toutes les nations, ont travaillé pour vous enrichir.

Je ne vous dirai donc pas que dans cette grande boutique de pareilles idées me vinrent alors, non!... mais je vis que c'était un grand et très-grand commerce, ce qui me rendit un peu timide.

Marguerite, elle, au contraire, était toute

simple; et d'abord, posant son panier au bord du comptoir, elle dit quelques mots à M. Simonis, lui parlant de notre intention d'acheter et de nous établir épiciers à Phalsbourg; disant que nous avions peu d'argent, mais beaucoup de bonne volonté d'en gagner. Il nous écoutait d'un air de bonhomme, les mains croisées sur le dos; moi j'étais tout rouge, comme un conscrit devant son général en chef.

« Alors vous êtes la fille de Chauvel, du représentant Chauvel? dit Simonis.

— Oui, citoyen, et voici mon mari. Notre maison s'appellera Bastien-Chauvel. »

Il rit, et s'écria, parlant à sa femme, une bonne et gentille femme, aussi vive, aussi alerte que la mienne:

« Hé! Sophie, tiens, voici des jeunes gens qui veulent s'établir; vois donc ce qu'il est possible de faire pour eux; moi je vais rentrer nos marchandises, car la voie publique est encombrée, nous avons déjà l'avis de nous dépêcher. »

Une quantité de garçons et de servantes allaient et venaient, les manches de chemise retroussées, enfin une véritable ruche de travailleurs.

La jeune dame s'était approchée; son mari lui dit quelques mots à part; elle, aussitôt, nous saluant d'un petit signe de tête, dit à Marguerite:

« Donnez-vous la peine d'entrer. »

Et nous entrâmes dans un petit bureau très-simple et même un peu sombre, à droite du magasin. La dame nous dit de prendre place, souriant à Marguerite qui parlait. Elle regarda tout de suite une longue liste que ma femme avait préparée d'avance, et marqua le prix de chaque article à côté.

« Vous ne prenez que cela? dit-elle.

— Non, répondit Marguerite, nous n'avons pas plus d'argent.

— Oh! s'écria la jeune dame, il faut être mieux assortis; vous aurez des concurrents, et....

— Mon mari ne veut faire le commerce qu'au comptant. »

Alors la dame me regarda deux secondes; elle vit bien sans doute que j'avais été paysan, ouvrier, soldat, et que je n'entendais pas grand'-chose aux affaires, car elle rit et dit d'un air de bonne humeur:

« Ils sont tous comme cela, nos messieurs; et puis ils deviennent trop hardis, il faut les retenir. Allons, nous nous entendrons, j'espère. »

Elle sortit et donna ses ordres, nous demandant s'il faudrait envoyer la marchandise par le roulage ou l'accéléré. Marguerite répondit, par le roulage, et, ce qui me fit le plus de plaisir, c'est qu'elle me dit de payer d'avance. Aussitôt je vidai mon sac sur le comptoir; la dame ne voulait pas recevoir notre argent; mais comme Marguerite l'assura que si tout n'était pas payé je n'en dormirais plus, elle compta nos quatre piles de cent livres d'un trait et nous donna le reçu: « Valeur payable en marchandise. » Et puis cette excellente petite dame, que j'ai bien connue depuis, et qui même m'a plus d'une fois posé la main sur le bras en riant et s'écriant: « Ah! mon cher monsieur Bastien, quel poltron vous étiez en commençant, et que vous voilà devenu hardi, trop peut-être!... » cette bonne dame nous accompagna jusque dehors, d'un air joyeux, promettant que tout arriverait à Phalsbourg avant la fin de la semaine. Ensuite elle jeta un coup d'œil sur les caisses qu'on emmagasinait, causant et riant avec son mari, et nous reprîmes le chemin de la Cave-Profonde.

Le même soir, sur les dix heures, nous rentrions chez nous, à Phalsbourg. La confiance m'était venue, je voyais que nous ferions des bénéfices. Les deux jours suivants, Marguerite m'expliqua la tenue des livres en partie simple: le brouillon pour inscrire ce qu'on donne à crédit dans le cours de la journée; le grand livre, où l'on porte la dette de chacun à sa page; et puis le livre des factures, pour ce qu'on reçoit, ce qu'on attend, ce qu'on doit payer aux échéances, avec les factures et les billets en liasses, lorsqu'ils sont payés. Il ne nous en fallait pas plus dans le commerce de détail, et jamais nous n'avons eu ni réclamations, ni chicanes, tout étant en règle jour par jour.

Mais, puisque je suis sur ce chapitre, il faut que je vous raconte encore ma surprise et mon inquiétude, lorsqu'arriva la tonne de marchandises, une toute petite tonne, et que je m'écriai dans mon âme:

« Nous avons nos quatre cent cinquante livres là-dedans...! Ô Dieu, ça n'a l'air de rien du tout... nous sommes volés ! »

Et à mesure qu'on vidait la tonne sur le comptoir, voyant ce peu de poivre, ce peu de café, je me disais:

« Jamais nous ne rentrerons dans notre argent... ça n'est pas possible ! »

Le pire, c'est que tout au fond était la facture, mais la facture presque doublée, car bien des choses que nous n'avions pas demandées, comme du gingembre, de la muscade, s'y trouvaient, et nous restions redevoir à Simonis plus de trois cents livres.

Alors une sorte d'indignation me prit; j'aurais tout renvoyé, si Marguerite ne m'avait pas

Faut-il donc tant souffrir..... (Pag. 8.)

répété cent fois que tout se vendrait très-bien ; que ces gens ne voulaient pas nous ruiner, mais au contraire nous rendre service.

Il avait encore fallu, dans ces trois jours, acheter deux balances, et faire mettre trois rangées de tiroirs pour nos épices, de sorte que nous devions au menuisier, au serrurier, à tout le monde. Si durant ces premières semaines les cheveux ne me sont pas tombés de la tête, c'est qu'ils étaient solidement plantés. Et, sans ma confiance extraordinaire dans Marguerite, sans mon amour, et l'assurance que maître Jean vint nous donner lui-même, qu'il nous aiderait si nous étions embarrassés, sans tout cela je me serais sauvé de la maison, car l'usurier, la faillite et la honte étaient en quelque sorte peints devant mes yeux. Je n'en dormais pas! Plus tard j'ai su que mon pauvre père en avait aussi vu de grises alors, parce que ma mère s'apercevant qu'il était tout inquiet, avait deviné quelque chose, et lui disait matin et soir :

« Eh bien, ils n'ont pas encore fait banqueroute ? Ce n'est pas encore pour aujourd'hui ? Ce sera pour demain !... Le gueux va donc déshonorer nos vieux jours.... Je le savais bien... Ça ne pouvait pas finir autrement !... »

Ainsi de suite.

Le pauvre homme en perdait la tête. Il ne me disait rien de ces misères, mais ses joues longues, ses yeux inquiets m'apprenaient assez ce qu'il devait souffrir.

Enfin au bout d'un ou deux mois, quand je vis que toute la ville et les environs, bour-

C'est dans ce temps... (Page 12.)

geois, paysans, soldats, habitués à venir prendre chez nous leurs gazettes, leur papier, leur encre et leurs plumes, achetaient par la même occasion du tabac, du sel, du savon, tout ce qu'il leur fallait; que les ménagères aussi commençaient à connaître le chemin de notre maison, et que sou par sou, liard par liard, nous rentrions dans notre argent; quand nous eûmes remboursé la facture de Simonis, et qu'au bout de ce temps Marguerite me montra clairement que nous avions gagné chaque jour huit à dix livres, alors je repris haleine et je lui permis non-seulement de redemander à Strasbourg les marchandises que nous avions vendues et qui nous manquaient, mais encore quelques autres qu'on nous demandait et que nous n'avions pas eues jusqu'à ce moment.

Notre petit commerce de journaux, d'encre, de papier, de catéchismes républicains, de plumes et autres fournitures de bureau allait toujours son train ; nous étions tous occupés à la boutique et cela ne nous empêchait pas, le soir, après souper, en mettant nos gros sous en rouleaux et faisant nos cornets, de nous entretenir des affaires de la nation. Tantôt Étienne, tantôt Marguerite ou moi nous prenions la *Décade*, le *Tribun du peuple*, ou la *Feuille de la République*, que nous lisions tout haut pour savoir ce qui se passait.

III.

Je me souviens qu'alors il n'était plus question que de la campagne du Nord, des batailles de

Courtrai, de Pont-à-Chin, de Fleurus; Jourdan et Pichegru se trouvaient en première ligne au dehors, sur nos frontières. A l'intérieur, Robespierre s'élevait de plus en plus. Il avait fait décréter la reconnaissance de l'Être suprême et la croyance du peuple à l'immortalité de l'âme. Le bruit courait que bientôt tout serait en ordre, que les guillotinades cesseraient après la punition des grands coupables, et que nous aurions enfin le règne de la vertu. La principale affaire c'était de ressembler aux anciens Romains; on disait que les jacobins en approchaient, mais qu'ils ne montaient pourtant pas encore à leur hauteur. Beaucoup de citoyens, qui s'appelaient dans le temps Joseph, Jean, Claude ou Nicolas, avaient changé de nom; le nouveau calendrier ne reconnaissait plus que Brutus, Cincinnatus, Gracchus; et ceux qui n'avaient pas une grande instruction ne savaient pas ce que cela voulait dire. Aux fêtes patriotiques, les déesses allaient presque nues; voilà des choses malhonnêtes et véritablement dégoûtantes.

C'était même contraire au bon sens, de vouloir ressembler à des gens que les trois quarts de la nation ne connaissaient pas, et de nous réformer sur le modèle des anciens païens, à demi sauvages; mais on se gardait bien de s'indigner contre ces bêtises, parce que les dénonciations pleuvaient, et qu'on était empoigné, jugé et guillotiné dans les quarante-huit heures. Chaque fois que Robespierre parlait à la Convention, on voyait l'impression de ce qu'il avait dit; tous les clubs, toutes les municipalités recevaient ses discours, qu'on affichait partout, comme aujourd'hui les mandements des évêques. On aurait cru que le bon Dieu venait de parler.

Et tout à coup, en juin et juillet, cet homme se tut; il n'alla plus dans les Comités de surveillance et de salut public. Moi, je crois en mon âme et conscience qu'il se figurait qu'on ne pouvait plus se passer de lui; qu'il faudrait absolument le supplier à genoux de revenir, et qu'alors il ferait ses conditions au pays. J'ai toujours eu cette idée, d'autant plus que son ami Saint-Just, qui rentrait d'une mission à l'armée, voyant que rien ne bougeait, que tout marchait très-bien sans eux, déclara qu'il fallait un dictateur, et que ce dictateur ne pouvait être que le vertueux Robespierre. Il fit cette déclaration au Comité de salut public; mais les autres membres du Comité virent où ces êtres vertueux voulaient nous mener: ils refusèrent! et l'homme incorruptible, indigné contre ceux qui se permettaient de lui résister, résolut de s'en débarrasser. Tout ce que j'ai lu depuis me porte à croire ce que je vous dis. Robespierre était un dénonciateur; avec ses dénonciations il avait épouvanté le monde; il voulut dénoncer les membres du Comité eux-mêmes, et les envoyer rejoindre Danton.

En ce temps, vers la fin de juillet, les chefs de notre club, qui recevaient les ordres des Jacobins, Élof Collin en tête, se rendirent à Paris pour la fête de thermidor, et les gens eurent peur; on pensa qu'il se préparait un grand coup. C'étaient tous des robespierristes, principalement Élof; depuis leur départ on n'osait plus se parler.

Cela dura huit ou dix jours; et voilà qu'un beau matin des courriers apportèrent la nouvelle que Robespierre, Couthon, Saint-Just, avec tous leurs amis, avaient été ramassés d'un coup de filet et guillotinés du jour au lendemain. Ce fut quelque chose de terrible en ville; les femmes, les enfants de nos patriotes crurent que leurs pères, leurs frères, leurs maris se trouvaient dans le nombre. Qu'on se représente la position de ces gens, qui n'osaient crier ni se désoler, car Saint-Just lui-même avait fait décréter que ceux qui plaignaient les coupables étaient suspects, et que s'ils les recevaient chez eux, quand ce serait leur propre mère, ils méritaient la mort; qu'on se figure un serrement de cœur pareil.

Nous en frémissions tous lorsque, le 1er août au soir, étant seul avec Marguerite dans notre petite chambre donnant sur la place de la Halle, au moment de nous coucher, nous entendîmes deux coups au volet. Je pensai qu'un citoyen avait oublié quelque chose, de l'huile, une chandelle, n'importe quoi; j'ouvris donc: Élof Collin était là!

« C'est moi, dit-il, ouvre. »

Aussitôt je sortis ouvrir la porte de l'allée, tout inquiet; ce n'était pas une petite affaire de recevoir alors des robespierristes qui revenaient de Paris, mais pour un vieux camarade de Chauvel j'aurais risqué ma tête.

Collin entra; je poussai le verrou de l'allée et je le suivis. Dans notre chambre, la chandelle sur la table, Élof un instant regarda de tous côtés, en écoutant. Je le vois encore, avec son grand chapeau à cornes, son habit de drap gris bleu; sa grosse perruque nouée sur le dos, les joues tirées et son gros nez camard tout blanc.

« Vous êtes seuls? » dit-il en s'asseyant.

Je m'assis en face de lui sans répondre. Marguerite resta debout.

« Tout est perdu! fit-il au bout d'une minute, les fricoteurs, les voleurs, les filous ont le dessus, la république est à bas. C'est un grand hasard que nous en soyons réchappés. »

Il jeta son chapeau sur la table, continuant

de nous regarder, pour savoir ce que nous pensions.

« Quel malheur! dit Marguerite, depuis votre départ nous étions tous en méfiance. »

Et lui, baissant encore la voix dans ce grand silence de la nuit, nous raconta que les principaux jacobins de la province, les chefs de clubs avaient reçu l'avis d'être à Paris pour la fête de thermidor, parce qu'il se préparait une épuration générale. Mais qu'en arrivant là-bas, sauf les jacobins, qui restaient toujours fermes dans leurs bonnes idées, ils avaient trouvé tout gangrené : la Convention et les Comités; qu'alors Robespierre avait risqué son rapport contre es Comités, et que la Convention, bien à contre-cœur, par habitude et par crainte, avait voté l'impression du rapport; mais que les fricoteurs, qui se sentaient menacés, avaient fait retirer le décret d'impression et renvoyer le rapport à l'examen des Comités eux-mêmes; chose abominable, puisque c'étaient les Comités de salut public et de sûreté générale que Robespierre venait de dénoncer et qu'il voulait purifier : ces gens ne pouvaient se juger eux-mêmes! Qu'ensuite Robespierre avait lu son rapport le même soir au club des Jacobins, et que tous les patriotes s'étaient déclarés pour lui ; qu'on pensait même à soulever les sections contre la Convention; que Payan, Fleuriot-Lescot, le maire de Paris, Henriot, le commandant de la garde nationale, enfin tous les bons sans-culottes ne demandaient qu'à mettre la main sur les Comités, dans la nuit, et bousculer tout de suite la faction des corrompus.

Mais que Robespierre, trop vertueux, s'opposait à l'insurrection contre la Convention, *qui pouvait vous mettre hors la loi*; qu'il aimait mieux renverser la Montagne et les Comités, en appelant la droite et le centre de l'assemblée à son secours, les hommes vertueux du centre, qu'on appelait autrefois les crapauds du marais; que ces êtres sans caractère, ne sachant pas lesquels d'entre eux étaient sur la liste d'épuration, et qui se sentaient tous véreux plus ou moins, s'étaient laissé gagner par les fricoteurs dans cette même nuit, de sorte que le lendemain dimanche, 9 thermidor, Saint-Just ayant voulu parler à l'ouverture de la Convention, Tallien, le plus grand scélérat de l'ancienne Montagne, avait coupé la parole à cet homme vertueux; que les autres s'en étaient mêlés, et que Robespierre lui-même n'avait pu dire un mot, parce que tous les membres de l'Assemblée, à gauche, à droite, en haut, en bas, ensemble et l'un après l'autre, le forçaient de se taire, en l'appelant Cromwel, tyran, despote, triumvir, et finalement en le décrétant d'accusation, lui Robespierre, Auguste-Bon-Joseph son frère, Couthon, Saint-Just, Lebas, en les faisant empoigner et conduire dans les prisons de Paris.

Voilà ce que nous raconta Collin; nous l'écoutions bien étonnés, comme on pense.

Il nous dit ensuite que pendant cette séance le peuple attendait ; que vers le soir, ayant appris ce qui s'était passé, il s'était soulevé pour la délivrance de ces grands patriotes; que la brave Commune avait fait sonner le tocsin, et que les officiers municipaux avaient été délivrer les prisonniers, en les emmenant à l'hôtel de ville ; mais que Henriot, un peu gris, selon son habitude, s'était fait arrêter en courant les rues à cheval pour soulever le peuple, et que les corrompus l'avaient emmené prisonnier au Comité de sûreté générale.

Ces choses se passaient entre cinq et sept heures du soir. A sept heures, la Convention devait se réunir encore une fois; on le savait; Coffinhal courut aux Tuileries délivrer Henriot avec une centaine de canonniers patriotes, qui braquèrent aussitôt leurs canons sur la porte de la Convention, pour empêcher les représentants d'entrer. Malheureusement, dit Collin, Henriot, au lieu de rester là tranquillement, eut la bêtise d'aller demander des ordres à l'hôtel de ville; pendant ce temps, les représentants arrivèrent, les canonniers se dispersèrent, et la Convention, malgré le tocsin, malgré les cris du dehors et le danger de l'insurrection, mit Henriot, les deux Robespierre, Couthon, Saint-Just, Lebas, tous les conspirateurs de la Commune et les principaux jacobins hors la loi. Elle envoya des commissaires lire ce décret dans toutes les sections, et nomma Barras commandant de la force armée contre les rebelles.

« Tout cela, nous dit Collin avec indignation, retombe sur Henriot: le malheureux s'était grisé dès le matin ; il criait, il levait son sabre et ne donnait pas d'ordres. »

Moi je pensai tout de suite à Santerre, à Léchellé, à Rossignol : ces braillards se ressemblaient tous ; ceux qui les suivaient allaient à la déroute ou bien à la guillotine.

Le grand Élof, désolé, nous dit qu'alors les sans-culottes en masse avaient eu peur d'être compris dans le décret de mise hors la loi, et qu'au lieu d'aller soutenir Robespierre et les hommes purs à l'hôtel de ville, le plus grand nombre étaient allés rejoindre Barras aux Tuileries en criant : « Vive la Convention ! » et qu'entre une et deux heures du matin, avant le jour, toute la garde nationale était descendue des deux côtés de la Seine, malgré la fusillade d'une poignée de patriotes qui voulaient résister le long de la rivière; qu'elle avait envahi la maison commune, où se trouvaient les vrais représentants du peuple; que Henriot avait été jeté par les fenêtres; que Robespierre avait reçu un coup de pistolet à la figure; qu'on avait traîné Couthon dans un égout; que Lebas s'était tué; que Saint-Just, Robespierre jeune, enfin tous les soutiens de la république, à travers les coups de pied, les coups de crosse, les soufflets et les crachats, avaient été ramenés en prison, et Robespierre transporté sur une planche à la Convention, où l'on n'avait pas même voulu le voir, soi-disant parce que sa vue aurait souillé les regards des fricoteurs; — et que finalement ces martyrs, avec une quantité d'autres jacobins, officiers municipaux, etc., tous hors la loi, avaient été traînés à la guillotine, place de la Révolution, au milieu des cris, des tas de boue et des affronts de toute sorte, tellement humiliés et maltraités qu'ils ne pouvaient plus se tenir debout, et que le pauvre Couthon, aux trois quarts mort, roulait sous les pieds des autres, dans la charrette, demandant pour seule grâce d'être achevé; qu'en face de l'échafaud on avait gardé Maximilien Robespierre le dernier, pour voir guillotiner ses amis; que le bourreau, un royaliste, lui avait arraché son bandeau et l'avait exposé tout vivant, la figure mâchurée, aux yeux du peuple furieux, et puis qu'il l'avait tué comme les autres.

C'est ce que nous dit Élof Collin en frémissant; et je me rappelai Danton, Camille Desmoulins, Westermann; je vis que les mouchards avaient fait pour ceux-ci comme pour les premiers. J'écoutais cette histoire avec dégoût. Collin, tout pâle, ayant fini par se taire, je lui dis :

« Écoute, citoyen Élof, ce que tu viens de nous raconter ne m'étonne pas; ce qui m'étonne, c'est que la chose ait duré si longtemps. Dans un temps, lorsque nous avions toute l'Europe et la Vendée sur les bras, il a fallu suspendre l'application de la constitution de 93; il a fallu établir le Comité de salut public, le Comité de surveillance générale et le tribunal révolutionnaire; il a fallu la terreur contre les aristocrates, contre les égoïstes, contre les conspirateurs et les traîtres qui livraient nos places et montraient le chemin du pays à l'étranger; mais voilà plusieurs mois que la guillotine marche contre les meilleurs patriotes! N'est-ce pas une véritable abomination que des hommes comme Danton, comme Desmoulins, Hérault-Séchelles, Lacroix, Bazire, Philippeaux, Westermann, etc., qu'on avait vus à la tête de toutes les grandes journées de la révolution, aient été guillotinés sans jugement, par des êtres qui tremblaient dans leur peau et se cachaient les jours de bataille; par des êtres qui se tenaient en embuscade dans leur bureau de police, comme les araignées au milieu de leur toile? N'est-ce pas une honte pour la France et la république? Est-ce que cela pouvait nous faire du bien de guillotiner Danton? Est-ce que les despotes n'ont pas dû rire ce jour-là? Est-ce que nos plus grands ennemis auraient pu nous faire un pareil tort? Est-ce que tous les citoyens de cœur et de bon sens n'ont pas frémi d'indignation? »

Collin me regardait, le poing sur la table et les lèvres serrées.

« Tu ne crois donc pas à la vertu de Robespierre, toi? fit-il.

— A la vertu de Robespierre et de Saint-Just! lui dis-je en levant les épaules. Est-ce qu'on peut croire à la vertu des scélérats qui ont assassiné Danton parce qu'il était plus grand, plus fort, plus généreux qu'eux tous ensemble; parce qu'il voulait mettre la liberté et la miséricorde à la place de la guillotine, et que lui vivant, les dictateurs n'étaient pas possibles?... Où donc était leur vertu extraordinaire? Qu'est-ce qu'ils ont donc fait qui les élève tant au-dessus des autres? Quels dangers ont-ils donc courus de plus que sept ou huit cent mille citoyens partis en sabots à la frontière? Est-ce qu'ils ont manqué de pain, de feu et de chaussures en hiver, comme nous autres en Vendée? Non, ils ont fait de longs discours, prononcé des sentences, donné des ordres, proscrit ceux qui gênaient leur ambition, et finalement essayé de se faire nommer dictateurs. Eh bien! moi je ne veux pas de dictateurs, et j'aime mieux la liberté que la guillotine; c'est trop commode de tuer ceux qui ne pensent pas comme vous, le dernier brigand peut faire la même chose. C'est pour la liberté que je me suis battu; pour avoir le droit de dire et d'écrire ce que je pense; pour avoir des biens à moi, des champs, des prés, des maisons, sans dîmes, sans champart, sans priviléges, quand je les aurai gagnés honnêtement par mon travail; c'est pour manger mon bien ou pour l'entasser, si cela me convient, sans que des êtres purs, des êtres incorruptibles, tirés à quatre épingles comme des femmes, puissent mettre le nez dedans et me dire : « Tes habits « sont trop beaux, tes dîners sont trop bons, « tu ne ressembles pas aux Romains, il faut te « couper le cou. » Quels abominables despotes!... C'était l'égoïsme et l'orgueil incarnés!... Des gens qui n'avaient jamais vécu que devant leur écritoire, et qui se figuraient qu'on change les hommes avec des sentences et des décrets d'accusation, la guillotine en permanence pour se faire obéir!... Ah! pouah! quand j'y pense, ça me tourne le cœur. »

L'indignation me possédait. Collin, ne trouvant rien à me répondre, se leva tout à coup, prit son chapeau et sortit en allongeant le pas. Marguerite, derrière lui, poussa le verrou de l'allée et revint. Je croyais qu'elle allait me faire des reproches, mais au contraire en rentrant elle me dit :

« Tu as raison, Michel, c'étaient des malheureux remplis d'orgueil. J'ai vu Saint-Just ici; c'est à peine s'il répondait à ceux qui lui parlaient, tant il se faisait une haute idée de lui-même. Ah! que le pauvre Danton et Camille Desmoulins valaient bien mieux! On n'aurait jamais cru que ces patriotes étaient les premiers hommes de la république ; la bonté et le courage se voyaient peints sur leur figure. Les autres, secs, raides, vous regardaient du haut de leur grandeur; ils se croyaient, bien sûr, d'un autre sang que nous. Mais c'est égal, la république vient de recevoir un coup terrible ; les filous qui restent maîtres nous vendront.

— Bah! bah! Marguerite, lui dis-je, ne te figure donc pas que cinq ou six hommes sont la France. Le peuple c'est tout; le peuple qui travaille, le peuple qui se bat, qui se défend, et qui fait des économies pour lui et non pour les autres. Ce qu'il a gagné, sois tranquille, quand tous les despotes et les esclaves s'entendraient ensemble, il ne leur en lâchera plus rien; il faudrait nous hacher tous jusqu'au dernier, pour nous ôter seulement un brin d'herbe. Le reste viendra tout seul; nos enfants seront instruits, ils sauront ce que chaque pouce de terre nous a coûté; je ne pense pas qu'ils seront plus bêtes ou plus lâches que nous, et qu'ils se laisseront dépouiller. »

Ainsi se passa ce jour. Le lendemain, ce qu'Élof Collin nous avait raconté se répandit dans la ville. Toutes les figures furent changées; les unes semblaient sortir de dessous terre et les autres y rentrer. Il ne faut pourtant pas croire que la terreur finit alors; sans doute des quantités de prisonniers revinrent de Nancy, de Metz, des ponts couverts de Strasbourg : des gens à demi morts d'épouvante, qui s'étaient attendus chaque jour à s'entendre appeler devant le tribunal révolutionnaire et puis à monter sur la charrette ! J'en ai connu plus de cinquante de notre pays, et tous ont répété jusqu'à la fin que le 9 thermidor les avait sauvés. Mais ces gens, au lieu d'être contents, auraient voulu se venger et faire guillotiner les autres, et c'est dans ce temps que la haine contre les jacobins commença. On appelait jacobins, non-seulement les partisans de Robespierre, mais encore les dantonites, les hébertistes, tous les républicains ensemble. Les vrais patriotes comprirent d'où cela venait; ils se réunirent!... C'est pourquoi tous encore aujourd'hui ne sont pas fâchés de s'entendre appeler jacobins, quoique Robespierre ne soit plus leur patron. S'ils avaient le bonheur d'avoir des Danton, des Camille Desmoulins, des Westermann, l'idée ne leur viendrait plus de les faire guillotiner.

La mort de Robespierre fondit donc tous les patriotes ensemble; et les Tallien, les Fouché, les Barras, les Fréron, ceux qu'on appelait thermidoriens, parce qu'ils avaient renversé Robespierre en thermidor, ayant montré que ce n'était pas dans l'intérêt de la république, mais dans leur intérêt particulier qu'ils avaient fait le coup, furent méprisés. Leur véritable nom était « le parti des fricoteurs, » ce que vous reconnaîtrez par la suite, car, en vous racontant mon histoire, j'aurai toujours soin de dire aussi ce qui regarde le pays. On ne vit pas pour soi seulement, on vit pour tous les honnêtes gens, et ceux qui ne s'intéressent qu'à leurs propres affaires ne méritent pas de faire partie d'une nation civilisée.

IV

Chacun doit comprendre qu'avec l'économie, le bon sens et le bon ordre que Marguerite avait établis dans notre commerce, tout allait bien; je ne vais donc pas vous raconter semaine par semaine les bénéfices que nous faisions, les articles que nous vendions, et tous les autres détails de l'existence. Quand on reste chez soi; quand on ne va pas au cabaret dépenser ce qu'on gagne; quand on se plaît avec sa femme et qu'on surveille ses affaires, alors tous les jours se ressemblent, ils sont tous heureux, surtout pendant la jeunesse.

Malgré cela nous traversions une bien vilaine année ; je me souviens que jamais on ne vit de plus grande confusion dans le pays, de plus grande inquiétude et de plus profonde misère qu'après la mort de Robespierre. Les journaux étant pleins de fêtes, de danses, de nouvelles modes, de réjouissances ; on ne parlait que de la Cabarrus, de la veuve Beauharnais et de cinq ou six autres femmes en train de festoyer et de ressusciter, comme on disait, les mœurs élégantes d'autrefois. Pendant ce temps le peuple, par l'accaparement des grains, l'abolition du maximum, la chute des assignats, la prospérité des filous, la rentrée des girondins, des fédéralistes et des émigrés ; par la condamnation des patriotes, rendus responsables de l'exécution des ordres du Comité de salut public; par l'envahissement des capucins, des moines, qui réclamaient leurs chapelles, et des curés qui redemandaient leurs églises; la fermeture de tous les clubs, après celui des Jacobins de Paris, enfin par le triomphe de la mauvaise race, — qui se remettait à crier, à clabauder, à menacer, — et mille autres choses pareilles, le peuple était si misérable, que les gens mouraient de faim comme des animaux. Et là-dessus l'hiver arriva! Moi je n'ai jamais pu comprendre comment cette famine d'hiver fut si grande, car en traversant la France, dix mois avant, j'avais vu que tout se présentait bien; les récoltes, les moissons de toute sorte n'avaient pas manqué; peut-être les avait-on mangées à mesure, comme il arrive lorsqu'on a longtemps souffert et qu'on ne peut plus attendre, c'est possible! D'autres disent que le bouleversement des lois et l'abolition du maximum en furent principalement cause; que c'était arrangé d'avance entre les royalistes et les thermidoriens, pour soulever le peuple contre la république et le forcer à redemander des rois, des princes, des ducs, qui font la pluie et le beau temps, avec le secours des évêques et la grâce de Dieu, comme chacun sait.

Tout ce que je peux dire, c'est que les thermidoriens en rappelant les girondins, sur la proposition de Sieyès, en s'associant avec les royalistes, en menant la vie avec des femmes et s'en glorifiant eux-mêmes dans leurs gazettes, avaient fini par vous décourager et que, dans ce temps de terrible misère, on apprit qu'une partie du peuple de Paris demandait à la Convention de rétablir des rois, déclarant qu'il se repentait d'avoir soutenu la révolution. Voilà comment par la ruse, la débauche, l'invention des modes honteuses et d'autres ordures que les imbéciles imitent, les filous arrivent toujours à faire passer leurs vices pour des vertus, à décourager les honnêtes gens, et finalement à remettre la main dans le sac de la nation, ce qu'ils désirent le plus, car alors ils sont au pinacle et payent leurs débauches avec notre argent.

Des quantités de gueux firent leur fortune en 94; ils achetaient les assignats de vingt francs pour dix sous, et payaient avec cela les biens nationaux, et leurs anciennes dettes, reçues en beaux deniers comptants. Tout était perdu si l'armée avait suivi ces exemples abominables; mais c'est alors qu'on reconnut dans l'armée les vertus républicaines. Les thermidoriens et leurs amis s'étaient dépêchés de remplacer les montagnards au Comité de salut public: mais un Carnot, un Prieur, de la Côte-d'Or, un Robert Lindet, — des travailleurs terribles, capables d'organiser, de nourrir et de diriger des armées; des patriotes qui ne pensent qu'à leur devoir jour et nuit, — ne sont pas faciles à remplacer par des braillards et des intrigants; il avait bien fallu les laisser en place encore quelque temps, et ceux-là nos armées les connaissaient, elles pensaient comme eux.

Alors, pendant qu'à l'intérieur, sous la direction des Tallien, des Fréron, des Barras, tout s'en allait en pourriture, que les muscadins avaient la permission d'assassiner les patriotes avec leurs cannes plombées; qu'ils donnaient des bals à la victime; qu'ils faisaient des saluts à la victime; qu'ils s'habillaient à la justice, à l'humanité, en se livrant aux plus sales débauches, nos armées républicaines continuaient à remporter de grandes victoires.

Dans cet hiver épouvantable de 1794 à 1795, l'armée de Sambre-et-Meuse, commandée par Jourdan, et celle du Nord sous la conduite de Pichegru, rejetaient les Allemands et les Anglais hors de chez nous; elles envahissaient la Hollande et se rendaient maîtresses de toute la rive gauche du Rhin, depuis Bâle en Suisse jusqu'à la mer. C'est une des plus magnifiques campagnes de la république; il gelait à pierres fendre; nos hussards, au galop sur la glace, s'emparèrent même de la flotte ennemie, chose qu'on n'avait jamais vue et qu'on ne reverra sans doute jamais.

Combien de fois, les mardis et vendredis, jours de marché, quand la foule des pauvres gens remplissait notre petite boutique, ouverte sur la place des Halles, demandant du sel, du tabac, et que le vent chassait la neige jusque derrière nos comptoirs, que la glace montait par-dessus les marches au niveau du plancher, combien de fois je me suis dit, en regardant cette grande rue blanche en face, et les arbres secoués sur les remparts :

« Il ne fait pas chaud !... Non !... Mais c'est égal, nos braves camarades, pieds nus et les jambes entourées de paille, sur les grands chemins, ne doivent pas être à leur aise autant que nous ! »

Tout en servant, en répondant aux uns et aux autres, ces idées me travaillaient; je me rappelais Mayence, le Mans, Savenay; ce n'était pourtant rien auprès de cet hiver de 94, où le vin et même l'eau-de-vie gelaient dans les caves.

Et, le soir, les volets fermés, quand le feu bourdonnait dans notre petit poêle, que Marguerite comptait les gros sous, que je les mettais en rouleaux, et que mon frère Étienne lisait notre entrée à Utrecht, à Arnheim, Amersdorf, Amsterdam, le passage des digues et des canaux, la sommation des hussards à la flotte du Texel, ou d'autres choses aussi merveilleuses, combien de fois mes yeux sont-ils devenus troubles! et Marguerite, s'arrêtant tout à coup, combien de fois s'est-elle écriée :

« Ah! les royalistes à Paris ont beau demander l'abolition des droits de l'homme et du citoyen, la république remporte des victoires, les despotes se sauvent. »

Et tous ensemble nous criions :

« Vive la république une et indivisible ! »

Tous les principaux jacobins de la ville, même Élof Collin, qui s'était remis avec moi, sachant que j'avais parlé selon mon cœur, tous prirent alors l'habitude de venir causer derrière notre petit poêle, après souper. Notre bibliothèque devint la réunion des patriotes; c'est chez nous qu'on apprenait d'abord les grandes nouvelles, qu'on s'indignait contre les tyrans, et qu'on célébrait les victoires de la nation en chantant la *Marseillaise*. Que voulez-vous? c'était dans le sang de la famille ; même vingt-cinq ans après, on ne connaissait que cette musique chez Bastien-Chauvel, et quand on ne chantait plus à la maison, toute la ville savait que les royalistes avaient le dessus.

A la fin de ce rude hiver, nous tenions déjà tous les articles d'épicerie, et l'on nous devait à Phalsbourg et dans les environs plus de neuf cents livres; lorsque les gens sont si malheureux, et qu'on les sait honnêtes, laborieux, économes, il n'est pas possible de leur refuser à crédit les premières nécessités de la vie ; non, ce n'est pas possible. Nous devions à Simonis au moins autant qu'on nous devait ; mais il nous écrivit lui-même de ne pas nous gêner pour le payer, qu'il attendrait trois mois de plus s'il le fallait ; que c'était une année difficile pour tout le monde ; en même temps il nous engageait à prendre de nouvelles marchandises.

Le 1er mars 1795, nous fîmes notre premier inventaire, chose indispensable pour tout commerçant qui veut connaître l'état de ses affaires, savoir ce qu'il a vendu, ce qui lui reste, s'il a perdu, s'il a gagné; s'il peut s'étendre ou s'il doit s'arrêter; les gueux seuls aiment à vivre dans le désordre, jusqu'à ce que l'huissier vienne faire leur inventaire pour eux.

Nous reconnûmes avec joie que, Simonis et nos libraires payés, il nous resterait encore quinze cents livres de bénéfice net; après une si rude campagne c'était magnifique.

Il va sans dire que mon père et maître Jean venaient nous voir au moins une fois par semaine, et que mon père dînait avec nous tous les dimanches. Marguerite n'oubliait jamais, pendant la grande disette, de lui glisser un bon morceau de pain et de viande dans la poche, au moment du départ; elle nous aurait plutôt fait jeûner le soir que d'y manquer ; je l'en aimais d'autant plus. Nous savions l'heure où cet excellent père arrivait, c'était toujours le matin ; de notre porte nous le voyions déjà sourire au bout de la rue ; il se redressait joyeusement et saluait tous les passants, même les enfants, qui lui criaient :

« Bonjour, père Bastien. »

Il riait et puis ouvrait la porte en demandant :

« Eh bien, Michel, eh bien, mes enfants, ça va... ça va bien, n'est-ce pas?

— Oui, mon père. »

Nous nous embrassions. Alors, sur le seuil, après avoir secoué la neige de ses pieds, il disait :

« Entrons!... entrons !... »

Et nous entrions dans la bibliothèque ; il se chauffait les mains au poêle en regardant Marguerite d'un air attendri. C'est que nous espérions quelque chose, la plus grande joie qu'un homme puisse avoir sur la terre ; le bon père le savait. Je ne crois pas que jamais un être ait été plus heureux que lui dans ce temps ; il aurait voulu chanter, mais sa joie tournait en attendrissement ; il finissait toujours par s'essuyer les yeux et s'écrier :

« Mon Dieu ! quelle chance j'ai toujours eue dans ma vie ! Je suis un homme plein de chance !... »

Et l'usurier, les corvées, la misère de cinquante ans, Nicolas, la mère, mon départ en 92, tout était oublié; il ne voyait plus que nous : Étienne, déjà presque un homme, moi de retour, Marguerite devenue ma femme ; le reste, il n'y pensait plus.

Nous recevions aussi de temps en temps des lettres du père Chauvel, et c'étaient les beaux jours de Marguerite; mais ces lettres étaient courtes; il nous parlait plus comme autrefois avec abondance ; quatre mots : « Mes enfants, je vous embrasse. Les nouvelles que vous me donnez m'ont fait plaisir. J'espère que nous serons encore ensemble. Le temps presse, les circonstances sont graves. Mes amitiés à maître Jean, à Collin, etc. » On voyait qu'il avait de la méfiance, qu'il n'osait pas tout écrire. Enfin nous savions qu'il se portait bien, c'était déjà quelque chose ; et, comme, après sa mission à l'armée des Alpes, Chauvel devait retourner à Paris, nous espérions aussi le voir en passant.

C'est le dernier jour de mars 1795 que notre premier enfant vint au monde, un gros garçon joufflu, les bras, les cuisses et le corps tout

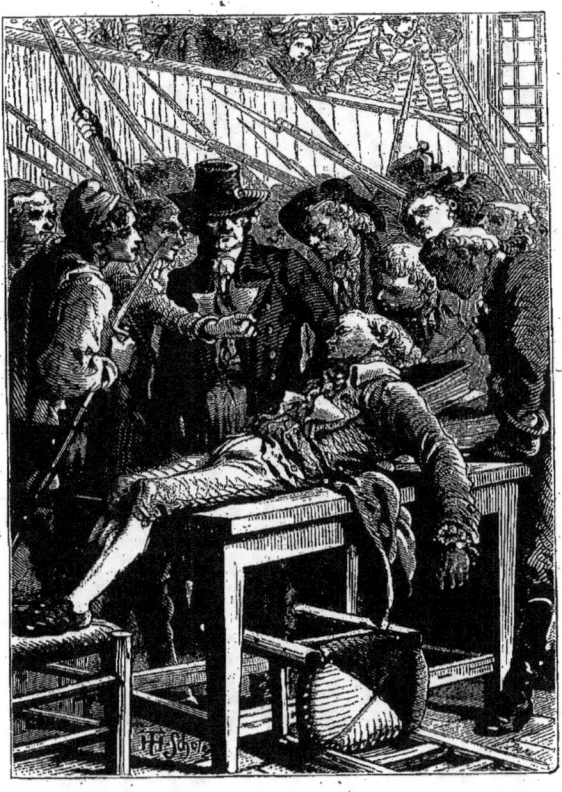

Le 9 thermidor. (Page 20.)

ronds, un solide gaillard. Après la grande inquiétude et la grande souffrance, en le voyant dans les bras de sa mère, sous la couverture blanche et les rideaux, je sentis quelque chose de fort et presque de terrible m'élever le cœur; il me semblait que l'Être suprême était autour de nous et qu'il me disait :

« Je te donne cet enfant pour en faire un citoyen, un défenseur de la justice et de la liberté. »

L'attendrissement m'étouffait, je jurais en moi-même d'en faire un homme, selon mes forces et mes moyens. Marguerite le regardait en souriant, elle ne disait rien ; la vieille Horson et d'autres bonnes femmes riaient et criaient :

« Quel bel enfant, il est énorme! »

Et déjà deux citoyens dans la boutique, ayant appris la nouvelle, demandaient si l'on pouvait entrer, lorsque le vieux père et maître Jean arrivèrent.

« A la bonne heure, Michel, à la bonne heure! » s'écriait maître Jean.

Mon père ayant vu le petit, gras et rose, sanglotait tout bas, et puis il se mit à rire et me serra dans ses bras longtemps. Il embrassa Marguerite en lui disant :

« Nous allons être tout à fait heureux, maintenant ; et, quand il sera grand, je le mènerai promener au bois. »

Enfin chacun se représente cela !

Le premier enfant qu'on a vous embellit tout. Marguerite ne pouvait pas me parler à force de bonheur; elle me regardait, et nous

Nos hussards, au galop sur la glace... (Page 22.)

sourions ensemble; le premier mot qu'elle me dit, ce fut :

« Il te ressemble, Michel! Ah! que mon père sera content! »

J'aurais encore bien des choses à raconter sur ce jour, mais comment les faire comprendre à ceux qui n'ont pas eu d'enfants d'une brave femme ? et ceux qui en ont eu, qu'est-ce que je leur apprendrais de nouveau?

V

Toutes nos grandes guerres alors étaient finies; nous avions conquis la Belgique et la Hollande, la rive gauche du Rhin, une partie du Piémont et de l'Espagne; les autres ne demandaient plus que la paix. Charette lui-même, dans ses marais, n'en pouvait plus; la république venait de faire grâce aux rebelles, en leur permettant de rebâtir leurs maisons, de relever leurs églises et de cultiver leurs terres comme d'honnêtes gens; elle leur avait même promis des indemnités, à la seule condition de rester tranquilles. Carrier, Pinard et Grandmaison avaient été guillotinés, pour avoir dépassé les ordres du Comité de salut public. Qu'est-ce que les Vendéens pouvaient demander de plus? On pensait que le bon sens allait leur revenir et que nous aurions longtemps la paix. Mais alors les scélérats, qui trois ans avant voulaient se partager la France, honteux d'avoir manqué leur coup, se jetèrent sur la Pologne; les gazettes ne parlaient plus que de la fameuse Catherine de Russie, la plus grande débauchée de toute l'Europe, de son général Souwaroff et de Kosciusko, le héros polonais.

Kosciusko remportait des victoires, mais ensuite arriva la nouvelle de l'épouvantable massacre de Praga, puis de la défaite des défenseurs de la liberté, et finalement la déclaration des alliés « que les Polonais étant incapables de s'entendre et de se donner un bon gouvernement, ils allaient, par amour de la justice et du bien public, se partager leur pays entre eux. » Tous les voleurs qu'on arrête et qu'on met aux galères, parce qu'ils forcent les serrures et dévalisent les maisons, pourraient en dire autant; mais ceux-là étaient des rois de Prusse, des empereurs d'Autriche, des impératrices de Russie, les évêques de là-bas chantèrent des *Te Deum* en leur honneur.

Avec un peu de bon sens, on aurait compris que ces tyrans ne voulaient pas de peuples libres, et qu'ils venaient de tuer notre seul allié, pour revenir bientôt contre nous; l'ancienne Montagne l'aurait bien compris; entre la république et les rois il ne pouvait pas exister de trêve; il fallait rendre toute l'Europe libre ou redevenir esclaves! Mais qu'est-ce que cela faisait aux royalistes? à ces girondins qu'on avait laissés rentrer à la Convention et qui s'appelaient les soixante et treize? Au contraire, ces empereurs et ces rois étaient leurs meilleurs amis; ils comptaient sur eux et conspiraient ensemble; c'est pour cela qu'ils entretenaient la famine; ils voulaient soulever le peuple et lui dire :

« Ah! si nous avions un roi, tout irait bien mieux; nos ports seraient ouverts, les grains arriveraient; nous ferions de bons traités avec les Allemands, les Anglais, les Russes; le commerce reprendrait, les fabriques marcheraient, etc. »

Ils avaient pour eux les sections thermidoriennes autour des Tuileries, les petits et les gros marchands, les artisans des riches quartiers de Paris. Les derniers montagnards, sur leurs bancs, étaient écrasés par le nombre; ils ne pouvaient plus parler, plus réclamer en faveur du peuple. Carnot lui-même avait été remplacé au Comité de salut public par un girondin, un Aubry, qui destituait tous les généraux patriotes, tous les officiers aimés du soldat. Cet homme travaillait sur le plan des ministres de Louis XVI, qui mettaient des traîtres dans nos places fortes; chacun le voyait, mais quoi faire? La réaction avait la force en main; la terreur blanche commençait dans le Midi; les montagnards gênaient encore ces traîtres, ils résolurent de s'en débarrasser.

Le lendemain même de la naissance de notre petit Jean-Pierre, 12 germinal an III, les journaux de Paris annoncèrent que le peuple affamé s'était jeté dans les Tuileries; qu'il avait envahi la Convention en demandant du pain, et que les sections thermidoriennes l'avaient balayé de la salle. Maintenant le peuple se battait contre les bourgeois, tout était au pire.

Le même courrier rapportait que la Convention, profitant de cela, venait d'envoyer Collot-d'Herbois, Billaut-Varennes et Barrère à Cayenne, sans jugement, et que les citoyens Cambon, Maignet, Moïse Bayle, enfin tous les hommes qui dans le temps avaient sauvé la France, lorsque les royalistes voulaient la livrer, étaient en prison. C'était toujours le même plan : vendre le pays pour avoir des places, des rentes, des pensions, des priviléges!

Ce jour-là, malgré le bonheur d'être au milieu de ma famille et de mes amis, de voir ma femme, mon fils, mon vieux père autour de moi, j'aurais bien repris mon fusil et recommencé nos campagnes contre les traîtres. Beaucoup d'autres auraient eu le même courage; mais à quoi bon? les chefs manquaient, ils s'étaient guillotinés! Quelle misère!

C'est alors que les patriotes virent où nous avions marché. Moi j'aurais donné mon sang pour ressusciter Robespierre et Saint-Just, que je haïssais, et Collin aurait donné sa tête pour ravoir Danton et Camille Desmoulins, qu'il avait appelés corrompus. Enfin, quand le mal est fait, toutes les plaintes et tous les regrets du monde ne servent à rien.

Quelques jours après, ces thermidoriens, ces girondins, ces royalistes envoyèrent à la guillotine le terrible Fouquier-Tinville, ancien accusateur public, et quinze juges du tribunal révolutionnaire. Les mouchards couraient aussi derrière la charrette de Fouquier-Tinville en lui criant d'un air moqueur :

« Tu n'as pas la parole! »

Et lui répondait :

« Et toi, peuple imbécile, tu n'as pas de pain! »

Il avait raison, les réactionnaires ne laissaient rien arriver à Paris; le peuple ne recevait plus que deux onces de pain par homme et par jour! Chez nous on avait fait les petites récoltes; les paysans avaient déjà vendu leurs réserves en grains et fourrages, voyant que les grandes récoltes seraient bonnes; la famine n'existait plus! Mais il fallait des insurrections aux royalistes, pour avoir l'occasion de les écraser; ils se sentaient soutenus maintenant et voulaient redevenir les maîtres; il fallait donc affamer les malheureux.

Aussi la grande insurrection du 20 mai 95, — 1er prairial an III — ne tarda pas longtemps, cette insurrection de la famine, où les femmes, les enfants et quelques bataillons du faubourg Antoine se précipitèrent dans la salle de la Convention en criant :

« Du pain, et la constitution de 93 ! »

Le comte Boissy-d'Anglas resta six heures à sa place de président, le chapeau sur la tête, au milieu des haches, des piques, des baïonnettes qui se penchaient vers sa poitrine. Mgr le comte d'Artois n'aurait pas voulu se trouver à sa place, j'en suis sûr. Ce Boissy-d'Anglas était un royaliste; il avait du courage, et salua même la tête du représentant Féraud, qu'on lui présentait au bout d'une pique, pour l'effrayer.

Ces choses ont été racontées mille fois.

L'insurrection du 1er prairial dura trois jours. La Convention vota beaucoup de décrets selon la volonté du peuple, lorsqu'il était maître dans la salle, et les brûla tous le lendemain. Le peuple n'avait plus de chefs, il ne savait quoi faire de sa victoire; si Danton avait été là, il aurait parlé pour lui. Le second jour, vingt mille hommes des sections thermidoriennes et royalistes, avec un renfort de six mille dragons, repoussèrent l'insurrection dans ses quartiers misérables, d'où la famine l'avait fait sortir; et le peuple, après tant de milliers d'hommes perdus à la frontière, recula; il n'osa pas accepter la bataille et s'avoua vaincu dans Paris.

C'est la dernière grande insurrection; sans nos armées, qui tenaient à la république et pouvaient marcher sur Paris pour la rétablir, ce jour-là les thermidoriens, les girondins et les royalistes auraient eu leur Louis XVIII. Tous les membres des anciens Comités de salut public et de sûreté générale, excepté Carnot et Louis du Bas-Rhin, vingt et un autres représentants du peuple et dix mille patriotes reconnus, furent arrêtés, déportés ou guillotinés dans cette semaine. Quelle chance pour Chauvel d'être encore en mission ! La ruse fait plus pour les traîtres que la force; avec la force ils n'avaient rien gagné, mais alors ils eurent tout entre les mains; ils cassèrent la gendarmerie patriote; ils reprirent ses canons à la garde nationale et toutes leurs armes aux ouvriers, dont plus un seul ne fit partie de la garde citoyenne. Ils rétablirent à Paris une garnison de troupes de ligne, comme avant 89; enfin il ne leur manquait plus que le roi. Mais les armées de la république étaient encore là, sous les armes; maintenant il s'agissait d'acheter des généraux capables de vendre la nation, et puis d'écrire à Sa Majesté : « Venez, Sire, il n'y a plus de danger! Venez au milieu de vos enfants, qui pleurent après leurs princes, leurs seigneurs et leurs évêques. Dites seulement que vous avez fait un voyage, que vous rentrez dans votre famille, ou d'autres farces pareilles. Venez, tout ira bien. N'ayez pas peur, fils de saint Louis, le trône de vos pères est déjà prêt. »

Oui, ces honnêtes girondins, qu'on représente partout comme des victimes, avaient préparé ça depuis le commencement; ils se croyaient déjà sûrs de leurs affaires et se dépêchaient un peu trop; tous les jacobins n'étaient pas morts, ni les codeliers non plus; et puis les paysans voulaient aussi garder leurs biens nationaux, leurs biens de l'Église, et beaucoup d'autres choses que vous verrez par la suite.

Tout cela n'empêcha pas la débâcle des patriotes dans toute la France. A Phalsbourg, Élof Collin, Manque, Henri Burck, Laffrenez, Loustau, Thévenot, tous les officiers publics, membres du club de l'Égalité, furent mis de côté, bien heureux encore d'en être quittes à si bon marché. Nous eûmes alors pour maire le docteur Steinbrenner, qui ne s'occupait que de sa médecine, et laissait les affaires du district entre les mains du secrétaire de la mairie Frœlig; il ne passait pas seulement une demi-heure à l'hôtel de ville par jour, et je crois qu'il ne lisait jamais un journal; les autres officiers municipaux, comme Mathis Ehlinger l'aubergiste, le cafetier Mittenhof, Masson, le directeur de la poste aux chevaux, s'occupaient tout au plus de dresser les actes civils, sans s'inquiéter d'autre chose que de leurs affaires.

Voilà comme tout décline, lorsque ceux d'en haut ne pensent qu'à tout happer, et regardent le peuple comme un moyen de s'enrichir. Dans un temps pareil, les plus courageux se laissent abattre et se retirent chez eux, en attendant que l'occasion se représente de réclamer leurs droits.

VI

En ce temps, Chauvel passa chez nous comme un éclair; il avait pris la traverse de Saverne, au pied de la côte, pour gagner une demi-heure sur la voiture et repartir tout de suite. Nous venions de compter nos gros sous; je fermais notre boutique après dix heures, lorsqu'il entra brusquement, son manteau de voyage sur l'épaule, et nous dit tout essoufflé :

« C'est moi, mes enfants; je viens vous embrasser en passant, et je repars. »

Qu'on se figure notre saisissement et nos embrassades! Chauvel retournait à Paris. Il était toujours le même, seulement un peu courbé, les joues creuses et les sourcils blancs; ses yeux, toujours vifs, se troublèrent un instant lorsqu'il prit le petit enfant et qu'il l'embrassa. Tout le temps qu'il resta dans notre bibliothèque, il ne fit que marcher, l'enfant sur le bras, le regardant et lui souriant.

« C'est un bel enfant, disait-il; à six ans il saura le catéchisme des droits de l'homme. »

J'avais envoyé mon frère Étienne prévenir Élof Colin, et faire ensuite sentinelle sur la route, pour nous avertir quand arriverait le coche. Marguerite pleurait; moi j'étais tout pâle, en pensant que nous allions nous séparer si vite. Élof arriva tard, quelques minutes avant la voiture, et je me rappelle que ce grand corps sanglotait en parlant de Robespierre, de Saint-Just et des traîtres. Chauvel resta calme et lui dit:

« C'est un grand malheur!... Les hommes sont des hommes, il ne faut pas en faire des dieux; ils durent quelque temps... ils s'usent. Danton et Robespierre étaient deux grands patriotes : Danton aimait la liberté, Robespierre ne l'aimait pas, elle gênait ses idées d'autorité, c'est la cause de leur perte; ils ne pouvaient vivre ensemble ni se passer l'un de l'autre; mais les principes restent! La moitié de la révolution est faite : les paysans ont leur part; ils ont la terre sans dîmes, sans priviléges; l'autre moitié reste à faire; il faut que les ouvriers aient leur part comme nos paysans; qu'ils jouissent du fruit de leur travail. Cela ne peut arriver que par l'instruction et la liberté; la liberté nivelle, le privilége entasse; après l'entassement, tout s'écroule; la révolution finira par la justice pour tous, pas avant. »

Il dit encore d'autres choses dont je ne me souviens pas; puis la voiture arriva; les larmes, les embrassades recommencèrent, et ce bon patriote, cet excellent homme partit.

Tout cela vient de me revenir comme un rêve, après tant d'années, j'ai tout revu dans une seconde, et j'en suis attendri. C'était à la fin de prairial; les assassinats commençaient dans le Midi. A Lyon, Marseille, Arles, Aix, Tarascon, etc. les royalistes massacraient les patriotes enfermés dans les prisons; ils dansaient autour des monceaux de cadavres. Les compagnons de Jéhu et du Soleil, organisés par des députés girondins, arrêtaient les voitures sur les grandes routes, égorgeaient les républicains et pillaient les caisses publiques. Toute la France en jetait de grands cris; mais la Convention, pleine de réactionnaires, ne voulait pas les entendre. Les thermidoriens, eux, commençaient à s'apercevoir que, l'insurrection écrasée, ils devenaient de trop à la Chambre et qu'on allait bientôt éplucher leurs anciens comptes; ils sentaient leurs têtes hocher d'avance, et se rapprochaient des montagnards restés solides au poste.

Ce qui montre bien que l'insurrection avait été préparée par les royalistes, c'est qu'aussitôt après les vengeances et l'extermination d'une foule de jacobins, de dantonistes, d'hébertistes, la disette cessa dans Paris. Les grandes récoltes n'étaient pourtant pas encore faites en juillet; d'où venait donc cette quantité de grains et de provisions cachés pendant la famine? A-t-on jamais vu l'abondance revenir avant les récoltes? Est-ce que les blés sortent de dessous de terre par sacs? Ceux qui pensent à cela sont forcés de reconnaître que cette insurrection de la famine fut un véritable guet-apens des royalistes, pour écraser le peuple et lui donner un roi.

Qu'on vienne encore nous dire que la France est un pays monarchique; il en a fallu couper des têtes pour nous rendre monarchiques! Si l'on comptait bien, on en trouverait beaucoup plus après qu'avant thermidor, sans parler des trahisons et d'autres crimes sans nombre. Tout marchait ensemble, ceux du dedans et ceux du dehors s'entendaient : Aussitôt le coup de Paris réussi, les gazettes annoncèrent qu'une flotte anglaise s'approchait des côtes de la Bretagne; puis que cette flotte avait repoussé la nôtre dans le port de Lorient, et qu'elle débarquait dans la presqu'île de Quiberon, des canons, des munitions, des émigrés et de faux assignats en masse; que les chouans et le reste des brigands de la Vendée, malgré leurs promesses et leurs serments, remuaient comme des vers, et se dépêchaient de rejoindre l'ennemi. Si nous avions éprouvé la moindre défaite, la proclamation de Louis XVIII n'aurait pas tardé longtemps.

Louis XVII, fils de Louis Capet, venait de mourir chez le cordonnier Simon, et l'ancien comte de Provence était déjà proclamé roi de France par les émigrés et les despotes de l'Europe. Cette comédie nous aurait fait rire, si les trois quarts de nos représentants n'avaient pas été d'accord avec l'étranger. Toute la nation en frémissait; on n'osait plus lire les gazettes, de crainte d'apprendre tous les jours quelque nouvelle abomination.

Par bonheur, Hoche, qui n'était pas un Léchelle, et qu'on venait de nommer général en chef de nos forces en Vendée, se dépêcha de réunir quelques troupes et d'aller à la rencontre des ennemis. Le bruit courait que vingt mille chouans et dix mille Anglais, commandés par trois à quatre mille ci-devant gentilshommes, marchaient sur Rennes, route de Paris, lorsqu'on apprit que Hoche les avait enfermés dans leur presqu'île de Quiberon, au moyen d'une ligne de retranchements garnie de canons; qu'il avait enlevé le château de Penthièvre, à l'entrée du passage, et mitraillé les révoltés d'une façon épouvantable, tellement que la plupart, resserrés par nos colonnes, s'étaient précipités dans la mer, et que le reste avait mis bas les armes sans conditions.

Les thermidoriens, réunis aux derniers montagnards, venaient d'envoyer là-bas en mission leur ami Tallien; et Tallien, se rappelant alors que les émigrés n'étaient pas ses amis, donna l'ordre de les fusiller tous sur la place; ils furent donc fusillés à sept cent onze, et l'on relâcha les paysans. Ce fut une grande perte pour la noblesse.

On ne se fera jamais une idée de la satisfaction du pays en apprenant cette bonne nouvelle, après tant de mauvaises. Le nom de Hoche grandit; on se rappela ses anciennes victoires sur le Rhin et la Moselle, et chacun se dit :

« Voilà notre homme! »

Malheureusement la république n'avait plus le sou; Cambon ne surveillait plus la caisse; on tirait des assignats par milliards, et personne ne voulait plus les recevoir pour de l'argent. Tous les marchands élevaient leurs prix, depuis que la loi du maximum n'existait plus; la livre de chandelle était à six francs, la livre de tabac à douze, et le reste en proportion.

A quelques lieues de chez nous, sur l'autre rive du Rhin, les mêmes choses se vendaient au prix ordinaire. Au lieu d'abolir les assignats, les royalistes de la Convention les conservaient pour nous ruiner; on n'a jamais vu de trouble pareil dans le commerce, car les assignats ne pouvaient pas aller sans le maximum. Aussi on ne saura jamais quelle contrebande se faisait alors, d'autant plus que les Anglais arrêtaient sur mer, sucre, poivre, café, etc.; ces choses étaient hors de prix; les enfants n'en connaissaient pas la couleur. Nos armées manquaient de tout : l'égoïsme, la filouterie, les mauvaises mœurs descendaient du haut en bas. Vous rencontriez des muscadins jusqu'à Phalsbourg, des imbéciles habillés à la victime, la cravate blanche en entonnoir jusqu'au nez, un crêpe à leur chapeau, parlant sans ouvrir la bouche, et vous regardant par-dessus l'épaule avec des lunettes d'approche.

Ils vous auraient fait du bon sang, si l'idée ne vous était pas venue que de pareils champignons ne poussent que sur le bois mort, et que la république en nourrissait par milliers. Cinq ou six drôlesses, après avoir été déesses de la Raison ou de la Nature, sous Robespierre, voulaient aussi se donner des airs de victimes; elles avaient des robes plates, en forme d'étui, et des ceintures lâchées d'un air mélancolique; mais on les entendait rire et s'amuser tous les soirs à l'auberge du Cygne, avec les mirliflores, les fils d'anciens gabelous, inspecteurs des veaux, contrôleurs et botteliers des foins sous Louis XVI. Ces bonnes pièces avaient même inventé de larges poches, qui leur pendaient sur les talons et qu'on appelait des ridicules; elles mettaient là-dedans des poignées d'assignats, et leur mouchoir brodé de larmes, pour signifier la désolation. Que les gens sont bêtes, mon Dieu! Quand on a vécu seulement soixante ans, le souvenir de toutes les sottises qu'on a vues défiler devant soi vous renverse; on ne croit plus que c'était possible.

Le pire, c'est qu'une foule d'anciens moines et curés du roi revenaient, regardant à droite et à gauche, à la manière des rats qui sortent de leur trou, lorsque la nuit approche, et qu'ils osaient affronter nos curés patriotes, comme monsieur Christophe de Lutzelbourg.

Ce brave curé Christophe n'avait pas quitté le pays depuis cinq ans; il avait toujours vécu de son travail, sculptant des meubles et tenant son école, sans rien réclamer de la république. Il achetait maintenant chez nous ses petites provisions et regrettait bien de n'avoir pas vu Chauvel à son dernier passage.

Mais de toutes ces choses lointaines, ce qui me touche le plus quand j'y pense, c'est la vie que nous menions dans ce grand trouble; les premières joies de notre petit Jean-Pierre, les soucis de Marguerite pour l'enfant. Quel amour que celui d'une mère!... Comme tout l'inquiète! Elle n'a plus de repos ni jour ni nuit; le moindre cri l'éveille; elle se lève, elle console le pauvre petit être; elle chante, elle rit; elle le berce et le promène; à sa moindre maladie, elle le veille; et cela des semaines et des mois, sans jamais se lasser. Ah! combien ce spectacle vous rend meilleur et vous fait encore mieux aimer les parents!

Depuis la naissance de notre petit Jean-Pierre, j'avais vu deux ou trois fois, dans l'ombre de la vieille halle, en face, ma mère qui regardait notre maison de loin; elle était là, sous les vieux piliers, près de la cassine du savetier Turbin, tout attentive, ses cheveux gris fourrés sous la cornette, et sa pauvre robe de toile tombant en franges sur les sabots; elle me paraissait bien vieillie. Et, la voyant ainsi par nos petites vitres, mon cœur s'était serré ; j'avais couru sur la porte pour l'appeler, la prier d'entrer ; mais au même instant elle s'était sauvée, descendant le petit escalier derrière, dans la rue du *Cœur-Rouge*, et je ne l'avais plus trouvée aux environs.

L'idée me venait qu'elle aimait notre enfant, qu'elle souhaitait de le voir, et que par lui nous serions réconciliés. Rien que de penser à cela j'avais envie de pleurer ; mais je n'en parlais pas à Marguerite, craignant de me tromper.

Souvent aussi le vieux père, lorsqu'il berçait l'enfant comme une bonne nourrice, et qu'il le regardait avec bonheur, souvent il m'avait dit tout bas à l'oreille :

« Si ta mère le voyait, Michel, elle te bénirait, elle nous bénirait tous. »

Et comme un dimanche, dans notre chambre à coucher, il me disait cela, je lui demandai :

« Vous croyez, mon père ; vous en êtes sûr ?
— Si je le crois, fit-il en joignant les mains, oui, oui ! ce serait sa joie... Seulement elle n'ose pas venir ; elle a tant crié contre ta femme... elle est honteuse. »

Alors, sans rien écouter de plus, je pris l'enfant sur mon bras et je dis au père :

« Eh bien ! allons voir, partons tout de suite.
— Où ça ? fit-il étonné.
— Eh ! aux Baraques.
— Mais ta femme ?
— Marguerite sera contente, ne craignez rien. »

Le pauvre homme, tout tremblant, me suivit ; dans la boutique, je dis à Marguerite :

« Ma mère serait bien heureuse de voir notre enfant ; j'y vais, nous serons de retour à midi. »

Marguerite devint toute pâle ; elle avait appris les mauvais propos de ma mère sur son compte, mais c'était une femme de cœur, incapable de me donner tort quand j'avais raison.

« Va, dit-elle ; que ta mère sache au moins que nous ne sommes pas aussi durs qu'elle, et que je n'oublierai jamais qu'elle est ta mère. »

En entendant cela, mon père lui prit les deux mains ; on aurait cru qu'il allait fondre en larmes et qu'il voulait parler, mais il ne dit rien, et nous partîmes aussitôt. Bien plus loin, dans le sentier des Baraques, entre les blés, il se mit à célébrer les vertus de Marguerite, sa bonté pour lui et pour tout le monde ; il avait des larmes plein les yeux. Je ne lui répondis pas, songeant à la surprise de ma mère et n'étant pas encore sûr qu'elle nous recevrait bien.

C'est ainsi que nous entrâmes au village, passant devant l'auberge des Trois-Pigeons et les autres baraques, sans nous arrêter. La vieille rue était presque déserte ; car, outre la foule de recrues et d'anciens soldats encore aux armées, beaucoup de patriotes étaient en réquisition permanente pour les transports de vivres et de munitions ; les femmes et quelques vieillards faisaient seuls les récoltes.

Ma mère, maintenant trop vieille, passait son temps à filer, ce qui lui rapportait cinq ou six liards par jour ; mon père gagnait huit à dix sous avec ses paniers, et quant au reste, c'est Claude, Mathurine et moi qui soutenions les pauvres vieux sans le dire. Enfin, sauf la vieillesse, qui vous rend toujours un peu malade et triste, ils n'avaient jamais été plus heureux.

Il faisait très-beau, tous les vergers étaient pleins de fruits : pommes, poires, prunes, qui se penchaient aux branches par-dessus les haies, comme au bon temps de notre enfance, lorsque Nicolas, Claude, Lisbeth et moi nous courions, pieds nus et déguenillés, dans la poussière des chemins ou dans la vallée des Roches, avec bien d'autres, dont les trois quarts étaient déjà morts.

Ces souvenirs, en me revenant, m'avaient rendu grave ; deux ou trois vieilles regardaient à leurs lucarnes sans me reconnaître ; l'air bourdonnait, des milliards de mouches et d'abeilles voltigeaient dans le feuillage ; les hommes passent, et ce spectacle est éternel.

Tout à coup, au détour d'un vieux hangar, je vis ma mère assise sur la marche de notre baraque. C'était dimanche, elle avait ses beaux habits et ses souliers ; elle disait son chapelet.

Jamais elle n'avait connu les primidi, les duodi, les tridi, les floréal, les prairial, etc., qui lui paraissaient des inventions du diable. Elle priait donc seule, et le bruit de nos pas lui fit tourner la tête, mais elle ne bougea pas. Je crus qu'elle m'en voulait toujours ; c'était une mauvaise pensée, car à peine eut-elle vu l'enfant, que ses deux grandes mains sèches s'étendirent ; elle essaya de se lever et se rassit toute tremblante. Je lui donnai le petit sans rien dire, étant moi-même trop ému ; elle le posa sur ses genoux et l'embrassa en sanglotant, et puis elle me dit :

« Viens, Michel, que je t'embrasse aussi. Tout à l'heure je pensais : « Il faudra donc que « j'aille chez l'hérétique pour voir mes en- « fants ! C'est le bon Dieu qui t'envoie ! »

Et elle m'embrassa.

Ensuite elle se dépêcha de défaire le maillot, et voyant le petit être rose, gros, joufflu, avec des plis de bonne santé tout autour des cuisses et des reins, son orgueil et sa joie éclatèrent. Elle criait aux voisines :

« Hé! Gertrude? hé! Marianne! venez donc voir... venez donc voir le bel enfant... Hé! hé! hé! c'est comme un ange... Il ressemble à notre Nicolas! »

Et les bonnes femmes se dépêchaient d'arriver; et nous tous, le père, la mère, moi, les vieilles, penchés sur le petit, comme des enfants autour d'un nid qu'on vient de dénicher, nous riions, nous criions ; mais la voix de ma mère s'élevait par-dessus les autres. Toutes ces vieilles édentées faisaient des grimaces au petit, qui riait. Cela dura plus d'un quart d'heure, et le vieux Saint-Hilaire vint aussi voir, en boitant. Tous s'extasiaient de la santé, de la bonne mine de cet enfant, car on peut bien se figurer qu'après cinq ans de misère et de famine, on n'en voyait pas beaucoup de pareils aux Baraques. Ma mère, orgueilleuse, disait :

« Tu es pourtant un bon garçon, Michel, tu es pourtant un bon garçon d'être venu. »

Mon père ne l'avait jamais vue de si bonne humeur; il me soufflait à l'oreille :

« Je te l'avais bien dit!... hé! hé! hé! »

Le seul chagrin de tout ce monde, c'était qu'on ne pouvait pas donner de pommes et de poires au petit, qui n'avait pas encore de dents.

Vers midi l'enfant s'étant mis à pleurer, ma mère, malgré sa joie de le montrer à tout le monde, comprit qu'il avait soif et qu'il était temps de le remporter. Elle le remmaillotta en chantonnant, et vint avec nous jusque sur les glacis, toute fière et heureuse de le tenir sur son bras.

J'aurais bien voulu la décider à venir jusque chez nous, mais elle disait :

« Une autre fois, Michel, une autre fois... plus tard. »

Et le père me faisait signe de ne pas la presser, parce que sa joie pouvait tourner en mauvaise humeur. Elle ne vint donc pas encore et me remit l'enfant dans l'avancée en me disant :

« Allez maintenant, et dépêchez-vous, car le petit a besoin du sein. »

Elle nous regarda jusque sous la porte de France, et me cria deux fois :

« Tu reviendras, Michel; tu reviendras bientôt. »

Je lui faisais signe que oui.

C'est ainsi que je me remis avec ma mère. Marguerite fut satisfaite d'apprendre cette bonne nouvelle; elle en fut très-contente pour moi. Tout était maintenant en ordre, et j'espérais qu'un jour ou l'autre ma mère se déciderait tranquillement à venir nous souhaiter le bonjour. Nous étions d'accord pour ne jamais lui parler de ce qui s'était passé ; lorsqu'on n'a rien d'agréable à dire aux gens, il vaut mieux se taire, et puis il vaut aussi mieux oublier les misères de ce monde, que d'y revenir sans cesse.

Nous avions bien assez de nouveaux ennuis chaque jour, sans nous rappeler les anciens ! Ils ne nous manquaient pas et les inquiétudes non plus; en ces mois d'août septembre 1795, le danger qui, six semaines avant, menaçait la Bretagne et la Vendée, se tournait de notre côté. Depuis cinq mois l'armée de Sambre-et-Meuse, commandée par Jourdan, et celle de Rhin-et-Moselle, sous les ordres de Pichegru, ne bougeaient plus ; tout leur manquait : les armes, les munitions, et même les chefs, destitués par le traître Aubry, qui remplaçait Carnot au Comité de salut public.

On n'avait pas encore établi que la moitié des contributions serait payée en foin, paille, orge, avoine, de sorte que la république était forcée de tout payer avec les malheureux assignats et d'en faire de plus en plus.

Nous bloquions Mayence sur la rive gauche; Wurmser et Clairfayt, sur la rive droite, n'attendaient que l'occasion de nous envahir encore une fois. Les récoltes finies, on pensa que nous allions avoir du changement, et dans ce temps notre commerce s'étendit tout à coup d'une façon extraordinaire. La ville fourmillait de soldats déguenillés, qui filaient sur Strasbourg; vous n'entendiez du matin au soir que ce grand tumulte des troupes en marche : les tambours, les trompettes, et puis le bruit des savates qu'on traîne par bataillons et régiments ; les « Ho! ho! ho!... Vive la république !... Allons, enfants de la patrie !... etc.; » les officiers et sous-officiers qui s'arrêtent, en passant, pour prendre un petit verre d'eau-de-vie sur le pouce, et se mettent ensuite à courir pour rejoindre la colonne ; enfin le grand spectacle de la guerre qui s'avance ne cessait plus, et notre boutique était toujours pleine de soldats.

Ces braves gens me reconnaissaient comme un ancien; on se donnait des poignées de main, et plus d'une fois l'idée me passait par la tête de rempoigner un fusil, une giberne, et d'emboîter le pas. Je me représentais le roulement de la fusillade et les cris : « En avant ! A la baïonnette ! » Le chaud et le froid me traversaient d'un coup, comme lorsqu'on entend battre le pas de charge et qu'on part du pied gauche ; mais la vue de notre petit Jean-Pierre sur le bras de Marguerite me calmait, et je rentrais dans ma coquille, bien content d'avoir mon congé en règle. Et puis la conduite

Le premier enfant qu'on a vous embellit tout. (Page 24.)

de notre Convention, qui trahissait la république, n'engageait pas les patriotes à se faire casser les os en l'honneur de ses mauvais décrets; chacun se disait : « Une fois nous morts, qu'est-ce qui restera? Des royalistes, des muscadins, des Cabarrus, les anciens valets et les boutiquiers aristocrates de la cour, aux environs des Tuileries; la race abominable des assassins du Midi, qui redemanderont leur fils de saint Louis, leur comte d'Artois et les émigrés. Non ! non ! Cette Convention va bientôt finir, et puis nous verrons. »

Vous pensez bien qu'on ne nous payait pas en or, ni même en pièces de quinze ou trente sous; nous n'aurions pas eu de quoi rendre : le louis valait quinze cents francs en assignats; où mettre ces tas de papiers? Ce sont les gros sous qui nous ont sauvés. Tous les huit jours j'en remplissais une caisse de trois a quatre cents livres, solidement clouée et ficelée en croix, et je la donnais à Baptiste pour les Simonis, qui m'envoyaient en retour la quittance et de nouvelles marchandises.

Depuis la défaite du peuple, en prairial, les traîtres laissaient tout aller à l'abandon, leurs journaux ne finissaient pas d'insulter la république, leurs clubs prêchaient la révolte, et chez nous on n'entendait plus parler que de chauffeurs embusqués dans les bois, pour arrêter les voitures, piller les fermes et dévaliser les juifs. Une bande de ces brigands avait tellement chauffé les pieds du vieux Leiser et de sa femme, à Mittelbronn, pensant les forcer à dire l'endroit de leur argent, que les malheureux

Des imbéciles habillés. (Page 29.)

en étaient morts. Schinderhannes écumait la montagne depuis l'Alsace jusqu'au Palatinat, et chaque fois que Baptiste faisait le voyage de Strasbourg, il avait deux pistolets d'une aune à sa ceinture, son sabre et son fusil dans la paille. Je me souviens qu'un jour le bruit s'étant répandu que la bande venait d'arrêter le courrier sous les roches du Holderloch, il n'osait pas se charger de ma caisse, d'autant plus que la nuit venait.

Je fus obligé, pour lui donner confiance, de m'asseoir à son côté, le fusil entre les genoux, et de l'escorter jusqu'à Saverne. Si Schinderhannes était venu cette nuit-là, il aurait fait connaissance avec le sergent Bastien, de la 13ᵉ légère, mais tout se passa tranquillement ; le même soir je revins de Saverne par la traverse, mon fusil en bandoulière, ne voulant pas laisser Marguerite dans l'inquiétude. Enfin voilà pourtant à quel état de misère les soixante-treize avaient réduit notre pays ; ils espéraient à force de crimes et de trahisons nous forcer à demander un roi ; car d'aller se démasquer, et de se déclarer royalistes ouvertement, ils n'auraient jamais osé ; nos armées républicaines seraient aussitôt venues leur rendre visite à marches forcées.

Ils nommèrent alors une commission de onze membres, chargés de préparer la nouvelle constitution, et tous les patriotes frémirent en pensant que les royalistes allaient nous donner des lois.

Cette constitution fut décrétée le 17 août 1795, sous le nom de constitution de l'an III. Elle déclarait d'abord que l'ordre reposait sur la propriété seule, d'où chacun devait comprendre que celui qui n'avait pas hérité de rentes, ou qui n'en avait pas gagné par n'importe quel moyen, comme Tallien et beaucoup d'autres, n'était plus rien; que l'argent passait avant le courage, la probité, le talent, le dévouement à la patrie et toutes les vertus.

Elle déclarait après cela que les représentants seraient nommés par des électeurs, et que chacun de ces électeurs serait nommé par deux cents citoyens âgés d'au moins vingt et un ans et *qui payeraient une contribution directe*. Ensuite que, pour avoir la qualité propre à faire un électeur ou un représentant, il faudrait *payer une contribution de deux cents journées de travail*.

Les trois quarts de nos anciens représentants montagnards n'auraient pu, d'après cette constitution, être nommés; nous n'aurions eu pour représentants du peuple français, que ceux qui s'entendaient avec les Prussiens et les Autrichiens en Champagne, avec les royalistes et les Anglais en Vendée. Qu'on juge d'après cela si Danton, Marat, Robespierre et les autres montagnards avaient eu tort de se méfier de ces girondins, qui se dépêchaient de ruiner ce que la nation avait fait avec tant de peine.

Cette belle constitution de l'an III nous apprenait de plus que nous allions avoir deux conseils, au lieu d'une assemblée législative : — le conseil des Anciens, ayant deux cent cinquante membres, âgés d'au moins quarante ans, et le conseil des Cinq-Cents; — que le conseil des Cinq-Cents proposerait et discuterait les lois, et que le conseil des Anciens les approuverait ou les rejetterait; en outre que, à la place du Comité de salut public, nous aurions un directoire de cinq membres, chargés de faire exécuter les lois par des ministres qu'ils nommeraient eux-mêmes, de traiter avec l'étranger, et de mettre en mouvement nos armées.

Ainsi ces honnêtes gens, qu'on a toujours regardés comme des victimes et qui se faisaient passer en 93 pour des républicains persécutés, rétablirent alors : 1º le *veto* de Louis XVI, qu'ils donnaient au conseil des Anciens; 2º les ministres, qu'ils donnaient au Directoire; 3º le droit de paix et de guerre; 4º les citoyens actifs et passifs; et de plus l'élection à deux degrés d'avant 89. — Il ne restait plus qu'à mettre un homme à la place des cinq directeurs et le tour était fait. Autant dire tout de suite que la révolution ne comptait plus, et que les rois, battus de tous les côtés par la république, avaient remporté la victoire.

Malgré cela les malheurs du pays étaient tels, que cette constitution fut acceptée; à Phalsbourg, Collin, Manque, Genti, moi et cinq ou six autres patriotes nous dîmes seuls : Non !

Mais, pour comble d'abomination, les réactionnaires de l'Assemblée, craignant que le peuple n'envoyât des républicains au conseil des Cinq-Cents, au lieu de girondins et de royalistes, décrétèrent que les deux tiers seraient nommés parmi les membres de la Convention elle-même. Et l'on vit alors une chose bien capable de faire rire les hommes de bon sens; on vit toute la masse des muscadins et des aristocrates, qui se figuraient déjà que le peuple allait les nommer, se révolter contre ce décret et crier que la Convention attentait à la souveraineté du peuple; on reconnut l'égoïsme et l'avarice de ces jeunes messieurs, qui se soulevaient contre leur propre parti, dès qu'il ne leur livrait pas les premières places. Toute la jeunesse dorée et les riches boutiquiers se mirent en insurrection; la Convention fut obligée d'appeler les jacobins à son secours et de leur rendre des armes.

Les jacobins ne demandaient pas mieux que d'écraser ceux qui les défiaient depuis thermidor, et les vieux renards de la Convention, qui s'en doutaient, eurent peur de voir exterminer leurs jeunes amis révoltés; chacun tirait à soi, les vieux et les jeunes, mais ils ne s'en voulaient pas à mort; les vieux comprenaient les jeunes, ils auraient fait comme eux à leur place. C'est pourquoi le général Menou reçut l'ordre d'aller doucement, de ménager cette jeunesse égarée. Menou la ménagea tellement que, sur la simple promesse des insurgés qu'ils allaient se disperser, ses troupes se retirèrent.

Tout semblait fini; mais ces insurgés d'une nouvelle espèce, voyant les troupes se retirer, crurent que la Convention tremblait devant eux; ils restèrent en armes et se mirent à parler de haut. Alors la Convention, bien chagrine, fut obligée de remplacer Menou par Barras, le général du 9 thermidor, et Barras choisit pour son lieutenant un jacobin, le citoyen Bonaparte, mis en disponibilité comme robespierriste, par Aubry. Celui-là n'était pas tendre; il fit armer les faubouriens tout de suite, pensant qu'ils avaient un vieux compte à régler avec les messieurs de la section Lepelletier et des environs; il réunit aussi des canons et des munitions, et le peuple des faubourgs marcha contre les bourgeois aristocrates, qui furent rudement menés. Bonaparte les balaya sans pitié sur les marches de l'église Saint-Roch, à coups de mitraille. La Convention était désolée, mais les jeunes gens avaient besoin d'une leçon : cinq cents restèrent sur la place, et l'affaire, commencée dans l'après-midi, finit à neuf heures du soir.

Au lieu de se montrer terrible et dure envers les vaincus, comme en germinal et en prairial, la Convention cette fois fut très-douce et pitoyable, elle ne fusilla que deux insurgés et ne déporta personne. C'étaient des siens, des royalistes, qui montraient seulement un peu trop de zèle pour happer le bien public ; cela méritait de l'indulgence. On licencia leurs compagnies, ce fût tout.

Les jacobins avaient reçu des fusils et des cartouches ; ils auraient pu s'en servir contre l'Assemblée ; mais le dégoût avait gagné les patriotes. Ceux qu'ils aimaient étaient morts ! Qui mettre à la place de Danton, de Desmoulins, de Robespierre, de Saint-Just? Ce n'étaient pas Legendre, Tallien, Fréron et d'autres êtres pareils.

Ces mouvements de Paris nous avaient rendus attentifs ; nous en causions tous les soirs à la bibliothèque, mais bientôt nos pensées furent ailleurs, la guerre s'avançait de notre côté ; on armait la place comme en 92 : des troupes innombrables, à pied et à cheval, continuaient de défiler ; il en arrivait de l'armée des Alpes, de la Vendée, de partout. Le grand effort allait encore une fois se porter sur le Rhin, la Meuse et la Moselle ; nous avions de la peine à servir tout le monde qui se présentait chez nous. Et voilà qu'un jour, à midi, comme je m'asseyais à table pour dîner, Marguerite me donne une lettre en me disant :

« Elle est arrivée ce matin. C'est un vieux de la Vendée qui l'écrit. Il te dit d'aller le voir à Fénétrange ; mais avec le travail que nous avons, tu ne peux pas t'absenter. »

Moi je regarde : c'était un billet de mon vieux camarade Sôme, qui se rendait avec notre batterie à l'armée de Rhin-et-Moselle sous Mayence, et faisait un détour de quinze lieues pour avoir le plaisir de m'embrasser.

En voyant cela, je devins tout pâle et je dis à Marguerite :

« Ne pouvais-tu donc pas me montrer cette lettre à sept heures du matin, quand elle est arrivée? Comment ! un de mes plus vieux camarades, un homme avec lequel j'ai combattu tous les jours pendant des mois, se détourne en route de quinze lieues pour me serrer la main, et le pauvre diable ne me trouvera pas?

— Je croyais que c'était un vieil ivrogne, » me dit-elle.

Alors je frémis. Mon indignation était trop grande ; elle m'empêcha de lui répondre ; et voyant le courrier de Murot qui passait, je pris mon chapeau en courant et en criant : « Halte ! halte ! »

Je n'avais pas un sou dans ma poche. Le père Murot s'arrêta sur la route, je montai près de lui, et nous repartîmes d'un bon train. Durant plus d'un quart d'heure il me fut impossible de parler ; et comme Murot me regardait étonné, je finis par lui raconter ce qui venait de m'arriver.

Bah ! fit-il, ce n'est rien, tu as eu raison de te fâcher ; toutes les femmes se ressemblent, elles ne voient que leur mari et la couvée. »

Il continua de parler ainsi. Je ne l'écoutais déjà plus ; mais à la grande montée de Wéchem, voyant que la voiture allait tout lentement, l'impatience me gagna, j'empruntai de Murot un écu de six livres et je me remis en route à pied, arpentant le chemin comme un cerf. L'idée que mon pauvre vieux Sôme m'attendait, et qu'il serait peut-être forcé de partir avant de m'avoir vu, me saignait le cœur. Je passai Metting, Droulingen, tous les autres villages qui se suivent, sans rien regarder ni m'arrêter nulle part. A trois heures du soir j'avais fait cinq lieues, et j'arrivais à Fénétrange. Le premier mot que je dis en entrant dans la salle de l'auberge de l'Etoile, c'est :

« — Il est parti?
— Qui ça? me demanda le père Bricka.
— Celui qui m'attendait.
— Le sergent de canonniers ?
— Oui.
— Ah ! il vous a bien attendu ; mais, depuis une heure il est en route. »

Le chagrin d'être arrivé trop tard me faisait crier :

« Pauvre vieux !.... pauvre vieux !... Venir de si loin !... Quel malheur ! »

Et sur le coin de la table, en prenant ma chopine de vin et cassant une croûte, j'écrivis à ce bon vieux camarade une longue lettre, pour lui raconter ces choses et m'excuser. Je la mis moi-même à la boîte, après l'avoir affranchie, et je repartis, rêvant à l'égoïsme des femmes, car les meilleures sont véritablement égoïstes, et se figurent qu'on ne peut aimer qu'elles et la famille.

Je rentrai tard à Phalsbourg ; la porte de la ville était fermée, il fallut appeler le vieux portier-consigne Lebrun et me faire ouvrir.

En arrivant devant notre boutique, je vis encore de la lumière aux fentes du volet. Je donnai deux petits coups. Marguerite m'ouvrit ; elle avait pleuré ; cela m'attendrit beaucoup. Je voulus m'excuser, mais elle était bien contente de me revoir ; elle reconnut ses torts ; de sorte qu'au lieu d'être fâchée contre moi, comme je l'avais craint, elle m'estima plus encore qu'avant, si c'était possible.

Le caractère des femmes, voyez-vous, je le connais. Elles aiment les hommes francs, et même quelquefois il faut leur parler avec force et leur dire vertement ce qu'on pense ; il faut toujours avoir raison avec elles, et se faire obéir quand on est dans son droit ; sans cela, toutes, depuis la première jusqu'à la dernière, vous prendront, comme on dit, sous la pantoufle et vous feront marcher comme au régiment.

Cette petite affaire rendit donc Marguerite encore plus agréable pour moi : c'est moi qui lisais les lettres le matin, et c'est moi qui donnais les ordres, après avoir consulté ma femme, bien entendu.

Mais tout cela ne m'empêchait pas d'être chagrin de n'avoir pas revu mon ami Sôme, car les choses devenaient toujours plus graves, et l'on ne pouvait savoir si l'on reverrait jamais les camarades qu'on avait aux armées. Jourdan avait passé le Rhin à Dusseldorf ; il le remontait sur la rive droite ; naturellement tout le monde pensait qu'il était d'accord avec Pichegru, qui ne pouvait manquer de passer aussi le fleuve, soit à Huningue, soit à Strasbourg, pour tomber ensemble sur nos ennemis. On s'attendait du jour au lendemain à recevoir la nouvelle que les deux armées manœuvraient ensemble sur la rive droite ; cela dura plus de trois semaines, et Pichegru ne bougeait pas. Jourdan s'était mis entre les deux armées de Wurmser et de Clairfayt. L'idée d'une trahison vous gagnait, surtout les anciens soldats comme moi, qui savaient ce que c'est que de compter sur des secours qui n'arrivent pas : j'en avais vu des exemples assez terribles !

Enfin on apprit que Pichegru venait de se décider, qu'il avait passé le Rhin et pris Manheim sans résistance. Dans toute l'Alsace et la Lorraine on criait victoire ; on pensait apprendre d'heure en heure, à chaque courrier, que Jourdan et Pichegru venaient de se réunir à Heidelberg, séparant ainsi les deux armées ennemies, et qu'ils allaient les écraser l'une après l'autre. Pichegru n'avait qu'à s'avancer, mais il n'engagea que deux divisions, qui furent tournées et massacrées. Clairfayt entra victorieux dans Heidelberg. Jourdan, menacé sur ses derrières, repassa le Rhin à Neuwied ; l'ennemi rentra dans Mayence ; il traversa le pont et nous força de lever le blocus sur la rive gauche. Pichegru fit encore prendre neuf mille hommes, qu'il laissa sans raison à Manheim, en repassant le fleuve, ensuite il courut en pleine déroute jusqu'aux lignes de Wissembourg.

Pendant ce temps des milliers de blessés arrivaient chez nous. On ne pouvait en loger la moitié dans les hôpitaux, ils remplissaient nos villages. Il en arrivait aussi par la route de Metz ; tous les bourgeois prêtaient des lits ; nos deux casernes étaient pleines de ces malheureux, comme celles d'Angers, de Saumur et de Nantes, après Laval, le Mans et Savenay. Ceux qui n'avaient pas encore vu ce spectacle croyaient que tous les blessés du monde arrivaient à Phalsbourg ; ils ne savaient pas que les généraux ne disent jamais la vérité sur leurs pertes et qu'ils en mettent toujours dix fois moins au rapport.

Un matin que j'ouvrais ma boutique, plusieurs convois entraient par la porte de France. On avait étendu des matelas dans la vieille halle, sur les pavés, en plein air. A la fin du mois d'octobre, il faisait déjà froid ; c'était un bonheur, car cette boucherie d'hommes, dont le plus grand nombre n'avaient pas été pansés depuis Kaiserslautern, Hombourg et Deux-Ponts, répandaient une véritable peste en route.

Comme les voitures arrivaient lentement sur la petite place, où l'on commençait à les décharger, le citoyen Dapréaux, apothicaire en chef de l'hôpital militaire, vint me dire qu'un des blessés demandait à me parler.

J'y allai tout de suite, et sur une paillasse, contre le grand pilier, au milieu de la halle, je vis mon vieux camarade Sôme, mais tellement jaune et les yeux enfoncés, que j'eus de la peine à le reconnaître.

« C'est moi, Michel, dit-il ; tu ne me reconnais pas ? »

Alors je me baissai pour l'embrasser, mais il sentait si mauvais que le cœur me manqua ; je fus obligé de me retenir au pilier. Il s'en aperçut et me dit :

« J'ai un biscaïen dans la hanche ; fais-moi porter ailleurs, je me panserai moi-même. »

L'idée d'avoir cette odeur dans la maison m'épouvantait ; par bonheur Marguerite venait de me suivre.

« Tu connais cet homme ? me dit-elle.

— Oui, c'est mon pauvre camarade Sôme. »

Aussitôt elle ordonna de le porter chez nous, par la porte de l'allée, dans la chambre en haut, où nous avions un lit ; et comme en ce moment il arrivait cinq ou six autres blessés à la file, sur les brancards, je partis, criant en moi-même :

« Mon Dieu ! quelle misère ! Est-il possible que ceux qu'on aime le plus vous fassent une pareille horreur ! »

Mais pour bien des choses les femmes ont plus de courage que nous ; l'Être suprême veut que nous ayons cette consolation; sans cela que deviendrions-nous ? les trois quarts des malades seraient abandonnés.

Marguerite avait déjà tout préparé en haut; quelques instants après le brancard arrivait. Moi, dans la boutique, j'entendais les pas des infirmiers monter l'escalier, sans oser les suivre; pourtant j'avais vu bien d'autres carnages en Vendée; mais quand on traîne au milieu de ces misères, et qu'on est soi-même entre la vie et la mort, on n'y fait plus attention.

Maintenant tout ce que je puis vous dire, c'est que dans les huit premiers jours, personne, excepté Marguerite et le docteur Steinbrenner, ne monta; la vieille sage-femme Marie-Anne Lamelle, qui demeurait sur le palier, fut elle-même obligée de s'en aller, ne pouvant y tenir. Marguerite découpait des bandes et faisait de la charpie. Le docteur vint un matin, avec son camarade de l'hôpital, Piedfort, tirer le biscaïen. Ils eurent de la peine, car Sôme, un des hommes les plus durs que j'aie connus, poussait des cris sourds qu'on entendait à travers le plafond.

En voilà bien assez sur ces horreurs !

Au bout de trois semaines environ, mon pauvre vieux camarade se promenait avec des béquilles et se remettait à rire en disant :

« Eh bien ! Michel, j'en suis encore réchappé cette fois, hé ! hé ! hé !... Ta femme m'a bien soigné ; sans ses bonnes soupes grasses, je passais l'arme à gauche. »

Il avait raison. Combien d'autres, faute de soins, étaient couchés dans le nouveau cimetière des Peupliers, sur la route de Metz ! Bien des années après, quand on fit le chemin de la route, au Champ de Mars, en voyant cette masse d'ossements qu'il fallait déterrer, le monde s'arrêtait et disait :

« Comme ils ont les dents blanches ! Il ne leur en manque pas une seule. »

Je crois bien, c'étaient tous des jeunes gens de vingt à trente ans, en 95. Pichegru, pour avoir des honneurs et de l'argent, en avait fait massacrer comme cela deux divisions entières, sans parler de ceux qui tombèrent à la retraite. Le scélérat était en marche depuis quelque temps avec le prince de Condé, pour lui livrer Huningue et s'avancer ensemble sur Paris. *C'est l'un des héros royalistes !...* Dans quinze jours, il avait fait périr par trahison plus de républicains sous ses ordres, que le Comité de salut public n'avait fait guillotiner de traîtres et d'aristocrates! Et voilà des gens qui ne finissent pas de gémir en parlant de la terreur ; ils prennent sans doute les paysans pour des ânes, mais je les préviens que c'est à tort ; le peuple, trompé pendant soixante ans, commence à voir clair ; ce ne sont plus de grands mots, de belles phrases qu'il veut entendre, il veut savoir la vérité.

Personne ne regardait alors Pichegru, le conquérant de la Hollande, comme un traître ; moi, je m'en méfiais sans oser le dire ; mais la première fois que Sôme s'assit à notre table, notre enfant sur ses genoux, il nous expliqua les choses, en me regardant de côté, et je compris que nous étions d'accord. Il finit par crier, comme les fédérés parisiens en 92 :

« O Marat ! véritable ami du pauvre peuple, c'est par toi qu'ils ont commencé ; ton œil clair les gênait, ils t'ont planté un couteau dans le cœur. Toi seul tu voyais juste et de loin : les Dumouriez, les Custine, les Lafayette, tu les avais tous devinés. Celui-ci tu l'aurais traîné toi-même à la barre ; il n'aurait pas eu le temps de faire son premier coup ! »

Jamais je n'avais entendu mon vieux camarade dire comme en ce jour ce qu'il pensait. Marguerite, Elof Collin, Raphaël et d'autres patriotes qui se trouvaient là, parlaient de Danton, de Robespierre, de Saint-Just ; mais lui, faisant claquer son pouce d'un air de pitié, criait :

« Bah ! bah ! Sans doute c'étaient des bons... mais quoi, des enfants ; ils ont fini par se disputer ! Marat les aurait mis d'accord, car il avait plus de bon sens qu'eux tous ensemble. »

Sôme allait beaucoup trop loin, comme il arrive toujours lorsque la colère vous emporte : son biscaïen l'avait aigri !... Et puis, le pauvre vieux aimait Marat, comme j'aimais Danton, et comme Elof Collin aimait Robespierre. C'est notre défaut, à nous autres Français, de nous attacher aux hommes plus qu'aux principes, et de leur croire tous les talents et toutes les vertus, du moment qu'ils défendent nos idées : il nous faut absolument des chefs ! Cette malheureuse faiblesse de notre nation est cause des plus grands malheurs ; elle a divisé les républicains, elle les a poussés à se détruire les uns les autres, et finalement elle a perdu la République.

Chauvel seul, de tous les patriotes que j'ai connus en ce temps, mettait les principes bien au-dessus des hommes ; il avait raison, car les hommes passent et les principes sont éternels.

VII

Au moment même où Pichegru faisait massacrer ses divisions par les Autrichiens, avaient eu lieu les nouvelles élections; bientôt après, les gazettes nous apprirent que la Convention venait de déclarer sa mission terminée, et que les nouveaux représentants élus s'étaient partagés selon leur âge, pour être du conseil des Anciens ou des Cinq-Cents; que le conseil des Cinq-Cents avait ensuite nommé cinquante membres, parmi lesquels celui des Anciens avait choisi nos cinq directeurs : Lareveillière-Lépaux, Letourneur (de la Manche), Rewbell, Barras et Carnot, en remplacement de Sieyès, qui refusait. Ces directeurs devaient être renouvelés par cinquième, d'année en année; ils pouvaient être réélus. Les conseils devaient se renouveler par tiers, tous les ans.

La Convention, en se retirant le 26 octobre 1795, avait duré trois ans et trente-cinq jours; elle avait rendu plus de huit mille décrets. Mais depuis le 9 thermidor et la rentrée des girondins royalistes, ce qui restait d'hommes justes et de vrais républicains dans cette assemblée, ne pouvait empêcher les autres, en majorité, de ruiner ouvertement la république. Tous les honnêtes gens furent donc heureux de la voir finir.

Le 15 novembre nous reçûmes une lettre de Chauvel, nous annonçant qu'il revenait à Phalsbourg, et le surlendemain, un mardi, pendant la grande presse du marché, nous le vîmes entrer dans notre boutique, sa petite malle de cuir à la main, au milieu de l'encombrement des hottes, des paniers et des grands chapeaux montagnards. Quel joyeux spectacle pour un homme de commerce comme Chauvel! Nous étions sortis du comptoir et nous l'embrassions avec un bonheur qu'il est facile de se représenter.

Lui nous disait gaiement :

« C'est bien, mes enfants, c'est bien; retournez à votre ouvrage, nous causerons plus tard; je vais me chauffer à la bibliothèque. »

Et, durant trois heures, derrière les petites vitres de l'arrière-boutique, il vit les affaires que nous faisions; ses yeux brillaient de satisfaction. Les paysans de connaissance et des files de patriotes entraient lui serrer la main. On riait; on se dépêchait de servir, pour avoir le temps d'échanger quelques mots, et puis on retournait à son poste.

Ce ne fut que vers une heure, quand les marchands de grains, de légumes et de volailles eurent repris le chemin de leurs villages, que nous pûmes enfin causer et dîner tranquillement.

Ce qui réjouissait le plus Chauvel, c'est qu'avec notre grand débit de boissons, d'épicerie et de mercerie, nous avions la facilité de répandre des journaux et des livres patriotiques en masse. Il allait et venait dans notre petite chambre, l'enfant sur les bras, et s'écriait :

« Voilà ce qu'il fallait!... Autrefois, quand je courais le pays ma hotte au dos, c'était trop fatigant; aujourd'hui que les gens viennent chez nous, nous aurons tout sous la main. On ferme nos clubs; nous aurons un club dans chaque baraque, jusqu'au fond de la montagne : au lieu de lire à la veillée des histoires de bandits et de sorcières, on lira les traits héroïques, les actions généreuses des citoyens, leurs découvertes, leurs inventions, leurs entreprises utiles au pays, les progrès du commerce, de la fabrication, de la culture dans toutes les branches, enfin tout ce qui peut servir aux hommes, au lieu de leur boucher l'esprit, de les rendre superstitieux et de les aider à tuer le temps. Nous allons faire un bien immense. »

Il fut aussi très-heureux de voir mon ami Sôme; du premier coup d'œil ils s'étaient jugés, et se serrèrent la main comme d'anciens camarades.

Ce même soir, après souper, Raphaël, Manque, Collin, le nouveau rabbin, Gougenheim, Aron Lévy, maître Jean et mon père étant arrivés, les embrassades et les cris de joie apaisés, on se mit à parler de politique.

Chauvel raconta l'état de nos affaires; il dit que dans notre position actuelle, au milieu des divisions qui nous déchiraient, de la ruine qui nous menaçait, du découragement qui gagnait le peuple, les patriotes devaient redoubler de prudence. Maître Jean Leroux ayant alors fait observer que, la constitution de l'an III assurant à chacun ce qu'il avait gagné, la révolution était en quelque sorte finie, Chauvel lui répondit avec vivacité :

« Vous êtes dans une grande erreur, maître Jean, cette constitution ne finit rien du tout; elle remet au contraire tout en question. C'est l'œuvre des royalistes constitutionnels et de la bourgeoisie, pour écarter le peuple du gouvernement, et le priver de sa part légitime dans les conquêtes de la république sur le despotisme. Quand je dis que la bourgeoisie est complice des royalistes dans cette abomination, il faut distinguer entre l'honnête bourgeoisie, et l'intrigante qui l'entraine dans ses manœuvres; les vrais bourgeois sont les enfants du peuple, élevés par leur instruction, leur intelligence et leur courage; ce sont les commerçants, les fabricants, les entrepreneurs, les avocats, les gens de loi, les médecins, les écrivains honnêtes, les artistes de toute sorte, tous ceux qui font avec les ouvriers et les paysans la richesse d'un pays.

« Ceux-là ne veulent que la liberté; c'est leur force, leur avenir; sans liberté, toute cette bourgeoisie la vraie, — celle qui dans le temps a demandé l'abolition des jurandes et des communautés, qui plus tard a rédigé les cahiers du tiers dans toute la province, et qui par sa fermeté, par son bon sens, a forcé la main du roi, de la noblesse et du clergé. — sans la liberté, cette brave et solide bourgeoisie, l'honneur et la gloire de la France depuis des siècles, est perdue!... Mais à côté de celle-là, malheureusement il en existe une autre, qui n'a jamais vécu que de places du gouvernement, de pensions sur la cassette, de monopoles et de priviléges; qui donnait tout au roi, pour recevoir de sa main sacrée les dépouilles de la nation.

« Celle-là ne veut pas de la liberté; la liberté, c'est la supériorité du travail, de l'intelligence et de la probité sur l'intrigue; elle aime mieux tout obtenir de la munificence d'un prince ou d'un stathouder, cela coûte moins de peine; les enfants sont recommandés, on leur apprend à plier l'échine, à traîner le chapeau jusqu'à terre devant les grands, et les voilà lotis, leur avenir est assuré. C'est cette bourgeoisie-là qui vient de faire la constitution de l'an III, malgré nous; avec les soixante-treize girondins rentrés à la Convention après thermidor et tous les autres royalistes, ils ont eu la majorité. Le coup, prévenu par Danton le 31 mai 93, devenait facile; nous n'avions plus rien à dire!... Ces messieurs ont établi leurs élections à deux degrés, leurs deux conseils et leur directoire; comme ils avaient besoin d'un appui, les malheureux ont entraîné la vraie bourgeoisie dans leur iniquité, en lui faisant peur du peuple et en lui donnant part aux bénéfices. »

Chauvel parlait si clairement, que personne n'avait rien à répondre.

« Eh bien, dit-il, en déclarant que pour être député il faudrait avoir la propriété ou l'usufruit d'un bien payant une contribution de la valeur de deux cents journées de travail, qu'ont-ils fait, ces honnêtes gens? ils ont séparé les bourgeois du peuple, ils les ont rendus ennemis. Ils se figurent que le peuple, après la révolution comme avant, va donner son sang et le fruit de son travail pour des bourgeois de leur espèce, qui gouverneront au moyen d'un roi constitutionnel, un gros homme chargé de bien boire et de bien manger, pendant qu'ils exploiteront le pays. La place de ce roi constitutionnel est marquée dans leur constitution; c'est le Directoire qui la remplit provisoirement; plusieurs même avaient proposé d'appeler le roi tout de suite; malheureusement Louis XVIII espère mieux, il n'accepte pas de constitution; il est de droit divin comme Louis XVI et Louis XVII; il veut rester maître absolu, et s'entourer de noblesse au lieu de bourgeoisie. Cela les embarrasse!...... Mais le peuple dépouillé de ses droits ne les embarrasse pas; ils sont bien sûrs qu'il va se soumettre : — Imbéciles! »

Chauvel, penché sur notre petite table, se mit à rire; et, comme nous l'écoutions en silence :

« Tout cela savez-vous ce que c'est? dit-il, c'est la révolution qui ne finit jamais, la révolution en permanence; il faut être aveugle pour ne pas le voir. Qu'il arrive un Danton, dans trois, quatre, dix ou vingt ans, il a son armée préparée d'avance : c'est le peuple dépouillé qui réclame la justice! Danton parle, la révolution recommence; on chasse le roi, les princes et les intrigants; l'honnête bourgeoisie est ruinée, son commerce est ébranlé, son industrie à bas; elle paye, pendant que les coureurs de places se sauvent avec la caisse jusqu'à la fin de l'orage. Ils reviennent avec le prince et refourrent dans leur constitution de nouveaux bourgeois, parce que les anciens n'ont plus le sou; eux ils se portent toujours bien avec Sa Majesté. Les affaires reprennent, mais la question n'est toujours pas résolue; après Danton, c'est un général heureux qui marche sur Paris en criant :

« Je viens défendre les droits du peuple. »

« Le peuple serait bien bête de s'opposer à ce général; c'est encore la révolution qui recommence! Et cette révolution recommencera, jusqu'à ce que les bourgeois se séparent des aristocrates et des intrigants qui prennent leur nom, et se réunissent franchement au peuple, pour réclamer avec lui la liberté, l'égalité, la justice, et reconnaître la république comme le seul gouvernement possible avec le suffrage universel. Alors la révolution sera finie. — Qu'est-ce qui pourra troubler l'ordre, quand le peuple et la bourgeoisie ne feront qu'un?—Chaque citoyen aura le rang qu'il mérite par son travail, son intelligence et sa vertu; on pourra vivre sans craindre de tout perdre du jour au lendemain. Je vous en préviens, les jeunes gens comme Michel verront les révolutions se suivre à la file, tant que la séparation du peuple et de la bourgeoisie ne sera pas effacée, tant qu'un ouvrier pourra dire en parlant d'un bourgeois : « C'est un privilégié. » La constitution de l'an III causera les plus grands malheurs. Bien loin de tout finir, comme pense maître Jean, c'est elle qui met la guerre civile en train pour des années. »

Tous les amis présents écoutaient Chauvel

Venez donc voir le bel enfant. (Page 31.)

avec plaisir, et mon camarade Sôme se levait de temps en temps pour aller lui serrer la main en disant :

« C'est ça! Je pense comme vous, citoyen ; la révolution ne peut finir que si les bourgeois instruits se mettent à la tête et soutiennent la république. La bourgeoisie est l'état-major du peuple. Malheureusement nous n'avons plus de bourgeois comme Danton, Robespierre, Marat, Saint-Just, Camille Desmoulins, — car c'étaient tous des bourgeois, des avocats, des médecins, des savants, capables de faire sonner le tocsin, de soulever les sections et de marcher à la tête du peuple.

— Non, lui répondit Chauvel, la révolution les a tous consommés ; aussi les aristocrates ne craignent plus le peuple des faubourgs, depuis qu'il n'a plus de chefs ; le peuple lui-même est las de troubles à l'intérieur, la dernière famine surtout, avant l'insurrection de prairial, l'a complétement épuisé. Maintenant les royalistes cherchent un général capable d'entraîner son armée contre la république; s'ils le trouvent, les bourgeois sont perdus ; ils auront beau crier au secours! le peuple, qu'ils ont trahi, laissera faire. Et voilà comme la partie instruite de la nation, la bourgeoisie laborieuse, sera paralysée, faute d'avoir le courage d'être juste avec le peuple, de l'élever, de l'instruire, de lui donner sa part dans le gouvernement, de le pousser aux premières places, s'il en est digne. Que les fainéants descendent et disparaissent; que les travailleurs montent ; que les œuvres de chacun marquent

Celui-là n'était pas tendre. (Page 34.)

sa place dans la nation et non pas ses écus. Notre révolution c'est cela; si les bourgeois ne veulent pas le comprendre, tant pis pour eux; s'ils s'attachent aux royalistes, tous seront emportés ensemble, car la république finira par triompher dans toute l'Europe. »

Chauvel se plaisait à faire des discours. Je ne me souviens pas de tout ce qu'il dit; mais les principales choses me sont restées, parce que si nous n'avons pas vu revenir un Danton se remettre à la tête des affaires, les généraux n'ont pas manqué, même les généraux anglais, prussiens, russes et autrichiens, qui, par la suite, sont venus nous essuyer leurs bottes sur le ventre. Cela rafraîchit les souvenirs d'un homme; j'ai toujours pensé que la constitution de l'an III en était cause.

Enfin, ce soir-là, chacun fut content d'avoir éclairci ses idées sur notre constitution, et l'on résolut de se réunir quelquefois pour causer des affaires du pays.

Le lendemain, Chauvel ne s'occupait plus que de notre commerce; il avait déjà vu notre inventaire en détail, nos bénéfices, notre dette, notre crédit. Je me souviens que le troisième ou quatrième jour de son arrivée, il fit des commandes de gazettes et de catéchismes républicains tellement extraordinaires, que je crus qu'il perdait la tête; il en riait et me disait:

« Sois tranquille, Michel, ce que j'achète je suis sûr de le vendre; j'ai déjà pris mes mesures pour cela. »

Et, vers la fin de la semaine, arrivèrent des paquets de petites affiches imprimées chez Jareis, de Sarrebourg. Ces petites affiches, grandes comme la main, portaient : « Bastien-Chauvel vend : encre, plumes, papier, fournitures de bureau ; il vend : épiceries, merceries, fournitures militaires ; il débite eau-de-vie et liqueurs ; il loue des livres à raison de trente sous par mois, etc., etc. »

« Mais, beau-père, lui dis-je, qu'est-ce que vous voulez donc faire de tout cela ? Est-ce que nous allons envoyer des gens poser ces affiches dans tous les villages ? Vous savez bien que les trois quarts et demi des paysans ne connaissent pas l'A B C ; à quoi bon faire une si grande dépense ?

— Michel, me dit-il alors, ceux qui verront ces affiches savent tous lire ; nous allons les mettre à l'intérieur de la couverture des livres que nous louons et que nous vendons ; elles iront partout, et l'on se souviendra que Bastien-Chauvel tient une quantité d'articles. »

Cette idée me parut merveilleuse ; durant quinze jours, nous ne fûmes occupés, le soir, qu'à bien coller ces affiches dans les livres de notre bibliothèque, dans les catéchismes des droits de l'homme, et même sur les almanachs, qui se vendaient plus que tout le reste.

Les autres épiciers, merciers, quincailliers, marchands de vin et d'eau-de-vie, voyant notre boutique toujours pleine de monde, s'écriaient :

« Mais qu'est-ce que cette maison a donc pour attirer toute la ville ? On s'y porte comme à la foire ! »

Les uns se figuraient que le coin de la rue en était cause, les autres la halle en face ; mais cela venait de nos affiches, qui répandaient le nom de Bastien-Chauvel, et faisaient connaître nos articles jusqu'à trois et quatre lieues de Phalsbourg. Il arrivait alors que les autres marchands, reconnaissant notre prospérité, se mettaient à vendre les mêmes articles que nous ; je m'en indignais, mais le père Chauvel s'en faisait du bon sang et me disait :

« Hé ! c'est tant mieux, Michel ; les pauvres diables n'ont pas d'idées, ils sont forcés de suivre les nôtres, et nous avons toujours l'avance. Voilà ce qu'on appelle le progrès, la liberté du commerce ; quand on veut la liberté pour soi, il faut la vouloir pour tous. La seule chose que nous ne pourrions pas permettre, ce serait si des gueux, des filous, mettaient de nos affiches signées Bastien-Chauvel sur de mauvaises drogues ; alors la justice serait là, leur industrie ne durerait pas longtemps, parce que les honnêtes gens de tous les partis sont associés contre la canaille ; c'est ce qui fait l'institution des tribunaux, et ce qui rend la justice si respectable. »

Notre petit commerce allait donc de mieux en mieux depuis le retour de Chauvel, et pourtant cet hiver de 1795 fut bien mauvais, à cause de la masse des assignats qui grandissait toujours, et que personne ne voulait plus recevoir.

Le Directoire était bien forcé d'en faire de nouveaux, puisque nous n'avions plus d'argent et qu'il fallait payer les armées, les fonctionnaires, la justice, etc. ; c'était une véritable désolation. Il fallut même décréter que la moitié des contributions seraient payées en foin, paille, grains de toutes sortes pour l'approvisionnement des troupes. Cette mesure fit jeter de grands cris ; les paysans ayant obtenu presque pour rien la meilleure part des propriétés nationales, n'y pensaient déjà plus, ou ne voulaient plus en entendre parler ; l'égoïsme et l'ingratitude s'étendaient partout ; et, quand on y regarde de près, c'était de la pure bêtise, car si les armées n'avaient pas été soutenues, la noblesse serait rentrée et les paysans n'auraient pas gardé leurs biens.

C'est aussi dans cet hiver que Hoche pacifia la Vendée, qui s'était insurgée de nouveau, pensant que le comte d'Artois allait arriver. Mais ce fils de saint Louis et de Henri IV était un lâche ! Après avoir débarqué d'abord à l'île Dieu, il refusa de descendre en Vendée, malgré les supplications de Charette, et repartit pour l'Angleterre, abandonnant les malheureux qui s'étaient soulevés pour lui.

Hoche pacifia le Bocage et le Marais, en écrasant les insurgés, en permettant aux gens paisibles de rebâtir leurs églises ; en prenant Stofflet et Charette et les faisant fusiller. Cela lui fit le plus grand honneur.

Après cette pacification, il pacifia la Bretagne, en exterminant les chouans comme les autres, et disant aux paysans :

« Restez tranquillement chez vous ; priez Dieu ; élevez vos enfants ; tout le monde est libre sous la république, excepté les bandits qui veulent tout avoir sans travailler. »

La grande masse des gens était alors si lasse, si malheureuse, qu'on ne demandait plus que le repos. A Paris on s'amusait, on dansait, on donnait des fêtes, on se gobergeait de toutes les façons. Je parle des Cinq-Cents, des Anciens et du Directoire, de leurs femmes et de leurs domestiques, bien entendu. Quelquefois Chauvel, en lisant cela, hochait la tête et disait :

« Ce Directoire tournera mal, mais ce n'est pas tout à fait sa faute ; les souffrances ont été si grandes, le peuple a perdu tant de sang ; les hommes forts ont été si durs envers eux-mêmes et les autres ; ils ont rendu la vertu si lourde, si pénible, que maintenant la nation découragée ne croit plus à rien, et s'abandonne elle-même. Dieu veuille que les généraux soient patriotes et vertueux ! car aujourd'hui qui pourrait les démasquer, les traduire à la barre, les juger et les condamner? Ce que les Lafayette et les Dumouriez n'ont pu tenter sans péril, ceux-ci le feraient sans peine. »

Ce qui nous fit à tous plaisir, et surtout à Sôme, ce fut d'apprendre que Pichegru venait d'être destitué. On avait découvert à Paris, chez un nommé Lemaître, des papiers prouvant que lui, Tallien, Boissy-d'Anglas, Cambacérès, Lanjuinais, Isnard, l'organisateur des compagnons de Jéhu, et plusieurs autres étaient en correspondance avec le comte de Provence, qui s'appelait alors Louis XVIII. On aurait dû les arrêter et les juger comme autrefois ; mais, sous le Directoire, la république était si faible, si faible, que le moindre petit effort paraissait au-dessus des forces humaines. On n'avait encore de la force que pour écraser les patriotes qui réclamaient la constitution de 93 ; ceux-là, tout le monde les accablait; on aurait dit qu'ils étaient plus criminels que les traîtres en train de vendre le pays.

Ainsi se passa cet hiver.

Les ennemis qui menaçaient l'Alsace et la Lorraine n'entreprirent rien de sérieux, pensant que la réaction marchait assez vite à l'intérieur, et qu'ils pourraient aller à Paris sans faire campagne.

Vers la fin du mois de mars, Sôme, complétement rétabli, nous quitta pour rejoindre son bataillon à l'armée du Rhin, dont Moreau venait de prendre le commandement ; et environ six semaines après, je reçus une lettre de Marescot, qui se trouvait alors, avec Lisbeth, à la 13e demi-brigade provisoire, formée le 13 ventôse des 1er et 3e bataillons de volontaires des côtes maritimes. Il m'écrivait de Cherasco, en Italie, en avril 1796.

VIII

C'était au printemps de l'an IV, le bruit de grandes victoires en Italie commençait à se répandre ; mais on s'inquiétait beaucoup plus chez nous des armées de Sambre-et-Meuse et de Rhin-et-Moselle, sur le point d'entrer en campagne, que des affaires d'Italie. Qu'est-ce que faisait à la république de savoir soixante et même quatre-vingt mille Autrichiens de l'autre côté des Alpes, puisque, avec vingt mille hommes postés dans la montagne, nous les empêchions d'entrer en France? Nous devions en être contents ; pour garder ce pays, ils perdaient un bon tiers de leurs forces. Au contraire, en allant les attaquer, nous étions tenus d'y mettre autant de monde qu'eux, de dégarnir les côtes de Brest, de Cherbourg, les frontières des Pyrénées, celles même du nord et de l'est, ce qu'il a bien fallu faire plus tard. Une seule grande bataille perdue sur le Rhin culbutait la république ; les hommes de bon sens le voyaient ; malgré cela, ces victoires coup sur coup étonnaient le monde.

C'est en lisant la lettre de Marescot que notre étonnement redoubla, car mon beau-frère, comme tous les gens de son pays, n'avait ni règle ni mesure ; il avait écrit en tête la proclamation de Bonaparte :

« Soldats, vous êtes mal nourris et presque nus ; le gouvernement vous doit beaucoup et ne peut rien pour vous. Je vais vous conduire dans les plus fertiles plaines du monde ; vous y trouverez honneur, gloire, *richesse* ; soldats, manqueriez-vous de courage ? »

Après cela le gueux se mettait à chanter victoire sur victoire, à Montenotte, Millesimo, Dego, Mondovi. Je croyais l'entendre ; il ne parlait pas, il criait, il dansait comme à la naissance de Cassius ; la fusillade, l'incendie, rien ne lui faisait : happer ! happer ! voilà son affaire. Et de temps en temps il s'arrêtait pour dire qu'il n'existait qu'un général sur terre : le général Bonaparte ! que tous les autres n'étaient que des mazettes auprès de lui : Kléber, Marceau, Hoche, Jourdan ; que tous ne lui montaient pas à la hauteur du talon. Il ne reconnaissait plus, après Bonaparte, que Masséna, Laharpe, Augereau et quelques autres de l'armée d'Italie. Ensuite il recommençait, en mêlant à ces choses les bonnes prises qu'il avait déjà faites, la satisfaction de Lisbeth, la bonne mine de Cassius ; en faisant sonner comme des cymbales tous ces noms nouveaux de la Bormida, de Cherasco, de Ceva, etc., qu'on n'avait jamais entendus.

Toute ma vie je me rappellerai la figure du père Chauvel, en lisant cette lettre à notre petit bureau, dans la bibliothèque. Il serrait les lèvres, il fronçait les sourcils, et puis un instant devenait rêveur et regardait devant lui. Les proclamations de Bonaparte surtout l'arrêtaient ; il les relisait presque haut. Quand Marescot s'écria que Bonaparte était un petit homme de deux pouces, plus grand que Kléber avec ses six pieds, Chauvel sourit et dit tout bas :

« Il ne compte pas la hauteur du cœur, ton beau-frère ; le cœur tient aussi de la place et contribue à la taille. Je l'ai vu, Bonaparte, nous nous connaissons ! »

Marescot finit cette grande lettre en disant que, de l'endroit où campait son bataillon, il voyait toute la Lombardie, avec ses rizières, ses fleuves, ses villes, ses villages, et, dans le fond, à plus de cent lieues, les cimes des Alpes toutes blanches! Il dit que tout était à eux, qu'ils allaient tout envahir; que l'Être suprême avait tout fait pour les braves; il m'engageait à revenir, me prévenant que l'avancement marcherait vite; que les rations ne seraient plus en retard, ni la paye, ni rien; enfin l'avidité des rapineurs!

Lisbeth, qui ne savait ni A ni B, s'était sans doute fait lire cette lettre, car elle avait mis au bas cinq ou six croix, comme pour signifier : « C'est vrai!... voilà ce que je pense. Vive la joie, les batailles, l'avancement! Il faut que nous ayons tout, que nous agrafions tout et que je devienne princesse. »

Cette lettre fut cause d'un grand mouvement dans le pays; je l'avais prêtée à maître Jean; maître Jean la prêta le lendemain à d'autres; elle allait partout, et partout on disait :

« Bonaparte est un jacobin, un ancien ami de Robespierre; il a mitraillé les royalistes en vendémiaire; il va remettre les droits de l'homme au pinacle. »

Chaque jour nous entendions répéter les mêmes choses.

Notre ancien club de la place d'armes s'était rouvert après thermidor, et depuis quelques mois les vieilles bourriques attachées au ci-devant cardinal de Rohan, à l'ancienne gabelle, à la perception des dîmes, faisaient là leurs motions pour le rappel des émigrés, pour les indemnités dues aux couvents, et d'autres choses pareilles. Pas un homme de bon sens n'allait les entendre, ils étaient forcés de prêcher pour eux seuls, ce qui les ennuyait beaucoup.

Mais quelques jours après la lettre de Marescot, un vendredi, les patriotes arrivés au marché de grains et de légumes envahirent le club. Elof Collin avait écrit un long discours; maître Jean Leroux voulait faire signer une adresse à l'armée d'Italie, et voter des remerciments à son général en chef le citoyen Bonaparte. Et tout à coup le père Chauvel mit sa carmagnole, il prit sa casquette, et sortit vers onze heures, pendant la vente. Nous ne savions ce qu'il était devenu, quand nous entendîmes une grande rumeur sur la place; je regardai de notre porte : Chauvel revenait, suivi d'une foule de canailles, qui l'accablaient d'injures, qui le bousculaient, et l'auraient même frappé, s'il n'était pas entré dans le corps de garde, sous la voûte de la mairie.

Naturellement je courus à son secours; il était pâle comme un mort et frémissait, criant d'une voix de commandement à l'officier de garde :

« Écartez ces misérables!... ces lâches qui se jettent sur un vieillard!... Je me place sous votre protection. »

Plusieurs hommes du poste sortirent à sa rencontre. J'étais indigné de ne voir ni maître Jean, ni Raphaël Manque, ni Collin, ni personne autour de lui pour le défendre. Il venait de prononcer un discours furieux contre cette espèce de patriotes sans principes, qui se mettent toujours du côté de la force, qui crient victoire avec les vainqueurs, et se jettent sous les pieds tantôt d'un Lafayette, tantôt d'un Dumouriez, tantôt d'un Bonaparte, pour avoir part au gâteau!... contre ces espèces d'êtres qui n'ont pas de conviction et placent leur intérêt, leur égoïsme au-dessus de la justice et du droit.

Il avait attaqué la proclamation de Bonaparte, que tout le monde trouvait sublime, disant que Schinderhannes n'en aurait pas fait d'autre à ses bandits; qu'il leur aurait dit : « Vous aimez le bon vin, les beaux habits, les jolies filles; personne ne veut vous faire crédit, la caisse est vide; eh bien, venez, je connais une bonne ferme en Alsace, où les gens ont travaillé, économisé depuis cent ans de père en fils; nous allons tomber dessus et la piller! Est-ce que vous manqueriez de courage? »

Alors la fureur avait tellement éclaté contre lui, que le gros Schlachter, le bûcheron de Saint-Witt, avait été le prendre au collet dans la chaire, et que, sans la force de Chauvel, qui malgré sa petite taille avait des bras de fer, il l'aurait précipité sur le pavé. Schlachter avait trouvé son homme; mais Chauvel, voyant que pas un ami ne venait le soutenir, était descendu tout déchiré. C'est au milieu des coups de poing, des bousculades et des insultes qu'il avait gagné la porte et traversé la place. Je me souviens que, du haut des marches de la mairie, ses cheveux gris arrachés et l'une de ses joues couverte de sang, il se retourna, criant d'une voix terrible aux femmes qui le poursuivaient :

« Attendez!... attendez!... vos enfants payeront pour vous... C'est avec leur chair et leur sang qu'on rétablira des rois!... Vous pleurerez, misérables! Vous redemanderez la liberté, l'égalité... Vous aurez des maîtres comme il vous en faut, et vous penserez à Chauvel!... »

— Tais-toi, bête!... Tais-toi, Marat!... » lui criaient ces malheureuses.

Il entra dans le corps de garde. Moi je n'avais plus une goutte de sang. Il s'assit sur un banc et s'essuya la joue avec un mouchoir, en demandant un peu d'eau, que les soldats lui donnèrent dans le bidon.

« Va tranquillement à la maison, Michel, me dit-il. Tout ceci n'est rien; nous en verrons bien d'autres. Marguerite pourrait être inquiète. La mauvaise race pourrait aussi casser nos vitres et piller la boutique. Maintenant que c'est la mode et que tout est de bonne prise, fit-il en souriant avec amertume, ce ne serait pas étonnant. »

J'allais partir, lorsque Marguerite, toute pâle, arriva, l'enfant sur le bras. C'est la première fois que je la vis sangloter, car elle avait beaucoup de courage. Le père Chauvel s'attendrit aussi deux minutes.

« Ce n'est pas nous, dit-il, qui sommes à plaindre, ce sont ces malheureux, élevés dans l'admiration de la violence. »

Ensuite il me donna l'enfant, il prit le bras de sa fille, et nous partîmes ensemble, par la porte qui donnait sur la halle. Un piquet de soldats nous entourait; mais, grâce à Dieu, la foule était déjà dissipée, elle n'était pas entrée chez nous.

Le seul ami que nous rencontrâmes à la maison, ce fut le curé Christophe; il avait eu l'idée, comme Chauvel, qu'on viendrait nous piller, et se tenait là, sur la porte, avec sa grosse trique. Lorsque nous arrivâmes, il étendit les bras en s'écriant :

« Chauvel, il faut que je vous embrasse ; ce que vous avez dit est selon mon cœur; malheureusement j'étais dans l'autre allée, je n'ai pu vous soutenir.

— Cela vaut mieux, dit Chauvel; à la moindre résistance les gueux nous auraient assommés. Voilà pourtant ceux qui m'ont nommé deux fois leur représentant, dit-il ensuite d'un air de pitié. J'ai rempli mon devoir avec conscience. Qu'ils en choisissent maintenant un autre, cela ne m'empêchera pas de dire toujours ce que je pense sur ce Bonaparte, qui ne parle ni de vertu, ni de liberté, ni d'égalité, dans ses proclamations, mais de plaines fertiles, d'honneurs et de *richesses*. »

Le père Chauvel était si maltraité, qu'il en garda le lit plus de huit jours. Marguerite le soignait ; moi j'allais le voir toutes les heures; il ne finissait pas de plaindre le peuple.

« Les malheureux veulent pourtant la république, disait-il ; seulement, comme les royalistes et les gros bourgeois se sont rendus maîtres de tout, comme ils ont mis le peuple hors de la constitution, la grande masse n'a plus de chefs, elle met son espérance dans les armées. Le mois dernier, c'était Jourdan qui devait tout sauver, après Jourdan, Hoche, après Hoche, Moreau; maintenant c'est Bonaparte! »

Alors il parlait de Bonaparte, simple général de brigade, commandant l'artillerie à l'armée d'Italie en 1794; il racontait que cet homme petit, brun, sec, les mâchoires avancées, les yeux clairs et le teint pâle, ne ressemblait à personne; que l'impatience d'être en sous-ordre se voyait dans ses yeux; qu'il n'obéissait aux représentants du peuple qu'avec indignation, et n'avait qu'un seul ami, Robespierre jeune, espérant bientôt se rapprocher de Robespierre l'aîné. Mais qu'après la débâcle de thermidor, il s'était attaché bien vite à Barras, le bourreau de son ami.

« Je l'ai vu, disait-il, le 12 vendémiaire, à Paris, après la destitution de Menou, qui s'était montré trop faible contre les bourgeois révoltés. Barras le fit appeler aux Tuileries même, et lui proposa de se charger de l'affaire en second. C'était dans une grande salle servant de vestibule à la Convention. Bonaparte demanda vingt minutes de réflexion ; il s'appuya le dos au mur, la tête penchée, les cheveux pendants sur la figure, les mains croisées sur le dos. Je le regardais au milieu de ce grand tumulte des représentants et des étrangers, allant, venant, se parlant, se rapportant les nouvelles; il ne bougeait pas !... Et ce n'est pas à son plan d'attaque qu'il pensait, Michel, son plan était à faire sur le terrain; il se demandait : « Est-ce que cette affaire peut m'être « utile ? » et se répondait : C'est fameux !...

« La guerre est entre les royalistes et les ja-
« cobins; je me moque autant des uns que
« des autres. Les royalistes constitutionnels
« ont derrière eux les bourgeois, les jacobins
« ont derrière eux le peuple. Mais comme les
« bourgeois de Paris font une fausse manœu-
« vre, en se soulevant contre l'acte addition-
« nel et la réélection des deux tiers, acceptés
« par la province; comme ils forcent la majo-
« rité de se retirer, ou de les remettre à la
« raison, dans tous les cas, je n'ai rien à
« perdre et tout à gagner. Je vais armer les
« jacobins des faubourgs, qui me regarderont
« comme un des leurs, et j'aurai suivi les or-
« dres de la majorité, en mitraillant les révol-
« tés. Barras, un imbécile auquel je laisserai
« toute la gloire, demandera pour moi quel-
« bon poste, un commandement supérieur, et
« je lui grimperai sur le dos. »

« Voilà, Michel, j'en suis sûr, ce qu'il se disait, car pour le reste il n'avait pas besoin de réfléchir; il n'attendit même pas la fin des vingt minutes, et vint déclarer brusquement qu'il acceptait. Une heure après, tous les ordres était partis. Pendant la nuit, les canons arrivèrent, les sections furent armées; le lendemain à quatre heures les canons se trouvaient en position, les mèches allumées; à cinq heures l'affaire s'engageait; à neuf, tout était fini. Bonaparte obtint aussitôt sa récompense; il passa général de division, et Barras, nommé depuis directeur, lui fit épouser une de ses amies, Joséphine Beauharnais, et lui donna le commandement de l'armée d'Italie. Bonaparte est beaucoup trop fin et trop ambitieux pour se déclarer contre le peuple avec les constitutionnels. Nos autres généraux manquent de nerf, ils veulent tout ménager; on ne sait ce qu'ils sont; ils obéissent. Lui se déclare jacobin et fait ses traités tout seul; il envoie de l'argent, des drapeaux et des tableaux à Paris.

« Je ne connais pas d'être plus dangereux; s'il continue de remporter des victoires, tout le peuple sera de son côté. Les bourgeois égoïstes, au lieu de marcher à la tête de notre révolution, seront à la queue; le peuple, qu'ils ont dépouillé de son droit de vote, et qu'ils veulent gouverner avec un roi constitutionnel, les regardera comme ses premiers ennemis; il aimera mieux se faire soldat de Bonaparte, que valet de quelques rusés compères, qui s'efforcent d'escamoter ses droits l'un après l'autre, et veulent qu'un grand peuple ait bousculé l'Europe, pour assurer les jouissances d'une poignée d'intrigants. Nous en sommes là! C'est à choisir entre la ruse et la force : le peuple est las des filous. Si les constitutionnels ne le voient pas, s'ils persistent dans leurs bons tours, Bonaparte ou bien tout autre général n'aura qu'à garantir les biens nationaux, à demander compte des droits de l'homme, à crier qu'il réclame au nom du peuple, et tous ces malins seront balayés. Une seule chose peut résister à la force, c'est la justice; mais pour que le peuple veuille la justice, il faut que les autres commencent à lui rendre tous ses droits; nous allons voir s'ils auront ce bon sens. »

Ainsi parlait le père Chauvel.

Mais il faut que je vous avoue une chose, dont je me suis bien repenti plus tard, et que j'aimerais mieux laisser de côté, si je ne vous avais promis toute la vérité : c'est qu'après avoir tant souffert dans ma jeunesse, après avoir mendié sur la grande route, gardé les vaches de maître Jean, après avoir traîné la misère de toutes les façons, je me trouvais bien heureux de vivre comme un bourgeois, et que tout ce qui pouvait troubler mes affaires m'indignait. Oui, c'est la triste vérité! Des pains de sucre pendus au plafond de notre boutique, des tiroirs garnis de sel, de poivre, de café, de cannelle, des gros sous et quelques pièces blanches dans le comptoir, pour un pauvre diable comme moi, c'était extraordinaire; je n'avais jamais rien espéré de pareil; et d'être assis le soir à ma table, de regarder Marguerite, de tenir mon petit Jean-Pierre, qui m'appelait « papa, » ses grosses lèvres humides sur ma joue, cela m'attendrissait; j'avais peur de voir déranger cette bonne vie; et rien que d'entendre Chauvel trouver tout mal, crier contre le Directoire, les conseils, les généraux, et soutenir qu'il faudrait une seconde révolution pour tout remettre en ordre, cela me faisait pâlir de colère. Je me disais en moi-même :

« Il en demande trop! Tout va très-bien, le commerce reprend, les paysans ont leur part, nous avons aussi la nôtre; pourvu que tout s'affermisse, qu'est-ce qu'il nous faut de plus? Si les émigrés et les prêtres essayent de renverser le gouvernement, nous serons toujours là et nos armées républicaines aussi; à quoi bon s'inquiéter d'avance? »

Voilà les idées que j'avais.

Chauvel le devinait sans doute; il criait quelquefois contre ces gens satisfaits qui ne s'inquiètent que de leurs affaires, et ne se doutent pas que tout peut leur être enlevé par ruse, faute d'avoir exigé des garanties solides, définitives, c'est-à-dire le gouvernement de la nation par elle-même.

Je comprenais qu'il me parlait, mais je ne lui répondais pas, et je m'obstinais à trouver tout bien.

Pendant ce temps les victoires allaient leur train. Alors Bonaparte, après avoir détruit l'armée des Piémontais et bousculé celle de Beaulieu, passait le Pô, entrait à Milan, écrasait Wurmser à Castiglione, Roveredo et Bassano; Alvinzi à Arcole, Rivoli et Mantoue; l'armée du pape à Tolentino, et nous faisait céder Avignon, Bologne, Ferrare et Ancône. Alors Jourdan et Kléber, après les victoires d'Altenkirchen, d'Ukerat, de Kaldieck, de Friedberg, enlevaient le fort de Kœnigstein et entraient à Francfort. Alors Moreau passait le Rhin à Strasbourg, prenait le fort de Kehl, gagnait les batailles de Renchen, de Rastadt, d'Ettlingen, de Pforstheim, de Néresheim, rejetait les Autrichiens sur Donawerth, et s'étendait en Bavière, pour joindre Bonaparte dans le Tyrol. Mais l'archiduc Charles ayant surpris et écrasé Jourdan à Wurtzbourg, avec des forces supérieures, Moreau fit sa fameuse retraite à travers la Souabe soulevée, livrant des combats chaque jour, enlevant des régiments entiers à l'ennemi, forçant les défilés du val d'Enfer, après une dernière victoire à Biberach, et ramenant toute son armée glorieuse à Huningue.

Jamais on n'a vu de soldats plus attachés à leur général que ceux de Moreau; c'étaient tous de vieux et solides républicains, qui ne se plaignaient pas d'aller pieds nus et se montraient fiers en quelque sorte de leurs haillons. Sôme en était; il nous écrivit alors quelques mots dont Chauvel fut attendri :

« Ceux-là, disait-il, sont encore des bons; on n'a pas besoin de leur parler de plaines fertiles, d'honneurs et de *richesses!* »

Et ce qui le faisait rire, c'est que Sôme admirait surtout la pipe dont Moreau fumait toujours et tirait de grosses bouffées pendant les combats; lorsque l'affaire était bien chaude, les bouffées se suivaient coup sur coup; quand elle se ralentissait, la pipe devenait aussi plus calme. Quels enfantillages! Mais les bonnes gens s'étonnent de tout, ils en font de grandes histoires, et ne parlent pas de leur propre héroïsme.

IX

L'hiver de 96 à 97 fut assez tranquille. Jourdan, mis en déroute à Wurtzbourg, avait été destitué. Beurnonville, déjà connu par sa campagne de Trèves en 92, et par son emprisonnement à Olmutz après la trahison de Dumouriez, le remplaçait à l'armée de Sambre-et-Meuse. Il la nettoyait de ses filous, cassait les commissaires, chassait les fournisseurs, fusillait les pillards, et nommait pour la première fois des officiers payeurs. Malheureusement les désertions redoublaient; tous les officiers attachés à Jourdan donnaient leur démission; cela devenait grave.

Les Autrichiens passèrent le Rhin à Manheim, ils envahirent le Hunsdsruck à quelques heures de chez nous, et furent battus près de Kreutznach. Nous entrions en novembre; une suspension d'armes fut conclue et les armées prirent leurs quartiers d'hiver depuis Manheim jusqu'à Dusseldorf.

Mais du côté de l'Alsace tout continua d'être en mouvement; Moreau, avant de repasser le Rhin, avait jeté quelques bataillons dans le fort de Kehl, sur la rive droite, pour conserver un pied en Allemagne; Desaix les commandait; l'archiduc Charles les assiégeait avec toute son armée. Il ouvrit trois lignes de tranchées devant cette poignée de terre; on entendait de Strasbourg et même de chez nous le canon gronder jour et nuit. Les Autrichiens perdirent là de vingt-cinq à trente mille hommes; ils assiégeaient aussi la tête du pont de Huningue; finalement, après des sacrifices immenses d'hommes et d'argent, ils furent heureux d'accorder les honneurs de la guerre aux défenseurs. Les Français rentrèrent en Alsace avec leurs canons, leurs armes et leurs bagages, riant, chantant, levant leurs drapeaux déchirés, et battant le tambour.

On parlait aussi beaucoup dans ce temps d'une expédition sur les côtes d'Irlande, commandée par Hoche; — mais il paraît qu'une tempête dispersa nos vaisseaux; — et puis du mouvement de Bonaparte vers le Tyrol; du départ de l'archiduc Charles, pour aller prendre le commandement des Autrichiens en Italie; et d'un détachement de vingt mille hommes de notre armée du Rhin, en route dans la même direction, sous les ordres de Bernadotte.

Ces choses intéressaient notre pays; mais le père Chauvel ne s'en moquait pas mal; c'étaient les élections, — le renouvellement du tiers des Cinq-Cents, — qui l'enthousiasmaient, car avec de bonnes élections il espérait regagner le temps perdu.

« La république n'a plus rien à craindre des étrangers, disait-il, les trois quarts des despotes sont à terre; ils ne demanderont pas mieux que de conclure la paix, si nous voulons; mais les conditions de cette paix doivent être débattues par les représentants du peuple, et non par des royalistes, qui céderont tous nos avantages à leurs amis du dehors. C'est donc des élections prochaines que va dépendre le sort de notre révolution. »

Les réunions préparatoires venaient de commencer à Sarrebourg, Droulinguen, Saverne, etc., et ce pauvre vieux, tout gris, s'était remis en campagne. Tous les matins, entre quatre et cinq heures, il se levait; je l'entendais descendre à la cuisine, ouvrir l'armoire et se couper une tranche de pain. Avec cela le brave homme partait; il relevait fièrement la tête, et courait à quatre, cinq lieues dans la montagne, prononcer des allocutions, encourager les patriotes, et dénoncer les réactionnaires. Le curé Christophe et ses deux grands frères du Hengst l'accompagnaient par bonheur, car sans cela les aristocrates l'auraient assommé. Maître Jean, Colin, Létumier, tous nos amis venaient me dire :

« Mais au nom du ciel! Michel, tâche donc de le retenir; les royalistes ont le dessus dans tout l'ancien comté de Dagsbourg; tu le sais, ce sont des demi-sauvages, et c'est là justement qu'il va les défier, contredire l'ancien moine Schlosser et l'ancien ermite du Léonsberg, Grégorius. Les gendarmes nationaux eux-mêmes ont peur d'aller dans ces coupe-gorge, où les gens ne connaissent que les coups de couteau en fait de raisons; il se fera bien sûr mas-

Sôme allait trop loin... (Page 37.)

sacrer; un de ces quatre matins on le rapportera sur le brancard. »

Je comprenais qu'ils n'avaient pas tort, et, sachant un jour que les fanatiques et les royalistes de la montagne avaient promis d'exterminer les républicains qui se présenteraient dans leur district, je me permis seulement de faire une petite observation au beau-père, en le priant de ne pas aller là, parce que ce serait inutile.

Alors il me dit des choses très-dures sur l'égoïsme des parvenus. Le feu de la colère me montait à la tête; je sortis. Marguerite courut après moi; je voulais m'en aller et tout abandonner. Chauvel partit, et Marguerite me retint par ses larmes. Mais ce même jour, vers quatre heures de l'après-midi, la nouvelle arriva que la bataille s'était engagée à Lutzelbourg, et qu'un grand nombre étaient restés sur place. Aussitôt, malgré mon indignation contre mon beau-père, le souvenir de tout le bien qu'il m'avait fait, de tous les bons conseils qu'il m'avait donnés et de la confiance qu'il avait eue en moi, me retourna le cœur. Je partis en courant; comme j'arrivais à la nuit dans le vallon, tout grouillait et fourmillait sur la place du village, au milieu des torches de résine qui brillaient sur le Zorn. Les patriotes avaient eu le dessus; mais les deux frères de monsieur le curé Christophe étaient tout mâchurés, avec une quantité d'autres. Chauvel, par un bonheur extraordinaire, s'était tiré de la bagarre, et je l'entendais parler au milieu de cette assemblée innombrable d'hommes et de femmes venus de

Attendez, vos enfants payeront pour vous... (Page 44.)

trois et quatre lieues; sa voix claire s'étendait au loin, malgré le grand murmure de la foule et le bruit de l'eau tombant de l'écluse du moulin; il criait:

« Citoyens, la nation c'est nous! Nous sommes les seuls vrais souverains, nous, les bûcherons, les paysans, les ouvriers et artisans de toute sorte; nous sommes le peuple, et c'est pour le peuple qu'on doit gouverner, parce que c'est lui qui nomme, c'est lui qui travaille, c'est lui qui paye, c'est lui qui fait vivre tous les autres. Si la race des fainéants et des intrigants, après avoir appelé l'Autrichien, le Prussien et l'Anglais à son secours, après avoir été battue cent fois dans les rangs de nos ennemis, parvient maintenant à se faire nommer nos représentants, ce sera comme si nous n'avions rien fait: nos directeurs, nos généraux, nos juges, nos administrateurs, tous seront des traîtres, parce que des traîtres les auront nommés, non pour nous, mais contre nous; non pour notre bien, mais pour nous voler, pour nous gruger, pour nous imposer et nous remettre en servitude. Prenez-y garde! ceux que vous allez nommer représentants seront vos maîtres. Ainsi, que chacun pense à sa femme et à ses enfants. C'est déjà bien malheureux qu'un grand nombre d'entre vous aient perdu le vote, par le cens; les anciennes élections en sont cause. L'ennemi marche en dessous, lentement, prudemment; soyez donc méfiants et ne choisissez que des gens de bien, connus pour ne vouloir que votre intérêt. »

Chauvel continua longtemps de la sorte, dé

murmures de satisfaction l'interrompaient à chaque minute.

M. le curé Christophe et plusieurs autres parlèrent ensuite et, vers neuf heures, la gendarmerie étant arrivée, sans aucune sommation on se dispersa : hommes, femmes, enfants, par bandes, remontèrent les uns du côté de Garrebourg, les autres du côté de Chèvrehoff et du Harberg. C'est une des dernières grandes réunions électorales que j'ai vues. En m'en retournant, je rencontrai Chauvel, qui ne pensait déjà plus à notre dispute et me dit tout joyeux :

« Tu vois, Michel, que ça marche. Pourvu que mes vieux camarades de la Convention fassent comme moi, chacun dans son pays, nous aurons une nouvelle majorité. Notre Directoire n'est pas si mauvais, il faut le relever, lui donner du nerf; il faut qu'on le craigne comme autrefois le Comité de salut public, et cela ne peut arriver que si le peuple se montre franchement républicain dans les nouvelles élections. D'où viennent ces désordres, ces brigandages, ces filouteries, ce découragement du peuple et cette insolence des réactionnaires ? Tout cela vient des mauvaises élections de l'an III. Quand le peuple n'a plus le droit de nommer ses représentants, quand les contributions directes passent avant l'homme et lui donnent seules le droit de voter, alors les intrigants se mettent à la place de la nation; ils arrangent tout dans leur intérêt particulier; ils se vendent pour avoir des places, de l'argent, des honneurs et vendent la patrie avec eux. »

C'est ce que nous devions à ces fameux girondins qu'on plaignait tant quand ils étaient en fuite, à ces Lanjuinais, Pastoret, Portalis, Boissy-d'Anglas, Barbé-Marbois; à ce Job Aymé, qui dans le temps avait essayé de soulever le Dauphiné; à ces de Vaublanc, de Mersan et de Lemerer, reconnus depuis comme agents secrets de Louis XVIII. Ces gens se servaient de la république pour écraser les derniers républicains; ils profitaient de la conspiration d'un fou comme Babœuf, qui voulait partager les terres, pour exterminer encore des centaines de patriotes, en soutenant qu'ils étaient de la bande. Mais ils laissaient conspirer ouvertement les royalistes Brottier, Duverne et Lavilleurnois; ils laissaient les assassins du Midi continuer leurs crimes, les émigrés rentrer librement, les évêques former des associations dans le genre des jacobins, en vue de bousculer la nation et de proclamer un roi. Ces gens refusaient au Directoire tout moyen de se soutenir, enfin que voulez-vous? les traîtres étaient à la tête du pays et forçaient les républicains eux-mêmes à tourner les yeux vers les armées pour chercher un général capable de mettre les royalistes à la raison. Voilà le malheur! Depuis le premier jour jusqu'au dernier, jamais ces gens n'ont lâché prise : tantôt par la force, tantôt par la ruse, et le plus souvent par la trahison, ils ont fatigué les plus courageux citoyens ; c'était la conspiration permanente des fainéants avec les despotes étrangers, pour remettre le peuple sous le joug et le faire travailler à leur profit.

X

Durant les mois de mars et d'avril 1797, Chauvel ne manqua pas une seule assemblée primaire ou communale. Ces assemblées seules n'agitaient pas le pays, mais encore les grands préparatifs de Moreau pour repasser le Rhin, le remplacement de Beurnonville par Hoche au commandement de l'armée de Sambre-et-Meuse, et la proclamation de Bonaparte, affichée aux portes des clubs et des mairies, au moment de se remettre en campagne.

Bonaparte, général en chef de l'armée d'Italie, aux soldats de l'armée d'Italie.

« Au quartier général de Bassano, le 20 pluviôse an V (10 mars 1797).

« La prise de Mantoue vient de finir une campagne qui vous a donné des titres éternels à la reconnaissance de la patrie. Vous avez remporté la victoire dans quatorze batailles rangées et soixante-dix combats. Vous avez fait plus de cent mille prisonniers, pris à l'ennemi cinq cents pièces de campagne, deux mille de gros calibre, quatre équipages de pont. Les contributions mises sur les pays que vous avez conquis ont nourri, entretenu, soldé l'armée pendant toute la campagne ; vous avez en outre envoyé trente millions au ministre des finances, pour le soulagement du trésor public. Vous avez enrichi le Muséum de Paris de plus de trois cents objets, chefs-d'œuvre de l'ancienne et nouvelle Italie, et qu'il a fallu trente siècles pour produire.

« Vous avez conquis à la république les plus belles contrées de l'Europe ; les républiques Lombarde et Cispadane vous doivent leur liberté; les couleurs françaises flottent pour la première fois sur les bords de l'Adriatique, en face et à vingt-quatre heures environ de l'ancienne Macédoine; les rois de Sardaigne, de Naples, le pape, le duc de Parme, se sont détachés de la coalition des ennemis, ils ont brigué notre amitié. Vous avez chassé les Anglais de Livourne, de Gênes, de la Corse; mais vous n'avez pas encore tout achevé. Une grande destinée vous est réservée; c'est en vous que la patrie met ses plus chères espérances; vous continuerez à en être dignes. De tant d'ennemis qui se coalisèrent pour étouffer la république à sa naissance, l'empereur seul reste devant nous ; se dégradant lui-même du rang de grande puissance, ce prince s'est mis à la solde des marchands de Londres; il n'a plus de politique, de volonté que celle de ces insulaires perfides qui, étrangers aux malheurs de la guerre, sourient avec plaisir aux maux du continent. »

Il continuait de la sorte et finissait par déclarer que cette campagne détruirait la maison d'Autriche, qui perdait à chaque guerre, depuis trois cents ans, une partie de sa puissance; qui mécontentait ses peuples en les dépouillant de leurs droits, et se trouverait bientôt réduite à se mettre aux gages des Anglais.

Tout le monde voyait bien, d'après cela, que la guerre allait encore une fois s'étendre depuis les Pays-Bas jusqu'en Italie, et que plus on irait, plus il faudrait se battre. Notre position était pourtant meilleure, puisqu'au lieu d'avoir l'ennemi chez nous, comme en 92 et 93, nous allions l'attaquer chez lui par les montagnes du Tyrol; l'archiduc Charles, le meilleur général autrichien, était déjà là-bas pour s'opposer à la marche de Bonaparte. Les nouvelles recrues traversaient la ville par détachements et comblaient le vide des divisions Delmas et Bernadotte, envoyées à l'armée d'Italie.

Ces grands mouvements de troupes entretenaient le commerce de toute la frontière; nous avions de la peine à servir cette foule, toujours en route comme une rivière qui ne finit pas. Chauvel, lui, ne s'inquiétait que des affaires publiques; il courait à toutes les réunions préparatoires; les royalistes le regardaient comme leur plus dangereux ennemi, ils le guettaient sur tous les chemins. Marguerite vivait dans l'épouvante ; elle ne m'en disait rien, mais je le voyais ; je l'entendais à sa voix, lorsque, sur les huit ou neuf heures du soir, son père arrivait, et qu'elle criait au bruit de la sonnette :

« C'est lui !... Le voilà !... »

Elle courait lui présenter l'enfant; il l'embrassait, puis il venait prendre un verre de vin, casser une croûte de pain, en se promenant avec agitation autour de la table, et nous racontant ses batailles; car c'étaient de véritables batailles, où les émigrés, rentrés en masse, s'appuyaient sur ces constitutionnels de l'an III, les plus grands hypocrites que la France ait jamais eus à sa tête.

Quand j'y pense aujourd'hui, quand je me représente ce vieillard courageux, qui sacrifie tout pour la liberté, qui se refuse tous les biens de ce monde, pour élever la nation et la retenir sur une mauvaise pente, je suis dans l'admiration.

Mais alors l'égoïsme d'un homme qui n'avait rien, et qui se trouve par hasard maître d'une bonne entreprise; qui voit son bien s'arrondir et veut remplir ses obligations; la famille qui grandit, car un second enfant était en route ; la concurrence des autres, qui se moquent de tous les gouvernements, pourvu que leurs affaires marchent, tout cela me faisait penser souvent :

« Le beau-père est fou !... Ce n'est pas lui qui pourra changer le cours des choses. Est-ce que nous n'avons pas rempli notre devoir? Est-ce que nous n'avons pas assez souffert depuis six ans? Qui est-ce qui pourrait nous faire des reproches? Que les autres se sacrifient comme nous; chacun son tour, il ne faut pas que les mêmes supportent toujours la charge; c'est contraire au bon sens !... »

Ainsi de suite !

J'en voulais à Chauvel de quitter la boutique les jours de marché, pour courir aux réunions électorales; de nous faire perdre nos meilleures pratiques par ses discours, et de s'inquiéter aussi peu de notre commerce d'épicerie, que s'il n'avait pas existé. Je suis sûr que le plaisir de vendre des gazettes et des livres patriotiques le retenait seul à la maison, et que sans cela nous l'aurions revu courir l'Alsace et la Lorraine, la hotte au dos.

Eh bien, les efforts de cet honnête homme et de milliers d'autres jacobins ne suffirent pas. C'est principalement en temps de révolution que les fautes se payent; combien de ceux que Robespierre, Saint-Just et Couthon avaient sacrifiés comme n'étant pas assez purs, nous seraient alors bienvenus ! Ils étaient morts !... et la mauvaise race seule restait, avec une nation fatiguée, découragée, *ignorante*, et des ambitieux en masse.

Les élections de l'an V furent pires que celles de l'an III ; le peuple n'ayant plus de voix, deux cent cinquante royalistes entrèrent encore dans les conseils de la république, *et, réunis aux autres, ils nommèrent aussitôt Pichegru président des Cinq-Cents et Barbé-Marbois président des Anciens.* Cela signifiait clairement qu'ils se moquaient des droits de l'homme, et qu'ils croyaient le moment venu de rappeler Louis XVIII.

Le Directoire les gênait, parce qu'il tenait la place du fils de saint Louis. Ces nouveaux représentants résolurent de le dégoûter; ils se mirent tout de suite à l'œuvre, et du 1er prairial au 18 fructidor, en moins de quatre mois, voici ce qu'ils firent. Après le remplacement du directeur Letourneur, par Barthélemy (un royaliste!), ils abrogèrent la loi qui excluait les parents d'émigrés des fonctions publiques, et les décrets de la Convention contre les traîtres qui, dans le temps, avaient livré Toulon aux Anglais; ils abolirent la déportation pour les réfractaires; ils reprochèrent au Directoire d'avoir fait des traités en Italie, sans l'autorisation des conseils, ce qui retombait sur Bonaparte; ils autorisèrent les assassinats et les brigandages de l'Ouest et du Midi, en refusant tout secours au gouvernement pour les faire cesser; ils voulurent rétablir les églises catholiques, disant que c'était le culte de l'immense majorité des Français, le culte de nos pères, notre unique bien, seul capable de faire oublier quatre années de carnage, comme si les Vendéens, bons catholiques, n'avaient pas commencé le massacre.

Deux ou trois jacobins leur répondirent vertement, et le peuple parisien parut de si mauvaise humeur, qu'ils retardèrent la chose pour quelque temps. Ils mirent sur le dos de notre Directoire tous les malheurs de la république, la chute des assignats, la dilapidation des finances, et lui refusèrent régulièrement tout ce qu'il demandait. Ils ne finissaient pas de crier que la garde nationale seule pouvait tout sauver; mais la garde nationale ne devait entrer que les gens payant le cens : tous les bourgeois auraient été armés, et les ouvriers et les paysans sans armes! C'était le plus beau de leur plan; par ce moyen, Louis XVIII, les princes, les émigrés, les évêques, auraient pu rentrer sans danger, et reprendre sans résistance leurs biens, leurs dignités, tout ce que la révolution avait gagné.

Pour détourner l'attention du peuple de ces abominations, leurs journaux ne parlaient plus que du procès de Babœuf, devant la haute cour de Vendôme, comme ces larrons sur la foire, dont l'un vous montre les curiosités, pendant que l'autre vous retourne les poches.

Mais ni ce procès, ni la campagne d'Italie, le passage du Tagliamento, la prise de Gradiska, les affaires de Newmarck et de Clausen, la bataille de Tarvis, l'invasion de l'Istrie, de la Carniole, de la Carinthie, le soulèvement de Venise sur nos derrières, les préliminaires de Léoben et la destruction de la république Vénitienne, cédée à l'Autriche par Bonaparte; le passage du Rhin par Hoche, à Neuwied, la victoire de Heddersdorf, et la retraite des Autrichiens sur la Nidda; le passage du fleuve par Moreau, sous le feu de l'ennemi, la reprise du fort de Kehl et la suspension d'armes générale à la nouvelle des préliminaires de paix, rien ne pouvait empêcher les patriotes de voir que les royalistes des conseils nous trahissaient; qu'ils avaient attiré les bourgeois dans leur parti, et que la nation ne pourrait s'en débarrasser que par une dernière bataille.

Ces gens avaient en quelque sorte levé toutes les écluses; la boue du dehors nous envahissait sans résistance; l'Alsace et la Lorraine fourmillaient d'émigrés. Les trois quarts de la ville s'étaient convertis, comme on disait, « à l'ordre! » On faisait des vœux à la chapelle de la Bonne-Fontaine pour le retour des pauvres exilés; nos anciens curés disaient leur messe; les vieilles couraient matin et soir chez Joseph Petitjean, l'ancien chantre au lutrin, pour entendre les prédications d'un proscrit; les autorités le savaient, personne ne réclamait. Enfin nous étions vendus!

Quelquefois Chauvel disait tristement le soir, en faisant nos cornets :

« Quelle pitié de voir un général comme Bonaparte, qui hier encore n'était rien, menacer les représentants de la nation, et ces représentants, nommés pour défendre la république, la détruire de leurs propres mains! Faut-il que nous soyons tombés bas! Et le peuple approuve ces scandales; lui qui n'aurait qu'à tousser pour renverser cette masse d'intrigants, dont les uns l'attaquent et dont les autres le protégent! »

Ensuite il ajoutait :

« Le peuple me produit maintenant l'effet de ce nègre, qui riait et se réjouissait en voyant deux Américains se battre; il criait : « Ah! le beau coup! C'est bien! c'est magni« fique! » Quelqu'un lui dit : « Tu ris, mais « sais-tu pourquoi ces deux hommes se bat« tent? C'est pour savoir lequel des deux t'em« mènera la corde au cou, te vendra, toi, ta « femme et tes enfants; te fera travailler, bâtir « des prisons, pour t'y mettre, élever des forts « pour te mitrailler, et te pèlera le dos à coups « de trique si tu bouges! » « Ce nègre alors, perdit l'envie de rire, mais le peuple français rit toujours; il aime les batailles et ne s'inquiète plus du reste. »

Chaque fois que Chauvel parlait de ces choses, je criais en moi-même :

« Que voulez-vous que j'y fasse? »

La satisfaction de gagner de vingt à trente livres par jour, d'avoir du vin, de l'eau-de-vie dans ma cave, des sacs de riz, de café, de poivre au magasin, m'avait en quelque sorte tourné la tête; et des milliers d'autres étaient comme moi : les petits bourgeois voulaient grossir à tout prix! Je puis bien le dire, nous l'avons payé assez cher.

Pourtant l'amour des droits de l'homme et

du citoyen reprit le dessus dans mon cœur en ce temps, d'une façon extraordinaire, et je reconnus que Chauvel avait raison de nous prévenir d'être sur nos gardes.

Les gazettes parlaient beaucoup alors d'un nommé Franconi, maître de voltige, qui réjouissait les citoyens de Paris, par ses exercices à cheval. C'était, après le procès de Babœuf, les campagnes de Bonaparte, de Hoche et de Moreau, le fond de toutes les gazettes. Et voilà qu'en thermidor, pendant la foire de Phalsbourg, ce Franconi, qui s'était mis en route par la Champagne et la Lorraine, arrive chez nous avec sa troupe. Il plante ses piquets, il ouvre une grande tente en toile sur la place, il promène ses chevaux, sonne de la trompette, bat de la grosse caisse et fait ses publications. Une quantité de gens allaient le voir. J'aurais bien voulu mener aussi Marguerite à ce spectacle, quand cela aurait dû me coûter deux ou trois francs, mais en temps de fête, notre boutique ne désemplissait pas de monde, c'était impossible.

Tout se serait donc passé de la sorte, si des Baraquins n'étaient venus me dire l'un après l'autre, d'un air d'admiration, que Nicolas était écuyer dans la troupe de Franconi. Moi, songeant que si Nicolas rentrait par malheur, les lois de la république le condamneraient à mort, pour avoir passé à l'ennemi avec armes et bagages, je leur répondais qu'ils se trompaient, que nous avions l'acte de décès du pauvre Nicolas depuis longtemps; ils hochaient la tête. Et, dans un de ces moments où nous étions en dispute, vers six heures du soir, tout à coup un grand gaillard, en habit bleu de ciel garni de galons d'argent, un chapeau magnifique tout couvert de plumes blanches penché sur l'oreille, des éperons dorés aux bottes, entre en faisant claquer sa cravache et criant :

« Hé! hé! hé! Michel, c'est moi!... Puisque tu ne viens pas me voir, il faut bien que je me dérange. »

C'était le gueux. Tous les gens de la boutique le regardaient; naturellement, malgré ma crainte et ce que je venais de dire, je fus bien obligé de le reconnaître et de l'embrasser. Etienne aussi lui sauta dans les bras. Le malheureux sentait horriblement l'eau-de-vie. Le père Chauvel regardait par la petite vitre de la bibliothèque. Marguerite tremblait, car elle connaissait les lois de la république sur les traîtres. Il fallait le recevoir tout de même, et je lui dis en l'entraînant à la bibliothèque :

« Arrive! »

Il se balançait en criant :

« Ah çà! tu sais que je m'invite à souper? As-tu du vin?... As-tu ci?... As-tu ça?... car je ne te cache pas que je suis habitué à me soigner maintenant. Hé! hé! hé! qu'est-ce que c'est?... Tiens... elle n'est pas mal cette petite !

— C'est ma femme, Nicolas.

— Hé! la petite Chauvel... Marguerite Chauvel... des porte-balle... Connu... connu. »

Marguerite était devenue toute rouge. Les gens riaient. Il finit par entrer à la bibliothèque.

« Hé! le vieux Chauvel !... On vit en famille... on a laissé la hotte de côté!..

— Oui, Nicolas, dit Chauvel en prenant une prise et clignant de l'œil, on s'est fait épicier; tout le monde ne peut pas devenir colonel dans la troupe de Franconi. »

Qu'on se figure comme j'étais honteux. Nicolas, s'entendant appeler colonel de Franconi, ne parut pas content; il regarda Chauvel de travers, mais il ne dit rien. J'espérais m'en débarrasser en lui soufflant à l'oreille : « Au nom du ciel! Nicolas, méfie-toi, toute la ville t'a reconnu; tu sais, la loi sur les émigrés... »

Mais il ne me laissa pas seulement finir, et, s'allongeant sur une chaise, contre le petit bureau, les jambes étendues et le nez en l'air, il se mit à crier :

« Émigré! oui, je suis émigré! Les honnêtes gens sont sortis, la canaille est restée... Qu'on me reconnaisse, tant mieux! Je me moque de la canaille. Nous avons des amis, nous en avons en haut; ils nous rappellent, ils nous ouvrent les portes... Connaissez-vous ça? Ça n'est pas des assignats... c'est la clef de votre république... Hé! hé! hé! »

Il avait fourré la main dans la poche de son pantalon, et faisait sauter en l'air une douzaine de louis. Quel malheur d'avoir pour frère un pareil imbécile; un ivrogne, un traître, un vendu, qui s'en vante!

Finalement, le père Chauvel, qui voyait mon embarras et ma honte, dit :

« Nicolas arrive bien, c'est l'heure du souper, nous allons boire à la santé de la république quelques bons coups, et puis nous nous quitterons bons amis. N'est-ce pas, Nicolas ? »

Marguerite, toute rouge, revenait avec la soupière; Etienne s'était dépêché de chercher du vin; la table était mise, il ne fallait plus qu'une assiette. Nicolas regardait ces choses de côté, d'un air hautain, et, sans répondre au père Chauvel, il dit :

« Une soupe aux choux... du petit vin blanc d'Alsace... décidément je vais à *la Ville de Bâle.* »

Il se leva, et, se retournant du côté de mon beau-père :

« Quant à toi, dit-il, tu es noté! Boire à ta république! » Il le regardait de haut en bas et de bas en haut. « Moi, Nicolas Bastien, un soldat du roi, boire à ta république !... Attends, ta corde est prête ! »

Chauvel, assis, lui lançait un coup d'œil de mépris en souriant; mais il était vieux et faible; le grand bandit l'aurait écrasé. La colère alors me gagnait tellement vite, que je voulus parler et ne pus lui dire qu'un mot :

« Prends garde ! Nicolas, prends garde !... c'est mon père !...

— Toi, fit-il en me regardant par-dessus l'épaule, tais-toi !... Quand on a épousé la fille d'un calviniste, d'un régicide, une petite... »

Mais dans le même instant je l'avais empoigné sous les bras, comme dans un étau, je traversais la boutique en le cognant aux pains de sucre du plafond; et, comme la porte était ouverte, je le lançai dehors à plus de dix pas; par bonheur, la rue n'était pas encore pavée en 97; il ne se serait plus relevé. Ses cris, ses jurements fendaient l'air. Derrière moi Étienne et Marguerite poussaient aussi des cris terribles. Tous les gens de la petite place regardaient aux fenêtres. Nicolas, en se relevant tout pâle et grinçant des dents, revint sur moi. Je l'attendais; malgré sa fureur, il eut le bon sens de s'arrêter à quelques pas, voyant bien que j'allais le déchirer; mais il me cria :

« Tu as été soldat, je t'attends derrière l'arsenal.

— C'est bon, Royal-Allemand, lui répondis-je, mon sabre de la 13e légère est encore là; cherche tes témoins, dans vingt minutes j'y serai. Tu ne me piqueras pas sous le téton, je connais le coup ! »

Étienne m'apportait le grand chapeau, en pleurant à chaudes larmes; je le jetai dehors et je refermai la boutique. Marguerite, toute pâle, disait :

« Tu ne te battras pas avec ton frère !

— Celui qui insulte ma femme n'est plus rien pour moi, lui dis-je; dans vingt minutes il faut que l'affaire soit vidée. »

Et, malgré Chauvel, qui me cria qu'on ne croise pas le fer avec un traître, je décrochai mon sabre et je sortis aussitôt chercher Laurent et Pierre Hildebrand pour témoins. La nuit approchait; comme je descendais la rue, Chauvel montait à la mairie. Un quart d'heure après, mes témoins et moi nous descendions la rue du Rempart; ils avaient aussi des sabres de cavalerie, en cas de besoin. Mais à peine dans la rue de l'Arsenal, nous entendîmes crier au loin :

« Halte !... halte !... Arrêtez !... »

Nicolas passait ventre à terre devant la sentinelle, sur un grand cheval roux; le factionnaire n'avait pas eu le temps de croiser la baïonnette, et les cris : « Arrêtez ! arrêtez ! » se prolongeaient sous la porte d'Allemagne. Nous courûmes de ce côté; des gendarmes nationaux, venus de Sarrebourg, filaient dans la même direction, à la poursuite du gueux. Alors nous rentrâmes chez nous. Chauvel, qui m'attendait sur la porte, me dit :

« J'étais monté pour signaler ce mauvais drôle aux autorités et le faire arrêter tout de suite; mais ce n'était pas nécessaire, l'or qu'il montrait partout sur sa route, comme un animal, l'avait déjà fait suivre de Blamont à Sarrebourg. Il vient de voler un des meilleurs chevaux de Franconi pour s'échapper; la vue des gendarmes, qui traversaient la place, l'a prévenu du danger. Franconi ne le connaissait que depuis Toul, c'est un agent royaliste, un espion. »

J'écoutais ces choses avec indignation; et puis nous entrâmes souper. Marguerite était bien contente; le père Chauvel à chaque instant prenait une bonne prise et s'écriait :

« Quel agrément d'avoir la poigne de Michel !... A-t-il bien enlevé le bandit ! Je le voyais filer à travers les brosses et les pains de sucre, comme une plume emportée par le vent. »

Et tout le monde riait.

L'affaire n'était pourtant pas encore finie, car, le lendemain matin, sur les dix heures, pendant la vente, ma mère entra furieuse; elle posa son panier sur le comptoir, et, sans faire attention aux étrangers, sans regarder l'enfant sur le bras de Marguerite, les cheveux ébouriffés et les yeux hors de la tête, elle se mit à m'habiller de toutes les injures qu'il est possible d'inventer, me traitant de Caïn, de Judas, de Schinderhannes, me prédisant que je serais pendu, qu'on nous balayerait comme du fumier, enfin qu'est-ce que je sais encore ? Elle se penchait sur le comptoir, en m'allongeant le poing sous le nez; moi je la regardais avec calme, sans rien répondre, mais les étrangers lui disaient :

« Taisez-vous ! taisez-vous !... Ce que vous faites est abominable... Cet homme ne vous dit rien... Vous devriez rougir... Vous êtes une mauvaise mère ! »

Et comme sa colère augmentait, elle se mit à taper sur eux. Ces gens naturellement la bousculèrent. Je courus la défendre, ce qui l'indigna encore plus :

« Va-t'en, Judas, va-t'en ! criait-elle, je n'ai pas besoin de toi; laisse-moi battre ! Va me dénoncer comme ton frère Nicolas ! »

Sa voix s'étendait jusque sur la place, le monde s'assemblait, et tout à coup la garde arriva. En voyant les grands chapeaux et les fusils dehors, elle perdit la parole. Je sortis prier le chef du piquet de ne pas emmener cette pauvre vieille, à moitié folle, mais il ne voulait rien entendre, et Chauvel n'eut que le temps de la faire sortir par notre petite porte de derrière, sur la rue des Capucins. Le chef du piquet voulait absolument arrêter quelqu'un; il fallut parlementer un quart d'heure, et finalement verser une bonne goutte à ses hommes sur le comptoir.

Quel malheur d'avoir des parents sans réflexion ni bon sens! on a beau dire que chacun n'est responsable que de sa propre conduite, on aimerait mieux aller soi-même en prison, que d'y voir conduire sa mère, quand elle l'aurait cent fois mérité. Oui, c'est une véritable misère; heureusement ma femme, mon beau-père, ni personne autre de la famille ne me reparla plus de cela. J'étais bien assez à plaindre; et d'ailleurs, quand on ne peut changer les choses, il vaut mieux les oublier.

C'était la première visite de ma mère, ce fut aussi la dernière; grâce à Dieu, je n'aurai plus besoin de revenir sur ce chapitre.

Tout cela vous montre où les royalistes croyaient en être, mais ils devaient avoir aussi leur surprise désagréable; notre tour de rire allait revenir.

De toutes les mesures des Cinq-Cents et des Anciens depuis les nouvelles élections, Chauvel n'approuvait que leur blâme contre le Directoire, pour avoir fait la paix et la guerre sans s'inquiéter de la représentation nationale; et quand Bonaparte, furieux de ce blâme qui retombait sur lui, écrivit à Paris : « Qu'après avoir conclu cinq paix et donné le dernier coup de massue à la coalition, il se croyait bien le droit de s'attendre, sinon à des triomphes civiques, au moins à vivre tranquille; que sa réputation appartenait à la patrie; qu'il ne pouvait supporter cette espèce d'opprobre dont cherchaient à le couvrir des agents soldés par l'Angleterre; qu'il les avertissait que le temps où de lâches avocats et de misérables bavards faisaient guillotiner des soldats était passé, et que l'armée d'Italie pouvait être bientôt à la barrière de Clichy, avec son général; « en lisant cela dans *la Sentinelle*, le père Chauvel mit un trait rouge autour de l'article, et l'envoya chez plus de vingt patriotes, en écrivant au dessous :

« Eh bien! qu'en pensez-vous ? »

Tout les vieux amis vinrent à la maison, et l'on délibéra dans notre petite bibliothèque sur cette question :

« Lequel vaudrait le mieux d'aller à Cayenne, si les Cinq-Cents, commandés par leur président Pichegru, rétablissaient le roi, les nobles et les évêques; ou d'être sauvés de ce malheur par Bonaparte et ses quatre-vingt mille soldats, qui ne plaisantent pas sur l'article de la discipline ?

C'était difficile à décider.

Chauvel dit alors que, d'après son idée, il ne restait qu'un seul moyen de sauver la république; que si les bourgeois des deux conseils, éclairés par cette lettre, revenaient à la justice, s'ils se déclaraient contre les royalistes et faisaient appel au peuple pour rétablir la liberté; que dans ce cas le peuple, ayant des chefs, marcherait; que le Directoire serait forcé de rendre des comptes et les généraux de baisser le ton. Mais que si les bourgeois continuaient à vouloir confisquer la révolution, le peuple n'ayant plus que le choix entre Louis XVIII et un général victorieux, le général avait mille chances contre une de rester le maître et d'avoir le peuple de son côté.

Tous ceux qui se trouvaient là tombèrent d'accord que le Directoire ne valait pas grand'chose; qu'il était pillard, voleur, affamé de millions, sans pudeur et sans bon sens, sans courage pour résister à ses propres généraux; mais qu'il valait encore mille fois mieux que les deux conseils, empoisonnés de royalisme; et que, dans cette situation, s'il arrivait un mouvement, les patriotes devraient se déclarer pour le Directoire.

Les portes de la ville étaient fermées depuis longtemps, lorsque notre petite assemblée se sépara; je n'en fus pas fâché, car tout le temps de la délibération j'avais eu peur d'entendre frapper au volet, et l'officier de police Maingole, avec sa brigade, crier dans la nuit:

« Au nom de la loi, ouvrez ! »

Il ne se passa rien de pareil heureusement, et l'on se sépara sans bruit, vers une heure du matin. C'était en juillet 1797. Quelques jours après, on lut un beau matin dans les gazettes que Hoche, général en chef de l'armée de Sambre-et-Meuse, s'avançait sur Paris avec vingt-sept mille hommes; qu'il avait passé par Mézières dans la nuit du 9 au 10, et qu'il avait traversé le département de la Marne à marches forcées, malgré les observations du général Férino. Les gazettes étaient pleines des grands cris que cela faisait jeter aux royalistes des deux conseils, d'explications qu'ils demandaient au Directoire, de menaces contre les armées et les généraux qui s'approchaient trop de la capitale.

Les Cinq-Cents décrétèrent, sur le rapport de Pichegru, que la distance de six myriamètres prescrite par l'article 69 de la constitution serait mesurée à vol d'oiseau; que dans la décade qui suivrait la publication de cette loi, le Directoire exécutif ferait établir sur chaque

Forçant les défilés du val d'Enfer. (Page 46.)

route, à la distance déterminée, une colonne portant cette inscription : « Limite constitutionnelle pour les troupes ; » que sur chacune de ces colonnes serait gravé l'article 69 de la constitution, plus les articles 612, 620, 621, 622 et 639 du Code pénal du 3 brumaire an IV ; que tout commandant en chef de la force armée, toute autorité civile ou militaire, tout *pouvoir constitué quelconque* ayant donné l'ordre à une troupe de franchir ces limites, serait déclaré coupable d'attentat contre la liberté publique, poursuivi et puni conformément à l'article 621 du code des délits et des peines.

Il paraît que ces cris et cette loi effrayèrent le Directoire un instant Hoche reçut l'ordre de s'éloigner. Il obéit. Mais on avait vu que cinq ou six marches forcées pouvaient mettre le gouvernement sous la main d'un général. Le civisme de Hoche et la faiblesse des directeurs, qui n'avaient pas osé faire leur coup, retardèrent seuls le bouleversement.

En ce temps l'armée d'Italie, à l'occasion des fêtes du 14 juillet, lança de terribles menaces contre les royalistes. La division d'Augereau se distingua. Augereau, le vainqueur de Castiglione, un enfant du faubourg Antoine, se déclara hardiment pour le Directoire contre les conseils, et le Directoire nomma tout de suite Augereau commandant de la 17e division militaire, où se trouvait compris Paris. Il arriva sur la fin de Juillet. On ne parlait plus que d'Augereau, de ses magnifiques habits, brodés d'or jusque sur les bottes, et des aigrettes en

Quand je me représente ce vieillard courageux... (Page 51.)

diamant de son chapeau. Quelle belle campagne nous avions faite là-bas!

Pichegru, chef de la garde des Cinq-Cents, était alors un pauvre homme auprès d'Augereau, que plusieurs mettaient au-dessus de Bonaparte.

Je ne pense pas que Pichegru se soit fié beaucoup aux colonnes militaires qu'on venait de décréter; il aurait bien mieux aimé avoir un commandement, que de se reposer sur les articles 621 et 639.

Carnot, membre du Directoire, et qu'on avait toujours vu du côté de la loi, s'obstinait à soutenir les conseils avec Barthélemy, contre les trois autres directeurs. Combien de fois les patriotes réunis chez nous, le soir, ont-ils plaint cet honnête homme d'être au milieu de la race des filous, et forcé de prendre parti pour des gens qu'il méprisait, contre d'autres plus méprisables encore! Il aurait dû donner sa démission.

Les choses traînèrent ainsi pendant les mois de juillet et d'août. Les récoltes de cette année 1797 n'avaient pas été mauvaises; les vendanges en Alsace approchaient, on pensait que le vin serait de bonne qualité: le calme semblait se rétablir. Je me souviens avoir lu dans ce temps un discours de Bernadotte, envoyé par Bonaparte à Paris, pour offrir au conseil des Cinq-Cents les derniers drapeaux enlevés en Italie; il s'écriait:

« Dépositaires suprêmes des lois, certains du respect et de l'obéissance constitutionnels à la patrie, continuez d'exciter l'admiration de l'Europe ; comprimez les factions et les factieux ; terminez le grand ouvrage de la paix ; l'humanité la réclame, elle désire qu'il ne soit plus versé de sang. »

Et ce gascon, qui venait de remettre au Directoire des papiers prouvant que les royalistes conspiraient sa perte, continuait de la sorte, disant que nos armées n'avaient pas de plus grand désir que de se dévouer pour les conseils.

Mais, cinq ou six jours après, voilà des files de courriers qui passent à Phalsbourg en criant: « Vive la république ! » et qui jettent des poignées de proclamations sur leur route. Chacun en ramassait et courait à la maison pour les lire. Elof arrive chez nous, criant comme un fou :

« Ils sont à terre !... la république triomphe ! Vive la république une et indivisible ! »

Il tenait une proclamation et se mit à la lire de sa grande voix, dans notre boutique; nous, penchés autour, nous écoutions étonnés. Ce n'était plus l'enthousiasme de l'an I ni de l'an II; on avait vu tant de choses, que rien ne pouvait plus vous toucher ; seulement c'était une surprise ; et Marguerite elle-même, l'enfant endormi sur l'épaule, me regardait en souriant. Chauvel prisait d'un air d'attention et semblait dire :

« C'est bon ! je sais déjà comment l'affaire a dû se passer, les soldats ont eu le dessus. »

Voici cette proclamation, que j'ai retrouvée hier dans mes vieux papiers. Je ne veux pas la copier tout entière; tant de proclamations finissent par ennuyer, c'est toujours un peu la même chose :

« *Le Directoire exécutif aux citoyens de Paris.*

« Ce 18 fructidor an V de la République une et indivisible.—Deux heures du matin.

« Citoyens,

« Le royalisme, par un nouvel attentat, vient de menacer la constitution. Après avoir depuis un an ébranlé toutes les bases de la république, il s'est cru assez fort pour en consommer la ruine. Un grand nombre d'émigrés, d'égorgeurs de Lyon, de brigands de la Vendée, attirés ici par le tendre intérêt qu'on ne craignait pas de leur prodiguer publiquement, ont attaqué les postes qui environnaient le Directoire exécutif ; mais la vigilance du gouvernement et des chefs de la force armée a rendu nuls leurs criminels efforts. Le Directoire exécutif va placer sous les yeux de la nation les renseignements authentiques qu'il a recueillis sur les manœuvres du royalisme. Vous frémirez, citoyens, des complots tramés contre la sûreté de chacun de vous, contre vos propriétés, contre vos droits les plus chers, contre vos possessions les plus sacrées, et vous pourrez mesurer l'étendue des calamités dont le maintien de votre constitution actuelle peut seul vous préserver désormais. »

Cette proclamation et toutes les pièces de la conspiration royaliste furent affichées par Christophe Steinbrenner et les officiers municipaux, à la porte du club, à celle de la mairie, aux deux portes de la ville, et puis elles furent envoyées dans tous les villages.

Ce 18 fructidor, les royalistes tombèrent pour bien des années. Nous apprîmes le lendemain qu'ils n'avaient pas bougé, mais qu'on les avait attaqués eux-mêmes, sachant qu'ils faisaient leurs préparatifs ; que le général Augereau, à la tête de douze mille hommes, avait entouré les Tuileries dans la nuit du 17 ; que, sur les trois heures du matin, un coup de canon avait donné le signal de l'attaque ; que la garde des conseils, d'environ mille hommes, n'avait fait aucune résistance ; que la commission des inspecteurs ayant convoqué les conseils pour cette même nuit, un grand nombre de députés avaient été pris avec le colonel de la garde et conduits à la prison du Temple; qu'un détachement de troupe, chargé d'arrêter Carnot et Barthélemy au Luxembourg, n'avait trouvé que Barthélemy, et qu'on pensait que Carnot s'était échappé ; que, le matin venu, les membres des deux conseils arrivant en procession aux Tuileries, on avait mis la main sur les conspirateurs ; et que tous les autres représentants, rassemblés à l'École de médecine et à l'Odéon, avaient jugé eux-mêmes leurs confrères et les avaient condamnés, au nombre de cinquante-trois, à la déportation, ainsi que les rédacteurs, propriétaires et compositeurs d'une quantité de journaux réactionnaires, qui tous pêle-mêle étaient maintenant en route pour Cayenne, sur les bâtiments de l'État.

Parmi les déportés se trouvaient Boissy-d'Anglas, Pichegru, Barbé-Marbois, Aubry et plusieurs autres déjà connus par les papiers saisis chez Lemaître, ce qui réjouit tous les patriotes.

Je fus bien content de savoir que le citoyen Carnot s'était échappé. Quant aux autres, si j'avais eu pitié d'eux, les papiers affichés de tous côtés m'auraient bientôt consolé. Dans le temps même où Bernadotte faisait son beau discours aux conseils, le finaud savait très-bien qu'un grand nombre de députés royalistes trahissaient la nation, puisqu'il était arrivé tout exprès d'Italie pour remettre au Directoire la preuve de leur conspiration. Bonaparte en occupant Venise, avait fait arrêter d'abord le consul d'Angleterre, et le nommé d'Entraigues, un des plus dangereux agents de Louis XVIII; et chez ce d'Entraigues, on avait saisi des papiers, écrits en entier de sa main, racontant la manière dont Pichegru s'était laissé gagner par un comte de Montgaillard, autre agent royaliste, adroit et rusé comme tous les hommes de cette espèce. Il disait que le prince de Condé, connaissant les relations que Montgaillard conservait en France, l'avait fait venir de Bâle, en Suisse, à Mulheim, au mois d'août 1795, pour lui proposer de sonder Pichegru, dont le quartier général se trouvait alors à Altkirch. C'était une commission d'autant plus difficile, que le général avait quatre représentants du peuple autour de lui, chargés de l'observer et de le ramener à la justice, en cas de besoin.

Malgré cela, Montgaillard, ayant mis cinq à six cents louis dans sa poche, n'avait pas désespéré de l'entreprise. Il s'était associé le nommé Fauche-Borel, imprimeur à Neufchâtel, homme fanatique des Bourbons, plein de zèle et d'enthousiasme, et M. Courant, Neufchâtelois autrefois au service du grand Frédéric, et capable de tout faire moyennant finance. Montgaillard leur avait fourni des instructions particulières, des passe-ports, des prétextes de voyage en France, comme étrangers, négociants, acquéreurs de biens nationaux, etc., et puis, s'en retournant à Bâle, il les avait envoyés à la grâce de Dieu tenter Pichegru, sur lequel il était sans doute déjà bien renseigné.

Tout ce que je peux faire de mieux, c'est de vous copier le reste, car les royalistes n'ont jamais réclamé contre cette pièce, et puis il est bon de voir comme les traîtres se jugent eux-mêmes :

« Le 13 août 1795, dit de Montgaillard, Fauche et Courant partirent pour se rendre au quartier général d'Altkirch ; ils y restèrent huit jours, voyant le général environné de représentants et de généraux, sans pouvoir lui parler. Pourtant Pichegru les remarqua, surtout Fauche ; et, le voyant assidu sur tous les lieux où il passait, il devina que cet homme avait quelque chose à lui dire, et dit tout haut devant lui, en passant : « Je vais me rendre à Huningue. » Aussitôt Fauche part et s'y rend; Pichegru y était arrivé avec les quatre représentants. Fauche trouva le moyen de se présenter sur son passage, au fond d'un corridor. Pichegru le remarque, le fixe, et quoiqu'il plût à torrents, il dit tout haut : « Je vais dîner chez «₎Madame Salomon. » Le château est à trois lieues de Huningue, et cette Madame Salomon est la maîtresse de Pichegru. Fauche part aussitôt, se rend dans le village, monte au château après dîner, et demande le général Pichegru. Celui-ci le reçoit dans un corridor, en prenant du café ; Fauche alors lui dit que, possesseur d'un manuscrit de Jean-Jacques Rousseau, il veut le lui dédier. « Fort bien, dit Pi-
« chegru, mais je veux le lire avant, car ce
« Rousseau a des principes de liberté qui ne
« sont pas les miens, et où je serais très-fâché
« d'attacher mon nom. — Mais, lui dit Fauche,
« j'ai autre chose à vous dire. - Et quoi? Et
« de la part de qui? — De la part de M. le
« prince de Condé. — Taisez-vous, et attendez-
« moi. » Alors il le conduisit seul dans un cabinet reculé, et là, tête à tête, il lui dit : « Ex-
« pliquez-vous. Que me veut Mgr le prince de
« Condé ? » Fauche, embarrassé, et à qui les expressions ne venaient plus en ce moment, balbutie, hésite : « Rassurez-vous, lui dit Piche-
« gru, je pense comme M. le prince de Condé ;
« que veut-il de moi. » Fauche, encouragé, lui dit alors : « M. le prince de Condé désire se con-
« fier à vous ; il compte sur vous ; il veut s'unir
« à vous. — Ce sont là des choses vagues et
« inutiles, dit Pichegru, cela ne veut rien dire.
« Retournez demander des instructions écri-
« tes, et revenez dans trois jours à mon quar-
« tier général d'Altkirch ; vous me trouverez
« seul, à six heures précises du soir. » Aussitôt Fauche part, arrive à Bâle, court chez moi et, transporté d'aise, me rend compte de tout. Je passai la nuit à rédiger une lettre au général Pichegru. M. le prince de Condé, muni de tous les pouvoirs de Louis XVIII, excepté celui d'accorder des cordons bleus, m'avait, par écrit de sa main, revêtu de tous ses pouvoirs, à l'effet d'entamer une négociation avec le général Pichegru. Ce fut en conséquence que j'écrivis au général. Je lui dis d'abord tout ce qui pouvait réveiller en lui le sentiment du véritable orgueil, qui est l'instinct des grandes âmes, et après lui avoir fait voir tout le bien qu'il pouvait faire, je lui parlai de la reconnaissance du roi, pour le bien qu'il ferait à sa patrie, en y rétablissant la royauté. Je lui dis que Sa Majesté voulait le créer maréchal de France, gouverneur d'Alsace, nul ne pouvant mieux la gouverner que celui qui l'avait si vaillamment défendue; qu'on lui accorderait le cordon rouge, le château de Chambord, avec son parc, et douze pièces de canon enlevées aux Autrichiens, un million d'argent comptant, deux cent mille livres de rente, un hôtel à Paris; la ville d'Arbois, patrie du général, porterait le nom de Pichegru et serait exempte de tout impôt pendant quinze ans ; la pension de deux cent mille livres, reversible par moitié à sa femme, et cinquante mille livres à ses enfants,

à perpépuité jusqu'à extinction de sa race.
« Telles furent les offres faites, au nom du roi, au général Pichegru.

« Pour son armée, je lui offris, au nom du roi, la confirmation de tous ses officiers dans leurs grades, un avancement pour tous ceux qu'il recommanderait, pour tout commandant de place qui livrerait sa place, et une exemption d'impôts pour toute ville qui ouvrirait ses portes. Quant au peuple de tout état, amnistie entière et sans réserve.

« J'ajoutai que M. le prince de Condé désirait qu'il proclamât le roi dans ses camps, lui livrât la ville de Huningue et se réunît à lui pour marcher sur Paris.

« Pichegru, après avoir lu toute cette lettre avec la plus grande attention, dit à Fauche :
« — C'est fort bien ! mais qui est ce M. de
« Montgaillard, qui se dit ainsi autorisé? Je ne
« le connais, ni lui, ni sa signature. Est-ce
« l'auteur? — Oui, lui dit Fauche. — Mais, dit
« Pichegru, je désire, avant toute autre ouver-
« ture de ma part, être assuré que M. le prince
« de Condé, dont je me rappelle très-bien l'é-
« criture, ait approuvé tout ce qui m'a été
« écrit en son nom par M. de Montgaillard. Re-
« tournez tout de suite auprès de M. de Mont-
« gaillard, et qu'il instruise M. le prince de
« Condé de ma réponse. »

« Aussitôt Fauche partit, il laissa M. Courant près de Pichegru, et revint auprès de moi. Arrivé à Bâle à neuf heures du soir, il me rend compte de sa mission. A l'instant je vais à Mulheim, quartier général du prince de Condé, et j'y arrive à minuit et demi; le prince était couché, je le fais éveiller; il me fait asseoir tout à côté de lui, sur son lit, et ce fut alors que commença notre conférence. Il s'agissait seulement, après avoir instruit le prince de Condé de l'état des choses, de l'engager à écrire au général Pichegru, pour lui confirmer la vérité de tout ce qui avait été dit en son nom. Cette négociation, si simple dans son objet, si nécessaire, si peu susceptible d'obstacles, dura néanmoins toute la nuit. M. le prince, aussi brave qu'il est possible de l'être, digne fils du grand Condé par son imperturbable intrépidité, sur tout le reste est le plus petit des hommes. Sans moyens comme sans caractère, environné des hommes les plus médiocres, les plus vils, quelques-uns les plus pervers, les connaissant bien et s'en laissant dominer, etc., etc. »

Montgaillard s'étend pendant trois grandes pages sur la bassesse, la lâcheté et la bêtise des amis du prince, ensuite il continue :

« Il fallut neuf heures de travail, assis sur son lit, à côté de lui, pour lui faire écrire au général Pichegru une lettre de neuf lignes. Tantôt il ne voulait pas qu'elle fût de sa main, puis il ne voulait pas la dater ; puis il refusait d'y mettre ses armes; ensuite il combattit pour éviter d'y placer son cachet. Il se rendit à tout enfin, et lui écrivit qu'il devait ajouter pleine confiance aux lettres que le comte de Montgaillard lui avait écrites en son nom et de sa part. Cela fait, autre difficulté : le prince voulait réclamer sa lettre. Il fallut lui persuader que c'était en ne la réclamant pas, qu'elle lui serait rendue, après avoir produit tout l'effet qu'il en devait attendre ; il se rendit avec peine.

« Enfin, à la pointe du jour, je repartis pour Bâle, d'où je dépêchai Fauche à Altkirch, au général Pichegru. Le général, en ouvrant la lettre de huit lignes du prince, en reconnaissant le caractère et la signature, la lut et aussitôt la remit à Fauche en disant : « J'ai vu la
« signature et cela me suffit. La parole du
« prince est un gage dont tout Français doit
« se contenter. Rapportez-lui sa lettre. » Alors il fut question de ce que voulait le prince. Fauche expliqua qu'il désirait : 1° que Pichegru proclamât le roi dans son armée et arborât le drapeau blanc; 2° qu'il livrât Huningue au prince. — Pichegru s'y refusa. « Je ne fais
« rien d'incomplet, dit-il ; je ne veux pas être
« le troisième tome de Lafayette et de Dumou-
« riez; je connais mes moyens, ils sont aussi
« sûrs que vastes ; ils ont leurs racines non-
« seulement dans mon armée, mais à Paris,
« dans la Convention, dans les départements,
« dans les armées de ceux des généraux, mes
« collègues, qui pensent comme moi. Je ne
« veux rien faire de partiel ; il faut en finir, la
« France ne peut exister en république, il lui
« faut un roi, il faut Louis XVIII. Mais il ne
« faut commencer la contre-révolution que
« lorsqu'on sera sûr de l'opérer sûrement et
« promptement. Voilà quelle est ma devise.
« Le plan du prince ne mène à rien, il serait
« chassé de Huningue en quatre jours, et je
« me perdrais en quinze. Mon armée est composée de braves gens et de coquins. Il faut
« séparer les uns des autres, et aider tellement
« les premiers par une grande démarche, qu'ils
« n'aient plus la possibilité de reculer et ne
« voient plus leur salut que dans le succès.
« Pour y parvenir, j'offre de passer le Rhin,
« où l'on me désignera, le jour et l'heure fixés,
« et avec la quantité de soldats de toutes les
« armes que l'on voudra. Avant, je placerai
« dans les places fortes des officiers sûrs et
« pensant comme moi. J'éloignerai les coquins
« et les placerai dans des lieux où ils ne puis-
« sent nuire, et où leur position sera telle
« qu'ils ne pourront se réunir. Cela fait, dès

« que je serai de l'autre côté du Rhin, je pro-
« clame le roi, j'arbore le drapeau blanc; le
« corps de Condé et l'armée de l'Empereur s'u-
« nissent à nous; je repasse le Rhin et rentre
« en France. Les places fortes sont livrées, et
« gardées au nom du roi par les troupes impé-
« riales. Réuni à l'armée de Condé, je marche
« sur-le-champ en avant; tous nos moyens se
« déploient alors; nous marchons sur Paris, et
« nous y serons en quinze jours. Mais il faut
« que vous sachiez que, pour le soldat fran-
« çais, la royauté est au fond du gosier. Il faut,
« en criant « Vive le roi ! » lui donner du vin
« et un écu dans la main. Il faut que rien ne
« lui manque en ce premier moment. Il faut
« solder mon armée jusqu'à sa quatrième ou
« sa cinquième marche sur le territoire fran-
« çais. Allez, rapportez tout cela au prince,
« écrit de ma main, et donnez-moi ses ré-
« ponses. »

Je m'arrête, en voilà bien assez sur ce traître.
On voit que mon pauvre vieux camarade Sôme
s'était trouvé par malheur avec notre batterie,
dans le nombre de ceux que Pichegru appelait
des coquins et qu'il voulait mettre dans une
position à ne pouvoir se réunir. Dix mille
avaient péri!... Quelle mine Sôme devait faire,
et comme il devait grincer des dents en lisant
l'explication de cette scélératesse! Je me le représentais l'affiche à la main, et je me sentais
froid; il s'était bien douté de la trahison, le
pauvre diable, en recevant son biscaïen dans
la hanche, et voyant tous les amis tomber par
tas, sans retraite possible; oui, mais il en était
sûr maintenant.

Dans notre pays où tant de milliers d'hommes étaient venus mourir, on frémissait de
rage, et l'on trouvait que la déportation ne suffisait pas pour des brigands pareils; car ces
pièces venues d'Italie n'étaient pas les seules
qu'on affichait. D'autres touchant la conspiration de Duverne, Brottier et Lavilleurnois, imprimées par ordre du Directoire; les déclara-
tions de Duverne et les lettres trouvées dans
un fourgon du général autrichien Klinglin, au
dernier passage du Rhin, imprimées et répandues par milliers, nous apprirent que la conspiration royaliste s'étendait dans toute la
France, et que les principaux conspirateurs
étaient au Corps législatif.

Barras, Rewbell et Larevellière furent alors
considérés comme les sauveurs de la république. Les déportations, le rétablissement des
lois contre les prêtres et les émigrés, l'exclu-
sion de leurs parents de toutes les fonctions
publiques, la suspension de la liberté de la
presse et de l'organisation de la garde nationale, toutes ces mesures paraissaient malheureusement justes et nécessaires; même la destitution de Moreau, qui n'avait envoyé les papiers de Klinglin au Directoire que le 22 fructidor. On le soupçonna d'avoir attendu jusqu'après la bataille pour se déclarer du côté
des vainqueurs; Hoche reçut son commandement; il fut général en chef des deux armées
du Rhin; personne n'eut l'idée de réclamer.

Les royalistes, qui depuis le 9 thermidor
avaient fait déporter tant de montagnards et
de patriotes, ont jeté plus tard de grands cris
et poussé des gémissements sans fin sur les
souffrances de leurs gens à Sinnamarie, sur la
famine, la grande chaleur et les maladies
qu'ils avaient supportées à Cayenne. Sans
doute c'est terrible, mais il ne faut pas se croire
plus délicats ni meilleurs que les autres, et se
rappeler que l'Être suprême a créé les grandes
mouches qui sucent le sang, aussi bien pour
les royalistes que pour les républicains. S'ils
avaient aboli la déportation lorsqu'ils étaient
les maîtres, on n'aurait pu les envoyer là-bas;
on se serait contenté de les enfermer ou de les
exiler. Cela revient toujours à dire : « Ne fais
pas aux autres ce que tu ne veux pas qu'on te
fasse. »

Enfin, pour en revenir au 18 fructidor, les
deux directeurs Carnot et Barthélemy furent
remplacés par Merlin (de Douai) et François de
Neuchâteau. Les jacobins croyaient avoir le
dessus, mais la bataille recommença bientôt
entre eux et les constitutionnels dans les clubs.
Ces constitutionnels, qui se disaient républicains, ne voulaient que la constitution de
l'an III; c'étaient des égoïstes que le Directoire
soutenait forcément, puisque sans la constitution de l'an III il n'aurait pas existé lui-même.

Les vrais républicains prirent alors le Directoire en grippe, malgré tout ce qu'il faisait
pour exterminer les royalistes; malgré les
commissions militaires, qui fusillaient les émigrés en retard, et les déportations des insermentés, qui marchaient toujours. Le bruit
courait qu'il voulait dissoudre les deux conseils jusqu'à la paix générale et rester maître
en attendant. On n'osait rien dire, parce que le
Directoire avait le bras long; Chauvel lui-
même se montrait prudent; il lisait tout et se
tenait tranquille. Je pensais qu'il devenait
raisonnable, cela me faisait plaisir; mais j'étais
bien loin de mon compte, car Chauvel avait en
horreur le Directoire plus que tout autre gouvernement, à cause du pouvoir qu'il s'était fait
donner de nommer et renouveler les juges, les
maires, les magistrats de toute sorte des cinquante-trois départements dont une partie des
députés avaient été déportés; de supprimer les
journaux, de dissoudre les clubs, d'ajourner

l'organisation de la garde nationale et de proclamer l'état de siège. Un soir il me le dit en s'écriant :

« Qu'est-ce que nous sommes avec un gouvernement de ce genre? Qu'est-ce qui reste à la nation? Quand les cinq directeurs seraient tous des Danton; quand ils auraient tout le bon sens, tout le courage et le patriotisme qui leur manquent, avec un pouvoir pareil je les regarderais comme des fléaux. Ce sont de véritables despotes!... C'est leur bêtise et leur lâcheté qui nous sauvent. Mais qu'un général les mette à la porte et prenne tranquillement leur place, sans presque rien changer à leur pouvoir, et nous voilà tous esclaves. Dans ce moment même il faut déjà nous taire, parce qu'au moindre signe de ces citoyens nous serions empoignés, jugés, embarqués et confisqués pour toujours. Où sont nos garanties? Je n'en vois pas; ils ont le pouvoir exécutif, et les deux conseils n'ont que la permission de faire des vœux, comme sous Louis XVI les assemblées provinciales. »

Ce qui surtout indignait Chauvel, c'était la lâcheté de ce Directoire vis-à-vis du général Bonaparte, dont il n'osait pas accepter la démission et qu'il aimait mieux voir en Italie, faire, défaire, agrandir, séparer, réunir un tas de petites républiques, que de l'appeler à Paris pour rendre ses comptes. Depuis les préliminaires de Léoben, toutes les gazettes étaient pleines de Bonaparte : « Proclamation de Bonaparte, général en chef de l'armée d'Italie, aux citoyens de la 8ᵉ division militaire. » — « Bonaparte, au quartier général de Passeriano. » — « Admission auprès du Saint-Siège de Joseph Bonaparte, ministre de la république française. » — « Détails de la réception par le pape de l'ambassadeur français Joseph Bonaparte. » — « Le général Bonaparte a procédé à l'organisation du territoire de la république cisalpine. » — « Le général Bonaparte a fait ci, le général Bonaparte a fait ça! »

On aurait dit que les Bonaparte étaient toute la France. La mort de Hoche ; la nomination d'Augereau à sa place ; la rupture des négociations avec l'Angleterre, qui voulait bien la paix, mais en gardant nos colonies ; les embarras du Directoire, les disputes des conseils, tout passait en seconde ligne : Bonaparte remplissait les gazettes!... Celui-là pouvait se vanter de connaître l'effet des petites affiches ! Avec sa seule campagne d'Italie, il faisait plus de bruit que nos autres généraux ensemble, avec leurs campagnes du Nord et du Midi, d'Allemagne, de Champagne, de Vendée, de Hollande, depuis le commencement de la révolution. On ne parlait plus que de la paix qu'allait faire le général Bonaparte, du marquis de Gallo, chevalier de l'ordre de Saint-Janvier, de Louis de Cobentzel, comte du Saint-Empire romain, du sieur Ignace, baron de Dégelmann, et d'autres plénipotentiaires chargés de traiter avec le général Bonaparte.

Naturellement, après tant de batailles, tant de souffrances et de misères, tout le monde désirait la paix; paysans, ouvriers, bourgeois, tous souhaitaient de vivre tranquillement avec leurs femmes et leurs enfants, de travailler, de semer, de récolter, d'acheter et de vendre, sans avoir à craindre le retour des Autrichiens, des Vendéens, des Anglais, des Espagnols : c'est vrai! Mais en lisant ce qu'on a raconté depuis, on croirait que Bonaparte en était cause, qu'il avait mis l'amour de la paix dans le cœur des gens; cela n'a pas le sens commun. Bonaparte n'aurait jamais existé, que la nation n'aurait pas moins désiré la paix; elle ne l'aurait pas moins obtenue, car nous avions ravagé, massacré, brûlé les autres, beaucoup plus qu'ils ne nous avaient brûlés, massacrés et ravagés. Tout le monde en avait assez; et si les peuples avaient pu faire la paix sans s'inquiéter des rois, des princes et des directeurs, la paix se serait faite d'elle-même.

Enfin ce fameux traité entre la république et l'Empereur, roi de Hongrie et de Bohême, arriva. Pour conserver la rive gauche du Rhin, que nous avions gagnée avant Bonaparte et que nous occupions, le général Bonaparte donnait à Sa Majesté l'Empereur d'Autriche, roi de Bohême et de Hongrie, en toute propriété et souveraineté, l'Istrie, la Dalmatie, le Frioul, les îles ci-devant vénitiennes de l'Adriatique, la ville de Venise, les lagunes, enfin toute cette république de Venise, qui n'était pas à nous. Les Autrichiens, séparés de la Belgique par cent lieues de pays, devaient être contents; ce n'était pas la peine de tant glorifier ce traité, l'Autriche aurait accepté le marché même avant la guerre d'Italie et toutes ses batailles perdues.

Voilà ce qu'on trouve admirable !

Le roi de Bohême et de Hongrie nous cédait aussi les îles Ioniennes, que nous avions.

Il faut que les peuples soient plus bornés que le dernier des paysans, car on ne regarde pas comme de grands malins ceux qui se ruinent en procès avant de s'entendre. Les avocats s'enrichissent avec les imbéciles, et les généraux avec les peuples stupides. Ce fameux traité de Campo-Formio est pourtant le fondement de la gloire de Bonaparte.

Ce que je vous dis, tous les hommes de bon sens le pensaient et se le disaient entre eux ; mais le peuple, la masse qui ne sait rien et ne comprend rien, était dans l'enthousiasme; elle donnait toute la gloire de cette paix à Bonaparte; elle ne se rappelait plus combien de fois nous avions battu les Allemands depuis quatre ans; Bonaparte avait tout fait!... comme lorsqu'on charge une balance à la halle, et que le dernier sac, sur vingt autres finit par entraîner le plateau, tout le reste ne compte plus; les êtres sans raison se figurent que ce dernier sac emporte tout. Voilà le peuple!... voilà l'ignorance!

Maintenant vous allez voir le reste, car ce n'est jamais fini, le reste arrive toujours.

Alors on voyait dans les gazettes des articles comme ceux-ci: « Milan, le 26 brumaire. — Le général Bonaparte a quitté Milan hier matin, pour aller présider la légation française au congrès de Rastadt. » — Mantoue, 6 novembre. — Le passage du général Bonaparte dans cette ville a été marqué par des circonstances qui méritent d'être connues. Il fut logé au palais des anciens ducs. Les administrateurs et les municipaux en grand costume allèrent le complimenter. » Ou bien encore: « Le voyage du général Bonaparte à travers la Suisse a été un grand événement dans ce pays, où depuis longtemps on est une grande inquiétude sur des menaces d'invasion. Bonaparte, par les dispositions amicales qu'il a montrées aux députés de Berne, paraît avoir rassuré nos populations. On a confiance dans sa franchise et sa générosité. » — « Bonaparte a passé à Genève le 21 et a dîné chez le résident de France. Depuis plusieurs jours, on l'attendait sur toutes les routes; enfin ses courriers nous ont annoncé son arrivée. » — « La voiture du général Bonaparte s'est cassée ce matin près d'Avenche; il est descendu, et nous l'avons vu arriver à pied, avec quelques officiers et une escorte de dragons. Il s'est arrêté près de l'ossuaire. Un bon bourgeois de Morat, de cinq pieds sept à huit pouces, observait avec étonnement le général. « Voilà une bien pe-
« tite stature pour un si grand homme! s'é-
« cria-t-il. » — « C'est justement la taille d'Alexandre, » dis-je, ce qui fit sourire l'aide de camp. — Les mêmes honneurs ont été rendus à Bonaparte dans toute la Suisse; Lausanne était illuminée à son arrivée. » — « Bonaparte a dîné le 2 frimaire dans le petit bourg de Rolle. Les canons des remparts ont annoncé son entrée à Bâle. Aussitôt la forteresse de Huningue et les redoutes environnantes ont répété les mêmes signaux, etc., etc. »

A Paris, aux Cinq-Cents, c'était encore autre chose; là, l'enthousiasme faisait ouvrir la bouche des admirateurs de Bonaparte jusqu'aux oreilles: « Enfin, nous l'avons donc conquise cette paix que nous voulions honorable et sûre; elle va rouvrir les sources et les canaux de la prospérité publique; elle va rendre à l'arbre de la liberté des sucs nourriciers qui le chargeront des fruits les plus doux; elle va fermer les plaies que les longs désastres de la guerre répandent sur le corps politique; enfin nous pourrons soulager l'indigent, protéger les arts et l'industrie, donner au commerce un plus libre essor; enfin les créanciers de l'État, sur l'infortune desquels nous avons souvent répandu des larmes, ne seront plus les premiers orphelins de la patrie. »

Qu'est-ce que je peux dire encore? On se précipitait sous les pieds de ce soldat; en vous marchant sur le dos, il aurait eu l'air de vous faire beaucoup d'honneur. La bassesse des gens est quelque chose d'incroyable; et si des héros comme Bonaparte finissent par considérer les hommes comme des animaux de boucherie, il ne faut pas s'en étonner; eux-mêmes en sont cause: ceux qui ne se respectent pas, ne méritent que le mépris.

Il paraît que tous ces honneurs, que Chauvel appelait des platitudes, finirent par lasser Bonaparte lui-même; car au moment où toute l'Alsace lui dressait des arcs de triomphe, depuis Huningue jusqu'à Saverne, et que dans nos environs ceux de Mittelbronn, de Saint-Jean-des-Choux, des Quatre-Vents, des Baraques d'en haut et d'en bas arrivaient avec des branches de sapin, seule verdure qu'il fût possible de trouver en ces temps de neige, les gazettes nous apprirent que le général Bonaparte, après avoir vu son grand oncle maternel, M. Jarche, l'embrasser dans la grande salle où les états de Bâle lui donnaient un repas magnifique, était reparti tout de suite au bruit des canons qui tonnaient sur les remparts; qu'il avait pris sa route sur la rive droite, et devait être présentement à Rastadt, ville murée du grand-duché de Bade, où se tenait le congrès pour la pacification générale. L'arc de triomphe était déjà dressé sur la place de Phalsbourg; les gens s'en allaient désolés, à travers la pluie et la boue.

Maître Jean, mon père, Létumier, trempés comme des canards, vinrent se sécher dans notre bibliothèque. Ils n'osaient pas se plaindre. Maître Jean disait qu'après le congrès, Bonaparte passerait sans doute par la ville, qu'on le verrait alors et que les poutres peintes de l'arc de triomphe pourraient encore servir.

Marguerite était allée chercher une bouteille de vin, des verres, des pommes et une corbeille de noix qu'elle posa sur la table. Et pendant qu'on se réchauffait, en croquant des

Augereau, le vainqueur de Castiglione. (Page 56.)

noix, d'autres patriotes, Élof Collin, Raphaël Manque, Denis Thévenot, arrivèrent; ils se désolaient tous, surtout Élof, qui devait prononcer un magnifique discours au citoyen Bonaparte. Chauvel, la tête penchée, derrière le fourneau, les écoutait, et tout à coup il se mit à rire haut d'une façon qui nous étonna.

— Vous riez, Chauvel? lui dit maître Jean.
— Oui, fit-il, je ris en me représentant le citoyen Bonaparte dans sa voiture d'ambassadeur, rembourrée de soie et de velours, qui file au triple galop sur Rastadt, et se dit en prenant une bonne prise : « Ça marche !... Jacobins, royalistes, constitutionnels, tout ce tas d'imbéciles, que deux ou trois finauds conduisent par le nez, sont dans le sac. Voilà trois ans, à Oneille, Orméa et Saorgio, quand je faisais le pied de grue matin et soir à la porte du représentant Augustin-Bon-Joseph Robespierre, et que je cultivais les droits de l'homme, qui jamais aurait pu me prédire cette aventure? Avant vendémiaire, Bonaparte, il te fallait encore plier l'échine à la porte du citoyen Barras, pour obtenir audience. Le directeur te recevait bien ou mal, selon qu'il avait bien ou mal dîné. Les domestiques, en te voyant revenir à la charge, souriaient derrière toi; ils se faisaient signe du coin de l'œil : « C'est lui... « c'est encore lui ! » et tu te disais : « Courage, « Bonaparte, courage, il le faut, plie le dos « devant le roi des pourris; humilie ta fierté, « Corse, c'est le chemin de la fortune ! » Et te voilà sur la route de Rastadt, les courriers en avant, les victoires derrière, tes bulletins en

Nous marchons sur Paris... (Page 61.)

éclaireurs. Jacobins, constitutionnels et royalistes chantent tes louanges; c'est de toi qu'ils attendent, les uns leur liberté, les autres leur roi, les autres leur constitution. »

Chauvel se mit alors à rire plus fort; et comme Élof Collin criait que Bonaparte était un vrai jacobin, que toutes ses proclamations prouvaient qu'il était jacobin, qu'on ne devait pas accuser les gens sans preuves, Chauvel, dont les yeux lançaient des éclairs, lui répondit :

« La preuve, c'est l'insolence de cet homme après son humilité; depuis ses victoires d'Italie, dont chaque escarmouche était chantée comme une bataille, il n'a pas cessé de parler haut, d'offrir sa démission quand on lui faisait la moindre observation, de défendre la parole à ses adversaires et de les menacer jusqu'à Paris; de s'attribuer tous les succès du dedans et du dehors et d'abuser d'une façon honteuse de la lâcheté des directeurs, de leurs vices et de leur bassesse. Ce qu'on n'avait jamais vu nulle part, il les a gagnés en leur envoyant de l'argent; dans chacune de ses lettres il n'est question que des millions qu'il va prendre ici et là! Est-ce que notre république, avant lui, s'était salie de cette manière? Est-ce que nous n'avons pas coupé le cou à Custine, pour avoir rançonné le Palatinat? Faisions-nous la guerre pour dépouiller les peuples de leur argent, de leurs meubles et de tout ce qu'ils tiennent à garder comme un souvenir de leur ancienne force et de leur liberté? Quelle meilleure preuve peut-on avoir du caractère de ce général, que sa conduite? Quel autre aurait livré des populations entières au pillage, comme il l'a fait à Pavie, à Vérone? N'est-ce pas une tache éternelle pour la France? Et ces soldats qui vont revenir, comment pourront-ils comprendre à l'avenir le respect de la famille, des personnes et des propriétés, eux qui, dès leurs premiers pas, ont entendu leur général s'écrier : « Je « vous conduis dans les plus fertiles plaines du « monde; vous y trouverez honneur, gloire et *richesse!* » Non! ce n'est pas ainsi que notre république s'est d'abord montrée aux peuples; c'était pour leur donner des droits et non pour voler leurs biens. Nous avons fait en Italie une guerre de pillards ; et, je le dis avec chagrin, les pillards de là-bas et leur chef viennent nous appliquer à nous ce qu'ils ont appris en Italie : le mépris du genre humain. La foule qui se précipite sous les pieds de ce héros, lui ôte le reste de respect qu'il pourrait encore avoir pour les peuples. Après les millions d'Italie, il va nous en falloir d'autres. Au lieu de chercher ces millions dans le travail et l'économie, nous allons les demander à la guerre de rapine. Alors Bonaparte sera le maître; il nous aura bien achetés, avec tous les trésors enlevés à l'Europe ; nous serons bien à lui. Qui pourra réclamer ? »

L'indignation de Chauvel éclatait comme des coups de trompette. Les gens dans la boutique écoutaient ; on devait l'entendre jusque dans la rue. Il était déjà dangereux en ce moment d'attaquer Bonaparte ; notre lâche Directoire, qui lui cédait toujours, n'avait rien à lui refuser, il aurait fait arrêter le premier venu. Les patriotes qui se trouvaient là s'en allaient l'un après l'autre ; les derniers furent bien contents de voir arriver notre souper.

« Allons, s'écria maître Jean, bon appétit ; il se fait tard, on m'attend aux Baraques. »

Ils partirent, et Chauvel tout sombre dit :

« Asseyons-nous et mangeons. »

Plus une parole de politique ne fut prononcée ce soir-là ; mais ces choses me sont restées; elles montrent que Chauvel avait bien connu Bonaparte, qu'il l'avait deviné depuis longtemps ; et ce qui ne tarda pas d'arriver, prouva clairement à tout le monde qu'il ne s'était pas trompé.

I

Quelques jours après on sut que Bonaparte avait quitté le congrès de Rastadt, où les plénipotentiaires ne pouvaient s'entendre sur rien, et qu'il était à Paris. On voyait à la tête de tous les journaux :

« République française, 16 frimaire.

« Le général Bonaparte est arrivé à Paris, sur les cinq heures du soir. Il recevra son audience solennelle du Directoire exécutif, décadi prochain, dans la cour du Luxembourg, que l'on décore à cet effet. Il y aura un repas de quatre-vingts couverts, etc. »

Et puis le lendemain :

« Le général est descendu et logé dans la maison de son épouse, rue Chantereine, Chaussée d'Antin. Cette maison est simple, petite et sans luxe. »

Et puis :

« Les administrateurs du département de la Seine ayant annoncé l'intention d'aller voir le général Bonaparte, il s'est rendu lui-même au département, accompagné du général Berthier. L'ex-conventionnel Mathieu l'a salué ; le général a répondu avec modestie et dignité.

« Le tribunal de cassation a député plusieurs de ses membres auprès de Bonaparte ; ils ont été accueillis avec égards.

« Le juge de paix de l'arrondissement est allé présenter ses compliments au général Bonaparte ; le général lui a rendu sa visite.

« Bonaparte sort rarement, et dans une simple voiture à deux chevaux. »

Ainsi de suite.

Un jour, on voyait que Bonaparte avait dîné chez François de Neufchâteau ; qu'il avait étonné tout le monde en parlant de mathématiques avec Lagrange et Laplace, de métaphysique avec Sieyès, de poésie avec Chénier, de politique avec Galois, de législation et de droit public avec Daunou ; que c'était merveilleux, qu'il en savait plus qu'eux tous ensemble.

Le lendemain, Bonaparte avait rendu sa visite au tribunal de cassation. Il était arrivé à onze heures, avec un seul aide de camp. Tous les juges réunis, en costume, l'avaient reçu dans la chambre du conseil. Il en savait aussi plus qu'eux tous sur les lois.

Après cela venait la grande réception du Luxembourg. Les coups de canon ouvraient la fête. Le cortège des commissaires de police, des tribunaux de paix, des douze administrations municipales, de l'administration centrale du département et de cinquante autres administrations, se mettait en route pour aller le prendre et l'escorter : commissaires de la trésorerie, commissaires de la comptabilité, tribunaux civils, tribunaux criminels, institut national des sciences et des arts, états-majors, qu'est-ce que je sais encore ? La musique exécutait les airs de la république.

Et puis la peinture du cortège en marche, de sa route, de son arrivée, de l'autel en de mi-cercle sur un vaste amphithéâtre, des drapeaux et des trophées, des cris d'enthousiasme; le discours du ministre des relations extérieures Talleyrand-Périgord, le ci-devant évêque d'Autun, membre de la Constituante, qui, dans le temps, avait dit la messe au Champ de Mars et sacré les évêques assermentés, malgré le pape; enfin un vrai farceur! Ensuite le discours de Barras, qui parlait de Caton, de Socrate et d'autres anciens patriotes qui lui servaient de modèles; la réponse de Bonaparte, les chants guerriers, etc., etc.

Pauvres diables de Mayençais! pauvres généraux des armées du Nord, de Sambre-et-Meuse, de Rhin-et-Moselle, des Pyrénées, de la Vendée, de partout, quelle quantité de combats, de batailles vous aviez livrés en 92, 93, 94, 95, dans des occasions terriblement plus graves, plus dangereuses que celles d'Italie! C'était vous pourtant, oui, c'était nous tous qui pouvions nous glorifier d'avoir vingt fois sauvé la patrie, et de l'avoir sauvée au milieu des plus grandes souffrances, sans habits, sans souliers, presque sans pain... Et pas un seul d'entre nous, pas un seul de nos chefs, si braves, si fermes, si honnêtes, n'avait reçu la millième partie des honneurs de Bonaparte. Le pays n'avait plus d'enthousiasme et de génuflexions que pour cet homme. Ah! ce n'est pas tout de remplir son devoir, la grande affaire c'est de crier et de faire crier par cent gazettes: « J'ai fait ci! J'ai dit ça! Je suis un tel! J'ai du génie! J'envoie des drapeaux, des millions, des tableaux. » Et de dresser la liste de ce qu'on envoie, des canons, des trophées; de répéter à ses soldats: « Vous êtes les premiers soldats du monde! » Ce qui fait penser aux gens : « Et lui le premier général! » Ah! la comédie, la grosse caisse, le fifre, les galons, les plumets, quelle belle chose pour entortiller les Français!

Chauvel avait bien raison de dire en lisant tout cela:

« Pauvre, pauvre peuple! Le plus courageux et le plus dévoué de tous à la justice, eh bien, quand on joue la comédie devant lui, la tête lui tourne; il n'a plus de bon sens, il ne voit plus où l'on veut le mener. Robespierre avec son air sombre et ses grands mots de vertu, et celui-ci avec sa gloire, sont les deux plus grands comédiens que j'aie rencontrés. Dieu veuille que la comédie ne nous coûte pas trop cher! » Chauvel comptait sur Kléber, sur Augereau, sur Bernadotte et Jourdan pour sauver la république. La mort de Hoche le désolait, souvent il répétait ces belles paroles du pacificateur de la Vendée à ses troupes:

« Amis, vous ne devez pas encore vous dessaisir de ces armes terribles, avec lesquelles vous avez tant de fois fixé la victoire. De perfides ennemis, sans songer à vous, méditent de rendre la France à l'esclavage dont vous l'avez affranchie pour toujours. Le fanatisme, l'intrigue, la corruption, le désordre dans les finances, l'avilissement des institutions républicaines et des hommes qui ont rendu de grands services, voilà les armes qu'ils emploient pour arriver à une dissolution sociale, qu'ils disent être l'effet des circonstances. Nous leur opposerons la loyauté, le courage, le désintéressement, l'amour des vertus dont ils ne connaissent que le nom, et ils seront vaincus! »

Oui, mais à cette heure, Hoche dormait à côté de son ami Marceau, dans un petit fort, près de Coblentz, et le désintéressement, l'amour de la vertu, la loyauté ne réveillent pas les morts.

Enfin ceux d'Italie eurent tous les honneurs et les profits de notre révolution. Cette paix, que la nation estimait si haut, venait de nos campagnes du Rhin, bien plus que de celles d'Italie, et le peuple en donnait toute la gloire à Bonaparte. Il a payé cher son injustice!

C'est au milieu de ces histoires de fêtes, de dîners et de glorification d'un seul homme, que se passa l'hiver. Augereau, bien ennuyé de voir qu'on le mettait dans l'ombre, cria tant qu'on lui retira le commandement de l'armée d'Allemagne, pour l'envoyer commander à Perpignan. Berthier reçut le commandement de l'armée d'Italie, et Bonaparte se fit nommer membre de l'Institut à la place de Carnot, son ancien ami, celui qui deux ans avant avait approuvé ses plans de campagne, lorsqu'il n'était rien et qu'il frappait à la porte de tous ceux qui pouvaient l'aider à devenir quelque chose.

On parlait alors d'une grande expédition en Angleterre, que Bonaparte devait commander en chef. Mais pour faire cette expédition, pour équiper les vaisseaux, réunir les munitions, il fallait beaucoup d'argent; le bruit courait que ceux de Berne, en Suisse, avaient un gros trésor; on les appelait « Les messieurs de Berne. » Ces messieurs ne nous avaient pas fait de mal, seulement les citoyens du canton de Vaud se plaignaient d'être sous leur domination, de cultiver leurs terres et de leur payer des impôts.

Ces citoyens du canton de Vaud pouvaient avoir raison, mais leurs affaires ne nous regardaient pas, et sans le gros trésor des messieurs de Berne, je crois aussi que le Directoire ne s'en serait jamais mêlé. Malheureusement il fallait de l'argent pour l'expédition d'Angleterre, le trésor de ces messieurs donnait dans l'œil de Barras, de Rewbell et des autres directeurs; les millions d'Italie leur avaient ouvert l'appétit : c'était grave.

Dans ce mois de janvier, la 75e demi-brigade, sous les ordres du général Rampon, traversa le lac de Genève pour s'établir à Lausanne; le général Ménard la suivit avec toute une division, et les gazettes nous apprirent aussitôt que ses proclamations produisaient un bon effet :

« Braves soldats, la liberté, dont vous êtes les apôtres, vous appelle dans le pays de Vaud. La république française veut que le peuple Vaudois, qui a secoué le joug de ses oppresseurs, soit libre, etc. »

Toute la Suisse fut en l'air. Les messieurs de Berne, de Fribourg, de Soleure, qui se doutaient bien qu'on en voulait à leurs écus, au lieu de renoncer à de vieux priviléges sur d'autres cantons, firent marcher des troupes contre nous. Ceux de Bâle, de Lucerne, de Zurich eurent plus de bon sens; ils accordèrent à leurs sujets tous les droits qu'ils demandaient. Mais cela ne faisait pas le compte du Directoire; on voulait soi-disant à Paris, une république comme la nôtre, une et indivisible, sans cantons séparés. Le général Brune, connu par ses actions d'éclat en Italie, remplaça Ménard au commandement, et se mit à marcher. Alors tous les cantons, excepté celui de Bâle, se réunirent pour arrêter notre invasion. Les commissaires du Directoire, les *réquisitionneurs*, les fournisseurs, passaient à la file chez nous, avec des troupes en masse. Cela donnait au pays un mouvement extraordinaire, le commerce n'avait jamais si bien été. Les Suisses se défendaient comme de véritables enragés, surtout les insurgés des petits cantons, tous fameux tireurs et connaissant leur pays à fond. Mais on entrait chez eux de deux côtés à la fois, par Bâle et Genève, et tous les jours le trésor était en plus grand danger.

Je ne peux pas vous raconter les mille nouvelles de rencontres, d'escarmouches, de surprises dans les défilés, qui nous venaient jour par jour de là-bas. Le général Nicolas Jordy, notre ancien commandant à Mayence, fit plusieurs beaux coups de filet; il enleva des canons, des drapeaux, des masses de prisonniers.

Malgré l'injustice abominable de cette guerre, j'apprenais toujours avec plaisir que nos anciens se distinguaient.

Finalement Soleure et puis Berne capitulèrent, le Directoire eut ce qu'il voulait : des convois sans fin roulaient sur la route de Paris. On amena même les ours de Berne, et c'est depuis ce temps que l'on parle de l'ours Martin du jardin des Plantes; toute sa famille d'ours passa chez nous dans cinq caisses, avec des quantités de voitures chargées d'autres caisses, qui ne contenaient pas des ours, je pense. On disait que c'était le citoyen Rapinat, beau-frère de notre directeur Rewbell, qui les expédiait.

Ces choses se passaient en février et mars 1798.

Nous avions appris quelque temps avant l'assassinat du général Duphot à Rome, aux environs du palais de notre ambassadeur, Joseph Bonaparte. Le pape avait aussi de l'argent! Berthier marcha sur Rome; on comprit que l'expédition d'Angleterre n'allait plus manquer de rien, que la flotte serait magnifique, et que les troupes auraient de tout en abondance.

Mais ce que je ne veux pas oublier, c'est la grande joie que j'eus en ce temps de revoir ma sœur Lisbeth et son petit Cassius. Marescot était alors capitaine dans la 51e demi-brigade, où l'ancienne 13e légère avait été fondue le 11 prairial an IV. Il se trouvait encore en Italie, quand un bataillon de la 51e ayant été détaché à l'armée de Batavie, Lisbeth profita de l'occasion pour venir nous montrer ses lauriers.

Un matin que je garnissais ma devanture de brosses, de faux, de gros rouleaux de molleton et de flanelle, car alors, outre les articles de mercerie et d'épicerie, nous commencions à tenir aussi les étoffes, pendant que j'étais à cet ouvrage, regardant par hasard du côté de la place, je vis une grande dame, toute chamarrée de breloques et couverte de falbalas, qui descendait la rue du Cœur-Rouge, un petit garçon habillé en hussard à la main. Bien des gens regardaient aux fenêtres, et je me demandais qui pouvait être cette grande dame, avec ses boucles d'oreilles en anneaux et ses chaînes d'or; il me semblait que je l'avais déjà vue. Elle arrivait ainsi, se balançant et faisant des grâces; et tout à coup, au coin de la halle, elle se mit à courir, allongeant ses grandes jambes et criant :

« Michel, c'est moi! »

Alors me rappelant Mayence, la retraite d'Entrames et le reste, je fus tout secoué. Lisbeth était déjà dans mes bras, et je ne pouvais rien dire, à force d'étonnement; jamais l'idée ne me serait venue que j'aimais autant Lisbeth et son petit Cassius.

Marguerite venait de sortir et puis le père Chauvel. Lisbeth disait à Cassius :

« Embrasse-le, c'est ton oncle!... Ah! Michel, te rappelles-tu le jour du bombardement? Il n'était pas si gros, n'est-ce pas? Et à la retraite de Laval! »

Elle embrassa Marguerite, et puis en riant le père Chauvel, qui paraissait de bonne humeur.

Le petit, tout crépu, comme son père, me regardait avec de bons yeux, son petit bras sur mon épaule. Nous traversâmes la boutique, riant et criant comme des bienheureux. Une fois dans la bibliothèque, Lisbeth, que son grand châle et son chapeau gênaient, les jeta sur une chaise, et se mit à rire en disant :

« Toutes ces fanfreluches-là, voyez-vous, je m'en moque! J'en ai cinq grandes caisses à l'auberge de Bâle; des bagues, des chaînes, des boucles d'oreilles! j'ai tout apporté, pour faire enrager les dames d'ici. Mais pour mon compte je m'en moque pas mal; un bon mouchoir autour de la tête, une bonne jupe chaude, c'est tout ce qu'il me faut en hiver. Ah! par exemple, il me faut mon petit verre d'eau-de-vie. »

Et, voyant arriver Étienne, qui travaillait derrière, au magasin, elle se remit à crier et à s'attendrir. Enfin c'était une bonne créature, je le vis bien alors, et je fus content de reconnaître qu'elle ne ressemblait pas à Nicolas.

Étienne pleurait de joie. Il voulait courir tout de suite chercher le père et prévenir la mère; mais Lisbeth dit qu'après le dîner, elle irait elle-même aux Baraques. Elle voulut voir et embrasser mes enfants, et disait en parlant de Jean-Pierre :

« Celui-ci, c'est le citoyen Chauvel, je l'aurais reconnu entre mille; et celle-ci c'est, je crois, la tante Lisbeth, car elle est forte, grande et blonde. Ah! les cœurs d'ange! »

Ces propos nous réjouissaient. Et puis on revint dans la bibliothèque; et comme le bruit de cette visite courait déjà la ville, et que beaucoup d'amis et connaissances venaient nous voir, chaque fois qu'un patriote entrait, jeune ou vieux, Lisbeth se mettait à le tutoyer :

« Hé! c'est Collin; ça va-t-il, Collin? — Tiens, le père Raphaël! »

Naturellement cela les étonnait; mais en la voyant si magnifique, chacun pensait qu'elle avait en quelque sorte le droit d'être sans gêne.

Le dîner, où l'on vida quelques bouteilles de bon vin, se passa gaiement. Lisbeth nous racontait ses bonnes prises à Pavie, à Plaisance, à Milan, à Vérone, à Venise. Elle éclatait de rire en peignant la mine de ceux qu'on pillait; et comme Chauvel disait :

« Diable!... diable!... citoyenne Lisbeth, vous faisiez une guerre de bandits.

— Bah! bah! laissez donc, criait-elle, un tas d'aristocrates et de calotins! Est-ce qu'on doit ménager ces gens-là? Ils nous en voulaient tous à mort, les gueux! A chaque instant ils se soulevaient sur nos derrières... Ah! mauvaise race!... Nous en avons fusillé des moines, des capucins... Aussitôt pris, aussitôt passés par les armes... Bonaparte ne connaît que ça. Pas de réflexions inutiles : « On te pince avec les « insurgés, ton affaire est claire, un piquet de « huit hommes, un pan de mur au milieu des « champs, et bonsoir! » Ça leur coupait drôlement le nerf de la guerre, citoyen Chauvel!

— Oui, oui, tout allait rondement.

— Je crois bien, disait Lisbeth en riant; et puis, voyez-vous? (elle faisait le signe d'empoigner et de fourrer dans ses poches), j'avais des poches qui me traînaient jusque sur les talons. Quelquefois Marescot avait l'air de se fâcher; il me criait : « Mauvaise pillarde, je te « fais fusiller à la tête de la compagnie, pour « l'exemple! » Mais tout le monde riait; il finissait par rire aussi. Tiens, est-ce que nous n'aurions pas été bien bêtes d'attendre les fourgons des commissaires, des généraux, des colonels? Est-ce que nous ne risquions pas notre peau comme eux?

— Sans doute, disait Chauvel; mais le trésor public...

— Le trésor public?... Ah! quelle farce!... Le trésor public c'est la poche des *réquisitionneurs*. Et d'ailleurs les drapeaux, les chefs-d'œuvre, les millions en tas partaient pour le Directoire; c'était la part du général en chef. Vous avez vu les listes?

— Oui, nous les avons vues.

— Eh bien, est-ce que les guerres de Mayence, de Belgique, de Hollande, ont rapporté le quart autant? »

Lisbeth, après le dîner et le petit verre, ramassa toutes ses fanfreluches et partit avec Étienne et Cassius pour les Baraques. Nous les regardions s'en aller de notre porte, et le père Chauvel disait :

« Ah! la grande voleuse!... Mon pauvre Michel, tu peux te vanter d'avoir une drôle de famille! »

Il souriait tout de même, car Lisbeth racontait ses rapines si naturellement, qu'on voyait tout de suite que ça lui paraissait aussi juste que d'avaler un verre d'eau-de-vie; elle s'en faisait honneur et gloire! Et, chose extraordinaire, toutes les dames de la ville, qui savaient pourtant bien que c'était la fille du père Bastien des Baraques, et qui se rappelaient aussi qu'elle avait couru les grands chemins, presque sans chemise et les pieds nus, toutes étaient dans l'admiration de ses robes, de ses chapeaux, de ses bagues et de son air distingué. Durant les huit jours qu'elle resta chez nous, elle changeait matin et soir, mettant tantôt des robes en soie, tantôt en velours, avec de nouveaux ornements à l'italienne. Quelques-unes de ces robes étaient aussi raides que du carton, à force de broderies; elle les avait bien sûr happées dans quelque chapelle de sainte, ou dans de vieux châteaux, où l'on conservait des habits de noce du temps des anciens papes. Que peut-on savoir!

Plusieurs dames, les plus considérées de Phalsbourg, en la voyant passer, s'écriaient tout bas :

« Oh ! regardez ! regardez !... Oh ! la malheureuse ! est-elle bien !... »

Elles n'avaient pas honte d'envoyer leurs domestiques à l'auberge de Bâle, emprunter à Madame Marescot tel falbalas ou telle coiffure, pour avoir la dernière coupe de la grande mode. Lisbeth recevait des invitations de M. le maire, de Madame la commandante de place, enfin on lui faisait en quelque sorte chez nous, la même réception que les Parisiens à Bonaparte.

Combien peu de gens se respectent assez, pour ne pas plier le dos devant ceux qui réussissent ! J'en rougissais. Mais ce qui nous faisait plaisir, c'est qu'à la maison Lisbeth s'en moquait, et nous racontait tous ces salamalecs en levant les épaules.

« C'est la même histoire partout, disait-elle. Quand j'ai mes savates, mon mouchoir rouge autour de la tête et mon jupon, le matin, on dit : « Voici l'ancienne cantinière de la 13ᵉ légère ! » et quand j'ai mes breloques, je suis Madame la capitaine ; je pourrais passer pour une ci-devant. Ça ne m'empêche pas d'avoir autant de bon sens le matin que le soir. Ah ! que les gens sont bêtes ! ils veulent toujours qu'on leur jette de la poudre aux yeux. »

Le père dînait tous les jours chez nous avec Lisbeth, le petit Cassius sur ses genoux. Jamais le pauvre homme n'avait été dans un ravissement pareil ; à chaque instant il répétait, les larmes aux yeux :

« Le Seigneur a béni mes enfants. Dans ma grande misère, je n'aurais jamais cru que ces changements étaient possibles. »

Il regardait sa fille d'un air d'admiration ; tout ce qu'elle disait lui paraissait juste, et souvent il s'écriait :

« Si la grand'mère Anne et le grand-père Mathurin vous voyaient, ils vous prendraient pour les seigneurs de Dagsbourg.

— Oui, père Bastien, lui répondait Chauvel en lui tendant une prise et souriant de bonne humeur, tout cela nous le devons à la révolution ; elle a passé le niveau partout, elle a détruit toutes les barrières. Seulement il est à désirer que les corvéables de la veille ne deviennent pas les maîtres du lendemain. Que ceux d'en bas tâchent de se défendre, ça les regarde ; nous avons fait notre devoir. »

La mère, elle, ne voulait plus mettre les pieds dans notre maison ; elle allait voir Lisbeth à la Ville-de-Bâle, et contempler ses trésors, levant les mains et criant :

« La bénédiction du Seigneur repose sur vous ! Tiens, donne-moi ci, donne-moi ça. »

Mais Lisbeth, sachant qu'elle voulait en faire cadeau à la vierge noire de Saint-Witt, ne lui donnait que de vieilles friperies, et nous disait le soir :

« Si je l'écoutais, tout le butin de la campagne retomberait entre les mains des fanatiques. »

Finalement elle partit. C'était le temps où Berthier venait d'entrer à Rome. Marescot s'y trouvait ; il avait écrit ; Lisbeth se repentait d'avoir quitté la brigade ; elle voulait retourner bien vite là-bas, soi-disant pour faire bénir Cassius par le pape. Elle avait promis des reliques à toutes les dames de Phalsbourg, à notre mère, à dame Catherine, des morceaux de la vraie croix, ou des os de saints et de saintes, car la mode de ces objets revenait.

La veille de son départ, m'ayant conduit avec Marguerite à son auberge, elle me força d'accepter une grosse montre à répétition, que j'ai encore et qui marche toujours bien. C'était un morceau magnifique, une petite couronne gravée derrière, et qui sonnait lentement, comme une cathédrale. Je n'en ai jamais eu d'autre. Comme je ne voulais pas la recevoir, Lisbeth me dit :

« C'est Marescot qui te l'envoie en souvenir de la retraite d'Entrames, où tu nous as sauvé la vie. » Elle m'embrassait avec attendrissement, et me mettait le petit Cassius dans les mains en s'écriant :

« C'est pour lui que tu dois l'accepter, Michel. Marescot m'a dit : « Celle-là, c'est pour ton
« frère ; je l'ai gagnée à la pointe de l'épée ;
« elle ne vient pas d'une misérable poignée
« d'or qu'on porte chez l'horloger du coin ; elle
« vient du champ de bataille ; on l'a payée
« avec le sang. Répète-lui ça, Lisbeth, et qu'il
« embrasse le petit. »

Alors je pris la montre et je la mis dans ma poche. Ces paroles me flattaient ; que voulez-vous, on n'a pas été soldat pour rien.

Elle força Marguerite de choisir, parmi toutes ses bagues, celle qui lui plairait le plus ; Marguerite me regardait ; je lui fis signe d'accepter, pour ne pas chagriner ma sœur. Elle en choisit donc une toute petite, avec une seule petite perle, qui brillait comme une larme, mais elle ne l'a jamais portée après le départ de Lisbeth, ne sachant si c'était la bague d'une jeune fille ou d'une femme tuée pendant le pillage. Je m'en doutais et ne lui dis jamais rien sur cela.

Lisbeth me remit aussi cent francs pour le père, en me recommandant de n'en rien donner à la mère, parce qu'elle le porterait tout de suite au réfractaire de Henridorf.

Le dernier jour, à cinq heures, étant réunis à la bibliothèque, avec maître Jean, Létumier et d'autres amis, toutes les caisses étant chargées, Baptiste vint nous prévenir que le courrier était prêt. Les embrassades, les promesses de se revoir, les bonnes espérances et les bons souhaits suivirent ma sœur et Cassius jusqu'à la voiture, qui les prit devant notre porte, au milieu d'une foule de curieux. Quelques dames avec leurs maris se trouvaient dans le nombre. On se salua, on se fit les derniers compliments, et Lisbeth et Cassius nous crièrent :

« Adieu, Michel! Adieu, Marguerite! Adieu, tous! »

Le père tenait encore la main de sa fille ; elle se pencha pour l'embrasser et lui tendit l'enfant, et puis le courrier se mit à rouler vers la place d'Armes. Bien des années devaient se passer avant de se revoir, et pour plusieurs c'était fini.

XII

Nous arrivions alors au mois d'avril, et de jour en jour on s'attendait à lire dans les journaux, que notre expédition d'Angleterre était en route. Rien ne nous manquait plus, le seul pillage de Berne avait rapporté plus de vingt-cinq millions au Directoire, soit en lingots d'or et d'argent, soit en canons, munitions et réquisitions de toute sorte.

Le docteur Schwân, de Strasbourg, ancien président du club des Frères et Amis, et grand camarade de Chauvel, passa dans ce temps à Phalsbourg, et vint nous voir; il déjeuna chez nous. C'était un savant homme, informé de tout ce qui se faisait en France et en Allemagne, non-seulement pour ce qui regardait la politique, mais encore pour la médecine et les nouvelles découvertes en tous genres. Il nous donna le détail des forces de l'expédition, et nous en fûmes bien étonnés; nos meilleures troupes des armées du Rhin et d'Italie devaient en être, avec les plus vieux marins des côtes de Bretagne et du Midi ; en outre, nos meilleurs généraux : Kléber, Desaix, Reynier, Lannes, Murat, Davoust, Junot, Andréossy, Caffarelli du Falga, Berthier, enfin tout ce que nous avions de plus ferme, de plus éprouvé, de plus capable dans l'infanterie, la cavalerie, l'artillerie et le génie. Schwân allait à Paris, parce que l'un de ses anciens camarades, Berthollet, l'avait fait prévenir que s'il voulait être de l'expédition, il le présenterait à Bonaparte; que déjà Monge, Geoffroy Saint-Hilaire, Denon, Larrey, Desgenettes, étaient engagés, avec une foule d'autres :

« A quoi bon tant de savants ? lui demandait Chauvel. Est-ce que les Anglais en manquent? Est-ce que nous allons dans un pays de sauvages?

— Ma foi! je n'en sais rien, répondit Schwân, c'est inconcevable. Il faut autre chose dans tout cela, que nous ne connaissons pas.

— Mais, s'écria Chauvel, si toutes nos meilleures troupes, nos meilleurs généraux et les premiers savants du pays partent, qu'est-ce qui nous restera donc en cas de malheur? Le congrès de Rastadt dure trop longtemps, ça n'annonce rien de bon. On devrait aussi penser qu'un coup de vent comme celui de 96 peut disperser notre flotte ; que les Anglais peuvent l'attaquer en nombre supérieur et la détruire; que, pendant cette expédition, les Allemands, nous voyant sans généraux, sans vieilles troupes, sans argent, peuvent nous envahir. Ce serait d'autant plus naturel, que notre invasion en Suisse et à Rome indigne toute l'Europe; qu'on nous traite de voleurs, et que le peuple de Vienne, comme nous l'avons vu hier au *Moniteur*, est en pleine révolte contre nous ; qu'il a cassé les vitres du palais de l'ambassade française à coups de pierres, et fait tomber notre drapeau. Et c'est dans un moment pareil qu'on nous dégarnit de tout! Il ne s'agit pas ici de royalisme, de républicanisme seulement; il s'agit de patrie, il s'agit de notre indépendance. Ce Directoire n'est donc pas français! Tout autre gouvernement, quand ce serait celui de Calonne, ne nous exposerait pas à ce danger. Et pour qui, pour quoi? Pour donner un beau commandement à Bonaparte. Ces gens sont donc fous?

— Non, dit Schwân, mais la place de directeur est bonne à prendre, et, si Bonaparte reste, il n'y aura bientôt plus de place que pour lui. »

Chauvel ne dit plus rien, il savait cela depuis longtemps; et Schwân ayant suivi sa route, pour tâcher de s'embarquer aussi, nous attendîmes le départ de l'expédition avec une sorte d'inquiétude.

La masse des troupes se réunissait à Toulon, le mouvement à l'intérieur et le long des côtes était immense; on dégarnissait Gênes, Civita-Vecchia; nous n'étions pas sûrs, si la 51e n'allait pas être aussi de l'entreprise.

Les gazettes criaient qu'il faudrait livrer bataille, que les Anglais gardaient le détroit de Gibraltar. Brune venait de recevoir le commandement de l'armée d'Italie; de notre côté, rien ne bougeait, tous les yeux regardaient là-bas;

Robespierre, avec ses grands mots de vertu... (Page 67.)

et tout à coup, le 26 ou le 27 mai 1798, on apprit que la flotte avait levé l'ancre et qu'elle était en route pour l'Égypte. Les proclamations arrivèrent :

« Allons, dit Chauvel, le citoyen Bonaparte aime mieux combattre quelques poignées de sauvages en Égypte, que les Anglais. Je vois, mon pauvre Michel, que la vraie campagne sera par ici, sur le Rhin, comme en 1792 et 93. Qu'avons-nous à faire en Égypte? Il est vrai que cinq ou six brigands fameux, Cambyse, Alexandre, César et Mahomet, se sont donné rendez-vous dans ce pays; c'est en quelque sorte leur patrie, comme la patrie des tigres c'est le Bengale; ils tournent tous les yeux de ce côté, et ne sont bien que là. Mais notre intérêt à nous, l'intérêt de notre république en Égypte, je ne le vois pas. Nous avons déjà bien assez de mal à nous soutenir en Europe contre toutes les monarchies, sans nous mettre encore le Grand-Turc sur les bras. »

Et, prenant une des cartes que nous vendions, il restait penché dessus durant des heures. D'autres patriotes venaient le voir et causaient avec lui de l'expédition. Déjà le bruit se répandait que nous allions attaquer les Anglais aux Indes; c'était la pensée de Raphaël Manque et du vieux Toubac, l'ancien maître d'école de Diemeringen. Les journaux disaient aussi que nous allions aux Indes, le pays d'où l'on tire le poivre et la cannelle. Chauvel, les lèvres serrées, ne riait pas en écoutant ces affreuses bêtises, seulement il criait d'un air de désolation :

Que les gens sont bêtes! (Page 70.)

« Que les peuples sont bornés, mon Dieu ! Quel affreux malheur ! »

Un jour Toubac, un gros bouquin allemand sous le bras, vint nous raconter que le pays du poivre et de la cannelle était aussi celui des diamants et des mines d'or, qu'il avait découvert ça dans son livre. Il nous montrait du doigt le passage et s'écriait :

« Comprenez-vous maintenant, citoyen Chauvel, comprenez-vous pourquoi Bonaparte veut aller aux Indes ?

— Oui, lui dit Chauvel indigné, je comprends que vous, et malheureusement beaucoup d'autres, vous êtes des ânes qu'on mène par la bride, en attendant l'occasion de leur mettre un bât sur le dos. Savez-vous la distance de l'Égypte aux Indes ? Elle est de plusieurs centaines de lieues, à travers des fleuves, des montagnes, des déserts, des marais et des peuplades plus sauvages que nos loups. Rien que pour aller de l'Égypte à la Mecque, ce qui ne fait pas la moitié du chemin, les Arabes, sur leurs chameaux, passent des semaines et des mois ; il en périt de faim, de soif et de chaleur un tel nombre, que leurs ossements marquent leur route à travers les déserts. Et vous croyez que Bonaparte ne sait pas cela, qu'il n'a pas regardé la carte et qu'il veut aller aux Indes chercher de la poudre d'or et des diamants ? Non, Toubac, il sait ces choses mieux que nous, mais il prend la masse du peuple pour une espèce d'engrais nécessaire à faire pousser les généraux, et je commence à croire qu'il n'a pas tort. Depuis que la constitution de l'an III sépare les intérêts du peuple de ceux des bourgeois, le peuple n'a plus de tête et les bourgeois n'ont plus de cœur ni de bras. C'est entre eux que pousse le pouvoir militaire, qui fera périr les uns et les autres. Si Bonaparte voulait attaquer les Anglais, il n'avait pas besoin d'aller si loin, il n'avait qu'à passer le détroit; les Anglais l'attendaient sur leurs côtes, à quinze ou vingt lieues de chez nous, aussi bien que dans les Indes; sans compter qu'il pouvait leur faire terriblement plus de mal chez eux qu'à l'autre bout du monde.

— Mais, s'écria Toubac, alors qu'est-ce qu'il va donc faire en Égypte?

— Il va faire parler de Bonaparte!... Il va tranquillement, avec nos meilleures troupes et nos meilleurs généraux, attaquer des gens qui n'ont ni fusils, ni munitions, ni organisation. Il les écrasera, cela va sans dire; il enverra des bulletins magnifiques, on parlera de lui : c'est tout ce qu'il veut, en attendant mieux. Pendant ce temps, nous autres, nous aurons des armées de cent et deux cent mille hommes de bonnes troupes sur les bras; nous appellerons le ban et l'arrière-ban de la jeunesse, pour sauver la patrie. Si nous obtenons le dessus, les envieux crieront, pour rabaisser Jourdan, Bernadotte ou Moreau : « Victoire en Égypte, victoire! Vive Bonaparte l'invincible! »

« Si nous éprouvons quelque échec, comme c'est probable, n'ayant plus guère de vieilles troupes, Bonaparte, sur sa flotte, viendra sauver la république, et les flagorneurs crieront : « Victoire! victoire! Vive Bonaparte l'invin« cible ! » Les envieux se tairont, sous des lâches! et Bonaparte vainqueur leur fermera la bouche tout de suite, car il sera le maître. Il aura chez nous le poivre, la cannelle, les diamants, les mines d'or, et ne s'inquiétera plus des Indes, je vous en réponds! »

Toubac ouvrait de grands yeux et bégayait : « Ah! je comprends! »

Et qu'on ne se figure pas que Chauvel seul avait la clairvoyance de ces choses; des milliers d'autres voyaient aussi clair que lui; tous les vieux jacobins disaient :

« Bonaparte est un ambitieux... il ne pense qu'à lui... nous sommes volés! »

Mais de voir ce qui se passe, et de se mettre en travers du courant, cela fait une grande différence; on a des intérêts, on veut se marier, on est père de famille; on se rappelle les bassesses et les trahisons de tous les partis, et l'on s'écrie :

« Bah! qu'est-ce que cela me fait? S'il est le plus fort, le plus rusé; si le peuple, le Directoire, les conseils, les généraux se mettent à plat ventre devant lui, à quoi me sert de rester debout? On m'écrasera, et pour qui? Pour des égoïstes, des lâches, qui diront : « c'était « un fou » et qui profiteront sans honte de mes dépouilles. Moi mort, mes enfants traîneront la misère; il faut se soumettre. Ceux qui se sacrifient pour la justice et les droits de l'homme sont des bêtes; on ne leur en a point de reconnaissance. »

Plusieurs ajoutent :

« Mettons-nous avec les flagorneurs, nous aurons des places, des honneurs, des pensions, et nos descendants vivront grassement aux dépens de ceux qui sont trop fiers pour se traîner sur les genoux. »

Mais continuons, car tout cela n'est pas gai, quand on y pense.

Après le départ de Bonaparte, durant quelques jours il ne fut question que des affaires du pays, de l'occupation du haut Valais par nos troupes, de la nomination de Bernadotte comme ambassadeur en Batavie; mais tout le monde pensait à la flotte, aux dangers de la mer, à la poursuite des Anglais, qui ne pouvaient manquer de nous livrer bataille. Aucune nouvelle n'arrivait. Ce grand silence, en songeant à tant de mille hommes et de bons citoyens hasardés dans une pareille entreprise, vous serrait le cœur. On parlait des recherches de nos commissaires à Zurich, pour découvrir de nouveaux trésors; de la sortie des ports de Crimée d'une flotte russe de douze vaisseaux et de quatorze frégates, pour attaquer la nôtre en route; du blocus par les Anglais de la rade de Flessingue; de l'arrestation du citoyen Flick, rédacteur de la *Gazette du Haut-Rhin*, par ordre de Schawembourg, général en chef de notre armée en Suisse, et d'autres choses pareilles, sans grande importance après tous les mouvements, toutes les agitations qui nous tourmentaient depuis si longtemps.

Et de la flotte rien, toujours rien!

Rapinat seul faisait alors autant de bruit et tenait autant de place dans les gazettes que Bonaparte; il n'avait jamais assez d'argent, et les Suisses criaient comme une poule en train de pondre; mais l'idée de la flotte dont personne n'apprenait rien, vous rendait inquiet. Enfin, le 8 juillet, six semaines après le départ de Toulon, on apprit que notre expédition s'était rendue maîtresse de Malte, et que cela ne nous avait coûté que trois hommes; que le ministre russe avec quatre-vingts commandants de Malte, avait reçu l'ordre d'évacuer l'île sous trois jours, ce qui nous fit penser que nous pourrions bien avoir bientôt les Russes sur le dos, avec les Autrichiens et les Anglais.

Les conférences de Rastadt continuaient toujours. On nous avait cédé la rive gauche du Rhin et livré Mayence en échange de Venise, mais nos plénipotentiaires demandaient encore Kehl et Cassel sur la rive droite; ils demandaient aussi la démolition d'Erenbreitstein, que nos troupes continuaient de bloquer pendant les conférences.

Les Allemands, de leur côté, ne voulaient pas consentir à l'abolition des biens nobles et des biens ecclésiastiques sur la rive gauche, que l'Autriche nous avait déjà cédée; nous aurions eu deux espèces de lois dans la république, celles d'avant et celles d'après 89, chose contraire au bon sens. En outre, il fallait régler les droits de péage et de douanes, l'établissement de nouveaux ponts entre les deux Brisach, et tout cela traînait tellement en longueur, qu'on n'en voyait pas la fin.

Comme ces affaires se réglaient à quelques lieues de chez nous, et que l'abolition des anciens droits de péage, la libre navigation du fleuve, le partage des eaux et des îles devaient profiter à notre commerce, toute l'Alsace et la Lorraine y prenaient part; Bonaparte n'avait pas voulu s'en occuper; c'étaient de trop petites affaires pour un si grand génie : sa vue s'étendait alors aux Indes!... Metternich, un des plus grands finauds de l'Allemagne, tenait tête à nos plénipotentiaires.

Le congrès se prolongea toute cette année; à chaque instant le bruit courait que les conférences étaient rompues. Cette fameuse paix de Campo-Formio, la gloire du général Bonaparte, ne valait pas la belle armée, la belle flotte et la masse de généraux qu'il avait emmenés.

Qu'est-ce qu'une paix, sans forces pour la soutenir? Aussi le Directoire n'avait pas l'air de s'y fier beaucoup; le rétablissement de l'impôt sur le sel, la création de contributions sur les portes et fenêtres, l'autorisation qu'il venait d'obtenir des conseils, de vendre encore pour cent vingt-cinq millions de biens nationaux, le décret que les conseils avaient rendu sur le rapport de Jourdan, qu'on recruterait à l'avenir nos armées par la conscription forcée des citoyens de vingt à vingt-cinq ans, tout montrait qu'il fallait des hommes et de l'argent bien vite. Ce n'est pas en se conduisant avec bassesse qu'on peut compter sur l'enthousiasme de la nation; le Directoire le savait bien; le temps des volontaires et des sacrifices patriotiques était passé. Quand le peuple n'est rien dans la constitution, il faut le conduire se battre, la corde au cou; la patrie, c'est alors l'homme qui remporte des victoires et vous fait des pensions.

De jour en jour, et de semaine en semaine, trente mille familles attendaient des nouvelles d'Égypte. On commençait à croire que tout était englouti, quand, le 19 septembre 1798, quatre mois après le départ de l'expédition, on lut dans le *Moniteur* « que le général Bonaparte, après avoir débarqué le 23 messidor à Alexandrie, avait fait un traité d'amitié avec les chefs arabes, qu'il avait dirigé ses colonnes vers le Caire, où il était entré le 5 thermidor, à la tête de l'armée, et qu'enfin, maître de toute la basse Égypte, il continuait sa marche; que l'escadre de l'amiral Brueys, mouillée sur la côte d'Aboukir, se disposait à retourner en France, lorsqu'une escadre anglaise, supérieure à la nôtre par le nombre et le rang de ses vaisseaux, l'avait attaquée; que de part et d'autre le combat s'était soutenu avec une opiniâtreté sans exemple dans l'histoire; que pendant l'action, le vaisseau amiral avait sauté; que deux ou trois autres avaient coulé; que d'autres tant anglais que français avaient échoué sur la côte, et qu'enfin d'autres vaisseaux français étaient restés totalement désemparés sur le champ de bataille. »

Je n'ai pas besoin de vous peindre la figure des gens en lisant cet article.

« Tout cela, dit Chauvel, signifie que nous n'avons plus de flotte, que notre meilleure armée est à six cents lieues d'ici, dans les sables, au milieu des Arabes et des Turcs, sans aucun moyen de revenir en France, ni de recevoir des secours, et que les Anglais, les Italiens et les Allemands vont tirer profit de l'occasion, pour nous accabler ensemble. Pendant la Constituante, la Législative et la Convention, nous n'avons vu que la première coalition; nous allons voir la seconde: nous allons jouir des bienfaits du citoyen Bonaparte. »

Peu de temps après cette terrible nouvelle, on sut que le fameux Nelson, en revenant d'Aboukir avec sa flotte, avait été reçu par le roi de Naples à bras ouverts; qu'il avait réparé ses vaisseaux dans le port et passé son temps au milieu des fêtes et des triomphes.

Bientôt on apprit que les Russes traversaient la Pologne, et que le roi de Naples attaquait la république Romaine; que le Piémont et la Toscane se mettaient en insurrection. Championnet qui commandait à Rome, partit à la rencontre des Napolitains; il battit et poussa ces misérables troupes jusqu'à Naples; des quantités de mendiants, qu'on appelle des lazaroni, sortirent de la ville à leur secours. Championnet fut obligé de mitrailler cette canaille et de mettre le feu dans ses bicoques. Le père Gourdier, qui se trouvait là, m'a raconté plus tard que ces êtres abrutis dorment en plein soleil sur les marches des églises, et qu'ils se nourrissent d'un peu de macaroni.

Je le crois. C'est à cet état que nos anciens rois, nos seigneurs et nos évêques auraient voulu nous réduire, pour vivre sans crainte. La fierté de l'homme, l'instruction, le courage, tout les gêne; sous de pareils maîtres, le genre humain tomberait tout doucement à l'état de limaces, de chenilles et de lazaroni. Qu'est-ce que cela leur ferait? Ils seraient alors tranquilles; et la profonde misère, l'abaissement de leurs semblables ne les empêcheraient pas de se dire les représentants de Dieu sur la terre.

Enfin ces lazaroni furent balayés solidement, et le roi Ferdinand, qui représentait leur bon Dieu, la reine de Naples, sœur de Marie-Antoinette, qui nous haïssait jusqu'à la mort, toute cette cour se sauva lâchement, emportant ses trésors et laissant les mendiants défendre leur vermine comme ils pourraient.

Alors Championnet créa la république Parthénopéenne; cela faisait la cinquième que nous créions en Italie, toutes aussi solides les unes que les autres.

Pendant que Championnet marchait sur Naples, le Directoire, pour empêcher le roi de Sardaigne d'inquiéter ses derrières, avait envoyé l'ordre à Joubert d'envahir le Piémont. Le roi s'était sauvé dans l'île de Sardaigne, nous avions occupé toutes les places fortes, incorporé son armée dans la nôtre, et nous restions maîtres de tout ce pays, depuis les Alpes jusqu'à la mer de Sicile.

Nous étions alors en décembre; ainsi finit l'année 1798.

XIII

L'année suivante devait être bien autrement rude, on le sentait d'avance, car déjà Paul Ier, empereur de Russie, que sa mère Catherine et son père Pierre III avaient rendu fou furieux, en le faisant enfermer durant des années, cet être maniaque, qui venait de monter sur le trône, armait à force, prenait nos émigrés à son service et se déclarait l'ami de Louis XVIII. Il se regardait comme offensé gravement de ce que Bonaparte avait enlevé Malte, et se proclamait grand maître de l'ordre des chevaliers de Saint-Jean, une vieillerie qui n'avait plus l'ombre du sens commun, puisque ces chevaliers, à deux ou trois cents, faisaient vœu de défendre la chrétienté contre les Turcs. On avait vu leur belle résistance; vingt-cinq volontaires de 92, des fils de paysans, auraient mieux soutenu leur honneur et leurs droits. N'importe, le maniaque commandait à des millions d'hommes, et personne n'aurait osé lui parler raison. Il allait faire hacher et massacrer des milliers de soldats, pour une lubie qui lui passait par la tête; cela montre la beauté du gouvernement despotique. S'il n'existait que des êtres de cette espèce, le genre humain serait bientôt fini. Heureusement, pendant que les despotes ne songent qu'à détruire leurs semblables, des hommes simples, sans orgueil, sans dire qu'ils sont les envoyés de Dieu, font autant de bien que les autres font de mal.

Je vous ai déjà parlé du docteur Schwân, qui voulait s'embarquer pour l'Égypte. Ce brave homme avait eu la chance d'arriver trop tard; toutes les bonnes places étaient prises. En revenant de Paris, au bout de quelques mois, il s'arrêta de nouveau chez nous et nous parla d'une découverte extraordinaire, d'un bienfait unique pour les hommes. Mais vous ne comprendrez la grandeur de ce bienfait, qu'en vous faisant une idée de tous les ravages de la petite vérole avant 1798. C'était affreux! Tantôt cette maladie se déclarait dans un village, tantôt dans un autre; cela s'étendait comme le feu; tout le monde, mais surtout les pères et mères frémissaient. On disait :

« Elle est ici !... Elle avance... Tant de personnes l'ont eue.... telle femme... telle fille ont été surtout maltraitées... Un tel est devenu borgne... tel autre n'est plus reconnaissable... Il y a tant de morts, tant de sourds, tant d'aveugles !... »

Ah! quelle épouvante!

Et puis, après quelques semaines, les pauvres filles, les pauvres femmes qu'on avait vues si fraîches, si blanches, revenaient, un mouchoir sur la figure, toutes honteuses et désolées. On ne les reconnaissait plus qu'à la voix :

« Ah! mon Dieu! c'est Catherine... c'est la belle Louise... c'est Jacob, de tel endroit... Mon Dieu! est-ce possible? »

Combien de ces désolations j'ai vues dans notre boutique! Les promesses de mariage tenaient bien peu, croyez-moi.

Mais le plus terrible c'étaient les enfants. On parlait bien de l'inoculation; on disait, quand la petite vérole arrivait dans un endroit :

« Il faut aller là, coucher votre enfant avec le malade... ce ne sera pas aussi fort... Et puis il vaut mieux les perdre jeunes !... La peau des enfants est aussi plus tendre, ils ont plus de chance d'en réchapper ! »

On m'avait dit cela cent fois pour le moins. C'était juste, plein de bon sens. Mais représentez-vous un pauvre père qui s'en va là, son enfant sur le bras; représentez-vous comme ce petit être lui tient dans les mains; comme il le serre, comme il crie en lui-même :

« Non !... pas encore !... Plus tard... il sera temps ! »

Et comme il revient, en disant aux anciens qui l'attendent tout tremblants :

« Ma foi ! grand-père ou grand'mère, je n'ai pas eu le courage. Allez-y vous-même. »

Et les vieux qui pensent :

« Il a bien fait... nous aimons mieux attendre ! »

Et l'on attendait. Et tout à coup la petite vérole était en ville ; les vôtres ou ceux du voisin l'avaient... C'est ce que je me rappelle de plus abominable de ce temps, après la famine. Les trois quarts des gens, surtout à la campagne, où l'on s'expose au froid, restaient défigurés.

Deux ou trois fois Chauvel m'avait prévenu de faire inoculer la petite Annette, mais je n'avais pas voulu, ni Marguerite non plus.

Quant au petit Jean-Pierre, je me disais bien :

« Il ne faut pas tenir à la beauté des hommes... Allons à Saint-Jean, à Henridorf, la petite vérole y est ; elle est bénigne... »

Mais, au moment de partir, le cœur me manquait toujours.

Enfin, avec la quantité d'autres inquiétudes, avec les lois sur l'enlèvement de nos droits, et les craintes de voir revenir la guerre, je vous en réponds, la petite vérole était de trop.

L'inoculation ne donnait confiance qu'à ceux qui n'avaient pas beaucoup de cœur. Nos enfants avaient déjà trois et quatre ans, que, pour mon compte, j'aimais encore mieux attendre à la grâce de Dieu, et toutes les raisons de Chauvel ne me paraissaient pas bonnes.

Dans ce temps donc, comme je viens de vous le dire, le docteur Schwan arriva de Paris. Je vivrais deux cents ans, que je l'entendrais toujours nous parler de la nouvelle découverte, « le *cow-pox*, » venue d'Angleterre, contre la petite vérole, et nous expliquer que c'était une sorte d'humeur du pis des vaches ; que cette humeur, étant inoculée aux enfants par une simple piqûre, les préservait de la maladie ; qu'un médecin anglais, Jenner, avait fait cette découverte et l'avait essayée depuis quinze ans sur des quantités de personnes ; qu'il avait toujours parfaitement réussi ; et que généralement tous ceux qui vivent autour des vaches, les femmes qui les traient ces animaux, celles qui les soignent et gagnent des boutons aux mains, sont absolument préservés de la petite vérole.

Le grand désir de croire ce qu'il nous racontait me gonflait le cœur. Je regardais les enfants et je m'écriais en moi-même :

« Ah ! si c'était vrai !... ah ! si c'était possible !... Vous resteriez toujours comme vous êtes, mes pauvres petits enfants, avec vos joues roses, vos yeux bleus et vos bonnes lèvres, sans aucune marque. »

Marguerite me regardait, et je voyais qu'elle pensait les mêmes choses que moi.

Chauvel voulait tout savoir dans les moindres détails. Schwan, naturellement causeur, comme tous les vieux savants, aimait à s'étendre sur la découverte ; il avait lu toutes les expériences faites jusqu'alors, les attestations, les certificats ; enfin il croyait la chose sûre, et tout à coup Chauvel s'écria :

« Mais je connais cette maladie du bétail, elle n'est pas dangereuse. Je l'ai vue bien des fois dans les fermes des Vosges, au fond des étables humides, le long de rivières : ce sont de gros boutons blancs.

— Oui, » dit Schwan, qui se mit à faire la description des boutons, si bien que Chauvel s'écriait :

« C'est ça, c'est bien ça ! l'humeur est transparente comme de l'eau. Ma foi ! si je n'avais pas eu la petite vérole, d'après tout ce que tu me racontes, Schwan, toutes ces expériences et ces preuves, je n'attendrais pas pour me faire inoculer le *cow-pox*.

— Ni moi, » dit Marguerite.

Je dis aussi que j'étais plein de confiance ; mais nous avions tous eu la petite vérole dans la famille : j'en étais moi-même assez marqué ; Marguerite en avait seulement quelques signes ; Chauvel et Schwan en étaient criblés.

Nous pensions tous aux enfants, et personne n'osait entamer ce chapitre, lorsque Schwan commença, et dit qu'il avait trois petits-enfants de sa fille, et qu'aussitôt à Strasbourg il allait les vacciner lui-même, car ce *cow-pox* n'était que la vaccine.

« Si tu m'en donnes ta parole de patriote, s'écria Chauvel, je vaccine aussi les nôtres, et puis je vaccine tous ceux que je rencontre. »

Schwan jura qu'il le ferait, et qu'il répondait de tout ; mais il fallait d'abord trouver du vaccin. Le docteur, en repartant vers cinq heures, par le courrier, nous promit de s'en occuper et de nous donner avis des résultats.

C'est après son départ que l'inquiétude, la crainte et le désir de recevoir bientôt de ses nouvelles nous tourmentèrent. Nous en parlions tous les soirs, mais, durant cinq ou six semaines, n'ayant pas reçu de lui le moindre billet, nous croyions l'affaire manquée. Chauvel disait que Schwan avait sans doute reconnu que le *cow-pox* ne signifiait rien ; j'en étais presque content, car, dans des occasions pareilles, on aime mieux voir les autres commencer, que d'exposer les siens.

En ce mois de février 1793, la petite vérole se déclara chez nous d'une façon épouvantable ;

on n'entendait plus que les cloches aux environs de la ville ; cela gagnait, gagnait,... de Véchem à Mittelbronn, de Mittelbronn à Lixheim. Un matin, Jean Bonhomme, le mari de Christine Létumier, mon ancienne commère, arriva dans notre boutique sans chapeau, sans cravate, à moitié mort de chagrin ; il pleurait et criait :

« Ma femme et mes enfants sont perdus ! »

Bonhomme avait deux petits garçons, jolis, riants, et qui jouaient avec nos enfants pendant les marchés. Cette bonne Christine conservait encore pour moi de l'amitié ; elle se rappelait toujours les bonnes valses que nous avions faites à Lutzelbourg ; la petite forge où chaque matin, les bras nus, elle venait prendre de l'eau à la pompe, en me disant avec douceur : « Bonjour, monsieur Michel. » Et puis son mariage, où j'avais été garçon d'honneur, avec Marguerite. Nos enfants s'aimaient ; son aîné, le petit Jean, tout rond et tout joufflu, les cheveux frisés comme un petit mouton, embrassait ma petite Annette et roulait de gros yeux bleus en disant :

« C'est ma femme, je n'en veux pas d'autre. »

Ce qui nous faisait bien rire.

Figurez-vous d'après cela notre chagrin ; ces gens étaient presque de la famille, ils étaient nos plus vieux amis et nos premières pratiques. J'essayais de rendre courage à ce pauvre Bonhomme, en lui disant que tout se remettrait, qu'on ne doit jamais désespérer ; mais il perdait la tête, et me répondait :

« Ah ! Michel ! Michel ! si tu les voyais !... Ils sont comme rôtis à la broche, on ne reconnaît plus leur figure, et Christine, qui les soigne, vient de se coucher aussi. Mon Dieu ! mon Dieu ! je voudrais être mort avec eux tous. »

Il courut chez l'apothicaire Tribolin et repartit aussitôt. Deux jours après, nous sûmes que les enfants étaient morts, et que leur mère avait l'épouvantable maladie dans toute sa force.

Le père Létumier vint en ville après l'enterrement ; il était comme fou ; et cet homme sobre entra boire du vin blanc à l'auberge du *Cheval brun*. Nous l'entendions crier d'une voix terrible :

« Il n'y a pas d'Être suprême !... Il n'y a rien... rien ! Les scélérats gardent leurs enfants et nous perdons les nôtres. »

Il vint chez nous et tomba dans les bras de Chauvel en gémissant. Voilà ce que faisait cette maladie, dont personne n'était exempt ; il fallait s'y attendre jusqu'à cent ans, quand par hasard on ne l'avait pas encore eue.

Et maintenant songez à notre désolation de ne plus entendre parler du *cow-pox* ; elle était d'autant plus grande, que la petite vérole s'approchait de Phalsbourg. C'était vers le printemps. Un matin, comme j'allais prendre le courrier pour régler mes comptes avec Simonis à Strasbourg, au moment de sortir avec la petite malle de Chauvel, je vois entrer le docteur Schwân et deux autres respectables bourgeois, qui nous saluent en souriant. Chauvel avait reconnu la voix de son vieux camarade ; il ouvrit la bibliothèque et Schwân s'écria :

« Eh bien ! l'expérience est faite sur les miens ; êtes-vous prêts pour les vôtres?

— Où donc est le *cow-pox*? demanda Chauvel.

— Le voici dans ma trousse ? »

Et tout de suite le docteur nous montra du vaccin encore frais, dans une petite bouteille. Nous étions comme saisis ; les gens de la boutique, penchés tout autour de nous, regardaient étonnés.

Nous entrâmes dans la bibliothèque avec ces étrangers. Les deux autres étaient aussi des médecins. Ils nous racontèrent comment venaient les boutons, comment ils s'ouvraient et se séchaient, que cela ne donnait qu'un peu de fièvre, et que les enfants déjà vaccinés dans leurs propres familles se portaient très-bien ; que tout s'était passé chez eux comme Jenner, le médecin anglais, l'avait dit. Malgré cela, ni Marguerite ni moi nous n'aurions osé tenir parole au docteur Schwân, si le père Chauvel ne s'était écrié :

« Cela suffit. Du moment que tu l'as éprouvé, Schwân, et ces deux citoyens aussi, moi j'ai pleine confiance. Essayons sur les nôtres ; qu'en pensez-vous? »

Il nous regardait. Marguerite était devenue toute pâle ; moi je baissais la tête sans répondre. Au bout d'un instant, Marguerite dit :

« Est-ce que cela leur fera du mal?

— Non, répondit le docteur Schwân, une simple égratignure sur le bras, un peu de *cow-pox* ; les enfants le sentent à peine. »

Aussitôt elle alla chercher la petite, qui dormait dans son berceau ; elle l'embrassa et la remit à Chauvel en lui disant :

« Voilà, mon père... Tu as confiance. »

Alors reprenant courage, parce que je pensais à la petite vérole, qui s'étendait déjà de Mittelbronn aux Maisons-Rouges, je partis chercher le petit, qui courait sous la halle ; mon cœur était bien serré.

« Arrive, Jean-Pierre, » lui dis-je en le prenant par la main.

Je me sentais hors de moi. En bas, dans la bibliothèque, Annette pleurait et criait sur les genoux de sa mère. En entrant, je vis qu'elle avait les épaules nues et une goutte de sang sur le bras. Elle me tendait ses petites mains; je la pris en demandant :

« Est-ce qu'il ne vaudrait pas mieux attendre pour Jean-Pierre, qu'on ait vu?

— Non, dit Chauvel, il ne peut rien arriver de pire que la petite vérole.

— Hé! criait le père Schwân, en riant, soyez donc tranquilles, je réponds de tout. »

Le petit regardait et dit :

« Qu'est-ce que c'est, grand-père?

— Rien! Ôte ta veste; tu n'as pas peur, j'espère? »

Notre petit Jean-Pierre avait le caractère de Chauvel; il ôta sa veste, sans même répondre, et fut vacciné. Il regardait lui-même, à ce que m'a dit Marguerite, car moi, j'étais sorti furieux contre moi-même, de ne pas m'opposer à cette épreuve ; je me traitais de sans cœur, et durant plus de huit jours je me repentis de ce que j'avais fait ; j'en voulais à Chauvel, à ma femme, à tout le monde, sans rien dire. Tant que les boutons durèrent, j'eus peur. Marguerite avait peur aussi, mais elle n'en laissait rien voir, dans la crainte de m'effrayer encore plus. Enfin les boutons séchèrent. Alors je ne pensais plus qu'une chose :

« Dieu veuille maintenant que ça serve! »

Je pouvais bien faire ce souhait, car déjà la petite vérole était en ville; à chaque instant les gens disaient à la boutique :

« Elle est dans la rue... Elle est sur la place... Tant de soldats sont entrés hier à l'hôpital... Tant d'autres sont pris... Tel enfant passera ce soir... »

Ainsi de suite.

Moi, je regardais les nôtres ; ils se portaient toujours bien, jouant et riant. La petite vérole fit le tour du quartier, elle n'entra pas chez nous. En même temps Schwân nous écrivit de Strasbourg que, de tous les enfants vaccinés, pas un n'avait eu la maladie. Alors notre joie, notre bonheur ne peut se peindre. Le père Chauvel n'avait plus de cesse ni de repos; il voulait vacciner tous les enfants du district, et se rendit exprès à Strasbourg, chercher du vaccin.

Mais ne pensez pas que ce fût une chose facile de décider les gens à se laisser vacciner eux et leurs enfants. Autant le peuple croit facilement toutes les bêtises qu'on lui raconte, pour le tromper et lui tirer de l'argent sans aucun profit, autant il est incrédule lorsqu'on veut lui parler sérieusement dans son intérêt le plus clair. Ce fut encore une bien autre histoire que celle des pommes de terre, car si toutes les Baraques se moquaient de maître Jean, lorsqu'il prit sur lui de planter ses grosses pelures grises, au moins cela ne dura qu'un an; quand tout se mit à fleurir et qu'un peu plus tard, à chaque coup de pioche, on voyait sortir des tas de châtaignes d'une nouvelle espèce, grosses comme le poing, il fallut bien reconnaître que Jean Leroux n'était pas bête! L'année suivante chacun se dépêcha de lui demander de la semence, et d'oublier qu'il avait rendu le plus grand service au pays.

Mais, pour la vaccine, c'était autre chose. On aurait cru que les gens vous faisaient des grâces en vous écoutant parler de ce bienfait, à plus forte raison de se laisser faire une égratignure, pour échapper à la plus terrible maladie.

Quant à moi, j'avoue que je ne me serais pas donné tant de peine ; du moment que les imbéciles m'auraient ri au nez, je les aurais laissés tranquilles. Mais Chauvel, après avoir été bousculé, maltraité et gravement insulté par la mauvaise race, se contentait de dire que tout cela venait de l'ignorance, et ne pensait plus en ce temps qu'au progrès de la vaccine. Sa satisfaction de vacciner les gens était si grande, qu'il avait établi dans notre ancien cabinet littéraire un endroit pour les recevoir; M. le curé Christophe lui en amenait chaque jour des douzaines. Lorsque vous entriez là, c'était un véritable spectacle; des rangées d'hommes et de femmes, de nourrices avec leurs nourrissons, criaient et parlaient ensemble. Chauvel, au milieu d'eux, leur racontait les bienfaits du *cow-pox*, et du moment que l'un ou l'autre se laissait convertir, sa figure s'éclairait de joie; il allait chercher la lancette, il aidait les gens à s'ôter la blouse ou la veste, et puis il les vaccinait en disant :

« Maintenant gardez-vous d'essuyer cette petite égratignure. Mettez dessus un linge. Le bouton viendra demain, après-demain, un peu plus tôt, un peu plus tard, cela n'y fait rien; il séchera, et vous serez préservé. »

Quand on avait l'air de résister, il se fâchait, il s'indignait, il flattait, il encourageait ; enfin on aurait cru que ce monde le regardait, qu'il était chargé de sauver tout notre pays de la petite vérole. Combien de fois je l'ai vu traverser tout à coup la boutique, prendre une pièce de quinze sous au comptoir et la serrer dans la main d'un malheureux en lui disant :

« Arrive, que je te vaccine. »

Naturellement cet enthousiasme me fâchait ; j'aurais autant aimé garder notre argent; mais d'aller faire des observations à Chauvel, jamais je n'aurais osé; son indignation aurait éclaté contre les égoïstes, qui ne s'inquiètent que

Il continuait sa marche. (Page 75.)

d'eux-mêmes, et Marguerite lui aurait donné raison!

Notre boutique devint ainsi comme le bureau des nourrices du pays, le bureau de la vaccine; et ce brave homme ne se contentait pas encore de cela, toute la sainte journée il recevait des lettres, des mémoires, des articles touchant le *cow-pox*; il y réfléchissait, il y répondait. Marguerite aussi s'en mêlait, et souvent je m'écriais en moi-même :

« Est-il possible de perdre son temps, sa peine et son argent, pour des gens qui ne vous en ont pas la moindre reconnaissance, et qui même vous demanderaient des dommages et intérêts, s'il leur arrivait la moindre maladie! »

Je trouvais cela trop fort.

Notre commerce n'en allait pourtant pas plus mal, au contraire, le nom de Chauvel se répandait, on le connaissait à dix lieues, non-seulement comme épicier, mercier, marchand d'étoffes et d'eau-de-vie, mais encore comme ancien représentant du peuple et vaccinateur; partout on disait : « le représentant, le vaccinateur, le libraire, » et, jusque dans la haute montagne, on savait que c'était lui; cela nous amenait des pratiques en foule.

XIV

Vers ce temps, les despotes ayant appris que notre meilleure armée était en Égypte, et qu'elle ne pouvait plus revenir faute de vaisseaux, se mirent à conspirer encore une fois

Notre petit Jean-Pierre avait le caractère de Chauvel. (Page 79.)

contre nous. Pitt s'engageait à fournir l'argent de la guerre, l'empereur d'Autriche les hommes, et bientôt le maniaque, qui s'était déclaré grand maître de l'ordre des chevaliers de Malte, détacha contre la république deux armées de quarante mille hommes chaque. Les gazettes nous apprirent que Souvaroff, le plus fameux général de Russie, le massacreur des Turcs et des Polonais, le tueur de femmes et d'enfants, l'incendiaire de Praga, commandait en chef ces barbares.

Tous ces préparatifs n'empêchaient pas les conférences de Rastadt de continuer. Les Allemands refusaient toujours de nous céder Kehl et Cassel, sur la rive droite. Ils voulaient rester maîtres chez eux, c'était tout naturel. Malgré cela, nous aurions eu la paix depuis long-temps, si le Directoire avait voulu sacrifier les princes de l'Empire à l'empereur François, qui ne demandait qu'à s'agrandir aux dépens de l'Allemagne ; mais nous n'avions aucun intérêt à fortifier l'Autriche ; d'ailleurs la Prusse soutenait ces petits princes, et le bon sens nous disait de la ménager.

Enfin, pendant que Metternich amusait nos plénipotentiaires, les Russes étant arrivés en Bohême, François II se dépêcha de faire occuper les Grisons par un corps de six mille hommes, et tout le monde comprit ce que cela signifiait.

Notre Directoire se mit à crier, à demander des explications, et finalement à déclarer que la continuation de la marche des Russes sur le territoire germanique serait regardée comme une déclaration de guerre. François ne se donna pas seulement la peine de lui répondre. Les petits princes allemands, qui jusqu'alors avaient tous accepté nos conditions de paix, s'en allaient l'un après l'autre du congrès de Rastadt; bientôt nos plénipotentiaires y restèrent seuls avec Metternich, au milieu des troupes autrichiennes.

Personne ne pouvait plus douter que la guerre revenait plus terrible, et que toutes les conquêtes de la révolution étaient encore une fois en danger. On recrutait à force, mais cela ne marchait plus comme autrefois. En juin 1791, on avait levé cent cinquante mille hommes; en septembre 1792, cent mille; en février 1793, d'abord trois cent mille, et puis en avril encore trente mille, et puis en août, à la levée en masse, un million cinquante mille; c'étaient les dernières levées. Cette masse avait suffi pour conquérir la Hollande, la rive gauche du Rhin, la Suisse, l'Italie, pour repousser les Espagnols chez eux et former les deux expéditions d'Irlande et d'Égypte.

La conscription du 3 vendémiaire an VII était en train: elle devait monter à cent quatre-vingt-dix mille conscrits, qu'on exerçait. Mais en attendant, les vieilles troupes allaient marcher; elles défilaient chez nous: c'était principalement de l'infanterie, qui se rendait en Suisse, où Masséna, nommé général en chef, occupait la ligne du Rhin, depuis la haute montagne jusqu'à Constance; beaucoup de cavalerie au contraire remontait l'Alsace, pour rejoindre l'armée du Rhin, sous les ordres de Jourdan; d'autres passaient en ville, allant plus loin, entre Mayence et Dusseldorf, rejoindre l'armée d'observation, commandée par Bernadotte.

Ces vieilles troupes ne montaient pas seulement à cent mille hommes; les levées de conscrits n'étaient pas encore prêtes, elles ne purent rejoindre que plus tard, et les premières allèrent d'abord en Italie, où commandait Schérer. Je n'ai pas oublié ces choses lointaines, parce que Marescot, dans une de ses lettres, s'en plaignait amèrement. Il fallait donc, avec quatre-vingt-dix mille hommes, défendre la Suisse, l'Alsace et toute la rive gauche du Rhin jusqu'en Hollande.

Les Allemands, commandés par l'archiduc Charles, étaient dans la Bavière à plus de soixante et dix mille; dans le Vorarlberg, ils étaient à vingt-cinq mille, commandés par le général Hotze, un Suisse; dans le Tyrol, à quarante-cinq mille, sous Bellegarde, et en Italie, à soixante mille, sous Kray. Quarante mille Anglais et Russes devaient débarquer en Hollande, où Brune commandait dix mille hommes; et vingt mille Anglais et Siciliens devaient débarquer à Naples, où Macdonald avait remplacé Championnet.

Ces forces immenses de nos ennemis montraient qu'ils s'apprêtaient depuis longtemps à nous envahir, et que le congrès de Rastadt n'était qu'une ruse pour nous tromper. Ils étaient plus de trois cent mille contre nos cent mille hommes, à l'ouverture de la campagne, et Souvaroff devait les renforcer bientôt. L'armée que Bonaparte avait emmenée en Égypte, nous aurait fait du bien! Enfin nous en sommes sortis tout de même; et sans le grand homme, qui vint plus tard nous crier:

« Qu'avez-vous fait de mes compagnons? Qu'avez-vous fait de la paix que je vous avais laissée? Etc. »

Sa paix, il pouvait bien en parler: c'était la comédie de Rastadt; et, quant à ses compagnons, il les avait abandonnés en Égypte. Faut-il qu'un homme ait de l'audace, et qu'il compte sur la bêtise et la lâcheté des autres, pour se permettre de leur reprocher les malheurs qu'il a causés lui-même? Après cela il avait raison: il a réussi! Cela répond à tout, pour les filous et les imbéciles. Mais il est pourtant naturel de se dire que l'effronterie fait la moitié du génie de plusieurs hommes. Continuons.

Jourdan ouvrit la campagne de 1799. Son armée s'étendait de Mayence à Bâle, en Suisse. Notre pays était inondé de troupes. Tout à coup elles se resserrèrent dans la vallée d'Alsace; le général et son état-major, arrivant de Metz, traversèrent notre ville à la fonte des neiges, et le lendemain, 1er mars, nous apprenions vers le soir qu'il avait passé le Rhin à Kehl; que le général Ferino, commandant l'aile droite, suivait son mouvement à Huningue; que tout continuait de défiler sur les ponts, artillerie, cavalerie, infanterie, et qu'il ne restait déjà plus qu'une faible garnison à Strasbourg. La dernière bande de traînards descendait la côte de Saverne; bientôt elle disparut: toute cette armée, aile droite, centre, aile gauche, se trouvait en Allemagne. Après l'agitation vint un calme extraordinaire, auquel les gens n'étaient plus habitués. Tout paraissait triste et désert; on attendait les nouvelles. La proclamation du Directoire arriva d'abord.

Proclamation du Directoire exécutif.

« Les troupes de Sa Majesté l'Empereur, au mépris d'une convention faite à Rastadt, le 1er décembre 1797, ont repassé l'Inn, et ont quitté les États héréditaires. Ce mouvement a été combiné avec la marche des troupes russes, qui sont actuellement dans les États de l'Empereur, et qui déclarent hautement qu'elles viennent pour attaquer et combattre la république française, etc., etc. »

Le Directoire finissait par déclarer qu'aussitôt que les Russes auraient évacué l'Allemagne, nous l'évacuerions aussi.

Mais je ne veux pas vous raconter cette longue campagne, où toutes les horreurs de la guerre s'étendirent encore une fois sur les deux rives du fleuve; la prise de Manheim et l'envahissement de la Souabe, par Jourdan ; l'envahissement des Grisons, la prise de Coire et de toute la vallée du Rhin, depuis sa source, au Saint Gothard, jusqu'au lac de Constance, par Masséna; l'envahissement de la vallée de l'Inn et l'occupation de l'Engadine, par Lecourbe, de sorte qu'on se donnait la main par-dessus les Alpes, de Naples à Dusseldorf. Ensuite la défaite de Jourdan à Stokach et sa retraite dans la Franconie; l'attaque générale du Vorarlberg, des vallées de l'Inn et de Munster par Masséna et Lecourbe; la nomination de Masséna comme général en chef des armées d'Helvétie, du Danube et d'observation ; la rupture du congrès de Rastadt et l'assassinat de nos plénipotentiaires Bonnier et Roberjot, par des hussards autrichiens qui les attendaient la nuit sur la route.

Ces choses sont connues! Je ne m'y trouvais pas, d'autres, les derniers de ceux qui restent, pourront encore vous parler de ces gouffres sans fond des hautes Alpes, où l'on se battait; de ces ponts étroits sur les abîmes, qu'il fallait se disputer à la baïonnette; de ces torrents emportant les blessés et les morts; de ces marches à travers la neige et les glaciers, où les aigles seuls jusqu'alors avaient passé. Oui, c'est une grande campagne à raconter, une campagne républicaine. Moi, tout ce que je peux vous dire, c'est que chez nous arrivaient les convois comme à l'ordinaire, que les hôpitaux s'encombraient de malades innombrables, les uns gelés, les autres blessés, les autres épuisés par les fatigues et la faim, car jamais la disette n'avait été si grande; et qu'après l'assassinat de nos plénipotentiaires, des milliers de jeunes gens partirent en criant vengeance, comme en 92 et 93.

Et puis pendant ces rudes combats eurent aussi lieu les élections de l'an VII, où le directeur Rewbell fut remplacé par l'abbé Sieyès, qui depuis six ans s'était caché dans le marais, et ensuite parmi les intrigants et les trembleurs des conseils. Sieyès lui-même s'en vantait; il disait : « Pendant que les autres se guillotinaient, j'ai vécu ! » C'était bien la peine d'avoir prononcé dans le temps deux ou trois belles sentences que toute la nation avait admirées, pour se rendre ensuite méprisable. Cela montre bien que l'esprit et le cœur ne vont pas toujours ensemble.

On racontait que Sieyès avait une magnifique constitution dans sa poche; et comme la constitution de l'an III avait déjà fait son temps, on nomma Sieyès directeur, dans l'espérance qu'il trouverait quelque chose de nouveau; les Français aiment le nouveau, et puis ils aiment aussi les oracles; et Sieyès passait pour un oracle. J'en ai vu cinq ou six comme cela dans ma vie; ils ont fini drôlement, tous ces oracles.

Les élections de l'an VII, qui ne regardaient plus le peuple, puisqu'il n'avait pas voix au chapitre, envoyèrent quelques soi-disant patriotes dans les conseils. Alors, pour la première fois, on entendit parler de Lucien Bonaparte ; nous avions déjà Joseph et Napoléon Bonaparte, il nous fallait encore un Lucien. Quelle bonne affaire que la conquête de la Corse pour les Bonaparte ! Chez eux, ils auraient été fermiers, employés, petits bourgeois, bien contents de joindre les deux bouts et d'avoir quelques chèvres dans les roches ; en France, c'étaient des présidents de conseil, des ambassadeurs, des généraux en chef. Il parait que les Français se trouvent trop bêtes pour se gouverner eux-mêmes, puisqu'ils vont chercher leurs maîtres ailleurs.

Les nouveaux conseils, qui voulaient le renversement du Directoire, lui demandèrent des comptes. Ils forcèrent Treilhard de donner sa démission, et nommèrent le bonhomme Gohier à sa place. Ils auraient aussi voulu forcer Lareveillère et Merlin de se démettre, pour les remplacer par leurs hommes; ces deux directeurs crièrent : « On veut donc livrer la France à la famille Bonaparte? » Et ce cri retarda leur chute de quelques jours; mais l'acharnement contre eux devint tel qu'ils ne purent résister longtemps; ils se retirèrent le 18 juin 1799. Le girondin Roger Ducos et le général Moulin, dont le peuple n'avait jamais entendu dire ni bien ni mal, furent nommés directeurs ; et de l'ancien Directoire il ne resta plus que Barras, le protecteur de Bonaparte et la honte de notre république.

Tous les ministres furent changés ; nous eûmes Robert Lindet aux finances, Fouché à la police, Treilhard aux affaires étrangères, Cambacérès à la justice, Bernadotte à la guerre. Ces changements du 30 prairial ne produisirent aucun mouvement, cela se passait entre bourgeois; le Directoire avait bouleversé les conseils au 18 fructidor, les conseils bousculaient maintenant le Directoire. Le peuple regardait, en attendant le moment de se remettre en ligne; il ne lui fallait qu'un chef, mais comme les Danton, les Robespierre, les Marat dormaient en paix, les soldats allaient avoir beau jeu. Si Bonaparte savait ces choses, il devait se repentir d'être parti pour l'Égypte, et le ministre Bernadotte devait rire; ce gascon avait toutes les cartes en main, tous les jacobins pensaient à lui.

Chauvel, malgré sa fureur de vaccine, se remettait à lire les journaux; son indignation retombait alors sur Sieyès, qu'il regardait comme un être hypocrite, capable de s'entendre avec n'importe qui, pour gruger la république et faire accepter cette fameuse constitution, dont tout le monde parlait sans la connaître, parce que monsieur l'abbé Sieyès n'en causait qu'avec ses amis, sachant d'avance que pas un républicain n'en voudrait.

Mais pendant que les intrigants se partageaient ainsi les places, sans se soucier plus du peuple que s'il n'avait pas existé, les affaires de la nation devenaient extrêmement graves. Si les messieurs qui ne s'inquiétaient que de leurs propres intérêts avaient été chargés de sauver la France, elle aurait couru grand risque d'être partagée par nos ennemis. Heureusement le peuple était là, comme toujours, au moment du péril.

Le feld-maréchal autrichien Kray avait tellement battu le vieux Schérer, à Magnano, que notre armée d'Italie, réduite à vingt-huit mille hommes, s'était vue forcée de reculer jusque derrière l'Adda; c'est là que Moreau, montrant un vrai patriotisme, en avait accepté le commandement. Alors Souvaroff, avec ses quarante mille Russes, était arrivé, ayant aussi sous ses ordres quarante mille Autrichiens. Il avait surpris le passage de l'Adda à Cassano, et contraint Moreau d'évacuer Milan et de repasser le Pô, en lui laissant les trois quarts de l'Italie du Nord. Moreau le savait d'avance; il savait qu'une armée de vingt-huit mille hommes, déjà battue et découragée, ne peut résister à quatre-vingt mille hommes victorieux, pleins de confiance dans leurs chefs; mais il savait aussi qu'un bon général n'éprouve jamais de grandes déroutes, et qu'il sauve tout ce qu'il est possible de sauver; cela lui suffisait. Il mit en ce temps le devoir et le salut de la patrie au-dessus de sa propre renommée, ce qui n'arriva jamais à Bonaparte.

Souvaroff avait essayé de le poursuivre, en passant le Pô derrière lui, mais il avait été repoussé. Tous les Italiens étaient soulevés contre nous et nos places assiégées; la retraite de Macdonald, qui ramenait de Naples dix-huit mille hommes le long de la côte, était menacée par des forces doubles et triples des siennes. Moreau se rapprochait de lui pour l'aider à faire sa jonction; mais vers la fin de juin, nous apprîmes que Macdonald avait été défait par Souvaroff sur la Trébie, après une bataille de trois jours, et que dans le même moment Moreau, profitant de l'éloignement des Russes, avait battu Bellegarde à Cassina-Grossa, puis rejoint les débris de l'armée de Naples, aux environs de Gênes.

Aussitôt Sieyès, nommé directeur, fit destituer Macdonald. Il rappela Moreau, et nomma Joubert, un des lieutenants de Bonaparte, au commandement de l'armée d'Italie. Joubert commandait la 17e division militaire; c'était l'homme de Sieyès, l'épée qu'il lui fallait pour appliquer sa constitution et devenir son bras droit. Ce général n'ayant pas encore assez de réputation, Sieyès l'envoyait en Italie pour vaincre Souvaroff, qui s'était rendu maître de ce pays en bien moins de temps que Bonaparte, et qui dans ses proclamations barbares, menaçait de nous passer sur le ventre et de venir à Paris proclamer Louis XVIII. Après cela Sieyès et Joubert auraient été les deux grands hommes: le législateur et le héros de la république.

Nous reçûmes en ce temps deux autres lettres de Marescot, un peu moins fières que celle de 96; Lisbeth avait perdu presque tout son butin de Rome et de Naples au passage de la Trébie; mais le principal pour nous, c'était de savoir qu'ils vivaient encore.

On comprend que si ces malheurs d'Italie nous touchaient, ceux qui s'avançaient sur nous de la Suisse et des bords du Rhin nous inquiétaient beaucoup plus. Après la défaite de Jourdan à Stokach et sa retraite en Alsace, Masséna, nommé général en chef des trois armées, ne pouvait plus se maintenir dans ses positions avancées de la Suisse; il avait évacué le Vorarlberg; et comme l'archiduc et Hotze inquiétaient sa retraite, il leur avait livré bataille et les avait battus à Frauenfeld, ce qui lui permit alors de se replier tranquillement sur la Linth et la Limmat.

L'ennemi le suivait pourtant toujours; deux combats eurent lieu devant Zurich, mais, quoique vainqueur, Masséna quitta cette ville et prit une position meilleure, sur le mont Albis, derrière les lacs de Zurich et de Wallenstadt. Malheureusement les cantons s'étaient soulevés, ils ne voulaient plus rien nous fournir, et les réquisitions forcées dans ces pays ruinés ne donnaient plus grand'chose. Les Allemands, adossés au pays de Bade, tiraient tout de chez eux.

Lecourbe, attaqué sur le Saint-Gothard par

des forces supérieures, avait aussi fait sa retraite, en descendant le cours de la Reuss. Il fallait vivre et faire vivre tout ce monde. Alors les réquisitions de toute sorte, en grains, farine, fourrage, bétail, recommencèrent chez nous. Les fournisseurs couraient l'Alsace, la Lorraine et les Vosges, achetant à tout prix, mais ils ne donnaient que des bons, l'argent manquait; on cachait tout! Le froment, pesant le setier 240 livres, monta de 34 à 50 francs; le blé noir, pesant le setier 160 livres, de 15 à 30 francs; l'orge, pesant 200 livres, monta de 18 à 35 francs; la livre de bœuf, de 13 sous à 23; le mouton de 14 sous à 24; et tout le reste, viandes salées, lard, huile, vin, bière, en proportion. Les cent bottes de fourrage ordinaire, pesant 11 quintaux, montèrent de 50 francs à 150. Tous ces prix, je les ai marqués sur le couvercle de mon grand-livre, comme choses extraordinaires. Nous étions pourtant encore bien loin de Zurich; quels devaient donc être les prix aux environs des armées? Il faut ajouter le prix du transport, les risques des fournisseurs, dans un temps où les routes étaient battues par des quantités de brigands; et puis, passé Bâle, le danger d'être intercepté par l'ennemi; la paye des escortes, car tous les convois étaient escortés de gendarmes; je crois qu'un tiers en sus et même la moitié, ce ne serait pas estimer trop haut.

Si j'avais eu les reins plus forts, malgré la répugnance de Chauvel, qui traitait tous les fournisseurs de filous, j'aurais pris un ou deux convois de farine à mon compte, — l'amour du gain me venait! — et puis j'aurais choisi trois ou quatre vieux camarades des Baraques et de la ville, à ma solde, et nous aurions escorté ma fourniture jusqu'au camp; mais je n'avais pas assez d'argent en main, et les bons du Directoire ne m'inspiraient pas confiance.

Masséna resta trois mois sans bouger; des courriers par vingtaines ne faisaient qu'aller et venir; nous ne savions ce que cela signifiait. L'indignation était grande alors contre Masséna, d'autant plus qu'on venait de l'apprendre la terrible défaite de Novi, où Joubert était resté sur place, et l'approche d'une seconde armée russe, sous les ordres de Korsakoff, pour renforcer l'archiduc Charles. On criait:

« Il veut donc avoir tout le monde sur le dos, avant de se remuer! »

Ce qui poussa la fureur des gens au comble, c'est que Souvaroff menaçait déjà de passer le Saint-Gothard, et que Lecourbe se dépêchait d'occuper son ancienne position, pour lui barrer la route. Les finauds traitaient cette menace de folie, mais un pareil barbare était capable de tout entreprendre. Il n'avait pas encore été vaincu; on le représentait comme une espèce de sauvage, toujours à cheval, prêchant à ses soldats saint Nicolas et tous les saints, et récitant son chapelet pendant les combats. Plus un être est brute, plus il a d'autorité sur les brutes; et hacher, massacrer, grimper des montagnes, incendier des villages, ne m'a jamais paru demander un grand génie; l'inventeur des allumettes, dans mon idée, est cent mille fois plus remarquable que des héros pareils. Je croyais donc Souvaroff capable de tenter l'entreprise, et j'étais dans une grande inquiétude, car tous les aristocrates attendaient ce barbare comme leur Messie, lorsque nous reçûmes la lettre suivante, de mon vieux camarade Jean-Baptiste Sôme

Au citoyen Michel Bastien.

« Zurich, le 7 vendémiaire de l'an VIII de la république française une et indivisible.

« Victoire! mon cher Michel, victoire!... Nous venons de traverser une vilaine passe: trois mois de famine, trois mois sans rations, les pieds dans le lac et le dos à la neige. On pillait, on criait: « Ah! gueux de Directoire, « il nous envoie courrier sur courrier, avec « l'ordre de livrer bataille, mais pas un rouge « liard! » Et l'archiduc en face, Jellachich et Hotze sur les flancs, Korsakoff en route, l'insurrection sur nos derrières... Ça n'était pas gai, Michel, non, il n'y avait pas de quoi rire. Enfin la revanche est arrivée; l'Être suprême a le dessus, et saint Nicolas allonge ses grandes jambes du côté de Moscou, sa besace au dos et son bidon sur la hanche. Quelle bataille! quelle débâcle! quel tremblement!

« Tu sauras que la semaine dernière nous étions encore dans nos cantonnements, entre Brugg et Wollishoffen, à battre la semelle et nous demander quand tout cela finirait. L'automne nous soufflait sa petite brise des glaciers; ça nous ouvrait l'appétit. Les avant-postes autrichiens commençaient à dégarnir les bords du lac, les habits verts et les bonnets pointus les remplaçaient : Korsakoff venait d'arriver; avis aux amateurs! Masséna, Soult, Mortier, Ney poussaient des reconnaissances à Zug, à Rapperschwyll, Naefels, etc. Les hussards allemands venaient nous défier jusque sur la Linth et la Limmat, et nous crier: « Ar-« rivez donc, sans culottes! Arrivez, tas de « vermines... Vous n'avez donc plus de cœur... « vous êtes donc des lâches? » Ça vous rendait tout pâles; mais la consigne défendait de leur répondre, même à coups de fusil.

« Enfin, voici bien une autre histoire. Des

courriers arrivent d'Urséren et d'Altorf: « Souvaroff est en marche pour nous tourner, le vainqueur de Cassano, de la Trébia, de Novi, passe le Saint-Gothard. Gudin, avec sa poignée d'hommes, ne peut résister à ce mangeur d'athées; Lecourbe court défendre le pont du Diable. » Ce jour-là, Michel, je crus bien que la république branlait au manche et que nous étions trahis. Mais l'Italien avait fait semblant de dormir; il veillait comme les chats, l'oreille ouverte et les yeux fermés; il rêvait à l'archiduc, en route pour Philipsbourg avec sa cavalerie et son infanterie, — ne laissant aux Russes que ses canons, — et le 4 vendémiaire, à quatre heures du matin, notre chef d'escadron Sébastien Foy, arrive ventre à terre, nous apporter l'ordre de descendre sur la Limmat, une rivière à peu près large comme le petit Rhin, mais plus rapide; elle passe à Zurich et s'appelle la Linth, avant d'avoir traversé le lac. Nous descendons au galop, artilleurs et pontonniers, avec nos bateaux, nos pièces, nos munitions, nos cordes, nos pieux, nos clous. On se met en batterie en face des Russes, qui tiennent l'autre rive et ouvrent sur nous un feu roulant épouvantable. Il fallait jeter un pont de bateaux. Le fond était de roche, les pieux et les ancres glissaient, rien ne tenait, et, malgré notre mitraille, le feu de l'ennemi redoublait. Les pontonniers se décourageaient; le chef de brigade d'artillerie Dedon, un des nôtres, un Lorrain, descendit leur remonter le cœur et diriger l'ouvrage. Au bout d'une heure, au petit jour, le pont, haché trois fois par les boulets, commençait à tenir et nos colonnes défilaient dessus en courant. A neuf heures, nous avions dix mille hommes de l'autre côté. Alors la bataille s'étendait sur une ligne de cinq à six lieues, car, pendant que nous passions la Limmat, au-dessous de Zurich, Soult passait la Linth au-dessus, entre les deux lacs. Deux cents nageurs, le sabre aux dents, formaient l'avant-garde; ils égorgèrent les postes ennemis. Hotze accourut et fut tué.

« Dans ce moment, mon vieux Michel, quoique nous ayons entendu de belles canonnades en Vendée, je puis te dire que, même au Mans, ce n'était rien auprès de celle-ci; les montagnes en tremblaient; on n'entendait plus les commandements à deux pas, et par les trouées de fumée, on voyait bouillonner le lac comme une cuve sous les balles et la mitraille. Vers le soir, nous n'étions encore maîtres que du Zurichberg, sur la rive droite de la Limmat; les Russes, refoulés dans la ville, s'y retranchaient. Ces gens-là, le front large et plat, le nez camard, les yeux petits et les lèvres épaisses, sont d'une autre race que nous. Ils tiennent jusqu'à la fin; il faut les démolir, car ils ne reculent pas. C'est ce que nous faisions avec conscience, nous les battions en brèche et le lendemain, à Zurich, ce fut un carnage comme celui du Mans.

« Cette masse stupide pensait s'échapper par une porte, pendant que nous forcions l'autre; l'infanterie était en tête. Korsakoff avait laissé sa cavalerie en ville. Deux divisions les attendaient au défilé, les pièces chargées; l'infanterie russe traversa boulets et mitraille, en poussant des cris sauvages qu'on entendait sur les deux lacs; la cavalerie, l'artillerie, la caisse et les bagages restèrent entre nos mains. Un corps de Condé fut écharpé; nos seigneurs demandaient quartier, on leur répondait à coups de baïonnette. Entre eux et nous pas de trêve, pas de miséricorde : vaincre ou mourir! nous ne connaissons que ça. Quelques-uns s'échappèrent. La ville est à moitié démolie, elle avait tiré sur nos parlementaires. Ce tas de Russes que je vois étendus autour du bivac, ne ressemblent pas à des hommes, ce sont de grosses masses; et, puisque les hussards autrichiens nous reprochaient la vermine, que devaient-ils penser de leurs amis?

« Voilà, Michel, l'espèce de gens qu'on nous détache pour nous rendre notre bon roi et pour détruire la liberté. Les hommes auront-ils le dessus sur les animaux? C'est toute la question.

« Notre brigade est restée en position depuis hier, la batterie a perdu deux lieutenants, je suis proposé par Sébastien Foy. Je serai nommé, ce qui m'est bien égal, car l'âge me donne droit au congé définitif, et, la campagne finie, à moins de nouveaux dangers pour le pays, je rentre au village.

« La division Mortier, la division Soult et deux autres divisions, sous le commandement du général en chef, sont parties à la rencontre de saint Nicolas Souvaroff, qui vient, par le Saint-Gothard, prendre le commandement des armées que nous avons battues, et marcher sur Paris. J'espère qu'on va bien le recevoir et que vous apprendrez bientôt du nouveau.

« Et sur ce, mon cher Michel, je vous embrasse; j'embrasse le petit Jean-Pierre, la citoyenne Marguerite, le citoyen Chauvel et toi, mon vieux camarade, de tout mon cœur. Et je dis à tous les amis, bons patriotes de là-bas, salut et fraternité.

« JEAN-BAPTISTE SÔME. »

Cette lettre de Sôme nous remplit tous d'enthousiasme; le père Chauvel surtout, affaissé depuis quelque temps, retrouva toute son énergie d'autrefois; il courut à la mairie en donner lecture aux autorités, et puis il convoqua les jacobins, maître Jean, Éloff, Manque, Genti, etc., et ce soir-là nous eûmes fête jusque passé dix heures.

XV

Quelques jours après, les journaux de Paris nous apportaient toutes les nouvelles depuis la bataille de Zurich : le passage de Souvaroff au Saint-Gothard; la retraite de Gudin; la défense des ponts du Diable, d'Urséren, de Wäsen et d'Amsteig par Lecourbe ; la surprise de Souvaroff aux environs d'Altorf, en apprenant que les armées de Korsakoff, de Hotze et de Jellachich étaient en pleine déroute; sa fureur de se voir entouré par nos divisions; sa retraite horrible à travers le Schachenthal et le Muttenthal, harcelé par nos troupes jusque dans les glaciers et dans des chemins affreux, parsemés de ses morts et de ses blessés; enfin son arrivée misérable à Coire; puis la dernière défaite de Korsakoff, entre Trüllikon et le Rhin, qui l'avait forcé de passer les ponts de Constance et de Diesenhofen, pour se sauver en Allemagne. Dix-huit mille prisonniers, dont huit mille blessés que les Russes avaient été forcés d'abandonner, cent pièces de canon, treize drapeaux, quatre généraux prisonniers, cinq généraux tués, parmi lesquels le général en chef Hotze, la reprise du Saint-Gothard et de Glaris, tout cela montrait que l'affaire avait été décisive.

Les mêmes gazettes parlaient aussi d'une grande victoire remportée par le général Brune sur les Anglo-Russes, à Kastrikum, en Hollande. La république n'avait donc plus rien à craindre de ses ennemis.

Ce qui fit rire surtout Chauvel c'est qu'on voyait, dans les mêmes journaux, deux petites lignes annonçant que le général Bonaparte avait débarqué le 17 à Fréjus, arrivant d'Égypte.

« Ah ! dit-il, son coup est manqué; il revenait pour nous sauver, et la république n'a plus besoin de lui. Doit-il être ennuyé ! Et maintenant j'espère qu'on va lui demander des comptes; car lorsqu'un pays vous a confié sa plus belle flotte, trente-cinq mille hommes de vieilles troupes, des canons, des munitions, un matériel immense, de revenir les mains dans les poches, comme un petit saint Jean, et de dire : « Tout est là-bas, allez-y voir ! » ce serait une mauvaise plaisanterie. Cette conduite abominable et sans exemple ouvrira les yeux de la nation ; les pères et mères des trente-cinq mille hommes qu'il vient d'abandonner vont lui crier : « Qu'as-tu fait de nos « enfants? Où sont-ils? Puisque le voilà, toi, « sain et sauf, toi qui devais nous les ramener, « et qui leur promettais six arpents de terre au « retour de l'expédition, nous espérons bien « que tu ne t'es pas retiré de la bagarre, en « les laissant au milieu des déserts! » Oui, cela ne peut pas manquer d'arriver. Nos directeurs et nos conseils, si lâches et si bas qu'on puisse les supposer, vont parler ferme.»

Pour dire la vérité, mon beau-père n'avait pas tort. Bonaparte lui-même a raconté plus tard, que si Kléber était revenu d'Égypte sans ordre, il l'aurait fait arrêter à Marseille, juger par un conseil de guerre et fusiller dans les vingt-quatre heures. Pourtant Kléber ne s'était chargé de rien, il n'avait pris aucune responsabilité; Bonaparte seul, sans même le prévenir de son départ, avait trouvé commode, au moment le plus difficile, de lui mettre toute l'affaire sur le dos, sachant bien que Kléber avait trop de cœur pour refuser le secours de son courage, à tant de pauvres diables abandonnés. Et il l'aurait fait fusiller!... c'est lui qui le dit. Qu'on juge d'après cela de l'égoïsme, de l'injustice et de la férocité d'un pareil homme. Se croyait-il donc plus de droits que Kléber? Non, mais il savait que personne en France n'était capable de la même barbarie et de la même malhonnêteté que lui-même, et voilà, depuis le commencement jusqu'à la fin, tout le secret de sa force.

Chauvel pensait qu'on allait au moins lui demander des comptes... Hélas ! le lendemain de cette magnifique campagne de Zurich, où Masséna venait de sauver la France, le jour même de son rapport, — simple et véridique, et non plein d'exagérations comme tant d'autres ! — ce jour même les gazettes ne parlaient que de Bonaparte. Ah! les frères Joseph, Louis et Lucien n'avaient pas laissé se refroidir l'enthousiasme pendant son absence; les gazettes et les petites affiches avaient été leur train; partout on lisait : « Le général Bonaparte est arrivé le 17 à Fréjus, accompagné des généraux Berthier, Lannes, Marmont, Murat, Andréossy et des citoyens Monge et Berthollet, il a été reçu par une foule immense de peuple, aux cris de « Vive la République ! » Il a laissé l'armée d'Égypte dans la position la plus satisfaisante.

« On ne peut rendre la joie qu'on a éprouvée, en entendant annoncer hier ces nouvelles aux spectacles. Des cris de « Vive la République ! Vive Bonaparte ! » des applaudissements tumultueux et plusieurs fois répétés se sont fait entendre de tous les côtés; tout le monde était dans l'ivresse. La victoire, qui accompagne toujours Bonaparte, l'avait devancé cette fois

Le général Lecourbe court défendre le pont du Diable. (Page 86.)

il avait peut-être gagné la bataille de Zurich et chassé les Anglais et les Russes de la Hollande!); la victoire, qui accompagne toujours Bonaparte, l'avait devancé cette fois, et il arrive pour porter les derniers coups à la coalition expirante. Ah! monsieur Pitt, quelle terrible nouvelle à joindre à celle de la défaite totale des Anglo-Russes en Hollande! Mieux eût encore valu la perte de trois autres batailles, que l'arrivée de Bonaparte! »

Et puis une ligne :

« Le général Moreau est arrivé à Paris. »

Il ne revenait pas d'Égypte, celui-là, il n'avait pas abandonné son armée; il s'était dévoué en Italie pour réparer les fautes des autres. Que voulez-vous? ce n'était pas un comédien, les Français aiment les comédiens!

Et le lendemain :

« C'est chez lui, rue de la Victoire, à la Chaussée-d'Antin, que Bonaparte est descendu hier. Il sera reçu aujourd'hui au Directoire exécutif. »

Et le lendemain :

« Bonaparte est allé hier, à une heure et demie, au Directoire exécutif. Les cours et les salles étaient remplies de personnes, qui s'empressaient pour voir celui dont le canon de la Tour de Londres annonça la mort il y a plus d'un an. Il a serré la main à plusieurs soldats, qui avaient fait sous lui les campagnes d'Italie. Il était en redingote, sans uniforme. Il portait un cimeterre attaché avec un cordon de soie. Il a adopté les cheveux courts. Le climat sous lequel il a vécu pendant plus d'une année, a

La retraite de Souvaroff. (Page 87.)

donné plus de ton à sa figure, qui était naturellement pâle. En sortant du Directoire, il est allé visiter plusieurs ministres, entre autres celui de la justice. »

Et puis :

« *Lucien Bonaparte est élu président du conseil des Cinq-Cents;* les secrétaires sont : Dillon, Fabry, Barra (des Ardennes) et Desprez (de l'Orne). »

Et puis :

« Le général Bonaparte a dîné avant-hier chez Gohier, président du Directoire. On a remarqué qu'il questionnait plus qu'il ne parlait lui-même. On lui a demandé ce qui avait le plus frappé les Égyptiens, de toutes les inventions que nous leur avions apportées ; il a répondu que c'était de nous voir boire et manger à la fois. »

Ainsi de suite du 22 vendémiaire au 18 brumaire. Et durant ce temps il n'était plus question ni de Masséna, ni de Souvaroff, ni d'Anglo-Russes; tous les journaux étaient pleins, du haut en bas, des victoires de Chebreiss, des Pyramides, de Sédiman, de Thèbes, de Beyrouth, du Mont-Thabor, de l'expédition de Syrie, de la dernière bataille d'Aboukir, des proclamations de Bonaparte, membre de l'Institut national, général en chef..., etc..., etc!

Tout cela nous avait rapporté grand'chose. Mais de la destruction de notre flotte, de l'horrible pillage de Jaffa, du massacre des prisonniers et des habitants de cette malheureuse ville; de l'épuisement de notre armée, de la peste qui la décimait, des dangers qui la menaçaient du côté de la mer et du désert, pas un mot. Que voulez-vous ? la comédie, toujours la comédie ! Et puis l'ignorance, la bêtise épouvantable du peuple; la bassesse des écrivains qui se vendent pour flagorner et glorifier ceux qui leur graissent la patte; la lâcheté de la foule, qui ne peut vivre sans maître; l'égoïsme de ceux qui veulent avoir part au gâteau; qu'on appelle cela chance, bonheur, génie, comme on voudra, tout cela réuni fait que les nations deviennent la proie des êtres rusés et cruels, qui les méprisent et les traitent à coups de botte et de cravache.

Enfin l'enthousiasme du peuple grandissait, quand, juste un mois après le retour de Bonaparte, on lut dans le *Moniteur* :

Bonaparte, général en chef, aux citoyens composant la garde sédentaire de Paris

« Du 18 brumaire an VIII de la République une et indivisible.

« Citoyens,

« Le conseil des Anciens, dépositaire de la sagesse nationale, vient de rendre le décret ci-joint. Il y est autorisé par les articles 102 et 103 de l'acte constitutionnel.

« Art. 1er. Le Corps législatif est transféré dans la commune de Saint-Cloud; les deux conseils y siégeront dans les deux ailes du palais.

Art. 2. Ils y seront rendus demain 19 brumaire, à midi. Toute continuation de fonctions, de délibération est interdite ailleurs et avant ce terme.

Art. 3. Le général Bonaparte est chargé de l'exécution du présent décret. Il prendra toutes les mesures nécessaires pour la sûreté de la représentation nationale. Le général commandant la 17e division militaire (c'était alors Lefèvre), la garde du Corps législatif, les gardes nationales sédentaires, les troupes de ligne qui se trouvent dans la commune de Paris, dans l'arrondissement constitutionnel, et dans toute l'étendue de la 17e division, sont mis immédiatement sous ses ordres et tenus de le reconnaître en cette qualité. Tous les citoyens lui prêteront main-forte à sa première réquisition.

Art. 4. Le général Bonaparte est appelé dans le sein du conseil, pour y recevoir une expédition du présent décret et prêter serment. (A quoi?) Il se concertera avec les commissions des inspecteurs des deux conseils.

Art. 5. Le présent décret sera de suite transmis par un message au conseil des Cinq-Cents et au Directoire exécutif; il sera imprimé, affiché, promulgué, et envoyé dans toutes les communes de la république par des courriers extraordinaires. »

Bonaparte continuait :

« Le conseil des Anciens me charge de prendre les mesures pour la sûreté de la représentation nationale; sa translation est nécessaire et momentanée. Le Corps législatif se trouvera à même de tirer la représentation du danger imminent, où la désorganisation de toutes les parties de l'administration nous conduit. Il a besoin, dans cette circonstance essentielle, de l'union et de la confiance des patriotes. Ralliez-vous autour de lui; c'est le seul moyen d'asseoir la République sur les bases de la liberté civile, du bonheur intérieur de la victoire et de la paix.

« *Vive la République !*

« BONAPARTE.

« Pour copie conforme,

« ALEXANDRE BERTHIER. »

Ensuite arrivait une proclamation de Bonaparte aux soldats :

« Soldats,

« Le décret extraordinaire du conseil des Anciens est conforme aux articles 102 et 103 de l'acte constitutionnel. *Il m'a remis le commandement de la ville et de l'armée.*

« Je l'ai accepté, pour seconder les mesures qu'il va prendre, *et qui sont tout entières en faveur du peuple.*

« La République est mal gouvernée depuis deux ans. Vous avez espéré que mon retour mettrait un terme à tant de maux ; vous l'avez célébré avec une union qui m'impose des devoirs que je remplis. Vous remplirez les vôtres, et vous seconderez votre général avec l'énergie, la fermeté et la confiance que j'ai toujours vues en vous. La liberté, la victoire et la paix replaceront la République au rang qu'elle occupait en Europe, et que l'ineptie ou la trahison ont pu seule lui faire perdre.

« *Vive la République !*

« BONAPARTE. »

L'étonnement des gens, en lisant ces proclamations, ne peut pas se figurer. Nous étions tranquilles, la république venait de remporter deux grandes victoires à Zurich et à Kastrikum, en Hollande ; nos ennemis étaient abattus, et voilà que tout à coup, sans aucune raison, Bonaparte déclarait que la république avait perdu son rang en Europe, et qu'il allait le rétablir dans son éclat. C'était tellement faux, que les plus bornés voyaient le mensonge. Et puis ce transport des deux conseils au village de Saint-

Cloud, pour les mettre sous la main des soldats, sans aucune défense, paraissait une véritable trahison ; c'est là ce qui faisait pousser des cris d'indignation aux patriotes; ils croyaient tous que le peuple de Paris allait se soulever; ils entraient l'un après l'autre à la bibliothèque, en criant :

« Eh bien ! ça chauffe maintenant à Paris ! »

Et Chauvel, qui se promenait de long en large, la tête penchée, leur répondait avec un sourire amer :

« Paris est bien tranquille. Paris regarde défiler les états-majors de Bonaparte. Pourquoi le peuple de Paris se souleverait-il, quand nous sommes ici bien paisibles à rêvasser, et qu'on crie dehors : « Vive Bonaparte ! ». Pour qui et pour quoi se ferait-il casser les os ? Pour conserver cette constitution de l'an III, qui le destitue de ses droits politiques ? Pour maintenir une poignée d'intrigants dans les places qu'ils se sont adjugées eux-mêmes ? Non ! je vais vous expliquer clairement la chose : *l'affaire présente est entre les bourgeois et les soldats.* Je la voyais venir depuis longtemps ; elle avait commencé au 13 vendémiaire, elle avait continué au 18 fructidor. L'armée, dans le fond, sera toujours pour le peuple, elle sort du peuple; ceux qui soutiennent les intérêts du peuple ont toujours l'armée ; voilà pourquoi la Convention, malgré les nécessités terribles du temps, a toujours pu compter sur les soldats, même contre leurs généraux. Aucun général n'aurait pu entraîner les soldats contre la république, car la république alors c'était eux-mêmes, leurs familles, leurs parents, leurs amis, la nation tout entière. Mais les anciens girondins et leurs amis de la plaine s'étant entendus pour faire le 9 thermidor, la séparation des intérêts du peuple et de la bourgeoisie a commencé ; la constitution de l'an III l'a confirmée ; depuis, de jour en jour elle s'est étendue. La république n'est plus une, indivisible, elle est partagée : la bourgeoisie a ses intérêts, le peuple a les siens ; entre les deux se trouve l'armée ; c'est elle qui va faire la loi. Il lui fallait une occasion, notre directeur Sieyès vient de la trouver ; depuis six mois il invente une conspiration des jacobins contre la république. Cet homme, le plus vaniteux que je connaisse, déteste le peuple, parce que le peuple veut des idées claires et qu'il ne comprend pas les idées creuses de l'abbé Sieyès ; il a laissé l'abbé Sieyès dans son marais, sans s'inquiéter de lui, sans demander comme les bourgeois de la Constituante : « Que faut-il faire, monsieur « l'abbé ? Que pensez-vous de notre conduite, « monsieur l'abbé ? Si vous ne parlez pas, mon- « sieur l'abbé, nous allons être bien em-

« barrassés ! » Le peuple et ses représentants l'ont tranquillement laissé rêver. Ils ont fait de grandes choses sans lui, malgré lui, car à sa mine on voyait que cet homme trouvait tout mauvais, mais il avait la prudence de se taire.

« Plus tard il a retrouvé ses amis au conseil des Anciens ; ils avaient eu peur ensemble, ils avaient tremblé dans leur peau plus d'une fois, cela les rendait en quelque sorte frères. La constitution de l'an III ne leur paraissait pas encore assez monarchique, et les directeurs Larevellière, Rewbell, Barras, etc., assez bourgeois ; ils ont fait leur coup de prairial. Sieyès est devenu directeur ; les journaux patriotes ont été saisis, leurs propriétaires, directeurs et rédacteurs déportés à Oléron, les clubs ont été fermés, les jacobins poursuivis ! Depuis six mois on ne parle que de terreur, de conspiration contre la république, pour avoir un prétexte d'arrêter les gens que l'on craint. Cela ne suffit pas. Sieyès a la constitution définitive de notre république dans sa poche ; et, comme elle ne cadre pas avec les idées de tout le monde, comme le peuple pourrait bien la repousser, il faut un général à Sieyès pour mettre le peuple à la raison, s'il se soulève. Il a tâté Moreau, Bernadotte ; il a choisi Joubert, mais Joubert est mort à Novi. Maintenant Bonaparte est revenu d'Égypte ; Bonaparte embrasse la constitution de Sieyès ; il la défend envers et contre tous, Sieyès et ses amis du conseil des Cinq-Cents n'en demandent pas plus ; ils livrent les deux Conseils à Bonaparte, en les transportant à Saint-Cloud ; ils donnent à Bonaparte le commandement des troupes, malgré la constitution. Demain nous verrons le reste. Je pense que, si l'affaire réussit, Bonaparte et les soldats voudront avoir aussi leur petite part dans le gouvernement ; les bourgeois n'auront pas tout. »

Chauvel clignait de l'œil, indigné de ce tour qu'il prévoyait, mais qui venait dans un moment où la république se portait si bien, qu'on aurait cru de pareilles gueuseries impossibles. Je crois encore aujourd'hui que, sans l'abbé Sieyès, Bonaparte, malgré son audace, n'aurait jamais osé faire le coup. Sieyès l'avait préparé, Bonaparte l'exécuta.

Le lendemain, on se précipitait dans notre boutique pour demander les journaux ; en quelques minutes ils étaient tous enlevés. Nous, dans notre bibliothèque, à dix ou douze amis et gens de la famille, nous lisions cette fameuse séance des Cinq-Cents, du 19 brumaire, à l'orangerie de Saint-Cloud, sous la présidence de Lucien Bonaparte. C'est moi qui lisais :

« La séance est ouverte à une heure et demie, dans l'orangerie de Saint-Cloud, aile gauche du palais, par la lecture du procès-verbal de la séance précédente.

« Gaudin. Citoyens, un décret du conseil des Anciens a transféré les séances du Corps législatif dans cette commune.

« Cette mesure extraordinaire doit être motivée sur des dangers imminents. En effet, on a déclaré que des factions puissantes menaçaient de nous déchirer ; qu'il fallait leur arracher l'espoir de renverser la république, et rendre la paix à la France, etc. »

Gaudin continuait ainsi, et finissait par demander qu'une commission fût nommée, pour faire son rapport sur la situation de la république et les mesures de salut public à prendre dans les circonstances. Il était interrompu.

« Delbrel. La constitution d'abord.

« Grandmaison. Je réclame la parole.

« Delbrel. La constitution ou la mort ! Les baïonnettes ne nous effrayent pas ; nous sommes libres ici.

« Plusieurs voix. Point de dictature !... A bas les dictateurs !

« Les cris de « Vive la constitution ! » s'élèvent.

« Delbrel. Je demande qu'on renouvelle le serment à la constitution ! »

Les acclamations se renouvellent. Une foule de membres se portent au bureau. Les cris : « A bas les dictateurs ! » recommencent.

« Le président Lucien Bonaparte. Je sens trop la dignité du Conseil, pour souffrir plus longtemps les menaces insolentes d'une partie des orateurs. Je les rappelle à l'ordre.

« Grandmaison. Représentants, la France ne verra pas sans étonnement que la représentation nationale et le conseil des Cinq-Cents, cédant au décret constitutionnel du conseil des Anciens, se sont rendus dans cette nouvelle enceinte, sans être instruits du danger, imminent sans doute, qui nous menace. On parle de former une commission pour proposer des mesures à prendre, pour savoir ce qu'il y a à faire. Il faudrait plutôt en proposer une pour savoir ce qui a été fait. »

Il finissait par s'écrier :

« Le sang français coule depuis dix ans pour la liberté, et je demande que nous fassions le serment de nous opposer au rétablissement de toute espèce de tyrannie.

« Une foule de voix. Appuyé ! appuyé ! Vive la république ! Vive la constitution ! »

Ce serment était prêté, et Bigonnet disait :

« Le serment que vous venez de renouveler occupera sa place dans les fastes de l'histoire, il pourra être comparé à ce serment célèbre que l'Assemblée constituante prêta au jeu de paume, avec cette différence qu'alors la représentation nationale cherchait un asile contre les baïonnettes de l'autorité royale, et qu'ici les armes qui ont servi la liberté sont entre des mains républicaines.

« Une foule de voix. Oui !.. oui !...

« Bigonnet. Mais le serment serait illusoire, si nous n'envoyions pas un message au conseil des Anciens, pour nous instruire des motifs de la convocation extraordinaire qui nous réunit ici. »

La séance continuait au milieu de l'agitation, on envoyait un message au Directoire, puis arrivait la lettre de Barras, qui donnait sa démission de directeur. Ce misérable disait :

« Citoyens représentants,

« Engagé dans les affaires publiques uniquement par ma passion pour la liberté, je n'ai consenti à accepter la première magistrature de l'État, que pour la soutenir dans le péril, etc. La gloire qui accompagne le retour du général illustre auquel j'ai eu le bonheur d'ouvrir le chemin de la gloire, les marques éclatantes de confiance que lui donne le Corps législatif, et le décret de la représentation nationale, m'ont convaincu que, quel que soit le poste où m'appelle désormais l'intérêt public, les périls de la liberté sont surmontés et les intérêts des armées garantis, etc. »

Ce filou avait l'air de se moquer des malheureux représentants, entourés de sabres et de canons, loin de tout secours.

Il paraît que ces longues délibérations fatiguaient Bonaparte ; il avait sans doute des espions dans la salle, qui lui rapportaient ce qu'on y disait, car, au moment où le représentant Grandmaison faisait entendre que la démission de Barras ne lui paraissait pas naturelle, qu'elle pouvait avoir été forcée, tout à coup un grand mouvement avait eu lieu, tous les regards s'étaient tournés vers la grande porte, où le général Bonaparte entrait, quatre grenadiers de la représentation derrière lui, et des officiers d'état-major plus loin, attentifs. Alors l'assemblée tout entière, indignée de voir ce soldat violer l'enceinte nationale, s'était levée en criant :

« Qu'est-ce que cela ?... Qu'est-ce que cela ? Des sabres ici... des hommes armés !... »

Beaucoup de membres s'étaient précipités de leurs bancs ; ils tenaient Bonaparte au collet et le poussaient dehors. Une foule de membres criaient, debout sur leurs sièges :

« Hors la loi !... hors la loi !... »

Ce cri terrible, qui avait fait trembler Robespierre, fit pâlir aussi cet homme. On l'a dit, il tomba même en faiblesse entre les bras de ses officiers. Mais le grand Lefèvre, que j'ai vu plus tard, un vrai troupier, natif de Rouffach, en Alsace, et qui ne connaissait que la consigne, s'était précipité dans la salle, à la tête de ses grenadiers, en criant : « Sauvons le général ! » Et il l'avait emporté.

Qu'on se figure le tumulte après cela. Le président Lucien Bonaparte, qui réclame le silence et crie épouvanté, parce qu'il sentait l'infamie de son frère :

« Le mouvement qui vient d'avoir lieu au sein du conseil, prouve ce que tout le monde a dans le cœur et ce que moi-même j'ai dans le mien. Il était cependant naturel de croire que la démarche du général n'avait pour objet que de rendre compte de la situation des affaires, ou de quelque objet intéressant la chose publique. Mais il crois qu'en tout cas nul de vous ne peut soupçonner...

« UN MEMBRE. Aujourd'hui Bonaparte a terni sa gloire.

« UN AUTRE. Bonaparte s'est conduit en roi.

« UN AUTRE. Je demande que le général Bonaparte soit traduit à la barre, pour y rendre compte de sa conduite.

« LUCIEN BONAPARTE. Je demande à quitter le fauteuil. »

Chazal occupe le fauteuil.

« DIGNEFFE. Quand le conseil des Anciens a usé du droit constitutionnel du Corps législatif, il a eu sans doute de puissants motifs. Je demande qu'on déclare quels sont les chefs et les agents de la conspiration qui nous menace. Avant tout je demande que vous preniez des mesures pour votre sûreté ; que vous déterminiez sur quels endroits s'étendra la police de votre enceinte.

« UNE FOULE DE VOIX. Appuyé.

« BERTRAND (DU CALVADOS). Lorsque le conseil des Anciens a ordonné la translation du Corps législatif en cette commune, il en avait le droit constitutionnel ; quand il a nommé un général, commandant en chef, il a usé d'un droit qu'il n'avait pas. Je demande que vous commenciez par décréter que le général Bonaparte n'a pas le commandement des grenadiers qui composent votre garde.

« UNE FOULE DE VOIX. Appuyé !

« TALOT. Le conseil des Anciens n'avait pas le droit de nommer un général ; Bonaparte n'a pas eu le droit de pénétrer dans cette enceinte sans y être mandé. Quand à vous, vous ne pouvez rester plus longtemps dans une telle position ; vous devez retourner à Paris. Marchez-y revêtus de votre costume, et votre retour y sera protégé par les citoyens et les soldats ; vous reconnaîtrez à l'attitude des militaires qu'ils sont les défenseurs de la patrie. Je demande qu'à l'instant vous décrétiez que les troupes qui sont actuellement dans cette commune fassent partie de votre garde. Je demande que vous adressiez un message au conseil des Anciens, pour l'inviter à rendre un décret qui vous ramène à Paris.

« DESTREM. J'appuie l'avis de Talot.

« BLIN. Six mille hommes sont autour de vous ; déclarez qu'ils font partie de la garde du Corps législatif.

« DELBREL. A l'exception de la garde du Directoire. Marche, président, mets aux voix cette proposition. »

On demande à grands cris le vote.

« LUCIEN BONAPARTE. Je ne m'oppose point à la proposition ; mais je dois faire observer qu'ici les soupçons paraissent s'élever avec bien de la rapidité et peu de fondement. Un mouvement, même irrégulier, aurait-il déjà fait oublier tant de services rendus à la liberté ?

« UNE FOULE DE VOIX. Non, non, on ne les oubliera pas !

« LUCIEN BONAPARTE. Je demande qu'avant de prendre une mesure, vous appeliez le général.

« BEAUCOUP DE VOIX. Nous ne le reconnaissons pas.

« LUCIEN BONAPARTE. Je n'insisterai pas davantage. Quand le calme sera rétabli dans cette enceinte ; quand l'inconvenance extraordinaire qui s'est manifestée sera calmée, vous rendrez justice à qui elle est due, dans le silence des passions.

« UNE FOULE DE VOIX. Au fait !... au fait !...

« LUCIEN BONAPARTE. Je dois renoncer à être entendu ; et, n'en ayant plus le moyen, je déclare déposer sur la tribune les marques de la magistrature populaire. »

« Lucien Bonaparte, dépouillé de son costume, descend de la tribune. Un peloton de grenadiers du Corps législatif entre. Un officier du corps des grenadiers est à sa tête. Le piquet, arrivé à la tribune, enlève Lucien Bonaparte et l'emmène dans ses rangs hors de la salle. »

Voilà le guet-apens bien réussi ; quand la ruse et le mensonge ne suffisent pas, quand les gens ne se laissent pas tromper, on emploie la force !

« Le tumulte éclate, les cris de fureur et d'indignation. Le pas de charge se fait entendre dans les escaliers qui conduisent à la salle. Les spectateurs s'élancent aux fenêtres. Les représentants du peuple sont debout et crient : « Vive « la république ! » Des grenadiers, l'arme au bras, envahissent le temple des lois, le général Leclerc à leur tête.

« Le général Leclerc élevant la voix :

« Citoyens représentants, on ne répond plus « de la sûreté du conseil. Je vous invite à vous « retirer. »

« Les cris de « Vive la république! » recommencent. Un officier des grenadiers du Corps législatif monte au bureau du président:
« Représentants, s'écrie-t-il, retirez-vous, le général a donné des ordres. »
« Le tumulte le plus violent continue. Les représentants restent en place. Un officier s'écrie: « Grenadiers, en avant! » Le tambour bat la charge. Le corps des grenadiers s'établit au milieu de la salle. L'ordre de faire évacuer la salle est donné par le général Leclerc, et s'exécute au bruit d'un roulement de tambours, pour couvrir les cris d'indignation et les protestations des députés. »

Je connais des écrivains qui dans le temps ont glorifié cela, et que d'autres Bonaparte ont fait empoigner et conduire en prison la nuit, comme des voleurs. Franchement ils l'avaient bien mérité. Quand on enseigne au peuple le respect et l'admiration de la ruse et de la violence; quand on n'a pas un cri pour relever le cœur des honnêtes gens et flétrir le crime, eh bien, il faut vous appliquer vos leçons; cela raffermit la morale de ceux qui pensent que la justice est éternelle et qu'elle s'exécute même quelquefois en ce monde.

Quant au reste de ce 19 brumaire, vous savez déjà que la majorité des Anciens, gagnée par Sieyès, était du complot. Ils tremblaient dans l'aile droite du palais. Le matin même, avant d'aller au Cinq-Cents, Bonaparte était venu leur faire un discours, comme il en faisait à ses soldats, criant qu'il existait une conspiration, que le conseil des Cinq-Cents voulait rétablir la Convention et les échafauds, que les directeurs Barras et Moulin avaient été jusqu'à lui proposer de renverser le gouvernement. On lui demandait des preuves, il n'en avait pas; il bégayait, il se fâchait, il se tournait vers ses soldats, deboutés à la porte, et leur criait:

« C'est sur vous, mes braves soldats, que je me repose... Je vois d'ici vos bonnets et vos baïonnettes. Vous ne m'abandonnerez pas, mes braves amis, que j'ai conduits à la victoire...»

Ainsi de suite. Ah! que les Anciens devaient se repentir d'avoir livré les deux Conseils et la nation à ce malheureux! Il était trop tard!

Pendant que les Cinq-Cents, repoussés de leur salle, couraient à Paris pour réveiller le peuple, s'il était possible, vingt-cinq ou vingt-six traîtres, restés en arrière, rentrèrent à la nuit dans la salle, sous la présidence de Lucien Bonaparte, complice de l'autre, et rendirent ce fameux décret qu'on attendait et par lequel le Directoire était supprimé, soixante et un des Cinq-Cents expulsés des conseils, le pouvoir exécutif confié à Sieyès, Roger-Ducos et Bonaparte, *le général*, sous le nom de Consuls, le Corps législatif ajourné à trois mois, et deux commissions législatives de vingt-cinq membres, chargées de veiller à la police et de reviser la constitution.

Les Anciens, restés en permanence, approuvèrent tout, cela va sans dire; et comme Chauvel l'avait prévu, le peuple n'ayant pas bougé, parce qu'il n'avait aucun intérêt à garder la constitution de l'an III, la nation fut dans le sac pour seize ans. Elle y serait peut-être encore sans les Allemands, les Anglais et les Russes! Oui, il faut enfin avoir le courage de le dire: si l'Europe tout entière, qu'il pillait et rançonnait, ne s'était pas levée contre cet homme, l'ancien régime, rétabli dans toute sa force au profit de la famille Bonaparte, avec son clergé, sa noblesse, ses majorats, ses privilèges et son despotisme abominable, écraserait encore notre malheureux pays.

Les bourgeois, s'il leur restait un peu de bon sens, durent alors comprendre que l'esprit de finasserie et d'égoïsme ne fait pas tout, et qu'avec un peu plus de justice, en faisant une part honnête au peuple dans leur constitution, elle aurait trouvé des milliers de défenseurs. Mais quand on veut tout happer et garder pour soi seul, il faut aussi tout défendre; Bonaparte, en criant *« qu'il venait rétablir les droits du peuple »* et jeter les avocats à la rivière, devait avoir de peuple pour lui, cela tombe sous le sens commun; chacun pour soi, Dieu pour tous! Les bourgeois en avaient donné l'exemple, le peuple le suivit.

Nous allions donc apprendre à connaître le gouvernement des soldats!

XVI

Tous les généraux présents à Paris avaient trempé dans le coup d'État; Moreau s'était même abaissé jusqu'à garder prisonniers au palais du Luxembourg, les deux seuls hommes de cœur du Directoire, Gohier et Moulin, qui n'avaient pas voulu donner leur démission, et qui se retirèrent, en protestant avec force contre ces infamies.

Le lendemain, Bonaparte quitta la petite maison de la rue de la Victoire avec son épouse, pour aller se loger au Luxembourg. Les consuls firent une proclamation à la nation et Bonaparte à l'armée; les soldats reçurent du vin, ils chantèrent, ils crièrent: Vive Bonaparte!» Le peuple, à Phalsbourg, s'en mêla, et l'on consomma plus de bière et de cervelas en ce jour, que durant plusieurs mois. Les patriotes ne bougèrent pas; quand le peuple et les soldats sont d'accord, il faut rester bien tranquille. Les autorités civiles et militaires avaient reçu des ordres, et dans une petite ville comme la nôtre, le maire, les adjoints, le secrétaire de la mairie, le brigadier de la gendarmerie, viennent vous avertir en secret. Nous avions reçu cet avis; le père Chauvel n'en avait pas besoin, il connaissait Bonaparte.

Les gazettes étaient pleines d'adhésions, de compliments, de félicitations, d'assurances de dévouement; Brune lui-même, un ancien ami de Danton, et qui lui devait ses premiers grades, le vainqueur du duc d'York en Hollande, écrivit au grand homme pour se soumettre. Masséna ne disait rien; il avait semé, l'autre récoltait: l'ingratitude du peuple devait l'indigner. Bonaparte, pour ne l'avoir pas si près de Paris, à la tête des vainqueurs de Zurich, l'envoya commander en Italie; Bernadotte, ayant vu le coup réussir à fond, se taisait; Championnet criait victoire; Augereau n'avait jamais tant aimé Bonaparte.

Mais ce qui fit frémir les honnêtes gens, ce fut la liste de ceux qu'on envoyait à Cayenne et dans l'île de Ré, cette liste où les brigands, les assassins signalés depuis longtemps, se trouvaient mêlés avec les représentants des Cinq-Cents, et des patriotes comme Jourdan, le sauveur de la France à Fleurus et à Wattignies. Alors on reconnut l'esprit d'abaissement de Bonaparte. Il paraît que lui-même apprit l'horreur de la foule, et qu'il comprit qu'en dépassant un certain point, la canaille elle-même pourrait se révolter; car on vit aussitôt dans les gazettes qu'il ne s'agissait pas de Jean-Baptiste Jourdan, le général, mais de Mathieu Jourdan, dit Coupe-Tête, le massacreur de la Guillotière, mort depuis des années. Cette humiliation d'un des plus vertueux citoyens fit de la peine à tout le monde.

Les deux commissions poursuivaient leur ouvrage à Paris; celle des Cinq-Cents, sous Lucien Bonaparte, celle des Anciens, sous Lebrun. Elles abolirent la loi des otages, elles établirent une taxe de guerre de vingt-cinq centimes par franc, à la place de l'emprunt forcé; elles proclamèrent l'étalon définitif des poids et mesures, ce qui fut un bien pour le commerce; elles mirent en ordre les lois déjà rendues pour notre code civil, et finalement elles nommèrent chacune leur commission *chargée d'arrêter un projet de constitution.*

C'est ce qu'on attendait avec impatience, car nous ne pouvions vivre dans l'état où nous étions, sous le genou d'un seul homme; nous aurions été plus malheureux que des serfs. Nous croyions que la nouvelle constitution allait nous rendre des droits, puisque tous étaient abolis, même ceux de la constitution de l'an III. Le père Chauvel seul riait, quand on lui parlait de nouvelles constitutions; il levait les épaules: cela signifiait bien des choses et vous mettait la mort dans l'âme.

Alors on connut enfin cette magnifique constitution, que Sieyès trimballait dans sa tête depuis cinq ans. Des images de Mirecourt, dont nous avons vendu beaucoup en ce temps, la représentaient sous la figure d'une pyramide d'Égypte. En haut était assis dans un fauteuil le grand électeur à vie, nommé par le sénat, assis au bas de la pyramide. Ce grand électeur devait recevoir six millions par an; il devait avoir une garde de trois mille hommes et vivre au palais de Versailles, comme Louis XVI. C'était la pièce principale de cette constitution. Le grand électeur ne devait avoir pour seule fonction que de nommer deux consuls, l'un de la paix et l'autre de la guerre, et puis de regarder d'en haut ce qui se passerait. A droite de la pyramide était assis le Corps législatif, à gauche le tribunat, et, en face du grand électeur, le conseil d'État. Le tribunat et le conseil d'État se disputaient ensemble sur les lois, le Corps législatif les écoutait, il prononçait son jugement. Quand au peuple, il était représenté sous la figure d'un maire qui dresse des listes, d'un commissionnaire qui les porte et d'un paysan qui les met dans une boîte.

Cette image faisait mourir de rire tous ceux qui la voyaient. On contait que Bonaparte lui-même s'en était fait du bon sang et qu'il avait dit à Sieyès:

« Ah çà! croyez-vous que la nation verrait avec plaisir un cochon dépenser six millions à Versailles sans rien faire? Et puis, connaissez-vous un homme assez bas, pour accepter une position pareille? »

Monsieur l'abbé n'avait su quoi répondre; il connaissait très-bien ce grand électeur!

Il paraît que Bonaparte trouva pourtant que la constitution de Sieyès avait du bon, car, le 13 décembre 1799, la nouvelle constitution ayant été publiée, nous vîmes que le sénat, le Corps législatif, le tribunat, le conseil d'État et même le grand électeur étaient conservés; seulement ce grand électeur, au lieu de ne rien faire, faisait tout; il s'appelait premier consul, et s'était donné deux camarades pour la forme:

« Le gouvernement est confié à trois consuls, nommés pour dix ans et indéfiniment rééligibles. La constitution nomme premier consul le citoyen Bonaparte, ex-consul provisoire; deuxième consul, le citoyen Cambacérès, ex-ministre de la justice; troisième consul, le citoyen Lebrun, ex-membre de la commission des Anciens.

« Le premier consul a des fonctions et des

Masséna venait de sauver la France. (Page 87.)

attributions particulières, dans lesquelles il est momentanément suppléé, quand il y a lieu, par un de ses collègues.

« Le premier consul promulgue les lois ; il nomme et révoque à volonté les membres du conseil d'État, les ministres, les ambassadeurs et autres agents extérieurs en chef ; les officiers de l'armée de terre et de mer, les membres des administrations locales et les commissaires du gouvernement près les tribunaux ; il nomme les juges criminels et civils autres que les juges de paix et les juges de cassation, sans pouvoir les révoquer.

« Le gouvernement propose les lois et fait les règlements nécessaires pour les exécuter ; il dirige les recettes et les dépenses de l'État ; il surveille la fabrication des monnaies. S'il est informé qu'il se trame quelque conspiration contre l'État, il peut décerner des mandats d'amener et des mandats d'arrêt. Il pourvoit à la sûreté intérieure et à la défense extérieure de l'État ; il distribue les forces de terre et de mer et en règle la direction. Il entretient des relations politiques au dehors, conduit les négociations, fait les stipulations préliminaires, signe, fait signer et conclut les traités de paix, d'alliance, de trêve, de neutralité, de commerce et autres conventions. Sous la direction des consuls, le conseil d'État est chargé de rédiger les projets de loi et les règlements d'administration publique, et de résoudre les difficultés qui s'élèvent en matière d'administration. »

Enfin, qu'est-ce qui restait aux autres, je le demande, et quelles garanties avions-nous ?

Le 18 brumaire. (Page 92.)

Qui pouvait s'opposer à la volonté du premier consul, qui ? Il avait tout fait, tout nommé du haut en bas : sénateurs, pour maintenir ou annuler les actes inconstitutionnels ; conseillers d'État, pour défendre les projets de loi ; tribuns pour les attaquer ; et par sa constitution il voulait continuer de tout faire, tout nommer et tout décider, car son Corps législatif était une vraie farce. Écoutez un peu :

« Les citoyens de chaque arrondissement communal désigneront ceux d'entre eux qu'ils croiront les plus propres à gérer les affaires publiques (un sur dix). Les citoyens compris dans ces listes communales désigneront également un dixième d'entre eux ; il en résultera une seconde liste départementale. Les citoyens portés sur la liste départementale désigneront pareillement un dixième d'entre eux, il en résultera une troisième liste. »

Vous croyez peut-être que ceux-ci vont enfin nommer les députés, pas du tout : « Ceux-là sont propres aux fonctions publiques nationales. »

« Toutes les listes faites dans les départements en vertu de l'article 9 (les dernières), seront adressées au sénat ; le sénat élit sur ces listes les législateurs, les tribuns, les consuls, les juges de cassation et les commissaires de la comptabilité. »

Et le sénat, qui l'avait nommé ? Les consuls ! — Je ne veux pas aller plus loin, cela suffit pour vous montrer dans quel état nous étions tombé : le premier consul faisait tout et la nation rien ! Quant aux discussions entre le conseil d'État et le tribunat dans la présentation des lois, c'était une espèce de mécanique montée pour faire croire que nous avions un gouvernement et que nous débattions nos intérêts; les uns attaquaient toujours le projet et les autres le défendaient toujours, comme Polichinelle à la foire donne toujours les coups de pied, et Jocrisse les reçoit toujours, en faisant des grimaces; on finit par rire malgré soi, tant la chose vous semble bête. Il paraît pourtant que le premier consul était jaloux de son théâtre, car plusieurs journaux s'étant permis d'exécuter les farces du tribunat et du conseil d'État, et de se disputer entre eux sur les projets, on vit un beau matin, au *Moniteur*:

« Arrêté du 27 nivôse. — Les consuls de la République, considérant qu'une partie des journaux qui s'impriment dans le département de la Seine sont des instruments dans les mains des ennemis de la République; que le gouvernement est chargé spécialement par le peuple français de veiller à sa sûreté, arrêtent ce qui suit :

« Art. Ier. Le ministre de la police ne laissera, *pendant toute la guerre*, imprimer, publier et distribuer que les journaux ci-après désignés: le *Moniteur universel*, le *Journal des débats et des décrets*, le *Journal de Paris*, le *Bien informé*, l'*Ami des lois*, la *Clef des Cabinets*, le *Citoyen français*, la *Gazette de France*, le *Journal des hommes libres*, le *Journal du soir*, le *Journal des défenseurs de la patrie*, la *Décade philosophique*. »

En tout treize journaux. Et, comme nous avions toujours la guerre, cela ne devait jamais finir. Après cela, chacun peut se figurer à quel degré d'abaissement, de stupidité et d'ignorance la nation fut bientôt réduite; d'autant plus que, pendant tout son règne, Bonaparte ne donna pas un centime pour l'instruction primaire, et ne s'inquiéta que des lycées et des hautes écoles pour la bourgeoisie et la noblesse. Mais en revanche, bien des gens oubliés revinrent sur l'eau; jamais on ne se fera l'idée de l'enthousiasme d'une foule d'anciens gentilshommes, de ci-devants écuyers, seigneurs, comtes, vicomtes, grandes dames, valets de cour, employés de la faisanderie ou de la cuisine, d'avoir enfin un homme devant qui se prosterner. Cela leur manquait depuis longtemps. Ce n'était pas le roi légitime, hélas, non ! C'était même un assez rude personnage, un soldat de fortune très-insolent, mais c'était le maître ! Et l'on se précipitait dans ses antichambres; on avait besoin de servir : il est si doux de servir !

Bonaparte aimait cette espèce de gens; il les recevait bien et disait que la vieille noblesse se reconnaît toujours à ses belles manières; qu'il faut être élevé là dedans de père en fils, pour s'en tirer aussi bien. Mais il n'était pas encore aux Tuileries, et c'est aux Tuileries qu'il voulait les recevoir.

En attendant, comme l'amour d'un homme ne remplace pas tout à fait l'amour de la patrie, et qu'il faut encourager ceux qui sont dans le bon chemin, en les marquant d'un signe, les consuls de la république arrêtèrent qu'il serait donné aux individus qui se distingueraient par une action d'éclat : 1° aux grenadiers et soldats, des fusils garnis d'argent; 2° aux tambours, des baguettes d'honneur garnies en argent; 3° aux militaires de troupes à cheval, des mousquetons d'honneur garnis en argent; 4° aux trompettes, des trompettes d'honneur en argent ; 5° que les canonniers pointeurs les plus adroits, qui dans une bataille rendraient le plus de services, recevraient des grenades d'or qu'ils porteraient sur le parement de leurs habits ; et que tout militaire qui aurait obtenu une de ces récompenses jouirait de cinq centimes de haute paye par jour.

Ainsi tout se payait comme dans notre boutique; la livre de sucre, tant; l'once de cannelle, tant ; le litre de vinaigre, tant ; le dévouement du soldat, tant ! du lieutenant, tant ! du capitaine, tant ! Tu courais le risque de perdre la vie, tant pour les risques, et nous sommes quittes ! Quant à ton dévouement, à tes sacrifices, ne m'en parle pas. Tout ce qui se paye et s'achète est de la marchandise ; laissons donc de côté la gloire. La gloire existait sous la république, quand les Jourdam, les Hoché, les Kléber, les Marceau se sacrifiaient avec des milliers d'autres pour la liberté, l'égalité et la fraternité; oui, la gloire était leur seule récompense ; ils ne voulaient ni titres, ni décorations, ni grosses pensions, ni gratifications ! Mais chaque fois qu'on me parle de la gloire que de gros profits, l'idée me vient de proposer au conseil municipal de m'élever une statue sur la place d'armes de Phalsbourg, pour avoir pendant quinze ans fourni mes compatriotes, contre beaux deniers comptants, de poivre, de gingembre, de clous de girofle et autres denrées coloniales. Les gens m'ont payé, c'est vrai; je me suis fait épicier dans mon intérêt, c'est encore vrai ; mais du moment que l'état militaire rapporte autant et plus de bénéfices en tous genres que l'épicerie, je ne vois pas pourquoi Michel Bastien, premier épicier de la commune, n'aurait pas sa statue aussi bien que Georges Mouton.

Tout cela, vous le voyez bien, c'est une plaisanterie : la gloire vient du dévouement ! Et Bonaparte comptait si peu sur le dévouement, qu'il n'avait jamais parlé que d'intérêt à ses soldats : « Soldats, je vais vous conduire dans les plus fertiles plaines du monde ! » — « Soldats, au retour de cette expédition, chacun de vous aura de quoi acheter six arpents de terre. » Maintenant ils n'avaient besoin de rien acheter, ils étaient dans les plus fertiles plaines du monde : la France ! riche en grains, riche en fourrages, riche en fruits, riche en bons vins, riche en denrées de toute sorte, et surtout riche en conscrits. Ils avaient gagné tous les droits que la nation avait perdus.

Après avoir joué contre nous, Bonaparte allait jouer contre l'Europe, pour donner des trônes à ses frères, la nation allait être forcée de lui fournir tous les enjeux ; mais comme il avait promis la paix au pays, et que cette promesse avait fait deux fois son élévation, il écrivit familièrement au roi d'Angleterre George III, que les Anglais et les Français pourraient fort bien s'entendre, dans l'intérêt de leur commerce, de leur prospérité intérieure et du bonheur des familles ; et qu'il s'adressait tout bonnement à lui, sans s'inquiéter de ses ministres, ni de ses chambres, ni de ses autres conseillers, parce que ces choses-là se traitent beaucoup mieux de camarade à camarade, comme on s'offre une prise de tabac.

Le roi George fut très-étonné de voir un petit gentilhomme corse lui frapper sur l'épaule. Il refusa de répondre, disant que la Constitution anglaise s'y opposait. Mais son premier ministre Pitt, qui nous avait déjà fait tant de mal, en payant les deux premières coalitions contre nous et débarquant les armées entières sur nos côtes, comprit très-bien que Bonaparte voulait rire, en flattant le peuple français de cette paix ; seulement, lui-même désirait la continuation de la guerre ; il répondit donc par une note, qui fut affichée dans les derniers villages : « Que notre révolution attaquait tout l'univers ; qu'elle était contraire aux propriétés, à la liberté des personnes, à l'ordre social et à la liberté de la religion ; que Sa Majesté George III ne pouvait avoir confiance dans nos traités de paix et nos promesses ; qu'il lui fallait d'autres garanties ; et que la meilleure garantie pour lui, serait le rétablissement de cette race de princes qui, durant tant de siècles, avaient su maintenir au dedans la prospérité de la nation française, et lui assurer de la considération et du respect au dehors ; qu'un tel événement écarterait à l'instant et dans tous les temps les obstacles qui s'opposaient aux négociations de paix ; qu'il assurerait à la France la jouissance incontestée de son ancien territoire, et donnerait à toutes les autres nations de l'Europe, par des moyens tranquilles et paisibles, la sécurité qu'elles étaient actuellement forcées de chercher par d'autres moyens, etc., etc. »

Cela signifiait que le roi George et son ministre regardaient l'existence de notre république, comme le plus grand danger que pussent courir toutes les familles de nobles, de princes et de rois, qui subsistent aux dépens des peuples en Europe. Ils s'étaient dit :

« Cette république périra, ou nous périrons ! La souveraineté d'un peuple ne peut exister à côté du droit divin des autres. »

Et c'était vrai. Bonaparte le savait bien ; — si les rois avaient voulu le recevoir dans leur famille, la paix et la fin de notre république ne se seraient pas fait attendre longtemps ; mais ni le roi George, ni François II, ni l'empereur Paul ne voulaient de lui ; la guerre était donc inévitable.

La république avait repoussé toutes les attaques des rois et tendu la main aux peuples ; elle avait répandu la connaissance des droits de l'homme jusqu'en Russie et fait trembler les despotes chez eux. Je suis sûr que les peuples auraient fini par la comprendre et l'aimer. Nos dernières victoires, pendant que notre meilleure armée et presque tous nos meilleurs généraux étaient en Égypte, prouvaient que nous avions de la force encore pour vingt ans, et dans ces vingt ans l'esprit de liberté, de justice et de dévouement au genre humain aurait marché toujours.

Depuis l'arrivée de Bonaparte, l'intérêt seul avait pris le dessus ; il voulait une place parmi les rois, et c'est nous qui devions la gagner. La guerre devint alors forcée. Seulement, comme Bonaparte était un homme très-fin, il sentait que la lutte serait longue, et voulut d'abord tout préparer, mettre de l'ordre non-seulement dans ses troupes, mais encore dans le pays, pour avoir tout sous la main, tirer ses ressources sans encombre des moindres hameaux, ne rencontrer d'obstacles et de résistance nulle part, et pouvoir pomper l'argent, le sang, la vie, jusque sur le roc vif de la nation. C'est de là que nous est venue la fameuse organisation territoriale du 28 pluviôse an VIII (11 février 1800), et l'établissement des préfectures et sous-préfectures, que tant d'écrivains ont admirées, sachant bien pourtant qu'elles ne peuvent s'accorder avec la justice et la liberté de notre pays.

Avant la révolution, nous avions eu les assemblées provinciales, composées de prêtres et de nobles, pour régler les intérêts de la province et les impôts de chacun ; plus tard, sous la Constituante et la Convention, nous avions eu des assemblées municipales, nommées par tous les citoyens sans exception, pour régler les affaires de la commune, et des assemblées primaires au chef-lieu du district, pour l'élection des députés, des juges, des administrateurs, etc. Tout le monde était content ; on vivait, on prenait part aux affaires de son canton, de sa ville, de son village, du département et du pays tout entier. Les citoyens pauvres recevaient même une indemnité pour se rendre aux assemblées de district.

Ensuite, par la constitution de l'an III, nous avions eu des assemblées primaires composées seulement de tous ceux qui payaient des contributions directes ! Mais c'est égal, on était toujours attaché aux intérêts de son pays, et puis on avait des affaires municipales ; c'est dans les assemblées municipales qu'on apprenait à défendre ses intérêts ; tous ceux qui se trouvaient nommés de ces assemblées, soit comme simples membres, soit comme officiers municipaux chargés de fonctions particulières, pouvaient dire : « Je représente mes concitoyens. Ce que je fais, c'est pour moi-même, mes amis, ma ville, mon village. » Nul étranger n'avait le droit de se mêler des affaires municipales ou communales. Robespierre, le premier, avait envoyé des agents municipaux dans les chefs-lieux de département, des surveillants, mais pas de gens ayant mission de se mêler de ce qui ne les regardait pas ; pourvu que la république eût son compte en argent et en hommes, il n'en demandait pas davantage.

Eh bien, cela ne suffisait pas à Bonaparte : il trouvait que les gens étaient encore trop libres ; qu'il n'étaient pas assez sous sa poigne ; qu'ils s'occupaient encore trop de leurs propres affaires ; que leur propre commune les regardait moins que lui, et qu'il devait leur nommer, non-seulement un surveillant, mais un maire chargé de tout faire chez eux à leur place, de recevoir ses ordres et de forcer les citoyens à les remplir. On continuait de nommer des conseillers municipaux, mais quand le conseil municipal ne s'accordait pas avec le maire, représentant du premier consul, le conseil municipal était dissous et le maire avait raison quand même.

C'est ce que la nouvelle organisation appelait « l'administration proprement dite. » Au-dessus du maire était le sous-préfet, au chef-lieu d'arrondissement, car l'organisation territoriale créait trois cent quatre-vingt-dix-huit arrondissements, au-dessus des six à sept mille cantons de la république ; et au-dessus du sous-préfet était le préfet, au chef-lieu du département, tous chargés de procurer l'exécution de ce que voulait le premier consul, d'être les premiers consuls de la commune, de l'arrondissement et du département : de nommer à toutes les fonctions, qui bon leur semblait, et de plier quiconque résisterait.

Quand un citoyen avait à se plaindre du dernier de leurs agents, il ne pouvait pas lui demander réparation en justice (article 75 de la constitution de l'an VIII) et devait s'adresser d'abord au conseil d'État, pour en obtenir l'autorisation ; et comme le premier consul nommait aussi les préfets, les sous-préfets et les maires, lesquels nommaient, eux, leurs agents de police, leurs gardes champêtres, etc., le conseil d'État, nommé par le premier consul, ne donnait jamais ou presque jamais l'autorisation de les poursuivre ; de sorte qu'il fallait rester chez soi, ne pas bouger, et, quand on sortait, tirer le chapeau jusqu'au dernier mouchard, dans la crainte perpétuelle de recevoir des soufflets, et d'aller en prison si l'on avait le malheur d'y répondre, sans aucun espoir d'obtenir réparation.

Tout le reste de cette organisation, que des écrivains célèbrent comme le chef-d'œuvre de l'esprit humain, était dans le même genre. Tout revenait au premier consul ; il avait la gloire et la responsabilité de tout, et sa responsabilité devait se réclamer au conseil d'État, dont chaque membre était nommé par lui et révocable à volonté.

La nation n'existait donc plus que pour fournir des soldats et de l'argent à Bonaparte. Jamais aucun peuple n'était tombé plus bas.

XVII

Après avoir établi cette magnifique organisation, balayé quelques poignées de Bretons révoltés et fusillé leurs chefs, Bonaparte, tranquille sur ses derrières, donna le commandement des armées du Danube et du Rhin à Moreau.

Il rassemblait en même temps près de Dijon une armée dans le plus grand secret. Les Autrichiens, alors maîtres de l'Italie, assiégeaient Gênes, près de nos frontières ; et tout à coup le premier consul, ayant assez réuni de troupes, courut se mettre à leur tête et passa les Alpes, comme Souvaroff l'année d'avant, mais avec beaucoup moins de peine, parce que le Saint-Gothard était défendu, qu'il avait fallu l'enlever de force, et que le passage du Saint-Bernard était libre ; il coupa la retraite des Autrichiens et perdit contre Mélas la bataille de Marengo, qui fut regagnée aussitôt par Desaix et Kellermann.

Pendant ce temps Moreau battait l'ennemi, les 5, 6, 7 et 8 mai à Engen, à Stokach, à Mœskirsch, et lui faisait dix mille prisonniers ; il s'emparait de Memmingen, culbutait les Autrichiens à Biberach le 9, et passait le Danube seulement le 22 juin, parce qu'il avait ordre du premier consul de ne pas s'avancer trop vite, pour lui laisser le temps de descendre en Italie et de tomber sur les derrières des Autrichiens. Moreau suivit son ordre. Ensuite il battit Kray à Hochstædt, Neresheim et Nordlingen, tandis que Lecourbe, commandant son aile droite, envahissait le Vorarlberg, et se rendait maître de Feldkirch et de toute la haute montagne jusqu'en Valteline; mais toutes ces victoires furent encore arrêtées par la nouvelle des préliminaires d'Alexandrie, comme les succès de Hoche en 97, par la nouvelle des préliminaires de Léoben. Bonaparte, le seul grand homme de France, le seul général hors ligne, revint en triomphe. Tout ce qu'on avait vu jusqu'alors d'adoration, de ravissement et d'enthousiasme, de platitude, soit en actions, soit en paroles, pour flagorner un homme et pour exalter son orgueil, n'était pas même comparable à ce que l'on fit, à ce que l'on vit, à ce qu'on lut dans les gazettes.

Eh bien, tout cela ne suffisait plus au premier consul. En voyant les hommes se courber à ses pieds et chercher tous les moyens de se rendre méprisables, l'idée des anciens chambellans, des anciens maîtres de cérémonie, des dames d'honneur pour son épouse, des costumes brodés d'or, des valets en rouge, en bleu, en vert, avec des galons, toute cette mascarade lui parut convenable; d'ailleurs il avait les émigrés sous la main, — le peuple qui travaille et sue ne sent pas toujours bon ; — mais ces émigrés, pressés dans les corridors et les antichambres, sentaient bon; ils avaient rapporté de leurs voyages l'eau de Cologne de Jean-Joseph Farina tout exprès. Il fit rayer de la liste par milliers ces gens qui n'avaient pas cessé de combattre la patrie; il fit aussi rayer les prêtres réfractaires, et ne se gêna plus de dire, même en plein conseil d'État :

« Avec mes préfets, mes gendarmes et mes prêtres, je ferai tout ce que je voudrai. »

C'était juste, il pouvait tout faire!

Mais ces choses ne me regardent plus; l'égoïsme d'un homme qui tue toutes les grandes idées de liberté, d'égalité, d'humanité; qui pompe le sang de ma patrie, pour la grandir lui et sa famille sur les ossements de deux millions cinq cent mille Français; qui veut rétablir chez nous les coutumes et les distinctions barbares d'il y a mille ans ; qui veut faire reculer le progrès et qui finit par nous attirer deux fois l'invasion des Cosaques, des Anglais et des Allemands, la vie et la gloire de cet homme n'est pas un sujet qui me plaise; j'en détourne les yeux avec tristesse, et s'il m'arrive d'en parler encore par la suite, ce sera malgré moi.

Chauvel avait vu ces choses froidement; il se penchait, ses lèvres se tiraient; il regardait presque toujours à terre, comme dans un mauvais rêve. Quelquefois il criait :

« Ah! quel malheur de vivre trop longtemps !... Si j'avais pu mourir à Landau, quand le canon tonnait et que l'on chantait : « Allons « enfants de la patrie ! »

Il se plaisait aussi dans ces derniers temps à porter les enfants; nous en avions alors trois, Jean-Pierre, Annette et Michel. C'était sa joie d'interroger Jean-Pierre sur les droits de l'homme :

« Qu'est-ce que l'homme, Jean-Pierre?

— Un être libre et raisonnable fait pour la vertu.

— C'est cela; viens que je t'embrasse. »

Il se penchait et puis reprenait sa marche rêveuse.

Ma femme souffrait de voir son père malade. La plus grande souffrance humaine c'est de se demander :

« Est-ce que Dieu existe? »

Eh bien, nous pensions à cela. Pendant quinze ans tous les honnêtes gens ont pu se demander : « Est-ce que Dieu existe? » d'autant plus que le clergé, le pape, tous ceux qu'on disait établis depuis le Christ, pour garder et défendre la justice contre la barbarie, venaient s'agenouiller devant Bonaparte. Il avait rétabli leur culte : ils se prosternaient devant César!

Ainsi les peuples ont vu de mon temps ce que c'était qu'un César, et ce que c'était qu'une religion représentée par des prêtres qui ne songent qu'aux biens de la terre, et leur sacrifient sans pudeur jusqu'aux apparences de la foi.

Mais l'Être suprême est toujours là, comme le soleil nous éclaire toujours, l'Être suprême regarde toujours ses enfants; il leur sourit en disant:

« N'ayez pas peur... Que ces choses ne vous effrayent pas... Je suis l'Éternel; la liberté, l'égalité, la fraternité sont ma loi, et même quand vos os seront tombés en poussière, mon souffle vous rendra la vie. Ne craignez donc rien; ceux qui vous font peur expieront bientôt leurs crimes; je les vois, je les juge, et c'est fini de leur toute puissance. »

Tout le monde désirait la paix, les Autrichiens peut-être encore plus que nous, car nos avant-postes s'étendaient jusqu'à Lintz, et rien ne pouvait plus empêcher Moreau de marcher sur Vienne, c'est là qu'il aurait dicté la paix aux ennemis; mais l'entrée de Moreau à Vienne, aurait effacé la gloire de Marengo : le premier consul signa les préliminaires le 28 juillet. Il s'était trop dépêché; l'empereur François II avait un traité secret de subsides avec l'Angleterre, et, malgré le danger de sa position, il ne voulut pas ratifier les préliminaires et désavoua même son agent à Paris, comme ayant dépassé ses pouvoirs.

Nos généraux reçurent aussitôt l'ordre de dénoncer l'armistice, et la guerre allait recommencer, quand les Autrichiens demandèrent une prolongation de quarante-cinq jours, ce qui leur fut accordé, moyennant la cession d'Ingolstadt, d'Ulm et de Philipsbourg. En même temps la France et l'Autriche envoyèrent à Lunéville leurs plénipotentiaires, Cobentzel et Joseph Bonaparte, pour tâcher de s'entendre et d'arrêter le traité définitif. Quelques Anglais s'y trouvaient aussi, mais seulement pour écouter.

Cela fit rouler le commerce dans nos environs, car cette espèce de gens vivent bien; ils ont bonne table, chevaux, valets, et ne se refusent rien dans aucun genre de contentement et de satisfaction.

Ce congrès traîna pendant tout le mois de septembre, celui d'octobre et la meilleure partie de novembre. On ne savait ce qui s'y passait. C'est là qu'on envoyait les plus belles truites de nos rivières, le gibier, le meilleur vin d'Alsace, jusqu'au moment où les Autrichiens eurent refait leurs armées. Alors les Anglais s'en allèrent; Cobentzel, Joseph Bonaparte et leurs gens restèrent seuls, et l'on apprit que nous étions encore une fois en campagne : Macdonald dans les Grisons, Brune en Italie, Augereau sur le Mein, Moreau en Bavière.

Il faisait un froid extraordinaire, un temps de neige qui me rappelait la Vendée et notre marche de Savenay en 93. C'était en novembre; quinze jours après, l'archiduc Jean et Moreau se rencontraient à Hohenlinden, aux sources de l'Isaar, dans les Alpes tyroliennes, au milieu des tourbillons de neige chassés par le vent. Sôme s'y trouvait; il m'écrivit quelques jours après une lettre que j'ai perdue, mais qui nous représenta ce pays et cette bataille comme si nous les avions eus sous les yeux.

Moreau tourna l'ennemi dans une immense forêt de hêtres et de sapins; il le prit en tête et en queue, et l'anéantit. C'est la dernière grande victoire de la république gagnée par des républicains, et celle peut-être où le génie de la guerre se montra le mieux dans son horrible grandeur. Bonaparte en était tellement jaloux, qu'il a toujours dit que Moreau ne savait pas ce qu'il faisait ; qu'il n'avait pas donné l'ordre à Richepanse de tourner l'ennemi et que tout était arrivé par hasard. Si le hasard gagne les batailles, son génie à lui était bien peu de chose, car il n'a jamais montré que celui-là. Ses découvertes ne l'ont pas fait nommer à l'Institut, je pense; son idée de nous ramener au temps de Charlemagne et à la monarchie universelle n'avait pas le sens commun, ni ses inventions de comtes, de ducs, de barons, de chambellans, de majorats : toutes ces vieilleries, contraires à l'égalité, — qu'il voulait donner pour du neuf, et que les flagorneurs nous représentent comme des inventions sublimes, — sont tombées à plat aussitôt que ses sabres et ses baïonnettes n'étaient plus là pour les soutenir.

Enfin tout cela ne l'empêcha pas de s'attirer le bénéfice de la victoire, comme à l'ordinaire.

Après ce coup terrible, Moreau passa l'Inn, la Salza, l'Ens, ramassant les canons, les caissons, les drapeaux et les traînards par milliers; il fit quatre-vingts lieues en douze jours, et se trouvait aux portes de Vienne, lorsque l'archiduc Charles, qui remplaçait au commandement son pauvre frère Jean, demanda un armistice. Moreau ne parlait pas sans cesse des malheurs du genre humain, mais il avait des entrailles pour ses soldats; il ne mettait pas son orgueil, — que les imbéciles appellent la gloire, — avant tout; il ne pensait pas à poser le pied sur la gorge d'un prince ou d'un empereur, pour lui faire crier grâce. Sa campagne était complète ; elle dégageait tout le monde, en Italie, dans les Alpes, en Allemagne. Au lieu d'entrer à Vienne, il accorda l'armistice, qui fut signé le 25 décembre à Steyer, à condition que l'Autriche traiterait séparément de l'Angleterre, que les places du Tyrol et de la Bavière seraient livrées aux Français ; et c'est de Moreau que nous eûmes la paix, cette paix tant promise !... que ni les ronflantes batailles d'Italie, ni le passage du Saint-Bernard, ni la victoire de Marengo, racontée de vingt manières différentes par Bonaparte, n'avaient pu nous assurer. Moreau montra que les batailles décisives frappent l'ennemi sur son propre terrain, comme un coup de tonnerre dans sa maison, et non pas au loin, derrière des fleuves et des lignes de montagnes qui lui permettent de se remettre, de se réunir et de recevoir des secours.

Hohenlinden est le modèle de toutes les grandes batailles qu'on a vues depuis; je ne dis pas dans les détails, mais dans le plan général, dans l'ensemble, dans la première idée, et c'est le principal. Moreau faisait la grande guerre, que d'autres ont voulu pousser jusqu'à Moscou; mais dans les meilleures choses il faut toujours conserver une certaine mesure; la vraie règle du génie, sa limite, c'est le bon sens; quand on la dépasse, il ne peut arriver que des malheurs.

Après Hohenlinden, Cobentzel et Joseph Bonaparte, restés à Lunéville, n'avaient plus grand'chose à se dire; le premier consul leur signifia que la France garderait la rive gauche du Rhin; que l'Autriche conserverait l'Adige; qu'elle renoncerait pour toujours à la Toscane, et qu'elle indemniserait les princes dépossédés sur la rive gauche, aux dépens des princes ecclésiastiques d'Allemagne.

Quand on est le plus faible, on plie les épaules, c'est ce que fit Cobentzel; d'autant plus que l'empereur Paul Ier venait de se déclarer pour Bonaparte, qui lui rendait son île de Malte, et que ce dangereux maniaque pouvait tomber sur l'Autriche d'un moment à l'autre.

Mais il faut que je vous raconte maintenant une chose épouvantable, qui me touche, moi, ma famille et mes amis, plus que toutes ces vieilles histoires de guerres et de traités, dont il ne reste plus même l'ombre en ce monde; une chose dont on trouve à peine quelques exemples chez les peuples des temps barbares, où le droit, la justice, les tribunaux, les juges, n'existaient pas même encore en rêve.

Depuis le 18 brumaire et la proclamation de la constitution de l'an VIII, qui donnait au premier consul toutes les forces et tous les droits de la nation, Chauvel, voyant la république perdue, restait tranquille. Nous vivions entre nous sans parler de politique; notre petit commerce allait très-bien et nous occupait tous, en nous détournant des tristes pensées. Maître Jean s'était déclaré pour la nouvelle constitution; il disait que du moment qu'on garantissait au peuple les biens nationaux, nous n'avions plus rien à réclamer; qu'il fallait d'abord rétablir l'ordre après cette terrible révolution; que les Droits de l'homme viendraient ensuite. Il se faisait vieux! Et comme Chauvel s'était permis un soir dans notre bibliothèque de lui lancer quelques traits mordants sur les satisfaits, il ne venait plus nous voir.

« Je n'en veux pas à ton beau-père, me disait-il quelquefois, en me rencontrant dehors, sur le chemin des Baraques ou dans les champs, mais c'est un homme avec lequel on ne peut plus causer; il devient aigre et ne se gêne pas pour vous faire de la peine. »

Je pensais:

« Non; il vous a dit vos vérités, cela ne plaît pas aux gens qui n'ont rien à lui répondre. »

Mon père venait toujours les dimanches dîner avec nous; mais le pauvre homme, lui, trouvait tout bien du moment que ses enfants étaient heureux. Chauvel l'aimait et l'estimait beaucoup, sans lui parler jamais de politique. Etienne était employé depuis quelques mois dans la maison de Simonis, à Strasbourg. Nous vivions donc seuls, occupés de notre commerce; nos anciens amis du club de l'Égalité ne venaient même plus causer à la nuit derrière notre petit poêle; chacun se tenait dans son coin; les plus hardis, comme Elof Collin, se montraient encore plus prudents que les autres.

Et, dans le temps même où nous recevions la lettre de Sôme, était arrivée la nouvelle de cette fameuse machine infernale, qui manqua de faire sauter Bonaparte le 24 décembre 1800, à huit heures du soir, dans la rue Saint-Nicaise. Le premier consul allait des Tuileries à l'Opéra; une charrette chargée d'un tonneau s'était rencontrée sur son passage, et le cocher venait à peine de l'éviter au tournant de la rue, que le tonneau, plein de poudre, éclatait, tuant et blessant cinquante-deux personnes.

Tous les treize journaux criaient ensemble que les jacobins avaient fait le coup, et l'on pense bien que c'était une raison de plus pour se tenir tranquille.

Un soir, le 17 janvier, oui, c'est bien ce jour-là... comme tout vous revient quand on a souffert: ces choses se sont passées depuis soixante-huit ans et je les ai encore sous les yeux!... C'était au temps des grandes neiges. Après le travail de la journée, nous étions occupés de nos petits ouvrages dans la bibliothèque. Marguerite avait porté les deux enfants Annette et Michel dans leur lit, et le petit Jean-Pierre dormait sur sa chaise, car il voulait entendre causer et finissait toujours par dormir, sa grosse joue rouge sur la table. Il faisait grand vent dehors; c'est à peine si de temps en temps le bruit de la sonnette nous éveillait de nos rêveries, en forçant l'un ou l'autre d'aller servir deux sous d'huile, une chopine d'eau-de-vie, une chandelle de six liards. Le père Chauvel collait le papier, Marguerite et moi nous faisions les cornets, et les minutes se suivaient lentement. Sur le coup de dix heures, Marguerite, craignant de voir l'enfant tomber de sa chaise, le prit et l'emporta, la tête sur son épaule; il dormait comme un bienheureux.

A peine était-elle montée, que la porte de la boutique s'ouvrit au large, et que plusieurs individus se précipitèrent de notre côté. Nous les voyions par les petites vitres, c'étaient des étrangers, de grands gaillards en demi-manteau et chapeau à cornes, selon le temps: de

Qui fut regagnée aussitôt par Desaix et Kellermann. (Page 100.)

mauvaises figures. Nous étions tout saisis, l'un d'entre eux, le chef (il avait des moustaches et portait l'épée) entra, et, montrant Chauvel, il dit aux autres :

« Voilà notre homme... je le reconnais... Qu'on l'arrête ! »

Chauvel, tout pâle, mais ferme, lui dit :

« Qu'on m'arrête ! Pourquoi ? Vous avez votre mandat d'amener ? Vous connaissez l'article 76 de la constitution, l'article 81...

— Hé ! cria l'autre en levant les épaules, assez d'avocasseries, le temps des avocasseries est passé ! Qu'on l'empoigne et en route ! »

Et comme je me réveillais de ma surprise, comme j'allais sauter sur mon sabre, pendu au mur, il le vit et me dit :

« Toi, mon garçon, tâche de rester tranquille, ou bien il t'arrivera malheur. Canez, enlevez ce sabre ! Les clefs, voyons les clefs ! procédons vivement ! »

Deux de ces brigands m'empoignèrent; pendant que je les soulevais, un troisième me prit par derrière à la gorge, et j'entendis dehors Chauvel, qu'on entraînait, me crier :

« Michel, ne te défends pas, ils te tueraient ! » Ce sont les dernières paroles de ce brave homme que j'ai entendues. On me tordait les bras, on me donnait des coups de genoux dans les reins, on me fouillait, et l'on finit par m'écraser dans le vieux fauteuil.

« C'est bien, je tiens les clefs, dit l'officier de police, qu'on le laisse. — Mais, si tu bouges, gare !... »

Alors j'étais comme brisé, je n'entendais

Michel, ne te défends pas, ils te tueraient. (Page 104.)

plus rien ; je voyais qu'ils ouvraient les tiroirs du bureau, de l'armoire ; qu'ils répandaient les papiers, qu'ils les choisissaient. Le chef, sur notre propre table, écrivait; deux autres ouvraient les lettres, les lisaient et les lui passaient. Les portes de la bibliothèque et de la boutique étaient restées ouvertes, la chaleur s'en allait, il faisait froid. Ces gens travaillaient toujours. Dehors, dans la boutique, on allait, on venait, on bouleversait tout. Je vomissais le sang, mes crachements m'avaient repris : la rage, la douleur, le chagrin, le désespoir m'étouffaient. Je ne pensais à rien, j'étais abruti. L'officier parlait et donnait ses ordres comme chez lui ;

« Voyez cette caisse... Ouvrez ce tiroir... Fermez cette porte... Il ne reste plus de feu au poêle... Non... Tant pis!... Allons, continuons... Oui, je crois que c'est tout. »

Les misérables avaient pris une bouteille d'eau-de-vie et des verres dans l'armoire ; ils buvaient en travaillant ; ils prenaient du tabac dans la tabatière de Chauvel, restée sur la table.... Que voulez-vous ? Schinderhannes ! la bande de Schinderhannes, sans foi ni loi, sans cœur ni honneur.

Tout à coup ils partirent, me laissant là. Il pouvait être une heure du matin. J'essayai de me lever, mes genoux tremblaient; je me levai pourtant, et, comme j'arrivais à la porte de la bibliothèque, je vis le plancher de la boutique tout blanc de neige, l'autre porte ouverte sur la rue. En trébuchant, je sentis quelque chose contre mes pieds ; je me baissai... c'était

Marguerite! Je la crus morte, et toutes mes forces me revinrent. Je la levai en poussant un gémissement terrible, et je la portai dans notre lit. Elle avait entendu le cri de son père. Elle m'a toujours dit depuis : — « Je l'ai entendu crier : « Adieu !.... adieu, mes enfants ! » et puis la voiture rouler ; alors je suis tombée. »

Voilà ce qu'elle m'a dit plus tard, car longtemps ma femme est restée comme folle, entre la vie et la mort. Le docteur, que je courus chercher la même nuit, en la voyant hochait la tête et disait :

« Ah ! quel malheur, mon pauvre Bastien, quel malheur ! Ce sont des scélérats ! »

Il était pourtant maire de la ville, mais la force de la conscience l'emportait ! Oui, c'étaient de vrais scélérats !

Enfin c'est tout ce que j'avais à vous dire ; depuis, je n'ai jamais entendu parler de Chauvel : c'était fini pour toujours.

Les enfants criaient et pleuraient cette nuit-là ; et les gens, le matin, les bonnes femmes venaient nous voir comme on va dans une maison mortuaire, consoler les survivants ; mais personne n'osait parler du sort de Chauvel, tout le monde frémissait. On avait raison, car Bonaparte avait dit en son conseil d'État, où l'on parlait de tribunal et de justice, et même de tribunal spécial, il avait dit :

« L'action du tribunal serait trop lente, trop circonscrite. Il faut une vengeance plus éclatante pour un crime aussi atroce ; il faut qu'elle soit rapide comme la foudre ! il faut du sang ; il faut fusiller autant de coupables qu'il y a eu de victimes, quinze ou vingt, en déporter deux cents, et profiter de cette circonstance pour purger la république.

« Cet attentat est l'œuvre d'une bande de scélérats, de septembriseurs, qu'on retrouve dans tous les crimes de la révolution. Lorsque le parti verra son quartier général frappé et que la fortune abandonne les chefs, tout rentrera dans l'ordre, les ouvriers reprendront leurs travaux, et dix mille hommes qui dans la France tiennent à ce parti et sont susceptibles de repentir, l'abandonneront entièrement. Je serais indigne de la grande tâche que j'ai entreprise et de ma mission, si je ne me montrais pas sévère dans une telle occurrence. La France et l'Europe se moqueraient d'un gouvernement qui laisserait impunément miner un quartier de Paris, ou qui ne ferait de ce crime qu'un procès ordinaire. Il faut conduire cette affaire en hommes d'État ; je suis tellement convaincu de la nécessité d'un grand exemple, que je suis prêt à faire comparaître devant moi les scélérats, à les juger, et à signer leur condamnation. »

Ainsi Bonaparte nous traitait de scélérats, de brigands, nous qu'il savait innocents de la machine infernale, puisqu'il fit bientôt après condamner les vrais coupables, qui étaient tous des royalistes à la solde de l'Angleterre. Chauvel était le scélérat et Bonaparte l'honnête homme ! Il l'avait dit aussi des Cinq-Cents, du Directoire et de tous ceux dont il voulait se débarrasser : c'étaient tous des scélérats qui conspiraient contre la république ; lui seul voulait la sauver. Il le dit aussi plus tard du duc d'Enghien : le duc d'Enghien, en Allemagne, voulait l'assassiner !

Cent trente-trois patriotes disparurent en vertu du sénatus-consulte de l'an IX, *le premier du consulat!* Bonaparte disait plus tard, en riant, que ce sénatus-consulte avait sauvé la république, que personne depuis n'avait plus bougé ! Non, personne n'a plus bougé, même quand les Russes, les Allemands, les Anglais marchaient sur Paris. — Tout ce qui fait une nation, l'amour de la justice, de la liberté, de la patrie, était mort.

Mais il est temps que je finisse cette longue histoire.

Je passe sur la paix d'Amiens, qui ne fut qu'une suspension d'armes, comme toutes les paix de Bonaparte ; sur le concordat, où le premier consul rétablit chez nous les évêques, les ordres religieux, les impôts pour l'Église, tout ce que la révolution avait aboli, ce qui lui valut le bonheur d'être couronné par Pie VII, à Paris. Alors il se crut Charlemagne ! Je ne vous parlerai pas non plus de cette lutte terrible de la France contre l'Angleterre, où Bonaparte, voulant ruiner les Anglais, nous réduisit tous, nous et nos alliés, à la plus grande misère ; ni des batailles qui se suivaient de semaine en semaine, de mois en mois, sans jamais rien finir ; ni des *Te Deum* pour Austerlitz, Iéna, Wagram, la Moskowa, etc. Napoléon Bonaparte était le maître, il prenait des deux, des trois cent mille hommes tous les ans ; il revenait sur les anciennes conscriptions ; il établissait les impôts, les monopoles, il faisait les proclamations, nous appelant « ses peuples ! » Il écrivait les articles des gazettes, lançait des décrets du fond de la Russie, pour organiser le Théâtre-Français ; enfin, la comédie, toujours la comédie !...

Ces torrents d'hommes qu'il levait, passaient chez nous. Il fallait les voir, les entendre, après leurs batailles, leurs campagnes ; quels héros !... Comme ils vous traitaient les bourgeois ! On aurait dit qu'ils étaient d'une autre race, qu'ils nous avaient conquis ; le dernier d'entre eux se regardait comme bien au-dessus d'un ouvrier, d'un paysan, ou d'un marchand qui vivaient de leur travail. Ces vainqueurs des vainqueurs, ces bourreaux des crânes, à force de rouler le monde, de batailler, de marauder, de piller, en Italie, en Espagne, en Allemagne, en Pologne, n'avaient pour ainsi dire plus de patrie; cela ne connaissait plus sa province, son village ; cela vous regardait père et mère, frères et sœurs d'un œil farouche, et ne pensait plus qu'à l'avancement, à son petit verre, à son tabac et à l'empereur.

Je pourrais vous dire comment il fallait se battre, s'empoigner tous les jours, *s'allonger des coups de torchon* avec ces défenseurs de la patrie. A chaque instant, dans notre boutique, malgré ma patience et les recommandations de ma femme, j'avais des affaires désagréables ; il fallait décrocher le sabre et faire un tour au fond de Fiquet, pour montrer à cette race insolente que ceux de 92 ne tremblaient pas devant ceux de 1808. J'en conserve encore deux petites balafres que j'ai bien rendues! Quant à réclamer chez les supérieurs, ils vous riaient au nez, et vous répondaient en clignant de l'œil:

« Ah! c'est encore un tour de la Fougère ou de La Tulipe; il n'en fera pas d'autre! »

Voilà tout.

Ceux qui survivent de mon temps, vous répéteront ces choses honteuses pour une nation comme la nôtre. Les barbares de la Russie, les cosaques du Don, que nous avons vus arriver à leurs trousses, n'étaient pas aussi effrontés envers les honnêtes femmes, aussi insolents avec les bourgeois paisibles. On avait commencé par le pillage, on continuait par le pillage. On n'avait parlé que de bien boire, de bien manger, de happer des richesses, et cinq ou six ans après les campagnes d'Italie, quand la bonne semence avait levé, quand elle s'était étendue, figurez-vous ce que cela devait être.

Ce qui m'a toujours fait de la peine, c'est la facilité du peuple à suivre le mauvais exemple. La France est un pays riche en vins, en grains, en produits de toute sorte, grand par son commerce, par ses fabrications, par sa marine. Rien ne nous manque; avec le travail et l'économie, nous pouvons être la plus heureuse nation du monde. Eh bien, cela ne suffisait plus, on voulait dépouiller les autres, on ne parlait que de bonnes prises. A l'ouverture de chaque campagne, on calculait d'avance ce que cela rapporterait, les grandes villes où l'on passerait, les contributions forcées que l'on frapperait.

Pendant que Bonaparte trafiquait des provinces, donnait à celui-ci la Toscane, à celui-là le royaume de Naples ou la Hollande, ou la Westphalie ; qu'il promettait et se rétractait; qu'il ajoutait, retranchait, retenait ; qu'il se faisait nommer protecteur des uns, roi des autres, et puis adjugeait des couronnes à ses frères, à ses beaux-frères; attirait les gens sur notre territoire, sous prétexte d'amitié, pour arranger leurs affaires, comme ce malheureux roi d'Espagne, et les empoignait ensuite au collet et les jetait en prison, ou bien demandait des armées à ses alliés, et puis les faisait prisonnières, en se déclarant ennemi! Quand il se livrait à ces abominations, les inférieurs du haut en bas, riaient, se réjouissaient, trouvaient que c'était bien joué, et s'adjugeaient des tableaux, des candélabres, des saint-sacrements, etc.

Les fourgons défilaient et l'on disait :

« Ce sont les fourgons de tel maréchal, de tel général, de tel diplomate; c'est sacré ! »

Les soldats arrivaient ensuite, leurs poches pleines de frédérics, de souverains, de ducats; l'or roulait!... Oh! le triste souvenir! Après avoir tant parlé de justice et de vertu, nous finissions comme des bandits.

Aussi vous connaissez la vraie fin de tout cela ; vous savez que les peuples, indignés d'être au pillage, tombèrent sur nous tous ensemble, Russes, Allemands, Anglais, Suédois, Italiens, Espagnols, et qu'il fallut rendre tableaux, provinces, couronnes, avec une indemnité d'un milliard, ce qui fait mille millions. Ces peuples mirent garnison chez nous, ils restèrent dans nos places fortes, jusqu'à ce qu'on leur eût remboursé le dernier centime; ils nous reprirent aussi les conquêtes de la république, de vraies conquêtes celles-là : l'Autriche et la Prusse nous avaient attaqués injustement, nous les avions vaincues, et les possessions de l'Autriche dans les Pays-Bas, toute la rive gauche du Rhin, étaient devenues françaises par les traités. Eh bien, ils nous reprirent aussi ces conquêtes, les meilleures : *c'est ce que nous a valu le génie de Bonaparte.*

Mais une fois sur ce chapitre, on n'en finit plus. Revenons à mon histoire.

Je n'ai pas besoin de vous dire ce que Marguerite et moi nous pensions du premier consul après l'enlèvement de notre père, ni ce que nous en disions à nos enfants, le soir entre nous, en leur rappelant le brave homme qui les avait tant aimés ! Ces douleurs-là, chacun peut s'en faire une idée; ma femme en resta pâle et souffrante pendant quinze ans, jusqu'à la fin de l'empire. Alors elle fut un peu consolée, sachant Bonaparte à Sainte-Hélène, sur un rocher sans mousse ni verdure, au milieu de l'Océan, avec sir Hudson Lowe. Elle reprit un peu de couleurs; mais en attendant quel chagrin! Et malheureusement ce n'était pas le seul; malgré la prospérité de notre commerce, nous recevions chaque jour de nouveaux coups.

En 1802, l'ancien conventionnel Jean-Bon Saint-André, ci-devant membre du Comité de

Salut public, fut envoyé par Bonaparte à Mayence, pour arrêter, juger et vivement expédier une quantité prodigieuse de bandits, qui désolaient les deux rives du Rhin. Il avait l'habitude de ces choses, et bientôt une liste de soixante à soixante-dix coquins, leur capitaine Schinderhannes en tête, fut affichée à la porte de notre mairie, avec leur signalement. Dans le nombre se trouvait Nicolas Bastien! Pour mon compte, cela m'était bien égal; j'ai toujours pensé que chacun n'est responsable que de ses propres actions, et j'ai vu cent fois que dans les mêmes familles se trouvent d'honnêtes gens et de mauvais gueux, des êtres intelligents et des crétins, des hommes sobres et des ivrognes; cela se voit plus souvent que le contraire.

J'étais donc tout consolé et ma femme aussi. Mais mon pauvre père en reçut un coup terrible; dès le premier moment, il fut obligé de se coucher, et chaque fois que j'allais le voir aux Baraques il me répétait:

« Ah! mon bon Michel, que Dieu lui pardonne! mais cette fois Nicolas ne m'a pas manqué! »

Il pleurait comme un enfant et mourut tout à coup en 1803. Ma mère alors, au lieu de venir chez nous vivre tranquillement avec ses petits-enfants, se mit en route, et ne cessa plus de faire des pèlerinages pour l'âme de Nicolas, soit à Marienthal, soit ailleurs. Quelques mois après une vieille Alsacienne de sa société vint nous dire, en récitant son chapelet, que ma mère s'était éteinte à Sainte-Odile, sur une botte de paille; que le curé l'avait enterrée chrétiennement, et que les cierges ni l'eau bénite n'avaient pas manqué. Je payai les cierges et l'eau bénite, bien désolé d'une mort si triste, car ma mère aurait pu vivre encore dix ans, en suivant mes conseils.

Ainsi la famille se resserrait de plus en plus, et les amis aussi s'en allaient. Après Hohenlinden, nous ne reçûmes plus aucune nouvelle de mon vieux camarade Sôme; il était sans doute mort des fatigues de la campagne. Longtemps nous attendîmes une lettre de lui; mais au bout de cinq ou six ans, n'ayant rien reçu, nous comprîmes que c'était aussi fini de ce côté. Marescot et Lisbeth, élevés dans les honneurs, ne pensaient plus à nous; ils étaient devenus plus bonapartistes que Bonaparte, et nous étions restés républicains. De temps en temps les gazettes nous donnaient de leurs nouvelles : « Madame la baronne Marescot avait fait des achats dans tel magasin!... Elle avait assisté au bal de la cour, avec M. le baron Marescot. » Ils étaient partis pour l'Espagne, etc. » Enfin, ils étaient du grand monde.

Maître Jean nous restait encore en 1809. Il avait abandonné depuis longtemps sa petite forge des Baraques, et demeurait à sa belle ferme de Pickeholtz, avec dame Catherine, Nicole, mon frère Claude et ma sœur Mathurine. Tous les jours de marché il arrivait sur son char-à-bancs, faire chez nous ses provisions de sucre, d'huile, de vinaigre, après la vente des grains. L'enlèvement de Chauvel l'avait d'autant plus frappé, qu'il s'était d'abord déclaré pour Bonaparte, à cause de son amour de l'ordre et de la garantie des biens nationaux. Il n'était plus venu nous voir. Mais, à la nouvelle du malheur, malgré sa grande prudence, c'est lui que nous avions vu le premier accourir, en gémissant. Il n'osait parler de Chauvel devant Marguerite, mais chaque fois qu'elle sortait, il me disait :

« Et pas de nouvelles? toujours pas de nouvelles ?
— Non !
— Ah ! mon Dieu ! quel malheur pour moi de n'avoir pas cru ton beau-père, lorsqu'il criait contre le despote ! »

Maître Jean aimait nos enfants, et nous demandait chaque fois de lui en laisser un. Comme alors nous avions trois garçons et deux filles, dans l'intérêt de l'enfant nous étions presque décidés, sachant que maître Jean l'élèverait bien, qu'il l'instruirait et nous en ferait un bon cultivateur.

« Eh bien, me dit un jour Marguerite, qu'il prenne Michel, c'est le plus fort. »

Mais je lui répondis :

« Ce n'est pas celui-là qu'il voudrait; sans qu'il me l'ait dit, je suis sûr qu'il voudrait Jean-Pierre.
— Pourquoi ?
— Parce qu'il ressemble à ton père. »

Marguerite, pour cette raison, aurait aussi voulu le conserver; elle pleura, mais finit pourtant par se décider. Alors tous les mardis maître Jean nous amenait Jean-Pierre en char-à-bancs; nous dînions ensemble et nous faisions en quelque sorte une seule famille. Marguerite allait aussi quelquefois à Pikeholtz.

En 1809, maître Jean tomba malade sur la fin de l'automne; Jean-Pierre lui-même, alors âgé de quatorze ans, vint me chercher de grand matin, disant que maître Jean voulait me parler; qu'il était bien malade. Je partis aussitôt. En arrivant à Pickeholtz, je trouvai mon ancien maître dans l'alcôve à grands rideaux de serge, et du premier coup d'œil je compris qu'il était très-mal, et même qu'il y avait danger de mort. Le médecin de Sarrebourg, M. Bouregard, était venu cinq fois. C'était le troisième jour de la maladie; et voyant dame

Catherine pleurer, je compris ce que le médecin avait dit.

Maître Jean ne pouvait plus parler ; en me voyant, il me montra le tiroir de sa table de nuit :

« Ouvre ! » dit-il des lèvres.

J'ouvris. Dans le tiroir se trouvait un papier écrit tout entier de sa main :

« Pour les petits-enfants de Chauvel, » fit-il avec effort.

Et je vis que des larmes lui coulaient sur les joues. Il n'avait plus la force de respirer et voulut encore dire quelque chose, mais il ne put que me serrer la main. J'étais dans le plus grand trouble, et comme sa respiration allait toujours plus vite, en s'embarrassant, je compris que l'agonie commençait. Il m'avait attendu, chose qui se présente très-souvent. Il se retourna ; dix minutes après, comme je m'étais assis près du lit, n'entendant plus rien, je l'appelai :

« Maître Jean ! »

Mais il ne répondit pas ; ses bonnes grosses joues commençaient à pâlir, et ses lèvres se relevaient tout doucement en souriant ; on aurait cru le voir à la petite forge, lorsque Valentin disait une bêtise, et qu'il le regardait de haut en bas, en levant les épaules.

Ai-je besoin de vous peindre notre désolation ? Non ! ces choses-là sont trop ordinaires dans la vie ; que chacun se rappelle la mort de ceux qu'il a le plus aimés ! Pour moi c'étaient tous mes souvenirs de jeunesse, représentés par mon second père, qui s'en allaient ; pour dame Catherine, c'était le meilleur des hommes, cinquante ans de paix intérieure et d'amour ; pour toute la ferme, c'était un bon maître, un ami de la justice et de l'humanité.

Je m'arrête... Ici finit mon histoire ; bientôt mon tour viendra ; je dois un peu me reposer et me recueillir, avant d'aller rejoindre tous ces anciens dont je vous ai parlé.

Maître Jean Leroux nous léguait à Marguerite et à moi, « pour les petits-enfants de son ami Chauvel, » sa ferme de Pickeholtz, à la condition de regarder dame Catherine comme notre mère, de garder Nicole, Claude et Mathurine jusqu'à la fin de leurs jours, et de penser quelquefois à lui.

Ces conditions n'étaient pas difficiles à remplir : elles étaient écrites d'avance dans notre cœur.

Peu de temps après, Marguerite, nos enfants et moi, nous allâmes vivre à la ferme, après avoir cédé notre commerce à mon frère Étienne. Depuis, je n'ai pas cessé de cultiver nos champs, d'en acheter de nouveaux et de prospérer. Voyez ce que j'ai dit au premier chapitre.

Et sur ce, je prie Dieu de nous accorder à tous encore quelques années de calme et de santé. Si nous avions les Droits de l'homme en plus, je mourrais content.

FIN DE LA QUATRIEME ET DERNIÈRE PARTIE.

SÉNATUS-CONSULTE

QUI AUTORISE L'ACQUISITION EN FRANCE

DE BIENS DESTINÉS A REMPLACER LA PRINCIPAUTÉ DE GUASTALLA,

CÉDÉE AU ROYAUME D'ITALIE

PAR LA PRINCESSE PAULINE ET LE PRINCE BORGHÈSE, SON ÉPOUX.

(Du 14 août 1806.)

Napoléon, par la grâce de Dieu et les Constitutions de la République, empereur des Français, à tous présents et à venir, salut.

Le Sénat, après avoir entendu les orateurs du Conseil d'État, a décrété, et nous ordonnons ce qui suit :

Art. 1er. La principauté de Guastalla ayant été, avec l'autorisation de S. M. l'Empereur et Roi, cédée au royaume d'Italie, il sera acquis, du produit de cette cession et en remplacement, des biens dans le territoire de l'empire français.

2. Ces biens seront possédés par S. A. I. la princesse Pauline, le prince Borghèse son époux, et les descendants nés de leur mariage, de mâle en mâle, quant à l'hérédité et à la réversibilité, quittes de toutes charges, de la même manière que devait l'être ladite principauté, et aux mêmes charges et conditions, conformément à l'acte du 30 mars dernier.

3. Dans le cas où Sa Majesté viendrait à autoriser l'échange ou l'aliénation des biens composant la dotation des duchés relevant de l'empire français, érigés par les actes du même jour 30 mars dernier, ou de la dotation de tous nouveaux duchés ou autres titres que Sa Majesté pourra ériger à l'avenir, il sera acquis des biens en remplacement, sur le territoire de l'empire français, avec le prix des aliénations.

4. Les biens pris en échange ou acquis seront possédés, quant à l'hérédité et à la réversibilité, quittes de toutes charges, conformément aux actes de création desdits duchés ou autres titres, et aux charges et conditions y énoncées.

5. Quand Sa Majesté le jugera convenable, soit pour récompenser de grands services, soit pour exciter une noble émulation, soit pour concourir à l'éclat du trône, elle pourra autoriser un chef de famille à substituer ses biens libres, pour former la dotation d'un titre héréditaire que Sa Majesté érigerait en sa faveur, réversible à son fils aîné, né ou à naître, et à ses descendants en ligne directe de mâle en mâle, par ordre de primogéniture.

6. Les propriétés ainsi possédées sur le territoire français, conformément aux articles précédents, n'auront et ne conféreront aucun droit ou privilège relativement aux autres sujets français de Sa Majesté et à leur propriété.

7. Les actes par lesquels Sa Majesté autoriserait un chef de famille à substituer ses biens libres, ainsi qu'il est dit à l'article précédent, ou permettrait le remplacement en France des dotations des duchés relevant de l'empire, ou autres titres que Sa Majesté érigerait à l'avenir, seront donnés en communication au Sénat et transcrits sur ses registres.

8. Il sera pourvu, par des règlements d'administration publique, à l'exécution du présent sénatus-consulte, et notamment en ce qui touche la jouissance et conservation tant des propriétés réversibles à la couronne, que des propriétés substituées en vertu de l'article 5.

PREMIER STATUT IMPÉRIAL

Napoléon, etc. ; vu le sénatus-consulte du 14 août 1806, nous avons décrété et décrétons ce qui suit :

Art. 1er. Les titulaires des grandes dignités de l'empire porteront le titre de prince et d'altesse sérénissime.

2. Les fils aînés des grands dignitaires auront de droit le titre de duc de l'empire, lorsque leur père aura institué en leur faveur un majorat produisant 200,000 fr. de revenus.

Ce titre et ce majorat seront transmissibles à leur descendance directe et légitime, naturelle ou adoptive, de mâle en mâle, et par ordre de primogéniture.

3. Les grands dignitaires pourront instituer, pour leur fils aîné ou puîné, des majorats sur lesquels seront attachés des titres de comte ou de baron, suivant les conditions déterminées ci-après :

4. Nos ministres, les sénateurs, nos conseillers d'État à vie, les présidents du Corps législatif, les archevêques, porteront pendant leur vie le titre de comte.

Il leur sera, à cet effet, délivré des lettres-patentes scellées de notre grand sceau.

5. Ce titre sera transmissible à la descendance directe et légitime, naturelle ou adoptive, de mâle en mâle, par ordre de primogéniture, de celui qui en aura été revêtu ; et, pour les archevêques, à celui de leurs neveux qu'ils auront choisi, en se présentant devant le prince archichancelier de l'empire, afin d'obtenir à cet effet nos lettres-patentes, et en outre aux conditions suivantes :

6. Le titulaire justifiera, dans les formes que nous nous réservons de déterminer, d'un revenu net de 30,000 fr. en biens de la nature de ceux qui devront entrer dans la formation des majorats.

Un tiers desdits biens sera affecté à la dotation du titre mentionné dans l'article 4, et passera avec lui sur toutes les têtes où ce titre se fixera.

7. Les titulaires mentionnés en l'article 4 pourront instituer, en faveur de leur fils aîné ou puîné, un majorat auquel sera attaché le titre de baron, suivant les conditions déterminées ci-après :

8. Les présidents de nos colléges électoraux de département, le premier président et le procureur général de notre Cour de cassation, le premier président et le procureur général de notre Cour des comptes, les premiers présidents et les procureurs généraux de nos Cours d'appel, les évêques, les maires des trente-sept bonnes villes qui ont droit d'assister à notre couronnement, porteront pendant leur vie le titre de baron, savoir : les présidents des colléges électoraux lorsqu'ils auront présidé le collége pendant trois sessions, les premiers présidents, procureurs généraux et maires, lorsqu'ils auront dix ans d'exercice, et que les uns et les autres auront rempli leurs fonctions à notre satisfaction.

9. Les dispositions des articles 5 et 6 seront applicables à ceux qui porteront pendant leur vie le titre de baron ; néanmoins, ils ne seront tenus de justifier que d'un revenu de 15,000 fr., dont le tiers sera affecté à la dotation de leur titre, et passera avec lui sur toutes les têtes où ce titre se fixera.

10. Les membres de nos colléges électoraux de département qui auront assisté à trois sessions des colléges, et qui auront rempli leurs fonctions à notre satisfaction, pourront se présenter devant l'archichancelier de l'empire, pour demander qu'il nous plaise de leur accorder le titre de baron ; mais ce titre ne pourra être transmissible à leur descendance directe et légitime, naturelle ou adoptive, de mâle en mâle, et par ordre de primogéniture, qu'autant qu'ils justifieront d'un revenu de 15,000 fr. de rente, dont le tiers, lorsqu'ils auront obtenu nos lettres-patentes, demeurera affecté à la dotation de leur titre, et passera avec lui sur toutes les têtes où il se fixera.

11. Les membres de la Légion d'honneur, et ceux qui à l'avenir obtiendront cette distinction, porteront le titre de chevalier.

12. Ce titre sera transmissible à la descendance directe et légitime, naturelle ou adoptive, de mâle en mâle, par ordre de primogéniture, de celui qui en aura été revêtu, en se présentant devant l'archichancelier de l'empire, afin d'obtenir à cet effet nos lettres-patentes, et en justifiant d'un revenu net de 3,000 fr. au moins.

13. Nous nous réservons d'accorder les titres que nous jugerons convenables aux généraux, préfets, officiers civils et militaires, et autres de nos sujets qui se seront distingués par les services rendus à l'État.

14. Ceux de nos sujets à qui nous aurons conféré des titres, ne pourront porter d'autres armoiries ni avoir d'autres livrées que celles qui seront énoncées dans les lettres-patentes de création.

15. Défendons à tous nos sujets de s'arroger des titres et qualifications que nous ne leur aurions pas conférés, et aux officiers de l'état civil, notaires et autres, de les leur donner ; renouvelant, autant que besoin serait, contre les contrevenants, les lois actuellement en vigueur.

En notre palais des Tuileries, le 1ᵉʳ mars 1808.

Signé : NAPOLÉON.

Le second statut impérial, daté du même jour, prescrivait les règles de l'institution et de la composition des majorats, et déterminait leurs effets quant aux personnes et quant aux biens. En voici le préambule :

« NAPOLÉON, etc. ; Nos décrets du 30 mars 1806, et le sénatus-consulte du 14 août de la même année, ont établi des titres héréditaires avec transmission des biens auxquels ils sont affectés.

« L'objet de cette institution a été non-seulement d'entourer notre trône de la splendeur qui convient à sa dignité, mais encore de nourrir au cœur de nos sujets une louable émulation, en perpétuant d'illustres souvenirs et en conservant aux âges futurs l'image toujours présente des récompenses qui, sous un gouvernement juste, suivent les grands services rendus à l'État.

« Désirant de ne pas différer plus longtemps les avantages assurés par cette grande institution, nous avons résolu de régler par ces présentes les moyens d'exécution propres à l'établir et à garantir sa durée.

« La nécessité de conserver dans les familles les biens affectés au maintien des titres, impose l'obligation de les excepter du droit commun, et de les assujettir à des règles particulières qui, en même temps qu'elles en empêcheront l'aliénation ou le démembrement,

(Si nous avions les droits de l'homme en plus, je mourrais content. (Page 109.)

préviendront les abus, en donnant connaissance à tous nos sujets de la condition dans laquelle ces biens sont placés.

« En conséquence, et comme l'article 8 du sénatus-consulte du 14 août 1806 porte qu'il sera pourvu par des règlements d'administration publique à l'exécution dudit acte, et notamment en ce qui touche la jouissance et la conservation tant des propriétés réversibles à la couronne que des propriétés substituées en vertu de l'article ci-dessus mentionné, nous avons résolu de déterminer les principes de la formation des majorats, soit qu'elle ait lieu à raison des titres que nous aurons conférés, soit qu'elle ait pour objet des titres dont notre munificence aurait, en tout ou en partie, composé la dotation.

« Nous avons voulu aussi établir les exceptions qui distinguent les majorats, des biens régis par le Code Napoléon (autrefois le Code civil), les conditions de leur institution dans les familles, et les devoirs imposés à ceux qui en jouissent.

« A ces causes, vu nos décrets du 30 mars et le sénatus-consulte du 14 août 1806, notre conseil d'État entendu, nous avons décrété et ordonné, décrétons et ordonnons ce qui suit, etc. »

Paris. — Imp. Gauthier-Villars, 55, quai des Grands-Augustins.

J. HETZEL et Cie, Éditeurs, 18, rue Jacob, Paris

ŒUVRES ILLUSTRÉES DE VICTOR HUGO

LES MISÉRABLES. Prix relié 20 fr. — Toile 18 fr. — Broché... 15 »

Romans :

Édition contenant : NOTRE-DAME DE PARIS, HAN D'ISLANDE, BUG-JARGAL, DERNIER JOUR D'UN CONDAMNÉ et CLAUDE GUEUX. Prix relié 14 fr. Toile 12 fr. Broché................................... 9 fr.

Théâtre :

Édition contenant : CROMWELL, RUY-BLAS, MARION DELORME, MARIE TUDOR, LA ESMERALDA, HERNANI, LE ROI S'AMUSE, ANGELO, LES BURGRAVES, LUCRECE BORGIA. Prix relié 11 fr. Toile 10 fr. Br. 7 fr.

Poésies :

ODES ET BALLADES........................ 1 80
VOIX INTÉRIEURES. — RAYONS ET OMBRES. 1 35
ORIENTALES............................... 75
FEUILLES D'AUTOMNE. — CHANTS DU CRÉPUSCULE............................... 1 35
Réunis en un volume grand in-8. — Prix relié 9 fr. — Toile 7 fr. — Broché.............. 4 50
LES CHATIMENTS......................... 1 30

TRAVAILLEURS DE LA MER. — Gr. in-8. — Pr. rel. 8 fr. 50. — Toile 6 fr. — Broché............ 4 »

RHIN. Gr. in-8. — Prix rel. 9 fr. — Toile 7 fr. — Br. 4 50

Œuvres poétiques elzéviriennes :

Sur papier vergé de Hollande, ornées par Froment.
ODES ET BALLADES.   1 vol... 7 50
ORIENTALES   1 vol... 4 »
FEUILLES D'AUTOMNE.   1 vol... 4 »
CHANTS DU CREPUSCULE.   1 vol... 4 »
VOIX INTERIEURES.   1 vol... 4 »
RAYONS ET OMBRES.   1 vol... 4 »
CONTEMPLATIONS.   2 vol... 15 »
LÉGENDE DES SIÈCLES   1 vol... 7 50
CHANSONS DES RUES ET DES BOIS. 1 vol... 7 50

Volumes in-18, sans gravures, à 2 fr.

NAPOLÉON LE PETIT. 1 vol. in-18.......... 2 »
LES CHATIMENTS. 1 vol. in-18.............. 2 »

ŒUVRES ILLUSTRÉES DE JULES VERNE

Voyages extraordinaires couronnés par l'Académie française :

AVENTURES DU CAPITAINE HATTERAS. — 1 vol. grand in-8 relié 14 fr. — Toile 12 fr. — Broché.. 9 »
VOYAGE AU CENTRE DE LA TERRE. — 1 vol. in-8, toile 7 fr. — Broché...................... 5 »
CINQ SEMAINES EN BALLON. — 1 vol. in-8, toile 7 fr. — Broché.......................... 5 »
Ces deux ouvrages sont réunis aussi en un seul volume gr. in-8. — Relié 14 fr. — Toile 12 fr. — Br. 9 »
DE LA TERRE A LA LUNE. — 1 vol. in-8, toile 7 fr. — Broché............................ 5 »
AUTOUR DE LA LUNE. — 1 vol. in-8. — Toile 7 fr. — Broché................................ 5 »
Ces deux ouvrages sont réunis aussi en un seul vol. grand in-8. — Relié 14 fr. — Toile 12 fr. — Br. 9 »
UNE VILLE FLOTTANTE. — 1 vol. in-8. — Toile 7 fr. — Broché............................ 5 »
AVENTURES DE 3 RUSSES ET DE 3 ANGLAIS. — 1 vol. in-8. — Toile 7 fr. — Broché....... 5 »
Ces deux ouvrages sont réunis aussi en un seul vol. grand in-8. — Relié 14 fr. — Toile 12 fr. — Br. 9 »
LES ENFANTS DU CAPITAINE GRANT. — 1 vol. gr. in-8. relié 15 fr. — Toile 13 fr. — Broché.. 10 »
VINGT MILLE LIEUES SOUS LES MERS. — 1 vol. gr. in-8, relié 14 fr. — Toile 12 fr. — Broché.. 9 »
LE TOUR DU MONDE EN 80 JOURS. — 1 vol. in-8. — Toile 7 fr. — Broché................... 5 »

LE DOCTEUR OX. — 1 vol. in-8. — Toile 7 fr. — Br. 5 »
Ces deux ouvrages sont réunis aussi en un seul volume gr. in-8. — Rel. 14 fr. — Toile 12 fr. — Br. 9 »
LE PAYS DES FOURRURES. — 1 vol. in-8. — Relié 14 fr. — Toile 12 fr. — Broché.......... 9 »
LES INDES NOIRES. — 1 vol. in-8. — Toile 7 fr. — Br. 5 »
LE CHANCELLOR. — 1 vol. in-8. — Toile 7 fr. — Br. 5 »
Ces deux ouvrages sont réunis aussi en un seul vol. gr. in-8. — Relié 14 fr. — Toile 12 fr. — Broché. 9 »
L'ILE MYSTÉRIEUSE. — 1 vol. gr. in-8. — Rel. 15 fr. — Toile 13 fr. — Broché.............. 10 »
MICHEL STROGOFF. — 1 vol. gr. in-8. — Relié 14 fr. — Toile 12 fr. — Broché............... 9 »
HECTOR SERVADAC. — 1 vol. gr. in-8. — Relié 14 fr. — Toile 12 fr. — Broché............... 9 »
LA DÉCOUVERTE DE LA TERRE. — 1 vol. gr. in-8. — Relié 12 fr. — Toile 10 fr. — Broché.. 7 »
UN CAPITAINE DE QUINZE ANS. 1 vol. gr. in-8. — Relié 14 fr. — Toile 12 fr. — Broché....... 9 »
LES TRIBULATIONS D'UN CHINOIS EN CHINE. — 1 vol. in-8. — Toile 7 fr. — Broché........ 5 »
LES CINQ CENTS MILLIONS DE LA BÉGUM. — 1 vol. in-8. — Toile 7 fr. — Broché.......... 5 »
Ces deux ouvrages sont réunis aussi en un seul volume gr. in-8. — Relié 14 fr. — Toile 12 fr. — Br. 9 »
LES GRANDS NAVIGATEURS DU XVIIIe SIÈCLE. — 1 vol. grand in-8. — Relié 12 fr. — Toile 10 fr. — Broché....................... 7 »

Tous ces ouvrages se vendent aussi en séries.

ŒUVRES ILLUSTRÉES D'ERCKMANN-CHATRIAN

Romans nationaux :

LE CONSCRIT DE 1813....................... 1 40
MADAME THÉRÈSE........................... 1 40
L'INVASION................................ 1 60
WATERLOO................................. 1 80
L'HOMME DU PEUPLE........................ 1 70
LA GUERRE................................ 1 40
LE BLOCUS................................ 1 60
Ces 7 ouvrages réunis en 1 vol. grand in-8 :
Prix relié 15 fr. — Toile 13 fr. — Broché........ 10 »
Réunis en 2 vol. gr. in-8 :
Première partie. — LE CONSCRIT. — MADAME THÉRÈSE. — L'INVASION. — WATERLOO. — Prix relié 10 fr. — Broché................... 5 50
Deuxième partie. — L'HOMME DU PEUPLE. — LA GUERRE. — LE BLOCUS. — Prix relié 9 fr. — Broché.... 4 50

Romans populaires

MAITRE DANIEL ROCK........................ 1 20
L'ILLUSTRE DOCTEUR MATHEUS................ 1 40
HUGUES LE LOUP........................... 1 40
CONTES DES BORDS DU RHIN................. 1 30
JOUEUR DE CLARINETTE..................... 1 60
MAISON FORESTIERE........................ 1 20
L'AMI FRITZ.............................. 1 50
LE JUIF POLONAIS......................... 1 30
Ces 8 ouvrages réunis en 1 vol. grand in-8 :
Prix relié 15 fr. — Toile 13 fr. — Broché........ 10 »
Réunis en 2 vol. gr. in-8 :
Première partie. — DANIEL ROCK. — MATHÉUS. — HUGUES LE LOUP. — CONTES DES BORDS DU RHIN. — Prix relié 9 fr. 50. — Broché.......... 5 »
Deuxième partie. — JOUEUR DE CLARINETTE. — MAISON FORESTIERE. — L'AMI FRITZ. — JUIF POLONAIS. — Prix relié 9 fr. 50. — Broché.................... 5 »
HISTOIRE D'UN PAYSAN. — 1 vol. gr. in-8, relié 12 fr. — Toile 10 fr. — Broché............. 7 »
Cet ouvrage se vend aussi en séries : 2 séries à 1 fr. 75, 1 série à 2 fr. et 1 série à 1 fr. 90.
HISTOIRE DU PLEBISCITE................... 2 »
HISTOIRE D'UN SOUS-MAITRE................ 1 30
LES DEUX FRERES......................... 1 50
LE BRIGADIER FREDERIC.................... 1 20
UNE CAMPAGNE EN KABYLIE.................. 1 40
MAITRE GASPARD FIX...................... 2 »
Ces 6 ouvrages réunis en un seul volume grand in-8 : Relié 14 fr. — Toile 12 fr. — Broché.. 9 »
SOUVENIRS D'UN CHEF DE CHANTIER. — Prix. 1 10
CONTES VOSGIENS. — Prix.................. 1 30

Paris. — Imp. Gauthier-Villars, 55, quai des Grands-Augustins.